RAINER DELFS / MICHAEL METTE

JOHN SINCLAIR
LEXIKON

**FREUNDE
FEINDE
DÄMONEN
WAFFEN
SCHAUPLÄTZE
TITEL
TITELBILDZEICHNER
INHALTE**

BASTEI-LÜBBE-TASCHENBUCH
Band 13 899

Erste Auflage: September 1997

© Copyright 1997 by Bastei-Verlag
Gustav H. Lübbe GmbH & Co., Bergisch Gladbach
All rights reserved
Titelbild: Vicente Ballestar/Norma Agency, Barcelona
Umschlaggestaltung: Quadro Grafik, Bensberg
Satz: Fotosatz Steckstor, Rösrath
Druck und Verarbeitung: Elsnerdruck, Berlin
Printed in Germany

ISBN 3-404-13899-6

Der Preis dieses Bandes versteht sich einschließlich
der gestzlichen Mehrwertsteuer.

INHALTSVERZEICHNIS

Grußwort von Jason Dark	Seite	6
Vorwort der Verfasser	Seite	7
Über den Autor Jason Dark	Seite	10
Über das Leben des Helden John Sinclair	Seite	12
Die John-Sinclair-Legende	Seite	17
Das John-Sinclair-Lexikon	Seite	19
Die Roman-Inhalte	Seite	515
Titelliste aller bisher erschienener John-Sinclair-Romane	Seite	879
Die Titelbildzeichner	Seite	981

GRUSSWORT VON JASON DARK

Lange hat es gedauert. Viel Mühe, Schweiß und auch manchmal Verzweiflung hat diese Arbeit gekostet. Das erste ausführliche Sinclair-Lexikon liegt vor den Augen des gespannten Lesers.

Was man schon immer über Sinclair wissen wollte, man findet es. Ein perfektes Nachschlagewerk für Sinclair-Fans und Neueinsteiger.

Ich selbst war überrascht davon, wie gut dieses Lexikon geworden ist. Mein Dank gilt deshalb den Autoren Rainer Delfs und Michael Mette. Auch für mich ist dieses Buch wichtig. Es wird zu einem unverzichtbaren Arbeitsutensil werden.

Ich wünsche dem Käufer viel Spaß beim Lesen und Stöbern und auch bei manchem Trip in die Vergangenheit der Kultserie John Sinclair.

Herzliche Grüße

VORWORT DER VERFASSER

13. Juni 1973. Stolz hält Helmut Rellergerd ein Romanheft in den Händen. Es ist der erste Band einer neuen Heftroman-Reihe des BASTEI-VERLAGs. Sie nennt sich GESPENSTER-KRIMI mit dem Untertitel »Zur Spannung noch die Gänsehaut«. Der Titel des Romans lautet »Die Nacht des Hexers«, das Pseudonym des Autors – Helmut Rellergerd – ist »Jason Dark«, und der Held, dem der Autor in diesem Roman zum ersten Mal Leben eingehaucht hat, heißt »John Sinclair«.

Niemand im Bastei-Verlag, auch nicht Helmut Rellergerd, der seit dem 1. Januar dieses Jahres seinen alten Beruf als Chemotechniker kurzentschlossen an den Nagel gehängt und das Angebot des Bastei-Verlags, als Redakteur in die Romanredaktion einzutreten, angenommen hat, ahnt in diesem Moment, daß es später einmal als historisches Datum gilt.

Heute wissen wir es besser. 24 Jahre und fast 1250 Sinclair-Romane später stehen der Autor und alle, die ihn und John Sinclair die ganzen Jahre über begleitet haben, stolz vor einem Werk, das fast unglaubliche Ausmaße angenommen hat, bedenkt man, daß ein Mann allein es mit seiner unerschöpflichen Phantasie geschaffen und bis auf ein paar Romane in der Anfangszeit alles selbst geschrieben hat.

Nachdem die Sinclair-Serie die Nummer 500 erreicht hatte, fragten immer öfter Leser an, ob es nicht bald ein Sinclair-Lexikon gäbe, mittels dessen sie sich über früher erschienene Romane, über Personen und Begriffe informieren konnten. Irgendwann erreichten den Verlag auch Angebote von Lesern, ein Lexikon zusammenzustellen, doch da hatten die beiden Verfasser mit ihrer Arbeit längst begonnen und in Zettelkästen Namen, Orte, Begriffe und Titel gesammelt, um sie irgendwann einmal zu einem Lexikon zusammenzufügen. Schließlich wurde entschieden, dieses Lexikon zum Jubiläum des 1000sten Romans der eigenständigen Sinclair-Serie den Lesern und Fans von John Sinclair vorzulegen.

Jeder kann sich sicher vorstellen, welch eine Arbeit hinter einem solchen Projekt steckt. 1250 Romane (mit den 50 im Gespenster-Krimi erschienenen Romanen, den ca. 200 Taschenbüchern und den beiden Paperbacks) zu lesen, auszuwerten, das Wichtige zu erfassen, Unwesentliches wegzulassen ist eine Heidenarbeit, für die eine Person allein fast drei Jahre benötigt hätte, ohne dabei noch einem anderen Beruf nachzugehen.

Am Anfang standen die Überlegungen, wie das Konzept auszusehen habe. Wir gingen davon aus, daß der Sinclair-Leser dieses Lexikon als Informationsquelle benutzen möchte, die ihm beim Lesen helfen soll, Handlungen, die über einen langen Zeitraum spielen, zu verstehen, zu erfahren, wie es mit manchen Handlungssträngen begann, wie manche – immer mal wieder erwähnten – großen Zyklen zu Ende gingen; welche Personen wann zum ersten Mal auftraten oder aus der Serie verschwanden; welcher Band welchen Titel trägt; nach welchem Heftroman welches Taschenbuch erschien, wenn dort ein Heftthema fortgesetzt oder neu begonnen wurde.

Die Hauptfrage war, ob das Lexikon in mehrere Abteilungen gegliedert (z.B. in Freunde Sinclairs, Waffen, Dämonen, Handlungen, fremde Dimensionen usw.) oder alphabetisch geordnet zusammengefaßt werden sollte. Wir haben uns für letztere Fassung entschieden, denn oftmals können Begriffe nicht nur einer Abteilung zugeordnet werden, so daß sie mehrfach aufgetaucht wären. Außerdem ist das Suchen und Finden von Begriffen in einem eingleisigen Lexikon wesentlich einfacher.

Dann haben wir entschieden, auf die Aufnahme allgemeiner Begriffe (wie Magie, Satanskult, Teufelsanbetung, Beschwörungen, Bannspruch usw.) zu verzichten und uns auf Begriffe zu beschränken, die konkret auf die Serie bezogen sind, um eine Ausuferung des Lexikons zu vermeiden. Es gibt genügend andere Lexika, die diese allgemeinen Begriffe erklären. Es sind auch nicht sämtliche Personen und Begriffe, die in den einzelnen Romanen Erwähnung finden, ins Lexikon aufgenommen worden, sondern nur diejenigen, die eine Bedeutung für einen bestimmten Roman oder für die Serie haben. Manchen Begriffen hat Jason Dark für seine Serie eine besondere Bedeutung gegeben. Nur diese Terminologie wurde berücksichtigt.

Bei 1250 Romanen, deren Fakten bisher nur im Hirn Jason Darks gespeichert waren, ist es nicht verwunderlich, wenn sich hier und da mal ein Fehler einschleicht oder Unstimmigkeiten auftreten. Szenen oder Personen, zunächst nur als Nebenhandlung erdacht, haben manchmal ein Eigenleben entwickelt und wurden zu Handlungsträgern, die die weitere Serie bestimmten. Da mußte Jason Dark schon manchmal in die Trickkiste greifen, um einer Person einen Hintergrund zu geben, an den er vorher nicht gedacht hatte.

Über die Frage, ob wir dem Lexikon als zweiten Teil eine Aufzählung sämtlicher Sinclair-Romane mit Kurzinhalten hinzufügen sollten, ist lange gestritten worden. Schließlich haben die unzähligen Leserbriefe, in denen nach bestimmten Geschehnissen gefragt wird, den Ausschlag gegeben. Das Kurzinhaltsverzeichnis ist gleichzeitig als das nach Nummern sortierte Titelverzeichnis zu verwenden. Eine alphabetisch angeordnete Titelliste mit sämtlichen Sinclair-Veröffentlichungen im Bastei-Verlag vervollständigt das Lexikon. Dabei sind die bestimmten Artikel der Titel nachgestellt, so daß Sie z.B. den Titel »Der goldene Buddha« im Lexikon unter »Goldene Buddha, Der« finden.

Als weiteren Anhang haben wir ein Verzeichnis der Titelbildillustratoren hinzugefügt, da unzählige Leserzuschriften das große Interesse an den Künstlern dokumentierten, die das Gesicht der Sinclair-Serie geprägt haben.

Die beiden Verfasser hoffen, daß das vorliegende Lexikon die breite Zustimmung der Sinclair-Leserschaft findet. Kritik, die uns bei einer erweiterten Fassung helfen kann, Fehler auszumerzen oder nicht Beachtetes hinzuzufügen, ist willkommen. Scheuen Sie sich nicht, unter dem Stichwort »Sinclair-Lexikon« an den Bastei-Verlag, Postfach 200 180, 51431 Bergisch Gladbach, zu schreiben.

Bergisch Gladbach, im Mai 1997

ÜBER DEN AUTOR JASON DARK

Geboren wurde Jason Dark unter seinem bürgerlichen Namen Helmut Rellergerd am 25. Januar 1945, noch in den letzten Kriegstagen. Sein Geburtsort war Dahle, eine kleine Stadt im Sauerland. Zwei Wochen später zog es Mutter und Kind jedoch wieder in die Heimatstadt Dortmund. Dort wuchs er auf und ging zur Schule. Zuerst zur Volks-, danach zur Realschule, die er mit dem Zeugnis der Mittleren Reife abschloß. Eigentlich hatte er Journalist oder Reporter werden wollen, aber dagegen hatten seine Eltern etwas. Früher gehorchte man noch, und so erlernte er einen »anständigen« Beruf. Er wurde Chemotechniker.

Nebenbei begann er zu schreiben. Kleine Geschichten, nie einen Roman. Das änderte sich, als er 1966 zur Bundeswehr eingezogen wurde. Da schrieb er seinen ersten Roman, einen Cliff-Corner-Krimi für den Bastei-Verlag. Er wurde sogar angekauft, und so war sein Berufstraum auf Umwegen doch noch in Erfüllung gegangen.

Anfang 1973 gab er seinen Beruf als Chemotechniker auf und trat als Redakteur in die Romanredaktion des Bastei-Verlages ein. Er schrieb weiterhin Romane – für die Krimi-Serien Cliff Corner, John Cameron, Jerry Cotton, Kommissar X und Franco Solo, aber auch für Western-Reihen, u.a. für Lassiter.

Als der Bastei-Verlag eine neue Reihe auf dem boomenden Gebiet des Horrorromans plante, wurden Autoren gesucht, die die ersten Romane schrieben. Helmut Rellergerd schrieb Band 1 der neuen Reihe, und es war der erste Sinclair-Roman.

Ab diesem Zeitpunkt drehte sich das Erfolgskarussell immer schneller. Bald mußte Jason Dark, wie sich der Autor nun nannte, jeden Monat vier Heftromane und ein Taschenbuch schreiben. Schnell schuf er einen Vorlauf von 20 - 30 Romanen, alle geschrieben auf einer alten mechanischen Olympia-Schreibmaschine. Elektrische Schreibmaschinen oder gar Computer waren ihm immer suspekt.

Der Erfolg seiner Sinclair-Serie war nicht nur daran zu erkennen, daß sie zu einer der meistverkauften Roman-

Serien in Deutschland wurde, sondern auch an den vielen Leserbriefen, von denen in seinem Büro in Ordnern mehr als 100000 in den Regalen stehen. Sein Kontakt zu seinen Lesern war immer sehr nah. Bei Autogrammstunden schrieb er sich manchmal die Finger wund, und die Begegnungen mit seinen Fans auf der Frankfurter Buchmesse oder bei Romanheft-Börsen sind für viele Leser unvergeßliche Höhepunkte gewesen.

In den achtziger Jahren schrieb er dann unter dem Pseudonym Red Geller für Pelikan 20 Romane einer Jugend-Serie mit Namen »Das Schloßtrio«.

Im Jubiläumsjahr 1997, in dem der 1000ste Heftroman seiner Sinclair-Serie erscheint, erfüllt sich für ihn ein Traum, den wohl jeder Autor träumt: seine Romane werden verfilmt. Der erste abendfüllende Film »Die Dämonenhochzeit« lief im April mit großem Erfolg im Fernsehen, weitere sind von RTL sofort nach der Ausstrahlung in Auftrag gegeben worden. Zum Jubiläum gibt es außer diesem Lexikon noch ein Sinclair-Comic-Album sowie ein fantastisches Computerspiel.

Die Schaffenskraft von Jason Dark ist auch heute, da er die magische Zahl 1000 mit seiner Sinclair-Serie längst überschritten hat, noch ungebrochen. Die Schubladen seines Schreibtisches sind voll von neuen Ideen, mit denen er seine Leser irgendwann überraschen wird.

ÜBER DAS LEBEN DES HELDEN JOHN SINCLAIR

John Sinclair ist kein normaler Mensch. Er selbst hat es auch erst spät erfahren, daß seine Bestimmung und sein Schicksal vorgezeichnet waren, daß er der »Sohn des Lichts«, der Erbe des Kreuzes ist, der die Aufgabe zu erfüllen hat, das Böse zu bekämpfen und dafür zu sorgen, daß es nicht die Oberhand über die Menschheit gewinnt.

In Band 292 ›Satans Knochenuhr‹ durchlebt John sein bisheriges Leben innerhalb von Sekunden noch einmal:

Ich spürte den winzigen Ruck, und einen Lidschlag später befand sich der Zeiger in Bewegung. Die Knochenuhr lief.

Der Zeiger ruckte zweimal, und jedesmal durchfuhr mich ein Schlag. Noch sah ich alles durch den Nebel ein wenig verschwommen. Eine andere Umgebung, eine andere Welt umschloß mich, und ich erlebte die Vergangenheit.

Ich sah mich als Kind.

Zu Hause in der Wohnung. Neben mir stand die Mutter, der Vater saß am Tisch und arbeitete. Als Rechtsanwalt hatte er bis in den späten Abend zu tun gehabt. Ich wurde immer ins Bett geschickt, las heimlich unter der Decke und erlebte in der nächsten Szene, wie ich in der Schulbank saß und der Lehrer drohend über mir stand.

Er glich einem finsteren Schatten, der seinen Kopf vorbeugte und dessen Gesicht plötzlich die Fratze des Teufels annahm.

Dann schlug er mich.

Links und rechts patschten die Ohrfeigen in mein Gesicht. Die Schläge brannten auf der Haut, und ich fühlte sie auch jetzt noch brennen, obwohl zwischen beiden Ereignissen Zeiten und Dimensionen lagen. Ein schlimmes Schicksal, denn nun wußte ich, daß mich die Magie der Knochenuhr voll erwischt hatte.

Es war seltsam. Nie sah ich die Szene klar und abgegrenzt. Immer nur von einem Schleier überlagert.

Die Zeit wechselte. Ich war älter geworden, ging auf eine andere Schule, erlebte die ersten Schlägereien und sah meine Schulfreunde, deren Gesichter ich längst vergessen hatte. Die Schulzeit näherte sich dem Ende. Ein paarmal bekam ich noch bedeutende Eindrücke, aber sie bereiteten mir keine Angst, denn mein Leben war völlig normal verlaufen.

Der Zeiger ruckte weiter.

Uhr und Zeit liefen...

Das Leben eines Erwachsenen würde nun vor meinen Augen ablaufen, und die Umgebung änderte sich schlagartig.

Ich wurde aus der Schule entlassen, kam auf die Uni und nahm ein Jurastudium auf. Mein Vater war damals stolz auf mich gewesen, denn ich sollte einmal seine Praxis übernehmen. Gleichzeitig studierte ich noch Psychologie mit besonderem Schwergewicht auf Parapsychologie und deren artverwandte Gebiete.

Dämonologie, Geisterkunde...

Für das alles interessierte ich mich. Ich wurde zum ersten Mal mit schwarzmagischen Phänomenen konfrontiert, erlebte alles nur in der Theorie, die Praxis würde später folgen.

Ein anderes Bild folgte.

Ich traf einen Mann, der ebenfalls erst am Beginn seiner Karriere stand. Braune Haare, schlaksig und immer ein leicht verwegen wirkendes Grinsen im Gesicht.

Bill Conolly!

Wir waren uns von Beginn an sympathisch. Bill hatte nach dem Studium einen Volontärsjob bei einer großen Zeitung bekommen und war gierig nach Sensationen.

So manches Bier tranken wir in den verräucherten Lokalen der Fleet Street und redeten über die Zukunft.

So manches Mal ließen wir unsere Freundschaft hochleben, die bis heute andauerte.

Irgendwann wurde mir klar, daß mir der Beruf des Anwalts keinen Spaß machen würde. Ein anderer Job reizte.

Der des Polizisten!

Mit meinem Vater diskutierte ich Tage und Nächte darüber. Er wollte es nicht einsehen, aber in mir hatte sich der Wunsch so festgesetzt, daß ich einfach nicht mehr anders konnte.

Ich ging zur Polizei!

Unten fing ich an, ein blutjunger Bursche, und ich wurde geschmiedet.

Meine ersten Tage beim Yard erlebte ich. Und auch den Abend, an dem ich allein unterwegs war, zwei Schläger verfolgte, die mich zu einer gewissen Vera führten, sie überfielen, ich die Frau retten konnte und sie mir ein Kreuz übergab.

Es war das Kreuz!

Ich sah mich am Bett der Vera Mönössy knien, das Kreuz haltend und auf ihre Worte lauschend. Eine geisterhafte Szene, denn was sie sagte, verstand ich nicht.

Auch dieses Bild verschwand, und ich rutschte in eine weitere Phase meines Lebens hinein.

Orgow, der Hexer!

Mein erster Fall als Polizist mit den Mächten der Finsternis. Der brutale Kampf gegen die lebenden Leichen, die verzweifelten Aktionen in einem kleinen Dorf, dessen Bewohner den absoluten Schrecken aus dem Grab erlebten.

Ich sah mich noch in der Schule gegen die lebenden Toten kämpfen und spürte all das Grauen, das ich damals erlebt hatte. Es war furchtbar gewesen, aber ich siegte. Obwohl mir Orgow versprach, zurückzukehren.

Und ich hatte ihn wieder gehört. Innerhalb des Golems war seine Stimme aufgeklungen. Eine schreckliche Rache hatte er mir angedroht. War dies ein Teil davon? Wenn ich nicht mehr war, hatte Orgow freie Bahn.

So sah es aus...

Die Eindrücke verwischten. Neue entstanden. Einen gewaltigen Zeitsprung erlebte ich, und mit ihm kamen die Qualen.

Ich erlebte Fälle mit, in denen ich ein Gefangener meiner Gegner gewesen war. Schlimme Dinge, eingeschlossen in Särgen, angekettet, gequält und fertiggemacht.

Und plötzlich sah ich einen zweiten Mann an meiner Seite. Einen Chinesen – Suko.

Doch über uns schwebte unhörbar eine gewaltige Drohung.

Der Schwarze Tod – und Asmodis!

Beide waren meine Gegner. Beide wollten mich vernichten.

Ich sah mich in Kämpfe verwickelt und auch gefangen in einem Berg, wo das Buch der grausamen Träume lag, aus deren letzten Seiten sich eine Waffe formte, die für die weitere Zukunft eine große Bedeutung haben sollte.

Der magische Bumerang!

Ich erlebte einen gewaltigen Triumph noch einmal. Die Vernichtung des Schwarzen Tods durch Bumerang und Kreuz. Dann *wurde ich wieder hineingerissen in einen rasenden Strudel von Ereignissen, die gedankenschnell vor meinen Augen abliefen.*

All die schrecklichen Fälle, das große Grauen, die Mordliga, Asmodina, Dr. Tod, Tokata, der Samurai des Satans, Vampiro-delmar, der Kaiser der Vampire, Xorron, der Herr der Zombies und Ghouls, Lady X, und dann die Vernichtung der Mordliga. Die Figuren entstanden und verschwanden.

Nur eine blieb.

Jane Collins.

Ehemalige Detektivin, jetzige Hexe. Sie war nicht vernichtet, und ihr Gesicht leuchtete im Hintergrund, wobei sie sich an meinen Qualen ausgiebig weidete.

Jane verschwand nicht, denn sie mischte auch weiterhin noch kräftig mit. Eine andere war trotz ihres Todes geblieben.

Nadine Berger!

Als Mensch gestorben, als Wolf wiedergeboren. So stand sie vor mir, und ich sah sie genau an. Ich erlebte ihre Spaltung, als ich das Totenopfer für die ehemalige Nonne Clarissa werden sollte, und aus dem Hintergrund schoben sich neue Gefahren heran.

Die Großen Alten.

Zusammen mit Shimada, der lebenden Legende. Diese unheimliche japanische Mythologie und Magie war nicht mehr aus meinem Leben wegzudrängen. Ninjas sah ich. Schwarz gekleidet, lebende Leichen, die aber noch brutal und perfekt kämpfen konnten.

Sie alle bildeten die kleinen Steine in einem Mosaik des Schreckens. Wobei eine Gegnerin nicht vergaß, sich zu zeigen. Es war Pandora, die lebendig gewordene Figur aus der griechischen Mythologie.

Es gab auch Lichtblicke.

Kara und Myxin befanden sich innerhalb des Wirbels, doch beide wurden hinausgestoßen, weil jemand erschien, der wohl stärker war als der Magier und die Schöne aus dem Totenreich.

Arkonada, einer der Großen Alten, wie ich fast sicher annahm.

Auch er wurde verdrängt, denn eine schwarze Wolke überstülpte alles und entriß Arkonada einen Würfel, den er hochwarf.

Diese Gestalt war der Spuk.

Der Unheimliche im Hintergrund. So grausam, so verschlagen, daß man ihn kaum beschreiben konnte. Ein mächtiger Dämon, gestaltlos, aber immer schon dagewesen.

War er der eigentliche Herrscher?
Ich merkte das Rucken, während die Gestalt des Spuks allmählich aus meinem Sichtfeld verschwand.
Auf einmal stand die Uhr.

Und das war erst der Anfang. John muß erkennen, daß er früher schon einmal gelebt hat, und das nicht nur in einer Person, sondern in mehreren - im Templerführer Hector de Valois, in König Richard Löwenherz und in König Salomo. Alle waren Träger des Kreuzes gewesen und hatten die Mächte der Dunkelheit bekämpft wie er.

Andere Dimensionen, in denen es Gutes und Böses gab, beeinflußten ihn. Da waren Atlantis, Aibon und Avalon. Die guten Templer und ihre Gegenspieler, die dem Dämon Baphomet dienen, beschäftigen ihn immer wieder, ebenso Dämonen wie Mandragoro und die Werwölfin Morgana Layton, die unter dem Schutz des Götterwolfes Fenris steht.

John erlebt zu seiner Freude, wie Jane Collins wieder normal wird, doch sie muß mit einem künstlichen Herzen leben, und ihr Verhältnis wird nie wieder so wie früher. Dann folgt der zweite große Schock in seinem Leben: sein alter Gefährte Will Mallmann wird zum Vampir und als Dracula II zu einem seiner größten Widersacher.

Die Kreaturen der Finsternis tauchen auf. In ihrer menschlichen Gestalt sind sie nicht als Dämonen zu erkennen, so daß es ihnen gelingt, in Johns unmittelbare Nähe vorzudringen. Mit den Psychonauten beginnt ein neues Kapitel um Atlantis, und schließlich steht John vor einem seiner großen Ziele - der Bundeslade. Doch sie ist auch für ihn tabu und hätte ihn vielleicht trotz seines Kreuzes getötet, wenn nicht Hector de Valois sein Leben für ihn gegeben hätte.

Auch damit ist der Lebenskreis John Sinclairs noch längst nicht beendet. Wir wissen nur, daß John der letzte Träger des Kreuzes ist - einen anderen nach ihm wird es nicht mehr geben. Nur Jason Dark allein weiß, durch welche Höhen und Tiefen er seinen Helden John Sinclair noch führen wird. Wir - seine Leser - werden ihn auf diesem Weg mit immerwährender Spannung begleiten.

DIE JOHN-SINCLAIR-LEGENDE

13.07.73	Erster von 50 JOHN SINCLAIR-Romanen im BASTEI-GESPENSTER-KRIMI (als BASTEI-GESPENSTER-KRIMI Band 1)
17.01.78	Start der eigenständigen JOHN SINCLAIR Heftserie
25.08.80	Start der 2. Auflage der Heftserie (mit BASTEI-GESPENSTER-KRIMI Band 1, bis Band 448)
20.04.81	Start JOHN SINCLAIR Taschenbuch-Serie
Juni 83	Start der John-Sinclair-Hörspielkassetten (107)
24.04.84	1. Paperback HEXENKÜSSE
12.03.85	Start der 3. Auflage der Heftserie (bis Band 448)
29.10.85	2. Paperback VOODOO-LAND
10.09.91	Start der 4. Auflage der Heftserie (bis Band 218)
13.07.93	20 Jahre JOHN SINCLAIR mit Band 784
Juli 93	Start der Jubiläumsbände im Taschenbuch
11.06.96	Fortführung der 2. Auflage der Heftserie mit Band 449
09.07.96	Start der JOHN SINCLAIR SAMMLER EDITION
02.09.97	Band 1000 der JOHN SINCLAIR Heftserie
26.11.97	Band 200 der JOHN SINCLAIR Taschenbuch-Serie

A

Abbé Bloch – Führer der guten → *Templer*, der mit seinen Freunden in Südfrankreich in → *Alet-les-Bains* lebt, nahe der → *Kathedrale der Angst*, in der das → *silberne Skelett* des Hector → *de Valois* liegt und über die guten Templer wacht; kämpft gegen das Böse sowie abtrünnige Templer und → *Baphomet*-Diener; rauchgrüne Augen; graue, zurückgekämmte Haare; grau wirkende Haut; hoher Stirnansatz; blasse Lippen; schmale Hände; als Blinder hatte er anstelle der Augen nur gelblich weiße Haut; empfängt durch den → *Würfel des Heils* Visionen. **412 (1. Auftritt)** – sucht das Grab des Hector de Valois, findet dessen silbernes Skelett und birgt es. **431** – bringt das silberne Skelett des Hector de Valois in die Kathedrale der Angst, wo es seine neue Heimstatt findet. **442** – lernt in London Sir James Powell, Glenda Perkins, Suko, Bill Conolly und Jane Collins kennen. **470** – will mit John die Geburt des Kind-Dämons → *Baphomet II* verhindern, doch es gelingt ihnen nicht. **479** – verliert das Augenlicht, als der Blick des Kind-Dämons Baphomet II die Silbermaske auf seinem Gesicht schmelzen läßt, während John die Vampirin → *Angela* mit einer Silberkugel vernichtet. **480** – in einer Klinik in London stellt sich heraus, daß er für immer blind bleiben wird. **484** – erhält im Londoner Krankenhaus von John Sinclair und Suko den Würfel des Heils, das Gegenstück zum → *Würfel des Unheils*. **485** – wird von John und Suko nach Alet-les-Bains zurückgebracht; trägt den Würfel des Heils unter seiner Kleidung in einer Tasche, die am Gürtel befestigt ist. **499** – gibt John den Hinweis auf den Ort, wo sich der Dunkle Gral befindet. **527** – übergibt dem Skelett von Hector de Valois seinen Würfel des Heils. **564** – Sohn von Gérard → *Bloch*, einem Baphomet-Diener; dieser stiehlt ihm den Würfel des Heils und will ihn damit töten; das Skelett des Hector de Valois zerstört Gérard mit dem → *Templersiegel*. **615** – bekommt von John eine Ikone aus dem → *Templerschatz*. **780** – begibt sich mit Hilfe des → *Knochensessels* nach → *Avalon*. **784** – erhält von → *Merlin*, der ihm seine Macht zeigen will, sein Augenlicht zurück. **859** – trifft auf den Dämon → *Josephiel*. **860** – vertreibt Josephiel mit dem Würfel des Heils. **871** – trifft auf ein silbernes Skelett,

A

das nicht das des Hector de Valois ist. **872** – gelangt mit John in die Zeit von Richard → *Löwenherz* und sieht dort den Tod von 7 Templern. **913** – erfährt durch den Knochensessel von Gilles → *de St. Clair*. **TB174** – will verhindern, daß der Henker Auguste → *Cresson* von einem Beil ermordet wird; als er das Beil an sich nimmt, setzt es seinen Willen außer Gefecht, und er tötet den Henker mit dem Beil. **939** – überführte vor 30 Jahren den Satanisten Pater → *Carlos*; überwachte dessen Verlies, solange er der Kirche angehörte; hört, daß ein Erdbeben den Mörder befreit hat; verfolgt den Mörder zusammen mit John und Suko durch Frankreich bis nach Alet-les-Bains; begibt sich in die Hände des Mörders, um Marco → *Anderre* zu retten, den dieser entführt hat; wird von Carlos bewußtlos geschlagen, aber von John und Suko gerettet, die Carlos töten, bevor dieser ihn oder Marco Anderre töten kann. **1000** – (taucht nicht selbst auf) – informiert telefonisch Sir James Powell, daß John in der Kathedrale von → *Chartres*/Frankreich wichtige Informationen über die → *Bundeslade* erhalten könnte. **1002** – bekommt in der Kathedrale der Angst mit, wie das Silberne Skelett von Hector de Valois den Schmerz von John in Form eines Stöhnens freigibt, den dieser erfährt, als er den Tod seiner Eltern auf der Zeitreise nach → *Jerusalem* miterlebt. **1005** – erhält vom Würfel des Heils den Hinweis, daß sich das Skelett von Hector de Valois auf dem Weg zu ihm befindet. **1006** – begleitet das Skelett von Hector de Valois zum Knochensessel, mit dem es verschwindet. **526; 528; TB92; 646; 779; 782; TB 157; 861; 887; 888; 914; 915; 1001.**

Abbey's Island – **123** – kleine Insel vor der Ostküste Englands, auf der ein Unternehmen gefährlichen Industriemüll ablädt; in einer Klosterruine hat → *Lady X* ein gefährliches Giftgas versteckt; John verhindert, daß es in den Besitz von → *Dr. Tod* gelangt.

Abbot † – **332** – Der Henker der Familie Burlington, Privathenker, schlimmer Sadist; lebte vor 200 Jahren und trieb sein Unwesen in einem → *House of Horror* in London; macht gemeinsame Sache mit dem Bruder des → *Duke of Burlington*, den sie im Keller des Hauses anketteten; Soldaten töteten ihn, köpften den Bruder des Duke; Abbot fand wie der angekettete Duke keine Ruhe; wird vom Folterknecht → *Marcel* in die Gegenwart zurückgeholt, stürzt beim Kampf mit John in eine Guillotine und wird von ihr geköpft.

Abrakim † – **195** – Diener des Mandragoro; wird von John mit einer Silberkugel vernichtet.

Abraxas – Talisman mit Abbildung einer Schlange, die sich selbst in den Schwanz beißt; birgt die Geheimnisse der ägyptischen Totenpriester in sich.

Abu Ben Kolc – **371** – Anführer der Dschinns, die die Mumie Chamal → *Gossarahs* vernichten wollen.

Aci † – **614** – Werwolf; → *Macumba*-Diener; findet die Insel → *Lupos* in einer anderen Dimension; läßt Glenda Perkins entführen; seine Verbündete »Raphaela« entführt auch John und bringt ihn auf die Insel Lupos; diese gräbt John am Strand der Insel in den Sand ein; Suko trifft ihn, doch er verwandelt sich in einen Werwolf und flieht durch ein Dimensionstor zur Insel; Suko folgt ihm und tötet ihn später mit Johns Silberdolch; Glenda hat mittlerweile Johns Waffen, u.a. Johns Kreuz gefunden; sie aktiviert es und rettet damit sich, John und Suko; seine Verbündete »Raphaela« und die Insel werden vernichtet.

Aconagua † – **TB91** – Indianerhäuptling; wurde vor Jahrhunderten hingerichtet; kehrt auf die Erde zurück, um sich zu rächen; stirbt, als er von der Brooklyn Bridge stürzt.

Acron – der Sternenvampir, der Planetenfresser; gab dem → *Spuk* seinen Schatten als Verbündeter der Ur-Erde. **401** – traf bei seinem Besuch auf der Erde den Götzen → *Baal*, der zu seinem Diener wurde; hinterließ ihm als Dank ein gefährliches Erbe: sein Kristallblut oder Sternenstaub, der Menschen zu Vampiren macht und verborgen in einem Tempel gelegen hat, bis Akim → *Samaran* ihn an sich nahm. **402**; **TB142**.

Acteus → *Sechs böse Geister.*

Adami, Serge – Polizist in Paris/Frankreich. **562 (1. Auftritt)** – untersucht eine Mordserie in Paris; will dem Mörder auf einem Pariser Friedhof eine Falle stellen, was jedoch mißlingt. **563** – begibt sich auf der Suche nach dem Mörder zusammen mit Suko in die Pariser Kanäle; wird dort von dem Mörder → *Quasimodo* bewußtlos geschlagen.

AEBA – (zum ersten Mal erwähnt in **38**) Begriff, der sich

A

aus den Anfangsbuchstaben der vier Dämonen Astaroth, Eurynome, Bael und Amducias zusammensetzt; ihre Diener sind die → *Horror-Reiter*; Gegenpol zu den vier Erzengeln; so alt wie die Welt; Gründer gewaltiger Reiche; einst verbündet mit → *Asmodina*; können Zeiten manipulieren; können ihre Gestalt wechseln; Astaroth erschien bereits als männliche Medusa, deren Schädel von roten Schlangen umringelt wird und deren Augen blinken wie Diamanten, ansonsten befand sich nichts in ihrem Gesicht; Eurynome erschien als ziegenköpfige, geifernde Gestalt mit den schwellenden Formen eines Frauenkörpers; Bael war breit und wuchtig mit goldener Haut und Augen aus Goldblättchen, wurde zu Zeiten von Moses durch das »Goldene Kalb« dargestellt; Amducias sah von hinten aus wie ein Beau, von vorn hatte er jedoch ein Krokodilsgesicht. **TB6** – sie schicken die Horror-Reiter zum Entscheidungskampf gegen John ins → *Kloster St. Patrick*. **TB18** – erwecken den → *Höllenboten* Yuisan zum Leben, der zusammen mit dem letzten Horror-Reiter John töten soll. **801** – verursachen einen Blutregen, in den John und Suko hineingeraten; köpfen Robert Morse.

Agui – Gott (Indien), Teil der Heiligen Silbe → *AUM*.

Aguras – **TB85** – Insel im türkischen Mittelmeer, von Anhängerinnen eines Ghouls bewohnt.

Ahriman – **359** – persischer Name für Teufel.

Aibon – Reich zwischen den Welten, das entstand, als sich Himmel und Hölle trennten, als Luzifer vom Erzengel Michael in die Hölle geschickt wurde; mit Luzifer wurden seine Diener in die Hölle verbannt, aber nicht alle erreichten die Hölle; einige blieben »unterwegs« hängen und schufen so das Reich zwischen den Welten mit dem Namen Aibon. Aus gefallenen Engeln sind andere Wesen geworden; Elfen und Elben, auch Trolle, Feen und Schlangen. Aibon besteht aus drei Teilen: dem Guten, dem Bösen und einem Zwischenreich; Land der »grünen Magie«; Heimat der Druiden; dort werden die Druiden geboren und dort sterben sie auch; besitzt das Geheimnis des → *Dunklen Grals*; kein Mensch kann aus ihm zurückkehren; viele Wälder, Seen und grüne Hügel; Heimat von Miriam → *di Carlo* und dem → *Roten Ryan*; wird von den → *Männern* *in Grau*, die keine Menschen sind, bewacht; Heimat von → *Ribana*. Der böse Teil wird vom Druiden → *Guywano* beherrscht; dort leben Druiden, die versuchen, die Druiden des guten Teils in ihre Gewalt zu bekommen; mitten im guten Teil befindet sich das Hexenland; hier werden Feen und Elfen geboren; es ist ein weites Tal, das auf beiden Seiten von schroffen Bergen begrenzt wird; dort existiert ein Dorf; grünes Land mit blauem Himmel; des weiteren existiert im guten Teil ein Elfenfriedhof; er ist eine Art Lichtung, die von aus dem Boden wachsenden Kristallen umgeben wird, die nach oben hin spitz zulaufen; die Kristalle entstehen aus den Leibern der sterbenden Elfen; der Friedhof wird von kleinen grünen Skeletten bewacht; diese waren zu Lebzeiten feenhafte Wesen, die jedoch auf der falschen Seite gestanden haben. Im Zwischenreich regiert der → *Monster-Troll* Hook; der Teil wird durchzogen von Seen und Teichen; es existieren Berge, die den Dolomiten ähneln; weite dichte Wälder bilden einen weiteren Teil des Zwischenreiches; die böse Seite ist vegetationslos; hier befindet sich ein aufgerissener spaltenreicher Felsboden; wird von karstigen, rotbraunen Höhenzügen eingeschlossen; ätzender Gestank; Hochebenen aus erkalteter Lava, wo auch das → *Rad der Zeit* steht; der Dunkle Gral gibt diesem Teil sein Leben; in diesem Teil befindet sich auch ein Schleimsee, der von Ghouls bewohnt wird, die auf Befehl die Feinde Guywanos töten; am Tor zu Aibon liegt die »Halle des Schweigens«; sie wird auch als Fegefeuer bezeichnet; sie wurde vom → *Engel der Geister* Valesca bewacht, bis diese von John getötet wurde; hier leben die Seelen, denen der Weg nach Aibon verwehrt ist; das Tor kann nur von einem Reinen, u.a. von John, geöffnet werden; es existiert ein weiteres Zwischenreich zwischen dem guten und dem bösen Teil; dort befindet sich eine Felseninsel im Niemandsland vor der Küste; glatte Flächen; es ist eine neutrale Zone, zu der sowohl die Guten als auch die Bösen Zutritt haben. **261 (1. Auftritt). TB54** – Guywano ist im Besitz von 2 der → *magischen Dolche* von Mandra → *Korab*; Guywano entführt Mandra hierhin; John, → *Myxin* und der → *Eiserne Engel* begeben sich ebenfalls dorthin; John entdeckt die verschwundenen Kreuzzeichen auf dem Rad der Zeit, kann sie aber nicht von dort entfernen. **529** – der → *Würgeadler*, der von hier stammt, wird auf der Erde wiedererweckt und kehrt hierhin zurück; gleichzeitig bringt er Vincent → *van Akkeren* mit in den bösen Teil, wo dieser für seine Taten bestraft werden soll. **558** – John gerät durch ein Bild hierhin und erlebt die Vernichtung → *Jarveenas* durch Guywano mit; er entdeckt Guywanos Schleimsee und kommt fast darin um. **566** – das Dorf im Hexenland wird von den → *Dacs* zerstört; → *Magareta* entführt Bill Conolly und Jane Collins ins Hexenland; die beiden geraten in eine Falle der Dacs; diese gelangen mit Margaretas Hilfe auf die Erde. **567** – Bill und Jane sollen von den Dacs hier getötet werden; durch einen Zufall gelingt es ihnen zu entkommen, und mit Hilfe des Roten Ryan gelangen sie wieder zur Erde. **591** – John gelangt in die »Halle des Schweigens«; dort tötet er den Engel der Geister, der ihn angreift, und kommt später mit Hilfe seines Kreuzes wieder auf die Erde. **600** – bei dem Versuch, das Zwischenreich zu übernehmen, töten die → *Horror-Reiter* alles, was sich ihnen in den Weg stellt, u.a. auch viele der → *Trooping Fairies*, der in Aibon lebenden Elfen. **601** – dem Hook gelingt es, die Horror-Reiter zu vertreiben. **618** – dem → *Mondschein-Mörder* gelingt es, mit Hilfe eines Spiegels, das Land immer wieder zu verlassen und auch dorthin zurückzukehren. **794** – John gelangt zusammen mit dem Geist des Hexers Aleister → *Crowley* durch ein Weltentor hierhin. **795** – John trifft auf einer Felseninsel auf die Eltern der Person, in deren Körper Crowley nun steckt; der Rote Ryan bringt ihn später zurück zur Erde. **811** – die → *Aibon-Amazone* begibt sich zur Erde, um ausgerissene Bewohner Aibons zurückzuholen; sie bringt John und Suko hierher und läßt sie von → *Beißern* bewachen. **812** – John und Suko treffen Guywano, der sie töten will; er steckt die beiden in Treibsand und will sie von den Beißern töten lassen, was 2 Männer in Grau verhindern; die Aibon-Amazone hat Guywano den Stein der Zeit gestohlen und wird von den Männern in Grau als Strafe für die Tat in einen Beißer verwandelt. **837** – in der ehemaligen DDR existiert noch immer ein Tor, das hierher führt; Glenda Perkins wird hierhin entführt und soll dem Monstervogel geopfert werden; John trifft Ribana hier; der Monstervogel wird getötet, und John und Glenda gelangen zurück zur Erde. **TB165** – Guywano schenkt → *Doktor Horror* einen Splitter des Landes; dieser landet damit in Rußland; er will mit Hilfe des Splitters Lebewesen fangen, sie zu Zwergen machen und Guywano opfern; sowohl der Splitter als auch Doktor Horror werden vom Flötenspiel des Roten Ryan vernichtet. **935** – in Cornwall befinden sich die singenden, klagenden Felsen, die zu Aibon gehören; darin sind die Seelen von Toten eingesperrt, die Aibon unbefugt betreten haben; vor den Felsen liegt ein versunkenes Wikingerschiff mit Leichen im Meer; die Felsen werden von Joanna → *Westwood* entdeckt; sie gelangt dadurch hierhin; ihre Seele wird von Guywano zu den anderen Seelen in die Felsen gesperrt. **1002** – Ausgangspunkt von Johns Reise in die Vergangenheit zu → *König Salomo*. **261; 279; 306; 321; 366; 367; 375; 408; 420; 461; 473; 753.**

Aibon-Amazone, Die – Druidin, steht unter dem Einfluß des Druidenkönigs → *Guywano*; Richtiger Name: Kimberly Hart; stammt aus → *Aibon*; Amazone und Jägerin; führt eine Doppelexistenz; in unserer Welt leitet sie seit 2 Jahren eine Medien-Agentur auf einer künstlichen Insel in der Nähe von → *Brighton*; hat ein magisches Zentrum in einer Höhle in Aibon; holt Frauen, die aus Aibon geflüchtet sind, zurück und tötet sie, wenn sie sich weigern; dabei wird sie von → *Beißern* unterstützt. **811 (1. Auftritt)** – tötet die aus Aibon geflohene Evelyn Dale; will John erfolglos töten; zwingt Jane Collins, ihr bei der Suche nach Aibonflüchtlingen zu helfen, nachdem sie John und Suko nach Aibon entführt hat und sie von Beißern bewachen läßt. **812** – soll von Guywano getötet werden, da sie ihm den Stein der Zeit gestohlen hat und dadurch zu mächtig geworden ist; 2 Männer in Grau verwandeln sie nach ihrer Rückkehr nach Aibon in einen Beißer.

Aibon-Gezücht, Das † – **957** – nackt; widerlich glatt; kaltes Gesicht; tief in den Höhlen liegende Augen; Stirn wächst weit nach vorn; aus der Stirn wachsen 2 Hörner; muskulöser Körper; in den Körper kann man hineinschauen, wobei weder Knochen noch Adern oder Organe zu sehen sind; Neutrum;

Kunstgeschöpf; Mischung aus Teufel, Mensch und Götze; gefeit gegen Silberkugeln; wird von John und Suko wirkungslos mit Silberkugeln beschossen; trifft zusammen mit seiner Dienerin → *Snake* auf John, Suko, Bill und Sheila Conolly; greift die vier an, wird aber von Bill mit der → *Goldenen Pistole* vernichtet.

Aigleville – **529** – Ort in den französischen Alpen; deutscher Name ist Adlerstadt; kleines Dorf abseits der Hauptverkehrsstraßen; auf dem Ort liegt ein Fluch; da hier vor Jahren viele Adler gejagt wurden, tauchte einst der König der Adler auf; da man ihn nicht töten konnte, wurde er in einem Hügel lebendig begraben; es heißt, daß er zurückkehrt, sobald etwas Böses das Dorf betritt.

Aik, der Tatar – **393** – muskulöser Riese mit kahlem Kopf und kunstvoll geflochtenem Zopf; ergebener Sklave der Königin → *Diablita*.

Airborough – nördlicher Vorort von Leeds in England; hier liegt der Flughafen von Leeds; die Abfahrt hierhin liegt hinter Harrogate. **892**.

Aische † – **349** – Uralte Frau, Enkelin des → *Bais von Tanger*, Hüterin des Tors ins → *Land ohne Grenzen*; rettet John das Leben und stirbt durch eine Kugel.

Akam, Abdul † – **931** – auch der »Vernichter« genannt; hat schwarzes Blut; war einst ein Anhänger von Abu Alhazred, dem Schreiber des → *Necronomicons*; dieser lebte vor seinem Tode im Jahr 738 nach Christus 10 Jahre lang in der Stadt Belt el Jin, wo er die Geheimnisse einer uralten Rasse entdeckte; dort traf ihn auch Abdul Akam, der sich mit den Dämonen des Feuers beschäftigte; aus dieser Zeit stammt auch die Beschwörungsformel → *Azoth*; entführt zwei Frauen, die ihn später ermorden; sie stoßen ihm 2 Messer in die Brust; er verwandelt sich in ein Skelett, das Macht über Feuer hat; verwandelt seinen ehemaligen Leibwächter Meret zu Asche; verfolgt die 2 geflüchteten Frauen; widersteht der Dämonenpeitsche; wird durch das gerufene magische Wort Azoth zerstört.

Akido → *Schrumpfkopf-Königin*.

Aklund, Sven – **TB178** schwedischer Polizist in → *Sundhaden*/Schweden; spricht gut Englisch mit nordischem Akzent; wohnt in der Polizeistation; spricht mit John über die Sage der Strigen.

Aksum – Ort in Äthiopien; großer Marktplatz mit einer mächtigen Kirche als Mittelpunkt; Kirche ist viereckig errichtet und hat eine Kuppel; sie heißt »Medhane Alem«, was »Erlöser der Welt« bedeutet; sie hat weiße Mauern mit langen Fenstern; hier verschmelzen Juden- und Christentum, wobei es auch noch einen arabischen Einfluß gibt; in der Nähe des Ortes, auf einem flachen Hügel, liegt eine Kapelle, in der sich die Bundeslade befindet; ein Gittertor trennt sie von der Außenwelt; in der Kapelle gibt es einen Stollen, in dem die Leichen der ehemaligen Hüter der Bundeslade liegen. **1004; 1005; 1006.**

Alassia – Beinamen: Herrin der Dunkelwelt, Schattenprinzessin, Königin der Nacht, Herrscherin über die Dunkelheit; alte Feindin → *Karas*; lange, schwarze Haare bis in die Kniekehlen, zweifarbige Augen; wurde von → *Asmodina* in die → *Dunkelwelt* verbannt; herrscht über diese Welt. **229** – fand geistigen Kontakt zu → *Dr. Tod* und gelangte so auf die Erde; nackt, jedoch umgeben von bis zum Boden reichenden schwarzen Haaren; kann sich in einen Schatten verwandeln und materielos werden. **TB22 †** – überzeugt → *Kara* davon, im Besitz des → *Tranks des Vergessens* zu sein, und zieht sie so auf ihre Seite; nachdem Karas Vater ihr die Wahrheit sagt, stellt sie sich gegen sie; John tötet sie mit seinem silbernen Bumerang.

Alcatraz – **416** – ehemalige Zuchthausinsel, auf der Jane Collins vom → *Höllengericht* getötet werden soll.

Alcoste – Nachbarort von → *Alet-les-Bains*; wird vom Staubgeist → *Whisper* in Staub verwandelt, taucht aber wieder auf, als dieser vernichtet wird. **485.**

Aldo – **348** – Besitzer des Club Inernational, eines Edelbordells in Chelsea; Diener der → *Lilith*; kann mit seiner Kumpanin → *Leila* fliehen, als John die Zombies der Lilith vernichtet. **349 †** – stirbt in Tanger durch eine Kugel aus Johns Beretta.

Aldroni – **930** – Ort in Italien (in den Abruzzen) mit einer zweigeteilten Kirche, in der sich früher die Christen versteckt haben sollen.

Alet-les-Bains – Ort in Südfrankreich in einem nördlichen Ausläufer der Pyrenäen; liegt in einer Talmulde; in der Nähe befindet sich die → *Kathedrale der Angst*, wo das → *Silberskelett* von Hector → *de Valois* aufgebahrt ist; hier leben → *Abbé*

Bloch und seine → *Templer*, ihr Haus befindet sich am Ortsrand; im Haus der Templer befindet sich der → *Knochensessel*; die Templer verfügen über moderne Einrichtungen: Funkanlage, Computer, Satelliten-Telefon; in den oberen Räumen befindet sich die Kommandozentrale; oberhalb des Ortes liegt ein alter Friedhof, wo die Blochs begraben liegen; die Gräber werden auch »Gräber der Ahnen« genannt; im Ort befindet sich ein Brunnen, der kein Wasser mehr führt, auf einem Platz, auf dem auch eine alte Eiche steht. **431**; **485**; **499**; **527**; **564**; **615**; **771**; **773**; **779**; **780**; **782**; **783**; **TB157**; **871**; **872**; **TB174**; **913**; **914**; **915**; **939**; **1001**; **1002**; **1005**; **1006**.

Alfred † – **653** – alterslose Gestalt; dunkle, gefährliche, geheimnisvolle Augen; trägt auf dem Kopf eine rote Kappe, die sein Haar verdeckt; besitzt einen Antiquitätenladen, in dem er magische Dinge verkauft, die danach von den Käufern Besitz ergreifen; durch einen Mord werden John, Suko und Bill Conolly auf ihn aufmerksam; Bill trifft auf die bereits seit Jahrhunderten lebende Puppe »Olympia«; sie greift ihn an, und er vernichtet sie mit der → *Goldenen Pistole*; Alfred will sie retten, kommt dabei jedoch durch den Schleim der Pistole dabei um.

Ali – Araberjunge aus Tanger, Waise; braune Augen, dunkle, kurze Haare, clever und lernbegierig. **349-353** – wird mit John in die → *Leichenstadt* und die → *Hölle* verschlagen; wird von John bei den Conollys untergebracht. **361** – geht von den Conollys weg zu Yakup → *Yalcinkaya*, wo er zum Ninja ausgebildet wird. **516** – holte John nach San Francisco, um zusammen mit ihm Yakup zu suchen, der entführt worden ist. **TB101 †** – wird im Alter von 17 Jahren vom Dämon → *Shimada* mit dessen Schwert getötet und von Yakup in der Nähe des Klosters begraben.

Allsehende Auge, Das – Zeichen auf Johns Kreuz; Auge der Vorsehung, in einem Dreieck mit der Spitze nach oben; Darstellung der Ägypter des Gottes → *Osiris*; später wurde es von der christlichen Kirche zusammen mit anderen heidnischen Symbolen übernommen und soll die Menschen an die alle Geheimnisse durchdringende Wachsamkeit Gottes erinnern; steht für Frieden und Ausgleich. **234** – Anzeiger einer Gefahr. **288** – wird im Haus des Tierfängers

Clive → *Odgen* projiziert, und Osiris spricht durch das Auge. **761** – leuchtet in Gegenwart von → *Nefret* blau auf.

Alp – auch »Nachtmahr«; ein zur Gestalt gewordener Traum; schwarze Wolke, die den Schläfer erdrückt und erstickt. **209** – ein Vorfahr von John, der seinen Namen trägt, ist von → *Asmodis* zum Alp gemacht worden und wird von Johns Vater mit Johns Kreuz vernichtet.

Alpbach – kleiner Ort im Alpbachtal in Tirol (Österreich); einmal schönster Ort des Landes; liegt an einem Sonnenhang abseits der Durchgangsstraßen; viele Souvenirläden. **829**.

Alpen-Teufel, Der † – **829** – richtiger Name: Paul; Mischung aus Mensch und Tier; Ausgestoßener; niemand kennt seine Eltern; lebt im Alpbachtal, wo er auch gefunden worden ist; das Tierische kommt bei ihm immer stärker durch; wird von Herbert Brandner großgezogen, dem er auch gehorcht; tötet mehrere Menschen im Alpbachtal; soll angeblich Selbstmord begangen haben und auf dem Friedhof begraben liegen; John und Suko erfahren durch die Zeitung von ihm; sein Selbstmord wurde von Herbert Brandner fingiert, der ihn nun durch Pfiffe dirigiert; dieser will mit seiner Hilfe konkurrierende Hoteliers töten lassen, um dann die Hotels zu einem Spottpreis aufkaufen zu können; es gelingt Suko, ihn mit 2 Silberkugeln zu töten, während Herbert Brandner von seiner Frau niedergeschlagen und von John festgenommen wird.

Alpha und **Omega** – Zeichen auf Johns Kreuz; Hinweis auf die Unendlichkeit des Schöpfers (Anfang und Ende).

Alptraum-Garten, Der – **47** – Garten der Lydia → *La Grange* auf einer Insel in einem kleinen See in der Bretagne, in dem von Lydia La Grange geschaffene Steinfiguren stehen, die vom → *Schwarzen Tod* mit magischem Leben erfüllt sind.

Alptraum-Schädel, Der † – **539** – Totenschädel des »Jaime de Toledo«; soll angeblich → *Nostradamus'* Schädel sein; befindet sich auf einem alten Friedhof unter einer Bodega in → *Belmez*/Spanien; wird dort von Manuel Menco gefunden; er tötet Menco, nachdem dieser seine Kräfte aktiviert hat; übernimmt den Körper der Wirtsfrau Carmen Grenada; gleichzeitig übernimmt Hector → *de Valois* Johns Körper und erklärt diesem, daß er den Schädel früher bereits bekämpft hat, dessen

A

Macht jedoch unterschätzt hat; er erkennt Hector in Gestalt von John wieder und will fliehen; Hector aktiviert jedoch das Kreuz, wodurch der Schädel vernichtet wird.

Alptraum-Schlucht – 338 – befindet sich im Traumgebiet des → *Planeten der Magier*, wo Alpträume wahr werden; wird beherrscht von den drei Gesichtern, gewaltige Geister (→ *goldene Skelette*); die drei Geister können, wenn sie beschworen werden, den Geist des Rippers aus Jane Collins' Körper fahren lassen; sie werden sichtbar, wenn auf der Erde jemand von ihnen träumt.

Alraune † – TB161 – dämonisches Wesen, das aus einer Alraunenwurzel entsteht; ein Wissenschaftler fand eine dieser Wurzeln und zerrieb sie, bis sie nur noch Staub war; später gab er etwas Wasser und den Saft der Tollkirsche hinzu, sprach einige alte Keltenformeln und trank das Gebräu; Alraune wuchs in seinem Leib, tötete den Wirtskörper und entstieg ihm durch den Mund; indem sie Menschen einen Kuß gibt, dringt ein Gift (Alkine) in diese ein, und der Mensch bekommt Visionen, die er in die Tat umsetzt, meistens Selbstmordvisionen; ernährt sich von dem Inneren des Wirtsköpers; Suko tötet sie mit seiner Dämonenpeitsche, nachdem sie mehrere Menschen zum Selbstmord bzw. Mord angetrieben hatte.

Alraunen – TB138 – abgeleitet aus dem gotischen Runa (Geheimnis); fleischiger, puppenähnlicher Wurzelstock, im Altertum Zaubermittel und Amulett; andere Namen: Erdgeist, Wichtelmännchen, Galgenmännchen; bei den Germanen als Hausgötter verehrt; können nur mit Menschenblut am Leben erhalten werden.

Alte Grauen, Das – 351 – hat in der dunklen Welt des → *Namenlosen*, eines der 6 → *Großen Alten* sein Zuhause gefunden; Teil der → *Leichenstadt*, die zu → *Atlantis* gehört.

Alte Krieger, Der † – 981 – richtiger Name: Camacho; Apache; hat magische Kräfte, auf die er mit Hilfe von alten Kräutern zurückgreifen kann; bestraft böse Menschen, indem er sie tötet; befreundet mit → *Yakup Yalcinkaya* und → *Chato*; begibt sich zu Yakups Beerdigung nach London; Abe → *Douglas* will ihn in London festnehmen, da er durch einige Morde mit dem Gesetz in Konflikt geraten ist; spürt die Anwesenheit von

Feinden für das Sinclair-Team; wird während der Beerdigung von Yakup von einer Ninja-Kämpferin mit deren Schwert getötet.

Altea † – **TB151** – auch »Cigams Sündenfall« genannt; Schwester von → *Cigam*; künstlicher, mechanischer Mensch, von → *Asmodis* geschaffen; der Teufel gab ihr den Hauch der Hölle, damit sie leben kann; besitzt die Haut von Anna Scoralla, die in London ermordet wurde und der man die Haut abgezogen hat; besteht zu je einem Drittel aus Mensch, Magie und Hölle; wird von John mit dem Kreuz vernichtet.

Altena – liegt in Nordrhein-Westfalen (an der Lenne); in der Nähe gibt es eine Höhle, in der sich das → *Hexenschwert* befunden hat. **TB33**.

Altenberg – Ort mit großem Dom in der Nähe von Köln; hier ist → *Elohim* aufgewachsen und wird von seinem Vater → *Raniel* geholt. **746**.

Altes Blut - Begriff für das Blut des Grafen → *Dracula*; wurde in einem Schloß in Rumänien aufbewahrt, macht jeden, der es trinkt, zum Vampir, wobei sich bei dieser Person dann ein blutrotes »D« auf der Stirn bildet; befindet sich auch im → *Blutstein*; der Blutstein gibt dem neuen Blut, das er hin und wieder aufnimmt, die Fähigkeiten des alten Blutes; kann aus dem Blutstein abgezapft werden; Vampire, die mit diesem Blut erschaffen worden sind, können im Licht existieren, werden allerdings geschwächt. **568 (1. Auftritt)** - ein Teil von ihm befindet sich in den Händen von Simon Arisis, der damit eine Vampirarmee erschaffen will, was John verhindert, indem er Simon tötet; das restliche Blut, das sich in den Händen von Arisis befunden hat, wird von John verschüttet. **570** - ein Teil ist im Besitz der Vampirin → *Reva*, die sich bis zu ihrem Tod davon ernährt; ist das erste Blut, das → *Will Mallmann* bekommt, der dadurch zu → *Dracula II* wird. **TB 99** - Dracula II stiehlt das restliche Blut aus dem rumänischen Schloß, in dem es sich befindet, und bringt es nach London. **664** - der Vampir-Arzt Dr. Sheldon → *Drake* bekommt von Dracula II einen Teil davon, wodurch er in der Lage ist, mit Hilfe von Spritzen aus Menschen Vampire zu machen, ohne sie beißen zu müssen. **852** - Dracula II erschafft mit seiner Hilfe einen Feuer-Vampir.

Alva → *Zauberfrau*.

A

Alvarez, Don – Abt des Klosters → *Monte Terrano*; Tyrann, regiert mit eiserner Hand; hat ein altes Buch entdeckt (in Hebräisch): Satansbibel, in dem er das Wort → *AEBA* entdeckt; in Ägypten findet er einen magischen Spruch der → *Königin von Saba*, der ihm Zutritt zu den geheimen Gewölben seines Klosters verschafft; geht hinab und wird vom Keim des Bösen erfaßt. **38** – wird ein Diener von AEBA und will John töten; wird in eine Irrenanstalt eingeliefert; von ihm erfährt John, daß die → *Horror-Reiter* die Leibwächter der Erzdämonen → *AEBA* sind. **TB6 †** – wird von den → *Horror-Reitern* aus einer spanischen Irrenanstalt befreit und ins → *Kloster St. Patrick* gebracht; verschafft sich mit einem Trick Zugang zum Kloster; John tötet ihn, indem er ihm seinen Silberdolch in die Brust stößt.

Alvarez, Juana † – **93** – Mexikanerin, in ihrem ersten Leben eine Maya-Prinzessin; will sich ihren Goldschatz aus der → *Pyramide der grausamen Priester* zurückholen, wird jedoch von einem Mumien-Monster getötet.

Amaterasu – japanische Sonnengöttin, die von ihrem Bruder → *Susanoo* vom Thron und ins Dunkle Reich gestoßen wurde; Schwester von Tsukiyomi (Mondgott); ihre Haut schimmert golden, frappierende Ähnlichkeit mit Shao, kann mit dem Schwert → *Kusanagi-no-tsurugi* getötet werden, welches einst ihre eigene Angriffswaffe war; entstand, als der Himmelsgott Izanagi sein linkes Auge gewaschen hat; wurde mit einem Spiegel angelockt und mit Hilfe von → *Shimada* und dem Sturmgott Susanoo ins Dunkle Reich gestoßen; dort fand ihre Macht Grenzen; lebt dort unter einem Schutzmantel, der mit dem Schwert Kusanagi-no-tsurugi zerstört werden kann; gab dem → *Goldenen Samurai* einst ihr goldenes Schwert; ihr magischer Fächer war lange Zeit auf der → *Insel des Schweigens* versteckt, bevor → *Tokata* ihn dort fand und der Goldene Samurai ihn später an sich nahm. **226** – Ihr Diener, der → *Goldene Samurai*, kämpft für ihre Rückkehr auf die Erde und bringt den → *Fächer der Amaterasu* an sich. **389** – rettet Shao, als diese von Susanoo geopfert werden soll. **TB114** – vertreibt mit Hilfe von Shao und dem magischen Fächer Shimada aus London. **840** – Feindin der Todesdrachen; gibt Shao Ledertrikot, Halbmaske und die Armbrust mit den Pfeilen zurück. **898** – verwandelt Shao kurzzeitig wieder in das Phantom mit der Halbmaske.

Ambiastro † – **254** – Vampir-Drilling aus → *Atlantis*; eine Einheit aus 3 Brüdern; lebte in Atlantis, stammt aber aus einem anderen Reich; die Mutter der alten Zigeunerin → *Azucena* fand ihn auf der Insel Sedonis in drei steinernen Särgen und nahm ihn mit nach England; der erste Drilling wird von Logan → *Costellos* Gangstern getötet, der zweite von → *Lady X* mit Silberkugeln aus ihrer MPi, der dritte von einem Gangster.

Amducias – **38** – Hauptdämon; mit → *Astaroth*, → *Bael* und → *Eurynome* (→ *AEBA*) Schützer der Hölle (wie → *Erzengel* Schützer des Himmels); sein Leibwächter ist einer der vier Apokalyptischen Reiter.

Amero – einst Inquisitor bei der spanischen Inquisition und abtrünniger Templer; der Untote hat teuflische Kräfte; als er vor mehreren hundert Jahren als Mensch starb, stand er im Kontakt mit dem Teufel; besteht aus unzähligen Würmern; diese fraßen einst seinen Körper, so daß seine dämonischen Kräfte auf sie übergingen; um Menschen zu seinen Dienern zu machen, läßt er sie einige der Würmer schlucken; verlangt pro Jahr ein Menschenopfer und frißt es; ein Dimensionstor führt von seinem Schloß in → *Los Cantos* zum Psycho-Haus auf dem Hamburger Rummel. **887** – John, Suko und → *Abbé Bloch* suchen sein Schloß auf, um ihn zu vernichten. **888 †** – begibt sich nach Los Cantos und schickt seine Würmer vor; John vernichtet ihn und die Würmer durch Aktivierung seines Kreuzes.

Amorana † – **997** – riesenhafte Gestalt; trägt einen Panzer, der den gesamten Körper bis auf Hände und Augen bedeckt; soll durch Menschenopfer wieder zum Leben erweckt werden; lebt in ihrer eigenen Welt, die in einem Zeitloch verschollen ist; kann durch ein Bild auf die Erde gelangen; hält zur Erde Verbindung durch eine Figur, die sie darstellt; John findet die Figur in einem Bordell und schneidet sie in 3 Teile; dadurch zerfällt auch ihr Körper in der fremden Dimension in drei Teile und wird vernichtet.

Amos † – **972** – Sklavenhändler; ca. 50 Jahre alt; lebte bereits in → *Atlantis*; half dort dem → *Schwarzen Tod*, die → *Prinzessin von Atlantis* zu blenden; erhielt vom Schwarzen Tod als Erbe dessen Blendstrahl; findet die Prinzessin in der heutigen Zeit und will sie nun endgültig töten und sich damit am → *Eisernen Engel* rächen, der sich in Atlantis in die Prinzessin verliebt hatte; verkauft Johnny Conolly eine CD-Rom, die ihn auf die Spur der Prinzessin führt; begibt sich zu den Conollys, um sie zu überreden, ihm die Prinzessin auszuliefern, wenn sie erscheint; will die Conollys mit dem magischen Blendstrahl blenden, was aber mißling; wird selbst geblendet, als das → *Goldene Schwert* seinen Blendstrahl reflektiert; der Eiserne Engel tötet ihn daraufhin mit seinem Schwert.

Ampitius, Dr. † – **449** – Arzt einer Nervenklinik, von dem das Schreckgespenst aus seinem früheren Haus Besitz ergreift; wird von Suko mit der Dämonenpeitsche vernichtet.

Amsterdam – Großstadt in den Niederlanden am Fluß Amstel; viele Grachten; der Flughafen Schipol liegt zwischen hier und Hoofddorp; versteckt liegt ein alter Friedhof mit Mausoleum; dort gibt es ein Krematorium aus der Jugendstilzeit, das unter Denkmalschutz steht; in dem Krematorium werden keine Leichen mehr verbrannt; der Friedhof liegt in einem kleinen Waldgebiet, das auch als Müllkippe genutzt wird. **GK77(15); GK 122(27); 843; 844; TB 182**.

Anat – **TB123** – Ort in der Wüste Jordaniens.

Anat → *Astarte*.

Anden – In einem einsamen Gebirgstal hat der Rest der → *Mordliga*, → *Lady X*, → *Xorron* und → *Vampiro-del-Mar* in einer Höhle Zuflucht gefunden.

Anderes Ufer der Nacht † – **TB57** – fremde, nicht existenzberechtigte Dimension; hier leben die Geister derer, die während der spanischen Inquisation von der Familie → *Marquez* getötet worden sind; in die Dimension führt ein langer Fluß, der an einer Bucht endet; der Strand der Bucht besteht aus flachen Steinen; die Bucht wird beleuchtet von rötlichen Totenschädeln; tief in der Dimension wird es grau und nebelig; die Geister der Gefolterten können Menschen durch ihre Kraft durch die Welt transportieren; John zerstört die Dimension mit seinem Kreuz.

Anderre, Marco – gehört zu den → *Templern*, die durch die Lande reisen und nicht direkt bei → *Abbé Bloch* leben; Schwester namens Lucille; die-

se ging nach dem Tod der gemeinsamen Eltern in ein Kloster.
895 (1. Auftritt) – seine Schwester informiert ihn, daß sie ein Schatten verfolgt; wird kurz darauf vom → *Schattenkiller* übernommen; John muß sie mit seinem Kreuz töten. **939** – ist bei den Templern in → *Alet-les-Bains* gelandet; wird dort an einer Tankstelle von Pater → *Carlos* überfallen und entführt; dient als Geisel im Tausch gegen Abbé Bloch; wird von Carlos mit Benzin übergossen und soll nach dem Abbé sterben; dies verhindern John und Suko, die die beiden retten.
Angares † – **1000** – Mönch; Hüter der → *Bundeslade*; stammt aus Äthiopien; erzählt John in der Kathedrale von → *Chartres*/Frankreich die Geschichte der Bundeslade; wird kurz darauf von 2 Killern in der Kathedrale erschossen.
Angela † – **TB23** – Hüterin von → *Brigadoon* und Königin der Zombies; einst wurde sie von den Dorfbewohnern gejagt, da sie sich mit den Männern des Dorfes eingelassen hatte; bei der Jagd wurde sie von den Bewohnern erschlagen; es stellte sich heraus, daß sie die Tochter des Grafen und gleichzeitigen Herrschers von Brigadoon gewesen war; dieser sprach den Fluch über die Stadt aus, die von da an alle 100 Jahre wieder erschien, um das Geschehen von einst noch einmal nachzuspielen; John wird in die Stadt verschlagen und vernichtet Angela mit dem silbernen Bumerang, wodurch auch der Fluch von der Stadt genommen wird.
Angela, die Böse † – **479** – ein junges Mädchen, Ziehtochter eines Köhlers, das vor 200 Jahren in Frankreich von dem Vampir Romain → *Bloch* gebissen und anschließend in den Sumpf geworfen wird; später, wenn der Kind-Dämon → *Baphomet II* geboren wird, soll sie wieder auferstehen, um seine Amme zu sein; wird von John mit einer Silberkugel vernichtet.
Angelina † – **951** – ihr Gesicht ist eine Maske aus Blut; lief vor 2 Jahren einem → *Höllenclub*-Mitglied über den Weg; dieser nahm sie mit nach London und feierte mit ihr und seinen Freunden Teufelsfeste, wobei sie des öfteren vergewaltigt wurde; wurde zu einer Teufelsanbeterin; sagte sich jedoch los und ging in ein Kloster; dort wurde sie wieder auf den richtigen Weg geleitet; die Nonnen trieben ihr das Böse aus und brachten sie auf den Gedanken der Rache;

ihr Körper sieht aus, als würde er nach und nach verwesen; er ist mit dunklen Beulen übersät; in ihrem Körper kämpfen Gut und Böse gegeneinander; das Böse hinterläßt die Beulen, die den gesamten Körper nach und nach zerstören; John will sie mit seinem Kreuz retten, da die Kraft des Bösen aber bereits zu stark geworden ist, zerstört es sie; sie wird auf dem Klosterfriedhof begraben.

Angst-Dämon → *Urak*.

Angstmacher, Der † – **TB90** – Name: Schaazar; forderte einst → *Asmodis* zum Duell, das er verlor; Asmodis zog ihm bei lebendigem Leibe die Haut ab und dachte, ihn vernichtet zu haben; er entkam jedoch unbemerkt und schlüpfte in die Saiten einer Harfe; diese Harfe gelangt in den Besitz von Sally Saler, und durch deren Spiel kommt er frei; bei einem Musikfestival gelingt es ihm, den ihn verfolgenden John zu bannen; in diesem Moment taucht Asmodis auf und vernichtet ihn endgültig.

Anina – Medium; kann sich in den Körper anderer Leute begeben; hat Kontakt mit anderen Welten und ist Sammelbecken anderer Energien; Heimkind; danach Stipendium für Universität; erhielt Ruf Gottes und entdeckte dadurch ihre Kräfte; schloß ihr Studium ab und ging ins Kloster; hat einen Januskopf mit häßlichem grünen Gesicht. **787** – durch die Kräfte des Spiritisten Dubbs wird ihre böse Engelhälfte hervorgeholt, welche John mit dem Kreuz vernichtet, wodurch Anina zu einer Verbündeten wird. **788** – wurde ausgesandt, um aus dem Kloster der barmherzigen Schwestern das Böse zu vertreiben; vermutlich guter Engel.

Ankh-Kreuz – ägyptisches Zeichen auf Johns Kreuz; Symbol des ewigen Lebens und der immerwährenden Kraft (auf Johns Kreuz als Beweis, daß es unzerstörbar ist).

Ansgar of Osborne † – **387** – untoter Ritter; Herr über die Haie; baute den → *Dämonenschrein* für den → *Spuk*; war ein Diener des Teufels, wurde dafür vom Spuk getötet; wird von John mit seinem eigenen Dreizack vernichtet.

Antwerpen – Stadt in Belgien, wo John, Suko und Mandra → *Korab* nach der → *Träne des Teufels* suchen. **306**; **307**.

Anubis – **288** – ägyptischer Totengott mit dem Kopf eines Schakals.

Apep – **121** – die Höllenschlange – identisch mit → *Asmodina*; Gegenspielerin des ägyptischen Sonnengottes → *Re*.

Apokalyptischen Reiter, Die 4 → *Horror-Reiter*.

Appledore – Ort auf einer Landzunge in der Provinz Cornwall, die ins Meer ragt, eingebettet in eine flache Senke; Kirche aus spätromanischer Zeit. **559**.

Aradia – **435** – einer der Namen → *Liliths* aus dem Altertum.

Archer – Konstabler in → *Pitlochry*/Schottland. **14 (1. Auftritt). TB24** – informiert John darüber, daß das Beil des → *Schwarzen Henkers* aus dem Museum des Ortes gestohlen wurde.

Architektin von Atlantis → *Glarion/Merete*.

Arden, Dr. – **85** – Arzt bei Scotland Yard; hagerer Mann mit grauem Seehundbart; wirkt immer melancholisch, was täuscht; Realist; Hornbrille.

Ardley – Ort nördlich von Oxford in England. **814**.

Arena des Grauens – **285** – Arena in → *Shimadas* Reich.

Ariel – Luftgeist, der in → *Aibon* den Himmel beherrscht.

Arisis, Simon † – **568** – liebt Ratten; will Wendy Wilde heiraten, doch nur, um ihr vom »alten Blut« zu trinken zu geben; sie soll davon, ebenso wie er und seine Gehilfin Gunhilla von Draben, abhängig werden; John kann dies gerade noch verhindern; da er von dem Blut bereits getrunken hat, stirbt er, als John sein Kreuz gegen ihn einsetzt; Gunhilla wird später angeschossen und mumifiziert langsam; bevor sie stirbt, warnt sie John vor der »Aktion Dracula«, womit dieser zunächst jedoch nichts anfangen kann, die aber mit → *Dracula II* in Verbindung steht.

Arkonada † – Diener der → *Großen Alten* in → *Atlantis*; stammt vom → *Planeten der Magier*, der identisch ist mit der Welt der → *Ghoul-Parasiten*; im Mittelalter ist er zurückgekehrt, jedoch mit dem Teufel in Konflikt geraten und wieder verschwunden; hat seine vollen Kräfte nicht zurückgewonnen; muß sich stets einen Gastkörper suchen, um seine Pläne durchführen zu können. **265** – sein Gastkörper Gregg, der auf einem Hausboot auf der Themse lebt und des Satans Tätowierer genannt wird, wird von ihm selbst vernichtet, weil er versagt hat. **TB30** – manipuliert die → *Flammenden Steine* und bringt sie in seinen Besitz; gelangt nach dem Tod → *Vampiro-delmars* wieder in den Besitz des

→ *Würfels des Unheils*. **308** – will John durch die → *Höllensteine* auf den Planeten der Magier verbannen, doch → *Myxin* kann diese vernichten. **312** – John, Suko, → *Kara*, Jane Collins, → *Wikka* und Professor → *Chandler* sollen auf dem Planeten der Magier am Galgen in seinen Flammenschlingen sterben. **312** – wird von der → *Totenmaske aus Atlantis* durch Myxin auf dem Planeten der Magier zu Schattenteilen zerstört, die sich in → *Arkonadas Schattenwelt* in Atlantis wiederfinden. **TB56** † – existiert nur noch als Schattenrest, der zusammen mit seinem Totenbuch von John mit dem Kreuz vernichtet wird.

Arkonadas Mord-Zyklopen → *Griffins*.

Arkonadas Schattenreich – **312** – befindet sich in → *Atlantis*; hier herrscht ewige Dunkelheit; die etwas helleren, öligen Streifen sind das, was von Arkonada übriggeblieben ist, nachdem die → *Totenmaske aus Atlantis* ihn zerstört hat.

Arkonadas Tätowiernadel – **265** – Arkonada kann durch Tätowierungen Menschen verändern; sie werden zu Robotern, zu Puppen, die Wachs in den Händen ihres Meisters sind.

Arlington – Ort in den USA; dort gibt es einen Heldenfriedhof, der in ein weites Areal im Schatten mächtiger Laubbäume integriert ist; wird von Wachtposten bewacht; zusätzlich gibt es eine elektronische Überwachung; zum Friedhof führt eine breite Zufahrtsstraße. **TB82**.

Army Island – Insel vor der Themsemündung; Ausbildungscamp einer Spezialtruppe der Army, die von Werwölfen heimgesucht wird. **89**.

Arosa – Ort in den Alpen in der Schweiz; liegt am Ende der Bahnstrecke von Chur nach Arosa. **672**; **673**.

Arsenius † – **TB21** – verbrecherischer Hellseher; arbeitet im Zuchthaus und sucht sich dort Menschen, die er für die Hölle präpariert; hat vom Teufel eine Spielkarte erhalten, mit der er Menschen in Vampire oder Werwölfe verwandeln kann; versucht John, der als Strafgefangener ins Zuchthaus geht, in einen Vampir zu verwandeln; flieht vor John; trifft auf seiner Flucht die Hellseherin → *Tanith* und will sie mit einem Messer töten; bei dem Handgemenge mit ihr wird er selbst Opfer seines Messers.

Artus → *König Artus*.
Aschera → *Astarte*.

Ascona – Ort in der Schweiz am Lago Maggiore. **TB104**.

Ascot-Clan, Der † – 372/373 – Werwolf-Familie, die aus den 4 Brüdern Gerald, Herbert, Wayne und Rudy besteht; Geralds Frau Alexis ist normal und überlebt als einzige; Suko verwundet sie mit einer Silberkugel, als sie auf Befehl von Lupina mit dem silbernen Bumerang John töten will.

Ash, Gwendolyn – Besitzerin eines Altenheimes in der Nähe von → *Shortgate*; will die Ideale von Sir Francis Dashwood, dem Gründer des → *Hell Fire Clubs*, weiterführen; vergräbt Tote, die sie selbst umgebracht hat, in Erde, die Sir Francis geweiht worden ist; die Geister der Toten erwachen dadurch wieder zum Leben; durch die Körper der getöteten Menschen können sie wieder zu Menschen werden; will ein schwarzmagisches Dreieck erschaffen, das sich zwischen Shortgate, dessen Friedhof und dem Altenheim befinden soll. **994** – steckt den Freund von Lady Sarah → *Goldwyn* lebendig in einen Sarg und verwandelt ihn dann durch alte Beschwörungsformeln von Sir Francis Dashwood in einen Zombie. **995** † – will das schwarzmagische Dreieck mit Hilfe von 6 Leichen erschaffen, die sie in Zombies verwandeln will; dies verhindert Jane Collins, die ihr eine Silberkugel in die Brust schießt; ihr Geist greift John auf dem nahen Friedhof an, wo dieser bereits die von ihr beschworenen Geister vernichtet hat; auch ihr Geist wird von John mit dem Kreuz zerstört.

Ashdown Forest – Sumpfiges Waldgebiet südlich von London in der Nähe von Lindfield; im Wald liegt ein See, in dem sich eine Insel befindet; auf der Insel steht eine Burgruine. **TB24**; **TB28**; **976**; **977**.

Ashley Heath – Ort liegt am Fluß Avon in England; in einer Seitenstraße liegt das Hotel »Avons Inn«. **885**.

Ashley, Julia † – 511 – wird von der Hexe Wilma Davies in einen scheintoten Zustand versetzt, da sie deren Mann Pernell den Kopf verdreht hatte; wird lebendig begraben; rächt sich später an der Hexe; diese fällt ebenfalls in einen scheintoten Zustand und wird begraben; seit dieser Zeit sterben alle, die das Geheimnis lüften wollen, auch ein Kollege von John; bei der Überprüfung seiner Leiche stellt John fest, daß sein Kollege nur scheintot ist; John erfährt ihre Geschichte und begibt sich zu

Julias Grab; dort trifft er ihren Geist und vernichtet ihn mit seinem Kreuz; gleichzeitig mit dem Tod Julias stirbt auch deren Verbündeter Pernell Davies.

Asmodina – die Tochter des Teufels; Königin im Reich der Finsternis; ist im heißesten Höllenfeuer geschmiedet worden; Meisterin der Verwandlung; ist identisch mit der Höllenschlange → *Apep*; brandrote, wilde, schlangenartige Haare; aus der Stirn wachsen zwei Hörner; kann sich in eine riesige Schlange verwandeln; hielt schützend die Hand über die → *Mordliga*, die nach ihrem Tod zerbrach. **67 (1. Auftritt)** – wird von den Hexenjüngerinnen Serena → *Kyles* beschworen; auch Glenda Perkins ist dabei. **108** – schwatzt dem → *Spuk* die Seele von → *Dr. Tod* ab, um mit ihm die → *Mordliga* zu gründen. **114** – holt den → *Würfel des Unheils* aus dem → *Brocken*, um durch ihn Kontakt zu → *Tokata* aufzunehmen. **138** – hat sich die → *Schädelwelt* untertan gemacht. **TB1** – hält die Zeit an und verwandelt London scheinbar in eine Hölle; John durchschaut ihren Plan und zerstört die Vision mit seinem Kreuz. **TB3** – trifft im Grab in der Hölle auf John, der ihr jedoch entkommt. **202 †** – wird von Dr. Tod mit dem → *silbernen Bumerang* geköpft; ihr Körper wird von John mit dem Kreuz vernichtet. **85; 96; 103; 111; 112; 121; TB6.**

Asmodinas Leichenhaus – 96 – befindet sich auf der Insel der verlassenen Götter (eine unbewohnte Orkney-Insel), unter vier bläulichschwarz schimmernden Steinen, die man Satans Zeichen nennt, weil sie bei Sonnenuntergang rot leuchten; wird zerstört, als John Asmodina entkommt.

Asmodinas Reich – 103 – auch Graue Galaxis genannt; Land wie aus einem Alptraum; Wüsten, Felsen, vegetationslose Zone, die dem Vorhof zur Hölle gleicht; nebelhafte Welt, in der es keine Sonne gibt; fahler Himmel, heißer Wind; die Burg in Asmodinas Reich hat 4 hohe Türme, durch Laufgänge verbundene Mauern, Graben und eine Zugbrücke; sie schwebt in einer Zwischendimension, in der → *Asmodinas Todesengel* ihre Kräfte gegen die → *Pantherfrauen* messen.

Asmodinas Todesengel – Frauen mit brandroten Haaren, bekleidet mit hauteinger, schwarzer Lederhose, darüber ein knappes Trikot aus schwarzem Leder, das bis dicht unter die Brüste reicht und das Stück Haut bis zum Ansatz der Hose freiläßt; gewaltige schwarze Flügel; dunkelgrünes Blut. **102** – holen → *Myxin* aus dem → *Reich des Schwarzen Tods*. **143** – haben Myxins → *Schwarze Vampire* vernichtet. **156**.

Asmodinas Vermächtnis – 237 – Schriftrolle wie im Mittelalter, aus Haut gefertigt; darin steht die Formel zur Herstellung eines → *Homunkulus*, eines künstlichen Menschen aus Technik, unheiliger Erde und der Haut normaler Menschen; John zerstört das Vermächtnis, indem er es in ein Säurebassin im Keller der → *Pußta-Mühlen* (Mühle/Restaurant in ländlichem Vorort Londons) wirft; → *Izzi* gab es an → *Kalifato*, der reichte es weiter an Jorge → *Shury*.

Asmodis – auch Teufel oder Satan genannt; kann seine Gestalt beliebig ändern; Lieblingsgestalt: dreieckige, rote Fratze, ziegenähnliches Aussehen, Zähne wie Stifte; kalter Flammenkranz um den Körper; stinkt nach Schwefel; spuckt Feuer beim Lachen; unsterblich; ist ein Teil von → *Luzifer*. **TB13** – gibt → *Wikka* und Gordon → *Schreiber* seinen Segen zu ihrer Hexenhochzeit; diese wird jedoch von John verhindert, der dabei auch seinen Schrein mit dem Kreuz zerstört. **TB15** – schickt den → *Dämonen-Parasiten* Galuri nach London, um sich an John für den Tod → *Asmodinas* zu rächen. **236** – steckt hinter dem → *Macumba*-Totenzauber in Rio de Janeiro. **TB24** – erlaubt Wikka, einen Festplatz der Hexen zu errichten. **TB26** – rettet Wikka und Jane Collins vor der Macht von Johns Kreuz. **TB29** – gründet zusammen mit Wikka und dem → *Spuk* ein Bündnis gegen die → *Großen Alten*; nimmt zusammen mit dem Spuk und → *Vampiro-delmar* den → *Würfel des Unheils* an sich, nachdem → *Lady X* getötet worden ist. **270** – ermordet → *Tanith* und holt sich ihre → *Kugel*; der → *Kelch des Feuers* gelangt in Johns Besitz. **TB31** – verführt und entführt in der Gestalt von Eric Turner Glenda Perkins; ist Besitzer eines Aerobic-Studios; will John mit der Gefangennahme Glendas erpressen, was aber mißlingt. **TB35** – hilft Professor → *Orgow*, John eine Falle zu stellen, was jedoch mißlingt. **296/297** – gewinnt John als Helfer gegen → *Mandraka*, den Schwarzblut-Vampir. **TB44** – verleiht Ricardo → *Bachara* die Gabe des Schnitzens; durch seine Magie werden die von ihm geschnitzten Person langsam zu Holzfiguren; John durchkreuzt den Plan mit seinem Kreuz. **340** – verbrennt den → *Höllen-Detektiv* Pernell Kent im Höllenfeuer. **TB47** – entnimmt John Blut, um damit das Reich des Dämons → *Kel-Aba* zu retten, welches er später erben will; der Plan mißlingt, und das Reich wird von → *Gorgos* übernommen. **347** – wird fast vom Spuk vernichtet; Luzifer rettet ihn. **TB50** – schafft eine Glocke, bei deren Läuten sich Menschen in Monster verwandeln; will so John töten lassen; John zerstört die Glocke mit dem silbernen Bumerang. **TB62** – befindet sich in einer Baphomet-Statue, die John mit seinem Kreuz vernichtet. **TB66** – gibt dem Barmixer → *Harry* Zutaten für einen Drink, der Menschen zu Teufelsdienern macht. **TB72** – bringt Jane Collins in seine Gewalt, die jedoch von John mit Hilfe des Bumerangs gerettet wird. **TB73** – unterstützt Frank Adamis, der sich mit ihm verbündet hat, bei der Flucht aus dem Gefängnis. **TB90** – kämpfte vor Jahrhunderten gegen den → *Angstmacher*; dieser verlor den Kampf, überlebte jedoch in den Saiten einer Harfe; als er seinen Fehler bemerkt, kehrt er in der Gegenwart zurück und tötet den Angstmacher endgültig; will eine Seele mit zurück in die Hölle nehmen; da John durch sein Kreuz geschützt ist, tötet er Sally Saler, die den Angstmacher durch ihre Harfe befreite, und nimmt ihre Seele mit in die Hölle. **537** – holt → *Larcos*, der die Hölle übernehmen wollte, zu sich und tötet ihn. **549** – macht mit Hilfe seiner Magie eine Amorstatue zu seinem Werkzeug; diese ist in der Lage, Menschen in Werkzeuge der Hölle zu verwandeln, wenn ihre Pfeile die betreffende Person treffen; die Statue verletzt Sheila Conolly schwer, wird aber später von John mit 4 Silberkugeln vernichtet. **553** – → *Mandragoro* will von ihm seine drei Hexen zurückbekommen und bietet ihm im Tausch Jane Collins an; er willigt ein, doch bevor er Jane an sich nehmen kann, taucht John auf und vertreibt ihn mit seinem Kreuz. **562** – rettet den Buckligen → *Quasimodo* vor dem Selbstmord und spannt ihn für seine Dienste ein. **573** – der → *uralte Henker* Lorenzo findet einen Weg zu ihm und fordert ihn zum Kampf; er gewinnt und bannt den Henker, der 600 Jahre später, als Streich des Spuks, von diesem befreit wird. **592** – geht einen Pakt mit dem Computerhacker Nick Ratkin ein; manipuliert dessen Computer mit magischen Mitteln und macht ihn zu einer tödlichen Falle; als John der Todesfalle mit Hilfe seines Kreuzes entkommt, tötet er Nick Ratkin für dessen Versagen. **TB112** – übergibt vier Frauen ein Stundenglas, mit dessen Hilfe Menschen in Schlamm verwandelt werden können; beim Kampf mit John zerstört er das Stundenglas, indem er eine der Frauen damit erschlägt. **667** – überwältigt und entführt Bill Conolly; teilt ihm unfreiwillig mit, wie John mit Hilfe des → *Hölleneis* und seines Kreuzes Nadine → *Berger* vom Vampirdasein erlösen kann; rettet → *Dracula II* vor der Vernichtung durch die → *Goldene Pistole*. **668** – übergibt den Höllenthron an Silva → *Mancini*; sie und der Thron werden später von Johns Kreuz vernichtet. **TB128** – holt vier Verbündete zu einem Grab, das den Zugang zu seinem Reich darstellt; John und Suko finden das Grab ebenfalls und verschließen den Zugang für immer; aus Rache schickt er ihnen seine Verbündeten, die von John und Suko vernichtet werden. **TB139** – (taucht nicht selbst auf) – will sich mit Hilfe von Tom → *Wade* Zugang zum → *kosmischen Rat* verschaffen, was aber mißlingt. **TB141** – (taucht nicht selbst auf) – will den → *Blut-Piraten* als Gegenpol zu Dracula II aufbauen, was durch dessen Vernichtung verhindert wird. **781** – verwandelt die Hexe Linda → *Vermool* in eine untote Hexe. **817** – bittet John, ihm Luzifers Tränenbecher zu besorgen. **818** – bringt John und Suko in die Vergangenheit, wo sie den Tränenbecher finden. **834** – tötet die Hexe → *Tatjana*, indem er ihr den Hals umdreht, da sie John nicht töten konnte. **TB181** – schickt den Dämon → *Smasch*, dem er selbst diesen Namen gegeben hat, aus, um die Hexen von → *Lilith* zu töten; rettet Smasch einmal vor John, kann aber nicht verhindern, daß Lilith ihn tötet. **64**; **292**; **TB42**; **TB78**; **563**; **TB100**; **607**.

Assassinen – **975** – Orden, der bereits vor den → *Templern* existiert hat; hat dieselben Farben wie der Templerorden, nämlich Rot und Weiß; tragen ein weißes Gewand mit roter Kopfbedeckung und rotem Gürtel; ihr Wahlspruch lautete: Nichts ist wahr, und alles ist erlaubt; kann möglicherweise als Vorbild für die Männer gedient haben, die den Templerorden erschaffen haben; Assassin bedeutet übersetzt Meuchelmörder; sie nahmen Aufträge in dieser Richtung an und kamen erst zur Ruhe, wenn der Auftrag zur Zufriedenheit des Auftraggebers erfüllt oder sie selbst tot waren; sollen versucht haben, den mächtigen König Saladin zu ermorden, um dadurch eine Einigung zwischen Schiiten und Sunniten zu verhindern; fanden den Spiegel von Nofretari, der Lieblingsfrau des Pharaos Ramses; durch ihn konnten sie an die Magie und das Wissen der alten Ägypter gelangen; der Spiegel ist dem Skarabäus geweiht; Harvey Patterson gelangte an den Spiegel und war damit in der Lage, die Assassinen in die Gegenwart zu holen, damit sie für ihn töteten; Patterson wollte der König der Assassinen werden; da er Sir James Powell vom Club her kannte und ihn als Gefahr einstufte, sollten die Assassinen ihn, John und Suko töten; die beiden Assassinen, die diesen Auftrag erhalten hatten, wurden aber von John und Suko getötet; Nosfretari rächte sich an Patterson für dessen Versagen, indem sie sein Gesicht in einen Totenschädel verwandelte und einen Skarabäus in diesen Schädel sandte, der den Schädel nach und nach auffressen sollte; John vernichtete den Skarabäus mit seinem Kreuz, gleichzeitig stirbt dadurch auch Patterson; der Spiegel von Nosfretari wird ebenfalls zerstört und das Tor durch die Zeiten für immer geschlossen.

Assow, Bernd † – **696** – blondes, kurzes Haar, hohe Stirn, sportlich durchtrainierter Typ; BKA-Beamter; verfolgt die Hehlerin Colette Mercier nach Frankreich und schickt eine schriftliche Nachricht über das Geschehene an John; wird von dem Vampir → *Rafugil* vom Kirchturm eines Dorfes gestoßen und stirbt.

Assunga – auch »Schattenhexe« genannt; Vampirin und Hexe, die sich mit → *Dracula II* verbündet; mit ihrem → *Zaubermantel* kann sie zwischen den Dimensionen reisen; ihre Hexenkraft und das Mitwirken von → *Luzifer* erschufen die → *Vampirwelt*; war zunächst nur ein Geistwesen mit grauer Haut; wurde von den eigenen Verwandten im Keller des St. Mary Krankenhauses in London bei lebendigem Leibe eingemauert; traf kurz vor ihrem Tod auf →

Astaroth; er machte sie zum Vampir, der sich von Seelen ernährt; wenn sie jemanden tötet, bleiben nur die blanken Knochen zurück. **680 (1. Auftritt)** – ermordet im St. Mary Krankenhaus einige Obdachlose; fährt in den Körper eines Menschen und will John und Suko in eine Falle locken, was jedoch mißlingt; der Körper, dessen sie sich bemächtigte, stirbt, und ihr gelingt die Flucht. **699** – wird aus ihrem gläsernen Sarg erweckt, indem die Lebenskraft eines jungen Mädchens auf sie übergeht. **700/701/702** – findet auf dem Schlaf von Graf Vlad → *Dracula* den → *Zaubermantel*. **736** – verwandelt sich in eine Riesenfledermaus; will von den Experimenten des Teleporters → *Drusow* profitieren. **755/756/757** – verliert ihren Zaubermantel an Suko, holt ihn sich aber von John zurück. **TB153** – will John in der Vampirwelt den Vampirkuß geben, was → *Zebulon* jedoch verhindern kann. **TB176** – warnt John vor dem → *Vampir-Pendel*, teilt ihm mit, daß er es vernichten soll, und überzeugt eine Zigeunerin, das Pendel zu stehlen. John und Frantisek → *Marek* verhindern die Übergabe des Pendels, und Marek nimmt es wieder an sich. **954** – trifft in der Tiefgarage von Johns Wohnhaus auf diesen und Suko; teilt ihnen mit, daß sich Frantisek Marek in Gefahr befindet, ausgehend vom → *Vampirwolf*; bringt die beiden mit ihrem Zaubermantel in die Nähe von Mareks Aufenthaltsort, damit sie den Vampirwolf vernichten können, da weder → *Dracula II* noch Morgana → *Layton* etwas mit diesem anfangen können. **970** – taucht in einem Stein auf, der als Falle für die Werwölfe gedacht ist; warnt Morgana Layton, weiterzugehen; als diese nicht hört, wird sie fast getötet. **971** – befindet sich in der Vampirwelt; will miterleben, wie Dracula II Morgana Layton tötet; als Suko seinen → *Stab* aktiviert, raubt dieser ihr ihren Zaubermantel und begibt sich mit ihr und John zurück zur Erde, um sie als Pfand gegen Morgana Layton einzutauschen; Suko paßt aber nicht auf, woraufhin sie sich den Mantel zurückholt und wieder in der Vampirwelt verschwindet. **953**.

Assungas Zaubermantel – außen schwarz, innen gelb, als Verschluß am Kragen dient eine goldene Brosche mit einer Fratze darauf; aus der Haut eines Schamanen; braucht Kontakt zum Körper, um seine Magie zu entfalten; verändert die Zeit; → *Lilith* hat ihn hergestellt; sie war die erste Besitzerin. **700** – gehörte einst Vlad → *Dracula*, dem Blutgrafen; Assunga findet ihn in einem Schacht des Pavillons, in dem sich Vlad Dracula früher amüsierte.

Astahoe † – **153** – Der Höllenritter; wird durch den Dämon James Corrigan, der als Pater auftritt, und das Medium Glynis Dirk in die Gegenwart geholt, wo er durch Morde Zombies schafft; wird von John mit der eigenen Sense enthauptet und zerfällt zu Staub.

Astaroth – **38** – einer der 4 Erzdämonen → *AEBA*; sein Leibwächter ist einer der vier → *Horror-Reiter*; mit → *Eurynome*, → *Bael* und → *Amducias* Schützer der Hölle (wie → *Erzengel* Schützer des Himmels).

Astarte – auch Anat, Braut des → *Spuks* oder Aschera genannt; Fruchtbarkeitsideal der alten Kanaaniter; Gemahlin → *Baals*; wurde später die Braut des Spuks; als Baal das bemerkte, verwandelte er sie in einen Berg; er tötete sie jedoch nicht, und so konnte sie sich regenerieren. **TB123 †** – da sie zu große Machtansprüche hegt, wird sie von John und dem Spuk bekämpft; John aktiviert sein Kreuz, und sie wird von den 4 Erzengeln vernichtet. **629**.

Astor, Al – **173** – Besitzer eines Wanderzirkus; Partner der Werwölfin → *Silva* Vasely und Rauschgifthändler; landet hinter Gittern.

Astra-Pistole – Waffe von Jane Collins mit Perlmuttgriff; verschießt → *Silberkugeln*.

Athen – Hauptstadt von Griechenland; dort lebt der Weiße Magier → *Kiriakis*, der John auf → *Myxin* aufmerksam macht. **17**.

Atlantis – riesiges Land mit hoch entwickelter Kultur; versank vor vielen tausend Jahren im Meer; war dem Gott »Atlan« geweiht; ein Gebirge trennte dort Gut und Böse; ein Teil bestand aus Wüste, in der Sandwürmer lebten, die groß wie ein Männerarm waren; in einem Felsentempel lebten die → *Schwarzen Priester*; in der Mitte des Tempels befand sich ein See, in dem Riesenkraken lebten; beim Untergang entkamen viele Wesen, gute und böse; einst Heimat von → *Myxin*, Kara, dem → *Eisernen Engel* und dem → *Schwarzen Tod*; es floß magisches Leben vom → *Planeten der Magier* hierhin; die → *Leichenstadt* war einst ein Teil von ihm, wurde aber bei der Zerstörung des Kontinents abgesprengt; es existierte ein »Tempel der Sphinx«; dies war eine Arena mit Zuschauerrängen; die Arena war eine Spiegelfläche und gleichzeitig ein Dimensionstor; um den Kontinent herum gab es zahlreiche kleinere Inseln; in der Hauptstadt stand das palastähnliche Haus von → *Delios*; Myxin und der Schwarze Tod kämpften um die Vorherrschaft hier; es existierte eine Verbindung zu Ägypten; vor 200.000 Jahren kamen die ersten Siedler von hier nach Ägypten; sie errichteten große Pyramiden, die das Wissen der Atlanter speicherten; nach der 1. Katastrophe – Ägypten wurde 10.000 Jahre lang überschwemmt – waren alle Spuren verwischt; erneut tauchten Atlanter auf und veränderten das Gesicht Ägyptens; es gab danach kaum Unterschiede zwischen den beiden Ländern; zum zweiten Mal wurde Ägypten überschwemmt, diesmal aber nicht so lange; die dritte »göttliche Dynastie« entstand; in dieser Zeit wurde der große Tempel von Karnak, die Pyramide von Gizeh, die Cheopspyramide und alle Bauten errichtet, die heute noch zu sehen sind; es gibt keine Bauten mehr, die vor der zweiten Katastrophe gebaut worden sind. **TB5** – John erlebt den Beginn des Untergangs in der Vergangenheit mit; er erlebt, wie Delios stirbt; gelangt mit Hilfe des → *Spiegels des Wissens* und der des → *Sehers* wieder in die Gegenwart. **TB55** – John findet ein Tor zum Kontinent und wird gezwungen, sich auf den Kontinent zu begeben; John soll dort getötet werden, wird aber von Myxins Vampiren gerettet; gelangt durch einen Schuß mit der → *Goldenen Pistole* zurück, und auch das Tor wird dadurch geschlossen. **TB80** – 4 Atlanter versuchen vor dem Untergang die schreckliche → *Sphinx* zu vernichten; dies mißlingt, und Jahre später entführt sie John zum Kontinent; Kara tötet die Sphinx in der Vergangenheit und kehrt mit John zusammen in die Gegenwart zurück. **577** – Kara trifft in der Vergangenheit auf ihren ersten Gegner, einen Schwarzen Priester, den sie zum ersten Mal mit ihrem → *Goldenen Schwert* bekämpft, aber nicht vernichten kann. **TB113** – Kara und John begeben sich in die Vergangenheit auf den Kontinent; John tötet hier den Körper eines Kraken mit dem Geist eines Schwarzen Priesters und gelangt mit Karas Hilfe wieder in die Gegenwart. **636** – John gelangt durch ein Zeittor mitten in London nach Atlantis; er tötet einen Schwarzen Priester, wodurch die Magie zusammenbricht und ihn wieder nach London transportiert. **TB137** – Kara begibt sich hierhin und findet ein Dorf, in dem sie als Königin verehrt wird; die Straße des Ortes besteht aus buckeligem Kopfsteinpflaster; im Zentrum des Ortes liegt ein großer Platz, auf dem eine Steinstatue von Kara steht; es gibt eine Höhle, in der ein Weiser wohnt und die einen geheimen Ausgang hat; der Schwarze Tod zerstört die Steinstatue, doch Kara gelingt mit Hilfe des Goldenen Schwertes die Flucht. **863** – John und Suko werden zu der Insel von der → *Sirene von Atlantis* Roya verschlagen, die vor dem Kontinent in der Vergangenheit liegt; die Insel wird »Toteninsel der Sirene von Atlantis« genannt. **864** – John und Suko erleben dort mit, wie Roya im Kampf gegen Kara gewinnt, sie jedoch verschont; danach gelangen sie mit Royas Hilfe zurück in die Gegenwart; Kara erlebt, wie sie zum ersten Mal den Eisernen Engel trifft und dieser sie hier vor dem Schwarzen Tod rettet. **964** – John, Suko und die → *Königin der Toten* gelangen auf einen alten Friedhof; hier herrscht der → *Verfluchte aus Atlantis*; John und Suko können mit Karas telepathischer Hilfe fliehen. **972** – der Eiserne Engel erlebt noch einmal, wie hier der Schwarze Tod seine ehemalige Freundin Sedonia, die → *Prinzessin von Atlantis*, blendete und sie ihm raubte. **335; 336; 337; 338; 339.**

Au-Fu-Tschi – **241** – alter chinesischer Weiser, der sein Leben für sein Dorf gibt, um es vor dem → *Jademann* und seinen Moorleichen zu retten.

Auber, Claudine – **334-339** – Freundin von Pierre → *Trudot*; vom Drachen → *Nepreno* entführt und im → *Höllensumpf* in der Nähe Sukos wieder fallen gelassen; durch Myxins Totenmaske aus dem Höllensumpf auf die Erde zu den flammenden Steinen zurückgeholt.

Auge des Horus – Zeichen auf Johns Kreuz; → *Horus* ist ein ägyptischer Gott mit dem Aussehen eines Falken; sein scharfes Auge wacht über allem, auch über den Träger des Kreuzes.

AUM – heilige Silbe (Indien); setzt sich zusammen aus den Anfangsbuchstaben der Götter → *Agui*, → *Varuna* und → *Marut*;

Zeichen auf Johns Kreuz; kein Unwürdiger darf sie aussprechen, nur jemand, der sich in höchster Gefahr befindet, sonst wirkt sie nicht; die Silbe steht gewöhnlich am Anfang der heiligen Schriften und Gebete der Hindus; man findet sie auch bei den Hebräern, wo sie aus Sanskritbuchstaben zusammengesetzt wurde.

Avalon – auch »Insel der Äpfel« genannt; wird regiert von → *Merlin*; sein Wächter ist → *Brân*; dieser hat einen Bruder namens »Dyfur«, der ein Menschenfresser ist und alle tötet, die Avalon finden und betreten; unsichtbare Insel in einem ewigen rötlichbraunen Nebel; dort liegen die Gräber von → *König Artus* und den Rittern der Tafelrunde; Insel der Mythen; Zwischenreich für die Gerechten; liegt westlich von Britannien in der Irischen See; einst atlantische Kolonie, die mit dem Mutterkontinent verschwand; Heimat von Nadine → *Berger*; es gibt ein Tor in der Nähe von → *Glastonbury*, das dorthin führt; hingelangen kann man mit Hilfe des → *Knochensessels* oder des → *Dunklen Grals*; es riecht dort nach Blütenduft; kristallklares Wasser; alles blüht; Sandstrände, keine Steilküste an der gesamten Insel; es gibt kleine Seen und ein Gebirge; insgesamt eine hügelige Landschaft; es gibt auch Gebiete ohne Bewuchs, mit Türmen aus Gestein; es existiert eine Höhle, in der sich die Ritter der Tafelrunde als in den Stein gehauene Figuren befinden; dort liegt auch der Zauberkessel, der das ewige Leben bringt; der Kessel liegt im Nebel und hat eine goldgrüne Farbe; es gibt nur eine Möglichkeit, die Insel zu verlassen: durch den Kessel zu gehen; wen der Kessel für unwürdig hält, der kommt darin um; in dem Kessel befindet sich eine undefinierbare Masse; sie ist grünlich und von Nebel umhüllt; in dem Kessel befinden sich zur Zeit diejenigen, die hoffen, irgendwann als Lebende nach Avalon zurückkehren zu dürfen, was aber allein Merlin entscheidet; eine weitere Möglichkeit, die Insel zu betreten, war der versteinerte Kopf Brâns, der nördlich von London lag; Johns Ahnherrin Geraldine → *Sinclair* lebt hier.
622 (1. Auftritt) – Melusine → *de Lacre* raubt John den Dunklen Gral und gelangt mit seiner Hilfe zur Insel; John altert zur Strafe für den Verlust des Grals um 30 Jahre. **623** – John trifft in London auf Brân und begibt

sich mit ihm zur Insel; → *Kara* gelangt mit einem Tropfen vom → *Trank des Vergessens*, den ihr der → *Spuk* gab, auch zur Insel; Brân tötet seinen Bruder Dyfur auf der Insel; John trifft König Artus und Merlin dort; John bannt Merlin kurzzeitig mit Hilfe seines Kreuzes; Kara findet John und begibt sich zusammen mit ihm zum Zauberkessel, in dem sich der Dunkle Gral befinden soll; sie finden den Gral und auch Melusine de Lacre; John entreißt ihr den Gral und kehrt mit Kara zur Erde zurück; Melusine wird zum Geist und muß nun warten, bis Merlin sie zurück zur Insel läßt. **TB134** – John und Nadine Berger treffen sich hier; Nadine hat sich entschlossen, für immer hierzubleiben; es gelingt einem bösen Abt, von hier zur Erde zu fliehen; der Abt wird später von John mit dem Dunklen Gral vernichtet. **780** – Suko und → *Abbé Bloch* begeben sich mit Hilfe des Knochensessels hierhin. **784** – Suko und Abbé Bloch treffen in der Höhle auf König Artus und die Ritter der Tafelrunde; Abbé Bloch erhält von Merlin sein Augenlicht zurück, damit dieser die Pracht Avalons sehen kann; sie erleben mit, wie John Mark → *Lomenius* ein Ritter der Tafelrunde wird; John und Bill Conolly gelangen durch das Tor in Glastonbury auf die Insel; Merlin gibt Suko und Abbé Bloch im Tausch gegen den Dunklen Gral frei; die 4 verlassen die Insel; Nadine Berger unterwirft sich Avalons Gesetzen und damit Merlin. **TB152** – der Nebel vernichtet 2 Hexen, die von Nadine Berger zur Insel gezogen worden sind; John und Suko entdecken das Tor zur Insel in Glastonbury. **TB175** – John erfährt, daß seine Ahnherrin Geraldine dort lebt und die Insel jederzeit verlassen kann. **TB184** – John gelangt durch ein Tor, das von einem Gemälde gebildet wird, hierher; er trifft dort auf → *Myrna*, die Hüterin der Riesen; nach deren Tod durch einen Riesen wird das Tor zerstört, nachdem John von der Insel wieder zurück zur Erde transportiert worden ist.

Avalons böse Schwestern † – **TB152** – drei Schwestern: Damana, Yodana und Rogetta; verliebten sich einst in drei Ritter der Tafelrunde, wurden von diesen aber abgelehnt; wurden später von → *Merlin* verflucht und in ein Zwischenreich verbannt; von dort wurden sie durch → *Asmodis* befreit; suchen auf der Erde nach ihren

Geliebten; töten bei der Suche nach ihnen 2 Menschen, bevor sie ihren Fehler bemerken; begeben sich daraufhin nach → *Glastonbury*, wo sie durch ein Tor nach → *Avalon* gelangen wollen; auf dem Weg dorthin wird Damana von John und Suko mit je einer Silberkugel erschossen; Yodana und Rogetta werden von Nadine → *Berger* nach Avalon gezogen, aber durch den Nebel, der die Insel schützt, vernichtet.

Avoca – Dorf in Irland, in dem Nadine → *Berger* beerdigt wird. **191**.

Awamba – **149** – afrikanischer Dämon, den man auch das Auge des Dschungels nennt; geht eine Symbiose mit seinem Diener Ogabe ein, der in Soho einen Stützpunkt für ihn errichtet; Ogabe/Awamba ist Herr über Zombies, mit denen er durch flammende Augen in Verbindung steht.

Aweshire – kleiner Ort in Schottland am → *Loch Awe*. **GK100(21)**.

Ayamonte – Ort an der Costa de la Luz in Spanien (zwischen Cadiz und Portugal), wo John ein paar Zombies und den Großgrundbesitzer Claus → *von Aragon* tötet. **706**.

Azarin † – **16** – Levantiner; Sohn des → *Kiriakis*; tötet sich selbst, als er als Diener des → *Schwarzen Tods* versagt hat.

Azoth – **931** – Beschwörungsformel, die die Geheimnisse der damaligen Alchimie enthält; sie besteht aus den Anfangs- und Endbuchstaben der Alphabete der damals wichtigsten Sprachen: Aleph und Thau der Hebräer, Alpha und Omega der Griechen sowie A und Z der Lateiner; diese Formel findet sich auch auf dem Schwert des Paracelsus wieder; dieser wollte Stein in Gold verwandeln und wurde 1541 in → *Salzburg*/Österreich ermordet.

Azteken-Götze, Der † – **TB127** – richtiger Name → *Xitopec*; lebte bereits im alten → *Atlantis* und wurde vom → *Eisernen Engel* von dort vertrieben; hat eine Braut namens »Inez«, die bereits in Atlantis seine Braut gewesen ist; gelangte nach Mexiko, wurde dort zunächst als Gott verehrt, später dann durchschaut und gefangengenommen; ihm wird das Blut entnommen, erhält es aber zurück, u.a. von Abe → *Douglas*, und erwacht wieder zum Leben; bevor er seine gesamte Kraft zurückerhält, wird er vom Eisernen Engel mit dessen → *Schwert* getötet.

Azucena – **254** – alte Zigeunerin, Führerin einer Sippe; ihre Mutter fand den Vampir-Drilling → *Ambiastro*.

Baal – siehe auch → *Belial*; Götze; kommt aus der Hölle mit einem Gluthauch; Stimme wie böses Rauschen; sein Diener ist → *Okastra*, die Wächter seines Altars sind die → *Leichenvögel*. **402-406** – Vertreter des → *Sternenvampirs* auf Erden; er muß Johns → *Silberdolch* wieder herausrücken, doch die Zeichen darauf sind verschwunden. **448** – erscheint seinen Dienern als Panther.

Baals Opferdolch – **403/404** – heiliger Opferdolch des Götzen → *Baal*; giftgrün; mit ihm tötet er Opfer auf seinem Altar; wer ihn findet, in den fährt die Kraft des Götzen; John nimmt ihn Akim → *Samaran*, der ihn im Meer bei San Francisco fand, in einem stillgelegten Krematorium in London ab; verschwindet durch Magie von Johns Schreibtisch und steckt in der Schulter der Kartenlegerin Ludmilla → *Prokowa*; sie tötet sich damit, verschwindet wieder; vernichtet → *Rasputins* Testament im Kloster in der Nähe von Leningrad; vergeht in der Hand von John, nachdem Baal den Silberdolch auf John geschleudert hat und vom → *Erzengel* Michael vertrieben wurde.

Babylon – **320** – Land (alttestamentarisch), in dem der Götze → *Baal* verehrt wird, dem man Menschenopfer darbringt.

Babylonische Gefangenschaft – **320** – in ihr schmiedet → *Hesekiel* das Kreuz für den → *Sohn des Lichts*, John Sinclair.

Bachara, Ricardo † – **TB44** – auch »Schnitzer des Teufels« genannt, stammt aus Spanien; gehört in Deutschland der Terrorszene an und hält sich zur Zeit im Bayerischen Wald auf, wo er sich mit → *Asmodis* verbündet, der seine Hände beeinflußt, so daß er lebensechte Holzfiguren von Menschen schnitzen kann; diese verhölzern daraufhin und werden zu grausamen Holzfiguren; schnitzt auch die Figuren von John und Jane Collins, die daraufhin langsam verhölzern; John aktiviert sein Kreuz, und die Verhölzerung wird gestoppt; wird später von John und Suko mit Silberkugeln erschossen, als sie ihn gefunden haben.

Bad Schwalbach – Stadt im Taunus/Deutschland, wo John

und Will → *Mallmann* den Teufelsdiener Mike → *Broicher* töten. **314**.

Bad Teinach-Zavelstein – Ort im Schwarzwald in Deutschland; liegt unterhalb der Burgruine Zavelstein; im Ort liegt das Gasthaus »Krone« direkt an einer Kreuzung; von der Burgruine aus kann man in das wunderschöne Teinachtal blicken; zur Ruine führt eine Holzbrücke, die sich über den Burggraben spannt. **TB187**.

Bael – 38 – einer der 4 Erzdämonen; sein Leibwächter ist einer der 4 → *Horror-Reiter*; mit → *Astaroth,* → *Eurynome* und → *Amducias* (→ *AEBA*) Schützer der Hölle (wie → *Erzengel* Schützer des Himmels).

Baffin Island – Insel liegt im Nordosten der Arktis im Eismeer von Kanada; größte der vorgelagerten Inseln, kalt, menschenleer; dort hat sich in der Eiswüste das Schwert der Sonnengöttin → *Amaterasu*, → *Kusanagi-no-tsuguri*, befunden. **TB 101**.

Bahid – Händler aus Marokko; Sabäer; hat zwei Söhne verloren, die einst die → *Königin von Saba* retten wollten. **TB96** – spürt, daß die Königin von Saba in Gefahr ist; zeigt John den Weg zum Turm der flüsternden Geister und besorgt ein Auto für die Reise.

Bai von Tanger, Der † – 349 – seine Diener: 8 Knochenreiter; wird von der Hölle zum Leben erweckt, dient → *Luzifer* und der Großen Mutter → *Lilith*; wird von John mit einer Silberkugel getötet.

Bakuur † – GK176(41) – der Schreckliche; Dämon, der über viele Jahre das Volk der Etrusker beherrscht hat, dann bei den Dämonen in Ungnade gefallen ist und in einen Steinsarg verbannt wurde; kann Tote auferstehen lassen; von Professor → *Jurc* erweckt; lederartig wirkendes Skelett mit leuchtenden, bernsteingelben Augen und weißen Haaren wie Spinnenweben; John vernichtet ihn mit einer Silberkugel.

Ball, Laurie † – Reporterin in New York; Kollegin von Tim → *Morley*. **19** – gerät unter den Bann des → *Spuks*, wird aber wieder normal. **75/76** – kämpft mit John und Bill Conolly gegen die → *Horror-Cops* in New York. **TB68** – nimmt zusammen mit John und Suko Kontakt zu einer Verbündeten von → *Dr. Horror* auf; wird von Dr. Horror entführt und mit Hilfe der grünen Magie in einen bösen Zwerg verwandelt; flieht mit Dr. Horror in das

Feuer von → *Aibon*. **TB76** † – bringt John zu den Hollywood-Studios, wo Dr. Horror ihn töten will; rettet John davor, von Dr. Horror durch ein Dimensionstor nach Aibon gebracht zu werden; wird deshalb von Dr. Horror getötet.

Ballard, Tony – Privatdetektiv in Wien (Romanfigur von A.F. Morland); die Serie »Tony Ballard« erschien zuerst in der Reihe Bastei-Gespenster-Krimi und von 1982 – 1990 als eigenständige Serie; insgesamt erschienen 268 Tony-Ballard-Romane. **25; 98; 146; 168**.

Balmain – **646** – Kommissar in → *Paris*/Frankreich; schickt John und Suko, die in Paris den Mord an einem Templer untersuchen, in das Pariser Trödelviertel.

Bancroft, Lady Diane † – **748/749** – ihr gehört das Bancroft-Haus, das Sheila Conollys Freundin Jolanda → *Norman* gekauft hat; Teufelsdienerin; wird durch die Kraft von Johns Kreuz ins Nichts katapultiert.

Bandor † – der Dämonenjäger aus der Urzeit der Erde, noch vor → *Atlantis*; frühere Existenz von Professor → *Chandler*. **272** – wird von Chandlers Zeittunnel in die Gegenwart gerissen und von John mit nach London genommen; Professor Chandler bleibt dafür verschollen. **273** – kann sich mit der Wölfin → *Nadine* verständigen; verwandelt sich im Haus der Conollys zurück in Professor Chandler. **274** – wird zum Werwolf; stirbt durch Johns Silberkugel, wird im Tod wieder zu Bandor und stirbt in Professor Chandlers Armen.

Bangalore – Ort in Indien; im Ort das »Stampford-Hotel«, umgeben von gepflegtem Park mit üppiger Vegetation; Hexenkessel aus Lärm, Staub und Stimmen; Hochhäuser und Elendsviertel; in der Nähe des Ortes liegt die Palmblatt-Bibliothek in einer rauhen, felsigen, stauberfüllten Gegend; sie befindet sich in einem klobigen Steingebäude; eine Holztür, in die Motive der asiatischen Mythoogie eingeschnitten sind, führt ns Innere des Gebäudes. **TB119**.

Banion, Miles † – **446** – Nachfahre des Psycho-Hexers gleichen Namens, der dessen Fluch dem Grab erfüllen will; treibt Menschen mit dem Schädel und dem Herzen seines Vorfahren, das er zu einem Pendel machte, in den Selbstmord; Jane Collins spielt den Lockvogel und begeht fast Selbstmord, doch

John greift rechtzeitig ein; stirbt in einem Säurebad.
Bannister, Professor – hat einen Lehrstuhl für Archäologie und Ethnologie an der Universität London; ist auch sehr an Dämonologie interessiert; Freund von Mandra → *Korab*. **GK80(16).**
Banshee – **408** – feenartiges Geschöpf, das tiefen Einblick in Dinge hat, die Menschen verborgen bleiben; warnen Menschen und kündigen Unheil an; Ruf der Banschee: schriller, manchmal klagender Gesang, der zur schrillen Lärmkulisse wird; Iren glauben, daß jemand aus der Familie stirbt, wenn der Ruf der Banshee ertönt.
Bantam – Konstabler und Chef der Polizeistation in →*Tweedsmuire*/Schottland. **548** – erzählt John von einem Skelett, das bereits einen Menschen getötet hat.
Bantry (Beanntraighe) – Ort in Irland, in dessen Nähe ein Teufelsberg liegt, auf dem John und Suko Geistervögel vernichten. **23**.
Baphomet – Teilgestalt von → *Luzifer*; weißer Bart; zwei armlange Hörner wachsen aus seiner haarlosen Stirn; sein Gesicht hat menschliche Umrisse, aber etwas Affenhaftes; blaue, strahlende Augen; dicht unterhalb der Schulterblätter beginnen Flügel; Haut sieht aus wie Fell; von abtrünnigen Templern verehrt; trägt das Kreuz »Fyrfos« auf der Brust, ein Kreuz mit entgegengesetzter Flügelrichtung. **445** – geht eine Symbiose mit Vincent → *van Akkeren* ein. **485** – lenkt den Staubgeist → *Whisper*, um die → *Kathedrale der Angst* zu zerstören. **500** – überwältigt mit der Hilfe von Vincent van Akkeren Bill Conolly und Suko; will die beiden lebendig begraben; wird von Peter → *von Aumont* und seinen Zombietemplern angegriffen; vernichtet diese, bevor er von John mit Hilfe des → *Dunklen Grals* und des Kreuzes vertrieben wird. **645** – Suko aktiviert durch seine Dämonenpeitsche ein Abbild von ihm; Suko entkommt dem Abbild, das zusammen mit Vincent van Akkeren in der Hölle verschwindet. **419; 421; 431; 440; 442; 457; 470; TB100; 740; 771; 782; 807**.
Baphomet II – **470** – der (Kind-Teufel) Kind-Dämon; wird in dem Pariser Hospital Bichat geboren; seine Mutter Danielle Lagrand wird nach der Geburt von einem Baphometjünger erstochen.
Baphometjünger – **740** – ande-

re Templer, die den falschen Pfad gewählt haben; für sie ist → *Baphomet* so etwas wie ein Gott.

Baphomets Totenwächter † – **471** – 4 untote Templer-Ritter, die Vintusse-Brüder, die in der Templer-Kapelle in Soho begraben liegen und auferstehen, als der Kind-Dämon → *Baphomet II* geboren werden soll; John löst ihren Fluch, indem er in der Vergangenheit den Kopf des Verräters Esquin → *de Floyran* vernichtet.

Baracuda, Jo – FBI-Agent; Schwarzer; als Waffe kurzläufiger 45er Smith & Wesson. **TB7** - verfolgt zusammen mit John die Mordliga in Florida und hilft, den Vampir → *El Sargossa* zu vernichten: **TB9** † – wird von → *Lady X* mit einer Kugel an der Schulter verletzt; wird von *Xorron* totgebissen und dadurch zum Zombie, den John mit seinem Kreuz erlöst.

Baresi, Tonio † – **TB146** – Chef des Zirkus Baresi; in seinem Besitz befindet sich die → *Leichenuhr*; wird von Suko in Notwehr getötet, als er seinen Helfer Tom Packard ermorden will.

Barham – Ort in der Nähe von Canterbury in England; dort steht »Leas Hexenladen«; kleiner Platz inmitten der Altstadt; zentral liegt das Hotel »Golden Rose«. **856**.

Baric – **400** – Kommissar im Sicherheitsbüro in Wien; überlebt den Kampf gegen das Monstergebilde aus Hand und Kopf des Musikers Manfredo → *Cardinal* schwerverletzt.

Barkley, Florence † – **GK183(43)** – Besitzerin eines Grundstücks, auf dem später ein Hochhaus gebaut wurde; ihre Familie hatte seit Generationen dem Satan gedient und ihm einen Stützpunkt geboten; ihr Geist fordert John zu einem Duell auf dem Dach des Hochhauses, das sie zerstören will; wird von Suko aus einem Hubschrauber mit einem Flammenwerfer vernichtet.

Barlow, Boris † – **677** – auch »Blutiger Boris« genannt; kalkbleiche Haut; große Wunde zwischen Hals und Kinn; tötet 2 Menschen; trägt einen Umhang, auf dem er die Köpfe von Männern und Frauen, die er tötete, verteilt hat; trägt eine Peitsche; fährt auf einem Schlitten, der von 6 Hyänen gezogen wird; ging einst eine Wette mit einem geheimnisvollen Mann ein, der sich Apostel nannte; es ging darum, wer als erster sterben würde; der Apostel köpfte ihn, und seitdem kehrt er alle 50

Jahre zurück, um sich für seinen Tod zu rächen; trifft an unterschiedlichen Orten auf John und Wladimir → *Golenkow*; die beiden stellen ihn auf dem Friedhof des Ortes → *Kwitsche*/Rußland, wo John ihn mit seinem Kreuz vernichtet.

Baron of Gulbekian, † – **824** – Vampir; sein Grab wird von Lady Sarah → *Goldwyn* entdeckt; John, Suko und Jane Collins bringen ihn und seine Bräute zur Strecke.

Baron von Tirano – Vampir, über 200 Jahre alt. **304** – im schloßähnlichen Haus in der Lüneburger Heide von seinen Feinden eingemauert, dann von seinen Freunden, den Ratten, befreit; will mit Hilfe eines der Dolche von Mandra → *Korab*, den Erna → *Lengerich* ihm bringen soll, die Rattenkönigin in Indien erwecken. **305** † – bringt Mandras Dolch nach Indien und erweckt die Rattenkönigin → *Karni-Mata*, wird dann aber von John mit dem Kreuz vernichtet. **327** – seine 4 Witwen wollen sich an John rächen und sterben dabei.

Barrabas † – der Drache; gewaltiger, schuppiger Körper; langer, mit Zacken versehener Schwanz; Schädel ähnelt Krokodil; Arme und Füße ziemlich klein; pechschwarze Flügel. **111/112** – saugt Menschen das Leben aus, sie werden zu Mumien; von John mit dem silbernen Bumerang vernichtet.

Barrel, Captain † – **2** – untoter Kapitän, dessen Schatz vor Cornwall im Meer liegt, den der Millionär Basil → *Proctor* heben will; wird von John vernichtet.

Barry, Lionel † – **138** – bekannter Schauspieler; besorgt für → *Asmodina* 5 Schädel von Teufelsdienern und läßt sich in der → *Schädelwelt* von → *Destero*, dem Dämonenhenker, köpfen, um als Asmodinas Diener mit dem Skelettkopf Statthalter der Schädelwelt zu werden; von Destero, als dieser mit John kämpft, aus Versehen mit dem Schwert getötet.

Barrymoore, Dr. Ernest – **452** – Leiter einer Kurklinik, in der Suko nach Shaos Tod Erholung finden soll und wo John das Monster → *Udexa* zur Strecke bringt.

Bartholo – **108** – Kommissar in Palermo, Sizilien.

Bastet – Katzengöttin im alten Ägypten; für sie bauten die Ägypter in Bubastis einen Tempel; Dienerin des Gottes → *Osiris*; Körper einer Frau mit dem Kopf einer Katze; blaue, schmale Augen. **288** – wird von Osiris

B

als → *Brenda the cat* auf die Erde geschickt, um zu erkunden, wie die Menschen mit den ihm heiligen Katzen umgehen; tötet den Katzenfänger Clive → *Odgen*. **TB36** – will mit Hilfe Pernios John töten, was jedoch mißlingt. **858** – nur ihr Schatten taucht auf; beschützt »Mandy Friedman« seit deren Besuch in Ägypten; begleitet diese als übergroßer Schatten; Mandy verwandelt sich mehr und mehr in eine Katze; durch eine zerfleischte Leiche kommen John und Suko ihr auf die Spur; Mandy wird ducrh die Aktivierung des → *Ankh-Kreuzes* auf Johns Kreuz so schwer verletzt, daß sie stirbt; der Schatten von ihr verschwindet spurlos. **758.**

Bates, Carol – **IV75** – Schauspielerin; erlebt mit körperlichen Schmerzen die Mordtaten eines »Satanisten« mit, die ihr Stiefbruder Alan → *Bates* begeht; Alan sucht sie als letztes Opfer aus, durch das er in das Reich von → *Massago* eingehen kann; mittels Telekinese schafft Carol es, daß Alan sich mit seinem Rasiermesser selbst tötet.

Bates, Elliot † – **748** – vierfacher Killer, Amokläufer; wird von John und Suko festgenommen; ist im Besitz einer → *Teufelskrone*; war Diener Lady Diane → *Bancrofts*, die er mit der Axt tötete und der er die Teufelskrone stahl; stirbt, als John ihm die Teufelskrone aufsetzt.

Bates, Familie – Vater: Tillman: Satanist; Privatgelehrter, der Gastvorlesungen in Philosophie und Geschichte gibt; lebte einst in einem Kloster, wo er abtrünnig wurde und zum Satan übergelaufen ist; wohnt in der Nähe eines Friedhofes; erzeugt einen magischen Spiegel, indem er ein Monster des Teufels häutet und aus dessen Haut die Spiegeloberfläche herstellt; Mutter Ellen: Psychotherapeutin, von ihrem Mann Tillman geschieden; Tochter Marion; Tochter Caroline: 14 Jahre alt; wuchs bei Nonnen auf; kann Menschen ihren Willen aufzwingen; Tochter von Tillman aus erster Ehe; wurde von ihrem Vater durch einen Stoß in einen magischen Spiegel getötet, um ein Opfer des Satans zu werden; wurde aber vom Guten gerettet; und kehrt zurück, um ihren Vater zu töten und ihre Halbschwester vor dem gleichen Schicksal zu bewahren. **949** – Tillman schenkt Marion den magischen Spiegel, um sie dem Satan zu opfern; Caroline zieht Marion in den magischen Spiegel, um sie vor ihrem Vater zu retten; der Spiegel gelangt in Johns Wohnung, wo Marion und Caroline ihn verlassen und sich mit dem Spiegel zum Grab von Caroline begeben. **950** – Marion erfährt, daß Caroline ihre Halbschwester ist; die beiden gelangen in das Haus ihres Vaters; dort tauchen auch Suko und John auf und werden in einen Kampf mit Tillman verwickelt; Tillman wird von einem Monster verschlungen, aus dem die Oberfläche des Spiegels erschaffen wurde und mit dem er dadurch eine Verbindung eingegangen ist; das Monster wird von Caroline mit Sukos Dämonenpeitsche vernichtet und begibt sich dann zurück in die → *Zone*. **951** – Marion wird nach dem Tod der Eltern in ein Kloster gebracht, wo sie zunächst leben soll; flieht jedoch, um John zu besuchen; auf dem Weg zu ihm wird sie Zeugin eines Mordes und informiert John darüber; wird nicht ins Kloster zurückgebracht.

Bath – Ort in England in der Nähe von Bristol; Kurort; in der Nähe liegt ein Baggersee; altes Kurhaus im Ort, das aussieht wie ein Grand Hotel. **945**.

Baton Rouge – Hauptstadt des US-Staates Louisiana. **535**; **536**; **808**; **809**; **810**.

Baum der Toten – 349/350/351 – seine Äste ragen über die Schlucht, über die die → *Brücke der Skelette* ins → *Land ohne Grenzen* führt; Suko und Claude → *Renard* sind von den Dienern des → *Bai von Tanger* dorthin gebracht worden und liegen auf den Ästen.

Baxman † – **125** – das Ungeheuer; Köhler, Teufelsdiener; Mordinstrument: die Axt; 1651 von Dorfbewohnern ermordet und in seinen → *Leichenbrunnen* geworfen; erwacht nach über 300 Jahren und will die Nachkommen seiner Mörder töten; wird von John mit dem Kreuz vernichtet.

Baxter, Ann † – **GK1(1)** – Journalistin aus London; wird von Professor Ivan → *Orgow* ermordet und wieder zum Leben erweckt; als Zombie verbrennt sie.

Baxter, Mark – CIA-Agent; vor seiner CIA-Zeit Wissenschaftler bei der Agency; einer der besten Physiker der USA; Fachgebiet Lasertechnik; hat durch einen Strahlenunfall die Gabe, sich für die Dauer von zwei Stunden unsichtbar zu machen; bei diesem sehr schmerzhaften Vorgang ist eine große Konzentration nötig. **TB11 (1. Auftritt)** – verhindert mit John die Bildung von Lupinas Werwolf-Elite. **212** – rettet Suko vor drei Skeletten, die ihn

B

hängen wollen. **542** – verhindert, daß Suko von der manipulierten Shao ermordet wird; befreit John, Suko und Wladimir → *Golenkow* aus den Händen von → *Gigantus*. **211**; **TB87**; **459**; **541**. (Die Romanserie »Mark Baxter« erschien im Bastei-Verlag von 1979-1983 und erreichte 101 Ausgaben.)

Baxter, Mary Ann – Luxusfrau; zählt zu den oberen 500 in London; Besitzerin der Londoner Tanzschule MAB-Dancing. **TB 64** – stiehlt ein chinesisches Totenbuch, mit dem sie ihre drei verstorbenen Ehemänner wieder zum Leben erweckt; nimmt die Zombies mit nach Hause, damit sie sie vor der Familie »Wang« schützen, der sie das Buch gestohlen hat; entführt auf dem Weg nach Hause einen Polizisten und tötet ihn später, wodurch John und Suko auf ihre Spur gelangen; bei einer Party, bei der auch John und Bill Conolly zu Gast sind, tauchen 2 der Zombies auf; die beiden werden mit Silberkugeln von John und Bill vernichtet; nachdem Suko auch den dritten Zombie gefunden und getötet hat, kann gegen sie nichts unternommen werden, da sie sich keines Verbrechens schuldig gemacht hat.

Bayerischer Wald – grenzt an die tschechische Grenze; große Waldregionen wechseln sich ab mit flachen Feldern und Weiden. **71**; **TB44**; **TB93**; **631**; **785**; **786**.

Bayou, Gerard – Schwarzer; arbeitet als Polizist im Londoner Stadtteil Brixton; stammt aus der Nähe von → *New Orleans/USA*. **947** – bringt John und Suko auf die Spur des → *Voodoo-Weibs*; bringt die beiden zu ihrem Lokal »The Hell«; als er sich zur Rückseite des Gebäudes begibt, trifft er das Voodoo-Weib, das ihm mit ihrem Schwert den kleinen Finger der linken Hand abschlägt, nachdem sie ihn in ihren Bann gebracht hat. **948** – nachdem der Bann von ihm abgefallen ist, begibt er sich in das Lokal des Voodoo-Weibs; findet dort seinen Finger in einer kleinen Truhe wieder; wird von John und Suko in ein Krankenhaus gebracht, wo versucht wird, den Finger wieder anzunähen.

Beau → *Geliebtes Monster*.

Bebelle † – **IV70** – Zombie, Voodoo-King, der Dolores → *Sirc* zu Untoter machen will; wird von John mit einer Machete geköpft.

Becker, Karin † – Lehrerin an einer Grundschule in Köln. **71** – lernt Will → *Mallmann* in Waldeck im Bayerischen Wald kennen. **81** – Hochzeit mit Mallmann, auf der sie durch die Sense des → *Schwarzen Tods* stirbt. **101** – wird vom Schwarzen Tod in einen riesigen Raben verwandelt, der den → *Friedhof am Ende der Welt* in der Antarktis bewacht. **102** – wird zur Dienerin des Schwarzen Tods, ihr Geist ist zweigeteilt (Rabe – Mensch); wird von Will Mallmann mit einer Silberkugel endgültig getötet.

Beckmann, Boris → *Urzeit-Monstrum*.

Bedell – **GK168(39)** – Lieutenant; stellvertretender Leiter des größten Reviers in Soho/London (am Soho Square).

Beelzebub – Teilgestalt von → *Luzifer* oder der → *Dreiheit der Hölle*. **458** – der Feuerteufel mit feurigem Dreizack; geschlechtsloses Wesen, hellrot glühend, häßliches, kasperhaftes Dreiecksgesicht, Augen wie tanzende Feuerbälle; Freund der Zombies; lenkt den → *Zombie-Zug*. **TB100** – haarig, geduckt wirkend, glühende Augen, gorillaähnliches Gesicht; Zerrbild zwischen Mensch und Tier.

Behan, Morg † – **308/309** – holt die → *Höllensteine* aus Kanada nach England; wird in Kanada von → *Rakis* getötet und zum Zombie gemacht; wird mit → *Rakinas* Tod wieder zum normalen Toten.

Beinloser Gott → *Nhuri*.

Beißer – kleine Monster in Aibon mit langen Krallen, wuchtigem Kopf mit fledermausähnlichen Ohren, gorillaartigen Gesichtern mit knotenähnlichen Muskelsträngen und großen Mäulern.

Belial – Engel der Falschheit und der Lüge; im Alten Testament als »Das Tier« oder »König der Lüge« bezeichnet; war einst der erste Engel, der in die Hölle stürzte; in hebräisch bedeutet *belial* wertlos; muß der unfreiwilligen Lüge überführt werden, um ihn zu vertreiben; Leibwächter von → *Luzifer*. **850 (1. Auftritt)** – taucht im Haus X auf, einem ehemaligen Gefangenenlager der DDR; erscheint in einer Wand; »erbricht« dort Ektoplasma, woraus der Geist von Rita → *Reinold* entsteht; warnt vor der Rache des → *Pandämoniums*. **851** – kündigt seine Rückkehr an und verschwindet, bevor John ihn mit seinem Kreuz attackieren kann. **TB172** – taucht in der Nähe Londons auf; wird von → *Raniel* verfolgt, der auch John warnt; wird fast durch Johns Kreuz vernichtet, doch Luzifer rettet ihn im letzten

B

Moment. **936** – schickt John Alpträume, in denen dieser Jane Collins und Glenda Perkins tot in einem Waldhaus findet; entführt kurz darauf Glenda aus ihrer Wohnung und Jane aus ihrem Auto in seine Welt; taucht bei Shao und Suko auf und schaltet sie aus. **937** – schickt auch Suko und Shao Alpträume, in denen jedoch John stirbt; bringt Glenda und Jane zurück auf die Erde in ein Haus in der Nähe von → *Lauder*/Schottland; dort tauchen auch John und Suko auf; Suko attackiert ihn mit der Dämonenpeitsche, die jedoch versagt; bevor er John töten kann, aktiviert Suko den → *Stab Buddhas* und bringt ihn dadurch aus dem Konzept; John aktiviert sein Kreuz und kann ihn so vertreiben.

Belials Welt – Herrscher: → *Belial*; Belial kann sie vergrößern oder verkleinern wie er will; hier gibt es kein Licht; Belial kann hier Projektionen erzeugen. **936** – Belial entführt Glenda Perkins und Jane Collins hierhin, bringt die beiden aber später in die Nähe von → *Lauder*/Schottland, wo sich das Haus befindet, das er in seiner Welt projiziert hat.

Belisana † – **402/403** – die Feuerfrau; keltische Göttin des Feuerkults; beherrscht das Druidenfeuer; ist → *Baal* geweiht, wurde ihm zu Ehren erschaffen; geht ins Reich ohne Grenzen ein, nachdem Suko ihre Macht mit der Dämonenpeitsche zerstört hat.

Bell, Tricia † – **699** – junge Grafikerin; stirbt, als die Hexe → *Assunga* erweckt wird.

Bellamy, Brian † – **263** – einer von 4 Londoner Polizisten, die Urlaub auf Sizilien machten und das Erbe des → *Gorgos* fanden, das sie mit nach London nahmen: Kristalle aus dem See zwischen den Steinen; sie erhitzen die Kristalle, sie werden flüssig, aus ihr bildet sich eine Gestalt, die sie lockt, in die Flüssigkeit zu steigen; sie werden Kristallmenschen; Gorgos gibt ihnen einen gläsernen Stab, durch dessen Berührung jegliche Materie in Glas umgewandelt wird; Bellamy wird von John mit dem silbernen Bumerang vernichtet.

Bellings – Ort in England; gepflasterte Straßen; kleine Gassen. **655**.

Belmez – Ort in Spanien südlich von Cordoba; besteht aus 2 Teilen, dem Ober- und dem Unterdorf; der obere Stadtteil liegt an einem Hang und hat weiße Mauern im Schatten von Korkeichen und Olivenbäumen; unterhalb einer Bodega liegt ein alter

Friedhof, wo man den Schädel von → *Jaime de Toledo* gefunden hat. **539**.

Belpech – **471** – Dorf in Frankreich, in der Nähe von Toulouse, bei dem die Burg der Templer-Ritter Vintusse mit den vier Schandtürmen steht; dorthin werden John und Suko in die Vergangenheit verschlagen.

Belphégor – auch der »Hexer mit der Flammenpeitsche« genannt; gnadenlose Augen, in denen blau schimmerndes Licht tanzt. **GK188(44)** – einer der führenden sieben Dämonen, die das Gegenstück zu den Erzengeln bilden; wird von → *Lethian* beschworen, verschwindet wieder und droht seine Rückkehr an. **61** – läßt im → *Land der Verlorenen* Menschen in Mumien-Zwerge verwandeln, darunter Shao. **64/65** – um seine alte Herrschaft über Paris wieder errichten zu können, schließt er einen Pakt mit dem → *Schwarzen Tod*; dafür, daß dieser ihn unterstützt, will er John an ihn ausliefern; macht John und Suko zu Zwergen, doch am Ende wird er durch Jane Collins mit seinem eigenen Gift selbst auf Mikrogröße geschrumpft; John, Suko und Shao werden wieder normal. **262 †** – wird von Sukos Dämonenpeitsche zerschlagen und zerfällt in Würmer; mit Hilfe der → *Erdgeister* sucht er für seinen Geist einen Wirtskörper, den von Gordon → *Kencey*; explodiert, als er vom → *magischen Pendel* getroffen wird. **238**.

Belphégors Diener † – **262** – Flammenbrüder; verbrannte (durch Feuer aus der → *Flammenpeitsche*) Menschen, die leben; mit Augen wie Kristalle, die in kaltem Blau schimmern; im Tod lösen sich ihre Körper in zahlreiche schwarze Würmer auf.

Beluzzi, Rosa – **302** – Tante von → *La Bandita*; Wahrsagerin, Frau mit dem Zweiten Gesicht; findet den dritten Dolch Mandra Korabs; Teufelsdienerin; hat ihren Verwandten Ugo Corelli zu einem Monster gemacht.

Belzik, Boris – Zirkusdirektor; früher beim KGB als Biologe und Archäologe angestellt; befaßte sich mit Genforschung und der Herkunft der Tibeter; ist in der Lage, die Größe seines Körpers zu ändern; herrscht über die Killer-Blasen und kann sie berühren. **619 (1. Auftritt)** – trifft auf Suko und Wladimir → *Golenkow*, den er anschießt; attackiert die beiden mit seinen Killer-Blasen, die Ähnlichkeit mit dem → *Todesnebel* haben; John rettet die beiden, indem er die Blasen zerstört. **620** – flüchtet in sein Hauptquartier in der Mongolei; dort, im Gebiet der Ashaten, befindet sich auch der Schleimsee, aus dem die Killer-Blasen entstehen; wird von John angegriffen und stürzt in den See; John aktiviert sein Kreuz, wodurch der See versteinert und er in ihm gefangen wird.

Benares – Ort in Indien am Ganges; heiligste Stadt der Hindus, auch »Varanai« genannt; Stadtmauer trennt die Stadt vom Ganges; kein Touristenort. **674**.

Bender, Manfred – **698** – Kollege von Harry → *Stahl*; arbeitet bei der Spurensicherung in → *Leipzig*; steht kurz vor der Pensionierung; untersucht Knochen, die ein Ghoul in Leipzig zurückließ, und bringt Harry und John auf die Spur des Ghouls.

Bender, Ute – **439** – ein 10jähriges Mädchen vom Bodensee; Tochter von Alex (Interpol- und BND-Mann) und Christel Bender; rettet John das Leben, als dieser in einem Gefängnisturm im → *Folterbett* von einem Nachtmahr getötet werden soll.

Bendix, Terry – **GK157(36)** – erlebt den Tod ihrer jüngeren Stiefschwester Cora im → *Zirkus Luzifer* mit und alarmiert John, der zusammen mit Bill Conolly die Mörder zur Strecke bringt – bis auf den → *Mandarin,* der entkommen kann.

Benhai, Lu † – **300** – Diener Mandra → *Korabs*; kennt jeden Winkel in Korabs Palast; läßt es zu, daß → *Asmodis* Korabs sieben Dolche stiehlt, stirbt durch Schlangenbiß.

Benson, Bella † – **240** – abtrünnige Druidin namens Ozymanus, die von den → *Grauen*, den Hütern des → *Dunklen Grals*, zu Staub verwandelt wird; dabei legt sich ein Schleier um die Vampirin und zerreißt sie in Staubpartikel, die grün schillern.

Benson, Kyra – in ihrer Wohnung befindet sich ein Spiegel, der ein Tor nach → *Atlantis* bildet; Frau von Luke → *Benson*, der starb. **544 (1. Auftritt)** – trifft ihren Mann heimlich, der einen Weg zurück aus dem Jenseits fand; greift John an, der den Spiegel testen will, der ein Tor nach Atlantis darstellt; beide fallen in den Spiegel; sie landen auf dem → *Planeten der Magier*; sie werden vom → *Todesnebel* angegriffen; John aktiviert sein Kreuz und bringt sie zurück nach London. **545** – trifft auf → *Glarion/Merete*, die Architektin aus Atlantis; will mit John über das Treffen reden und verabredet sich mit ihm in seiner Wohnung. **546** – trifft in der Halle Suko und begibt sich mit ihm zu John; erlebt mit, wie Suko John aus seinem Zimmer rettet.

Benson, Luke † – **544** – Mann von → *Kyra Benson*; fand einen Weg zum → *Planeten der Magier*, nachdem er starb; wurde zum Boten des → *Todesnebels* und selbst ein Teil von ihm; konnte sich dadurch in den Todesnebel verwandeln; gestattete es seiner Frau, ihn zu berühren, ohne zu sterben; nimmt mentalen Kontakt zu seinen ehemaligen Hausmitbewohnern auf und wiegelt sie gegen John und Suko auf; stirbt, als John ihn mit seinem Kreuz berührt.

Benson, Professor – **922** – Arzt, der John ein Serum spritzt, um ihn in einen klinisch toten Zustand zu bringen; wird durch → *Nathan* daran gehindert, ihm rechtzeitig das Gegenmittel zu spritzen; schafft es kurze Zeit später dennoch und holt John so wieder ins Leben zurück.

Bentini, Monsignore Ernesto – Gründer und Mitglied der → *Weißen Macht*, des Geheimdienstes vom Vatikan. **TB150** – trifft Father → *Ignatius* in einem schottischen Kloster; erklärt ihm, daß sich die → *Kreaturen der Finsternis* unter Führung von → *Luzifer* unter die Menschen gemischt haben; überzeugt Father Ignatius, der »Weißen Macht« beizutreten. **TB155** † – findet heraus, daß seine ehemalige Geliebte und auch seine Tochter Anhängerinnen des Dämons → *Baal* sind; wird von einem manipulierten Mitglied der Weißen Macht zu seiner Frau gebracht, die eine Mumie geworden ist; seine Tochter tötet ihn mit einer für Baal geweihten goldenen Klinge.

Bentley – silbermetallicfarbener Wagen, Johns einziges Hobby. **GK180(42)** – schwerer Unfall, als der → *schwarze Würger* John auf dem Weg von Schloß Clifton nach London im Wagen angreift; fährt gegen Bäume; Totalschaden. **GK188(44)** – Superintendent Powell läßt seine Beziehungen spielen und sorgt dafür, daß John einen neuen Bentley erhält; einen Teil der Kosten übernimmt Scotland Yard, weil der Unfall auf einer Dienstfahrt geschah. **GK200(46)** – John erhält seinen neuen Bentley; ebenfalls silbermetallic, mit schwarzen Lederpolstern und Teakholzarmaturenbrett. **421** – wird von einem → *Baphomet-*

Diener mit dem Flammenwerfer zerstört.
Beobachter, Der – so wird der → *Seher* in → *Atlantis* genannt.
Beragh – Ort in Irland; umgeben von einer hügeligen Landschaft; auf einem der Hügel liegt der Friedhof, der von einer hellen, am oberen Rand bewachsenen, Mauer umgeben wird; auf dem Friedhof steht eine kleine Kapelle mit einem Turm; der Eingang des Friedhofes ist ein schmiedeeisernes Tor, in dem sich Heiligenfiguren befinden; der gesamte Ort wird von veränderten Seelen nach → *Aibon* gebracht; durch die Entführung des → *Rades der Zeit* kommt der Ort zurück auf die Erde. **960**; **961**.
Beretta – Johns Pistole, aus der er Silberkugeln verschießt; italienisches Fabrikat; Kaliber 6,35 mm; Magazin mit 8 Patronen.
Bergamo, Luigi – **300** – Mafiaboß in Palermo.
Bergdämonen – **249** – kleine, gefährliche Wesen, Mischung aus Zwerg und Affe; uralt; haben nach den Legenden bereits existiert, als die Alpen entstanden; leben in finsteren Höhlen und Schluchten, bestehen zumeist aus Stein und heben sich kaum vom Gestein ab; nur wenn sie es wollen oder beschworen werden, zeigen sie sich in wahrer Gestalt; gehören zu den niederen Völkern; sind Telepathen, können über große Entfernungen Gedanken tragen; beherrschen auch Telekinese; besinnen sich erst in höchster Lebensgefahr auf ihre Kräfte; versteinern im Tod.
Berger, Jörg – **TB109** – Kommissar im Polizeipräsidium in → *Dortmund*; nimmt zusammen mit John und Suko die Spur des Disco-Besitzers Frank Oschinski auf; kann ein Menschenopfer der Grufties, die Kunden in der Disco sind, nicht verhindern, vertreibt diese aber von der Opferstätte, einem Friedhof; wird Zeuge, wie der → *Spuk* den Friedhof und auch Frank Oschinski mit in sein Reich nimmt.
Berger, Nadine – Schauspielerin; wurde getötet und von → *Fenris* in den Körper eines Wolfes gebannt; ehemalige Geliebte Johns; als Wolf grau mit menschlichen Augen; hat geistigen Kontakt zu Johnny Conolly; lebte als Wolf bei den Conollys; kann ihren Geist vom Körper trennen; wird von Fenris' Rache verfolgt; kann Kontakt zu Werwölfen herstellen; wenn Seele und Wolfskörper getrennt sind, kann der Geist sich nicht materialisieren; nur an der Außenhaut

zittern die Umrisse des Frauenkörpers, im Innern schwebt weicher, dünner Stoff wie Watte; das Palmblatt aus der indischen Bibliothek, welches über Nadines Leben berichtet, gelangt in Johns Hände und wird von → *Cheng Gu* übersetzt; so erfährt John vom Flüssigen Leben, welches sie retten kann. **GK113(24) (1. Auftritt)** – lernt auf einer Horror-Party anläßlich ihres abgedrehten Films auf → *Darwood Castle* John und Bill Conolly kennen; wird zur Geisel von → *Dr. Tod*; wird von John gerettet, der Dr. Tod mit dem → *silbernen Nagel* tötet. **155** – verliert ihren Beinahe-Verlobten Don Mitchell durch den Horror der → *Teufelsuhr* in Wales; auf der Rückfahrt nach London schläft sie mit John. **190** – wird als Lockvogel für John benutzt und stirbt durch ein grünes Mordmonster. **191** – bei ihrer Beerdigung in Avoca/Irland dringt ein Knurren aus ihrem Sarg; als John nachsehen läßt, sehen sie einen Wolf im Sarg, wenig später ist es jedoch wieder Nadine; als John und Suko Avoca verlassen, begegnet ihnen ein Wolf mit den Augen von Nadine. **199** – bleibt als Wolf bei den Conollys. **260** – bei einer Beschwörung → *Karas* bei den → *Flammenden Steinen* trennt sich ihr Geist vom Wolfskörper. **TB28** – tötet als Wölfin Martha → *Sidomas*. **273/274** – springt zu → *Lupina* in den Zeittunnel; in der Ur-Zeit löst sich ihr Geist vom Körper; kehrt später wieder in den Wolfskörper zurück. **286/287** – rettet Johnny vor seinen unter dem Bann des Teufels stehenden Eltern Bill und Sheila. **412** – ihr Geist trennt sich im Büro von Sir James Powell von ihrem Körper; ein geisterhaftes, feinstoffliches Abbild der echten Nadine entsteht. **TB70** – Fenris entzieht dem Wolfkörper nach und nach Nadines Geist; der Körper soll Johnny Conolly töten, was der Geist verhindert; Nadines Geist gelangt zurück in den Körper. **509** – stößt in Wolfsgestalt Eliza Burton einen Hang hinab; Eliza stirbt dadurch. **533** – Wolfskörper und Geist werden durch Aibonmagie getrennt; Wolfskörper beißt Bill Conolly in die Hand; Körper und Geist werden durch Johns Kreuz wieder zusammengebracht. **549** – wird von einem dämonischen Pfeil getroffen und will die Familie Conolly töten; wird durch die Vernichtung des Schützen wieder normal. **TB103** – ihr Geist rettet Johnny Conolly vor dem Bann Dick → *Chilmarks*. **624** – begibt sich durch den Kopf des Riesen → *Brân* nach → *Avalon*; durch ihr Opfer wird der gealterte John wieder jung. **627** – ihr toter Körper taucht in einem Steinbruch auf; sie wird wieder lebendig und soll von Morgana → *Layton* getötet werden; John rettet sie vor dem Tod. **650** – wird von Morgana Layton und → *Dracula II* entführt. **651** – Dracula II macht sie zum Vampir. **666** – will John zum Vampir machen, was der aber verhindert. **667** – John verwandelt sie mit Hilfe von Kreuz und → *höllischem Ei* zurück in einen Menschen. **TB134** – schickte John einige Ansichtskarten und hatte beschlossen, sich wieder dem Filmgeschäft zuzuwenden, bevor der Kontakt zu ihr abriß; will dann aber weiter in Avalon leben und zu einem Vermittler zwischen dem Land und der Erde werden; John trifft sie in → *Glastonbury* wieder, wo er sich durch ein Tor zusammen mit ihr nach Avalon begibt; dort berichtet sie ihm von ihren Plänen und schickt ihn nach → *Washington*/USA, wo er einen Avalonflüchtling stellen soll, der dort mordet; das mißlingt, und der Flüchtling landet in Glastonbury, wo er wieder 2 Menschen ermordet, bevor John ihn stoppen kann; holt die Leichen von Glastonbury nach Avalon, um sie dort zu begraben. **784** – unterwirft sich in Avalon dem Willen → *Merlins*; lebt hier ihr drittes Leben; spricht durch Sheila Conolly zu John; rötlichbraune Haarflut; helles Gewand; leuchtet aus dem Körperinneren; Leuchten umgibt sie wie ein Schild; verfügt über Avalons Zauberkräfte. **TB152** – zieht drei Hexen nach Avalon, die dort durch den Nebel der Insel vernichtet werden. **874** – entreißt Johnny dem → *Tier*. **TB48**; **567**; **611**; **664**; **665**.

Berggeister → *Bergdämonen*.

Bergmann, Ute † – **647** – Hexe; tötet 3 Menschen; kann Höllenfeuer erschaffen und damit Menschen in Asche verwandeln; probiert dies u.a. an ihrem Freund aus; holt ihre Kraft aus Menhiren, die in der Lüneburger Heide stehen; kann ihren Geist vom Körper trennen; greift John und Suko in ihrem Auto an, weil diese ihren Standort herausgefunden haben; bei den Menhiren kommt es zum Kampf zwischen ihr, Suko und John; John greift sie mit dem Kreuz an; sie trennt ihren Geist vom Körper; Suko zerstört den Körper mit der Dämonenpeitsche; daraufhin materialisiert sie, und John ver-

nichtet sie mit seinem Silberdolch.
Berlin – Hauptstadt von Deutschland; früher unterteilt in West- und Ost-Berlin und durch die Mauer getrennt. **664**; **665**; **666**; **667**.
Bermuda-Dreieck – Gebiet im atlantischen Ozean; reicht von den Bahamas bis zur Ostküste der USA; hier sind schon zahlreiche Flugzeuge und Schiffe auf unerklärliche Weise verschwunden. **120** – auf Caligro Island bringen John und Bill Conolly den Magier → *Caligro* zur Strecke. **TB22**.
Bernstein – **734** – Stein im Pendel zum Hypnotisieren; Material, dem man mystische und magische Kräfte nachsagt.
Berris – kleiner Ort am Barrow River in Südirland; umgeben von einem dichten Wald; Ort ist vom Fluß durch eine Straße getrennt. **TB138**.
Bestler-Boettcher, Nicole – Darstellerin von Glenda Perkins im ersten Sinclair-Film »Die Dämonenhochzeit« von RTL; wurde am 6. März 1963 in Berlin geboren; nach einem Volontariat beim Bayerischen Rundfunk und mehreren Jahren freier Redakteursarbeit nahm sie privaten Schauspielunterricht; Moderatorin bei VIVA und VIVA 2.

Bethsame – **444** → *Nonne mit der Teufelsklaue, Die*.
Betongesicht → *Costello, Logan*.
Bewußtsein, Das – kann menschliche Körper, Pflanzen oder beliebige Gegenstände einnehmen und zum Leben erwecken; steckt zur Zeit im Körper von Dorian → *Durand*; kann Gestalt annehmen als junger Mann mit schwarzen Haaren (junger Dorian Durand); seine Existenz ist die Grundlage für die Gründung des → *Höllenclubs*; kann Menschen beeinflussen; existiert auch unabhängig von einem Körper; grundsätzlich unsichtbar; will sich an John und Suko rächen. **892** – wird durch die Vernichtung von Dorian Durands Körper mit der Dämonenpeitsche aus diesem vertrieben. **893** † – beeinflußt Daisy Miller und tötet sie, nachdem sie seinen Auftrag nicht erfüllen konnte; zeigt sich mehreren Mitgliedern des Sinclair-Teams und übernimmt teilweise deren Körper; John vernichtet es durch Aktivierung seines Kreuzes.
Bilder-Franz – **424/25** – Diener → *Baphomets*, Besitzer eines Bilderladens in der Nürnberger Altstadt; wird von Gropius, dem Maler des → *lebenden Bildes*,

der von John durch die Magie des Kreuzes in die Gegenwart geholt wurde, mit in das lebende Bild gezogen und verschwindet in einer anderen Dimension.

Billings – Ort in Schottland; in der Nähe liegt das → *Kloster St. Patrick*; mit Bäumen bepflanzter Marktplatz; »Tommy's Hotel«; hier schüttet → *Pandora* ihr Füllhorn mit den Übeln aus. **250; 251**.

Billon – Ort in den Vogesen/Frankreich; in der Nähe befindet sich das Kloster der Finsternis, in dem die → *Teufelsmönche* ihr Unwesen treiben. **GK98(20)**.

Bilokation – die Fähigkeit, an zwei Orten gleichzeitig zu sein, indem man Geist und Körper trennt. **53** → *Scaramanga*. **453**.

Bingham – **171** – Hexenjäger in der Vergangenheit, der → *Larissa*, die Hexe vom Hyde Park, 1734 tötete; dafür rächt sich die Hexe an Binghams Nachfahren Trevor Bingham, den sie erhängt.

Björnsson, Nils – **247** – Inspektor in Norwegen (Lofoten).

Black Mountains – Gebirgszug in Wales; hügelige Gegend mit Wiesen und Wäldern; hier gab es ein dem Teufel geweihtes Grabmal, das jedoch zerstört worden ist. **TB128**.

Black, Tricia – New Yorkerin, 28 Jahre alt; besitzt eine Galerie; war drei Jahre mit dem Reporter Clive Donovan verlobt, bevor dieser starb. **685 (1. Auftritt)** – folgt ihrem Verlobten nach → *Rockwell*; findet eine Leiche dort und wird vom Sheriff wegen Mordverdachtes verhaftet. **686** – wird zusammen mit Bill Conolly im Gefängnis eingesperrt; John rettet sie vor → *Cigam*; erschießt den Sheriff in Notwehr; ist in einem Flugzeug, das von Cigam entführt wird. **687; 688**.

Blackmoor – Ort in Mittelengland; in dem der Hexenwürger Mason → *Cordtland* von → *Wikka* getötet wird; in der Nähe liegen das große schwarze Moor und eine alte Burgruine; im Moor liegt der → *Hexenstein*. **267; 268; TB53**.

Blackwood, Algernoon † – **669** – auch der »Geistermann« genannt; weiht ein Grab dem Teufel, indem er dort einen Hahn tötet; treibt mehrere Mädchen in London zum Selbstmord; verschwindet durch das dem Teufel geweihte Grab, als er zum ersten Mal auf John trifft; war früher ein Parapsychologe und wurde durch das Radio bekannt; trifft Jane Collins in dem ehemaligen Radiosender; nimmt sie gefangen und teilt ihr mit, daß er dem Teufel einen Friedhof weihen will; dieser verlieh ihm durch sein Mikrophon die Macht, Dimensionssprünge durchzuführen; John befreit Jane und tötet ihn durch eine brennende Fackel, die auch gleichzeitig sein Mikrophon vernichtet.

Blaue Auge, Das – 364 – Orakel → *Shimadas*, durch das er in fremde Welten schauen kann; ist eine Quelle oder ein Teich im → *Todesgarten*, der → *Shimadas Höllenschloß* umgibt; aus ihm ist Shimada gestiegen.

Blaue Blume → *Blaue Rose*.

Blaue Festung, Die → *Shimadas Höllenschloß*.

Blaue Rose – auch die »blaue Blume« genannt, die Blume, nach der alle Wanderer suchen; wer an ihr riecht, gelangt in die Vergangenheit oder wird in eine Person verwandelt, als welche er einst gelebt hat; funktioniert wie ein Bildschirm und zeigt Bilder aus der Gegenwart und der Vergangenheit; Blume der Erkenntnis und der Weisheit; mit Hilfe der Rose wurde einst Richard → *Löwenherz* vom Sänger Blondel aus dem Schloß Dürnstein befreit; → *Merlin* hat die Rose mit einer starken Magie versehen und gab sie → *König Artus*. 827 – wird von Professor → *Chandler* in die Gegenwart geholt, der dadurch einen Zeittunnel öffnet; das Gesicht einer Person, die an ihr gerochen hat, altert. 828 – wird von John in die Vergangenheit zu Richard Löwenherz gebracht.

Bloch, Abbé → *Abbé Bloch*.

Bloch, Gérard † – 564 – Vater von → *Abbé Bloch*; Baphomet-Diener; will seinen Sohn töten; wurde im Krieg erschossen und auf einem Friedhof über → *Aletles-Bains* begraben; kehrte als Zombie aus seinem Grab zurück; gelangt in den Besitz des → *Würfels des Heils*; will seinen Sohn auf dem Friedhof töten; das → *Silberskelett* des → *Hector de Valois* erscheint und tötet ihn, indem es ihn mit dem → *Templersiegel* erschlägt, bevor dem Abbé etwas passieren kann.

Bloch, Romain † – 479 – Vorfahr von → *Abbé Bloch*; wird von den Bewohnern des Vogesendorfes Tullmer in eine Fallgrube mit angespitzten Eichenpfählen gelockt und vergeht (vor 200 Jahren); vorher hat der Vampir noch das Mädchen → *Angela* zur Vampin gemacht: sie soll die Amme → *Baphomets* werden, wenn dieser wiedergeboren wird.

Blochin, Oleg und Irina † – 759

– Irina Blochin will einen Werwolf in Slobicze, Nähe Königsberg, Ostpreußen, töten; um sie davon abzuhalten, will ihr Mann Oleg Wladimir → *Golenkow* und John dem Werwolf opfern; Oleg wird vom Werwolf getötet, Irina von John, da sie vom Werwolf verletzt und selbst zu einem wurde.

Blumensee, Der – 124 – befindet sich im → *Land der Vampir-Blumen*; dort existieren die Vampirinnen tagsüber als Blumen, nachts als Vampire.

Blut des Salomo † – 443 – in einem durchscheinenden, vasenähnlichem Glasgefäß; im Besitz von → *Panthera*; John zerstört es mit einer Silberkugel aus seiner Beretta; dadurch stirbt auch Panthera.

Blut einer Jungfrau – wenn es kocht, holt es den Satan aus der Hölle; Schwarze Magie, der selbst Asmodis gehorchen muß. **298**.

Blutaltar Baals – 319 – eine breite Platte aus Stein, die auf Felsbrocken steht, darauf unzählige Knochenreste.

Blutbuche, Die † – 753 – ist Generationen alt; in ihr soll ein Zwergenvolk leben, das nicht von dieser Welt stammt; von Johns → *Silberdolch* verletzt, geht sie schließlich in Flammen auf; → *Guywano* liebte diese Blutbuche, die Zwerge sind seine Diener.

Blutdämon → *Manson, Cynthia*.

Blutenden Bäume, Die – 907 – Waldgebiet in → *Heroldsbach*/Deutschland; besteht aus Birken; vor Jahrhunderten zog eine Strige hierhin; sie machte das Gebiet zu einer magischen Zone; alle Vögel, die der Strige gehorcht haben, sind in diesem Gebiet gestorben und haben mit ihrem Blut den Boden getränkt; die Bäume scheiden das Blut nun wieder aus; es kann Wunden heilen, macht Unwürdige aber zu Amokläufern; bis heute ist das Gebiet ein Vogelfriedhof; durch einige Amokläufer kommen John und Harry → *Stahl* der Strige und dem Gebiet auf die Spur; John vernichtet die Satansäule mit 2 Silberkugeln; die Blutenden Bäume lassen sie, wie sie sind.

Blutfluß, Der – 299 – Teil der → *Leichenstadt*.

Blutfrau, Die † – TB88 – richtiger Name: Lavinia di Luna; überlebt in einer Höhle in Spanien Jahrhunderte, indem sie sich von Insekten ernährt und dem Mondlicht frönt; erhält ihre äußerliche Schönheit zurück, da ein Einheimischer sie mit Ratten füttert; tötet einen Menschen und trinkt dessen Blut; ihr zweiter Mord ruft John auf den Plan; dieser verliebt sich in sie, wird aber mißtrauisch, als er Blutflecken entdeckt, die sie hinterläßt, und Insekten sieht, die aus ihrem Mund kriechen; John findet ihren Altar in ihrer Höhle, zerstört ihn vor ihren Augen mit seinem Kreuz und vernichtet auch sie.

Blutgöttin → *Eli*.

Bluthand aus dem Jenseits † – 375 – Hand, aus der das Blut der von ihr Getöteten quillt; riesig, wird in einem von einem Rappen gezogenen Wagen transportiert; besteht aus Eichenholz und wurde als magischer Fetisch angebetet; dann verschrieb sie sich dem Bösen und wurde zum Mordinstrument; John soll sie für Aibon zerstören; wird von vier Verrätern in den Reihen der → *Männer in Grau* in diese Welt gebracht, wo sie fast Miriam → *di Carlo* und John zerquetscht hätte, und von anderen Männern in Grau mit deren magischen Steinen vernichtet.

Blutige Lucy, Die – richtiger Name: Lucy Tarlington; lebte gegen Ende des 19. Jahrhunderts; wohnte in einem einsamen Haus in der Nähe von → *Llanfair*/Wales, das von ihren Eltern aufgegeben wurde, da diese in die Stadt gezogen waren. **942** – findet nach einem Sturm einen Sarg am Strand, in dem sich das → *Vampir-Phantom* befindet; sie rettet es und wird von ihm später zum Vampir gemacht; trennt sich von dem Vampir-Phantom; begibt sich als Vampir ins nahe Dorf; tötet dort 2 Fischer in ihrem Boot und wirft sie, nachdem sie sie ausgesaugt hat, über Bord; flieht mit dem Boot aufs Meer; geht nach Rumänien und kehrt in der Gegenwart nach London zurück; dort will sie rumänische Leiharbeiter verkaufen, die sie zuvor zu Vampiren gemacht hat; sie wird aber von John gestört, der zusammen mit Bill Conolly in der Nähe des Ortes auftaucht, wo sie das Geschäft abwickeln will. **943** – John gelingt es fast, sie zu töten, doch das Vampir-Phantom rettet sie im letzten Augenblick; begibt sich zurück nach Llanfair, wo sie die Vampir-Leiharbeiter versteckt hat. **944 †** – schickt die Vampire in den Ort; begibt sich auch selbst dorthin und entführt ihre 10 Jahre alte Namensvetterin; bringt diese zu einem alten Leuchtturm, wo sich auch das Vampir-Phantom aufhält; John und Frantisek → *Marek* tauchen dort auf; John vertreibt das Vampir-Phantom, während Marek sie mit seinem Eichenpfahl pfählt. **946** – ihre Seele lebt in der → *Welt der Seelen*; rettet die junge Lucy → *Tarlington*, die in der Gegenwart lebt, vor dem Vampir-Phantom, indem sie sie mit in die Welt der Seelen nimmt; bringt Lucy später zu den Conollys, da sie sich von diesen und John den entsprechenden Schutz für Lucy erhofft; verschwindet anschließend als heller Ball wieder in der Welt der Seelen.

Blutiger Boris → *Barlow, Boris*.

Blutmonster – **289** – ähnlich wie Vampire; Mischung aus Riesenaffe und Fledermaus; Wächter für Bill und Sheila Conolly im Verlies im → *Vorhof der Hölle*.

Blutorgel † – **186** – wird von → Asmodis in Kalifornien gespielt, damit will er John töten; die Erzengel retten John; Asmodis zieht sich zurück, die Blutorgel explodiert.

Blut-Pirat, Der † – **TB141** – richtiger Name: Rabanus; ist eine → *Kreatur der Finsternis* und gleichzeitig Vampir; Aussehen als Kreatur: lange Schnauze mit Reißzähnen; Augen, aus denen Eiter tropft; krallenartige Hände und Füße mit grünen Krallen; Körper ist eine Mischung aus Reptil und Wolf; liegt seit Urzeiten unter einem Berg in der Nähe von → *Brighton* begraben; wird durch eine Sprengung befreit; macht den Sprengmeister Guy Sullivan zum Vampir, bevor die Männer von Logan → *Costello* ihn zu diesem bringen; wird dort eingesperrt; der Teufel hat vor, ihn als Gegenpol zu → *Dracula II* einzusetzen; als Dracula II auftaucht, befreit Logan Costello ihn, und er greift Dracula II in Gestalt der Kreatur an; tötet 2 Vampirfledermäuse von Dracula II; wird von Dracula II mit 3 Silberkugeln aus Johns Beretta verletzt; Suko vernichtet ihn kurz darauf endgültig mit seiner Dämonenpeitsche, wodurch sein Körper zu einer flüssigen schwarzen Masse wird.

Blutstein – ist das Vermächtnis von Vlad Dracula; besteht aus seinem Blut; schimmert blutrot; hat die Größe der Hand seines Besitzers → *Dracula II*; durch ihn hat Dracula II seine innere Kraft erhalten. **581 (1. Auftritt)** – John findet ihn in einem alten Brunnenschacht nahe des Schlosses seiner ehemaligen Besitzerin → *Gina*. **597** – er geht in den Besitz von Dracula II über, im Austausch gegen

Johns Mutter. **TB110** – hält selbst Johns aktiviertem Kreuz stand. **852** – Dracula II erschafft durch seine Hilfe aus menschlicher Asche einen Feuervampir.

Blutteppich, Der – **454** – ein fliegender Teppich, in dem die Seelen von 3 Magiern gefangen sind, die einen Kalifen töten ließen; Jacques-Bernard de → *Molay* brachte ihn aus dem Morgenland nach Paris; mit ihm fliegt John in das Paris von 1314 zurück, wo er miterlebt, wie de Molay auf dem Scheiterhaufen stirbt; zurück in der Gegenwart, wird der Teppich von → *Abbé Bloch* vernichtet.

Blyton, Eddy † – **246** – 16jähriger Computer-Freak, der Asmodis beschwört und sich mit ihm einläßt; Asmodis verwandelt ihn in ein Computer-Wesen; wird von John mit dem Kreuz vernichtet.

Bode, Gerd – Major; Einzelkämpfer. **569** – verfolgt die »Aktion D«; trifft in einem Waldstück auf die Vampirin → *Reva*, die ihn zum Vampir macht; schießt Will → *Mallmann* 3 Kugeln in den Rücken, als dieser aus der Gewalt Revas fliehen will. **570** † – John und Suko treffen ihn bei der Suche nach Will Mallmann und töten ihn mit Silberkugeln.

Bodmin – kleiner Ort in Cornwall, in dem John den untoten Jungen Ritchie → *Parson* erlöst. **GK202(47)**.

Bogdanowich, Boris – **TB38** – Vampir; organisiert eine Wallfahrt im Vampir-Expreß zum Grab der → *Lady X* nach → *Petrila*; macht seine Nachfahren, Gräfin Ada und deren Tochter Vera Bogdanowich, zu Vampiren; wird von John angegriffen, ihm gelingt jedoch die Flucht. **342** † – verwandelt sich in eine Vampir-Schlange und wird von John mit einer Silberkugel vernichtet.

Bogenschütze, Der unheimliche † – **69** – Zombie auf Scalford Castle (1/3 gehört Sheila Conolly); sein richtiger Name ist William Hunter; war vor 400 Jahren Anführer von Rebellen gegen den Earl of Nottingham; rottete als untoter Bogenschütze die Familie der Nottinghams aus und gab dann Ruhe, bis der Verwalter von Scalford Castle, Roman Willard, ihn mit Schwarzer Magie wieder zum Leben erweckt; wird von John und Sheila Conolly mit Silberkugeln vernichtet, zerfällt zu Staub.

Bogie-Mann, Der † – **652** – richtiger Name: Juri; von Beruf Tänzer; wird durch die magischen Kräfte der 3 »Drake«-Schwestern zum Bogie-Mann;

er ist ein Gespenst der Hölle, ähnlich wie der »Schwarze Mann«; taucht oft in den schottischen Legenden auf; die 3 Schwestern beschwören eine Figur des Bogie-Manns; diese verändert sich und wird lebendig; Juri stopft sich die Figur in den Mund und wird so selbst zum Bogie-Mann; seine Augen werden rot, seine Haut nimmt einen dunkelblauen Schimmer an; er wird zu einer lebenden Kugel, bekommt Fell und klauenartige Hände; will Jessica → *Long* entführen; diese verletzt ihn dabei mit 2 Silberkugeln; John vernichtet ihn mit seinem Kreuz, nachdem er ihn zuvor mit seinem Silberdolch verletzt hat; die → Hölle rächt sich für seine Vernichtung an den Drake-Schwestern, indem sie ihnen die Hände abfaulen läßt, als Juri stirbt.

Bolzenpistole – Druckluftpistole mit Bolzen aus Eichenholz, Spitze aus geweihtem Silber; von Father → *Ignatius* hergestellt; Waffe aus Johns → *Spezialkoffer*.

Bonney, Vicky – **176** – Schriftstellerin; Freundin Tony → *Ballards*.

Boone, Terry – Dieb; Spitzname der »Graue«, wegen seiner Hautfarbe; wird von Scotland Yard und Interpol gesucht. **588** – klaut einen Koffer aus einem Londoner Pfandhaus; nimmt dabei eine Geisel, die sich aber befreien kann; in dem Koffer ist ein Dämon, was er aber nicht weiß; der Dämon übernimmt seinen Geist; er wird zum Killer mit übermenschlichen Kräften; tötet zwei Bluthunde mit den Händen und stiehlt einen Zug. **589 †** – durch die Übernahme seines Geistes durch den Dämon löst sich seine Haut langsam von den Knochen; er kann sie abziehen, wobei eine weiße Flüssigkeit austritt; stirbt durch den inneren Zerfall.

Border Town – Ort nahe der mexikanischen Grenze in den USA; Häuser aus Stein oder hellem Adobe; der Highway ist gleichzeitig die Main Street; in der Nähe fließt der »Rio Grande«; Wüstengegend, heiß und trocken. **TB127**.

Borgos Sataru Mensentera... – **353** – Anfang einer Beschwörungsformel des → *magischen Pendels* in einer Ursprache, die der → *Eiserne Engel* beherrscht.

Böse Engel, Der → *Massago*.

Botesdale – Ort in England zwischen Norwich und Ipswich; einsame bergige Gegend; in der Nähe liegt die Quelle des Flusses Little Ouse; südlich des Ortes liegt die »Hell's Station«, eine Herberge; in ihr werden die Leichen von Verbrechern aufgebahrt, um sie auf die → Hölle vorzubereiten; die Herberge wurde im 16. Jahrhundert erbaut; sie besteht aus Bruchsteinen und läuft oben turmähnlich zusammen; die Fassade wird von Ranken und Efeu bedeckt. **561**.

Boyd, Francis → *Vergessene*.

Boysen, Frank † – **321** – wiedergeboren als Mensch; als ihn der → *Freitags-Killer* mit einem von Mandra → *Korabs* sieben Dolchen tötet, kehrt er in sein erstes Leben als abtrünniger → *Druide* des Landes → *Aibon* zurück; gehört in Aibon zu den Ausgestoßenen; stirbt durch den 5. Dolch Mandra Korabs, den → *Myxin* ihm in die Brust stößt.

Bracht, Barry F. – von Beruf Lektor in einem Londoner Verlag; lebt in einem alten Haus in London; beliebt wegen seiner Freundlichkeit, seines Humors und seines Lachens; kann sich in seinen Träumen in den Schattenkrieger → *Zebulon* verwandeln. **TB118 (1. Auftritt)**; **986 †** – John rettet ihn mit seinem Kreuz vor dem Tod durch die Feuerbälle; wird später von Susan → *Falaise* angegriffen, die John ebenfalls mit seinem Kreuz vernichtet; begibt sich zusammen mit John und Suko zu Giselle; kurz vor ihrem Eintreffen dort aktiviert er seine Zweitgestalt Zebulon; als Zebulon in eine Falle von → *Luzifer* läuft und durch dessen Höllenfeuer vernichtet wird, stirbt auch er, indem er innerlich verbrennt. **697**; **TB132**; **TB143**; **TB153**; **867**; **868**; **985**.

Braddock, Shawn – **225** – Imker, züchtet Riesenbienen (Mord-Insekten), wird in eine Irrenstalt gesteckt. **269 †** – steht von der Anstalt aus mit überlebenden → *Killerbienen*, die den Kopf seines Opfers Sam Whiteside tragen, in Verbindung; will sich rächen; beim Kampf mit John in der Anstalt stürzt er über ein Geländer und bricht sich das Genick.

Bradford, Emily und Lydia † – **GK137(31)** – die beiden alten Damen beschwören durch einen einbalsamierten Toten in ihrem Keller den → *Sensenmann*; dieser vergeht, als sie zusammen mit der Mumie verbrennen.

Brahdana † – **TB2** – Abt, sehr alt; übergibt Suko den → *Stab Buddhas*, den er in einer Truhe aufbewahrt hat, damit dieser damit den → *Goldenen Buddha* bekämpfen kann; wird kurz darauf von den Anhängern des Buddhas mit einem Messer getötet.

Brân – Wächter von → *Avalon*; Riese; kam nach Avalon, nachdem er starb; wurde dort eins mit Julien de Lacre. **622 (1. Auftritt)**. **623** – tötet zwei Skinheads; nimmt John mit nach Avalon; tötet seinen Bruder Dyfur in Avalon. **624** – sein steinerner Kopf taucht nördlich von London auf und ist ein Tor nach Avalon; dieser Kopf wurde nach seinem Tod durch eine vergiftete Lanze abgeschnitten und dort aufgestellt; stellt telepathischen Kontakt zu John her; erklärt ihm, daß er sein normales Alter zurückerlangen kann, wenn sich jemand für ihn opfert, nach Avalon zu gehen; nimmt durch sein Maul den Wolfskörper von Nadine → *Berger* auf und explodiert danach lautlos; John erhält sein normales Alter zurück.

Brandner, Bernd – **457** – Oberkommissar in Frankfurt am Main; hat sich vom Streifenpolizisten hochgeboxt; kennt sich wie kein anderer im Bahnhofsviertel und der Szene aus.

Brandon, Kenneth † – **GK31(5)** – Verlobter von Sheila → *Hopkins*, Bill Conollys späterer Frau; wird zum Diener des Dämons → *Sakuro* und von John in Sakuros Pyramide in Ägypten mit einem Schwert getötet.

Brasov – Ort in Rumänien, ehemals »Kronstadt«; Wohnort von Walter Hänle, Kirchenexperte und Freund von Frantisek → *Marek*; Arkadenhäuser und Laubengänge, ziemlich zerfallen, breite Straßen, alter Stadtkern. **TB110**.

Braut des Spuks → *Astarte*.

Brel, Tonio – **262** – Inspektor der Mordkommission in Cannes/Frankreich; Spitzname »Pferd«; wird schwer verwundet.

Brenda »The Cat« → *Bastet*.

Brennan, Dr. – **GK94(19)** – Obduktionsarzt bei Scotland Yard.

Brent, Familie – **507** – reiche Familie aus → *Bristol*; Familienoberhaupt ist Sir Lucius, seine Frau ist Lady Eleonore; Kinder namens Guido, Martin, Susan, Matthew und Ginger; vor 200 Jahren lebte eine Ahnherrin namens Lady Madeline; sie kehrte als Zombie zurück, da sie mit dem Teufel im Bunde gestanden hat; ließ vor 200 Jahren ihre 4 Geliebten köpfen; machte danach eine Reise nach Mittelamerika, bei der ihr Schiff gesunken ist; wurde 200 Jahre später gefunden und befreit; die 4 Köpfe ihrer getöteten Liebhaber befinden sich in ihr, und sie kann die Köpfe bei Gelegenheit aussenden, damit sie töten; sie will das Amt des Familienoberhauptes zurückbekommen und entführt deshalb Sir Lucius; John, Bill Conolly und Suko, die zufällig anwesend sind, töten nach und nach ihre 4 Schädel; als John mit Madeline kämpft, zerstört Bill gerade den letzten Schädel, wodurch Lady Madeline vernichtet wird.

Brickaville – kleiner Ort 30 Meilen vor Brighton, in dem Inspektor → *Fenton* vom → *Todeskarussell* in die Hölle befördert wird. **GK200(46)**.

Brigadoon – verfluchte Stadt in Schottland; wird von → *Angela* gehütet; erscheint alle hundert Jahre; ihr Erscheinen wird von einem Kreuz mit vier Totenköpfen angezeigt; jeder, der sie betritt, stirbt und wird zum Zombie; John beendet den Fluch der Stadt, indem er die Hüterin tötet; die Stadt verschwindet für immer. **TB23**.

Brigg – 238 – Oberinspektor, Leiter einer Mordkommission in London.

Brighton – Seebad im Süden Englands; in den Dünen vor der Stadt erfährt John vom Spuk, daß es zum → *Würfel des Unheils* ein Gegenstück gibt, den → *Würfel des Heils*. **378; 379**.

Brigida † – **901** – ehemalige Druidin; wurde nach ihrem Tod von → *Guywano* aufgenommen und mit seiner Hilfe zur Aibon-Hexe; saugt den Menschen das Leben aus und kann dadurch selbst weiterexistieren; will die gesamte Stadt → *Carlow*/Irland mit ihren Fäden einspinnen und sich so für die Entweihung von Druidenerde für ein Baugebiet rächen; kann John fast nach → *Aibon* entführen, was der → *Rote Ryan* jedoch verhindert und sie mit seiner Flötenmusik vernichtet.

Bri-Onya † – **376** – Dämon aus der → *Welt der Dämonensonne*; ihm gehört eine Dimension, die Welt der Metallmenschen; unter heißer Dämonensonne aufgewachsen, die ihre Kraft auf seine Haut gebrannt hat; sieht aus wie metallener Mensch; wird in der eigenen Welt von → *Myxin* mit der → *Goldenen Pistole* Bill Conollys vernichtet.

Bristol – Stadt mit großer Seefahrer-Tradition an der Südküste Englands; von hier starteten im letzten Jahrhundert die Segler der Ostindien-Company; Hafen hat große wirtschaftliche Bedeutung; in der Nähe der Stadt liegt der Besitz der Familie Brent; dieser Besitz liegt am »Mouth of the Severn«, einer ins

B

Land reichenden Verlängerung des Bristol Chanals; schloßähnlicher Besitz; von flachem, brettähnlichem Land mit Wäldern und weiträumigen Weiden umgeben. **507; TB135**.

Britton, Brian – Detective Inspector in → *Carlow*/Irland; hat John auf einem zweiwöchigen Lehrgang in London kennengelernt. **901** – findet in der Nähe seines Ortes drei in Kokons eingesponnene Leichen und informiert John; beide finden einen spinnwebenähnlichen Faden, der vor Johns Kreuz flüchtet; vertreiben eine Frau, die eine weitere Person einspinnen wollte; erlebt mit, wie die Frau ein Netz über Carlow spannt, wodurch alle Lichter dort erlöschen.

Brock, Martin – **256** – Oberkommissar bei der Mordkommission in Trier/Deutschland.

Brocken, Der – höchster Berg des Harzes; in ihm hausen → *Hexen* und bewachen für den → *Schwarzen Tod* das → *Buch der grausamen Träume* und den → *Würfel des Unheils* in einer Höhle. **100/101**.

Broicher, Michael (Mike) † – **314** – Sohn eines Industriellen und Waffenhändlers; mathematisches Genie, Computer- und Videofachmann; hat im atombombensicheren Keller ihrer Villa eine Experimentierstube mit einer Multivisionswand (20 Monitore); verbündet sich mit dem Teufel, der die Kontrolle über seine Multivisionswand übernimmt, um John in eine Falle zu locken; stirbt durch den → *Todesnebel* aus dem → *Würfel des Unheils* (im Besitz der Hexe Jane Collins).

Bronzek, Edgar → *Fliegenmann*.

Brücke der Skelette – **34** – Tor zum → *Land ohne Grenzen*; verbindet zwei Welten.

Bruderschaft der Templer – **740** – 5 Mitglieder in Großraum London: 1. Wirtschaftsanwalt Sir Dean → *Ellroy*. 2. Nigel Rick †. 3. Sam Langster. 4. Eric Langster. 5. Barry Lockland; treffen sich jeden Freitag in alter → *Templerkirche in Soho*; tragen dabei weiße Kutten mit dem roten Templerkreuz auf der Vorderseite; Nigel Rick wird vom → *Dolch des Kalifen Harun el Basra* auf dem Weg zum wöchentlichen Treffen getötet.

Brunnen der Träume – **12** – steht in der Arena im Land der toten Götter; durch ihn kann man die reale Welt sehen.

Bruns, Mrs. – **GK25(4)** – Sekretärin von Superintendent James Powell; Brille.

Brüssel – Hauptstadt von Belgien; Standort des Atomiums; dies besteht aus 9 von innen beleuchteten Kugeln mit Verbindungsstreben; 102,5 Meter hoch; Kugeldurchmesser 18 Meter; Verbindungen 22 und 29 Meter lang; in den Röhren sind Metall- und Rolltreppen eingebaut; liegt in der Nähe des Heysel-Stadions; Kirche Notre Dame mit gotischen Spitztürmen; westlich davon Cimetiere de Laeken, eine große Grünfläche und der größte Friedhof von Brüssel. **TB81.**

Buch der geheimen Hexenkunst – **307** – Großformat, schwarzer Einband; gehört zur → *Träne des Teufels*; im Besitz von → *Asmodis*.

Buch der grausamen Träume, Das – niemand kennt den Verfasser; die Geheimnisse der Hölle sind darin offenbart; jedes Kapitel zeigt Schreckenstaten, zu denen die Hölle fähig ist; es wird aber auch erklärt, wie man die Macht eines mächtigen Dämons bricht und ihn vernichten kann; wer es liest, wird entweder wahnsinnig oder zu einem Diener der Finsternis; der Einband und die einzelnen Seiten sind aus der Haut eines Dämons gefertigt; einer der Ur-Dämonen soll es in Atlantis geschrieben haben. **84 (erstmals erwähnt)** – wurde vor 300 Jahren einem Magister und Hexenjäger namens Gerald → *McKenzie* vom → *Schwarzen Tod* zur Aufbewahrung übergeben, erhält dafür das ewige Leben; die Hexe → *Ziita* wird von ihm getötet, rächt sich aber später, tötet ihn und nimmt ihm das Buch ab; John erfährt, daß es existiert und sich im Besitz Ziitas befindet; er spürt sie auf und vernichtet sie, doch der Schwarze Tod nimmt das Buch wieder an sich, bevor John seine Hand darauf legen kann. **100/101** – liegt im → *Brocken* im Harz und wird für den Schwarzen Tod von Hexen aufbewahrt; wer das Buch besitzt, hat die Macht; John findet es unter dem → *Würfel des Unheils* und liest darin; es gibt ein Kapitel über ihn, den Sohn des Lichts; aus den letzten Seiten bildet sich der magische → *silberne Bumerang*, mit dem John den Schwarzen Tod vernichten kann; es wird ihm jedoch vom »Beobachter« (dem → *Seher*) abgenommen, damit das Gleichgewicht der Macht nicht zerstört wird. **233** – ist mächtiger als das Buch der → *sieben Siegel der Magie*, da es sich mit der Existenz des gesamten Lebens beschäftigt, das andere je-

B

doch nur mit Teilbereichen. **442** – es erscheint John im → *Tor zum Jenseits*; in ihm steht Johns Schicksal geschrieben, er ist schicksalhaft damit verbunden; über das Buch wollte schon Hector → *de Valois* eine Spur finden, die zum → *Dunklen Gral* führt und damit zur Basis der Menschheit; John erfährt aus dem Buch, daß er der letzte Träger des Kreuzes ist; nach ihm wird es keinen mehr geben; er kann nicht mehr wiedergeboren werden; stirbt er, wird auch sein Kreuz vernichtet; John hält das Buch in den Händen, doch → *Abbé Bloch* nimmt es ihm ab, schleudert es zurück ins Tor zum Jenseits und schließt dieses mit Johns Kreuz. **255**.

Buch der Schwarzen Gesetze – **38** – hält der → *Schwarze Tod* in den Händen; in ihm ist Johns Untergang und das Ende der Welt verbrieft.

Buch der Sieben Siegel → *Sieben Siegel der Magie*.

Buch des Teufels – uraltes Buch, das Gerald → *Coony* im 15. Jhdt. wiederentdeckt hat; geht in einem kochenden Blutsee auf → *Coony Island* unter, bevor → *Asmodis* die Insel in die Luft jagt. **GK74(14)**.

Bucheron → *Fallbeil-Mann*.

Büchse der Pandora – **283** – in ihr befinden sich alle Übel und Krankheiten der Welt; Öffnung kann sich weiten zu einer Art riesiger Seifenblase, auf deren Krümmung sich das Geschehen aus anderer Zeit oder anderer Dimension widerspiegelt; von der Büchse eingesogen, kann man in andere Zeiten und Dimensionen geschleudert werden.

Buckland in the Moor – Ort in England im Dartmoor-Sumpf in Cornwall; kleine Handwerksbetriebe und eine Torffabrik im Ort; eng zusammenstehende Häuser; kleine Kirche mit Friedhof; von Wäldern umgeben. **520; 521**.

Budapest – Hauptstadt Ungarns; dort beschwören → *Mandraka* und → *Myxin* mit dem Blut einer Jungfrau → *Asmodis*. **298**.

Buddha – indischer Religionsstifter; spricht mit John durch den → *Stab*.

Buddhas heiliger Stab → *Stab, Buddhas heiliger*.

Bukarest – Hauptstadt von Rumänien; Bahnhof; hohe Plattenbauten, in die die Menschen hineingepfercht worden sind; zahlreiche Baracken und Abfallhaufen; im Norden liegt eine Tiefebene. **953**.

Bulgare † – **TB107** – alt; Agent;

eiskalte Augen; will den Kölner Dom → *Baphomet* weihen; zerstörte den Ring von → *Kassandra*, teilte ihn in drei Teile auf und verstreute diese auf der ganzen Welt; hat einen Partner namens »Jekov«; will Wladimir → *Golenkow* mit einer scharfen Handgranate entführen; dieser wirft ihn in einen Brunnen vor dem Kölner Dom, in dem die Handgranate explodiert und ihn tötet.

Bullstone – Ort in Schottland; in der Nähe befindet sich die Mühle, in der John und Suko die Vampirin → *Elena* vernichten. 18.

Bumerang → *silberner Bumerang*; → *Feuer-Bumerang*.

Bundeslade – Waffe gegen das Böse; Moses bewahrte darin die Schrifttafeln auf, die er von Gott erhalten hatte; die Israeliten nahmen sie dann mit auf ihre Wanderung ins Gelobte Land; ist in der Lage, die → *Kreaturen der Finsternis* und damit die Höllenzeit zu stoppen; zur Zeit verschollen; ihre Auffindung ist das Ziel der → *Weißen Macht*; möglicherweise in Äthiopien, wohin sie → *Melenik* gebracht haben soll; Robert Morse entdeckte sie fast im Kloster Gamala; er fand dort das Orakel, das er Suko gab, bevor er von → *AEBA* getötet wurde; verschwand zwischen dem 10. und dem 6. Jahrhundert vor Christus; ca. ein Meter lang und einen halben Meter breit; flache Bauweise; aus Akazienholz hergestellt; von innen und außen mit purem Gold beschlagen; zwei Cherubinen sind an den Enden befestigt und schauen sich an; soll in der Lage sein, Landschaften zu zerstören, Berge einzuebnen, Städte zu zerstören und Armeen zu vernichten; lag lange im Tempel von Jerusalem; wurde von dem Hohenpriester Azarius, der sich in Begleitung von Melenik befand, von Jerusalem nach Äthiopien gebracht; half mit bei der Eroberung der Stadt Jericho durch die Israeliten; wurde von den israelischen Stämmen mitgenommen, als diese die Stadt Gibea vernichtet haben; wurde später von den Philistern geraubt und in deren Dagon-Tempel in der Stadt Asdod aufgestellt; daraufhin wurde eine Statue der Philister vernichtet, und viele Einwohner der Stadt starben an einer ungewöhnlichen Krankheit, woraufhin die Philister sie nach Ekron schafften; auch dort wollten die Menschen sie nicht haben; sie wurde auf einen Ochsenkarren gelegt, und die Tiere

B

wurden laufengelassen; auf diesem Weg gelangte sie in die Stadt Beth-Schemesch; auch dort starben zahlreiche Menschen; sie fand Unterschlupf im Hause eines Mannes und wurde zunächst vergessen, bis König David sie eines Tages wieder nach Jerusalem holte; steht in einer kleinen Kapelle in der Nähe von → *Aksum*/Äthiopien; an den Wänden dieser Kapelle sind Motive der Vergangenheit des Landes abgebildet; wird in Aksum jeweils im Januar zum Fest von Timkat durch die Straßen getragen; gilt offiziell als verschwunden; Aussehen der Cherubine: groß, geflügelt, weiblich; erinnern an finstere Racheengel; Haut schimmert kupferfarben; Flügel sind zusammengefaltet; wenn sich ihr jemand nähert, schauen die Cherubine die entsprechende Person an, bevor sie vernichtet wird; als John sie zum ersten Mal berührt, stellt er mit Hilfe seines Kreuzes und des → *Schwertes des König Salomo* eine Verbindung zu ihr her; vernichtet jeden, der sie berühren will, durch einen bläulichen Lichtblitz. **1006 (1. Auftritt)** – John findet sie in der Kapelle in der Nähe von Aksum; vernichtet einige Templer, die sie berühren wollen; vernichtet auch das → *Silberskelett* des Hector → *de Valois*, als dieser sie für John öffnet, und verwandelt es in eine breiige Masse; John läßt sie an ihrem Ort.

Burg Blankenstein – Burg im Odenwald, in dessen kleiner Kirche Will → *Mallmanns* Braut Karin → *Becker* vom → *Schwarzen Tod* getötet wird. **81**.

Bury – Ort in Schottland in der Nähe von Inverness in den Highlands; in der Nähe des Ortes befindet sich die Burg der → *Hardfords*; diese liegt an einem Hang; dort befindet sich eine Totengruft von verdammten → *Templern*. **TB84**.

Butcher, Phil † – **345** – Besitzer der → *Villa Frankenstein* vor dem 1. Weltkrieg; nachdem ein Experiment mit einem aus Leichenteilen zusammengesetzten Monster mißlungen ist, beseitigt er es mit Hilfe des Pfarrers, indem er es in den Sumpf wirft; den Pfarrer beseitigt er als Zeugen; zurück in seinem Haus, wird er von seinen gesammelten Puppen, in die der Geist des Monsters gefahren ist, getötet.

Buzea, Alfons – 35 Jahre alt; seit 8 Jahren und 23 Tagen sitzt er in einem Zuchthaus, weil er Kinder der Hölle zuführen wollte. **932** – wird aus dem Zuchthaus wegen Ablauf seiner Haftstrafe entlassen; entwischt Harry → *Stahl*, der ihn bewachen sollte, nachdem er diesen zusammengeschlagen hat; tötet den Zuchthauswärter und seine Frau; besorgt sich Kindersärge und begibt sich auf »Kinderjagd«. **933 †** – verwandelt mit Hilfe des Teufels seine bösen Phantasien in Schatten, seine »Heiligen«, und will sie durch Kinderblut Gestalt annehmen lassen; entführt dafür Jens und Silvia Stolze; diese werden von John, Harry Stahl und der Mondgöttin Emily → *Craton* gerettet; aus Rache für das ihnen entgangene Blut kriechen die Schatten in ihn und verwandeln ihn selbst in einen Schatten; die Mondgöttin tötet den Schatten daraufhin mit ihrem Säbel.

Cabal – der schwarze Todesengel; Krieger des Sonnengottes, der sich von ihm gelöst hat und seinen eigenen Weg gegangen ist; ist Seele und Körper zugleich und kann sich aus dem Schattendasein lösen und Gestalt annehmen. **730** – steigt aus einem Deckengemälde im Haus des Ehepaars Jaime und Juana → *Viracocha*, deren Seelen Cabal bereits besitzt; ihre Mieterin Janina → *Ferry* soll sein nächstes Opfer werden, doch Suko besiegt Cabal mit dessen Schwert, in das Cabal stürzt und sich auflöst.

Cabal, Woorie – Schwarzer; Bruder von → *Shango*; fünffacher Mörder; sitzt seine Gefängnisstrafe in einem Zuchthaus ab; verständigt sich auf telepathischem Wege mit seinem Bruder. **846** – droht bei seiner Verurteilung mit der Rache seines Bruders. **847 †** – wird von seinem Bruder aus dem Zuchthaus befreit und in einen Schatten verwandelt; flüchtet nach einem mißglückten Mordversuch an John in den Sumpf und kommt dort um.

Cabrisi, Giancarlo † – TB77 – Doge; regierte einige Monate → *Venedig*/Italien; trägt eine goldene Maske vor dem Gesicht; schlug im 16. Jahrhundert zweimal die Türken zurück und wurde deshalb zum Dogen ernannt; legte sich daraufhin mit allen Gesellschaftsschichten an; machte Tausende von Gefangenen unter den Bewohnern Venedigs und ließ sie von seinem Henker »Turrio« töten; einmal pro Woche veranstaltete er eine

C

öffentliche Hinrichtung; nach dem Tod einiger Kirchenleute und der Zerstörung eines Klosters holte die Kirche einen Exorzisten herbei; dieser drang mit Soldaten in sein Schloß ein; man sperrte ihn in seine eigenen Verliese und ließ ihn verhungern; soll von den Türken verletzt worden sein, wobei sie sein Gesicht entstellt haben; trägt aus diesem Grund die goldene Maske; steht mit dem Bösen in Verbindung und überlebte daher; sein gesamter zombiehafter Körper besteht aus einer grauen Masse von Würmern; wurde von Commissario → *Tori* befreit, der ein Nachfahre des Henkers ist; John trifft in den Bleikammern den Henker und vernichtet ihn mit seinem Kreuz; will Jane Collins töten, zögert jedoch, als er deren Hexenkeim spürt; in der Zeit des Zögerns taucht John auf und vernichtet ihn mit seinem Silberdolch.

Cadi – **746** – Ägypter; Magier und Mystiker; hat wertvolle Dienste für den Secret Service geleistet; doch als der einmal ein Versprechen, ihm einen Kunstgegenstand zu besorgen, nicht einlöste, schwor er Rache; lebt auf einer kleinen Kanalinsel; wird von Suko zur Strecke gebracht.

Cala Millor – Ort auf Mallorca; hier erledigen John und Suko den Untoten → *El Diablo* mit Silberdolch und Silberkugeln. **278**.

Caldric – Ort westlich von London, in Cornwall; in der Nähe liegt das Seniorenheim »Lintford House«. **824**.

Caldwell, Inspektor – **GK 122 (27)** – Leiter der Spurensicherung bei Scotland Yard.

Calgary – kleiner Ort in der Grafschaft Berkshire; in der Nähe wird die Statue des → *Octupus* im Sumpf versenkt. **9**.

Caligro † – Voodoo-Priester, Magier; lebt auf eigener Insel »Caligro Island« (östlich von Kuba). **119/120** – will der größte Voodoo-Zauberer werden, der jemals gelebt hat; Herr über die Zombies; stürzt beim Kampf mit John über die Klippen ins Meer und wird von den Haien gefressen.

Calvaro, Beth – Hexe; kann Tiere manipulieren; kann durch die Augen der Tiere sehen; erlebt deren Qualen mit, nachdem sie in deren Seelen eingedrungen ist; Waffe: schmales Schwert. **926** – wird von dem Mädchenhändler »Don« in → *Torres de Mar* gefangengenommen; ruft Jane Collins zu Hilfe; als sie erkennt, daß Jane keine Hexe mehr ist, versucht sie, diese zu erschießen; verwandelt den Hund des »Don« aus Rache in eine mordende Bestie; beim Anblick von Johns Kreuz flieht sie. **927 †** – will sich an Lady Sarah → *Goldwyn* dafür rächen, daß Jane Collins sich nicht auf ihre Seite stellte; hetzt mehrere Tiere auf sie; wird von Suko mit einer Silberkugel erschossen.

Camacho → *Alter Krieger*.

Camdon Town – Ort in England; in der Nähe liegt der »Grand-Union-Kanal«; die Hauptstraße des Ortes trägt den Namen »Camdon Road«. **594**.

Camdon, Dorena – **880 †** – Vampirin; kann sich in einen Wolf oder eine Vampirfledermaus verwandeln; hält sich im House Camdon bei → *Selby* auf; einst war sie das schwarze Schaf der Familie Camdon; lebte eine zeitlang mit → *Dracula II* und dessen Wölfen zusammen; er schickte sie zurück in die Welt, um Vampire zu machen; verursacht einen Unfall von John; will ihn im Krankenhaus töten, doch er vernichtet sie mit seinem Kreuz.

Cameron – Ort in Texas; dort befindet sich das Sanatorium von Professor Brian → *Prescott*, der Jane Collins ein Aluminiumherz einpflanzt. **361; 362; 363**.

Campa – Bergdorf in der Nähe von La Coruña im Nordwesten Spaniens; unter seinem Friedhof befindet sich das Reich des Dämons → *Okastra* und seiner → *Monster-Spinnen*. **317; 318; 319**.

Campeto – Ort in Spanien; umgeben von felsigem Gebirge; der Friedhof liegt hoch in den Bergen; an ihm liegt eine kleine Gnaden-Kapelle; auf dem Friedhof wurden einst vier Baphomet-Templer begraben. **TB157**.

Campos † – **865** – Vampir; kalte, kobaltblaue Augen; Stirn ist von einem Muster aus Falten bedeckt; wurde in eine Wand eingemauert und vergessen; lebte zur Zeit der Dogen in → *Neapel*/Italien; sein Gesicht hat keine Abgrenzung in der Wand, sondern geht am Rand in sie über; Gesicht ist größer als das eines Menschen und schimmert ockergelb; kann nicht sprechen; lotst seine Opfer durch die Macht seiner Augen zu sich; bekommt von der Mafia Opfer zugestellt; dies sind Leute, die die Mafia verraten haben; macht die Opfer zu seinen Dienern, die tagsüber auf dem angrenzenden Friedhof ruhen; John gelangt durch einen Hilferuf dorthin und tötet mehrere Vampire, bevor er auf ihn trifft; er attackiert ihn mit seinem Kreuz,

C

so daß sich sein Gesicht in Fetzen aufteilt und dann auflöst.

Canetti, Eric † – **925** – beging angeblich Selbstmord, wurde aber nicht begraben; ging ein Bündnis mit dem → *Spuk* ein; dieser raubte ihm seinen Schatten, der sich eine eigene Dimension aufbaute, die im Totenbuch versteckt war; der Schatten bringt Selbstmörder dazu, sich so umzubringen, wie er es will; die Seelen der Selbstmörder bekommt der Spuk; wird von seinem eigenen Schatten ermordet; John vernichtet den Schatten später, indem er das Totenbuch verbrennt.

Cannes – Küstenort an der französischen Riviera; Hafen; breite Promenade; von zahlreichen Geschäften und Bars flankiert. **TB66**; **TB67**.

Canotti † – toskanische Familie: Romano, Maria und Sohn Luigi. **335** – ihr Schloß wurde über einem Rest des → *Höllensumpfs* aus dem alten → *Atlantis* gebaut, so daß sie in dessen Machtbereich gerieten; sie erreichen ihr Ziel, nach Atlantis in den Höllensumpf zu gelangen; Romano stirbt durch die Schleim-Pistole des → *Höllen-Detektivs* Pernell Kent, seine Frau Maria und sein Sohn Luigi durch die Sense des → *Schwarzen Tods* in der Vergangenheit im Höllensumpf.

Capitaine Noir † – **447** – der schwarze Kapitän; Kapitän des → *Totenschiffs der Templer*; einem Geisterschiff an der Côte d'Azur; Halbbruder des Hector → *de Valois*; wird von John in der Kirche von Este geköpft.

Carcassonne – Hauptstadt des französischen Departements Aude; etwas außerhalb liegt eine zerstörte Kapelle mit Turm; dort haben im 2. Weltkrieg deutsche Soldaten campiert; vor ca. 900 Jahren lebte hier Gilles → *de St. Clair*. **913**; **914**; **915**.

Cardigan Bay – kleine Insel mit kleiner Hafenanlage; Bewohner leben vom Fischfang und von der Schafzucht; dort war ein magisches Tor in die Gegenwart für → *Zaduk*, das jetzt verschlossen ist. **TB105**.

Cardinal, Manfredo – **400** † – Musiker aus dem vergangenen Wien, dessen Musik der Kaiserin nicht gefiel; als er trotzdem in Schönbrunn spielte, wurden ihm vom Henker Kopf und rechte Hand abgeschlagen; durch → *Aibons* Magie wuchsen Hand und Kopf zusammen und rächten sich am Henker, indem die Hand ihn erwürgte; als eine Frau namens → *Judith* die Noten eines seiner Lieder (das vom →

Roten Ryan aus Aibon stammt) findet und es dem Musiker Hans → *Conrad* übergibt, erscheint Cardinal in der Gegenwart, und seine Klaue tötet Conrad, als dieser sein Lied am Klavier spielt; sowohl Cardinal als auch Judith und Hans Conrad (aus dem ebenfalls ein Gebilde aus Kopf und Hand geworden ist) sterben im Kampf gegen John und Suko.

Cargal, Damion – Voodoo-Meister. Paperback **73501** »Voodoo-Land«.

Cargal, Moira – Schwester des von John vernichteten Voodoo-Zauberers Damion Cargal; nennt sich Königin der Zombies oder Voodoo-Queen. **395/396 †** – will John durch Zombies in London töten lassen, landet jedoch im Gefängnis; ruft den Puppenspieler → *Mr. Doll* zu Hilfe, der sie aus dem Yard-Gefängnis befreit und ihr hilft, John in ihre Gewalt zu bringen; doch sie selbst stirbt durch Mr. Dolls Marionettenfäden.

Cargill, Rose, † – 772/773 – Fotografin, die mit John vor das → *Gericht der Toten* gerät; sie rettet John das Leben, aber nur, um an den → *Knochensessel* zu gelangen, denn sie ist eine → *Kreatur der Finsternis* und → *Baphomets* Geliebte; der blinde → *Abbé Bloch* entlarvt sie, indem er sie mit Silberkugeln aus Johns Beretta vernichtet.

Carlos † – 939 – Pater; hat ein Stigma in den Händen, das er vom Teufel erhalten hat; wurde vor 30 Jahren in einem Verlies unter der Kirche von → *Matignon*/Frankreich eingesperrt, nachdem er mehrere Menschen für den Teufel getötet hatte; alterte während seiner Gefangenschaft nicht und kommt nach 30 Jahren durch ein Erdbeben frei; sollte von → *Abbé Bloch* bewacht werden, was dieser, nachdem er zu den → *Templern* gegangen war, aber nicht mehr konnte; besitzt als Waffe ein Sägemesser; wollte eine Welt der Perfektionisten schaffen; nachdem er dies bei der Kirche nicht schaffen konnte, wandte er sich dem Teufel zu; dieser riet ihm, die Sache selbst in die Hand zu nehmen; brachte daraufhin mehrere Menschen um; tötet nach seiner Befreiung den Priester der Kirche und den Bischof, der ihn eingesperrt hatte; begibt sich dann nach → *Alet-les-Bains*, um sich an Abbé Bloch zu rächen; entführt Marco → *Anderre* und will im Tausch mit diesem den Abbé zu sich holen; dies gelingt, und er schlägt den Abbé bewußtlos;

C

als John und Suko auftauchen, greift er John mit seinem Messer an; das Messer wird durch Johns Kreuz vernichtet; gleichzeitig wird er von Suko mit 2 Silberkugeln verletzt; durch die Vernichtung des Messers altert er in Sekundenschnelle um 30 Jahre und verblutet aufgrund der Schußwunden.

Carlow – Ort 60 Meilen südwestlich von Dublin in Irland; um die Stadt herum liegt geweihte Druidenerde; sie wurde durch ein Neubaugebiet entweiht; der Versuch der Druidin → *Brigida*, dies zu rächen, mißlang. **901**.

Carlsson, Dr. – **279** – Leiter der ballistischen Abteilung bei Scotland Yard; eingebürgerter Schwede.

Carnu, Marcel – Inspektor in → *Cannes*/Frankreich. **TB66** – glaubt nicht an Schwarze Magie; ermittelt im Fall eines Bombenattentates auf John und Suko.

Carr, Amos † – **753** – Waldarbeiter, der die → *Blutbuche* berührte; auf seiner Hand befindet sich seither eine Masse, die wie Blut aussieht; seine Frau Betty wird von der Blutbuche getötet; stirbt durch Zwerge, Diener → *Guywanos*.

Carr, Lorraine – **467** – Schauspielerin, die fast Opfer des Nebelmörders Dino → *Faretti* wird; John rettet sie.

Carstairs – Ort in Südschottland in der Nähe der Pentland Hills; über dem Ort steht auf einem Felsvorsprung ein altes Kloster, in dem emigrierte tibetische Mönche leben. **595**.

Carter, All(yson)ie – **765** – Model, Verlobte des Fotografen Dino → *Kellerman*; Mörderin, besessen vom Geist ihres Verlobten, der in seinem ersten Leben ein Mörder gewesen war; wird wahnsinnig, nachdem John den Geist mit seinem Kreuz aus ihr vertrieben hat.

Casial → *Tri-Arion*.

Casinius † – **637** – lebte als Dämon in seiner Welt und als Mensch in der Nähe von → *Köln*, wo er ein Hexenmuseum betreibt; Gestalt als Dämon: gelblicher, muskulöser Menschenkörper; Hökker auf dem Rücken; hatte auf der Erde eine Familie; tötete seine Frau, doch sein Sohn Ritchie entkam; dieser half Jane Collins später, auch in seine Welt zu gelangen; Jane, die in dem Hexenmuseum eine mit den Geistern zweier guter Hexen gefüllte goldene Kugel gefunden hat, will ihn töten; will die goldenen Kugel unbedingt besitzen, da nur sie sein Höllenfeuer löschen und ihn dadurch vernichten kann; Jane kann ihn täuschen und das Höllenfeuer löschen; die in der Kugel befindlichen Hexengeister werden erlöst; er und seine Welt werden zerstört; John, Jane und Ritchie gelingt die Flucht aus der vergehenden Welt.

Cassara † – **236** – Vertreter von → *Macumba*; stirbt, indem sich sein Körper in eine Würmermasse verwandelt.

Cattananga † – **548** – Geisterwesen; fand als Mensch einen Weg ins Reich der Finsternis; gehörte zu Lebzeiten den Apachen an und war deren Medizinmann; bei einer Beschwörung ging der Geist des Dämons Cattananga auf ihn über; sein Gesicht befindet sich gemalt auf einem Totempfahl; zwischen dem Geist und dem Gesicht des Pfahls besteht eine magische Verbindung; hat einen Verbündeten in dem Knochen-Cowboy »Morgan Clustky«; gab diesem einen Teil seiner Seele mit, als er zurück nach Schottland ging, um zu sterben; dieser kehrte dadurch nach seinem Tod zurück und bildet nun, zusammen mit ihm und dem Pfahl, ein magisches Dreieck; John wird in → *Tweedsmuir* von dem Knochen-Cowboy angegriffen; zurück in London trifft John in seinem Hochhaus auf den Dämon; der Knochen-Cowboy hat eine Geisel im Haus genommen; Suko wird zum Totempfahl gelockt, an dem jeder verbrennt, der ihn berührt; während John mit dem Knochen-Cowboy kämpft, lockt er Suko zu dem Pfahl; kurz bevor Suko ihn berührt, aktiviert John im Kampf sein Kreuz und vernichtet dadurch sowohl den Dämon als auch den Knochen-Cowboy und den Totempfahl.

Cavaldos, Jorge – Teniente (Leutnant) in Rio de Janeiro/Brasilien. **TB122** – untersucht eine Mordserie und unterstützt John bei der Aufklärung eines Mordes an einem Engländer.

Cavallo, Carmen – **754/755** – arbeitet als Übersetzerin in einer Agentur; Eltern haben Grundbesitz und Vermögen; Vater Diplomat; jagt mit einem Schwert aus Toledostahl untote Maurenvampire, die sie in Kavernen einer zerstörten Maurenfestung zufällig fand.

Cavelli, Jacques † – **282–284** – steht auf Logan → *Costellos* Lohnliste; wird auf Costellos Befehl von einem Killer aus New York getötet.

Cavendish – **341** – Chief Inspector bei der Mordkommission von Scotland Yard.

Cavendish, Sir Wilfried – **449** –

Verleger und Besitzer des Presse-Clubs, in dem das »Schreckgespenst« haust, das mit → *Dr. Ampitius* eine Verbindung eingegangen ist.

Cazalis, Dr. Ramon † – **GK117(25)** – Arzt, der sich mit der Lykanthropie (Wahnvorstellung, in einen Werwolf verwandelt worden zu sein) beschäftigt und in einer Anstalt in der Nähe von → *Hawick* ein Serum entwickelt hat, mit dem er Schwachsinnige in Werwölfe verwandelt; tötet sich selbst mit Zyankali, als er von John überführt wird.

Celeste → *Lady Ghoul*.

Cello, Alfredo – **GK105(22)** – Kommissar in Madrid bei der Mordkommission; untersucht den Fall der ermordeten Ramona → *Navarra*.

Celtic Island – Insel südlich von England im Ärmelkanal; früher wurde sie nur von Frauen bewohnt, die einem grauen Riesen als Opfer gedient haben; steile Ufer; karge Vegetation an der Westküste; Vögel meiden die Insel; es gibt einen natürlichen Hafen. **571**.

Cerbac – Ort in Frankreich direkt an der Loire; in der Nähe liegt das Château le Duc; dieses hat hohe, graue Mauern zum Schutz gegen Hochwasser; die Kirche befindet sich in der Dorfmitte; ein breiter Schotterweg dient als Hauptstraße. **526**; **527**; **528**.

Cerrac-Familie † – **33** – uralter Vampirclan; vor einigen hundert Jahren aus Rumänien nach Wien gekommen; lebt in Katakomben Wiens und in Abwasserkanälen in ewiger Dunkelheit; haben ihren Existenzrhythmus auf ein Minimum reduziert und ernähren sich von Tierblut; zu schwach, sich zu erheben; können sich in Fledermäuse verwandeln: Vater Carl ist alt und hat 2 Söhne, Zwillinge: Gorum und Valdo; die Tochter Rebecca ist eine Schönheit: flammend rotes Haar, Engelsgesicht, Augen glühen wie grünes Feuer; Vampirzähne wie Perlmutt; sie wird die Braut von D. → *Kalurac*; alle werden getötet.

Chandler, Professor – genialer Wissenschaftler; Eigenbrödler; lebt in einem verfallenen Schloß in der Wachau oberhalb von → *Melk*; früher im Staatsbetrieb des Universitätsdienstes tätig; wurde entlassen, da seine Thesen auf Unverständnis stießen; verbindet Mathematik mit Magie und kann dadurch Dimensionstore öffnen. **271 (1. Auftritt)** – John lernt ihn im Reich der Ghouls kennen, das → *Xor-*

rons Reich ist; ist durch ein magisches Loch über einem schottischen Weg dorthin gelangt; John befreit ihn aus Xorrons Reich. **272** – hat vor langer Zeit schon einmal gelebt als Dämonenjäger → *Bandor*. **274** – verwandelt sich von seiner zweiten Existenz Bandor zurück; Bandor stirbt. **310** – wird von der Hexe Jane Collins gefoltert, um ihr den Weg zum → *Planeten der Magier* zu verraten. **311** – soll in der Flammenschlinge → *Arkonadas* sterben. **TB59** – entdeckt das Horoskop des Nostradamus. **409** – warnt über die → *Flammenden Steine* → *Myxin* vor dem Halleyschen Kometen, der das Grauen auf einem durch Druiden-Magie geschaffenen Friedhof erweckt. **613** – entdeckt → *Mandragoros* Garten und soll von einem Helfer → *Guywanos* vernichtet werden, was John verhindert. **827** – findet die → *blaue Rose* und öffnet dadurch einen Zeittunnel. **273**; **309**; **312**; **828**.

Chandra † – **GK200(46)** – der Fürst einer Zigeunersippe; wird zum Flammenmann, indem er seinen Ring in Hühnerblut auflöst und trinkt; stirbt durch seinen eigenen flammenden Dreizack, der ihn durchbohrt.

Chang, Gerry – **IV65** – chinesischer Gangster-Boß, einer der Herrscher in der Londoner China-Town.

Chartres – Stadt ca. 100 Meilen südwestlich von → *Paris* in Frankreich; ca. 40.000 Einwohner; Wallfahrtsort; zahlreiche Marienstatuen; mächtige gotische Kathedrale aus dem 12. Jahrhundert; überladen mit Steinfiguren. **803**; **1000**; **1001**.

Chato – Indianer; Apache; lackschwarzes, langes Haar, das einen Pferdeschwanz bildet und um das ein rotes Tuch gebunden ist; war früher ein Verwaltungsbeamter; kündigte und lebt jetzt allein in der Wüste; beherrscht die indianische Feuermagie und kann sie mit Hilfe eines alten bläulichen Pulvers einsetzen; **TB116 (1. Auftritt)** – rettet Judith Hill vor den Todesengeln von → *Jericho*, die Judith töten sollen; begibt sich, nachdem er auf John, Suko und Abe → *Douglas* getroffen ist, nach → *Jerichos* Stadt, wo er später wieder auf Abe trifft; hilft diesem, indem er 4 Todesengel mit Hilfe seiner Feuermagie vernichtet; bringt John und Suko auf die Spur des Schattenreiters → *Zebulon*. **TB143** – rettet Tom Sengara vor Jericho, der diesen aber später doch tötet; greift den in → *New York*/USA aufge-

C

tauchten Jericho an, nachdem er ihn bereits zuvor einmal vertrieben hat; vernichtet Jericho, indem er ihn durch seine Feuermagie von innen verbrennt und zusätzlich dessen Traumwelt zerstört, indem er die Träumer, die die Welt am Leben erhalten, aufweckt. **981** – (taucht nicht selbst auf) – ist ein Freund des → *alten Kriegers*; gibt Abe Douglas einen Tip, wo dieser sich aufhält, weil Abe ihn festnehmen soll, da der alte Krieger mit dem Gesetz in Konflikt geraten ist; gibt gleichzeitig dem alten Krieger Geld, damit dieser sich zur Beerdigung von Yakup → *Yalcinkaya* und dessen Freundin nach London begeben kann.

Chattering – 500-Seelen-Gemeinde in Wales, nördlich von Cardiff; hier werden John und Tony → *Ballard* zu Ehrenbürgern ernannt. **146**.

Chen – **241** – Agent des chinesischen Geheimdienstes in Shanghai.

Cheng Gu – ungekrönter Nachfolger Buddhas, auch »Schlafender Gott« genannt; lag jahrelang in einem totenähnlichen Schlaf, in den er sich selbst versetzt hat; Todfeind → *Kalis*; sein Geist kann sich vom Körper trennen; kleiner Körper mit dünnem Hautüberzug, durch den die Knochen schimmern. **661** – wird von dem Kali-Anhänger Hiob aus einem Sarg befreit, der sich auf einem Schiff befindet; sieht in Suko einen Feind und macht den → *Stab Buddhas* unbrauchbar. **662** † – wird von John, Suko und Shao zu seinem Tempel gebracht; kurz vor dem Tempel erscheint sein Geist und übernimmt seinen Körper wieder; entziffert für John das Palmblatt Nadine → *Bergers*; verwandelt den → *Stab Buddhas* in seine ursprüngliche Form zurück mit den Worten »Shai grom achi nemen hen«; wird von dem auftauchenden Hiob erschossen.

Cheops – ägyptischer Pharao um 2500 vor Chr.

Cheops-Pyramide – **TB94**; **761**.

Chiimal – **152** – der Gigant aus Atlantis; ein riesenhaftes Echsenmonster mit großem Nashorn und einem weiteren Hornkranz darum; ist im Tal der Götter in Peru in einem Felsen eingeschlossen und wird von dem Reporter Julio → *Valdez* wieder zum Leben erweckt; dann kommt er nach London, wo er vom → *Eisernen Engel* vernichtet wird.

Child, Familie – Vater Harold

arbeitet bei den städtischen Wasserwerken; Mutter: Lorna; Tochter: Cathy; Familie wohnt in einem eigenen Haus im südlichen London. **584 (1. Auftritt)** – Familie besitzt einen Kater namens Mickey, der von → *Dracula II* zum Vampir-Kater gemacht wird; dieser Kater soll für Dracula II den → *Blutstein* besorgen, was jedoch mißlingt. **585** – die Familie bekommt Besuch von John und Suko, die immer noch den Kater suchen; zusammen mit dem Vater begeben sich John und Suko in die Kanalisation; der Kater taucht bei Mutter und Tochter auf; die Tochter, die ein besonderes Verhältnis zu dem Kater hat, will ihn im Garten empfangen; die Mutter folgt ihr mit einem geweihten Holzkreuz; der Kater will die Tochter zum Vampir machen, doch die Mutter tötet ihn mit dem Kreuz.

Chilea † – **TB45** – Druidenkönigin; erste Herrscherin der Druiden in → *Aibon*; führte ihr Volk in den Reichtum; mächtige Druidenpriester wollten dies verhindern; sie nahmen sie gefangen und sperrten sie nackt in eine mit ihrem Schmuck gefüllte Truhe, in welcher sie von → *Guywano* lebendig begraben wurde; sie stieß einen Fluch aus, der besagte, daß sie, wenn die Truhe jemals entdeckt würde, Aibon und seine Geheimnisse verraten würde; einst hatte sie einen geschmeidigen Körper und wunderschönes Haar; als Untote hat sie Augen wie Kugeln und ist ein grünes Skelett; wird von dem reichen Aaron Steel mit Sukos Hilfe befreit; wird dadurch vernichtet, daß Suko mit der Dämonenpeitsche die Wächter der Truhe – Druidenseelen in Gestalt von Schatten – vernichtet.

Chilmark, Dick † – **TB103** – Lehrer; unterrichtet Sport und Mathematik, im Ausnahmefall auch Physik; 31 Jahre alt; sein Körper wird von einem → *Psychonauten* übernommen; macht mit seinen Schülern einen Ausflug, mit dem Ziel, diese zu töten, zu Zombies zu machen und sie mit dem Geist des Bösen zu erfüllen; verwandelt die Schüler in Marionetten und gibt ihnen den Befehl, in den Sumpf zu gehen, um dort zu sterben; bevor Johnny Conolly, einer der Schüler, im Sumpf versinken kann, wird er von dem Geist von Nadine → *Berger* von dem Bann befreit; dieser rettet sich und seine Mitschüler; der einschreitende Bill Conolly tötet ihn mit 2 Silberkugeln.

Chinesische Zimmer, Das –

C

IV65 – in ihm hat man in China den japanischen Götzen → *Pusa* gebannt; im Kulturaustausch kam das Zimmer nach London, wo es im Bradford House ausgestellt wurde.

Chirianow, Michail – **422** – Werwolf-Jäger aus Sibirien; Bogen mit Pfeil aus geweihtem Silber; seine Frau Panja wird von einem Werwolf getötet.

Chronos → *Gallio*.

Chu Tang – **450** – Besitzer eines Beerdigungsunternehmens.

Chu Weng – **330** – lebt mit seiner Sippe in San Francisco; ist im selben Kloster von Mönchen erzogen worden wie Suko.

Cigam – gelblichweiße Haut; haarloser Schädel; schiefstehende Augen; lippenloser Mund; Augen tot, wie gläserne Halbkugeln; starres, böses Grinsen; Gesichtsproportionen verschoben wie bei einem Puzzle; kann Gegenstände, Menschen und Tiere magisch verändern; unheimlich große magische Kräfte; Gegner von → *Dracula II*; seine Macht und die des → *Blutsteines* heben sich gegenseitig auf; Verbündeter von → *Asmodis*; tötete als Mensch in dessen Namen drei Männer, zwei Frauen und ein Kind; wurde zum Tode verurteilt und kam auf den elektrischen Stuhl; Asmodis schickte während des Stromstoßes seine Magie in seinen Körper, wodurch er Macht und Aussehen erhielt; gleichzeitig stahl Asmodis ihm die Seele. **685 (1. Auftritt)** – wird gefangengehalten, um ihn auf seine Hinrichtung vorzubereiten. **686** – bekommt während seiner Hinrichtung von Asmodis seine Kraft; greift später John an, gibt aber direkt auf, als er dessen Kreuz sieht; als er von John nach New York überführt werden soll, entführt er das Flugzeug, indem er es von einem riesigen Ungeheuer bewachen läßt, das das Flugzeug zerstören soll, wenn seine Forderungen nicht erfüllt werden. **687** – verlangt, daß → *Dr. Stepanic* in London am Flughafen auf ihn wartet; als die Maschine landet, flieht er zusammen mit dem Doktor. **TB126** – vernichtet im ewigen Eis eine Blutsaugerarmee von Dracula II; wird später von diesem angegriffen, doch seine Macht und die des Blutsteines heben sich gegenseitig auf; flieht, bevor John und Suko ihn fangen können. **TB151** – trifft seine »Schwester« → *Altea*; will zusammen mit ihr die Herrschaft über die tschechische Hauptstadt Prag übernehmen; dabei kommt ihm Logan → *Co-*

stello in die Quere, den er daraufhin rollstuhlreif schlägt. **908** – erschafft mit Hilfe von Asmodis drei Golems, die er später gegen das Sinclair-Team einsetzt; die Golems werden jedoch zerstört.

Cigams Sündenfall → *Altea*.

Cirkova – Ort in Rumänien; in der Nähe liegt das Schloß der Vampirfamilie → *Ravenstein*. **TB158**.

City-Gnome, Die † – **482** – 4 Rocker, die nach einem Besuch in → *Aibon* als alte Zwerge auf die Erde zurückkehren; sie sterben, als Aibons Magie sie verläßt.

Clacton-on-Sea – Ort südlich von Colchester an der Südküste von England; kleiner Flughafen in der Nähe. **579**.

Claim, Gilbert † – **458** – stirbt und steigt als Toter auf den → *Zombie-Zug*, der alle Diener → *Beelzebubs* aufsammelt, um sie gemeinsam in die Hölle zu bringen; John tötet den Zombie.

Clarissa – **260** – Nonne aus der Zeit der → *Makkabäer*; alle Wölfe sind ihre Beschützer; in unterirdischen Gewölben eines zerstörten Klosters in der Türkei begraben; das Kreuz der Makkabäer hat ihr Unsterblichkeit verliehen, doch es wurde ihr gestohlen; nur, wenn es wieder in ihrem Besitz ist, kann sie in ihr Leben zurückgelangen; Costa → *Taridis* hat Aufzeichnungen von ihr gefunden und ihr Grab entdeckt; stirbt endgültig, indem sie verglast und in ein gläsernes Kreuz verwandelt wird.

Claron † – **454** – Zwerg und ehemaliger Hofnarr Philipps des Schönen von Frankreich; John begegnet ihm auf seiner Vergangenheitsreise in Paris am 18. März 1314; wird vom Zauberteppich des Jacques → *de Molay* getötet.

Clemens V. → *Papst Clemens V.*

Clemenza – Ort auf Korsika; in der Nähe befindet sich ein Galgenberg, unter dem der Dämon → *Izzi* hausen soll. **203**.

Cleopatra – **341** – zwingt ihren Diener Usanga und drei ihrer Dienerinnen, den Todestrank zu nehmen, weil sie zu Cäsar nach Rom reist und sie zurücklassen muß; Usanga und die Dienerin Esmeth werden in die »Nadel der Cleopatra«, einem Obelisken, eingemauert, die beiden anderen Dienerinnen vereinigen sich mit Cleopatras Löwen und werden zu Sphinxen; seit 1878 steht der Obelisk in London am Victoria Embankment.

Clifton, Perry und Dan † – **GK180(42)** – Brüder; Vater einer

C

der reichsten Männer Englands (Stuart F. Clifton – Konserven); der Playboy Perry stirbt durch den → *Schwarzen Würger*; der jüngere Bruder Dan findet einen Schrumpfkopf aus Südamerika und geht auf magische Weise mit ihm eine Symbiose ein; er stülpt ihn sich über den Kopf und kann dann kraft seiner Gedanken den schwarzen Würger entstehen lassen; der schwarze Würger mordet Vater, Bruder und dessen Freunde; Dan stirbt durch eine Silberkugel aus Johns Beretta.

Clinton, Doris – **777** – beschwört mit 6 Freunden das → *Phantom aus der Vergangenheit*, das die 6 Freunde tötet, sie aussaugt und als Greisenleichen zurückläßt; John und Suko retten Doris; Suko vernichtet das Phantom mit Silberkugel und Dämonenpeitsche.

Clupot † – **598** – Riese; ist in einem Berg gefangen; nur seine Hände und sein Kopf sind sichtbar; wurde einst zurückgelassen, als die Götter unsere Welt besucht haben; die Druiden haben es geschafft, sein Gesicht aus dem Felsen wieder hervorzuholen; hat einen Helfer namens Reverend »Guthry«; dieser versorgt ihn mit Kinderseelen, denen er seine Macht weitergeben will und mit deren Hilfe Guthry Dimensionsreisen machen kann; dies mißlingt, und die Kinder werden fast wahnsinnig; John vernichtet ihn, indem er sein Kreuz aktiviert; im Todeskampf erschlägt er seinen Helfer Guthry.

Coast Star – **472** – Name eines versunkenen Frachters, in dem eine Ladung Heroin liegt, die Logan → *Costello* haben will; das Schiff wird von einem Monster bewacht, einem Aibon-Schamanen, den John und Suko vernichten.

Cockway – Dorf in Irland, wo John die → *Bluthand* vernichtet. **375**.

Collins, Jane – Privatdetektivin; lange mit John liiert; blaue Augen; lange blonde Haare; feingeschnittenes Gesicht; war vom Geist → *Jack the Rippers* besessen; verwandelte sich in eine Hexe und lebte eine Zeit bei der Oberhexe → *Wikka*; fand einst den Hexenstein; ein Teufelsdiener entfernte Jane in Paris ihr Herz; überlebte durch den → *Würfel des Unheils* und bekam später ein Aluminiumherz; nach ihrer Abkehr vom Bösen legte der Magier Abandur einen Fluch über sie, durch den sie tagsüber einen Totenkopf anstelle ihres normalen Kopfes tragen mußte.

GK110(23) (1. Auftritt) – lernt auf einer Horror-Tour nach Rumänien John und Bill Conolly kennen. **GK117(25)** – zum erstenmal intim mit John. **31** – trinkt alten Wein des → *Grafen Besancon*; dadurch wird ihr Kopf zum Skelettschädel; wird durch eine Bluttransfusion wieder normal, nachdem John den Grafen getötet hat. **216/217** – der Geist des Jack the Ripper fährt in sie; wird von Wikka entführt, bevor John den Geist des Rippers aus ihr vertreiben kann; steht von nun an auf Seiten Wikkas und des Teufels. **307** – wird von Wikka verstoßen, weil sie es zugelassen hat, daß John aus dem → *Buch der geheimen Hexenkunst* eine Formel vorliest. **308** – wird von John in einer Pension untergebracht. **312** – nimmt den Würfel des Unheils an sich. **333/334** – wird von dem Teufelsdiener Pierre → *Trudot* nach Paris gelockt; dort nimmt er ihr das Herz heraus und sperrt sie mitsamt dem Würfel des Unheils in eine mit Schwarzer Magie gefüllte Vitrine. **338** – John erfährt, daß sich ihre Seele in einem Zwischenreich befindet und in ihrem Körper immer noch der Geist des Rippers befindet; es gibt aber eine Möglichkeit, ihren Geist zurück in ihren Körper zu bringen und den des Rippers zu vernichten, auch ohne Herz kann sie mit Hilfe des Würfels des Unheils existieren. **339** – im Zwischenreich gelingt es John und → *Kara*, die Geister zu überreden, Janes Geist freizugeben; durch → *Myxins* → *Totenmaske aus Atlantis* gelingt es ihnen, zu den → *Flammenden Steinen* zurückzukehren. **340** – wird von John und Bill Conolly ins → *Kloster St. Patrick* gebracht. **361/362/363** – in einer Klinik in Texas wird ihr von Professor Brian Prescott ein Aluminiumherz eingesetzt, so daß sie ohne den Würfel des Unheils leben kann; sie trennt sich von John und bleibt bei Yakup → *Yalcinkaya* in dessem Kloster nahe San Francisco. **426/427** – kehrt nach London zurück; wohnt zuerst bei Shao und Suko, später bei den Conollys. **446** – wohnt von nun an bei Lady Sarah → *Goldwyn*. Ihr Verhältnis zu John wird nie wieder so werden, wie es früher einmal war.

Colne – Ort in England; Häuser stehen weit auseinander; ein Hotel; einige arme Bauernhöfe; Kirche; der Friedhof liegt etwas entfernt von der Kirche; hügelige Umgebung; umgeben von

C

Feldern, Wiese und Wäldern; im Ort einige Bauernhöfe und ein wenig Industrie; Schulgebäude; nicht weit davon entfernt liegt der Kindergarten. **793**.
Connaro, Betty »Leila« → *Feuerengel*.
Conolly, Bill – Johns ältester Freund; seine Heimatstadt ist Manchester; Mann von Sheila Conolly, Vater von Johnny Conolly; freier Journalist und Reporter; braune Haare; Raucher; wohnt in einem Bungalow im südlichen London; fährt Porsche; Besitzer der → *Goldenen Pistole*, die den → *Todesnebel* beinhaltet. **PB1 (Roman: »Mein erster Fall«)** – lernt John im Haus der Mrs. Osborne kennen, in dem sie beide ein Zimmer gemietet haben; John ist zu dieser Zeit Student, Bill Volontär bei einer Zeitung. **GK31(5)** – lernt Sheila → *Hopkins*, seine spätere Frau, kennen. **GK38(7)** – ist seit 3 Wochen mit Sheila verheiratet. **GK57(10)** – wohnt mit Sheila nach ihrer Heirat zuerst in einem supermodernen Penthouse in Londons City. **GK110(23)** – lernt zusammen mit John Jane → *Collins* kennen. **GK113(24)** – lernt Nadine → *Berger* kennen und stellt sie John vor. **GK172(40)** – lernt → *Suko* kennen. **21** – sein Sohn Johnny wird geboren. **311** – nimmt auf dem → *Planeten der Magier* einem Ghoul die Goldene Pistole weg.
Conolly, Johnny – braune Haare; blaugraue Augen; Sohn von Bill und Sheila Conolly; Johns Patenkind; hatte telepathischen Kontakt zu der Wölfin Nadine → *Berger*; hat auch noch Verbindung zu Nadine nach → *Avalon*. **21** – wird in der Privatklinik von Dr. Harris geboren. **154** – wird von → *Destero* in → *Asmodinas Reich* entführt und von John gerettet, der Destero tötet. **TB28** – wird von dem Teufelskind Lydia → *Sidomas* entführt; soll dem Teufel geopfert werden; wird von Mandra → *Korab* gerettet. **509** – wird von einem Skelett entführt, das ihn aufhängen will; John tötet das Skelett mit 5 Silberkugeln. **TB103** – wird von dem besessenen Lehrer Dick → *Chilmark* entführt und soll in einem Sumpf sterben; Nadines Geist rettet ihn. **651** – trifft die zum Vampir gewordene Nadine Berger. **972** – erhält von → *Amos* eine CD-Rom, auf der er die → *Prinzessin von Atlantis* sieht, die dann jedoch verschwindet; bekommt Besuch von Amos, der die Prinzessin töten will; Amos versucht ihn zu blenden, was mißlingt; wird vom → *Eisernen Engel* gerettet, der

Amos mit seinem Schwert tötet.

Conolly, Sheila – geborene Hopkins; Tochter eines schwerreichen Industriellen; nach dem Tod ihres Vaters und der Heirat mit Bill überläßt sie das Management ihrer Industrieunternehmen der Chemiebranche fähigen Managern; blonde Haare, blaue Augen. **GK31(5)** – ist mit Kenneth → *Brandon* verlobt, der jedoch Opfer des Dämons → *Sakuro* wird, genau wie ihr Vater Gerald → *Hopkins*; lernt Bill Conolly kennen. **GK38(7)** – ist seit 3 Wochen mit Bill verheiratet. **21** – bringt ihren Sohn Johnny in der Klinik des → *Seelenhändlers* Professor Harris zur Welt. **286** – hört die Stimme ihres toten Vaters und gerät in die Klauen des Teufels. **292** – als John an der → *Knochenuhr* des Teufels sterben soll, aktiviert der → *Seher* das Kreuz, dessen Lichtstrahl bis in die Hölle eindringt; auf diesem Strahl schreitet Sheila aus der Hölle zurück in die Welt.

Conolly-Stiftung – **85** – ein Großteil der Gewinne von Sheilas Chemiefabriken werden für ein Kinderhilfswerk verwandt, vor allem in der Dritten Welt.

Conollys Bungalow – in einem südlichen Vorort Londons, schmale Villenstraße; liegt etwas erhöht auf einem künstlich aufgeschütteten Hügel; Rückseite Terrasse, Swimmingpool, runde Gartenlampen; Zierbüsche dicht an dicht, angelegter Teich; das elektrische Tor zum Grundstück gleitet auf Rollen zur Seite; Videokameras. **327** – von Pater → *Ignatius* weißmagisch abgeschirmt.

Conrad † – **326** – Zombie, lebt auf → *Mandix Castle* als Leibwächter von Maxi → *Mandix*; war einmal der Henker des Duke of Glasgow; stirbt durch eine Silberkugel aus Johns Beretta in der Gruft von Mandix Castle.

Conrad, Hans † – **400** – Musiker; von einer Frau namens → *Judith* erhält er die Noten eines vor Hunderten von Jahren lebenden Musikers, der damals geköpft wurde, weil er sich dem Verbot der Kaiserin widersetzt hatte, in Schloß Schönbrunn in Wien zu musizieren; Conrad wird Opfer des Geistes von → *Cardinal*, und aus ihm wird ebenso ein Gebilde aus Kopf und Hand, wie Cardinal eines ist; im Kampf gegen John und Suko stirbt Conrad ebenso wie Cardinal und Judith.

Constanza, Bettina – 22 Jahre alt; lebte in Rumänien und kam später über Österreich nach Deutschland, um Asyl zu be-

C

antragen; hat ein enges Verhältnis zu Eulen; hat Forschungen betrieben und festgestellt, daß die Bluteulen oder → *Strigen* existieren; weiß, daß → *Strigus* verschollen ist. **631 (1. Auftritt)** – trifft auf John, Suko und Shao; wird von einem → *Tengu* entführt, überlebt aber; soll die Nachfolgerin von Strigus werden, bis dieser zurückkehrt.

Consuela – auch Sternenprinzessin genannt; will das Unrecht bekämpfen, schreckt aber vor Mord nicht zurück; erhält ihre Macht vom Lebensfunken der Menschen; reist auf einem riesigen Messer durch Raum und Zeit; das Messer besteht aus gepreßtem Sternenstaub, ebenso wie sie selbst; wurde geschaffen von → *Luzifer*. **554** – entführt den 11jährigen Kevin Long und raubt ihm langsam seine Lebenskraft, wodurch er altert; trifft im Haus von Lady Sarah → *Goldwyn* auf John und flieht, als sie dessen Kreuz sieht. **555 †** – sie trifft erneut auf John, der sich in Begleitung von Jane Collins befindet; diese täuscht ihr vor, sich ihr opfern zu wollen; sie will Jane den Lebensfunken entziehen, löst dadurch aber nur den Skelettschädelfluch von Jane; als sie sich an Jane rächen will, vernichtet dieser sie mit seinem Kreuz.

Contini – **474** – Geschäftsführer des Royal-Hotel Gemmi in Kandersteg/ Schweiz, von dem aus John die → *Gastern-Hexe* vernichtet.

Coony, Gerald – **GK74(14)** – entdeckte im 15. Jhdt. das → *Buch des Teufels* und verschrieb seine Seele → *Asmodis*; dafür erhielt er das ewige Leben, allerdings als Skelett; menschliche Form nimmt er nur bei Vollmond an; wird von John mit einer Silberkugel erlöst.

Coony Island – Insel der Skelette, Stützpunkt des Teufels; wird von → *Asmodis* in die Luft gejagt, als John Gerald → *Coony* und das → *Buch des Teufels* vernichtet. **GK74(14)**.

Cooper, Maureen → *Drachen-Lady*.

Coray – Ort in der Bretagne in Frankreich; der Friedhof liegt außerhalb des Ortes auf einem Hügel; vor Jahrhunderten stand in der Nähe des Ortes ein Herrenhaus mit Park und einigen Pavillions; es ist mittlerweile jedoch zerfallen. **679**.

Cordtland, Mason † – **267/268** – der Hexenwürger; steht aus dem Sumpf vor Blackmoor Castle auf, dessen Besitzer er vor Hunderten von Jahren gewesen war; will seine Hexenjagd fortsetzen, wird jedoch durch → *Wikka* vernichtet, indem sie ihn mit Feuerringen fesselt, die seinen untoten Körper auflösen.

Cortez † – **TB142** → *Sternenjünger*; ist früher mal Astrologe gewesen; wird vom Sternenlicht des → *Stonehenge-Monstrums* aufgelöst.

Cortland, Evangeline – Kreolin; Mutter war Mambo-Priesterin; Vater hieß Sweet; war ein bekannter Saxophonist; wurde als Verräter ermordet; Sklavin des Menschenhändlers Lossardo; hat geistigen Kontakt zu ihrer Mutter, die in ihr wiedergeboren wurde. **535** – John merkt, daß in ihr eine dämonische Macht haust; sie flieht. **536 †** – durch ein Mambo-Ritual wird der Geist ihrer Mutter endgültig mit ihr vereint; sie erhält die Kräfte einer Mambo-Priesterin; nachdem der Geist ihrer Mutter in sie gefahren ist, verwandelt sich ihr Haar; das Gesicht ihrer Mutter schimmert in ihren Haaren, und ein Teil der Haare verwandelt sich in kleine Hände mit spitzen Fingernägeln; John löst mit seinem Kreuz den Fluch, woraufhin sie flieht und in eine Granate läuft, die sie tötet.

Corucz † – **33** – Frantisek → *Mareks* Schmiedegehilfe; vom → *Schwarzen Grafen* zum Vampir gemacht; von Marek auf dem Hof der zu Vampiren gewordenen Varescus mit dem Eichenpfahl getötet.

Cosima † – **TB163** – Körper strahlt hell von innen heraus; von Löchern entstellt, deren Ränder rot leuchten; erhielt von → *Nostradamus* eine Kosmetik-Salbe, die sie, nachdem sie sich damit eingerieben hatte, unsterblich gemacht hat; wurde von »Katharina von Medici« in die Pestgewölbe unter London geworfen; bekam dort die Pest, konnte durch die Salbe die kranke Haut aber abziehen und wurde so unsterblich; nach seinem Tod ging der Zauberer Ruggieri in ihren Körper ein und bildete zusammen mit ihr eine Symbiose; besteht aus gehärtetem Ektoplasma; nachdem weitere 3 Menschen durch die Salbe zu solchen haarlosen, metallisch glänzenden Wesen wie sie geworden sind, trifft sie in den Gewölben auf John; aus dessen Kreuz erscheint der → *Seher* und vernichtet sie und den Zauberer »Ruggieri«.

Costa Brava – Küstenlandschaft in Spanien nördlich von Barcelona. **GK105(22)** – hier wird John von → *Dr. Tod* ein Stück Haut aus der rechten Wange entfernt, um daraus ei-

C

nen Doppelgänger von ihm herzustellen.

Costa, Bob † – **TB22** – FBI-Agent; fährt einen Pontiac; hat den Pilotenschein; wird zusammen mit John und Suko in die → *Dunkelwelt* gerissen; da er schutzlos ist, saugt die Welt ihn auf, und er wird zum Schatten; John erlöst ihn davon mit seinem Kreuz.

Costello Island – Halbinsel in der Nähe von → *Brighton*; Eigentümer ist Logan → *Costello*; abgetrennt durch einen weißen Staketenzaun; gepflegte Rasenfläche bildet eine Hügelfläche; feuerrote Ziegel auf dem Dach des einzigen Hauses; breite Bruchsteintreppe führt zum Eingang. **TB141**.

Costello, Ennio † – **135** – Bruder von Logan → *Costello*; Logan hat ihm in London ein Beerdigungsinstitut eingerichtet; ist dafür verantwortlich, die Leichen der Mafia verschwinden zu lassen; doch Ennio will selbst an die Spitze; als er die Chance sieht, durch den → *Moloch* zu Macht zu gelangen, greift er zu; hilft dem Mentor des Molochs, dem Leichenwäscher Ireus, der bei ihm angestellt ist; John und Bill Conolly geraten bei Nachforschungen nach Jane Collins, die von Ireus als Opfer des Molochs entführt wurde, in Ennio Costellos Gewalt; er will sie töten und in Säure auflösen; als Suko das verhindert, richtet er sich selbst, indem er sich eine Kugel in die Brust schießt.

Costello, Logan – kalte, gefühllose graue Augen; Stoppelhaarschnitt; graue Haut, die wirkt wie Beton; schmaler Mund; verkniffende Lippen; Spitzname »Betongesicht« Chef der Mafia in London; raucht Davidoff-Zigarren; besitzt im Süden von London mehrere Wohnungen und Häuser, die aussehen wie sizilianische Palazzi; große Grundstücke mit Pool und großen Rasenflächen. **135 (1. Auftritt)** – hat einen Bruder Ennio → *Costello*, dem er ein Beerdigungsinstitut einrichtet. **161** – schließt mit → *Asmodina* einen Pakt; er soll → *Dr. Tod* beschatten und Asmodina von dessen Plänen berichten. **329** – hat in letzter Zeit Ruhe vor John; ist ihm fast dankbar, daß dieser die → *Mordliga* eliminiert hat, für die er nur ein Handlanger war. **342** – schickt seine Killer nach Rumänien, um John zu töten. **TB47** – entführt im Auftrag von → *Asmodis* John; wird von Suko mit einer Silberkugel an der Schulter verletzt. **TB89** – informiert John und Suko persönlich über → *Macumba*; Macumba will seine Stellung in London einnehmen; seine Killer vernichten Macumbas Zombies; Macumba taucht bei ihm auf und will ihn langsam töten; John und Suko retten ihn, nachdem Macumba bereits seine Killer ausgeschaltet hat. **565** – der Blinde Jorge → *Tigana* will sich an ihm rächen, da Costello ihm vor Jahren das Augenlicht genommen hat; als er bei Tigana auftaucht, wird er mit Gas außer Gefecht gesetzt; John tötet Tigana mit dem Kreuz. **657** – wendet sich an Sir James Powell, der einen seiner Killer beschützen lassen soll; wird Zeuge, wie dieser Killer entführt wird. **672** – John soll ihn im Tausch gegen Suko an die Triaden, eine japanische Geheimorganisation, ausliefern. **673** – hetzt zwei Killer auf Jane Collins; diese taucht mit John bei ihm auf; seine beiden Killer wurden getötet; läßt John und Jane ins Gebirge bringen, um sie dort töten zu lassen; der Killer, der das erledigen soll, stirbt. **TB141** – holt den durch eine Sprengung befreiten → *Blut-Piraten* zu sich, den der Teufel als Gegenpol zu → *Dracula II* einsetzen will; läßt den Blut-Piraten frei, als Dracula II auftaucht; wird von Dracula II als Geisel genommen, um John und Suko für sich einspannen zu können; wird indirekt vom Blut-Piraten gerettet, als dieser Dracula II angreift und der ihn freilassen muß. **TB151** – mehrere seiner Leibwächter und Angestellten werden durch → *Cigam* und → *Altea* getötet; die beiden schlagen ihn auch rollstuhlreif, als er ihnen in die Quere kommt. **242; 254; 271; 281; 282; 283; 284; 285; 316; 440.**

Cotentin – Halbinsel in der Bretagne/Frankreich; hier vernichtet John die Hexe Lucille → *Latour*. **GK153(35).**

Cottonwood – Ort im US-Staat Mississippi; hohe Silos; kleine Betriebe am Stadtrand. **TB108.**

Count of Ferryguard († vor 700 Jahren) – **56** – vor 700 Jahren selbsterwählter Herrscher der Hebriden; tyrannisiert den Nordwesten Schottlands; vermutete, daß sein Bruder ihn vom Thron stürzen wollte; durch seinen Vertrauten, den abtrünnigen Mönch → *Alexis*, erhält er Verbindung zum → *Schwarzen Tod*, der → *Ogur* in der Tiefe von → *Loch Morar* erweckt; dieser zieht ein Boot mit allen Verwandten des Counts in die Tiefe; führt Ogur noch weitere Opfer zu, unter anderem Sträflinge auf einer Galeere; hat durch einen Druidenpriester einen Pakt mit der Hölle geschlossen; wurde vergiftet, geriet in Vergessenheit; Ogur zog sich zurück, aber der Schwarze Tod behielt seinen Stützpunkt.

Coverack – einsamer Ort in Cornwall in England direkt an der Küste; hoher Leuchtturm; steile Klippen; niedrige Häuser mit tief heruntergezogenen Dächern, von Steinmauern umgeben; Kirche mit Turm; Kneipe namens »Coverack Inn«. **826**.

Cowford – Ort in England; stillgelegter Steinbruch in der Nähe; dort gibt es Höhlen, Gänge und ein Tunnelsystem; in einer Höhle des Steinbruches gab es eine Knochengruft. **911**.

Craig, Vincent → *Destoyer, Der*.

Crane, Bob – Polizist in den USA; Farbiger; Drogenagent in Zivil, jagt Rauschgifthändler; kennt sich gut in den Bayous aus; Bekannter von Abe → *Douglas*; hat 3 Geschwister; erhielt eine FBI-Ausbildung in Quantico; wurde danach nach Chicago versetzt; wiederum 2 Jahre später nach → *New Orleans*; nach Dienstschluß sozial tätig; verliebt in Kiki → *Lafitte*. **808 (1. Auftritt)** – unterstützt John und Suko bei der Suche nach dem Herzen von Henry → *St. Clair*; findet zusammen mit den beiden die leere Ruhestätte des Herzens; entkommt zwei Mordanschlägen; erfährt Zusammenhänge zwischen dem Herzen und Aleister → *Crowley*; seine Freundin Kiki Lafitte wird entführt und in einen Raum mit dem Herzen gebracht. **809** – trifft zusammen mit John und Suko auf Pater Domingo, dessen Kirche von den Anhängern Crowleys entweiht wurde; verarztet den verletzten Pater; begibt sich zu einem Rummelplatz, um die Anhänger zu überraschen. **810** – trifft seine Freundin wieder, die durch John von dem Herz befreit wurde, das sich an ihr festgesaugt hatte.

Craton, Emily – 15 oder 16 Jahre alt; klein, braune Augen, dunkles, braunes Wuschelhaar, rundes Puppengesicht mit kleiner Nase, kleinem Mund, rundem Kinn und großen staunenden Augen; war als Kind zeitweise in einem Heim, weil sie einige Haustiere getötet hatte; lebt jetzt in einer Nervenklinik in der Nähe von Paris, nachdem sie ihre Eltern mit einer Heckenschere bestialisch ermordet hat; Maltalent, das sie von der Mondgöttin → *La Luna* erhalten hat; malt tatsächlich existierende Personen, die daraufhin zum

Leben erwachen und die sie bei einem Fehlverhalten in ihrem Sinne durch Zerschneiden der Zeichnung zerstört; freundet sich mit → *Zebulon* an, der die Hintergründe ihrer Malerei erforschen will. **866 (1. Auftritt)** – malt »Absalom«, eine Person, die über Ratten gebietet; zerstört ihn durch Zerschneiden seines Bildes, nachdem dieser sich in eine Ratte verwandelt hat. **867** – erhält Besuch von John, Suko und Shao; malt Shao, die sich dadurch ausgehöhlt fühlt und das Böse in ihr spürt; hetzt die gemalte Figur auf John; zerschneidet die Shao-Figur, nachdem diese John nicht töten konnte; malt sich selbst und hetzt ihre eigene Figur auf Suko, um ihn zu töten. **868** – ihre Figur wird von Suko mit der Dämonenpeitsche vernichtet; auch die gemalte Dr. Prudomme-Figur verliert den Kampf gegen John und wird von ihr zerschnitten; wird von der Mondgöttin La Luna zu ihrer Nachfolgerin gemacht, bevor Zebulon La Luna tötet; erscheint kurz als Mondgöttin auf einem weißen Pferd mit rotem Umhang, in der rechten Hand einen Degen; nachdem sie sich kurz gezeigt hat, verschwindet sie. **932** – nur ihre Stimme taucht auf und fleht John an, die von Alfons → *Buzea* entführten Kinder zu retten. **933** – lebt als neue Mondgöttin in einer Traumwelt, in der die Phantasien der Menschen Gestalt annehmen und dort erleben; taucht auf, da sie bemerkt hat, daß die bösen Phantasien des Alfons Buzea ihre Traumwelt verlassen haben, um Kindern zu schaden; sie will einiges aus ihrem früheren Leben gutmachen und kann außerdem keine Kinder leiden sehen; vernichtet Alfons Buzea, der selbst zu einem Schatten geworden ist, mit ihrem Säbel und rettet dadurch die Kinder; verschwindet danach wieder in ihrer Welt.

Crayton – **78** – Ort in der Nähe von Ipswich, in dem das → *Gas-Gespenst* Angst und Schrecken verbreitet, bis es von John und Suko vernichtet wird.

Crazy Monica → *Monica*.

Cresson, Auguste † – **TB174** – 58 Jahre alt; in Frankreich geboren; war Henker in einem afrikanischen Staat; rettet → *Abbé Bloch* in → *Paris* das Leben; wird von seinem ehemaligen Beil verfolgt, mit dessen Hilfe sich der Sohn seines ehemaligen Chefs an ihm rächen will; begibt sich nach langem Zögern nach → *Alet-les-Bains*, um bei

C

Abbé Bloch zu beichten; trifft im Flugzeug dorthin John; John gelingt es, das Beil kurzzeitig mit seinem Kreuz zu vertreiben; in Alet-les-Bains trifft John auf den Sohn seines ehemaligen Chefs; John kann diesen ausschalten, worauf er Selbstmord begeht; wird im Haus des Abbés von dem Beil angegriffen; der Abbé will das Beil aufhalten und ergreift es; die Macht des Beils ist jedoch so groß, daß es den Körper des Abbés übernimmt und ihn durch dessen Hand tötet; John und der Abbé vernichten das Beil nach der Tat, indem sie den Stiel verbrennen und die Klinge einschmelzen.

Cromwell – 77 – Oberinspektor bei Scotland Yard; Leiter einer Mordkommission; kurz vor der Pension; Querschießer; hält Johns Fälle für Quatsch.

Crosswind – GK168(39) – Sergeant; stellvertretender Leiter der Mordkommission II bei Scotland Yard.

Crotano, Wiebke → *Miss Monster*.

Crowley, Aleister – Satanist und Hexer; hat in den Vereinigten Staaten gelebt und dort seine Lehren verbreitet; diese schwappten nach dem 1. Weltkrieg nach Europa über; angeblich tot; wollte höllische Vollkommenheit erreichen; Freund des Satans; konnte den Tod überwinden; hat auf Sizilien die Abtei von Thelena gegründet; Lehre: »Tu, was du willst«; hinterließ seinen Nachfolgern Pläne, die daraufhin die »Church of hearts« gründeten, die »Kirche der Herzen«; ihr Götze wurde das Herz von Henry → *St. Clair*. **794 –** sein Geist begibt sich im Körper Pamelas nach → *Aibon*. **795 –** kommt zurück zur Erde; John vertreibt den Geist aus Pamelas Körper, kann ihn aber nicht vernichten; sein Aussehen während der Zeit, die er in der verwandelten Pamela verbrachte: anstelle des Kopfes ein graues, knotiges und muskulöses Gebilde. **810 †** – sein Geist wird durch Johns Kreuz vernichtet.

Cullogh, Karen – 444 – in ihr ist Bethsame, die → *Nonne mit der Teufelsklaue*, wiedergeboren; als John und Pater → *Ignatius* die Nonne vernichten, verwirrt sich ihr Geist.

Culver – Ort in Wyoming/USA, wo John mit Dr. Karl → *Mertens* einen → *Yeti* zur Strecke bringt. **483**.

Culver, Max – 426 – amerikanischer Geheimagent, der mit John in Marokko gegen die → *Schattenwürger* kämpft.

Cumberland, Familie † – TB79 – Werwölfe; kalte, gelbe Wolfsaugen; waren die Diener der Familie Harper; trafen deren Tochter Gwen und verwandelten sich vor deren Augen in Werwölfe; trafen sich öfter mit ihr, ohne ihr etwas anzutun; wurden später aus Altersgründen von den Harpers entlassen; werden von Gwen als deren Großeltern bezeichnet; töten die Entführer von Gwen, die ein Lösegeld für diese erpressen wollten, und retten Gwen; John erschießt einen von ihnen in Notwehr, der andere greift ihn an, wird aber von Suko mit der Dämonenpeitsche vernichtet.

Cunter – Ort in der Schweiz; drei Kilometer entfernt auf einem Hochplateau liegt eine Burg. **TB8**.

Cursano – sieht kalt, überheblich, abstoßend und unbesiegbar aus; kalte, pupillenlose Augen; breite Lippen; dunkle Hautfarbe; glatte Stirn; sehr lange, kantige Finger; hat anstelle von Blut eine Art Pflanzensaft; von → *Mandragoro* erschaffenes Kunstwesen, das als Bindeglied zwischen Mensch und Natur den Beginn einer neuen Rasse bilden soll; Geomantologe, geht davon aus, daß die Erde ein lebender Organismus ist und überzogen ist mit Kraftlinien; die Kreuzungspunkte der Linien stellen die Orte der Kraft dar und können mit Hilfsmitteln wie z.B. einer Wünschelrute aufgespürt werden; in seinen Händen steckt die Kraft einer Alraune; mit Hilfe seiner Hände kann er die Orte der Kraft finden; Körper sieht aus wie eine überdimensionale Alraune; sieht aus wie eine bleiche, zurechtgeschnittene Wurzel; glatter Hals; geschlechtslos; Brustkorb besteht aus einem engen Wurzelgeflecht; war früher ein Mensch, der bereits die Orte der Kraft suchte und meist auch fand; traf bei seinen Forschungen auf Mandragoro in einer dunklen Nacht in einem Waldstück; sah, wie alles um Mandragoro herum anfing zu leben; bekam von Mandragoro in dessen Welt einen Sud aus Alraunenwurzeln, den er trank und dadurch zum Pflanzenwesen wurde. **969 (1. Auftritt)** – rettete vor Jahren Marion Kline das Leben, als er sie aus einem Sumpf zog; will sie für sich gewinnen und lockt sie erneut in den Sumpf; dort retten John und Suko Marion, indem sie ihm drohen, ihn zu töten. **970** – John und Suko erfahren seine Geschichte; die drei begeben sich nach Schottland,

D

wo er einen großen Ort der Kraft zu finden glaubt; die drei treffen dort auf mehrere Vampire. **971 †** – trifft auf Morgana → *Layton*, die ihn erfolglos mit einem Beil angreift; widersteht auch dem Angriff eines Vampirs, der mit seinen Zähnen seine Haut nicht durchdringen kann; begibt sich zu dem Ort der Kraft, der ein Eingang in die → *Vampirwelt* von → *Dracula II* ist; tötet dort einen Vampir; John folgt ihm dorthin; während John Morgana Layton vor dem Tod rettet, vernichtet Dracula II ihn mit einem Beil, mit dem er ihm den Kopf spaltet.

Cuttlane – verschlafen wirkender Ort in England; alte romanische Kirche mit viereckigem Turm; daneben liegt ein Friedhof; gegenüber liegt die einzige Kneipe »Cuttlane Inn«; in der Nähe befindet sich ein Mausoleum von dem → *Heiligen*. **819.**

Cuur † – **TB51** – Dämon; Gesicht ist ein Mittelding zwischen Nashorn- und Löwenkopf; stößt stinkenden Atem aus; wurde einst verehrt; seine Anhänger brachten ihm Blutopfer dar; irgendwann verloren sie den Glauben an ihn; er zog sich zurück; viele Jahre später lebten Schwarze auf dem unheiligen Boden und schützten sich durch »brennende Rituale« vor ihm; sie wurden vertrieben, als der Sender TTV dort seine Studios baute; bereitete seine Rückkehr vor; schluckte den Körper seines Feindes, des Bürgermeisters, nach dessen Tod, so daß dessen Körper und Seele nun ihm gehören und er mit dessen Stimme sprechen kann; verwandelt den Bürgermeister in ein lebendes Skelett; hat in jedem Stein der Studios die Geister seiner Diener gesammelt; läßt diese später frei, um das Grauen zu verbreiten; kehrt durch einen Spiegel, der gleichzeitig ein Dimensionstor ist, zur Erde zurück; John vernichtet ihn und seine Geister mit seinem Kreuz.

Dacs – Dämonenrasse; Barbaren; leben in → *Aibon*; flache Gesichter; platte Schädel; muskulöse Körper; klumpige Nasen, breite Mäuler, böse Augen; Helme aus Fell und auch sonst mit Fell bekleidet; reiten auf Hirschen; verbündet mit → *Margareta*; wollen mit Hilfe von Margareta das Hexenland von Aibon übernehmen. **566 (1. Auftritt)** – vernichten ein Elfendorf im Hexenland; überfallen Jane Collins und Bill Conolly im Hexenland und nehmen sie gefangen. **567** – lassen die beiden frei, als sie das Brandmal der Feuerhexe → *Alva* bei Bill entdecken; gelangen mit Margaretas Hilfe zur Erde; 7 von ihnen, einschließlich ihres Anführers, sterben bei dem Angriff auf das Haus von Lady Sarah → *Goldwyn*.

Dagmar † – **742** – Begleiterin → *Elohims*; → *Kreatur der Finsternis*; war lange Zeit Sekretärin Dr. → *Sträters*; beherrscht Levitation (kann schweben); Jessica → *Long* schneidet ihr das Herz heraus.

Daladur – **867** – Inspektor in Paris; pensioniert; wird als Urlaubsvertretung reaktiviert; raucht Pfeife; bringt John und Suko auf die Spur von Emily → *Craton*; schickt die beiden zu ihr in eine Anstalt in der Nähe von Paris.

Dalton, Kenneth – **462/463** – Leiter einer Schulungsstätte der Firma → *Omegon* auf einem Schloß in der Nähe des Dorfes Trevose an der Westküste Englands; gerät in den Bann des vor 100 Jahren lebendig begrabenen Teufelsdieners → *Orlock*, genannt der Schänder, der damals junge Mädchen schändete und ermordete und die alten Zeiten wieder aufleben lassen will; wird von Suko zur Strecke gebracht und landet in einer Anstalt.

Damana → *Avalons böse Schwestern*.

Damions – ghoulartige Wesen; stammen vom → *Planeten der Magier*; Mischung aus Panther und Schwein; menschenähnliche Arme und Beine mit messerscharfen Krallen; Gesicht besteht fast nur aus Maul, mit je drei messerscharfen Zähnen, darüber befinden sich zwei Löcher als Nase und zwei böse gelbe Augen; die Farbe des Körpers ist hellrot und wird zum Buckel hin violett; der Rücken ist mit kugelartigen Pusteln besetzt, auf denen borstenartige Haare wachsen. **604 (1. Auftritt)** – einige Teufelsanbeter haben ein Dimensionstor geöffnet, durch das sie auf die Erde gelangen; John rettet einen Jungen vor ihnen und tötet einen von ihnen mit dem Silberdolch und vier weitere mit Silberkugeln; John zerstört das Dimensionstor mit seinem Kreuz und verhindert so, daß noch weitere auf die Erde gelangen.

Dämon der tausend Augen, Der – **80** – lebt in einer schaurigen Jenseitswelt; er ist der Beobachter, Melder; steht zwi-

D

schen den Schwarzblütern, beobachtet sie und meldet, wenn jemand aus der Reihe tanzt; von ihm sind nur die Augen zusehen.

Damona † – 4 – Hexe, die zusammen mit ihrer Mutter Lucille von John und Jane Collins mit Silberkreuzen zur Strecke gebracht wird.

Damona King – Weiße Hexe; lebt in Schottland; Mutter Hexe, hat an ihrem Sterbebett geschworen, die Mächte der Finsternis zu bekämpfen; von ihrem Vater den King-Konzern in Großbritannien geerbt; trägt einen schwarzen Stein an einer Kette, der als Indikator das Böse anzeigt; kann durch den Stein mit ihrer toten Mutter in Verbindung treten; ist Mike Hunter, dem Generalbevollmächtigten des King-Konzerns, sehr zugetan. (Horror-Serie im Bastei-Verlag, 107 Bände vom 03.04.79 bis 21.03.83; Fortsetzung in der Reihe Bastei-Gespenster-Krimi, jeder 4. Band von Nr. 501 bis 585.) **56**; **103**.

Dämonen – Geschöpfe der → *Hölle*; schwarzmagische Wesen.

Dämonen des Himmels – auch »gefallene Engel« genannt; strömen leichten Modergeruch aus; Waffe: weißes Himmelsfeuer; wenn Engel damit vernichtet werden, überlebt deren Geist. **857** – Mehmet Slater ist einer von ihnen; er wird von den Engeln Thornton und Amy Brundage gejagt; vernichtet Amy mit dem Himmelsfeuer und später auch ihren überlebenden Geist; tötet auch Thornton; wird vernichtet, als er John mit dem Himmelsfeuer töten will und dessen Kreuz es reflektiert.

Dämonenauge, Das – 16 – mit ihm kann der → *Schwarze Tod* in das Schicksal der Menschen eingreifen oder alles beobachten; hat es einem seiner Diener eingesetzt; wird von John vernichtet.

Dämonengeier † – 434 – 4 riesige Geier mit Menschenköpfen; Diener Skiibas, des Geiergottes, der von John getötet wurde; Jahre später erscheinen sie in London, um sich an John zu rächen; John und Suko vernichten sie neben der Westminster Abbey, wo gerade eine Messe mit der Queen zu ihrem 60. Geburtstag stattfindet.

Dämonen-Gnom, Der † – **TB157** – richtiger Name: Pablo oder Pablito; eisige, dunkle Augen; glatte Haare; breiter Mund; Clown bei einem Zirkus; erweckt 4 Templergeister zum Leben; John und Suko erfahren durch → *Abbé Bloch* davon und treffen in Spanien auf ihn; er ist sich seines Plans sehr sicher und weiht John in ihn ein; will während der nächsten Vorstellung mit Hilfe der Geister ein Blutbad anrichten, um sich für seine Demütigungen zu rächen; Suko versucht, den Geistern ihre 4 Mördermesser zu entwenden; dies mißlingt, und daraufhin aktiviert John sein Kreuz; die 4 Geister vergehen; als letzte Tat schleudern sie ihre 4 Messer auf ihn, der dadurch getötet wird.

Dämonenhenker → *Destero*.

Dämonenhochzeit, Die – Titel des ersten John-Sinclair-Films von RTL; Ausstrahlung am 13. April 1997; Drehbuch nach dem Roman »Der → *Voodoo-Mörder*«. **GK148(34)**.

Dämonenjäger, Der → *Bandor*.

Dämonen-Paradies – **326** – Mandix-Castle, auf dem als Monster die 5 Vorfahren von Maxi Mandix leben, die sich zu Lebzeiten mit der Hölle verbunden haben.

Dämonen-Parasit, Der † – **TB15** – richtiger Name: Galuri; wird von → *Asmodis* nach London geschickt, um sich für den Tod → *Asmodinas* an John zu rächen; läßt einen Jungen entkommen, der John warnt; Feind vom → *Spuk*, welcher John ebenfalls warnt; besitzt als Helfer Schatten; tötet einen Menschen, indem er ihn zu einem Schatten macht; bekommt dadurch Gewalt über ihn; begibt sich ins Wembley-Stadion, wo er John zum Kampf herausfordert; dieser vernichtet ihn und seine Schattenhelfer mit dem Kreuz.

Dämonenpeitsche – ein röhrenartiger Stab, lang wie ein Männerunterarm; der Griff fühlt sich seltsam warm an, als würde die Peitsche ein Eigenleben führen; drei grünlich flimmernde und flirrende Riemen fallen aus der Röhre heraus, wenn man damit eine kreisende Bewegung über dem Boden beschreibt; die Riemen bestehen aus der Haut des Dämons Nyrana, dem → *Herrn der Roten Hölle*; wenn man Dämonen oder Untote damit trifft, so vergehen sie zu Staub oder werden in andere Dimensionen geschleudert; befindet sich zur Zeit im Besitz von Suko. **42 (1. Auftritt)** – befindet sich in → *Myxins* Besitz; er überläßt sie einer Frau namens Elisa Hanson, die unter seinem Bann steht; von ihr holt John sich die Waffe und gibt sie nicht wieder her. **47** – John transportiert sie in seinem → *Einsatzkoffer*; klemmt in einer Vorrichtung im Kofferdeckel. **211/212** – der Dämon Nyrana betrachtet sie als seinen Besitz und will sie sich zurückholen; mit einer materialisierten Kopie der Peitsche greift Nyrana Sir James Powell in Johns Büro an, der durch die Striemen schwere Verletzungen im Gesicht davonträgt; auf Island tötet Myxin Nyrana mit dessen eigener Lanze, so daß die Peitsche wieder in Sukos Besitz übergeht. **TB49** – wird durch → *Luzifer* beeinflußt und versucht Suko zu erwürgen, was aber mißlingt.

Dämonenrichter → *Maddox, James*.

Dämonensammler, Der † – **95/96** – Diener → *Asmodinas*; Skelettgesicht; fährt die → *Höllenkutsche*; sammelt Dämonen für Asmodina ein; verschießt aus einem Monokel tödliche grüne Strahlen; wird von John getötet, der eine Silberkugel in sein Monokel schießt.

Dämonenschrein, Der – **387/388** – besteht aus Holz; ist mit golden glänzenden Symbolen (die einzelnen Planeten) versehen; von → *Ansgard of Osborne* für den → *Spuk* gebaut; in ihm liegt eine Reliquie des Spuks, ein weißer Kopf, der fast wie eine Maske aussieht; John verzichtet auf Anraten des → *Sehers* auf den Schrein, und → *Luzifer* nimmt ihn an sich.

Dämonensonne, Die – **455** – öffnet das → *Dunkle Reich*, in das → *Susanoo*, der Bruder der → *Amaterasu*, verbannt ist; brennt Menschen die Haut ab; die Gestalten im Dunklen Reich leben durch ihre Kraft.

Dämonentrommler, Der → *Ondekoza*.

Dämonia † – **370** – vom Comic-Zeichner Harold C. → *Painter* geschaffene Dimension, in die John gerät; die Formel des Kreuzes vernichtet die Welt und den Zeichner.

Dämonische Zwillinge – Mutter → *Naomi*; Vater → *Josephiel*; lockige, blonde Haare; rote, böse Augen; Mäuler gespickt mit spitzen Zähnen; geboren in → *Trivino*/Schweiz im Kloster der »Namenlosen Nonnen«; übermenschliche Körperkräfte; wachsen anormal schnell heran; nach wenigen Wochen sind sie bereits Kleinkinder; Schutzengel ist ein grüner Nebel, der sie an die gewünschten Orte bringt; mordlustig; können von Anfang an sprechen. **859** – werden geboren; bei ihrem Anblick wird die Mutter wahnsinnig. **860** – spüren den Tod ihres Vaters und versuchen, ihn zu rächen; verlassen das Kloster und begeben sich mit ihrem Schutzengel auf einen Londoner Friedhof; verletzen Chief Inspector → *Tanner* und werfen ihn in ein Grab; greifen dann John mit einer Sense an. **861 †** – kehren nach dem fehlgeschlagenen Anschlag auf John ins Kloster zurück; ermorden die Tante ihrer Mutter Serafina und treffen dort auf John, den sie versuchen zu töten; gleichzeitig treffen Suko und ihre Mutter bei ihnen ein; John aktiviert sein Kreuz und vernichtet die Zwillinge dadurch.

Danai – 322 – Fakir, Freund Mandra → *Korabs*; lebt in der Nähe von Mandras Palast in schwer zugänglichen Bergen; lebt in einer Höhle; Alter schwer zu schätzen (zwischen 60 und 90).

Danford, Lady Mary † – 455 – wird von ihrem eigenen Mann, Lord Peter → *Danford* zu einem Zombie gemacht; während der 5 Tage, die sie im Grab liegt, nimmt sie Verbindung mit der → *Dämonensonne* auf und ist ein Diener des Dämons → *Susanoo*, als ihr Mann sie wieder aus dem Sarg holt; stirbt durch einen Pfeil aus Shaos Armbrust.

Danford, Lord Peter – 455 – Wissenschaftler, der sich mit dem Voodoo-Kult beschäftigt und als Experiment seine eigene Frau zu einem Zombie macht.

Danning, Su(san) – 271 – Polizeireporterin auf Probe; schlank, schwarzes, kurzes Haar, puppenhaftes Gesicht, schwarze Augen, knabenhafte Figur; von → *Goldener Pistole* getroffen, macht sie zusammen mit John eine Dimensionsreise.

Danton, Ray – GK153(35) – Nachkomme des Hexenjägers Rory → *Danton*; Schriftsteller.

Danton, Rory – GK153(35) – Hexenjäger, der vor 322 Jahren Lucille → *Latour* zur Strecke gebracht hat.

Dario, Mortimer † – 595 – ehemaliger Anführer der Dario-Sippe; lebte in → *Carstairs*/Schottland; befindet sich nach seinem Tod im Jenseits; will von dort aus Menschen überzeugen, Selbstmord zu begehen, damit er im Jenseits eine Stufe höher klettern kann; stellt mit Hilfe eines magisch veränderten Radios Kontakt zur Bevölkerung und seinen Nachfahren her; treibt 2 Menschen zum Selbstmord; John vernichtet das Radio mit seinem Kreuz; kann nun die Bevölkerung nicht mehr erreichen und muß im Jenseits warten, damit er die nächsten Stufen erreicht.

Dariolo † – 469 – Pseudonym

D

des Autors Herbert → *Friday* und sein zweites Ich.

Darius, Lisa † – 776 – der Racheengel; 23 Jahre alt; tötet Menschen, die nicht an Engel glauben und ihrer Meinung nach böse sind, mit einem Eichenpflock; stirbt bei der Verfolgung durch John, als sie von einem Dach stürzt.

Dark Mystery – 397 – ein Parfüm; besteht aus den Knochen der 3 → *Henker mit den Sensen* plus Essenzen, Kräutern und Gewürzen aus Atlantis; kann böse Träume auslösen und diese wahr werden lassen.

Dark, Damion † – 723 – »Der Teufels-Autor«; Horror-Autor, der mit dämonischen Mächten paktiert, bis seine Romangestalten Wirklichkeit werden; John vernichtet ihn mit dem Kreuz.

Darkman † – TB190 – richtiger Name unbekannt; erhielt seinen Spitznamen, da er immer in der Nacht tötete und ständig eine Sonnenbrille trägt; eingesperrt im Gefängnis Dartmoor; tötete mehrere Frauen, Männer und Kinder, indem er sie entweder in den Sumpf trieb oder sie mit den Händen tötete; ergötzte sich am Tod seiner Opfer; wird im Gefängnis von Dartmoor gehängt; sieht kurz vor seinem Tod die Studenten John und Bill Connolly und verspricht John, daß sie sich wiedersehen werden; Augen sind vollkommen schwarz ohne Pupillen; als er zurückkehrt, hat er am Hals eine breite Narbe, die von der Henkersschlinge herrührt; tötet, als er zurückgekehrt ist, zunächst den Pfarrer George Hancock, dann den Reporter Robin Gift und später die Ehefrau seines ehemaligen Wächters, Helene Fletcher; als man ihn auf dem Gefängnisfriedhof begraben hat, war sein Sarg sehr leicht, was sich niemand erklären konnte; kann mit Hilfe seiner Augen Bilder projizieren, die Menschen bannen, die in sie hineinschauen und auch Menschen an andere Orte versetzen; bringt auch Bill Conolly und seinen ehemaligen Wächter Dean Fletcher mit Hilfe seiner Augen in das Gefängnis; dort feuert Bill drei Silberkugeln auf ihn ab, die aber keine Wirkung zeigen; will Bill aufhängen, was John aber in letzter Minute verhindert, indem er ihm in jedes Auge eine Silberkugel schießt, was ihn vernichtet; nach seiner Vernichtung erscheint der → *Spuk* und teilt John mit, daß Darkman ein Experiment von ihm gewesen ist.

Darkwater – schottischer Ort am Loch Cumberland in den

Cumberland Mountains. **221** – sämtliche Einwohner wurden von → *Kalifato* in die → *Leichenstadt* gezogen und zu blauen Skeletten gemacht. **237** – einige tauchen wieder auf, sollen von Jorge → *Shury* mit moderner Technik, unheiliger Erde und Haut von Menschen (die ihm → *Belphégor* mit seiner Säge besorgt) zu künstlichen Monstern gemacht werden. **222**.

D'Arroyo, Charlotta → *Henkerin*.

Dartmoor – kleiner Ort am Rande eines Sumpfgebietes in England, in der Nähe von Exeter; im Sumpf steht ein ausgedientes Gefängnis, das mittlerweile zum Touristenobjekt umfunktioniert worden ist. **TB190**.

Darwood Castle – Schloß in der Nähe von London; hier lernen John und Bill Conolly die Schauspielerin Nadine → *Berger* kennen; gleichzeitig vernichtet John hier seinen Todfeind → *Dr. Tod* mit dem → *silbernen Nagel*. **GK113(24)**.

Darwood, Claudia – **317** – Schwester des Geheimagenten Henry → *Darwood*; war mit Suko und John im alten Babylon.

Darwood, Henry † – **317** – Geheimagent.

Davies, Mario † – **766/767** – 15 Jahre alt, spricht mit Toten in Gräbern; Sohn des Mafia-Buchhalters Sidney Davies, der als Kronzeuge ausgesagt hat und von der Mafia-Killerin Audrey Houston im Eibseehotel ermordet wird, und der schwarzen Eartha Davies; holt drei Verbrecher-Leichen aus ihren Gräbern auf dem Friedhof von Grainau, die von John vernichtet werden; er und seine Mutter werden von einem Blitz getroffen und verschmort.

Davies, Sam † – **TB19** – weiße fahle Haut; Schlingennarbe am Hals; schreckliches Gesicht; Mörder; tötet seine Frau und sein Kind; wurde gehängt und zur Abschreckung 2 Wochen hängen gelassen; sein Leichnam verschwand nach den 2 Wochen; kann Menschen durch geistige Kraft zum Selbstmord treiben; dies macht er auch mit dem Küster, der das Verschwinden seiner Leiche als erster bemerkt hat; taucht 200 Jahre später wieder auf; wird von den Bewohnern des Städtchens → *Walham* nur »The Ghost« genannt; kann den verfluchten Friedhof nicht verlassen; ist in der Lage, die Toten schreien zu lassen, deren Seelen nicht befreit werden können; ging zu Lebzeiten einen Pakt mit dem

D

Teufel ein und überlebte dadurch die Jahre; setzt John kurzzeitig außer Gefecht, indem er ihn durch seine geistigen Kräfte verwirrt; wird von Helen Cloud vernichtet, die ihm ein altes Holzkreuz aufdrückt, wodurch er vergeht.

De Baker, Collin → *Hyäne, Die.*

De Dijon, Hercule † – **603** – stammt aus Frankreich; erwacht, als eine Nachfahrin von ihm, Isabel, in → *Wien*/Österreich auftaucht, wo er begraben liegt; lebte vor Jahrhunderten; war ein Anhänger von → *Baphomet*; die → *Malteser* hackten ihm die Hand ab, da er mit dieser seine Diener gesegnet hat; wurde lebendig in die Pestkatakomben geworfen; taucht in Form einer riesigen Klaue in den Pestkatakomben unter dem Stephansdom auf und flieht von dort; kommt zurück zur Votivkirche, wo ihm einst die Hand abgehackt worden ist; tötet 2 Menschen, darunter eine Kollegin von Isabel; wird von John mit dessen Kreuz angegriffen, flieht aber; zerstört eine Malteserkirche; gelangt in den Körper Isabels; taucht in deren Gestalt bei den Maltesern und John auf; seine Hand erscheint dort ebenfalls; John greift die Hand mit seinem Kreuz an und vernichtet sie; auch sein Geist stirbt und gibt Isabels Körper wieder frei.

De Floyran, Esquin † – **471** – abtrünniger Templer-Ritter, durch dessen Aussagen der Vernichtungsfeldzug gegen die Templer ausgelöst wird; landet auf dem Schafott, aber sein abgeschlagener Kopf verschwindet spurlos, taucht später wieder auf und beginnt zu morden; wird von John in einem Vergangenheitsabenteuer vernichtet.

De Fries, Julia – **84** – Holländische Touristin, die im Dorf → *Horlin* in den Kampf John und Sukos um das → *Buch der grausamen Träume* hineingerät.

De Fries, Senta → *Rattenhexe.*

De Lacre, Julien → *Brân.*

De Lacre, Melusine – blind; geboren in → *Avalon*; ihr Vorfahre war Julien de Lacre, der in Avalon eins wurde mit → *Brân*; Eltern stammten ebenfalls aus Avalon; langes schwarzes Haar; rote Wangen mit Sommersprossen; lange Beine. **621** – gibt eine Anzeige auf, in der sie nach John forscht; dieser sucht sie auf und findet in ihrem Keller die aufgebahrten Leichen ihrer Eltern, zu denen sie geistigen Kontakt hält; will mit Johns Hilfe den Weg nach Avalon finden. **622** – stiehlt John den → *Dunk-*

len Gral; teilt John mit, daß sie nur so nach Avalon gelangen kann; begibt sich mit dem Gral nach Avalon, wodurch John um 30 Jahre altert. **623 †** – trifft in Avalon ihren Ahnherrn Julien und dessen Bruder Dyfur; erlebt den Bruderkampf der beiden mit, wobei Dyfur stirbt; will zurück zur Erde und springt aus diesem Grund in den Zauberkessel; findet dort den Dunklen Gral wieder, den sie auf der Reise nach Avalon verloren hat; im Zauberkessel trifft sie auch John und → *Kara*; John entreißt ihr den Gral, woraufhin sie sich auflöst und als Geist in dem Kessel auf die Erlösung durch → *Merlin* warten muß.

De Molay, Jacques-Bernard † – **454** – der letzte große Templer-Führer, der am 18. März 1314 auf Befehl Philipps des Schönen hingerichtet wurde; John begegnet ihm in einem Vergangenheitsabenteuer.

De Salier, Godwin – Templer; in der Vergangenheit Bartträger; kantiges Gesicht, blaue Augen. **872 (1. Auftritt)** – wird in der Vergangenheit von Prinz → *Mleh* verletzt und von John in die Gegenwart gebracht, wo er gerettet wird. **923** – trifft in der Vergangenheit auf die → *Henkerin*; tötet sie, indem er sie von einem Schloßbalkon stößt; findet ihren verbrannten Leichnam in einem Steilhang; trifft in der Gegenwart erneut auf sie; erlebt mit, wie sie drei Menschen tötet; folgt ihr in ein Wachsfigurenkabinett; wird von der vom Teufel besessenen Henkerin gefangengenommen; zerstört sie, indem er sie mit ihrer eigenen Machete köpft.

De St. Clair, Gilles – Ahnherr von John; Franzose; Katharener; lebte im Mittelalter; Magier, Wissenschaftler und Mystiker; wandert zwischen den Zeiten hin und her; Ritter, trägt Kettenhemd und Umhang; Waffe: Schwert; wird von einem Schatten, der aussieht wie ein Mönch, begleitet; dies ist seine eigene Seele, die er einst dem Teufel gab; jedesmal, wenn der Ritter einen Menschen rettet, tötet der Schatten dafür einen anderen; der Schatten kann Menschen übernehmen. **913** – sein Schatten übernimmt den Körper von Horace F. → *Sinclair*; sein Körper nimmt Sven Hansen mit in die Vergangenheit, wo er einen Krieg miterlebt; der Körper Hansens taucht später im → *Knochensessel* wieder auf, um über das Erlebte berichten zu können. **914** – er befreit Horace F. Sinclair vom Einfluß seines

Schattens; bringt John in die Kapelle von → *Carcassonne*/Frankreich, wo er ihm mitteilt, daß er seine Seele dem Teufel verkauft hat; der Schatten bleibt im Haus von Johns Eltern. **915 †** – sein Schatten übernimmt Mary → *Sinclair*; diese schießt unter dem Einfluß ihren Mann an; der → *Spuk* taucht auf und will seinen Schatten rauben; er bemerkt dies und begibt sich zusammen mit John zurück ins Haus von Johns Eltern; dort befindet sich auch der Spuk und raubt ihm den Schatten und damit die Seele; er selbst wird dadurch vernichtet.

De Toledo, Jaime → *Alptraum-Schädel*.

De Valois, Bertrand † – **454** – John trifft ihn in der Vergangenheit am 18. März 1314 in Paris, als er den Templer-Führer Jacques-Bernard de → *Molay* vor dem Scheiterhaufen bewahren will; dabei verbrennt er selbst.

De Valois, Gräfin Blanche – **454** – Schwester des französischen Königs → *Philipp des Schönen*, Vorfahrin des Geschlechts der de Valois; am Tag nach ihrer Beerdigung begann die Vernichtung der Templer.

De Valois, Hector – kleiner als John, aber breiter in den Schultern; dunkle, glänzende Haare; Augenfarbe gleicht dem Haar; Knebelbart, der eckig um das Kinn wächst; spöttischer Zug um die Lippen; Templer-Anführer; Franzose; ehemaliger Besitzer des Kreuzes; John lebte bereits als Hector de Valois; liegt als silbernes Skelett in der → *Kathedrale der Angst* in → *Aletles-Bains*/Frankreich, aufgebahrt in einem steinernen Sarkophag; hat Verbindung zur → *Königin von Saba*; lebte im Mittelalter; einer der großen Kreuzritter und Gründer des Templerordens; wurde von Papst Clemens V. verbannt; begab sich danach auf sein Schloß Croix de Mer in Frankreich, von wo er später von abtrünnigen Templern vertrieben wurde; war als Kreuzträger immer auf der Suche nach dem → *Dunklen Gral*; schaffte einen Teil des → *Templerschatzes* nach Neufundland; lagerte den Schatz in → *Salzburg*/Österreich zwischen und holte ihn später, um ihn in die Neue Welt zu schaffen; kehrt als Geist immer wieder zurück in die Gegenwart, um John zu unterstützen; Aussehen als Geist: Knebelbart, altertümlich gekleidet mit Wams, breitem Gürtel, Kettenhemd, Schwert, Stiefeln, engen Beinhosen und flachem

D

Hut mit buschiger Feder hinten; ist zusammen mit → *König Salomo* und der Königin von Saba auf deren Grabplatte eingraviert; sein Geist beschützt die Königin; besuchte zu Lebzeiten die Insel Malta; führt das → *Templersiegel*. **385 (1. Auftritt)** – ist auf magische Weise mit dem → Himmelbett verbunden, in dem er mit einem Würgeeisen ermordet wurde; hat eine Schriftrolle hinterlassen, in der er den Weg zum Dunklen Gral weist. **393** – erste Begegnung Johns mit ihm in der Vergangenheit bei der Königin → *Diablita*; John übergibt ihm die Statue von → *Harun*, dem Orakel. **412** – sein Grab befindet sich bei einer Schloßruine in der Nähe des Ortes Medoque; das Grab ist nur bei Niedrigwasser der Loire zu sehen; auf der Grabplatte ist Johns Kreuz als Relief abgebildet – mit den Zeichen, die → *Lilith* auf dem Kreuz gelöscht hatte; im Sarg liegt ein silbernes Skelett. **431** – sein silbernes Skelett wird von → *Abbé Bloch* in die Kathedrale der Angst gebracht, wo es seine neue Heimstatt findet. **485** – steigt zum erstenmal aus seinem Sarkophag, um → *Whisper*, den Staubgeist, zu vernichten. **TB84** – warnt John mit Hilfe des Dunklen Grals vor Zombie-Templern; tötet als Geist in Verbindung mit dem Gral den abtrünnigen Templer und Zombie Basil → *Hartford*. **527** – fordert in Gestalt des silbernen Skelettes den → *Würfel des Unheils* von → *Abbé Bloch*, um John zu helfen. **528** – taucht als Skelett in der Vergangenheit auf und bannt mit Hilfe des Würfels den Dämon Ariol → *de Luc*, der John töten wollte; bringt sich und John zurück in die Gegenwart. **539** – sein Geist übernimmt Johns Körper; erzählt John die Geschichte des Schädels vom Dämon Jaime → *de Toledo*; vernichtet den Schädel durch die Aktivierung von Johns Kreuz. **TB92** – reist als Skelett nach Malta; rettet Abbé Bloch vor → *Dragut*. **TB96** – erscheint als Geist zusammen mit König Salomo, um die Königin von Saba vor Morgana → *Layton* zu beschützen, die die Königin durch die Zerstörung des Dunklen Grals vernichten will. **563** – gratuliert John zum Sieg über seine böse Schwester; kann nicht mit Genauigkeit sagen, ob sie endgültig vernichtet ist. **564** – erschlägt den dämonischen Vater von Abbé Bloch mit dem Templersiegel. **586** – rettet als Geist John aus einer Grabkammer; teilt John

D

mit, was mit dem Templerschatz in Salzburg geschehen ist. **679** – bekämpft in der Vergangenheit den Dämon → *Leroque*, den er zwar besiegen, aber nicht vernichten kann. **TB118** – erscheint als Johns Traumgestalt in der Welt des Dämons → *Jericho*; wird als Traumgestalt von → *Zebulon* getötet, damit John selbst in der Welt erscheinen kann. **782** – besiegt in der Gestalt des silbernen Skelettes die → *Schwarze Flut* mit dem Templersiegel. **826** – (taucht nicht selbst auf) hat zu seinen Lebzeiten den → *knöchernen Hexer* verbrannt und seine Knochen mit einem Segler aufs Meer hinausgeschickt; der Segler sank mit den Knochen vor der englischen Küste. **871** – ein Doppelgänger seines silbernen Skelettes begeht Morde in Alet-les-Bains. **1002** – sein silbernes Skelett in der Kathedrale der Angst übermittelt den Schmerz, den John erleidet, als er auf der Zeitreise nach → *Jerusalem* den Tod seiner Eltern miterlebt, in Form eines Stöhnens. **1005** – sein silbernes Sklett erscheint bei Abbé Bloch. **1006 †** – sein silbernes Skelett begibt sich mit Hilfe des Knochensessels nach Äthiopien, um John bei der Suche nach der → *Bundeslade* zu unterstützen; tötet einen Templer, der John vorgeschickt hatte, um die Bundeslade für ihn zu besorgen, indem er ihn in Staub verwandelt; ist anwesend, als die Bundeslade einige Templer vernichtet, die die Lade berühren wollen; warnt John davor, die Bundeslade zu öffnen; als dieser es trotzdem versuchen will, öffnet er sie selbst und wird durch die Kraft der Bundeslade in eine flüssige Masse verwandelt, wodurch er John vor dem sicheren Tod rettet. **TB100**.

De Valois, Hugo † – **386** – Nachkommes des Hector → *de Valois*; in New Orleans geboren; besitzt in Florida den Freizeitpark »Adventure World«; wird von → *Kamikaze* erstochen.

De Valois, Manon – Schwester von Hector → *de Valois*; dient den bösen Templern; hat ihr Grab auf dem Friedhof Montmartre in Paris; ist durch die Macht → *Baphomets* unsterblich; ihre Macht steckt in einer Kugel. **563 (1. Auftritt)** – kehrt zurück in Form eines Totenschädels; er ist weiß und hat zahlreiche Risse, durch die blaues Licht dringt; will Johns Kreuz im Tausch gegen die entführte Jane Collins erhalten; John kann die Kugel und den Totenschädel durch Aktivieren des Kreuzes vernichten; selbst Hector de Valois weiß nicht, ob sie endgültig vernichtet ist.

Deadwood – Ort in Nevada, USA; auch »Stadt der Särge« genannt; reist zwischen den Zeiten hin und her; trostlose Landschaft; Häuser mit Kulissen einer Westernshow; in der Vergangenheit hängen an den Anbauten der Häuser pechschwarze Särge; liegt nicht weit von der Stadt Reno entfernt; Gründer war → *Grey Man*; verfiel in der Vergangenheit über Nacht. **TB72**.

Deborah † – **TB160** – Ghoul; schulterlange, rostrote Haare; bleiche Gesichtshaut; Ähnlichkeit mit Catherine Deneuve; entsorgt für die Mafia deren Leichen; John und Suko stoßen durch den Fund einer halb gefressenen Leiche auf sie; sie finden heraus, daß sie auf einem Friedhof außerhalb Londons lebt; während John sich auf den Friedhof begibt, verfolgt Suko seine Bewegungen mit einem eingebauten Sender; trickst John aus und will ihn töten; Suko kommt dem hilflosen John zu Hilfe und vernichtet sie mit der Dämonenpeitsche.

Dedre – **279** – Druide (Skelett aus einem Pyramidengrab in Irland); König, der Magie und Zauberei beherrscht; hat sich mit Hexerei beschäftigt und die bekämpft, die dem Teufelsglauben frönten und mit dem Satan buhlten; verschwindet im Land Aibon, das durch das Aktivieren von Johns Kreuz erscheint.

Dekan Diavolo – bürgerlicher Name: Professor Dibbuk; Dekan an der Zagreber Universität; verwachsener Mensch mit Buckel; der Nachname Dibbuk hat auch eine magische Bedeutung: es ist ein Dämon, dessen Lieblingsbeschäftigung es ist, über Studenten, die sich der Thora widmen, herzufallen und sie zu töten; Führer der Sekte »Die Darker«, schwarz gekleidete Männer und Frauen mit eckigen Gesichtern und Anhänger des Dekans sowie der Irrlehren von Ramis, einem Inder, der die Gabe besaß, die Tore ins Jenseits zu öffnen; als er starb, lebte sein Geist in einem schwarzen Schwan weiter, dem Heiligtum der Darker; sie stehen unter dem Schutz der → *sechs bösen Geister* : Acteus, Megaläsius, Ormenius, Lycus, Nicon und Mimon. **531** – trifft auf John und Suko, die eine Selbstmordserie in → *Zagreb*/Jugoslawien untersuchen; entführt den Polizeibeamten Michael → *Mitic*. **532** – erteilt → *Dunja* die Bluttaufe; tö-

D

tet mit Fernkraft einen Darker, bevor dieser John zuviel erzählen kann. **TB93** † – gründete Horror-Universität im Bayerischen Wald; bildet dort Menschen aus, um die Lehren von Ramis in der Welt zu verbreiten; neues Aussehen: halb Mensch, halb Skelett; Doktorhut aus hellrotem Samtstoff; kalte, blechernde Stimme; verwesender Körper; John vernichtet ihn mit der heiligen Silbe → *Aum* auf seinem Kreuz.

Delano, Doreen – betrieb früher einen Modeladen in → *Chicago*/USA; hat bereits in → *Atlantis* gelebt. **204 (1. Auftritt)** – wird von einem grünen Strahl in die → *Leichenstadt* gerissen. **TB25** † – ist die Hüterin des Kristallschlüssels; führt John zum Grab der → *Großen Alten* und öffnet es für ihn; rettet John vor dem Spinnensand in der → *Leichenstadt*; läuft in einen Spinnfaden von → *Kalifato*, der ihr den Kopf spaltet.

Delano, Dr. Vivian † – **GK117(25)** – Werwölfin, die als Ärztin in einer Anstalt in der Nähe von → *Hawick* tätig ist und 13 Männer zu Werwölfen machen muß, um einen Fluch, der auf ihr liegt, loszuwerden; wird von John mit einer Silberkugel erlöst.

Delany, Lorna → *Löwenfrau*.

Delgado, Juan – **539** – Geheimdienstler in Spanien; holt John und Suko nach Spanien und erzählt ihnen Einzelheiten über eine Bodega, in deren Fußboden Gesichter auftauchen; bei ihren Nachforschungen stoßen sie auf einen Friedhof unter der Bodega.

Delios – Vater → *Karas*, Weiser und Weißer Magier in → *Atlantis*; schlohweißes, schulterlanges Haar; scharfer Blick; kämpft für das Gute; Wissender und Magier zugleich; besaß ein palastähnliches Haus; sah den Untergang von Atlantis voraus. **TB5** † – nimmt den Kampf gegen die Horden des → *Schwarzen Tods* auf; trifft John in Atlantis; übergibt Kara kurz vor seinem Tod den → *Trank des Vergessens* und das → *Goldene Schwert* im zerstörten Keller seines Hauses. **TB22** – taucht als Geist auf und überzeugt Kara davon, daß → *Alassia* nicht im Besitz des Tranks des Vergessens ist. **577; 863**.

Delos – Insel in der Ägäis, wo John und Suko → *Myxin* aus seinem zehntausendjährigem Schlaf erwecken. **17**.

Delroy, Lester † – **242** – Chef der Königlichen Leibwache im Buckingham Palace; wird von

D

→ *Lupina* zum Werwolf gemacht; nimmt bei Tagesanbruch wieder seine menschliche Form an; erhält von Lupina den Auftrag, die Queen zum Werwolf zu machen; wird von John mit dem Kreuz getötet; wird im Tod wieder zum Menschen, auf der nackten Brust eingebrannt ein dunkelrotes Kreuz.

Demerest, Lilian † – **695** – wird von 2 Männern in einem See ertränkt; kehrt als Zombie zurück und tötet die beiden; hilft Frauen, die vergewaltigt werden sollen, indem sie die Täter tötet; John kommt ihr auf die Spur und begibt sich auf den See, wo sie einst getötet worden ist; taucht auf und schickt John einen Sturm, der ihn aus seinem Boot schleudert; will ihn im See ertränken; John gelangt mit Glück ans Ufer; dort befindet sich Suko und vernichtet sie mit seiner Dämonenpeitsche.

Dempsey, Edgar † – **538** – ehemals tätig als Totengräber; arbeitet und wohnt jetzt im »Charing Cross Hospital«; köpft einen Zombie und rettet dadurch Mandy Waynright das Leben; überrumpelt John und sperrt ihn in ein Grab; erzählt John, daß er 7 Zombies, die er selbst geschaffen hat, töten muß, damit er von 7 Geistern deren Macht erhalten kann; da 2 Zombies von Suko getötet worden sind, will er nun John und Suko zu Zombies machen, damit er noch immer auf die Zahl 7 kommt; John aktiviert jedoch sein Kreuz und vertreibt dadurch die erschienenen Geister, was auch ihn zur Flucht treibt; die Geister belegen ihn zur Strafe mit einem Fluch; er verwandelt sich in einen Ghoul; John und Suko finden ihn, während er sich verwandelt; er wird von beiden mit je einer Silberkugel erschossen.

Den Haag – Hauptstadt von Holland; Suko vernichtet hier den Grachten-Teufel → *Kraal* mit dem Schwert des → *Eisernen Engels*. **266**.

Denkford, Brian – Chef eines Londoner Pfandhauses. **588** – wird Zeuge, wie Terry → *Boone* sein Pfandhaus überfällt und einen Koffer stiehlt. **589 †** – wird vor seinem Haus von zwei → *Kugelköpfen* getötet.

Denning, Florence – **449** – Reporterin; Bekannte Bill Conollys, die fast Opfer des Schreckgespenstes Dr. → *Ampitius* wird.

Descartes, Manon † – **213** – die Frau mit der Guillotine; besitzt im Elsaß das Haus der 100 Köpfe; wird von John, Suko und Bill Conolly zur Strecke gebracht.

D

Destero – der Dämonenhenker, Diener → *Asmodinas*, von dieser auch erschaffen; auf dem Kopf trägt er eine dunkelrote Kapuze mit zwei Schlitzen; muskulöser, sehniger, nackter Oberkörper; braune Haut; Schaftstiefel, die bis zu seinen Schienbeinen reichen; Waffe: ein riesiges Schwert → *Desteros Schwert*. **80 (1.Auftritt)** – lebt in der Dimension des → *Dämons der tausend Augen*. **92** – bestraft Dämonen, die versagt haben und nicht in das → *Reich des Spuks* eingehen sollen. **138** – versucht in der → *Schädelwelt*, John zu töten. **TB3** – will John im → *Grab in der Hölle* den Kopf abschlagen; bevor ihm das gelingt, kann John jedoch fliehen. **154 †** – entpuppt sich als Roboter aus Metall, Drähten und elektronischen Bauteilen; entführt Johnny Conolly in Asmodinas Reich und wird von John mit dem eigenen Schwert getötet. **TB1**; **106**.

Desteros Hand † – **164** – die von John abgeschlagene Hand des Dämonenhenkers wird von → *Asmodina* aktiviert; sie benutzt dazu den im Zuchthaus sitzenden Frauenmörder Erwin → *Wozny*, dem sie zur Flucht verhilft; der Hand gelingt es, Desteros Schwert an sich zu bringen, doch John mit → *Karas* → *Goldenem Schwert* und Suko mit der Dämonenpeitsche gelingt es, die Hand zu vernichten; Wozny stirbt durch Asmodina.

Desteros Schwert – Besitzer ist → *Destero*; riesiges Schwert mit hölzernem Griff. **TB3** – sein Besitzer Destero will John im → *Grab in der Hölle* damit den Kopf abschlagen, doch John entkommt. **154** – John nimmt es an sich, nachdem er Destero in → *Asmodinas Reich* getötet hat. **TB6** – John tötet damit einen → *Horror-Reiter* im → *Kloster St. Patrick*. **TB9** – John tötet mit ihm 4 Zombies und 2 Ghouls in → *New York*/USA. **TB12** – John vernichtet damit eine Kalifigur, nachdem er es vorher an Bill Conolly übergeben hatte. **TB14** – John tötet mit ihm auf der → *Insel des Schweigens* eine mutierte Riesenratte. **224** – wird durch Zufall vom silbernen Bumerang vernichtet und schmilzt. **155**; **156**; **185**.

Destroyer, Der – **726** – Vincent Craig, genannt der Zerstörer; ehemaliger Kollege von John, in Liverpool umgebracht von Rauschgiftgangstern; lockt John nach Liverpool; ist der »Destroyer«, Diener eines alten keltischen Feuergottes, der in magischem Höllenfeuer Körper von

Seelen trennt; der → *Rote Ryan* rettet John.

Devontown – kleiner Küstenort in Cornwall; vor der Küste liegt → *Proctor* Island außerhalb der 3-Meilen-Zone, auf der John Untote vernichtet.

Dexter, Iris † – **196** – Druidenerbin in der Geisterstadt → *Glora* in Wales; wird von John mit dem Kreuz getötet.

Di Carlo, Miriam – Medium; 30 Jahre alt; grüne Augen; lockige, rote Haare; blasse Haut; sportliche Figur; wohnt in der letzten Etage eines Hochhauses in London; ist ein Teil des Landes → *Aibon*; in ihren Adern fließt Druidenblut. **TB1** – erlebt als erste die Veränderung der Zeit durch → *Asmodina* mit; trifft John in dem zerstörten London; gerät unter den Einfluß Asmodinas; will John töten; wird durch Johns Kreuz von Asmodinas Einfluß befreit. **375** – wird fast von der → *Bluthand aus dem Jenseits* zusammen mit John zerquetscht, jedoch von den → *Männern in Grau* gerettet; kehrt zurück ins Land Aibon. **408** – ist eine → *Banshee* und Mutter von Ria → *Rush*. **TB45** – rettet John vor den Männern in Grau, die ihn töten wollen. **261; 321**.

Di Conti – **336** – beim italienischen Geheimdienst SIFA.

Di Fanti, Gabriela † – **356** – berühmte Pianistin; hat schon einmal in → *Atlantis* gelebt und ist damals von → *Myxin* ermordet worden; wird von zwei KGB-Agenten (Sorrow und Vlaker) ermordet; als Tote verschwindet ihr Gesicht, nur noch eine weiße Fläche bleibt zurück; in ihr steckte der Geist von Macha → *Rothaar*, Myxins Mutter.

Di Luna, Lavina → *Blutfrau*.

Di Monti, Tricia → *Frau mit dem Dämonendolch*.

Diablita – Königin der Zwerge; Herrin der → *Mördergnome*; lebt zu Zeiten des Hector → *de Valois*. **393** – fand die Statue des → *Harun* und schaffte es, ihre Magie mit der riesigen Höhle in den Pyrenäen, in der sie lebte, zu verbinden und sich zur Königin der Berge zu machen. **728/729** † – ihr Geist geht in den Körper von Trudi → *Lechner* über, die von John mit dem Kreuz vernichtet wird.

Dibbuk, Professor → *Dekan Diavolo*.

Dickson, Kate – **IV58** – Kellnerin; kauft bei → *Valhari* einen Teppich, der plötzlich zu bluten beginnt.

Diefenthal, Dr. Dagmar – **165** – Geologin, Ökologin; sie und ihr Vater Professor Diefenthal erleben mit Will → *Mallmann* und

D

John deren Kampf gegen die Monster aus dem Geistermoor im Emsland.

Shimadas Diener † – 285 – 4 Ninjas, von türkisfarbenem Schimmer umgeben; ihre Reittiere haben den Körper eines Pferdes und den Kopf eines Krokodils; werden von Suko mit Schwert und der Dämonenpeitsche vernichtet.

Dimension der Engelmenschen – hell; von einer fernen Sonne bestrahlt; in der Ferne ist das Licht heller als in der Nähe; weiter vorne wird das Licht von einer streifigen, dunklen Masse am Himmel geschluckt; im Hintergrund hohe Berge, vorne wie ein Canyon geschwungen; in der Schlucht gibt es zahlreiche Mauern, die in verschiedenen Winkeln zueinander stehen; sie bilden einen gewaltigen Irrgarten aus braunem Gestein; Luft kann von Menschen geatmet werden; hier leben → *Raniel* und andere Engelmenschen. **878 (1. Auftritt)** – John und Suko gelangen mit einem Raumschiff in die Dimension; dort erfahren sie von Raniel, daß das Camp »Aurora« von → *Kreaturen der Finsternis* durchsetzt ist; Johns Kreuz wird dort durch das Licht der Schwerter der Engelmenschen wieder normal; kehren mit Raniel ins Camp zurück.

Dimension der Geistwesen – hier halten sich die Seelen der Toten auf, bis sie gebraucht werden. **287**.

Dimension des Nichts – wo alle Gesetze aufgehoben sind; man ist überall und nirgends; von hier aus kann John mit dem → *Kelch des Feuers* an jeden gewünschten Ort gehen, allerdings nur in feinstofflicher Form. **289**.

Dimension des Schreckens – auch Reich des Schreckens; Region des Bösen; Satans Land; dort richtet der Dämonenrichter → *Maddox* die Versager im Dämonenreich. **GK200(46)** – Inspektor → *Fenton* wird mit dem → *Todes-Karussell* in sie hineingeschleudert. **12** – John wird vom → *Schwarzen Tod* durch den offenen Boden seines Sarges in sie geschafft; Fenton opfert sich für John und ermöglicht ihm die Flucht.

Dimensionen, andere – es gibt neben unserer Welt noch Hunderte von Parallelwelten verschiedenster Größen, in denen die Dämonen zu Hause sind; unsere sichtbare Welt ist ein unerschöpfliches Nachschublager für die Schwarzblüter aus den anderen Universen.

Dimensionstore – Tore zu den

Reichen der Finsternis, durch die Dämonen auf die Erde gelangen.

Dinek, Josef – **381** – Helfer John Sinclairs in Prag; von John Jo genannt; kämpft mit John gegen die → *schwebenden Leichen von Prag*.

Disco-Hexe, Die † – **502** – richtiger Name: Tessy Lamar; lange, schwarze Haare; entführt mit Hilfe eines magischen Sarges Menschen in die → *Hölle*; entführt auch den Jugendlichen »Kid Fox«, dessen Geist jedoch die Rückkehr zur Erde gelingt; trifft in ihrem Wohnwagen auf John, der mit dem Kreuz bewaffnet durch den Sarg in die Hölle springt; folgt ihm dorthin; John aktiviert sein Kreuz und verschließt damit das Tor zur Hölle; sie stirbt durch die Vernichtung des Tores in der Hölle.

Doc Rawson † – **TB32** – Ghoul; menschliches, glattes Gesicht; auch der »Große Vater« genannt; schmatzt, geifert, gurgelt; Wesen mit langen Armen und dicken Fingern; sitzt in einem Rollstuhl; verbündet mit der Giftmörderin »Blanche Everett«; ließ sich mit den Mächten der Finsternis ein; bat den Teufel um ewiges Leben; dieser holte ihn in die Dimension der Ghouls; dort erhielt er das ewige Leben, kehrte jedoch mit einem menschlichen Kopf und dem Körper eines Ghouls zurück; seine Verbündete tötet sich mit Gift, nachdem sie ihre Niederlage eingesehen hat; er will fliehen, stürzt jedoch aus seinem Rollstuhl; daraufhin vernichtet John ihn mit seinem Kreuz.

Doc † – **583** – Voodoo-Zauberer; holte zahlreiche Totenschädel aus den Gräbern einer kleinen Insel und setzte sie für seine Zwecke magisch verändert ein; seine Totenschädel greifen öfter einen Stadtteil von → *New York*/USA an, um ihn sich untertan zu machen; John und Bill Conolly schlagen einen Angriff der Totenschädel zurück und nehmen ihn fest; er spricht einen alten Totenfluch aus, der auch wirkt, aber an ihm; sein Körper zerfällt zu Staub.

Dochonios – **453** – ein Krieger aus der Mythologie, der das geflügelte Pferd des Pegasus bezwungen hat und als einziger reiten kann.

Doktor Doll → *Doll, Doktor*.

Doktor Horror – ehemals »Gary Giesen«; Schauspieler; besitzt die Macht von → *Aibon*. **TB68** – verwandelt einige Menschen durch das Feuer von Aibon in Zwerge, die töten; verbündet sich mit Liz Vacaro; entführt

D

Laurie → *Ball* und macht sie zu einem dämonischen Zwerg; nimmt John und Bill Conolly gefangen; flieht, nachdem John und Bill sich befreit haben, mit Laurie durch das Feuer von Aibon. **TB76** – verbündet sich mit dem Geist von Tum-Hagan; läßt John entführen; nachdem er Laurie Ball getötet hat, die John befreit hat, und auch → *Tum-Hagan* von John vernichtet wurde, flieht er. **TB165 †** – holt John auf einen in Rußland gelandeten Kometen, den er beherrscht; er bekam den Kometen, der ein Teil von Aibon ist, vom Druidenkönig → *Guywano* geschenkt; will mit der Hilfe des Kometen Menschen einfangen, zu Zwergen machen und Guywano als Diener anbieten; wird vom auftauchenden → *Roten Ryan* durch dessen Flötenspiel getötet, da dieser das Eindringen des Aibon-Splitters in die normale Welt mißbilligt und sowieso mit ihm abrechnen will.

Doktor Satanos † – **GK 17(3)** – Wissenschaftler, der in einem Schloß in Cornwall Experimente mit Menschen macht; wird von Mary Brown, der Frau des von ihm ermordeten Konstabler Jim Brown, erschossen.

Doktor Stepanic – verbrecherischer Arzt; beherrscht Keltenmagie; experimentiert mit Leichen. **TB125** – bereitet das »Fest der Köpfe« in → *Kimberly*/Irland vor, indem er einige Zombies erschafft; überwältigt John und will ihn in seinem Behandlungszimmer von einem Zombie töten lassen, was aber mißlingt; John und Suko nehmen ihn fest und bringen ihn zu Scotland Yard. **687** – der Flugzeugentführer und Dämon → *Cigam* will, daß er aus dem Gefängnis entlassen und ihm übergeben wird; holt ein Zombieheer aus der Erde; als er mit Cigam zusammentrifft, greifen die Zombies die entführte Maschine an; während die Polizei gegen die Zombies kämpft, können er und Cigam entkommen. **TB126 †** – taucht in einer russischen Polarstation auf und bringt einen Arbeiter in seine Gewalt; wird von John, Suko und Wladimir → *Golenkow* überwältigt; verrät den dreien, daß Cigam ein Vampirheer von → *Dracula II* vernichten will; die drei begeben sich zusammen mit ihm zum Schauplatz der Schlacht; ihm gelingt die Flucht, wobei er später jedoch zu Tode kommt, als er an einer Felswand abstürzt.

Doktor Sträter → *Sträter, Dr.*
Doktor Tod → *Dr. Tod*.

Dolch des Kalifen Harun el Basra – 740 – ist von den anderen → *Templern*, den → *Baphometjüngern* gestohlen worden; ist verflucht; in ihm steckt das Böse; sein Träger wird vom Dolch beherrscht, er dient dem Leibhaftigen und bringt den Menschen Unglück; der Griff ist umwickelt mit der Haut vom Kalifen Harun el Basra; der Kalif stand mit dem Teufel im Bunde; dieser salbte seine Haut mit den Ingredienzien der Hölle, bevor der Kalif starb; wird von → *Malraux* auf einem Schiff, mit dem ein Templerschatz in die Neue Welt gebracht werden soll, gestohlen; das Schiff geht vor der Küste von Marseille in Flammen auf, Malraux rettet sich mit dem Dolch schwimmend an Land; Feuer schlägt aus dem Griff, als John seinen Silberdolch hineinsticht, und der Dolch zerstrahlt.

Dolch John Sinclairs → *Silberdolch*.

Dolche Mandra Korabs, Die sieben – Besitzer im Moment Mandra → *Korab*; ursprünglich 7 Stück; gehörten dem Gott Wischnu; dunkle Klinge mit mattem, dunkelgrauem Glanz, blutrote Griffe; werden in speziell angefertigten Scheiden aus Leder aufbewahrt; Mandra fand sie in einem Grabmal von 2 Göttinnen mit 7 Armen; die beiden dienten → *Kali* und Schiwa; die Göttinnen wurden von Wischnu vernichtet, der aus ihren Armen die Dolche machte; Wischnu nahm mit den Dolchen den Kampf gegen seine Feinde auf und legte sie danach ab; werden die Dolche magisch aktiviert, können sie Bilder projizieren. **TB12** – Mandra tötet mit ihnen 4 Diener und eine Statue der Göttin Kali. **TB28** – sie warnen Mandra, daß ein Teufelskind Johnny Conolly entführen will; er tötet das Kind mit ihnen. **300-307** – sie werden Mandra von → *Luzifer* gestohlen, der sie in alle Winde zerstreut, damit Mandra sie nicht wiederfindet; auf der Suche nach ihnen holt sich Mandra mit Hilfe von John und Suko 4 Dolche aus der → *Hexenwelt* von → *Wikka* zurück, nachdem sie von der → *Träne des Teufels* aufgesogen wurden. **321** – die letzten 3 Dolche wurden von Luzifer nach → *Aibon* geschleudert, wo sie die Kraft einer alten Druiden-Magie angenommen haben; der 5. Dolch wird dem abtrünnigen Druiden Frank → *Boysen*, dem Freitags-Killer, in die Hände gespielt; dieser wird von → *Myxin* mit dem 5. Dolch getötet, der dadurch wieder in den Besitz von Man-

D

dra gelangt. **TB54** – Mandra besitzt nur noch 5 der Dolche; die beiden anderen befinden sich in → *Aibon* bei dem Druidenfürst → *Guywano*, der sie zu Werkzeugen des Bösen gemacht hat und damit 2 Menschen tötet; Guywano versucht mit den beiden, John zu töten, holt sich auch die anderen 5 Dolche von Mandra und macht sie ebenfalls zu Werkzeugen des Bösen; der → *Eiserne Engel* vernichtet 5 der Dolche; Guywano flieht mit den restlichen zwei Dolchen. **TB60** – Mandra tötet mit den 2 verbliebenen Dolchen 3 Werpanther. **TB100** – Mandra hat die 5 vernichteten Dolche durch neuangefertigte ersetzt und ist wieder im Besitz aller sieben Dolche; Glenda Perkins, von Luzifer beeinflußt, raubt Mandra die Dolche und versucht ihn und Suko damit zu töten. **TB119** – Mandra tötet mit ihnen 4 Zombies. **674** – Mandra tötet mit einem von ihnen einen Halbdämon in Indien. **675** – Mandra tötet mit einem von ihnen einen Leibwächter des Dämons → *Nhuri*. **322**; **855**.

Doll, Doktor – Puppendoktor; Hauptfigur im Buch »Doktor Doll«; sieht gleichzeitig böse, komisch und lächerlich aus; Gesicht wirkt zerquetscht; eingedrückter Zylinderhut; Waffen: Skalpell, Säge und Messer. **905** – tritt aus dem Standspiegel von Alice → *Wonderby* heraus, der ein Tor nach → *Aibon* darstellt, und zerstört ihre Puppen. **906 †** – flüchtet, als Alices Mutter auftaucht; läßt die Puppen von Diana Perl zum Leben erwachen; verletzt Alices Mutter; wird von Suko mit der Dämonenpeitsche vernichtet.

Doll, Mr. † – **396** – Puppenspieler; seine Marionetten hängen an messerscharfen Fäden, die Menschen schwer verletzen und sogar töten können; ist tot und lenkt seine Puppen aus einem nicht sichtbaren Reich, bis die letzte seiner Puppen zerstört ist; von ihm sind nur die Hände in einer schwarzen Wolke zu sehen; wird von John mit dem Bumerang vernichtet.

Domescu, Dragan – **TB38** – Sohn des von Vampiren umgebrachten Bürgermeisters von → *Petrila*, → *Mirca*; schmuggelt John in den Vampir-Expeß; unterstützt ihn im Kampf gegen Vampire; tötet einen Vampir mit seinem Eichenpflock. **342** – hier Neffe von Mirca; Freundin Vera, von Ada → *Bogdanowich* zur Blutsaugerin gemacht, wird von John mit einer Silberkugel erlöst.

Don Causio † – **167** – Herrscher über das Dorf Nareno auf Sizilien und Diener der → *schwarzen Engel*; stürzt sich zu Tode.
Donata → *Schattenfrau II*.
Doniel † – **930** – dämonischer Engel, der sich als Schutzengel ausgibt; soll der Beschützer der Eltern von Marcia → *Morana* gewesen sein; wird von Marcia für den Tod ihrer Eltern verantwortlich gemacht; wird nach dem Tod ihrer Eltern irdisch und zeigt sich ihr; sie tötet ihn und begräbt ihn in einer Gruft unter der Kirche von → *Aldroni*/Italien; sie fängt sein Blut auf, das in der Lage ist, Wunden zu schließen; durch Johns Kreuz wird ein Teil des Blutes lebendig und tötet den Killer Bill → *Gates*; Marcia gerät durch einen Spiegel in seine Welt und bekommt dort ein Stigma in Form eines blutigen Kreuzes auf der Stirn; nachdem Marcia gestorben und damit auch seine Rache beendet ist, zerfällt sein Körper zu Staub. **996** – die → *Grabkriecherin* will sein noch in der Wohnung von Marcia Morana stehendes Blut rauben und in die → *Vampirwelt* schaffen; John kann dies verhindern und die Grabkriecherin mit seinem Kreuz vernichten, wodurch das Blut kristallisiert; John läßt das wertlos gewordene Blut in einem Grab auf einem Londoner Friedhof zurück.
Doppel-Zombie → *Jilette*.
Dorchester, Linc † – **530** – Schotte; arbeitet als Geheimdienstler in Zypern; informiert John und Suko über ein rotes Skelett und bringt die beiden zum Standort des Skelettes; die magischen Fähigkeiten des Skelettes lassen den Boden öffnen, und er wird mit samt seinem Fahrzeug in den Boden gezogen, wo er stirbt.
Dorf der zwölf Gespenster → *Pluckley*.
Dortmund – Großstadt in Nordrhein-Westfalen; im Ortsteil Huckerade, der hinter Mengede liegt, existiert ein stillgelegtes Werk mit Förderturm; dort liegt auch eine Disco namens »Satanstreff«. **TB75**; **TB109**; **693**.
Douglas, Abe – FBI-Agent; lebt und arbeitet in → *New York* in einem Apartment an der Ostseite des Central Park; gehört einer Spezialtruppe an; blonde Haare; zweimal fast verheiratet, bevor ihn seine Frauen verließen. **TB9 (1. Auftritt)** – Einsatzleiter der FBI-Aktion und Fahndung nach → *Dr. Tod*; organisiert und koordiniert den Einsatz des FBI in New York. **282** – kämpft mit John in New York gegen → *Xorron* und seine Zombies. **477** –

D

spürt mit John einen Irokesen-Schamanen in Vermont auf. **TB91** – erörtert mit Lieutnant → *Frazer* den Fall des rollenden Galgens; holt John und Suko nach New York; erfährt von einem Indianer die Hintergründe des rollenden Galgens; wird von → *Aconagua* außer Gefecht gesetzt. **TB108** – rettet Jerry Blake vor Mitgliedern des Ku-Klux-Klans; holt John und Suko nach → *Cottonwood*/USA; verfolgt den Klan, der John entführt hat; nimmt die Mitglieder des Klans zusammen mit dem Sheriff fest. **639** – holt John und Suko nach New York; verfolgt zusammen mit den beiden eine Killerin in Polizistenuniform. **TB116** – wird von einem Reporter über → *Jericho* informiert; holt John und Suko in die USA; tötet 4 Todesengel mit Silberkugeln. **650** – hilft John im Entführungsfall von Nadine → *Berger*. **686** – bringt John dazu, → *Cigam* nach New York zu überführen. **687** – trifft John am Flughafen, wo die entführte Maschine nach London weiterfliegen soll. **TB127** – verfolgt einen Killer und trifft dabei den Götzen → *Xitopec*; holt John und Suko nach → *Border Town*/USA; gerät in die Fänge des Götzen, der mit einem Teil seines Blutes wieder zum Leben erweckt wird; soll von einem Killer getötet werden, wird aber von John gerettet. **TB143** – seine Freundin Sina wird von einem Todesengel Jerichos getötet; wird, da er der einzige Verdächtige ist, vom Dienst suspendiert; wird von Jericho in dessen Welt entführt; erlebt dort den geplanten Untergang von New York mit; trifft hier auf John und Suko und erlebt mit, wie diese einen Todesengel Jerichos töten; wird ebenso wie John und Suko holografisch Zeuge, wie → *Chato* Jericho vernichtet; landet daraufhin mit John und Suko wieder im echten New York. **TB170** – informiert John und Suko über die Vampirbrüder → *Lacourt*; findet zusammen mit den beiden einen Toten; verfolgt die Vampirbrüder mit John und Suko. **771** – informiert John, daß in New York ein Knochensessel versteigert werden soll. **846** – holt mit Zustimmung seines Vorgesetzten Don → *Frazer* John und Suko nach New York. **847** – wird zusammen mit John und Suko von → *Shango* und dessen Bruder angegriffen, aber von John gerettet. **877** – reist mit John und Suko zum Camp Aurora; erlebt mit, wie 4 Soldaten von einem geheimnisvollen Licht getötet werden; trifft im Camp auf den Außerirdischen → *Kevin*. **878** – wird von John vor → *Kreaturen der Finsternis* gerettet. **981** – soll den → *alten Krieger* zurück in die USA bringen, da dieser dort mit dem Gesetz in Konflikt geraten ist; wohnt der Beerdingung von Yakup → *Yalcinkaya* und dessen Freundin bei; erlebt den Tod von dem alten Krieger mit; tötet eine Ninja-Kämpferin mit mehreren Kugeln und eine zweite mit 2 Kugeln. **TB65**; **TB68**; **TB78**; **651**; **712**.

Dover – Stadt an der Südostküste Englands; bekannt durch seine schroffen Kalkfelsen; Küstenpromenade namens »Marine Parade«; Anlegestelle der Fähre von Calais nach Dover. **PB1**.

Dr. Tod (1) – erster Diener von → *Asmodis*, der plant, die Menschheit auszurotten; sein Markenzeichen ist ein Ring mit rubinroter Oberfläche, in die ein weißer Totenkopf eingraviert ist, der seine Farbe verändern kann. **GK94(19) (1. Auftritt)** – stellt aus Leichen, die er in Wachs taucht, lebende Monster her, die von John vernichtet werden; entkommt seinem brennenden Horror-Kabinett. **GK 100(21)** – erweckt durch sieben Mordopfer, die zu Zombies werden, nachdem sie in → *Loch Awe* versenkt wurden, ein Seemonster, das von John mit einem silbernen Pfeil vernichtet wird. **GK105(22)** – bringt John in seine Gewalt; entnimmt ihm aus der Wange ein Stück Haut und stellt einen Doppelgänger von ihm her, der nach London geschickt wird, um Sir James Powell und die Conollys zu töten; John kann sich befreien und mit Hilfe einer Untoten durch ein Dimensionstor nach London zurückkehren, wo er seinen Doppelgänger mit einem Schwert köpft. **GK110(23)** – hat als neuen Stützpunkt in den rumänischen Karparten ein Schloß gekauft; will den Staat Rumänien mit seinen Untoten übernehmen; John, Bill Conolly und eine Detektivin namens Jane → *Collins* reisen nach Rumänien; verbrennt scheinbar. **GK113(24)** – sein Leichnam wird nach London geschafft, wo → *Asmodis* ihm wieder Leben einhaucht; in Darwood Castle, wo ein Horrorfilm mit der Filmschauspielerin Nadine → *Berger* gedreht wird, taucht er auf und nimmt unter anderen Nadine als Geisel; stürzt vom Burgturm und tötet sich anschließend selbst mit dem → *silbernen Nagel*, den

D

John ihm gibt; löst sich zu Staub auf und geht ein ins → *Reich des Spuks*.

Dr. Tod (2) – der → *Spuk* macht der Teufelstochter → *Asmodina* zuliebe eine Ausnahme und gibt die Seele Dr. Tods aus seinem Reich frei. **108** – diese geht in den Körper des gerade verstorbenen Mafioso Solo → *Morasso* über, der → *Palermo*/Italien beherrschte; eisgraue Haare, Betongesicht; Anführer und Gründer der → *Mordliga*; Besitzer des → *Würfels des Unheils*; konnte damit den → *Todesnebel* erschaffen. **TB2** – schickt 2 Diebe in ein tibetisches Kloster um die diamantenen Augen des → *goldenen Buddhas* Vhyl-ko stehlen zu lassen; als das mißlingt, schickt er die Mordliga in das Kloster, die jedoch auch nicht in den Besitz der Augen kommen, da diese nach dem Tod des Buddhas ihre Macht verlieren. **TB7** – erweckt den Vampir → *El Sargossa* wieder zum Leben; holt mit Hilfe des Würfels des Unheils dessen Schiff wieder an die Meeresoberfläche; wird kurz darauf von John, Suko und Bill Conolly angegriffen und muß zusammen mit der Mordliga die Flucht ergreifen. **TB9** – erweckt im New Yorker Central Park → *Xorron*, den Herrn der Ghouls und Zombies; wird von John, Suko und Jo → *Barracuda* aufgespürt und muß mit Hilfe des Würfels des Unheils zusammen mit → *Tokata* und → *Lady X* in sein Hauptquartier fliehen, das er in einer Zwischendimension errichtet hat; kehrt von dort zurück und rettet Xorron mit Hilfe des Würfels des Unheils aus einer Oper, bevor John diesen vernichten kann. **120** – taucht von hier an immer wieder mit seiner Mordliga auf, bis er in Band **230** endgültig von John vernichtet wird.

Drachenblut-Vamplr, Der † – **408** – Name: Tyrrtoll; stammt aus → *Aibon*; Schädel und Hände giftgrün; ist unverwundbar, weil er im Blut eines Drachen gebadet hat; gegen Silberkugeln ist er immun, aber dem silbernen Bumerang kann er nichts entgegensetzen und wird von ihm geköpft.

Drachenhöhle – in ihr lebt → *Nepreno*, das Flugtier des → *Schwarzen Tods*; befindet sich auf dem → *Planeten der Magier*. **253**.

Drachenkrieger – **272** – Volk, das nicht von der Erde stammte und sich in böser Magie auskannte; ritten auf drachenähnlichen Wesen und töteten alles; schlimmster Krieger: → *Graax*.

Drachen-Lady, Die † – **533** – richtiger Name: Maureen Cooper; liebt die Nacht; lebt zusammen mit ihrem Großvater in einem Haus in der Nähe der Steilklippen des Ortes → *Greenland*/Irland; findet ein Drachenei, aus dem ein prähistorischer Dinosaurier schlüpft, und zieht ihn auf; wird dadurch zur Drachenkönigin und will den Sauriern ihre Küste zurückgeben; zu diesem Zweck will sie die Dorfbewohner vertreiben; als ihr Großvater sie von ihrem Tun nicht abhalten kann, bringt er sich um; trifft auf John, der von Bill Conolly informiert worden ist; sie erzählt den beiden, daß die Saurier aus → *Aibon* stammen; das Land Aibon erscheint und wird ein Teil des Küstenstreifens, wo sie wohnt; John folgt ihr in das Land; er aktiviert sein Kreuz, und der Aibonteil kristallisiert, wodurch auch sie stirbt.

Drachenmädchen → *Warren, Li*.

Drachenpaar, Das → *Valhari*.

Dracula, Graf Vlad – **33** – vor Jahrhunderten von Johns Kreuz und → *Mareks* Eichenpfahl vernichtet. **700; 701; 702.**

Dracula II – ehemals Will → *Mallmann*; Vampir; Markenzeichen: blutrotes D auf der Stirn; trat Draculas Erbe an; schwarz geschminkte Fingernägel; geschwungene Augenbrauen; eckiges Kinn; trägt meist einen dunklen, altertümlichen Anzug mit einem schwarzen Umhang. **569 (1. Auftritt)** – nachdem Gerd → *Bode* ihn angeschossen hat, macht → *Reva* ihn in der Nähe von Würzburg zum Vampir. **570** – flieht zusammen mit Reva über die holländische Grenze; meldet sich per Telefon bei John mit den Worten: »Hütet euch vor Dracula!« **TB99** – stiehlt aus einem rumänischen Schloß das alte Blut Draculas; wird in London von John, Frantisek → *Marek* und Suko gestellt, kann jedoch entkommen. **575** – entführt Johns Mutter und setzt Johns Vater außer Gefecht. **576** – teilt John mit, daß er im Austausch gegen seine Mutter den → *Blutstein* fordert. **578** – entführt eine Person und will sie im Tausch gegen John wieder freilassen; beim Tausch überrascht ihn John und wirft ihm sein Kreuz zu; als John dem Toten die Maske vom Kopf zieht, merkt er, daß Dracula II ihn geleimt hat und ihm statt seiner einen fremden Vampir schickte. **581** – macht einen Menschen zum Vampir; flieht, als John auftaucht. **584** – macht eine Katze

D

zum Vampir; will mit ihrer Hilfe an den Blutstein gelangen, der sich im Besitz Johns befindet. **597** – in Holland kann er Jane Collins überwältigen; ihr gelingt später jedoch die Flucht; er tauscht Johns Mutter gegen den Blutstein; John feuert 2 Silberkugeln auf ihn ab, doch der Blutstein hat ihn dagegen resistent gemacht; ihm gelingt die Flucht mit dem Blutstein. **TB110** – überwältigt John und will mit Hilfe des Blutsteines sein Kreuz vernichten; Suko taucht auf und aktiviert Johns Kreuz; die Kraft von Kreuz und Blutstein heben sich auf, und er flieht. **626** – entführt ein Mitglied des Königshauses und fordert als Gegenleistung John und Suko; sie geraten in seine Gewalt, können sich jedoch befreien; die aufgetauchte Jane Collins soll sein Opfer werden, als John und Suko erscheinen; er flieht, und das Mitglied des Königshauses wird gerettet. **642** – er läßt Jane Collins und Glenda Perkins in einen Harem in Marokko entführen. **643** – macht den Scheich des Harems zum Vampir; Glenda Perkins und Jane Collins gelingt die Flucht; als John und Suko erscheinen, flieht er mit seinen Vampiren in die Wüste. **651** – er macht die von Morgana → *Layton* entführte Nadine → *Berger* zum Vampir; begibt sich ins Haus der Conollys, flieht jedoch, als John auftaucht. **660** – macht Aoyama, der das Geheimnis um die Beendigung des Vampirdaseins der Nadine Berger lösen könnte, zum Vampir. **666** – macht → *Konowski* in einer Hotelbar in Berlin zum Vampir. **667** – verbündet sich mit → *Asmodis*; Bill Conolly will ihn mit der → *Goldenen Pistole* vernichten, doch Asmodis rettet ihn. **TB126** – will eine Blutsaugerarmee aus dem ewigen Eis befreien; trifft dabei auf → *Cigam*; Cigam vernichtet die Blutsaugerarmee; er will Cigam mit dem Blutstein vernichten, doch die Kräfte Cigams und die des Blutsteines heben sich gegenseitig auf. **689** – hat mit Hilfe des Blutsteins eine Uhr geschaffen, mit der er Menschen zu Vampiren machen kann; bekommt Macht über John, der die Uhr angelegt hat; bevor die Uhr John zum Vampir machen kann, reißt Suko sie ihm vom Handgelenk; John vernichtet die Uhr mit seinem Kreuz. **TB141** – rät John und Suko, sich nicht in den Kampf zwischen ihm und dem → *Blut-Piraten* einzumischen; nimmt später Logan → *Costello* als Geisel, um John und Suko doch für sich einspannen zu können; wird vom Blut-Piraten angegriffen, wodurch er Logan Costello freilassen muß; raubt John dessen Beretta; verletzt den Blut-Piraten mit 3 Silberkugeln; flieht, nachdem Suko den Blut-Piraten endgültig vernichtet hat, in Form einer Riesenfledermaus. **778** – macht 4 Frauen in → *Petrila/ Rumänien* zu Vampiren; als John auftaucht und die 4 Vampire vernichtet, flieht er mit → *Assungas Zaubermantel*. **TB153** – mit Hilfe von → *Luzifer* und → *Assunga* hat er seine Vampirwelt gegründet; entführt John in seine Welt und will ihn langsam verhungern lassen; Barry F. → *Bracht* hat als → *Zebulon* in seinen Träumen das Geschehen verfolgt und rettet John im letzten Moment vor dem Vampirkuß Assungas. **830** – (taucht nicht selbst auf) – gibt den Vampirinnen → *Evana und Lin* den Auftrag, Briefe zu verschicken, die mit dem Blut des Blutsteines geschrieben worden sind, um John und Suko sowie deren Verbündete in eine Falle zu locken. **841** – rettet Cynthia → *Droux* zur Zeit der spanischen Inquisition und macht sie zum Vampir. **852** – macht aus dem rebellischen Vampir Beau → *Lambert* mit Hilfe des Blutes aus dem Blutstein einen Feuervampir, nachdem er Lambert zu Asche verwandelte; Lambert soll das Sinclair-Team vernichten, was jedoch mißlingt. **889** – schenkt Till Wesley eine CD-Rom, auf der der → *Robot-Vampir* lebt; befreit die zum Vampir gewordene Britt Owens aus einer Leichenhalle. **938** – (taucht nicht selbst auf) – macht 8 Obdachlose zu Vampiren, die er in die Welt verteilen will, damit sie ihm neue Opfer bringen; dies verhindern John und Bill Conolly. **971** – macht 4 Menschen in Schottland zu Vampiren; will Morgana → *Layton* in seiner Welt hängen; dies verhindert zunächst das Auftauchen von → *Cursano*, der es John ermöglicht, Morgana vom Galgen zu retten; tötet Cursano mit einem Beil, indem er ihm den Kopf spaltet; während John und Suko die Flucht aus seiner Welt gelingt, bleibt Morgana Layton dort gefangen. **699; 754; 755; 756; 757; TB176; TB198.**

Drago † – **TB10** – Vampir; lebte vor 400 Jahren mit 2 Hexen auf einer Burg; wurde durch ein Feuer auf der Burg in Bedrängnis gebracht und floh in eine Nische, die dann von den Bewohnern zugemauert wurde; der

Raum wird später in eine Disco umgebaut; dort findet er 2 Opfer und kann sich und seine 2 Hexen dadurch befreien; macht den Polizisten Christian → *Schwarz* zum Vampir; John tötet seine Hexen mit seinem Kreuz und ihn selbst mit 2 Silberkugeln.

Dragut † – **TB92** – steht unter dem Bann der Urbevölkerung Maltas; tötet mit 2 Ausnahmen eine ganze Mönchsgruppe in einem Kloster; versucht → *Abbé Bloch* zu töten; dies wird von dem silbernen Skelett des Hector → *de Valois* verhindert; wird gefangengenommen; führt John, Suko, Abbé Bloch und Hector de Valois in eine Grabhöhle, wo er selbst entkommt; versucht Suko dem Blutmond zu opfern; dieser wird vom → *Würfel des Unheils* gerettet, der auch die Magie des Blutmondes vernichtet; als letztes löst die Magie ihn auf und zieht ihn in den Boden.

Drake, Dr. Sheldon – Vampir; lebte lange in der Grafschaft Sussex und besaß dort eine Klinik; zog später nach → *Wittenberg*/Deutschland und eröffnete dort erneut eine Klinik. **664** – erhielt von → *Dracula II* einige Tropfen Blut aus dem → *Blutstein*, vervielfältigte es und spritzte es Menschen, die nach der dritten Spritze ohne Vampirbiß zu Vampiren wurden; macht den Polizisten Gerd → *Naumann* zum Vampir. **665** † – flieht vor Suko und Harry → *Stahl* in Richtung → *Berlin*; wird auf dem Weg dorthin von beiden mit je einer Silberkugel vernichtet.

Dreiheit der Hölle – drei Einheiten, aber ein Gebilde, das den Namen des absolut Bösen trägt, des ersten Schwarzen Engels, der einmal hatte mächtiger sein wollen als der Schöpfer: → *Luzifer*; er ist der zentrale Punkt und offenbart sich trotzdem nicht, denn er löst sich in die drei Einheiten auf, aus denen er besteht: → *Asmodis*, → *Beelzebub* und → *Baphomet*. 457.

Dreitöter, Der † – **481** – alter Dämon der Israeliten; hat nur einen Körper, aber drei Köpfe: in der Mitte ein Menschenkopf, rechts (vom Betrachter) ein Rattenkopf, links ein Krokodilkopf; ist ein Diener → *Baals* und wird von John mit dem Silberdolch vernichtet.

Dresden – Stadt in Sachsen/Deutschland; auf Schloß Rabensberg in der Nähe bringt John mit Harry → *Stahl* den Stasi-Vampir → *Rico* zur Strecke. **724; 725.**

Droux, Cynthia † – **841** – zur

Zeit der spanischen Inquisition will Romero Sanchez sie als Hexe hinrichten; bevor dies geschehen kann, wird sie von → *Dracula II* gerettet; der macht sie zum Vampir und schickt sie in die Gegenwart; dort tarnt sie sich als Malerin und veranstaltet eine Ausstellung in der spanischen Botschaft in London; zieht einen Nachfolger von Romero Sanchez in ihren Bann, um ihn zu töten; verletzt den Nachkommen, Juan, zunächst nur, um ihn am folgenden Abend zu töten; an diesem Abend ist auch John anwesend, und sie spürt die Ausstrahlung seines Kreuzes; macht eine Angestellte zum Vampir, den John jedoch vernichtet; auch die Mutter von Juan wird ihr Opfer; nachdem auch diese von John getötet worden ist, trifft er auf sie und vernichtet sie mit seinem Kreuz.

Druckluftpistole → *Bolzenpistole*.

Druide – übersetzt: der Eichenkundige (irisch); heidnische Priester, hohe Kaste, die sich mit dem Adel die Herrschaft teilt; Priester, Richter, Heil-, Sternkundige; unterrichteten unter Eichen; lehrten neues Leben nach dem Tod und Seelenwanderung; brachten Menschenopfer; der römische Kaiser Claudius hob ihren Stand im 1. Jhdt. auf.

Druidenkopf † – **633** – es existiert nur noch der Kopf; gelbe, böse, leicht geschlitzte Augen; lebte früher als Druide auf der → *Ile de Seine*, verfolgt Colette Ingram, eine Kollegin von John; John begibt sich mit ihr zur Ile de Seine, wo sein Druidengrab liegt; die verstorbenen Eltern von Colette versprachen sie einst dem Druiden, der sie nun zu sich holen will; John vernichtet den auftauchenden Kopf mit seinem Silberdolch; sein Geist bleibt kurz erhalten und will trotz seiner Vernichtung ein Opfer erhalten; nimmt als solches den in der Nähe stehenden Lerain und verschwindet mit diesem endgültig.

Druidenzauber – **301** – Mischung aus silbrigen und grünem Licht; Zeichen in → *Aibon*, daß Druiden in der Nähe sind.

Drusow † – **733-735** – der Mann mit dem kalten Gesicht; Russe mit Teleporter-Fähigkeiten; ist nach dem Zusammenbruch der UdSSR nach England gegangen, wo ihm Freunde das Weiterforschen ermöglichen; kann Menschen in Atome auflösen, sie an anderer Stelle wieder zusammenfügen; versetzt John in fremde Dimension; John tötet

D

ihn mit Silberkugeln in dem Moment, als Drusow vor ihm materialisiert; von ihm bleibt nur eine Lache zurück.

Dschinn, Der grüne – ist aus → *Atlantis* entkommen, als dieses unterging; einer der letzten Überlebenden der → *Großen Alten*. **178** – in der Türkei in Stein eingeschlossen; wird von einer Familie bewacht, von der sich immer jemand opfern muß, damit mit dem Blut der Bann erhalten bleibt; wird befreit und flieht; seine 5 Diener werden mit → *Karas* Schwert vernichtet. **199 †** – holt sich in der Antarktis die Sense des → *Schwarzen Tods*; will an Weihnachten John bei den Conollys töten; mit Nadine → *Bergers* Hilfe und seinem Kreuz kann John ihn und die Sense vernichten.

Dubbs – Spiritist; kann mit Hilfe seiner geistigen Kräfte Material zerstören. **787** – beherrscht das Medium → *Anina*, aus dem er auch seine Kraft schöpft; läßt mit deren Hilfe ein Flugzeug abstürzen und eine Bank ausrauben; verliert kurzzeitig die Kontrolle über Anina; trifft auf die Geister der von ihm getöteten Menschen, die ihn davontragen.

Duc, Janine † – **445** – junge Frau, die sich an Vicent → *van Akkeren* rächen will, weil der ihren Geliebten auf dem Gewissen hat; wird vom knöchernen Tod umgebracht, der aus einer → *Tarotkarte* steigt.

Ducasse, Alain † – Templer von → *Abbé Bloch*; lebt in → *Aletles-Bains*/Frankreich. **780** – wird von der → *Schwarzen Flut* verwandelt. **782 †** erdolcht sich selbst im → *Knochensessel*. **779**.

Ducesse, Gary † – **TB170** – seit 5 Jahren Sheriff in → *New Orleans*/USA; beschattet die Vampir-Brüder → *Lacourte*; wird von ihnen zum Vampir gemacht; begeht als Vampir Selbstmord, indem er sich dem Sonnenlicht aussetzt und verbrennt.

Dufour, Margaretha † – **474** – war die Braut von Hector → *de Valois*, doch → *Diablita* ließ sie aus Eifersucht töten und gab ihr ein ewiges Geistleben; als sie John zwingen will, sie als Hectors Wiedergeburt zu heiraten, erscheint Hector de Valois auf Johns Kreuz und vernichtet ihren Geist endgültig.

Duke of Burlington † – **332** – im → *House of Horror* angeketteter Geist, vor 200 Jahren vom eigenen Bruder und dem Henker → *Abbot* angekettet; ist von seinem Fluch erlöst, als Abbot durch die eigene Guillotine stirbt.

Duna → *Grabkriecherin*.

Duncton – kleiner Ort südöstlich von London; am Ortsrand befindet sich eine neue Wohnsiedlung; ungeben von Waldgebieten und Bergen; am Ortsrand liegt ein Campingplatz. **965**.

Dungeon, The London → *London Dungeon*.

Dunja – studiert Geschichte und Archäologie an der Zagreber Universität. **532** – erhält von → *Dekan Diavolo* die Blutweihe, wobei dieser mit Hilfe eines Messers sein und ihr Blut vermischt und sie Mitglied der »Darker« wird; tötet im Auftrag des Dekans Jolanda Mitic, die Frau des Polizisten Michael → *Mitic*. **TB93 †** – ist im Besitz von sechs schwarzen Rosen, die sie vom Dekan bekommen hat und die sich in Messer verwandeln können; versucht erfolglos, John zu töten; wird später mit einer Silberkugel von Suko erschossen.

Dunkelwelt – Herrscherin ist → *Alassia*; liegt jenseits der Dimensionen; Welt ohne Licht; Konkurrenzwelt zu der des → *Spuks*; Hort für gestürzte oder bestrafte Dämonen; saugt Menschen Licht und Wärme ab, um zu existieren; magisches Paradox: braucht Licht, um in ihrer Dunkelheit bestehen zu können; Menschen, die es schaffen, der Welt zu entkommen, werden zu lebenden Schatten; die Schatten haben sich teilweise in Materie verwandelt und bilden eine graue Landschaft. **TB22 †** – Alassia entführt mit der Hilfe von → *Kara* 3 Schiffe hierhin; die Lebensgeister der Passagiere stärken sie; der FBI-Agent Bob → *Costa* kommt in ihr um; John, Suko und → *Myxin* gelangen ebenfalls in die Welt; John tötet Alassia in einem Kampf mit dem silbernen Bumerang, wodurch auch die Dunkelwelt zerstört wird; die vier entkommen ihr auf die Erde. **229**.

Dunkle Engel, Der → *Massago*.

Dunkle Reich, Das – japanische Hölle, in die erst → *Susanoo*, der Bruder → *Amaterasus,* verbannt ist, später dann Amaterasu. **450**.

Dunkler Gral – identisch mit dem → *Kelch des Feuers*; John fand ihn über das → *Schwert von Gottfried von* Bouillon; kann das Dunkle der Zeit aufreißen und Trennendes zerstören; ist nicht schwarzmagisch; Wegöffner nach → *Aibon*, → *Avalon* und zum → *Rad der Zeit*; verbrennt jeden, der nicht würdig ist, ihn zu besitzen; nur sein Besitzer kann zum → *Templerschatz* gelangen; die zum Gral gehörende → *Kugel der Weisheit* gehörte einst der verstorbenen Wahrsagerin → *Tanith*; Verbindung zur → *Königin von Saba*; wenn er zerstört wird, bedeutet das den Tod der Königin; zusammen mit der Königin stellt er einen Gegenpol zum Bösen dar; der Kelch schimmert golden, die Kugel rot; John bewahrt ihn in einer Schatulle auf; sein Edelmetall fühlt sich warm an; nach Aussage von → *König Salomo* gab Wolfram von Eschenbach verschlüsselte Botschaften über die Geheimnisse des Grals; Salomo erfuhr die Geheimnisse, nachdem er die Rätsel der Königin gelöst hatte; war eigentlich die Schale, die mit dem Blut Christi gefüllt wurde. **261** – John erfährt, daß er im Tunnel der Zeiten liegt; es gibt 7 Tore des Unheils und des Schreckens, die geöffnet werden müssen, um ihn zu finden, so sehen es die Schriften von Aibon vor; doch jedes Tor ist eine tödliche Falle für Menschen, die nicht guten Willens sind; wer die 7 Tore findet, besitzt die Macht über den Dunklen Gral. **385** – durch ihn will Akim → *Samaran* die Verbindung zu Aibon, dem mächtigen Reich der Druiden, herstellen. **500 (1. Auftritt)** – John erfährt von Peter → *von Aumont*, daß der Gral identisch mit dem Kelch des Feuers ist. **TB84** – durch ihn erscheint der Geist des Hector → *de Valois* und vernichtet den Baphomet-Diener Basil → *Hartford*. **528** – Suko beobachtet mit seiner Hilfe John in der Vergangenheit; durch die Verbindung mit dem → *Würfel des Unheils* gelingt Hector de Valois und John die Rückkehr in die Gegenwart. **TB96** – Morgana → *Layton* will ihn zerstören, um die Königin von Saba zu vernichten, was John verhindern kann. **TB100** – holt die Königin von Saba in die Hölle, die dort John rettet; bringt ihn und Jane Collins aus der Hölle zurück nach London. **610** – als Besitzer des Grals gelingt es John, den Templerschatz zu finden. **622** – mit Hilfe von ihm gelangt Melusine → *de Lacre* nach Avalon; gleichzeitig altert John um 30 Jahre. **623** – John holt sich den Gral von Melusine zurück und kehrt mit seiner Hilfe zusammen mit → *Kara* zur Erde zurück. **624** – zeigt John den steinernen Kopf des Riesen → *Brân*, Johns letzte Chance, seine Jugend zurückzuerhalten. **682** – reagiert selbständig auf die Anwesenheit des Dämons → *Raniel*; vernichtet diesen, ohne aktiviert worden zu sein. **TB134** – John findet heraus, daß die Zeichen, die sich auf ihm befinden, in Avalon verschiebbar sind; so kann er die unterschiedlichen Zeitschichten, die auf der Insel bestehen, abrufen und miterleben; zusammen mit ihm kann John durch das Tor von → *Glastonbury* nach Avalon gelangen; bringt John von Avalon nach → *Washington* und zurück; vernichtet in Glastonbury einen bösen, aus Avalon geflüchteten Abt. **784** – John gibt ihn ab an → *Merlin*, um Suko und → *Abbé Bloch* aus Avalon zu befreien; steht nun in der Gruft der Ritter der Tafelrunde in Avalon. **240; 279; 521; 529; 608.**

Dunnhill – **279** – Leiter Mordkommission in Chelsea bei Scotland Yard.

Durand, Dorian † – **892** – auch »Herr des Lebens« genannt; Anführer und Gründer des → *Höllenclubs*; Mittelding zwischen Ghoul, Zombie und Mensch; schrieb 2 Bücher, mit deren Hilfe man den Tod überwinden kann; ca. 200 Jahre alt; von Hause aus begütert, wandte er sich mit anderen Anführern von der Kirche ab und der nicht sichtbaren Welt zu; forschte weiter und entdeckte, daß ein → *Bewußtsein* existiert, welches in menschlichen Körpern, Pflanzen oder beliebigen Gegenständen stecken kann; seine Forschungen stellte er dem Höllenclub zur Verfügung; Suko entdeckt ihn in London im Keller eines Fitness-Studios auf einem Steinsessel sitzend; Suko zerstört den Körper mit seiner Dämonenpeitsche, wobei das Bewußtsein entkommen kann.

Durham – Ort in England; umgeben von Wald und einem herrlichen Park; liegt am Wear River; dort befindet sich das Schloß Durham Castle, das vom Geschlecht der Durhams bewohnt wird; Familiengruft in der Nähe des Schlosses; gotische Kirche gehört ebenfalls zum Schloß; zum Kirchenportal führt eine breite Treppe. **TB39.**

Durham, Familie † – **TB39** – Frederik Arthur Henry ist der Earl of Durham; will Lucien Lancomb heiraten; hat einen Zwillingsbruder namens Humphrey; dieser wurde in jungen Jahren von seiner Familie verstoßen; er traf die Werwölfin → *Lupina* und wurde von ihr in einen Werwolf verwandelt; dieser verbündet sich mit dem Hausmädchen Rosa; will mit deren Hilfe den Platz seines Zwillingsbruders einnehmen; tötet diesen und begibt sich selbst als Bräutigam

E

auf die Hochzeit; dort befindet sich auch John, der ihn später mit 2 Silberkugeln erschießt; Rosa wird von John festgenommen.

Dürnstein – Ort in der Wachau in Österreich; Hotel namens »Schloß Dürnstein«; in der Nähe liegt direkt an der Donau ein Stift; im Ort steht eine alte Ruine in der einst Richard → *Löwenherz* gefangengehalten worden ist. **827; 828; 829.**

Düsseldorf – Landeshauptstadt von Nordrhein-Westfalen; Königsallee, die von den Einheimischen kurz »Kö« genannt wird. **TB114.**

Duval, Nicole – Sekretärin von → *Professor Zamorra*; Perückentick; Französin. **55.**

Duvalier † – **678** – ehemaliger Voodoo-Priester aus Haiti; Schwarzer; herrscht auf dem Felsen der Weisheit in einem Totenschädel; hat Bewacher in Gestalt von Vögeln, die ihre Größe verändern können; kann durch einen magischen Spiegel das zweite Ich vom Körper trennen; macht dies auch bei Suko, der dadurch Buddhas Geist findet; sieht in John einen Feind und wird durch das Kreuz geblendet; daraufhin töten ihn seine eigenen Vögel.

Duvall, Kate – FBI-Agentin in → *Los Angeles*; schmales Gesicht; dunkle Augen; Mitte 30; stammt aus → *Summersfield*/England; wurde in ihrer Jugend von Falco → *Leeland* vergewaltigt; nachdem dieser ein böser Engel → *Luzifers* geworden ist, will er sich an Kate wegen der Zurückweisung rächen. **822 (1. Auftritt)** – bekommt geistigen Kontakt zu Falco Leeland; hat dadurch Alpträume; begibt sich in den Schutz Johns; erlebt in ihren Träumen einen Mord Falcos mit, der wirklich passiert ist; merkt, daß Falco sich ihr immer mehr nähert. **823** – Falco will sie im Beisein von John töten; der aktiviert sein Kreuz, und drei der Erzengel vernichten ihn.

Dworsch † – **117** – der Ratten-Dämon; Steinfigur in einer alten Burg, die Rocky → *Koch* gehört; menschengroße Ratte, von Koch beschworen; wird von John durch Feuer vernichtet.

Earl of Luna → *Luna, Earl of*.

Eastbury – Ort in England; zwischen dem Ort und → *Westbury* liegt die Kirche, in der Referend → *Peters* lebt; auf der anderen Seite liegt das »Kloster der

Barmherzigen Schwestern«. **788; 789.**
Eastry – Ort zwischen → *Dover* im Süden und Canterbury im Norden; in der Nähe liegt die Burgruine von Lyndon Castle; die Ruine wurde im romanischen Stil erbaut und ist etwa 1.000 Jahre alt. **TB181.**
Eberleitner – **586** – Polizist in → *Salzburg*/Österreich; untersucht den Fall der ermordeten Gertrud Moser.
Edinburgh – Stadt in Schottland am »Firth of Forth«; Flughafen. **1002.**
Edson, Ed – **TB139** – genannt »The Voice«, »der Mann mit dem heißen Draht zum Jenseits«, Moderator mit der Softstimme; stellt Kontakt mit den Toten im Jenseits her (»Channeling«) und ist in den → *Kosmischen Rat* gelangt; will diesen aber in Zukunft in Ruhe walten lassen; gleicht einem ätherischen Wesen; blaß, Pupillen farblos; seine Sekretärin: Angela della Casa.
Egmont † – **245** – Diener des Barons Frederick → *von Leppe*; stirbt in einer Falle → *Mareks* und dessen Freund Stephan, dem Köhler.
Eichenbolzen → *Bolzenpistole*.
Eichenkundige → *Druiden*.
Eichenpfahl, Mareks – lang wie ein Männerarm, vorn angespitzt, Griff aufgerauht; wird von Generation zu Generation an den ältesten Sohn weitervererbt.
Einhorn † – steingrau, mörderisch; stirbt durch Johns Silberkugeln, löst sich auf. **TB134.**
Einsatzkoffer, Johns – **GK176 (41)** – Aktenkoffer, in dem John seine Waffen gegen Dämonen transportiert; mit rotem Samt ausgelegt; Inhalt: Weihwasserflakons, Eichenbolzen-Luftdruckpistole, magische Kreide, gnostische Gemme, Ersatzberetta, teilweise die Dämonenpeitsche und den silbernen Bumerang u.a.; wenn ein Unbefugter ihn öffnet, sprüht ihm Gas entgegen, das ihm innerhalb von Sekunden das Bewußtsein raubt. **147** – wird John gestohlen; er holt ihn sich zurück.
Eiserne Engel, Der – größer als ein Mensch; bronzefarben; kann fliegen; Sohn der → *Stummen Götter*; stammt aus → *Atlantis*; dort traf man überall auf sein Bild oder seine Statuen; war dort Anführer der Vogelmenschen und Hüter der Gerechten; bekämpfte das Böse und war ein Bindeglied zwischen den Priestern der Weißen Magie und den jenseitigen Welten; Hauptwaffe ist sein Schwert; lebt mit → *Kara* und → *Myxin* bei den → *Flammenden Steinen*. **152 (1.**

E

Auftritt) – vernichtet am Ufer der Themse → *Chiimal*, ein Monster aus Atlantis. **TB5** – trifft in der Vergangenheit auf John und Myxin. **167** – vernichtet auf Sizilien 2 schwarze Engel, Abtrünnige aus Atlantis. **239** – gelangt in den Besitz des → *magischen Pendels*. **TB43** – vernichtet mit dem magischen Pendel die Atlanterin → *Sarina*. **350-353** – steht seinem Zwillingsbruder gegenüber und tötet ihn durch Köpfen; verliert das magische Pendel, als er den → *Großen Alten* → *Hemator* damit vernichtet. **367** – hat sich zurückgezogen, um zu sterben, weil er den Verlust des magischen Pendels nicht verwinden kann. **TB54** – vernichtet 5 der Dolche Mandra → *Korabs*, die der Druidenfürst → *Guywano* zu Werkzeugen des Bösen gemacht hat. **TB56** – tötet die Blutgöttin → *Eli* mit seinem Schwert. **437** – ist im Besitz der → *Pyramide des Wissens*; verhindert, daß → *Serena* von Myxin und Kara getötet wird, da er glaubt, daß sie einen Weg kennt, seine Väter, die Stummen Götter, aus ihrer Verbannung zu befreien. **550** taucht in den Visionen von Sheila Conolly auf; wurde von Serena in der Pyramide des Wissens gefangen; John rettet ihn mit der → *Totenmaske aus Atlantis* aus der Pyramide. **572** – tötet einen abtrünnigen Vogelmenschen; zerstört mit John alle restlichen Vogelmenschen bis auf → *Zaduk*. **TB105** – verhindert in Paris, daß Menschen in Zaduks Schädel verschwinden und nach London gebracht werden; zerstört den Schädel mit seinem Schwert. **649** – wird von → *Tim* bei den Steinen von → *Stonehenge* gefangengenommen; Myxin befreit ihn mit der Totenmaske aus Atlantis. **TB127** – vertrieb einst den Götzen → *Xitopec* aus Atlantis; fordert den zum Leben erweckten Götzen zum Kampf heraus; tötet ihn mit seinem Schwert. **864** – trifft in der Vergangenheit zum ersten Mal auf Kara; rettet Kara vor der fliegenden Skeletten des → *Schwarzen Tods*; vernichtet in der Gegenwart → *Roya* mit seinem Schwert. **TB178** – wird in Atlantis von der → *Monster-Strige* vor einem Angriff der schwarzen Skelette gerettet; tötet die Strige in der Gegenwart, indem er ihr den Kopf abreißt, nachdem sie von Suko mit seinem Schwert verletzt wurde. **964** – wird durch ein Leichengift aus der Pyramide des → *Verfluchten aus Atlantis* in eine leichenähnliche Starre versetzt.

972 – trifft in einer Zwischendimension seine ehemalige Geliebte aus Atlantis, die → *Prinzessin von Atlantis*, wieder; erlebt erneut in Träumen, wie der Schwarze Tod sie damals geblendet und entführt hat; begibt sich zusammen mit Kara in diese Dimension und befreit mit ihr zusammen dort die Prinzessin aus ihrem Gefängnis; begibt sich zu den Conollys und rettet dort die Prinzessin vor → *Amos*, den er mit seinem Schwert tötet. **243**; **262**; **266**; **336**; **346**; **622**; **624**; **TB137**; **863**.

Eiserne Engel II, Der † – **350/351** – Zwillingsbruder des richtigen → *Eisernen Engels*; ist einer der → *Großen Alten*; sein Reich wird zerstört; wird vom Eisernen Engel geköpft.

Eisgefängnis – **108** – Keller in der Villa Solo → *Morassos*, in dem er mit Menschen experimentierte, die er dort einfror, um sie hinterher wieder aufzutauen.

Eismeer-Hexe, Die → *Rakina*.

Eisvampire, Die † – **127** – so werden die drei Konya-Brüder Sandor, Jarosz und Viri genannt; sie mußten aus Ungarn fliehen, versteckten sich in den Dachstein-Höhlen bei Hallstadt und froren ein; John und Myxin vernichten sie.

El-Chadd † – **215** – das Ölmonster; wird in Saudi-Arabien von John und Suko mit der → gnostischen *Gemme vernichtet*.

El Diablo † – **278** – Pirat der Hölle, Mann mit dem Köpfermesser; hat vor 300 Jahren an der Küste von Mallorca sein Unwesen getrieben und ein mit Blut geschriebenes Testament hinterlassen; vergeht durch Johns Silberdolch und durch Sukos Silberkugeln.

El Sargossa † – **TB7** – Vampir; trägt noch seine alte Piratenuniform; lebt mit 6 Artgenossen auf seinem gesunkenen Piratenschiff, dessen Kapitän er früher war; wird von Simon Rock befreit; macht diesen und dessen Begleiter zu Vampiren; mit Hilfe des → *Würfels des Unheils* holt → *Dr. Tod* sein Schiff wieder an die Meeresoberfläche; wird später von Bill Conolly und John auf seinem Schiff angegriffen; zwingt John, in einen Sarg zu steigen, den er daraufhin verschließt; Bill erschießt ihn mit 3 Silberkugeln, bevor er John aus dem Sarg rettet.

Elena † – **17/18** – Tochter von → *Kiriakis*; wurde von einem Vampir entführt, als sie 18 war, und zur Vampirin gemacht; lebt in einer alten Mühle in Schottland; John pfählt sie mit einem Eichenpflock.

E

Elfen – Feenwesen; wenn sie lachen, hört es sich an wie Glockenklingeln; die Feen in Aibon sind gefallene Engel. 272.

Elgath † – 821 – Geisterskelett; existiert durch die Magie seiner Laterne; Knochengerüst mit dünner, grünlicher Haut; es gelang ihm zu Lebzeiten, seinen Astralkörper vom richtigen Körper zu trennen; konnte diesen Astralkörper in fremde Geisterwelten senden; die Geister machten einen Friedhof zu einem Experimentierfeld und ihn zum Herrscher dieses Gebietes; wurde später auf diesem Friedhof umgebracht, indem man ihn an einem Baum aufhängte und ihm zusätzlich eine Lanze in den Körper rammte; die Geister sandten daraufhin ihre Kraft in die Laterne, wodurch sein Astralkörper weiterexistieren konnte; Menschen und Tiere, die auf dem Friedhof landen, werden zu seinen Dienern gemacht und verlieren ihren Körper; der Friedhof ist nicht immer existent, sondern taucht nur von Zeit zu Zeit auf; seine Diener sind dazu da, um ihn mit immer neuen Menschen zu versorgen; John und Suko werden Zeuge eines solchen Vorganges; Suko vernichtet mehrere seiner Diener mit der Dämonenpeitsche; nach der Zerstörung seiner Laterne durch eine Silberkugel von John wird er zum Zombie; diesen vernichtet John mit seinem Kreuz, wodurch auch der Friedhof und die Magie der Geister zerstört werden.

Eli † – TB56 – auch »Blutgöttin« genannt; Erbin von → *Arkonada*; ist als einzige in der Lage, sein Totenbuch zu lesen; stammt aus dem alten → *Atlantis*, wo sie verehrt wurde; schrieb Arkonadas Totenbuch mit dem Blut ihrer Feinde in der Totensprache aus dem alten Atlantis; erwacht zum Leben, nachdem sie einigen Menschen das Blut ausgesaugt hat; manipuliert die → *Flammenden Steine*; der → *Eiserne Engel* vernichtet sie mit seinem Schwert.

Elisabeth → *Gefallene Engel*.

Elixier des Teufels – 148 – Todestrank, von → *Dr. Tod* gemixt; besteht aus Mehl von Dämonenknochen, Hexenspeichel, Schuppen von Monstern und Säften seltener Pflanzen; Rezept von Asmodina; wer ihn trinkt, ist scheintot.

Ellroy, Sir Dean – 740 – Wirtschaftsanwalt in London; Angehöriger der Bruderschaft der → *Templer*; seine Frau Eileen wird vom → *Dolch des Kalifen Harun el Basra* getötet.

Elohim – der Junge mit dem Jenseitsblick (hebräischer Name für Gott/Götter/Götze); Sohn von → *Raniel, dem Gerechten* und → *Lilith*; dunkle Augen, mädchenhafte Züge; seine Finger können fahlweiße Blitze aussenden; kann mit scharfem Blick töten; kann schweben; beherrscht seine Kräfte noch nicht. **742 (1. Auftritt)** – soll neuer König der → *Kreaturen der Finsternis* werden. **838** – kämpft gegen den Hüter eines Friedhofes, auf dem Kreaturen der Finsternis liegen. **839** – tötet den Hüter des Friedhofs und verschwindet später mit seinem Vater. **744**; **745**.

Elsin, Harry † – **TB129** – Dämon; ist in der Lage, sich selbst zu regenerieren, indem er sich frißt, um dann in einem anderen Körper wiedergeboren zu werden; freundet sich mit Johnny Conolly an und trifft dadurch auf John; dieser durchschaut ihn und tötet ihn mit seinem Kreuz, bevor er sich selbst fressen kann.

Emma-Hoo – Herrscher der japanischen Hölle (von gewaltiger grüner Wolke umgeben). **226**; **282**.

Engel der Geister † – **591** – richtiger Name: Valesca; Verbündete von Dr. Justus → *Franklin*; in ihr steckt der Geist von → *Lilith*; Bewacherin der Seelen in der Halle des Schweigens vor → *Aibon*; spielt John Traurigkeit vor, da es jemandem gelungen ist, ihre Seelen zu rauben; war früher ein Medium; besuchte mit ihrem Geist mehrere Welten; geriet in die Fänge Dr. Franklins und konnte nicht mehr in ihren Körper zurück; träumt davon, nach Aibon zu gelangen; verändert sich, nachdem sie John die Waffe hat ablegen lassen, die er besessen hat; ihre Haut wird dünn, die Knochen drücken durch, und die Haut nimmt einen grünlichen Schimmer an; will John nun mit dessen Schwert töten; wird durch ein auftauchendes Hologramm des Kreuzes vernichtet, bevor sie ihn töten kann.

Entertainer, Der † – **TB122** – richtiger Name: Maria Falanga; stammt aus einem reichen Elternhaus; arbeitet in den Elendsvierteln von → *Rio de Janeiro*/Brasilien; tötet dort drei Menschen, u.a. einen Kollegen von John; trifft auf John und Suko und führt sie durch Rio; die drei treffen auf »Madame Oviano«, die den Entertainer erschaffen hat, was jedoch niemand weiß; John und Suko treffen später auf Marias Bruder

E

»Vasco«, der Kontakt zum Entertainer hat; Madame Oviano teilt ihrem Medium mit, daß sie den Entertainer geschaffen hat; das Medium tötet sie daraufhin; sie teilt die Identität John und Suko mit, die sich zu ihrem Haus begeben; will fliehen und verletzt das Medium dabei; John und Suko erschießen sie mit je einer Silberkugel.

Erasmus † – 862 – braunes Skelett mit rötlich leuchtenden Augen; hat als Waffe eine alte verrostete Sense; holt die Nonnen des Klosters der Namenlosen Nonnen zu sich in seine Welt und tötet sie dort; häutet die toten Nonnen und will sich mit der Hilfe der Häute einen Leichenmantel anfertigen; man ließ ihn einst vor dem Kloster erfrieren, und er schwor, sollte er zurückkehren, daß er sich einen Leichenmantel anfertigen würde; greift → *Naomi* im Haus der Familie Frappi an; trifft dort auf John und Suko, die ihn vertreiben; flieht zurück ins Kloster, bevor er den Leichenmantel mit Hilfe der Haut von Naomi vervollständigen kann; wird im Kloster von Suko mit der Dämonenpeitsche vernichtet.

Erdbeere → *Greenburg, Hal*.

Erdgeister † – Schlamm-Monster; Gestalt wie eine Birne; bestehen aus schwarzer Masse, die weich und nachgiebig ist; glühende Augen; können mit dem magischen Pendel beschworen werden. 239 – werden von → *Xorron* zerrissen; siehe → *Bergdämonen*. 185; 203.

Erdmonster, Das † – 879 – grünes Gesicht, im Innern rot; grüne, schuppige Kralle mit langen Nägeln; existiert zunächst in Form von rotem Licht; verursacht in Schottland einige Erdbeben; John trifft das Licht und versucht erfolglos, es mit einer Silberkugel zu vernichten; das Licht zerstört daraufhin seinen Jeep; das Licht führt den Naturmenschen Delphi, eine Frau, zu einem Friedhof; Delphi bittet eine sie begleitende Reporterin, sie zu töten, da das Licht sie sonst in ein Monster verwandeln werde; das Licht wird von den Erdgeistern mißbraucht und anstatt zur Verteidigung zum Angriff eingesetzt; das Licht fährt in Delphi und verwandelt sie in das Monster; Bill Conolly kommt hinzu und vernichtet das Monster und auch den Körper von Delphi mit der → *Goldenen Pistole*.

Erhabene aus Jade, Der – 241 – in der chinesischen Mythologie einer der höchsten Götter; guter Geist.

Erste Hure des Himmels, Die → *Lilith*.

Erzengel – 4 Erzengel namens → *Michael*, → *Raphael*, → *Gabriel* und → *Uriel*; Schützer des Himmels; Michael verstieß beim ersten Kampf zwischen Gut und Böse → *Luzifer* in die → *Hölle*; ihre Insignien sind an den Enden von Johns Kreuz eingraviert; sie erscheinen, wenn das Kreuz aktiviert wird, und nehmen den Kampf gegen das Böse erneut auf. **TB35** – erscheinen durch die Verbindung von Kreuz mit dem → *Kelch des Feuers*; treiben Professor → *Orgow* derart in die Defensive, daß John diesen später töten kann. **PB 1** – bannen durch die Aktivierung von Johns Kreuz die → *Gefallenen Engel* und töten sie später. **TB74** – werden durch die Aktivierung des Kreuzes herbeigerufen und treiben → *Lilith* wieder zurück in die Hölle. **TB116** – werden durch die Aktivierung von Johns Kreuz herbeigerufen; blasen erneut die Trompeten von Jericho; zerstören die Stadt → *Jericho* und vertreiben den gleichnamigen Dämon. **TB123** – werden durch den → *Seher* gerufen; bekämpfen die → *Braut des Spuks*; verwandeln diese zunächst in einen Kreisel; ihr Körper wird dadurch zerstört und zerfällt zu Staub. **TB133** – schicken den Engel Solara zurück zur Erde, um → *Cigam* zu vernichten; als dies mißlingt, holen sie den Engel zurück in die Engelwelt. **810** – erscheinen zusammen mit dem Seher durch die Selbstaktivierung von Johns Kreuz und vernichtet zusammen mit ihm das → *Schlangenkreuz* und das Herz von Henry → *St. Clair*. **818** – 7 von ihnen, darunter auch Michael, Raphael, Uriel und Gabriel, erscheinen, als 7 böse Geister aus Luzifers Tränen entstehen und John töten wollen; sie tauchen auf als Lichtgestalten mit wunderschönen, feinen Gesichtern; haben keine Flügel; sind bewaffnet mit Lichtschwertern, mit denen sie die 7 bösen Geister vernichten und John und Suko zurück in die Gegenwart bringen. **820** – werden durch die Aktivierung des Kreuzes gerufen und vernichten die → *Kreaturen der Finsternis* Rosie und Linda → *Hamilton*. **823** – durch die Selbstaktivierung des Kreuzes erscheinen Michael, Raphael und Gabriel und vernichten Falco → *Leeland*, der in ihre Phalanx eindringen wollte; sein Körper gibt durch ihr Eingreifen zunächst sein wahres Ich Preis und verbrennt danach. **844** –

John holt sie nur durch Rufen ihrer 4 Namen herbei; sie erscheinen aus 4 hellen Lichtstrahlen; durchkreuzen die → *Welt der Luzifer-Amöbe*, zerstören den Zeittunnel der Welt zur Gegenwart und holen John in die Gegenwart zurück. **860** – werden durch die Aktivierung des Kreuzes herbeigerufen; kreisen den Dämon → *Josephiel* ein und vernichten ihn durch eine Projektion des Kreuzes, in das sie den Dämon zwingen; der Dämon wird daraufhin von der Projektion verschluckt. **940** – werden von John durch Rufen ihrer Namen herbeigeholt; zerstören eine dämonische Masse, indem sie diese in einen festen Zustand verwandeln. **986** – werden von John durch Rufen ihrer Namen herbeigerufen und treiben Luzifer zurück in die Hölle. **1006** – erscheinen, als John die → *Bundeslade* mit seinem Kreuz berührt; beobachten John, wie er versucht, die Lade zu öffnen; verschwinden, als sie ihn nicht von seiner Tat abhalten können.

Esberry – Dorf in Schottland, in dessen Nähe es einen Geisterwald gibt, in dem der Dämon → *Abrakim* Menschen zu Skeletten macht. **195**.

Esmeralda † – **TB42** – Anführerin der Hexen auf dem Hexenschiff; als die Einwohner von → *Kelgin*/Wales das Schiff vor Jahrhunderten anzündeten und versenkten, schwor sie ihnen Rache; kehrt mit dem Hexenschiff zurück; sie entführt mit ihren Hexen die Nachkommen der Personen, die sie damals vernichten wollten; John gelangt auf das Schiff und vernichtet sie mit dem silbernen Bumerang; das Schiff selbst verbrennt nach ihrem Tod.

Esmeth † – **341** – Dienerin Cleopatras, die in der → *Nadel der Cleopatra* (Obelisk am Victoria Embankment) eingemauert ist und zu neuem Leben erwacht, als der Archäologe Ed → *Fisher* die Inschrift an der Spitze des Obelisken enträtselt; sie ermordet Fisher und wird im Kampf mit John von ihrer eigenen Waffe getötet.

Essener – **TB172** – Glaubensgemeinschaft; glauben an die Endzeit und daran, daß die Söhne des Lichts die Söhne der Finsternis schlagen werden; wurden bekannt durch die Schriftrollen von Qumran; laut diesen Schriftrollen soll der Endzeitkönig → *Belial* heißen, der sich zum Herrscher des Himmels ernennen wird; es steht fest, daß ihr Weltbild nicht stimmte, in welchem sie nur Gut und Böse kannten.

Esther † – **IV58** → *Valhari, Kinah*.

Eton – Ort in der Nähe von London in England; liegt an der Themse; in der Nähe Schloß Windsor; beherbergt eine Eliteschule, die zusammen mit denen in Oxford und Cambridge zu den berühmtesten gehört; nahe der Themse liegt ein alter Trödelladen namens »Alfreds kleiner Horror-Laden«; in der Stadt existieren viele historische Häuser, die alle gut erhalten sind. **653**.

Etula de Mar – Ort in Spanien, südlich von Valencia und nördlich von Benidorm gelegen; liegt auf einer Landzunge; ein kleiner Wald aus Pinien schützt ihn vor Straßengeräuschen; der Friedhof liegt neben dem Wald. **TB88**.

Eulendämon → *Strigus*.

Eulenmensch – **247** – mit Federn bedeckter Körper, Eulenkopf, große Augen, langer gebogener Schnabel.

Eulenzauber – einer der ältesten Zauber der Welt; → *Strigen*.

Eurynome – **38** – einer der 4 Erzdämonen; sein Leibwächter ist einer der 4 Apokalyptischen Reiter; mit → *Astaroth*, → *Bael* und → *Amducias* Schützer der Hölle (wie → *Erzengel* Schützer des Himmels).

Euston – kleiner nordöstlich von Cambridge; im Ort befindet sich eine Bäckerei; Friedhof mit angrenzender Kirche; die Leichenhalle ist ein altes Backsteinhaus auf dem Friedhof; in der Nähe des Ortes gibt es einen alten Steinbruch. **TB186**.

Evana und Lin † – **830** – Vampire; verschicken im Auftrag von → *Dracula II* an Glenda Perkins, Sir James Powell und einige andere Briefe, die mit Blut aus dem → *Blutstein* geschrieben worden sind und die Personen, die sie lesen, süchtig nach Blut machen; diese werden dann in die Bar »Vampirloch« gelockt, wo die beiden Vampire arbeiten; Glenda begibt sich dorthin und wird betäubt; John und Suko kommen der Bar durch das Verhalten von Sir Powell auf die Spur, den sie vorher einsperren; dieser befreit sich jedoch und trifft zusammen mit John und Suko bei der Bar ein; Suko kann Lin mit einer Silberkugel vernichten; Evana greift Sir Powell an, wird aber von John und Suko gleichzeitig mit je einer Silberkugel getötet.

Evans, Familie – Vater Phil, LKW-Fahrer bei einer Entsor-

E

gungsfirma; Mutter Brenda; Sohn Mike wurde nach einem Unfall von → *Mandragoro* gerettet; Verdammter der Nacht, lebt als Vogelmensch in Mandragoros Reich; kann als Mensch zur Erde zurückkehren, wenn er will. **683** – Mutter trifft den totgeglaubten Sohn vor einem Kino, sie wird ohnmächtig und fällt in Johns Arme; Sohn bringt die Mutter in Mandragoros Reich, wo sie ebenfalls zur Verdammten der Nacht wird; Mutter begibt sich zurück in ihr Haus und bringt Jane Collins ebenfalls in Mandragoros Reich. **684** – Vater kündigt seine Stellung bei der Firma; Sohn trifft den Vater in Johns Beisein; Vater wird von Killern, die der Chef der Entsorgungsfirma angeheuert hat, erschossen; Sohn tötet die Killer und erzählt John seine Geschichte; Sohn tötet den Chef seines Vaters, wird dabei aber selbst erschossen; Mutter bleibt als Verdammte der Nacht in Mandragoros Reich.

Everett, Chuck † – **361/362** – vom Teufel besessener Trucker, der mit seinem Truck das Sanatorium niederwalzen will, in dem sich Jane Collins für eine Herzoperation aufhält; Asmodis' Ziel dabei ist, den → *Würfel des Unheils* in seinen Besitz zu bringen; bevor Everett das Sanatorium erreicht, wird er von Suko mit der Dämonenpeitsche vernichtet.

Everfalls – Ort im Süden Englands in der Provinz Cornwall; liegt direkt am Meer; in der Nähe befindet sich das Altersheim »House of silence«; es sieht aus, als wäre es aus mehreren kleinen Häusern gebaut; es steht direkt auf den Klippen; neben dem Haus befindet sich ein Friedhof. **TB32**.

Everglades – Sümpfe in Florida, aus denen der → *Goldene Samurai* steigt. **189**.

Exxon, Rob – führt im Wachzustand normales Leben in → *Amsterdam*; liiert mit Jolanda → *Lamaire*; ist im Schlafzustand eine andere Existenz, bekämpft dann das Böse; im Wachzustand rechtes Auge blind; im Schlafzustand Augenklappe vor dem rechten Auge, Waffe: Mittelding aus Axt und Machete. **843 (1. Auftritt)** – trifft John als Schlafperson und versetzt ihn in einen Grabtunnel nach Amsterdam; zeigt John dort Wasserleichen und bittet ihn um Hilfe; bringt John zurück nach London; trifft als Wachperson John in Amsterdam wieder. **844** – vernichtet 6 hungrige Leichen mit seinem Beil; wird im Tunnel von den hungrigen Leichen gefesselt; befreit sich und Jolanda.

Fächer der Amaterasu – Besitzer im Moment → *Amaterasu*; Gegenpol zu → *Shimadas* Magie; ein Fächer gehört zu einem Samurai wie das Schwert oder der Bogen; Amaterasus Fächer besteht aus Metall; auseinandergeklappt zeigt er auf beiden Seiten eine blutrote Sonne; auf den Endplatten sind Tierkreiszeichen mit großer magischer Bedeutung abgebildet; sie können verändert werden, so daß er eine andere Wirkung hat; der Besitzer kann dann über die Gesetze der Natur bestimmen oder in die Zukunft oder Vergangenheit reisen; er ist klein, kann aber zu gewaltiger Größe anschwellen; ist sowohl Abwehr- als auch Angriffswaffe. **TB14 (1. Auftritt)** – ist auf der → *Insel des Schweigens* begraben; wird von → *Tokata* gefunden, aber der → *Goldene Samurai*, Amaterasus Diener, nimmt ihn an sich, nachdem er Tokata getötet hat. **283** – gelangt in → *Shimadas* Besitz. **331** – Yakup → *Yalcinkaya* nimmt ihn an sich, als Shimada fast durch Johns silbernen Bumerang vernichtet wird. **TB114** – Amaterasu rettet Suko damit aus → *Shimadas Todesschloß* und vertreibt Shimada wieder in seine Welt. **648**.

Fakkenham – Ort in England; waldreiche Gegend; in der Nähe liegt das Hotel »In the Wood« und ein Sanatorium namens »Liebesnest«; ebenfalls in der Nähe liegt ein Campingplatz, der jedoch nur in den Sommermonaten genutzt wird. **522**.

Falaise, Susan † – **986** – ist eine → *Kreatur der Finsternis*; Aussehen als Kreatur: Gesicht weist Ähnlichkeit mit einem Papagei auf; flache Stirn; großer Schnabel mit weißblauen Rändern; schuppige Haut einer Echse, die rötlich schimmert; ernährt sich von den Kadavern getöteter Hunde und Katzen; verheiratet mit dem Besitzer des Restaurants »Island Inn« auf der Insel → *Guernsey*; bringt im Auftrag von → *Giselle* ein Boot zum Kentern, auf dem 6 Menschen sterben; greift Suko und Barry F. → *Bracht* an; wird von John mit dessen Kreuz zerstört, das sie in eine breiige Masse verwandelt; ihre Reste werden von den Feuerbällen von Giselle vernichtet, damit sie auf keinen Fall etwas über diese verraten kann.

F

Falanga, Maria → *Entertainer*.

Falke, Der – 414/415 – ein alter, einflußreicher Japaner, der Verbindungen zum Kaiserhaus hat, zum Stammbaum gehört; Vorname Yago; sein Zwillingsbruder ist → *Yamiga*, dessen willfähriger Diener er ist, bis er sich gegen ihn auflehnt und John unterstützt; durch seine Falken (daher sein Name) läßt er seinen größenwahnsinnigen Bruder töten.

Fallbeil-Mann, Der † – 959 – richtiger Name: Bucheron; trägt eine schwarze Kapuze und eine enganliegende Hose, sowie kurze Stiefel; Oberkörper ist nackt; war während der französischen Revolution als Henker beschäftigt; schloß einen Pakt mit dem Teufel, der die Seelen der Leute erhielt, die er tötete; mußte fliehen und gelangte in ein Kloster in England; vergewaltigte in dessen Nähe die Baroneß von → *Mosley Manor*; wird nach der Vergewaltigung vom Freund der Baroneß, Carlos, gestellt; tötet diesen mit seinem eigenen Degen, bevor Carlos ihn mit seiner Guillotine töten kann; die Oberin des Klosters, in dem er Unterschlupf gefunden hat, flößt ihm Gift ein; nachdem er nicht stirbt, tötet ihn die Oberin mit dem Degen des toten Carlos; die Schwestern des Klosters versenken die beiden Toten und das Fallbeil im Teich von Mosley Manor; dabei bekommt Carlos Kontakt mit ihm, und die beiden werden durch die Kraft der Hölle am Leben erhalten; Jahrhunderte später tauchen die beiden wieder auf; Carlos wird von ihm mit der Guillotine geköpft; als er im Kloster die dort lebenden Schwestern töten will, erscheint John und greift ihn mit seinem Kreuz an; wird dadurch geschwächt, und es gelingt der Oberin, ihn auf seiner eigenen Guillotine zu köpfen.

Falmer, Jerry † – 121 – Schlangenfreak, wohnt in Johns Hochhaus; im Keller betreibt er Terrarien mit allen möglichen Schlangen; Verbündeter Asmodinas.

Farah – GK31(5) – Wahrsagerin in Ägypten, von der John Sinclair das Amulett erhält, mit dem er den Dämon → *Sakuro* vernichtet.

Faretti, Dino † – 467 – Horrorfilm-Regisseur, der dem Teufel dient; verschafft sich Mantel und Hut des Nebelmörders Jeremy → *Ice*, der vor 50 Jahren mordete, aus der Asservatenkammer der Polizei und tötet drei Menschen, bevor er von Sinclairs Silberkugel getroffen wird und zu Asche verbrennt.

Fariac, Gordon † – 139/ 140 /141 – Besitzer der Firma Fariac Cosmetics, Bruder des Grafen Fariac, beides Vampire; will die Herrschaft der Vampire, indem er mit Vampirblut viele Menschen infiziert; wird auf dem Loreley-Felsen von John mit dem Kreuz vernichtet.

Fariac, Graf † – 139/140 /141 – Bruder des → *Gordon Fariac*; lebt um 1650 auf einer Burg am Rhein gegenüber dem Loreley-Felsen; wird von Karel → *Marek*, einem Vorfahr Frantisek Mareks, gepfählt; in der Gegenwart erweckt sein Bruder Gordon seine Asche mit Blut, doch dann wird er von Jane Collins mit einer Silberkugel endgültig vernichtet.

Farrax † – TB131 – Götze; stammt aus vorsintflutlicher Zeit; herrschte vor 1.500 Jahren in der Alpenregion; verfügt über die Macht, Tote zum Leben zu erwecken; wurde einst in einer Höhle begraben, aber von Dr. Satorius aus dieser Höhle befreit und wiedererweckt; dieser will mit seiner Hilfe eine Zombiearmee aufbauen; John vernichtet ihn mit Hilfe seines Kreuzes.

Farthham – Ort in den schottischen Highlands, wo John den schwarzen Handschuh des Alchimisten → *Ampitius* vernichtet. **704; 705.**

Father Hackmann – 38 – Pfarrer in Torrens (Ort nordwestlich von London).

Father Ignatius → *Ignatius, Pater.*

Fatima – ein Succubus, ein weiblicher Teufel; als Succubus wird das Gesicht zu einer schiefen Fratze, mit einer langen zuckenden Zunge; über 15.000 Jahre alt; wanderte aus ihrer Heimat in der Antarktis aus, da dort eine Eiszeit einsetzte, und begab sich nach Ägypten; half ca. 10.450 v. Chr. mit, die Sphinx und die drei Pyramiden von Gizeh als Hinterlassenschaft ihres Volkes zu erbauen; wurde erschaffen, um zu beobachten und weiterzuleben; tötet ihre Opfer nicht immer, sondern nimmt diesen teilweise nur einmal ihre Kraft; hinterließ einige Karten der noch eisfreien Antarktis, die von Forschern noch vor der Erkundung des Kontinents veröffentlicht worden sind. **TB185 (1. Auftritt)** – tötet hier vier Menschen, indem sie ihnen soviel Kraft aussaugt, bis diese zu schwach zum Leben sind, greift auch John an, scheitert aber an dessen Kreuz und muß sich wieder zurückziehen; erkennt diesen durch den Besitz des Allsehenden Auges an, da auch sie einst von ihren Göttern

F

dieses Zeichen erhalten und es später selbst mit nach Ägypten gebracht hat; bevor John sie attackieren kann, verschwindet sie, indem sie sich auflöst; verspricht John aber zuvor, daß sie sich wiedersehen werden.

Faversham – Ort in der Grafschaft Kent, in dem John Vampir-Gangster bekämpft. **179**; **180**.

Feisal, Hosni – **816** – Kommissar in Ägypten; Ähnlichkeit mit dem jungen Omar Sharif; ermittelt in einem Mordfall, bei dem Johns Schulfreund Clifford Tandy mordverdächtig ist; wird durch einen Hubschrauberabsturz verletzt.

Felder, Familie – die männlichen Felders sind seit Jahrhunderten immer die Pfarrer in → *Paxton* gewesen; Reverend Donatus Felder; Tochter Grace. **998** – der Reverend will den Fluch, der über dem Ort liegt, beenden; dieser wurde durch einen seiner Vorfahren hervorgerufen, der einen Pakt mit dem Teufel eingegangen war, woraufhin sich der Teufel die Seelen der Kinder des Ortes holte, indem er sie in einen Teich lockte, wo sie ertranken; da der Reverend der letzte männliche Felder ist, muß er den Fluch beenden; zu diesem Zweck will er alle Kinder des Ortes in den Teich locken; seine Tochter trifft auf John, und beide erfahren von ihm die Geschichte. **999** – nachdem er John und seiner Tochter die Geschichte erzählt hat, lockt der Reverend die Kinder zum nahen Teich; John und Grace folgen ihm; es gelingt den beiden, ihn von seinem Tun abzuhalten; Grace flieht mit den Kindern ins Dorf; der Reverend wird vom Teufel in den Teich gezogen und kommt darin um; damit ist der Fluch gelöscht.

Fenris – auch »Götterwolf« genannt; Herrscher über Wölfe und Werwölfe; pechschwarz, mit großen, glühenden Augen; verbündet mit Morgana → *Layton*; erscheint meist als Schattenriß im Mond; Vater von → *Orapul*, den er mit → *Lupina* zeugte. **TB70 (1. Auftritt)** – versucht Nadine → *Bergers* Wolfskörper durch den Werwolf Dorian Asher töten zu lassen und ihre Seele zu seiner Dienerin zu machen; treibt nach und nach Nadines Seele aus dem Wolfskörper; läßt Johnny Conolly entführen und hetzt den seelenlosen Wolfskörper Nadines auf ihn; der Plan mißlingt; Nadines Seele beschützt Johnny und schlüpft gleichzeitig wieder in den Wolfskörper; der Werwolf

wird mit 2 Silberkugeln und dem silbernen Bumerang vernichtet.
TB96 – rettet Morgana Layton, bevor John sie töten kann. **627** – greift John an; dieser beschießt ihn mit Silberkugeln; sie können ihn zwar nicht töten, aber in die Flucht schlagen. **885** – bewahrt Morgana Layton vor dem Tod durch eine Silberkugel und flieht mit ihr. **328; 461**.

Fenton – Inspektor der Mordkommission in Brighton. **GK200(46)** – wird in die → *Dimension des Schreckens* verschlagen. **12 †** – opfert sein Leben, um John die Flucht aus der Dimension des Schreckens zu ermöglichen.

Fenton, Garry und Harold † – **452** – Brüder, die in Wye leben; Harold ist vor Jahren durch das Kröten-Monster → *Udexa* erblindet; Garry wird zur Dienerkreatur des Monsters; Garry ermordet seinen Bruder und stirbt dann selbst durch Sukos Dämonenpeitsche.

Fenton, Irielle † – **TB198** – fällt in einen scheintoten Zustand, bei dem der Arzt Herzschlag oder Kreislaufkollaps diagnostiziert; wird eingesargt, aber von → *Dracula II* gerettet, der sie für seine Zwecke einspannen will; Dracula II verändert ihre große Puppen-Sammlung magisch; engagiert Jane Collins zum Schutz ihrer Sammlung, während sie selbst ihr neues Puppen-Theater ausbauen will; ihre Puppen greifen Jane Collins an, die jedoch von John und Suko gerettet wird; gleichzeitig macht Dracula II sie zum Vampir; als Jane im Puppen-Theater auftaucht, setzt sie sie außer Gefecht; hängt Jane an einen Puppen-Galgen, den sie von Dracula II erhalten hat, um sie zu töten; John und Suko tauchen auf, und Suko vernichtet sie mit 2 Silberkugeln, woraufhin Dracula II flieht.

Feuer des Lebens – **456** – durch → *Shimada* geweiht; seine Diener trinken es, indem sie es in sich aufsaugen, und werden dadurch stark und unbesiegbar; werden von bläulichen Flammen eingehüllt.

Feuer-Bumerang, Der † – **294** – groß wie ein Haus, von Flammen umgeben; völlig normal, bevor er von → *Rhokasa* geworfen wird; wird von John mit dem silbernen Bumerang zerstört.

Feuerengel, Der † – **916** – richtiger Name: Betty »Leila« Connaro; hat zahlreiche Tätowierungen auf ihrem Hinterteil, u.a. Drachen und Schlangen; starb durch Verbrennungen, die sie sich bei einem Feuer zugezogen

F

hat; kehrte aus dem Reich der Toten zurück und nennt sich Engel, um die Menschen zu täuschen und dann zu verbrennen; verführt Lino Davenport und verbrennt ihn dann; John trifft sie an ihrem Grab, wo sie ihn in ihr Haus lockt; will ihn dort, wie zuvor Davenport, verbrennen; John gerät kurzzeitig in ihren Bann, wird aber vom → Seher daraus befreit; John vernichtet sie durch die Aktivierung seines Kreuzes.

Feuer-Furie, Die – richtiger Name: Rebecca; auch Flammenfrau genannt; umgeben von Feuer; fliegt auf einem riesigen Schwert; lebt auf einem Beginenhof in Belgien als normale Frau, die sich in die Feuer-Furie verwandeln kann; entstand aus dem Staub der letzten Beginen, die hier verbrannt worden sind; → Dracula II mischte sein Blut mit dem Staub und schuf sie, indem er sie zum Vampir machte und ihr das Staubgemisch dann einfüllte. **596** – tötet einen Angestellten des Londoner Krematoriums, indem sie ihn in die Verbrennungskammer schickt; zwingt Horace F. → Sinclair dazu, seinem Sohn den Aufenthaltsort seiner Mutter mitzuteilen, um sich dorthin zu begeben. **597 †** – lockt Jane Collins zu Dracula II; Suko vernichtet sie in Belgien auf ihrem Hof mit der Dämonenpeitsche.

Feuerhexe, Die → Godwina.

Feuerkuß → Zauberfrau.

Feuerstier † – **945** – Statue aus Stein oder Glas; zwei Hörner; glänzende Haut; sieht aus wie ein Stier; Derivat des Teufels; dieser füllte seine Hülle mit Höllenfeuer; hat drei Dienerinnen namens Betty Lane, Caroline Dee und Sharon Winters; diese sollen in seinem Auftrag einen Mann dem Teufel opfern; dies mißlingt; John kommt ihm auf die Spur und tötet zunächst eine seiner Dienerinnen mit seinem Kreuz; danach vernichtet John ihn selbst durch das Höllenfeuer, das von seinem Kreuz magisch verändert worden ist; durch seinen Tod sterben auch die beiden letzten verbliebenen Dienerinnen.

Feuervampir → Lambert, Beau.

Feuerwölfe † – **328** – Werwölfe mit roten Haaren, die vor Millionen Jahren in Stein auf der Insel → XT 2 auf den Orkneys eingeschlossen wurden; rote Haare sind erstarrte Flammen, die wieder auflodern, wenn ein Feuerwolf stirbt; gehorchen nur → Fenris.

Field, James † – **458** – Konstabler in dem Ort Stobo in den

F

schottischen Highlands; wird von Zombies in den → *Zombie-Zug* verschleppt; John holt ihn heraus, doch da haben ihn die Flammen → *Beelzebubs* schon gezeichnet; stirbt, als er zufällig Johns Kreuz berührt.

Field, Sandy – **169** – ihr Freund Ernie Taggart wird ein Opfer von Peter → *Halifax*, der auch sie dem Monster → *Mugur* opfern will; John rettet sie durch sein Eingreifen.

Fieldham – Ort in der Provinz Dorset in England; in der Nähe liegt der Dorset-Nationalpark; in der Nähe mitten im Wald gibt es einen Opferplatz; im Ort liegt ein Kloster, unter dem sich ein Labyrinth befindet, das sowohl vom Ort als auch durch den Keller des Klosters erreicht werden kann. **TB115; 885.**

Fillingrow – Ort in England östlich von Dover in der Nähe der Küste; in der Mitte des Marktplatzes befindet sich ein kreisrunder Brunnen, der 3 Wasserfontänen ausspeit. **515.**

Filman – kleiner Ort in Wales; umgeben von Sumpf- und Moorgebieten. **676.**

Fiona † – **TB69** – Ghoul; Liliputanerin; lebt zusammen mit Carina Colby; diese besorgt ihr Opfer; saugt die Opfer aus und mumifiziert sie dadurch; Carina erbaute ihr Haus auf einem ehemaligen Ghoul-Friedhof; durch Leichenfunde gerieten John und Suko auf ihre Spur; Carina will die gesamten Ghouls wiedererwecken und sie mit betäubten Partygästen füttern; sie schafft es, die Ghouls wieder zum Leben zu erwecken; bevor Carina die Partygäste jedoch betäuben kann, erscheinen John und Suko und vernichten die Ghouls mit Silberkugeln; Carina wird festgenommen.

Fisher, Ed † – **341** – Archäologe, der die Inschrift an der Spitze des Obelisken → *Nadel der Cleopatra* am Victoria Embankment entziffert und damit die darin eigemauerten Diener Cleopatras, → *Usanga* und → *Esmeth*, zu unheilige Leben erweckt; wird von Esmeth ermordet.

Fisher, Professor – **GK 98(20)** – Leiter des Zentralarchivs der Londoner Universitätsbibliothek.

Fitz, Florian – Darsteller John Sinclairs im ersten Sinclair-Film von RTL; wurde 1967 in Frankfurt geboren; nach der Schule Schauspielausbildung am Franz-Schubert-Konversatorium in Wien.

Fitz, Peter – Darsteller von Pater → *Ignatius* im ersten Sinclair-

Flim von RTL; Vater von Florian → *Fitz*; wurde 1931 in Kaiserslautern geboren; Schauspielausbildung an der Deutschen Schauspielschule in Hamburg.
Flaming stones → *Flammenden Steine, Die*.
Flammenbrüder → *Belphégors Diener*.
Flammenden Steine, Die – 4 Megalithen, große Steine in einem mystischen Refugium irgendwo in Mittelengland, das sich → *Myxin*, → *Kara*, die Schöne aus dem Totenreich, und der → *Eiserne Engel* als Heimat, Fluchtburg und Einsatzzentrale ausgesucht haben; liegen in einem Tal, das von mit Mischwald bewachsenen Hängen eingerahmt wird; das Tal wird von einem schmalen Bach durchflossen; nahe der Steine steht eine Blockhütte; sie wurden von den → *Stummen Göttern* als Gegenstück zum → *Würfel des Unheils* geschaffen und von → *Glarion/Merete* erbaut; stammen aus → *Atlantis*; waren zunächst bei → *Stonehenge* und wurden später in die magische Zone versetzt; glühen wie loderndes Feuer auf, wenn sie von Magie erfaßt werden; Kara und Myxin können auf mentaler Ebene Verbindung zu ihnen halten; die vier Steine bilden jeweils die Ecke eines Quadrates, welches aus einem Rasenteppich besteht, der die diagonal verlaufenden Linien verdeckt, welche die magischen Verbindungen herstellen. **TB3** – Kara gelangt mit ihrer Hilfe zum → *Grab in der Hölle*, wo sie John helfen kann, die drei Todeskammern zu überwinden; diesem gelingt mit ihrer Hilfe die Flucht, bevor → *Destero* ihn töten kann. **TB30** – werden von → *Arkonada* manipuliert; werden von Myxin, Kara und Suko untersucht, die während des Dimensionssprungs zu ihnen zum Orakel von Atlantis befördert werden. **296** – Formel aus dem alten Atlantis, mit der Myxin sie aktiviert: »Trogg il fertem. Gurdura mestet kan!« **432** – sie werden durch die Kraft → *Magicos* beschädigt; aus dem oberen Drittel sind Trümmer herausgerissen, zeigen dort Spalten und Risse. **TB56** – werden von der Blutgöttin → *Eli* manipuliert. **546** – warnen vor dem Auftauchen ihrer Erbauerin Glarion/Merete; diese will die Steine wieder in Besitz nehmen; es kommt zum Kampf zwischen Kara und Glarion/Marete, den Kara gewinnt. **550** – Myxin bringt mit ihrer Hilfe John, Suko und die → *Totenmaske aus Atlantis* nach → *Lin-*

by/ Schweden. **TB105** – warnt vor dem Auftauchen von → *Zaduk*. **623** – mit ihrer Hilfe begibt sich Kara ins Reich des → *Spuks*. **624** – bieten dem gealterten John kurzzeitig Unterschlupf. **649** – der Junge → *Tim* will sie und die Steine von Stonehenge übernehmen; er wird jedoch vom Eisernen Engel daran gehindert. **TB137** – bringen Kara nach Atlantis, wo sie ihre Träume erkunden will. **816** – warnen Kara vor der → *Schattenfrau* Zeo, die in Ägypten aufgetaucht ist, und bringen Kara zu ihr. **864** – transportieren Myxin, Kara und den Eisernen Engel zu den Steinen nach Stonehenge. **TB178** – stellen Kontakt zwischen dem Eisernen Engel und der → *Monster-Strige* her; ermöglichen dem Eisernen Engel einen Blick in seine Vergangenheit in Atlantis. **972** – Kara und der Eiserne Engel begeben sich mit ihrer Hilfe in eine Zwischendimension, um die → *Prinzessin von Atlantis* zu befreien. **260**; **310**; **338**; **376**; **409**; **537**; **622**; **863**; **964**.

Flammendolch – **TB140** – Waffe der → *Satanisten*.

Flammenfrau → *Feuer-Furie*.

Flammenmann, Der → *Chandra*.

Flammenpeitsche Belphégors – Peitsche mit drei Feuerzungen. **238** – die magischen Flammen verbrennen die Opfer nicht, sondern verwandeln ihre Haut in eine teigige Masse, die an ihnen herabläuft; in ihr befindet sich die Magie → *Izzis*, daher wird das Fleisch der Opfer zu Schleim, nur Knochen bleiben zurück. **239** – die Flammen können sich von ihr lösen und Gegner auf eine größere Entfernung angreifen; sie kann eine Flammenwand aufbauen, die sich durch die Gegenmagie des Kreuzes von John (von den Zeichen der 4 Erzengel ausgehend) in eine Feuersäule verwandelt, die von der Peitsche aufgesogen wird.

Flammenpeitschen – Peitschen mit glühenden Riemen, die aus Flammen zu bestehen scheinen; Waffen der Diener von → *Belphégor*. **262**.

Flammenschädel → *Wächter der Leichenstadt*.

Flammenteufel, Der → *Jiri*.

Fleuvee, Kommissar – Kommissar in Paris; Vollbart, gewaltiger Leibesumfang. **65** – dringt mit John, Jane Collins und → *Professor Zamorra* in die Gewölbe unter dem Louvre ein, um → *Belphégor* zur Strecke zu bringen. **238** – unterstützt John, als er unter dem

F

Eiffelturm gegen Belphégor antritt.

Fliegen-Königin, Die † – 543 – richtiger Name: Elvira Klein; liebt Fliegen über alles; findet in einer Höhle die Statue einer Fliegengöttin und erhält durch diese Macht über die Fliegen; tötet jeden, der eine Fliege tötet; 2 Menschen fallen ihr zum Opfer; John und Suko finden sie in Liechtenstein; versucht, die beiden zu töten; das mißlingt, und die beiden folgen ihr in die Höhle zu der Statue; sie stecken die Höhle in Brand; sie holt ihre Fliegen zu Hilfe und alle, sie, die Fliegen und die Statue der Fliegengöttin, kommen in der Höhle ums Leben.

Fliegenmann, Der † – 928 – Tscheche; richtiger Name Edgar Bronzek; Glatze; auf der Stirn eine ungewöhnliche Narbe: ein Dreieck mit einem kugeligen Wulst; darunter befindet sich sein Erbe der alten Zeit, magische Gene aus einer Welt, als es noch keine Menschen gab, wohl aber Fliegen und andere Insekten; ehemaliger Agent; betrog die Tschechen, die ihn daraufhin erschießen ließen; war ein rücksichtsloser Killer; selbst eine → *Kreatur der Finsternis*; seine Gene wurden durch Fliegen auf andere Menschen übertragen; menschliche Gestalt nur Attrappe; wahres Aussehen: übergroßer Schädel einer Fliege, aber keinen Fliegenkörper; der Körper wird von den Fliegen selbst gebildet; wird durch Johns Kreuz vernichtet.

Flimwell – Ort in England; in der Nähe ein See, an dessem Ufer das Landhaus der Ryans liegt. **TB95**.

Flora † – **TB83** – Medusa; Hermaphrodit, weibliche und männliche Geschlechtsteile; helle Schlangen als Haare; lebt auf der Insel → *Hydra*; hat das Blut der Medusen, das sich auf der Insel befunden hat, getrunken; verwandelte sich dadurch in eine Medusa und wurde die Anführerin der Medusen; wird auch »Göttin der Blumen« genannt; lebt in einer Höhle; John tötet zunächst ihre Dienerinnen und dann sie selbst mit dem silbernen Bumerang; die Schlangen auf ihrem Kopf werden nach ihrem Tod zu Ascheklumpen.

Florenz – Stadt in der Toscana/Italien; wird dort Firenze genannt; Innenstadt ist für den Verkehr gesperrt; auf dem Gelände des großen Bahnhofs lag im Mittelalter der Hof von Katharina von Medici; hier lebte auch zeitweise → *Nostradamus*. **TB59; 602**.

F

Flugdrachen – Reittiere des → *Schwarzen Tods*; mächtige, schuppige Urtiere mit großen Flügeln, relativ schmalem, kleinem Kopf mit spitzem, langem Schnabel, der bei jedem Atemzug feurige Wolken ausstößt; einer wurde durch → *Kara* mit → *Karas Schwert* getötet; beim Untergang von → *Atlantis* ritt der Schwarze Tod den Drachen → *Nepreno* aus dem → *Land, das nicht sein darf*; Nepreno wird dort von Johns Kreuz vernichtet. **TB137**.

Flüsternde Tod, Der † – 390/391 – Totenschädel mit blutrot geschminktem Mund; hat einmal einem Magier gehört; ist 1855 von einer Zigeunersippe als Katalysator benutzt worden, um mit dem Teufel Kontakt aufzunehmen; 130 Jahre später erscheint der Schädel in Devon und geht eine Verbindung mit der Zigeunerin → *Sarita* ein, die sich an den Einwohnern von Devon rächen will; John vernichtet den Schädel und Sarita mit seinem Kreuz.

Folterbett, Das – 439 – wird in einem alten Gefängnisturm gefunden; in ihm haben die Verurteilten geschlafen; viele starben qualvoll in ihm, bevor der Henker sie geholt hatte; wird an den Antiquitätenhändler Max Bender verkauft; über dem Bett bildet sich ein Nachtmahr, der aus den Seelen der im Bett Gestorbenen besteht.

Formel des Kreuzes → *Terra pestem teneto – Salus hic maneto!*

Foster, Dr. – Leiter der klimatisierten Computerräume im Kellergeschoß des Yard Building.

Foucert, Roland – 173/174 – Rektor eines Mädcheninternats in Frankreich und Komplize eines Rauschgifthändlers; landet hinter Gittern.

Fox, Sabrina † – 962 – Tochter von Lisa Fox; wurde das Opfer einer Satanssekte; legte sich auf Befehl der Sekte auf einen Altar und mußte dort ihr eigenes Blut trinken, wodurch sie starb; ihr Körper wurde auf eine Müllkippe geworfen; ihr Geist wurde von der → *Hölle* gerettet, die ihren Astralleib nun beherrscht; ging daraufhin eine Verbindung mit dem Körper ihrer Mutter ein und lebt nun darin; kann den Körper ihrer Mutter durch den Mund verlassen; tötet 5 Menschen aus Rache für ihren eigenen Tod und dafür, daß sie sich nicht an ihren Mördern, die ebenfalls Günstlinge der Hölle sind, rächen darf; da sie durch den Körper ihrer Mutter am Leben erhalten wird, stirbt sie, als sie Suko töten will,

F

ihre Mutter aber von John mit einer Silberkugel erschossen wird.

Foynes – Dorf in Irland, wo John untote Gehenkte und Hexenjäger vernichtet. **GK89(18)**.

Frambon, George – 174 – Pfarrer in Graveline in der Nähe von Calais/Frankreich; bewaffnet mit einem silbernen Beil, mit dem er die Werwölfe Jurina und Jovanka → *Vasely* tötet.

Frankfurt am Main – größte Stadt des Landes Hessen in Deutschland; Römer; Altstadt namens Sachsenhausen; Messe-Zentrum; Rhein-Main-Flughafen. **580**; **908**; **932**; **966**.

Franklin, Dr. Justus – Erfinder der Mind-Maschine; mit Hilfe der Maschine kann er Menschen positiv oder negativ beeinflussen; besaß eine Klinik in Florida, die er schließen mußte, da dort eine Mordserie, ausgelöst durch die Mind-Maschine, geschah. **590 (1. Auftritt)** – versetzt einige Menschen in den Glauben, eine verstorbene Persönlichkeit zu sein; durch Festnahmen dieser Menschen erhält er Besuch von John; beraubt John seiner Waffe und versetzt ihn mit Hilfe seiner Maschine in den Körper des Raubritters Knight of Gorman. **591** – wird von Suko überwältigt, der dadurch auch in den Besitz der Mind-Maschine kommt; Suko drückt das gefundene Kreuz von John in die Mind-Maschine, wodurch John wieder normal wird; wird von Suko festgenommen.

Franziska, Die Heilige → *Schwarze Madonna, Die*.

Frascetti, Eleonora † – 384 – Marquesa; ermordet 6 junge Touristinnen und opfert sie → *Skylla*; stürzt in einem Schacht zu Tode.

Fratzengesicht, Das – Dämon, der zu den schlimmsten Legenden der chinesischen Mythologie gehört, auch Kinderschänder genannt; besteht nur aus Kopf, von mehrfacher Größe eines Menschenkopfes; Januskopf: rechtes Gesicht das eines Chinesen mit roten Haaren, links eine Vampirfratze, europäische Züge mit grauen Haaren; tritt auf in violetten Nebelschwaden; vereinigt in sich den Vampirismus und die menschlichen Abgründe; ist entstanden, als Mensch und Vampir eine Verbindung eingegangen sind. **323** † – wird von Shao/*Amaterasu* getötet. **322**.

Frau mit dem Dämonendolch, Die † – 275 – Tricia → *di Monti*, Tochter afrikanischer Dämonen, die von Zieheltern, Besitzern ei-

F

nes Zirkus (Angelo di Monti), mit nach Europa genommen wurde; mittels eines Spiegels, eines Kelches mit einer blutähnlichen Flüssigkeit und des Dämonendolchs soll sie die afrikanische Dämonenmagie in Europa ausbreiten; wird von John mit der → *gnostischen Gemme* vernichtet.

Frau mit den Totenaugen, Die – Hexe; richtiger Name Vanessa; hat als Zeichen des Teufels eine hornige und knotige Krallenhand; lebt mit ihrer Tochter Susy, die vom Teufel gezeugt wurde, in → *Harrings-on-Sea* in einem weißen Haus am Strand; beide wollten die dort lebenden Menschen dem Teufel zuführen; diese glaubten ihnen nicht, banden sie an den Mast eines Bootes, zündeten es an und schickten es aufs Meer hinaus; sie ertranken, aber ihre Seelen überlebten mit der Kraft des Teufels; gelangten in das »Grenzland«, eine Vorhölle, und kehrten von dort als Geisterwesen zurück; indem sie Menschen die Seelen aussaugen, bekommen sie nach und nach wieder einen Körper; Susy ist dies durch die Seelen dreier Kinder bereits gelungen. **804** – Vanessa tötet Susy am Strand; verbündet sich mit der Familie Hurt; die als Untote zurückkehrende Susy würgt eine Zeugin des Mordes bewußtlos; Susy entführt die Zeugin und bringt sie ins Haus zu Vanessa; Susy würgt auch die in eine Falle gelockte Glenda Perkins bewußtlos; Vanessa verletzt John mit ihrer Krallenhand am Strand. **805 †** – Vanessa saugt der Zeugin Leben und Seele aus; John rettet Glenda aus dem Haus; Susy wird von John mit dessem Silberdolch getötet; John vernichtet Vanessa mit Silberdolch und Kreuz.

Frazer, Don – **TB91 (1. Auftritt)**. **846** – Vorgesetzter von Abe → *Douglas*; rötliche Haare; blasses Gesicht; reagiert empfindlich auf Sonnenstrahlen; übergewichtig; kantig; Vorfahren stammen aus Irland; ist verheiratet mit einer zierlichen Italienerin, die sehr gut kocht; ist mit am Tatort, als ein Geschworener tot aufgefunden wird, der beim Prozeß gegen Woorie → *Cabal* dabeigewesen war.

Freeman, Dr. James → *Schlitzer*.

Freitags-Killer † – **321** – Name: Zack Yvon; tötet immer am Freitag, dem 13; wird als Werkzeug des Landes → *Aibon* benutzt, um mit einem von Mandra → *Korabs* → *sieben Dolchen*, von denen → *Luzifer* drei ins Land

Aibon geschleudert hat, den abtrünnigen → *Druiden* Frank → *Boysen* zu töten und ihn damit in sein erstes Leben als Druiden zurückzuholen.

Fremde aus dem Totenhügel, Die – liegt in einem Hügel in der Nähe von → *Graham* begraben; Außerirdische; weiblich; ist den Menschen nicht böse gesinnt; lange blonde Haare; große Kräfte, die sich nicht nur auf Telepathie und Telekinese beziehen; Botschafterin eines fremden Volkes; will alles über die Menschen erfahren. **979 (1. Auftritt)** – knackt mit Hilfe des Blutes von Sidney Byron den genetischen Code der Menschen und kann nun eine menschliche Form annehmen; der erste Versuch mit einem Mann namens Harry Cody mißlang, und Cody wurde zu einer monströsen Mutation, die später verbrannte; gibt Lilian Kline einen Teil ihrer Macht, damit diese sich gegen Harry Cody wehren kann; trifft auf John und Suko, nachdem sie von Sidney Byron und Lilian Kline beschworen und aus dem Totenhügel hervorgeholt worden ist; übernimmt vor deren Augen den blutleeren Körper von Sidney Byron; dieser wird dadurch wieder völlig normal und erhält sogar seine Blutgruppe zurück; will nun so lange in dessen Körper bleiben, bis ihr Volk sie wieder zu sich holen wird; John und Suko müssen machtlos zusehen, da das Wesen ihnen überlegen ist und sie, nachdem sie den Körper von Sidney Byron »wiederhergestellt« hat, auch nicht mehr nachweisen können, daß es sie je gegeben hat.

Friday, Herbert † – 469 – Autor, der esoterische Bücher unter dem Pseudonym Dariolo schreibt; experimentiert mit seinem Unterbewußtsein, bis dieses sich selbständig macht und sich mit Hilfe des Teufels durch Flammen Opfer holt, unter denen sich auch Jane Collins und Suko befinden; schließlich hüllt es auch Friday selbst in eine Flamme ein, die John zerdrückt und Friday damit tötet; das bedeutet auch das Ende von Fridays zweitem Ich, und die in den Flammen Gefangenen sind frei.

Friedhof am Ende der Welt – Reich des → *Schwarzen Tods* unterhalb der Antarktis; Klima, Fauna und Flora wie im Jura; vor 100 Millionen Jahren hat der Schwarze Tod an der südlichen Polarkappe, als sie noch nicht mit Eis bedeckt war, sein Reich geschaffen; dort lebten Saurier in einem immergrünen Dschun-

gel; es vergeht mit dem Tod des Schwarzen Tods. **101; 102**.
Fulgera, Damiano → *Jet-set-Dämon*.
Fullbright – **242** – Chief Superintendent bei Scotland Yard; hält nicht viel von Sir James Powells Abteilung; ist neidisch auf Sir Powells Adelstitel.
Füllhorn der Pandora → *Büchse der Pandora*.
Fungi, Dario – **TB171 (1. Auftritt)** – Kommissar in *Venedig*; Chef der dortigen Mordkommission; Spitzname »Hering«; untersucht einen Mordfall in Venedig im Zusammenhang mit dem Blutspuk der → *Totenmaske des Horatio Ferrini*.

Gabaon → *Radek/Gabaon*.
Gabriel – einer der 4 → *Erzengel*, den Hütern des Himmels.
Gabriela – **453** – eine junge Griechin auf Samos, die Verbindung zu den → *Psychonauten* hat; wird von dem geflügelten Pferd → *Pegasus* und seinem Reiter → *Dochomos* durch das → *Allsehende Auge* auf dem Boden im Keller des Klosters von Samos mit in jenseitige Welten genommen.

Galatas – Ort auf einer Halbinsel an der Ostküste des Peloponnes in Griechenland; Hafen mit Schiffen und Fischernetzten; hinter den Häusern steigen Felsen in die Höhe; wilde Gebirgslandschaft, durch die schmale Straßen ins Landesinnere führen; kleine vorgelagerte Inseln befinden sich in Sichtweite des Ortes. **TB83**.
Galgenhand → *Gatano*.
Gallas – **TB137** – alter Atlanter aus → *Karas Reich*; Hüter des Bildnisses von → *Kara*; als der → *Schwarze Tod* es vernichten will, erhält Gallas von Kara den Auftrag, das Bildnis in Sicherheit zu bringen; während der zweite Hüter, Kruti, von den schwarzen Skeletten des Schwarzen Tods mit einem Pfeil getötet wird, kann Gallas → *Atlantis* verlassen und so dem Untergang entgehen; er verbirgt das Bildnis in einer Höhle in Ägypten; in der Gegenwart träumt ein Nachkomme von Gallas vom Bildnis und der Höhle und holt es; andere Atlanter erinnern sich, als sie es sehen, malen Landschaften von Atlantis, stellen die Bilder aus; Kara nimmt ihr Bildnis an sich und wird sich auf die Suche nach den anderen Malern machen, die Karas Reich

G

wieder auferstehen lassen wollen.

Gallio † – TB146 – auch Chronos genannt, Herrscher der Zeit; bester Uhrmacher des Landes; sein Lebenswerk ist die → *Leichenuhr*; hat sich Luzifer als Freund ausgesucht, der gab ihm die Macht, die Zeit zu verändern; zwischen Mitternacht und ein Uhr wurde er zu Chronos, Herrscher der Zeit; konnte Vergangenheit und Zukunft miteinander mischen und Zeiten überbrücken; als er merkte, daß er besessen wurde, wollte er die Uhr zerstören, doch etwas hielt ihn davon ab; dann versucht er, Kontakt mit Hector → *de Valois* aufzunehmen, damit dieser die Uhr vernichten kann, doch er erreicht ihn nicht; hat Kontakt mit John, dieser soll die Uhr, die sich im Besitz von Tonio → *Baresi* befindet, vernichten; John sieht, wie Gallio sich auf den spitzen Zeiger der Uhr legt und von ihm durchbohrt wird, und John wacht auf; als John die Leichenuhr mit dem Kreuz vernichtet, ist Gallios Geist erlöst.

Galuri → *Dämonen-Parasit*.

Gamal, Achmed – 29 – Oberst des ägyptischen Geheimdienstes, der John um Hilfe gegen den Magier-Pharao → *Samenis* bittet.

Gamala – Kloster in der Negev-Wüste; hier ist möglicherweise der Fundort der → *Bundeslade* gewesen.

Ganasaro, Dr. – Professor für japanische Geschichte an der Universität London. 281.

Gardener, Professor – GK129(29) – Toxikologe bei Scotland Yard.

Gardner, James F. – 456 – Direktor des Gardener-Zirkus, in dem Shao die → *Yagani-Brothers* tötet.

Gardone – Ort in Italien; in der Nähe befindet sich ein Kloster; hinter dem Kloster liegt eine Schlucht, in der ein Baum steht; in dessen Ästen ist eine Maske versteckt, mit deren Hilfe man in die → *Hölle* gelangen kann. 573.

Garinga – Keltengott; rote Augen; erstarrtes Flammenhaar; wurde einst durch das → *Schwert von Gottfried von Bouillon* gebannt; gefangen in einem Grab in der Kirche von → *Garway*. 499 – John erweckt ihn, als er das Schwert des Gottfried von Bouillon an sich nimmt; übernimmt nach der Erlösung von dem Fluch den Körper eines Skelettes und kämpft nach seiner Befreiung gegen John. 500 † – wird beim Kampf mit John durch die Verbindung von Johns aktiviertem Kreuz und dem Schwert des Gottfried von Bouillon vernichtet.

Garner, Dr. – **246** – Schichtleiter in der EDV-Zentrale von Scotland Yard; sorgfältig gescheiteltes Haar, Brille.

Garrett, Pat – Maskenbildner bei Scotland Yard.

Garsdale Head – Ort in Mittelengland, den sich die → *Kreaturen der Finsternis* als Stützpunkt ausgesucht haben; → *Luzifer* gibt den Ort als Stützpunkt auf, nachdem der → *Götze*, der sich in Rita → *Thornball* manifestierte, in einem Auto verbrennt. **737; 738; 739**.

Garuda – Fürst der Vögel; Reittier des indischen Gottes → *Wischnu*; gewaltiger Vogel mit einer Spannweite wie ein Hochhausdach; gleicht einem Adler; das Gesicht ist eine Mischung aus Mensch und Vogel; riesige Augen, Ansatz einer Nase, die in einen Schnabel übergeht; unter den Flügeln goldenes Gefieder und dazwischen Menschenarme; Todfeind aller Schlangen. **121 (1. Auftritt)** – kämpft auf einem Hochhausdach gegen → *Apep*, die Höllenschlange, und vernichtet sie; doch → *Asmodina*, die in ihr steckte, kann rechtzeitig aus ihrem Körper schlüpfen und verschwindet. **356** – bringt John ins → *Land der Gesichtslosen*. **476** – Todfeind der Todesgöttin → *Kali*; schützt die Menschen vor den Göttern der Unterwelt; tritt in verschiedenen Gestalten auf, mal als Vogel, dann wieder als Mischung aus Vogel und Mensch. **TB63** – tötet die Kali-Anhängerin Sali.

Garway – Ort in England, Provinz Herefordshire, südwestlich von Birmingham an der Grenze zu Wales; Standort einer alten Templer-Kirche; in den Ort flüchtete einst der Templer Peter → *von Aumont* mit seinen Templern; er wurde auch hier begraben. **499; 500**.

Gas-Gespenst, Das † – **IV78** – ein gasförmiges Monster in → *Crayton*, in das sich ein Mann namens Harold T. → *Hawkins* verwandeln kann; Hawkins hat einen Pakt mit Dämonenseelen geschlossen, die vor Urzeiten aus dem → *Reich des Spuks* geflohen sind und unter der Erde hausen; als Gas-Gespenst soll er ihnen Menschenopfer zuführen; er zwingt die Einwohner von Crayton in seinen Bann, bevor John und Suko ihn mit Silberkugeln vernichten.

Gasternbibel, Die – **474** – ein 1696 begonnenes Buch, das heute noch weitergeschrieben wird; Besitzer des Buches ist der jeweilige Wirt eines alten Berggasthofes bei Kandersteg im Berner Oberland; in diesem Buch steht ein Spruch, mit dem die → *Gastern-Hexe* befreit werden kann.

Gastern-Hexe, Die † – **474** – ist in den → *Hexenstein* gebannt, der am Eingang des Gasterntals in einem Wildbach liegt; wird von dem Zombie → *Thomas* aus dem Stein befreit; wird von John mit dem Kreuz gebannt und mit dem silbernen Bumerang vernichtet.

Gatano † – **248** – Henker; genannt Galgenhand, weil er seine Opfer nur mit der rechten Hand vom Leben in den Tod befördert hat; wurde vor 200 Jahren ohne rechten Arm verscharrt; in Greenwich Village/ New York erscheint die Galgenhand (grün schillernde Klaue mit blutigen Fingernägeln, die eine sorgfältig geknüpfte Henkersschlinge hält) und tötet mit dem Strick; ihr drittes Opfer ist die Hellseherin → *Lucielle*, die mit Jenseitskräften spielte und damit ungewollt die Galgenhand zum Leben erweckte; die Klaue wird von Johns Kreuz vernichtet; da eine Verbindung zwischen Klaue und Gatano besteht, zerfällt auch der von Judy → *Jackson* befreite Henker zu Staub.

Gates, Bill † – **929** – groß; breite Schultern; Mutter ist Olga Gates; haßt Liebespaare und tötet sie, wenn er sie sieht; will Marcia → *Morana* töten, nachdem sie ihn von einer Mordtat abgehalten hat; wird vom Engelsblut angegriffen, das sich im Besitz von Marcia befindet; das Blut drückt sein eigenes Blut aus dem Körper, wodurch er stirbt.

Gatway – Ort in Wales, wo → *Myxin* Tote auferstehen läßt. **42**.

Gaya – Ort in Indien; umgeben von einer Stadtmauer; um den Marktplatz herum liegen Teestuben und Garküchen; die Altstadt liegt tiefer als die Oberstadt; die Oberstadt wird mit Elektrizität versorgt, die Altstadt nicht; Gassen führen von der Alt- in die Oberstadt; Touristenstadt; hier befindet sich das Grab Buddhas. **674**; **675**.

Gazza → *Gazzanawa, Tokito*.

Gazzanawa, Tokito † – **978** – Spitzname »Gazza«; groß; kräftig gebaut; betreibt Kampfsport; seinem Bruder gehört eine Kampfsportschule; leitet eine Sondereinheit der Polizei; bringt John und Suko auf die → *Insel der Geister*, wo → *Shimada* 10 Mönche getötet hat; verliert dort seine gesamte aus 12 Soldaten bestehende Einheit durch Shi-

G

mada; trifft Yakup → *Yalcinkaya* und dessen Freundin *Eva* → *Karman*; wird zusammen mit John, Suko und Eva in → *Shimadas Todesschloß* gebracht; wird dort von Shimada mit einem Würgeseil getötet, schrecklich verstümmelt und auf die Insel geworfen.

Gazzow, Elfie → *Krankenschwester, Die*.

Gefallene Engel → *Dämonen des Himmels*.

Gefallene Engel † – PB 1 – drei weibliche Helferinnen der Urhure → *Lilith*; selbst Huren und Hexen; Dienerinnen von → *Asmodis*; wollen Lilith die Rückkehr ermöglichen; arbeiten als Prostituierte und opfern Lilith drei menschliche Herzen; wohnen in einem von Lilith beherrschten Haus in der Nähe von → *Dover*; Tamara alias Naamah, Yvonne alias Elisabeth Zenumim und Rachel alias Mahlaht; werden von den 4 → *Erzengeln*, die durch die Aktivierung von Johns Kreuz herbeigerufen wurden, vernichtet.

Geißler, Markus – TB44 – erst seit einigen Monaten Polizist im → *Bayerischen Wald*; macht Vertretung für einen kranken Kollegen und hat dadurch 2 Orte zu betreuen; unterstützt Will → *Mallmann* auf der Suche nach Ricardo → *Bachara*, dem Schnitzer des Teufels.

Geister-Braut, Die † – 74 – Susan Erskine, von ihrem Ehemann Harry in der Hochzeitsnacht ermordet, weil sie ihm einen Tag zuvor untreu war; lebt 25 Jahre in einem Zwischenreich, erscheint dann → *Madame Altari* und teilt mit, daß ihr Mann Harry, der damals in eine Nervenklinik eingewiesen wurde, sich an dem Freund seiner Frau rächen will; ersticht nach 25 Jahren ihren aus der Irrenanstalt ausgebrochenen Mann, als dieser Peter McCurtin, den ehemaligen Freund, töten will.

Geisterfee, Die → *Santos, Alexa*.

Geister-Lady, Die → *Danford, Lady Mary*.

Geistermann → *Blackwood, Algernoon*.

Geisterwelt, Gute – 165 – existiert neben der Dämonenwelt; die guten Geister beobachten jedoch nur, greifen selbst nicht ins Geschehen ein; wehren sich nur, wenn sie angegriffen werden.

Gelbe Satan, Der † – 50/51 – Herr der Ratten und Vampire; grausamer Vampir; hat vor Jahrhunderten mit seinem Schiff die Meere unsicher gemacht, war dann von Mönchen gefangen und ausgeschaltet worden; hat einmal ganz China beherrscht; galt als unsterblich, weil in ihm der Geist des Fu-Man-Chu weiterleben soll; wird von John über Bord einer Jacht gestoßen und von Haien zerrissen.

Geliebte Monster, Das † – **TB194** – richtiger Name: Beau; Wechselbalg, in dem das Blut des Teufels fließt; Sohn einer Hexe, die mit dem Teufel gebuhlt hat; lebte jahrelang in einem einsamen Wald; wurde dort von Maureen Wilder gefunden, die ihn auch aufgenommen hat; wurde zu einem attraktiven Mann, der sich nachts in ein Monster verwandelt; Aussehen als Monster: dünne, strähnenartige Haare; helle Augen ohne Pupillen; braune, spitze Krallen an Händen und Füßen; lederartige Haut; weißgelber Geifer zwischen den hellen, scharfen Zähnen; hat ein Verhältnis mit Maureen Wilder, die seine sexuellen Höchstleistungen schätzt; ernährt sich von Fleisch und Gedärmen; taucht in einem Londoner Schlachthof auf und holt sich dort die Gedärme; wird von dem Angestellten Mehmet gesehen, der sein Erlebnis auch im Fernsehen äußert; begibt sich zu Mehmet und tötet diesen; wird dort von Bill Conolly und John angegriffen, kann aber fliehen und setzt Bills Golf außer Gefecht; begibt sich zu der Fernsehmoderatorin, die Mehmet interviewt hat, und versucht diese erfolglos mit einem Messer zu töten, da er sie als Zeugin ansieht; begibt sich zusammen mit seiner Geliebten Maureen zu Sheila Conolly, die er ebenfalls als Zeugin ansieht und töten will; dies können John und Suko verhindern, die ihn mit 2 Silberkugeln töten und Maureen Wilder festnehmen.

Gelsenkirchen – Stadt in Nordrhein-Westfalen, mitten im Ruhrgebiet; eine Disco namens »Dracula« befindet sich nahe der Galopp-Rennbahn und des Südfriedhofs; das Gebäude der Disco besteht aus wuchtigen, dicken Mauern und liegt direkt an der Turfstraße. **TB10**.

Gemälde des Grauens – **464** – ein Bild, das vier Monster zeigt: Mumie, Werwolf, Vampir und Frankenstein-Monster; die Monster leben und können das Bild verlassen; der Vampir tötet seinen Maler Antonio → *Vargas* und 100 Jahre später den Maler Godfrey Lester, in dem Vargas wiedergeboren wurde; dann werden die Monster von John und Suko vernichtet.

Genf – Stadt in der Schweiz; am Ufer des Genfer Sees liegt ein Internat; in der Nähe des Hotels »Des Alpes« befindet sich ein kleiner, halbrunder Friedhof, hinter dem sich eine Schlucht mit Wildwasser befindet; dort steht auch eine alte Kirchenruine. **TB166**.

Genn, Leo † – 84 – will das → *Buch der Grausamen Träume* in seinen Besitz bringen; hat durch eine Beschwörung → *Myxin*, den Magier, angerufen und von ihm den Ort erfahren; wird der Hexe → *Ziita* geopfert und von Gerald → *McKenzie* mit einer Machete geköpft.

Genoveva † – 436 – alte Frau im Mittelalter; erschafft die Diener Liliths, die Reiter in den blauen Kutten; nennt sich die »Lebensmacherin«; stirbt, als sie sich selbst ein angespitztes Knochenstück beim Sturz in die Kehle jagt.

Gerber – 383 – deutsche Familie aus Köln: Vater Heinz, Mutter Uta, Kinder Jörg (12) und Edda (10); geraten zufällig in eine Falle im → *London Dungeon*, die Akim → *Samaran* dort für John aufgebaut hat.

Gericht der Toten, Das † – 772 – 4 ehemalige abtrünnige Templer, Baphomet-Jünger, die den → *Knochensessel* zu bewachen hatten; sie wurden von → *Baphomet* bestraft, indem er sie zu Monstern machte, als sie sich den Sessel von Hector de → *Valois* stehlen ließen; sie haben geschworen, den Knochensessel zurückzuholen; werden von der Bevölkerung (in den Pyrenäen) auch die »Stummen« genannt; werden von John vernichtet.

Gericke, Ludwig – Polizist in → *Leipzig*/Deutschland. **817** – verhaftet Harry → *Stahl*; verhört John, der Zeuge war, als Harry unter dem Einfluß von → *Lilith* Fritz Fuhrmann erschossen hat. **818** – ermittelt in dem Fall zusammen mit John und Suko weiter.

Gesichtslosen, Die † – 357 – schwebende Geister im → *Land der Gesichtslosen* im alten → *Atlantis*, das für Menschen tabu ist; sie sterben sofort und werden zu Gesichtslosen; ihre Königin war Macha → *Rothaar*, → *Myxins* Mutter.

Gesichtsloser → *Wächter der Leichenstadt*.

Gespenst aus dem Hexenforst, Das † – 358 – Gestalt wie eine weiße Wolke, gewaltig wie ein Riese, bleiche Knochenfratze; wollte den Hexenforst schon einmal vor dem Abholzen schützen; wurde an einen Baum ge-

G

bunden und mit Säbeln erschlagen; der Baum sog sein Blut auf, es vermischte sich mit dem Wald, so daß er ein Teil von ihm wurde; John vernichtet den Blutbaum mit dem Kreuz, indem er die Formel spricht, gleichzeitig vergeht das Gespenst.

Gespenst vom Tower, Das † – **605** – richtiger Name: Mateo Nuñoz; Zombie; lebt im Londoner Tower; war einst ein Medizinmann; wurde in den Tower gesperrt, damit er dort sterben sollte; machte sich selbst durch einen Zauber zum Zombie; will sich an seiner Verwandtschaft für seine Einsperrung rächen; ermordet 3 Menschen in London mit einem alten Knochen; eine seiner Nachfahren will sich an ihm für den Tod deren Großvaters durch ihn rächen; sie lockt ihn mit Hilfe von Voodoo-Trommeln aus seinem Versteck; John und Suko erschießen ihn daraufhin mit je einer Silberkugel.

Gespenster-Gruft, Die – **TB140** – Stützpunkt der → *Satanisten*.

Gewölbe des Schreckens – **64** – → *Belphégors* Versteck in Paris unter dem Louvre; seit Jahrhunderten unangetastet; noch tiefer als der eigentliche Keller.

Ghislaine – **435** – Anführerin eines Hexenzirkels und Dienerin → *Liliths*; als John das → *Hexentor* zerstört, verliert sie den Verstand.

Ghost → *Davies, Sam*.

Ghoul – qualliges, schleimiges Wesen; wabernde kugelförmige Masse; schimmert grünlichgelb, teilweise durchsichtig; unter geleeartiger Haut ziehen sich dicke Aderstränge kreuz und quer wie das Netz einer Spinne; kein Gesicht, alles zerfließt und bildet immer neue Formen; überlange Arme reichen bis zum Boden, sondern Flüssigkeit ab, die organische Substanzen verdaut; zwei Reihen sehr kleiner, spitzer Zähne, mit denen sie alles zerreißen können; Ghouls gehören zu den schlimmsten Dämonenarten; werden selbst von anderen Dämonen gemieden und verachtet; hausen meistens auf Friedhöfen, wo sie sich Gänge von Grab zu Grab graben; können durch Silber getötet werden; dann knistern sie wie Papier, der Schleim kristallisiert, die Reste sehen aus, als wäre eine Salzwasserlache ausgetrocknet.

Ghoul-Parasiten – **271** – Kugelwesen aus dem Reich → *Xorrons*; entstehen, wenn man → *die Goldene Pistole* abfeuert; Inhalt rote Flüssigkeit, die das Opfer als Kugel umhüllt und es zum Skelett abätzt (ähnlich → *Todesnebel*); Ghouls in Urform: dünne Tentakel, böse Gesichter.

Gibraltar – Halbinsel in Südspanien mit einer 6,5 qkm großen Fläche; bei klarer Sicht Blick bis nach Afrika; an der Südseite befindet sich ein Jurakalkfelsen namens »Affenfelsen«, der über 1.200 Fuß hoch ist; hier leben die einzigen Affen in Europa; Altstadt mit engen Gassen, vielen Torbögen und kleinen Innenhöfen. **TB107**.

Gibson, Familie – lebt in London; Eltern sind seit 15 Jahren verheiratet; Vater Brett: Leiter eines Verlages; Mutter Cindy: dunkelhäutig, hat mit 19 ihren Mann geheiratet, stammt aus Äthiopien, hat an der Londoner Universität studiert; Sohn Davy: 11 Jahre alt; Tochter Amy: 9 Jahre alt, liebt ihre Plüschtiere.
785 – machen mit John und den Conollys Urlaub; ihre Kinder sollen Opfer der Hexe → *Olinka* werden; zwei Versuche, die Kinder zu entführen, schlagen fehl.
786 – die Kinder werden beim Skilaufen entführt und erfahren, daß Olinka ihre Kräfte von → *Mandragoro* erhalten hat; der Vater kämpft gegen Olinkas Ratten; die Kinder werden von John befreit.

Gideon (1) † – **320** – Israelit in babylonischer Gefangenschaft; soll → *Baal* geopfert werden; doch → *Hesekiel* nimmt ihm das Leben, damit John in seine Rüstung schlüpfen und Baals Diener → *Okastra* töten kann.

Gideon (2) † – **TB115** – gräbt in der Nähe von → *Fieldham* einen Fuchs aus, der zu Lebzeiten vom Satan besessen gewesen sein soll; macht sich aus dessen Haut einen Maske; dadurch geht die Teufelsmagie des Fuchses auf ihn über; tötet zwei Nonnen im nahegelegenen Kloster, darunter auch die Äbtissin; versteckt sich selbst im alten Teil des Klosters; John, der von der Schwester »Innocencia« informiert worden ist, durchsucht mit ihr den alten Klosterteil; gleichzeitig wird Suko von einigen Dämonenfüchsen zum Eingang dieses Klosterteils geführt; beide kreisen den Killer ein, ohne es zu wissen; es stellt sich heraus, daß er der Bruder von Schwester Innocencia ist; sie will ihn zur Aufgabe überreden; er versucht sie zu töten; John und Suko verletzten ihn tödlich mit je einer Silberkugel; will sich im Todeskampf die Maske vom Gesicht reißen, was die → *Hölle* jedoch verhindert; sie setzt die Maske in Brand, und sein Gesicht verbrennt mit der

G

Maske, wodurch er endgültig stirbt.

Giesen, Gary → *Doktor Horror*.

Gigantus – kleiner, gedrungener Roboter, von → *Shimada* erschaffen; normales Gehirn mit großem Wissen; spricht zahlreiche, auch längst vergessene Sprachen; beherrscht Parapsychologien wie Telekinese und Telephatie; setzt er seine Kräfte ein, verändert sich kurzzeitig seine Augenfarbe; kann Finger in Silber verwandeln und dann damit schreiben. **541** – taucht in Rußland auf und wird dort vom KGB unter die Lupe genommen; hat geistigen Kontakt zu Shao und will sie besitzen; wird nach Moskau gebracht; holt Shao mit seinen Parakräften zu sich; behauptet, daß Buddha in ihm wiedergeboren sei; zerstört das Auto von John und Suko mit seinen Kräften, da er sie als Feinde erkannt hat; schlägt Shao in seinen Bann, die daraufhin fast Suko ermordet. **542 †** – flieht mit Shao auf einem fliegenden Tiger nach Bhutan; versteckt sich dort in einem Kloster; läßt von seinen Helfern John, Suko und Wladimir → *Golenkow* überwältigen und zu ihm bringen; die drei werden aber von Mark → *Baxter* befreit; Shao durchschaut mittlerweile sein Spiel und wendet sich gegen ihn, sie will ihn sogar töten; er flieht erneut; da sein Schöpfer Shimada gemerkt hat, daß er verloren hat, zerstört er ihn und verschwindet wieder in seiner Dimension.

Gilbin – kleiner Ort in Schottland; liegt in den → *Grampian Mountains*; Häuser gruppieren sich um eine kleine Kirche herum; nur eine Hauptstraße; in der Nähe liegt die Ruine des Klosters → *Lumluine Abbey*. **513**.

Gina (1) – Hexe; lebt als Doppelexistenz, einmal als verkohlter Schädel, einmal in ihrem alten Hexenaussehen; Besitzerin des → *Blutsteines*; wurde 1712 als Hexe verbrannt und zusätzlich geköpft; hatte einen Sohn namens Mario, der 280 Jahre später als Dennis → *Höller* wiedergeboren wurde; sein Vater war → *Asmodis*; lebt auf einem Schloß im Schwarzwald; lockt Menschen dorthin, um sie zu töten und deren Blut dem Blutstein zu geben. **580** – tötet einen Menschen, um Blut für den Blutstein zu erhalten. **581 †** – trifft John und Dennis Höller, der John zu ihrem Schloß brachte; John gelangt in den Besitz ihres Kopfes, von dem er das Versteck des Blutsteines erfahren will; ihr Körper greift John an, der ihn mit dem Kreuz vernichtet; ihr Geist geht auf Dennis über und verschwindet mit seinem Körper; nachdem John den Blutstein in Besitz genommen hat, greift ihn ihr Geist an, der von Suko mit der Dämonenpeitsche vernichtet wird; Dennis wird wieder normal.

Gina (2) † – TB155 – golden schimmernde Augen; kein Gesicht, nur Knochen, über denen sich schemenhaft ihr altes Gesicht abzeichnet; trägt einen schweren Umhang; ehemalige Geliebte von Monsignore Ernesto → *Bentini*; schwerfälliger Gang; strahlt einen widerlichen Leichengeruch aus; gab ihre Tochter mit 6 Jahren in ein Internat; Anhängerin des Götzen → *Baal*; schmolz eine goldene Figur von diesem ein, badete in dem Gold und verschmolz so mit ihm; trifft auf ihren ehemaligen Geliebten und will ihn töten; umschlingt ihre Tochter »Amelia« in dem Moment, als Suko sie mit der Dämonenpeitsche tötet; zerfließt und tötet dadurch auch ihre eigene Tochter.

Ginny † – 1 – Vampirin im → *Shocking Palace* in Soho; wird von John vernichtet.

Giselle – ist eine → *Kreatur der Finsternis*; Aussehen als Kreatur: bei der Verwandlung platzt ihre Stirn auseinander, und das Gehirn schiebt sich unterhalb der Schädelplatte heraus; kann als Kreatur Blitze entstehen lassen, die sich kurz nach dem Verlassen von ihrem Gehirn in Feuerbälle verwandeln; die Feuerbälle können Gegenstände durchdringen und auch auf große Entfernung hin töten; Chefredakteurin der Zeitschrift »Hades«, die sich mit Verbrechensverherrlichung befaßt und ihren Sitz auf der Insel → *Guernsey* hat; raucht Zigaretten; hat einen Pakt mit → *Luzifer* geschlossen; gab Susan → *Falaise* den Auftrag, ein Boot zu zerstören, auf dem sechs Menschen starben. **985** – schickt den → *Wanderer* in die Welt, um zu töten; versucht, Barry F. → *Bracht* mit ihren Feuerbällen zu töten. **986 †** – nach dem erfolglosen Versuch, Barry F. Bracht zu vernichten, trifft sie auf John und Suko; John drückt ihr sein Kreuz auf das Gehirn; der Körper verwandelt sich daraufhin in eine Armee aus Würmern, die nach und nach zerfallen; der Kopf mit dem Gehirn schrumpft, bis nur noch ein verkohlter Klumpen übrig ist.

Gitta – abtrünnige Nonne; Anführerin der Namenlosen Nonnen in → *Trivino*/Schweiz; be-

G

schäftigt sich mit Schwarzer Magie. **859** – hilft bei der Geburt der. → *dämonischen Zwillinge*. **862 †** – begeht Selbstmord; teilt John kurz vorher mit, daß sie weiterexistieren wird. **860**; **861**.

Gize – Ort in Ägypten; dort befinden sich zahlreiche Pyramiden, u.a. die Cheopspyramide und die Sphinx; vor den Ägyptern lebten dort die Atlanter; diese bauten den Grundstock der Cheopspyramide; in dieser befinden sich geheimnisvolle Räume, ein Weltkalender und großes Wissen. **TB94**; **881**.

Gladiator der Hölle → *Scorpio*.

Gladstone, Julie – hier 10 Jahre alt; zweites Gesicht; starke mentale und telekinetische Kräfte; Tochter von Daniela Grandi und Servas; steht unter dem Fluch der → *Grandi-Schwestern*; war dazu verdammt, jeweils mit 10 Jahren zu sterben und dann wiedergeboren zu werden; insgesamt ca. 300 Jahre alt. **520 (1. Auftritt)** – lebt im Dartmoor-Sumpf; Eltern kamen bei einem Unfall um; lebte von da an bei ihren Großeltern, die von Libyern getötet wurden, die Julie als Waffe einsetzen wollten. **521** – verwandelt Pferde in Höllenpferde; stiehlt den Grandi-Schwestern die magische Kugel; John vernichtet die Kugel mit seinem Kreuz und löst so den Fluch von Julie; tötet einen der Libyer; wird von einem zweiten Libyer gefangengenommen, aber von John und Suko befreit. **522** – wird ohne Johns Wissen in ein Sanatorium eingewiesen; trifft den Mörder Orrie → *Wayne*, mit dem sie sich verbündet; nimmt telepathischen Kontakt mit John auf und wird von John davon überzeugt, daß er von ihrer Einweisung nichts wußte; verhindert, daß Orrie ihre Rache ausführt. **523 †** – trifft ihre Schwester → *Janine*; hat geistigen Kontakt zu ihrer Schwester; wird von ihrer mental stärkeren Schwester dem Bösen unterworfen; stirbt, als John Janine mit dem Kreuz tötet, da der Kontakt ihrer Schwester zu ihr bereits zu groß war.

Glarion/Merete – Gestalt eines Engels; stammt aus → *Atlantis*; große magische Kräfte; bläuliche Hautfarbe, blaue Augen; Zwitterwesen; sein Aussehen verrät nicht, ob er männlich oder weiblich ist; kann als Mann oder Frau erscheinen; männlicher Name: Glarion; weiblicher Name: Merete; Merete wurde auch → *Architektin von Atlantis* genannt; erschuf die → *Flammenden Steine*; kann die Steine beeinflussen, die dabei blau aufleuchten, da sie die Strahlung vom → *Planeten der Magier* erhalten; half Luke → *Benson*, die Dimensionen zu überwinden. **545** – richtet drei Rocker, die ihn angreifen, übel zu; übermittelt John mit Hilfe von Blumen eine Nachricht; versteinert später die Rocker, die ihn angegriffen haben; trifft sich mit Kyra → *Benson*, der Frau von Luke Benson; verwandelt Johns Wohnung in eine Falle, wobei die Wände ihn zerquetschen sollen. **546 †** – John entkommt seiner Falle; manipuliert die Flammenden Steine, wodurch → *Myxin* und → *Kara* auf ihn aufmerksam werden; Myxin läuft in seine Falle und wird ausgeschaltet; er begibt sich zu den Flammenden Steinen und Kara; es kommt zum Kampf zwischen ihm und Kara; Kara gelingt es, ihn durch ihre geistigen Kräfte und ihr → *Goldenes Schwert* zu schwächen; die Gestalten von Glarion und Merete teilen sich und werden zerstört.

Gläserne, Der → *Gorgos*.

Glasgow – Stadt in Schottland; am Stadtrand liegt ein modernes Krankenhaus; in der Nähe davon liegt ein Friedhof; dort gibt es eine Trauerhalle mit angrenzender Kapelle und eine Leichenhalle; daneben liegt das Friedhofsbüro. **916**.

Glastonbury – Ort in Mittelengland, Grafschaft Somerset, nicht weit von → *Stonehenge* entfernt; genannt das englische Jerusalem; Ursprung vieler berühmter Mythen und Legenden; kleine Stadt, ein altes zerstörtes Kloster, viele Reste alter Bauwerke im Umkreis; liegt in einem weiten Tal; die Häuser sehen schmutzig aus, weil sie aus grauen Steinen errichtet sind; in der Nähe der Hauptstraße liegt an einem kleinen Platz der Gasthof »Avalon«; in der Nähe der Stadt befindet sich auf einem flachen Grabhügel ein großes Steintor mit drei Zinnen; in der Mitte ist ein Durchgang; am oberen Ende ein Spitzbogen; umrahmt von mächtigem Gestein; oberhalb des Tores sehr hohe Erhebungen wie gemauerte Fenster; insgesamt 9 Fenster; 3 neben- und 3 übereinander, wobei das mittlere in der untersten Reihe zugemauert worden ist; eine Treppe mit breiten, flachen Stufen führt wie ein graues Band darauf zu: es ist ein Tor nach → *Avalon*; es ist eine Grenzstation zwischen dem Jetzt und dem Geisterreich; Wallfahrtsstelle für Esotheriker. **TB134; 784; TB152**.

G

Glatsch – kleiner Ort an Grenze Österreich/Schweiz; in der Nähe befindet sich → *Laurins Zwergengarten*. **728/729**.

Glenfield – Ort in Südengland, wo Jane Collins die → *schwarze Madonna* mit Johns Kreuz vernichtet. **769, 770**.

Glenn, Seymour † – **320** – U-Boot-Kommandant, der mit Suko und Claudia → *Darwood* samt seinem U-Boot von dem Dämon → *Okastra* ins Babylonien vor 4.000 Jahren versetzt wird; Glenn und das U-Boot bleiben in alter Zeit zurück, als Claudia, Suko, John und vier Offiziere in die Gegenwart zurückkehren.

Glora – **196** – Geisterstadt in Wales, die mit dem Tod der Druidenerbin Iris → *Dexter* erlöst wird.

Gnom des Mirror-Man → *Spiegel-Dämon, Der*.

Gnom mit den sieben Leben, Der † – **363** – Diener des → *Shimada*, der in San Francisco den → *Würfel des Unheils* an sich bringen will; wird von Yakup → *Yalcinkaya* mit einem Pfeil getötet.

Gnostiker – **56** – Sekte, die sich schon in frühchristlicher Zeit von der Hauptkirche getrennt hat, einen Teil der Lehre verleugnet, dafür jedoch die philosophischen Betrachtungen der alten Griechen in ihren Glaubenskreis mit einbezogen; ihre Priester beherrschten auch die Magie und wußten, wie man sich gegen die Kräfte des Bösen schützen konnte.

Gnostische Gemme, Johns – abgegriffener, leicht grünlich schimmernder, flacher ovaler Stein, auf dessen Oberseite eine Schlange abgebildet ist, die sich in den Schwanz beißt; hängt an einer ledernen Schnur; der Sage nach 2.000 Jahre alt; war einmal im Besitz eines Führers der → *Gnostiker*. **215** – erster großer Einsatz gegen ein Ölmonster in Saudi-Arabien. **275** – vernichtet eine afrikanische Dämonin; leuchtet dabei glutrot auf, und die Schlange auf dem Stein scheint um das Doppelte zu wachsen; von der Dämonin bleibt nur eine schwarze, ölig glänzende Hülle zurück. **371 †** – bei einer Beschwörung Johns zusammen mit dem Kreuz verkohlt sie durch den Kontakt mit dem → *Henkelkreuz* und zerbröselt in Johns Faust. **56**.

Goddem → *Quentin, Familie*.

Godwina † – **136** – die Feuerhexe; wurde um 1680 von den 3 Hexenjägern Nick Savino, Arthur Doyle und Charles Lomax auf dem Scheiterhaufen verbrannt; als Hexe mit dem Teufel im Bunde, versprach sie Rache an allen Nachfahren, die denselben Namen tragen; im London der Gegenwart kann sie Nick Savino und Arthur Doyle durch Feuer töten, den Mord an Charles Lomax verhindern John und Suko; Godwina wird durch das Kreuz vernichtet.

Goldene Buddha, Der † – **TB2** – richtiger Name: Vhyl-ko; Nachkomme Buddhas, der sich dem Bösen verschrieben hat; ließ sich in Gold einschmelzen, um unsterblich zu werden; hat 2 diamantene Augen, in denen seine Macht gespeichert ist; diese werden ihm von 2 Dieben, die für → *Dr. Tod* arbeiten, gestohlen; er tötet die Diebe mit seiner Macht und erhält dadurch die Augen zurück; um ihn zu zerstören, erhält Suko den → *Stab Buddhas*, der ihn dabei unterstützen soll; in seinem Kloster in Tibet kommt es zum Kampf zwischen John, Suko sowie der → *Mordliga* und ihm; John und → *Tokata* töten zahlreiche Anhänger von ihm, und Tokata ist es auch, der ihn mit dessen Schwert tötet; seine Augen verlieren nach seinem Tod ihre Wirkung.

Goldene Diener – **TB14** – Diener des → *Goldenen Samurais*; Bogen mit goldenen Pfeilen; sie selbst sind auch golden; gegen silberne Kugeln immun.

Goldene Kralle, Die → *König, Gerd*.

Goldene Löwe, Der † – **GK144(33)** – grausamer Doge, der vor 600 Jahren in Venedig herrschte und damals mit flüssigem Gold überschüttet und zur Statue wurde; wird vom Kult der goldenen Masken verehrt; John vernichtet ihn mit Feuer, indem er das Gold schmilzt; sein Diener, Professor Mandra, tötet sich selbst mit einem Dolch.

Goldene Pistole – stammt vom → *Planeten der Magier*; gefüllt mit dem → *Todesnebel*; der Nebel hat hier die Form von sirupartigem Schleim, der wie Säure wirkt; bei Betätigung schießt aus der Pistole ein dicker Schleimfaden, der so lang ist wie ein Finger; der Schleim umgibt den Gegner dann wie eine Hülle; der Schleim tropft anschließend von der Innenseite der Hülle auf den Gegner und löst ihn auf; aus der unteren Hälfte der Hülle wachsen zwei lange Fäden wie Stelzen hervor, auf denen sie sich fortbewegen kann; die Hülle läßt sich durch Johns Kreuz zerstören oder durch spezielle Pfeile, die mit Hilfe eines zweiten, kleineren

G

Abzuges an der Pistole verschossen werden können; im Moment im Besitz von Bill Conolly. **271 (1. Auftritt)** – ein → *Mister X* führt ihre Wirkung bei Logan → *Costello* an einem Hund vor. **311** – werden auf dem Platen der Magier von → *Nathan*, dem Schmied aus Atlantis, hergestellt. **667** – Bill will → *Dracula II* mit ihr vernichten, was → *Asmodis* jedoch verhindert. **376; TB55; TB68; TB76; 557; TB97; 653; TB120; TB145; 819; 828; 852; 874; 879; 944; 957; TB188.**

Goldene Pyramide – befindet sich im → *Höllensumpf*, der sie bedeckt oder freigibt, wann immer er will; in ihr leben die → *goldenen Skelette*; eine Pyramide aus Gold, die Spitze gekappt; keine Tore oder Türen, nur glatte, goldene Wände; versinkt bei der Geburt des → *Schwarzen Tods* im Höllensumpf. **572** – ist das Gegenstück zur → *Pyramide des Wissens* und Beschützerin der → *Vogelmenschen*; wird von John und dem → *Eisernen Engel* zusammen mit den Vogelmenschen vernichtet. **335-339.**

Goldene Samurai, Der – sollte in Urzeiten → *Emma Hoo* dienen, weigerte sich jedoch; Gegenspieler → *Tokatas*; Diener der Göttin → *Amaterasu*; trägt eine goldene Samurai-Rüstung und darunter ein blaues Kettenhemd. **189 (1. Auftritt)** – existiert als goldene Statue in einem Tempel in den Everglades von Florida; als er spürt, daß Tokata wieder auf die Erde zurückgekehrt ist, erwacht er; → *Asmodina* will ihn mit ihren → *Todesengeln* töten, doch er taucht im Sumpf unter. **TB14** – stellt Tokata in der Arena auf der → *Insel des Schweigens* und besiegt ihn; Tokata begeht Harakiri mit dem goldenen Dolch des Goldenen; dann köpft er Tokata mit seinem goldenen Schwert, das er von Amaterasu erhalten hat. **285 †** – stirbt in der → *Arena des Grauens* in → *Shimadas Reich* durch → *Shimadas* Ninja-Schwert.

Goldene Wurfsterne – im Besitz des Mönches Sua-Ku; haben magische Kräfte; als Sua-Ku bei einem Erdrutsch verschüttet wird und stirbt, verschwinden sie mit ihm. **TB18.**

Goldenen Skelette, Die – **335 (1. Auftritt)** – halten sich im → *Höllensumpf* aus Atlantis auf, von dem sich ein Rest unter dem Schloß der Familie → *Canotti* in der Toskana befindet. **336** – sie sind ehemalige Weiße Magier aus Atlantis; damals wollten sie dem Höllensumpf, aus dem alles Böse kam, etwas entgegensetzen und errichteten eine goldene Pyramide, um die Macht des Höllensumpfes zu neutralisieren; haben sich selbst in diese Pyramide eingemauert; als sie starben, wurden sie zu goldenen Skeletten; das Böse zog sie auf ihre Seite. **339 †** – werden von → *Kara* zu den → *Flammenden Steinen* gelockt und dort von John mit → *Karas goldenem Schwert* vernichtet. **337; 338.**

Goldener Kopf – geschaffen von Gerbert d'Aurillac; ist mit einer Goldschicht überzogen; häßliche Fratze; weit offenstehendes Maul; lange Fangzähne wachsen aus dem Ober- und Unterkiefer heraus; angegliedert an den Kopf sind Hals und Schulter; daraus wächst ein verkrüppelter Arm, der in einer Klaue endet; in der häßlichen Klaue liegen Edelsteine und Perlen; wurde geschaffen nach Aufzeichnungen alter arabischer Lehrmeister; in ihm hat sich die Kraft der Gestirne gefangen; d'Aurillac füllte ihn mit → *Baphomet*-Magie; kann Fragen beantworten; nach der Ermordung von d'Aurillac gelangte er in den Besitz von Duc Darcy. **900 (1. Auftritt)** – mehrere hundert Jahre danach stiehlt ein Nachkomme von Darcy ihn aus einem Pariser Antiquitätenladen; dabei ermordet der Nachkomme den Ladenbesitzer; durch einen Archäologiestudenten, der ebenfalls den Kopf sucht, kommt John auf dessen Spur; befindet sich in einer Templerkirche in Soho; warnt Darcy vor Hector → *de Valois* und Johns Kreuz; John kann den Goldüberzug des Kopfes mit seinem Kreuz vernichten; gleichzeitig verschwindet auch die Baphomet-Magie durch die Berührung des Kreuzes; der Schädel wird durch den Archäologiestudenten zu → *Abbé Bloch* gebracht.

Goldener Pharao → *Hoison*.

Goldenes Schwert – Besitzerin ist → *Kara*, die Schöne aus dem Totenreich; ehemaliger Besitzer war → *Delios*, Karas Vater; hergestellt vom Schmied → *Nathan* in → *Atlantis*; besitzt starke magische Kräfte, die es Kara u.a. erlauben, Dimensionssprünge durchzuführen. **143 (1. Auftritt). TB5** – Kara erhält in der Vergangenheit von Atlantis das Schwert von ihrem sterbenden Vater. **550** – Kara verliert es im Kampf gegen → *Serena*; diese will sie mit ihm töten, was John verhindern kann. **572** – Kara macht das Schwert für John eignungsfähig; dieser tötet da-

G

mit 2 abtrünnige Vogelmenschen und vernichtet mit ihm die goldene Pyramide von → *Zaduk*. **863** – es wird Kara entwendet, als sie versucht, Kontakt mit → *Roya* herzustellen. **864** – Roya besiegt Kara in der Vergangenheit, tötet sie aber nicht mit ihm; 2 Vampirfledermäuse werden mit ihm getötet; Suko kann es Roya entreißen und Kara zurückgeben. **972** – Kara befreit damit die → *Prinzessin von Atlantis* aus einer Zwischendimension; reflektiert den Blendstrahl von → *Amos*, der dadurch erblindet.

Goldwyn, Lady Sarah – Spitzname »Horror-Oma«; über 70 Jahre alt; kurzsichtig; dreifache Witwe; lebt im Londoner Stadtteil Mayfair; reich; trägt gerne bunte Modeschmuckketten; liebt Flatterkleider aus dunklen Stoffen; geht nie ohne Hut aus; Besitzerin einer großen Bücher- und Video-Sammlung, die sich ausschließlich mit unheimlichen Vorfällen beschäftigt; versorgt John mit Hintergrundinformationen; besitzt einige Wohnhäuser, die sie günstig an Familien mit Kindern vermietet; hat eine Stiftung ins Leben gerufen. **130 (1. Auftritt)** – ihr Diener Edgar wird von einem Werwolf getötet; sie schließt den Werwolf ein und ruft die Polizei; John erscheint, tötet den Werwolf, wird dann aber von Robotermenschen in die Irrenanstalt von → *Mister Mondo* verschleppt. **131** – rettet mit Suko und Bill Conolly John aus den Klauen der → *Mordliga*. **136** – taucht kurz zum zweitenmal auf. **152** – ist im Fall des Atlantis-Giganten → *Chiimal* mit von der Partie. **161** – gerät mit John während des Kampfes gegen die → *Medusa* in die Verbrennungskammer eines Krematoriums und wird von Suko gerettet. **163** – fährt mit dem → *Zombie-Bus* nach Southampton. **TB27** – gewinnt bei einem Preisausschreiben eine Reise nach Rom; reist zusammen mit Glenda Perkins dorthin, wobei Glenda von einem Dämon entführt wird; ruft John nach Rom. **TB32** – erhält eine Einladung von einer Bekannten in ein Altersheim; erfährt, daß die Bekannte gestorben ist; vernichtet zusammen mit John einige Zombies. **315** – kämpft mit John gegen den → *Totenvogel*. **332** – wird fast von dem Henker → *Abbot* gehängt. **493** – auf sie wird ein Mordversuch durch die Hexe → *Edwina* verübt, die sie vor ein Auto stößt. **501** – wird von 6 älteren Leuten entführt; durch ihre Entführung wird Jane

Collins dazu erpreßt, → *sechs böse Geister* zu beschwören; wird von John gerettet, der die Geister vernichtet. **518** – bringt John auf die Spur der Atlanterin → *Sandra*; taucht selbst in deren Videothek auf und löchert sie mit Fragen; als dieser die Fragen zuviel werden, bringt sie sie in ihre Gewalt und zu einer Horde Dämonen im Fußboden der Videothek. **519** – wird durch ein Zeittor zur Insel von Sandra gebracht und trifft dort John; zusammen mit ihm gelangt sie durch ein Zeittor, das ihnen kurz zuvor von Sandra gezeigt wurde und von Jane Collins geöffnet wird, zurück nach London, bevor die Insel und Sandra vom »Auge von Atlantis« zerstört werden. **537** – trifft in einer Kapelle auf → *Karas* Bruder → *Larcos*; greift Larcos an; wird von → *Asmodis* gerettet, der Larcos mit in die Hölle nimmt. **554** – findet ein Buch über die Sternenprinzessin → *Consuela*; diese taucht in ihrem Haus auf. **561** – John und Suko erfahren durch ihre Bibliothek den Standort der Hells Station. **562** – fährt nach Paris, um sich ein Templergrab anzuschauen; bringt John zu dem Grab, in dem Manon → *de Valois* liegt. **563** – findet das Buch, in dem sie über das Templergrab gelesen hat, zerstört vor. **632** – rettet Bill Conolly vor dem Tod. **638** – begegnet in einem Palazzo dem Gespenst → *Venetia*; bekommt eine Droge injiziert, die sie bewegungsunfähig macht; soll dem Gespenst geopfert werden, was John verhindert. **TB148** – wird von Tabitha → *Leroi* in ihr Haus eingeladen; soll von Tabitha in ihr Grab gelockt werden, entkommt jedoch. **790** – wird von dem Horror-Designer Juri Sarrazin eingeladen; soll von dessen → *Satansschädel* vernichtet werden, was John mit einer Silberkugel verhindert. **800** – hilft John bei seinen Nachforschungen über die → *Bundeslade*; wird von einem → *Horror-Reiter* angegriffen, der die Bücher, in denen etwas über die Lade steht vernichtet. **824** – erhält einen Hilferuf ihrer Freundin »Hetty Morland«; reist zu ihr, muß aber feststellen, daß diese in einen Vampir verwandelt worden ist; entdeckt das Grab des Vampirs → *Baron of Gulbekian*; tötet Hetty, den Vampir, mit Feuer aus ihrem Feuerzeug, nachdem diese sie angegriffen hat. **875** – wohnt mit John einer Exhumierung bei; trifft dabei auf einen versteinerten Menschen. **886** – wird von der untoten Lucy → *Travers* ent-

G

führt; bevor Lucy sie töten kann, tötet John Lucy mit einer Silberkugel. **893** – bekommt Kontakt zum Bewußtsein von Dorian → *Durand*; wird von John vor dem Bewußtsein geschützt. **898** – John bringt den Jungen → *Gordy* kurzzeitig bei ihr unter. **908** – in ihrem Garten entsteht ein Golem → *Cigams*, den Suko mit der Dämonenpeitsche vernichtet. **927** – wird von besessenen Tieren der Hexe Beth → *Calvaro* angegriffen, die sich für die Abweisung von Jane Collins an ihr rächen will; Suko rettet sie verletzt aus dem Londoner Zoo. **934** – informiert Suko über den Auftrag von Jane Collins, → *Angela Maitland* zu beschützen. **975** – gibt John einige Hinweise über die → *Assassinen*, die sie in ihren Büchern gefunden hat. **981** – wohnt der Beerdingung von Yakup → *Yalcinkaya* und dessen Freundin bei; wird von einer Ninja-Kämpferin angegriffen, aber von Jane Collins gerettet. **994** – wird von einem Freund ihres letzten Mannes um Hilfe gebeten, da dieser sich bedroht fühlt; begibt sich allein nach → *Shortgate*; will ihren Freund Albert Sackett besuchen; wird in dem Altenheim, wo dieser lebt, von Gwendolyn → *Ash* abgewiesen; mietet sich im Gasthof »Shortgate Inn« ein; läßt sich von der Bedienung Ellen Gray zum Friedhof bringen und findet dort einen Sarg. **995** – befreit Albert Sackett aus dem Sarg, der jedoch mittlerweile ein Zombie geworden ist; entkommt diesem in letzter Sekunde; findet die Leiche von Ellen Gray; holt John, Suko und Jane Collins zu Hilfe; begibt sich mit Jane zu dem Altenheim; während Jane das Haus durchsucht, trifft sie erneut auf den Zombie Albert, den sie mit 2 Silberkugeln tötet; wird von John, Suko und Jane aus dem brennenden Haus gerettet. **TB4; 233; 292; TB42; 380; 404; 418; TB72; 555; TB100; TB102; 637; 694; TB129; 781; 799; 849; 870; 976.**

Golem, Der (1) – von → *Rabbi Löw* erschaffener künstlicher Mensch aus Lehm (Roman von Gustav Meyrink, 1915); das Wort bedeutet im Hebräischen soviel wie »ungeschlacht«; man konnte ihn zum Leben erwecken, indem man ihm einen Pergamentstreifen mit dem richtigen Namen Gottes in den Mund steckte; zog man den Streifen wieder hervor, fiel der Golem wieder in Totenstarre. **381; 382.**

Golem, Der (2) † – **289** – Wächter der → *Magischen Kugel* im → *Vorhof zur Hölle*; gigantischer Roboter aus Stahl; der Kopf ist eine große Kugel; in der Brust befindet sich eine Öffnung für die magische Kugel; wenn er zuschlägt, entstehen bläuliche Blitze, und die Opfer werden verbrannt; vergeht, nachdem → *Asmodis* mit der Magischen Kugel entflieht; in ihm steckte der Geist → *Orgows*, des Hexers, aus **GK1(1)**.

Golenkow, Wladimir – Russe; ehemaliger KGB-Mann; steht auf der Seite der Reformer; lebt in einem kleinen Appartement in einem Moskauer Hochhaus; arbeitete früher in der Russischen Botschaft in London; kannte daher Johns Namen. **TB40 (1. Auftritt)** – soll den Fall von zwei auf dem Roten Platz aufgetauchten Zombies aufklären; holt John und Suko nach Moskau; trifft in Sibirien seinen ehemaligen Freund Antek → *Karras*; erfährt von diesem seine Geschichte, da Karras eigentlich tot sein sollte; der Zombie Karras wird von John vernichtet, der Golenkow dadurch das Leben rettet. **TB126** – überwältigt in einer russischen Polarstation → *Dr. Stepanic*; vertreibt mit John und Suko die von → *Cigam* hergeholten Zombies; verfolgt mit den beiden die Schlacht zwischen Cigam und → *Dracula II*; wird von Dracula II überwältigt, woraufhin dieser mit einem Hubschrauber flieht. 381; 382; 405; 406; 481; 541; 542; 552; 587; **TB107**; 619; 620; 677; **TB131**; 797; 842; 843; **TB165**; **TB168**; 993.

Golon, Fedora † – 270 – Malerin, die mit ihrem Mann Raymond und Tochter Lisa in einem einsamen Haus an der Bretagne-Küste wohnt, das sie auf den Ruinen eines Klosters errichtet haben; Fedora gerät in den Bann des Teufels, tötet → *Tanith* und stiehlt ihr den → *Kelch des Feuers* mit der → *Kugel Taniths*; sie malt ein Bild mit 5 Mönchen, in die die Geister der letzten → *Teufelsmönche* fahren; sie werden von John vernichtet; die Kugel gelangt in → *Asmodis'* Besitz, der Kelch des Feuers geht zurück an John; die drei Golons überleben nicht; Raymond und Lisa werden Opfer der Teufelsmönche, Fedora stürzt sich von den Klippen.

Gomez, Pierre † – **TB62** – Polizist in einem Pyrenäendorf; wird von → *Asmodis* in Gestalt von → *Baphomet* verbrannt.

Goran (1) – Herr der → *Schwarzen Vampire* in → *Atlan-*

G

tis unter der Führung → *Myxins*; riesige Fledermaus, Flügelspannweite mehrere Meter, Kopf sehr klein, nadelspitze Zähne; übernahm nach dem Verschwinden Myxins dessen schwarze Vampire. **102** – lebt in einem Reich, das in einer Zwischenebene liegt. **103** † – stirbt durch Eichenholzpfeile, die → *Asmodinas Todesengel* in Johns Krankenzimmer auf ihn abfeuern. **TB5** – führt nach Myxins Verschwinden einen Kampf gegen die schwarzen Skelette des → *Schwarzen Tods*. **357.**

Goran (2) – Stellvertreter von → *Dekan Diavolo*; asiatische Gesichtszüge; gefährlich, grausam und skrupellos. **532 (1. Auftritt)** – hilft dem Dekan bei der Blutweihe von → *Dunja*; versucht erfolglos, John, Suko und Michael → *Mitic* in einer Höhle bei → *Zagreb*/Jugoslawien zu töten; als John ihn mit seinem Kreuz attackiert, reißt er das Heiligtum der »Darker«, den schwarzen Schwan, auseinander und verschwindet. **TB93** – gründet mit Dekan Diavolo eine Horror-Universität im → *Bayerischen* Wald; lehrt dort zusammen mit ihm die Lehre von Ramis; wird von Suko überwältigt und später von Will → *Mallmann* festgenommen.

Goran (3) † – **GK10(2)** – Diener des → *Herrn der Toten*; eine Kreuzung zwischen Mensch und Tier; wird von John Sinclair getötet.

Gordy – ist ein → *Psychonauten*-Kind; 12 Jahre alt; kann seine Kräfte noch nicht kontrollieren; hin und wieder zeigt sich ein drittes türkisfarbenes Auge auf der Stirn, manchmal ist es auch grün oder rot; wird von einer anderen Kraft gelenkt; hat eine enge Beziehung zur Cheopspyramide; lebte einst in Ägypten als Amu Ran, ein Kind-Pharao; inzwischen älter als 5.000 Jahre; wurde von einem Hohenpriester ertränkt; sein Geist überlebte und gelangte in den Körper des durch einen Unfall ums Leben gekommenen Jungen Gordy; seine Mutter war die alte Göttin Ischtar; er war der Versuch der Göttin, etwas zu schaffen, das ihr Wissen an die Menschen weitergeben sollte. **896 (1. Auftritt)** – flieht aus einem Kinderheim; schließt sich dem Mörder Hubert Huxley an; gelangt nach dessen Ermordung zu John; läßt einen der Mörder Huxleys von dessen Hund ermorden; John erschießt den Hund, wofür sich Gordy an ihm rächen will. **897** – sein drittes Auge verdrängt den Haß auf John; wird von den Geistern der Besitzer des Kinderheims verfolgt; geht mit zu John; begibt sich mit John zu dem Heim; stürzt in die Arme von Jennifer → *Stark*, als diese seinen alten Namen Amu Ran ruft. **898** – wird von John und Suko gerettet, wodurch die Körper der Starks verwesen; die Geister der Starks übernehmen einen Hubschrauber, um Gordy zu töten; John und Suko bringen ihn zu Lady Sarah → *Goldwyn*; dort erzählt er ihnen seine Herkunft; spürt die geheimnisvollen Kräfte Shaos, die auch dort erscheint; wird von Shao in seine Entstehungswelt zurückgebracht.

Gorgonen – **346** – Medusa, Stheno, Euryale – von Perseus geköpft, weibliche Ungeheuer mit Schlangenhaaren.

Gorgos – auch »der Gläserne« genannt; einer der 6 → *Großen Alten*; Herrscher der Kristallwelt; ging in → *Atlantis* ein Bündnis mit dem Schleimgötzen → *Krol* ein; benötigt alles, was mit Kristallen und magischem Glas zu tun hat; grauenhafte Gesichtszüge, wie aus Glassteinen zusammengehämmert; gläserne Lanzen als Waffen; produziert kaum erkennbare Glasfäden, die Menschen zerschneiden und gleichzeitig auch verglasen. **263** – in jedem Kristall aus dem kristallisierten See zwischen den Steinen (im Innern Siziliens) steckt der Geist des Gorgos; durch Erhitzen verflüssigt sich Kristall; lebt plötzlich, ein gewaltiges Gesicht zeigt sich, an manchen Tagen bildet sich aus der Flüssigkeit so etwas wie ein menschlicher Körper; verleitet Opfer, in eine beigeweiße Flüssigkeit zu steigen, damit sie werden wie er; gibt seinen Dienern einen Glasstab, mit dem sie jegliche Materie in Glas verwandeln können; muß sich zurückziehen, nachdem Suko das Gräberfeld mit den weißen Kreuzen beim Internat in der Nähe von Palermo, Sizilien, mit der Dämonenpeitsche vernichtete. **TB43** – seine Kräfte und die des Schleimgötzen → *Krol* werden von Julia → *Landers* beschworen, die damit Unheil verbreitet. **TB47** – wird von den Großen Alten geschickt und trocknet Zeitkanäle des Netzes von → *Kel-Aba*, dem Zeitdämon, aus, um diesen zu schwächen und sein Reich zu übernehmen, was ihm auch gelingt. **351 †** – explodiert mit seiner Welt durch die Magie des → *magischen Pendels* des → *Eisernen Engels*.

Gorgosen, Die – **263** – Diener

des → *Gorgos*; Kristallmenschen; Waffe: heller Glasstab, dick wie 2 Finger; durch Berührung kristallisieren Lebewesen; reagiert nur in Händen der Gorgosen; die in London befindlichen Gorgosen werden von John mit dem → *silbernen Bumerang* getötet; Stäbe der Gorgosen zerbröseln bei deren Tod.

Gossarah, Chamal † – 371 – Mönch, den viele verehrten (bei den ägyptischen Kopten); seit über 1.000 Jahren tot; mumifizierter Kopten-Mönch; ein Gerechter; an seiner Leiche wollen sich Dschinns rächen, denen er sich vor etwa 1.500 Jahren entzogen hatte; John und Suko vernichten die Dschinns; dabei verliert John seine → *Gnostische Gemme*, die sich in Staub auflöst.

Götterwelt der Drachen – schwebende Nebelschleier; ein Dimensionstor dorthin liegt im »Ferry Building« in → *Hongkong*; wird von den Seelen der Drachen erfüllt. **840 (1. Auftritt)** – Shao wird von Li → *Warren* dorthin entführt; Shao erhält dort von → *Amaterasu* ihre Armbrust und den Anzug zurück und tötet damit später Li Warren; die Welt bleibt weiter existent.

Götterwolf → *Fenris*.
Göttin des Todes → *Kali*.
Götze, Der † – 738/739 – Anführer der → *Kreaturen der Finsternis*; verschwindet aus dem Supermarkt von → *Garsdale Head*, als John und Suko ihn aufstöbern wollen; lauert in einer Ruine, einem unheiligen Ort; halb Mensch, halb Tier; dringt in Rita → *Thornball* ein; diese verbrennt in einem Auto, ohne daß → *Luzifer* ihr hilft; dieser gibt damit Garsdale Head als Stützpunkt auf.

Götzenbrut, Die → *Leichenvögel Baals*.

Goutier, Estelle → *Krankenschwester, Die*.

Graax † – 272 – schlimmster der → *Drachenkrieger*; wird von Professor → *Chandlers* Zeittunnel zusammen mit dem urweltlichen Dämonenjäger → *Bandor* in die Gegenwart gerissen und in Chandlers Burg von John mit Silberkugeln getötet.

Grabkriecherin, Die † – 996 – richtiger Name: Duna; Vampirin; stammt aus der → *Vampirwelt*; will das Blut von → *Doniel* in die Vampirwelt schaffen; versucht erfolglos, Suko zum Vampir zu machen; John wendet einen Trick an und gibt ihr das Blut von Doniel; als sie dann aber durch ein Dimensionstor in die

Vampirwelt zurückkehren will, greift er sie mit seinem Kreuz an und vernichtet sie dadurch.

Grabschläfer – **423** – aus der keltischen Mythologie; wenn ein Götze starb und begraben wurde, verging nur sein Körper, nicht sein Geist; Auserwählte legten sich auf sein Grab und wurden so von dessen Geist beseelt, und das Wissen des Götzen ging in sie über; sie wurden Grabschläfer genannt.

Grachten-Teufel, Der → *Kraal*.

Gracio – Templer-Magier; Baphometh-Anhänger; Skelett; wurde durch die Inquisition nach England vertrieben, wo er auch starb. **655 (1. Auftritt)** – wird vom Förster Kevin Lakeman als Gerippe gefunden und dadurch wieder lebendig; verschwindet; während er lebt, bildet sich wieder Fleisch an seinen Knochen; wird nach Portugal zu Nando → *Morcote* gebracht, was auch John und Suko erfahren. **656 †** – John und Suko folgen ihm nach Portugal; soll in einem Labyrinth John töten; dieser überzeugt ihn, daß er ein → *Templer* ist, und tötet ihn dann mit seinem Kreuz.

Graf Besancon † – **31** – gibt Jane Collins alten Wein zu trinken, der ihren Kopf zum Skelettschädel macht; wird von John getötet; Jane wird durch Bluttransfusion wieder normal.

Grafton-on-Sea – Ort an der Ostküste Englands; besteht hauptsächlich aus Backsteinbauten mit roten Ziegelsteinfassaden und weißen Fensterläden; sauberer Ort ohne Hochhäuser; hügeliges Umland; viele kleine Geschäfte; heideartige Landschaft mit granitfarbenen Steinen. **654**.

Graham – Ort östlich von London auf halber Strecke nach Rochester; umgeben von bewaldeten Hügeln. **979**.

Grainau – Ort im Schatten der Zugspitze in Bayern; auf dem Friedhof steigen Zombies aus den Gräbern, die von John vernichtet werden. **766; 767**.

Grampian Mountains – Gebirgszug in den schottischen Highlands.

Grandis, Schwestern – drei Schwestern; wurden als Vampirhexen gepfählt; die Pfähle wurden später entfernt, und sie wurden als Greisinnen wieder lebendig; verfluchten Julie → *Gladstone*. **520 (1. Auftritt)** – locken John in eine Sumpffalle. **521 †** – nehmen Julie Gladstone gefangen; diese bringt die magische Kugel der Schwestern in ihren Besitz; John, der sich aus der Falle befreien konnte,

G

kommt hinzu und zerstört die magische Kugel mit seinem Kreuz, wodurch die Schwestern vernichtet werden.

Grandma Gardener † – **TB74** – grauhaarig, graue Haut, dünne, knochige Finger, überdurchschnittlich lange Fingernägel; ging einen Pakt mit dem Teufel ein; kann sich in ein grünschimmerndes Skelett verwandeln; hat eine eigene Fernsehshow, in der sie Märchen vorliest; erwirbt ein Haus in → *Hanworth*; entführt 4 Kinder in das Landhaus, um ihre Seelen dem Teufel zu opfern; kann durch ihr höllisches Märchenbuch böse Märchengestalten herbeirufen; John kann alle Gestalten und ihr Märchenbuch mit Hilfe des Kreuzes vernichten; das Buch vergeht in weißmagischem Feuer, das auch sie tötet.

Graue Galaxis, Die – anderer Name für das → *Reich der Asmodina*. **103**.

Graue Riese, Der (1) † – **61** – Zyklop; grünlich leuchtendes Auge; grau, ohne feste Konturen; nennt sich Gray; Diener des → *Belphégor*; dreimal so groß wie John; aus dem Auge dringt ein grüner, bannender Strahl.; stirbt durch eine Silberkugel, die John ihm ins Auge schießt.

Graue Riese, Der (2) † – **571** – alter Kelten-Gott; Riese, von dem man nur den Kopf sieht; runder kahler Kopf; hat Macht über Schlangen, die auch seine Leibwächter sind; kann Frauen in ihren Träumen beeinflussen und sie zu seiner Insel → *Celtic Island* locken; John erfährt davon, begibt sich auf die Insel und befreit eine der Frauen mit seinem Kreuz aus seinem Bann; als er auftaucht, zerstört John ihn, indem er ihm seinen silbernen Bumerang ins Maul schleudert.

Grauer → *Boone, Terry*.

Grausamen Drei, Die † – **414** – untote Samurais; untote Bewacher des → *Heiligen Schreins* mit der *Krone der Ninja*; man hat ihnen das Augenlicht genommen, aber sie haben einen ausgeprägten Geruchssinn; einer wird von Yakup → *Yalcinkaya*, die beiden anderen von → *Asmodis* vernichtet.

Grausamen Fünf, Die † – **114** – Name für → *Tokata* und seine 4 Begleiter, untote Samurais; werden von John und Suko vernichtet.

Grausamen Ritter; Die † – **111/112** – Ritter, die dem Ruf, das Heilige Grab zu verteidigen, nicht gefolgt sind; ihr Anführer ist → *Rufus*; sie wurden lebendig in ihren Sarkophagen eingemauert; werden von den Einwohnern von *Gulbine*/Schottland wieder freigelassen; John tötet alle mit dem silbernen Bumerang oder mit Silberkugeln.

Graveline – kleiner Ort in der Nähe von Calais, wo die Werwolf-Sippe der → *Vaselys* in einem Internat ihr Unwesen treibt. **173**; **174**.

Graves-Schwestern † – **TB34** – Angela: 12 Jahre alt; 4 Mitschüler treiben mit ihr einen Halloween-Scherz, wobei sie jedoch aus einem Fenster stürzt und stirbt; kehrt 6 Jahre später als Zombie zurück, da sie von ihrer Schwester Caroline erweckt worden ist; diese fing 2 Jahre zuvor an der Schule an zu unterrichten, wo Angela starb; Angela will sich an ihren Mördern rächen; John sperrt Caroline in einen Keller, da er deren Schwester suchen will; er tötet Angela mit mehreren Silberkugeln; daraufhin bringt Caroline sich um, da sie ahnt, daß ihre Schwester tot ist.

Gray, Jack † – **175** – Totengräber auf dem Friedhof des Herzogs von Quinnthorpe, der vor 100 Jahren von einem Vampir lebendig begraben wurde; steht nach 100 Jahren als Zombie wieder auf und will sich dafür rächen, daß man seinen Friedhof verkommen lassen hat; tötet den Herzog und seinen Butler, doch dann vernichtet John ihn mit dem Kreuz.

Green Heaven – Ort in England an der Grenze der Provinzen Essex und Kent; durch den Ort fließt ein Bach; größtes Gebäude ist die Kirche mit ihrem spitzen Turm; schmale Hauptstraße; direkt an der Kirche liegt der Friedhof; in der Nähe ein zerfallenes Kloster. **540**.

Greenburg, Hal † – **968** – arbeitet als Museumswächter in → *Thetford*; war vor seiner Pensionierung als Hausmeister und Gärtner in der Schule des Ortes angestellt; runde rote Nase, daher Spitzname »Erdbeere«; psychisch gestört; steht unter dem Bann seiner Mutter, die ihm verboten hat, zu Frauen Kontakt aufzunehmen; haßt die Frauen, da sie ihn außerdem nicht beachten; tötet 5 Frauen, darunter 4 Einheimische, in einer Ritterrüstung und zerstückelt die Opfer mit einem Schwert; überwältigt Jane, wird aber, bevor er sie töten kann, von John mit einer Lanze erstochen.

Greene, Eddy † – **TB191** – Massenmörder; hingerichtet auf dem elektrischen Stuhl in den USA; sein Geist ging in die Hölle ein und kehrte dann mit Hilfe von Frequenzschwingungen auf die Erde zurück; bringt ein Hochhaus in London in seine Gewalt, nimmt durch Radios Kontakt mit den Bewohnern auf und bringt mehrere Personen durch seine Stimme dazu, Selbstmord zu begehen; John vernichtet den Geist mit seinem Kreuz.

Greenland – Ort in Irland südlich der Wicklow Mountains; hohe Steinwälle rund um das Dorf; in der Nähe liegt eine kleine Bucht; in ihr befinden sich einige Felsen, die aussehen wie prähistorische Drachenskelette. **533**.

Greenspond – Ort an der Küste der Insel Neufundland in Kanada; hat einen eigenen Hafen. **609**.

Gregori, Ahmed † – **115** – Ägyptologe, Sektenforscher; entdeckt die letzten 6 → *Sylphen* und bringt sie nach London; diese werden von John und Mandra → *Korab* vernichtet; stirbt durch Lena Burtles, deren Mann von den Sylphen ermordet wurde.

Gregorin – **764** – »Der Henker aus Armenien«; Einsatzleiter des KGB auf der Health Farm an der Südküste von England, wo → *Strigus* versteckt wurde; wird von Wladimir → *Golenkow* nach Rußland vor den Richter gebracht.

Grey Man † – **TB72** – Herrscher von → *Deadwood*; hinkt; trägt einen Schlapphut, der meist sein Gesicht verdeckt; trifft John im Fahrstuhl von dessen Hochhaus und will, daß dieser nach Deadwood kommt; kann in der Stadt die Zeiten dirigieren; will John in Deadwood töten, um selbst von dem Fluch, ewig leben zu müssen, befreit zu werden; bringt John und die mitgereiste Jane Collins in die Vergangenheit, wo sie miterleben, wie er eine Gruppe von Teufelsdienern in Zombies verwandelt; diese Zombies sollen John und Jane in der Zeit zwischen Gegenwart und Vergangenheit töten; John gelingt es jedoch, ihn mit dem Kreuz zu vernichten; Deadwood verbrennt zusammen mit den Zombies; John und Jane gelingt die Flucht.

Griffins – **311** – auch → *Arkonadas* Mord-Zyklopen genannt; drittes Auge in der Stirnmitte, in dem Arkonadas Fratze zu sehen ist; Wächter Arkonadas; sie sind nur zu töten, indem man den Kontakt zu Arkonada zerstört, also das dritte Auge.

Grillo, Gabriel – **124** – Besitzer des Blumenladens »Grillo's Flower Power« in Southwark;

Diener → *Mandragoros*, der Zugang in dessen Reich hat und Jane Collins den Vampir-Blumen opfern will; kommt wegen Mordes an dem Bürgermeister von Falcon vor Gericht.

Grimes, Mister – Ghoul; Besitzer der → *Horror-Disco* »Disco Hell« nördlich von Glasgow; wandelnder Fleischberg, aufgedunsen, mit kleinen, tückischen Augen. 58 – will die Skelette der ermordeten Liebhaber der → *Weißen Frau* zum Horrortanz erwecken, um mit ihnen dem → *Spuk* Seelen zuzuführen; wird vom Spuk gerettet, als John die Disco ausräuchert. 74 – will König von London werden und kann John wiederum entkommen. 97 † – wird von → *Asmodina* in die → *Dimension des Schreckens* vor den Dämonenrichter → *Maddox* gebracht; erhält eine letzte Chance, John zu töten; wird von Jane Collins in ihrem Apartment mit Silberkugeln vernichtet. 95; 96.

Grimsdyke und Maren † – **TB154** – Ghouls; beide sind Maler; leben zusammen in einem Haus in der Nähe eines Friedhofes in London; arbeiten für einen Kosmetikkonzern, dem sie ihre abgenagten Knochen verkaufen; merken, daß John und Suko ihnen auf der Spur sind; wollen den Manager der Firma töten, da er sie als einziger kennt, und dann verschwinden; John trifft auf Maren und vernichtet ihn mit 2 Silberkugeln; Grimsdyke nimmt den Manager als Geisel und stürzt sich mit ihm aus dem Fenster; der Manager stirbt; bevor Grimsdyke endgültig verschwinden kann, tötet Suko ihn mit 3 Silberkugeln.

Grindelwald – Ort in der Schweiz, wo John und die Conollys Riesenameisen bekämpfen. 40.

Grobino † – **169** – Zombie und Diener des indianischen Monsters → *Mugur*; wird von John mit seinem eigenen Tomahawk getötet und zerfällt zu Staub.

Gropius – **425** – Maler aus dem Mittelalter in Nürnberg; hat das → *lebende Bild* gemalt, zu Ehren → *Baphomet*s, aus dem zwei mordende Monster steigen und durch das John ins mittelalterliche Nürnberg verschlagen wird; durch die Magie des Kreuzes folgt Gropius John in die Gegenwart; dort reißt er → *Bilder-Franz*, den Besitzer seines Bildes in der Gegenwart, mit ins Bild hinein und verschwindet mit ihm in einer anderen Dimension; das Bild selbst wird danach zerstört.

Große Mutter, Die → *Lilith*.

Großen Alten, Die – Dämonen der finstersten Sorte, grausam, erbarmungslos; nach dem Kampf mit den → *Stummen Göttern* für lange Zeit verbannt. **243 (1. Auftritt)** – werden frei durch die Schädel der → *Schädelkette*. **310/311** – ihre Geburtsstätte ist der → *Planet der Magier* (Magier ist ein anderes Wort für die Großen Alten); es gibt 6, eventuell 7 von ihnen. **350** – wollen gegen die Hölle losschlagen, nicht nur gegen → *Asmodis*, sondern auch gegen → *Luzifer* und seine erste Dienerin → *Lilith*. **351** – → *Kalifato*, das Spinnenmonster, wird von Asmodis vernichtet. **353** – → *Gorgos* vergeht mit seiner Welt durch das → *magische Pendel* des → *Eisernen Engels*; → *Hemator* stirbt ebenfalls durch das magische Pendel; der → *Eiserne Engel* köpft seinen Zwillingsbruder mit seinem Schwert; → *Krol*, die Krake, wird von → *Myxin* mit → *Karas goldenem Schwert* vernichtet; weitere Große Alte sind der → *Spuk* (der Namenlose) und → *Izzi*, der Höllenwurm. **264; 299: 352.**

Großer Vater → *Doc Rawson*.

Gruft der wimmernden Seelen – **354** – sie befindet sich unter dem → *Kloster St. Patrick*; Totenmusik dringt aus den Wänden, darauf auch fratzenhafte Abdrücke von Totengesichtern, die ihre Qualen hinausschreien; von Asmodis arrangiert; sie ist nicht geweiht, deshalb können Dämonen dort eindringen.

Gruftie, Der † – **955** – richtiger Name: Gordon Waterman; Skelett mit menschlichem Kopf; Halbbruder von »Douglas Waterman«; lebte vor seinem Tod in Mittel- und Südamerika; beschäftigte sich dort hobbymäßig mit fremden Kulturen; wurde einst von seinem Halbbruder ausgezahlt, damit er ins Ausland gehen konnte; kam zurück, wollte bei seinem Halbbruder leben und erklärte diesem, daß er in Kürze sterben würde; wollte in dem Garten von Douglas begraben werden; verweste danach bei lebendigem Leibe bis auf seinen Kopf, der erhalten blieb; kehrt später zurück und kann nur endgültig sterben, wenn auch sein Halbbruder stirbt, da sie dasselbe Blut in sich tragen; offenbart dies seinem Bruder im Beisein von John; sein Halbbruder erschießt sich daraufhin, da er mit ihm nicht zusammenleben will; stirbt nach dem Tod seines Halbbruders ebenfalls; das Skelett zerfällt zu Staub.

Grufties – Jugendliche, die sich ganz in Schwarz kleiden und sich mit Vorliebe auf Friedhöfen aufhalten. TB 109; TB140.

Grusel-Star, Der → *Van Akkeren, Vincent*.

Grynexxa – Dorf in Wales, wo zum ersten Mal der → *Todesnebel* auftaucht. 132.

Guernsey – hügelige Insel im Kanal zwischen England und Frankreich; liegt näher an Frankreich, dessen Küste von hier aus auch zu sehen ist; größte Stadt der Insel ist die Stadt St. Peter Port, wo sich auch der Flughafen Le Bourg befindet, der etwa 10 km außerhalb der Stadt liegt; der Flughafen liegt im südlichen Teil der Insel; St. Peter Port hat einen eigenen Hafen, der von 2 Landzungen umgeben ist; in der Stadt liegt das Hotel »Island Inn«; in der Nähe der Stadt liegt die »Belle Grève Bay«; nur die Hauptstraßen der Insel sind asphaltiert, die restlichen bestehen aus Schotter. 985; 986.

Gulbine – Dorf in Schottland, in dem die → *grausamen Ritter* ihr Unwesen treiben. 111; 112.

Gulerian, Golo † – 105 – Maler, malt Bilder der Apokalypse im Auftrag des Teufels, der ihn persönlich in die Dimensionen des Schreckens geführt hat; seine Bilder werden lebendig, die Monster steigen heraus; wird »der zweite Hieronymus Bosch« genannt; Glenda wirft ihm Johns Kreuz ins Maul und tötet ihn damit.

Gump – Hügel in Cornwall, in dem die → *Spriggens* leben. 671.

Gunnerson, Olaf † – 276 – schwedischer Oberst aus dem 30jährigen Krieg, seit 350 Jahren tot; beim Blutbad von Selb gestorben; liegt unter dem → *Schwedenkreuz* begraben, ein Gespensterkreuz bei Selb im Fichtelgebirge; Knebelbart, Helm, leichter Brustpanzer, schwerer Degen; soll einen Bund mit dem Teufel geschlossen haben; Will → *Mallmann* und John (mit Kreuz und Silberkugeln) bringen ihn und seine Geisterreiter zur Strecke.

Gurny, Ed † – 329 – Buchmacher in London, der auch Auftragsmörder vermittelt; soll John für einen Ghoul töten; wird von dem Ghoul getötet, nachdem sein Anschlag auf John mißlang.

Guru der Toten † – 62 – Hondu, Guru der → *Wiedergänger*, will eine Armee von Zombies schaffen, um mit ihr London zu beherrschen; stirbt durch Johns Kreuz, indem er verglüht und verdampft.

Gütgen, Heinz – **TB114** – Kommissar in Düsseldorf; untersucht den Mord an einem japanischen Geschäftsmann.

Guthry, Slim »Natas« † – **883** – mehrfacher Mörder und Satansanbeter; Spiegelbild des echten Slim Guthry; geistige Projektion von diesem; besteht aus der negativen Energie, die der echte Guthry im Augenblick seines Todes freigegeben hat; sitzt in einem Gefängnis und soll von John in eine Klinik gebracht werden; befreit sich und schlägt John nieder; Johns Kreuz hält ihn davon ab, diesen zu töten; tötet 2 Menschen bestialisch für den Teufel; ermordet auch seinen dem Wahnsinn verfallenen ehemaligen Gefängniswärter »Sam Wilde«; bevor er auch einige Kinder für den Satan opfern kann, tötet John ihn mit seinem Kreuz.

Guywano – Druidenkönig; Schwarzblüter; alter Mann; lange, schlohweiße Haare; hartes Gesicht mit braungrünem Schimmer; Bruder von → *Zacharias*; weißes Gewand; Herrscher des Dunklen Teils von → *Aibon*; Hüter des Druidenfriedhofes; besitzt das → *Rad der Zeit* in Aibon. **301 (1. Auftritt)** – wird aus Aibon zu einem Druidenfriedhof in der Nähe von Lonecastle in Cornwall geschickt, um ihn zu bewachen; tötet alle, die diesen Ort entweihen; hat von → *Luzifer* einen der → *sieben Dolche Mandra Korabs* erhalten; dieser wird ihm aber von John, Suko und Mandra wieder abgenommen. **TB45** – begrub vor 2.000 Jahren die Druidenkönigin → *Chilea*, die hier von Suko vernichtet wird. **TB54** – bringt die 7 Dolche von → *Mandra Korab* in seine Gewalt und macht sie zu Werkzeugen des Bösen; entführt Mandra nach Aibon; versucht erfolglos, John mit Hilfe der Dolche zu töten; 5 der Dolche werden vom → *Eisernen Engel* zerstört; verschwindet mit den 2 verbliebenen Dolchen. **558** – tötet → *Jarveena*, die ihn verraten hat, indem er sie ihn einen See in Aibon stößt, wo sie von den dort lebenden Ghouls gefressen wird; will auch John in den See stoßen, was Suko jedoch verhindert. **613** – (taucht selbst nicht auf) – hat einen Killer losgeschickt, der → *Mandragoros Reich* für ihn übernehmen soll; sein Plan mißlingt, und der Killer stirbt in dem Reich. **TB138** – (taucht selbst nicht auf) – ist einst dazu verdammt worden, die Qualen des ewigen Fegefeuers zu erleiden, hat es jedoch

geschafft, sich mit den → *Grauen* zu arrangieren und Helfer zu finden. **812** – will John und Suko durch → *Beißer* töten lassen und steckt die beiden deshalb in Treibsand; diese werden von 2 → *Männern in Grau* gerettet. **960** – (taucht selbst nicht auf) – verwandelt 4 Menschen mit Hilfe seiner Aibonmagie in lebende Schatten, die alles, was sie berühren, nach Aibon transportieren können. **961** – trifft Suko in seiner Koboldgestalt, der jedoch entkommt; will später Muriel → *Shannon* vergewaltigen; wird von Jane Collins daran gehindert; muß fliehen, als er bemerkt, daß der → *Rote Ryan* ihm das Rad der Zeit gestohlen und in den Guten Teil Aibons gebracht hat. **482**.
Gwenola † – **606** – Zauberin; Kriegerin; Tätowierungen an den Armen; ihre Waffe ist ein Säbel; lebte lange bei einer keltischen Zauberin; kann Tiere beherrschen, egal ob sie tot oder lebendig sind; anstelle von Blut fließt in ihren Adern eine schwarze Flüssigkeit; lebt auf einer Burg in ihrer Welt; wollte einst eine Ritterin der Tafelrunde werden; wurde von den Rittern aber nicht anerkannt; bekam von ihnen einen Teil Britanniens als Ausgleich geschenkt; will jetzt das Land zurück; setzt lebende und tote Tiere ein, um es zurückzuerobern; erscheint auf einer Party und teilt den Gästen mit, daß sie sich auf ihrem Land befinden; will die Gäste vertreiben; ihre Welt legt sich über die normale, und John, der sich in der Nähe befunden hat, betritt sie; erklärt John, daß sie die Zwischenzeit in → *Aibon* überlebt hat; John aktiviert sein Kreuz, woraufhin sie und ihre Welt zerstört werden, indem sie zusammenschrumpfen und zerplatzen.
Gwenolas Welt † – **606** – beherrscht von → *Gwenola*; totes Land; viel Staub; tote Bäume; hier leben kompakte Vögel mit langen Hälsen; Hauptsitz ist eine Burg, die aus lauter ungleich hohen Türmen besteht; wird zusammen mit Gwenola durch Johns Kreuz vernichtet.

Hacea – Dorf in Siebenbürgen/Rumänien, wo John und Frantisek → *Marek* den Nachzehrer → *Zirka* vernichten. **355**.
Haduk – GK110(23) † – Leibwächter → *Dr. Tods* auf → *Schloß Montesi*; Türke, der die

H

meiste Zeit seines Lebens im Zuchthaus gesessen hat; stirbt durch sein eigenes Krummschwert im Kampf gegen John.

Hagerty – **GK10(2)** – Inspektor bei Scotland Yard; unscheinbarer Typ, zäh und verbissen; raucht Pfeife.

Haiti – Insel in der Karibik mit Hauptstadt »Port-au-Prince«; viel tropischer Regenwald auf der Insel; plötzlich losbrechende Gewitter; einst französische Provinz; Oberschicht der Bevölkerung spricht französisch; Landessprache Kreolisch; Zuckerrohr-Plantagen; alter Kreolenfriedhof auf der Insel, neben dem sich eine Kirchenruine befindet. **806**; **983**; **984**.

Hale, Alan – **237** – Waffenspezialist bei Scotland Yard.

Haley, Dexter – **483** – Öko-Sheriff in den Rocky Mountains bei Culver/Wyoming; findet die Spur des → *Yeti* und ist dabei, als John diesen im Hotel Mountain King erschießt.

Halifax, Peter – **169** – Herr der → *steinernen Monster*; hat das indianische Monster → *Mugur* nach England gebracht und stellt es in Gilwich mit anderen Steinfiguren, die durch Mugurs Magie ebenfalls lebendig werden, in einem Zelt aus; Halifax landet im Gefängnis, nachdem John die Monster mit Dynamit zerstört hat.

Halle der Weisheit – unterirdisches Heiligtum im Kloster, in dem Yakup → *Yalcincaya* ausgebildet wurde. **330**.

Hallstadt – Stadt im Dachsteingebirge in Österreich, wo → *Myxin*, John und Suko 3 Eisvampire vernichten. **127**;

Hamburg – Millionenstadt an der Elbe; im November und Dezember findet ein großes Volksfest, der »Dom«, statt. **205**; **887**; **888**.

Hamilton, Don – Captain in New York; Polizist der alten Schule; unbestechlich; geht mit dem Kopf durch die Wand; kein Pardon gegenüber Gestzesbrechern; rauhe Schale, weicher Kern; trifft als erster die zu Vampiren gewordenen Polizisten seiner Station; holt John und Suko zur Hilfe. **19**; **75**; **TB65**.

Hamilton, Familie † – **820** – → *Kreaturen der Finsternis*; Mutter Linda: Aussehen als Kreatur der Finsternis: Kopf hat Mischung aus der Schnauze einer Schlange und dem Maul eines Schweins; scharfe Zähne; lange Zunge; grüne Hautfarbe; Vater Jake: Chef einer Architekturfirma mit 5 Angestellten; Aussehen als Kreatur der Finsternis: gelbe Augen; Wolfsschnauze;

gelber Schleim im Mund; Tochter Rosie ist noch ein Kleinkind; lebt in einem Kinderwagen; kalte, böse, grüngelbe Augen; schwarze Haut; helle, spitze Zähne; Klauen; Rosie kann sich nicht in eine menschliche Gestalt verwandeln; entkommt der Aufsicht ihrer Eltern und fällt mehrere Menschen an, wodurch John und Suko auf sie aufmerksam werden; Vater wird vor seinem Büro überfallen, vertreibt den Täter jedoch durch die Verwandlung in das Kreaturaussehen; eine Nachbarin von ihnen informiert John und Suko über ihren Wohnsitz; diese wird von Linda ermordet; John verfolgt Rosie, die zu ihrer Mutter flüchtet; John kann beide durch die Aktivierung seines Kreuzes vernichten; Jake will den beiden zur Hilfe kommen, wird aber von Suko mit der Dämonenpeitsche vernichtet.

Hampton, Lionel † – 3 – untoter Hüter eines Friedhofs, der verhindern will, daß aus dem Friedhof Baugelände wird; John vernichtet ihn mit Silberkugeln, nachdem er es mit Hilfe des Pfarrers geschafft hat, seine Seele mit dem begrabenen Körper zu vereinen.

Hanlock, Baron of † – 315 – hat dem Teufel seine Seele verschrieben; geht eine Doppelexistenz mit dem → *Totenvogel* ein; wird durch den Totenvogel vernichtet, weil er versagt hat; verbrennt in bläulichem Höllenfeuer.

Hansen, Dagmar – arbeitet, wie auch Harry → *Stahl*, für die deutsche Regierung; ist eine → *Psychonautin*; wurde vor Jahren von einem UFO entführt, in dem sie untersucht wurde und wo man ihre Psychonautenkräfte geweckt hat. **966 (1. Auftritt)** – arbeitet zusammen mit Harry Stahl an einem Mordfall, bei dem eine Psychonautin namens »Estelle« ermordet worden ist, die zusammen mit ihr in das UFO entführt worden ist. **967** – begibt sich zusammen mit Harry in den Harz zu dem Platz, wo sie einst von dem UFO entführt worden ist; dort treffen die beiden auf »Romana Sendi«, die damals ebenfalls entführt wurde, und retten sie vor 3 Geheimdienstlern; trifft danach auf John, Suko und → *Thamar*; erlebt mit, wie das UFO erneut landet und Thamar und Romana an Bord holt; wird von Suko mit Hilfe von dessen → *Stab* gerettet, bevor das UFO auch sie an Bord holen kann; dies wollte auch Harry verhindern, der sich dabei aber am Knöchel verletzt

H

hat; das UFO fliegt ohne sie weg. **982** – hilft Harry Stahl bei der Suche nach dem → *UFO-Bastard*; wird später von diesem angegriffen; vernichtet ihn mit Hilfe ihrer Psychonautenkräfte, die ihn, aktiviert durch den Angriff, verbrennen.

Hanworth – Ort in England in der Nähe von Twickenham, nördlich der Themse gelegen; kleiner Ort mit vielen Obstgärten. **TB74**.

Happisburgh – Ort an der Küste von Nordfolk; in einem Leuchtturm bringen John, Suko und Jane Collins die Hexe → *Maxine* zur Strecke. **27**.

Hard-Rock-Zombie, Der † – **512** – richtiger Name: Tiger Diabolo; sein Vater ist »Aristide«; ging einen Pakt mit dem Teufel ein; hat sich umgebracht, um später als Zombie zurückzukehren; ist der Anführer der Skinheads in Soho; will an die Spitze der Londoner Unterwelt gelangen; kann Menschen mit seiner Musik in seinen Bann schlagen; sein eigener Vater will ihn töten, dieser wird jedoch später von einem seiner Leibwächter erschossen; John vernichtet ihn mit seinem Kreuz.

Harker – **GK177(25)** – Pfarrer in → *Hawick*; kämpft zusammen mit John gegen die Werwölfin Vivian → *Delano*.

Harker, Jerome T. → *Kopfloser Rächer*.

Harley-Davidson – **11** – Suko fährt sie zum ersten Mal und trägt eine schwarzgrüne Lederkluft. **436** – Sukos Motorrad bleibt in der Vergangenheit verschwunden, nachdem Suko und Shao mit der Maschine von → *Liliths* → *Hexentor* verschlungen wurden, sie aber allein wieder ausspuckte.

Haro, Bote der Götter † – **143** – Atlanter, von den atlantischen Göttern mit starken Kräften ausgestattet, damit er deren Botschaften verkündete; wird von → *Myxin* aus zehntausendjährigem Schlaf in einer Felshöhle erweckt; Geliebter → *Karas*; stirbt durch den Pfeil eines → *Todesengels* von → *Asmodina*. **TB5** – (Auftritt in der Vergangenheit) – beschützt Kara beim Angriff der Dämonen auf die Hauptstadt von Atlantis; lernt dabei John kennen.

Harper, Cameron – Sheriff in → *Rockwell*/USA. **685** – untersucht den Mord an einer Bewohnerin Rockwells; nimmt in diesem Zusammenhang Bill Conolly und Tricia → *Black* fest. **686** † – befreit mit seinem Gehilfen Tom Filgor → *Cigam* aus seinem

H

Grab; wird von Tricia Black in Notwehr erschossen, nachdem sie von John befreit wurde und er sie erschießen wollte.

Harpyie – **478** – Sturmdämon n Gestalt eines vogelartigen Mädchens in der griechischen Mythologie.

Harrings-on-Sea – kleiner Ort mit Sommertourismus direkt am Meer in England; ein Café und einige Geschäfte; gepflegte Vorgärten; Fußgängerzone; am Strand steht ein weißes Haus. **804**; **805**.

Harris – **50** – Captain bei der Polizei in Hongkong; hager mit buschigem Schnäuzer.

Harris, Professor † – **21** – Dämon, zwergenhafter Körper, übergroßer Kopf, breiter Mund mit spitzen Zähnen; genannt der → *Seelenhändler*; beschafft dem → *Schwarzen Tod* Seelen; arbeitet als Arzt getarnt in einer Privatklinik in London, in der auch Sheila Conolly ihr Baby zur Welt bringen will; stirbt im eigenen Verbrennungsofen, in dem er Sheila und Bill Conolly töten wollte.

Harrison, Henry – **346** – Politiker, Ökologe; stellt sich gegen den Öl- und Waffenhändler Kosta → *Kastakis* und wird von dem mittels einer → *Medusa*-Statue ermordet.

Harrods – berühmtestes Kaufhaus Europas in London in der Brompton Road. **77** – Puppen in der Spielwarenabteilung werden durch → *Sinistros* Voodoo-Magie zu mordenden Monstern.

Hart, Kimberly → *Aibon-Amazone, Die*.

Hartford – Ort in England; am Ortseingang liegt ein Bauernhof; im Ort befindet sich eine große Schrebergartenanlage. **636**.

Hartford, Familie – Vater Morton F.: ältestes Mitglied des Hartford-Clans; Tochter Diana: ca. 40 Jahre alt, Frau des vor 3 Jahren verstorbenen Basil; Basil wurde nach seinem Tod zum Zombie und nahm den Geist eines gleichnamigen Vorfahren und Templers in sich auf. **TB84** – Basil schmuggelt sich als angeblicher Praktikant in die Abteilung von John; entführt Sir James Powell und Glenda Perkins, um sich nach und nach deren Seelen anzueignen; John und Suko folgen Basil nach Schottland und treffen dort auch Morton F. und Diana; der → *Dunkle Gral* vertreibt den Geist des Templers aus Basils Körper, woraufhin dieser verwest; Hector → *de Valois* vernichtet den Templergeist mit seinem Schwert.

Hartley – **85** – Commissioner

H

bei Scotland Yard; sehr fähiger Beamter; Spezialist bei der Terroristen-Bekämpfung; klein, rundes Gesicht, kaum noch Haare auf dem Kopf.

Hartley, Dennis – 123 – Chief Inspector bei Scotland Yard.

Harun † – 392/393 – Orakel der Königin → *Diablita*; Statue, genannt »der silberne Gott«; wenn man seinen Kopf dreht, erscheinen aus einer fremden Dimension weißhäutige Wesen mit einer Silbermaske vor den Gesichtern auf fliegenden Teppichen und mit Bogen und Brandfpeilen; Silberkugeln können sie vernichten, dann schmilzt die Silbermaske und erstickt sie, bevor sie (und ihr fliegender Teppich) zu Staub zerfallen; diese – das → *Phantom-Kommando* genannten – Dämonen werden von John vernichtet; die Statue gehörte in der Vergangenheit der Königin → *Diablita*, doch John gewinnt sie bei einem Ritterturnier und übergibt sie Hector → *de Valois*; die Statue in der Gegenwart zerfällt zu Staub.

Haskell, Clark † – GK163(38) – genannt »der Meister«; Besitzer des »Dartmoor Inn«, einer alten Kneipe nahe des Zuchthauses Dartmoor; ehemaliger Zuchthauswärter; hat alte Hexenbücher gefunden und ist dem Satan verfallen; befreit Zuchthäusler und verwandelt die in schuppige Monster, weil er sich an dem Zuchthausdirektor Frederick K. Bannister rächen will; versinkt im Moor beim Kampf gegen John.

Haus der jammernden Seelen – wer in ihm stirbt, wird ein Teil des Hauses; ein gefährlicher Druide hat darin gewohnt, der Verbindung zum Spuk hatte. 143.

Hausmeister, Der † – 798 – richtiger Name: Ewald Trigger; ist eine → *Kreatur der Finsternis*; Aussehen als Kreatur: Geist, der Ähnlichkeit mit dem menschlichen Körper hat, nur wesentlich größer ist; Hausmeister in einem Londoner Internat; nachdem er die Tochter eines Polizisten entführt hat, wird er von deren Vater erschossen; es stellt sich heraus, daß er bereits mehrere Kinder mißbraucht hat; sein Geist bedroht von nun an die Familie des Polizisten; John vertreibt ihn mit seinem Kreuz; Suko trifft in seiner Wohnung auf den Geist; er entpuppt sich unter den Schlägen der Dämonenpeitsche als Kreatur der Finsternis und flieht; in der Schule will er erneut die Tochter des Polizisten entführen, die jedoch von Johns

Kreuz geschützt wird, das dieser ihr gegeben hat; John taucht auf und vernichtet ihn mit 4 Silberkugeln.

Hawick – kleiner Ort im Nordwesten Englands; in seiner Nähe befindet sich eine Anstalt, in der der Arzt Dr. Ramon → *Cazalis* und die Werwölfin Vivian → *Delano* ihr Unwesen treiben.

Hawkins, Harold T. † – **IV78** – nennt sich der Hirte, Prophet; ist jedoch das → *Gas-Gespenst*, das den Ort → *Crayton* in Angst und Schrecken versetzt; vor Urzeiten wurden dem Spuk Dämonenseelen geraubt, die unter der Erde von Crayton ihre Gräber fanden; mit ihrem Anführer schließt Hawkins einen Pakt: er führt ihnen Opfer zu und wird selbst mit ihrer Hilfe zum Herrscher von Crayton; John und Suko vernichten ihn mit Silberkugeln.

Hay Island – Insel zwischen der schottischen Küste und den Orkney-Inseln, auf der ein Leuchtturm steht, in dem sieben weiße Vampire gebannt sind. **280**.

HCP → *Painter, Harold C.*

Headcorn – Ort in Südengland an der Strecke von London nach Dover; verschlafener, kleiner Ort; Häuser stehen geduckt in einer flachen Landschaft; Hauptstraße ist ein lange Rechtskurve, die durch den gesamten Ort führt; Einkaufszentrum im Ort; in der Nähe lag eine alte Mühle an einem See, die jedoch mittlerweile abgebrannt ist. **TB136**.

Healy – **377** – Einsatzleiter bei Scotland Yard; besonnener älterer Beamter; Zigarrenraucher.

Heart and Devil – **316** – Musikgruppe, die sich dem Teufel verschrieben hat: Kid Larson †, Slick, Sena †, Pigeye Benson, Mario Melana.

Heathrow – Größter Flughafen Londons. **243** – Sicherheitschef Nick → *Lester*, Flughafenpolizist Steve → *Justin*.

Heilende Handschuhe – schwarz; dünn; auf den Außenseiten innerhalb eines blutroten Kreises das Zeichen des Drachen, einer Riesenechse mit langem, peitschenartigem Schwanz, der über dem Rücken liegt und bis zum Kopf mit dem offenstehenden Schlund reicht; wurden hergestellt von dem alten Shaolin-Mönch Lin Cho, der den Drachengott beschworen und ihm vieles dafür geopfert hat; mit ihnen können Wunden geheilt werden, sofern diese am Körper eines Menschen zu sehen sind; vervielfältigen die Schlagkraft eines Mannes; in ih-

H

nen steckt die Kraft des Drachengottes und die Buddhas; sie reichen beim Überziehen nur bis zum Fingeransatz; dürfen nicht zum Töten benutzt werden, da sonst ihre Magie zerstört wird; bis zu dessen Tod im Besitz von Yakup → *Yalcinkaya*.
486 /487 (1. Auftritt) – Yakup kämpft mit → *Shimada* um die Handschuhe und tritt das Erbe des Shaolin an, indem er die Handschuhe
an sich nimmt. **978** – retten Yakup, nachdem dieser von 2 Wurfsternen von → *Shimada* schwer verletzt worden ist, vor dem Tod und schließen die Wunden. **980** – werden nach dem Tod von Yakup zunächst von Yakups Mörderin gestohlen; nach ihrem Wiederauftauchen kommen sie in einen Safe bei New Scotland Yard.

Heilige, Der † – **819** – auch »The Saint« genannt; Außerirdischer; besuchte vor Urzeiten bereits die Erde; kann die Zeiten seiner Besuche erneut erzeugen; kann mit Hilfe seiner Pyramide durch Raum und Zeit reisen und sie mit seinen Gedanken steuern und antreiben; kennt die → *Goldene Pistole* und hat Angst vor ihr; heilt viele Menschen; stirbt angeblich, hinterläßt seinen Anhängern jedoch die Nachricht, daß er zurückkehren wird; John und Bill Conolly besuchen sein Grabmal; sie betreten es und werden eingeschlossen; sie treffen auf ihn, der in seiner Pyramide hockt; bringt John durch ein Zeittor in eine andere Zeit; Bill zwingt ihn mit der Goldenen Pistole, John zurückzuholen, was er auch macht, da er die Pistole kennt; will seine Anhänger zu Forschungszwecken in eine andere Zeit befördern; nachdem John zurück in die Gegenwart geholt worden ist, tötet Bill ihn mit einem Schuß aus der Goldenen Pistole.

Heilige Feuer, Das – **448** – entsteht durch die Formel → *»Terra pestem teneto – Salus hic maneto«*, die durch Sinclairs Kreuz aktiviert wird; dazu benötigt man ein Öl → *Salomos*; John vernichtet damit in der Vergangenheit (Salomos Zeit) Diener des Götzen → *Baal*.

Heilige Schrein, Der – **414** – ein vom Tenno geweihter Schrein, in dem die → *Krone der Ninja* aufgewahrt wird; die Weihe ist so stark gewesen, daß selbst → *Asmodis* nicht an diesen Schrein heran kann; wird bewacht von den → *grausamen Drei*; besteht aus dunklem Holz, Deckel aus Glas.

H

Heilige Silbe → *AUM*.

Heister, Harry – **TB140** – Fotoreporter, genannt Kugelblitz: »Wo ich bin, klappt nichts. Aber ich kann nicht überall sein.«

Helder – **GK168(39)** – Captain; Leiter des größten Reviers in Soho/London am Soho Square (200 Beamte in 3 Schichten rund um die Uhr).

Hell Fire Club – gegründet von Sir Francis Dashwood; Mitglieder beten den Teufel an; heute nicht mehr existent, allerdings finden sich immer noch einzelne Personen, die den Idealen von Dashwood frönen; dieser hielt sich für unsterblich, ist aber trotzdem gestorben; die Ideen und Ideale des Clubs wurden durch mehrere Filialen über ganz England verstreut; eine Filiale hat sich in einem Altenheim in der Nähe von → *Shortgate* befunden, das aber abgebrannt ist; offiziell konnten nur Männer Mitglieder des Clubs werden; inoffiziell wurden aber auch Frauen akzeptiert, die aber meist bei Ritualen geopfert worden sind; Sir Francis hat herausgefunden, daß die Seele von Verstorbenen durch die menschliche Energie, die diese abgeben, wenn sie sterben, wieder in körperliches Leben wechseln können; Sir Francis war ebenfalls in der Lage, durch alte Beschwörungsformeln Tote in Zombies zu verwandeln.

Hemator – **351** – einer der 6 → *Großen Alten*; zwei an den Gelenken zusammengewachsene Hände, die alles zerquetschen können; genannt der Unbesiegbare, der Zerstörer. **353** – wird vernichtet durch das → *magische Pendel* des → *Eisernen Engels*.

Hendricks – **GK180(42)** – Chief-Commissioner; einer der ranghöchsten Beamten bei Scotland Yard; Chef aller Mordkommissionen; John ist mit ihm auf einer Tagung aneinandergeraten; seitdem können sie sich nicht leiden.

Hendricks, Eileen – **420** – 10jähriges Mädchen mit großer Phantasie; gibt ihr Blut, um den → *Roten Ryan* von seinem Fluch zu erlösen (dessen Schwester → *Ziana* hatte ihn in eine Schlange verwandelt); Eileen überlebt.

Henkelkreuz – befindet sich auf Johns Kreuz unter den von → *Lilith* gelöschten Zeichen; strahlt einen türkisfarbenen Lichtbogen ab. **371**.

Henker, Der † – **TB164** – trägt schwarze Kleidung mit einer Kapuze über dem Kopf, so daß nur die Augen zu sehen sind; als

H

Waffe trägt er ein gewaltiges Beil mit einem langen Stiel; strahlt Düsternis und Gewalt aus; verbündet mit einer schwarzen Dohle; → *Kreatur der Finsternis*; sein wahres Gesicht als Kreatur ist das einer überdimensional großen Dohle mit menschlichem Körper; lebt bereits seit Jahrhunderten; köpfte zu Zeiten von Hector → *de Valois* die Templerfamilie Ashford, die unter dem Schutz Hectors gestanden hat und erst sterben kann, wenn er vernichtet wird; tötet einen Menschen in der Gegenwart; trifft auf John, der zunächst die Dohle mit einer Silberkugel vernichtet, dann ihn selbst mit dem Kreuz, wodurch auch die Familie Ashford erlöst wird.

Henker mit den drei Sensen † – 397 – Wesen, das nur aus einem mit einer roten Kapuze verdeckten Kopf sowie Schultern und Armen besteht; aus den Knochen seines Körpers wurden Ingredienzien für das mörderische Parfüm → *Dark Mystery*, das die drei → *Töchter von Atlantis* hergestellt haben; ist der Diener der 3 Töchter aus Atlantis und wird von John und → *Myxin* mit seinen eigenen Sensen vernichtet; dadurch sterben auch die wieder zu Nixen gewordenen Töchter von Atlantis.

Henkerin, Die † – 923 – mit richtigem Namen Carlotta d' Arroyo; ist mit dem Teufel im Bunde; tötet die Männer, mit denen sie geschlafen hat, mit einer Machete; tötet in der Vergangenheit auch ihren Mann Don Alfonso; wird von Godwin → *de Salier* vom Balkon ihres Schlosses gestoßen und stirbt zwischen den Klippen des darunterliegenden Steilhanges; ihr Körper verbrennt; ihr Geist geht in die Hölle ein; Jahrhunderte später kehrt sie als Wachsfigur zurück; Godwin de Salier findet sie erneut; sie nimmt ihn gefangen; John verletzt sie mit einer Silberkugel; Godwin de Salier tötet sie daraufhin, indem er ihr mit ihrer eigenen Machete den Kopf abschlägt.

Henley-on-Thames – Ort in der Nähe von London; in seiner Nähe, direkt an der Themse, liegt ein Hexenturm; dieses Gebiet wurde einst von alten Hexengeistern in Besitz genommen; diese hatten alles unter Kontrolle, was in diesem Gebiet wuchs; heute ist das Gebiet ein Treibhaus. **TB16**.

Henoch – einer der Urväter der Engel; soll damals noch über den Erzengeln gestanden haben, weil er ein Geist und nicht sichtbar gewesen war; gehörte zu den visionären Geschöpfen, die sich durch den Himmel bewegen; später wurde er zum Verräter an den Engeln und gab sich seinen Gelüsten mit → *Lilith* hin; zusammen mit ihr baute er sich eine Hausmacht auf: die → *Kreaturen der Finsternis*; diese gehören nicht zu Luzifer, haben nur seinen Segen. **743** – will durch das Medium Dr. → *Sträter* in den Körper des Jungen → *Elohim* eindringen, um seine Kreaturen der Finsternis um sich zu versammeln. **744** – wird von den 4 Erzengeln zurückgeschlagen. **761**.

Hermes † – **TB124** – lebte bereits in → *Atlantis*; wurde damals mit einer goldenen Kette an eine Brücke gefesselt; John trifft ihn und verfolgt ihn durch ein Dimensionstor; in seiner Welt angekommen, tauscht John mit ihm den Platz; später gelangt er mit John durch das Tor in unsere Welt; → *Kara* kann ihn erneut anketten und danach das Dimensionstor schließen.

Herodot † – **617** – war früher ein großer Hohenpriester und Baumeister im alten Ägypten; hat das »alte Wissen« besessen; Erbauer der Cheopspyramide; bekam sein Wissen von einer Riesenkatze, die ca. 2.000 Jahre alt gewesen ist; die Katze kann mit ihm in geistigen Kontakt treten; war einst ein Magier; wurde nach seinem Tod zusammen mit der Katze einbalsamiert; beide wurden durch die Kraft der alten Dynastien am Leben erhalten; ging als Mumie mit der Katze eine Symbiose ein; Mumie hat rote Augen; Katze hat dunkles, fast schwarzes Fell; die Mumie ist im Besitz von Nadeln, die den Geist öffnen können; diese Nadeln ermöglichen es der eigentlich toten Ann Tobey, in die Vergangenheit zu schauen; sie gibt John einige Informationen über die Mumie; nachdem Ann John die Informationen gegeben hat, wird sie von der Riesenkatze endgültig vernichtet; John und Suko werden von dem Helfer Herodots, Ibrahim Sale, entführt und gelangen so zur Mumie; John tötet die auftauchende Katze mit seinem Kreuz, wodurch auch die Mumie vernichtet wird, die mit der Katze identisch gewesen ist; der Helfer Ibrahim Sale verliert durch den Tod der Mumie den Verstand.

Herold des Satans, Der † – **411** – Maurice de Medoque, ein Werwolf, der vor vielen hundert Jahren den Menschen Nach-

H

richten übermittelte und die Verbindung zu → *Lupina* für Manon → *Medoque* herstellte; stirbt durch John Kreuz.

Heroldsbach – Ort in Franken in der Nähe von Bamberg/Deutschland; dort existierten die »blutenden Bäume«, in deren Nähe der Vogelliebhaber Isidor Drackmann lebt. **907.**

Herr der Finsternis – Beiname von → *Asmodis*.

Herr der Legenden → *Zacharias*.

Herr der Leichenstadt → *Kalifato*.

Herr der roten Hölle, Der – Name: Nyrana; Dämon; aus seiner Haut bestehen die drei Riemen von Sukos Dämonenpeitsche. **212** – wird von → *Myxin* mit seiner eigenen Lanze vernichtet. **211.**

Herr der Schattenburg → *Semerias*.

Herr der tausend Masken → *Shimada*.

Herr der Toten † – **GK10(2)** – durch die Kraft eines Altarsteins, der sich in einem Tempel im Dschungel von Yukatan befindet und vor Jahrtausenden von den Göttern auf die Erde gebracht wurde, verwandelt er Menschen in bekannte Verbrecher aus der Vergangenheit und läßt sie morden; wird selbst vom Höllenfeuer vernichtet, das dieser Altarstein ausstrahlt; der Berg der Geister, in dem sich der Stein befindet, stürzt in sich zusammen, als der Stein zerbirst.

Herr der Zombies und Ghouls → *Xorron*.

Herr des Lebens → *Durand, Dorian*.

Herrin der Dunkelwelt → *Alassia*.

Herrscher der Tiefe – Erdgott; alt wie die Welt; begraben unter immensen Steinmassen; wollte vor Jahrtausenden die gesamte Erde beherrschen, von der ihr zur damaligen Zeit aber nur ein kleiner Teil gehört hat; wurde in der Erde begraben, als die große Katastrophe kam; hat Helfer in Form von Höllenaalen; diese sind schwarz, kurz und glänzend; sie haben keine Augen und kleine Mäuler mit messerscharfen Zähnen und können sich in Urschlamm verwandeln, die eine teerartige Masse ist; der Urschlamm entstand vor Millionen von Jahren aus gefährlichen Organismen, die mit einer schlimmen Kraft verseucht gewesen sind; er besteht aus Pflanzen und Fischen und ist entstanden, als sich auch die Kohlefelder gebildet haben; die Höllenaale sind in der Lage, einen menschlichen Körper aufzufressen, wobei nur der Kopf erhalten bleibt; sie ersetzen dann den eigentlichen Körper und bewegen sich auch wie ein Mensch; wurde gefangen unterhalb der Zeche in → *Llandyl/ Wales*. **940** – die Höllenaale übernehmen die Körper von Ken Bolder, Gordon Bennet und Helma Bennet; sie werden von den → *Erzengeln* in einen festen Zustand verwandelt und dadurch vernichtet; der Dämon selbst überlebt in der Zeche, kann sich aber von dort nicht befreien.

Hesekiel – **234/36** – Prophet; lebte ca. 500 Jahre v. Chr.; Erschaffer von Johns Kreuz in der babylonischen Gefangenschaft; John erfährt es von einem alten Mann (→ *Makkabäer*) in der Vergangenheit, ca. 500 n. Chr. (die → *Pyramide des Wissens* hat John in diese Zeit befördert); hat all sein Wissen, zukünftiges und vergangenes, ins Kreuz hineingelegt mit Hilfe der → *Erzengel*, die das Kreuz geweiht haben; dämonische Banner, Magie und Glaube vereinigen sich im Kreuz; hat auch Zeichen ausgewählt, die gegen fremde Magien wirken. **TB100**.

Hexagramm – **443** – symbolisiert das Verschmelzen und Durchdringen von gegensätzlichen Kräften; in ihm ist die gesamte Welt oder deren Ablauf vereinigt.

Hexe vom Hyde Park, Die → *Larissa*.

Hexe von Hilversum, Die † – **781** – Hexe; richtiger Name: Linda Vermool; blonde, lange Haare; grünblaue Augen; kann Katzen beeinflußen; trägt als solche einen Menschenknochen im Mund; in der rechten Hand trägt sie einen grünlich schimmernden Totenschädel, in der linken einen dunklen Stab, der in drei Teufelsfratzen endet; wird von Piet de Rijber mißbraucht und läßt ihn daraufhin durch 2 Katzen töten; ihr Bruder Jim versucht sie durch einen Sturz aus großer Höhe zu töten, nachdem er sie entführt hat; wird jedoch von → *Asmodis* gerettet, der sie zu einer untoten Hexe mit verstärkter Zauberkraft macht; trifft auf Jane Collins, die sie zu ihrer eigenen Fernsehsendung eingeladen hat; sie sieht Jane als Hexenschwester an, und diese soll nach ihrem Willen vor laufenden Kameras Werbung für den Teufel machen; als Jane sich jedoch negativ über den Höllenherrscher äußert, will sie sie töten; Jane kann sie mit dem Kreuz vernichten, das John ihr vor der Sendung gegeben hat.

H

Hexenblut – eine von den Hexen nach uralten Rezepten hergestellte Flüssigkeit, die das Grauen beinhaltet; sirupartige rote Flüssigkeit, die ähnlich reagiert wie der → *Todesnebel* (verwandelt Menschen in dämonische Skelette); Hendrik → *van Doolen* stirbt in der → *Hexenwelt* durch das Hexenblut. **307**.

Hexen-Drillinge, Die † – **44** – 3 alte Schwestern im Rollstuhl in Schleswig-Holstein; Stina, ein Werpanther, und Elisa, ein Werwolf, sterben durch eine Silberkugel; Martha, ein Wertiger, durch die Dämönenpeitsche; verehren den Teufel; Nachkommen von 3 Hexen, die vor 300 Jahren verbrannt wurden.

Hexenfresser → *Smasch*.

Hexenprobe, Die – die als Hexe verdächtigte Person wird auf ein Brett gebunden und ins Wasser gestoßen; schwimmt sie, ist sie mit dem Teufel im Bunde; geht sie unter und ertrinkt, ist sie unschuldig. **171**.

Hexensalbe – der Druide → *Dedre* kennt das Rezept der Hexensalbe, die Hexen heilt. **279**.

Hexenschädel – so wie ein Zauberer einen Stab besitzt, so besitzen manche Hexen einen Hexenschädel, mit dessen Hilfe sie sich in andere Dimensionen begeben und Zeitsprünge machen können. **171**.

Hexenschwert – **TB33** – normales Schwert, das mit dem Geist des Magiers Baldur → *von der Lenne* gepaart wurde; kann durch dessen Einfluß fliegen; mit seiner Hilfe wollte die Oberhexe → *Wikka* ihr altes Aussehen zurückerlangen; es wird in einer Höhle in der Nähe von → *Altena* gefunden; John soll es im Austausch gegen Jane Collins der Oberhexe besorgen; es reißt zwei Mädchen in seinen Bann, die von Johns Kreuz daraus befreit werden; bei der Übergabe an Wikka macht sich das Schwert selbständig und will diese töten; John rettet sie, indem er das Schwert mit seinem Kreuz vernichtet.

Hexenspiegel, Yannahs – **727** – dünner, blank geschliffener Stein, groß wie eine Handfläche mit spiegelnder Oberfläche; dazu ein zweiter Stein, der nicht so glänzt; sind Sender und Empfänger; im Spiegel ist immer Yannahs Gesicht zu sehen; eine unheimliche Kraft geht von ihm aus, bemächtigt sich desjenigen, der in den Spiegel schaut; ist wie Fernsehschirm.

Hexenstein, Der (1) – gefährliche Waffe; ihr Besitzer kann

Energien daraus schöpfen und umsetzen; ovale Form, Größe einer Hand, grünlich; leuchtet von innen; Einschlüsse, die zittern und vibrieren, als ob sie mit Flüssigkeit gefüllt wären; leuchtet von außen in düsterem Rot, wobei jedoch die grünliche Kraft in den Einschlüssen überwiegt; soll die Geheimnisse von → *Aibon* in sich aufgesogen haben; Hexen können ihn nicht anfassen, ohne verletzt zu werden. **267** – wird von Jane Collins im Sumpf von → *Blackmoor* gefunden. **268** – die Oberhexe → *Wikka* wird von ihm verbrannt und in ein verkohltes Monster verwandelt; wird von John wieder ins Moor bei Blackmoor Castle zurückgeworfen und versinkt. **TB53** – die Hexe → *Jirica* will ihn in ihren Besitz bringen; sie erpreßt John, der ihn für sie mit seinem Kreuz aus dem Sumpf holt; dadurch wird der Stein jedoch neutralisiert und wertlos; wird von Suko vernichtet.

Hexenstein, Der (2) – **474** – ein flacher, großer Felsstein, der am Eingang des Gasterntals (zwischen Berner Oberland und dem Wallis) in einem Wildbach unter einer Steinbrücke liegt; der Legende nach ist die → *Gastern-Hexe* darin gebannt; Wanderer, die ins Gasterntal wollen, müssen einen Stein so werfen, daß er auf dem Hexenstein liegenbleibt, um den Segen der Hexe zu erhalten.

Hexentor, Das – **435** – verheißt den Hexen den sicheren Weg zu → *Lilith*, die die Hüterin des Hexentors ist; wenn es offensteht, entläßt Lilith das Grauen oder zieht die Menschen, die sie braucht, zu sich herein; entsteht mit Hilfe von Johns Kreuz in einer alten Villa in der Nähe des Conolly-Hauses. **436**.

Hexenwelt, Die (1) – **307** – gehört dem Teufel, er hat sie errichten lassen, um seinen Feinden zu trotzen; Zutritt durch die → *Träne des Teufels*, einen Diamanten.

Hexenwelt, Die (2) – **436** – andere Dimension in der Vergangenheit, in die Suko und Shao durch das → *Hexentor* gesogen werden; dort muß Suko seine Harley-Davidson zurücklassen.

Hexenwürger, Der → *Cordtland, Mason*.

Hexer mit der Flammenpeitsche, Der → *Belphégor*.

Hexer von Paris, Der → *Belphégor*.

Hiberno und Horatio – **151** – zwei Ghouls, die von John auf einem alten Soldatenfriedhof im Taunus getötet werden; von ihnen wollte → *Dr. Tod* den Auf-

H

enthaltsort von → *Xorron* erfahren.

Hickory – Ort in Arizona, wo Suko und John → *Maringo*, den Höllenreiter, vernichten. **26**.

Hillgate – Ort in England mit einem Geisterfriedhof. **821**.

High Halden – Kleinstadt im Südwesten England; hier beschwört → *Lord Ralston* die löwenköpfige Kriegsgöttin → *Sechmet*. **488**.

Hilversum – Stadt in den Niederlanden; es gibt Filmstudios, in denen u.a. die → *Hexe von Hilversum*, Linda Vermool, ihre Fernsehsendungen gedreht hat; liegt südöstlich von Amsterdam. **781**.

Himalaya – Gebirgszug nördlich von Indien; hauptsächlich in den Ländern Tibet und Nepal gelegen; viele Berge sind über 8.000 Meter hoch; höchstes Gebirge der Erde. **TB60**.

Himmelbett, Das – **385** – stammt aus Frankreich; gehörte einem König, dann im Mittelalter einem Magier, der bekannt war für finstere Experimente und der versucht hatte, im Dunkel einer mystischen Vergangenheit zu forschen; ein Fluch liegt auf dem Bett; rotvioletter Himmel, vier breite Pfosten; Seitenvorhände mit Seilzug zu betätigen, durch Kordeln gehalten; in ihm ist eine geheimnisvolle Schriftrolle versteckt, die einen Weg in eine fremde Welt zeigt; Stimme des Bettes ist die des Magiers, der die Schriftrolle erstellt hat; er wurde im Bett mit einem Würgeeisen ermordet; der Magier ist Hector → *de Valois*.

Hodson, Albert † – **377** – General; starb vor 10 Jahren Tod durch Selbstmord und existierte als Zombie weiter; wird durch den schmelzenden → *Spiegel des Spuks* aus dem Mahnmal des Soldatenfriedhofs in der Nähe von London erweckt; will sich an seiner Familie rächen; wollte seiner 17jährigen Nichte Gewalt antun, wurde von seinem Bruder überrascht und gezwungen, sich zu erschießen; wird von Suko mit Silberkugeln aus der Beretta vernichtet.

Hoffmann – Deutscher aus Leipzig; verbündet mit Vincent → *van Akkeren*; bekam seine Kräfte vom Teufel in der Lüneburger Heide bei einigen Menhiren; wo seine Haare sein sollten, hat er ein schattenhaftes, zirkulierendes Etwas, das weder Fleisch noch Haut noch Haare sind; es ist ein Stück Teufel oder Hölle, mit dem er einen Pakt hat; an dieser Stelle haust auch sein Schatten, den er vom Körper lösen kann; dieser Schatten tötet dann Menschen, die später zu Zombies werden. **644** – tötet eine Prostituierte mit seinem Schatten; sie wird zum Zombie und von Suko bis in die Katakomben von Leipzig verfolgt; tötet später einen Geheimdienstler; John und Harry → *Stahl* sind Zeugen, wie der Tote zum Zombie wird; sie folgen ihm ebenfalls in die Katakomben. **645** – will Suko töten, was John und Harry Stahl verhindern; flieht mit van Akkeren Richtung Budapest und entkommt. **646** † – trifft John in einer Templerkirche in Paris wieder; überwältigt John, aktiviert ein altes Skelett und erhält von ihm 2 Karten, die zum Templerschatz führen sollen; als er flieht, wird er von Suko mit einer Silberkugel verletzt; John drückt ihm sein Kreuz auf und vernichtet ihn dadurch.

Hoher Rat – der → *Großen Alten*. **TB142**.

Höhle der Qualen – **324** – (des Bösen, des Grauens) → *Katayas* Heimat in den Bergen von Kaulun (Hongkong).

Höhlen des Schreckens, Die – **298** – Dimension, in die → *Schwarzblut-Vampire* geflüchtet sind, als Atlantis unterging; kleine Insel; hier will → *Mandraka* den Teufel töten, den er mit dem Blut einer Jungfrau anlockt.

Hoison † – **TB120** – auch »Goldener Pharao« genannt; besteht nur aus einem überdimensionalen Kopf; wurde durch Menschenopfer wiedererweckt; verfügt über große geistige Kräfte; hat Macht über untote Tiere; John gelangt in den Kopf und zerstört ihn durch sein Kreuz.

Hölle – sie ist vielschichtig, es gibt unzählige Arten und Variationen; zu vergleichen mit einer Zwiebel, jede Schicht ist eine andere Dimension; entstand, als der Erzengel Michael den aufsässigen Luzifer mit dem Schwert besiegte und in die Tiefen der Finsternis verdammte, wo er als Fürst der Hölle ein gewaltiges Reich aufbaute; Luzifer sammelte die Bösen, die Wesen der Finsternis, um seinen Thron und gab ihnen den Auftrag, für immer und alle Zeiten gegen die Kräfte des Lichts zu kämpfen; während die Wesen der Finsternis weiter von den Engeln verstoßen wurden, nahm Luzifer sie gern auf. **296** – sie ist in viele Machtblöcke aufgeteilt, darunter den von → *Asmodis*, der → *Großen Alten*, der japanischen Götter, der Wolfsmagie aus Urzeiten und vieler fremder Mythologien; es ist nicht möglich, sie

H

unter einen Hut zu bringen; immer wieder spalten sich einzelne Gruppen ab, die sich selbständig machen wollen; jeder Machtbereich existiert in einem eigenen Reich, seiner eigenen Dimension; es gibt Grenzen, die nicht überschritten werden sollen, aber immer wieder gibt es welche, die sich nicht daran halten; in einem Land vor der Hölle, das eine wüstenähnliche Vegetation hat, leben zahlreiche namenlose Dämonen; in einem Seitental liegt das »Grab in der Hölle«; es wird geschützt durch die Kammern der tausend Tode; in diesem Tal befinden sich rot bis violett leuchtende Steine, die von einem geheimnisvollen Nebel umgeben werden; wer zum Grab will, muß die Kammern durchschreiten; das eigentliche Grab ist ein dunkelrot leuchtender riesiger Stein; wenn sich jemand dem Stein nähert, öffnet er sich und gibt eine Höhle frei, die ebenfalls dunkelrot leuchtet; in der Höhle befindet sich eine Tür, die zum eigentlichen Grabraum führt, in dem ein Sarg steht. **TB3** – John gelingt es als erstem Menschen, die Kammern des Todes zu durchschreiten und zum Grab zu gelangen; bevor → *Destero* ihn dort töten kann, gelingt ihm mit der Hilfe von → *Kara* die Flucht. **TB100** – John wird von → *Lilith* hierhergebracht; John erfährt hier von → *König Salomo*, aus welchen Personen der → *Seher* besteht; die beeinflußte Glenda Perkins bringt Jane Collins hierher; das → *Rad der Zeit* steht momentan hier; John erhält hier die Zeichen für sein Kreuz zurück; der → *Dunkle Gral* rettet John und Jane aus ihr. **607** – der Mörder → *Kaifas* befindet sich in einem Teil von ihr; dieser Teil besteht nur aus einem schwefelhaltigem Dampf, durch den man nicht hindurchschauen kann. **668** – Silva → *Mancini* gelangt in den Teil, wo der Höllenthron steht; dieser Teil besteht aus dunklen Farben; über den Boden kriechen grüne Schwaden; zwei violettfarbene Säulen stechen aus dem Boden und enden im Nichts; zwischen den Säulen steht der Höllenthron, ein grünblauer, weicher, sehr bequemer Sessel mit wuchtigen, lederbezogenen Armlehnen und hoher Rückenlehne; mit ihm kann man Dimensionen durchwandern; er wird später durch Johns Kreuz vernichtet. **TB181** – Asmodis findet in dem Vorland einen namenlosen Dämon, dem er den Namen → *Smasch* gibt; dieser soll die Hexen von → *Lilith* töten, was er jedoch nicht schafft. **287; 818.**

Höllenbote, Der † – TB18 – richtiger Name: Yuisan; Mischung aus menschlichem Gesicht und Totenschädel; auf seinem Rücken wachsen Flügel; wurde einst von → *AEBA* für seinen Ungehorsam bestraft und in Stein verwandelt; wurde vom Mönch Sua Ku versehentlich wiedererweckt, als dieser sein Schwert berührte und ihm dadurch neue Kräfte gab; besitzt das Gegenstück zum → *Goldenen Schwert* von → *Kara*; AEBA geben ihm für seinen Kampf gegen John alle seine alten Kräfte zurück, doch er verliert den Kampf gegen Kara, die das Gegenstück ihres Schwertes zerstören will; wird von dieser ebenso wie sein Schwert vernichtet.

Höllenclub – Gründer war Dorian → *Durand*; Mitglieder nennen sich »Höllenbrüder« oder »Höllensöhne«; haben ihren Sitz in der Universität Brotherhood of Mystica (Mystische Bruderschaft); Durand schrieb zwei Bücher, die von Melanie und Jasper → *McBain* enträtselt wurden; diese überwanden dadurch den Tod und existierten als unsichtbare Skelette weiter, bis John sie mit seinem Kreuz vernichtete; entstand vor einigen hundert Jahren; die Mitglieder beschäftigen sich mit Schwarzer Magie und führen Opferrituale durch, bei denen Menschen der Hölle geopfert werden; es gab ein Buch mit den Namen der Mitglieder, welches von Durand zerstört wurde. **892.**

Höllen-Detektiv, Der – Name Pernell Kent; UCA (Undercover Agent). **306 (1. Auftritt)** – arbeitet für den Diamantenhändler → *van Doolen*. **337/338** – hat sich mit dem Teufel verbündet; hat von → *Asmodis* Waffen erhalten (umgewandelte Revolver), die grünlichen Schleim verschießen, der alles auflöst; erhält von ihm den Auftrag, Jane Collins endgültig zu töten und ihm den → *Würfel des Unheils* zu bringen. **339** – wird von Asmodis durch Höllenfeuer zu sich geholt. **340** – soll ein zweitesmal versuchen, Jane Collins zu töten; es mißlingt, und er verschwindet mit einem rötlichen Kometen samt seinen Revolvern im Jenseits. **341 †** – stirbt endgültig.

Höllen-Engel, Der † – **918** – existiert als Statue, bei der zunächst nur die Augen leben; trägt einen panzerartigen Umhang und eine Kopfbedeckung, die aus einem gewaltigen Maul

H

besteht; aus ihm ragen Zähne wie lange, krumme Dolche hervor; aus der Kopfbedeckung ragen ebenfalls zwei gebogene Hörner heraus; will sich durch die Anhänger der Statue weitere Gefolgsleute in einer Techno-Disco besorgen; die sich von ihr abwendende Cheryl Lupa informiert John über ihre Taten; wird durch einen Kuß von Dan Walcott lebendig; John schießt ihr in beide Augen, wodurch sie zunächst Dan Walcott freiläßt, den sie töten wollte, und dann selbst zerschmilzt und vernichtet wird.

Höllengericht, Das † – 416 – besteht aus einem Richter und zwei Henkern; der Richter ist ein Skelett im Talar; einer der Henker hat ein riesiges Beil; sie sollen Jane Collins im Auftrag des Teufels auf Alcatraz töten, um → *Wikka* zu rächen; die Henker werden von Yakup → *Yalcinkaya* geköpft, der Richter von John mit Bill Conollys → *Goldener Pistole* getötet.

Höllengraf → *Montano, Count of*.

Höllenhund → *Zerberus*.

Höllenkutsche, Die – 95/96 – gehört dem alten Count of Montano; damit fuhr er in die Dörfer, raubte junge hübsche Mädchen, die dann spurlos auf seinem Schloß verschwanden; auf dem Sterbebett des Counts soll der Teufel ihm die Seele entrissen haben; der Geist des Counts spukt im Schloß herum; die Höllenkutsche wird manchmal gesehen, wie sie durch die Luft fährt – mit dem Geistercount, der immer noch nach Mädchen Ausschau hält.

Höllenprinz – Name des Teufels.

Höllenschlange, Die → *Apep* – *Asmodina*.

Höllensteine, Die † – 308 – Meteoriten vom → *Planeten der Magier*; von einem Mann namens Simon Garfield in Kanada gefunden; die 6 Steine zeigen alle Garfields Gesicht; verschlucken Menschen als Opfer, ebenso alle Gegenstände (z.B. Autos); einer wird von Jane Collins vernichtet, die anderen 5 vereinigen sich zu einem und zerfallen unter der → *Totenmaske aus Atlantis*, die → *Myxin* sich vors Gesicht hält, zu Staub; auch mordende Steine genannt.

Höllensumpf, Der – 312 – furchtbares Gebiet in → *Atlantis*, in das sich kaum ein Atlanter traut; er bildet die Grenze zwischen der Schwarzen und Weißen Magie; von Nebel eingehüllt. **335-337** – befindet sich auf dem → *Planeten der Magier*;

aus ihm entstieg der → *Schwarze Tod*; jeder, der den Höllensumpf betritt, wird in den Wahnsinn getrieben; in seiner Tiefe befindet sich die → *Goldene Pyramide*.

Höllentochter → *Asmodina*.

Höllenwurm, Der → *Izzi*.

Höller, Dennis – Findelkind, das von den Höllers gefunden wurde und auch deren Namen annahm; lebte bereits vor 280 Jahren unter dem Namen Mario; war der Sohn der Hexe → *Gina*; sah, wie sie als Hexe geköpft und verbrannt wurde; entkam den Häschern; Vater war der Teufel; starb damals als Soldat im Kampf gegen die Franzosen; lebt jetzt in einem Internat im Schwarzwald. **580 (1. Auftritt)** – soll John zum → *Blutstein* führen; begibt sich mit John zum Schloß, in dem seine Mutter leben soll. **581** – der Geist seiner Mutter manipuliert ihn; führt John trotzdem zum Versteck des Blutsteins; Ginas Geist löst sich von ihm und wird von Suko vernichtet; wird dadurch wieder normal.

Höllisches Ei – enthält das »Flüssige Leben«; wurde vom → *Seher* erschaffen; ernährt sich von Blut; ovale Form, in rötlichem Licht scheinend, dünne, aber feste Haut; durchsichtig, mit dünnen Fäden durchzogen. **663 (1. Auftritt)** – wird in einem Wald von Jade Prentiss gefunden; tötet zwei Menschen und saugt ihnen das Blut aus. **664** – John attackiert es mit seinem Kreuz; es versteinert und schrumpft auf normale Ei-Größe. **666** – um Nadine → *Berger* von ihrem Vampir-Dasein zu erlösen, drückt John ihr das Ei in die Hand, woraufhin jedoch nichts passiert. **667 †** – Bill Conolly erfährt durch → *Asmodis*, wie John mit Hilfe des Eies Nadine Berger zurückverwandeln kann; nachdem John mit Bill gesprochen hat, bringt er das Ei in Verbindung mit seinem Kreuz, wodurch Nadine Berger von ihrem Vampir-Dasein befreit wird; das Ei wird hierbei vernichtet.

Hollister, Dr. – GK148(34) – Polizeiarzt bei Scotland Yard.

Holloway, Rick † – 155 – Trödler in Miltonburry/Wales, der eine Standuhr besitzt, in der ein Dämon eingeschlossen ist, schließt mit dem Dämon einen Pakt, verschafft ihm die Seelen von Kindern und wird dafür von den Einwohnern von Miltonburry getötet; als Zombie stirbt er später, als John die → *Teufelsuhr* mit dem → *Desteros Schwert* zerstört.

H

Homunkulus – **237** – in → *Asmodinas* Testament zum erstenmal erwähnt. **381/382** – Größe einer Katze, leicht behaart, geschlechtslos, verzerrte männliche Züge, altes Gesicht; Enstehung in der Vergangenheit: Opfer auf dem Schnitterfeld geben ihre Lebenskraft für ihn; da John den Schnitter mit dem Bumerang tötete, konnte dieser nicht das ganze Feld abernten, so blieb die Kraft des Homunkulus begrenzt; wurde von → *AEBA* gestärkt. **385** – genannt das Menschlein; will in London Akim → *Samaran* helfen. **386** † – wird von Suko in »Adventure World«, einem Erlebnispark in Florida, mit der Dämonenpeitsche vernichtet.

Hondu → *Guru der Toten*.

Hongkong – Stadtstaat südlich von China; Flughafen namens Kai-Tak-Airport; es gibt den Ortsteil Kowloon; in den »New Territories« liegt südlich des Golfclubs ein Kloster, in dem Suko aufgewachsen ist; ist umgeben von grünen Bergen; hier vereint sich die westliche mit der asiatischen Kultur. **50**; **51**; **322**; **323**; **324**; **TB106**; **840**.

Hook → *Monster-Troll*.

Hooker, Dennis – zehn Jahre alt; lebt in → *Trevine*/England; Vater ist Polizist. **779** – sein Vater begeht Selbstmord mit einem Rasiermesser, da er von der → *Schwarzen Flut* beeinflußt worden ist. **780**.

Hopkins, Elenor † – **769/770** – 16jährige Wunderheilerin, die von der → *Schwarzen Madonna* ihre Kräfte bezieht; für jeden, den sie heilt, muß sie jemanden töten, um Kraft zu tanken; erleidet den Flammentod der Heiligen Franziska, ihr verbrannter dämonischer Körper wird von Jane Collins mit Johns Kreuz vernichtet.

Hopkins, Gerald † – **GK31(5)** – Vater von Sheila Conolly; gerät in den Bann des Dämons → *Sakuro*; sein Körper wird durch das Amulett in Staub verwandelt, durch das auch Sakuro vernichtet wird, doch seine Seele existiert in einem dämonischen Zwischenreich weiter. **21** – meldet sich bei Sheila im Krankenhaus aus dem Jenseits. **286/287** – Sheila hört seine Stimme und gerät in die Fänge des Satans, der sie in die Hölle verschleppt.

Hopkins, Sheila – **GK31(5)** – studiert Kunstgeschichte; verliert ihren Vater Sir Gerald Hopkins und ihren Verlobten durch den Dämon → *Sakuro*; wird später Bill Conollys Frau; → *Conolly, Sheila*.

Horlin – **84** – Dorf (nicht auf normalen Karten verzeichnet) in der Grafschaft Dorset; alte, einstöckige Häuser; Marktplatz ohne Kirche und Gasthof, nur ein alter Brunnen, in dessen Mitte die Steinfigur einer jungen, aber überaus häßlichen Hexe auf einem Sockel steht; sie hat die steinernen Arme ausgestreckt, in der rechten Hand hält sie den Kopf eines Ziegenbocks, das Abbild des Teufels; in Horlin befindet sich das → *Buch der grausamen Träume*; es ist im Besitz von Gerald → *McKenzie*.

Horror Tours – **GK110(23)** – Reisebüro in London, das Horror-Reisen nach Rumänien in die Karpaten organisiert; Besitzer ist Janos → *Ruff*, der von → *Dr. Tod* beeinflußt wird; Teilnehmer an der ersten Reise sind John, Bill Conolly und die Privatdetektivin Jane Collins, die auf dieser Reise John und Bill kennenlernt.

Horror-Cops, Die † -**75** – Polizisten in New York; 3 Skelette, Diener des → *Schwarzen Tods*; 1) Sergeant Tucker, 2) Corporal Tino Ricci, 3) Corporal Vance Harper (Kollegen von Ray → *Onedin*); von John und Suko vernichtet.

Horror-Disco – **58** – »Disco-Hell«; Discothek in einem Schloß ein paar Meilen nördlich von Glasgow, in dem sich ein → *Ghoul* namens → *Grimes* ein Refugium errichtet hat; Grimes ist ein Diener des → *Spuks*.

Horror-Horoskop, Das → *Nostradamus*.

Horror-Quiz – **445** – ein Quiz, das Vincent → *van Akkeren* auf einer Insel vor Englands Küste veranstaltet; John vernichtet die Spielkarten, aus denen Monster steigen.

Horror-Reiter – 4 Reiter der Apokalypse; Boten des Todes; bringen die vier großen Plagen Krieg, Pest, Tod und Hunger über die Menschheit, um sie dem Satan gefügig zu machen; reiten auf schwarzen Pferden, die Schwefel und Feuer speien; Knochenklauen und -fratzen; Skelette in uralten Rüstungen, mit Lanzen bewaffnet; Diener der Erzdämonen → *AEBA*; jeder hat einen der Buchstaben auf seiner Brust; kämpften früher mit dem → *Schwarzen Tod* zusammen; Johns Kreuz kann sie nicht zerstören, sondern nur in ihre Welt zurückbefördern. **26** – sie begegnen John zum erstenmal im Schattenreich des Spuks; werden losgeschickt, wenn dem Spuk Gefahr droht. **38** – aus ihren Schwertern schlagen bläuliche, knisternde Flammen; können sich von einem Moment zum anderen in Luft auflösen; werden von John mit seinem Kreuz ins Reich des Spuks zurückgeschleudert. **102** – John wird während der Vernichtung des Schwarzen Tods von der Lanze eines Horror-Reiters verwundet, bevor er sie mit seinem Kreuz vertreibt. **TB6** – werden von ihren Herren in eine Schlacht gegen John geschickt; befreien den teuflischen Abt → *Don Alvarez*; mit seiner Hilfe gelangen sie in das → *Kloster St. Patrick* und locken dort John in eine Falle; sie wollen ihn an einem Baum mit ihren Lanzen töten; John wird von Kara befreit und mit Hilfe ihres → *Goldenen Schwertes* und → *Desteros Schwert* können die beiden drei von ihnen vernichten; dem letzten gelingt die Flucht. **TB18** – der letzte von ihnen will zusammen mit dem → *Höllenboten* Yuisan John töten; wird selbst von → *Myxin* mit der → *Lanze des Herrn der Roten Hölle* vernichtet. **336** – in der Vergangenheit in Atlantis im → *Höllensumpf* Leibwächter des Schwarzen Tods. **338** – existieren schon bei der Geburt des Schwarzen Tods in Atlantis, wahrscheinlich schon seit Anbeginn der Zeiten, als die Welt erschaffen wurde und sich in Gut und Böse spaltete. **382** – haben nach dem Tod des Schwarzen Tods das Zepter selbst in die Hand genommen. **417** – haben in der Vergangenheit die → *Templer* gejagt; werden von John wieder mit dem Kreuz in ihre Dimension zurückgeschleudert. **600** – wollen → *Aibon* in ihre Gewalt bringen; töten in Aibon alles, was ihnen über den Weg läuft; vernichten fast alle → *Trooping Fairies* auf deren Sammelplatz. **601** – fordern den → *Monster-Troll* zum Kampf um den Teil Aibons heraus, der zwischen dem Guten und dem Bösen Teil liegt; verlieren den Kampf und fliehen. **TB150** – töten Bruder Shiram mit ihren Lanzen; John vertreibt sie mit seinem Kreuz, bevor sie ihn töten können. **800** – einer von ihnen tötet fast John; greifen Suko, Jane Collins und Lady Sarah → *Goldwyn* an und vernichten dabei Bücher, die Informationen über die → *Bundeslade* enthalten haben; nachdem sie niemanden töten konnten, verschwinden sie wieder. **TB 100**.

Horror-Spielzeug, Das – **IV72** – eine Art mutiertes Pferd, Ebenbild des Dämons (gefallener Engel) → *Massago*; wird von John mit Silberkugel vernichtet.

Horus – ägyptischer Gott, auch Harpokrates genannt; letzter in der Linie der göttlichen Herrscher des alten Ägypten; der Sohn von Osiris und Isis; der von der Sonne Geliebte; der Sprößling der Götter; er hat den Kopf eines Falken; sein scharfes Auge wacht über allem. **448** – er vernichtet seine ehemalige Geliebte → *Ifune*, die zum Kristallmenschen wurde, im Beisein Johns in ihrem gemeinsamen Grab.

Hotei-Osho – **IV65** – buddhistischer Priestergott aus Japan; → *Pusa*.

House of Horror – **332** – ehemaliges Londoner Stadthaus der Familie des → *Duke of Burlington*, in dem der Henker → *Abbot* sein Unwesen treibt und fast Lady Sarah → *Goldwyn* gehängt hätte.

Huang † – **50** – Vater von Shao; einer der größten Bestattungsunternehmer Hongkongs; Helfer des → *Gelben Satans*; stirbt durch eigene Hand, nachdem Suko die Statue des Gelben Satans vernichtete, gibt aber Shao noch im Sterben seinen Segen zu ihrer Verbindung mit Suko.

Huaxapeth – **93** – Maya-Prinzessin, die John, Suko und Bill Conolly vor der Opferung durch Maya-Priester in der → *Pyramide der grausamen Priester* rettet, nachdem diese in die Vergangenheit gerieten.

Huber, Ernst – Oberwachtmeister in einem kleinen Dorf im Spessart; steht kurz vor der Pensionierung. **569** – ist Zeuge, wie das BKA in der Nähe seines Ortes die »Aktion D« verfolgt. **570** – hilft Will → *Mallmann*, ein Zimmer zu finden, als dessen Auto fahruntüchtig gemacht worden ist.

Huber, Fritz † – **987** – Zombie; Vater von Karl Huber, der in Bürstegg, in der Nähe von Lech am Arlberg, lebt; wird nach seinem Tod einer alten Tradition gehorchend 3 Tage lang in Bürstegg aufgebahrt; in dem Raum, in dem der Tote liegt, befindet sich ein Seelenloch, ein Dimensionstor, durch das die Seele ins Jenseits gelangen können soll; ein junger Mann namens Florian will verhindern, daß seine Seele wieder zurückkehrt, und rammt dem Toten aus diesem Zweck mehrmals ein Messer in die Brust; bevor Florian ihn dann noch zusätzlich verbrennen kann, wird er selbst durch das Seelenloch in die fremde Dimension geholt, wo er stirbt; durch Florians Tod gelangt die Seele von Fritz Huber wieder in dessen toten Körper und wird so zum Zombie, begibt sich auf den Friedhof von Lech und will dort eine Dorfbewohnerin töten; diese verletzt ihn mit Hilfe von Weihwasser, bevor er endgültig von John mit 2 Silberkugeln vernichtet wird.

Hügel der Gehenkten – 106 – Hügel vor dem Dorf Tullverine in Wales, wo vor 400 Jahren der Schamane → *Ruuf* und → *Destero, der Dämonenhenker*, einen Galgen errichteten, an dem sie ihre Opfer aufhängten und ihre Seelen ins Schattenreich schickten, bevor sie von Mönchen aus den Bergen vertrieben wurden.

Hünengräber – in der Lüneburger Heide; in Norddeutschland übliche Bezeichnung für → *Megalithgräber*. 109.

Hüter der Bundeslade – Geisterwesen mit kalten, weißen Augen, die durch die → *Dämonenpeitsche* materialisiert werden können; sehen aus wie ein Klumpen mit Armen und Beinen; sondern einen widerlichen Geruch ab; schlurfen beim Gehen über den Boden, als könnten sie die Beine nicht vom Boden abheben; ihre Haut fühlt sich feucht an. **1000 (1. Auftritt)** – einer von ihnen erscheint bei Horace F. und Mary → *Sinclair* und belauert sie. **1001** – Johns Eltern fliehen, werden aber am Friedhof von → *Lauder* von mehreren von ihnen ermordet. **1003** – Suko materialisiert einen im Haus der Sinclairs mit seiner Dämonenpeitsche und tötet ihn dadurch; durch seine Augen gelingt Suko ein Blick in die Vergangenheit, und der Geist des Wesens erzählt ihm mehr über die → *Bundeslade* und → *Lalibela*. **1006 †** – wollen John in der Kapelle, wo sich die Bundeslade befindet, töten; dieser vernichtet einige von ihnen mit dem → *Schwert des König Salomo*; die restlichen werden vom → *Seher* vernichtet, der den Fluch der Sinclairs endgültig aufheben will.

Hüter des Templer-Schatzes → *Malapartus*.

Hyäne – 33 – ihr Blut erweckt den → *Schwarzen Grafen* Kalurac wieder zum Leben; das Zeichen der Hölle. **429** – sie huldigen → *Baphomet*, sind seine Diener. **TB197**.

Hyäne, Die † – **TB197** – richtiger Name: Collin de Baker; Sohn von Carie und Melvin de Baker; abstoßender, widerlicher Knochenschädel, der einem Hyänenschädel gleicht; begeht zu Lebzeiten Selbstmord, indem er sich vom Dach eines Fitneß-Studios stürzt, in dem er den Teufel angebetet hatte; wird nach seinem Tod vom Teufel in den neuen Körper gesteckt; soll dem Teufel Opfer besorgen; überzeugt seine Mutter, ihm zu helfen und ihn ungesehen in das Studio zu bringen; will dort Glenda Perkins dem Teufel opfern; dies verhindert John, indem er ihn mit einer Silberkugel verletzt; will durch ein Pentagramm in die Hölle fliehen, doch der Teufel verbrennt ihn als Rache für sein Versagen.

Hydra – griechische Insel in der Ägäis; ca. 20 km vor den Peloponnes; auch Insel der Toten genannt; hier leben Medusen; teilweise bewohnt; an der Ostküste recht unwegsam; hier gibt es eine kleine Bucht; zum Inselinnern hin durch Felsen abgeschirmt; dahinter liegt ein prächtiger, künstlich angelegter subtropischer Garten; darin zahlreiche Bäume, Blühten und blühende Sträucher; dazwischen stehen versteinerte Männer; im Garten mehrere Steinhäuser; der Weg führt in Serpentinen ins Tal; auf der Insel gibt es das Blut der Medusen. **TB83**.

Hypno-Hund, Der † – **912** – Hund namens Moonbird; Besitzer ist Imra Shamrock; versehen mit der Magie Shiwas, ebenso wie sein Besitzer; hypnotisiert in einer Show Menschen, die später Amok laufen; sie spüren die Ausstrahlung von Johns Kreuz; wollen diesen in einer Show von einer hypnotisierten Person töten lassen; das mißlingt, und John zwingt Imra, die heilige Silbe AUM auszusprechen, die Imra und den Hund daraufhin vernichtet.

Ice, Jeremy – **467** – der Nebelmörder; hat vor 50 Jahren mehrere Menschen brutal mit dem Messer getötet, wurde dann von der Polizei gestellt und erschossen; 50 Jahre später dreht der Regisseur Dino → *Faretti* einen Film über den Nebelmörder; niemand ahnt, daß er ein Diener des Teufels ist; Faretti holt sich Mantel und Hut des Nebelmörders aus der Asservatenkammer der Polizei und begeht drei Morde, bevor John ihn mit einer Silberkugel trifft und er zu Asche verbrennt.

Ignatius, Father (Pater) – Zigarrenraucher; Schmied; fertigt Johns Silberkugeln; trägt Mönchskutte; lebte früher im →

Kloster St. Patrick; arbeitet für die → *Weiße Macht* in Rom. **TB6** – erlebt mit, wie die Horror-Reiter das Kloster St. Patrick besetzen. **513** – trifft John in einer ehemaligen Templer-Abtei, die von → *Baphomet* entweiht wurde. **573** – informiert John über einen mordenden Henker. **TB150** – trifft in einem schottischen Kloster Monsignore → *Bentini*; kehrt nicht mehr ins Kloster zurück; tritt der → *Weißen Macht*, dem Geheimdienst des Vatikans, bei. **TB155** – holt John und Suko nach Rom, um sie einem Informanten vorzustellen, der etwas über die → *Bundeslade* weiß. **TB159** – trifft zusammen mit Suko auf den Hyänen-Dämon Ambrizzi, den Suko vernichtet. **TB173** – holt John und Suko nach Wien, wo sich der Dämon → *Santerre* befindet; wird von dem Dämon bewußtlos geschlagen. **92; 250; 280; 325; TB47; 444.**

Ile de Sein – Insel in der Bretagne in Frankreich; Steilküste; Hafen liegt, geschützt durch eine Mauer, in einer Bucht; auf der Insel gibt es einen alten Druidenfriedhof; überall auf der Insel liegen verstreut grauweiße Steine; Häuser der Siedlung liegen zum Schutz in einer Mulde; vor jedem Haus liegt ein kleiner Garten; es gibt keine Straßen, nur Pfade. **633.**

Imelda † – **TB182** – exotische Schönheit; besitzt in der City von Amsterdam/Niederlande ein Antiquitätengeschäft; Gründerin und Führerin der Sekte »Necro Church«; trägt das Symbol der Sekte, einen Totenschädel, der die Sonne schluckt, auf einem T-Shirt; die Sekte entstand in den frühen Jahrhunderten auf den Westindischen Inseln; gibt sich als Freundin von Betty van Steen aus; Erbin der Totengöttin Sambala; diese herrscht in der Schattenwelt; raubt den Toten die Seelen und sorgt dafür, daß sie wieder in die normale Welt zurückkehren; Sambala bringt das Erbe der Totenwelt mit, den Fluch des körperlichen Verfalls; der Fluch bringt Würmer und Käfer mit in den Körper, die diesen dann langsam auffressen; hat die Totengöttin studiert und ihre Kräfte übernommen; will das Erbe der Göttin in Betty van Steen einpflanzen, um sich an ihr für die Vernichtung der Hauptbeteiligten der »Necro Church« zu rächen; bringt dieser Wunden bei, wodurch Betty verfaulen soll; durch die Aktivierung des Kreuzes trifft der Fluch sie selbst, und sie wird von Würmern und Käfern zerfressen, so

daß nichts von ihr übrigbleibt.
Ingles, Pfarrer – Pfarrer in → *Glastonbury*. **TB134** – will, daß John den Ort verläßt, bevor noch mehr Menschen sterben; wünscht John später viel Glück in seinem Kampf gegen den bösen Abt aus → *Avalon*; läßt vom Küster die Glocken läuten, als John vom erfolgreichen Kampf zurückkehrt. **TB152** – wird von → *Avalons bösen Schwestern* angegriffen, aber von John und Suko gerettet.
Inka-Henker † – **374** – Statue, die von dem Konquistador Juan → *Lazarro* gefunden, nach Spanien geschafft und dort in der Nähe von Barcelona verscharrt wird; in der Gegenwart steigt er aus der Erde und schlägt dem Zombie Juan Lazarro den Kopf ab; stammt aus Atlantis; will sich an allen Lazarro-Nachkommen rächen; tötet Ernesto Lazarro und wird dann von John mit dem silbernen Bumerang vernichtet.
Innes Shield – kleine Insel im »Loch Awe« in Schottland; umgeben von einem Schilfgürtel; auf der Insel befindet sich eine zerfallene Kapelle mit einem angrenzenden alten Friedhof; auf diesem Friedhof liegt das Grab eines Sinclairs, der → *Baphomet* gedient hat. **634; 635**.

Insel der Äpfel → *Avalon*.
Insel der Geister – kleine Insel im Norden von Japan; im Süden bildet die Insel eine Art Zunge, im Norden breitet sie sich wie eine Blase aus; schwach bewaldet, aber grün; sehr hügelig; auf der Insel liegt ein Kloster, ein alter, mächtiger Bau im Pagodenstil; der Innenhof wird von einer Mauer umgeben; die Mauern sind bemalt mit Bannsprüchen; im Innenhof liegt ein Brunnen; Außenmauern haben einen sandfarbenen Anstrich; eine breite Treppe führt zum Portal; das Portal besteht aus einer zweiflügeligen Holztür mit eingeschnitzten japanischen Fabelwesen der Götterwelt; dahinter liegt ein hallenartiger Raum; von hier führt eine dunkelrot lackierte Tür ins Klosterinnere. **978**.
Insel des Schweigens – Eiland des Todes im Japanischen Meer; ist verflucht; Insel, auf der → *Emma-Hoo*, Herrscher der → *Jigoku*, einen Kampfplatz geschaffen hat, um seine Diener gefügig zu machen; ganzes Jahr über Stürme; in moderner Zeit wird sie besiedelt; viele Verbrechen, daher bald wieder geräumt; dann werden ein Zuchthaus und eine Mülldeponie darauf errichtet; hier liegt der → *Fächer der Amaterasu* be-

graben, bis der Goldenen Samurai ihn an sich bringt. **TB14**.
Iona – schottische Insel; auf ihr steht ein großes Keltenkreuz, das St. Martins Cross; Wiege des schottischen Christentums; Columban, der Heilige, landete hier im Jahre 536; hier steht die Kathedrale der Hebriden, die 1910 wieder aufgebaut worden ist; einziger Ort der Insel ist »The Village«, ein kleines Dorf; nur eine Straße, die »The Street« heißt; der Turm der Kathedrale ist von jedem Punkt der Insel aus zu sehen; das Keltenkreuz besteht aus grauem Stein; es steht in der Nähe der Kathedrale; an die Kirche schließt direkt ein Kloster an; das Kloster ist aus grauem Stein erbaut und wirkt steril. **TB 192**.
Isabella † – 768 – genannt »Lady Bluthaar«; schöne Frau mit blutrotem Haar; einst Geliebte des Königs, doch als sie zuviel Macht wollte, wurde sie mit Pestkranken auf die Blutinsel vor Korsika gebracht; dabei ging das Schiff unter; Pestkranke und Isabella werden zu Untoten, da Isabella einen Pakt mit dem Teufel hatte; fast hätte sie auch Suko das Leben ausgesogen, doch John rettet ihn im letzten Moment, indem er sie mit seinem Kreuz vernichtet.

Istanbul – Millionenstadt in der Türkei; wird auch »Stadt am Goldenen Horn« genannt; Tor zwischen Europa und Asien; ehemals »Konstantinopel« und »Byzanz«; liegt am Bosporus; Bazar in der Altstadt. **TB107**.
Ivic, Sergio † – 428/429 – Diener → *van Akkerens*; lockt John und Suko im Auftrag seines Herrn nach Mostar in die Herzegowina, um sie zu töten; verliert jedoch selber das Leben, als er von der → *Templerkutsche* überrollt wird.
Ivy → *Puppenmonster*.
Ixpochl – 313 – der Göttergleiche; König vor 2.000 Jahren in Peru; Legende der → *Goldenen Tränen*; Azteken-Dämon.
Izanagi – 226 – Götterahn mit → *Izanami* (von ihnen stammen alle hohen Götter ab); sie sind die jüngsten Nachkommen von 700 Göttergenerationen; auch → *Amaterasu* und → *Susanoo* stammen von ihnen ab.
Izanami → *Izanagi*.
Izzi – der Höllenwurm; gehört zu den → *Großen Alten*; gewaltiger Schädel mit schleimiger Masse bedeckt; schuppig aussehende Haut, gleichzeitig durchsichtig, so daß die roten, zuckenden Adern von Kopf bis Schwanzende zu erkennen sind; erinnert an überdimensionalen Fangarm ei-

nes Kraken. **185 (1. Auftritt)** in Los Angeles; besitzt das → *magische Pendel*; Todfeind von Asmodina. **203** – soll unter dem Galgenberg auf Korsika seine Geburtsstätte haben. **222** – hat sich mit → *Belphégor* verbündet. **239 †** – wird von John mit dem silbernen Bumerang vernichtet; sein magisches Pendel geht an den → *Eisernen Engel* über. **201**.

Jack the Ripper – **216/217** – taucht wieder auf und will Jane Collins im Vergnügungspark »Horrorland« töten; John und Suko können das verhindern; der Geist des Rippers löst sich auf und fährt in Jane Collins' Körper. **339** – sein Geist verläßt Janes Körper wieder.

Jackson, Bill – wohnt in einem schäbigen Verschlag in einem Hinterhof in London. **TB169** – wird von den Wölfen von Morgana → *Layton* gebissen und in ein Krankenhaus eingeliefert; die verletzte Schulter füllt sich mit kaltem Mondlicht; verwandelt sich in einen Werwolf. **884 †** – versucht John und Suko mit einem Auto zu überfahren und kommt bei dem daraus resultierenden Unfall um, indem er in dem Auto verbrennt.

Jackson, Judy – **248** – aufsteigender Musical-Star am Broadway; wird von John aus den Klauen → *Gatanos*, der Galgenhand, gerettet.

Jacques und Jorge – Besitzer des »Gasthauses zur Hölle«; Jorge ist weißhaarig; Jacques ist rothaarig; ihre Stimmen klingen gleich; Vettern; beide sind Baphomet-Templer; sie stammen aus Frankreich. **586 (1. Auftritt)** – zwingen Gertrud Moser, John einen Brief zu schreiben und ihn nach → *Salzburg/Österreich* zu locken; setzen John außer Gefecht und sperren ihn in ein Grab, das seinen Namen trägt; dort erfährt John von Hector → *de Valois* ihre Geschichte; sie wollen John töten, als Rache dafür, daß Hector früher angeblich den → *Templerschatz* gestohlen haben soll; John flüchtet aus dem Grab; zusammen mit Suko nimmt er die beiden mit zum Gasthaus; dort dreht einer der Baphomet-Diener durch und verletzt Jacques und Jorge so schwer, daß sie in ein Krankenhaus eingeliefert werden müssen; das Gasthaus wird durch ein Feuer vernichtet.

Jadedolch † – **241** – Griff aus

J

Jade, Klinge mit Blut gefüllt, so daß der Dolch rot schimmert; der → *Jademann* erhielt den Dolch vom → *Erhabenen aus Jade,* um vor Hunderten von Jahren die Pestkranken zu heilen; wird von einer Silberkugel aus Johns Beretta zerstört.

Jademann † – **241** – chinesischer Medizinmann vor Hunderten von Jahren; wird mit Pestkranken von Soldaten des Kaisers in den Sumpf nahe Shanghai geworfen; hatte einen langen Dolch aus Jade, dessen Klinge mit dem Blut des Medizinmannes gefüllt werden mußte, so daß der Dolch immer rot schimmerte; das gab dem Medizinmann Macht; hat die Pestkranken mit dem Dolch berührt, bevor sie in den Sumpf geworfen wurden, dadurch wurden sie zu Untoten; das Blut des von einer Silberkugel aus Johns Beretta zerstörten → *Jadedolchs* zerstört den Jademann.

Jagger, Dean – **GK125(28)** – Beamter im Wirtschaftsministerium; wird von John aus den Klauen der Hexe → *Lukretia* befreit, nachdem er im Wahn versucht hat, seine Freundin Ruth zu töten; heiratet Ruth; John möchte Taufpate sein, falls sich Nachwuchs einstellen sollte.

Janine † – **523** – Mutter ist Lisa Kunter; Vater ist der Teufel; Schwester von Julie → *Gladstone*; begibt sich, nachdem ihre Mutter mit Julia vor ihren Häschern geflohen ist, zu Kasper Algorian; zuvor vermischte ihre Mutter ihr Blut mit dem ihrer Schwester, wodurch eine enge Verbindung der beiden zustande kam; Kasper tätowiert ihr einige Gesichter des Teufels auf ihren Rücken; ein Jahr später wird sie gefangen, und es wird mit ihr eine Hexenprobe durchgeführt; geht bei der Probe im Wasser unter; wird vom Teufel gerettet und dadurch unsterblich; nimmt in der Gegenwart geistigen Kontakt zu ihrer Schwester auf; führt diese nach Deutschland; verfügt über die größeren geistigen Kräfte und unterwirft ihre Schwester immer mehr dem Bösen; will sich zusammen mit Julies Kräften an der Bevölkerung für ihre erlittenen Qualen rächen; John gelingt es, sie mit seinem Kreuz zu vernichten; da ihr geistiger Einfluß auf Julie aber mittlerweile zu groß geworden war, stirbt auch diese durch ihre Vernichtung.

Januskopf – Kopf mit zwei Gesichtern; → *Fratzengesicht*.

Januskopf † – **5** – wird von John getötet, indem er ihn in einen Spiegel schauen läßt.

Japanischer Geist † – **505** – stellt eine Symbiose der Personen Yomo-Zun und Naginata dar; Aussehen des Geistes Yomo-Zun: grüne Farbe; kann sich aufblähen; Gesicht mit großem Maul, dicker Nase und langgezogenen Ohren; auf der Stirn ein Auge mit dunkelroter Pupille; tötet seine Opfer, indem er in deren Mund eindringt und sie so erstickt; Aussehen von Naginata: Gestalt eines mumifizierten Samurais; keine Nase, keinen Mund, nur ein rotglühendes Auge; als Samurai wollte er einst → *Amaterasu* von ihrem Thron stürzen und diesen selbst besteigen; wenn er erscheint, umgibt ihn die Gestalt von Yomo-Zun als kaltes Flammenmeer; Naginata arbeitet als Sumo-Ringer; wenn er in die Gefahr einer Niederlage gerät, läßt er seinen Gegner durch den Geist töten; Yomo-Zun tötet Dr. Madson, der das Spiel durchschaut hatte; Naginata taucht bei John auf, um ihn zu töten; während des Kampfes vernichtet John den Körper des Samurai mit seinem silbernen Bumerang; die auftauchende Shao tötet den Geist durch einen Schuß mit ihrer Armbrust in dessen Zyklopenauge.

Jarrel, Iris → *Königin der Toten*.

Jarrel, James – etwa 60 Jahre alt; pensionierter Totengräber; Nichte namens Iris Jarrel; raubt Gräber aus, um durch dessen Inhalt etwas dazuzuverdienen. **963 (1. Auftritt)** – findet die Grabpyramide des → *Verfluchten aus Atlantis*; sieht, wie seine Kumpane von dem Verfluchten ermordet werden; kann fliehen; trifft später auf John, Suko und Jason → *Leary* und beschreibt diesen den Weg zu dem Pyramidengrab; bekommt Besuch von seiner Nichte Iris; diese wird aus seinem Badezimmer durch den Spiegel von dem Verfluchten entführt. **964** – seine Nichte taucht als → *Königin der Toten* wieder in seiner Wohnung auf; diese wird dort von Jane Collins mit einer Silberkugel erschossen; flieht vor mehreren Zombies zusammen mit Sir James Powell und Jane Collins in sein Wohnzimmer, wo er von John und Suko gerettet wird; muß jedoch in eine psychiatrische Anstalt eingeliefert werden.

Jarveena – **484** – ein Engel aus Aibon, der zu den → *Trooping Fairies* gehört; als ihre Eltern auf Befehl des Druinendämons → *Guywano* von drei Menschen getötet werden, geht sie auf die Erde und rächt sich an den Mördern; wird dafür vom → *Roten*

J

Ryan in Guywanos Reich verbannt. **558 †** – auch »Die Rächerin aus Aibon« genannt; will → *Guywano* stürzen; wird von Guywano in einen Sarg gelegt, wo John sie findet; will, daß John die Leichenkutsche fährt, in der sich der Sarg befindet; Guywano will sich an ihr rächen, da sie ihn verraten hat; wird zu einem Schleimsee in Aibon gebracht; Guywano wirft sie in den Schleimsee, der von Ghouls bewohnt ist; die Ghouls töten sie.

Javankala – **478** – Kunstmaler, der Horrorwesen und -szenen malt; auf einem Griechenlandurlaub entdeckt er die gebannte → *Harpyie* → *Myrthe* und befreit sie; dafür verhilft sie ihm als Maler zum Erfolg; als sie jedoch ein gemaltes Monster lebendig werden lassen, greifen John und Suko ein; Suko vernichtet die Harpyie mit der Dämonenpeitsche, der Maler kommt vor Gericht.

Jeffries, Sir Edward † – **252** – der Richter hat zu Lebzeiten Kontakt mit dem Teufel gehabt, ihm die Seelen der zum Tode Verurteilten verschafft; gleichzeitig war er verbündet mit einem Ghoul, dem er die Leichname zuschanzte; schon vor seinem Tod bereitete er seine Rückkehr als Untoter vor, indem er die Tochter des Totengräbers, Marion → *Price*, in sein Testament einweihte; diese holt ihn dann aus seinem Grab; John und Bill Conolly töten den Ghoul, 5 Wachspuppen, in die Geister von Schwerverbrechern fahren, sowie den Zombie Jeffries; Marion Price wird wieder normal.

Jehuda, Familie – der Vater ist Rabbi; Sohn namens Nathan. **593 (1. Auftritt)** – Nathan hat eine von der Dienerin des Rabbis hervorgerufene Krankheit; der Rabbi bittet John, ihm mit seinem Kreuz zu helfen; das Kreuz hinterläßt bei Nathan ein M, und John glaubt, daß es vom Erzengel → *Michael* dorthin gezeichnet worden ist; in Wahrheit hat sich ein Todesengel Nathans bemächtigt; die Dienerin des Rabbis betäubt John und den Rabbi und begibt sich mit Nathan in die → *Welt der Todesengel*; John holt Nathan mit seinem Kreuz zurück und vertreibt den Todesengel aus seinem Körper; während der Erzengel Michael die Welt zerstört, holen sich die Todesengel ihr letztes Opfer, die Dienerin des Rabbi.

Jensen, Dr. Jenna – Archäologin mit Spezialgebiet alte Kulturen; Brillenträgerin. **466 (1. Auftritt)** – lebt in London; Wohnung

voller Souvenirs und Fundstücke; auf der Suche nach dem Grab der → *Königin von Saba*.
508 – wird aus der ägyptischen Wüste von Morgana → *Layton* vertrieben; flieht nach London; trifft dort erneut auf Morgana; verfolgt sie zusammen mit John und Suko, da sie den → *Dunklen Gral* gestohlen hat; findet den Gral und gibt ihn John zurück. **TB96** – wird von einer Grabwächterin des Grabes der Königin von Saba um Hilfe gebeten, da das Grab in Gefahr ist; wird von Morgana Layton angegriffen; begibt sich mit John, Suko und dem Dunklen Gral nach → *Marib*.

Jericho – auch »Kajuara« genannt; ist der Dämon der Apachen; besteht aus Würmern; kann in die Träume von Menschen einsteigen und sie zu seinen Gunsten manipulieren; kann selbst von den Erzengeln nicht vernichtet werden; kann sich vervielfältigen; größter Feind ist → *Zebulon*. **TB116 (1. Auftritt)** – übernimmt die Stadt → *Jericho*/USA; wird fotografiert, taucht auf dem Foto aber nicht auf; hat als Helfer seine Todesengel; seine 9 Todesengel werden von → *Chato*, einem Indianer, und Abe → *Douglas* vernichtet; John und Suko tauchen in seine Traumwelt ein; durch das aktivierte Kreuz tauchen die Erzengel auf und blasen erneut die Trompeten von Jericho; seine Stadt wird vernichtet, er selbst kann entkommen. **TB 118** – holt Menschen mit Hilfe des Knochenmondes in seine Traumwelt; John und Zebulon geraten in seine Welt; Zebulon tötet die Traum-Ichs der gefangenen Menschen und schwächt ihn dadurch so stark, daß er sein Reich aufgeben und fliehen muß. **TB143 †** – will New York vernichten; will den Verräter Tom Sengara töten, was Chato zunächst verhindert, was er aber später mit Hilfe der sich in seinem Körper befindlichen Würmer schafft; läßt von einem seiner Todesengel die Freundin von Abe Douglas ermorden; entführt diesen, John und Suko in seine Traumwelt, wo er ihnen die geplante Vernichtung von New York zeigt; hat seine Welt mit Hilfe von zahlreichen Träumern wieder aufgebaut; will im echten New York Chato töten; verliert den Kampf und wird durch Chatos Feuermagie in Stücke gerissen, nachdem er innerlich verbrannt ist; bevor die einzelnen Stücke wieder zusammenwachsen können, weckt Chato die Schlafenden, zerstört

J

damit seine Welt und auch ihn endgültig.

Jericho – Ort in den USA im Staat Arizona; liegt in der Gila-Wüste wie eine Oase; wird von einem Grüngürtel umgeben; Häuser aus Holz gebaut; saubere Stadt; Wasser in unmittelbarer Nähe; Bäume stammen teilweise aus Mitteleuropa; Alleen aus Platanen; Häuser umgeben von blühenden Gärten; wird von den → *Erzengeln* vernichtet. **TB116**.

Jerusalem – Hauptstadt von Israel; Ölberg, an dessen Hängen stets ein leichter Wind weht; dort liegt der Garten »Gethsemane«; Aksa-Moschee mit Silberkuppel; Altstadt mit Labyrinth aus Gassen, Nischen und Torbögen; Kirche aller Nationen, die »Basilika der Todesangst« genannt wird; Felsendom mit Goldkuppel; ca. 50 Meilen südwestlich von hier liegt das Kloster Gamala in der Negev-Wüste; hier ist möglicherweise der Fundort der → *Bundeslade* gewesen; (Vergangenheit) – umgeben von hohen Mauern; kastenförmige Häuser; kleine Gassen und Tore; vom Palast des → *König Salomo* überragt; Häuser sind aus hellen Steinen und Lehm erbaut; der Eingangsbereich des Palastes besteht aus mächtigen Steinen, in ihm befinden sich Brunnen und Blumen, der Boden ist wie glatt poliert, zahlreiche Säulen tragen eine mächtige hohe Decke; den dahinterliegenden Bereich betritt man über eine mächtige breite Steintreppe. **TB62**; **TB105**; **801**; **802**; **803**; **1002**; **1003**.

Jessicas Rächer † – **747** – ist eine → *Kreatur der Finsternis*; versucht in Gestalt einer von Jessica → *Longs* Puppen, John zu töten; vor ihrem Tod hat Jessica etwas von der in ihr steckenden Alten Kraft auf die Puppe übertragen; diese kann alle Formen annehmen (Parkettfußboden) und versucht, John zu töten; wird von Suko mit der Dämonenpeitsche vernichtet.

Jet-set-Dämon † – **TB67** – Vampir; richtiger Name: Damiano Fulgera; verströmt den Hauch der Unheimlichen; wirkt unnahbar; wird von Frauen verehrt; rettet mehreren Leuten das Leben, um später alle Geretteten zu einem »Flug ins Blaue« einzuladen; John und Suko sind in Italien auf ihn aufmerksam geworden, da sie seinen Sarg gefunden haben; sie versuchen das Flugzeug abzufangen, was jedoch mißlingt; mit Hilfe seiner Mutter, die ebenfalls ein Vampir ist, bringt er die Gäste auf sein

Schloß; macht 2 Gäste zu Vampiren; John und Suko tauchen auf, töten 2 Vampire mit dem Kreuz und einen mit dem Silberdolch, bis sie auf ihn selbst treffen; wird von Suko mit der Dämonenpeitsche vernichtet.

Jezebel † – **TB186** – richtiger Name: Susan Wade; 24 Jahre alt; ernährt sich von Insekten; beschäftigt sich seit ihrer Kindheit damit; floh mit 14 Jahren aus dem Haus ihrer Großeltern, nachdem diese von ihr verlangten, die Insekten, die sich in ihrem Zimmer befanden, zu vernichten; schwor den Großeltern und dem restlichen Dorf Rache; lebte von da an in einem alten Steinbruch in der Nähe von → *Euston*; tötet 2 Menschen mit Hilfe ihrer Insekten, die sie durch Magie in die Körper der Opfer schickt; läßt zwei Riesenspinnen auf Harrison Beeler los, der sie früher öfter geärgert hat; dieser wird von John und Suko gerettet; John, Suko und Beeler treiben sie in dem alten Steinbruch auf; sie hat dünne, libellenähnliche Flügel, die der Größe ihres Körpers angepaßt sind; besitzt einen Steinthron, auf dessen Lehnen sich zwei riesige Käfer befinden; wurde in ihrer Kindheit von dem gestürzten Engel Jezebel übernommen, der es ihr ermöglicht hat, mit Insekten Kontakt aufzunehmen und diese nach Belieben zu vergrößern; Beeler setzt den Eingang ihrer Höhle mit Benzin in Flammen; sie will fliehen, wird aber von den Flammen verbrannt, wobei sich ihr Körper in ein Gewimmel von Käfern und Würmern verwandelt, bevor er verbrennt.

Jigoku – japanischer Name für die Hölle. 281; **TB14**.

Jilette † – **480** – Mordengel von London; ein ehemaliger Rocker, der sich dem Teufel verschrieben hatte und sich selbst verbrannte, um vom Teufel das ewige Leben zu erhalten; geht mit einem zweiten Rocker, der sich über seinem Grab das Leben nimmt, eine Verbindung ein, so daß er zum Doppel-Zombie wird, als van Akkeren ihn reaktiviert, um → *Abbé Bloch*, der in London im Krankenhaus liegt, und John zu töten; John vernichtet einen Teil des Doppel-Zombies mit Silberkugeln, Suko den anderen mit der Dämonenpeitsche.

Jiri † – **428** – der Flammenteufel/Feuermann/Flammenmann; wurde als Kind dem Teufel als Opfer dargebracht (zur Zeit der Kreuzzüge); sein Geist blieb jedoch unter Kontrolle → *Bapho-*

mets, der dafür sorgte, daß Jiri nach Jahrhunderten wiedergeboren wurde – als Flammenmann, der das Feuer kontrollieren konnte; soll die Kreuzritter aus ihren Gräbern in Mostar holen, weil sie etwas wissen, was → *van Akkeren*/Baphomet auch wissen möchte; Suko vernichtet ihn mit der Dämonenpeitsche.

Jirica † – **TB53** – Anführerin der Weißen Hexen in San Francisco/USA; hat mit dem Teufel gebuhlt; dieser gab ihr überirdische Schönheit; sieht aus wie mittelamerikanische Indianerin; reitet auf einem fliegenden, feuerspeienden, magisch abgerichteten Panther; stammt von der Halbinsel Yukatan in Mexico; ursprünglich eine Urwaldhexe; Aussehen: rotes Skelett, dessen Knochen wie Feuerzungen aussehen; beherrscht das Feuer; dient dem Bösen und hat den Ruf des Teufels empfangen; verbündet sich mit der Hexe → *Monica*, um an den Hexenstein zu gelangen und um Nachfolgerin von → *Wikka* zu werden; will John durch die Entführung von Jane Collins dazu bewegen, ihr den Hexenstein zu besorgen; verbrennt Monica bei dem Kampf um den Hexenstein; wird von John durch den silbernen Bumerang vernichtet:

Jochem, Franz – Rentner; hat als Mädchen für alles im »Haus X« in der ehemaligen DDR gearbeitet und versucht, den Gefangenen das Leben zu erleichtern; verheiratet mit Edith; lebt in der Nähe des »Hauses X« in einem kleinen Haus. **850 (1. Auftritt)** – ihm erscheint die Fratze → *Belials* im Haus X; sieht, wie die Fratze den Geist von Rita → *Reinolds* ausspuckt; besucht das Haus in Begleitung von Harry → *Stahl* erneut. **851** – findet mit Harry Stahl Egon → *Kraft*.

Jonas – **448** – Bote König Salomos, der Sinclair das Öl für das → *Heilige Feuer* überreicht und auch die Formel für Johns Kreuz kennt, mit der man das Heilige Feuer entzünden kann.

Jorge – **438** – ein 15jähriger Junge in Lissabon, der in den Bann des verfluchten Mönchs → *Vasco* gerät und von John gerettet wird.

Jory, Victor † – **GK148(34)** – Bibliothekar in London, der auf Haiti dem Voodoo-Zauber verfallen ist; tötet in England und auch in Deutschland 10 Mädchen durch Voodoo, um sie später als Zombies wieder auferstehen zu lassen und für Terroraktionen zu benutzen; wird von den Zombies getötet, kann aber John noch vorher warnen; den Fall in Deutschland bearbeitet Will → *Mallmann*, der nach London reist und John kennenlernt; heißt im ersten Sinclair-Film »Die Dämonenhochzeit« Victor Gonsior und wird vom Schauspieler Thierry van Werveke gespielt.

Josephiel – abtrünniger Engel; seine Augen beinhalten gewaltiges Wissen; flirren und verändern sich; keine bestimmte Farbe; sehr schlanker, kräftiger Bilderbuchkörper; Gesicht mit der klassischen Schönheit griechischer und römischer Helden; halb Engel, halb Dämon; aus dem Schädel ragen 2 krumme Hörner; diese können je nach Gemütszustand die Farbe ändern, mal rot, mal schwarz; Stimme mit neutralem Klang wie ein Roboter; glatte, männliche, engelhafte Züge; im Erregungszustand kalte Fratze mit bösem Maul, aus dem der Atem der Hölle dampft; übermenschliche Körperkräfte; Vater der → *dämonischen Zwillinge*; resistent gegen Pistolenkugeln; die Haut um die Kugelwunde wird zusammengeknetet, und dadurch verschwindet die Verletzung. **859** – buhlt mit → *Naomi*, die ihm daraufhin die dämonischen Zwillinge schenkt; ermordet bestialisch zahlreiche Priester in Europa, da sie aus seiner Sicht auf der falschen Seite stehen; trifft auf der Fähre von Calais nach Dover auf → *Abbé Bloch*, den er töten will. **860 †** – wird von Abbé Bloch mit dem → *Würfel des Heils* vertrieben, der ihn auch vorübergehend schwächt; versucht John, Suko und Abbé Bloch zu töten, wird dabei aber von Johns Kreuz vernichtet.

Jovanka † – **173** – Mitglied der Werwolf-Sippe → *Vasely*; wird vom Pfarrer Georges → *Frambon* mit dem silbernen Beil getötet.

Joy, Francine – Hexe; braunrote Haare; Fingernägel sind unterschiedlich lackiert, aber alle dunkel; beherrscht Telekinese; moderierte Erotik-Talkshows im Fernsehen. **670** – will in London einen Hexenzirkel gründen; verbündet sich mit dem Sarg-Designer Leo Liberance; Leo wird von dem Bruder einer ihr verfallenen Hexe getötet; will Leo rächen, als John und Suko erscheinen; sie nehmen den Bruder der Hexenschwester fest; vor dem Haus wird dieser von einer Stange erschlagen; da John und Suko ihr nichts nachweisen können, müssen sie sie laufenlassen. **672** – wird in der

J

Schweiz von Jane Collins beobachtet. **673** – erkennt die Hexenkräfte von Jane und holt sie in ihr Haus; rettet Jane vor 2 Killern des Mafioso Logan → *Costello*; rettet Jane und den hinzugekommenen John vor einem weiteren Killer; als sie merkt, daß John und Jane auf derselben Seite stehen, will sie die beiden töten; nach dem erfolglosen Versuch gelingt ihr die Flucht. **676 †** – wird von Bill Conolly in Wales aufgespürt; nimmt Bill gefangen; holt ihre Ahnherrin Elena Joy, die auch eine Hexe gewesen ist und als Geist weiterexistiert, wieder auf die Erde zurück; Bill kann ihr in einem Moment der Unachtsamkeit entkommen; John attackiert sie und ihre Ahnherrin; Elena wird böse auf sie, da sie es gewagt hat, ihren Aufenthaltsort einem Fremden zu verraten, und tötet sie; Elena selbst verschwindet wieder im Geisterreich.

Juden-Insel – **454** – früherer Name der Pariser Seine-Insel Ile de la Cité, auf der die Kathedrale Notre Dame steht; auf ihr wurde Jacques-Bernard de → *Molay*, der erste große Templer-Führer, auf dem Scheiterhaufen verbrannt, wobei John zugegen war.

Judith (1) † – **320** – stirbt in → *babylonischer Gefangenschaft*; Frau von → *Gideon*; stirbt im Kampf, nachdem sie Suko befreit hat.

Judith (2) † – **400** – eine Frau, die mit Aibon in Verbindung steht; findet die Noten des Musikers Manfredo → *Cardinal* und übergibt sie dem Musiker Hans → *Conrad*; alle drei sterben im Kampf gegen John und Suko.

Judy † – **253** – Mädchen, das sich in eine Riesenspinne verwandeln kann; wird von John und Suko getötet.

Juliana † – **256** – junge Frau des Kurfürsten; von diesem mit einem Spinnrad im Verlies eines Schlosses bei Trier/Deutschland eingeschlossen; galt als Hexe; das Spinnrad gehörte einst einer großen Hexe und ist dem Herrn der Hölle geweiht; Juliana spinnt Fäden, die töten; wird von Will → *Mallmann* mit Johns Silberdolch getötet.

Junge von Stonehenge, Der † – **649** – richtiger Name: Tim; verfügt über magische Kräfte; lebte während der spanischen Inquisition; wurde dabei durch eine Garotte getötet; überlebte in → *Aibon*; wurde von dort durch den Wissenschaftler Frank Conrad durch das Sprechen einer Formel, die dieser

K

auf einer Tafel in → *Stonehenge* gefunden hat, von dort befreit; will alle magischen Refugien der Welt übernehmen; übernimmt zunächst Stonehenge und will es dann bei den → *Flammenden Steinen* versuchen; holt John und den → *Eisernen Engel* nach Stonehenge und nimmt beide gefangen; → *Myxin* will die Flammenden Steine retten und begibt sich mit der → *Totenmaske aus Atlantis* nach Stonehenge; mit ihr zerstört er die Tafel, die Conrad gefunden hat; durch die Zerstörung der Tafel vergeht auch er.

Jurc, Petroc – **33** – Untermieter von Frantisek → *Marek* in → *Petrila*; dazu ausersehen, den → *Schwarzen Grafen* Kalurac wieder zum Leben zu erwecken; wird danach von D. Kalurac gebissen und als Vampir von Frantisek → *Marek* gepfählt.

Jurc, Professor † – **GK176(41)** – pensionierter Völkerkundler; hat im Schwarzwald den etruskischen Dämon → *Bakuur*, der Tote auferstehen lassen kann, aus seiner Verbannung in einen Steinsarg erweckt; erhängt sich, um Bakuur als lebender Toter zu dienen.

Juri → *Bogie-Mann*.

Jurina † – **173** – alte Zigeunerin, älteste der Werwolfsippe der → *Vaselys*; wird von einem Pfarrer mit einer silbernen Axt geköpft.

Kabbala – altjüdische Geheimlehre.

Kabelvag – Ort in Norwegen auf den Lofoten, wo sich der Schädelthron des → *Strigus* befindet; Geburtsstätte des Strigus. **247**.

Kaifas † – **607** – Grafiker; wohnt in London in einem alten Haus aus den Anfängen dieses Jahrhunderts; Verbündeter von → *Asmodis*; hat seinen Namen von dem Hohenpriester aus dem Alten Testament; ermordet seine Frau, seine Tochter, seinen Sohn und seinen Nachbarn; flieht vor John und Suko durch halb London; John vernichtet ihn mit 3 Silberkugeln.

Kairo – Hauptstadt von Ägypten; größte Stadt des afrikanischen Kontinents; chaotische Verkehrsverhältnisse; schmutzig; Smog; schwüle Luft; riesiger Flughafen; in der Altstadt liegen viele enge Gassen; es gibt das Hotel Hilton, in dessen Innenhof ein großer Garten liegt; südlich von hier liegt die riesige Totenstadt Gizeh mit den Pyramiden. **29; TB94; TB185**.

K

Kaiser, Helmut – **474** – Chef de range im Royal-Hotel Gemmi in → *Kandersteg*/Schweiz, in dem John mit Glenda Perkins wohnt, als er die → *Gastern-Hexe* vernichtet.

Kajuara → *Jericho*.

Kale, Salim † – **530** – lebt auf Zypern, in einem Gebiet, das von 2 turmartigen Felsen beherrscht wird; lebt dort in einem Sarg; weihte sich einst den Dschinns, die ihn daraufhin auch beschützt haben; gaben ihm nach seinem Tod das ewige Leben als rotes Skelett; tyrannisierte zu seinen Lebzeiten die Insel; erwacht aus seinem Schlaf und überfällt das Dorf des → *Magus von Zypern*; Jane Collins greift ihn an, da der Magus, wenn sie ihn tötet, den Fluch des Totenschädels von ihr nehmen will; sie reißt ihm im Kampf den Kopf ab, wodurch das orientierungslose Skelett in eine Schlucht stürzt und stirbt.

Kalhori † – **GK80(16)** – Dämonengöttin, die von John, Suko und Mandra → *Korab* mit dem → *Zauberstab des Gottes Shiddhu* vernichtet wird.

Kali – Indische Totengöttin, Synonym für Grauen und Schrecken, für Totenkult und Zombies, Wahn und Kannibalismus. **476** – indische Totengöttin; pechschwarzes Gesicht mit rot glühenden Augen; Haar blutbefleckt; um ihrem Hals hängt eine Kette aus Menschenköpfen; hat vier Arme; auch »Parwati« genannt; Gemahlin → *Schiwas*; sechsarmig, mit Halskette aus sechs Totenschädeln (Urgestalt); rotglühende Augen und Handflächen; Totenköpfe in Pupillen (wie auch ihre Diener »Tongs« oder »Tugs«); kann in verschiedenen Gestalten auftreten; ihre Feinde sind u.a. der Gott → *Wischnu*, → *Garuda* und Mandra → *Korab*. **TB12** – eine Statue von ihr wird durch die Vervollständigung der Halskette wieder lebendig; die Figur wird mit Hilfe von → *Desteros Schwert* und Mandras → *sieben Dolchen* vernichtet. **TB26** – verbündet sich mit der Oberhexe → *Wikka*; läßt Mandra mit Hilfe von Jane Collins in ihre Schlangengrube im Londoner Zoo entführen; durch die Aktivierung von Johns Kreuz mit Hilfe der heiligen Silbe → *AUM* wird die sich vor Ort befindliche Kali-Statue vernichtet. **TB63** – nimmt in der Gestalt einer ihrer Statuen Mandra Korab gefangen; Suko zerstört die Statue später mit seiner Dämonenpeitsche. **855** – verbündet sich mit der indischen Teppich-Mafia; ihre Würger greifen die Journalistin Carol Deep an; die jedoch von John, Suko und Mandra gerettet wird; eine Statue von ihr kämpft mit Mandra, der dabei lebensgefährlich verletzt wird; die Statue wird später von John mit dessen Kreuz und der heiligen Silbe AUM vernichtet. **407**.

Kalifato – einer der → *Großen Alten*; Herr der → *Leichenstadt*; kann seine Gestalt ändern; seine wahre Gestalt ist die einer Monsterspinne; kann armdicke Spinnweben produzieren, die Menschen durchtrennen können. **253** – seine Magie wirkte vor 50 Jahren in einem einsamen Hotel bei Wisborough (zwischen London und der Südküste); das Hotel ist auf einer uralten Kultstätte gebaut; Judy Garrets Vater fand in Stein gemeißelte Beschwörungsformeln und entwickelte danach ein Spinnenserum, mit dem er Judys Blut veränderte, so daß sie nicht sterben kann und sowohl als Mädchen als auch als Spinnenmonster weiterlebt, bis John sie und ihren Vater vernichtet. **TB25** – will John in der Leichenstadt töten; erhält Hilfe von den → *Wächtern der Leichenstadt*, als Suko und → *Kara* auftauchen; nach der Vernichtung der Wächter entkommen die drei durch ein Dimensionstor vor seiner Rache; ergreift Besitz von Jennifer → *Moore* und holt sie zurück in die Leichenstadt. **351** † – wird von → *Asmodis* vernichtet. **222**; **238**.

Kalkutta – Ort in Indien direkt am Ganges; der Palast von Mandra → *Korab* liegt hier in der Nähe eines Ganges-Nebenarmes; davor befindet sich die Tempelstadt; hier gibt es große Gärten; tropische Gewächse flankieren die Straßen; Mandras Haus hat mehrere Etagen und an der Rückseite eine große Terrasse. **TB12**; **TB54**; **TB60**; **TB63**; **542**.

Kalurac, D. – genannt der Schwarze Graf; wohnt auf einer Schloßruine auf einem Hügel in der Nähe von → *Petrila*; Neffe des gefürchteten Vlad → *Dracula*. **33** – wird von → *Jurc* zum Leben erweckt, indem er das Blut einer Hyäne auf Kaluracs Asche tropfen läßt; will die Vampirfamilien von Europa vereinigen. **35** † – wird von John mit Frantisek → *Mareks* → *Eichenpfahl* gepfählt. **34**.

Kamikaze – Leibwächter von Akim → *Samaran*; blonder, knochiger Killer mit wüstem Narbengesicht und schiefer Nase; lange Haare, zum Pferdeschwanz gebunden; genannt:

K

Genickbrecher. **404 †** – stirbt durch Bill Conollys → *Goldene Pistole* in einem stillgelegten Krematorium in London. **379 (1. Auftritt)**; 383; 385; 402; 403.

Kandersteg – Ort in der Schweiz im Berner Oberland am Lötschbergtunnel, dem Zugang zum Kanton Wallis; liegt ca. 1100 Meter hoch und ist von über 3000 Meter hohen Bergen umgeben; Tal nach Norden hin offen; es gibt 2 Seilbahnen, die eine führt zum Oeschinensee, die andere in Richtung Gemmipaß; dort fließt der Kanderfluß; wenig Tourismus; keine großen Luxusherbergen, sondern kleine Pensionen und Hotels sowie Ferienwohnungen; Hotel »Royal Gemmi«; an der Hauptstraße befindet sich eine Jugendherberge. **TB52**; 474.

Kapitän Sensenmann † – **559** – Skelett mit einem Dreispitz auf dem Kopf; in der rechten Hand trägt er einen Säbel; linkes Bein besteht ab dem Knie aus einer dunkelbraunen Holzprothese; auf seine Schulter hockt ein Papagei, dessen Gefieder noch vorhanden ist und rot leuchtet; lebte vor 200 Jahren und kehrt nun zurück, um seine Taten zu wiederholen; seine Mannschaft bestand damals nur aus Frauen, und die will er sich nun zurückholen; als 13 Frauen verschwunden sind, werden auch John und Suko auf ihn aufmerksam; tötet 4 Fischer mit seinem Säbel; bei der Untersuchung der 4 Fischer treffen die beiden auf sein Geisterschiff und versuchen erfolglos, es zu entern; als sie es erneut treffen, gelangen sie an Bord; John und Suko töten die zu Zombies gewordenen Frauen; verletzt Suko mit seinem Säbel am Oberschenkel, als dieser versucht, ihn zu töten; mit letzter Kraft entreißt Suko ihm seinen Säbel und köpft ihn schließlich doch.

Kara – auch »Schöne aus dem Totenreich« genannt; stammt aus → *Atlantis*; schwarze, lange Haare; schlank; als Waffe hat sie das → *Goldene Schwert*, das sie zusammen mit dem → *Trank des Vergessens* von ihrem Vater → *Delios* erhalten hat; lebt mit → *Myxin* bei den → *Flammenden Steinen*; kann mit Hilfe des Goldenen Schwertes Dimensionssprünge durchführen; ihr Vater erzog sie wie einen Sohn zur Kämpferin; hat als Ziel, alles Böse, das von Atlantis zurückgeblieben ist, zu zerstören. **143 (1. Auftritt)** – erscheint John und Suko zum ersten Mal im → *Fariac*-Labor aus dem transzendentalen Tor, das sich dort be-

K

findet. **TB3** – hilft John durch ihren Geist, die drei Kammern des Grauens in der → *Hölle* zu überwinden. **TB5** – trifft in der Vergangenheit auf John; erhält von ihrem Vater das Goldene Schwert und den Trank des Vergessens; erlebt den Untergang von Atlantis mit. **TB6** – vernichtet mit ihrem Schwert und Johns Hilfe drei der → *Horror-Reiter* im → *Kloster St. Patrick*. **TB18** – trifft in China auf → *Yuisan*, der das schwarzmagische Gegenstück ihres Goldenen Schwertes besitzt; sie zerstört beide mit ihrem eigenen Schwert. **TB22** – schließt einen Pakt mit der Dämonin → *Alassia*, die angeblich den Trank des Vergessens besitzt; mit ihrer Hilfe gelangt Alassia in unsere Welt; soll Suko töten, um dann den Trank zu erhalten; erhält von ihrem toten Vater die Nachricht, daß der → *Spuk* den Trank besitzt; wendet sich nun gegen Alassia, um die Freunde zu retten. **TB25** – tötet einen der → *Wächter der Leichenstadt* mit ihrem Schwert; kämpft in der → *Leichenstadt* gegen → *Kalifato*; flüchtet vor Kalifato durch ein Dimensionstor. **254** – findet auf → *Sedonis* die Steintafeln, auf denen steht, wie der Todesnebel vernichtet werden kann, doch diese zerfallen bei ihrer Rückkehr. **265** – der Dämon → *Arkonada* will ihr sein Zeichen eintätowieren, doch die halbfertige Tätowierung verschwindet, nachdem Arkonada fliehen mußte. **TB30** – wird durch Arkonada von den Flammenden Steinen vertrieben; gelangt durch einen Dimensionssprung zum Orakel von Atlantis; Kara rettet John durch einen Dimensionssprung aus der einstürzenden Höhle, in der sich das Orakel befunden hat. **298** – begibt sich ins Reich des Spuks; dieser gibt ihr ein paar Tropfen des Tranks des Vergessens, damit sie damit → *Mandraka*, den Schwarzblut-Vampir, töten kann. **TB43** – wird durch die → *Totenmaske aus Atlantis* vor einem Dämon gewarnt; vernichtet mit Hilfe ihres Schwertes die Dämonin → *Sarina*. **TB54** – weint gläserne Tränen und schafft eine Dimensionsbrücke nach → *Aibon*. **TB80** – wird von den Flammenden Steinen vor Rowena → *de Largo* gewarnt; tötet eine besessene Frau; gelangt in die Vergangenheit von Atlantis; tötet dort mit ihrem Schwert Rowena und kehrt wieder in die Gegenwart zurück. **537** – hat schreckliche Alpträume; wird von ihrem Bruder → *Larcos* entführt, wo-

K

bei er ihr gleichzeitig das Schwert raubt; erhält das Schwert von John zurück. **546** – trifft bei den Flammenden Steinen auf → *Glarion/Merete*; erfährt, daß diese die Flammenden Steine erschaffen hat; verhindert durch ihr Schwert, daß Glarion/Merete die Flammenden Steine übernimmt; teilt durch ihr Schwert Glarion von Merete, wodurch beide vernichtet werden. **550** – will den → *Eisernen Engel* aus der → *Pyramide des Wissens* befreien; verliert den Kampf gegen → *Serena*; diese will sie mit ihrem eigenen Schwert töten, was John und Suko verhindern. **577** – trifft zusammen mit John auf einen → *schwarzen Priester*, der mit einem Kraken identisch ist; vernichtet den Kraken und damit den Priester, indem sie ihr Schwert unter Wasser in das Auge des Kraken stößt. **TB105** – wird von den Flammenden Steinen vor → *Zaduk* gewarnt; verhindert in → *Rom*, daß der Schädel Zaduks Menschen aufnimmt; zerstört den Schädel mit ihrem Goldenen Schwert und der Hilfe des Eisernen Engels. **649** – schickt den Eisernen Engel zu den Steinen von → *Stonehenge*, um eine Übernahme der Flammenden Steine durch den Jungen → *Tim* zu verhindern. **TB124** – kettet den Dämon → *Hermes* in Atlantis wieder an die Brücke, wo er auch vorher gefangen war. **691** – teilt Suko den Aufenthaltsort von → *Semerias* mit; kann selbst nicht eingreifen, da der Dämon zu stark für sie ist. **TB135** – (taucht nicht selbst auf) – spricht mit John durch eine Statue von ihr, die John in Bristol bei der Jagd nach Semerias gefunden hat; sagt ihm, wie er Semerias vernichten kann, nämlich dadurch, daß er dessen magischen Spiegel zerstört und ihn mit einer Scherbe des Spiegels tötet. **TB137** – hat Träume von einer Stadt, in der sie Königin ist; sucht die Stadt mit Hilfe der Flammenden Steine und landet in Atlantis; findet dort ein Porträt von sich; das Porträt wird gerettet, während sie selbst in einen Kampf mit dem → *Schwarzen Tod* verwickelt wird; tötet 2 schwarze Skelette mit ihrem Goldenen Schwert; bringt sich während des Kampfes mit dem Goldenen Schwert in die Gegenwart nach London in Sicherheit; trifft hier zwei Personen, die ihr in einem Museum ausgestelltes Porträt stehlen wollen, um es wieder in die Vergangenheit von Atlantis zu bringen; hier soll das Porträt dann öffentlich zerstört werden, um den Mythos Kara zu beseitigen; erfährt, daß die beiden Unbekannten John entführt haben, um ihre Forderung zu unterstreichen; tötet einen der Entführer mit dem Goldenen Schwert; zwingt den zweiten, ihr das Versteck von John zu zeigen; erfährt, daß John bereits gerettet worden ist, und muß den zweiten Entführer töten, da dieser von einer Riesenschlange gefressen werden soll und bereits halb in deren Maul steckt. **816** – wird durch die Flammenden Steine vor → *Zeo* gewarnt, die sie auch später mit ihrem Schwert vernichtet. **863** – hat Alpträume von der Totensängerin → *Roja*, die in Atlantis mit ihr aufgewachsen ist; wird von Myxin hypnotisiert; ihr wird das Goldene Schwert durch Roja entwendet; erlebt in ihren Träumen, wie sie auf Rojas Insel zutreibt. **864** – wird auf der Insel von Roja verschont; trifft in der Vergangenheit zum ersten Mal den Eisernen Engel, der sie vor den fliegenden Skeletten des Schwarzen Tods rettet; erhält von John ihr Schwert zurück. **964** – wird durch ein Leichengift aus der Pyramide des → *Verfluchten aus Atlantis* in eine leichenähnliche Starre versetzt; nimmt durch ihr Schwert, das John an sich genommen hat, telepathischen Kontakt zu ihm auf und rettet dadurch John und Suko aus Atlantis. **972** – begibt sich zusammen mit dem Eisernen Engel in eine Zwischendimension und befreit mit ihm zusammen dort die → *Prinzessin von Atlantis* aus ihrem Gefängnis; trifft bei den Conollys auf → *Amos*, dessen Blendstrahl sie mit ihrem Schwert reflektiert, so daß er selbst erblindet.**167; 296; 297; 310; 350; 351; 352; 353; 376; TB56; 622; 623; 624; TB113; TB127.**

Karas Reich – befindet sich in → *Atlantis*; Kara erfährt durch einen Traum davon; bei den → *Flammenden Steinen* versetzt sie sich mittels ihres Schwertes nach Atlantis, wo der → *Schwarze Tod* ihr Reich an sich reißen will; es gibt ein Bildnis von ihr, das der Schwarze Tod vernichten will; ein alter Mann namens → *Gallas* bringt es in Sicherheit; ihr Denkmal wird vom Schwarzen Tod mit seiner Sense zerstört. **TB137.**

Kargor † – **175** – Vampir, der seit 100 Jahren auf dem Besitz des Herzogs von → *Quinnthorpe* zusammen mit dem Totengräber Jock → *Gray* vegetiert; John tötet ihn mit einer Silberkugel.

Karman, Eva – 978 (1. Auftritt) – seit etwa einem halben Jahr mit Yakup → *Yalcinkaya* befreundet; überlebt auf der → *Insel der Geister* den Angriff von → *Shimada*; trifft auf John, Suko und Tokito → *Gazzanawa*; wird zusammen mit den dreien in → *Shimadas Todesschloß* entführt; Shimada will sie töten, gibt sie aber frei, als John und Suko ihn zum Duell fordern; will sich nach dem Tod von Shimada mit Yakup erst einmal zurückziehen. **980 †** – wird zusammen mit Yakup von Shao in Johns Wohnung gelassen; dort wird sie, wie auch Yakup, ein Opfer einer Tänzerin der »Asian Action Girls«, die sie und Yakup mit Yakups Schwert tötet; gibt John kurz vor ihrem Tod noch einen Tip auf die Gruppe der »Asian Action Girls«. **981** – wird zusammen mit Yakup in London begraben.

Karni-Mata † – 305 – die Rattenkönigin; Sekten beten sie an, glauben, daß sich in den Ratten die Seelen ihrer Verstorbenen befinden und sie im nächsten Leben als Ratten wiedergeboren werden; nur mit ihrem eigenen Blut, das sich im Griff eines der → *Dolche Mandra Korabs* befindet, kann sie erweckt werden; das tut der → *Baron von Tirano*; sie braucht das Blut der Menschen wie ein Vampir; wird von Mandra Korab mit diesem Dolch getötet.

Karras, Antek † – TB40 – früherer Name Janosz Masory; Rumäne; ehemaliger Agent; wurde einst von den Russen gefoltert, da er sie erpressen wollte; überlebte die Folter und auch den Sturz in einen reißenden Fluß, in den die Russen ihn warfen, als sie meinten, er wäre tot; schwor Rache; verkaufte seine Seele dem Teufel; stellt sich mit Hilfe der Voodoo-Magie ein Zombieheer zusammen; besetzt mit diesem ein Atomkraftwerk in → *Sibirien*; nimmt dort Wladimir → *Golenkow* gefangen; John erschießt ihn später mit einer Silberkugel und rettet Wladimir dadurch das Leben.

Kasnei, Ibrahim – TB94 (1. Auftritt) – Ägypter; lebt in Kairo; arbeitet beim ägyptischen Geheimdienst; schwarzglänzender Schnurrbart; gewaltiger Bauchansatz; Tränensäcke; verlebter Gesichtsausdruck; fährt einen alten Mercedes Diesel; chaotischer Fahrstil; raucht stinkende Zigaretten; begleitet John und Suko auf der Suche nach den →

Psychonauten zur Cheopspyramide.

Kassandra, Agathe – TB107 – Frau von Sir James Powell; erhielt von John und Suko die Teile eines Ringes; sie fügt die Teile zusammen und steckt sich den Ring an den Finger, wodurch sie wieder jung wird und ein neues Aussehen erhält: dunkles, fast schwarzes Haar; gerade, kleine Nase; ist nun in der Lage, in die Zukunft zu schauen; warnt John und Suko vor dem → *Bulgaren*.

Kassner, Dr. – 184 – im Archiv von Scotland Yard beschäftigt, genannt das »Archivmonster«.

Kastakis, Kosta – 346 – Öl- und Waffenmagnat; besitzt die goldene → *Medusa*-Statuette; wollte in London eine Waffenfabrik bauen und räumt Gegner mittels der Medusa aus dem Weg, bis die Statue zerfällt, als John den Geist der Medusa im → *Land der Mythen und Legenden* zerstört.

Kataya – ist das Gute und das Böse, Liebe und Haß gleichzeitig; wer ihm verfallen ist, kann nicht mehr zurück; er gebärt Dämonen. **324** – hat früher → *Amaterasu* geliebt und will deren Nachfolgerin Shao besitzen; wird von Shao/Amaterasu in seine Dimension zurückgeschleudert. **415** – überläßt Yakup → *Yalcinkaya* die → *Krone der Ninja*. 322; 323; 357.

Katharener – Sekte; lehnten Kreuz und Sakramente ab; friedfertige Menschen; auch »Albigenser« genannt; wurden von der Kirche gejagt; Gilles → *de St. Clair* war einer von ihnen; lebten im Mittelalter in Frankreich; bekannten sich zu Teilen des katholischen Glaubens, aber auch zur Lehre der Wiedergeburt und zur Gleichheit der Geschlechter in der Religion; lehnten den Glauben, wie die katholische Kirche ihn lehrt, ab; stritten den Anspruch der Kirche ab, Mittler zwischen Mensch und Gott zu sein; Grundregel: persönliche Erkenntnis ohne fremde Hilfe; ließen den Menschen in religiösen Dingen viele Freiheiten; waren Anhänger eines strengen Dualismus: glaubten an den immerwährenden Kampf zwischen Licht und Dunkel, Geist und Materie, Gut und Böse; glaubten nicht an Erschaffung von Himmel und Erde durch Gott; diesen sahen sie als Usurpator, als Thronräuber, an; leugneten die Menschwerdung durch Christus; diesen sahen sie als sterblichen Propheten an; erkannten mehrere Gottheiten an; einer von diesen war Amor, Gott der Liebe, ohne menschlichen Leib und ohne Makel; Macht war für sie böse.

Kathedrale der Angst, Die – von mächtigen Felswänden umgeben; hier befindet sich das Skelett von Hector → *de Valois*; liegt oberhalb von → *Alet-les-Bains*/Frankreich; die Schlucht ist durch erkaltete Lava entstanden; der Zugang ist gerade groß genug, daß ein Mensch hindurchpaßt; der Eingang ist flankiert von 2 mächtigen Säulen; früher war die Kathedrale verflucht, und ein Schild warnte jeden vor dem Betreten; mittlerweile ist der Fluch gelöscht und das Schild verschwunden. **431** – das silberne Skelett wird von → *Abbé Bloch* hier gebettet. **485** – soll auf Befehl von → *Baphomet* vom Staubgeist → *Whisper* zerstört werden. **527**; **771**; **773**; **1002**.

Katmandu – ist die Hauptstadt von Nepal; entfernt sind die Gipfel des Himalaya sichtbar; liegt ca. 1300 Meter über dem Meer; Ausgangspunkt von Himalaya-Expeditionen; im ärmeren Teil liegt ein Tempel, zu dessen Eingang eine breite Treppe führt; hier leben die Gegner des → *Goldenen Buddhas*. **TB2**.

Katzenfrau, Die † – **758** – Rena Mitchell, Mutter der jungen Frau Ginger → *Mitchell*, die von Sir James Powell getötet wurde; war in einem früheren Leben eine Katze, gehörte zum unmittelbaren Kreis der Wächterin der Katzengöttin → *Bastet*; stirbt durch Silberkugeln aus Johns Beretta, nachdem sie Sir James Powell töten wollte.

Katzengöttin → *Bastet*.

Kaub – Ort in Deutschland am Rhein; umgeben von Weinbergen; eine Fährstation; alte Häuser; viele Weinkeller; Weinkellereingänge sind oft grüne Tore. **534**.

Kearny – **456** – junger Inspektor der Mordkommission von Scotland Yard.

Kel-Aba – Zeit-Dämon; entstand aus den Blutfelsen einer fremden Dimension; erbaute ein gläsernes Netz in der → *Welt der gläsernen Spinnen*; an den Zeitarmen des Netzes hängen Dämonen und Menschen; durch Kappen eines Fadens bestimmt er, wessen Leben und wessen Zeit abgelaufen ist; die Person stirbt; Feind der → *Großen Alten*; sah früher aus wie rotes Glas. **TB47 †** – die Großen Alten schicken → *Gorgos* in seine Welt, um die Zeitkanäle, die mit dem Blut der gläsernen Spinnen gefüllt waren, auszutrocknen; dadurch wird er geschwächt; in geschwächtem Zustand heute:

spröde Haut; Schädel blutleer und eingetrocknet; dicke, braungraue Haut mit zahlreichen Furchen; schwarzglänzende Augen; liegt im Sterben; eingehüllt in die Netze seiner 4 gläsernen Spinnen, welche ihn mit ihrem Blut versorgen; dieses ist jedoch zu alt, um ihm neue Kraft zu geben; versteinert ohne Blut; benötigt zum Überleben das Blut eines Gerechten; verspricht → Asmodis sein Reich, wenn der ihm das Blut von John beschafft; erhält das Blut und holt Jane Collins und den → Würfel des Heils in seine Dimension; wird von Gorgos mit Glaslanzen schwer verletzt und stirbt wahrscheinlich.

Kelch des Feuers – Meisterarbeit eines Goldschmiedes, der im 5. Jahrhundert gelebt hat; hat die Form eines schmalen Tiegels und besteht aus Gold; die Seitenwände sind mit Edelsteinen besetzt; christliche Symbole sind in die Außenseite eingraviert, so daß sich selbst → Asmodis nicht an ihn heranwagt. **20 (1. Auftritt)** – ein Kloster in der Nähe von Billon in den Vogesen hat ihn bekommen; er befand sich dann Jahrhunderte dort, bis er in der Zeit der Inquisition nach England geschafft und in einer Kapelle in der Nähe von Lilington bei Newcastle eingemauert wurde; Dämonen haben die Kapelle mit einem Bann belegt, damit niemand den Kelch stehlen kann; als John den Kelch aus der Kapelle holt, stürzt diese zusammen; im Elsaß vernichtet John mit ihm die Teufelsmönche. **200** – zu ihm gehört die → Kugel Taniths; sie paßt genau in den Kelch hinein. **201** – John wird durch ihn in → Asmodis' Reich teleportiert. **202** – uralte christliche Symbole in das Gold graviert, die das Böse vertreiben; Übersetzung → Karas: »Und wahrlich, wahrlich, ich sage dir: Vertraue dem Geist, der dich leitet, Gutes zu tun, ja, rechtschaffen zu handeln, demütig zu wandeln, gerecht zu urteilen. Und dann, oder dadurch, wirst du alles wissen, was du dir wünschst, die zu den Dingen der Gerechtigkeit gehören, sofern du das große Vertrauen in die Sache des Guten hast.« **248** – John übergibt ihn an → Tanith, als er sieht, daß die Kugel Taniths genau in diesen Kelch paßt. **270** – Asmodis ermordet Tanith und läßt ihn zusammen mit Taniths Kugel von einer Malerin stehlen; die Kugel gelangt in Asmodis' Besitz, den Kelch holt sich John zurück. **289** –

K

weist die Spur zu Taniths Kugel; John begibt sich mit ihm in den → *Vorhof zur Hölle*; von einer → *Dimension des Nichts* kann John mit seiner Hilfe zu jedem Ort gelangen, ist jedoch am Ziel feinstofflich, so daß ihn niemand bemerkt. **TB35** – → *Professor Orgow* erpreßt John mit ihm; er will den Kelch im Tausch mit dem von ihm besetzten Scotland Yard-Gebäude; John verbindet ihn auf Anraten Taniths mit seinem Kreuz und ist dadurch in der Lage, Professor Orgow vernichten zu können. **TB59** – Tanith holt John mit seiner Hilfe in ein Zwischenreich und bringt ihn später auch mit seiner Hilfe wieder zurück zur Erde. **111; 112; 290**.

Kelem, Der † – **GK141(32)** – der Gesichtslose; Skelett und Geist eines Dämons auf Rock Castle, einem Schloß in der Nähe von Rockford in Schottland; der Geist wird von John mit Feuer vernichtet, das Skelett zerfällt zu Staub.

Kelgin – Ort in Wales in den »Cambrian Mountains« nahe der Küste; zwischen Aberayron und Aberystwyth; vor dem Ort ist eine alte Steinbrücke; schiefe Häuser; kleiner Hafen mit Kiesstrand; Kneipe »Last Corner«. **TB42**.

Kellerman, Dino – **765** – Fotograf, arbeitet für die Agentur von Evelyn Ascot; war in seinem früheren Leben ein Mörder, der getötet wurde; da sein Geist in den Körper seiner Verlobten Allie → *Carter* geflohen ist und durch sie Morde begeht, erlebt er die Geschehnisse deutlich mit, bis John den Geist in Allie Carter mit dem Kreuz vernichtet; dadurch wird Allie Carter wahnsinnig.

Kelly – **TB138** – in → *Aibon* erschaffene → *Alraune*, die in der Diesseitswelt die Gestalt eines Jungen annahm; es war der erste Versuch, Mensch und Alraune zu mischen; soll König der Alraunen werden; wird von einer Riesenspinne (dämonisches Wesen des → *Guywano*) getötet (sie stirbt durch Johns Beretta).

Kencey, Gordon † – **262** – Schauspieler in Horror-Streifen; Engländer, besitzt eine Villa in den Bergen über Cannes (über → *Belphégors* Höllentunnel); Belphégor bedient sich seines Körpers.

Kendo-Stab – ausfahrbarer Stab mit winziger Halbkugel an der Spitze, die das Gesicht des alten Mönchs → *Zii* trägt; im Besitz Yakup → *Yalcinkayas*; erfüllt von Magie; vernichtet Dämonen. **364**.

Kent, Pernell → *Höllen-Detektiv*.

Kerkerschloß, Das – bei Trier; hier hat früher ein Kurfürst Teufelsmessen gefeiert und seine junge Frau → *Juliana* lebendig mit einem Spinnrad eingemauert; es existiert ein Deckengemälde mit dem Antlitz des Satans, das lebt, aber von John mit dem Kreuz vernichtet wird; Will → *Mallmann* tötet Juliana mit Johns Silberdolch. **256**.

Kern, Helen – **763** – junge Frau, die nach einem Autounfall in einer Klinik an der Südküste Englands namens Health Farm behandelt wurde; danach hat sie Alpträume, in denen Riesenvögel auf sie einhacken; es passiert wirklich, und sie verwandelt sich in eine → *Strige*. **764** † – stirbt in den Flammen der niederbrennenden Klinik.

Kerzelmeier – **631** – Oberwachtmeister im → *Bayerischen Wald*; Junggeselle; 2 Jahre jünger als sein Kollege → *Mölder*; stammt aus Oberammergau; beide werden in ihrem Polizeiauto von einem → *Tengu* angegriffen und verunglücken.

Kesko † – **510** – Vampirskelett; hat in einer Berghöhle Särge gesammelt, in denen sich Vampirstaub befindet; John findet die Höhle und wird von ihm gefangengenommen; verletzt John, und mit Hilfe von dessen Blut werden aus dem Vampirstaub wieder Vampire; während die Vampire sich nach → *Petrila*/Rumänien begeben und dort von Suko und Frantisek → *Marek* vernichtet werden, will er John töten; dieser aktiviert sein Kreuz und vernichtet ihn dadurch.

Kessel, der magische, heilige, verwunschene – **624** – Nadine → *Berger* mußte ihn durchwandern, bevor sie durch den Riesen → *Brân* vom Wolfsdasein erlöst wurde.

Kettering, Sam – **93** – Archäologe, der die → *Pyramide der grausamen Priester* entdeckt und Bill Conolly seine Aufzeichnungen schickt, bevor er von einem Mumien-Monster getötet wird.

Kevin – Außerirdischer; anstelle der Augen Sehinstrumente; irisierende, leicht vorstehende Kugeln, die sich nicht synchron bewegen; facettenreich wie Insektenaugen; runder, haarloser Kopf; nackter Körper; Arme und Beine an den Gelenken sehr knotig; an jeder Hand drei Finger, zwei zusammen, einer abgespreizt; Zehen an den Füßen sind nur angedeutet; Hautfarbe: helles Rotgrau; keine primären

Geschlechtsteile; selbst Energiequelle für sein UFO; gibt Laute wie das Ziepen einer Grille von sich; kann Worte nachsprechen. **877** – trifft John und Suko in einem Militärlager in den USA. **878** † – bringt John und Suko mit seinem Raumschiff zu → *Raniel* und seinen Engelmenschen; während John die → *Kreaturen der Finsternis* mit seinem Kreuz vernichtet, bricht sein Raumschiff auseinander, wodurch er stirbt.

Key Largo – Ort in Florida in den USA; die → *Mordliga* hat hier kurzzeitig einen Stützpunkt. **TB7**.

Khylon † – **143** – Druide, der vom Teufel in die Wände eines Hauses eingemauert wurde; wird durch Johns Kreuz vernichtet.

Killarney – Ort in Irland; schlecht geteerte Straßen; liegt in einer Hügellandschaft; kleine Häuser mit flachen aber schrägen Dächern; vor den Häusern befinden sich meist kleine Gärten; kleine Kirche mit angrenzendem Friedhof; keinen eigentlichen Dorfmittelpunkt; etwas außerhalb des Ortes liegt eine Gastwirtschaft, die aus grauen Steinen erbaut ist und in einer Senke steht. **973**; **974**.

Kilchenny – Dorf 30 Meilen nördlich von Glasgow, in dessen Nähe der Ghoul → *Mr. Grimes* eine Disco betreibt. **58**.

Killerbienen, Die † – **269** – von Shawn → *Braddock* gezüchtete Bienen, die den Kopf eines seiner Opfer (Sam Whiteside) tragen; werden alle von John mit dem Kreuz vernichtet.

Killerblase – wird von Bill Conollys → *Goldener Pistole* produziert; kann sonst nur durch John Kreuz vernichtet werden, hier zum erstenmal mit dem silbernen Bumerang. **404**.

Killer-Bolide, Der – **423** – ein Rennwagen auf der Teststrecke von Killy Island, der vom keltischen Götzen → *Nalina* auf magische Weise als Mordinstrument benutzt wird.

Killerhai, Satans † – **387** – von Asmodis mittels Schwarzer Magie erschaffen; vergeht, als John → *Ansgar of Osborne* mit dem Dreizack vernichtet.

Killy Island – Insel in der Irischen See, auf der John einen fliegenden Rennwagen bekämpft. **423**.

Kilmartin – kleiner Ort am Südende des »Loch Awe« in Schottland; auf der einen Seite der Hauptstraße liegt die Pfarrkirche, auf der anderen eine Tankstelle, ein Pub, ein kleines Restaurant und gut zwei Dutzend Häuser; die Kirche ist eine alte Templerkirche; hinter der Kirche befindet sich ein Friedhof, auf dem → *Templer* und Freimaurer begraben liegen; der amerikanische Templerstamm hat hier lange Zeit seine Toten begraben. **634; 635.**

Kilrain, Mike (1) – **23** – Sohn des irischen Farmers Patrick Kilrain, der durch eine alte Druidenmagie zum Vogelmenschen wird und die Freundin seines Bruders George auf den Teufelsberg entführt.

Kilrain, Mike (2) † – **50** – Reporter in Hongkong; ist von → *Huang* und dessen Tochter Shao zum Vampir und Diener des → *Gelben Satans* gemacht worden; lockt John in eine Falle; wird von Suko mit einer Silberkugel getötet und vergeht zu Asche.

Kimberly – Ort in Irland; Zufahrt zum Ort nur über eine Brücke möglich; Wald wächst über die den Ort umgebenden Hänge bis dicht an die Straße; ein leicht geneigter Friedhof liegt oberhalb der Straße; ein Wall aus Steinen bildet die Friedhofsmauer; es gibt keine Leichenhalle, daher werden die Toten in der Kirche aufgebahrt. **TB125.**

Kind-Dämon, Der → *Baphomet II*.

King Grenada † – **TB37** – wohnt in London; beherrscht Voodoo; will mit Hilfe einer Zombiearmee London überfallen; die Armee wird zerstört, und er wird von der Polizei festgenommen; begeht kurz darauf Selbstmord, indem er eine Giftkapsel schluckt.

King, Damona → *Damona King*.

Kinny, Greta – Irin; Spitzname: Rosenrot; ihre Eltern haben sie verlassen, hinterließen ihr aber genug Geld zum Leben; Vater heißt Douglas; Mutter wurde von der IRA getötet; daraufhin ging der Vater zum britischen Geheimdienst und gab sie aus Sicherheitsgründen in ein Internat; Gestalt als Monster: Gesicht trieft vor Blut, das aus Wunden rinnt, die sich auf der graubraunen, rindenartigen Stirn befinden; ihre Haare sehen aus wie dünnes Gestrüpp, das aus Wurzelfasern besteht; stinkt nach Moder. **973** – wird bei einem Banküberfall, bei dem auch John anwesend ist, von einer Kugel getroffen und ist seitdem gelähmt; kann mit Hilfe der alten Götter ihre Lähmung überwinden, um nachts in den nahen Wald gehen zu können; wird tagsüber von Ginette Dermont versorgt, die nichts von ihren

Freunden ahnt. **974 †** – findet im Wald den Killer Perry Cameron, der sie töten will, um sich an ihrem Vater zu rächen, der aus der Sicht der IRA ein Verräter ist; tötet in ihrer Monstergestalt den Killer, indem sie ihn mit ihren scharfen Krallen zerfetzt; trifft in ihrem Wald später auf John, Suko und ihren Vater; will John durch einen Teich, der gleichzeitig ein Dimensionstor darstellt, mit in die Welt der alten Götter nehmen; bevor dies geschehen kann, tötet Suko sie mit seiner Dämonenpeitsche.

Kinok – Sohn des Hohenpriesters des bösen Sonnengottes Sorath; goldene Augen; kann durch Berührung Schmerzen heilen; kann Hologramme entstehen lassen. **881** – tötet einen → *Psychonauten*; rettet Shao vor seinen Aufpassern, da er das Besondere in ihr spürt; tötet seine Aufpasser; zeigt John, Suko und Shao per Hologramm seine Entstehung; wurde von Psychonauten unterhalb der Cheopspyramide als lebendiges Baby in einem Sarg gefunden; wird von einer Mumie, die sein Vater ist, aus der Pyramide gebracht und rächt sich auf Befehl der Mumie an den Psychonauten; stellt sich auf Johns Seite. **882 †** – verschwindet durch sein Hologramm nach Paris, um einen Psychonauten vor seinem Vater zu retten; trifft seinen Vater im Flugzeug; erzeugt ein Hologramm, in dem der Kampf zwischen ihm und seinem Vater zu sehen ist; gerät erneut unter den bösen Einfluß seines Vaters; will John töten, der das Hologramm betreten hat, wird jedoch durch Johns Kreuz vernichtet, das John ihm umhängt.

Kinoks Vater – ehemals Hohenpriester des bösen Sonnengottes Sorath; wurde als Mumie unter der Cheopspyramide bestattet; bringt seinen Sohn, welcher dort ebenfalls, allerdings als lebendiges Baby, in einem Sarkophag bestattet ist, nach draußen. **881** – sein Sohn erzählt John und Suko seine Entstehungsgeschichte. **882 †** – trifft im Flugzeug nach Paris seinen Sohn, der sich gegen ihn gestellt hat; es kommt zum Kampf zwischen den beiden, wobei beide verschwinden; verwandelt sich in die Gestalt eines Panthers; bringt seinen Sohn wieder unter seinen Einfluß; John, Suko und Shao betreten durch ein Hologramm den Schauplatz des Kampfes; sein Sohn will John töten, worauf dieser ihm sein Kreuz umhängt; das → *Allsehende Auge* leuchtet auf und vernichtet Sohn und Vater.

Kiriakis † – **16/17** – Zauberer, Beschwörer, Wunderheiler in Athen; behauptet, in Atlantis ein Weiser gewesen zu sein; Vater von → *Azarin*; stirbt durch das Messer eines Gangsters.

Kiriakis, Aristoteles – **761/ 762** – → *Psychonauten*-Jäger; Todfeind der Psychonauten und Bill Conollys, denn er gibt Bill die Schuld am Tod seiner einzigen Tochter, einer Terroristin; besitzt immenses Vermögen, Öltransporte; liebt den Luxus; mit dem → *Todesvogel* verbündet, um → *Nefret* in seine Gewalt zu bringen.

Klein, Elvira → *Fliegen-Königin*.

Kloster St. Patrick – liegt in den schottischen Highlands in der Nähe des Ortes Peelham; eine kaum befahrene Straße, erst Asphalt, dann Schotterweg, führt von dort hinauf; ein gewaltiges Bauwerk, eine Trutzburg des Guten; am Tor befinden sich schwere Riegel; im Hof steht ein Baum; die Schmiede, die von Pater → *Ignatius* betrieben wird, hat eine gemauerte Feuerstelle, eine lange Bank und einen hohen Schrank, in dem Pater Ignatius das Silber für die Kugeln aufbewahrt, die er für John gießt; dieses stammt aus Minen, die der Kirche gehören, und wird zweimal im Jahr zum Kloster gebracht; der Frühstücksraum ist karg eingerichtet; einziger Schmuck sind schlichte braune Holzkreuze; die Mönche sind Einsiedler, die das Kloster nur verlassen dürfen, wenn ein triftiger Grund dafür vorliegt; der Abt ist über 70 und hat einen schneeweißen Haarkranz. **92; TB6; 250; 251; TB47; TB150.**

Kloster Yalcinkayas – Kloster, in dem Yakup → *Yalcincaya* ausgebildet wurde; vor vielen Jahren von irgendeiner Sekte gegründet, deren Mitglieder getötet wurden; nach der japanischen Einwanderung haben japanische Mönche das Kloster übernommen; auch andere Rassen sind als Mönche vertreten, Chinesen, Malayen, Inder; es ist nicht voll besetzt, da viele Mönche unterwegs sind, um ihre Lehren zu verbreiten; Vorsteher ist der weise → *Zii*; jeder, der das Kloster verläßt, ist zum Schweigen verpflichtet; es liegt etwa 50 Meilen von San Francisco entfernt in einem Hochtal; weiße Mauern, von Bäumen umgeben; Brunnen, die viel Wasser fördern; die meisten Räume unterirdisch wie Kavernen; Heiligtum: Raum, in dem die Mönche ihre Toten aufbe-

K

wahren und darauf hoffen, daß deren Geister ihre Gedanken beflügeln: → *Halle der Weisheit*.
330 – Kloster von → *Yakuza*-Killern besetzt, die einen Stützpunkt für → *Shimada* schaffen wollen. **TB53** – Yakup nimmt Jane Collins mit hierher, die nun hier leben will. **TB101** – Yakup wird von hier durch → *Shimada* entführt. **648** – Suko und Shao finden das von Shimadas Schergen zerstörte Kloster; alle Felder um das Kolster sind zerstört; die Mauern eingebrochen; Yakup ist fort; es sieht aus, als hätte eine Bombe eingeschlagen. **TB121** † – in dem zerstörten Kloster existiert nur noch die Welt unter dem Kloster; der Leichenbaum wird als letztes, was im Kloster noch intakt gewesen ist, von Shimada im Beisein von Yakup vernichtet.

Knife – Chinese; Anführer der Triaden (chinesische Verbrecherorganisationen) in London; agiert hauptsächlich mit einem Metallring, an dem sich 4 Messer befinden. **672** – stiehlt Suko den → *Stab Buddhas*; entführt Suko kurz darauf; führt mit dem Stab einen Banküberfall durch und tötet während der Wirkzeit des Stabes einen Menschen, wodurch der Stab seine Magie verliert. **673** – wird von Suko, der sich befreien konnte, überwältigt, so daß Suko seinen Stab wieder an sich nehmen kann; wird von Suko festgenommen. **674** † – begeht Selbstmord, als er bei Scotland Yard verhört werden soll, indem er sich selbst den Kehlkopf eindrückt.

Knochenmehl – Zutat für Dämonenbeschwörungen; Knochen von verstorbenen Verbrechern, um Mitternacht aus Grab geholt; bei Vollmond zu pulvrigem Mehl zerrieben.

Knochenmönch, Der † – **TB159** – richtiger Name: Verginius; keine Haare; keine Augen in den Höhlen; verweste, aber nicht zerfallene Gestalt; dünne Haut liegt noch über den Knochen; Kopf ist eine Mischung aus Totenschädel und Menschenkopf; ernährt sich von Menschenfleisch; trägt eine verstaubte, bläuliche Kutte mit Kapuze; hat einen Beschützer: »Ambrizzi«, den Dämon mit dem Hyänenkopf; will den Papst töten und dessen Position einnehmen; gehört dem Geschlecht der Borgias an, die bereits 2 Päpste in ihrem Geschlecht hatten; wollte der dritte werden, wurde aber abgelehnt; zog danach in ein Kloster; in dem Gold durch unedle Metalle hergestellt werden sollte; da es den Mönchen unmöglich war, dieses Gold herzustellen, beschworen sie den Teufel; lernte die Beschwörungen und wurde später selbst ein Verbündeter des Teufels; Suko vernichtet »Ambrizzi« mit der Dämonenpeitsche; John trifft in einem Verlies auf ihn und aktiviert sein Kreuz, wodurch er vernichtet wird.

Knochensessel, Der – besteht aus Menschenknochen; hat einmal dem Templer-Führer Hector de → *Valois* gehört; Tor nach → *Avalon*; kann Menschen und sich selbst verschwinden lassen; aus dem Gerippe von Jacques → *de Molay*, dem letzten Großmeister der Templer, geformt, welcher darin weiterlebt; ist → *Baphomet* ein Dorn im Auge. **771** – John ersteigert ihn mit Bill Conollys Geld in New York und nimmt ihn mit nach London. **772/773** – John vernichtet das → *Gericht der Toten*, die ehemaligen Wächter des Knochensessels; bleibt vorerst in → *Alet-les-Bains* bei → *Abbé Bloch* im Haus der Templer; mit ihm können Zeitreisen unternommen werden; kann wie eine Kinoleinwand einen Blick in andere Zeiten vermitteln, wenn jemand darin sitzt. **780** – mit seiner Hilfe retten sich Suko und → *Abbé Bloch* vor der → *Schwarzen Flut* nach Avalon. **782** – in ihm erdolcht sich ein veränderter Templer; soll von einigen von Baphomet-Templern zerstört werden, was John jedoch verhindert. **872** – mit seiner Hilfe flüchete → *Prinz Mleh* in die Zeit von Richard → *Löwenherz*, wohin John und Abbé Bloch ihm folgen; Suko verfolgt auf ihm sitzend mit, was in der Vergangenheit passiert. **1001** – bringt John von Alet-les-Bains nach Aibon. **1006** – bringt das silberne Skelett von Hector de Valois nach Äthiopien.

Knochenthron, Der (1) – **122** – Thron aus Knochen in der Tulsa Mine (in der Geisterstadt Tulsa/ Kalifornien), auf dem eine steinerne Statue des → *Spuks* sitzt.

Knochenthron, Der (2) → *Schädelthron*.

Knochenuhr, Die – **292** – Zeiger aus riesigen Knochen; Mensch, am Zeiger festgebunden, erlebt bei einer Umdrehung sein gesamtes Leben; am Ende begegnet er dem Teufel, der ihn bei Vollendung der Umdrehung (Mitternacht) mit einem Blitz zu sich holt; wird von Urkräften zerstört (als John fast daran gestorben wäre), nachdem der → *Seher* Johns Kreuz aktiviert hat; auf dem Lichtstrahl des Kreuzes

K

schreitet Sheila Conolly aus der Hölle zurück in diese Welt.

Knöcherner Hexer, Der † – **826** – war früher ein Hexer und Teufelsanbeter; sein Körper wurde von Hector → *de Valois* verbrannt; die Knochen wurden von diesem auf einem Segler aufs Meer hinaus gebracht, der Segler sank jedoch vor der Küste; seine Knochen wurden in eine Höhle geschwemmt und blieben dort verschollen, die Kraft der → *Hölle* aber blieb in ihnen; die Knochen werden in der Gegenwart von Swenja Hart in der Höhle gefunden und wieder an Land gebracht; dort setzen sich die Knochen wieder zu einem Skelett zusammen; dieses bedroht Swenja, verschwindet dann aber wieder; ermordet Rosa Mullion; deren Mann Scott kennt seine Geschichte und berichtet sie dem auftauchenden John; es stellt sich heraus, daß er auf einem Geisterschiff lebte, das schon seit Jahrhunderten ab und zu vor der Küste auftaucht; taucht bei dem Leuchtturm auf, auf dem sich John und Scott befinden; greift John an, wird von diesem aber durch sein Kreuz vernichtet.

Knoesel, Klaus – Regisseur des ersten Sinclair-Films »Die Dämonenhochzeit« von RTL.

Koch, Rocky – **117** – der Rattenkönig; wurde gezwungen, Land im Seebad → *Southwick* zu verkaufen, will sich dafür rächen; wird in Heilanstalt eingewiesen. **227 †** – beeinflußt seine Ärztin Stella → *Murdock*; beide werden von ihren Ratten totgebissen.

Köln – Großstadt am Rhein in Nordrhein-Westfalen; Fernsehturm wird »Colonius« genannt; alter Dom, der erst vor ca. 100 Jahren fertiggestellt worden ist; der Platz vor dem Dom geht in einen zweiten Platz über, der die Philharmonie umschließt; am Dom liegt direkt der Hauptbahnhof; die Terrasse des Domhotels reicht bis auf den Domplatz; ans Hotel wurde ein kleiner Wintergarten angebaut; unter der Domplatte befindet sich eine Tiefgarage; die Altstadt liegt direkt am Rhein. **TB107**. Hier spielt auch der erste Sinclair-Film »Die Dämonenhochzeit«.

Kölzer, Manfred – **205** – Kommissar in Hamburg/Deutschland. **259**.

Kommern – Ort in der Eifel; dort existiert ein großes Freilichtmuseum; liegt südlich von Euskirchen; waldreiche Gegend; auf dem Gelände des Museums gibt es eine Pension. **TB90**.

Kongre, Jason † – **184** – verrückter Wissenschaftler, der John mit einer von ihm entwickelten Teleportationsmaschine in ein Monster mit Wespenkörper verwandelt; wird aus Versehen von Gangstern → *Costellos* erschossen.

König Artus – lebt in → *Avalon* in einer Höhle mit den steinernen Abbildern der Ritter der Tafelrunde; → *Merlin* brachte ihm einst den Umgang mit Magie bei. **623** – trifft John in Avalon; kennt nicht den Weg von Avalon zurück zur Erde; wird von Merlin gebannt, da er John helfen wollte; Johns Kreuz befreit ihn aus seiner Starre. **784** – nimmt den Ritter John Mark → *Lomenius* in die Runde der Tafelritter auf; trifft auf Suko und → *Abbé Bloch* in Avalon.

König des Schreckens, Der † – **616** – Schnellmaler und Magier; richtiger Name: Lorenzo; ist bei einer seiner Shows vor 8 Jahren spurlos verschwunden; kann durch seine gemalten Bilder auf die Erde zurückkehren; tut dies in Form eines Totenkopfes; soll den Weg ebnen für einen Dämon, der 1999 die Welt übernehmen will; tötet einen Menschen, der ein Bild von ihm besaß, indem er ihn in das Bild hineinzieht; als John einige Bilder zertört, taucht er persönlich auf; attackiert John mit einem Messer; dieses Messer wird von Johns Kreuz vernichtet; da zwischen dem Messer und Lorenzo eine magische Verbindung bestanden hat, wird auch er getötet, als das Kreuz das Messer vernichtet.

König, Gerd † – **205** – Wertiger in Hamburg.

König, Karsten – BKA-Beamter; Vorgesetzer von Will → *Mallmann*. **569 (1. Auftritt)** – verfolgt die »Aktion D«. **570; 696.**

König Salomo – regiere von 968 – 930 v.Chr.; Mutter Bathseba, Vater David; Nachfolger seines Vaters David auf den Thron Israels; Bringer des Friedens für Israel; Ring Salomos: ein Hexagramm eingraviert – das Großsiegel Salomos; graublaue Haare; hohe Stirn; langer Bart; John hat als König Salomo gelebt; es bestand eine Verbindung zwischen ihm und der → *Königin von Saba*; Vater von Azarius, dem Stehler der Bundeslade; hat mit einer Sklavin der Königin von Saba geschlafen, aus dessen Beziehung Azarius hervorgegangen ist; gab offiziell nie zu, der Vater von Azarius zu sein; ist ein Bestandteil des → *Sehers*; ist zusammen mit Hector → *de Valois* und der Königin von Saba auf deren Grabplatte eingraviert; sein Geist beschützt die Königin; konnte die Rätsel lösen, die die Königin von Saba ihm aufgab, und deshalb weihte sie ihn in die Geheimnisse des → *Dunklen Grals* ein; auch der »Weise« genannt; Erbauer des Tempels von Jerusalem. **442** – erstmals erwähnt. **443** – eventuell Verfasser des → *Buchs der grausamen Träume*. **TB96** – zerstört als Geist eine Waffe von Morgana → *Layton*, die das Grab der Königin von Saba zerstören will. **TB100** – klärt John, der auf das → *Rad der Zeit* gespannt wurde, über die Identität des Sehers auf. **802** – hilft John, eine → *Kreatur der Finsternis* zu vernichten; zeigt ihm den Weg zu einem Brunnen, der in die unterirdischen Ruinen von → *Gamala* führt. **803** – hat einen Sohn mit der Königin von Saba namens → *Melenik*. **1003 (1. Auftritt als Mensch)** – trifft in der Vergangenheit auf John; erzählt John die Wahrheit über sich und die Bundeslade; schenkt John sein Schwert; begleitet John zum → *Rad der Zeit* und bringt ihn damit zurück in die Gegenwart.

Königin der Toten, Die – richtiger Name Iris Jarrel; ihr Vater arbeitet bei einer Versicherung; Nichte von James → *Jarrel*. **963** – will Urlaub in London machen und begibt sich zu ihrem Onkel; wird vom → *Verfluchten von Atlantis* aus dem Badezimmer ihres Onkels durch einen Spiegel entführt. **964 †** – gelangt zu den → *Flammenden Steinen*; trifft dort John und Suko; macht in der Pyramide des Verfluchten von Atlantis eine Reise nach → *Atlantis*; wird dort im Beisein von John und Suko in die Erde eines alten Friedhofes gezogen; dort macht der Verfluchte von Atlantis sie zur Königin der Toten, nachdem er ihren Körper getötet hat; taucht durch den Spiegel wieder im Badezimmer ihres Onkels auf; wird dort von Jane Collins mit einer Silberkugel erschossen.

Königin der Wölfe → *Lupina*.
Königin der Zombies → *Cargal, Moira*.
Königin von Saba – lebte vor ca. 3000 Jahren; herrschte einst in Arabien im heutigen Jemen über ein großes Reich; hatte einst ein Verhältnis mit → *König Salomo*; kann durch Vernichtung des → *Dunklen Grals* vernichtet werden; liegt in einem Grab im verfallenen Almaqa-Tempel in der Stadt → *Marib*; wird durch türkisblaues magisches Licht am Leben erhalten;

wird beschützt von den Geistern von König Salomo und Hector → *de Valois*, welche auch auf ihrer Grabplatte eingraviert sind; wird von sieben Totenwächterinnen bewacht, die Rosen in den Händen halten; sobald diese verblüht sind, vergehen auch die Wächterinnen, so daß das Grab schutzlos ist; dann bliebe das Grab verschlossen, und die Königin könnte nicht zurückkehren, um das Volk der Sabäer um sich zu sammeln; weihte einst König Salomo in die Geheimnisse des Dunklen Grals ein, da er ihre Rätsel lösen konnte. **465.** – zum erstenmal im Zusammenhang mit dem riesigen goldenen Henkelkreuz auf der → *Nebelinsel* erwähnt. **TB96** – die Grabwächterinnen werden von Morgana → *Layton* vernichtet, die das Grab entdeckt hat und die Königin zwingen will, ihr ihre Macht und ihr Wissen zu übergeben; bevor Morgana den Dunklen Gral zerstören kann, um sie dadurch zu töten, wird sie von John überwältigt; vertraut Dr. Jenna → *Jensen*, als der Schutzschirm über ihrem Grab zerstört wird. **TB100** – stellt zusammen mit dem Dunklen Gral einen Gegenpol zum Urbösen dar; rettet John aus der Hölle vor → *Luzifer*; befindet sich hier in Johns Kreuz. **466.**

Konowski – Privatdetektiv. **664/665** – trifft John in dessen Hotel; sucht seine verschwundene Schwester Marion; findet sie in Johns Hotel und muß feststellen, daß sie zum Vampir geworden ist; pfählt seine Schwester eigenhändig; tötet zwei weitere Vampire. **666 †** – tötet zwei weitere Vampire; trifft Harry → *Stahl*; wird in der Hotelbar Opfer von → *Dracula II*; wird von Harry Stahl mit einer Silberkugel erlöst.

Konya-Brüder, Die – Sandor, Jarosz, Viri → *Eisvampire*.

Kopanec, Petar † – 381/382 – läßt in Prag drei Leichen von einem Studenten stehlen und ermordet diesen dann; will sich auf die Spur von Rabbi Loew setzen, der angeblich den künstlichen Menschen geschaffen hat, und diesen Golem finden; wird vom zusamenbrechenden Leichenhaus auf einem Friedhof in Prag begraben.

Köpfer, Der → *Okastra*.

Kopfjäger des Spuks → *Zodiak*.

Kopflose, Der → *Sinistro*.

Kopflose Prinzessin Li – 241 – hell schimmernde Frauengestalt auf einem weißen Hirsch; grünlich schimmerndes Schwert aus

Jade; keinen Kopf; vernichtet die Moorleichen des → *Jademannes*; beim Verschwinden hinterläßt sie eine golden glänzende Spur, als würden zahlreiche Perlen ihre Körperformen nachzeichnen; der alte Weise → *Ai-Fu-Tschi* beschwört mit einem Fetisch der enthaupteten Prinzessin Li, das aus einem Stück Fell ihres weißen Reittieres und goldenen Perlen besteht, die Tränen der Prinzessin; diese Perlen entlarven den Jademann.

Kopflose Rächer, Der † – 147 – richtiger Name: Jerome T. Harker; Richter; 53 Jahre alt; besitzt ein Landhaus in der Nähe von London; seine Frau starb vor 2 Jahren; wird von den »schwarzen Henkern«, die er als Richter zur Strecke bringen wollte, geköpft; kehrt als kopfloser Zombie zurück und beginnt die schwarzen Henker nach und nach umzubringen; entführt den Anführer der schwarzen Henker in die Wohnung seiner ehemaligen Sekretärin; John und Suko retten den Anführer, indem sie den Körper des Richters mit 2 Silberkugeln und der Dämonenpeitsche vernichten; als der Anführer der Henker sich aus dem Haus wagt, wird er vom Kopf des Richters getötet, den Suko später mit einer Silberkugel endgültig vernichtet.

Kopflose Reiter, Der † – 360 – der Hexenjäger Nathan Watson, der vor mehr als 100 Jahren von seinem Bruder Edward geköpft wurde, weil er dessen Tochter als Hexe tötete; kehrt zurück, um sich an Edwards Nachkommen zu rächen; wird von John und Suko mit Silberkugel und Dämonenpeitsche vernichtet.

Koptenkreuz – Größe wie Johns Kreuz, doch ohne Zeichen, völlig glatt; → *Gossarah*, *Chamal*. **371**.

Korab, Mandra – Inder; stammt aus einem alten Maharadscha-Geschlecht; lebt in → *Kalkutta*; reich; Besitzer der sieben magischen Dolche; hilft Armen durch Spenden; bronzefarbene Haut; trägt hellen Turban siebenfach geschlungen; bewegt sich geschmeidig; beherrscht die Kunst der Hypnose; trinkt gern Tee; interessiert sich für indische und asiatische Sagen; besonderer Feind der Göttin → *Kali*; hat sein Leben dem Kampf gegen das Böse gewidmet. **GK80(16) (1. Auftritt)** – Freund von Professor → *Bannister*, der John an ihn verweist, als dieser nach der Dämonengöttin → *Kalhori* sucht. **115** – lernt Suko, Shao und Jane Collins kennen. **TB12**

K

– gelangt in einen Kali-Tempel; vernichtet mit Hilfe der Dolche eine Kali-Statue. **TB26** – warnt John vor einem Bündnis Kalis mit der Hexe → *Wikka*; wird von Jane Collins entführt und von John und Suko aus einer Schlangengrube gerettet. **TB28** – wird durch seine Dolche vor einem Teufelskind gewarnt, das Johnny Conolly entführen will; reist nach London und tötet das Teufelskind mit seinen Dolchen. **300** – seine sieben Dolche werden ihm von → *Asmodis* gestohlen; von → *Luzifer* gelangen sie in sieben verschiedene Hände. **323/324** – sein Geist ist gefangen in dem Plankenstück einer Dschunke durch das → *Fratzengesicht*; John nimmt das Plankenstück mit Mandras Gesicht mit nach London. **356** – wird aus der Planke durch Johns Kreuz befreit. **TB54** – wird von → *Guywano* mit seinen restlichen fünf Dolchen nach → *Aibon* entführt; der → *Eiserne Engel* vernichtet fünf der Dolche, nachdem Guywano diese zu Werkzeugen des Bösen gemacht hat; wird aufs → *Rad der Zeit* gebunden und kann in die Zukunft sehen, wo er Johns Tod miterlebt. **TB60** – tötet einen Werpanther mit einem seiner restlichen beiden Dolche. **TB63** – wird in London von einer Kali-Statue entführt; wird von Suko aus ihrer Gewalt befreit. **TB100** – die besessene Glenda Perkins versucht, ihn mit seinen eigenen Dolchen zu töten; der von ihm vorhergesehene Tod Johns tritt nicht ein. **476** – gerät mit Suko und Bill Conolly auf einer kleinen Insel in der Biskaya in die Gewalt der Totengöttin Kali; sie werden durch → *Garuda* und John, der die Heilige Silbe → *AUM* ausspricht, gerettet. **TB119** – begibt sich zusammen mit John zur Palmenbibliothek nach → *Bangalore*. **674** – trifft den heiligen Mann → *Rifa*; wird überfallen und mit Suko zusammen eingesperrt; ihm gelingt die Flucht; wird von dem Dämon → *Nhuri* angegriffen, dem er aber entkommt. **675** – Suko teilt ihm mit, daß er sich allein auf die Suche nach Buddha machen will, der seinem → *Stab* wieder die alte Kraft geben soll; nimmt die Rebellin → *Narina* bei sich auf. **855** – wird bei dem Kampf mit einem Drahtzieher der Teppich-Mafia und einer Kali-Statue durch zwei Kugeln lebensgefährlich verletzt; wird von John in ein Krankenhaus gebracht, wo er operiert wird. **301; 302; 303; 304; 305; 306; 307; 322; 341.**

K

Kosmischer Rat – **TB139** – auf dem Weg ins Jenseits gibt es eine Zwischenstation, in der die Seele oder der Geist von Menschen hängenbleibt, Menschen mit einem höheren »Selbst«, mit einem gewissermaßen nicht sichtbaren Zweitkörper; in dieser Sphäre haben sich zahlreiche höhere »Selbst« versammelt und bilden den → *Kosmischen Rat*; können gleichzeitig auf der Erde sein (ohne ihren Körper aufzulösen) und in dieser Dimension.

Kosmos † – **TB113** – hat sich selbst zum Herrscher des Londoner Eastend ernannt; lebte bereits im alten → *Atlantis* als → *Schwarzer Priester*; dieser sandte seinen Geist aus, um in der Gegenwart seinen Körper zu übernehmen; dadurch existierte die Gestalt des Priesters in der Vergangenheit nur noch als Riesenkrake; John vernichtet diesen in der Vergangenheit mit seinem Silberdolch; gleichzeitig stürzt der Körper von Kosmos bei der Flucht vor Suko in eine Leuchtreklame und verbrennt; der Geist des Schwarzen Priesters erscheint noch einmal und wird von → *Kara* mit dem → *Goldenen Schwert* vernichtet.

Kostos † – **453** – Mönch in einem Kloster auf Samos; Mitglied der → *Loge der Mystiker*; will John töten, wird jedoch vom Horn des → *Pegasus* aufgespießt und getötet.

Kraal † – **266** – der Grachten-Teufel; riesiges Monster mit schuppiger, violett-grüner Haut und Krallen; seine Opfer werden Zombies und seine Diener; der → *Eiserne Engel*, alarmiert durch sein → *Magisches Pendel*, das wie ein Seismograph reagiert, wenn es in den Tiefen der Erde magische Bewegungen gibt, erscheint und gibt Suko sein Schwert; mit diesem Schwert vernichtet Suko das urweltliche Monster.

Kraft, Egon – ehemals Chef im Bunker des Zuchthauses »Haus X« in der ehemaligen DDR; hochgewachsen; hat schon mit 30 Jahren eine Glatze bekommen, daher Spitzname »die Glatze«; hat seine Launen an den Gefangenen ausgelassen; einige Todesfälle gehen auf sein Konto; war das Synonym des Schreckens; bekam nach der Wende und nach seiner Scheidung einen Job als Auslieferungsfahrer für einen Blumengroßhändler. **850** – wird durch den Geist von Rita → *Reinolds*, die er einst getötet hatte, geschrumpft; sie nimmt ihm auch seine Energie; er schrumpft auf die Hälfte. **851 †** – wird von Harry → *Stahl* gefunden und in Notwehr erschossen.

Kraken-Götze, Der → *Krol*.

Krakenmagie, Die – **299** – aus → *Atlantis*; wird durch das Auftauchen von → *Mandraka* erweckt.

Krankenschwester, Die † – **TB195** – Symbiose aus der Krankenschwester Elfie Gazzow und der Wunderheilerin Estelle Goutier; Elfie arbeitete lange im St.-Vincenz-Hospital; u.a. betreute sie auch die Wunderheilerin Estelle; diese gab ihr kurz vor ihrem Tod ihre Gabe und wurde dadurch eins mit ihr; der Geist Estelles kann separat erscheinen; er braucht jedoch die Seelen von Menschen, um weiterexistieren zu können; Elfie brachte deshalb 3 Menschen um und wurde aufgrund von Indizien zu einer lebenslangen Haftstrafe verurteilt; um diese nicht absitzen zu müssen, bringt sie mit ihren magischen Kräften den Gefängnisdirektor und Sir James Powell durch von ihr verursachte Krankheiten ins Krankenhaus; Elfie rettet die beiden und will von ihnen als Gegenleistung die Freiheit zurückhaben; als Estelle die Nähe von Johns Kreuz spürt, gerät sie in Panik und greift einen Krankenhausangestellten an; in ihrer Panik zwingt sie Elfie, sich selbst zu töten, indem sie sich den Hals durchschneidet; als Estelle aus dem Körper fliehen will, attackiert John sie mit seinem Kreuz und vernichtet sie.

Kreaturen der Finsternis – das Urböse hat sich in ihnen manifestiert; sehen aus wie normale Menschen; leben seit Anbeginn der Zeit, als unser Planet noch öd und leer war; böse und grausam; hassen die Menschen, paßten sich ihnen aber an, um nicht aufzufallen; können durch das Kreuz vernichtet werden, Silberkugeln hingegen können ihnen nichts anhaben; kommen bei Ausbruch der Höllenzeit hervor und greifen an; hinter den normalen Gesichtern schimmert, wie ein Hologramm, eine zweite Fratze in grellem und hellem Rot, meist mit breitem Maul und mörderischen Reißzähnen; suchen die → *Bundeslade*, die das Ausbrechen der Höllenzeit verhindern kann; sind kaum zu erkennen; gefallene Engel; Diener von → *Luzifer*.

Kreta – griechische Insel im östlichen Mittelmeer; urwüchsige Bergwelt; Felsenmassiv, das die Heimat der Blutgöttin → *Eli* war; Flughafen befindet sich in der Hauptstadt Heraklion; schroffe

K

Berge; die Lassithi-Hochebene ist fruchtbar, viele Windräder; in den Bergen gibt es Ortschaften mit Steinhäusern; einige Berge sind höher als 2500 Meter; ebenfalls in diesen Bergen liegt das Dorf Cluko; dort gibt es ein Kloster und eine alte orthodoxe Kirche mit Friedhof. **TB56**.

Kreuz, Das – Johns ultimative Waffe gegen das Böse und die Mächte der Finsternis. **Aussehen:** handtellergroß, an den Enden kreisförmig abgerundet, hängt an einer Kette; aus geweihtem Silber; am oberen Ende des senkrechten Balkens befindet sich das M als Zeichen für den Erzengel → *Michael* in gotischer Schrift (→ *Hesekiel*, der Schöpfer des Kreuzes, hat die späteren Schriften und Sprachen vorausgeahnt); neben dem M stehen die ineinander verschlungenen Buchstaben J und S – die Initialen Johns; darunter befindet sich das → *Allsehende Auge*; es ist das Auge der Vorsehung, in einem Dreieck vereint, das nach oben weist; auf dem rechten Querbalken (vom Betrachter aus gesehen) steht am Ende der Buchstabe R für den Erzengel → *Raphael*; links daneben ist die heilige Silbe → *AUM* abgebildet; am Ende des linken Querbalkens steht das G für den Erzengel → *Gabriel*; rechts daneben das → *Auge des Horus*; zwischen dem Auge des Horus und der heiligen Silbe AUM ist ein Sechseck abgebildet, das aus zwei übereinanderliegenden Dreiecken besteht, deren Spitzen nach oben und unten zeigen; darum herum ist ein Kreis gezogen; das Dreieck mit der Spitze nach oben symbolisiert die Kräfte des Lichts, das nach unten zeigende die Kräfte der Dunkelheit; der Kreis beinhaltet seltsame Zeichen; hinzu kommen noch die beiden Buchstaben in der größten freien Fläche, das J und das S; unterhalb des Sechsecks ist das → *Ankhkreuz* abgebildet, das Symbol der immerwährenden Kraft und der Unzerstörbarkeit des Kreuzes; unter dem Ankhkreuz stehen seltsame Zeichen, die der altjüdischen Geheimlehre Kabbala entstammen; es sind Urformeln, die die Welt zusammenhalten; eine davon ist die Formel, mit der John das Kreuz aktivieren kann: »Terra pestem teneto – Salus hic maneto!«; unter den Formeln sind die griechischen Buchstaben Alpha und Omega abgebildet; darunter befindet sich das → *Passionskreuz* (das Kreuz der Demut und der Reue); das untere Ende des senkrechten Balkens bildet der Buchstabe U für den Erzengel → *Uriel*. **Herkunft:** der Prophet Hesekiel hat es in der Babylonischen Gefangenschaft hergestellt; seitdem hat es unzählige Stationen durchlaufen, war immer wieder im Besitz von Würdigen; einige der Besitzer waren: → *König Salomo*; der englische König Richard → *Löwenherz*; der Templerführer Hector → *de Valois*; die Familie → *Marek* in Rumänien (es hat zum → *Eichenpfahl* der Mareks gehört; irgendwann hat es ein Mönch mitgenommen); letzte Besitzerin vor John war Vera → *Mönössy*, eine Zigeunerin, die in Rumänien als Hexe verfolgt wurde und nach England geflüchtet war; sie übergab es John, als dieser sie vor 2 Schlägern rettete. **33** – John erhält es von Vera Mönössy. **35** – John erfährt von Marek die Bedeutung der vier Buchstaben der Erzengel. **234** – ein alter Makkabäer verrät John die Bedeutung der anderen Zeichen. **PB1** – wird von → *Lilith* in einen wertlosen Metallklumpen verwandelt; später vom Erzengel Michael wieder in seine Ursprungsform zurückverwandelt. **347** – die Zeichen in der Mitte des Kreuzes verschwinden, dafür erscheint ein großes L für Lilith. **TB49** – das U für Uriel verschwindet kurzzeitig, wodurch es rot aufleuchtet; das Zeichen erscheint wieder, als Uriel es an sich nimmt, um sich → *Luzifers* Einfluß zu entziehen. **TB54** – John entdeckt die verschwundenen Zeichen auf dem → *Rad der Zeit* in → *Aibon*, kann sie aber nicht zurückholen. **442** – John hört zum ersten Mal eine andere Formel als seine, mit der das Kreuz ebenfalls aktiviert werden kann (von → *Abbé Bloch*, der das → *Tor zum Jenseits* damit schließt). **443** – John erfährt, daß es bereits im Besitz von König Salomo gewesen ist. **500** – geht mit dem → *Dunklen Gral* eine Verbindung ein. **TB100** – die Zeichen, die Lilith einst entfernte, erscheinen wieder. **TB110** – trotz Aktivierung kann es den → *Blutstein* nicht vernichten, sondern nur neutralisieren. **667** – erlöst in Verbindung mit dem → *Höllischen Ei* → *Nadine Berger* vom Vampirdasein. **876** – wird durch ein geheimnisvolles Licht verbogen. **878** – das Licht aus den gläsernen Schwertern der Engelmenschen, das das Kreuz verformte, macht es auch wieder normal. **1006** – stellt zusammen mit dem → *Schwert des König Salomo*

K

eine Verbindung mit der → *Bundeslade* her, die verhindert, daß John getötet wird; John kann die Bundeslade später auch nur mit ihm berühren; dabei leuchten seine Enden auf und holt die Erzengel herbei.

Kreuz von Este, Das – 447 – ein mannshohes Steinkreuz, das von Hector → *de Valois* geschaffen wurde und in einer Bergkirche bei Este steht.

Kreuzweg-Legende † – TB46 – auch ›Schattenreiter‹, ›Unheimlicher Reiter‹ und ›Schwarzer Reiter‹ genannt; reitet schwarzes Pferd; lebte vor über 300 Jahren in der Nähe von → *Szetisch*/Polen; nach dem Mord an seiner Tochter schwor er dem Teufel die Treue; will sich an denen rächen, die den Mord nicht verhindert haben; reitet deshalb bei Sturm los, um Mädchen aus den Dörfern zu rauben, um ihre Seelen dem Teufel zu geben; übt magische Anziehungskraft auf die Mädchen aus; wird von den Bewohnern an der alten Eiche am Kreuzweg von Szetisch erhängt; wird mit Hilfe des Teufels untot; versteckt sich tagsüber in den Verliesen der Trümmer seiner einstigen Burg; verwandelt 4 der ermordeten Mädchen in Zombies; wird von John mit zwei Silberkugeln vernichtet.

Kristallblut – 401 – Sternenstaub; ein Erbe, das der → *Sternenvampir* Lord → *Acron* auf der Erde zurückließ.

Kristalldämon, Der → *Gorgos*.

Kristallwelt – 251 – von dort stammt → *Xorron*; er wurde weggeschafft, weil man ihn nicht mehr brauchte; → *Pandora* nahm sich seiner an. **285** – hier wurde auch → *Shimada* geboren.

Krogmann, Albertus † – 71 – Magister der Inquisition im 30jährigen Krieg; seine Gebeine liegen im Beinhaus der Kirche von Waldeck im Bayerischen Wald; hat Hunderte von Frauen, Männern, Kindern auf dem Gewissen; wurde von den Schweden gefoltert und ins Kirchengewölbe geworfen, wo er verhungerte; seine Seele ist in den Gemäuern des Beinhauses gefangen, das Gesicht vollständig erhalten; hat schon im 30jährigen Krieg für Wesen aus einer fremden Dimension Menschenopfer besorgt und soll es jetzt wieder tun; John vernichtet ihn mit dem Silberdolch; das Wesen aus einer anderen Dimension verschwindet mitsamt dem geheimnisvollen Steinknochen, der als verflucht galt.

Krol – Dämon; einer der → *Großen Alten*; Aussehen als

Mensch: groß, breites, rundes Gesicht, Glatzkopf; als Monster: Krake mit sechs glitschigen Tentakeln. **298 /299** – sein Reich in der → *Leichenstadt* grenzt an das von → *Arkonada*; Krol und sein See sind das Tor zur Gegenwart und in die normale Welt. **TB43** – wird von Julia → *Landers* in → *Mullogh* beschworen; taucht dort auf; verschwindet wieder, als Julia getötet wird. **353** – wird von → *Myxin* vernichtet, indem er ihm Karas → *Goldenes Schwert* in die Augen stößt. **351; 352**.

Krols Reich – **299** – monströse Höhle, mit riesigem See gefüllt; Wasser, Decke, Wände leuchten grünlich; hängt mit der → *Leichenstadt* zusammen; der See liegt auf der Grenze zwischen den Zeiten, ist ein Tor in die normale Welt; die grünliche Flüssigkeit im See ist wie Sirup; unter der Oberfläche schwimmt eine gewaltige gallertartige Masse, die den gesamten See ausfüllt; wer hineingeht, befindet sich plötzlich in einer gewaltigen Luftblase, die das Innere des Sees ausfüllt und von einem grünlichen Licht erhellt wird; ein gewaltiger Körper strahlt dieses Licht ab, in den man hineintaucht: Krols Körper.

Krone der Ninja, Die – **414** – → *Amaterasu* hat sie bei sich im → *Dunklen Reich*, wo sie gefangen ist; sie soll dem besten aller Ninjas zustehen, der dann über alle Ninjas herrscht; hat die Form einer Krone und besteht aus grauem Eisen; oben läuft sie halbkreisförmig zusammen; wer die Krone der Ninja aufsetzt, ist unsichtbar; Tarnkappe. **415** – Yakup → *Yalcinkaya* kämpft darum mit → *Shimada* und bringt sie in seinen Besitz. **978** – Yakup setzt sie ein, um → *Shimada* anzugreifen, den er auch später tötet. **980** – wird nach dem Tod von Yakup zunächst von der Mörderin von Yakup gestohlen; die Mörderin benutzt sie später bei dem Versuch, John zu töten; dieser bringt jedoch die Mörderin um und nimmt sie wieder an sich; kommt in einen Safe bei New Scotland Yard. **486**.

Kronstadt → *Brasow*.

Kugel der Tanith – paßt genau in den → *Kelch des Feuers*; wenn Madame → *Tanith* Kontakt mit Jenseitsreichen, Dämonen oder Weißmagiern aufnimmt, bilden sich Schlieren in der Kugel, dann zeigen sich Bilder; steht mit dem Kelch in einem Zusammenhang mit → *Nostradamus*. **238** – Schleim quillt aus der Kugel, als John es mit seinem Kreuz konfrontiert. **270** –

wird im Auftrag von → *Asmodis* gestohlen, dabei wird Tanith getötet. **289** – kann Verbindung zu anderen Welten herstellen; Tanith kann sie so manipulieren, daß sie in fremde Dimensionen schauen und Kontakt mit Geistwesen aufnehmen kann, die dem Guten zugetan sind; Blick in zwei Welten: die des Schreckens und die des Guten. **248**.

Kugel, Magische – **64** – in Besitz von → *Belphégor*; liegt in der Höhlung eines schwarzen Holzständers; grauer Nebel im Innern, Schlieren, dann Bild.

Kulani, Familie – Familienoberhaupt ist Bogan: ältester der Sippe; weiße Haare; er hat einen Zwillingsbruder namens Konda; dieser wandte sich in frühen Jahren dem Bösen zu; sieht seinem Bruder zum Verwechseln ähnlich; Bogan hat 4 Kinder: Fahran, Shida, Rastu und Poleno. **688** – Fahran wird von den Gehilfen Kondas, dem Scherenmann und dem Schwarzen Prinz, getötet; Konda will die gesamte Familie auslöschen; Bogan stellt sich ihm entgegen; er besitzt die Statue der Göttin Ki-Laana; mit ihrer Hilfe zerstört er Kondas Magie sowie seine beiden Helfer; durch ihren Tot stirbt auch Konda selbst.

Kult der goldenen Masken – **GK144(33)** – seine Mitglieder verehren den → *Goldenen Löwen* in Venedig.

Kusanagi-no-tsurugi – auch »das Schwert, das Gras schneidet« genannt; ursprünglich das Schwert der Sonnengöttin → *Amaterasu*; es ging ihr verloren, als sie in das → *Dunkle Reich* verstoßen wurde; mit ihm kann sowohl → *Shimada* als auch der Schutzmantel um Amaterasu zerstört werden; war lange im Besitz von Yakup → *Yalcinkaya*; befand sich in einer vom Mondgott bewachten Steinpyramide im Nordosten der Arktis; wurde dort von Suko befreit; schwer; Griff hat die Form eines Kreuzes; sieht aus wie mit Blattgold belegt. **TB101 (1. Auftritt)** – wird von Shimada entdeckt; Suko befreit es auf dessen Befehl hin, gibt es jedoch Yakup, der Shimada damit angreift und vertreibt. **TB121** – Yakup tötet mit ihm 3 → *Tengus* und fordert Shimada zum Kampf, der jedoch flieht. **978** – nachdem Suko Shimada sein eigenes Schwert in den Bauch gestoßen hat, tötet Yakup Shimada damit, indem er ihm den Kopf abschlägt. **980** – mit ihm werden Yakup und Eva → *Karman* in Johns Wohnung von einer Tänzerin der »Asian Action Girls« getötet aus Rache für den Tod von Shimada; kommt später in einen Safe bei New Scotland Yard.

Kuszew † – TB188 – Russe; ist eine → *Kreatur der Finsternis*; Aussehen als Kreatur: Gesicht ist eine Mischung aus Schwein, Wolf und Hund; breite Stirn mit 2 krummen, kompakten Hörnern; mörderisches Gebiß; entführt das Mannequin Claudine Otrano, um mit dessen Hilfe Bill Conolly eine Falle zu stellen, was auch funktioniert; bringt das Mannequin später mit einem Messer um; zwingt Bill, die Memoiren des → *Schwarzen Tods* zu schreiben; dies geschieht in einem Bunker, wo Bill angekettet ist; nachdem die Hälfte der Memoiren geschrieben sind, greift Bill ihn an und beschießt ihn wirkungslos mit 3 Silberkugeln; als John und Suko Bill heraushauen, verschwindet er; kurze Zeit später taucht er mit dem Manuskript wieder auf; will damit die Dämonen des alten → *Atlantis* zurück in die Gegenwart holen; dies verhindert Sheila Conolly, die ihn in einem Moment der Unaufmerksamkeit mit der → *Goldenen Pistole* vernichtet.

Kwitsche – kleiner Ort in Rußland nahe der polnischen Grenze; verlassene Gegend; viel Wald; wenige asphaltierte Straßen; nur ein Hotel; Friedhof liegt außerhalb des Ortes; flache Häuser, die mit Kohle oder Holz beheizt werden. **677**.

Kyle † – 700 – Helfer der Schattenkirche; erweckt die Hexe → *Assunga*; wird von → *Lilith* mit Höllenflammen vernichtet.

Kyle, Serena † – Hexe, die → *Asmodina* den Weg auf die Erde ebnet. **67** – Meisterin des → *Women's Circle*; Asmodina hat sie zu ihrer Stellvertreterin ernannt, da sie selbst noch nicht die Kraft hat, auf die Erde zu kommen. **85** – verwandelt 10 Mannequins in Wertiger; wird selbst zum Wertiger und von John mit dem Silberdolch vernichtet.

Kyoto – Millionenstadt in Japan; umgeben von drei Bergen, u.a. dem heiligen Berg »Hiei«; liegt am Fluß Komo und wird im Süden durch diesen begrenzt; alte Hauptstadt; Stadt der Kaiser, Klöster und Steingärten; zahlreiche Brücken; Paläste, buddhistische und Shinto-Tempel; Klöster schmücken die Stadt; bereits im 10. und 11. Jahrhundert von Lebensqualität und Urbanität geprägt; in der Nähe liegt eine Stadt, die als Übungsstätte für Anti-Terror-Truppen gedient hat; diese wurde durch magisch-biologische Waffen zerstört; die Menschen, die dort gelebt haben, mutierten zu Zombies. **660**.

La Bandita – **302** – Claudia Corelli (Tochter eines Banditen, der vor 10 Jahren erschossen wurde); ihr erschossener Vater Ugo Corelli wird von ihrer Tante Rosa → *Beluzzi* zu einem Monster gemacht.

La Grange, Lydia † – **47** – über 50 Jahre alt; besitzt eine Insel mitten in einem See bei Evre du Lac in der Bretagne, die sie allein mit ihrem Diener Jean bewohnt; ihr riesiger Garten wird von unzähligen steinernen Statuen bevölkert – aus allen geschichtlichen Epochen; arbeitet für den → *Schwarzen Tod*, modelliert ihn, schafft eine naturgetreue Abbildung; dafür läßt der Schwarze Tod ihre anderen Figuren lebendig werden; stirbt, als sie in die Schwertklinge einer ihrer lebenden Steinfiguren stürzt; das Ebenbild des Schwarzen Tods wird vernichtet, indem Suko es mit einem Schwert köpft, nachdem der Schwarze Tod versucht hat, John in eine Steinfigur zu verwandeln; dadurch lösen sich alle Steinfiguren in Lydia La Granges → *Alptraum-Garten* auf.

La Luna † – **868** – auch Mondgöttin genannt; Haare stehen wirr vom Kopf ab; existiert als Statue in einer Kapelle in → *La Ville*/Frankreich; trägt als Waffe einen Säbel; die Mondstrahlen lösen die Statue auf und verdampfen sie, ihr Geist entschwindet; macht Emily → *Craton* zu ihrer Nachfolgerin, da sie selbst im Laufe der Zeit zu schwach geworden ist; wird daraufhin auf eigenen Wunsch von → *Zebulon* mit dessen Gürtel getötet.

La Mama – **230** – richtiger Name Carla; Haushälterin von Logan → *Costello*.

La Rostelle – Ort in der Provence in den französischen Seealpen; hoch gelegen und von Felswänden abgeschirmt; in der Ortsmitte befindet sich das Lokal »Centre«; dieses wird eingerahmt vom Rathaus und der Kirche und liegt direkt am Marktplatz; Straße mit Kopfsteinpflaster und ohne Gehwege. **696; 697**.

La Ville – Ort in Frankreich; einstige Künstlerkolonie, die nun verlassen ist; dort steht die Toten-Krypta der Mondgöttin → *La Luna*; nur wenige Häuser; die Straße, die durch den Ort führt, ist nicht asphaltiert. **868.**

Lächler, Der † – **TB168** – richtiger Name: Onopko; lächelt ständig; menschlicher Kampfkoloß; wurde in der Zeit des kalten Krieges von den Russen entwickelt; sie setzten ihm ein dämonisches Gehirn ein; wollen ihn nun beseitigen, da er überflüssig geworden ist; flieht und beginnt einen Rachefeldzug gegen seine Erschaffer; zwei seiner Schöpfer befinden sich in England, wohin er sich begibt; verfolgt wird er von Wladimir → *Golenkow*, der auch John und Suko hinzuholt; tötet einen weiteren seiner Schöpfer; kann den letzten von ihnen aber nicht töten, da dieser sich das Herz des Dämons, dessen Gehirn er trägt, eingepflanzt hat; ergreift die Flucht, wird aber von John gestellt; dieser vernichtet sein Gehirn und damit auch ihn mit dessen Kreuz, wodurch auch der Wissenschaftler mit dem Herz des Dämons stirbt.

Lacourt, Jacques und Igor † – **TB170** – Vampirbrüder; leben bereits seit dem amerikanischen Bürgerkrieg; töten in der Gegenwart 3 Menschen, darunter der Sheriff von → *New Orleans*, wo sie eine Vampir-Sekte gründen wollen; machen einen Kollegen von Abe → *Douglas* zu ihrem Gehilfen; wollen vor John fliehen, der sie aber mit seinem Kreuz vernichtet.

Lady Bancroft † – **748/749** – Hexe, die von ihrem Diener Elliot Bates mit einer Axt geötet wird; er raubte ihr die Teufelskrone, mit der der Teufel sie zu einer Königin machen wollte; als Geist tötet sie den Killer Bates; wird von Johns Kreuz vernichtet.

Lady Bluthaar → *Isabella*.

Lady Ghoul † – **TB85** – richtiger Name: Celeste; von Beruf Top-Modell; stammt aus → *Atlantis*; tritt in einer Fernseh-Show auf und tötet einen der Gäste der Show, der sich über ihren Leichengeruch beschwert hatte; reist zurück auf ihre Heimatinsel »Aguras«; dort trifft sie ihre Anhänger und deren Anführerin, die sie durch die Beschwörungsformel einer alten Bildtafel wiedererweckt hat; diese will John und einen Bekannten dem Ghoul opfern; John wird von einer ihrer Anhängerinnen befreit und verletzt sie mit seinem Silberdolch schwer; John tötet später sowohl sie als auch die

L

Anführerin ihrer Anhänger mit seinem Bumerang.

Lady Gowan † – **94** – Teufelsdienerin, die ihre 6 Ehemänner ermordete und als Zombies in ihrem Keller hält; richtet sich selbst mit einem Strick, nachdem John und Suko die Zombies vernichtet haben.

Lady Laduga † – **GK25(4)** – genannt die »Weiße Frau«; wurde vor 300 Jahren von ihrem gehörnten Ehemann in einem eigens für sie errichteten Leichenhaus eingemauert; John vernichtet die zur Vampirin gewordene Untote, indem er sie ins Feuer stößt, das die Bewohner von Hillside an ihr Leichenhaus gelegt haben.

Lady Luzifer † – **775** – Name: Deborah Taft (»Lady Luzifer«, weil sie in ihrem Sexclub teuflische Spiele mit ihren Kunden veranstaltet); ist eine Geliebte des Teufels, der ihr den Auftrag gibt, Jane Collins zu töten; stürzt aus dem Fenster von Lady Sarah → *Goldwyns* Villa, als John und Suko eingreifen, und vergeht zu Asche.

Lady X – bürgerlicher Name: Pamela Barbara Scott; ist während des Studiums in Terroristenkreise geraten; stand als meistgesuchte Verbrecherin auf der Fahndungsliste; schwarzhaarig; lange Beine; wird von → *Dr. Tod* in die → *Mordliga* aufgenommen; wird später zur Vampirin; übernimmt nach dem Tod von Dr. Tod den → *Würfel des Unheils*; ihre Standardwaffe ist eine Maschinenpistole. **123 (1. Auftritt)** – hat mit ihrem Kumpan Rudi ein gefährliches Giftgas gestohlen, das sie auf der Insel → *Abbey's Island* versteckt haben; als die Polizei ihnen eine Falle stellt, wird Rudi erschossen, Lady X jedoch von Dr. Tod und → *Tokata* gerettet. **148** – ist von Suko gefangengenommen worden und sitzt mit Viola → *Mandini* und Jane Collins in einer Zelle; entkommt mit Hilfe des → *Elixiers des Teufels*. **TB2** – verübt einen erfolglosen Mordanschlag auf John. **TB9** – ist anwesend, als Dr. Tod → *Xorron* erweckt; verletzt bei ihrer Flucht durch New York Jo → *Barracuda* mit einer Kugel an der Schulter; will John mit ihrer MPi töten, doch Xorron läuft ihr unglücklich in den Weg und rettet John; flieht mit Dr. Tod, Tokata und → *Xorron* in das Hauptquartier von Dr. Tod in eine Zwischendimension. **188** – wird in Paris auf einer Modenschau von einem Vampir gebissen und dadurch selbst zum Vampir. **230** – übernimmt nach Dr. Tods Tod die

Führung der Mordliga und den Würfel des Unheils. **250** – versorgt sich mit geweihten Silberkugeln, indem sie Bruder Clemens aus dem → *Kloster St. Patrick* tötet, der das Päckchen von Pater → *Ignatius* an John zur Post in → *Peelham* bringen will; will ihre Wirkungsstätte nach Rumänien verlegen und dort einen Geheimbund der Vampire ins Leben rufen. **TB29 †** – weigert sich, eine Allianz mit dem → *Spuk*, → *Asmodis* und → *Wikka* gegen die → *Großen Alten* einzugehen; findet in Rumänien 4 Verbündete; diese werden auf einem Friedhof von John, Suko und Frantisek → *Marek* getötet; wird von Asmodis und dem Spuk in die Enge getrieben, da diese sich an ihr rächen wollen, da sie sich nicht an ihrem Bündnis beteiligt hat; Marek nutzt die Chance und pfählt sie in einem günstigen Moment, wo niemand auf ihn achtet. **342** – der Vampir Boris → *Bogdanowich* erpreßt John, den Leichnam von Lady X auszugraben; dieser wird zur Vampir-Schlange, die von John mit einer Silberkugel endgültig vernichtet wird.

Lafitte, Kiki – Mutter Kreolin, Vater Weißer; in den Slums aufgewachsen; 22 Jahre alt; puppenhaftes Gesicht; marihuanasüchtig; glaubt an Voodoo; liebt den Polizisten Bob → *Crane*. **808 (1. Auftritt)** – wird mit dem Herz von Henry → *St. Clair* in einen Raum gesperrt; das Herz wächst und beginnt ihr das Leben auszusaugen. **809** – das Herz saugt sich an ihrem Rücken fest; wird so von John gefunden. **810** – wird von John mit Hilfe seines Kreuzes von dem Herz befreit.

Lagrande, Danielle † – **470** – eine Hexe, Dienerin Liliths, buhlt mit dem Teufel und gebärt einen Sohn, Baphomet II; nach der Geburt wird sie von einem Baphomet-Diener erstochen.

Lahore, Padma † – **GK205(48)** – riesiger Flugvampir, Führer der → *roten Sekte*; Mongole; wird von John mit Eichenbolzen aus seiner Luftdruckpistole vernichtet; mit ihm vergehen seine Riesenvampire.

Lai, Carlo – **249** – Leiter eines Supermarkts in Lenzerheide Graubünden/Schweiz.

La-Kau † – **TB41** – kleine, lebende Mumie; krallenartige Hände; Ahnherr Sukos; will den → *Stab Buddhas* in seinen Besitz bringen, der ihm gefährlich werden könnte; da er die Macht des Stabes nicht genau kennt, kann Suko ihn überlisten und später mit der Dämonenpeitsche vernichten.

Lakehurst – Ort nordwestlich von London; umgeben von kleinen Seen und Wiesen. **658**.

Laktur † – TB48 – Schamane; halb Mumie, halb Skelett; linke Hand und linker Arm skelettiert; alles andere seines Körpers besteht aus eingetrocknetem, rindenartigem Material; unsterblicher Zauberpriester; hatte zu seinen Lebzeiten eine Verbindung zu mächtigen Dämonen des Götterreiches; hat mit deren Hilfe den Tod überwunden; Hüter des Hügelgrabes; liegt darin in einem alten Sarg; vermittelt Personen die Todessehnsucht, lockt sie ins Hügelgrab und befördert ihre Seele in einen anderen Körper; zaubert Johns Seele in den Körper des Barbaren → *Torkan*; dieser köpft ihn später, wodurch er vernichtet wird.

Lalibela – äthiopischer Prinz; große unheimliche Augen; floh vor seinem Halbbruder Harbay nach → *Jerusalem* ins Exil; im Jahre 1185 verläßt er Jerusalem wieder; kehrt zurück nach Äthiopien und übernimmt dort die Macht; läßt in Äthiopien eine Felsenkirche erbauen, wobei ihm die Templer helfen; war zunächst nur Prinz und wurde später König von Äthiopien; glaubte an die Macht der → *Bundeslade*; kam in den Besitz der Lade und brachte sie in die Felsenkirche; seine Anhänger setzten ihm ein Denkmal in Form einer Säule, in die er das Blut seiner Opfer hineinlaufen ließ; John vernichtete die Säule mit dem → *Schwert des König Salomo*; nach seinem Tod wurde sein Blut aufgefangen; das Blut wurde einigen seiner Anhänger gespritzt, die dadurch seine Macht übernehmen konnten; das Wort »Lalibela« bedeutet, »der von Bienen umschwärmte«, da ihn zu Lebzeiten ewig Bienen umgaben; sein Halbbruder wollte ihn bereits im Alter von 3 Jahren vergiften lassen; lag 3 Tage und drei Nächte gelähmt hernieder, starb aber nicht, da er von Engeln gerettet wurde, die ihn mit zum Allmächtigen nahmen und so retteten. **1004 (1. Auftritt)** – Suko sieht sein Gesicht kurz in einer Lache, die entstand, als eine seiner Anhängerinnen starb, die er für eine Verräterin gehalten hat. **1005** – sein Geist dringt in den Leichnam von Horace F. → *Sinclair* ein, wodurch sich seine Augen in eine braune, breiige Masse verwandeln. **1006** – Suko kann durch die Augen die Ergebnisse Johns in Äthiopien miterleben; auch nach dem Ende von Johns Abenteuer bleibt der Geist im Körper von Johns Vater.

Lamaire, Jolanda – führt im Wachzustand ein normales Leben in Amsterdam; liiert mit Rob → *Exxon*; ist im Schlafzustand eine andere Existenz, bekämpft dann das Böse; Waffe: langes Messer. **843 (1. Auftritt)** – trifft John als Schlafperson und versetzt ihn in einen Grabtunnel nach Amsterdam; zeigt John dort Wasserleichen und bittet ihn um Hilfe; bringt John zurück nach London; trifft als Wachperson John in Amsterdam wieder. **844** – vernichtet eine hungrige Leiche mit ihrer Lanze; wird im Tunnel von den hungrigen Leichen gefesselt; wird von Rob Exxon befreit.

Lamar, Tessy → *Disco-Hexe*.

Lambert, Beau † – **852** – Vampir; rebelliert gegen → *Dracula II*; dieser verbrennt ihn und verwandelt ihn mit Hilfe von Blut aus dem → *Blutstein* in einen Feuervampir; besteht durch und durch aus Feuer; soll das Sinclair-Team vernichten; kann sich selbst in Brand setzen und sich gänzlich in Flammen verwandeln; wird von John mit der → *Goldenen Pistole* vernichtet.

Lamotte, Lizzy † – **TB146** – Geliebte des Chronos (→ *Gallio*); Hexe, die mehrmals getötet wurde, deren Geist aber immer wieder in andere Körper schlüpfte; hat durch die Zeiten den Weg von Gallios Uhr (→ *Leichenuhr*) verfolgt; Suko vernichtet sie mit der Dämonenpeitsche.

Land, das nicht sein darf – **233/234** – (das es nicht geben darf, Land der Drachen) gehört zum → *Reich des Spuks*, der auch Herrscher der Drachen ist.

Land der Gesichtslosen † – **356/357** – ferne Dimension; liegt an der Trennlinie verschiedener Mythologien, wo die des Orients und der alten atlantischen Mythologie zusammentreffen; gefährlich und voller Pracht; wird mit dem Tod der Königin Macha → *Rothaar*, der Mutter → *Myxins*, vernichtet.

Land der Mythen und Legenden – liegt an der Rückseite der → *Schlucht der Stummen Götter* – jenseits der Vergangenheit; Reich, das sich eigentlich die Menschen geschaffen haben; hier kehren die ein, die in den Legenden ihr Ende gefunden haben; eine Welt zwischen dem Diesseits und dem Jenseits; der Menschen Phantasie wird hier lebendig. **346** – John wird durch einen Spiegel hineingerissen,

als er den Fall der goldenen → *Medusa*-Statue des Griechen Kosta → *Kastakis* lösen will.
Land der Sagen, Legenden und Mythen – aus den Geschichten, die die Menschen von diesem Land erfahren haben, sind ihre Sagen und Legenden entstanden. **285**.
Land der tausend Qualen – **87** – gehört zum → *Reich des Spuks*.
Land der teuflischen Träume – **654** (zum erstenmal erwähnt) – Herrscher ist Mason → *Rafferty*, ein Dämon; das Zentrum des Landes liegt in einem unheimlichen schwarzen Berg, aus dessen Spitze lange, stangenartige Gegenstände herausragen, die aussehen wie hellbraun gefärbte Menschenknochen; das Land wird genährt von den Träumen der Personen, die unter seinem Bann stehen; Deborah Caine wird durch Medikamente in die Welt geholt, damit das Land sich von ihren Träumen ernähren kann; Jessica → *Long* geht freiwillig in die Welt und erzählt John davon; der Herrscher wird von John vernichtet, das Land existiert aber weiter.
Land der toten Götter – **12** – gehört zum Reich des → *Schwarzen Tods*; hier hat der Schwarze Tod allen strahlenden Helden der Sagenwelt Gräber für die Ewigkeit geschaffen, nachdem er sie nicht töten konnte.
Land der Vampir-Blumen – **124** – gehört zum Reich des → *Mandragoro*; am → *Blumensee* existieren Vampirinnen tagsüber als Blumen.
Land der Verlorenen – Himmel grauviolett; fleischfressende Pflanzen; Riesenwürmer; riesige Vögel mit geierartigen Köpfen; dort gibt es eine Stadt mit Türmen hoch wie Schornsteine, in denen Menschen zu bösartigen Zwergen mumifizieren; im größten Turm steht ein übergroßer schwarzer Krug, in den ein Mensch paßt; in ihm werden die in diese Dimension Entführten in Monsterzwerge verwandelt. **61** – Shao gerät während einer Kinovorstellung durch die Leinwand in dieses Land und wird zum Monsterzwerg; die Stadt mit ihren Türmen fällt zusammen; wahrscheinlich ist die ganze Dämonenwelt zusammengebrochen.
Land ohne Grenzen – **349** – Welt der Finsternis, des Sterbens, des Grauens und der Qual; Reich der → *Großen Mutter*; wer durch das Tor schreitet, gelangt an die → *Brücke der Skelette*.

Landers, Judy – blonde Haare; Hobby: Jazz-Dance; lebt im Londoner Westend. **525** – wird in einem Tanzstudio von Al Beli mit einer Lanze erstochen; dieser fotografiert sie mit einer Kamera, die Bilder aus der Zukunft macht; dieses Bild bekommt John; kann nicht ins Jenseits gelangen, solange die Kamera nicht vernichtet worden ist; ihr Geist trifft auf John und Suko; als Vincent → *van Akkeren* später die Kamera stiehlt, gelingt es ihrem Geist, unbemerkt in den Körper van Akkerens zu gelangen; John und Suko hoffen so, seine Spur wiederzufinden. **526** – in dem französischen Ort → *Cerbac* treffen John und Suko erneut auf ihren Geist; teilt ihnen mit, daß van Akkeren die Bewohner des Ortes vertrieben hat und daß sie sich in einem alten Weinkeller befinden. **527** – hilft zwei von van Akkeren gefangenen Franzosen, aus dem Schloß von Ariol → *le Duc* zu fliehen. **528 †** – ihr Geist fährt erneut in Vincent van Akkeren und hält ihn so lange auf, bis John und Suko ihn festnehmen können; John zerstört daraufhin die teuflische Kamera mit seinem Kreuz, wodurch Judys Geist endlich ins Jenseits gelangen kann und erlöst wird.

Landers, Julia † – **TB43** – fühlte sich bereits zu Lebzeiten zum Friedhof hingezogen; Tochter von Helen Landers; wurde nach ihrem natürlichen Tod zusammen mit ihrer Geige begraben; versprach ihrer Mutter kurz vor ihrem Tod, daß sie zurückkehren werde; lebte bereits als »Sarina« in → *Atlantis*; kann mit Hilfe von Geigenmusik den Schleimgötzen → *Krol* und den Kristallgötzen → *Gorgos* beschwören; will den Ort → *Mullogh* übernehmen; wird durch das → *Goldene Schwert* von → *Kara*, durch das → *magische Pendel* des → *Eisernen Engels* und die Dämonenpeitsche vernichtet.

Landmoore Castle – Schloß in der Nähe von Carmathen in Wales; kurzzeitig Schule für japanische Manager; hohe Türme; Parkplatz vor dem Schloß; rundherum Wiesenlandschaft; im Schloß gibt es eine große Empfangshalle; holzvertäfelte Decke; breite Treppe zur nächsten Etage. **630**.

Lanze des Herrn der Roten Hölle – gehörte einst dem → *Herrn der Roten Hölle*; wurde ihm von → *Myxin* entwendet. **TB18 †** – Myxin vernichtet mit ihr den letzten → *Horror-Reiter*, wobei die Lanze jedoch mit zerstört wird.

L

Lara † – **1** – Vampirin im → *Shocking Palace* in Soho; wird von John vernichtet.

Larcos † – **537** – Bruder von → *Kara*; bewaffnet mit Pfeil und Bogen; eine Sekte errichtete ihm einen Tempel und betete ihn als Exorzisten an, wodurch er eine Möglichkeit fand, in unsere Welt zu gelangen; drang in Karas Träume ein und holte sie dadurch ins alte → *Atlantis*; erklärt ihr, wer er ist und daß er ihn den Besitz ihres → *Goldenen Schwertes* kommen will, welches ihm rechtmäßig zusteht; war das schwarze Schaf der Familie und wurde von → *Delios* verbannt; kann das Goldene Schwert benutzen; bringt Kara in die Gegenwart, um sie zu töten; will den Teufel vernichten und dessen Platz einnehmen; bevor es soweit kommt, holt → *Asmodis* ihn zu sich in die Hölle und tötet ihn dort.

Larissa (1) – Russin; 22 Jahre alt. **796** – trinkt das Blut der Hexe Mamutschka, mit der sie befreundet war, nach deren Selbstmord; dadurch entsteht ein Band zwischen den beiden; kann ihr Gesicht in das graue, alte, faltige Gesicht der Hexe verwandeln; riecht dann nach Moder und hat verfilzte Haare und eine graue Zunge; wird durch Mamutschkas Blut zur Tochter → *Rasputins*; Mamutschka und Rasputin tranken gegenseitig ihr Blut und pflanzten sich so die dämonischen Keime ein; neue Königin der Rasputin-Anhänger; unverletzbar und mächtig; reist nach London und wird dort von ihren Landsleuten gezwungen, in einem Bordell zu arbeiten; wird dort zum Topstar; durch das Blut der Hexe verwandelt sie sich manchmal in ein blutgieriges Wesen, das sich selbst mit Mamutschkas Messer zahlreiche kleine Wunden beibringt und dann mit dem Messer tötet; bringt in ihrem Apartment drei Freier brutal mit ihrem Messer um; flieht vor dem Anblick von Johns Kreuz, als sie versucht, diesen zu ermorden. **797 †** – reist nach → *St. Petersburg*; begibt sich in das Kloster der Rasputin-Anhänger, nachdem sie eine 14-köpfige Schiffsmannschaft und einen LKW-Fahrer getötet hat; macht die Anhänger durch ihr Blut unverletzbar; John, Suko und der orthodoxe Mönch und Rasputin-Feind Fjodor verfolgen sie in die unterirdischen Gewölbe des Klosters, wo Fjodor sie später mit 3 Silberkugeln erschießt.

Larissa (2) † – **171** – die Hexe

vom Hyde Park; Dienerin des Satans; Schwester von Elizabeth Perkinson, einer Urahnin von Glenda Perkins; kommt aus der Vergangenheit und will sich an Glenda rächen; John vernichtet sie mit seinem Kreuz.
Latimer – TB107 (1. Auftritt) – spanischer Polizist in → *Plecia*/Spanien; klärt John und Suko zum Teil über Agathe → *Kassandra* auf.
Latour, Lucille † – GK153(35) – Hexe; wurde vor 300 Jahren auf die Halbinsel Cotentin (Normandie/Frankreich) verbannt und von einer Klippe gestürzt.
Lauder – Ort in Südschottland, umgeben von den → *Grampian Mountains*; liegt in einem Hochtal, im Norden von Bergen begrenzt, im Süden offen; kleiner Supermarkt; wirkt immer ein wenig verschlafen; das Elternhaus von Johns Eltern liegt hier etwas außerhalb an einem Hang; vor dem Haus ist ein großer Platz mit alten Bäumen; ein noch älteres Haus gehört dem Rektor; in der Nähe liegt ein Sumpfgebiet mit kleinen Seen; Kirche und Friedhof liegen etwas außerhalb des Ortes; Friedhof wird von hohen Bäumen umfriedet; Ort ist unterteilt in einen alten und einen neuen Teil; es gibt einige autofreie Zonen. **177**; **209**; **TB19**; **TB23**; **368**; **369**; **TB87**; **547**; **575**; **576**; **596**; **853**; **854**; **891**; **TB175**; **913**; **914**; **915**; **937**; **993**; **1000**; **1001**; **1002**; **1003**; **1004**; **1005**; **1006**.
Laurin – 728/729 – Zwergenkönig; hat in Südtirol (Gegend um Meran) sein Reich.
Laurins Zwergen(Stein)garten – 728/729 – abtrünnige, von Laurin nach → *Glatsch* verbannte Zwerge holen sich Opfer aus dem Dorf, um ihre Armee zu verstärken, damit sie ihre Königin → *Diablita* zurückholen können, die in Trudi → *Lechner* einen geeigneten Körper findet; John vernichtet Diablita/Trudi mit seinem Kreuz.
Lausanne – Ort in der Schweiz; Hochburg der Esoteriker; liegt am Genfer See; darin befinden sich mehrere Inseln, die meisten in Ufernähe; auf einer steht der Pyramidentempel der Psychonauten. **TB94**.
Lavalle, Lucien – ist ein »Bacor«, ein Voodoo-Mann; glatzköpfiger Schwarzer mit muskulösem Körper; beherrscht die Kunst des Vévés – das sind Muster und Zeichnungen, die vor einer Beschwörung auf den Boden gemalt werden, um die Aufmerksamkeit der Dämonen auf das Ritual zu lenken; kann Tore zu fremden Dimensionen öffnen;

L

so kam er an seine Gehilfen, die Erdschlangen. **693** – tötet 2 Geheimdienstler in London; will alle Unwürdigen töten, die ein Comic gelesen haben, in dem er die Hauptrolle spielt; begibt sich deshalb zur Comicbörse nach → *Dortmund*/Deutschland; schickt seine Erdschlangen auf die Börse, mit denen auch John und Suko in London bereits Bekanntschaft gemacht haben; Suko vernichtet die Schlangen; John verfolgt ihn und muß mit ansehen, wie er sich vor seinen Augen auflöst. **694 †** – will sich an John und Suko für seine Niederlage rächen; versucht durch einen Verbündeten Jane Collins und Lady Sarah → *Goldwyn* töten zu lassen, was jedoch mißlingt; Suko tötet sowohl seinen Verbündeten Heavy als auch zwei Erdschlangen; sein Dämonengott bestraft ihn für sein Versagen und vernichtet ihn, bevor er John töten kann.

Lavinia † – **159** – eine Halbhexe (Mutter Hexe, Vater Mensch); will sich mit Hilfe von John den Schlüssel zur Alptraumburg besorgen, um ihre Macht in der Schwarzen Familie auszubauen; doch John zerstört den Schlüssel (einen goldenen Kelch) und vernichtet Lavinia mit einer Silberkugel aus seiner Beretta.

Layana † – **465/466** – die Nebelhexe; Königin, die einst über die Nebelinsel herrschte; ist so alt wie die → *Königin von Saba*, wurde von dieser im Kampf besiegt und fern von ihrem Reich auf die Nebelinsel verbannt, gefesselt an ein mächtiges, fünf Meter hohes, goldenes Henkelkreuz; mit Hilfe von → *Lilith* kann Layana sich befreien; ihr Geist besteht aus Nebel, der ihre Insel umgibt; ist eine Vampirin, die sich mit Lilith, der großen Mutter, verbündet hat; stammt aus Atlantis, war dort sehr mächtig; zu Zeiten der Königin von Saba wollte sie den Thron der Sabäer übernehmen und belegte die Königin mit ihrem Schlangenzauber; doch die Königin konnte sie in das goldene Henkelkreuz bannen und brachte es in den kalten Norden auf die Nebelinsel; wird von John auf dem Kreuzer »Bristol« mit dem Silberdolch vernichtet.

Layton, Morgana – Herrin der Wölfe; graugrüne Raubtieraugen; braune, lange Haare mit Stich ins Rötliche; trat nach dem Tod → *Lupinas* deren Nachfolge an; kann sich in einen Wolf verwandeln; steht unter dem Schutz von → *Fenris*; stand einst auf der Seite der Menschen; war mit John be-

L

freundet; kämpfte damals gegen Lupina und dämonisch beeinflußte Wölfe; nach einer magischen Gehirnwäsche von Fenris steht sie nun auf dessen Seite; kann Träume und Gedanken lesen; strahlt Kälte und aggressiv anmutende Erotik aus; die Verwandlung in einen Wolf ist für sie sehr anstrengend; reitet auf ihren Wölfen. **291 (1. Auftritt)** – verwandelt im Schwarzwald Hunde in Mordbestien; Will → *Mallmann* ruft John zu Hilfe, der von ihr Genaueres über die → *Großen Alten* erfahren will, doch die Werwölfin setzt sich ab. **328** – wird von Fenris angewiesen, die Insel → *XT2* auf den Orkneys aufzusuchen. **492** – entführt in Rom Johnny Conolly; hat von Fenris den Auftrag erhalten, die Nachfolge von Lupina anzutreten und die Schaffung der → *Werwolf-Elite* voranzutreiben. **508** – vertreibt in der ägyptischen Wüste Jenna → *Jensen*, die das Grab der → *Königin von Saba* sucht; will Jenna Jensen in London töten, wird aber von John daran gehindert; stiehlt John den → *Dunklen Gral*, den Jenna Jensen später wiederfindet; attackiert als Wolfsfrau John, flieht aber, als dieser den Gral zurückerhält; Suko tötet zusammen mit einem Einsatzkommando der Polizei zahlreiche ihrer Wölfe. **TB96** – will die Königin von Saba töten, um ihre Macht zu übernehmen; versucht Jenna Jensen in deren Wohnung zu töten, was mißlingt; stiehlt John den Dunklen Gral, dessen Vernichtung den Tod der Königin von Saba bedeuten würde; findet das Grab der Königin von Saba; erhält von dieser einen Teil ihrer Macht, wodurch es ihr gelingt, Raum und Zeit zu überwinden; will sie töten, was John jedoch verhindert; wird von Fenris vor John gerettet. **627** – entführt Johnny Conolly; sie will den leblosen Körper von Nadine → *Berger* in einem Steinbruch vor dessen Augen töten; bevor dies gelingt, erscheint die Polizei und vertreibt sie; sie fordert die wieder lebendige Nadine zum Kampf; den aber keiner der beiden gewinnen kann; als John auftaucht, flieht sie mit Fenris. **650** – entführt Nadine Berger; sie ist ein Bündnis mit → *Dracula II* eingegangen, um John in die Enge zu treiben; schickt John ein Foto der entführten Nadine; als John am Ort des Fotos eintrifft, ist sie bereits mit Nadine und Dracula II verschwunden. **651** – trifft in London auf Suko; dieser tötet zwei ihrer Werwölfe, sie selbst aber kann entkommen. **TB169** – überfällt mit ihren Wölfen einen Londoner Nachtclub; John vertreibt sie durch sein Kreuz und erlöst die Menschen von dem Werwolffluch. **885** – trifft John und Suko; kündigt ihnen den Kampf zwischen ihren Wölfen und den Vampiren von Dracula II an; versucht John zu töten, wird aber von Suko daran gehindert; Suko feuert eine Silberkugel auf sie ab, aber Fenris erscheint und rettet sie. **953** – trifft sich in der Einsamkeit eines Feldes in der Nähe von London mit John und Suko; vereinbart mit diesen einen kurzzeitigen Waffenstillstand; teilt den beiden mit, daß der → *Vampirwolf* wieder aufgetaucht ist; bittet die beiden, den Vampirwolf zu vernichten, damit er nicht zu Dracula II überlaufen kann. **970** – begibt sich zu einem Stein in Schottland, der als Falle von Dracula II und Assunga für die Wölfe gedacht ist; kommt dort fast um, nachdem sie eine Warnung von Assunga überhört hat; kann jedoch entkommen; wird kurz darauf von einem Vampir angegriffen, den sie jedoch tötet. **971** – trifft in einer kleinen Siedlung auf → *Cursano*; will diesen mit einem Beil töten, was mißlingt; begibt sich mit John erneut zu dem Stein und wird in die → *Vampirwelt* gezogen; soll dort von Dracula II gehängt werden; dies verhindert zunächst der auftauchende Cursano, der Dracula II ablenkt, wodurch John sie von dem Galgen befreien kann; nach dem Tod Cursanos gelingt John und Suko die Flucht aus der Vampirwelt, sie bleibt dort aber gefangen.

Lazarro, Juan † – **374** – Konquistador, der die Statue des → *Inka-Henkers* entdeckt und von ihr getötet wird; in der Gegenwart vernichtet die Statue Juan endgültig, indem sie dem Zombie den Kopf abschlägt.

Le Duc, Ariol – war ein Mitbegründer des abtrünnigen Templerordens; baute sein Château mit Hilfe von Söldnern und Zombies; besiegte in der Vergangenheit Hector → *de Valois*; lebt in der Gegenwart als Zombie und in der Vergangenheit als Mensch; Aussehen als Zombie: graugrünes Gesicht, dicke Klumpennase, helle Augen, ein wie Pudding wirkendes Gesicht; Aussehen als Mensch: grauweißes, schulterlanges Haar, auf der Stirn trägt er eine dunkle Kappe mit zwei Hörnern; Gesicht hat Ähnlichkeit mit dem eines Raubvogels. **526** – verbündet sich als Zombie mit Vincent → *van Akkeren*; begibt sich auf Anweisung van Akkerens in den Ort → *Cerbac*/Frankreich; trifft auf dem Weg dorthin auf John. **527** – kann John entkommen und begibt sich ins Dorf; John trifft in der Vergangenheit erneut auf ihn; seine Zombies nehmen John dort gefangen. **528 †** – will als Zombie Suko töten, was jedoch mißlingt; John entkommt seinen Zombies; er flieht in sein Schloß; hat keine Angst vor Johns Kreuz, welches ihm sogar aus der Hand geschlagen wird; wird von dem auftauchenden Hector de Valois mit Hilfe des → *Würfels des Unheils* gebannt und vernichtet; in der Gegenwart wird der Zombie von dem umfallenden → *Dunklen Gral* vernichtet.

Lea † – **856** – trägt das Blut einer Keltin in sich; traf John bereits in dessen Jugend, als dieser mit einem Mitschüler ein von ihr durchgeführtes Hexenritual beobachtet hat; sie verflucht die beiden, als sie sie entdeckt; Jahre später wird Johns Schulfreund erhängt aufgefunden; beim Besuch des Tatorts trifft John erneut auf sie; ist in Wirklichkeit sehr alt, bleibt durch Magie aber jung; setzt John außer Gefecht; John gelingt es, sie in ihrem eigenen Hexenladen mit Hilfe eines Bronzespeers zu töten.

Leary, Jason – arbeitet als Redner auf Beerdigungen, Hochzeiten usw. **962 (1. Auftritt)** – trifft John zufällig in einem Haus, wo bereits vier Menschen ermordet worden sind und John sich in ein Zimmer eingemietet hat. **963** – beobachtet auf seinen Beerdigungsreden einige Grabschändungen; teilt dies John und Suko mit; führt die beiden zu James → *Jarrel*, den er für die Schändungen verantwortlich macht.

Lebende Bild, Das † – **424/425** – ein 2 Meter hohes Bild mit 2 Monstern, Mischung aus Werwölfen und Gorillas, die aus einem brennenden Haus fliehen; die Monster verlassen das Bild und töten einen Beamten; John vernichtet eines und wird selbst vom Bild aufgesogen; die Macht seines Kreuzes schleudert ihn in die Vergangenheit von Nürnberg; dort trifft er auf → *Gropius*, den Maler des Bildes und Diener → *Baphomets*, und auf die → *Horror-Reiter*; durch die Magie seines Kreuzes werden alle in die Gegenwart zurückgeschleudert, wo John und Suko die Horror-Reiter zurückschlagen können; Gropius reißt →

Bilder-Franz, den Besitzer des Bildes in der Gegenwart, mit in das Bild hinein, sie verschwinden in einer anderen Dimension; das Bild wird danach zerstört.

Lebende Legende → *Shimada*.

Lebenssalbe, Die – **437** – eine aus magischen Häuten und Fetten hergestellte Salbe, die das Leben eines Menschen verlängert; im Besitz von → *Serena*, einer atlantischen Dämonin (ehemalige Geliebte von → *Myxin*); niemand weiß, wer die Salbe zuerst hergestellt hat; diese Person hat Serena das Rezept geliefert.

Lech – Ort in Österreich am Arlberg; wird durch den Fluß Lech in zwei Hälften geteilt; beide Ortsteile sind durch zahlreiche Brücken miteinander verbunden; der Lech entspringt in der Nähe des Ortes; die Quelle des Flusses liegt in Bürstegg, einer alten Siedlung, die der Ursprung des Ortes gewesen ist, wo jetzt aber nur noch eine Familie wohnt; liegt in einem weiten Tal; umgeben von hohen Bergen mit langen Almen und breiten Waldstücken; wenig Bergbahnen; der Friedhof des Ortes ist von einer hohen, grauen Mauer umgeben; in der Mitte des Friedhofes liegt die Kirche des Ortes. **987**.

Lechner, Trudi – **728/729** – Tochter des Bürgermeisters Karl Lechner (dieser stirbt durch Zwerge, wird selbst zum Zwerg; John vernichtet ihn endgültig mit dem Kreuz); in ihren Körper fährt Geist der → *Diablita*, Königin der Zwerge.

Leeland, Falco – hat als Junge Engel verehrt; wollte selbst einer werden; versuchte, Kontakt zu ihnen aufzunehmen, was nicht gelang; trägt ein Silberamulett mit eingraviertem Totenschädel; das Amulett ist ein Geschenk → *Luzifers* gewesen; nach dem Mord an einem Pfarrer wurde er in eine psychiatrische Anstalt eingewiesen; dort verbündete er sich mit Luzifer; kann schweben; tötete nach Ausbruch aus der Anstalt seine Familie; vergewaltigte in seiner Jugend Kate → *Duvall*. **822** – entweiht Kirchen und tötet danach immer einen Menschen; nimmt geistigen Kontakt zu der FBI-Agentin Kate Duvall auf, der er Alpträume verursacht; will sich so für seine Zurückweisung an ihr rächen. **823 †** – tötet einen Mann und 2 Polizisten; trifft danach auf John und Kate, die John um Hilfe gebeten hat; Johns Kreuz aktiviert sich selbst, als er Kate töten will; drei der Erzengel erscheinen und vernichten ihn.

Leichenbrunnen, Der – 125 – Brunnen, in den das Ungeheuer und der Teufelsdiener → *Baxman*, ein Köhler, seine mit der Axt getöteten Opfer warf, bis er 1651 von den Dorfbewohnern getötet und selbst hineingeworfen wurde; Baxman kehrt zurück, um sich zu rächen, er wird von John mit dem Kreuz vernichtet.

Leichenhemd, Lauras † – 752 – die 17jährige Laura Saracelli gerät in den Bann eines Leichenhemdes, das sie auf dem Speicher des elterlichen Hauses in einer alten Truhe findet, und tötet Großmutter, Vater, Tante und Cousin; das Leichenhemd hat einmal einer besonders grausamen Inka-Prinzessin gehört, die im Blut ihrer Feinde badete; dabei behielt sie das Leichenhemd an; der Geist der Inka-Prinzessin dürstet noch immer nach Blut; mit jedem Opfer wird das Leichenhemd stärker; wird von Johns Kreuz vernichtet, dabei zeigt sich die Fratze der Inka-Prinzessin.

Leichenholer → *Zebulon*.

Leichenkeller – 727 – in ihm hielt → *Yannah*, die Weiße Hexe, ihren Lehrmeister → *Mystic* verborgen, dessen Nachfolge sie angetreten hat.

Leichenpfad, Der – 228 – befindet sich in der Eifel; die Weiße Frau, Gräfin von Schwarzfeld, treibt auf ihm ihr Unwesen, bevor sie von John und Will Mallmann getötet wird.

Leichenstadt, Die – Stadt, die durch die Dimensionen reist; in ihr liegen die Gräber der 6 → *Großen Alten*, von denen jeder ein Sechstel besitzt; es gibt Pyramiden und Brücken; sämtliche Personen von → *Darkwater* leben hier, wohin sie → *Kalifato* gebracht hat; es gibt 4 Wächter: den Flammenschädel, den Gesichtslosen, den Unsichtbaren mit grünem Skelett und den Raubtiermutanten; sie werden auch → *Wächter der Leichenstadt* genannt; wird bewohnt von Spinnen, deren Gift Menschen in Skelette verwandelt; durch sie fließt ein Fluß aus Blut; die Gräber der Großen Alten können mit dem → *Schlüssel zur Leichenstadt* geöffnet werden; sie ist in 6 Teile geteilt, wobei jedem Großen Alten ein Teil gehört hat; wurde beim Untergang von → *Atlantis* abgesprengt; die damals dort lebenden Dämonen überlebten die Zeit. **TB25** – wird zweimal von einem U-Boot durchfahren; durch dieses U-Boot gelangt auch John dorthin; dieser trifft dort Doreen → *Delano*, die ihm

L

die Gräber der Großen Alten öffnen will; John verhindert das ungewollt durch sein Kreuz, mit dem er auch dem Schlüssel zur Leichenstadt seine Macht nimmt; die Wächter der Leichenstadt werden getötet; Kalifato greift John an, der jedoch mit der Hilfe von → *Kara* fliehen kann. **351-353** – mit der Vernichtung der Großen Alten vergeht auch jeweils der zugehörige Teil der Leichenstadt. **221; 222; 299**.

Leichenuhr, Die – **TB146** – Uhr, mit der zwischen Mitternacht und ein Uhr die Zeit manipuliert werden kann; geschaffen von → *Gallio*, einem Uhrmacher; im Besitz des Zirkusbesitzers Tonio → *Baresi*; große Standuhr; John vernichtet sie mit dem Kreuz.

Leichenvögel, Die – Wächter des Götzen → *Baal*; braunschwarzes Gefieder, Schädel blank und dunkelrot; langer, spitzer, leicht gekrümmter Schnabel. **319; 406**.

Leila (1) – Geschäftsführerin des »Club International«, eines Edelbordells in Chelsea; Dienerin → *Liliths*. **347** – kann mit ihrem Kumpan → *Aldo* fliehen, als Suko die 8 zu Zombies gewordenen Edelhuren im Hubschrauber abschießt, so daß sie verbrennen. **349** – ist mit Aldo nach Tanger geflohen auf der Suche nach Lilith; Aldo stirbt durch Johns Kugel; John will sie nach London zurückschicken. **351** – Lilith übernimmt die Kontrolle über Leila; wird vom → *Eisernen Engel* mit dessem Schwert getötet.

Leila (2) – **690** – Artistin, die mit Schlangen arbeitet; besessen von einem Geist; durch den Tod des Geistes wird der Fluch von der Artistin genommen.

Leipzig – Stadt in Sachsen; Goethe lebte hier von 1765 bis 1768; ältestes Kaffeehaus ist der »Kaffeebaum«; »Auerbachs Keller« wurde 1525 von einem Medizinprofessor eröffnet und gelangte durch Goethes »Faust« zu Weltruhm; auch E.T.A. Hoffmann war öfters dort; die alte Oper liegt an der Goethestraße; gegenüber liegt die Universität; in der Nähe befindet sich auch die Nikolaistraße, die Quelle der unblutigen Revolution; einmal im Jahr ist die Leipziger Buchmesse; unter der Stadt liegen alte Gewölbe, die im Krieg als Bunker genutzt worden sind; sie verfallen langsam; in der Nähe des Bahnhofs liegt das Hotel »Merkur«, ein Betonklotz mit 27 Stockwerken und einem Kasino; hier wird viel gebaut; Kommissar Harry → *Stahl* lebt hier. **644;**

L

645; 698; 817; 818; 850; 851.
Lengerich, Erna – **303** – erhält vom Teufel den 4. Dolch Mandra Korabs; durch ihn werden die → *Satans-Zwerge von Sylt* erweckt. **304** – sie bringt John und Suko in die Lüneburger Heide zum → *Baron von Tirano*, der ihren Dolch haben will.

Leningrad – russische Hafenstadt am Finnischen Meerbusen; heißt heute wieder Petersburg; in einem ehemaligen Kloster in der Nähe stoßen John, Suko und Sarah → *Goldwyn* auf → *Rasputins* Testament. **405; 406.**

Lenzerheide – Ort in der Schweiz; in der Nähe befindet sich die → *Vila Mala Schlucht*, wo → *Wikka* und Jane Collins John in eine Falle locken. **249.**

Leona † – **352/353** – Wissenschaftlerin, die irgendwann von einer Insel in der Nähe des Bermuda-Dreiecks in das Reich → *Hemators*, eines der → *Großen Alten*, geraten ist; kämpft an Johns Seite im → *Turm der wimmernden Seelen*; beim Verlassen des zerstörten Turms wird sie von Spinnen getötet.

Leonidas, Aristoteles – auch »Titan« genannt; Grieche; schlohweißes, dichtes Haar; kantiges Gesicht; sehr reich; besitzt eine eigene Flugesellschaft mit Namen »Leonidas Airlines«; war früher ein Mitglied der → *Psychonauten*; fand auf Kreta 3 Einhörner des Königs Minos und befreite sie aus ihrem magischen Schlaf. **611 (1. Auftritt)** – seine Tochter, eine Terroristin, wird von einem Sondereinsatzkommando der Polizei in London getötet; besitzt ein Anwesen in der Nähe von → *Newport* mit dem Namen Kreta; darunter befindet sich ein Labyrinth, in dem die 3 Einhörner leben; lockt John, Suko und Bill Conolly in eine Falle, da er sie für den Tod seiner Tochter verantwortlich macht; während Bill ihn überwältigt, entkommen John und Suko dem Labyrinth; sprengt das Haus und das Labyrinth in die Luft; entkommt der Explosion. **632** – entführt Bill; dieser soll von einem Psychonauten getötet werden, was jedoch mißlingt; als er merkt, daß er verloren hat, sprengt er seinen Aufenthaltsort in die Luft; er selbst entkommt.

Leonoras Alptraumwelt † – **948** – Herrscherin ist das → *Voodoo-Weib* Leonora Vendre; düster; kalt; kahl; zwischen Felstrümmern wachsen hohe blattlose Sträucher; bewohnt von Mutanten, die aussehen wie eine Mischung aus Echse und

L

Schlange oder aus Schwein, Ameisenbär und Rhinozeros; Welt existiert ursprünglich in der Urzeit, kann aber durch die Zeiten reisen; wird durch die Vernichtung von Leonora Vendre zerstört.

Leroi, Tabitha † – **TB148** – heilt durch die Kräfte von Geistern aus dem Jenseits; diese verlangen als Gegenleistung ihre Seele; begibt sich auf einen Friedhof, wo die Geister sie töten, indem sie in sie eindringen und ihr Herz zum Stillstand bringen; nimmt als Geist Kontakt zu ihrer ehemaligen Sekretärin auf und läßt alle ehemaligen Kunden zu ihrem Grab rufen; verwandelt die Sekretärin daraufhin zu einer mordenden Bestie; diese will Glenda Perkins töten, was mißlingt; begibt sich daraufhin auch zu ihrem Grab; tötet William Todd und zieht ihn in ihr Grab; verspricht den am Grab befindlichen Leuten das ewige Leben, wenn sie in ihr Grab gehen; will in Wirklichkeit nur deren Seelen für die Geister gewinnen; John und Suko vernichten zusammen mit Kreuz und Dämonenpeitsche ihren Geist, dem zusätzlich von den anderen Geistern, da sie ihre versprochenen Opfer nun nicht bekommen, das Genick gebrochen wird.

Leroque † – **679** – wollte einst einen Blutbrunnen im Ort → *Coray*/Frankreich für sich weihen, wurde aber durch Hector → *de Valois* daran gehindert; diesem gelang es jedoch nicht, ihn endgültig zu vernichten; taucht in der Gegenwart wieder in dem Ort auf und versucht erneut, den Blutbrunnen zu errichten; bringt die Bevölkerung des Ortes in seinen Bann; entführt Veronique Blanchard, um sie dem Blutbrunnen zu opfern; Suko wird von der Bevölkerung überwältigt, und soll das zweite Opfer des Brunnens werden; John attackiert ihn mit seinem Kreuz; davor hat er keine Angst, da Hector de Valois das Kreuz ebenfalls besessen hat; John kennt jedoch, im Gegensatz zu Hector, die Beschwörungsformel und aktiviert mit ihr das Kreuz; wird dadurch vernichtet, bevor er Veronique oder Suko dem Brunnen opfern kann.

Lester, Godfrey → *Vargas, Antonio*.

Lester, Nick – Sicherheitsbeamter am Flughafen Heathrow. **TB12; 243**.

Lethian – **GK188(44)** – Rumäne; Leiter der → *Mystery School*; will seinem Meister → *Belphégor* einen Stützpunkt auf der Erde schaffen, damit dieser seine Vampirpest über das Land schicken kann.

Letzte Gehenkte, Der † – **509** – Skelett; früher war er ein Verbrecher, der für seine Taten auf → *Tresco Island* gehängt worden ist; da er einen Pakt mit dem Teufel geschlossen hatte, zerfiel zwar sein Fleisch, sein Skelett aber überlebte; lebt in einem Kloster in der Nähe des Felsens, wo der Galgen steht; entführt Johnny Conolly und will ihn an dem Galgen aufhängen; als Johnny bereits den Strick um den Hals hat und das Skelett nur noch zu ziehen braucht, taucht John auf und tötet es mit 5 Silberkugeln.

Levi, Amos – **774** – Trödler aus Manhattan; hat den → *Knochensessel* von einem Unbekannten auf einem Highway-Parkplatz gekauft; wird von → *Baphomets* Brut gezwungen, ihn von John zurückzuholen; wird bei der Suche schwer verletzt.

Levine, James – Chef von Abe → *Douglas* beim FBI; sonnengebräunter, durchgestylter, eiskalter Typ aus Kalifornien. **TB116** – spricht mit Abe Douglas das weitere Vorgehen im Fall → *Jericho* ab und erlaubt, daß John und Suko hinzugezogen werden. **TB143** – läßt Abe vom Dienst suspendieren.

Leyton – Ort nördlich von London in England; in der Nähe liegen künstliche Seen und Wasserreservoire; gepflegte, saubere Gegend; im Zentrum liegt ein kleiner Park, hinter dem sich die Sportplätze und die Turnhalle befinden. **TB196**.

Li Choung † – **708/709/710** – Triaden-Boß, dessen Sohn verhext ist; soll den von → *Asmodis* zum Kind gemachten Suko töten, wird jedoch von seinem Sohn Tommy Li mit dem → *Seelenschwert* getötet.

Li, Tommy † – **708/709/710** – verhexter Sohn des Triaden-Bosses → *Li Choung*; tötet seinen Vater mit dem → *Seelenschwert*, wird dann von Shao mit dem Schwert getötet.

Li Tse Feng † – **GK168(39)** – reicher Chinese; Freund von John, weil der ihn aus einer Erpressungsgeschichte herausgehauen hat; seine Tochter Suzy wird von → *Li Wang* getötet, damit → *Tschin*, der Schwarze Drache, wiedererweckt werden kann; stirbt, als er den Tschin vernichten will.

Li Wang † – **GK168(39)** – ungekrönter König des Chinesenviertels von London; Besitzer fast aller Wäschereien; holt den →

Tschin, die Mumie des Schwarzen Drachen, nach London und will dessen Nachfolge antreten; erweckt sie mit dem Blut eines jungen Mädchens; geht eine Symbiose mit der Mumie ein – menschlicher Körper und Kopf des Drachen; stirbt durch den hölzernen Dolch → *Li Tse Fengs*, den John ihm in den Rachen schleudert.

Lichtschwerter – Besitzer sind → *Raniel* und die Engelmenschen; auch »Gläserne Schwerter« genannt; wie aus Glas; lange, breite Klinge, in der Lichtpunkte tanzen; erzeugt Licht, das u.a. in der Lage ist, → *Kreaturen der Finsternis* zu vernichten und Johns Kreuz zu deformieren; zeigt, wenn es Kreaturen der Finsternis vernichtet, zunächst deren wahres Gesicht und zerstört sie dann. **TB136 (1. Auftritt)** – Raniel tötet mit ihm Jeff Goldblatt, den Mörder seiner Zieheltern, in dessen Gefängniszelle; Raniel schlägt mit ihm dem Psychopathen Fire-Johnson beide Arme ab und rettet damit 28 Kinder vor dem Feuertod; Raniel zerstört mit ihm sein böses Ich, das sich im Körper seiner ehemaligen Freundin Janet manifestiert hat. **839** – Raniel vernichtet damit mehrere Kreaturen der Finsternis und auch Henry O. → *Sellnick*, der ebenfalls eine Kreatur ist. **876** – das Licht der Schwerter verbiegt Johns Kreuz und macht es unbrauchbar; zusätzlich verändert es mehrere Menschen. **877** – ihr Licht skelettiert einen Menschen. **878** – Raniel klärt John auf, daß das Licht nur Menschen verändert oder getötet hat, die von der Existenz der Engelmenschen gewußt haben, was diese nicht wollten; Raniel verwandelt mit Hilfe des Lichts Johns Kreuz wieder in seinen alten Zustand zurück; das Licht tötet mehrere Kreaturen der Finsternis, u.a. auch General → *Myers* und Captain Greg → *Walker*.

Lilingtown – Ort bei Newcastle; aus einer Kapelle in der Nähe holt John den → *Kelch des Feuers*. **GK98(20)**.

Lilith – erste Hure des Himmels; Gefährtin von → *Luzifer*; große, runde, kalte Augen; schwarze Haare, die wie lange Borsten hochstehen; lange Finger mit spitzen Nägeln; weiße Haut, an einigen Stellen bläulich schimmernd; große Brüste; Gesicht hat Ähnlichkeit mit dem Luzifers und wirkt dick aufgeplustert; Mutter von → *Elohim*; Urmutter der Hexen; war die Schlange im Paradies bei Adam und Eva;

kann Gedanken lesen; fing die Tränen Luzifers, die er vergossen hat, als er in die Tiefen der Verdammnis gestoßen wurde, in einem Tränenbecher auf; kann in Gestalt eines Kraken auftreten. **436** – läßt in der → *Walpurgisnacht* das → *Hexentor* entstehen, um Menschen für ihre Hexen zu besorgen, die sich an ihrem Fleisch gütlich tun können. **PB 1** – tritt auf als roter Schleim; hat ein ganzes Haus unter ihrem Einfluß; verwandelt Johns Kreuz in einen wertlosen Metallklumpen; wird später vom Erzengel → *Michael* in die Hölle zurückgestoßen. **TB74** – trifft auf John, als dieser die dämonische Märchenerzählerin → *Grandma Gardener* verfolgt; dieser vertreibt sie mit Hilfe des Kreuzes und der 4 → *Erzengel*. **TB100** – beeinflußt Glenda Perkins, die daraufhin John in die Hölle befördert; beeinflußt auch Jane Collins, die daraufhin fast John tötet; gibt John die Zeichen auf seinem Kreuz zurück, die sie selbst entfernt hat und die sich auf dem → *Rad der Zeit* befanden; wird von Luzifer vor Johns Kreuz gerettet. **817** – tritt auf als Isabell Munro; ermordet in deren Gestalt 2 Diebe mit einem Dolch, der dem Silberdolch ähnelt; gelangt in den Besitz von Luzifers Tränenbecher; manipuliert die schutzlosen Suko und Harry → *Stahl*; letzterer tötet einen Menschen; Suko schlägt John nieder. **818** – hetzt den besessenen Suko mit dem silberdolchähnlichen Dolch auf John; John setzt Suko außer Gefecht und zerstört mit seinem Kreuz den Tränenbecher; John feuert eine Silberkugel wirkungslos auf sie ab. **TB181** – schlägt Jane Collins in ihren Bann und läßt sie gegen den Dämon → *Smasch* kämpfen; als Jane verliert, tötet sie Smasch, indem sie ihn zuerst aufspießt und dann verbrennt; John befreit Jane mit seinem Kreuz aus ihrem Bann. **976** – tötet die Prostituierte Doreen Sanders, die John einen Hinweis über sie geben wollte; holt durch ein Dimensionstor, das sich in der Disco »Witchcraft« befindet, Jane Collins zu sich. **977** – bringt Jane in den Brunnen der → *Schönen Charlotte*; wird durch das geworfene Kreuz von John vertrieben. **347; 349; 465; 566; 745.**

Limori – **472** – Söldner, der für Logan → *Costello* arbeitet.

Lin → *Evana und Lin*.

Linby – Ort in Schweden; in der Nähe liegt das »Tote Land«, eine sumpfartige Gegend, wo keine

L

Bäume wachsen; das Land ist wellig; es sieht aus wie ein braunes Meer; wahrscheinlich ist es durch eine große Katastrophe vor langer Zeit entstanden; dort stürzte vor Jahrhunderten ein Sternenschiff ab und verglaste. **550**.

Li-Shen – 50 – Freund Sukos in Hongkong; Sukos Lehrmeister aus früherer Zeit; zählt zu den reichsten Männern Hongkongs; besitzt zahlreiche Speiselokale, Wäschereien, Textilfabriken; in Hongkong geschieht nichts, wovon er nichts weiß; fährt einen goldfarbenen Rolls-Royce; Fahrer: der Hüne Kai Tak.

Lissabon – Hauptstadt von Portugal; Oberstadt namens »Barrio Alto«; ältester Stadtteil heißt »Alfama« und liegt am Tejo; blühte auf, als 711 die Mauren die Stadt erobert haben; auf sieben Hügeln erbaut; liegt dort, wo der Tejo ins Meer mündet; oberhalb des Stadtteils »Alfama« liegt eine Kirche namens »Igreja-Panteao de Santa Engracia« und die Abtei »Sao Vincente«; in »Alfama« gibt es Gaslaternen und Kopfsteinpflaster. **656**.

Littleport – Ort im Flachland, 50 Meilen nördlich von Cambridge in England; die Schnellstraße 10 teilt den Ort in 2 Hälften. **616**.

Liverpool – Industrie- und Hafenstadt an der Irischen See; es gibt dort einen kleinen Friedhof, der auch zum Spazierengehen angelegt worden ist; er ist sehr sauber und unterteilt in einen neuen und einen alten Teil; direkt an dem Friedhof führt eine Straße vorbei; in einem ruhigen Teil der Stadt liegt ein Meerestiermuseum; es ist untergebracht in einer alten Villa. **952**; **726**.

Llandyl – kleines Bergarbeiterdorf in Wales, in dessen Nähe sich eine mittlerweile stillgelegte Kohlenzeche befindet; kleine Häuser; keine asphaltierten oder gepflasterten Straßen. **940**.

Llanfair – kleiner Ort in Wales; liegt in der Nähe von Bristol; eingebettet in eine Hügellandschaft; nördlich vom Ort liegt die Küste; hier steht ein alter ausrangierter Leuchtturm; um den Ort herum gibt es viele kleine Höhlen, in denen früher Erze abgebaut worden sind; in der Nähe des Ortes steht ein altes Haus, das früher den → *Tarlingtons* gehört hat. **942**; **943**; **944**; **946**.

Llannonwelly – Ort in Wales; Zufahrt durch einen Tunnel; liegt in einer Talmulde; in Osten dunkle Berge; in der Nähe befindet sich eine stillgelegte Bahnstrecke; rechts vom Ort ragt eine Landzunge ins Meer. **TB118**.

Locanto – Ort auf Sizilien in Italien; liegt am Meer; enge Gassen; Häuser stehen im Felsen eines Steilhanges; der kleine Hafen bildet ein offenes Karree; Straßen sind nicht asphaltiert; eine lange Treppe führt vom Hafen zum Wohngebiet; nur eine Straße im Ort ist breit genug, um mit Autos befahren werden zu können; in der Nähe des Ortes, ca. eine Autostunde entfernt, liegt ein Kloster. **TB133**.

Loch Awe – See in Schottland, wo → *Dr. Tod* ein Monster erweckt, das von John mit einem silbernen Pfeil vernichtet wird. **GK100(21)**.

Loch Morar – See im Westen Schottlands, in dem vor 700 Jahren eine Sträflingsgaleere untergegangen ist; der → *Count of Ferryguard* hat durch Mithilfe des Monsters → *Ogur* seine ganze Verwandtschaft bei einer Bootsfahrt umgebracht; diese leben wie alle anderen Opfer Ogurs als Zombies in der Tiefe des Sees; Ogur, ein urwelthaftes Monster, das Menschenopfer braucht, um sich zu stärken, lebt in einer Höhle; Stützpunkt des → *Schwarzen Tods*, der mit der Vernichtung Ogurs zerstört wird, nachdem es zum Kampf zwischen Zombies des Schwarzen Tods und → *Myxins* kommt. **56**.

Lockhead, Lady Thelma † – **369** – sucht ihre Vorfahrin Dorothy in einer Gruft auf, die sich an allen Lockheads rächen will, weil man sie lebend begraben hat; wird wahnsinnig und wie ihre Vorfahrin zu einem Skelett mit einer Rose; es zerfällt, nachdem John die Rose mit seinem Kreuz vernichtet hat.

Lofoten – Inselgruppe vor der norwegischen Küste; dort vernichtet John den → *Schädelthron*. **247**.

Loge der Mystiker → *Psychonauten*.

Lomenius, John Mark – Vertrauter des letzten Templergroßmeisters Jacques → *de Molay*; wurde dessen Nachfolger, jedoch kurz danach von → *Baphomet*-Templern lebendig gehäutet; die Ritter der Tafelrunde bewahrten ihn vor dem Tod; sie nahmen ihn aber nicht mit nach → *Avalon*, sondern ließen ihn mit einem Messer bewaffnet in einem Tunnel zurück. **783 †** – trifft John in einem Tunnel; nachdem er diesem einige Informationen über Jacques de Molay und den → *Knochensessel* gegeben hat, köpft John ihn auf eigenen Wunsch; gelangt dadurch nach Avalon. **784** – wird als Geist in die Runde der Tafelritter aufgenommen.

London Dungeon, The – 383 – Wachsfiguren-Kabinett mit Henker- und Horrorszenen aus Englands Vergangenheit in der Tooley Street.; dort stellt Akim → *Samaran* John eine Falle, indem er mit Hilfe des → *Würfels des Unheils* die Wachsfiguren lebendig werden läßt.

Long, Dr. Iris – Medizinerin; 35 Jahre alt; hat unmoralische Versuche in der Gentechnik durchgeführt und verlor dadurch ihren Job. **831** – arbeitet beim Tamura Konzern; führt zusammen mit ihren Kollegen Crash-Tests mit Leichen durch; entdeckt drei Zombies; ihr Kollege Slim Dayton wird von einem Zombie ermordet. **832** – wird eingeschlossen, aber von John befreit; kämpft gegen die Zombies; wird von John gerettet.

Long, Jessica – Künstlerin, die Puppen herstellt; Irin; ca. 30 Jahre alt; lebt in London; groß; graugrüne Augen; rotblondes, schulterlanges Haar. **TB97 (1. Auftritt)** – John lernt sie kennen. **TB98** – wird zusammen mit John von drei Killerpuppen gefangengenommen; will John verführen; wird mit ihm intim.

652 – interessiert sich für die Modeentwürfe dreier Schwestern, bei denen sich auch John aufhält; der → *Bogie-Mann* will sie entführen, doch sie verletzt ihn mit einer Silberkugel. **742-744** † – entpuppt sich als → *Kreatur der Finsternis* und tötet Franca → *Simonis*; wird von John mit dem Kreuz vernichtet. **654**.

Lord Acron → *Sternenvampir*.

Lord of Wrexham → *Wrexham, Charles*.

Lord, Ricky – GK160(37) – Besitzer der Gangster-Bar »Red Roof Bar«; wird vom → *Mandarin* gezwungen, den Gangsterboß Jamie → *Tyler* zu erschießen.

Loreley – Felsen am Rhein; dorthin wird John in die Vergangenheit verschlagen und vernichtet den Vampir-Graf → *Fariac*. **138**; **139**; **140**.

Lorenzo (1) → *König des Schreckens*.

Lorenzo (2) → *Uralter Henker*.

Los Alamos – Stadt in New Mexico in den USA; in der Nähe liegt das »Camp Aurora«; Ort erweckt einen künstlichen Eindruck; voller Sicherheitsleute vom Camp. **877**; **878**.

Los Angeles – Millionenstadt in Kalifornien; Stadtteil Hollywood; dort gibt es prächtige Luxusvillen und Studios; Sunset Boulevard und Hollywood Boulevard sind die Hauptstraßen; Stadtteil Santa Monica; Hollywood Memorial Park. **185; TB76.**

Los Cantos – einsames kleines Dorf in Spanien in der Bergwelt um Madrid; liegt in einer Ebene, die von allen vier Seiten durch hohe Berge geschützt wird; eine Tankstelle und eine Kirche mit Turm, zu der eine Treppe führt; flache, eng zusammenstehende Häuser; kaum Tourismus; Plaza als Ortsmittelpunkt; kleines Pfarrhaus; Dorffriedhof; in der Nähe liegt das Kastell von → *Amero*; ein Fußweg führt vom Kirchenhügel hinab in den Ort. **887; 888.**

Löwenfrau, Die † – **504** – richtiger Name: Lorna Delany; flieht aus einer Gerichtsverhandlung, bei der sie angeklagt ist, ihren Mann umgebracht zu haben; verwandelt sich in die Löwenfrau und will ihren Anwalt töten, flieht jedoch, als Suko auftaucht; stürzt bei der Flucht aus einem Fenster und verletzt sich so schwer, daß sie sich nicht mehr bewegen kann; Suko begibt sich mit ihr zu ihrem Erschaffer Dr. Lataresse, der sie mit Hilfe von afrikanischer Löwenmagie zur Löwenfrau gemacht hat; wird von Suko in die Arme von Dr. Lataresse geworfen; Suko vernichtet die beiden daraufhin mit der Dämonenpeitsche.

Löwenfrauen – **115** – Löwenkörper, Frauenkopf mit Löwenmähne; aus Stein, mit goldener Schicht überzogen; im alten Ägypten wurden sie von einer Sekte angebetet; zwei von ihnen sind von Ahmed → *Gregori* nach London gebracht worden, wo sie durch das → *Allsehende Auge* auf Johns Kreuz vernichtet werden.

Löwenherz, Richard – als John wiedergeboren; Träger des Kreuzes; Templer; dritter Sohn Heinrichs II.; 1157 in → *Oxford* geboren; starb 1199; nahm als König am dritten Kreuzzug teil; eroberte 1191 Zypern; schloß ein Jahr später mit Sultan Saladin einen Waffenstillstand; auf der Rückreise wurde er von Herzog Leopold V. von Österreich gefangengenommen; wurde zwischen den Burgen Trifels und Dürnstein hin und her transportiert; 1194 gegen hohes Lösegeld freigelassen; verteidigte daraufhin sein Königreich gegen seinen Bruder Johann. **429** – war der Besitzer des → *Siegels der Templer*. **828** – trifft John, der durch einen Zeittunnel in seine Zeit gekommen ist; erhält von John die → *blaue Rose*, die mit der Magie → *Merlins* gefüllt ist; kann mit der Blume aus seinem Gefängnis in Österreich fliehen.

Lucas – Ort in den USA im Staat Kansas; in der Nähe liegt der Wilson Lake; es gibt eine eigene Zufahrt zum Highway; breite Mainstreet; auf einem Hügel liegt eine alte, entweihte Kirche, in deren Keller sich ein Verlies befindet; verwitterter Holzbau, von kahlen Bäumen umgeben; spitzes Dach mit rostzerfressenem Eisenkreuz; die Kirche ist kurzzeitig Aufenthaltsort von → *Sheriff Tod*. **TB167**.

Lucille † – **248** – Hellseherin in Greenwich Village/New York; richtiger Name: Scarlet O'Banion; spielt mit den Jenseitskräften und erweckt damit ungewollt die Galgenhand → *Gatanos* zum Leben; diese tötet Lucielle mit dem Henkerstrick.

Lucy † – **899** – Ghoul; bewacht Schmuggelware der Bande der »Grabkriecher«; bekommt von diesen (als Gegenleistung) Menschenopfer; Bill Conolly soll ebenfalls ihr Opfer werden und wird zu deren Versteck auf einem Friedhof gelockt; Bill wird in ein Labyrinth gebracht; es gelingt ihm, sie in Brand zu stecken, wodurch sie stirbt; gleichzeitig hilft der auftauchende John bei ihrer Vernichtung noch mit einer Silberkugel nach.

Luftdruckpistole – verschießt Eichenbolzen; für Vampire auf der Stelle tödlich, wenn sie damit ins Herz oder zwischen den Augen getroffen werden; befindet sich in Johns Einsatzkoffer.

Lug † – **TB192** – keltischer Sonnengott; lebt bereits seit der Urzeit; ist im Keltenkreuz abgebildet, wobei er den Kreis darstellt; böser Götze; war der Kompromiß der Missionare, die die Kelten von ihrem Druiden- und Naturglauben abbringen wollten; beherrscht die Insel → *Iona*; sobald das Gleichgewicht zwischen Gut und Böse auf der Insel gestört wird, bringt er den dort ansässigen Mönchen Schmerzen bei; hat einen Gehilfen unter den Mönchen, den Abt Martin; hat es geschafft, das Keltenkreuz in Besitz zu nehmen und damit das Christentum zu besiegen; versucht, die Insel Iona zu missionieren; wenn er von Menschen Besitz ergreift, bilden sich in deren Augen umgedrehte Kreuze, die bei Erregung die Farbe wechseln; Bruder Martin ermordet für ihn 6 Menschen, indem er sie vergiftet; gibt Bruder Martin einen Teil seiner Kraft; dieser will sich von dem Götzen weihen lassen; zeigt sich in dem Keltenkreuz, indem er den Kreis in einen Spiegel verwandelt; Gesicht ist eine böse Fratze, das sowohl einem Tier als auch einem Menschen gehören kann; in seinen Augen sind ebenfalls die umgedrehten Kreuze zu sehen; Kannibale; frißt den Abt Martin, nachdem John diesen mit einem Beil getötet hat; will John und den toten Abt in das Kreuz hineinziehen, das an der Stelle, wo sich der Spiegel befunden hat, schwarz wird; John aktiviert sein Kreuz, wodurch er vernichtet wird; die schwarze Fläche des Keltenkreuzes verwandelt sich dabei in eine blutrote Fläche, bevor sie wieder normal wird und der Götze vernichtet ist.

Lukretia † – **GK125(28)** – Hexe; John schüttet ihren Teufelstrank, mit dem sie ihn gefügig machen wollte, in ein magisches Feuer; dadurch richten sich die Höllenkräfte gegen sie; sie verschwindet für ewig im Reich des Schreckens.

Lumluine Abbey – Klosterruine in der Nähe von → *Gilbin*. **513**.

Luna, Earl of † – **430** – Vampir; er und seine Schwester Margot waren die einzigen Überlebenden ihrer Sippe, als Richard → *Löwenherz* ihre Burg im Wark Forest bei Newcastle abbrannte; John vernichtet sie mit der Beretta und dem → *Siegel der Templer*, das einst Richard Löwenherz gehörte.

Lüneburger Heide – **304** – dort befindet sich das Schloß des → *Barons von Tirano*, dem Vampir und Freund der Ratten.

Luparo – auch genannt Orapul; → *Lupinas* Sohn, gezeugt mit → *Fenris*, dem Götterwolf; Schwarzwolf; immer auf 4 Beinen; später geht Lupina mit ihm eine Symbiose ein, nachdem sie von → *Lady X* mit Silberkugeln getötet wurde; Luparo/Lupina ist eine Person, die sich jeweils in Luparo oder Lupina verwandeln kann. **218 (1. Auftritt)** – Lupina sucht ihren Sohn, um mit ihm die Werwölfe der Welt zu sammeln. **242** – macht mit Lupina Lester → *del Roy*, den Chef der Königlichen Leibwache, zum Werwolf, damit dieser seinerseits die Queen zum Werwolf und Dienerin Lupinas macht. **273 †** – wird im → *Zeittunnel* von Professor → *Chandler* von Lupina getrennt und stirbt durch Suko, der ihn mit der → *Goldenen Pistole* tötet. **219**; **233**.

Lupina – Königin der Werwölfe; menschlicher Kopf, Wolfskörper; grüngelbe Raubtieraugen;

L

lange, blonde Haare; hübsches Gesicht; ab dem Hals zottiger, fellbedeckter Körper. **131 (1. Auftritt)** – John verliebt sich in sie und wird durch das Serum von → *Mr. Mondo* selbst zum Werwolf. **173** – erwähnt zum erstenmal die → *Werwolf-Elite*. **174** – kämpft mit → *Silva*, der weißen Wölfin, um die Führung der Werwölfe und tötet sie. **TB11** – versucht eine Werwolf-Elite aufzubauen; verwandelt in Sibirien zwei Menschen in einen Werwolf und will mit den beiden ein Gefangenenlager überfallen; macht einen britischen Agenten zum Werwolf und schickt ihn nach London; dieser soll John nach Sibirien locken, wo sie ihn töten will; dieser erscheint jedoch zu früh und kann ihre Werwölfe mit Hilfe von Suko und Mark → *Baxter* vernichten und ihre weiteren Pläne durchkreuzen. **219** – wird von Lady X mit Silberkugeln aus ihrer MPi getötet; ihr Geist geht eine Symbiose mit ihrem Sohn → *Luparo* ein. **242** – wird durch die starke Magie von → *Fenris* wieder zum Leben erweckt, so daß sie jetzt mit Luparo eine Doppelexistenz führen kann. **273** – als Luparo getötet wird, bleibt ihr Geist in der Ur-Zeit verschollen. **328** – wird von Morgana → *Layton* erwähnt; Fenris hat sie zu sich genommen. **373** – taucht nur als Projektion wieder auf; hat ihren Plan von einer Allianz der Werwölfe immer noch nicht aufgegeben. **411** – erscheint wieder als Projektion aus ihrem Zwischenreich, um die Verwandlung der Manon → *Medoque* in einen Werwolf einzuleiten, die ihre Nachfolge als Herrscherin der Werwölfe antreten soll. **422** – erscheint im Keller des russischen Gesandtschaftsgebäudes in London wieder in wirklicher Gestalt. **461** – erhält von Fenris noch einmal die Chance, auf die Erde zurückzukehren; in Wales überläßt er ihr ein Waldgebiet als Heimstatt, das durch eine chemische Umweltkatastrophe praktisch allen Lebens beraubt worden ist; dort trifft sie auf → *Mandragoro*, der sie mit Gift vernichtet; in den Armen von Morgana Layton und im Beisein von John haucht sie ihr Leben aus; ihr Kopf zerfällt zu Staub, von ihrem Körper bleibt nur ein helles Gerippe zurück. **TB7; 218; 233**.

Lupos – **614** – in einer anderen Dimension liegende Insel; der Macumba-Diener → *Aci* fand sie; der Götterwolf → *Fenris* brachte Werwölfe hierhin; in London befindet sich ein als

See getarntes Dimensionstor; die Insel ist dschungelartig bewachsen; alle, die den Weg zur Insel gefunden hatten, wurden in den Sand eingegraben und von Werwölfen getötet; John zerstört die Insel und das Dimensionstor durch die Aktivierung seines Kreuzes und kehrt mit Suko und Glenda Perkins, die auch den Weg zur Insel gefunden hatten, zurück nach London.

Luton – Ort nicht weit von London entfernt in England; im östlichen Außenbezirk gibt es einen Flughafen; im Ort liegt das Kinderheim »Sonnenplatz«. **897**; **898**.

Lüttich – Stadt in Belgien; auch Liège genannt; östlich von Brüssel in den Ardennen gelegen; dort fanden Kämpfe des 2. Weltkrieges statt; in der Nähe liegt in einem höher gelegenen Tal ein Kloster; es hat graue Mauern und eine ins Mauerwerk integrierte Kapelle mit Stummelturm; sie ist nach oben offen, so daß die Glocken sichtbar sind; Eingang ist ein großes Holztor; im Kloster leben → *Katharener*, Feinde der → *Templer*; das Kloster wurde entweiht von dem Dämon → *Radek*. **TB81**.

Luzifer – das absolut Böse; die 4 → *Erzengel* haben ihn und seine Verbündeten zu Anbeginn der Zeit in die Finsternis der Verdammnis verstoßen; Entstehung: glattes, voluminöses, kugelförmiges Etwas; beinhaltet alles Gegensätzliche; veränderte sich und bekam seine Stärke und Macht; formte sich aus einer reinen Masse; Neutrum; besitzt die Macht, Dimensionen zu erschaffen oder zu vernichten; Gesicht schimmert in tiefem Blau; kalt und abweisend; faszinierend aufgrund seiner kalten Boshaftigkeit; besteht aus den drei Gestalten von → *Asmodis*, → *Baphomet* und → *Beelzebub*; erschuf die → *Vampirwelt* von → *Dracula II* und hält schützend seine Hand darüber; seine Gefährtin ist → *Lilith*. **TB47** – ruft Asmodis nach einem Kampf mit Suko zurück in dessen Welt. **TB49** – manipuliert den Erzengel → *Uriel*; setzt drei Feuerleichen ein, um das Sinclair-Team zu vernichten; die Feuerleichen werden vernichtet, und Uriel entzieht sich mit Hilfe von Johns Kreuz seinem Bann. **TB59** – beeinflußt → *Nostradamus* bei der Herstellung des Horror-Horoskopes. **TB100** – informiert John schriftlich darüber, daß er ihn vernichten wird; muß mit ansehen wie → *König Salomo* John über die Identität des →

L

Sehers aufklärt; rettet Lilith vor der Kraft von Johns Kreuz. **TB133** – rettet → *Cigam* vor der Vernichtung durch den Engel Solara, indem er ihn durch ein Tor zurück in die Hölle holt. **TB146** – hat eine Leichenuhr erschaffen, mit der deren Besitzer die Zeiten manipulieren können; dies ist möglich zwischen Mitternacht und ein Uhr; geht einen Pakt mit → *Gallio* und nach dessen Tod mit dessen Geliebter Lizzy → *Lamotte* ein; die Leichenuhr ernährt sich von Blut, wird aber später durch Johns Kreuz zerstört; taucht kurz vor der endgültigen Zerstörung der Uhr auf, um seine Anwesenheit mitzuteilen, verschwindet aber direkt wieder. **823** – verbündet sich mit Falco → *Leeland* und macht diesen zu einem »Engel des Bösen«. **TB172** – rettet → *Belial* vor der Vernichtung durch Johns Kreuz. **986** – unterstützt die Kreatur der Finsternis → *Giselle*; stellt → *Zebulon* eine Falle, um ihn daran zu hindern, John und Suko zu helfen; fängt ihn in einem Raum, an dessen 6 Wänden sein Gesicht erscheint; aktiviert sein Höllenfeuer und verbrennt Zebulon, der dadurch stirbt; wird kurz darauf von den Erzengeln vertrieben, die John mit Hilfe seines Kreuzes herbeigerufen hat. **298**; **322**; **347**; **737-739**.

Luzifer-Amöbe – Zellstoffwesen; steht unter → *Luzifers* Einfluß; dieser hat sie die Jahrmillionen überleben lassen; kann ihre Gedanken in Lebewesen hineinversetzen; beobachtet die Entwicklung auf der Erde; wurde mit Luzifers Wissen vollgepumpt; hat sich zu Urzeiten Diener besorgt, die nun als hungrige Leichen durch ihre Welt ziehen; ihr Gebiet liegt in einer anderen Zeit, aber genau dort, wo sich heute die Stadt Amsterdam/Niederlande befindet. **844** – sendet ihre Welt in die Gegenwart; will Amsterdam durch die hungrigen Leichen übernehmen lassen; ist Geist und Form, Fels und Wasser; ist unbesiegbar; kann die Gedanken von anderen Lebewesen lesen; lebt eigentlich in der Urzeit; der Tunnel durch die Zeiten wird durch die 4 → *Erzengel* für immer geschlossen, und sie verschwindet aus dieser Zeit.

Lycus → *Sechs böse Geister*.

Lyka † – **260** – Wächter der Makkabäer-Nonne → *Clarissa*; von → *Fenris* persönlich auf die Erde geschickt; opfert für Clarissa sein Blut, obwohl er dadurch sein Wolfsleben verwirkt; fällt zusammen mit Clarissa in einen tiefen Schlaf; wird von John mit dem silbernen Bumerang geköpft.

Maastricht – Stadt in Südholland, wo sich die Saurier-Grotte befindet, in der Suko und Bill Conolly nach ihrer Reise durchs Erdinnere mit dem → *Würfel des Unheils* wieder ans Tageslicht kommen. 365.

Macumba – eine Voodoo-Kraft; kann jede Gestalt annehmen; entstand in Afrika und wurde später nach Südamerika transportiert; keine Sprachprobleme; kann jederzeit alle Sprachen und Dialekte sprechen; dahinter steckt → *Asmodis*. **514 (1. Auftritt)** – bemächtigt sich des Schwarzen Virgil; dieser will Jane Collins entführen, was ihm auch beim zweiten Versuch gelingt; Virgil will Jane Macumba opfern und verwandelt sich dazu in ein Sumpfmonster; als Jane gefesselt von der Decke herabgelassen wird; um von dem Monster vernichtet zu werden, aktiviert sie ihre Hexenkräfte und vernichtet Virgil dadurch; die Macht entkommt. **TB89** – will London mit Zombies überschwemmen und die Stellung von Logan → *Costello* einnehmen; trifft auf Suko, der von John gerettet wird, bevor sie ihn töten kann; will Logan Costello töten; als John und Suko auftauchen, merkt die Macht, daß sie verloren hat; sie zerstört ihren Körper selbst, nicht ohne vorher ihre Rückkehr angekündigt zu haben. **565** – bemächtigt sich des Körpers von Jorge Tigana, einem Blinden, der von der Macht sein Augenlicht zurückerhalten hat; dieser überwältigt John, nachdem er diesem vorher erklärt hat, daß er sich an Logan Costello rächen will, der ihm früher das Augenlicht genommen hat; entwendet John das Kreuz, da die Macht nicht immer in ihm steckt, und steckt es in seine Jacke; als die Macht den Körper Tiganas später übernimmt, aktiviert John durch Rufen sein Kreuz, und der Körper Tiganas verbrennt; die Macht entkommt erneut.

Madame Altari – **74** – die Frau mit dem Zweiten Gesicht; wohnt in finsterstem Soho.

Madame Marcia → *Morana, Marcia*.

Madame Surenuse → *Voodoo-Witwe*.

Madame Wu † – **GK196(45)** – wohnt auf der Themse in Haus-

M

boot; Königin der Spinnen, ist selbst eine Spinne; stammt aus einer 100.000 Jahre alte Dämonenfamilie; durch einen Fluch in eine Jadespinne eingesperrt, bis sich jemand aus der Familie erbarmte und ihr die Chance gab, sich zu rehabilitieren; als sie versagt, wird sie von ihrer Dämonenfamilie vernichtet, die Jadespinne zerplatzt.

Maddox, James – auch »Dämonenrichter« genannt; richtet mit seinem Gesetzbuch über die Schwarzen Dämonen; sein Wort ist Gesetz; grauhaarig; geduckt gehend; Haar steht wirr vom Kopf; wölfisches Grinsen; rötlich schillernde Augen. **97 (1. Auftritt)** – hat fast nur Todesurteile ausgesprochen und jeder Hinrichtung beigewohnt; übte sein Amt auch noch aus, als er nicht mehr im Dienst war; geht nachts auf Jagd und hängt die Menschen, die seiner Überzeugung nach Verbrecher sind; dafür wird er zum Tode verurteilt und durch den Strang hingerichtet; nimmt danach seinen alten Posten in der Dimension des Schreckens wieder ein; sein Gerichtsort ist ein riesiges Gewölbe, das von Giftschwaden durchzogen wird; der Eingang wird von Dämonen bewacht. **TB4** – verbannt den Dämon → *Scraal* für unbefristete Zeit in Luzifers Festung, eine Art Dämonengefängnis. **TB8** – verurteilt den Druiden → *Pykka* zum Tode, da er sich eine Burg angeeignet hat, die dem → *Spuk* gehört. **202 †** – wird von John mit dem Kreuz vernichtet. **TB1**.

Madston – kleine Stadt in England nordöstlich von Cambridge; See namens »Green-Lake«, der von einem dichtbewachsenen Ufer umgeben wird; hier wurden früher Hexenproben durchgeführt. **890**.

Magdeburg – Stadt in Sachsen-Anhalt/Deutschland; älteres, zerfallenes Industriegebiet in der Nähe; neben dem alten ist ein neues, hochmodernes Industriegebiet entstanden; Krankenhaus sieht zerfallen aus; Fassade ist teilweise abgeblättert, wird aber restauriert. **958**.

Maghull – Ort in England in der Nähe von Liverpool; helle Häuser; Straßen und Gassen durchkreuzen den Ort schachbrettartig. **952**.

Magic Man † – **TB50** – Mumie; indianischer Schamane; Vampir; Waffe: magischer Tomahawk, dreimal so groß wie ein normaler, mit grünschimmernder, beidseitig geschliffener Schneide; wurde nach England gebracht und in London in einem Tempel verehrt; bevor die Polizei die Sekte sprengte, wurde er von den Anhängern versteckt; mit Hilfe von schwarzmagischen Salben blieb er während eines sehr langen Schlafes am Leben; wird durch → *Asmodis'* Glocke erweckt; wird von Suko mit dem silbernen Bumerang vernichtet.

Magico † – **423/424** – zuerst nur ein Bündel böser Energie; in ihm steckt die magische Kraft der Urzeit, die durch Zeit und Raum trieb; auf der Erde wollte er das Aussehen eines Menschen annehmen; er tötete 2 Männer, einen Schwarzen und einen Weißen, und trug plötzlich deren Köpfe; nennt sich in seiner menschlichen Gestalt als Schwarzer Ken Obano; zerstört die → *Flammenden Steine*; wird von Vincent → *van Akkeren* gerufen; soll das Sinclair-Team töten; in einem gläsernen Sarg jagt er durch London und holt sich die Mitglieder des Sinclair-Teams; wird durch das Kreuz vernichtet.

Magie der Wölfe – **291** – gab es schon in Jura/Kreide (Dinosaurier-Zeit); bevor die Menschen waren, waren die Wölfe.

Magische Bumerang, Der → *silberne Bumerang, Der*.

Magische Dolche → *Dolche Mandra Korabs, Die sieben*.

Magische Fächer, Der → *Fächer der Amaterasu*.

Magische Kreide – gehört nicht zu den stärksten Abwehrmitteln; man kann Schutzzonen und Inseln damit aufbauen, die Schwarzblüter abhalten; besteht unter anderem aus Tierfetten und Kräutern; nicht so trocken wie normale Kreide; ihre Striche hinterlassen einen leichten Fettfilm. **249**.

Magische Pendel, Das – blaßroter Stein an einer Lederschnur; mit ihm kann man Erdgeister beschwören; sieht aus wie ein erstarrter Blutstropfen; hat die Größe einer halben Frauenhand; man setzt es ein, indem man es langsam über dem Boden hin- und herschwingen läßt; es gehorcht der Gedankenkraft; man kann mit seiner Hilfe die Erdgeister beschwören und ein magisches Feuer erzeugen, das Gegner vernichten kann. **185 (1. Auftritt)** – der Atlantis-Götze → *Izzi* nimmt es an sich und verschwindet damit; → *Asmodina* will es haben und benutzt John, → *Kara* und → *Myxin* dazu, es ihr zu besorgen, was jedoch nicht klappt. **239** – befindet sich im Besitz von Izzi, der es bei sich hat, als er am Mont Blanc aus der Erde hervorbricht. **243** – ist ein Erbe der Götter; mit ihm

M

konnten sie gewaltige Dämonen in Schach halten, auch die → *Großen Alten*; stammt aus der → *Schlucht der Stummen Götter*. **TB43** – nun im Besitz des → *Eisernen* Engels; der zerstört 8 Zombies, die Anhänger des Schleimgötzen → *Krol* waren, mit ihm. **353** – der Eiserne Engel verliert es, als er den Großen Alten → *Hemator* damit vernichtet.

Magische Ringe – im Besitz der Weißen Hexe → *Yannah*; Yannah mußte sie opfern, damit Suko seine normale Gestalt zurückerhält.

Magnet-Frau, Die - richtiger Name: Celia Wayne; 19 Jahre alt; verändert sich; verliert alle Haare; bläuliche Kopfhaut, glatte, faltenfreie, wie geschliffene Haut; hohe Stirn; Augenfarbe ändert sich und wird durch das helle Licht eines Außerirdischen ersetzt; wird im Alter von 2 Jahren von Außerirdischen entführt; wird von diesen mit Sonden und Nadeln durchstochen und untersucht; ihr wird ein außerirdischer Keim eingepflanzt; wächst weiter in einem Kloster auf, bis sie von Grit und Peter Wayne adoptiert wird. **988 (1. Auftritt)** – wird mit 19 Jahren zu einem lebendigen Magneten, der alles Metallische anziehen und abstoßen kann; wird von einem Dr. Gordon untersucht und in dessen Praxis eingeliefert; erhält Besuch von John und Suko und demonstriert diesen ihre Macht; flieht, indem sie Dr. Gordon niederschlägt und aus dessen Praxis entkommt. **989** - trifft in London auf drei Jugendliche, die sie vergewaltigen wollen; holt sich mit Hilfe ihres Magnetismus drei Messer, tötet einen der Jugendlichen und verletzt die anderen beiden schwer; trifft auf ihren außerirdischen Mentor, der für sie Dr. Gordon tötet; will zusammen mit dem Mentor auch John, Suko und ihre Eltern töten, um alle Zeugen ihrer Existenz zu vernichten; trifft John und Suko in der Disco »Peppermint«; verwandelt sich auf der Damentoilette in eine den außerirdischen ähnliche Person; bekommt mit, wie ihr Mentor enttarnt wird und fliehen muß; Suko setzt sie mit Hilfe seines → *Stabes* außer Gefecht; bevor er sie festnehmen kann, holen die Außerirdischen sie zu sich, wobei sich ihr Körper einfach auflöst.

Magus von Zypern, Der – hat die Macht, den Geist vom Körper zu trennen; sehr schlank; asketische Gesichtszüge. **530 (1. Auftritt)** – trifft als Geist auf

Jane Collins; verspricht ihr, daß sie ihr normales Aussehen zurückerhält, wenn sie für ihn den Dämon Selim → *Kale* tötet; kann sein Versprechen nicht einhalten, will aber die Hüter der Erde bitten, ihr ihr normales Gesicht zurückzugeben.

Mailand – Stadt in Norditalien, in der Lombardei; Stadt der Mode; Mailänder Dom, in dessen Nähe die Einkaufsstraßen liegen; oft Regen und Nebelwetter; altes Industrieviertel weit entfernt von der Metropole; berühmt ist auch das Opernhaus, die Scala. **573; TB156.**

Mainland, Dorothy † – **731** – lag 22 Jahre im Koma (sie war früher eine Jüngerin des Gurus Shagri, der seine Jünger zum Selbstmord überreden wollte, um ein zweites Leben nach dem Tod zu beginnen; damals griff die Polizei rechtzeitig ein und tötete den Guru); erwacht und will den Guru wieder erwecken; ihre dämonische Existenz wird von Suko mit der Dämonenpeitsche vernichtet.

Maiori – Küstenort in Italien südlich von Neapel; enge Gassen; direkt am Friedhof liegt die Villa der Daleras; der Friedhof wird von einer Steinmauer und teilweise hohen Gittern umgeben. **TB156.**

Maitland, Viktor † – **750 /751** – Zwillingsbruder des Vampirs Boris Maitland; wollte durch Hilfe von Dr. → *Sträters* Macht als → *Kreatur der Finsternis* erhalten; will Dr. Sträters Tod rächen; lockt John nach Burg Maitland im Thüringer Wald und will ihn dort töten; die Zwillinge werden von Harry → *Stahl* getötet.

Makkabäer – **234** – John trifft auf seiner Reise in die Vergangenheit auf einen sterbenden alten Mann vom Volk der Makkabäer, der ihm die Herkunft und Bedeutung seines Kreuzes erklärt; er nimmt John das Versprechen ab, niemals etwas über die Geheimnisse des Kreuzes niederzuschreiben; er hat das Buch der → *sieben Siegel der Magie* geschrieben. **260** – nannten sich Söhne des Lichts; die Makkabäer-Nonne → *Clarissa* bringt sich in den Besitz von Johns Kreuz und wird von diesem verglast und in ein Kreuz verwandelt.

Malaga – Großstadt an der Costa des Sol; hier tritt eine Rockband auf, deren Mitglieder sich als Wächter der → *Leichenstadt* entpuppen. **204.**

Malapartus † – **457** – Hüter des Schatzes (des Templer-Goldes im Odenwald); ihm ist versprochen worden, daß er so lange

M

leben wird, wie der Schatz unentdeckt bleibt; nachdem er dem → *Baphomet*-Vertreter Vincent → *van Akkeren* den Goldschatz übergeben hat, wird er durch Johns Kreuz vernichtet; sein Körper wird zu Holz, zerfällt und wird dann zu Staub.

Mallmann, Will – Kommissar beim BKA (Bundeskriminalamt); dunkles, lichtes Haar; Römernase; schmale Lippen. **GK148(34) (1. Auftritt)** – kommt nach London, um den Voodoo-Mörder Victor → *Jory* zu stellen; lernt John kennen und arbeitet mit ihm zusammen. **GK176 (41)** – tötet mit John im Schwarzwald den Dämon → *Bakuur*. **16** – hat sich einen silbergrauen Manta bestellt. **71** – lernt die Lehrerin Karin → *Becker* kennen. **81** – heiratet Karin Becker in der Schloßkapelle von Burg Blankenstein; während der Hochzeit wird seine Braut vom → *Schwarzen Tod* mit dessen Sense getötet. **102** – auf dem → *Friedhof am Ende der Welt* trifft er seine zur Dienerin des Schwarzen Tods gewordene Frau als Zombie wieder und vernichtet sie endgültig mit Silberkugeln. **424/425** – wird in Nürnberg schwer verwundet, als er auf das Geheimnis des → *lebenden Bildes* stößt. **569 †** – beschäftigt sich dienstlich mit der »Aktion D«; wird von dem Vampir Gerd Bode entführt; trifft die Vampirin → *Reva*, die ein Porträt von ihm malt; bei seiner Flucht schießt Bode ihm in den Rücken, und Reva macht ihn zum Vampir, bevor er stirbt; wird als Vampir zu → *Dracula II*. 31; 44; 100; 101; 109; 114; 129; 140; 141; 151; 165; 256; 259; TB29; 295; 314; TB44; 358; 378; 384; 394; 417; 439; 506; 523; TB90; 534; TB93.

Malraux † – 740 – dunkle Haare, struppiger Bart; klein, aber muskulös; hat das Ringen bei den Muselmanen gelernt; stiehlt den → *Dolch des Kalifen Harun El Basra* von einem Templer-Schatzschiff, das brennend vor der Küste von Marseille versinkt; erscheint in der Gegenwart in London; ist durch den Dolch reich geworden und hat sich ein Mausoleum bauen lassen, in dem er mit dem Dolch begraben wurde; die Kraft des Dolchs geht auf Malraux über; sein Körper verweste, aber sein Geist überlebte; dieser kam frei und trat in Dienst des Teufels; wird von Suko mit der Dänomenpeitsche getötet.

Malta – Insel im Mittelmeer; einst wurde sie von den Malteserrittern übernommen, da

Karl V. sie ihnen schenkte; Amtssprache Englisch; Johanniskloster an der Ostküste, von dem nur noch der Turm steht; einst von Römern, Ostgoten, Arabern, Sarazenen, Normannen, Hohenstaufen und Spaniern besetzt; 2 Jahre auch von Napoleon besetzt; seit 1964 unabhängig; im 11. Jahrhundert besetzten → *Templer* die Insel; vor den Phöniziern besiedelten die Atlanter die Insel; sie frönten dem Totenkult des Blutmondes und wurden vernichtet; die Magie blieb zurück; der Mond leuchtet wieder und läßt die Vergangenheit lebendig werden; wurde kurz von Hector → *de Valois* besucht; hier lebt der Johanniter-Orden. **TB92**.

Malteser – **603** – Feinde der → *Baphomet*-Templer; Ordensgründer war der heilige Johannes; Zeichen ist das Malteserkreuz, ein Kreuz, das sich aus vier Dreiecken zusammensetzt, die mit ihren Spitzen aufeinander zulaufen; ursprünglich gründete Gregor der Große den Orden, um sich um die Jerusalem-Pilger zu kümmern; hackten im 17. Jahrhundert in → *Wien*/Österreich dem Templer Hercule → *de Dijon* die Hand ab und warfen ihn lebendig in eine Pestgrube.

Manchester – Industriestadt in England; grau, trist und schmutzig; Häuserzeile an Häuserzeile; Kopfsteinpflaster; Klinik in der City; die Klinik ist ein roter Bau mit großen Fenstern. **TB4**.

Mancow, Milena – ehemalige Klassenkameradin von John; wurde im Laufe ihres Lebens zum Vampir; ernährte sich zunächst von Tierblut; wurde später gepfählt und starb; ihr Geist wurde in einer Statue gefangen; kann wieder Mensch werden, wenn sich die Asche ihres zerstörten Körpers mit Menschenblut mischt und sich dann mit der Statue vereinigt. **556** – schickt eine Urne mit ihrer Asche zu John, der sie mit seinem Blut wieder zum Leben erwecken soll; John opfert sein Blut, und im Innern der Urne entsteht eine schwarze Masse, die Ähnlichkeit mit ihrem Gesicht hat; warnt geistig Bill, nicht zu ihr zu kommen, da sie sonst seinen Sohn töten werde; macht die Bewohner des Ortes → *Talley*/Wales zu Vampiren; schickt Basil → *Kropec* zu John, um diesem die Urne zu stehlen, was ihm auch gelingt. **557 †** – erhält von Kropec die Urne; ihre Vampire werden von Suko und Jane Collins vernichtet; bringt Bill unter ihre geistige Gewalt; dieser soll ihr die Urne bringen; John unterbricht den Bann mit seinem Kreuz, woraufhin Bill sie mit einem Schuß aus der → *Goldenen Pistole* vernichtet.

Mandarin (1) † – **TB106** – Vater von Suko; dunkelgrüne enge Augen; Glatze; Haut wie braunes Papier; eine Art Mafiaboß der magischen Seite; kann sich nur unter großen Schmerzen bewegen; lebt in → *Hongkong*; meldet sich brieflich bei Suko; will, daß dieser seine Nachfolge annimmt; seine Anhänger sind die »Weißen Masken«; als Suko ihn trifft und seine Nachfolge ablehnt, will er Suko töten lassen; John tötet ihn mit einer Harpune, die er von Shao bekommen hat.

Mandarin (2) † – **GK157(36)** – der »Dämon mit der Seidenmaske«; leitet den → *Zirkus Luzifer*; kann aus seinem brennenden Mercedes entkommen, als John und Bill Conolly seine Pläne vereiteln. **GK160(37)** – will das Rauschgiftgeschäft in London übernehmen; verbrennt auf einer Hochspannungsleitung.

Manderson Castle – Schloß an der schottischen Grenze; umgeben von bewaldeten Hügeln; in der Nähe liegt ein militärisches Übungsgelände; mächtige Wehranlage mit 2 Türmen; romanischer Baustil; Tor besteht nur noch aus Fragmenten; gegenüber dem Tor liegt das Haupthaus; breiter, trotziger Bau mit kleinen Fenstern; Wände werden von Bildern mit Kreuzzugmotiven geschmückt; Kapelle an der Westseite; unterhalb der Kapelle liegt die Familiengruft; Wendeltreppen führen in die Türme; es gibt einen Verbindungsstollen von der Burgmauer in den Keller. **503**.

Mandini – **602** (1. Auftritt) – Chef der Polizei in → *Valpone*/Italien; hat einen Bruder, der in dem Ort ein kleines Hotel betreibt; nimmt Glenda Perkins fest, nachdem in ihrem Abteil ein Mönch starb; läßt sie später frei.

Mandini-Familie – **144** – Schausteller-Familie, Besitzer einer Geisterbahn; die Kinder Viola und Ennio sind vom Teufel gezeugt.

Mandini, Viola – aus der Schausteller-Familie → *Mandini*; vom Teufel gezeugt. **144** – ihr Bruder Ennio wird von ihr aus Versehen mit einer Silberkugel aus Johns Beretta getötet; sie selbst wird ins Gefängnis gesteckt. **148** – sitzt im Yard Building zusammen mit → *Lady X* und Jane Collins in einer Zelle; entkommt mit Hilfe eines Elixiers des Teufels zusammen mit Lady X. **151 †** – wird im Taunus, in Deutschland, auf einem Friedhof von Lady X mit der MPi getötet.

Mandix Castle – Schloß 50 Meilen nordwestlich von Glasgow, wo Maxi → *Mandix* mit fünf ihrer untoten Ahnen und dem Zombie → *Conrad* lebt. **326**.

Mandix, Maxi † – **326** – Erbin von Mandix Castle in Schottland; muß laut Testament mindestens 3 Monate im Jahr auf dem Schloß wohnen, das von ihren 5 Monstervorfahren das → *Dämonen-Paradies* genannt wird; wird von ihrem »Leibwächter« → *Conrad* mit der Axt getötet und zum Zombie gemacht; John vernichtet sie mit dem Kreuz.

Mandra, Professor † – **GK144(33)** – Diener des → *goldenen Löwen* in Venedig; tötet sich selbst mit dem Dolch, als sein Herr von John mit Feuer vernichtet wird.

Mandragoro – Dämon der Natur; Herr der Pflanzen; kein reinrassiger Dämon; lebt in der Dimension des Schreckens; gebietet dort über ein Heer von pflanzlichen Monstern; Gestalt aus Wurzeln, Ästen und Zweigen; steht dem Sinclair-Team nicht negativ gegenüber; haßt → *Asmodis*; kann die Natur für seine Zwecke manipulieren. **55** (zum erstenmal erwähnt). **461** – vernichtet → *Lupina*. **553** – nimmt geistigen Kontakt zu Jane Collins auf; zerstört eine Sportstätte, die auf einem ehemaligen Stützpunkt von ihm liegt; will Jane gegen die von Asmodis gestohlenen Hexen, die ihm dienten, tauschen; vor dem Tausch taucht John auf und aktiviert sein Kreuz; er vertreibt ihn dadurch und zerstört auch seinen Stützpunkt. **684** – John gelangt in sein Reich und kann ihn überzeugen, die dort gefangenen Suko und Jane Collins freizulassen. **920** – tötet → *Oliveiro*, der mit Hilfe seiner Pflanzen Menschen töten will. **358; 613; TB138; 969**.

Mandragoros Reich – Herrscher ist → *Mandragoro*; dschungelartiger Bewuchs; es herrscht Halbdämmer; Luft ist klar und rein; es leben dort auch fleischfressende Pflanzen; es gibt das »Meer der Toten«; dort leben unzählige seerosenartige Pflanzen, die mit Blüten ausgestattet sind, die Menschenköpfe darstellen; jeder, der einmal das Reich besucht hat, findet dort seinen Kopf. **613** – Professor → *Chandler* stiehlt eine Blume aus

M

dem »Meer der Toten« und schickt sie John; der Professor flieht vor einem Mörder in das Reich; der Mörder soll das Reich im Namen von → *Guywano* übernehmen; auch John gelangt zusammen mit Suko in das Reich; die beiden können den Killer mit dem Silberdolch und der Dämonenpeitsche töten und kehren zusammen mit dem Professor wieder zur Erde zurück. **683** – hier lebt Mike → *Evans*, ein Verdammter der Nacht; dieser holt auch seine Mutter in das Reich, wo sie auch zu einer Verdammten der Nacht wird; Jane Collins wird ebenfalls in das Reich gebracht und dort festgehalten. **684** – nach dem Tod von Mike tauchen zuerst Suko und dann John in dem Reich auf; John überzeugt Mandragoro davon, Suko und Jane freizulassen.

Mandraka – der Schwarzblut-Vampir; überlebte in der → *Leichenstadt* unter Duldung der → *Großen Alten* im grünen See in → *Krols Reich*, eingehüllt in den Lebensschleim des Kraken, der ihn wie ein Kokon umgab und schützte. **296** – taucht mit seinen Schwarzblut-Vampiren auf, vor denen sich sogar → Asmodis fürchtet. **312 †** – getötet von Bill Conolly mit der → *Goldenen Pistole* in → *Arkonadas Schattenreich* in → *Atlantis*. **297; 299**.

Manetho – **761** – Totenpriester, erster Geschichtsschreiber.

Maniac † – **594** – Roboter mit unglaublichen Kräften; ganz aus Metall; rote Augen; kann sehr schnell laufen; verbündet mit »Marylin Krovaczy«, mit der er auch einen Film gedreht hat; da sie einen Pakt mit dem Teufel hat, gelingt es ihr, ihn zum Leben zu erwecken; flieht aus der Requisiten-Kammer und will zusammen mit Marylin die Filmcrew töten; sperrt die Crew in den Studios ein; will sie nach und nach umbringen; John und Suko geraten in die Hetzjagd; Suko erschießt Marylin in Notwehr; bei seiner Verfolgung gelingt es John und Suko, ihn zu vernichten, indem sie mit je einer Silberkugel seine Augen zerstören.

Manila – Hauptstadt der Philippinen; Millionenstadt; Flughafen: Nimoy Aquino International Airport; besteht aus Betonklötzen, Slums, Müllkippen und Müllbergen; Großteil der Bevölkerung katholisch. **919; 920**.

Manitou – **26** – Gott der Indianer; hilft Suko und John beim Kampf gegen → *Maringo*, den Höllenreiter, in Hickory/Arizona; dabei muß er gegen den →

Schwarzen Tod antreten und schlägt ihn mit einem riesigen Tomahawk in die Flucht.

Männer in Grau – Hüter des Landes → *Aibon*; teils → *Druiden*, teils Menschen, teils Schattenwesen; grüne Augen, gelblich schimmernde Gesichter; eingesetzt von Druiden, um in der normalen Welt zu wandeln; tragen graue Anzüge; schattenhaft; unscheinbar; seltsam flaches Profil, das man sofort wieder vergißt; sehen alle gleich aus; senden schwarze Strahlen mit schwarzen Steinen, die Material verdampfen. **240 (1. Auftritt)** – Hüter des → *Dunklen Grals*. **321** – können in Sekundenschnelle verschwinden; ihre Umrisse fangen dann an zu flirren, und sie lösen sich kurzerhand auf. **TB45** – entführen zu dritt John. **600** – entführen zu dritt Suko, um damit John zu erpressen, ihnen zu helfen; Suko überzeugt sie, daß es besser wäre, wenn er John unterstützen könnte; holen John von Aibon zu Suko, wodurch die → *Horror-Reiter* die → *Trooping Fairies* töten können. **601** – zwei von ihnen begeben sich zusammen mit John und Suko nach Aibon; die beiden werden von den Horror-Reitern getötet. **812** – zwei von ihnen retten John und Suko vor den → *Beißern* und bringen John und Suko zur Höhle der → *Aibon-Amazone*; verwandeln diese in einen Beißer und bringen John und Suko zurück zur Erde. **837** – einer von ihnen tötet fast Harry → *Stahl*, da er von ihm den Aufenthaltsort einer geflohenen Aibon-Familie wissen will; er selbst wird später vom Flötenspiel des → *Roten Ryan* getötet; drei von ihnen entführen aus demselben Grund Glenda Perkins nach Aibon; auch sie werden durch die Musik des Roten Ryan getötet. **473**.

Manor Castle – 500 Jahre altes Schloß in Schottland; Professor → *Orgow*, der Hexer, hat es gekauft und sich im Keller ein Labor eingerichtet, in dem er Menschenversuche unternimmt. **GK1(1)**.

Marabut – **426** – heiliger Mann in Marokko, der nach seinem Tod ein besonderes Grab erhält (kleines Mausoleum mit Kuppeldach) und von Gläubigen besucht wird, die bei ihm Rat holen.

Marcel (1) † – **173** – Mitglied der Werwolf-Sippe → *Vasely*; Lehrer an einem Internat in Graveline (Nähe Calis, Frankreich); stirbt durch Silberkugeln aus Sukos Beretta.

M

Marcel (2) † – 332 – der Folterknecht (seit über 300 Jahren tot); Herr des Foltergartens, heute ein Ausflugslokal, früher die Folterstätte des → *Duke of Burlington*, der seine Leibeigenen folterte; stirbt im Folterkeller des Lokals durch die Geister seiner Opfer, die durch Johns Kreuz erstarkt sind.

Marek, Frantisek – Rumäne aus Siebenbürgen; erbte von seinem Vater den Eichenpflock und damit sein »Amt«; wird auch »der Pfähler« genannt; besitzt einen sechsten Sinn für Vampire; von Beruf Schmied; repariert in seinem Heimatort → *Petrila* Gegenstände des täglichen Lebens; helle Augen; schlohweiße Haare; weißer Oberlippenbart; faltiges Gesicht; fährt einen alten VW-Käfer; raucht Zigarren; versteckt sein Geld in der an sein Haus angrenzenden Schmiede; wird finanziell von Lady → *Sarah Goldwyn* unterstützt; seine Frau wurde einst selbst zum Vampir und von John getötet. **33 (1. Auftritt)** – pfählt seinen Diener → *Jurc*, nachdem dieser den Vampir-Grafen → *Kalurac* aus seinem Grab befreit hat und von ihm zum Vampir gemacht wurde. **34** – zum ersten Mal in London. **245** – seine Frau Marie, die zum Vampir wurde, stirbt durch einen Eichenbolzen aus Johns → *Druckluftpistole*. **TB29** – tötet einen Vampir mit seinem Eichenpflock; vernichtet → *Lady X*, indem er sie mit dem Eichenpflock pfählt. **TB99** – erhält die Nachricht, daß Draculas Blut gestohlen werden soll; tötet einen Vampir mit dem Eichenpflock; reist nach London; wird von zwei Vampiren entführt und von John und Suko befreit. **TB110** – erhält einen Hinweis auf → *Dracula II*; vernichtet 6 Vampire mit seinem Eichenpflock und selbst gebastelten Eichenpfeilen. **778** – holt John wegen einer Entführung nach Petrila; trifft auf dem Dorfplatz auf Dracula II, dem die Flucht gelingt; vernichtet 2 Vampire mit seinem Eichenpflock. **TB158** – will die Vampirfamilie → *Ravenstein* vernichten; wird vorher überrascht und muß fliehen; soll von einem Helfer der Vampire getötet werden, wird aber von John gerettet; reist mit John und Suko zum Schloß der Ravensteins; tötet das Familienoberhaupt Waldo und vier weitere Vampire mit seinem Eichenpflock. **TB176** – erhält von dem Zigeuner Juri das → *Vampir-Pendel*; wird von der Zigeunerin Milena niedergeschlagen, die ihm auch das Pendel raubt; folgt ihr zusammen mit John und vertreibt dabei → *Assunga*, die das Pendel in ihren Besitz bringen will. **943** – wird von John nach London geholt; auf dem Weg dorthin trifft er im Flugzeug auf das → *Vampir-Phantom*; es verschwindet wieder, nachdem es das Vampir-Pendel verändert hat; trifft später, als er sich mit John, Suko und Bill Conolly auf dem Weg nach → *Llanfair*/Wales befindet, einen Vampir, den er pfählt. **944** – kommt zusammen mit John und durch Hilfe des Pendels zu einem alten Leuchtturm, wo sich das Vampir-Phantom und die → *blutige Lucy* aufhalten; pfählt die blutige Lucy und rettet dadurch Lucy → *Tarlington*; greift mit dem Vampir-Pendel das Vampir-Phantom an, das sich dadurch in eine Staubfahne auflöst und verschwindet. **953** – wird von Goran → *Nägele* beauftragt, einen fünffachen Mord aufzuklären, bei dem die Opfer zerrissen worden sind, sich jedoch kein Blut in der Nähe der Opfer fand; spürt mit Hilfe des Vampir-Pendels den → *Vampirwolf* auf; es kommt zum Kampf zwischen den beiden. **954** – der Vampirwolf gewinnt den Kampf, tötet ihn aber nicht, sondern nimmt nur das Vampir-Pendel an sich; der Zug wird später von Banditen überfallen, die ihn gefangennehmen; als der Vampirwolf das Lager der Banditen angreift, gelingt es ihm zusammen mit den auftauchenden John und Suko, den Vampirwolf zu überwältigen; pfählt den Vampirwolf, der jedoch mit Hilfe des Vampir-Pendels, das er immer noch trägt, überlebt; später treffen die drei erneut auf den Vampirwolf; die drei vernichten ihn, indem sie ihn gleichzeitig pfählen (Marek), mit der Dämonenpeitsche schlagen (Suko) und ihm eine Silberkugel in den Kopf schießen (John); nimmt das Vampir-Pendel wieder an sich. **TB38; 342; 343; 344; 355; 510; TB179.**

Marek, Ilona † – 139/140 – Tochter des Stephan → *Marek*; wird vom Grafen → *Fariac* zur Vampirin gemacht und von John mit dem Kreuz erlöst.

Marek, Karel – 139/140/141 – Sohn des Stephan → *Marek*; erbt beim Tod seines Vaters den Eichenpflock der Mareks; damit pfählt er den Grafen → *Fariac*.

Marek, Marie † – 245 – Frau des Pfählers Frantisek → *Marek*; wird zur Vampirin durch den Baron → *von Leppe*; John erlöst sie durch einen Eichenbolzen

aus seiner → *Druckluftpistole*.
Marek, Stephan † – **139** – Zigeuner; Vorfahr von Frantisek → *Marek*, dem Pfähler; John lernt ihn und seine Kinder Ilona und Karel kennen, als er durch ein Dimensionstor in einem Labor der → *Fariac* Cosmetics in die Vergangenheit nach Deutschland (an den Rhein) verschlagen wird.

Margareta – Hexe, die auf einem weißen Hirsch durch die Dimensionen reist; lebt im Hexenland in → *Aibon*; Freundin von → *Alva*, der Flammenhexe; findet einen Weg zur Erde; denkt, Gutes zu tun, macht aber das Gegenteil. **566** – entführt Bill Conolly und Jane Collins nach Aibon; erklärt ihnen, daß die → *Dacs*, Verbündete von → *Guywano*, ein Dorf zerstört hätten; bittet John um den → *Dunklen Gral*, um die Dacs zu vernichten; kehrt zurück nach Aibon, als dieser ablehnt. **567** † – greift mit den Dacs, die ihre Verbündeten sind, John an, um an den Dunklen Gral zu gelangen; der Anführer der Dacs bringt John in seine Gewalt, wird aber von Suko mit dem silbernen Bumerang getötet; wird vom → *Roten Ryan* gebannt; dieser tötet mit seiner Flötenmusik den weißen Hirsch und bringt die fast tote Margareta zurück nach Aibon.

Mari – **407** – eine Heilige, Dienerin der Göttin Kali, die in Indien von drei britischen Offizieren mißbraucht und dann von deren Henker hingerichtet wurde; als Untote erscheinen sie und der Henker in London, um sich an den drei alten Offizieren zu rächen.

Marian – **TB2** – Inspektor in → *Katmandu*/Nepal; Turbanträger; spricht fast einwandfreies Englisch; untersucht die Folgen einer Auseinandersetzung zwischen John und Teilen der Mordliga nach einem Zwischenfall in einem Hotel in Katmandu.

Marib – Ort im Nordjemen; größtenteils unter Wüstensand begraben; Ruinenstadt; dort liegen die Überreste des Almaga-Tempels; darin befindet sich das Grab der → *Königin von Saba*; in der Nähe liegt der »Turm der flüsternden Geister«, wo man mit Geistern Kontakt aufnehmen kann. **TB96**.

Maringo † – **26** – der Höllenreiter; ehemaliger Begleiter des Schwarzen Tods, der die schrecklichen Taten seines Herrn ankündigte; John vernichtet ihn in Hickory/Arizona mit dessen eigener Feuerlanze.

Marita – **255** – Zigeunerin, von

→ *Azucena* als Pfand auf der Insel → *Sedonis* zurückgelassen; von → *Kara* und → *Myxin* vor dem Untergang der Insel durch Teleportation in ein Zigeunerlager gerettet.

Markham, T.C. – **332** – »Geisterführer«; führt Touristen in London an Orte schauriger Verbrechen – auch des Mörders Ed Mosley (killte 8 Menschen); entpuppt sich als der Henker → *Abbot*.

Markovic, Ferry – **279** – 52jähriger Anthropologe mit grauem Knebelbart, schmalem Gesicht, spitzer Nase und grauen Augen; findet das Grab des Druiden → *Dedre*; verliert eine Hand durch → *Wikka*; die andere verbrennt; verliert später auch die zweite Hand.

Marquez, Familie – Spanische Familie, auf derem Schloß einst König Philipp II. lebte; sie führte zur Zeit der spanischen Inquisition zahlreiche Folterungen durch; die Familie wurde mit einem Fluch belegt, wodurch sie jedes Jahr eine Barke aus Knochen bauen müssen, um darin ein Opfer ins Jenseits zu schicken. **TB57** – Tochter Viviana wird in Begleitung von John in Richtung Jenseits geschickt; auf der Barke will sie John verführen, um das Geschlecht, deren letztes Mitglied sie ist, zu erhalten; verschwindet spurlos von der Barke, als sie im Jenseits ankommen; John entdeckt, daß die Dimension nicht das Jenseits, sondern eine Dimension ohne Existenzberechtigung ist; die Mutter, die den beiden gefolgt ist, wird entstofflicht und mit dem Fluch belegt, morden zu müssen; sie will ihre eigene Tochter töten, doch John zerstört sie selbst durch sein Kreuz; danach vernichtet er auch die fremde Dimension, bevor er mit Viviana aus ihr flieht.

Marut – Gott in Indien; Teil der Heiligen Silbe → *AUM*.

Mason, Stanley – Kundenberater bei einer Bank. **579** – berät gerade John, als seine Bankfiliale überfallen wird; stellt sich später als der Drahtzieher des Überfalls heraus; besitzt ein magisches Mobile und tötet damit einen Polizisten, der ihn beobachten soll; will seine Helfer, die ihn erpressen wollen, mit dem Mobile töten; das Mobile taucht während einer Show seiner Helfer auf und nimmt einen von ihnen mit sich; dreht durch und will nun den ganzen Ort mit Hilfe des Mobiles übernehmen; John und Suko gelingt es, das Mobile mit Hilfe von Johns Kreuz und der Dämonenpeitsche nach und

M

nach zu vernichten; beim Kampf mit einem der vier Helfer stürzt er so unglücklich, daß er Zeit seines Lebens an einen Rollstuhl gefesselt sein wird; der Helfer, der sich in dem Mobile befunden hatte, stirbt bei dessen Vernichtung.

Masory, Janosz → *Karras, Antek*.

Massago – Dämon; auch der → *schwarze, böse* oder *dunkle Engel* genannt; ist eine → *Kreatur der Finsternis*; überträgt seine dämonische Triebhaftigkeit auf seine Diener. **IV22** – seine Dienerin Agathe reicht sein Abbild als Horror-Spielzeug an den Waisenjungen Mickey Mayer weiter, doch John kann es mit Silberkugeln vernichten; es verbrennt zusammen mit Agathe. **IV25** – taucht als der Satanist auf. **813 †** – rettet Lorna Löhndorf und gibt ihr ein Zaubermesser, um damit zu töten, was sie auch viermal tut; wird ebenso wie Lorna durch die Aktivierung von Johns Kreuz vernichtet.

Matignon – Ort in Frankreich; außerhalb des Ortes liegt auf einer Erhebung die Kirche, zu der eine breite Steintreppe führt; von hier aus kann man das Meer sehen; neben der Kirche liegt ein Pfarrhaus; die Kirche ist aus grauem Backstein; sie hat einen kantigen Turm mit 4 Öffnungen, der wie ein drohender Zeigefinger wirkt; südlich des Ortes liegt ein Kloster, das gleichzeitig ein Heim für alte Priester ist. **939**.

Maxine † – **27** – Oberhexe eines Hexenzirkels; ihr Geist irrte in einem Zwischenreich herum und wartete auf die Beschwörung ihrer Diener, damit sie zur Erde zurückkehren kann; ihr gelingt es, in den Körper ihrer Dienerin Diane Keaton zu fahren, stirbt aber dann durch die weißmagischen Kräfte von Johns Kreuz.

Mayers, Dr. – Chef der Labors von Scotland Yard; Brillenträger; in Johns Alter. **545 (1. Auftritt)**. **546** – erlebt mit, wie drei versteinerte Rocker zum Leben erwachen und die Labors verwüsten.

Mayne, Diondra – mathematisches Genie, das jeden Computer übertrifft; halb Mensch, halb → *Kreatur der Finsternis*; erhält ihre Kraft von einem schwarzen Herzen einer alten Kreatur der Finsternis in einer ägyptischen Amphore; Aussehen als Kreatur der Finsternis: Haare aufgestellt wie ein Kamm; bläuliche Gesichtsfarbe; Haut wie Metall; Augen in dunklen Höhlen, dunkel umrandet; Körper blutverschmiert. **791** – betreibt für einen Konzern Trendforschungen;

zieht sich in ein Landhaus zurück, da sie sich von bösen Mächten bedroht fühlt; wird von mehreren Wissenschaftlern u.a. von Professor Robert → *Palmer* getestet; ihr wird John als Schutzperson zugeteilt; teilt John mit, seine Mörderin zu sein. **792 †** – tötet 2 Leibwächter; nachdem John das Herz der alten Kreatur der Finsternis zum Stillstand gebracht hat, wird sie von der Kreatur aus Rache getötet.

Mazara † – **TB65** – blutgieriger weiblicher Vampir-Dämon; rechte Gesichtshälfte ist menschlich, die andere sieht aus wie ein Wurzelwerk; darin befindet sich ein Auge, das wie eine Kugel wirkt; lebte vor einigen 100 Jahren, als die Holländer Manhattan kauften; auf ihrem Grab in New York wurde ein Polizeigebäude errichtet; dadurch wird sie wieder lebendig und verwandelt aus Rache einige Polizisten in Vampire; der Chef der Polizeistation bemerkt dies und ruft John, Suko und Abe → *Douglas* zu Hilfe; nach einem wilden Kampf, bei dem zahlreiche Vampire sterben, flüchtet sie in einen Busterminal; auch dort kommt es zum Kampf, wobei Suko sie mit der Dämonenpeitsche vernichtet.

McBain, Familie – Mutter Donata: Besitzerin eines kleinen Ladens in → *Ripon*; Vater Jasper: begeht zusammen mit seiner 22jährigen Tochter Melanie Selbstmord, indem er sich mit ihr auf einen See zum Schlittschuhlaufen begibt und dabei mit ihr zusammen einbricht; Vater und Tochter waren Mitglieder des → *Höllenclubs*; beide kehren als Skelette zurück, um Donata zu töten. **891** – Donata wird von einer unsichtbaren Knochenklaue gewürgt und läuft John vor den Wagen; John rettet sie; die beiden Skelette verfolgen auch eine Bekannte von ihr; Donata und John begeben sich zum Grab der beiden McBains; Johns Kreuz macht die Skelette sichtbar; Jaspers Skelett greift John an. **892 †** – John vernichtet die beiden Skelette auf dem Friedhof mit seinem Kreuz.

McDorin – **TB140** – Einsatzleiter bei Scotland Yard; Ire; blond, nur Flaum auf dem Schädel.

McDuff – Sergeant in → *Lauder* in Schottland; Bekannter von Johns Eltern; verheiratet mit Margie McDuff. **575** – holt John und Suko nach Lauder; wird zusammen mit den beiden im Gefängnis von der Bürgerwehr des Ortes eingesperrt. **576** – die drei

M

werden von einer Bürgerin Lauders befreit; tötet zwei Vampire mit dem Silberdolch. **596** – rettet Horace F. → *Sinclair* vor dem Selbstmord. **913** – soll Mary → *Sinclair* vor ihrem beeinflußten Mann beschützen. **914 †** – wird vom Schatten von Gilles → *de St. Clair* auf das Dach von Johns Elternhaus geschmettert und dadurch getötet. **177; TB23; 368; 369.**

McKenzie, Gerald † – **84** – ist 300 Jahre alt; war ein berühmter Magister, der Dämonen beschworen hat; der → *Schwarze Tod* ist ihm erschienen; dieser suchte ein geeignetes Versteck für das → *Buch der grausamen Träume*; McKenzie schien ihm der richtige Mann; dafür gab ihm der Schwarze Tod das ewige Leben; um alle zu täuschen, spielt McKenzie den Hexenjäger; jagt auch → *Ziita*, verwandelt sie in Stein; dafür will Ziita Rache; stirbt durch 2 Schleimmonster Ziitas, nachdem er Ziita das Buch der grausamen Träume übergeben hat.

McLellan – **257** – schottischer Clan; Whisky-Fabrikanten; Vater: Isaak (mit Kopf des Hexers); Söhne Ronald und Irvin, Tochter Gilda.

Medoque, Manon † – **411** – Schloßherrin, die mit Hilfe ihres Vorfahrs, des → *Herolds des Satans,* zur Werwölfin wird und → *Lupinas* Nachfolge antreten will; wird von John mit einer Silberkugel vernichtet.

Medoque – kleiner Ort in Frankreich, wo John und → *Abbé Bloch* das → *Silberskelett* von Hector → *de Valois* finden. **411; 412.**

Medusa † – **160/161** – existiert seit langem in Tullham, Grafschaft Kent, und versteinert mit ihrem Blick Menschen; als John ihren Diener, den → *Sammler*, tötet, folgt sie ihm nach London, um sich an ihm zu rächen; auf dem Central Cemetery kann John sie mit dem Kreuz und Desteros Schwert vernichten.

Medusa-Statue – **346** – eine goldene Statuette, die von Kosta → *Kastakis* aus der Tiefe der Meere geborgen wurde; aus Dankbarkeit dient sie ihm; nur wenn sie ihre Augen öffnet, ist sie gefährlich für seine Feinde; vergeht, als John den Geist der Medusa im → *Land der Legenden und Mythen* mit Hilfe des → *Eisernen Engels* zerstört.

Meerhexen † – **427** – 3 Monster an der Küste des Badeortes Seaford in der Nähe von Brighton; ihr Aussehen erinnert an unförmige, klumpenhafte Baumstämme, in die ein schreckliches Gesicht eingeschnitzt ist; sie sind groß wie ein Haus; durch die Anwesenheit der ehemaligen Hexe Jane Collins sind sie wieder zum Leben erwacht und wollen sie als Verräterin töten, doch John und Jane vernichten sie mit dem Kreuz.

Megaläsius → *Sechs böse Geister*.

Melenik – Sohn der → *Königin von Saba* und → *König Salomos*; lange, negroide Gesichtszüge; grausam, böse und kriegerisch; soll die → *Bundeslade* geraubt haben; geboren in Jerusalem; hat sich mit den bösen Mächten verbündet; diente den Erzdämonen; ist auf einem goldenen Orakel abgebildet; gebietet den → *Kreaturen der Finsternis* und hetzte sie auf die Menschen, bevor er möglicherweise die Bundeslade weggeschafft hat; begab sich im Alter von 20 Jahren zum ersten Mal zu seinem Vater nach Jerusalem; die Menschen nahmen ihn zunächst freudig auf, drängten den König später jedoch, ihn wieder nach Äthiopien zu schicken; bei seiner Rückreise wurde er von dem Hohenpriester Azarius begleitet, der bei dieser Gelegenheit die Bundeslade gestohlen hat. **803 †** – taucht in der Gegewart als Steinfigur auf der Kathredale in → *Chartres*/Frankreich auf; erwacht zum Leben und tötet den Küster; wird von John und Suko mit der Dämonenpeitsche vernichtet.

Melina † – **177** – Mädchen, das den Tod ihres Vaters nicht verwinden kann; will sich an Johns Eltern rächen; verbrennt mit dem Skelett ihres Vaters, dem sie in einer Höhle eine Art Altar errichtet hat.

Melk – Ort an der Donau in der Wachau in Österrreich; Wohnsitz von Professor → *Chandler*; eingerahmt von Bergen; hoch über der Stadt liegt die Burg, in der der Professor lebt.

Melvin – **248** – Lieutenant bei der Polizei in New York/USA; heimst den Erfolg ein, als John → *Gatano*, die Galgenhand, in Greenwich Village vernichtet.

Menschenschlinger, Der † – **300** – grausamer Ghoul, der vor langer Zeit gelebt haben soll; Mischung aus Mensch und Echse, mit gewaltigem Schleimschädel; stirbt durch einen Dolch von Mandra → *Korab*.

Mephisto † – **TB179** – Vampir; hat seine Zähne nicht im Ober-, sondern im Unterkiefer; reißt den Opfern den Hals auf und trinkt dann ihr Blut; lebt seit Jahrhunderten; stammt aus den

M

Sümpfen des Donaudeltas; wurde früher geächtet; mußte vor den Schergen von Vlad Dracula fliehen, der um seine Macht fürchtete; kam mit einer Theatergruppe nach England, nachdem er die Töchter von Negru zu Vampiren machte und später von Frantisek → *Marek* vertrieben wurde; macht in England zwei Menschen zu Vampiren; wird von Suko mit der Dämonenpeitsche vernichtet.

Mercurius → *Uranus und Mercurius*.

Merete → *Glarion/Merete*.

Merkens, Karl → *Zyklop aus der Hölle*.

Merlin – Magier und Herrscher in → *Avalon*; sein Vater ist → *Asmodis*; sein Gesetz gilt; hat die Ritter der Tafelrunde in Stein gebannt; begegnet dort John als kleiner, uralter Mann, der in seiner rechten Hand einen Stab mit mondlichtartigem Glanz hält; trägt eine rote Kutte, deren Kapuze er über seinen Kopf gezogen hat; das Gesicht ist dunkel, klobig und ähnelt gegerbtem Leder; dunkle geheimnisvolle Augen. **55** – (erwähnt) Schöpfer des Amuletts von → *Professor Zamorra*; seine Seele schwebt in der Unendlichkeit der Dimensionen; Zeit und Raum sind für ihn nicht existent; absolute Vollkommenheit. **623 (1. Auftritt)** – bannt König → *Artus* zur Strafe, da dieser John helfen wollte, aus Avalon zu fliehen; wird durch Johns aktiviertes Kreuz besiegt und in einen kurzen magischen Schlaf versetzt. **784** – gibt → *Abbé Bloch* sein Augenlicht zurück; erhält von John den → *Dunklen Gral*, damit er Suko und Abbé Bloch wieder aus Avalon entläßt; unterwirft Nadine → *Berger* den Gesetzen von Avalon.

Mertens, Dr. Karl – amerikanischer Wissenschaftler, der für die Regierung arbeitet; schütteres, graues Haar; etwas blasses Gesicht; Brille mit Goldrand; lebt in → *Washington*; arbeitet im Pentagon. **483** – holt John Sinclair nach Wyoming, um mit ihm gemeinsam den → *Yeti* zu jagen. **TB82** – holt John und Suko nach Washington; soll von seinem Vorgesetzten erschossen werden, was aber mißlingt; unterstützt John und Suko bei der Suche nach Zombies im Pentagon.

Meurisse, Paul – **330** – arbeitet bei einer Art Geheimdienst in Paris/Frankreich.

Michael – Erzengel; stieß den Teufel in die Hölle, als dieser gegen die Engel antrat; besitzt ein mächtiges Schwert aus Silber; Gesicht wie aus Marmor. **PB 1** – schickt → *Lilith* zurück n die → *Hölle*; gibt dem von Lilith zusammengeschmolzenen Kreuz sein altes Aussehen und seine alte Kraft zurück. **348** – rettet John und Suko vor der Vernichtung durch Lilith und gibt Johns Kreuz durch sein Schwert die von Lilith entfernten Zeichen zurück. **406** – erscheint, um John davor zu bewahren, vom eigenen → *Silberdolch*, den → *Baal* auf ihn schleudert, durchbohrt zu werden. **593** – zerstört die → *Welt der Todesengel*, nachdem er von Johns Kreuz gerufen worden ist.

Mikail – Wächter der → *Bundeslade*; dunkle Hautfarbe; grauweißer, wilder Vollbart; zwischen 50 und 65 Jahre alt. **1004 (1. Auftritt)** – rettet John aus der Kirche von → *Aksum*/Äthiopien, vor den Bewachern einer Kopie der Bundeslade. **1005** – bringt John auf Umwegen zu einer Kapelle, in der sich die echte Bundeslade befindet; findet mit John zusammen einen Mönch, der von Templern ermordet worden ist, die in den Besitz der Lade kommen wollen; die Templer erpressen John damit, ihn zu töten, wenn John die Bundeslade nicht für die Templer aus der Kapelle herausholt. **1006** – warnt die Templer vor der Bundeslade, kann aber nicht verhindern, daß sie der Lade zum Opfer fallen; trifft auf das silberne Skelett des Hector → *de Valois*; bringt John, nachdem dieser die Kapelle wieder verlassen hat, an einen sicheren Ort.

Mikrowelt, Die – andere Dimension, in der alles winzig verkleinert ist; auch »Dimension des Allerkleinsten« genannt; dorthin stößt John → *Belphégor*. **65**.

Miller, Charlotte → *Schöne Charlotte*.

Miller, George – **90** – Captain bei Scotland Yard; Leiter einer Sondertruppe des Rauschgiftdezernats.

Miller, Roberta † – **806** – will ihren während der Roten Revolution ermordeten Geliebten als Zombie wieder zum Leben erwecken; hat sich dafür 4 Verbündete besorgt; diese töten einen Agenten, wodurch John und Suko alarmiert werden; die beiden erhalten von ihrem Vater, der ebenfalls für die britische Regierung arbeitet, einige Informationen; ihre Verbündeten töten ihren Vater später; nach einem mißlungenen Mordanschlag auf John und Suko erwecken die 5 Frauen ihren Geliebten Jacques Gardiner, wieder zum Leben; dies gelingt ihnen durch ein Ritual mit dem Herzen ihres Vaters, das in dem Blut des getöteten Agenten schwimmt; der Zombie tötet als erste jedoch Roberta und wird dann von Suko mit der Dämonenpeitsche vernichtet.

Miltonbury – Ort in Wales, in dem Nadine → *Berges* Verlobter getötet wird. **155**.

Mimon → *Sechs böse Geister*.

Minster – Ort in England auf der Halbinsel »Isle of Sheppey«, nahe des Meeres in der Nähe von → *Canterbury*; typisches Fischerdorf; Gasthaus »Seahill« liegt etwas erhöht am Ende des Ortes; eine Straße der Stadt existiert parallel noch in → *Uraks Welt*, in die Urak sie vor Jahrhunderten entführt hat. **TB20**.

Mirca – Bürgermeister von → *Petrila*. **TB29** † – wird von der zum Vampir gewordenen → *Lady X* mit ihrer MPi erschossen, nachdem Suko ihn vor einem Vampir gerettet hat.

Mirror-Man – Dave Morris, Besitzer eines Spiegelkabinetts, in dem ein gnomenhafter Teufelsdiener Johnny Conolly beeinflußt, so daß dieser seine Eltern töten will. **158**.

Miss Monster – richtiger Name: Wiebke Crotano; 16 Jahre alt; Vollwaise; lebt in einem Internat in der Nähe von Berkeley/England; liebt den Sumpf, der sich hinter dem Internat ausbreitet. **TB132** – ein uralter Ghoul schenkt ihr einen Totenschädel und hat damit Macht über sie; auf ihren Befehl hin tötet der Totenkopf zwei verhaßte Lehrer; kann mit Hilfe des Totenkopfes fliegen; entführt ihre Zimmergenossin und will sie im nahen Sumpf für den Ghoul töten; gleichzeitig wird der Ghoul von → *Zebulon* vernichtet, wodurch der Bann von Wiebke abfällt und alle Erinnerungen an die Taten, die sie unter dem Einfluß des Ghouls begangen hat, verschwinden.

Mister Bing † – **TB98** – Puppenmacher; Mutter war Iranerin, Vater Grieche; besitzt in London den Puppenladen »Mr. Bings Dolls Paradise«; hat bei einem alten Meister im Orient gelernt; dieser weihte ihn in die Geheimnisse der Dschinn-Beschwörungen ein; nach dessen Tod ging die Seele eines Dschinns auf ihn über, und er tat sich mit anderen Menschenhassern zusammen; läßt 4 Menschen durch seine Puppen töten; versucht auch John, Suko und Jessica → *Long* töten zu lassen, und zerstört die Puppen von Jessica; läßt John und Jessica von seinen Puppen gefangennehmen; John kann sich befreien und stellt ihn; schneidet sich mit Johns Silberdolch die Kehle durch, wodurch auch seine Puppen zerstört werden.

Mister Grimes → *Grimes, Mr.*

Mister Mirakel – richtiger Name: Hugo Westlake; Illusionist, elegante Erscheinung; beherrscht den Trick, eine schwebende Jungfrau verschwinden zu lassen; gerät → *Drusow*, dem Mann mit dem kalten Gesicht, einem Teleporter, zufällig mit seinen hypnotischen Fähigkeiten in die Quere; deshalb verschwinden seine drei Assistentinnen Anne Wilde, Susan Carter und May Feldman (von → *Assunga* zum Vampir gemacht, von John mit dem Kreuz vernichtet). **733**; **734**; **735**; **736**.

Mister Mondo → *Mondo, Mr.*

Mister Todd – Chinese; bürgerlicher Name: Shen Pai Ho; Markenzeichen: Topfhut; beherrscht das Totsprechen; besitzt auf einem Jahrmarkt in Chinatown den »Tunnel der Angst«; hat 5 Gehilfen, die früher als Henker durch die Lande zogen, jedoch selbst von der aufgebrachten Bevölkerung gehenkt worden sind; befreite sie nach mehreren Jahrhunderten und rieb sie mit einer grünlichen, magischen Salbe ein, wodurch sie wieder zum Leben erweckt wurden; sie haben eine grünliche Hautfarbe und rote Augen; sie können fliegen und sind durch Silberkugeln nicht zu vernichten; hat eine Nichte mit Namen »Sira«. **516 (1. Auftritt)** – entführt Yakup → *Yalcinkaya*, um aus ihm ein weiteres Monster zu machen; trifft auf → *Ali* und Sira; läßt seine Monster frei, von denen 4 von Suko mit der Dämonenpeitsche vernichtet werden; wird von Yakup ausgeschaltet und vom FBI festgenommen, kann jedoch entkommen und zeigt sich John auf seinem Monster sitzend beim Rückflug nach London. **517 †** – entführt Glenda Perkins; John befreit sie und tötet dabei das letzte Monster mit seinem Silberdolch; taucht bei Bill Conolly und Sir James Powell auf; setzt Johns Auto unter Strom und hält ihn so fest; wird beim Angriff auf Bill von dessen Frau Sheila mit einer Kugel verletzt und flüchtet; greift Sir Powell mit 2 Nitrobomben an, die er diesem in die Hand drückt; Suko befreit Sir Powell und vernichtet die Bomben; taucht verletzt bei John und Glenda auf und bringt Glenda unter seine geistige Gewalt; sie soll John für ihn töten;

dieser setzt Glenda außer Gefecht und tötet ihn mit 2 Silberkugeln.

Mister Voodoo † – TB108 – Ghoul; lebt in einem alten Baum, unter dem er sich ein Labyrinth angelegt hat; ruft den Ku-Klux-Klan wieder ins Leben und läßt sich von diesem mit Menschenopfern versorgen; John soll ihm geopfert werden; dieser entkommt, folgt ihm in sein Labyrinth und vernichtet ihn dort mit seinem Kreuz.

Mister X † – 271 – Ghoul mit Schweinsgesicht und teigiger Haut; besitzt eine → *Goldene Pistole*; stirbt durch eine Silberkugel Sukos.

Mitchell, Ginger † – 758 – Frau, die von Sir James, unter dem Bann des Spuks stehend, erschossen wurde; ihre Mutter: Rena → *Mitchell*.

Mitchell, Rena → *Katzenfrau, Die*.

Mitic, Michael – Polizist in → *Zagreb*/Jugoslawien; seine Tochter Maria schloß sich der Todessekte an und beging auf deren Geheiß Selbstmord, indem sie sich eine Kugel in den Kopf schoß. **531 –** wohnt der Beerdigung seiner Tochter bei, deren Leiche dabei entführt wird; wird von → *Darkern* überfallen, die ihn ins Hinterzimmer der Bar »Diavolo« entführen; wird von John aus der brennenden Bar gerettet. **532 –** seine Frau Jolanda wird von einem Sektenmitglied in ihrer Wohnung ermordet; gleichzeitig greift ihn → *Dunja* an und verletzt ihn schwer; wird von John in ein Krankenhaus gebracht.

Modena, Ricky † – 482 – Rocker; Vertrauter des Doppel-Zombies → *Jilette*; kehrt mit seinen drei Kumpanen nach einem Besuch in → *Aibon* als alter Zwerg auf die Erde zurück und stirbt, als John den Druidendämon → *Guywano* in sein Reich zurücktreibt.

Mölder – Hauptwachtmeister im → *Bayerischen Wald*; Junggeselle, 2 Jahre älter als sein Kollege → *Kerzelmeier*. **631 –** wird zusammen mit seinem Kollegen in deren Polizeiauto von einem → *Tengu* angegriffen und verunglückt; überlebt.

Moloch, Der † – 135 – eine Mutation der Hölle, nicht Mensch, nicht Tier, nicht Dämon; niemand weiß, woher er kommt; hat in einsamen Tümpeln gehaust, bis der Leichenwäscher Ireus, Angestellter von Ennio → *Costello*, dem Bruder Logan → *Costellos*, ihn fand und sich seiner annahm; soll durch 7 blonde Frauen an Stärke gewinnen (darunter Jane Collins), um dann seine Diener durch seine Macht zu beschützen; einer dieser Diener ist Ennio Costello, der John und Bill Conolly töten und in einem Säurebad verschwinden lassen will; als Suko das verhindert, tötet er sich selbst; der Moloch verbrennt zusammen mit seinem Mentor Ireus, als John, Suko und Bill Conolly Jane vor ihm retten.

Mona † – **1** – Vampirin im → *Shocking Palace* in Soho; wird von John vernichtet.

Monaco – Stadtstaat am Mittelmeer; hier lebt die Fürstenfamilie Grimaldi; Casino, das auch zu besichtigen ist; Steilküste, in deren Fels das Ozeanische Museum gebaut ist. **TB130**.

Mondgöttin → *La Luna* und → *Craton, Emily*.

Mondo, Mr. – genannt der »Monstermacher«, weil er künstliche Menschen herstellt; verrückter Wissenschaftler; glatzköpfig, Kopf wie Kugel, randlose Brille; Mitglied der → *Mordliga*. **130 (1. Auftritt)** – hat in seiner Klinik ein Serum entwickelt, mit dem er Menschen in Werwölfe verwandeln kann; läßt John in seine Irrenanstalt verschleppen und gibt ihm das Werwolf-Serum. **131** – kann mit → *Dr. Tod* fliehen, nachdem Johns Freunde John befreien und nach London bringen, wo er durch einen Blutaustausch wieder normal wird. **147** – wird von John in einem Flugzeug gestellt, kann jedoch durch den → *Todesnebel* fliehen. **TB2** – verübt erfolglos einen Mordanschlag auf John. **202** † – stirbt im Höllenfeuer, das → *Asmodina* aus dem Lavaboden steigen läßt; landet im Reich des → *Spuks*. **237** – seine Aufzeichnungen sind bei seinem Tod nicht vernichtet worden, sondern existieren weiter. **TB7**.

Mondrian † – **TB117** – dämonischer Zwerg; mit dem Teufel im Bunde; überlebte daher auf einem Friedhof, wo er vor mehreren hundert Jahren von Soldaten getötet worden ist; als der Wächter des Friedhofes, ein Ghoul namens »Cabot«, von John getötet wird, erwacht er wieder zum Leben; John reist mit Hilfe seines Kreuzes in die Vergangenheit und erlebt Mondrians Geschichte mit; zurück in der Gegenwart will er John mit Hilfe seines magischen Stabes vernichten; John wehrt die Attacke ab und tötet ihn mit seinem Kreuz.

Mondschein-Mörder, Der † – **618** – stammt aus → *Aibon*; rettete dort dem → *Roten Ryan* einst das Leben; entkommt als Nebelwesen aus Aibon; John und Suko werden vom Roten Ryan gewarnt, der ihn aber selbst nicht töten kann; der Rote Ryan lähmt ihn mit seiner Musik, und Suko vernichtet ihn mit seiner Dämonenpeitsche.

Monica † – **TB53** – auch »Crazy Monica« genannt; junge Hexe; beherrscht Telekinese; lebt in London; verbündet sich mit der Hexe → *Jirica*, um in den Besitz des Hexensteins zu gelangen; beim Kampf um den Stein wird sie von Jirica durch Feuer vernichtet:

Monsterhexen – **298** – Vogelkörper und Menschenköpfe, → *Wikkas* Geschöpfe; auch Vogelhexen, Hexenmonster, Hexenvögel.

Monstermacher, Der → *Mondo, Mr.*

Monsterratte – **330** – von dem Pariser Studenten → *Pierre* geschaffenes Monster; er pflanzte einer Ratte das Herz eines ermordeten Mädchens ein – ebenso einer Taube und einer weiteren Ratte.

Monsterspinne → *Weiße Spinne.*

Monster-Strige † – **TB178** – letzte lebende Ur-Strige; rettete dem → *Eisernen Engel* in → *Atlantis* das Leben; riesige Eule; taucht hier plötzlich auf und tötet Menschen; will vom Eisernen Engel Unterstützung, da sie ihm das Leben rettete; wird von Suko mit dem → *Schwert des Eisernen Engels* verletzt; der Engel reißt ihr daraufhin den Kopf ab und tötet sie dadurch.

Monster-Troll – **601** – auch »Hook« genannt; rote Augen; dunkelgrünes Wesen mit großem Kopf, der fast nur aus Maul besteht; er kontrolliert alle mutierten Wesen, die zwischen dem guten und dem bösen Teil → *Aibons* leben; pulsierendes Inneres; an seiner oberen Seite stechen spitzwinklige Kämme hervor, der breiteste befindet sich in der Mitte; kann nur telepathisch Kontakt aufnehmen; sitzt auf einem Pfahl, in dem sich die Gesichter seiner Opfer befinden; bekämpft die → *Horror-Reiter*, die sein Reich übernehmen wollen; vertreibt sie, wird aber schwer verletzt.

Monstervogel † – **837** – dunkle Körperfarbe; schlanker, gestreckter Kopf; überdimensionaler Schnabel mit armdicker, rötlicher Zunge; größer als ein Mensch; trägt grünes Aibon-Blut in sich; lebt in → *Aibon*; soll auf Geheiß von zwei → *Männern in Grau* Glenda Perkins töten, was der → *Rote Ryan* verhindern kann; John verletzt ihn mit einer Silberkugel; wird von → *Ribanas* Einhorn verletzt und in ein Feuer gestoßen, wo er verbrennt.

Monstrum, Das † – **582** – richtiger Name: Dale Warren; tötete in einem Kino mehrere Menschen, was ihm den Spitznamen »Kinomörder« einbrachte; wurde bei einer Verfolgung durch Suko von einem LKW überfahren und starb; kehrt später als Geist zurück, der in seinem Grabstein gefangen ist; ein Unbeteiligter wird von dem Grabstein angegriffen, wodurch John und Suko auf ihn aufmerksam werden; taucht bei der Kollegin Sukos auf, die half, ihn festzunehmen; der Stein fordert sie und den anwesenden Suko auf, in das Kino zu kommen, wo er fast festgenommen worden ist; die beiden treffen im Saal auf den Grabstein und sollen von ihm erschlagen werden; John, der sich im Hintergrund aufgehalten hat, attackiert den Stein mit seinem Kreuz und vernichtet ihn und den Geist dadurch.

Montano, Count of † – **95/96** – der Höllengraf; wollte das ewige Leben und tat sich mit Teufelsanbetern zusammen, um sich in die Geheimnisse der Schwarzen Magie einweisen zu lassen; als er genug wußte, brachte er die Teufelsdiener um; Satan erschien ihm, gab ihm das ewige Leben – aber als Greis, als Strafe, daß er die Teufelsanbeter töten ließ. Später soll er → *Asmodina* behilflich sein, ihre Getreuen zu versammeln; wird von Asmodina vernichtet.

Monte Terrano – **38** – Mönchskloster in den westlichen Pyrenäen; Pater Emilio Zagallo floh von dort nach England zu Father Hackmann; auf steil in die Höhe ragenden Felsen gebaut; 2 Türme; errichtet im 11. Jhdt. gegen die Muselmanen; der Orden gehört keiner christlichen Kirche an; die Mönche nennen sich »Diener der Erde«, leben spartanisch, schlafen auf dem Boden, im Winter auf Strohsäcken; ihre Zimmer sind in Fels gehauene Höhlen; es gibt keine Möbel, nur einen Steinaltar mit 2 Kerzen; unter dem Kloster, in einem Gewölbe tief im Fels befindet sich ein → *Tor zum Reich der Schatten*; der Abt → *Don Alvarez* und die Mönche sind vom Bösen (→ *AEBA*) besessen; das Tor in die andere Dimension wird zerstört.

Montesi, Graf – **GK110(23)** – so nennt sich → *Dr. Tod* auf seinem neuen Stützpunkt → *Schloß Montesi*.

Montesi, Vera † – **GK110(23)** – geboren 1834; verschwand damals drei Wochen vor ihrer Verlobung und wurde nie wieder gesehen; überlebte als Vampirin in einem Sarkophag in den unterirdischen Verliesen von → *Schloß Montesi*; hat sich für ihre Vampir-Hochzeit Bill Conolly als Bräutigam ausgesucht; wird von John mit dem Silberdolch getötet.

Montini – **64/65** – Assistent von Kommissar → *Fleuvee* in → *Paris*. Dürr, sehr nervös, Brille.

Moonbird → *Hypno-Hund*.

Moore, Jasper † – **483** – Wissenschaftler, der ein Yeti-Baby aus dem Himalaya schmuggeln ließ und aufzog; weil die Wissenschaft ihn nie ernst nahm und sein Freund Dr. Karl → *Mertens* ihn aufforderte, das Yeti-Baby zu töten, will er sich rächen; läßt den erwachsenen → *Yeti* in den Bergen von Wyoming frei; dieser tötet sechs Menschen, bevor Dr. Mertens und John Sinclair, den Mertens nach Wyoming holte, sowohl Jasper Moore als auch den Yeti zur Strecke bringen und töten.

Moore, Jennifer – **222 (1. Auftritt)** – letzte Überlebende von → *Darkwater*; 8 Jahre alt; wird nach dem Tod ihrer Eltern in ein Kinderheim gebracht; gerät dort in Kontakt mit der → *Leichenstadt*; hat ebenfalls Kontakt zu ihren toten Eltern, die in der Leichenstadt leben. **TB25** – bekommt Besuch von Suko; kann ihren Körper in zahlreiche schwarzmagische Spinnen verwandeln; gelangt durch ihre geistigen Kräfte in die Leichenstadt; trifft dort John und ihre Eltern; John nimmt sie durch ein Dimensionstor mit zurück zur Erde; → *Kalifato* bemächtigt sich ihrer, und sie begibt sich auf dessen Befehl zurück in die Leichenstadt; das Tor dorthin schließt sich direkt hinter ihr.

Moore, Tommy † – **TB78** – Vampir; Besitzer von »Tommys Knochenladen«; wird durch den Fund eines Vampirschädels zum Vampir; dieser Schädel gehörte einmal einem Vampir, der jedoch später vom Teufel geköpft worden ist; den Schädel kann man wie eine Maske aufsetzen und wird dadurch zum Vampir; macht 2 Menschen zu Vampiren; flieht nach New York/USA, wohin John und Suko ihm folgen; die beiden befreien die Freundin Tommys, bevor dieser sie zum Vampir machen kann; John vernichtet die Maske mit seinem Kreuz, als Tommy sie noch auf hat; durch die Zerstörung der Maske auf seinem Gesicht wird auch Tommy vernichtet.

Morana, Marcia – auch Madame Marcia, die Heilerin, genannt; ihre Eltern starben bei einem Motorradunfall in → *Aldroni*/Italien, wo sie auch geboren wurde. **929** – im Besitz des Blutes vom Engel → *Doniel*; dieses Blut kann Wunden heilen; rettet John mit Hilfe des Blutes, der von dem Killer Bill → *Gates* lebensgefährlich verletzt worden ist; wird von dem Killer bedroht, der aber später durch das Blut umkommt. **930 †** – tötet den dämonischen Engel Doniel in der Vergangenheit, den sie für den Tod ihrer Eltern verantwortlich macht, und fängt sein Blut auf; hat Kontakt zu der Welt des Engels und begibt sich durch einen Spiegel dorthin; in der Welt wird ihr ein Stigma in Form eines blutigen Kreuzes auf die Stirn gebrannt; will das Stigma mit Johns Kreuz bekämpfen, stirbt jedoch, da das Stigma ein dämonisches Werk war.

Morasso, Solo – **114** – sizilianischer Mafia-Boß, der Experimente à la Frankenstein machte; im Keller seiner Villa hatte er ein → *Eisgefängnis*, in dem er mit Menschen experimentierte; erleidet einen Herzschlag und wird von → *Asmodina* wieder zum Leben erweckt, indem sie dem Geist von → *Dr. Tod* seinen Körper gibt.

Morcote, Nando † – **656** – holt den Skelett-Dämon → *Gracio* zu sich nach → *Lissabon*/Portugal; lockt Suko und John in eine Falle; sperrt John in ein Labyrinth, das sich unter seinem Haus befindet und wo sich auch Gracio aufhält; nachdem John Gracio vernichten konnte, taucht Morcote bei ihm auf; will fliehen, wird aber von Suko angeschossen; erlebt mit, wie Gracio vernichtet wird, und stürzt sich daraufhin in seinem Labyrinth zu Tode.

Mordende Göttin, Die † – **524** – auch Phädra genannt; beging vor 2000 Jahren, zusammen mit ihrem Diener Meneris, Selbstmord; starb aber nicht, sondern fiel nur in einen scheintoten Zustand; 2000 Jahre später übernimmt der Geist ihres Dieners den Körper des Gurus »Ramir Gur«; dieser erweckt die Göttin und begibt sich zusammen mit ihr nach London; sie wollen sich an den Polizisten rächen, die Ramir Gur vor einem halben Jahr aus London vertrieben haben; 2 Polizisten sterben, dann trifft John auf sie; sie überwältigt ihn, wird aber abgelenkt, und

John gelingt die Flucht; später taucht sie in Johns Wohnung auf; sie greift ihn an, er attackiert sie jedoch mit seinem Kreuz; das → *Allsehende Auge* zerstört sie, wodurch auch ihr Diener Meneris vergeht, der kurz zuvor aus dem Körper Ramir Gurs vertrieben worden ist, da Suko dessen Körper mit der Dämonenpeitsche vernichtet hat.

Mordende Steine → *Höllensteine*.

Mörder-Weekend – 326 – findet auf → *Mandix* Castle statt.

Mördermaske † – 513 – silberne Farbe; rotleuchtende Augen; eckige Form; magische Kräfte; taucht in den Träumen von Bill Conolly auf und will, daß er ihren Körper sucht; entführt Bill später; John und Suko folgen ihren Spuren und treffen in der »Lumluine Abbey« eine Frau namens Sandra Wieran, die ihren toten Bruder Basil in die Abtei bringt; Basil wurde von der Maske getötet; Sandra und Suko werden ebenfalls von ihr entführt; die Maske übernimmt den Körper von Basil Wieran; John aktiviert sein Kreuz und vernichtet so die Maske; Bill und Suko werden gerettet, wogegen Sandra und ihr toter Bruder Basil sterben.

Mördermönch → *Rusko*.

Mordliga – von → *Dr. Tod* mit Hilfe von → *Asmodina* gegründete Vereinigung, die sich als Ziel gesetzt hat, die Welt zu unterjochen; Mitglieder: **114** – → *Tokata*, der Samurai des Satans. **123** – → *Lady X*. **130** – Mr. → *Mondo*, der Monstermacher. **131** – → *Lupina*, die Königin der Wölfe. **133** – → *Vampiro-delmar*, Kaiser der Vampire. **TB9** – → *Xorron*, Herr der Zombies und Ghouls.

Mord-Zyklopen, Arkonadas → *Griffins*.

Moreno, Carlita † – TB193 – 38 Jahre alt; Spanierin; Nachfahrin von Carlita de los Arrancha; will das Erbe ihrer Vorfahrin antreten, die sich mit dem Teufel verbündet hat und 8 Menschen tötete; tötet selbst 7 Menschen, wobei sie mit dem Polizisten Antonio → *Salinas* zusammenarbeitet; köpft die Opfer ebenso, wie es ihre Vorfahrin getan hat; gibt Gilles → *de St. Clair* die Schuld am Tod ihrer Vorfahrin und will daher dessen Nachfahren John als letzten töten, um ihre Vorfahrin wieder in die Gegenwart zu holen; Gilles malte diese kurz vor ihrem Tod und gab ihr so die Möglichkeit, durch das Porträt weiterzuleben; ihr Geist taucht in den Körper der toten Carlita Moreno ein und verschmilzt mit ihm; Körper und Geist werden durch die Magie des Kreuzes gemeinsam zerstört.

Morland, Hetty † – 824 – Jugendfreundin von Lady Sarah → *Goldwyn*; wird durch den → *Baron of Gulbekian* zur Vampirin; wird durch Lady Sarah mit Feuer vernichtet.

Morley, Tim † – 19 – Reporter in New York; mit Bill Conolly befreundet; wird ermordet von einem Mann namens Jeff Denver.

Moro → *Schwarze Henker, Der*.

Morro † – 193 – der Mitternachts-Vampir; wird von John, Suko und Will → *Mallmann* in einem Taunusdorf in der Nähe von Wiesbaden samt seiner 4 Vampirbräute mit Silberkugeln, Feuer und Kreuz vernichtet.

Mortimers – 34 – uralter englischer Vampirclan, von D. → *Kalurac* aktiviert; größte Vampirfamilie auf der britischen Insel; reine Nachtgeschöpfe, Sonnenlicht ist für sie tödlich; leben seit 3 Jahren auf einem aufgegebenen Friedhof mit runder Leichenhalle (zerschlagene Fenster, Ratten, Mäuse); sind degeneriert, leben von Tierblut und schlafen in Särgen unter der Leichenhalle; Vater Ezra: Greisengesicht, Falten, zwerghaft, geht gebeugt; 3 Söhne, jeweils 2 Jahre auseinander; Fred: † durch eine Silberkugel aus Jane Collins' Beretta; Brian: † durch eine Silberkugel aus Sukos Beretta; Hivar: † durch Eichenbolzen aus Bill Conollys Druckluftpistole.

Morton, Familie – Vater Percy: ehemaliger Pilot; arbeitet jetzt als Pilotenausbilder bei der British Airways; Mutter Claudia ist gestorben, als sie in einen Spiegel gefallen ist und von einer Scherbe durchbohrt wurde; von der Tochter Miranda gefunden, die 30 Minuten mit ihr allein war und ihr in dieser Zeit das Versprechen gegeben hat, den Spiegel wieder zusammenzusetzen, damit die Verbindung zwischen ihr und iher Mutter niemals abreißen sollte. **TB58** – die tote Mutter nimmt Kontakt zu Miranda auf; sie sendet dieser bei Vollmond vier Monster, einen Zyklopen, einen Vampir, einen Werwolf und einen Zombie; John hat gleichzeitig durch sein Kreuz Visionen von Miranda und den Monstern; die Mutter erfährt dies und lockt John mit Hilfe von Miranda in eine Falle; John soll durch die 4 Monster beseitigt werden; gleichzeitig hat Vater Percy Suko über den Spiegel informiert, den dieser mit seiner Dämonenpeitsche vernichtet; durch die Vernichtung des Spiegels wird die Mutter Claudia entgültig getötet; John vernichtet die Monster, während Miranda in einem Sumpf umkommt.

Mosasaurus, Der † – 365 – der Versteinerte aus der Urzeit; Ähnlichkeit mit einem Krokodil, bis zu 20 m lang; wird in den Grotten von Maastricht lebendig und vom → *Würfel des Unheils* vernichtet.

Moskau – Hauptstadt von Rußland; 1147 gegründet; bis 1712 regierten es die Zaren, deren Residenz dann nach → *St. Petersburg* verlegt worden ist; erst 1917 zog Lenin wieder hierher; der Kreml wird im Süden durch die Moskwa, im Norden durch das Historische Museum, im Westen durch den Alexandergarten und im Osten durch den Roten Platz begrenzt; am Roten Platz liegt das Lenin-Mausoleum; die breiten Straßen, die vom Stadtrand bis ins Zentrum führen, nennt man Prospekt; zum Kreml führt der Komsomolski-Prospekt; an der Kreml-Mauer entlang führt der Wolchonka-Prospekt; schräg gegenüber des Kremls liegt das Hotel »Moskau«; in einem Randbezirk lebt Wladimir → *Golenkow*. **TB40**; **541**; **542**; **587**; **677**; **797**; **TB165**.

Mosley Manor – liegt nicht weit entfernt von London; Besitzer ist Sir Vincent Mosley; Außenmauern des Schlosses sind zerfallen; das Schloß besteht nur aus einem einzigen Bau; in der Nähe des Schlosses steht ein von niedrigen Mauern umgebenes Kloster; an dessen Rückseite befindet sich eine Kapelle. **959**.

Mosley, Ed † – 332 – Killer, der vor 29 Jahren in London aus einer Litfaßsäule heraus 8 Morde beging; wird von John mit dem Kreuz vernichtet (in der Litfaßsäule).

Mostar – Stadt in der Herzegowina; hier findet John das → *Templersiegel*. **428**; **429**.

Mr. Doll → *Doll, Mr.*

Mugur † – 169 – indianischer feuerroter Monstergott, der von Peter → *Halifax* im Provinzort Gilwich ausgestellt wird; ernährt sich von Menschenblut; John vernichtet ihn mit Dynamit.

Mullogh – Ort in England an der Südküste in der Nähe von → *Stonehenge*; Kirche; Marktplatz; alte, abgebrannte Kapelle; auf dem Friedhof ist eine Baustelle, da dort eine neue Kapelle gebaut wird. **TB43**.

Munro, Sira – stammt aus dem

südlichen Indien; verheiratet mit Craig Munro; kann als Mensch einen Astralkörper von sich erschaffen; will die Palmbibliothek übernehmen, wo die Schicksale aller Menschen festgehalten sind. **TB119** – trifft in London auf John; verschwindet durch eine Wand und wird von John und Suko nach Indien verfolgt; entführt Suko in die Palmbibliothek; dieser will von ihr seine Zukunft erfahren, die sie ihm aber nicht verrät, sondern ihm einen Zombie auf den Hals schickt, den Suko jedoch vernichtet; als John in der Bibliothek auftaucht, erzählt Sira ihm die Zukunft Nadine von → *Berger*; John stiehlt ihr dessen Palmblatt; daraufhin aktiviert John sein Kreuz mit der heiligen Silbe → *AUM* und vernichtet ihren Körper damit. **659 †** – kehrt als Geist zurück, um sich das von John gestohlene Palmblatt zurückzuholen; tötet einen indischen Guru, der das Palmblatt entziffern könnte; übernimmt mehrere Personen mit ihrem Astralkörper u. a. auch den von Glenda Perkins; lebt als Geist in der Maske des »Jama«; Suko zerstört die Maske durch seine Dämonenpeitsche; John gibt ihr das Palmblatt zurück, mit seinem Kreuz darauf; er aktiviert es, als sie es in ihre Hände nimmt, und zerstört sie dadurch, da auch ihr Zufluchtsort in der Maske zerstört worden ist.

Muracca – Dorf am Golf von Neapel, wo John → *Skylla*, die Menschenschlange, vernichtet. **384**.

Murdock, Stella – **227** – Ärztin in Nervenheilanstalt; behandelt den Rattenkönig Rocky → *Koch* und wird von ihm beeinflußt; stirbt durch Rattenbisse.

Murghal → *Tri-Arion*.

Murray – **765** – bei einer Mordkommission von Scotland Yard; sturer Hund.

Mutter – Hexe; verbündet mit → *Asmodis*; will Zombienachwuchs für ihn großziehen. **814** – verursacht einen Autounfall, bei dem eine Frau namens Amy Lester Zwillinge, einen davon tot, zur Welt bringt; Amys Mann stirbt bei dem Unfall; sie weiht das tote Kind dem Teufel; 12 Jahre später werden John und Suko auf das Kind, das Jory Lester heißt, aufmerksam, da es für eine Mordserie verantwortlich ist. **815 †** – Jory soll Amy Lester und seinen Bruder Jake in ihrem Namen ermorden; sie erzählt Amy, wie sie ihren toten Sohn dem Teufel geweiht hat, wodurch er wieder lebendig geworden ist; Suko vernichtet den auftauchenden Jory mit der Dämonenpeitsche; durch dessen Tod wird sie zur Mumie geschrumpft und vernichtet.

Myers – General und Leiter des Camps Aurora bei → *Los Almos* in New Mexico; untersteht direkt der Regierung; → *Kreatur der Finsternis*; Aussehen als Kreatur: haarig, Mischung aus Wolfs- und Bärenschnauze mit mörderischem Gebiß. **877** – führt John, Suko und Abe → *Douglas* durchs Camp; bringt sie zu einem gestrandeten Ufo. **878 †** – will Abe Douglas töten, was John und Suko im letzten Moment verhindern; wird durch das Licht der gläsernen Schwerter der Engelmenschen, das durch Johns Kreuz noch vervielfältigt wird, vernichtet.

Myrna † – **TB184** – lebt in einer Hütte in → *Avalon*; dort ist sie die Hüterin der Riesen; entkam einst mit den Riesen der Katastrophe von → *Atlantis*; segelte mit den Riesen lange über die Meere; auf einer einsamen Insel befindet sich ein Gemälde, auf dem sie abgebildet ist; das Gemälde ist ein Tor nach Avalon, durch das auch sie einst hierhin gekommen ist; es befindet sich in einer Höhle, in der sie früher mit den Riesen gelebt hat; beschützt alle Personen, die mit Hilfe des Gemäldes nach Avalon gekommen sind; das Gemälde wird entdeckt und in ein Londoner Museum gebracht; hier untersucht John es und gelangt nach Avalon; als er dort auftaucht, tötet ein Riesenkind sie, da es keine Fremden mehr in Avalon haben will und sie für das Auftauchen der Fremden verantwortlich macht; John tötet das Riesenkind, das auch ihn töten will, mit 3 Silberkugeln; nach dem Tod von Myrna und dem Riesenkind, den beiden Personen, die auf dem Gemälde abgebildet waren, zerfällt das Bild, und damit wird auch das Tor nach Avalon vernichtet, nachdem John zurück auf die Erde gelangt ist.

Myrthe † – **478** – eine → *Harpyie*; sie stammt aus → *Atlantis*; Suko vernichtet sie mit der Dämonenpeitsche.

Mystery School – **GK188(44)** – befindet sich in einem ehemaligen Herrensitz nahe des Dorfes Saxton (20 Meilen von Sheffield); wird von → *Lethian* geleitet, der den Dämon → *Belphégor* beschwören will.

Mystic † – **727** – der Maniac; sieht aus wie Mischung aus Mensch, Roboter und Monster; ist → *Yannahs* Führer; hat sie in der Kunst der Zauberei und Hexerei eingeweiht; ist ein Magier, Hexer; in den zwanziger Jahren hat man ihm in Paris gehuldigt; Yannah hat ihn erweckt; wenn er sich bewegt, knacken Knochen, aus dem Maul ertönt ein tiefes Stöhnen; wird von Shao mit drei Armbrustpfeilen getötet.

Myxin – Magier aus → *Atlantis*, der das → *Dämonenauge* besaß; der → *Schwarze Tod* entriß es ihm, schaffte es aber nicht, ihn zu töten; versetzte ihn jedoch in einen totenähnlichen Schlaf; lag vor der unbewohnten Insel → *Delos* im Ägäischen Meer etwa 10.000 Jahre in einer Unterwasserhöhle in einem goldenen Sarg, der von einer Monster-Wasserschlange bewacht wird; kleine Gestalt mit grüner Hautfarbe; ehemaliger Schwarzblüter, der sich dem Guten zugewandt hat; spürt weder Kälte noch Hitze, weder Hunger noch Durst; trägt einen langen Mantel; beherrscht Hypnose; Besitzer der → *Totenmaske aus Atlantis*; lebt zusammen mit → *Kara* und dem → *Eisernen Engel* bei den → *Flammenden Steinen*; Sohn von Macha → *Rothaar*; kann mit Hilfe der Flammenden Steine Dimensionsreisen unternehmen. **17 (1. Auftritt)** – John und Suko erwecken ihn aus seinem zehntausendjährigen Schlaf. **42** – beschwört die Toten und Nachzehrer in Gatway/Wales; verliert die Dämonenpeitsche an John. **84** – weiß, wo sich das → *Buch der grausamen Träume* befindet, wagt aber nicht, es zu holen, da er weiß, wie sehr es abgesichert ist. **87** – bringt John ins → *Reich des Spuks*, um Jane Collins' Seele zurückzuholen. **102** – seine → *Schwarzen Vampire* werden aufgerieben im Kampf gegen die Skelette des Schwarzen Tods. **119** – wird durch → *Asmodina* seiner magischen Fähigkeiten beraubt. **143** – erweckt → *Haro*, den Geliebten Karas, aus zehntausendjährigem Schlaf; doch Haro, der Götterbote, wird von Asmodinas → *Todesengeln* getötet. **TB5** – trifft den Eisernen Engel in Atlantis; wird durch einen alten Atlanter in eine Zeitfalle gelockt; landet zusammen mit John im alten Atlantis; wird in Atlantis vom Schwarzen Tod mit seinem goldenen Sarg im Meer versenkt. **TB18** – tötet den letzten → *Horror-Reiter* mit der → *Lanze des Herrn der Roten Hölle*; die Lanze wird mit dem Horror-Reiter vernichtet. **TB22** – will Kara aus den Händen der Dämonin → *Alassia* retten, mit der sie sich verbündete, um den → *Trank des Vergessens* zu erhalten. **TB30** – wird durch die Manipulation der Flammenden Steine von dort vertrieben; gerät in die Höhle zum Orakel von Atlantis; wird aus der zusammenbrechenden Höhle von Kara gerettet. **296/297** – wird zum Verräter; will John mit Karas goldenem Schwert töten. **312** – hat sich gegen John gestellt, weil er die → *Totenmaske aus Atlantis* sucht und auch findet. **TB43** – wird durch die Totenmaske aus Atlantis vor der Dämonin → *Sarina* gewarnt. **357** – tötet seine Mutter Macha Rothaar. **TB54** – rettet mit Johns Hilfe und der des Eisernen Engels Mandra → *Korab* aus → *Aibon*. **TB56** – wird durch eine Manipulation der Flammenden Steine auf die Blutgöttin → *Eli* aufmerksam. **546** – wird von → *Glarion /Merete* gefangengenommen; Kara befreit ihn, indem sie den Dämon tötet. **550** – überreicht John die Totenmaske aus Atlantis, der damit den Eisernen Engel rettet. **TB105** – wird durch die Flammenden Steine auf das Erscheinen → *Zaduks* aufmerksam gemacht; verhindert in → *Rom*, daß der Schädel Zaduks Menschen aufnimmt. **649** – schickt den Eisernen Engel zu den Steinen von → *Stonehenge*; vernichtet den Jungen → *Tim* mit der Totenmaske aus Atlantis und rettet damit John und den Eisernen Engel. **964** – wird durch ein Leichengift aus der Pyramide des → *Verfluchten aus Atlantis* in eine leichenähnliche Starre versetzt. 56; 57; 96; 101; 103; 111; 112; 127; **TB1**; **TB3**; **TB6**; 220; **TB25**; 254; 260; 265; 307; 376; **TB55**; **TB80**; 537; 622; 624; **TB127**; **TB137**; 863; 864; 972.

Naamah → *Gefallene Engel*.
Nacht des blutigen Mondes – **296/297** – in Atlantis; immer, wenn ein blutroter Mond leuchtete, kamen → *Schwarzblut-Vampire*.
Nachtmahr → *Alp*.
Nachzehrer – Dämonenabart, Mischung aus Vampir und Ghoul; liegen in ihren Gräbern und locken die Lebenden an, um sie zu sich in die feuchte Erde zu ziehen. **42** – aus dem Mittelalter bekannt; schlimmer als Vampire; werden von → *Myxin* zu neuem Leben erweckt; zerfallen bei der Berührung mit Johns Kreuz zu Staub. **355** –

hier Mischung aus Zombies und Ghouls.

Nadeln der Cleopatra – 2 von Thutmosis III. im 15. Jhdt. vor Christus in Heliopolis vor dem Tempel des Sonnengottes Re errichtete Obelisken, die um 23 vor Christus in Alexandria vor dem Tempel des Cäsar aufgestellt wurden; als Geschenk der ägyptischen Regierung kam der eine Obelisk (20 m hoch) 1878 nach London und steht jetzt am Victoria Embankment (der andere, 22 m hohe ging nach New York und steht im Central Park). **341** – in den Londoner Obelisken sind Cleopatras Diener → *Usanga* und 3 ihrer Dienerinnen gebannt; John tötet diese und befreit Shao, die in ihm gefangen war.

Naga † – **TB4** – Japaner; besitzt hypnotische Fähigkeiten; stellt geistigen Kontakt zu dem Dämon → *Scraal* her; baut nach dessen Anweisungen die Festung Luzifer auf seiner Insel → *Suala Hor* nach; tötet sich selbst mit seiner Hypnose, nachdem der Dämon Scraal vernichtet worden ist und er merkt, daß auch er gegen John nicht gewinnen kann.

Nägele, Goran – Kommissar in → *Bukarest*/Rumänien. **953** – holt Frantisek → *Marek* bei einem fünffachen Mordfall zu Hilfe, dessen Opfer aussehen, als wären sie zerrissen worden.

Naginata → *Japanischer Geist*.

Namenlose, Der – einer der → *Großen Alten*; Abkömmling der Sterne. **339** – steigt aus dem → Höllensumpf. **351** – in seinem Teil der → *Leichenstadt* hat das → *alte Grauen* sein Zuhause gefunden; ist der mächtigste der Großen Alten; ist immer seinen eigenen Weg gegangen. **353** – es ist der → *Spuk*.

Naomi – dunkle Augen, braune Haare; ihre Mutter starb bei ihrer Geburt, der Vater stürzte ca. ein Jahr später in eine Schlucht und starb dabei; wächst in → *Trivino*/Schweiz bei ihrer Tante Serafina und ihrem Onkel auf. **859** – gibt sich → *Josephiel*, halb Engel, halb Dämon, hin und bringt → *dämonische Zwillinge* zur Welt, bei deren Anblick sie wahnsinnig wird; kommt ins Kloster der namenlosen Nonnen, wo auch die Geburt stattgefunden hat; wird dort gefangengehalten. **861** – wird von Suko und → *Abbé Bloch* befreit; ihre Tante wird von den Zwillingen getötet; trifft auf ihre Zwillinge, die John in diesem Moment mit seinem Kreuz vernichtet. **862** – wird bei der Familie Frappi untergebracht; warnt John vor einer Gefahr; wird von ihm vor der Ermordung durch → *Erasmus* gerettet. **860.**

Narawi, Deliah † – **941** – arbeitet als Showgirl in einer Peep-Show; Dienerin des Echsengottes; besitzt eine Klaue von ihm, in die sie ihre Hand verwandeln kann, wenn sie will; diese Klaue ist mit grünen Schuppen besetzt, hat lange, dunkle Krallen, ein braunes Auge in der Mitte, das oval ist, und eine schwarze Pupille hat; der Echsengott lebt als grüne Masse im Regenwald und wurde von ihr mit Hilfe eines Einheimischen dort in einer Höhle gefunden; sie aß einen Tropfen von der Masse und nahm ihn so in ihren Körper auf; der Echsengott kann durch die Hand mit ihr Kontakt aufnehmen; sie überredet den Oberaufseher vom Londoner Zoo, die Krokodile und Echsen füttern zu dürfen; spielt mit ihnen vor der Fütterung, obwohl es sich um wilde Tiere handelt; wird bei der Fütterung von Johnny Conolly beobachtet, der John einschaltet; verletzt einen Mann namens Kurt Latow schwer, als dieser mit ihr schlafen will, da er sie in der Peep-Show beobachtet hat; dieser wird von John gefunden und gerettet; John verfolgt sie in den Tierkäfig und wird von ihr zunächst ausgeschaltet; sie bringt John in den Käfig, wo dieser wieder zu sich kommt und ein Krokodil mit einer Silberkugel verletzt; das getroffene Tier dreht durch und tötet sie dabei.

Narbe, Johns – **GK105(22)** – auf Johns rechter Wange; dort hat → *Dr. Tod* ein Stück Haut entfernt, um damit einen Doppelgänger von John zu erschaffen; dieser wird von John mit einem Schwert geköpft.

Nareno – Dorf südlich von Palermo auf Sizilien, in dem der → *Eiserne Engel* zwei schwarze Engel vernichtet. **167.**

Narina – junge Inderin; gehört einer Rebellenorganisation in Indien an. **674 (1. Auftritt)** – macht im Dschungel Bekanntschaft mit John. **675** – rettet John vor dem Höllenloch und dem sich darin befindlichen Krokodil, da sie die heilige Silbe → *AUM* auf seinem Kreuz entdeckt hat; wird von dem Dämon → *Nhuri* entführt; wird später von John gerettet; lebt ab jetzt bei Mandra → *Korab*. **678.**

Nathan – auch »der Schlächter« genannt; ewiger Lächler; völlig haarloser Körper; tötete 5 Menschen, bevor er in eine Irrenanstalt eingeliefert wurde; wollte die Frau eines Polizisten überfallen, die ihn jedoch überwältigte und festnehmen ließ; beherrscht die Strecke zwischen dem Tod und dem Jenseits; schaffte einen Tunnel in diesem Bereich, indem er seinen Vater tötete; braucht Seelen, um den Tunnel zu stärken; hatte Kontakt zu den bösen Engeln, deren Rückkehr er vorbereiten soll; sie unterstützten ihn bei der Erschaffung des Tunnels. **921** – trifft in dem Tunnel auf Tim Book, der aber von den Ärzten aus dem Tunnel wieder ins Leben geholt wird; holt Jane Collins in seinen Tunnel, die dadurch in einen klinisch toten Zustand fällt; flieht aus der Irrenanstalt und tötet einen Wärter. **922 †** – während John sich bei ihm im Tunnel aufhält, zwingt sein Körper Sir James Powell, John zu erschießen; das mißlingt, und er wird von Suko mit Hilfe von Buddhas → *Stab* überwältigt und später mit einer Silberkugel tötet.

Nathan, der Schmied – Weiser aus → *Atlantis*, der das Schwert des → *Delios* geschmiedet hat, → *Karas* → *Goldenes Schwert*. **310 (1. Auftritt)** – sein Geist schwebt in den Sphären des Lichts und kann sich von dort aus melden. **311** – Zwerg mit weißem, bis zur Brust reichendem Haar und langem Bart, runzligem Gesicht, blauen Augen; hat die → *Goldenen Pistolen* erfunden und stellt sie her; kennt jedoch ihre Funktion mit dem Schleim nicht; wird auf dem → *Planeten der Magier* in einem Käfig gefangengehalten; ist beim Untergang von Atlantis von → *Arkonada* auf den Planeten der Magier verschleppt worden, weil er dessen Fähigkeiten brauchte; seine Strafe ist es, nicht sterben zu können. **312** – bleibt im alten Atlantis.

National Forest – Waldgebiet in Cornwall im Dartmoor Forest in England; urwaldähnlicher Bewuchs; dort befindet sich das »Tal des Unheils«; soll einst von Dämonen oder fremden Wesen aus dem All in Besitz genommen worden sein; sanft ansteigende Hügel; zum anderen Ende des Tals reicht der Wald bis fast an den Sumpf, der dort in einen mit Schilf und Wasserpflanzen bewachsenen See übergeht; die Sonnenstrahlen dringen nicht bis auf den Talboden vor; die Nebelschwaden schlucken die Wärme, so daß dort große Feuchtigkeit herrscht; am Hang, im Schutz des Waldes, befinden sich zwei Hütten des Naturschutzvereins;

N

unheimliche Atmosphäre. **TB 103**.
Naturdämon → *Mandragoro*.
Naumann, Gerd – Polizist in → *Wittenberg*/Deutschland. **664** – begleitet Suko und Harry → *Stahl* zu Dr. Sheldon → *Drake*; dieser macht ihn mit Blut aus dem → *Blutstein* zum Vampir. **665 †** – greift Suko und Harry Stahl an; wird von Suko mit 2 Silberkugeln getötet.
Navarra, Ramona † – GK105(22) – berühmte Sängerin; wird von → *Dr. Tod* getötet, nachdem er eine Doppelgängerin von ihr geschaffen hat, die John in eine Falle locken soll; hilft John als Zombie später, rechtzeitig nach London zurückzukehren, um dort seinen eigenen Doppelgänger zu töten; wird von Dr. Tod bestraft und vernichtet.
Neapel – Hafenstadt in Italien unterhalb des Vulkans Vesuv; viel Smog. **TB67**.
Nebelhexe, Die → *Layana*.
Nebelinsel – **465** – Hebrideninsel; soll in der Legende vor Hunderten von Jahren von sirenenhaften Hexen bewohnt gewesen sein, die Seefahrer in die Falle lockten; die Herrscherin der Nebelinsel war → *Layana*, die vor 3.000 Jahren von der → *Königin von Saba* im Kampf besiegt und auf die Nebelinsel verbannt worden war.
Nebelmörder, Der → *Ice, Jeremy*.
Nebelwolf – Werwolf. **779** – erscheint mit der → *Schwarzen Flut* in → *Trevine*. **780 †** – wird von John mit einer Silberkugel vernichtet.
Nechbeth – eine → *Psychonautin*; lebte im alten Ägypten; Tochter von Cheops, dem Erbauer der Cheopspyramide; Mutter stammt aus Nubien und ist eine Sklavin gewesen, mit der sich der Pharao eingelassen hat; kennt die Geheimnisse der Cheopspyramide und die Voraussagen, die bis ins Jahr 2001 gehen; wird in einer protzigen hölzernen Sänfte transportiert. **TB94** – wird in der Gestalt von Fatima Meshir wiedergeboren; Fatima trifft sie in der Zeit des alten Ägyptens in ihren Träumen und erfährt ihre Geschichte; Fatima wird in die Cheopspyramide gebracht, wo sie den Psychonauten die Geheimnisse der Pyramide eröffnen soll; die Psychonauten werden in der Pyramide vernichtet; John kann Fatima mit Hilfe des Kreuzes von ihrem Geist befreien, wodurch Fatima auch ihre Kräfte verliert.
Necroman † – **TB196** – gelbliches, riesiges Skelett; trägt ei-

nen dunklen Umhang; bewaffnet mit einer langen Sense; lebte vor langer Zeit; ist nachgebildet worden in Form einer Puppe; seine Asche wurde konserviert und befindet sich in einem verrosteten Kessel; bewachte vor langer Zeit das Totenreich; kam ab und zu auf die Erde, um sich selbst Opfer zu holen; wurde in ein Feuer gelockt und verbrannte; seine Puppe versucht den Jungen Tim Baker zu töten; sein Geist tötet den Händler Marty Lambert; John kommt durch den Mord an Lambert in den Besitz seiner Asche; in Johns Auto verdampft ein Teil von ihr, wobei die Asche einen verwesungsähnlichen Gestank abgibt; John wird fast bewußtlos und erleidet einen Unfall; John erfährt von Tim Baker und sucht diesen zusammen mit Suko auf, wobei Suko die Puppe mit der Dämonenpeitsche vernichtet; seine Asche wird nun freigesetzt, und er bildet sich erneut als reales Wesen, wobei seine Knochen einen grauen Schattenton erhalten; verletzt einen weiteren Jungen schwer; Suko setzt den → Stab Buddhas gegen ihn ein, wodurch er jedoch verschwindet; kurz darauf taucht er bei der Familie Baker auf und übernimmt deren Körper; John vertreibt ihn mit seinem Kreuz aus den Körpern; setzt sich erneut zu dem Skelett zusammen, wird aber von Suko mit der Dämonenpeitsche endgültig vernichtet, wobei sein Körper sich durch magisches Feuer in einen ätzenden Dampf verwandelt.

Necronomicon – vom wahnsinnigen Araber → Abu Alhazred geschriebenes Buch über Dämonen und Schwarze Magie.

Nefret † – **761/762** – eine der Wächterinnen in der → Cheopspyramide; entstammt dem verschollenen Volk; ist ganz mit Gold überzogen; hat vor der → Sintflut gelebt und → Henoch gekannt; das Gold auf ihrer Haut ist Öl des Lebens, das Henoch von seiner langen Reise zu den Gefilden des Himmels mitbrachte und nur einmal bei Nefret eingesetzt hat; spricht nur Alt-Ägyptisch und Alt-Hebräisch; wird von den → Psychonauten als Königin anerkannt; wird durch einen Flammenwerfer des → Kiriakis zu Asche verbrannt.

Nepreno † – **233/234** -Herr der Drachen; im alten → Atlantis Flugtier des → Schwarzen Tods; gigantisches, schwarzgrünes, schuppiges Urwelttier mit Flügeln; wird von Johns aktiviertem Kreuz im → Land, das nicht sein

N

darf (Land, das es nicht geben darf, Land der Drachen) vernichtet. **337; 338; 339**.

Neschponow – Ort in Rußland in der Nähe der finnischen Grenze; keine asphaltierten Straßen; alle Einwohner wurden bei einem Angriff der Killer-Blasen von Boris → *Belzik* getötet. **619**.

Neufundland – Insel an der kanadischen Ostküste; hier ist der → *Schatz der Templer* verborgen.

Neumann, Gisbert † – **457** – junger Archäologe, der den Templerschatz im Odenwald findet; kann es aber niemandem mehr verraten, denn → *Malapartus*, der Hüter des Schatzes, tötet ihn, indem er seinen Körper mit einer Schicht geschmolzenen Goldes umhüllt.

New Orleans – Stadt am Mississippi-Delta in den USA; in der Alstadt, French Quarter genannt, liegt in der St. Ann Street ein Voodoo-Museum; großer Friedhof namens St. Louis Cemetery Number one, der auch »City of the Dead« genannt wird; später wurde der Friedhof Maiterie gegründet, wo zunächst nur die reicheren Einwohner bestattet wurden; im Zentrum des Cemetery Number one liegt das Grab Marie Leveans, der Mutter des Voodoos; die Insel »Voodoo-Land« liegt im Golf von Mexiko; im French Quarter liegt das Hotel »Concorde«. **PB 2; TB170**.

New York – Millionenstadt an der USA-Ostküste; besteht aus den Boroughs: Queens, Bronx, Brooklyn, Manhattan, Richmond; Manhattan wird durch die Brooklyn Bridge mit Brooklyn verbunden; Manhattan liegt zwischen Hudson und East River; dort liegt ein Häuserblock in der 80. Straße West, wo 2.300 Bewohner wohnen; an der Ecke Columbus Drive steht das Haus Nr. 165, das von den Beamten des 20. Reviers nur Höllenloch genannt wird; hier leben Dealer und Kriminelle; das Haus ist aber gleichzeitig die Seele des Blocks; die City Police hat ihr Gebäude in Manhattan-Downtown; das FBI residiert an der Federal Plaza, Downtown Manhattan, wo sich auch City Hall und World Trade Center befinden; das Gebäude liegt direkt am Broadway, wobei vom FBI die Etagen 22, 24, 25 und 26 genutz werden; in einer alten Holzkirche zwischen der 14. Straße und dem Washington Square existiert ein Voodoo-Club; größter Park ist der Central Park; an seiner Ostseite führt die Fifth Avenue entlang und an der Südwestspitze liegt der Columbus Circle. 19; 75; 76; 77; TB9; 248; 282; TB65; TB67; TB68; 497; TB78; TB91; 583; 639; TB116; 651; 652; 712; 713; TB143; 771; 774; 846; 847; 877.

Newport – Ort in England; in seiner Nähe befindet sich das Anwesen von Aristoteles → *Leonidas*; dieser gab dem Landstrich den Namen »Kreta«. 611.

Nhuri – auch der »beinlose Gott« genannt; große magische Kräfte; Verehrer des Schlangenkults der Todesgöttin → *Kali*; wollte das Erbe Buddhas antreten. 674 – John, Suko und Mandra → *Korab* treffen ihn bei der Suche nach Buddha, der dem → *Stab Buddhas* seine Kräfte wiedergeben soll; Feind von → *Rifa*, der ebenfalls das Erbe Buddhas antreten will, aber auf der Seite des Guten steht; greift die drei an; John wird dabei aus einem Zug geschleudert, und Suko und Mandra entkommen dem Anschlag. 675 † – es kommt zum Kampf zwischen ihm und Rifa; treibt Rifa in die Defensive, wird aber durch die Aktivierung von Johns Kreuz mit der heiligen Silbe → *AUM* vernichtet.

Nico † – 711 – 12jähriger Junge mit starken telekinetischen Kräften, die ihm → *Cigam* eingegeben hat; soll Suko in die Gewalt von → *Asmodis* bringen, damit der Suko zu seinem Verbündeten machen kann; stirbt, als John Cigam mit dem Kreuz vertreibt.

Nicon → *Sechs böse Geister*.

Ninja – Diener des → *Shimada*; Zombies mit blauen Kugeln als Augen; beherrschen eine mörderische Kampftechnik; schwarzer Ninja = böser Ninja.

Ninja-Krone, Die → *Krone der Ninja*.

Nizza – Stadt an der Côte d'Azur in Frankreich; es gibt eine Kunsthalle inmitten eines Platzes, von dem vier Straßen abgehen; eine breite, flache Treppe führt zum gläsernen Eingangsbereich der Kunsthalle; neben der Vorhalle liegt ein japanischer Steingarten. 697.

Nogaret, Guilleaume – 471 – Statthalter des Königs in mehreren Provinzen; Professor der Rechte in Montpellier; haßt die Templer.

Nolan – 286 – Chief Superintendent bei Scotland Yard; ist gegen Sir Powells Abteilung.

Nonne mit der Teufelsklaue, Die † – 444 – die Nonne Bethsame war eine Vertraute Maria Stuarts, die mit dem Teufel gebuhlt hat und dadurch als Geist

N

weiterexistierte; in dem Ort Watermeetings in Schottland begeht sie mehrere Morde, als sie in dem Mädchen Karen → *Cullogh* wiedergeboren wird; John vernichtet sie zusammen mit Pater → *Ignatius*, der ihr die Teufelsklaue mit einer Axt abschlägt.

Norman, Jolanda – **748** – Modedesignerin, Freundin Sheila Conollys; Logo JN; entwirft auch Modeschmuck.

Northfield – kleiner Ort an der Ostküste Schottlands; in der Nähe liegt »St. Abb´s Head«, ein Felsen, der ins Meer ragt; düsterer, verträumter, verschlafener Ort. **681**.

Norton, Isabella † – **261** – Boutique-Besitzerin, zweimal geschieden; der Teufel fährt in sie, raubt ihr die Seele; er braucht sie, um den Weg nach → *Aibon* zu finden; aus einer Plasmawolke, die aus Isabellas Mund steigt, bildet sich eine zweite, identische Isabella; beide werden in Aibon vernichtet.

Nostradamus – Jude, der im Mittelalter lebte und zum Katholizismus übergetreten ist; 1503 als Michel de Notre Dame in Frankreich geboren; Mediziner; große Erfolge im Kampf gegen die Pest; Doktor der Naturwissenschaft; sein Gegenspieler war der Zauberer Ruggieri; beherrscht Zauberei; beschäftigt sich mit der Zukunftsdeutung; sagte im Buch »Les Centuries«, das 1555 veröffentlicht wurde, viele Katastrophen voraus; lebte eine Zeitlang am Hof von Katharina von Medici in Florenz; schuf das Horror-Horoskop, das mit einem Fluch belegt war; ließ sich bei dessen Schaffung von → *Luzifer* beeinflussen; schrieb auf Drängen seiner Geliebten Cosima ein Kosmetikbuch; starb 1566; seine Seele existiert im gleichen Zwischenreich wie die der Wahrsagerin → *Tanith*; beide haben Kontakt miteinander. **TB59** – wird von John bei der Schaffung seines Horror-Horoskopes beobachtet.

Novak, Milena – Kommissarin in → *Prag*/Tschechien. **TB151** – unterstützt John und Suko bei der Suche nach → *Cigam*; wird fast von Cigams Schwester ermordet; befreit zusammen mit John und Suko Logan → *Costello* von einem Friedhof, wo er von Cigam gefesselt zurückgelassen worden ist.

Nunchaki – 2 Holzstäbe, die mit einer Kette verbunden sind; Würgehölzer, Ninja-Waffe.

Nurescu – rumänischer Vampir; seine Vampire existierten bereits am Hofe des Grafen Dracula; Sir

Walter Kendrake hat vor 2 Jahren Waffen in Rumänien verkauft; einer dieser Transporte wurde von Angehörigen seines Clans überfallen; alle bis auf ihn wurden von Sir Walter hingerichtet. **909** – macht Romana, die Tochter von Sir Walter, zum Vampir. **910 †** – trifft auf Jane Collins, die sich verletzt und John herbeiholt; John und Suko vernichten Romana mit Silberkugeln; greift Sir Walter an; bevor er diesen töten kann, wird er von John und Suko mit je einer Silberkugel vernichtet.

Nurgess – **290** – Ort in Nordengland, in dem John mit Bill Conolly aus dem Vorhof der Hölle landet und wo der → *Golem des Teufels* mit dem Geist des Hexers → *Orgow* vergeht.

Nürnberg – Großstadt in Franken/Deutschland; hier zerstört John ein Dämonenbild. **424; 425**.

Nyrana → *Herr der roten Hölle*.

Obano, Ken → *Magico*.

Oberhexe → *Wikka*.

Obu-Schobb † – **835** – auch Schlangengott genannt; uralt; Gestalt ist ähnlich der eines Menschen, setzt sich aber aus Schlangen zusammen; wo eigentlich das Herz sitzen müßte, hat er einen Punkt, der Licht ausstrahlt und matt glänzt; dieser ist der Sitz seiner Macht; lebte vor langer Zeit als König in China; wurde als Gott verehrt; liebt Schlangen, lebte mit ihnen und verstand es, einer von ihnen zu werden; verbrannte sich, um die Zeiten zu überdauern und im richtigen Augenblick wieder zuschlagen zu können; seine Reste wurden von seinen Dienern aufgesammelt; die Shao-Doppelgängerin soll ihm geopfert werden; erscheint, da John ihm das Opfer durch dessen Vernichtung genommen hat; hetzt seine Schlangen auf John, der ihn wirkungslos mit zwei Silberkugeln beschießt; bevor die Schlangen John töten können, erscheint Shao und vernichtet ihn mit mehreren Pfeilen aus ihrer Armbrust.

Octavio † – **6** – Dämon, der Bill und Sheila Conolly, Suko und Jane Collins in Schachfiguren verwandelt und in eine andere Dimension schleudert; wird von John mit dem silbernen Kreuz vernichtet; Johns Freunde kehren dadurch in die normale Welt zurück.

Octupus – **9** – Vampir aus dem

O

Alten Reich Ägyptens; ist gepfählt worden und wurde zu Stein, statt zu Staub zu zerfallen; der Wissenschaftler Dr. Hartland fand ihn und brachte ihn nach England; vier Helfer, Vampire, die auf dem → *Teufelshügel* von Calgary aus ihren Gräbern gestiegen sind, erwecken ihn zum Leben; als John diese vernichtet, wird Octupus wieder zu Stein, und die Einwohner von Calgary versenken die Statue im Meer.

Odenwald – Mittelgebirge südlich von Frankfurt; hier liegt der von → *Malapartus* bewachte → *Templer-Schatz*, bevor er Vincent → *van Akkeren* in die Hände fällt. **457**.

Odgen, Clive † – **288** – Tierfänger, der Katzen an die Pharmaindustrie zu Tierversuchszwecken liefert; wird von Brenda »the cat« alias → *Bastet* getötet.

Ogabe – **149** – Diener des Dämons → *Awamba*.

Ogur † – **56/57** – Monster aus der Vorzeit, gewaltige Echse; durch die Kraft der Finsternis mit Gedächtnis und Verstand ausgestattet; Alter unbekannt; hat oft Hunderte von Jahren geschlafen; lebt in einer riesigen Höhle am → *Loch Morar*; Diener des → *Schwarzen Tods*; wird von John mit 7 silbernen Pfeilen, die mit einer Harpune abgeschossen werden, vernichtet.

O'Hirie, Dan † – **423** – Bürgermeister von Killy auf Killy Island in der Irischen See; als → *Grabschläfer* ist der Geist des keltischen Götzen → *Wahina* in ihn gefahren; wird von John und Suko mit Kreuz und Dämonenpeitsche vernichtet.

Okastra – Sarazenen-Krieger, Mörder und Frauenschänder; Diener des → *Baal*; hat die Aufgabe, die Blutaltäre Baals zu füllen; wird angekündigt durch blaugraue Nebelschwaden, in denen seine düstere Gestalt mit roten Augen und bräunlichem Gesicht erscheint. **320 †** – wird von John mit seinem eigenen Schwert getötet, nachdem er ihn mit dem Kreuz paralysiert hat. **317; 318; 319.**

Okastras Schwert – Sarazenen-Schwert; dünne, zweischneidige Klinge mit verschiedenen Farben, aus zwei verschiedenen Materialien; nur große Krieger dürfen es tragen; ist dem Götzen → *Baal* geweiht; schlägt man mit der blauen Seite zu, werden Opfer Geister – feinstoffliche Wesen; durch die silbrige Seite werden die Opfer zu Skeletten. **317; 318; 319; 320.**

O

Öl des Lebens – 761 – von Engeln hergestellt; von → *Henoch* auf die Welt gebracht; der Körper von → *Nefret* wird damit eingerieben (John erlebt es mit).

Oldman, Gitty † – 465 – Anführerin der »Women's Witch«, Frauen, die die → *Königin von Saba* verehren; wird zur Verräterin und paktiert mit → *Layana*, einer Feindin der Königin, und mit → *Lilith* und wird zur Vampirin; wird von dem goldenen Henkelkreuz auf der → *Nebelinsel* vernichtet.

Oleg – stammt aus Tschechien; verheiratet mit der Hexe → *Olinka*; fürchtet sie; lebt zusammen mit Olinka im Bayerischen Wald nahe der tschechischen Grenze. **786 †** – begeht Selbstmord, indem er sich mit einem scharfkantigen Rohr den Hals durchschneidet. **785.**

Olinka – Hexe; erhielt ihre Kraft von → *Mandragoro*; hat anstelle von Blut Pflanzensäfte in ihrem Körper; stammt aus Tschechien; verheiratet mit → *Oleg*; lebt zusammen mit Oleg im Bayerischen Wald nahe der tschechischen Grenze; beherrscht Ratten und Schakale; trägt oft ein schwarzes Kopftuch. **785** – will zusammen mit Oleg Kinder fangen und braten, um daraus Kraft zu tanken; will John fangen, da sie die Gefahr – ausgehend von seinem Kreuz – spürt. **786 †** – ihre Ratten greifen John an, ihre Schakale Bill Conolly und Brett → *Gibson*; nimmt Davy und Amy → *Gibson* gefangen; John rettet die Kinder und stößt die Hexe in ihren eigenen Ofen, wo sie verbrennt.

Oliveiro – Filippino; Pfarrer; leitet eine Kirche in → *Manila*/Philippinen; glaubt an die Rache der Natur; verbündete sich mit → *Mandragoro*; kann sich, nachdem er einen alten Trank von Mandragoro zu sich genommen hat, in eine rötlich-grün schimmernde Pflanzenmasse verändern; kann Pflanzen verstehen; ging diese Symbiose ein, um andere vom Elend der Menschen zu überzeugen. **919** – trifft John und Bill Conolly; setzt seine drei untoten Helfer ein, die er mit Mandragoros Macht wieder zum Leben erweckt hat, um seine Rache auszuführen. **920 †** – wird von Bill wirkungslos mit drei Silberkugeln beschossen; seine drei Helfer werden von John und Bill vernichtet; nimmt John und Bill gefangen; wird von Mandragoro vernichtet, da er dessen Macht mißbraucht und Menschen getötet hat, was nicht im Sinne des Dämons gewesen ist.

O

Ölmonster, Das → El-*Chadd*.
Olympia → *Alfred*.
Omega – Zeichen auf Johns Kreuz; → *Alpha* und *Omega*.
Omega — Konzern, der für eine Umweltkatastrophe in Wales verantwortlich ist. **461**; **462**; **463**.
Ondekoza † – **450/451** – der Dämonentrommler, Diener → *Susanoos*; stirbt auf dem chinesischen Friedhof, auf dem Suko Shao begraben wollte, durch Johns Bumerang.
Onedin, Ray – **75/76** – schwarzer Polizist in New York (Revier South Bronx); kämpft mit John und Suko gegen die → *Horror-Cops* und den kopflosen Magier → *Sinistro*; wohnt in Harlem (141. Straße); Frau Sarah, sehr hübsch; sein bettlägeriger Vater Henry kennt sich mit Voodoo aus.
Onopko → *Lächler*.
Orakel von Atlantis, Das → *Würfel des Unheils*.
Orania † – **612** – Wasserhexe; trägt ein Messer mit einer Klinge aus Horn; tötet den Historiker Ronald Archer in ihrem Schloß; Besitzerin von → *Waterhill Manor*; hat große Hexenkräfte; wurde einst in der Hochzeitsnacht von ihrem Mann getötet, überlebte aber dank ihrer Hexenkräfte und brachte ihren Mann später um; tötet noch mindestens zwei weitere Menschen; braucht Blut zum Überleben; sammelt das Blut der von ihr getöteten Menschen in dem Totenschädel ihres Mannes und trinkt es daraus; nimmt Kontakt mit Jane Collins auf; holt sie und John zum Schloß; ihre Opfer werden zu Zombies und leben im Schloß; bringt John in ihren Bann; der befreit sich daraus und tötet sie in ihrem Turmzimmer mit seinem Silberdolch.
Orapul, Ernest → *Luparo*.
Orgow, Professor Ivan † – **GK1(1)** – mittels seines Mediums Lara läßt Orgow Tote als Zombies wieder auferstehen; als Sinclair ihn stellt, nimmt er Gift und sagt, er werde zurückkehren. **290** – sein Geist steckt im → *Golem*, und er hat seinen Racheschwur nicht vergessen. **TB35** – will Scotland Yard vernichten; verbündet sich daher mit → *Asmodis*; stellt John eine Falle, der daraufhin als Mörder verhaftet wird; bringt Scotland Yard in seine Gewalt; mit Hilfe einer magischen Bombe trennt er Scotland Yard von London; will von John den → *Kelch des Feuers*; John trickst ihn aus, indem er ihm den Kelch überreicht und ihn danach mit seinem Kreuz attackiert; wird da-

durch in die Defensive gedrängt; John kann ihm seinen magischen Stab entreißen und vernichten. **289.**

Oriol, Mason † – **TB55** – Atlanter; Mischung aus Mensch und Geist; durchsichtiger Körper, Knochen schimmern durch; hat in → *Atlantis* als Hüter der Zeit für Ordnung in den Dimensionen gesorgt; hat seine Macht mißbraucht und wurde daraufhin von → *Delios* getötet; sein Geist wurde gedrittelt und auf drei Gräber verteilt; wurde befreit und öffnete das Tor nach Atlantis, um sich an Delios zu rächen; zwingt John, ihn nach Atlantis zu begleiten; versucht dort erfolglos, John zu töten; wird in Atlantis von den Vampirfledermäusen von → *Myxin* angegriffen und verletzt; wird durch einen Schuß aus der → *Goldenen Pistole* wieder in die Gegenwart geholt, wo er an den Verletzungen durch die Fledermäuse stirbt.

Orlington – Ort in der Grafschaft Suffolk; hier wird John lebendig begraben. **12.**

Orlock † – **462** – der Schänder; ein ehemaliger Schloßbesitzer in der Nähe des Dorfes Trevose an der Westküste Englands, der vor fast 100 Jahren von den Einwohnern des Dorfes lebendig in einer Gruft eingemauert wurde; da er jedoch ein Diener des Teufels war, überlebte er; mit Hilfe des Schulungsleiters Kenneth → *Dalton*, der das Institut der Firma → *Omegon* auf dem Schloß leitet, will der Orlock die alten Zeiten wieder aufleben lassen und sich die jungen Mädchen holen, die auf dem Schloß ausgebildet werden; John vernichtet den Orlock mit dem Kreuz; Dalton landet in einer Anstalt.

Ormenius → *Sechs böse Geister*.

Ornella → *Rächerin*.

Ortega, Juan – **38** – junger Spanier in Los Albas (Nähe Mont Louis in den Pyrenäen); verliert seinen Vater durch die Horror-Reiter → *AEBA*; seine Verlobte ist Carmen Valdera, deren Vater Gulio, Kalfaktor im Kloster → *Monte Terrano*, durch einen Horror-Reiter stirbt.

Orwick, Ray † – **TB167** – Sheriff; u.a. zuständig für → *Lucas*/USA; wird von → *Sheriff Tod* durch einen Genickbruch getötet, da dieser ihn und 11 weitere Menschen benötigt, um unsterblich zu werden.

Osborne, Gilda – **PB1** – Story in Paperback »Hexenküsse«: »Mein erster Fall oder wie alles begann«; Hauswirtin von Johns erster Bude; in ihrem Keller haust ihr Mann Edwin als Zombie, der 4 Mieter vor John umbrachte; in ihrem Haus lernen sich John und Bill Conolly kennen, der ebenfalls bei der Osborne ein Zimmer gemietet hat; Bill ist zu dieser Zeit Volontär bei einer Zeitung, während John studiert.

Osenberg, Pfarrer † – **165** – Untoter im Teufelsmoor bei Bremen; er und seine Morrleichen werden von John mit dem Kreuz vernichtet.

Osiris – **288** – ägyptischer Gott; Darstellung durch → *Allsehendes Auge*; spricht zu John durch eine Projektion des Allsehenden Auges; dabei sind die Projektion und die Abbildung des Allsehenden Auges auf Johns Kreuz durch einen roten Strahl miteinander verbunden.

Oswestry – Ort in Wales, in dessen Nähe → *Mandragoro* in einem verseuchten Waldgebiet → *Lupina* tötet. **460; 461**.

Oxford – Universitätsstadt in England; saubere Straßen; zahlreiche Parks und Grünflächen; Universität ist ein altes Gebäude im Grünen; viele Kirchen; einige Museen; alter Stadtkern. **814; 815**.

Oziko † – **330/331** – Japaner; → *Yakuza*-Boß in San Francisco; ließ Helen → *Price*, die Freundin von Yakup → *Yalaincaya*, von seinen → *Ninja* ermorden; stirbt, als er nach einem Kampf mit Yakup aus einem Hubschrauber stürzt.

Pablito → *Dämonen-Gnom*.
Pablo → *Dämonen-Gnom*.
Painter, Harold C(ecil). † – **370** – Comic-Zeichner, der mit Hilfe des Teufels eine eigene Welt schafft, in die er John mitsamt dem Bentley befördert, wo er ihn töten will; als John die Formel des Kreuzes spricht, wird Painters Welt → *Dämonia* vernichtet, und er selbst stirbt.

Palazzo, Tonio – **264** – Kommissar in Palermo/Sizilien; klein, rundlich; Temperamentsbündel; spricht Englisch.

Palazzo-Gespenst, Das † – **638** – richtiger Name: Venetia; erbaute einst den Palazzo am Brenta-Kanal in Italien, wo sie jetzt spukt; ermordete als Lebende ihre Gäste; mordete sich regelrecht in einen Blutrausch; als sie starb, wurde sie in Eisklumpen gepackt und in einen nahen Brunnen geworfen; kehrt als Gespenst zurück und vereist ihre Opfer, so daß sie sterben; besteht aus Ektoplasma; hat keine Augen, dafür Höhlen, die von einer blassen Masse ausgefüllt sind; hält sich im Körper von Rosanna Brandi versteckt; greift Suko an und vereist ihn; ist gefeit gegen die Dämonenpeitsche; John vernichtet sie später mit seinem Kreuz, woraufhin Rosanna Brandi einen Herzschlag erleidet und Suko aus seiner Vereisung befreit wird.

Palermo – Stadt auf Sizilien; hier lebte der Mafia-Boß Solo → *Morasso*, bevor er an einem Herzinfarkt starb und die Seele von → *Dr. Tod* in seinen Körper fuhr. **108**; **264**.

Palmer, Professor Dr. Robert – gilt als einer der besten Wissenschaftler der Welt im Umgang mit komplizierten Computern; hat zahlreiche Patente; 62 Jahre alt; verheiratet in zweiter Ehe mit Rebecca; sehr hohes Einkommen; besitzt ein Landhaus an der englischen Südküste, wohnt aber in London. **791 (1. Auftritt)** – testet das Genie Diondra → *Mayne*; hat Visionen von Diondra, in denen er sie als → *Kreatur der Finsternis* sieht. **792** – trifft Suko bei einem Besuch bei Diondra; verbündet sich mit ihm gegen Diondra; wird Zeuge, wie John Diondra vernichtet.

Pandämonium – **43** – Eingang zum Dämonenreich; Stützpunkt des Satans; Reich zwischen Diesseits und Jenseits. **760** – Begriff für alle Jenseitswelten, andere Dimensionen, in denen die Macht des Teufels keine Rolle spielt, die aber von schrecklichen Dämonen beherrscht werden. **TB60** – Dimension, in der alle dämonischen Wesen leben, die jemals erschaffen worden sind; in dieser Dimension steht eine Statue des → *Sehers*; Eingang ist ein Globus, der in einem Haus in London steht; der → *Spuk* entfacht hier ein Feuer, um es zu zerstören, was »Geister-Dämmerung« genannt wird; John erlebt hier mit Hilfe des Sehers die Erschaffung des Bösen mit; Suko rettet John aus dem brennenden Pandämonium mit Hilfe vom → *Würfel des Heils*.

Pandora – auf Befehl des → *Zeus* geschaffen; überirdische Schönheit; langes, lockiges Haar mit goldenem Schimmer. **251** – Beschützerin von → *Xorron*; wird von John mit dem → *Würfel des Unheils* in die Welt der Mythen und Legenden zurückgeschleudert. **283** – besitzt ein Füllhorn mit allen Übeln der Welt. **282**; **284**; **285**.

P

Panthera † – 443 – eine Frau, die schon zu Zeiten → *Salomos* an seinem Hof gelebt hat; verschrieb sich dem Götzen → *Baal*, der ihr ewiges Leben versprach, wenn sie ihm → *Salomos Kreuz* besorgte; das mißlang, doch Baal gab ihr eine weitere Chance, es irgendwann später noch einmal zu versuchen; existiert seitdem tagsüber als Tote, nachts als Lebende durch das → *Blut des Salomo*, das Baal mit seiner Magie angereichert hat; in der Gegenwart versucht sie, John das Kreuz abzunehmen, wird jedoch von John vernichtet, indem er mit einer Silberkugel aus der Beretta das Glasgefäß zerstört, in dem sich das Blut des Salomo befindet.

Pantherfrauen – 103 – leben in einer Zwischendimension im → *Reich der Asmodina*; haben den Körper einer Frau und Kopf und Pranken eines Panthers; Dienerinnen → *Asmodinas*; stammen aus einem höllischen Reich jenseits aller Grenzen; Trainingspartner von → *Asmodinas Todesengeln* in Kampfarenen.

Papst Clemens V. – wollte wie → *Phillip der Schöne* die Templer vernichten, um an ihre Schätze zu gelangen.

Paris – Hauptstadt von Frankreich. 64; 65; 187; 188; 200; 201; 239; 270; 333; 334; 335; **TB67**; 454; 470; 471; **TB78**; 562; 563; **TB105**; 646; 721; 722; 727; 866; 867; 868; 882; **TB147**; 900.

Parker, Maud und Harold – 97 – Geschwister, Kinder des Unternehmers Ezra Parker (Konservenfabriken, Fischkutter; riesiges Grundstück mit Villa in Belgravia); Ezra Parker wird vom Dämonenrichter → *Maddox* gehängt, Maud und Harold werden von John vor dem gleichem Schicksal bewahrt (Maddox wollte die Parkers ausrotten, um sich wegen deren Vorfahr Lionel Parker, einem Gefängnisdirektor, zu rächen, der damals bei Maddox' Hinrichtung – als menschlicher Richter – anwesend war).

Parker, Monty † – GK129 (29) – das Phantom von Soho; Massenmörder und Psychopath; stirbt, als John seinen Astralleib mit → *magischer Kreide* bannt und vernichtet.

Parker, Susy † – TB75 – ist eine Person mit ihrer Mutter Lilian; liebt den Tod; stellt ihrer Mutter die neuen Verlobten von ihr vor, bevor sie diese tötet und einsargt; dies macht sie dreimal, bevor ihr Sidney Ferry auf die Spur kommt und John einschaltet; verübt einen erfolglosen Mordanschlag auf Sidney; betäubt John mit einem lähmenden Gift und bringt ihn zum Grab ihrer Mutter; es stellt sich heraus, daß sie und ihre Mutter ein und dieselbe Person sind und sich jeweils in die andere verwandeln können; dies wurde ihnen durch die Hilfe des Teufels ermöglicht, der einen Pakt mit ihnen eingegangen ist; John vernichtet Susy mit seinem Kreuz; die daraufhin erscheinende Mutterhälfte zerstört er mit einer Axt.

Paro – Ort in Bhutan im → *Himalaya*; in der Nähe liegt das Paro-Tal; über dem Tal liegt das Kloster »Tigernest«; vor langer Zeit lebte in dem Kloster der Magier Padmasambhava; in der Nähe befindet sich der Götterberg Tschomolhari; der Ort hat den einzigen Flughafen des Landes Bhutan; er ist gleichzeitig der einzige Verbindungsweg zu den Nachbarländern Indien, Tibet und Nepal. **542**.

Parson, Ritchie † – **GK202(47)** – ein vom Satan mit Lady Dorothy Parson gezeugter Junge; 12 Jahre alt; stürzt zu Tode, als er seinen Ziehvater Lord Parson ermorden will; seine Hand färbt sich schwarz; steigt aus seinem Grab und wird von John vernichtet, wobei der Teufel aus seinem Körper fährt.

Parwati → *Kali*.

Passionskreuz – auf Johns Kreuz unter → *Alpha* und *Omega*; Kreuz der Demut, der Reue; es sorgt dafür, daß der Besitzer nicht arrogant und überheblich wird und immer Schwächeren beisteht.

Pater Ignatius → *Ignatius, Pater*.

Patmos – kleine Insel im Ägäischen Meer südlich von Naxos; in ihrer Nähe vernichtet → *Kiriakis* die Prinzessin aus der Urzeit mit einem Flammenwerfer. **761**; **762**.

Patterson, Harvey – **975** – will König der → *Assassinen* werden.

Paul → *Alpen-Teufel*.

Paxton – Ort in England; außerhalb des Ortes liegt ein Teich; hügelige Umgebung; Zufahrt führt über eine Steinbrücke; Häuser mit dunklen Dächern; nur wenige Geschäfte im Ort; eine Gastwirtschaft mit Namen »Golden Goose«; Kirche steht leicht außerhalb des Ortes. **998**; **999**.

Pearson, Mrs. – **754** – Reinmachefrau von John: massige Form, resolut, als Putzfrau eine Perle; kommt auf Bestellung, bringt eigenes Putzzeug mit.

P

Peelham – Ort in Schottland in der Nähe des → *Klosters St. Patrick*; eine Serpentinenstraße führt durch die Berge vom Ort zum Kloster; der Weg wird oft von Steinlawinen verschüttet; im Ort stehen schmucke, alte, gepflegte Häuser; umgeben von hohen Bäumen und gewaltigen Tannen, die sich in die steilen Berge krallen; klare Luft; umgeben von sprudelnden Bächen, tiefen Wäldern und Seen wie aus Kristallglas. **TB6; 250; 251.**

Pegasus – 453 – Schimmel mit weißen Flügeln, die aus den Flanken wachsen; goldene Augen; aus der Stirn wächst ein langes, silberfarbenes Horn, das vorn spitz zuläuft; goldenes Geschirr.

Pegasus-Ring – 453 – Ring, den die → *Psychonauten* der → *Loge der Mystiker* tragen; das Siegel zeigt Pegasus, und durch einen Kontakt schnellt das Horn des Pegasus hervor, das mit Gift versehen ist.

Pendel, Das magische → *Magische Pendel, Das.*

Penrith – Ort im nördlichen England nahe der schottischen Grenze; er liegt in den Southern Uplands, einem Gebirgszug; kleine Stadt mit engen Straßen; in einem weiten Tal, das an seiner Nordseite durch eine gewaltige Felswand begrenzt wird; in der Nähe der Wand liegt ein Kinderheim mit dem Namen »House of homeless«, das von einem Maschendrahtzaun begrenzt wird. **598.**

Pére-Lachaise – berühmter Friedhof in Paris; dort liegen Sänger, Schauspieler, Maler begraben.

Pèrkins, Glenda – dunkelhaarig; lange Beine, unnachahmlicher Hüftschwung; immer modisch gekleidet; Johns und Sukos Sekretärin; berühmt für ihren Kaffee; schwärmt für Mandra → *Korab*; ist eifersüchtig auf Jane Collins; wird immer wieder in die Kämpfe Johns gegen das Böse mit hineingezogen. **GK157(36) (1. Auftritt)** – ist seit 3 Wochen beim Yard. **171** – erlebt zum ersten Mal einen Dimensionssprung. **197** – wird in das → *Reich des Spuks* entführt. **198** – wird zusammen mit John durch die Magie des → *Allsehenden Auges* auf Johns Kreuz in die normale Welt zurückgeholt. **224** – zum ersten Mal intim mit John in dessen Wohnung. Von nun an ein sehr enges Verhältnis, mit Spannungen wegen Jane Collins.

Perlhaut – Fee; lebt in → *Aibon*; hat hauchdünne Flügel auf dem Rücken. **600** – wird von den →

P

Horror-Reitern mit einem Netz gefangen; dabei zerbrechen ihre Flügel, und sie ertrinkt in einem See; kehrt als Geist zurück; trifft John und führt ihn zum Sammelplatz der → *Trooping Fairies*. **601** – zeigt John den Weg zum → *Monster-Troll*; verschwindet danach mit ihrem Reittier in den Tiefen des Landes Aibon.

Per-nio † – **TB36** – ägyptischer Pharao; erwacht durch die Öffnung seines Grabes wieder zum Leben und verbündet sich mit der Katzengöttin → *Bastet*; wird von John mit seinem eigenen Obsidiandolch, den er ihm vorher entwendet hat, getötet.

Perth, Susan † – **322** – Polizeiinspektorin in Hongkong; gerät in den Bann → *Katayas* und wird von John mit Mandra → *Korabs* Dolch getötet. **323; 324.**

Pestvogel, Der † – **176** – der Höllendiener Zacharias Katt verwandelt sich in Wien in einen schwarzen Vogel, der Menschen tötet und ihnen die Seelen entreißt, mit denen er Pesttote zum Leben erweckt; John tötet ihn mit dem Silberdolch.

Peters – Kommissar in Keitum auf → *Sylt*. **TB183** – ermittelt im Fall einer Wattleiche und befragt dabei die zufällig vorbeikommenden John und Harry → *Stahl*.

Peters, Jerry – **157** – junger Mann, der über starke telekinetische Fähigkeiten verfügt und sich an seiner Mutter und seinem Heimatort Oakville rächen will; der Secret Service hat mit ihm Experimente gemacht und jagt ihn, nachdem er geflohen ist.

Peters, Quintus † – **55** – verrückter Botaniker; hat sich vor Jahren mit Polizei angelegt, weil er ein Wesen zwischen Mensch und Pflanze züchten wollte; wird zu menschlicher Pflanze und von Krokodilen zerfetzt.

Peters, Reverend – 52 Jahre alt; lebt zwischen → *Eastbury* und → *Westbury*; betreut die beiden Gemeinden. **788** – wird Augenzeuge, wie die Äbtissin → *Virginia* seine Kirche verwüstet. **789** – befreit zusammen mit John die veränderten Nonnen im Kloster in der Nähe von Eastbury.

Peterson, Mrs. Sarah – **111** – Johns Putzfrau.

Petlery – Ort in Böhmen (Tschechien); kleine windschiefe Häuser; 20 km östlich von Oberwiesenthal; keine asphaltierten oder gepflasterten Straßen. **928.**

Petrila – Dorf in Siebenbürgen in Rumänien; hier lebt Frantisek → *Marek*; liegt in den Karpaten; kleine Stadt; niedrige Häuser;

P

Kirche mit Turm; kleine Kneipe zentral im Ort mit Platz davor; Dorfstraße; alte Tankstelle; in der Nähe liegt das Schloß des Vampirgrafen → *von Leppe*; auf dem Friedhof befindet sich das Grab von → *Lady X*; es gibt einen stillgelegten Bahnhof; das Gleis endet an einem Prellbock; die Hauptstraße ist teilweise gepflastert und teilweise mit Löchern versehen; sie trennt den Ort in zwei Hälften; Häuser sind teilweise aus Stein und teilweise aus Holz. **43; 44; 245; TB29; TB38; 342; 510; TB99; 778; TB176; TB179**.

Petzold, Holger – Darsteller von Sir James Powell im ersten Sinclair-Film »Die Dämonenhochzeit« von RTL.

Pfähler, Der (1) – Beiname der männlichen Mitglieder der Familie → *Marek*.

Pfähler, Der (2) – Beiname des Grafen Vlad → *Dracula*.

Phädra → *Mordende Göttin*.

Phantom aus der Vergangenheit, Das † – **777** – Name: Cyrus Wood; kann nur weiterleben, wenn er jungen Menschen das Leben aussaugt; seine Opfer werden dann zu Greisen, während er sich selbst verjüngt; stammt aus dem 1. Jahrtausend und wird durch die Beschwörung von 7 jungen Leuten in die Gegenwart geholt; 6 tötet er, die 7., Doris → *Clinton*, wird von John und Suko gerettet; Suko vernichtet das Phantom mit Silberkugel und Dämonenpeitsche.

Phantom von Soho, Das † → *Parker, Monty*.

Phantom-Kommando, Das † – **392** – ein vergessenes Bergvolk aus den Pyrenäen; weißliche Körper, Silbermasken; fliegen auf Schieferplatten und schießen mit Brandpfeilen; vernichten sich selbst mit ihren Pfeilen durch die Macht des 2. → *Würfels des Unheils*, den John in den Händen hält, als sie in London versuchen, sich ihren Götzen → *Harun*, eine armlange silberne Statue, zurückzuholen, den ein Mann namens Gordon Shapiro ihnen gestohlen hat.

Phillip IV. der Schöne (1285-1314) – gab den Befehl, die → *Templer*-Loge zu vernichten, um sich ihrer Reichtümer zu bemächtigen; wohnt am 18. März 1314 dem Ereignis bei, als der Templerführer Jacques-Bernard → *de Molay* und sein Freund Pierre Dalmain auf dem Scheiterhaufen verbrannt werden; John ist ebenfalls anwesend. **454; 740**.

Piau-Tu – **322** – Diener des → *Fratzengesichts*.

Pine Bluff – kleiner Ort in den San Rafael Mountains in Kalifornien, wo → *Asmodis* seine → *Blutorgel* spielt. **186**.

Pinto – Ort in Spanien südlich von Madrid; umgeben von kahlen Bergen mit braungrauem Gestein; in der Nähe liegt eine Irrenanstalt, in die der teuflische Mönch → *Don Alvarez* eingeliefert und die später von den → *Horror-Reitern* zerstört wird. **TB6**.

Pitlochry – Ort in den Grampian Mountains in Schottland, wo Glenda Perkins fast ein Opfer des → *schwarzen Henkers* wird. **14; TB24**.

Piu Hang – **380** – Poltergeist, der in Lady Sarah → *Goldwyns* Haus eingedrungen ist, da sie im Besitz einer Statue ist, die sein Ebenbild zeigt; kann Leichen aus Gräbern holen; will sich an 5 englischen Indien-Offizieren rächen, die einst seinen Tempel plünderten.

Plakac – Ort in den Karpaten in Rumänien; in der Nähe befindet sich das Schloß des Grafen Vlad → *Dracula*, wo → *Assunga* ihren → *Zaubermantel* findet. **700; 701; 702**.

Planet der Magier – gehört zu → *Atlantis*; umkreist Atlantis in einer anderen Dimension; Geburtsstätte der → *Großen Alten* und des → *Schwarzen Tods* (im → *Höllensumpf*); hier entsteht der → *Todesnebel*; Heimat und Geburtsort der Ghouls; von hier floß magisches Leben nach Atlantis; er explodierte, und Atlantis versank; konnte nur auf geistiger Ebene erreicht werden; vor Jahrtausenden schlugen einige Meteoriten in der Mongolei ein, die Bruchstücke von ihm gewesen sind; dort entstand ein Schleimsee, aus dem die Killer-Blasen steigen; die Blasen haben eine ähnliche Wirkung wie der Todesnebel. **308 – erstmals erwähnt. 309; 310; 311; 335; 336; 337; 544; TB97; 620; 917**.

Planetenfresser, Der → *Acron*.

Plasma des Bösen – vereinigt alles Böse in sich; wird von den Kugelköpfen, ehemaligen Echsenmenschen aus dem Reich des → *Spuks*, auf die Erde gebracht; durch das Blut, daß es sich holte, konnten die Kugelköpfe sich wieder in normale Menschen verwandeln; die Verwandlung klappte nicht ganz, und so wurden sie zu den Kugelköpfen. **588** – der Dieb Terry → *Boone* stiehlt den Koffer, in dem es sich befindet, aus einem Pfandhaus; vorher übernahm es den Körper von Don Quinn, der auf grausige Art starb; das Plasma übernimmt auch den Körper

Boones und gibt ihm übermenschliche Kräfte. **589 †** – die Kugelköpfe töten den Chef des Pfandhauses; das Plasma zwingt Helen → *Taylor* dazu, den Koffer zu öffnen; dadurch verbreitet es sich in ihrem gesamten Haus; es schluckt alles, was ihm im Weg steht; als es sich bis auf das Dach des Hauses ausgebreitet hat, erscheint der → *Spuk* und holt es und die Kugelköpfe mit Hilfe des → *Würfels des Unheils* zurück in sein Reich.

Plattensee – großer See in Ungarn; eingebettet in eine hügelige Landschaft; See ist sehr flach; liegt in einer waldreichen Gegend; in der Nähe gibt es ein Gefängnis. **560**.

Plecia – Ort in Spanien in einem Tal südlich der Steilküste an der Biskaya; Bahnverbindung nach Bilbao; der Friedhof, der nicht mehr benutzt wird, ist umrandet von einer lückenhaften Mauer und liegt auf der Kuppe eines Hügels; am Friedhof befindet sich ein halb zerfallenes Leichenhaus. **TB107**.

Pluckley – **366** – das Dorf der 12 Gespenster: 1. die rauchende Zigeunerin (Carmen); 2. der Geist des Straßenräubers; 3. die Geisterkutsche; 4. der Oberst aus dem Wald; 5. die hängende Leiche des Schulmeisters; 6. der schwarze Müller; 7. die Rote Dame; 8. die weiße Dame von Dering; 9. der unheimliche Mönch; 10. die Lady von Rose Court; 11. der schreiende Arbeiter; 12. grünliche Gestalt, die durch die Kirche schwebt.

Poltergeist, Der → *Piu Hang*.

Pontresina – Ort in der Schweiz im oberen Engadin, nur wenige Kilometer von St. Moritz entfernt; hier will → *Henoch* durch ein Medium in den Körper → *Elohims* eindringen, um die Führung der → *Kreaturen der Finsternis* wieder zu übernehmen. **742**; **743**; **744**.

Porros – Dorf in Nordspanien an den Ausläufern der Pyrenäen; dort vernichtet John die Statue des → *Inka-Henkers*. **374**.

Potter, Caroline – **61** – Tochter des Kinobesitzers James Potter, die durch die Kinoleinwand ins → *Land der Verlorenen* entführt wird, wo später die ebenfalls entführte Shao auf sie trifft; wird wahnsinnig, nachdem John sie gerettet hat; gesundet aber später wieder. **64**.

Pottersbury – Ort zwischen London und Coventry, wo John einen untoten Richter und dessen Vorfahr, den Henker Aldo → *Jeffries*, tötet. **252**.

Powell, Sir James – Superintendent; hat Johns Abteilung gegründet; große Eulenaugen hinter einer Hornbrille mit dicken Gläsern; trinkt nur kohlensäurefreies Wasser; sieht manchmal aus wie ein magenkranker Pavian; war verheiratet mit Agathe → *Kassandra*; Mitglied in einem Club an der Themse; hier ist er öfter als zu Hause; geht ab und zu mit Clubmitgliedern jagen. **44** – wird von der Königin in den Adelsstand erhoben. **100** – wird vom → *Schwarzen Tod* auf den → *Friedhof am Ende der Welt* verschleppt. **101** – erlebt zum ersten Mal eine Dimensionsreise. **TB35** – wird Zeuge, als Professor → *Orgow* Scotland Yard übernimmt. **TB37** – wird Opfer eines Voodoo-Angriffes; John rettet ihn durch sein Kreuz. **TB71** – wird von Vincent → *van Akkeren* auf ein U-Boot entführt und von Suko und John befreit. **TB84** – wird von Basil → *Hartford* entführt; John befreit ihn aus dessen Gewalt. **507** – ist Gast auf einer Party, wo die untote Madeline → *Bent* auftaucht und von Bill Conolly vernichtet wird. **517** – wird von → *Mister Todd* angegriffen, der ihm 2 Nitrobomben in die Hand drückt, die von Suko später entschärft und vernichtet werden. **518** – ein Killer namens Uncle Sam will ihn töten. **519** – bei der Fahrt zu einer geheimen Besprechung werden er und Suko von Uncle Sam angegriffen; es kommt zum Kampf, bei dem Suko Uncle Sam zunächst in die Defensive bringt und Sir Powell diesen mit der Dämonenpeitsche tötet. **TB107** – bringt John und Suko zu seiner Frau Kassandra, die auf Gibraltar lebt. **626** – schickt John und Suko in eine Falle von → *Dracula II*, da dieser ein Mitglied des Königshauses entführt hat; schickt Jane Collins als Unterstützung hinter den beiden her. **635** – wird erpreßt, den → *Dunklen Gral* aus Johns Wohnung zu holen und ihn nach Schottland zu bringen. **756** – wird von → *Assunga* entführt und zu Dracula II gebracht; mit ihm wollen sie John erpressen, Assungas Zaubermantel wieder herauszurücken. **757** – tötet unter dem Bann des Spuks eine Frau. **830** – wird durch einen Brief von Dracula II süchtig nach Blut; John befreit ihn von dem Fluch. **922** – bringt John auf die Spur von Professor → *Benson*, der Menschen in einen toten Zustand versetzen kann, damit sich ihr Geist in andere Dimensionen begeben kann; wird von

→ *Nathan* gezwungen, auf den Körper Johns zu schießen, dessen Geist sich in einer anderen Dimension befindet. **TB45; TB47; 551; TB97; 591; 622; 623; TB160; TB164; 964; 975; 981; TB195.**

Prag – Hauptstadt von Tschechien; liegt an der Moldau; im jüdischen Viertel gibt es schmale Gassen mit Kopfsteinpflaster und alte Häuser, die sich gegenseitig stützen; altes jüdisches Rathaus; renoviertes, leicht rötlich angestrichenes Gebäude mit kleinem, grünem Glockenturm; auf der hebräischen Uhr laufen die Zeiger verkehrt herum; Jüdisches Museum, in dem sich der Eingang zum Jüdischen Friedhof befindet, wo das Grab des → *Rabbi Loew* liegt. **TB151.**

Pratau – Ort in Deutschland in der Nähe von → *Wittenberg*; zahlreiche kleine Bäche durchfließen die Stadt; hier starb angeblich Dr. Faustus im Gasthaus »Zum Freischütz«. **667.**

Pratt, Doreen – FBI-Agentin; Enkelin von → *Sheriff Tod*; hellwache Augen, rötlichbraune Haare; fährt einen roten Mustang. **TB167** – rettet zwei Menschen aus der Gewalt von Sheriff Tod; ist Zeugin, wie er von einem Kirchenkreuz erschlagen wird.

Pratt, Duncan → *Sheriff Tod*.

Prechtl – **506 (1. Auftritt)** – Wachtmeister in einem kleinen Dorf in Südbayern; eckiger Schädel, breites Gebiß, derb und klotzig; Zigarrenraucher.

Prescott, Professor Brian – **361/362** – Arzt in einem Sanatorium in der Nähe von Cameron/Texas, der Jane Collins ein Aluminiumherz einpflanzt.

Preston, Alex – studiert, um in den höheren Polizeidienst einzusteigen; verlobt mit Vera → *Tanner*. **903; 904.**

Preston, Nick – **265** – Sergeant bei Scotland Yard; alter Haudegen.

Price, Helen † – **330** – Freundin von Yakup → *Yalcinkaya*, die von → *Ozikos* Ninja getötet wurde, weil sie eine ihrer Versammlungen belauscht hatte.

Price, Marion – **252** – Tochter des Totengräbers Jason Price; gerät in den Bann des untoten Richters Sir Edward → *Jeffries*, wird erlöst, nachdem John den von ihr aus dem Grab geholten Richter getötet hat.

Price, Mason – **69** – Polizeiinspektor in Nottingham/England.

Prinz Mleh – Baphomet-Anhänger, der zur Zeit von Richard → *Löwenherz* lebte; Glatze, pechschwarzer Bart; trägt einen violetten Umhang; kämpfte als abtrünniger Templer gegen die Leute von Richard Löwenherz; verbrennt bei der Flucht vor John in einem Feuer und verwandelt sich in ein silbernes Skelett. **871** – taucht in der Gegenwart auf und erschießt Templer. **872 †** – flüchtet mit Hilfe des Knochensessels zurück in die Vergangenheit; läßt in der Vergangenheit 7 Templer zu Tode foltern; durch die Aktivierung des Kreuzes gelangt er wieder in die Gegenwart und wird dort vom Licht des Kreuzes endgültig vernichtet.

Prinzessin von Atlantis, Die – richtiger Name: Sedonia; dunkle Haare mit Pony; große dunkle Augen, bevor sie vom → *Schwarzen Tod* und dessen Helfer → *Amos* geblendet wurde; wurde einst vom → *Eisernen Engel* aus den Händen des Sklavenhändlers Amos befreit; der Eiserne wollte sie aus → *Atlantis* wegbringen, bevor die große Schlacht um den Kontinent begann, sie aber wollte an der Seite des Eisernen kämpfen; nachdem der Eiserne Engel ihr erklärt hatte, daß er sich von ihr trennen werde, um sie dadurch zu retten, floh sie und lief direkt in eine Falle des Schwarzen Tods; dieser blendete sie dann durch seine Magie und einen Spiegel von Amos; der Eiserne Engel mußte dabei zuschauen und konnte nicht eingreifen, da der Schwarze Tod eine magische Barriere errichtet hatte; floh danach vom untergehenden Kontinent auf den → *Planeten der Magier*; dort überlebte sie den Untergang, wurde jedoch später von Amos in eine fremde Dimension gebracht, wo dieser einen Schutzschild um sie herum errichtete; Amos scannte sie und konnte einen Teil von ihr auf eine CD-Rom bannen. **972 (1. Auftritt)** – durch diese CD-Rom wurden Shao und die Conollys auf sie aufmerksam; → *Kara* befreite sie mit ihrem → *Goldenen Schwert* aus dem Gefängnis in der Zwischendimension; nach der Befreiung landet sie bei den Conollys; dort will Amos sie endgültig töten; dieser wird aber selbst getötet, nachdem ihn sein eigener Blendstrahl durch die Reflektion durch das Goldene Schwert geblendet hat; Kara und der Eiserne Engel nehmen sie mit zu den → *Flammenden Steinen*.

Proctor, Basil † – **2** – Millionär, der den Dämonenschatz des untoten Captain Barrel vor der Küste Cornwalls an sich bringen will; wurde vom Satan zu einem Krüppel gemacht und soll für

P

seine Hilfe von Satan seine richtige Gestalt zurückerhalten; wird von seinem Diener Ali getötet, nachdem John Barrel und seine Mannschaft vernichtet hat.

Professor Zamorra – (eigenständige Romanheft-Serie im Bastei-Verlag seit dem 2. Juli 1974); berühmter Parapsychologe; wird der Meister des Übersinnlichen genannt; lebt in Frankreich auf Château de Montagne mit seiner Sekretärin Nicole Duval; besitzt ein Amulett, das von → *Merlin* stammt und auf Magie reagiert. **33; 55; 64; 65.**

Prokowa, Ludmilla † – **404** – Kartenlegerin; verehrt → *Rasputin*; tötet sich selbst mit → *Baals Opferdolch*.

Propow, Elena † – **264** – dient seit Urzeiten dem Kristalldämon → *Gorgos*; richtige Gestalt: Monstervogel; stirbt durch Johns silbernen Bumerang.

Psychonauten – konzentrieren sich auf die Seele; haben es sich zur Aufgabe gemacht, die Rätsel der Welt zu lösen; haben überall auf der Welt Stützpunkte; → *Nostradamus* war möglicherweise ein Psychonaut; Sinnbild: Allsehendes Auge = drittes Auge, Zeichen der Wiedergeburt; jeder Mensch hat es; wer es aktiviert, kann Dinge sehen, die mit der normalen Sicht nichts zu tun haben; Gedanken werden frei für andere Welten; man kann sich hineintragen lassen und erkennt Zusammenhänge; man wird zum Symbol des → *Pegasus* (fliegendes Pferd = Symbol der Schriftsteller); besitzen ein Kloster auf der griechischen Insel → *Samos* und einen Tempel auf einer Insel im Genfer See; werden auch Loge der Mystiker genannt; tragen rote Kutten bis zu den Füßen; haben etwas graue Haut, fanatischen Blick, sind alterslos und gleich aussehend; es gibt auch abtrünnige Psychonauten: diese wurden wiedergeboren, tragen einen Ring des Pegasus mit vergiftetem Stachel, stehen auf der Seite des Bösen und sind mit Todesdolchen bewaffnet; sie entführen u.a. Fatima Meshir, die wiedergeborene Tochter → *Nechbeth* des Pharaos → *Cheops*, um die Rätsel der Welt zu lösen; finden das Allsehende Auge in der Cheopspyramide; verwandeln sich dadurch in hundeköpfige Ghouls; dies ist der Preis für die Wiedergeburt; werden vom Allsehenden Auge vernichtet.

Puppenmonster, Das † – **836** – richtiger Name: Ivy; wird von Sam Gorman mit Hilfe von alten

Zaubersprüchen zum Leben erweckt; ein Teil der Seele von Leona Lockwood geht ohne deren Wissen auf sie über und soll ebenfalls ohne ihr Wissen mit ihr eine Einheit bilden; ermordet mit einem Beil Harry Nelson, wobei sie von zwei Zeugen gesehen wird; köpft desweiteren eine Katze, die von John und Leona gefunden wird; übernimmt die Macht über Leona; wird während der Fernsehsendung, in der Leona und sie auftreten, aggressiv; wird von Leona, die sich kurzzeitig aus ihrem Bann befreien kann, mit ihrem eigenen Beil getötet, woraufhin Sam Gorman Selbstmord begeht.

Pusa – **IV65** – auch: Hotei-Osho; buddhistischer Priestergott aus Japan; Schädel wie Vollmond mit gelben Augen, breitem Gebiß; seine Fratze ist auf der Tür des chinesischen Zimmers abgebildet, umgeben von Schlangen mit riesigen Mäulern; wurde von Chinesen in ein Zimmer gebannt, das Sir Henry Bradford nach London holt und ausstellt; John und Suko können Pusa in die andere Dimension zurücktreiben; Sir Henry Bradford und 3 andere Menschen müssen ihr Leben lassen.

Pykka † – **TB8** – Dämon; Zauberer; zwergenhafter Wuchs, lange Arme, übergroßer Kopf; wird vom → *Spuk* gejagt, da er eine Burg besetzt hat, die diesem gehörte; der Spuk ließ ihn jagen und neutralisierte seine Kräfte; wird gefangen und dem Dämonenrichter → *Maddox* vorgeführt; dieser verurteilt ihn zum Tode; kann fliehen und trifft John; gibt diesem einige Tips über die Burg des Spuks; wird von einem Echsendämon, der dem Spuk dient, mit einer feurigen Lanze getötet.

Pyramide der grausamen Priester – **93** – Maya-Pyramide, in der die Mumien von drei miteinander verfeindeten Priestern liegen, die sich der Schwarzen Magie verschrieben hatten; die Legende sagt, daß sie mit all ihren zusammengerafften Reichtümern begraben wurden; jeder, der versuchte, diese Schätze zu bergen, erlitt ein grauenhaftes Schicksal; John, Suko und Bill Conolly dringen in die Pyramide ein, geraten in die Vergangenheit und werden fast geopfert; die Maya-Prinzessin → *Huaxapeth* rettet sie.

Pyramide des Wissens – wurde von den → *Stummen Göttern* als Gegenwaffe zum → *Würfel des Unheils* (der von den → *Großen Alten* geschaffen

Q

wurde) hergestellt; besteht aus Glas; ist durchsichtig und leuchtet blau; die Grundfläche ist ein Dreieck; es heißt, daß in ihr immer ein Gott wohnt; ist zeitlos, kann Zeiten und Dimensionen durchwandern und erscheint nur bei sehr wichtigen und lebensentscheidenden Vorgängen; nur große Magier durften sie in → *Atlantis* betreten; wer sich innerhalb der Pyramide befindet, beherrscht die Sprache der Atlanter; gehörte vor seiner Vernichtung dem → *Eisernen Engel*. **234** – John gerät in die Pyramide. **550 †** – die Dämonin → *Serena* sperrte den Eisernen Engel in die Pyramide, nachdem sie ihn seiner Kräfte beraubt hatte; John treibt Serena mit Hilfe der → *Totenmaske aus Atlantis* selbst in sie, wobei er gleichzeitig den Eisernen Engel aus ihr befreit; durch die Gefangennahme von Serena verschmilzt die Pyramide mit ihr, und beide werden vernichtet. **312**; **353**.

Quasimodo – klein; verwachsene Körperteile; Buckel auf dem Rücken. **562** – will Selbstmord begehen, indem er von der Kirche Sacre Cœur springt; dies verhindert → *Asmodis* und bringt ihn dazu, ihm zu dienen, macht ihn zum Zombie; lockt Jane Collins mit Hilfe einer Prostituierten in eine Falle. **563 †** – Jane entkommt ihm; wird von Suko gestellt und tötet sich selbst mit Sukos Dämonenpeitsche.

Quas-ral – Ort in der Wüste Ägyptens in einer breiten Senke, an deren Rändern bizarre Felsen stehen; die weißlichgelben Häuser ducken sich eng zusammen; es gibt eine Moschee; kein Autoverkehr, keine Hektik; Straße aus festgestampftem Lehm; nicht weit entfernt liegt der Assuan-Stausee. **TB120**.

Quentin, Familie – Vater Harold: lebte zu Zeiten von Richard → *Löwenherz* als Goddem, Henker des Herzogs Leopold; Mutter Bea ist ungefähr so alt wie Sheila Conolly, die sie während einer Kur kennengelernt hat; Tochter Iris: schwarze Haare, 10 Jahre alt. **827 (1. Auftritt)** – Mutter bittet Sheila um Hilfe, da sich das Gesicht der Tochter über Nacht in das einer Greisin verwandelt hat; Tochter kommt in ein Krankenhaus und trifft John; Tochter alterte durch den Duft einer Rose, durch deren Duft auch der Vater verschwunden ist; Tochter erhält von einem Maskenbildner von Scotland Yard ein »neues« Gesicht und reist mit John und Suko nach Österreich, wo sie den Mann mit den Blumen traf; trifft mit John den Mann, der Professor → *Chandler* ist. **828** – Mutter entdeckt zusammen mit Sheila und Bill Conolly im Keller ihres Hauses ihren Mann in Gestalt von Goddem; Goddem wird von Sheila mit der → *Goldenen Pistole* vernichtet; dadurch löst sich Goddem auch in der Vergangenheit auf und erscheint dort als Harold Quentin bei John; John kehrt mit Harold in die Gegenwart zurück, wo auch die Tochter ihr altes Gesicht zurückbekommen hat. **829**.

Quindon – Ort in der Nähe von London in England; kleine Gemeinde mit kleiner Polizeistation; Gasthaus namens »Goldener Hase«; am Ortsrand stehen schuppenartige Häuser. **883**.

Quinnthorpe, Sheldon Duke of † – **175** – seine Frau Lady Anne ist eine Freundin von Sheila Conolly; auf dem Friedhof seines Landhauses hausen der Totengräber Jock → *Gray* als Zombie und der Vampir → *Kargor*; Gray rächt sich an ihm, weil er den Friedhof verkommen ließ, und tötet ihn mit seinem Spaten.

Quinter – **249** – leitender Kommissar der Mordkommssion in Chur/Schweiz; hartnäckiger Spürhund; Oberlippenbart; Goldrandbrille.

Ra – **GK31(5)** – Sonnengott der Ägypter.

Rabanew – ist eine → *Kreatur der Finsternis*; Aussehen als solche: lange Schnauze mit Reißzähnen, gebogene Nase; grüngelbe Haut; tiefe Falten; lange Klauen; Wächter eines Hauses in Polen und des zugehörigen Friedhofes, auf dem Kreaturen der Finsternis begraben, aber nicht tot sind. **838** – wird von → *Elohim* aufgespürt und beginnt einen Kampf mit ihm. **839** † – wird von Elohim durch Feuer vernichtet.

Rabanus → *Blut-Pirat*.

Rabbi Loew – **381/382** – hat im Mittelalter den → *Golem* geschaffen, der Vorbild für Goethes Dr. Faustus wurde; ganzer Name: Loew ben Bezaleel.

Raben – Rabenvögel mit rotglühenden Augen; Diener der Hexen; bewachen auf dem →

Brocken im Harz das → *Buch der grausamen Träume*. **100**; **101**.
Rachel → *Gefallene Engel*.
Rächerin aus Aibon → *Jarveena*.
Rächerin, Die † – **980** – richtiger Name: Ornella; rassig; katzenhaftes Gesicht; Chefin der Tanz- und Kampfgruppe »Asian Action Girls«; will den Tod ihres Gottes → *Shimada* rächen; läßt von einer ihrer Tänzerinnen Yakup → *Yalcinkaya* und dessen Freundin Eva → *Karman* ermorden; entführt Shao in eine Geisterbahn und will sie dort töten, da sie sie auch für den Tod von Shimada verantwortlich macht; schlägt Suko bewußtlos; will auch diesen und John töten, der ebenfalls in eine ihrer Fallen gelaufen ist; dieser überrascht sie jedoch mit der Wirkung von Buddhas → *Stab*; während sie versucht, ihre Waffe zurückzuerlangen, die John ihr während der Wirkzeit des Stabes abgenommen hat, wird sie von Shao mit 2 Silberkugeln erschossen.
Rad der Zeit – großes Rad, das aus zwei Rädern besteht, die von einem Druidenstern verbunden werden; dieser befindet sich in einem kleinen Kreis im Zentrum des Rades und wird von rätselhaften Zeichen umgeben, die geheimnisvoll leuchten, an einigen Stellen rot, an anderen blau oder grün; die Zeichen leben und sind mit Schwarzer Magie gefüllt; die Zeichen außerhalb des Druidensterns sind die Zeichen, die → *Lilith* von Johns Kreuz entfernt hat; seine Magie wird durch Drehen wirksam; wer darauf festgebunden wird, erlebt beim Vordrehen die Zukunft und beim Zurückdrehen die Vergangenheit; wurde von den alten Zauberpriestern der Druiden konstruiert; ist eins der großen Geheimnisse des Druidenreiches; der innere Kreis und die magischen Zeichen stehen etwas hervor; besteht aus reinem Metall; man muß es finden, um den → *Dunklen Gral* finden und erklären zu können; die auf ihm befindlichen Symbole sind u.a. ein kleines Kreuz, das sich aus der Zahl 4 zusammensetzt und die miteinander verschlungenen Buchstaben U und M. **TB54** – steht im Bösen Teil von → *Aibon* in einer kahlen Hochebene, in einer Mulde; wird bewacht von → *Guywano*; der von diesem entführte Mandra → *Korab* wird auf es gespannt und sieht den Tod von John, der so aber nicht eintritt, und er sieht die Zerstörung des → *Pandämoniums*; der →

Eiserne Engel hält es mit seinem Schwert an, erstarrt dabei jedoch; John kann das Rad mit Hilfe seines Kreuzes in die Gegenwart zurückdrehen und kann dem Eisernen Engel die Starre nehmen. **TB100** – steht jetzt in der → *Hölle*; John wird auf es gespannt und sieht die Vergangenheit; im Inneren des Druidensterns stehen jetzt ein J und ein S, da John auf ihm sterben soll, was aber mißlingt. **961** – John wird auf es gespannt und bringt mit seiner Hilfe die 4 von Guywano veränderten Seelen in die Vergangenheit; der → *Rote Ryan* bringt es mit Hilfe seiner Flötenmusik vom Bösen in den Guten Teil von Aibon und gleichzeitig dadurch auch den Ort → *Beragh*/Irland samt seiner Bewohner zurück zur Erde. **1002** – bringt John von Aibon nach → *Jerusalem* in die Zeit, in der → *König Salomo* gelebt hat. **473**.

Radamar † – **220** – Zauberer, Magier vor 4.000 Jahren in Ägypten; stirbt durch Johns Bumerang.

Radek/Gabaon † – **TB81** – Dämon; menschliche Gestalt; hat neun Augen, die an seinem gesamten Körper verteilt sind; bei gedachten Verbindungen entsteht die Form des Brüsseler Atomiums; Diener → *Luzifers*; lebt als Abt Gabaon in einem Kloster in → *Lüttich*/Belgien; tötete 9 Katharenermönche und verwandelte sie in Hyänen; sendet seine Augen ins Atomium, um Anhänger zu sammeln; wird angekündigt durch apokalyptische Inschriften auf 2 Tafeln, geschrieben von den Aposteln Paulus und Matthäus, die in → *Brüssel*/Belgien gefunden worden sind; will die Menschen dafür bestrafen, daß sie über Forschung und Technik, denen sie durch das Atomium ein Denkmal setzten, die Magie vergessen haben; eines seiner Augen wird von Bill Conolly zerstört; John vernichtet den Dämon mit seinem silbernen Bumerang.

Rafferty, Mason † – **654** – Zweigestalt; lebt in dem → *Land der teuflischen Träume* als Dämon mit schwarzer Haut, Umhang und roten Augen; meist sitzend auf einem schwarzen Pferd; als Mensch ist er Arzt; ist als solcher befreundet mit Deborah Caine, die er unter Medikamente setzt und in sein Reich holt, um es durch ihre Träume zu ernähren; sein Schwert tötet auf seinen Befehl selbständig einige Menschen; John will das Schwert untersuchen, doch es

R

flieht; John findet ihn und sein Schwert; er tötet ihn mit 2 Silberkugeln und vernichtet sein Schwert durch eine Berührung mit dem Kreuz; nach dem Tod der menschlichen Gestalt taucht der Dämon auf und greift John an, wird aber ebenfalls vom Kreuz vernichtet.

Rafugil – Vampir; Maler; hatte seine Heimat in Rumänien. **696** – will für sein neues Kunstwerk 4 Mädchen zu Vampiren machen; tötet einen BKA-Beamten, der Colette beobachtet hat, indem er ihn von einem Kirchturm stößt; macht Colette zum Vampir. **697** † – setzt seine Haushälterin auf John, Suko und 2 erscheinende Drogenhändler an; diese wird aber festgenommen und erzählt von seinem Plan, bevor sie stirbt; bei einer Ausstellung gelingt es Suko, ihn mit der Dämonenpeitsche zu töten, während → Zebulon seine Vampirinnen vernichtet.

Rainbow Falls – kleiner Ort in Vermont/USA, wo John mit seinem Kreuz den Geist eines Irokesen-Schamanen vernichtet. **477**.

Raise, Vanity † – **TB97** – Ghoul; stammt vom → Planeten der Magier; leitet das Horror-Restaurant in London, von wo des öfteren Menschen verschwinden; entführt das Schiff, auf dem sich das Restaurant befindet, zum Planeten der Magier in den → Todesnebel; wird von Bill Conolly mit einer Silberkugel vernichtet, als dieser sie auf dem Schiff gefunden hat.

Raissa † – **409** – ein Mädchen, das durch die magische Kraft des Halleyschen Kometen den Tierfriedhof Aibons lebendig werden lassen will; wird von einem erweckten Saurier zertreten.

Raki † – **309** – eine Mischung aus Ratte, Biber und Fuchs mit spitzen Zähnen; dämonisches Wesen aus Mythologie der Eskimos; Diener der → Rakina, der Eismeer-Hexe; leben in Rakina, geben ihr Kraft und beschützen sie; sind die Vorläufer der Schlittenhunde; vergehen mit dem Tod der Eismeer-Hexe Rakina.

Rakina † – **309** – die Eismeer-Hexe; sie wacht über die Natur, ist Beschützerin des Eises, der Wälder und des Meeres; riesengroß, Körper mit Fell bedeckt, Gesicht einer Eskimofrau, auf der Stirn eine Öffnung, aus der die → Rakis kommen; wurde erweckt durch den Aufschlag der → Höllensteine vom → Planeten der Magier; wird von John mit dem Bumerang vernichtet.

Rami und Ray – Brüder; Künstler; Geschwister im Geiste; wollen die Stufe der Engel erreichen; versuchen, über die Natur Wege in andere Reiche zu finden; sind im Besitz von Stirnbändern, die die Träger ihrer Magie sind. **681** – begehen einen Anschlag auf John und dessen Vater; wollen den → *Totengottdruiden* von → *Aibon* wieder zur Erde holen; nachdem der Druide gestorben ist, gelingt ihnen die Flucht. **682 †** – wollen sich an John und Suko rächen; versuchen, John den → *Dunklen Gral* zu stehlen; beschwören den Geist eines gerade verstorbenen Mädchens, holen dabei aber versehentlich auch den Dämon → *Raniel* mit auf die Erde; werden von Raniel angegriffen, der sie, obwohl sie eine Gegenmagie aufbauen können, tötet, indem er ihre Köpfe zerquetscht.

Ramini, Rico † – 799 – Zombie; von Beruf Koch; blutet aus zahlreichen Wunden; Netz von Blutstreifen durchzieht die Haut; wird bei einem Ritual von 4 Voodoo-Priestern des Geistes Célèstine getötet; die anschließende Beschwörung des Geistes machte ihn zum Zombie; kann durch die Macht von Célèstine einzelne Körperteile vom Körper trennen; will sich an den Testessern rächen, da sie seine Arbeit zu schlecht bewertet haben; Suko tötet ihn mit einer Silberkugel.

Ramis – TB93 † – einst indischer Philosoph; besteht aus den → *sechs bösen Geistern*; sein Verbündeter → *Dekan Diavolo* verkündete in → *Zagreb*/Jugoslawien seine Lehren; seine Lehre besagt, daß jeder Gläubige auf dem Weg ins Jenseits von seinem schwarzen Schwan begleitet wird und dort seine Erfüllung findet; seine Lehren werden von Dekan Diavolo vom → *Bayerischen Wald* aus in die ganze Welt getragen; wird im Bayerischen Wald getötet, als er in Form des schwarzen Schwans auf John trifft und dieser sein Kreuz mit der magischen Silbe → *AUM* aktiviert.

Rand der Ewigkeit – 283 – eine Wand mit leichter Krümmung; hier laufen die Dimensionen zusammen.

Raniel (1) † – 682 – auch Todesengel genannt; stammt aus → *Aibon*; furchtbares Geschöpf, vor dem schon die Druiden Angst gehabt haben; wuchtige, breite Gestalt; Flügel auf dem Rücken; besitzt den bösen Blick; wird von → *Rami und Ray* bei einer Beschwörung aus Versehen mit auf die Erde gebracht;

die beiden wollen ihn bekämpfen, werden aber seine Opfer, da seine Macht zu groß ist; John stellt sich dem Dämon mit dem → *Dunklen Gral* entgegen; dieser aktiviert sich selbständig und vernichtet den Dämon.

Raniel (2) – Nachname: Almedos; halb Engel halb Mensch; auch »Der Gerechte« genannt; besitzt als Waffe das → *Lichtschwert*, das auch »Bibel des Gerechten« genannt wird; wurde von den Almedos', seinen Zieheltern, in einer alten Mühle gefunden und aufgezogen; seine Zieheltern starben bei einem Unfall, bei dem ein betrunkener LKW-Fahrer in den Wohnwagen seiner Zieheltern hineinfuhr und sie dabei überrollte; Zieheltern waren katholisch und sehr religiös; wohnt in der alten Mühle in der Nähe von → *Headcorn*, wo er früher gefunden worden ist; seine Zieheltern stammten aus Spanien; hatte einmal eine kurze Beziehung mit Janet, einem Mädchen aus Headcorn, die allerdings zerbrach; konnte sein böses Ich aus dem Körper vertreiben, welches daraufhin den Körper seiner ehemaligen Freundin Janet übernahm (Aussehen des bösen Ichs: hyänenartiger Kopf mit gelben Bernsteinaugen, lange Krallen); wird von einem Engelwesen übernommen, das seinen Körper mit dem des Engels vermischt; kann danach besser sehen; kann als Mensch und als Engelwesen auftreten; kann als Engelmensch durch Gegenstände hindurchgleiten und bekommt eine hellere und weiter entfernt klingende Stimme; seine Augen werden als Engelwesen silbrigblau; Vater von → *Elohim*; geht über Leichen, wenn er seinen Gesetzen folgt; baut in der Dimension der Engelmeschen eine Macht auf; hypnotischer Blick; kann in seinen Augen Bilder erscheinen lassen; wurde einst von → *Lilith* verführt, die die Mutter von Elohim ist; hat als Ziel die Vernichtung der → *Kreaturen der Finsternis*. **TB136 (1. Auftritt)** – tötet Jeff Goldblatt, den Mörder seiner Zieheltern, in dessen Gefängniszelle mit dem gläsernen Schwert; schlägt Suko bewußtlos und bedroht John mit seinem gläsernen Schwert; rettet 28 Kinder vor dem Tod, indem er dem Psychopathen »Fire-Johnson« beide Arme abschlägt; tötet sein böses Ich, von dem er sich befreit hat und das sich im Körper seiner früheren Geliebten Janet manifestiert hat, mit seinem gläsernen Schwert. **838** – trifft

John, der gerade Henry O. → *Sellnick* verfolgt. **839** – vernichtet Sellnick mit seinem Schwert; zerstört auch alle anderen Kreaturen der Finsternis, die sich noch auf dem Friedhof befinden. **TB172** – verfolgt den Dämon → *Belial*; taucht bei John auf und warnt ihn vor Belial. **878** – trifft John in einem UFO; normalisiert Johns Kreuz wieder, das durch ein Versehen verbogen wurde; vernichtet mit seinen Engelmenschen ein Camp, in dem Kreaturen der Finsternis gehaust haben. **745; 877.**
Rankin, Fjodor † – **207/208** – durch außerirdische Strahlen unsterblich geworden; geht nach England, um dort den Familienbesitz der Rankins zu übernehmen; wird von John mit dem Bumerang getötet.
Raphael → *Erzengel*.
Rasputin – Vampir; Russe; Dämon; Giftmischer; Satanist; Magier; trägt immer schwarze Kutte; 1870 als Sohn eines Bauern geboren; dieser war auch Schamane und Hexenmeister, dessen Erbe auf ihn übertragen wurde; Anführer der Schlangenkult-Sekte; Zünder der Revolution; überlebte mehrere Mordanschläge; nicht einmal Zyankali konnte ihn töten; ertrank 1916 in einem Fluß; nach seinem Tod bildeten sich Geheimbünde, die »Jünger Rasputins«; Gegner: der orthodoxe Orden; sie überlebten die Revolution, staatlich gelenkte Gewalt und Unterdrückung; trank mit der Hexe Mamutschka gegenseitig sein und ihr Blut und pflanzte ihr so die dämonischen Keime ein. **404/405** – sein Tarock-Spiel gelangt in die Hände der Kartenlegerin Ludmilla → *Prokowa*. **797** – (taucht nicht selbst auf) – die Hexe → *Larissa* hat das Blut der sterbenden Hexe Mamutschka getrunken und so sein Blut erhalten; Larissa wird die neue Anführerin seiner Diener; durch ihren Tod wird auch das Blut vernichtet. **842** – (taucht nicht selbst auf) – vor seinem Tod schenkte er einen Teil seines Blutes der Familie → *Romanow*; sein Blut ist in der Lage, Menschen das Gesicht zu rauben und es anderen zu schenken; John gelingt es, das Blut mit seinem Kreuz zu vernichten.
Rasputins Testament – **405/406** – ist in dem Kloster verborgen, in dem Rasputin als Mönch lebte; Lady Sarah → *Goldwyn*, die mit John und Suko nach Leningrad geflogen ist, findet es mit Hilfe von Rasputins Geist, aber bis auf 8 Seiten, die Suko gerettet hat, wird

es durch → *Baals Opferdolch* vernichtet.

Rattendämon, Der → *Dworsch*.

Rattenhexe, Die † – TB189 – richtiger Name: Senta de Fries; arbeitet als Tänzerin in der »Blue Bar«, deren Chef Jake Holland ist, mit dem sie liiert ist; stammt aus den Slums von Rio de Janeiro/Brasilien; ihre Eltern waren Weltreisende, die sie in Rio einfach abgegeben haben; beschäftigt sich bereits seit ihrer Kindheit mit Ratten; kann auch mit ihnen reden; wurde von Jake Holland aus Rio geholt und mit nach London genommen; trifft John zum ersten Mal an einer Tankstelle; dort fährt sie mit dem BMW ihres Chefs auf Johns Rover auf, wobei aber nur ein geringer Schaden entsteht; die zweite Begegnung mit John findet in einem Londoner Restaurant namens »Green Garden« statt, wohin sie ihn eingeladen hat; gleichzeitig taucht dort eine Ratte auf, die einer Kellnerin ins Bein beißt; hat die Ratte dorthin bestellt, um die Reaktion von John zu testen; als dieser zurückkehrt, ist sie verschwunden; ihre dritte Begegnung findet in der »Blue Bar« statt; dort sehen sich John, Suko und Shao ihren Rattentanz an; am Ende des Tanzes schickt sie ihre Ratten in die Zuschauer, die dort ein Blutbad anrichten; John und Suko folgen ihr in die Londoner Kanalisation; dort gelingt es Suko, sie festzunehmen; als er sie abführen will, gibt sie ihren Ratten den Befehl, sie zu zerfleischen, da sie weiß, daß sie die Ratten in einer Anstalt nicht mehr um sich haben könnte.

Rattenkönig, Der → *Koch, Rocky*.

Rattenkönigin, Die → *Karni-Mata*.

Rattenmensch, Der † – 560 – richtiger Name: Janos Torday; mehrfacher Mörder und eingesperrt in einem Gefängnis nahe des → *Plattensees* in Ungarn; findet einen Weg nach draußen und ermordet einige Urlauber; John wird in das Gefängnis eingesperrt und landet in seiner Zelle; kann sehr gut mit Ratten umgehen; John entdeckt den geheimen Gang und folgt ihm; John verliert seine Spur, trifft jedoch auf die Zigeunerin Lorri, die seine Mutter ist, was Janos aber nicht weiß; sie benutzte bei seiner Geburt einen Rattenzauber; der Zauber veränderte Janos jedoch, und er wurde zum Rattenmensch; taucht kurz nach John mit Tausenden von Ratten zusammen in der Hütte von Lorri auf; glaubt ihr nicht, daß sie seine Mutter ist, und will sie töten; die hinzugeeilten Wächter des Gefängnisses erschießen ihn, bevor er seine Mutter töten kann, und vertreiben die Ratten.

Raubtiermutant → *Wächter der Leichenstadt.*

Ravenstein, Familie † – **TB158** – Vampirfamilie; jahrelang verschollen; tauchen wieder auf ihrem Schloß bei → *Cirkova*/Rumänien auf; das Familienoberhaupt Waldo wird später von Frantisek → *Marek* in seinem Schloß gepfählt; Mutter Arlene versucht zusammen mit ihrem Mann zu fliehen und wird dabei von Suko mit der Dämonenpeitsche getötet; Tochter Dorina versucht Marek in → *Petrila* zu töten, wird aber von diesem gepfählt; Tochter Dunja wird von John mit einer Silberkugel auf dem Schloß getötet; Sohn Boris versucht Marek vor dem Schloß in einem Schlammtümpel zu töten, wird aber von diesem gepfählt.

Ray → *Rami und Ray.*

Ray, Dr. Ricardo † – **163** – bei Scotland Yard angestellter Arzt, der in seinem Privatlabor Tests mit dem Vampirblut von → *Fariac* anstellt, sich selbst zum Vampir macht und vier seiner Verwandten in Vampir-Zombies verwandelt; wird im → *Zombie-Bus* von John mit dem Kreuz vernichtet.

Rebecca → *Feuer-Furie, Die.*

Redburn, D.C. † – **515** – Werwolf; Wirt der einzigen Kneipe in → *Fillingrow*; Ausländerfeind; gleichzeitig Bürgermeister und Polizist des Ortes; tötet den »bösen Mann« mit einem Stein; entführt Ho Chan, den Anführer der dort lebenden Chinesen, und will ihn in einem ausgetrockneten Brunnen töten; John, der ihn vorher in seiner Kneipe getroffen hatte, erreicht als erster den Brunnen und tötet ihn mit seinem Kreuz, bevor er Ho Chan töten kann.

Redmoor – Ort in Cornwall in England; in der Nähe liegt der Hügel »Gump«, in dem sich ein altes Grab befindet; nördlich vom Gump liegt das Bodnin Moor; in der Nähe steht die Ruine einer alten Abtei, von wo aus man einen guten Blick auf den Gump hat; der Gump gehört zu → *Aibon*; in ihm leben die → *Spriggans*. **671.**

Refrath – Stadtteil von Bergisch Gladbach; Wohnort von Jason Dark; in der Taufkirche vernichtet John einige → *Baal*-Diener. **468.**

Reich der Ghouls – Dimension,

in der die Ghouls geboren werden. **271** – Professor → *Chandler* entdeckt einen Weg dorthin; über der Schottischen See gibt es eine Kreuzung der Dimensionen, ein magisches Loch.
Reich der Schatten → *Reich des Spuks*.
Reich des Spuks – auch Reich der Schatten; Herrscher ist der → *Spuk*; lichtlose Welt; seine Schatten wirken wie klebriger Leim; sie halten die Welt am Leben; in ihm vegetieren die Seelen der zum Tode verdammten Dämonen; der Spuk kann die Welt jederzeit verlassen; ein Tor dorthin befindet sich im Gewölbe unter dem Kloster → *Monte Terrano* in den Pyrenäen (auf Felswand projiziert, schimmert silbergrün, verwandelt sich in eine spiegelnde Fläche; wird von Johns Kreuz zerstört). **623** – → *Kara* erhält hier vom Spuk einen Tropfen vom → *Trank des Vergessens*, um damit nach → *Avalon* reisen zu können.
Reinold, Rita – **850** – ihr Ektoplasma wird von der Fratze des Dämons → *Belial*, den sie bereits zu ihren Lebzeiten verehrt hat, in der »Waschküche«, einem Folterraum im ehemaligen Gefängnis »Haus X«, erbrochen; will sich an ihren Peinigern rächen; gelangt durch deren Mund in ihren Körper und schrumpft sie durch Absaugen ihrer Energie auf die Hälfte; dies macht sie auch mit Egon Kraft. **851 †** – schrumpft 3 weitere ehemalige Wärter; dringt auch in den Körper von Harry → *Stahl* ein; John drückt diesem sein Kreuz auf und vernichtet dadurch das Ektoplasma und auch sie selbst.
Renard, Claude † – **349/350** – Bekannter Bill Conollys in Tanger; wird mit Suko ins → *Land ohne Grenzen* verschlagen; wird vom Spinnenmonster → *Kalifato*, einem der → *Großen Alten*, verschlungen.
Reva – Vampirin; Malerin; ihr rechter Arm ist skelettiert und mit Schwarzer Magie gefüllt, nur mit ihm kann sie malen; rief die »Aktion D« ins Leben; lebt in einem Schloß im Spessart; strahlt Erotik aus; wurde durch das »alte Blut« zum Vampir. **569** – macht Gerd → *Bode* zum Vampir; dieser entführt Will → *Mallmann* und bringt ihn zu ihr; sie malt ein Porträt von ihm; später macht sie Will Mallmann zum Vampir; das Porträt zeigte ihn bereits als Vampir, obwohl er zum Zeitpunkt der Malerei noch ein Mensch gewesen ist; will sich mit dem Vampir Mallmann verbünden, da sie seine Kontak-

te durch das BKA nutzen möchte. **570** – macht Holger Schneider zum Vampir; flüchtet mit Will Mallmann Richtung Holland und verschwindet dort mit ihm.

TB99 † – befindet sich mit Mallmann in London; will mit ihm eine Blutsaugerarmee aufbauen; macht mehrere Menschen zu Vampiren; trifft auf Frantisek → *Marek*, der von John und Suko gerettet wird; bei einem Kampf tötet Suko sie mit mehreren Silberkugeln, nachdem sie vorher durch einen Eichenbolzen verletzt worden ist.

Reykjavik – Hauptstadt von Island; hier findet ein Gipfeltreffen mit den Präsidenten Reagan und Gorbatschow statt; John, Suko und Mark → *Baxter* schalten → *Topol* und seine Geheimwaffe Ghoul aus. **459**.

Rhokasa † – **294** – ein großer Aborigine, der sich mit seinem → *Feuer-Bumerang* an den Weißen rächen will, die das Land in Australien verschandelt und gegen die Gesetze der alten Götter verstoßen haben; als John den Feuer-Bumerang mit seinem silbernen Bumerang vernichtet, wird auch der Aborigine in Nichts aufgelöst.

Ribana – lebt in → *Aibon*; reitet auf einem weißen Einhorn ohne Sattel; lange, blonde Haare; Mischung aus Elfe und Puppe; Königin im Reich der Feen; nur mit einem hellen Tuch bekleidet; fein geschnittenes Gesicht; zarte, aber kräftige Hände; strömt eine pflanzliche Wärme aus; befreundet mit dem → *Roten Ryan*. **837** – forscht nach einer in Aibon verschollenen Familie, worum der Rote Ryan sie gebeten hat; trifft auf Harry → *Stahl*; holt John auf ihrem Einhorn nach Aibon; das Einhorn verletzt den → *Monstervogel* und stößt diesen später in ein Feuer, wo er verbrennt, und rettet dadurch Glenda Perkins vor dem Tode.

Ricardis, Gertrude † – **394** – lebende Tote, verstorbene Frau des Kölner Kaufmanns Rudolph Ricardis; steigt aus dem Grab und erwürgt die Geliebte ihres Mannes, Gretchen; in der Gegenwart erscheint sie mit ihren Schimmeln und will die Familie Ricardis ausrotten; Will Mallmann ruft John zu Hilfe, und der tötet den Zombie mit dem Kreuz.

Ricardis-Turm – **394** – sechseckiger Turm in Köln, in dem die als Zombie auferstandene Gertrude → *Ricardis* eingemauert wurde, nachdem sie ihrem Mann Rudolph und dessen Geliebte Gretchen umgebracht hatte.

R

Ricardo † – **599** – ihm fehlt eine Hand, an deren Stelle er eine Stahlklaue trägt; ließ sich von seinem Freund Darcos mit Hilfe eines Voodoo-Gifts in einen scheintoten Zustand versetzen; ließ sich begraben und wurde später von seinem Freund befreit; will alle töten, die versuchen, das Herz seiner Geliebten zu gewinnen, die er fast geheiratet hätte; tötet, als er zurückgekehrt ist, ihr Pferd und ihren Geliebten; trifft auf John; als er diesem nicht mehr entkommen kann, stößt er sich die Klaue in den Körper und stirbt dadurch.

Richtschwert der Templer, Das – **418** – hat Hector → *de Valois* gehört; im Griff ist das Kreuz eingraviert, das John besitzt; goldene Klinge; es zerschmilzt, tötet Akim → *Samaran* und bildet mit diesem einen goldenen Klumpen (in St. Helena, einem Kloster auf Zypern in der Nähe von Lanarca).

Rico – **724/725** – der Stasi-Vampir; wird von John mit Silberkugeln aus der Beretta getötet.

Ries, Jophi – Darsteller von Bill Conolly im ersten Sinclair-Film »Die Dämonenhochzeit« von RTL; wurde am 13. Dezember 1959 in Wedel bei Hamburg geboren; Ausbildung von 1982 bis 1986 in den HB-Studios der Schauspielschule von New York.

Riesenameisen – **40** – aus anderer Dimension, auf Töten programmiert; Dämonen niederer Stufe, von John und Suko mit Silberkugeln und Molotowcocktails vernichtet; der alte Santine aus Grindelwald begeht bei einer schwarzmagischen Beschwörung des Dämons Bael einen Fehler; es entsteht ein Dimensionstor, durch das die Riesenameisen auf die Erde gelangen; auch Santine stirbt (Unfall, schlägt beim Kampf mit dem Bergwachtmann Roger Calf mit dem Hinterkopf auf).

Riesenratten – Bewohner der → *Schädelwelt*.

Rifa – Inder; wird als Heiliger verehrt; empfindet keine Schmerzen; hat Kontakt zu den Göttern; soll der Nachfolger Buddhas werden; verfügt über telekinesische Kräfte. **674 (1. Auftritt)** – trifft Mandra → *Korab*; schickt ihn, John und Suko nach → *Gaya* zum Grab Buddhas; wird in Gaya von → *Nhuri* angegriffen, kann aber entkommen. **675** – begibt sich in ein unterirdisches Labyrinth, um sich auf die Auseinandersetzung mit Nhuri vorzubereiten; kann Nhuris Kräften kaum widerstehen,

doch John rettet ihn mit seinem Kreuz, mit dem er Nhuri tötet.
Rinaczek – 603 – Atheist; Oberkommissar in Wien/Österreich.
Rio de Janeiro – Millionenstadt in Brasilien; Zuckerhut; Slums mit Millionenbevölkerung, die an einem Berg liegen; Strand namens »Copacabana«; hohe Verbrechensrate; umgeben von Bergen, die nicht hoch, aber dicht bewachsen sind; dort wohnen die Reichen. **70; 236; 299; 399; TB122**.
Riordan, Tim † – **GK100(21)** – Polizei-Sergeant in → *Aweshire*; wird von → *Dr. Tod* beeinflußt; versucht John zu töten und wird von diesem erschossen.
Riotta, Ray † – **TB177** – ehemaliger Schulkamerad von Sheila Conolly; wollte sie zu Schulzeiten vergewaltigen, da sie seine Liebe nicht erwidert hat; trägt als Waffe eine Machete; kann andere Menschen beeinflussen; ernährt sich hauptsächlich von Fleisch; breitet sich in Sheilas Kopf aus und macht ihr immer mehr Angst; will sie in ihrem Haus aufsuchen; schaltet Glenda Perkins aus, als die sein Bild, das Sheila gezeichnet hat, zu Scotland Yard bringen will; es gelingt ihm, John zu überraschen, der kann ihn jedoch mit einer Silberkugel verletzen; will aufgrund seiner Verletzung fliehen, stürzt dabei aber in seine eigene Machete und stirbt.
Ripon – Ort in England; umgeben von hohen Bergen; Friedhof mit prächtigem Tor; daran vorbei führt die Hauptstraße; kleine, in einer Mulde liegende Stadt; Kirche mit Turm. **891; 892**.
Rippon – kleiner Ort in Mittelengland; liegt in einem Industriegebiet zwischen London und Manchester; auch »Armenhaus Englands« genannt; hohe Verbrechensrate. **511**.
Ritter der Tafelrunde – **TB134** – John sieht sie in → *Avalon*, als er den → *Dunklen Gral* aktiviert.
Roberts – **GK196(45)** – Chief Inspector; Einsatzleiter der River Police in London.
Roberts, Sarah Helen † – **TB162** – Vampirin; wurde vor 80 Jahren von der Bevölkerung begraben; sprach einen Fluch aus, daß sie 80 Jahre später zurückkehren würde; wie damals steht auch heute die Familie Ruiz auf ihrer Seite; Jorge, einer dieser Familie, gräbt sie aus und bringt sie nach London; sie macht 2 Menschen zu Vampiren und erhält durch deren Blut ihr altes Aussehen zurück; bringt Jorge Ruiz um, als sie ihn nicht mehr braucht, indem sie ihn in sein ei-

R

genes Piranha-Becken wirft; später wird sie selbst ein Opfer der Piranhas, als Elvira Marquez sie dort hineinstößt, da sie deren Mutter zum Vampir gemacht hatte.

Robot-Vampir † – **889** – blanker Kopf; menschliches, metallenes Gesicht; Schädel wie eine Kugel; in seinen Augen glüht ein kaltes Licht; Rüstung aus Eisenplatten in aschigem Grau, dunklem Stahlblau und Schwarz; wird von → *Dracula II* erschaffen und auf einer CD-Rom gespeichert; kann diese verlassen; John vernichtet die CD-Rom mit seinem Kreuz.

Rock Castle – **GK141(32)** – Schloß in der Nähe von Rockford/Schottland, auf dem der → *Kelem* sein Unwesen treibt.

Rocker mit dem Flammenschädel, Der → *Sharingo*.

Rockford – **GK141(32)** – kleiner Ort in Schottland; in der Nähe befindet sich das Schloß Rock Castle, in dem der → *Kelem* sein Unwesen treibt.

Rockwell – Ort in Colorado in den USA; liegt in einem weiten Hochtal. **685**; **686**.

Rodin, Gustave † – **431** – im Jahr 1936 geht er in die → *Kathedrale der Angst* und verbrennt vor den Augen seines Freundes Pierre → *Virni*; doch → *Baphomet* macht seinen Geist zum Hüter der Kathedrale; stirbt nach 50 Jahren durch das Kreuz, das vom → *Silberskelett* des Hector → *de Valois* aktiviert wurde.

Rodin, Pierre † – **615** – steht mit der → *Hölle* in Verbindung; stammt aus dem Norden Frankreichs; arbeitet in der Flugzeugindustrie als Techniker; trifft auf Anne Geron, die seit kurzer Zeit unheimliche Visionen hat; in Anne soll eine Hexe wiedergeboren werden, was diese jedoch durch ihre Gläubigkeit verhindert hat; aus diesem Grunde will er sie töten; folgt ihr und John zu → *Abbé Bloch*; tötet Anne mit einem Messer; will fliehen, stürzt jedoch in ein Fenster, dessen zerstörter Rahmen ihn aufspießt; John tötet ihn endgültig mit 2 Silberkugeln.

Rogetta → *Avalons böse Schwestern*.

Rollende Sarg, Der – **259** – der Intercity »Poseidon« von Hamburg nach Dortmund, in dem der Wertiger Barbara Päuse 2 Schaffner tötet und 2 Reisende in Wertiger verwandelt; alle drei werden von John und Suko zur Strecke gebracht.

Rom – Hauptstadt von Italien; im Sommer liegt sie unter einer Dunstglocke; spanische Treppe;

Sitz des Vatikans und des kirchlichen Geheimbundes → *Weiße Macht*; Katakomben unter der Stadt; die größte ist die Catacombe di Priscilla und liegt direkt an der Via Salaria und dem alten Friedhof. **TB27**; **TB105**; **TB155**; **TB159**.

Romanow – 842 (1. Auftritt) – hat einen Tropfen vom Blut → *Rasputins* gefunden; ist in der Lage, Menschen damit jüngere und hübschere Gesichter zu geben; diejenigen, die unfreiwillig ihr Gesicht abgeben, bekommen dann das der Menschen, die ihr Gesicht erhalten haben; wird von Wladimir → *Golenkow* nach London verfolgt; 6 Menschen, die ihr Gesicht abgegeben haben, begehen Selbstmord; entführt aus Versehen Glenda Perkins; bevor er ihr Gesicht verändern kann, erscheinen John, Suko und Wladimir; John vernichtet das Blut von Rasputin mit seinem Kreuz und verhaftet ihn.

Romero, Franco † – **TB156** – Opernsänger; beging Selbstmord, da Mirella Dalera seine Liebe nicht erwidert hat; besitzt eine Totenmaske; aus ihren Augenhöhlen tropft eine schwarze Flüssigkeit; er ist nur als Astralleib vorhanden; die Maske tötet in seinem Auftrag 4 Menschen, darunter die Eltern von Mirella Dalera; auf dem Friedhof, wo er begraben worden ist, treffen John und Mirella auf seinen Astralleib und die Maske; John gelingt es, die Maske mit 3 Silberkugeln zu zerstören; da zwischen ihm und der Maske eine magische Verbindung bestanden hat, vergeht auch er durch die Zerstörung der Maske.

Ronston – kleiner, gepflegter Ort zwischen London und Oxford. **TB172**.

Rosenrot → *Kinny, Greta*.

Rote Abt, Der † – **23** – vor 800 Jahren wurde der Abt von Woodlawn Abbey, der seine Seele dem Teufel verkauft hatte, von seinen Mönchen lebendig in einem steinernen Sarkophag im tiefsten Gewölbe der Abtei begraben und mit einem Fluch belegt; als ein Filmteam mit Nadine → *Berger* einen Film über den roten Abt drehen will, erwacht dieser wieder zum Leben; er ermordet 4 Menschen und wird dann gemeinsam von John Sinclair (mit dem Kreuz) und Jane Collins (mit Silberkugeln) zur Strecke gebracht.

Rote Hölle, Die – auch Blutland genannt, von roten Nebeln durchzogen; ihr Herr ist → *Nyrana*, aus dessen Haut die → *Dä-*

monenpeitsche hergestellt wurde. **211**.

Rote Phantom, Das † – **657** – sieht aus wie eine Mumie, deren Körper mit in Ochsenblut getauchten Lappen umwickelt ist; sein Geist wurde von Zigeunern aus einem Zwischenreich geholt, um sich an 2 Mördern zu rächen, die einen ihrer Sippe umgebracht haben; tötet die beiden Mörder später; kann den Körper der Zigeunerin Irvana übernehmen; diese warnt John vor einem neuen Fall, den dieser trotzdem übernimmt; haust in einer Scherbe, die zu einem Messer verarbeitet worden ist; übernimmt den Körper Irvanas und greift so John an; Jane Collins zerstört die Scherbe mit ihrer Hexenkraft; die auseinanderspringende Scherbe tötet Irvana und auch das Phantom, da sein Fluchtweg durch die Zerstörung der Scherbe vernichtet worden ist.

Rote Rebecca, Die † – Rebecca → *Ceprac*, Vampirin; Tochter der Wiener Vampirfamilie des Carl Ceprac; soll Braut des D. → *Kalurac* werden; stirbt durch eine Silberkugel aus Johns Beretta.

Rote Ryan, Der – Flötenspieler; lebt auf der Guten Seite von → *Aibon*; der Legende nach Beschützer der Erdgeister; ihm gehorchen in Aibon die Feen, Elfen und Trolle; grüne Augen, rostrote Haare, grünlich schimmernde Haut; auch »Ariel, der Luftgeist, Herrscher über Sturm und Wind« genannt; bunt gekleidet, mit Gewand aus graugrünen Blättern, länger fallender Jacke und engen, strumpfartigen Hosen; kann durch seine Flöte Menschen und andere Wesen beeinflussen; zeitlos; kannte Shakespeare. **375** – steht über den Dingen; tendiert manchmal zum Guten, manchmal zum Bösen. **420** – wird von seiner Schwester → *Ziana* in eine Riesenschlange verwandelt und durch das Blut der 10jährigen Eileen → *Hendricks* erlöst. **529** – erzählt John und Suko in Aibon die Geschichte des → *Würgeadlers*; bringt die beiden später zurück zur Erde. **567** – teilt den entführten Jane Collins und Bill Conolly die Wahrheit über → *Magareta* mit; bringt Jane und Bill zurück zur Erde; bringt Magareta und ihr Reittier mit Hilfe seiner Flötenmusik unter seinen Bann; das Reittier stirbt dadurch; die fast tote Magareta nimmt er mit nach Aibon. **601** – trifft in Aibon auf John; überredet ihn, sich mit dem → *Hook* zu verbünden; bringt John und

Suko zurück zur Erde. **618** – warnt John vor dem → *Mondschein-Mörder*; begleitet John nach London; wurde einst vom Mondschein-Mörder gerettet, daher kann er ihn mit seiner Musik nicht töten, sondern nur bannen; Suko vernichtet den Mörder. **671** – trifft in einem Hügel auf John und Suko; will, daß die beiden ihn im Kampf gegen bösen → *Spriggans* unterstützen; gibt sie nach dem Kampf wieder frei. **726** – rettet John das Leben, indem er im »Krematorium der Angst« in Liverpool mit seinem Flötenspiel ein magisches Götzenfeuer löscht. **837** – tötet einen → *Mann in Grau* durch sein Flötenspiel; rettet Glenda Perkins vor den Männern in Grau; bringt sie und John zurück zur Erde. **TB165** – tötet → *Dr. Horror* durch sein Flötenspiel. **901** – verhindert die Entführung von John nach Aibon und tötet die dafür verantwortliche → *Brigida*. **960** – informiert John über die neue Waffe von → *Guywano*, der nun Menschen töten kann, um sie in lebende Schatten zu verwandeln; die Schatten bringen dann alles, was sie berühren, nach Aibon. **961** – bringt John zum → *Rad der Zeit*; dreht dieses und läßt die Schatten dadurch in der Vergangenheit verschwinden; bringt das Rad der Zeit mit Hilfe seiner Flötenmusik vom Bösen in den Guten Teil von Aibon und gleichzeitig den Ort → *Beragh/ Irland* samt seiner Einwohner wieder zur Erde zurück. **1001** – trifft John in Aibon und will ihm helfen, einen Zeitsprung zu unternehmen, um das Rätsel der → *Bundeslade* lösen zu können. **1002** – bringt John zum Rad der Zeit und dreht dieses, so daß John in die Vergangenheit gelangen kann. **TB54**; **795**.

Rote Sekte, Die † – **GK205(48)** – riesige Flugvampire; stammen aus Tibet; ihr Anführer ist Padma → *Lahore*; als Lahore von John vernichtet wird, vergehen auch seine Flugvampire.

Rote Sonne, Die → *Dämonensonne*.

Roten Henker, Die † – **75** – Diener → *Sinistros*, von ihm geköpft; tragen rote Kapuzen, um ihre Kopflosigkeit zu verbergen; werden alle vernichtet, ebenso ihre Köpfe, die Sinistro in Kästen verwahrt.

Roten Schlange, Bande der – **168** – junge Chinesen in London, die den Dämon → *Tschu Wang* beschwören.

Roten Vampire, Die † – **223** – werden in einer Höhle in der Schwäbischen Alb erweckt;

früher war ihr Herr → *Vampiro-del-mar*. **231** – Todfeinde der → *Strigen*; bekämpfen sich in Venedig. **247** – die letzten werden in den Anden durch den → *Todesnebel* vernichtet.
Rothaar, Macha – Mutter von → *Myxin*; Königin der → *Gesichtslosen*; bekannt für ihre Hinterlist und Heimtücke; lebt auf einem Schiff; ihr Thron ist ein gewaltiger Holzsessel. **357 †** – wird von Myxin getötet; ihr Schiff explodiert und verbrennt; Myxin bettet sie als schneeweißes Skelett auf einer leeren Stufe der → *Treppe der Qualen* zur letzten Ruhe; wird endgültig von Myxin mit → *Karas Schwert* vernichtet. **398** – ihre 3 Leibwächterinenn (Nixen), die → *Töchter von Atlantis* genannt werden, sterben durch Myxin und John.
Roudnice – Ort in Tschechien; von Flachland umgeben; Kirche mit Turm, davor liegt der Friedhof; in der Nähe fließt ein Fluß; am Fluß steht ein Bootshaus. **825**.
Roupell – kleiner Ort in der Grafschaft Essex; hier bekämpfen John und Bill Conolly die Mumie des Königs → *An Chor Amon*. **GK85(17)**.
Roya → *Sirene von Atlantis*.
Rsakir – Ort in der Mongolei; im Süden bilden Berge eine gewaltige Grenze des Ortes; hinter diesem Gebirge liegt die Wüste Gobi; die Landschaft fällt bis zum Fuß des Gebirges terrassenförmig ab. **620**.
Rubicus, Horatio † – **540** – Vampir, dessen Augen nicht auf gleicher Höhe liegen; lebt in einem zerfallenen Kloster; als es abbrannte, trank er das Blut der Mönche, die vor dem Feuer in sein Reich geflüchtet waren; damit sie nicht zu Vampiren werden konnten und ihm eventuell seinen Rang hätten streitig machen können, tötete er sie; hat eine Helferin namens Rena Peel, die ihm Opfer besorgt und auch vor Mord nicht zurückschreckt; durch sie werden John und Suko auf ihn aufmerksam; tötet eine Schauspielerin und macht sie zum Vampir; John tötet die zum Vampir gewordene Schauspielerin mit seinem Kreuz, während Suko ihn stellt und mit der Dämonenpeitsche vernichtet; Rena Peel wird festgenommen.
Rudolfo, Abt † – **602** – ist von einem Dämon, der in den Kellern des Klosters »Santa Lucca« haust, besessen; der Dämon nimmt Besitz von ihm, nachdem er das Siegel, das ihn gebannt hat, gebrochen hat; verwandelt

sich in ein tierähnliches Wesen; John greift ihn mit seinem Kreuz an und zerstört ihn.

Ruff, Janos – **GK110(23)** – Besitzer eines Reisebüros namens → *Horror Tours*; organisiert Reisen nach Rumänien in die Karparten ins → *Schloß Montesi*, von wo aus → *Dr. Tod* seine Herrschaft über Rumänien antreten will.

Rufus – **111/112** – (alter Bekannter von Tony Ballard) Anführer der → *grausamen Ritter*; schwarzer Federbusch am Helm; Skelett.

Rush, Ria † – **408** – angenommene Tochter der irischen Familie Rush, Tochter der Miriam → *di Carlo*; die eine → *Banshee* ist; ihr Vater war ein Mensch; stirbt durch den → *Drachenblut-Vampir*.

Rushmore, Bernie F. † – **TB82** – Bruder von General Garry Rushmore, der im Pentagon arbeitet; entwickelt ein Medikament, das Menschen in Zombies verwandeln kann; Besitzer des Konzerns »American Anilin«; will mit Hilfe seines Bruders und seiner Zombiearmee das Pentagon übernehmen; versucht erfolglos, John und Suko umzubringen; will sich vor dem Pentagon mit seinem Bruder treffen, um die Zombies dort hineinzuschmuggeln; sein Bruder wird jedoch kampfunfähig gemacht; will John von seinen Zombies erschießen lassen, wird aber selbst Opfer einer verirrten Kugel; seine Zombies werden durch ein Gegenmittel wieder zu normalen Menschen.

Rusko † – **506** – Rumäne; auch »Mördermönch« genannt; Skelett; größer als ein Mensch; umhüllt von einer dunklen Kutte; große Sense; gelbliche Knochen; lockte früher seine Opfer in ein Kloster und rieb sie mit einer Höllensalbe ein, so daß ihnen das Fleisch von den Knochen fiel; später versteckte er deren Skelette in einer Kammer; kam mit einer Pilgergruppe nach Deutschland; übernahm in Bayern einen Pfarrerposten; als er ein junges Mädchen tötete, wurde er überwältigt und getötet; wurde dann mit seiner eigenen Salbe eingerieben und zum Skelett, das nicht sterben konnte; will alle Rumänen töten und beginnt auf der in der Nähe befindlichen Autobahn, LKWs mit rumänischen Fahrern anzugreifen; dadurch werden John und Will → *Mallmann* auf ihn aufmerksam und treffen bei der Suche nach ihm auf dessen Verbündete Galinka; als die beiden ihr folgen, treffen sie auch auf

R

den Mönch; John tötet ihn mit seinem Kreuz und nimmt Galinka fest, die sich kurz darauf selbst tötet.

Ruuf † – **106** – Schamane im Dorf Tullverine/Wales, der vor 400 Jahren sein Unwesen trieb und sich mit → *Destero* verbündete; sie errichteten vor dem Dorf auf einem Hügel einen Galgen, wo sie ihre Opfer aufhängten, um ihre Seelen fürs Schattenreich zu holen; Mönche aus den Bergen stachen ihm die Augen aus; stirbt durch Silberkugeln aus Johns Beretta.

Ryan, Familie – Großmutter Celia; Mutter Meg; Sohn Ernie ist 14 Jahre alt; für sein Alter sehr groß; telekinetisch begabt. **TB95** – Ernie wird von einem Dämon in dessen Bann gezogen; angetrieben durch diesen Dämon, verwandelt er Kuscheltiere in grauenhafte Monster; verschickt mit Hilfe seiner Großmutter und des Chefs einer Radiostation die Monster an die Gewinner eines Radioquiz, um an die Macht zu gelangen; nach einem Mord der Teddys kommen ihm John und Suko auf die Spur; John gelingt es, den Dämon mit Hilfe seines Kreuzes aus Ernies Körper zu treiben und zu vernichten; Ernie überlebt, aber seine Großmutter begeht Selbstmord, indem sie sich erhängt.

Ryan, Lou – liebt den Teufel; → *Kreatur der Finsternis*; Aussehen als solche: bleiches Skelett; hat Zugang zu einer anderen Dimension; der Eingang dazu ist eine magische Lichtung in → *Tiptree*; dort steht eine Opfersäule, bestehend aus scheußlichen Figuren. **903** – besucht die → *Serrano-Schwestern*; verführt Vera → *Tanner*; zieht sie danach mehr und mehr auf die Seite des Bösen; entweiht die Kirche von Pfarrer Wingate; will Vera Tanner dem Teufel als Opfer weihen. **904 †** – verletzt Alex → *Preston*, den Freund Vera Tanners; schickt Vera zu den Serrano-Schwestern und folgt ihr später selbst; will Vera an die Opfersäule verfüttern; wird durch Johns Kreuz, das seine Dimension wieder auf die Erde holt, getötet und von der Opfersäule gefressen.

Ryker – **133** – Colonel; einer der Chefs vom Secret Service; Hamstergesicht, stahlharte Augen, mickriges Männchen, arrogant.

Sabka, Jiri † – 737 – jagt die → *Kreaturen der Finsternis*; Waffe: Messer in einer Lederscheide; als 18jähriger verliert er seine Eltern durch die Kreaturen der Finsternis; sieht hinter den Fassaden die wahren Gesichter der Kreaturen der Finsternis; bevor er stirbt, sagt er John noch, daß Luzifer den Götzen der Kreaturen der Finsternis in Sicherheit gebracht hat und, daß ein Mensch aus ihren Reihen eine Kreatur der Finsternis ist. **738**.

Sabre, Lucien † – 410 – Ghoul; als Haar-Stylist, der die Damen der Gesellschaft frisiert, feiert er Triumphe; ist ein Diener Satans und fertigt 6 Perücken an, die er sechs Mädchen aufsetzt, die damit ebenfalls zu Satansdienerinnen werden; wird von Suko mit der Dämonenpeitsche vernichtet.

Sacarelli, Laura – 752 – sie wird wahnsinnig, als ihr → *Leichenhemd* von Johns Kreuz vernichtet wird.

Sadin † – 109 – der Wikinger, Diener → *Thors*; der Hüter der Toten mit flammendem Speer; Legende: Er hat getötet und in Hünengräbern bestattete Wikinger gerächt; wird von Thors Hammer getötet, weil er versagt hat.

Sainho, Padre Ramon – 399 – Priester im Armenviertel von Rio de Janeiro, mit dessen Hilfe John drei Zombies zur Strecke bringt.

Sakuro, Der Magier † – GK31(5) – auch genannt: der Dämon mit den blutenden Augen; wird im alten Ägypten vom Pharao → *Xotorez* zum Tode verurteilt, indem ihm die Augen ausgestochen werden und der Kopf abgeschlagen wird, weil er die Tochter des Pharaos geschändet hat; wird von John durch ein Amulett, das dieser von der Wahrsagerin → *Farah* erhalten hat, vernichtet.

Saleri, Erica – begeht immer wieder Selbstmord, ohne jedoch sterben zu können; Körper regeneriert sich dadurch; ist eine → *Kreatur der Finsternis*; Aussehen als Kreatur: lange Krallen; Gestalt besteht aus Würmern; als Mensch Schriftstellerin; schrieb den Roman »Gothics«, der romantische Gruselgeschichten enthält. **848** – stürzt sich vor Johns Augen die Klippen hinab; John findet ihre Leiche bei ihrem Vater → *Zacharias*, der John für den Tod

S

seiner Tochter verantwortlich macht und verflucht. **849 †** – trifft auf den verfluchten John; gerät mit ihm in die Welt von Zacharias; nachdem John erfahren hat, daß sie eine Kreatur der Finsternis ist, tötet er sie mit seinem Kreuz, bevor sie ihren Vater töten kann.

Salinas, Antonio † – **TB193** – spanischer Polizist; holt John nach Spanien, um einen Fall zu lösen, bei dem bereits 7 Menschen gestorben sind; arbeitet mit der Mörderin Carlita → *Moreno* zusammen, die John töten will; schlägt John bewußtlos, als sie sich bei Carlita befinden, und bringt ihn in deren Keller; John schießt ihn später mit einer Silberkugel an und verletzt ihn schwer; Carlita will ihn beseitigen und spaltet ihm mit einem Beil den Kopf; kurz vor seinem Tod schießt er noch einmal auf Carlita und tötet sie dadurch.

Salisbury Plains – wunderschöne Hügel-, Wald- und Sumpf-Landschaft südöstlich von Salisbury; kleine Flüsse und Bäche; herrliche Wälder; in der Nähe liegt das Anwesen »Aldridge Manor«. **551.**

Salomo → *König Salomo*.

Salzburg – Stadt in Österreich; in der Getreidegasse wurde der Komponist Wolfgang Amadeus Mozart geboren; in der Stadt liegt die Blasius-Kirche; das Familiengrab der Mozarts liegt auf dem St. Sebastian Friedhof, hier liegen sein Vater, seine Frau und auch deren zweiter Mann begraben; auf einem Berg thront die Salzburger Festung; enge Straßen; Parkhaus im Innern des Mönchsbergs; auf diesem Berg liegt das Salzburger Casino; bei der Festung Hohensalzburg gibt es einen Friedhof, auf dem Gruften aus mehreren Jahrhunderten liegen. **586.**

Samaran, Akim – Perser; Diener des → *Spuks*; begnadeter Bildhauer, der Persien verlassen hat und sich vor etwa 50 Jahren in London niederließ; modellierte Kinder und wurde deshalb ausgewiesen; einer der Ankläger war damals Horace F. → *Sinclair*. **359 (1. Auftritt)** – hat allen, die an seiner Ausweisung schuld waren, Rache geschworen; hat Puppen mit dem Aussehen der Kinder seiner 3 damaligen Ankläger aus Skeletten und Wachs hergestellt; eine davon ist der 10jährige John; kann fliehen, als John die Puppen vernichtet. **401** – hat sich des → *Kristallbluts* des → *Sternenvampirs* bemächtigt, der lange unentdeckt in einem Tempel lag;

dazu hat er sich als Herrscher des einflußreichen → *Acron*-Konzerns emporgeschwungen, indem er die Manager ermorden ließ. **402** – schafft ein Spiel, das er Lord Acron nennt; wer seinen Regeln genau folgt, wird zum Vampir; erhält von → *Belisana* die Taufe des → *Feuerkults*, indem Flammen aus ihrem Mund in den seinen fahren; dadurch wird aus ihm ein »glühender« Mensch, eine Art Zombie. **418 †** – beim Versuch, das → *Richtschwert der Templer* an sich zu nehmen, wird er von der Magie des Kreuzes und des Schwertes getroffen; das Schwert schmilzt und bildet zusammen mit ihm einen goldenen Klumpen. **368; 379; 382; 383; 385.**

Samenis † – **29** – Oberpriester in Ägypten 2.000 Jahre vor der Zeitwende, dem es gelang, Pharao zu werden; unter seiner zehnmonatigen Herrschaft erwachte die Schwarze Magie zu einer neuen, ungeahnten Blüte; schaffte Re als Hauptgott ab und befahl, daß ein Dämon verehrt werden sollte, der Schwarze Tod; einige Priester konnten ihn mit Weißer Magie ausschalten; wurde in einer eigenen Pyramide mit seinen Leibwächtern als Mumien eingemauert; als Grabräuber seine Pyramide ausrauben, erwacht er und rächt sich; John vernichtet die riesige Mumie mit Silberkugeln aus seiner Beretta von einem Flugzeug aus.

Sammler, Der † – **160** – Name: Dobbs; Diener der → *Medusa*; trennt den versteinerten Opfern der Medusa die Köpfe ab und sammelt sie im Keller eines einsamen Hauses in der Nähe von Tullham/Grafschaft Kent; wird von John mit der Dämonenpeitsche und dem Kreuz vernichtet.

Samos – **453** – auf der ägäischen Insel befindet sich das Kloster der Loge der Mystiker oder der → *Psychonanten*.

Samurai des Satans → *Tokata*.

Samurais des Satans – **114** – Sekte in London, die → *Tokata* verehrt.

San Francisco – Millionenstadt an der Westküste der USA; breite Avenues und Boulevards westlich liegt das »Fort Presidio«, ein Militärstützpunkt der amerikanischen Marine; in einem Hochtal in der Nähe der Stadt liegt das Kloster, in dem Yakup → *Yalcinkaya* lebte und das später von → *Shimada* zerstört worden ist. **122; 330; 331; 363; 364; TB53; 402; 403; 416; 426; 516; 648; TB121.**

Sanchez – arbeitet als Capitan in → *Etula di Mar*/Spanien; Polizist bei der Guardia Civil. **TB88** – will einen Menschen befreien, der von der Blutfrau Lavinia → *di Luna* im Sand eingegraben wurde; wird von der Blutfrau angegriffen, aber von John mit dessen Kreuz gerettet.

Sanchez, Ramona † – 718 – Dienerin → *Beelzebubs*; ihre Eltern, die eine Tanzschule in einem Ort im Elsaß betrieben haben, sind von den Einwohnern als Teufelsdiener getötet worden; jetzt will sie sich rächen; wird von John getötet.

Sanchez, Romero – 317/318 – Bürgermeister von Campa (Nähe La Coruña); Nachkomme von Garcia Fernando Ramon de Sanchez, Feldherr zur Zeit der Mauren, als diese Spanien eroberten; stoppte → *Okastra*, indem er ihn in einem Berg bannte und darüber einen Friedhof errichtete; bis Okastra sich bei ihm meldete und ihn vor die Wahl stellte, ihm zu dienen oder zu sterben.

Sandora → *Sandra*.

Sandra – Atlanterin; hieß im alten → *Atlantis* Sandora und lebte auf einer kleinen Insel vor dem Kontinent; gehört zu den »Wissenden«; goldfarbene, schulterlange Haare; Strähnen, in die Perlen geknöpft sind; überlebte auf ihrer kleinen Insel den Untergang von Atlantis; ihr gelang ein Blick ins Pandämonium; dieser Blick wurde ihr durch das »Auge von Atlantis« ermöglicht; kann ihre Insel magisch verändern. **518** – trifft in ihrer neueröffneten Videothek auf John, der von Lady Sarah → *Goldwyn* auf diese aufmerksam gemacht worden ist; auch Lady Sarah selbst erscheint dort; wird von Lady Sarah mit Fragen gelöchert; zeigt Lady Sarah, daß sich unter der Videothek eine Horde Dämonen versteckt hält, und bringt sie durch ihre Magie zu den Dämonen in den Fußboden. **519** † – bringt John auf ihre Insel; dort befindet sich auch Lady Sarah; zeigt John den Verbindungsweg von der Insel nach London; John überwältigt sie und will sie mit dem Silberdolch zwingen, ihn und Lady Sarah zurück nach London zu bringen; sie stürzt sich jedoch in den Dolch; dadurch wird sie derart geschwächt, daß sie die Magie des Auges von Atlantis nicht mehr aufrechterhalten kann; das Auge verkleinert daraufhin die Insel; John und Lady Sarah können durch das von Jane Collins geöffnete Zeittor fliehen; die Insel, Sandra und zum Schluß auch das Auge von Atlantis werden zerstört.

Sandwich – Ort in der Nähe von Dover, in dem Roger → *van Cordtland* in seinem Sanatorium dem Teufel dient. **13**.

Sanguinus → *Verfluchter aus Atlantis*.

Sankt Patrick → *Kloster St. Patrick*.

Santera – Ort in Spanien; Burg mit Beinhaus; darin alte Gebeine von durch Folter Getöteten zur Zeit der Inquisition unter König Philipp II.; liegt auf einem Hochplateau in der spanischen Sierra, umgeben von gewaltigen Felsen und Bergen; dort gibt es zum Höhepunkt des Sommers ein Feuerwerk zum Dank für Schutzheilige, die das Dorf einst von den Mauren befreit haben. **TB57**.

Santerre † – **TB173** – Gesicht wirkt wie das Antlitz des Todes; trägt eine schwarze Kutte mit einer Kapuze, die nur das Gesicht freiläßt; tötet in der Vergangenheit 11 seiner Anhänger, um vom Teufel ewiges Leben zu erhalten; tötet zusätzlich seinen Häscher Philipp und dessen Pferd; taucht in der Gegenwart in Wien/Österreich auf, um erneut Diener zu finden, die er für seine Unsterblichkeit opfern kann; trifft Father → *Ignatius*, der John und Suko nach Wien holt; seine Diener entführen John; will John zusammen mit seinen Dienern vom Riesenrad des Praters stürzen; Suko gelangt zu der Gondel, in der John sterben soll, hält die Zeit mit seinem Stab an und befreit John; nach Ablauf der Zeit tötet Suko ihn mit der Dämonenpeitsche.

Santos, Alexa † – **760** – die Geisterfee, die sich geschworen hat, den Teufel zu bekämpfen; Hexe, die sich vom Teufel abgewandt und mit den Mächtigen des → *Pandämoniums* verbündet hat; diese setzten ihr schon als Lebende statt des Gehirns einen Kristall ein, der unverletzlich ist; wird beim Anblick des Kreuzes zum Geist und verschwindet; wird von Suko mit der Dämonenpeitsche vernichtet; John zerstört den Kristall mit seinem Kreuz.

Saracelli, Laura – **752** – findet auf dem Speicher ihres Hauses ein Leichenhemd, das zu ihr spricht; nachdem sie einige Verwandte getötet hat, befiehlt ihr das Leichenhemd, Johnny Conolly zu töten; John vernichtet das Leichenhemd mit dem Kreuz; sie wird wahnsinnig.

Saranja – Wolkengöttin in indischer Mythologie. **476**.

Sarazenen-Mond, Der – **317** – Vollmond über dem galizischen Dorf Campa in der Nähe von La

S

Coruña, der den Dämon und Sarazenen-Krieger → *Okastra* ankündigt.

Sargasso, Familie – Vater Emilio gehörte den → *Templern* an; hatte ein Verhältnis mit einer Hexe, aus deren Beziehung sein unehelicher Sohn Grogg entstanden ist; verheiratet mit Carina; hat sich mit seiner Frau in Spanien zur Ruhe gesetzt; wird von seiner Frau geköpft, da diese sein Verhältnis herausbekommen hat; kehrt als dämonischer Kopf zurück und will die gesamte Familie ausrotten; hat 2 dunkle, gebogene Hörner auf der Stirn; verbreitet ein rotes Leuchten; in seinen Augen spiegeln sich die Farben von → *Baphomet*, Rot und Schwarz; Tochter Julia ist Direktorin eines Zirkus; Sohn Grogg: graue, krause Haare, die bis über die Ohren wachsen; geschminkt wie ein Clown, aber mit düsteren Farben; besitzt einen Stab, in dem sich die Kraft seiner Mutter befindet; auf diesem Stab ist ein Gesicht eingraviert, das grünlich schimmert; hat Macht über Tiere, die er von seiner Mutter geerbt hat. **990** – Grogg überfällt den Zirkus von Julia und tötet 4 Menschen; versucht auch John zu töten, den er als Templer ansieht; Suko verhindert dies und zerstört Groggs Stab mit Johns Kreuz; Grogg will fliehen, verletzt dabei jedoch einen Puma, der ihn zusammen mit 2 Löwen zerfleischt. **991** – Julia hat sich nach drei Tagen vom Schock des Auftauchens ihres Bruders erholt; sie bekommt ein Päckchen aus Spanien, in dem sich der Kopf ihres Vaters befindet; der Kopf wurde ihm von seiner Frau abgeschlagen und will sich nun, da dämonisch besessen, an der Familie für seinen Tod rächen; der Schädel begibt sich nach Spanien, wo er seine Frau im Keller des Hauses tötet; John, Julia, Suko und Jane folgen ihm nach Spanien und finden dort die Leiche von Julias Mutter sowie die kopflose Leiche von Julias Vater; der Schädel taucht auf und will nach einer Attacke von John aus dem Keller fliehen; Suko zertritt ihn auf dem Kellerboden, nachdem der Schädel Julia am Rücken verletzt hat; zusätzlich setzt Suko noch seine Dämonenpeitsche ein, die den Schädel endgültig vernichtet; Julia überlebt als einziges Familienmitglied leicht verletzt.

Sarina → *Landers, Julia*.

Sarita † – **390/391** – 19jährige Zigeunerin; wird von 2 Rockern als Hexe verbrannt; niemand im Ort Devon weiß, daß sie eine Teufelsdienerin ist; sie stirbt nicht, sondern erweckt den → *flüsternden Tod*, geht mit ihm eine Verbindung ein und will sich an den Einwohnern von Devon rächen; John vernichtet sie und den flüsternden Tod mit dem Kreuz.

Sarrazin, Agnetha und Agatha – **741** – Ghouls, die als uralte Schwestern in einem alten Mietshaus eine Bleibe gefunden haben; durch den Keller des Hauses können sie in die Kanalisation gelangen; John und Suko töten sie (mit Silberdolch und silbernen Kugeln).

Sassia – war die Geliebte von Sir Edgar Brake; war weiterhin die Geliebte von 5 Männern, die sich mit ihr zusammen der Lehre der Göttin Astarte, auch → *Braut des Spuks* genannt, widmeten; die 5 Männer wurden von Sir Edgar Brake getötet, der danach auch sie köpfte und begrub; überlebte 2 Monate bei den Toten ohne Essen und Trinken und beschwor in dieser Zeit die Göttin Astarte, die sie auch erhörte. **628** – Halifax, Neffe Sir Edgars, erweckt bei einem Sturm versehentlich die Geister der 5 getöteten Männer; sie sind ebenfalls vom Geist Astartes befallen und übernehmen Halifax' Körper; will sich an Sir Edgar rächen; die Geister übernehmen derweil die Körper von unwürdigen Söldnern; sie töten den Dorfpolizisten. **629 †** – als Astarte merkt, daß die Söldner unwürdig sind, entzieht sie ihnen die Geister und bildet mit deren Hilfe ihr eigenes Gesicht nach; will Sir Edgar köpfen; bemerkt ihren Fehler und opfert sich Astarte, um größeres Unheil durch die Göttin zu verhindern; diese nimmt sie daraufhin mit in ihr Reich.

Satan → *Asmodis*.

Satan von Sachsen, Der † – **723/724** – genannt Rico, der Schwarze; Anführer der kleinen Vampirgruppe in der Stasi, der mit seinen Vampiren im Schloß Rabenberg, einer ehemaligen Schule für Stasi-Offiziere in der Nähe von Pirna und Friedrichswalde lebt; dort werden sie von John und Harry → *Stahl* vernichtet.

Satanist, Der → *Massago*.

Satanisten – **TB140** – schwarzes Gesicht, Maul, tragen Masken; wenn sie durch Flammen getötet werden, sieht ihr Körper aus wie rotes Glas, leuchtet von innen und bricht zerkrümelnd zusammen.

Satans Mädchenfänger – **347**

– magisches Netz, das der Teufel früher oft eingesetzt und jetzt wieder aus der Vergessenheit geholt hat.

Satans Tätowierer, Des → *Arkonada*.

Satansbibel – 38 – Darin steht das Wort → *AEBA*, Hinweis auf das Tor ins → *Reich der Schatten* im Gewölbe unter dem Kloster → *Monte Terrano*.

Satans-Eulen → *Strigen*.

Satansgeneral, Der → *van Hoek*.

Satanskopf, Der † – 790 – kalte, rote Augen; dreieckige Form; leicht schräg stehende Augen; keine Haare; von einem grünen Schimmer umgeben; ist im Besitz von Juri Sarrazin; verhilft diesem zum Erfolg; gehörte einst einem dämonischen Inquisitor der spanischen Inquisition; ernährt sich von Menschen, die Juri ihm besorgt; Lady Sarah → *Goldwyn* kommt ihm bei einem Besuch auf die Schliche; sie informiert John, der den Schädel mit einer Silberkugel vernichtet, bevor er Lady Sarah töten kann; durch die magische Verbindung von Schädel und Juri stirbt auch dieser, als der Schädel zerstört wird.

Satans-Zwerge von Sylt, Die † – 303 – etwa 50 cm groß, glühende Augen; Waffe: glühendes Lasso, das Menschenopfer in Sand verwandelt; entsteht aus der Zunge, die sie sich aus dem Mund reißen; Silberkugeln prallen an ihnen ab; durch Dämonenpeitsche zerfallen sie zu Staub.

Saxton – Dorf 20 Meilen von Sheffield entfernt; hier befindet sich die → *Mystery School*, in der → *Belphégor* beschworen wird. **GK188(44)**.

Say-Kurana † – 283 – von → *Shimada* auf einem asiatischen Friedhof am Rande von London erweckte dämonische Bestie: zottiges Tier mit glühenden Augen; Mischung zwischen Bär und Werwolf; von Shimada auf → *Xorron* gehetzt, von diesem getötet (Genick gebrochen).

Scalford (1) – gepflegtes Städtchen in der Nähe von Southampton, in dem vor 300 Jahren Vorfahren von Bill Conolly gewohnt haben; Bürgermeister ist James Rickett; vor 300 Jahren ist in der Nähe, in einer Höhle, ein Dämon gebannt worden, den John mit Silberkugeln endgültig vernichtet. **GK120(26)**.

Scalford (2) – Ort bei Nottingham; auf Scalford Castle in der Nähe treibt ein unheimlicher Bogenschütze sein Unwesen. **69**.

Scaramanga, Antonio † – 53 –

Klavier-Virtuose, auch »der Dämon am Flügel« genannt; als Kind ein Wunderknabe, als 20jähriger verschwindet er in der Versenkung; nach dem Krieg ist er wieder da, trat aber nie in öffentlichen Konzerten auf, sondern nur in ausgewählten kleinen Kreisen; kann sich verdoppeln, allerdings nur für wenige Minuten, weil sich der andere feinstoffliche Körper dann auflösen würde (→ *Bilokation*); John vernichtet den feinstofflichen Doppelkörper mit Dämonenpeitsche und Kreuz, und das bewirkt auch den Tod Scaramangas.

Scargy Bridge – Ort in Irland; in einer Senke liegt eine alte, halb zerfallene Kapelle mit schmalem Turm mit abgebrochener Spitze, die entweiht ist; neben der Kapelle liegt ein Druidengrab, das später zerstört wird. TB45.

Schaazar → *Angstmacher*.

Schädel des Hexers, Der † – 257 – Schädel des alten Gideon McClellan; sitzt auf den Schultern Isaak McClellans; Mitglied der → *Totenkopf-Brigade*; Diener des → *Schwarzen Tods*; Gideon McClellan hat dem Schwarzen Tod ein Denkmal errichtet, eine Art Fluchtburg in einem einsamem Tal in Schottland; John vernichtet ihn, indem er ihn mit den Händen zerquetscht.

Schädelkette, Die – 243 – sechs Menschenschädel, deren Augenhöhlen mit Diamanten gefüllt sind; der Minenbesitzer Peter → *van Dyck* läßt die Schädel durch eine Kette verbinden; die Schädel stammen von sechs Zauberpriestern, die den → *Großen Alten* dienten und die geköpft wurden, weil es Haß und Streit zwischen ihnen gab; die Diamanten sind mit zerstörerischer Magie gefüllt; beim Töten nehmen die Schädel und Diamanten einen grünlichen Ton an; hat den Zauber des alten Afrika, die Tier- und Erdgeistermagie in sich vereint; die Schädel der Schädelkette zeigen die Gesichter der Großen Alten, unter anderem das von → *Kalifato*.

Schädelthron, Der – 247 – gewaltiger Totenschädel mit riesigen, grün leuchtenden Augen, von Spinnennetz umwoben; darauf sitzt eine riesige, wie versteinert wirkende weiße Eule mit roten Augen; sie scheint aus der Schädelplatte des Totenkopfs hervorzuwachsen; schwarzmagisches Heiligtum; befindet sich auf den → *Lofoten*/Norwegen; wird von der → *Schnee-Eule* und → *Strigus* beherrscht; bildet eine Verbindung zum Reich des

S

Strigus; explodiert im → *Todesnebel* aus dem Würfel des Unheils.

Schädelwelt, Die – 138 – Welt des → *Rattenkönigs*, bis dieser von John vernichtet wird; nach seinem Tod gehört sie niemandem, bis → *Asmodina* sie für sich beansprucht; um von den in ihr lebenden Rattenmonstern anerkannt zu werden, muß Asmodina ihnen fünf Schädel, die eine Kette der Macht ergeben, als Opfer darbringen; in die Schädelwelt gerät man durch das Maul eines riesigen Schädels, der sich auf der Erde manifestieren kann; sie wird bewohnt von Rattenmonstern – Ratten mit menschlichen Körpern; es gibt einen Canyon, der mit den Gebeinen ihrer Opfer gefüllt ist, sowie einen Krater mit einer Arena, zu der stufenförmig Leitern hinabführen; in der Arena ragen 2 baumstammdicke Stäbe hervor, zwischen denen sich ein Lichtnetz bilden kann, in dem Asmodina erscheint.

Schamane – 106 – Zauberpriester in Wales, die oft auch die Rolle des Arztes übernahmen; heilten Kranke, führten Jagdzauber durch, wahrsagten; ihnen dienten Hilfsgeister, und sie hatten Zugang zu einer überirdischen Welt.

Schamanin, Die – mit richtigem Namen heißt sie Imelda; sieht aus wie ein Kunstgeschöpf; kann ihren Astralleib vom Körper trennen und damit andere Menschen beeinflussen; lebt in einer einsamen Hütte auf → *Haiti*; besitzt einen übergroßen Raben namens Corvatsch, der sie beschützt. 983 – bekommt Besuch von Bill Conolly, der ein Interview von ihr gelesen hat und nun selbst einen Bericht über sie schreiben will; erfährt von Bills Familie und will dem Reporter ihre Fähigkeiten beweisen; gibt Corvatsch den Befehl, den Mann zu töten, der Bill an ihren Ort gebracht hat; belästigt Sheila mit ihrem Astralleib sexuell, wird aber von Johns Kreuz vertrieben. 984 † – tötet einen Menschen mit ihrem Astralleib, indem sie dessen Schädel zertrümmert; übernimmt den Körper von Johnny, mit dessen Hilfe sie zwei seiner Freunde ermorden will; John verletzt Johnny mit einer Silberkugel, um ihren Geist aus seinem Körper zu vertreiben, was jedoch mißlingt; als Bill von ihr erfährt, was sie mit Johnny vorhat, tötet dieser zunächst den Raben Corvatsch und wirft ihren Körper dann einem Krokodil vor, das den Körper zerfleischt; ihr

Geist wird durch den Tod des Körpers ebenfalls vernichtet, bevor Johnny seinen Freunden etwas antun kann.

Schandturm → *Ricardis-Turm*.

Schandtürme der Templer – 471 – Türme einer Burg nahe des Dorfes Belpech in der Nähe von Toulouse, Frankreich; dort entschied sich das Schicksal der Templer, als bekannt wurde, daß die Vintusse-Brüder dem Satan → *Baphomet* huldigten.

Schatten – 87 – Seelen der Verstorbenen, die zu Lebzeiten versucht haben, sich das ewige Leben zu erkaufen oder einen Pakt mit der Hölle zu schließen; leben in einem Zwischenreich, das zum → *Reich des Spuks* gehört, wo sie leiden und hoffen, irgendwann einmal in ihren Körper zurückkehren zu können; müssen sich die Rückkehr aber erst einmal verdienen.

Schattenburg → *Semerias*.

Schattenfau, Die (1) † – 816 – richtiger Name: Zeo; Mystikerin; mehr als 5.000 Jahre alt; begraben in einem Grabtempel in Ägypten; Dienerin des Sterngötzen; traf zu ihren Lebzeiten den Götzen, der aus einer fremden Welt kam; dieser gab ihr die Macht, weiterzuleben; ist eigentlich eine Statue, die sich von Blut und Fleisch ernährt; überlebte in ihrem Grab und wurde von Clifford Tandy befreit; kämpfte bereits früher einmal gegen → *Kara*; verfolgt Clifford Tandy nach ihrer Befreiung, um dessen Blut zu trinken; Clifford holt John nach Ägypten; die beiden begeben sich zu ihrem Grab; das Grab wird mittlerweile von 3 Schakalen bewacht; Clifford hat sich zu dieser Zeit auf ihre Seite gestellt, damit John sie nicht töten kann; John trifft sie und erfährt, daß sie eigentlich aus → *Atlantis* stammt und nun ihre Greueltaten fortsetzen will; Kara erscheint, alarmiert von den → *Flammenden Steinen*, und vernichtet sie nun endgültig; Clifford fällt einem ihrer Schakale zum Opfer, die John danach mit je einer Silberkugel vernichtet.

Schattenfrau, Die (2) – russische Hellseherin; richtiger Name: Donata; auch »Totenfrau« genannt; stammt aus dem Totenreich; Vorbotin des Todes; immer wenn sie auftaucht, stirbt jemand; verbreitet einen kalten Hauch; Wunden unter den Augen, aus denen Blut rinnt; wurde zu Lebzeiten von Politikern und Wirtschaftsexperten um Rat gefragt; wurde auch weiblicher Nostradamus genannt; durch Johns Kreuz kann ihr ehemaliger Körper zum Vorschein geholt werden. **993 (1. Auftritt)** – will sich an ihrem Mörder rächen, der einen Herzschlag erleidet, als sie auftaucht; zeigt sich Johns Eltern und teilt ihnen mit, daß sie in Kürze sterben werden; warnt auch John vor großen Veränderungen, die ihn treffen werden; verschwindet und teilt John mit, daß sie sich wiedersehen werden. **1000** – warnt John wieder vor großen Veränderungen in seinem Leben; begibt sich erneut zu Johns Eltern, um sie vor ihrem baldigen Tod zu warnen; rettet John vor 2 Killern, indem sie diese mit dem → *Schwert des König Salomo* tötet. **1001** – unterhält sich mit John über dessen Zukunft und teilt ihm mit, was sie weiß; begibt sich auf Wunsch von John nach → *Lauder*, um nach dessen Eltern zu sehen; diese sind jedoch verschwunden; verläßt John, teilt ihm aber mit, daß sie zurückkehren wird, wenn nötig.

Schattenhexe → *Assunga*.
Schattenkiller, Der † – **895** – Dämon, der menschliche Körper übernehmen kann, wobei deren Augen dann rot leuchten; die Nonne Helene wollte ihren Schutzengel beschwören, holte dabei aber aus Versehen den Schatten auf die Erde; trägt das Feuer der Hölle in sich; lebte in einem Pandämonium, einer fremden Dimension, und wurde von dort zur Erde geholt; altes Wesen mit unaussprechlichem Namen; braucht menschliche Energie, um sich zu stärken; tötet die alten Nonnenschwestern von Helene; kann mit Silberkugeln nicht vernichtet werden; Helene stößt sich später aus Scham ein Messer in die Brust und stirbt; verfolgt Lucille Anderre, übernimmt ihren Körper und begibt sich zurück zu dem Kloster, wo auch Helene lebt; Lucille ermordet unter seinem Bann 2 Nonnen; verletzt John; wird von ihrem Bruder Marco → *Anderre* mit 3 Silberkugeln beschossen, die jedoch keine Wirkung zeigen; John vernichtet den Dämon mit seinem Kreuz, wodurch auch Lucille getötet wird.

Schattenkrieger → *Zebulon*.
Schattenpalast, Der † – **426** – Palast der → *Schattenwürger*; irgendwo in der marokkanischen Wüste, in den die Dschinns und die mit ihnen verbündeten → *Marabuts* leben; wird mit → *Selim*, dem Marabut, und den → *Schattenwürgern* von John vernichtet.

Schattenreiter – **732** – Wesen

des → *Spuks*; dunkle Umhänge, Kapuzen, glühend rote Augen.

Schattenreiter → *Kreuzweg-Legende*.

Schattenwürger † – 426 – Dschinns, die in einem verfluchten Wüstenpalast gelebt haben und für alle Zeiten verdammt sind; auf ihren Opfern bleibt ein blaugrauer Schatten liegen; vor langer Zeit hat → *Sheitan* die Schatten abgewiesen, sie trieben dann als Verdammte durch die Zeiten, bis sie sich zusammenschlossen und als Heimat einen prächtigen Palast in der Wüste fanden; sie töteten die Menschen, die in die Nähe ihres Palastes gerieten, den sie mit ihren Kräften überall materialisieren können; sterben, als John → *Selim*, den toten → *Marabut*, vernichtet.

Schatz der Baphomet-Templer – 457 – von den Templern in einem Steinbruch des Odenwaldes verborgener Goldschatz, der von → *Malapartus*, dem Hüter des Schatzes, bewacht wird; der Schatz wurde damals, als der Templerorden zerschlagen wurde, von einer kleinen Gruppe der → *Baphomet*-Templer nach langer Irrfahrt zusammen mit einer Baphomet-Statue in dieser Höhle verborgen; aus dieser Statue schöpft Malapartus seine Kräfte; das Gold ist in zwei Eisenkisten verpackt; Malapartus übergibt sie dem Baphomet-Vertreter Vincent → *van Akkeren*, bevor John Malapartus vernichtet.

Schatz von Jerusalem, Der – 385 – Geheimnis, über das Hector de → *Valois* in dem verbrannten Pergament aus einem der Pfosten des → *Himmelbetts* berichtet hat.

Scheitan – orientalischer Name für den → *Teufel*.

Schiwa – Gott der Hindus.

Schlächter → *Nathan*.

Schlafender Gott → *Cheng Gu*.

Schlammonster → *Erdgeister*.

Schlange – Sinnbild des Bösen; Verkörperung von Bosheit und Falschheit; schon im Paradies spaltete sie die Welt in Gut und Böse. **121**.

Schlangendenkmal † – 344 – setzt sich aus drei Schlangen zusammen, die baumstammdicke Körper und oben drei Köpfe haben; Boris → *Bogdanowich* hat sie nahe der Küste des Schwarzen Meers in einer Höhle gefunden und auf das Vampirschloß in der Nähe von Petrila geschafft; eine Schlange verschlingt den Leichnam von → *Lady X*, hat dann den Kopf einer lebenden Lady X; die zweite Schlange verschlingt Boris Bog-

S

danowich, die dritte Wintek, den Krummen.

Schlangenfrau, Die – richtiger Name: Snake; in ihren Adern fließt anstelle von Blut eine braungrüne Flüssigkeit; mit Ausnahme von Kopf und Schultern besteht der Körper aus Schlangen; will den Schlangenkult der Ophiten neu aufbauen und deren Königin werden; stammt aus dem Dunklen Teil von → *Aibon*; Dienerin des → *Aibon-Gezüchts*. **956** – läßt einen Freund von Johnny Conolly ermorden, der sie zufällig beobachtet hat; begibt sich anschließend zu den Conollys und bringt Sheila und Johnny in ihren Bann, die für sie Bill, John und Suko ausschalten sollen. **957 †** – lockt Bill und Sheila, die mittlerweile von dem Bann befreit worden sind, zu einer Müllanlage, wo sie und das Aibon-Gezücht sich befinden; trifft dort auch auf John und Suko; Sheila kann sie mit einer Silberkugel vernichten, die sie ihr in den Kopf schießt.

Schlangengott → *Obu-Schobb*.

Schlangenhand → *Vasco*.

Schlangenkreuz, Das – gußeisernes Kreuz; hängt in der Kirche von Pater Domingo in → *Baton Rouge*/USA; unteres Ende ist länger als das obere Ende; aus der Mitte des Kreuzes wächst ein schlangenähnlicher Kopf heraus; wurde geschaffen vom Hexer Aleister → *Crowley*, der seinen Geist in ihm weiterleben ließ. **809** – Pater Domingo hängt es ab, wobei es sich in dessen Hand erwärmt und ihn angreift; nach dem erfolglosen Angriff verschwindet es. **810 †** – will sich mit dem Herz von → *Henry St. Clair* verbinden und begibt sich aus diesem Grunde zu ihm; beide wollen sich verbinden, um dem Bösen den Weg freizumachen; John attackiert es mit seinem Silberdolch, doch es verwandelt den Dolch in einen Klumpen Metall und verschluckt ihn dann; Johns Kreuz aktiviert sich daraufhin selbst und schafft es mit Hilfe der 4 → *Erzengel* und des → *Sehers*, es zu vernichten.

Schleimgötze → *Krol*.

Schlitzer, Der † – **TB145** – Verhaltensforscher; richtiger Name: Dr. James Freeman; Schwester namens Lucy, die ab und zu bei ihm sauber macht und ihn bei seinen Experimenten unterstützt; wohnt drei Straßen von den Conollys entfernt; hat eine Möglichkeit entdeckt, sein böses Ich vom Körper zu trennen; zu diesem Zweck legt er sich in einen abgeriegelten

Tank, der etwa einen Yard tief mit Wasser gefüllt ist; dieses Wasser ist mit einer 10prozentigen Magnesiumsulfatlösung durchsetzt und 36°C warm, wodurch ein menschlicher Körper von dem Wasser getragen werden kann; wenn er sich nun auf dem Wasser liegend entspannt, kann er durch Konzentration sein böses Ich erzeugen, daß er den »Schlitzer« nennt; sein böses Ich ist geisterhaft, nur die Klinge des Messers ist materialisiert; der Schlitzer ist durch Silberkugeln oder mit der Dämonenpeitsche nicht zu vernichten; böses Ich kann jederzeit überall auftauchen und verschwinden; seine Schwester, die voll hinter seinen Experimenten steht, schaltet John aus und fesselt ihn; sie bringt ihn zu ihrem Bruder, wo dieser John seine Experimente erklärt; steckt John in den Tank, um ihn dort von seinem bösen Ich töten zu lassen; Bill Conolly taucht auf und greift das böse Ich mit der → *Goldenen Pistole* an; da das böse Ich mit der Goldenen Pistole nicht vernichtet werden kann, nimmt der echte Körper Freemans dessen Platz ein; dieser wird durch die Goldene Pistole vernichtet, wodurch auch der Schlitzer stirbt; seine Schwester

Lucy wird in ein Krankenhaus eingeliefert.

Schloß Montesi – GK110 (23) – liegt in den Karparten in Rumänien und ist über 400 Jahre alt; das Geschlecht der Montesis ist ausgestorben; → *Dr. Tod* sucht es sich als Stützpunkt aus, um Menschen zu Vampiren zu machen und mit ihnen den rumänischen Staat zu unterwandern; hier hat die Vampirin Vera → *Montesi* Bill Conolly als Bräutigam für ihre Vampir-Hochzeit ausgewählt.

Schlucht der Alpträume → *Alptraum-Schlucht*.

Schlucht der Stummen Götter – sie liegt dort, wo sich Vergangenheit und Gegenwart treffen, gewissermaßen im Schnittpunkt der Zeiten; sowohl die → *Großen Alten* als auch die → *Stummen Götter* haben hier ihre Geburtsstätte; liegt zwischen zwei Bergketten, ihre Spitzen sind steil und scharf, erinnern an Lanzenspitzen; die Berge schimmern intensiv grün; darüber wölbt sich ein grüner Himmel; sie ist umweht von guten Gedanken und einer absoluten Reinheit; das Gestein ist wie Marmor; Schritte hallen nicht, die Geräusche werden vom Boden verschluckt; die Gesichter der Stummen Götter befinden

S

sich in den Felswänden; an der Rückseite der Schlucht gibt es ein Tor zum → *Land der Mythen und Legenden*, das jenseits der Vergangenheit liegt. **222 (1. Auftritt)** – hier erhält der → *Eiserne Engel* von seinen Vätern, den Stummen Göttern, den Auftrag, den Großen Alten → *Kalifato* zu stoppen. **243** – John ist der erste Mensch, der sie betritt. **346**; **353**; **367**.

Schlüssel zur Leichenstadt – blauer Kristall, achteckig, oberes Ende spitz zulaufend, strahlt unheimliches blaues Licht ab, das sich in Menschen frißt, sie verändert; mit diesem Schlüssel kann man die → *Leichenstadt* betreten; befand sich im Besitz → *Kalifatos*. **221**.

Schnee-Eule, Die † – **247** – beherrscht zusammen mit → *Strigus* den → *Schädelthron*; jagt nachts kleine Kinder; stirbt durch Silberkugeln aus der MPi von → *Lady X*; durch ihre Verbindung mit Strigus entstehen neue Strigen.

Schneider, Michail – KGB-Mann; bekannt mit Wladimir → *Golenkow*; deutschstämmige Eltern. **TB82** – beweist John u.a., daß das Pentagon von Zombies unterwandert ist.

Schneider, Timo – Polizist in → *Wittenberg*/Deutschland; Kollege von Gerd → *Naumann*. **664**; **667**.

Schnitzer des Teufels → *Bachara, Ricardo*.

Schöne aus dem Totenreich, Die → *Kara*.

Schöne Charlotte, Die – richtiger Name: Charlotte Miller; Prostituierte; wurde in ihren Jugendjahren von Bekannten ihres Stiefvaters mehrfach vergewaltigt; ihr Stiefvater war gewalttätig gegen sie und ihre Mutter; floh mit 14 Jahren von zu Hause und setzte ihr Zimmer in Brand, wodurch die gesamte Wohnung ausbrannte; wurde dann zur Prostituierten; besitzt eine Holzhütte im → *Ashdown Forest*; traf später → *Lilith* in der Disco »Witchcraft«, wo sich ein Tor zu Liliths Welt befindet; tötet zunächst ihren Stiefvater für Lilith, indem sie ihn in einen Brunnen stößt, auf dessen Boden sich Holzpfähle befinden, die ihn aufspießen. **976** – tötet den Polizisten Dick Stevens, der ihre Tarnung auffliegen lassen will, indem sie ihn ebenfalls in den Brunnen stößt. **977 †** – will Jane Collins in dem Brunnen töten, wird jedoch von Johns geworfenem Kreuz abgelenkt, das Lilith vertreibt und sie ein Opfer der in der Brunnenwand eingebauten Speere werden

läßt, die eigentlich Jane töten sollten.
Schreckgespenst, Das → *Dr. Ampitius.*
Schreiber, Gordon – Milliardär; perfekt und berechnend; starke Selbstsicherheit und Arroganz; Chef eines Konzerns; schottische Vorfahren. **TB8 (1. Auftritt)** – gelangt in den Besitz einer Burg in der Schweiz, wo er dem → *Spuk* huldigt; trifft John und Jane Collins; Jane opfert er fast dem Spuk, was John jedoch verhindert; John und Suko können seine Anhänger ausschalten; entkommt mit einem Flugdrachen. **TB13** – beschwört den Teufel und bittet ihn um den Segen für die Hexenhochzeit mit → *Wikka*; dieser prüft ihn, indem er ihn von einer dämonischen Schlange beißen läßt; erlaubt die Hochzeit, nachdem er 7 Blutstropfen von ihm erhalten hat; entführt zusammen mit Wikka Jane Collins und ritzt ihr ein »W« in die Stirn; die Hexenhochzeit wird verhindert; trifft auf John und flieht vor ihm, indem er in die Themse springt. **TB16 †** – schickt Jane Collins Rosen mit menschlichen Köpfen; hat sich mit Wikka verbündet; stürzt in ein Beet mit den Rosen und verwandelt sich durch die Bisse der Rosenköpfe selbst in eine Rose mit Kopf; wird von Suko mit der Dämonenpeitsche erlöst.
Schrumpfkopf-Königin, Die † – **625** – Japanerin; richtiger Name: Akido; verbreitet Kataya, das absolut Böse; ist ein → *Tengu*; hat Macht über einige Schrumpfköpfe, mit denen sie auch töten kann; trifft auf John, entkommt ihm jedoch; Shao zerstört das Gehirn des Tengus mit ihrer Armbrust, woraufhin Akido sich selbst zerreißt und dadurch vernichtet wird.
Schutzengel – weiße, nebelartige Gestalt; feingeschnittenes, überirdisches Gesicht; von den Mächten des Guten geschickt; Beschützerin der Kinder; trägt als Waffe ein Schwert mit breiter scharfer Klinge. **793** – rettet 5 Kinderleichen vor Jenna → *Wade*; verhindert das Verwesen der Leichen und bringt sie in ein Grab; verhindert, daß Jenna den Kinderleichen die Seele aussaugen kann; tötet Jenna, indem sie deren Körper mit ihrem Schwert in 2 Hälften teilt und dadurch vernichtet.
Schwäbische Alb – Bergzug in Baden-Württemberg und Bayern; hier vernichten John, Suko und Will → *Mallmann* die → *roten Vampire* von → *Vampiro-del-mar.* **223; 491.**

S

Schwamborn, Petra † – 394 – Assistentin des Kölner Oberkommissars Herkner; wird vom Zombie Gertrude → *Ricardis* getötet.

Schwarz, Christian † – TB10 – Kommissar in → *Gelsenkirchen*/Deutschland; durchsucht mit John die »Disco Dracula«; wird dort vom Vampir → *Drago* zum Vampir gemacht; John erlöst ihn mit seinem Silberdolch.

Schwarz, Horst – 534 – Polizist in → *Kaub*/Deutschland.

Schwarzblüter – im Gegensatz zu den Menschen haben Dämonen schwarzes Blut.

Schwarzblut-Vampire – 296/297 – leben vom schwarzen Blut der Dämonen; knallrote Gesichter, als bestünden sie aus kleinen Messerwunden, aus denen Blut getropft ist und getrocknet war; Eckzähne richtige Hauer; wenn der Mond blutrot leuchtet, verlassen sie ihre Grüfte und Schlünde; ekeln sich vor Menschenblut; können geweihtes Silber anfassen; wenn sie sterben, rinnt aus ihren Körpern eine dunkle, sirupartige Flüssigkeit, ohne die sie nicht existieren können.

Schwarze Drache, Der → *Tschin*.

Schwarze Engel, Der → *Massago*.

Schwarze Flut, Die – greift wie Geisterfinger in die Gehirne von Menschen und verwandelt sie in Mörder; taucht in → *Trevine*/England und → *Alet-les-Bains*/Frankreich auf; steht möglicherweise in Verbindung zu → *Baphomet*; setzt sich aus den Seelen der in Trevine begrabenen Baphomet-Templer zusammen, um deren alte Aufgaben zu erfüllen. 779 – verwandelt alle Menschen in Trevine in Mörder. 780 – taucht in Alet-les-Bains auf und verwandelt einen Templer in einen Mörder. 782 † – wird in der → *Kathedrale der Angst* vom → *Silberskelett* des Hector → *de Valois* mit Hilfe des → *Templersiegels* in Skelette zurückverwandelt; sie stehen unter dem Einfluß von Baphomet und wollen den → *Knochensessel* zerstören; John vernichtet die Skelette mit seinem Kreuz.

Schwarze Graf, Der → *Kalurac, D.*

Schwarze Henker, Der † – 14 – Name: Moro; 1578 getötet und begraben; steigt 1978 aus dem Grab, um sich zu rächen; bringt Glenda Perkins in seine Gewalt; wird von John vernichtet, indem dieser das Teufelsantlitz auf der Gürtelschnalle des Henkers mit Silberkugeln zerstört.

Schwarze Kerzen – aus Leichenfett hergestellt, werden bei Beschwörungen verwendet.

Schwarze Legion, Die † – **29** – die 7 Leibwächter des Pharaos → *Samenis*; werden von John und Bill Conolly mit Silberkugeln vernichtet.

Schwarze Madonna, Die † – **769/770** – eine Nonne namens Franziska wurde in den Glaubenskriegen in der Nähe von Glenfield/Südengland auf dem Scheiterhaufen verbrannt, weil sie nicht konvertieren wollte; an der Stelle des Scheiterhaufens wurde eine Kapelle errichtet, in der die Heilige Franziska als schwarze Madonna verehrt wurde, besonders von Elenor → *Hopkins*, einer 16jährigen Wunderheilerin; wird von Suko mit der Dämonenpeitsche und Jane Collins mit Johns Kreuz vernichtet.

Schwarze Priester – mächtige Wesen aus dem alten → *Atlantis*; ihre Zweitgestalten sind Kraken; tragen schwarze Kutten mit ebenfalls schwarzen Kapuzen; vom Körper kann man nichts erkennen; können vernichtet werden, indem man ihr Krakenauge zerstört; Gesicht besteht nur aus einer schwarzen Masse, ohne Lippen und Nase; besitzen Killerschwerter aus Energie. **577** – in Atlantis trifft → *Kara* zum ersten Mal auf einen Priester; sie kann ihn nicht töten und flieht; an der Côte d'Azur begegnet sie ihm in der Gegenwart wieder und vernichtet ihn, indem sie im Meer sein Krakenauge zerstört. **TB113** – einer von ihnen sendet seinen Geist in den Körper des selbsternannten Herrschers von Soho → *Kosmos*; nach dem Tod von Kosmos taucht er kurz in seiner Urgestalt in London auf, wird aber von Kara mit dem → *Goldenen Schwert* vernichtet. **636** – einer von ihnen holt die atlantische Magie nach London; John vernichtet ihn durch seinen silbernen Bumerang; durch seinen Tod wird auch der Vampir getötet.

Schwarze Skelette – Diener des → *Schwarzen Tods*; kleiner als Menschen, bewaffnet mit Lanze und Pfeil und Bogen; reiten auf Flugdrachen oder übergroßen Vögeln.

Schwarze Tod, Der – riesiges schwarzes Skelett; rot leuchtende Augen; große Sense als Waffe; geschaffen von den → *Großen Alten*; in → *Atlantis* Todfeind von → *Myxin*; tötete die Frau von Will → *Mallmann*; wurde von John mit dem silbernen Bumerang vernichtet. **7 (1. Auftritt)** – nennt sich Kala und spielt den Diener eines Dämons, den

S

John in einem kleinen Sex-Schloß im Spessart vernichtet. **16/17/18** – versucht die Erweckung Myxins zu verhindern. **64/65** – schließt einen Pakt mit → *Belphégor*, um Myxin zu vernichten; Belphégor will ihm John ausliefern, doch das mißlingt. **84** – nimmt das → *Buch der grausamen Träume*, das er Gerald → *McKenzie* anvertraut hatte und in dem steht, wie er vernichtet werden kann, wieder an sich. **102** † – wird in seinem eigenen Reich, auf dem → *Friedhof am Ende der Welt*, von John mit dem → *silbernen Bumerang* geköpft; Flammen zerschmelzen ihn zu einer glühenden Masse, die in dem porösen Lavagestein versickert. **TB5** – will John in der Vergangenheit vernichten; diesem gelingt aber mit Hilfe des → *Sehers* die Flucht. **335/336/337** – seine Geburt erfolgte im → *Höllensumpf* auf dem → *Planeten der Magier*; wurde von den Großen Alten erschaffen; sollte über Atlantis herrschen. **TB137** – fordert → *Kara* in der Vergangenheit in Atlantis zum Kampf; will sie in der Stadt, wo sie als Königin angesehen wird, vernichten; zerstört ihre Steinstatue, die sich auf dem Dorfplatz befindet; schlägt bei seinem tödlichen Streich durch sie hindurch, da sie mit Hilfe des → *Goldenen Schwertes* in die Gegenwart nach London geflohen ist. **972** – blendet in der Vergangenheit die → *Prinzessin von Atlantis* mit einem magischen Lichtstrahl. **38; 47; 75; 76; 81; 100; 101; 258; 442.**

Schwarze Würger, Der † – **GK180(42)** – kann sich materialisieren; Gesicht nur ein silbrig schimmernder Fleck; entsteht kraft der Gedanken des Dan → *Clifton* durch die Hilfe eines magischen Schrumpfkopfes; vergeht, als der Schrumpfkopf von einer Silberkugel zerstört wird.

Schwarzen Engel, Die † – **167** – stammen aus Atlantis, waren ursprünglich Verbündete des → *Eisernen Engels*, wurden dann aber abtrünnig; haben keine Gesichter und sind doppelt so groß wie Menschen; wurden von den Einwohnern des sizilianischen Dorfes Nareno erweckt; werden vom → *Eisernen Engel* vernichtet.

Schwarzen Vampire, Die – **87** – Myxins Diener aus → *Atlantis*; Todfeinde der → *Schwarzen Skelette* und der → *Schatten* im → *Reich des Spuks*. **102** – leben in einem Reich, das in einer Zwischenebene liegt; ihr Anführer ist → *Goran*.

Schwarzer Reiter → *Kreuzweg-Legende*.

Schwebenden Leichen von Prag, Die † – 381/382 – von Petar → *Kopanek* mit → *Liliths* Hilfe zu untotem Leben erweckt, damit sie ihm den Weg zum → *Golem* des → *Rabbi Loew* zeigen; eine wird von John mit dem Kreuz vernichtet, die anderen beiden mit dem silbernen Bumerang.

Schwedenkreuz – 276 – Mahnmal bei Selb/Bayern für eine Schlacht im 30jährigen Krieg; darunter lag der schwedische Oberst Olaf → *Gunnerson* begraben, der einen Pakt mit dem Teufel geschlossen hatte und nach 350 Jahren als Geist erscheint und ein paar Menschen tötet, bevor John und Will → *Mallmann* ihn mit Johns Kreuz zur Strecke bringen.

Schwert, das Gras schneidet → *Kusanagi-no-tsurugi*.

Schwert des Eisernen Engels – Besitzer ist der → *Eiserne Engel*; schweres Schwert mit grauem Glanz und mächtiger Klinge. **TB5** – in der Vergangenheit tötet der Engel damit 2 von den schwarzen Vampiren von → *Myxin*. **TB54** – mit ihm vernichtet der Eiserne Engel 5 der 7 → *Magischen Dolche*, die zuvor von → *Guywano* magisch verändert worden sind; der Eiserne versucht mit ihm das → *Rad der Zeit* anzuhalten; dies gelingt, jedoch leuchtet es dabei giftgrün auf und überträgt die Magie des Rades auf den Eisernen, der dadurch erstarrt. **TB56** – der Eiserne Engel vernichtet mit ihm die Blutgöttin → *Eli*. **572** – der Eiserne Engel tötet 4 Vogelmenschen mit ihm und vernichtet mit ihm und der Hilfe des → *Goldenen Schwertes* die Goldene Pyramide von → *Zaduk*. **TB105** – mit seiner Hilfe zerstört der Eiserne Engel den Schädel von Zaduk, wobei er von dem Goldenen Schwert unterstützt wird. **TB127** – der Eiserne Engel zerstört mit ihm den → *Azteken-Götzen*. **864** – der Eiserne Engel vernichtet zunächst 4 Skelette des → *Schwarzen Tods* in → *Atlantis*, und später tötet er damit auch → *Roya*. **TB178** – der Eiserne Engel kämpft mit ihm gegen die → *Monster-Strige*; er verliert es; Suko nimmt es an sich und verletzt die Monster-Strige damit am Kopf; nachdem der Eiserne Engel der Monster-Strige den Kopf abgerissen hat, nimmt er es wieder an sich. **972** – der Eiserne Engel tötet damit in der Vergangenheit in Atlantis ein Schwarzes Skelett des Schwarzen Tods; er befreit mit ihm und

S

dem Goldenen Schwert die → *Prinzessin von Atlantis* aus einer Zwischendimension; er tötet damit → *Amos*, nachdem dieser zuvor durch die Reflektion seines eigenen Blendstrahles erblindet ist.

Schwert des König Salomo – wurde vom Schmied des König Davids geschaffen, der im Traum Anweisungen von Jahwe erhalten hat, wie es zu fertigen ist; Schneide besteht in der Mitte aus Gold oder einer Goldlegierung; Klinge ist an den Seiten aus Stahl gefertigt; Griff ist sorgfältig hergestellt; breiter, querstehender Handschutz; für ein Schwert sehr leicht. **1000** – die → *Schattenfrau* Donata tötet hiermit 2 Killer in der Kathedrale von → *Chartres*/Frankreich, die dort John töten wollten; nach ihrer Tat übergibt sie es an John. **1003** – König Salomo schenkt es John, der es mit zurück in die Gegenwart nimmt. **1006** – John stellt mit ihm und seinem → *Kreuz* die erste Verbindung zur → *Bundeslade* her, die es ihm ermöglicht, sie zu berühren, ohne getötet zu werden; mit seiner Hilfe vernichtet John einige → *Hüter der Bundeslade*. **1001**.

Schwert von Gottfried von Bouillon – öffnet den Weg zum → *Dunklen Gral*; kann den Dämon → *Garinga* bannen und erwecken; teilweise silbrige, teilweise mattblaue Farbe; sein Griff ist von einem gedrehten Schlangenlinienmuster verziert, das zum waagerecht verlaufenden Handschutz am Ende des Griffes schmaler zuläuft; am Beginn der Klinge ist eine Dämonenfratze eingraviert, die Ähnlichkeit mit → *Baphomet* hat. **499** – John nimmt es an sich, um mehr über den Dunklen Gral zu erfahren; er erweckt dadurch den Dämon Garinga und muß gegen ihn kämpfen. **500** – John bringt sein Kreuz mit ihm in Verbindung und tötet dadurch Garinga; John läßt es in der Templerkirche von → *Garway* zurück.

Scirea, Mario – **447** – Franzose, der das → *Totenschiff der Templer* entdeckt und miterlebt, wie John → *Capitaine Noir*, den Halbbruder von Hector → *de Valois*, köpft.

Scirinna, Aldo † – **325** – beschwört Asmodis und holt → *Zerberus*, den Höllenhund, auf die Erde; wird vom Blitz erschlagen.

Scorpio † – **TB27** – Gladiator; Dämon; auch »Gladiator der Hölle« genannt; Verbündeter des → *Spuks*; tötet 4 Menschen in → *Rom*/Italien; entführt Glenda Perkins in eine Arena in der Vergangenheit Roms; beherrscht Magie; kann zwischen Vergangenheit und Gegenwart hin und her reisen; trifft John in der Vergangenheit; folgt John, der zuvor Glenda gerettet hat, durch einen Zeittunnel zurück in die Gegenwart; beim Kampf in den Katakomben von Rom tötet John ihn mit seinem Kreuz.

Scott, Pamela Barbara → *Lady X*.

Scott, Professor Dr. Hyram – **714** – früherer Lehrer von John; Mann der Totenfrau → *Selma*, die John lebendig begraben will.

Scraal † – **TB4** – Dämon; wird von → *Maddox* für unbefristete Zeit in die Festung Luzifers verbannt; gelangt aufgrund seiner geistigen Kräfte zum Japaner → *Naga*; dieser baut auf seiner Insel die Festung nach; John, Suko und Bill Conolly erfahren von der Festung und reisen hin; der → *Spuk* sieht eine Chance, seine Feinde zu vernichten, er begnadigt ihn; greift John auf der Insel mit seinem Pesthauch an, der Menschen töten kann; John wird von seinem Kreuz gerettet; versucht Suko hypnotisch in seine Gewalt zu bringen; währenddessen greift Bill ihn an und tötet ihn mit dem Silberdolch.

Scranton – kleiner Ort, in der Nähe befindet sich das Zuchthaus → *Dartmoor*. **GK163(38)**.

Seabrake – Ort zwischen Hastings und Folkstone an der Südküste Englands; kleiner Ort; Kirche mit Turm; von dort führt eine Straße in südlicher Richtung direkt bis zum Strand; die Straße wird von kleinen Häusern gesäumt; es gibt einen Pub und einen kleinen Hafen; vor über 1.000 Jahren wüteten hier die Wikinger; diese bauten dort ein magisches Kraftfeld auf, das später zerstört wurde. **TB111**.

Seaford – kleiner Badeort an der Südküste Englands; hier sprechen sich John und Jane Collins aus, als diese von San Francisco nach London zurückgekehrt ist. **427**.

Seaground – Ort am → *Loch Morar*, wo John das Monster → *Ogur* vernichtet. **56**.

Sechs böse Geister † – **501** – ihre Namen sind: Acteus, Megaläsius, Ormenius, Lycus, Nicon und Mimon; sollen sechs Menschen als Schutzgeister dienen; auch Schutzgeister der »Darker« des → *Dekan Diavolo*; werden von Jane Collins unter Zwang aus dem Dämonenreich geholt, da die sechs Menschen, denen sie als Schutzgeister dienen sollen, Lady Sarah → *Goldwyn* entführt haben; überneh-

men die Körper der sechs Personen, die sie beschworen haben; John vernichtet sie durch sein aktiviertes Kreuz; die besessenen Menschen überleben.
Sechseck – Zeichen auf Johns Kreuz im Schnittpunkt; besteht aus 2 Dreiecken, eins mit der Spitze nach oben, eins mit der Spitze nach unten; das erste symbolisiert die Kräfte des Lichts, das Gute auf der Welt.
Sedonia → *Prinzessin von Atlantis*.
Sedonis – 254/255 – Insel, auf der → *Azucena* den Vampir-Drilling → *Ambiastro* in Steinsarkophagen fand, dazu Steintafeln, die vom → *Orakel von Atlantis* und dem → *Würfel des Unheils* sprachen (und von → *Myxin*); ist aus der Vergangenheit erschienen und wird wieder dorthin zurückkehren, wenn → *Marita* stirbt; sie ist auf keiner Karte verzeichnet; auf ihr gibt es keine Jahreszeiten, immer Sonne, Wärme, leichten Wind; taucht nur dann auf, wenn die Gestirne eine bestimmte Konstellation zeigen; Wächter der Insel ist ein Drache, der von Kara getötet wird, nachdem dieser den Hüter des Vampir-Grabes getötet hat; der Hüter war erwacht, als der letzte der Vampir-Drillinge starb; Sedonis versinkt wieder im Meer.
See zwischen den Steinen, Der – 263/264 – befindet sich in Sizilien; Grabstätte von → *Gorgos*, einem der → *Großen Alten*; besteht aus weißlichen Kristallen.
Seele – verläßt den Körper als Plasma durch den Mund, verdichtet sich zu einem durchsichtigen, feinstofflichem Wesen; Ebenbild des Toten.
Seelenburg – nicht weit von Lenzerheide/Schweiz entfernt; Eigentümer ist Gordon → *Schreiber*.
Seelenhändler, Der → *Harris, Professor*.
Seelensauger, Der → *Tarrasco*.
Seelenschwert, Das – Besitzer ist → *Asmodis*: lang, schmal; düster, als wäre es im Höllenschatten geschmiedet; mit ihm zerteilt Asmodis Suko und macht die eine Hälfte zum Kind. **708; 709; 710.**
Seelen-Vampir, Der → *Tarrasco*.
Seher, Der – Wesen, das zwischen den Fronten steht und das Dämonenreich unter Kontrolle hält; uraltes Gesicht mit großen, wissenden Augen von intensivem Blau; lange Haare; Bart; alterslos; mächtiges übersinnliches Wesen; besteht aus

drei Personen: 1. John Sinclair, 2. → *König Salomo*, 3. → *Nostradamus*. **101 (1. Auftritt)** – holt sich das → *Buch der grausamen Träume* und den → *Würfel des Unheils*. **TB5** – rettet John vor den schwarzen Vampiren und den schwarzen Skeletten, indem er ihn mit Hilfe des Spiegels des Wissens aus → *Atlantis* zurück nach London bringt. **TB20** – unterstützt Johns Kreuz bei der Vernichtung des Dämons → *Urak*. **234** – sagt John, daß er der Sohn des Lichts ist. **261** – prophezeit John, daß derjenige, der die → *sieben Tore des Unheils* öffnet, die Bedeutung von → *Aibon* und des → *Dunklen Grals* erkennt. **292** – rettet John von der → *Knochenuhr*, indem er die Formel des Kreuzes spricht; auf dem Lichtstrahl des Kreuzes schreitet Sheila Conolly aus der Hölle zurück auf die Erde. **TB60** – zeigt John bei einem Blick in die Vergangenheit die Entstehung des Bösen. **PB 1** – erscheint kurz aus dem Kreuz und gibt John sein Vertrauen in das Kreuz zurück. **810** – erscheint zusammen mit den 4 Erzengeln durch die Selbstaktivierung von Johns Kreuz und vernichtet zusammen mit ihnen das → *Schlangenkreuz* und das Herz von → *Henry St. Clair*. **1006** – rettet John vor den → *Hütern der Bundeslade*, die er auch vernichtet, indem er sie mit seinem Licht aufsaugt; warnt John davor, die Bundeslade zu öffnen; nennt ihn einen Frevler, als er es trotzdem versucht, kann ihn aber im letzten Moment von seinem Tun abhalten, was Hector de Valois nicht merkt und sich daher für John opfert. **251; 255; 279; 283; 294; 301; 401; 440; 458; 565; 667; TB123; TB163; 916.**

Selb – Stadt in Bayern im Fichtelgebirge, in dem John und Suko einen untoten schwedischen Oberst aus dem 30jährigen Krieg vernichten. **276.**

Selby – Ort in England; kleine Stadt mit Krankenhaus; in der Nähe liegt das »House Camdon«. **880.**

Selim † – **426** – ein → *Marabut*, ein Heiliger Mann, der zu einem Dschinn im → *Schattenpalast* wird; John vernichtet ihn, indem er Selims Zauberflöte zerbricht.

Selma † – **714** – die Totenfrau, Witwe von Professor Dr. Hyram Scott, einem früheren Lehrer von John; lähmt John mit Gift und will ihn lebendig begraben; John wird von Harriet Slade gerettet, indem sie die Totenfrau mit Silberkugeln aus Johns Beretta tötet.

Sellnick, Henry O. – Beerdigungsunternehmer; lebt in London; ist eine → *Kreatur der Finsternis*; bestattet Kreaturen der Finsternis auf besonderen Friedhöfen in aller Welt, die er alle kennt; Aussehen als Kreatur der Finsternis: Gesicht besteht aus mehreren Teilen; von innen beleuchtet; auf beiden Wangen je ein Maul; rechts Fischmaul, links Gorillamaul; in der Mitte anstelle des Mundes ein Maul, das eine Kreuzung aus Schwein und Wolf darstellt, mit mörderischem Gebiß; Krallen mit dolchartigen Nägeln. **838** – wird von John und Jane Collins nach → *Warschau*/Polen verfolgt; entführt Jane in einem Zug, da er ihren Hexenkeim spürt; wird auch von → *Raniel* verfolgt. **839 †** – John befreit Jane aus seiner Gewalt; Raniel vernichtet ihn auf einem Friedhof in der Nähe von Warschau mit dem Licht aus seinem gläsernen Schwert.

Selnick, Hank – **87** – Bankräuber; stirbt im Zuchthaus und gelangt durch eine Beschwörung in das Reich des → *Spuks*; kehrt als Schatten zu seiner Frau Mary zurück und bringt sie dazu, einen Mordversuch an Jane Collins zu unternehmen, die ihn ins Zuchthaus gebracht hat.

Selsey – Ort in der Nähe von Portsmouth an der Südküste Englands; zahlreiche Hotels und Pensionen; Touristenort; steile, felsige Küste. **TB117**.

Semec, Jossip – **329** – Vorfahren stammen aus der Gegend um Belgrad; Liliputaner und Ghoul, der mit seinen Leuten John und Suko töten will, um den Tod ihres Herrn Xorron zu rächen; werden von John, Suko und Yakup → *Yalcinkaya* ausgeschaltet.

Semerias – lebte bereits als erster Werwolf in → *Atlantis*; auch »Herr der Schattenburg« genannt; innerhalb der Schattenburg war er unbesiegbar; sein Gesicht ist eine Mischung zwischen dem eines Menschen und dem eines Werwolfs; hat einen weißbärtigen Diener; überlebte die Zeit in einer Münze, die sein Gesicht offenbart, wenn er beschworen wird; über ihn wurde ein Buch geschrieben, das auch sein Gesicht zeigt; ein Großteil des Buches verschwand im Laufe der Zeit; sein Diener lernte bei Karas Vater, bevor er sich ihm zuwandte. **691** – sein Diener macht 2 Personen zu Werwölfen und damit zu seinen Dienern,

die er in der Gegenwart einsetzen will, wie er es bereits in der Vergangenheit getan hat. **692** – sein Diener läßt die Schattenburg erscheinen; Gegenstände die ihm gefährlich werden könnten, werden in deren Bereich durch Schatten abgelenkt; seine beiden Werwölfe werden durch Johns Kreuz vernichtet; das Kreuz kann auch die Schatten vernichten; durch das Kreuz vernichtet John die Münze, in der er die Zeiten überlebt hat; durch die Vernichtung der Münze wird auch die Schattenburg zerstört; er selbst überlebt.
TB135 † – taucht mit Hilfe eines magischen Spiegels in Bristol auf; John ist auch im Ort und hat von Kara erfahren, wie er ihn endgültig töten kann; John zerstört mit einem gläsernen Schwert, das er bei einer Kara-Statue gefunden hat, den magischen Spiegel; nun ist sein Rückweg versperrt; John greift ihn an und rammt ihm eine Scherbe des Spiegels in den Körper; er verbrennt und mit ihm auch das Haus, in dem die Kara-Statue und noch einige andere Atlantis-Statuen gestanden haben.
Sense des Schwarzen Tods – riesengroß; Zeichen des Todes, des Schnitters; beim Tod des Schwarzen Tods bleibt sie in einem Felsspalt stecken.
Sensenmann, Der – **GK137(31)** – wird von den alten Damen Lydia und Emily Bradford durch einen balsamierten Toten in ihrem Keller beschworen; zerfällt zu Staub, als die Munie zusammen mit den alten Damen verbrennen.
Serena – in Atlantis die Geliebte Myxins. **437** – erwacht, als → *Magico* die → *Flammenden Steine* zerstört; jetzt kann sie dorthin; will das Refugium für sich erobern und mittels ihrer → *Lebenssalbe*, die Menschen unsterblich macht, zur mächtigen Herrscherin werden; doch sie kann → *Myxin* und → *Kara* nicht besiegen und wird schließlich vom → *Eisernen Engel* gerettet, denn dieser glaubt, daß Serena den Weg kennt, wie man seine Väter, die → *Stummen Götter*, befreien kann. **550 †** – hat den → *Eisernen Engel* gefangen und in die → *Pyramide des Wissens* gesteckt; erscheint mit der Pyramide in Schweden; will den Engel köpfen, als Kara auftaucht; es kommt zum Kampf der Frauen, den Kara verliert; John taucht auf und rettet Kara durch die → *Totenmaske aus Atlantis*; die Totenmaske treibt sie in die Pyramide, aus der der

Eiserne Engel geflohen ist; verschmilzt mit der Pyramide und wird zusammen mit ihr vernichtet.

Serrano, Gig † – **TB140** – Doppelexistenz; nachts Satanist; tagsüber bei einer Computerfirma tätig, die Software herstellt; Anführer der mit → *Asmodis* verbündeten Satanisten Londons; diese werden vom Teufel mit Flammendolchen ausgerüstet; sie sperren eine Gruftie und den Totengräber des Friedhofs in eine Gruft, wo die Höllengeister herrschen und sie töten; John und Suko vernichten nach und nach die Höllengeister und die Satanisten; zuletzt töten sie Serrano mit je einer Silberkugel.

Serrano-Schwestern – Amanda und Olivia; leben in einem Haus etwas außerhalb von → *Tiptree*/England; erbten dieses Haus von ihren Eltern und haben kaum Kontakte zu anderen Menschen. **902 (1. Auftritt)** – betreuen drei Vampire, die ihnen → *Dracula II* zugeschickt hat, bis zu ihrem Erwachen; nehmen John gefangen; sperren ihn in ihrem Keller ein; nehmen auch Shao gefangen. **903** – erhalten Besuch von Lou → *Ryan*. **904** – werden von Lou und Vera → *Tanner* besucht.

Sewana – Stadt in der nördlichen Steppe Australiens, wo John mit seinem silbernen Bumerang den australischen Ureinwohner → *Rhokasa* und seinen → *Feuerbumerang* vernichtet. **294**.

Seymour, Ronny † – **460/461** – Pfadfinder, der auf einem Ausflug in den Wald durch eine chemische Umweltkatastrophe zum Monster mutiert; Bill Conolly schießt auf ihn mit der → *Goldenen Pistole*, und das Monster wird zusammen mit seiner Mutter Edna Seymour von der Schleimkugel getötet.

Shagri – **731** – ein Guru, der vor 22 Jahren seine Jünger zum Massenselbstmord aufforderte, damit sie wiedergeboren werden konnten; starb im Feuer der Polizisten, die den Massenselbstmord verhindern wollten; seine Asche wurde auf dem Brompton Cemetery begraben; seine ehemalige Jüngerin Dorothy Mainland, die damals verwundet wurde, erwacht nach 22 Jahren aus dem Koma, rächt sich an den Polizisten und will Shagri zu neuem Leben erwecken; sie stirbt auf dem Brompton Cemetery durch Sukos Dämonenpeitsche.

Shalaka † – **477** – Irokesen-Shamane; seine Aufgabe war es früher gewesen, den heiligen Platz seines Stammes zu bewahren; da er versagt hat, stirbt er den Flammentod und lebt als Geist weiter, um den heiligen Ort zu beschützen; John vernichtet ihn endgültig mit dem Kreuz.

Shane, Ernie † – **182** – Sensationsreporter; Nachahmer von »Jack the Ripper«; wird von einem Gemälde des Rippers beeinflußt; bringt sich selbst um, das Gemälde geht in Flammen auf.

Shane, Nora – **TB144** – 12jähriges Medium, das im Ort Weldon bei Tante und Onkel lebt; ihre Eltern sind tot; Nora kann Energien in sich aufnehmen; über die Fernseh-Schüssel saugt sie Energien des Bösen an, die die Menschen in Weldon verändern und voller Haß reagieren lassen; durch das Kreuz, das von John aktiviert wird, verwandelt sich Nora in einen Blitz und verschwindet.

Shanghai – Millionenstadt in China; Ausgrabungsstätte der großen Kaisergräber in der Nähe. **TB41**.

Shango – Dämon; beherrscht den Macumba-Zauber; Bruder von Woorie → *Cabal*; Farbiger; kann sich in einen Schatten verwandeln und diesen getrennt vom Körper entstehen lassen; auf dem Schädel trägt er den grauen Totenschädel eines großen Macumba-Zauberers; verständigt sich telepathisch mit seinem Bruder. **846** – ermordet 2 Geschworene, die seinen Bruder verurteilt haben; trifft John und spürt dessen Macht; verübt einen erfolglosen Mordanschlag auf John; beordert ihn in die Tiefgarage seines Hotels, um dort den entscheidenden Kampf auszutragen. **847 †** – der Kampf findet keinen Sieger; kurz darauf holt er seinen Bruder aus dem Gefängnis, indem er ihn in einen Schatten verwandelt; bei der Rückfahrt nach New York/USA greift er John, Suko und Abe → *Douglas* an; John vernichtet seinen Schatten mit seinem aktivierten Kreuz und später auch seinen Körper durch 2 Silberkugeln.

Shannon, Muriel – Irin; Lehrerin in → *Beragh*/Irland. **960 (1. Auftritt)** – informiert Jane Collins über den Tod von 4 Bewohnern von Beragh, von denen nur eine grünliche Masse übriggeblieben ist; läßt Jane bei sich wohnen; erlebt mit, wie der gesamte Ort langsam von vier Seelen nach → *Aibon* geholt wird. **961** – wird zusammen mit Jane und ihrem Auto nach Aibon geholt; trifft

S

dort auf die Koboldgestalt von → *Guywano*, der sie vergewaltigen will; entkommt der Vergewaltigung mit Janes Hilfe; gelangt später zusammen mit dem gesamten Ort Beragh und dessen Einwohnern wieder zurück zur Erde.

Shao – Chinesin; Freundin von Suko; hüftlange, schwarze Haare, mandelförmige Augen mit sanftem Ausdruck; schlank; eine geballte Ladung von fernöstlichem Sex; führt an Sukos Seite ein normales Leben, bis sie erfährt, daß sie die letzte in der Ahnenreihe der Sonnengöttin → *Amaterasu* ist; muß für sie gegen die Boten der Finsternis kämpfen; Beschützerin der Sonnengöttin; wurde zwischenzeitlich in deren Reich geholt; versucht Amaterasu zu befreien; Amaterasu kann mit Hilfe ihres Körpers in Kämpfe eingreifen; besitzt als Waffe eine Armbrust, die an einem Riemen auf ihrem Rücken hängt; die Armbrust besteht aus Bügel, Sehne, Schaft, Bolzenrinne und Drücker; die Pfeile trägt sie in einem Köcher auf dem Rücken; trägt als Amaterasus Helferin eine schwarze Halbmaske mit Sehschlitzen, Jacke und Hose aus schwarzem Leder, weiche Schaftstiefel. **50/51** – lernt Suko und John in Hongkong kennen; ist die Tochter des Beerdigungsunternehmers → *Huang*, der ein Diener des → *Gelben Satans* ist; Huang gibt ihr und Suko noch seinen Segen, bevor er stirbt; Shao geht mit Suko nach London. **283** – sie spricht zum ersten Mal mit der Stimme der Sonnengöttin Amaterasu. **450/451** – wird von dem Dämonentrommler → *Ondekoza* in einer seiner Riesentrommeln getötet; durch ihren Körper soll → *Susanoo* das → *Dunkle Reich* verlassen, was ihm auch gelingt; dann vernichtet Suko den Körper Shaos, in dem Susanoo steckt, mit dem → *Stab Buddhas*, so daß von Shao nur noch ein weißes Skelett zurückbleibt. **456** – sie ist nicht tot; Amaterasu hat sie gerettet und zu sich geholt; sie wird von nun an bei ihr bleiben; durch die rote Sonne Amaterasus kann sie in alle Dimensionen gelangen; ein Schritt zurück in die Sonne bringt sie in den Schutz der Sonnengöttin zurück. **833** – erhält von der Hexe → *Tatjana* einen tödlichen Zaubertrank; wird von Suko gefunden. **834** – stirbt, was John und Suko miterleben. **835** – John und Suko bringen ihre Leiche in ein Gebäude am alten Hafen, um sie dem Schlangengott →

S

Obu-Schobb zu opfern, wie sie es wollte; als der Dämon auftaucht, wird er von Shaos Pfeilen getötet; es stellt sich heraus, daß die Leiche eine Doppelgängerin Shaos war; Shao lebt nun wieder bei Suko und wird nur bei Bedarf von Amaterasu gerufen.

Sharingo † – **92** – der Rocker mit dem Flammenschädel; will John auf dem Weg zum → *Kloster St. Patrick* abfangen und töten; wird von John mit Silberkugeln im Kloster St. Patrick getötet.

Shen Pai Ho → *Mister Todd*.

Shepard, Dr. Alvin – **831** – arbeitet beim Tamura Konzern; führt zusammen mit ihren Kollegen Crash-Tests mit Leichen durch; entdeckt drei Zombies; ihr Kollege Slim Dayton wird von einem Zombie ermordet. **832** – wird eingeschlossen, aber von John befreit; kämpft gegen die Zombies; wird von John gerettet.

Sheriff Tod † – **TB167** – richtiger Name: Duncan Pratt; trägt eine dunkle Brille mit Spiegelgläsern; bevor er tötet, zeigt die Brille Totenköpfe; seine Enkelin Doreen → *Pratt* arbeitet beim FBI; vor Jahren wurde er von Forschern mit Genen behandelt und dadurch in eine Killermaschine verwandelt; tötet 10 Menschen und bringt sie in ein Verlies unterhalb einer alten Kirche, in der er auch sein Hauptquartier hat; entführt 2 weitere Menschen dorthin, um sie später zu töten, da er durch die Seelen von 12 Menschen Unsterblichkeit erlangen will; flüchtet später vor John in seine Kirche; trifft in der Kirche auf John und seine Enkelin; flieht aus der Kirche und wird von dem von der Kirche stürzenden Eisenkeuz erschlagen.

Sherman – **GK188(44)** – Chief Inspector in Sheffield /England; Chef der Mordkommission.

Sherman, Roger – FBI-Agent. **516** – beobachtet John und Suko nach ihrer Ankunft in San Francisco; nimmt → *Mr. Todd* fest, der ihm jedoch wieder entkommt.

Shimada – auch »Herr der tausend Masken« oder »die lebende Legende« genannt; kalte, grausame blaue Augen; schwarzes, grausames Gesicht; besitzt ein Höllenschloß, auch Todesschloß genannt, mit dem er durch die Zeiten reisen kann und mit dem er möglicherweise eine Einheit bildet; hat Macht über das Schloß und kann es jederzeit vergrößern oder verkleinern oder die Form ändern;

kann dort seine Gestalt wechseln; trägt meist Kampfkleidung; seine untere Gesichtshälfte wird von einem Tuch verdeckt, das nur die Augen frei läßt; Todfeind von Yakup → *Yalcinkaya*; versucht die Sonnengöttin → *Amaterasu* zu vernichten; herrscht über Dämonenvögel, in denen sich die Seelen von Dämonen befinden; herrscht ebenfalls über die Geisterwesen der japanischen Mythologie; stieg einst aus einem geheimnisvollen See auf; wird von der mächtigen Dämonin Pandora beschützt; Waffe: Schwert, das in der tiefsten Hölle (Jigoku) geschmiedet wurde; zerschlägt alles, was sich ihm in den Weg stellt. **281 (1. Auftritt)** – aus dem blauen See, einem Zugang zur Hölle in Japan, entläßt → *Emma-Hoo*, der Teufel, seinen Diener Shimada, damit dieser die Herrschaft über die Zombies und Ghouls übernimmt und → *Xorron* vernichtet. **283** – holt sich den → *Fächer der Amaterasu* vom → *Goldenen Samurai*. **486** – besitzt ein Viertel der Karte, die den Fundort der → *heilenden Handschuhe* des Drachengottes anzeigt; im Kampf um die Handschuhe unterliegt er gegen Yakup Yalcinkaya. **542** – zerstört den von ihm selbst geschaffenen Roboter → *Gigantus*, da dieser seinen Plan nicht erfüllen konnte. **TB101** – entdeckt in Kanada das Schwert → *Kusanagi-no-tsurugi*; da das Schwert magisch geschützt ist, entführt er Yakup und versucht, diesen in seinem Höllenschloß zu töten, was mißlingt; John und Suko finden mit Shaos Hilfe das Schwert ebenfalls, und Suko zieht es auf seinen Befehl hin aus dem Felsen; gleichzeitig bedroht er Shao mit seinem Schwert; er will den Mondgott Tsukiyomo töten, was jedoch mißlingt; dieser tötet aber dafür seine Dämonenvögel; Yakup greift ihn daraufhin mit dem Schwert Kusanagi-no-tsurugi an, woraufhin er die Flucht ergreift; aus Rache für seinen mißlungenen Plan tötet er → *Ali* im Kloster. **TB114** – läßt Suko durch 2 Zombie-Samurais auf sein Todesschloß entführen; bringt diesen in ein Londoner Restaurant, um ihn zusammen mit John hinzurichten; Shao taucht zusammen mit der Sonnengöttin Amaterasu auf, und es gelingt ihnen, ihn mit dem Fächer zu vertreiben. **648** – zerstört den »Leichenbaum« im → *Kloster Yalcinkayas*; entführt Suko auf sein Höllenschloß; wird von Amaterasu in Gestalt von Shao mit dem Fächer vertrieben. **TB121** – entführt Yakup auf sein Höllenschloß; landet zusammen mit ihm und einigen Tengus im »Fort Presidio«, das er übernehmen will; Shao befreit Yakup aus seinem Höllenschloß; Yakup fordert ihn zum Kampf auf, doch er flieht mit seiner Festung, nachdem John und Suko seine Tengus zerstört haben. **978 †** – taucht auf der → *Insel der Geister* auf und tötet dort 10 Mönche und 12 Soldaten; holt John, Suko, Eva → *Karman* und Tokito → *Gazzanawa* in sein Schloß; tötet dort Gazzanawa mit einem Würgeseil; greift außerhalb des Schlosses Yakup an und verletzt ihn schwer; John und Suko fordern ihn zu einem Duell, um ehrenhaft zu sterben; willigt ein, wird dabei aber von dem wiedergenesenen Yakup überwältigt; Suko entwendet ihm sein eigenes Schwert und stößt es ihm in den Bauch; will in sein Schloß fliehen, wird aber vorher von Yakup mit seinem Schwert geköpft und damit vernichtet. **282**; **284**; **285**; **330**; **331**; **364**; **414**.

Shimadas Höllenschloß – auch »Todesschloß« oder »blaue Festung« genannt; umgeben von blauem Nebel; kann durch Zeiten reisen und Dimensionen überwinden; bildet möglicherweise eine Einheit mit dem Dämon → *Shimada*, dem es auch gehorcht; kann Größe und Zustand ändern; in ihm befinden sich Fallen, Spiegel, versteckte Gänge, Mauern, die zusammenrücken und Menschen zerquetschen können. **364**; **415**; **TB101**; **TB114**; **648**; **TB121**; **978**.

Shive, Nadir † – **TB87** Telepath; Anführer der »Arabian Force«; böser Dschinn; auch »Mann aus der Wüste« genannt; ist eine Gestalt aus Staub; vom Teufel beeinflußt; hat Zombie-Diener und normale Verbündete; strebt nach der Herrschaft des Bösen; hat den Horror-Helikopter geschaffen und mit seiner Haut überzogen, wodurch dieser kugel- und raketensicher geworden ist; fand eine alte Opferstätte des Götzen → *Baal* in der Wüste, wo bereits zahlreiche Menschen geopfert worden sind; beschwor die Magie des Götzen, wodurch dessen einstige Opfer zu seinen Dienern geworden sind; den Opfern hat man einst die Haut abgezogen und dem Götzen geweiht; zerstört mit dem Helikopter ein amerikanisches Schiff; entführt John, damit er einen Angriff der »Arabian Force« auf Soho miterleben kann; dieser bringt den

Helikopter zum Absturz; John tötet mehrere Zombies mit Silberkugeln und seinem Silberdolch und vernichtet ihn ebenfalls mit seinem Silberdolch; Suko zerstört den Horror-Helikopter mit der Dämonenpeitsche.

Shocking Palace – **1** – Bar in Soho, die von den 3 Vampirinnen Lara, Mona und Ginny betrieben wird.

Shokastra † – **277** – riesiger Schwarzer; stammt aus Uganda; hat dort den Fetisch des toten Götzen Shokastra gefunden, der aus den Federn der Höllenvögel besteht, und wurde somit selbst zu Shokastra; in den Federn steckt eine magische Kraft, die Menschen verändern kann; lebt als Dämon in den Wänden eines 10stöckigen Wohnhauses in London; wird von Suko mit der → *Goldenen Pistole* vernichtet.

Shortgate – Ort in Südengland; von Hügeln und Wäldern umgeben; der Friedhof besteht aus einem alten und einem neuen Teil; keine Leichenhalle oder Kapelle, die Toten werden in der Kirche aufgebahrt; westlich des Ortes liegt der Wildlife Park. **994; 995.**

Showman – kleine Gestalt; gelbliche Haut mit weißen Stockflecken; zwei Brüste mit langen vorstehenden Spitzen, um die sich büschelweise Haare kräuseln; uralt; entstand aus dem Schlamm der Hölle; wurde oft getötet, konnte sich aber immer wieder regenerieren; kann seine Gestalt ändern; magische Kräfte; kann Gegenstände manipulieren. **TB180 (1. Auftritt)** – wird verbrannt, nachdem er sechs Musiker getötet hat; kehrt zurück und manipuliert Spiegel und ein Telefon; widersteht dem nicht aktivierten Kreuz und verschwindet in einer Schlammfontäne.

Shulz, Godfrey † – **453** – arbeitet in Griechenland für den Britischen Geheimdienst und hilft John, als dieser auf Samos das Geheimnis des → *Pegasus* lösen will; wird von → *Skation* ermordet.

Shurigin, Die – **50** – tödliche Waffe; zwei starke Holzgriffe sind durch eine Eisenkette miteinander verbunden.

Shury, Jorge † – **237** – ungarischer Magier, der → *Asmodinas Vermächtnis* von → *Kalifato* erhält und künstliche, dämonische Menschen erschaffen will; wird von → *Belphégor* mit der Säge getötet.

Sibirien – asiatischer Teil von Rußland; Taiga und Tundra; Verbrecher wurden in Gefangenenlagern zur Erkundung Sibiriens eingepfercht; in der Nähe von Novosibirsk liegt ein Atomkraftwerk, das einmal von Zombies übernommen werden sollte; bei dem Atomkraftwerk befinden sich unterirdische Raketenstellungen; dort gibt es etwas außerhalb auch einen Flugplatz mit drei Rollbahnen und einem Tower. **TB11**; **TB40**.

Sidomas, Familie † – **TB28** – Mutter Martha gehört einem Hexenzirkel an; buhlte mit dem Teufel; hat daraufhin ihre Tochter Lydia geboren; diese freundet sich scheinbar mit Johnny Conolly an, in dessen Nähe die beiden auch wohnen; die beiden entführen Johnny; sie stecken ihn in einen weißen Sarg und bringen ihn in ihrem Renault 4 in den → *Ashdown Forest*; dort wollen sie ihn zusammen mit → *Wikka* und Jane Collins dem Teufel opfern; bevor dies geschehen kann, tötet die Wölfin Nadine → *Berger* Martha durch einen Biß; Lydia wird von Mandra → *Korab* getötet, der ihr sieben schwarzmagische Dolche in den Körper rammt, die als Gegenstücke zu seinen eigenen gedacht waren.

Sieben Dolche Mandra Korabs, Die → *Dolche Mandra Korabs, Die*.

Sieben Siegel der Magie – **232-234** – Buch, in dem im 4. Kapitel die Geheimnisse des Kreuzes erklärt werden; andere Kapitel behandeln → *Schwarze Magie*; es wird durch Johns Kreuz im → *Land, das nicht sein darf* vernichtet, ehe der → *Spuk* es an sich nehmen kann; Sarah Goldwyn hat das Buch von dem Antiquitätenhändler Hubert Peterson erhalten, der von Dienern des Spuks ermordet wird.

Sieben Tore des Unheils und des Schreckens – sie muß man öffnen, um den → *Dunklen Gral* zu finden; jedes Tor ist eine tödliche Falle für Menschen, die nicht guten Willens sind; wer sie öffnet, wird die Macht über den Dunklen Grals bekommen und → *Aibon* verstehen lernen. **261**.

Siegel der Templer → Templersiegel.

Silber – geweihtes Silber tötet Dämonen der unteren Rangstufen.

Silberdolch, Johns – Meisterstück der Sarazenen-Schmiedekunst; der Griff hat die Form eines Kreuzes; in ihn sind dieselben Zeichen eingraviert wie in Johns Kreuz, nur schwächer; sie haben aber nie reagiert; auf dem Griff befinden sich die Zeichen

S

der 4 Erzengel; M für Michael ganz oben, G und R für Gabriel und Raphael rechts und links, U für Uriel schwach auf dem oberen Teil der Klinge; ebenso das geheimnisvolle Sechseck aus der Mitte des Kreuzes und das → *Allsehende Auge*, jedoch sehr schwach und allmählich verblassend; gehörte früher → *Baal*. **320** – verfärbt sich schwarz, als sich John vor 4.000 Jahren in Baals Schlucht des Todes aufhält; die Zeichen werden blasser, die Magie Baals nimmt dem Dolch die eigene Magie; er bleibt im alten Babylon bei Baal zurück. **406** – John holt ihn sich von Baal zurück, indem er ihn gegen → *Baals Opferdolch* tauscht; John erfährt, daß Baals Opferdolch und sein Silberdolch zusammengehören und immer in Baals Besitz gewesen waren; irgendwann in biblischer Zeit war Baal der Silberdolch entwendet worden, und Hesekiel versah ihn mit den gleichen Zeichen wie auf dem Kreuz; da der Dolch aber eine Waffe des Bösen gewesen war, hatten die Zeichen nie die Wirkung wie auf dem Kreuz; als John den Silberdolch von Baal zurückerhält, sind die Zeichen darauf verschwunden. **810** – wird vom → *Schlangenkreuz* aufgesogen und verschwindet mit ihm.

Silberkugeln – werden von Father → *Ignatius* im → *Kloster St. Patrick* und später in Rom für John hergestellt.

Silbermaske – **473** – des → *Abbé Bloch* wird von → *Baphomet* mit seinem Blick zum Schmelzen gebracht und zerstört, wobei der Abbé erblindet.

Silberne Gott, Der – **392** – eine Statue aus Silber, groß wie ein Männerarm mit einem Menschengesicht; Name: → *Harun*; Götze eines geheimnisvollen Bergvolks aus den Pyrenäen; im Besitz von John; weist auf die → *Templer* hin.

Silberner Bumerang – von John und Suko auch »silberne Banane« genannt; ist entstanden aus den letzten Seiten des → *Buchs der grausamen Träume*, als Waffe, mit der der → *Schwarze Tod* vernichtet werden kann; John verfehlt damit nie das Ziel; wahrscheinlich hängt das mit der Magie der Waffe zusammen; sie ist für den → *Sohn des Lichts* gemacht worden. **101** – im Harz, am → *Brocken,* erlebt John, wie sich der Bumerang bildet. **102** – John vernichtet den Schwarzen Tod in seinem eigenen Reich, dem → *Friedhof am Ende der*

Welt unter der Antarktis. **123** – John trennt mit ihm den linken Arm von → *Tokata* ab; er fällt → *Dr. Tod* in die Hände. **202** – Dr. Tod köpft mit ihm → *Asmodina*; John nimmt ihn Dr. Tod wieder ab. **239** – John vernichtet mit ihm den Höllenwurm → *Izzi*. **260** – John tötet mit ihm den Wolf → *Lyka*, den Wächter der → *Makkabäer*-Nonne → *Clarissa*.

Silberner Nagel – handlang und doppelt so dick wie ein normaler; John hat ihn von seinem Freund Mandra → *Korab* erhalten, der ihn von einem Mönch aus China geerbt hat; in das Metall sind Dämonenbanner eingraviert. **GK113(24)** – mit ihm tötet sich → *Dr. Tod* eigenhändig, nachdem er sich vom Turm auf → *Darwood Castle* gestürzt hat; gelangt später in den Besitz von → *Asmodina*. **200-202** – bleibt im → *Reich des Spuks* zurück.

Silberskelett – mit Silber überzogenes Skelett des Templerführers Hector → *de Valois*; fühlt sich warm an; durch die Knochen scheint ein Kraftstrom zu fließen. **412** – wird von → *Abbé Bloch* gefunden und nach → *Alet-les-Bains* in die → *Kathedrale der Angst* gebracht, wo es seine Heimat findet. **1006 †** – wird von der → *Bundeslade* vernichtet. **431**.

Sils-Maria – Ort an den Südalpen in der Schweiz; zu erreichen über den Julier-Paß; liegt im selben Tal wie → *St. Moritz*; wird von diesem Ort durch den Silvaplanarer See getrennt; umrahmt von mächtigen Gipfeln, saftgrünen Almen und dichten Wäldern; hier lebte kurzzeitig der deutsche Philosoph Nietzsche; auf einer Anhöhe liegt das »Grand -Hotel«; sein Turm ragt über die Bäume hinaus und wird von der Schweizer Fahne geschmückt. **TB131**.

Silva † – **173** – Mitglied der Werwolf-Sippe → *Vasely*; nennt sich die weiße Wölfin und will Königin der Wölfe werden, doch sie wird von → *Lupina* im Zweikampf getötet.

Simonis, Franca † – **742** – Deckname: Herz-As; Mitglied der → *Weißen Macht*; stirbt durch Jessica → *Long*; ihr wurde das Herz geraubt.

Sinclair – Zombie; Krieger; als Waffe besitzt er ein Schwert; hat früher in → *Kilmartin*/Schottland geherrscht; gehörte dem → *Baphomet* dienenden Sinclair-Clan an; war dessen erster Diener und wurde von der → *Hölle* akzeptiert; wurde später von der Bevölkerung auf der Insel → *In-*

nes Shield begraben, überlebte jedoch die Jahrhunderte; der Amerikaner Krooger befreite ihn und spannte ihn für seine Zwecke ein. **634** – schlägt Bill Conolly nieder. **635 †** – tötet den Dorfbewohner Lintock mit seinem Schwert; trifft in der Kirche des Ortes auf John; John erfährt von Krooger die Geschichte seines Ahnherren; dieser soll John später töten; das Erscheinen von Sir James Powell mit dem → *Dunklen Gral* lenkt ihn kurz ab, und John tötet ihn mit dem Kreuz.

Sinclair, Geraldine – Ahnin von John; lebte um 1746 und war beteiligt am Kampf zwischen Schotten und Engländern; wollte den Kampf verhindern, wurde von den Highländern aber als Verräterin angesehen; wurde von den Engländern befreit und dann zur weißen Hexe; gelangte nach → *Avalon* und lebt dort noch heute. **TB175 (1. Auftritt)** – zerstört mit Hilfe ihres Schwertes und Johns Kreuz die Geister des ewigen Kampfes zwischen Schotten und Engländern; verhindert dadurch den Geistersturm.

Sinclair, Horace F. – grauhaarig mit weißem Oberlippenbart; pensionierter Rechtsanwalt; engagierter Umweltfreund; Johns Vater; verheiratet mit Mary → *Sinclair*; lebt in → *Lauder*/Schottland. **TB23** – wird von einem Killer verfolgt, der vor seinen Augen von einem Zombie getötet wird; informiert John über die Geisterstadt → *Brigadoon*. **TB87** – gerät in die Gewalt der Arabian Force; wird von John befreit. **547** – tötet den → *Vampir-Gnom* Zumbra mit einem Eichenpflock. **575** – wird bei der Entführung seiner Frau außer Gefecht gesetzt; erzählt John von der Entführung. **576** – wird zu einem Arzt in Lauder gebracht; ihm soll das alte Blut gespritzt werden, um ihn zum Vampir zu machen; schaltet den Arzt aus, der ihm die Spritze geben soll. **580** – erhält von → *Dracula II* Informationen, was er tun soll, damit seine Frau wieder frei kommt; taucht in *Frankfurt* auf, um John zu folgen. **581** – erlebt mit, wie John den → *Blutstein* findet. **596** – will Selbstmord begehen, wird aber von Sergeant → *McDuff* gerettet; erhält kurz darauf Besuch von der → *Feuer-Furie*, die ihm sagt, wo sich sein Sohn hinbegeben soll. **598** – John bringt seine gerettete Mutter wieder zu ihm. **681** – entdeckt nahe der schottischen Grenze ein seltsames grünes Licht und holt John hinzu; beobachtet zusammen mit Suko zwei Künstler, die für einen Anschlag auf ihn verantwortlich sein könnten; kann eine Flucht der Künstler nicht verhindern. **807** – wird von Mrs. McDuff zum Schloß der Lyells gelockt; die Besitzer des Schlosses wollen ihn und seine Frau töten; wird von John vor einem totenähnlichen Schlaf gerettet, in den ihn die Lyells versetzen wollten; wird Zeuge, wie John die Lyells mit seinem Kreuz vernichtet. **TB159** – findet einen sterbenden Schulfreund; hört etwas von → *Luzifer* und informiert John. **853** – holt John nach Lauder; trifft 4 Geister, die ihnen mitteilen, daß sie von → *Uliak* gerettet worden sind; entdeckt zusammen mit John 4 Leichen. **854** – soll von Uliak getötet werden, was John mit seinem Kreuz verhindert. **913** – gerät unter den Einfluß einer bösen Magie. **914** – wird von Gilles → *de St. Clair* vom Einfluß seines Schattens befreit; der Schatten hält sich aber weiterhin im Haus auf. **915** – wird von seiner Frau angeschossen, die unter dem Einfluß des Schattens steht; wird nach → *Glasgow* ins Krankenhaus gebracht. **916** – wird von John im Krankenhaus besucht. **937** – bringt John und Suko zu einem abgelegenen Holzhaus, indem sich → *Belial* befindet. **993** – bekommt zusammen mit seiner Frau Besuch von der → *Schattenfrau* Donata, die den beiden mitteilt, daß sie in Kürze sterben werden; teilt John das Geschehen später mit. **1000** – die Schattenfrau wiederholt ihre Todesweissagung. **1001 †** – erhält in seinem Haus Besuch von einem unheimlichen Wesen, das er mit einer Schrotladung vertreibt; flieht mit seiner Frau in Richtung Edinburgh; das unheimliche Wesen taucht kurz hinter Lauder erneut auf und verursacht einen Unfall der beiden; kurz danach tauchen mehrere der Wesen auf und töten ihn und seine Frau mit gläsernene Messern. **1002** – seine Leiche wird von den Polizisten Terence Bull und Slim McGanter gefunden. **1005** – seine Leiche wird vom Geist → *Lalibelas* übernommen, wodurch seine Augen sich in eine breiige, braune Masse verwandeln. **1006** – sein Geist nimmt Kontakt mit seinem Sohn auf, um diesen davor zu warnen, die → *Bundeslade* zu öffnen; Suko kann durch die braune Masse beobachten, was John in Äthiopien erlebt. **TB19**; **548**; **634**; **891**; **TB175**.

Sinclair, John – Oberinspektor bei Scotland Yard; wohnt in einem modernen Apartmenthaus in der City von London in der 8. Etage neben Suko; ist der Erbe des Kreuzes und damit der Sohn des Lichts, dessen Bestimmung es ist, das Böse zu bekämpfen; seine Eltern sind Horace F. und Mary Sinclair, die nach der Pension seines Vaters zurück nach Schottland gegangen sind und bis zu ihrem Tod in dem kleinen Ort → *Lauder* lebten; hat schon mehrere Leben gelebt, darunter als → *König Salomo*, als Richard → *Löwenherz* und als Templer-Führer Hector → *de Valois*; von den Frauen, die sein Leben bestimmt haben, sind Jane Collins, Glenda Perkins und Nadine Berger die wichtigsten; seine ultimative Waffe gegen das Böse und die Mächte der Finsternis ist das Kreuz, das von dem Propheten → *Hesekiel* in der Babylonischen Gefangenschaft hergestellt wurde. **GK117(25)** – wird zum Oberinspektor befördert. **131** – wird durch das Serum des → *Mr. Mondo* zum Werwolf und verliebt sich in → *Lupina*; wird durch eine Bluttransfusion gerettet. **TB14** – gelangt in den Besitz des → *magischen Fächers*, bis der → *Goldene Samurai* ihn wieder an sich nimmt. **242** – erhält zusammen mit Suko einen Orden von der Queen. **TB30** – köpft → *Vampiro-del-mar*. **TB35** – vernichtet Professor → *Orgow*. **PB1** – das Kreuz wird von → *Lilith* verformt, aber von Erzengel → *Michael* wieder hergestellt. **TB54** – findet die verschwunden Zeichen seines Kreuzes auf dem → *Rad der Zeit*. **500** – gelangt in den Besitz des → *Dunklen Grals*. **570** – hat den ersten Kontakt zu → *Dracula II*. **TB100** – erfährt, welche Personen den → *Seher* bilden und erhält die Zeichen auf seinem Kreuz zurück. **581** – entdeckt im Schwarzwald den → *Blutstein*. **590/591** – sein Körper wird vom Geist des Knight of Gorman übernommen. **597** – rettet seine Mutter aus den Händen von Dracula II, der dafür den Blutstein erhält. **TB106** – tötet Sukos verbrecherischen Vater. **610** – findet vor der neufundländischen Küste den → *Templerschatz*. **622** – altert um 30 Jahre, da ihm der Dunkle Gral gestohlen wird. **623** – kommt zum ersten Mal nach → *Avalon*. **624** – erhält sein altes Alter zurück, weil Nadine → *Berger* für ihn nach Avalon geht. **646** – erhält 2 Karten, die zum Templerschatz führen sollen.

TB119 – findet das Palmblatt mit Nadine Bergers Zukunft. **662** – erhält einen Tip, wie er Nadine Berger vom Vampirdasein erlösen kann. **663** – findet das → *höllische Ei*, mit dem er Nadine Berger vom Vampirdasein erlösen können soll. **667** – erlöst Nadine Berger mit Hilfe des höllischen Eis und seines Kreuzes vom Vampirdasein. **TB 123** – erfährt die Geschichte des Spuks. **784** – gibt den Dunklen Gral an Merlin, um Suko und → *Abbé Bloch* aus Avalon zu retten. **TB150** – erhält die ersten Hinweise auf die → *Bundeslade*. **TB 153** – kommt zum ersten Mal in die → *Vampirwelt*. **810** – der Silberdolch verschwindet im Rachen des → *Schlangenkreuzes*. **828** – trifft in der Vergangenheit auf Richard → *Löwenherz*. **876** – das Kreuz wird vom Licht der Engelmenschen verbogen. **878** – → *Raniel* stellt den Ursprungszustand des Kreuzes wieder her. **978** – erlebt die Vernichtung → *Shimadas* mit. **980** – in seiner Wohnung wird Yakup →*Yalcinkaya* getötet. **986** – → *Luzifer* tötet vor seinen Augen → *Zebulon*, wodurch auch Barry F. → *Bracht* stirbt. **1001** – seine Eltern sterben. **1003** – trifft zum ersten Mal auf → *König Salomo*. **1006** – findet die Bundeslade.

Sinclair, Mary – Johns Mutter; verheiratet mit Horace F. → *Sinclair*, lebt in → *Lauder*/Schottland. **TB87** – gerät in die Gewalt der Arabian Force; wird von John befreit. **575** – wird von → *Dracula II* in eine Falle gelockt und entführt. **597** – wird von Jane Collins in Holland entdeckt; John tauscht den → *Blutstein* gegen sie ein; Dracula II gibt John seine Mutter zurück. **598** – John bringt sie wieder zu ihrem Mann. **807** – wird von Mrs. McDuff zum Schloß der Lyells gelockt; die Besitzer des Schlosses wollen sie und ihren Mann töten; wird Zeuge, wie John die Lyells mit seinem Kreuz vernichtet. **913** – informiert John, daß sein Vater vom Schatten eines Dämons besessen war. **915** – wird vom Schatten von Gilles → *de St. Clair* in Besitz genommen; schießt in diesem Zustand ihren Mann an. **937** – findet Johns abgetrennten Kopf in ihrem Kühlschrank; dieser ist ein Hologramm, das ihr → *Belial* geschickt hat; der Kopf ist beim zweiten Hinsehen dann auch wieder verschwunden; ruft bei Suko an, um sich zu vergewissern, ob John noch lebt, was dieser ihr bestätigt. **993** – erhält zusammen mit ihrem Mann Besuch von der → *Schattenfrau*

Donata, die den beiden mitteilt, daß sie in Kürze sterben werden. **1000** – ihr Mann teilt ihr mit, daß die Schattenfrau erneut erschienen ist, um sie vor ihrem Tod zu warnen. **1001** † – erhält den Besuch eines unheimlichen Wesens in ihrem Haus mit, das ihr Mann vertreiben kann; flieht mit ihrem Mann in Richtung Edinburgh; das unheimliche Wesen taucht kurz hinter Lauder erneut auf und verursacht einen Unfall der beiden; kurz danach tauchen mehrere der Wesen auf und töten sie und ihren Mann mit gläsernen Messern. **TB19**; **TB23**; **547**; **548**; **634**; **853**; **854**; **891**; **TB175**; **914**; **916**.

Sinclairs, Haus der – in → *Lauder*/Schottland, in den Southern Uplands; Landhaus aus dicken Steinen, das an einem Hang am Rande des Ortes liegt; helle Fensterrahmen, Blumenkästen auf den Fensterbänken, Efeu an den Mauern; großer Platz mit Bäumen vor dem Haus; innen eine große Diele mit alter Standuhr und Sideboard aus Mahagoni; Wohnzimmer mit rundem Tisch und kleinen bequemen Sesseln im Erker.

Singal † – **476** – Inder, dessen Großvater einen Killer-Tiger tötete und aus seinen Augen, die von der Totengöttin → *Kali* beseelt waren, einen Spiegel hergestellt hat; der Spiegel geht immer von Vater zu Sohn über, deren Aufgabe es ist, ihn zu bewahren, damit er nicht in Kalis Hände fällt; Singal wird zum Verräter und lockt Mandra → *Korab*, John, Suko und Bill Conolly in Kalis Falle; wird von → *Garuda* getötet.

Sinistro – der Magier; Kopfloser; trägt einen langen, dunkelroten Mantel, auf dessen Vorderseite die Köpfe einer Ziege, eines Krokodils und einer Hyäne abgebildet sind; anstelle des Kopfes schimmert es silbriggrau über dem Mantelkragen. **75** – sucht in New York nach seinem Schädel, der sich im Besitz des → *Spuks* befindet. **76** – entführt Bill Conolly in eine andere Dimension, um mit ihm John zu erpressen, ihm seinen Kopf zu besorgen; John täuscht ihn mit einer Attrappe und befreit Bill. **77** † – Sinistro flieht nach London und will sich mit mordenden Puppen an Shao und Jane Collins rächen; John, Suko und Bill kehren rechtzeitig aus New York zurück, um ihn zu vernichten und die Frauen zu retten.

Siram – Polizist in → *Quasral*/Ägypten. **TB120** – trifft John und verweist in an Claude Meiser, einen Wüstenführer.

Sirc, Dolores – **IV70** – dunkelhäutige, hübsche Frau, die in den Bann des Voodoo-Priesters Bebelle gerät und seinen Lebens- und Todestrank trinkt; John bringt sie in ein Krankenhaus, nachdem er den Zombie Bebelle geköpft hat; wahrscheinlich wird Dolores wieder normal.

Sirene von Atlantis, Die – so genannt wegen ihres Gesanges, mit dem sie angeblich töten kann; richtiger Name: Roya; stammt aus → *Atlantis*; lebte dort eine Zeitlang wie eine Schwester mit → *Kara* bei deren Vater → *Delios*; war dort vermutlich als Spionin des Bösen eingesetzt; ein Jahr älter als Kara; trägt ein dunkles Korsett, darüber einen langen dunklen Mantel; sang auf den Schlachtfeldern; Waffe: Schwert mit langer Klinge. **863** – taucht in → *Stonehenge* auf und tötet 2 Menschen; entwendet Kara das → *Goldene Schwert*. **864 †** – verschont Kara in der Vergangenheit, nachdem sie Kara besiegt hat; wird vom → *Eisernen Engel* vor den Skeletten des → *Schwarzen Tods* gerettet; Suko entwendet ihr das Goldene Schwert und gibt es zurück an Kara; verwandelt sich in ein riesiges Insekt mit 2 großen Glasflügeln, bevor der Eiserne Engel sie mit seinem → *Schwert* vernichtet.

Sita – **GK200(46)** – Schlangenkönigin mit Schlangenarmen; kann jede Gestalt annehmen; Freundin von → *Madame Wu*, der Spinnenkönigin; will den Tod ihrer Freundin rächen und John töten; wird von John mit → *magischer Kreide* ins Dämonenreich zurückgetrieben.

Skation † – **453** – der Unbesiegbare; Mönch aus dem Kloster auf Samos; Mitglied der Loge der Mystiker (→ *Psychonauten*); auf seiner Stirn trägt er das rot leuchtende Auge des Wissens, das → *Allsehende Auge*, das Zeichen der Psychonauten; wird vom Horn des → *Pegasus* aufgespießt und getötet.

Skelett-Vampire, Die † – **IV60** – 3 Riesenvampire aus Atlantis, die vom → *Schwarzen Tod* in einer Schlucht in Schottland in einen Felsen eingeschlossen wurden; als sie von Anhängern wieder zum Leben erweckt werden, sollen John und Jane Collins ihre Opfer werden; der Schwarze Tod vernichtet sie mit seiner Sense endgültig.

Skiibar † – **434** – Gott der Geier; lebt auf einer unbewohnten Insel im Atlantik, 150 Meilen vor

S

der Küste Senegals; menschliche Gestalt, aber über und über mit Federn bedeckt; schwarzes Gesicht mit gelben Augen und einem langen, gekrümmten Schnabel; wurde früher von dem jungen Inspektor John Sinclair mit Silberkugeln vernichtet.

Skodar – Ort in Rumänien an der Südkette der Karpaten; alte Häuser; Straßen ungepflastert; nördlich liegt das »Kloster der schweigenden Münder«; der schmale Pfad dorthin führt vorbei an einem Wasserfall und über eine brüchige Holzbrücke, die über eine kleine Schlucht führt, in der sich ein See befindet, der von dem Wasserfall gespeist wird; die Frontseite der Kirche verdeckt das Kloster; es gibt einen Verbindungsstollen vom Kloster zum Wasserfall. **TB110**.

Skylla † – 384 – Menschenschlange mit den Köpfen der sechs von der Marquesa → *Frascetti* ermordeten Mädchen.

Slade, Al – 242 – breit gebaut, schwarze Lederjacke, dichtes, braunes Haar, Narbe im Gesicht; Chef einer Antiterror-Brigade.

Slade, Harriet – 714 – rettet John davor, von der Totenfrau → *Selma* lebendig begraben zu werden, indem sie sie mit Silberkugeln aus Johns Beretta tötet.

Sloane, Dr. Peter † – 952 – Skelett; große, leere Augenhöhlen; Mund und Kinn sind wie bei einem Arzt mit einem Mundschutz bedeckt; trägt am Körper einen Krankenhauskittel; führte zu Lebzeiten geheime Experimente durch; erfand ein grünliches Serum, das den Körper tötet, den Geist aber am Leben erhält; dieser wird befähigt, durch andere Dimensionen zu reisen; das Serum besteht aus dem Blut alter Dämonen, die er in einem Zwischenreich aufgetrieben hat; greift John mit seiner Spritze an, in der sich das Serum befindet; diese landet in der Mitte des Kreuzes, wodurch die Kraft des Kreuzes auf ihn weitergeleitet wird; das Serum und er selbst werden vernichtet.

Slobicze – Dorf in Ostpreußen, Nähe Königsberg; hier jagen John und Wladimir → *Golenkow* ein paar Werwölfe. **759**.

Smasch † – **TB181** – auch der Hexenfresser genannt; lebt als Dämon im Reich von → *Asmodis*; stiftartige Zähne wie Stahlnadeln; rote Augen; helles Fell am ganzen Körper; ernährt sich von rohem Fleisch; geht einen Pakt mit Asmodis ein, der ihm daraufhin auch den Namen gibt; soll die Hexen von → *Lilith* töten, um diese dadurch zu schwächen; tötet 10 Hexen; wird einmal von Asmodis vor John gerettet; wird später von Lilith aufgespießt und anschließend verbrannt.

Smith – Mitglied des Mossad; ist eine → *Kreatur der Finsternis*; Aussehen als Kreatur: Schnauze eines Krokodils; klumpige Füße; filziges Fell; auf der Brust rotgrün schimmernde Schuppen; Hals aus sehnigen Muskeln; breite Schnauze; größer als ein Mensch. **801** – tötet den Reporter David Stern bei dessen Nachtwache; steckt ihn in den mit Sand gefüllten Brunnen eines Klosters. **802 †** – trifft auf John; nimmt diesen gefangen; John kann ihm mit Hilfe von → *König Salomo* entkommen und vernichtet ihn später mit seinem Kreuz, wobei er zunächst zu einer schwammigen Masse wird, bevor die Macht des Kreuzes ihn endgültig vernichtet.

Smitty – **GK31(5)** – Trainingsleiter des Schießstandes im Yard Building.

Snake → *Schlangenfrau*.

Snider – **GK172(40)** – Inspektor bei Scotland Yard; Leiter einer Mordkommission.

Snyder, Professor – **GK31(5)** – Psychologe bei Scotland Yard.

Sogg-Ra † – **224** – der Affenteufel; vier Arme, schrecklicher Schädel; stirbt durch Sukos Dämonenpeitsche.

Sohn des Lichts – Beiname Johns als Erbe des Kreuzes.

Sokk-Ull † – **386** – Götze, gewaltiges Urviech; soll nach einer Legende der Seminolen, der Ureinwohner Floridas, von einem Sternenvolk stammen; seine Nachbildung kann in einer gewaltigen Höhle in dem Freizeitpark »Adventure World« in Florida besichtigt werden (Besitzer: Hugo → *de Valois*, Nachkomme des Hector → *de Valois*); wird von John mit dem silbernen Bumerang vernichtet.

Sondrax † – **761** – Grieche; gehört zu → *Psychonauten*; stirbt durch → *Nefrets* → *Todesvogel*, mit dem sich → *Kiriakis* verbündet hat.

Sonnengöttin, Die → *Amaterasu*.

Sorvino, Paul – Rechtsanwalt von Logan → *Costello*, dem Londoner Mafia-Boß; hält John für schuldig am Tod seines Sohnes, der Selbstmord beging. **179; 271; 281**.

South Trebone – Dorf in Cornwall, in dem der Seelen-Vampir → *Tarrasco* von John mit

S

dem Kreuz vernichtet wird. **244**.

Southwick – Seebad in der Nähe von Brighton, das von einer Rattenplage heimgesucht wird. **117**.

Spencer – **GK160(37)** – Inspektor bei Scotland Yard; John und er können sich nicht leiden.

Spezialkoffer – **GK183(43)** – Beretta mit Silberkugeln; silberner Dolch; magische Kreide, hergestellt aus bestimmten Tierfetten; Flakon mit Weihwasser; zugespitzte Holzpflöcke; später Druckluftpistole, die Eichenbolzen verschießt; gnostische Gemme; teilweise die Dämonenpeitsche und der silberne Bumerang; mit einem geheimen Öffnungsmechanismus versehen; wenn ein Uneingeweihter ihn öffnet, wird er mit einer Gasladung außer Gefecht gesetzt.

Sphinx † – **TB80** – lebte bereits in → *Atlantis*; hat das Aussehen einer Löwin mit Frauenkopf; der Geist der Ursphinx wurde einst in der Statue gefangen; vor dem Untergang von Atlantis ließ → *Delios* die Sphinx auf einem Schiff aufs Meer bringen; dort ist sie in der Sonne geschmolzen; die geschmolzene Masse ist ins Meer geflossen und wurde mit Hilfe der Dunklen Mächte wieder an Land gespült; dort erbeutete sie eine Schwimmerin und wurde dadurch wieder zur Sphinx, allerdings mit dem Kopf der Schwimmerin; sie mordete weiter; kann sich in die Schwimmerin verwandeln, die Rowena de Largo hieß; bringt die Sphinxmasse in Form von Lippenstiften in die Gegenwart; die Frauen, die die Lippenstifte benutzen, werden zu Mörderinnen; Jane Collins gerät ebenfalls in den Bann der Lippenstifte, wird aber von John gerettet, bevor sie jemanden zum Mörder machen kann; kann zurück in die Vergangenheit; will die 4 Helfer von Delios töten und begibt sich aus diesem Grund zurück nach Atlantis; entführt John, Suko und → *Kara* nach Atlantis; verwandelt durch ihren Lippenstift zwei von Delios' Helfern in Mörder, die jedoch von John von dem Bann befreit werden; wird dort von Kara mit deren → *Goldenem Schwert* getötet und versteinert.

Spiegel des Spuks – **376** – entsteht an einem Denkmal auf einem Soldatenfriedhof; wird vom → *Spuk* mit dem → *Würfel des Unheils* geschaffen; durch ihn gelangt der Dämon → *Bri-Onya* auf die Erde. **377** – Blitze spalten das Denkmal; der Spiegel verschwindet.

Spiegel, Kalis – **476** – ein Spiegel, der vom Großvater des Inders → *Singal* aus den Augen eines Killer-Tigers hergestellt wurde; durch ihn werden Mandra → *Korab*, John, Suko und Bill Conolly in → *Kalis* Reich gelockt, jedoch von → *Garuda* gerettet.

Spiegel-Dämon, Der † – 158 – Zwerg im Spiegelkabinett des → *Mirror-Man*; hat einen Pakt mit dem Satan geschlossen und ist dadurch fähig, die Gedanken der Menschen zu beeinflussen, die in seine Spiegel schauen, und sie zu bösen Taten zu verleiten; beeinflußt Johnny Conolly, so daß dieser seine Eltern töten will; wird von John und Suko getötet.

Spiegeltore – 376 – sind Dimensionstore; können mit Hilfe des → *Würfels des Unheils* geöffnet werden.

Spimanes – 761 – Einsiedler, dennoch Technik-Freak (moderne Funkanlage); Grieche auf einer einsamen Insel.

Spinnen → *Weiße Spinnen*.

Spinnenfluch – 253 – des → *Kalifato*, eines uralten Dämons mit gewaltigem Spinnenkörper.

Spinnen-Königin, Die † → *Madame Wu*.

Spinnenkuß, Der – GK 196 (45) – durch den Spinnenkuß werden Menschen durch die von → *Madame Wu* geschaffenen Spinnenmonster in ebensolche verwandelt.

Spriggens – buntes Völkchen aus → *Aibon*, nicht größer als Puppen; oft Musikanten; hokken im Fackelschein auf Hügeln und musizieren; blasen Mundharmonikas, Cymbeln oder schlagen Tambourins, spielen Maultrommeln oder pfeifen auf Grashalmen; kleine alte Männchen mit wehenden Bärten; tragen grünes Wams mit scharlachroten Kappen; sind ein lustiges Völkchen, außer, ein Mensch erdreistet sich, sie zu reizen; dann werden sie zu kleinen Monstern; leben in Cornwall, im Hügel »Gump«, der gleichzeitig ein Weg nach Aibon ist, wo sie auch herstammen; werden auch »Hüter der Geisterhügel« genannt. 671 (**1. Auftritt**) – John findet in einem Keller mehrere Flaschen mit gefangenen bösen Spriggens; er befreit sie aus Versehen mit seinem Kreuz; die bösen Spriggens versuchen, die guten zu töten; die bösen existieren nur als Geister mit hellgrauen Schleiern; am Hügel »Gump« kommt es zum Kampf zwischen den guten und den bösen Spriggens, in den auch John und Suko hineingezogen werden;

S

den beiden gelingt es, vier böse Spriggens zu vernichten; die guten Spriggens vernichten die restlichen vier bösen, haben jedoch selbst einige Verluste.

Spuk – einer der → *Großen Alten*; entstand, als sich das All gebildet hat; vereint ihre Kräfte in sich, nachdem er als einziger überlebt hat; amorphes Wesen, das früher eine helle, weiße Gestalt hatte; besteht aus dem Licht der Sterne; Herrscher der Echsenmenschen; gehörte vor Millionen von Jahren einem Rat an, der über gewisse Welten herrschte; wurde zum Verräter tituliert und zur Erde verbannt, fand jedoch einen Weg zurück, stieß auf → *Acron* und lernte von ihm; stahl Acrons Schatten und wurde so zum Spuk; der Schatten verdeckt seine eigene Gestalt; mußte einst, um den Großen Alten angehören zu können, eine Aufgabe in der Echsenwelt lösen; schaffte dies, wurde aber selbst zur Echse, nachdem er den Herrscher der Echsenwelt besiegt hatte; gab diese Gestalt wieder auf, nachdem er bemerkte, daß er in dieser Gestalt verwundbar war; sammelt tote Dämonenseelen und nährt damit Acrons Schatten; Besitzer des → *Tranks des Vergessens* und des → *Würfels des Unheils*; früher liiert mit → *Astarte*. **19 (1. Auftritt)** – zeigt sich als Schatten und in seiner wirklichen Gestalt als monsterhafte Echse. **35** – aus seinem Reich kommen die → *Horror-Reiter*. **58** – König im Reich der Schatten, wo alle schwarzen Seelen vernichteter Dämonen gefangen sind. **76** – ist durch das Kreuz nicht zu töten; wird nur gebannt und in die Flucht geschlagen. **TB8** – die unter seiner Herrschaft stehende Seelenburg eignet sich der Druide → *Pykka* an, der daraufhin von → *Maddox* zum Tode verurteilt wird; läßt Pykka nach dessen Flucht von einem Echsendämon töten; wird von Gordon → *Schreiber* und dessen Anhängern verehrt; gelangt fast an die Seele von Jane Collins, die ihm geopfert werden soll. **TB15** – warnt John vor dem → *Dämonen-Parasiten* Galuri, der sein Feind ist. **232-234** – will das → *Buch der sieben Siegel* an sich bringen, damit John das Geheimnis seines Kreuzes nicht erfährt. **TB29** – geht ein Bündnis mit → *Asmodis* und → *Wikka* gegen die Großen Alten ein; will → *Lady X* töten; nach deren Pfählung verschwindet er mit Asmodis, → *Vampiro-del-mar* und dem Würfel des Unheils.

TB60 – entfacht ein Feuer im → *Pandämonium* und zerstört es dadurch; will John im zerfallenden Pandämonium töten, der aber von Suko mit dem Würfel des Unheils gerettet wird. **432/433** – erscheint bei den → *Flammenden Steinen* und überläßt → *Kara* 3 Tropfen vom Trank des Vergessens, damit sie → *Magico* bekämpfen kann. **534** – rächt sich für die Vernichtung von 3 seiner Hexen durch John, indem er den → *Todesnebel* aussendet, der daraufhin einen Menschen vernichtet. **561** – bittet John um Hilfe beim Kampf gegen Asmodis; beide wollen in den Besitz von 3 Seelen gelangen. **573** – spielt Asmodis einen Streich und befreit den → *uralten Henker* Lorenzo aus dessen Bann; schickt ihn nach Italien, wo John ihn später tötet. **589** – holt die aus seinem Reich geflohenen Kugelköpfe und das ebenfalls geflohene → *Plasma des Bösen* zurück in sein Reich. **TB109** – holt sich einen in → *Dortmund*/Deutschland befindlichen Friedhof mitsamt der darauf befindlichen Seelen zurück, den ihm der Teufel einst gestohlen hatte. **623** – überläßt Kara einen Tropfen vom Trank des Vergessens, damit diese nach → *Avalon* gelangen und John retten kann. **658** – teilt John mit, daß ein Mörder aus seinem Reich entkommen ist, um weiter zu morden. **TB123** – warnt John vor weiteren Nachforschungen in einem Fall in Jordanien; trifft John im Körper von Astarte, die noch ein Berg ist; erzählt John seinen Lebensweg und auch, daß er einst mit Astarte liiert gewesen ist; greift seine ehemalige Braut an, wird aber von ihr zurückgeschlagen. **TB142** – trifft auf das → *Stonehenge-Monstrum*, das zeitgleich mit ihm erschaffen worden ist, aber einen Feind darstellt; rettet John und Suko einmal vor dem Monstrum; erzählt den beiden die Hintergründe des Stonehenge-Monstrums; greift ein, als das Monstrum die Steine von → *Stonehenge* übernehmen will; verdrängt das Licht des Monstrums mit seiner Finsternis; dringt in den Kopf des Monstrums ein und zerstört den Schädel und damit das Monstrum von innen heraus. **915** – erscheint durch den Würfel des Unheils bei Suko und → *Abbé Bloch*; verkündet ihnen, daß er den Schatten von Gilles → *de St. Clair* rauben will; raubt diesem später tatsächlich die Seele und vernichtet ihn dadurch. **925** – geht ein Bündnis mit Eric →

Canetti ein und raubt diesem dessen Schatten; durch die Morde des Schattens wurde er mit Seelen versorgt, bis John den Schatten tötete. **TB190** – erscheint nach der Vernichtung von → *Darkman*; teilt John mit, daß dieser ein Experiment von ihm gewesen ist; John hat den Darkman zwar vernichtet, er sieht das Experiment aber trotzdem als gelungen an, da der Darkman alles so ausgeführt hat, wie er wollte; will eventuell eine Armee aus solchen Gestalten bilden, denen er seine Kräfte einhaucht und sie dadurch kontrollieren kann. **26; 87; 108; 122; TB4; TB22; 258; 298; 347; 353; 388; 622**.

St. Clair, Henry – Ahnherr von John; Franzose; hat 100 Jahre vor Columbus Amerika entdeckt; mächtiger Tempelritter; besaß einen Teil des → *Templerschatzes*; hat sich, dadurch geblendet, dem Bösen verschrieben; sein Herz überlebte mit Hilfe → *Baphomets*; es wurde ihm von seinem ehemaligen Templerfreund Rodney Turon herausgeschnitten, nachdem er zwei Freunde Baphomet geopfert hat; sein Körper wurde verbrannt; sein Herz befindet sich heute in den südlichen USA; er ist der Götze der »Kirche des Herzens«, die von den Nachfolgerns des Hexers Aleister → *Crowley* gegründet worden ist; hat einst den Schatz der Lyells gestohlen. **808** – sein Herz schwillt an und saugt dem Körper von Kiki → *Lafitte* das Leben aus. **809** – das Herz saugt sich am Rücken von Kiki Lafitte fest, und beide werden von John gefunden. **810 †** – zeigt John durch eine Vision, wie er zum Baphomet-Diener geworden ist; das Herz will sich mit dem → *Schlangenkreuz* verbinden, um dem Bösen Tür und Tor zu öffnen; John vernichtet das Herz und das Schlangenkreuz, das vorher den Silberdolch verschluckte, mit seinem Kreuz.

St. Clair, Jill † – **284/285** – Reporterin, arbeitet für das Revolverblatt »Each Week«; wird zum Zombie und stirbt durch Johns Kreuz.

St. Moritz – Wintersportort in der Schweiz; von hohen Bergen, schroffen Graten und Gletschern umgeben; in einem Hochtal der Alpen in ca. 2.000 Meter Höhe gelegen; zahlreiche Luxushotels, Bars, Clubs; liegt im Engadin; Skilifte, Seil- und Bergbahnen. **TB67**.

St. Patrick → *Kloster St. Patrick*.

St. Petersburg – Ostseehafenstadt in Rußland; Flughafen; Polizeipräsidium; umgeben von großen dichten Wäldern; am Stadtrand liegt ein altes Kloster, wo die »Jünger Rasputins« leben. **797**.

St. Produce – Ort in den Ardennen/Belgien, wo Horace F. Sinclair in die Gewalt des Geheimbunds Dunkler Gral gerät. **707**.

Stab, Buddhas heiliger – mit ihm kann die Zeit für 5 Sekunden angehalten werden, wenn man das Wort »Topar« ruft; während dieser Zeit darf kein Wesen, Mensch oder Tier, getötet werden, sonst verliert der Stab seine Wirkung; in ihm lebt eine magische Kraft, die nicht zum Töten eines Lebewesens mißbraucht werden darf; es dauert einige Stunden, bis der Stab nach einer Aktivierung erneut eingesetzt werden kann. **TB2 (1. Auftritt)** – Suko erhält den Stab von dem Abt → *Brahdana* in → *Katmandu*/Nepal. **156** – während der 5 Sekunden heilt er die Wunden seines Trägers. **323** – in ihm steckt eine Kraft, die verhindert, daß ein Böser das Wort »Topar« ruft. **324** – Buddha spricht zum ersten Mal mit Suko. **451** – wenn Buddha durch den Stab spricht, nimmt dieser ein gläsernes Aussehen an; wenn man das Wort »Topar« nicht spricht, kann man damit Dämonen vernichten, indem man ihn wie ein Messer benutzt; nicht bekannt, aus welch einem Material er besteht; Farbe zwischen dunklem Grün und tiefem Braun; sehr hart, nicht zu biegen. **661** – der »Schlafende Gott« → *Cheng Gu* macht den Stab durch seine Kraft unbrauchbar, da er einem Irrtum unterlag und Suko für einen Feind gehalten hat. **662** – Cheng Gu bemerkt seinen Fehler und gibt ihm mit den Worten »Shai grom achi nemen hen« die alte Form und auch seine Funktion zurück. **672** – er wird Suko gestohlen; mit seiner Hilfe wird ein Banküberfall durchgeführt; während seiner Wirkzeit wird ein Mensch getötet; er verliert seine Macht. **673** – Suko holt sich den Stab zurück und bemerkt, daß er seine Wirkung verloren hat. **678** – Suko trifft in einer fremden Dimension auf Buddha; er erzählt ihm die Geschichte, warum der Stab seine Wirkung verloren hat; Buddha gibt dem Stab seine Kraft zurück. **937** – Suko tötet während seiner Wirkzeit 4 Höllenhunde, was seine Funktion jedoch nicht gefährdet.

Stahl, Harry – Kommissar in → *Leipzig*; hochgewachsen; graue Haare; etwas älter als John;

S

sonnengebräunt; Gelegenheitsraucher; fährt einen Opel; war verheiratet, aber die Partner hatten sich auseinandergelebt; wieder Junggeselle; lebt in einer kleinen Wohnung am Rande der Innenstadt von Leipzig. **644 (1. Auftritt)** – untersucht einen Mord und informiert John; trifft auf einen Zombie; verfolgt ihn zusammen mit John; treffen auf → *Hoffmann*. **645** – rettet zusammen mit John Suko vor Hoffmann; verfolgt Hoffmann und Vincent → *van Akkeren* zusammen mit John und Suko Richtung Ungarn. **664** – bringt John auf die Spur von → *Dr. Sheldon Drake*; erfährt, daß Dr. Drake mit Hilfe des Blutes aus dem → *Blutstein* Menschen zu Vampiren machen kann. **665** – tötet Dr. Drake mit einer Silberkugel; trifft in → *Berlin* auf → *Konowski*; versucht mit ihm und Suko einige Vampire zu töten. **666** – tötet zahlreiche Vampire; muß auch Konowski mit einer Silberkugel töten, nachdem dieser zum Vampir geworden ist. **698** – findet mehrere Leichen, die Opfer des Ghouls Helmut → *Stoßflug* geworden sind; überwacht mit John das Gelände, wo die letzte Leichen gefunden worden ist; wird von dem Ghoul und seinen 3 Helfern angegriffen, aber von John gerettet. **724** – jagt mit John den → *Satan von Sachsen*; rettet John dreimal das Leben. **794** – findet in der Nähe der tschechischen Grenze eine Leiche und holt John dorthin; wird von mehreren besessenen Menschen angegriffen, die ihn veranlassen, wieder in das Spukhotel zurückzukehren. **795** – soll von der besessenen Pamela getötet werden, was John jedoch verhindert. **817** – stößt bei seinen Ermittlungen in einem Diebstahlfall auf einen Dolch, der Johns verschwundenem Silberdolch sehr stark ähnelt; stößt dabei ebenfalls auf Luzifers Tränenbecher; gerät unter den Einfluß von → *Lilith* und tötet in diesem Zustand Fritz Fuhrmann, bevor er flieht. **818** – wird wegen Mordes verhaftet; wird vom Polizeidienst suspendiert. **825** – ist nun Privatdetektiv in Leipzig; erhält von einem Klienten einen Totenschädel, zu dem er den entsprechenden Körper suchen soll; beginnt zusammen mit John in Tschechien mit der Suche; erlebt mit, wie der Totenschädel seinen Auftraggeber tötet, da dieser die Person umbrachte, der der Schädel einst gehörte. **837** – wird in eine Ruine gelockt und dort fast Opfer eines Man-

S

nes in Grau; wird vom → Roten Ryan gerettet; trifft auf → Ribana. **850** – soll sich rehabilitieren und erhält daher einen Auftrag von der Polizei; sieht im »Haus X« die Fratze → Belials; wird vor der Rache des → Pandämoniums gewarnt. **851** – findet den geschrumpften Körper von Egon Kraft; dieser greift ihn an, woraufhin er ihn erschießt. **887** – hat seinen Posten als Agent erhalten; soll in Hamburg das Verschwinden von sechs Menschen aufklären; sieht, wie John durch ein Dimensionstor erscheint, und wird von einem Mann angegriffen. **888** – überwältigt den Angreifer, der sich daraufhin in Würmer auflöst; gerät durch ein Dimensionstor nach Spanien. **907** – wird in ein Gefängnis gerufen, wo jemand Blut schwitzt; erfährt zusammen mit John von den blutenden Bäumen; erfährt, daß unter den Bäumen ein alter Strigen-Friedhof liegt; rettet eine Person vor einer → Strige. **928** – erhält von einem Geheimdienstler Informationen über den → Fliegenmann; besucht mit John den Ort → Petlery/Tschechien; trifft zusammen mit John auf den Fliegenmann, den John später tötet. **932** – soll den aus dem Zuchthaus entlassenen Alfons → Buzea überwachen; dieser entwischt ihm, nachdem er ihn zusammengeschlagen hat; findet zusammen mit John die Leichen von einem Zuchthausaufseher und dessen Frau. **933** – verfolgt mit John Alfons Buzea, der die Kinder von Helga Stolze entführt hat, um sie zu töten; findet Buzea zusammen mit John in einer alten Mühle. **TB183** – soll auf der Insel → Sylt/Deutschland das Verschwinden von mehereren Menschen aufklären; wird von einem riesigen Krakenarm angegriffen; holt John zu Hilfe; die beiden treffen auf das → Urzeit-Monstrum; John gelingt es, dieses zu vernichten; rettet John aus dem eiskalten Watt. **966** – wird auf einen Mordfall angesetzt; arbeitet mit Dagmar → Hansen zusammen, die sich als Psychonautin herausstellt. **967** – begibt sich mit Dagmar Hansen in den Harz und holt auch John und Suko dorthin; begibt sich zusammen mit ihr zu einer Stelle, an der sie einmal von einem UFO entführt worden ist; will sie retten, als das UFO erneut auftaucht, knickt aber auf der Wiese um und verletzt sich am Knöchel. **982** – erhält den Auftrag, den → UFO-Bastard zu finden, der entführt worden ist; be-

S

gibt sich mit John und Dagmar Hansen in die Schwäbische Alb, wo der Bastard einst gefunden worden ist; findet mit Hilfe von Julia Fohrmann dessen Spur; muß miterleben, wie der UFO-Bastard Dagmar Hansen töten will, diese den Bastard aber mit Hilfe ihrer Psychonautenkräfte tötet. **667**; **908**; **958**; **992**.

Stahlmenger, Heinz – **474** – Kaufhausbesitzer aus Schwerte, der in Kandersteg mit John die → *Gastern-Hexe* bekämpft.

Stanwick, Sandra † – **63** – junge Frau, die sich dem Satan verschreibt, von ihm ermordet wird und mit ihrem zweiten Ich ein paar Menschen tötet und versucht, John zu vernichten.

Star of Salomo – **448** – Schiff, das in der Irischen See sinkt; es hat einen Tresor an Bord, auf dessen innerer Rückseite sich → *König Salomos* Siegel befindet – ein Dimensionstor, durch das John in die Zeit Salomos nach Palästina gelangt.

Stark, Geschwister – Jonathan und Jennifer; gleiches Aussehen; leiten ein Kinderheim in → *Luton*; lebten einst in Ägypten als Sinara (Jennifer) und Kaldar (Jonathan); waren Hohenpriester, Magier und Berater; erschlichen sich das Vertrauen des Kind-Pharaos »Amu Ran«, der als → *Gordy* wiedergeboren wurde; wollten mehr Macht; versuchten über Amu Ran, den Psychonauten, das dazu nötige Wissen zu erlangen. **897** – verfolgen Gordy; treffen bei dem Kinderheim auf ihn und locken ihn mit dem Ruf »Amu Ran« in Jennifers Arme. **898 †** – vor Johns und Sukos Augen verwesen ihre Körper; ihre Astralleiber entweichen unversehrt; diese können Menschen übernehmen; die Astralkörper werden durch das → *Allsehende Auge* von Johns Kreuz vernichtet.

Starry – kleiner Ort südlich von Oxford in England; ca. 1,5 Autostunden von London entfernt; dort gab es einmal einen Flugzeugabsturz. **787**.

Staubgeist → *Whisper*.

Steel, Jamie † – **639** – Voodoo-Queen; zwischen den Augenbrauen schimmert ein auf den Kopf gestelltes Viereck; mordet mit einem 38er Revolver, der Kugeln enthält, in die eine Teufelsfratze eingraviert ist; John, Suko und Abe → *Douglas* setzen sich auf ihre Spur; taucht bei John auf und will ihn töten; die vom Teufel veränderte Kugel wird jedoch von dessen Kreuz abgefangen; John attackiert sie mit seinem Kreuz; da sie kein Dämon ist, wird sie nur abgelenkt, und es gelingt John, sie festzunehmen; der Teufel rächt sich an ihr, indem er ihr hübsches Gesicht entstellt.

Sternenjünger – **TB142** – Menschen, die das → *Stonehenge-Monstrum* anbeten; lieben das Licht und die Kraft der Sterne und erhoffen sich dadurch Macht.

Sternenprinzessin → *Consuela*.

Sternenvampir, Der → *Acron*.

Stobo – Ort in den Schottischen Highlands, wo John mit dem von → *Beelzebub* gelenkten → *Zombie-Zug* in die Hölle fährt. **458**.

Stockman, Rick † – **465** – Hausmeister des Apartmenthauses, in dem Gitty → *Oldman* wohnt; indem er sie küßt, befreit er den Geist → *Layanas* aus Gitty Oldmans Körper; wird durch den Biß Gitty Oldmans zum Vampir und stirbt auf der → *Nebelinsel* durch Sukos Dämonenpeitsche.

Stockport – Ort zwischen London und Manchester; im Süden von Bergen umgeben; Bahnhof an der Zugstrecke London-Manchester. **TB4**.

Stone, Familie – Mutter und Sohn leben getrennt von Mr. Stone, einem Architekten; Mutter Susan fand in einer Höhle im Libanon eine Masse in einer Schale; an dieser Stelle war vor 2.000 Jahren ein dämonischer Friedhof; außerdem fand sie in der Höhle Schriften und ein altes Buch; durch Beschwörungsformeln aus dem Buch wurde die Masse zum → *Tier*; Sohn Marty ist 17 Jahre alt; trägt schwarze Kleidung und ist mit Rosenkränzen und Ketten mit kitschigen Heiligenbildern behängt; beide sind Nachbarn der Conollys; beide geraten zu unterschiedlichen Zeitpunkten unter den bösen Einfluß des Tiers, das Martys Bruder ist. **873 (1. Auftritt)** – Marty steht gänzlich unter dem Einfluß des Tiers und verübt auf dessen Geheiß einen erfolglosen Mordanschlag auf Johnny und Bill Conolly; Susan entführt Johnny; sie bringt ihn in den Keller der Disco »Limelight«, wo sie als Königin der Nacht verkleidet auftritt und schon mehrere junge Männer in den Keller zu ihrem namenlosen Sohn, dem Tier, gebracht hat, damit dieser seine geistigen Kräfte an ihnen ausprobieren kann; Marty trifft auf John und bricht beim Anblick von dessen Kreuz mit den Worten »das Tier« zusammen; Marty wird von Bill nach Hause gebracht; seine Mutter bringt ihn später zum

Tier. **874** – Susan und Marty bringen Johnny in ihr Haus, wo das Tier seine Kräfte an ihm ausprobiert; John und Suko retten Johnny aus dem Haus, und Marty und Susan werden in eine psychiatrische Anstalt eingewiesen.

Stone, Frank N. – nennt sich selbst Doktor; kann Menschen beeinflussen. **886 (1. Auftritt)** – veranlaßt Lucy Travers, sich vor eine U-Bahn zu werfen; flickt deren Leiche zu einem untoten Wesen zusammen und schickt es in die U-Bahn-Schächte; nachdem die Untote mehrere Menschen getötet hat, wird sie von John mit einer Silberkugel getötet; Stone kann entkommen. **934** – (taucht nicht selbst auf) verbündet sich mit Dorian → *Maitland* und näht dessen Frau → *Angela* einen Zombiearm an.

Stonehenge – Menhir-Kreis bei → *Glastonbury*; in der Nähe von Wiltshire in Südwestengland; alte keltische Kultstätte und magisches Gebiet; ehemals Standort der → *Flammenden Steine*; gewaltige Steine, auch Menhire genannt; mächtige Säulen mit quer liegenden Steinen, die ein Dach bilden; kreisförmig angeordnet; die sternförmig angeordneten Wege führen alle zum Mittelpunkt; etwa 3500 Jahre alt; Pilgerstätte. **473** – 5 Steine aus Atlantis sind Teil der Anlage; daher besteht eine magische Verbindung zu den Flammenden Steinen. **TB86** – von hier stammt der → *Zauberer von Stonehenge*; er bringt die Steine zum Leuchten, bevor er von John getötet wird. **649** – der Wissenschaftler Frank Conrad untersucht sie und befreit den Jungen → *Tim* aus → *Aibon*; dieser manipuliert sie mit seinen magischen Kräften; nach seinem Tod werden sie wieder normal. **863** – die → *Sirene von Atlantis* manipuliert sie und befördert mit ihrer Hilfe John und Suko in die Vergangenheit. **864** – nach Royas Tod werden sie wieder normal. **TB142**.

Stonehenge-Monstrum † – **TB142** – riesiges Gesicht ohne Körper; lebt seit der Urzeit; in seinem Inneren trägt er die Kraft des Sternenlichts und des Sternenstaubs; seine Diener sind die Sternenjünger, die ihn wiedererwecken wollen; besteht aus dem Staub der Gestirne, die beim Urknall explodiert sind; fast so stark wie der → *Spuk*; da er zur selben Zeit entstanden ist wie der Spuk, sind sie Feinde; ernährt sich von Blut und Fleisch der Menschen; will auch

John und Suko fressen, die jedoch durch das Auftauchen des Spuks gerettet werden; will die Steine von → *Stonehenge* übernehmen und damit auch deren Kräfte; bei dem Versuch sondert er einen Teil seines Sternenlichts ab; der Spuk taucht auf und bekämpft sein Licht mit Dunkelheit; der Spuk saugt sein Licht auf und kann es auch zurückdrängen; die Finsternis des Spuks dringt in seinen Kopf ein und zerstört ihn von innen.

Storm, Ted – **GK183(43)** – Skandalreporter mit Pferdegebiß; ist John unsympathisch.

Stoßflug, Helmut † – **698** – Ghoul; ehemaliger Vertreter; lebt in einem vierstöckigen Haus in → *Leipzig;* verwandelt sich nur nachts in einen Ghoul; lebt tagsüber als Mensch mit blonden Haaren, blassen Augen; hat Angst vor der Verwandlung; als John und Harry → *Stahl* seine Spur finden, heuert er 3 Skinheads an, um sie auszuschalten; nachdem John die Skinheads vertrieben hat, tötet er den Ghoul mit seinem Silberdolch.

Straße der Teufel – **440** – auch Straße der Dämonen; befindet sich in der alten Komturei in der Nähe von Lontrex (südliches Belgien).

Sträter, Dr. † – **743** – Anführer von Satanisten; Medium für → *Henoch*, damit dieser in den Körper → *Elohims* einsteigen kann; sehr alt, sitzt im Rollstuhl; Engelforscher, Wissenschaftler; wird vom Licht des Kreuzes zerrissen.

Strigen – auch Satans-Eulen; riesige Bluteulen, die sich von Menschenblut ernähren; kleine Augen in beinernen Skelettschädeln, können dennoch scharf sehen; sind die Vampire unter den Vögeln; Menschen, die von ihnen gebissen werden, werden selbst zu Strigen oder ähnlichen Monstern (mit Federn bedeckter menschlicher Körper und Eulenkopf); ihr Anführer ist → *Strigus*; Todfeinde der → *Roten Vampire*.

Strigus – Herr der Strigen, den Satans-Eulen; halb Skelettkopf, halb Eulenschädel; keine Arme und Beine, aber Flügel. **TB17 (1. Auftritt)** – trifft auf einem Schiff in einem norwegischen Fjord auf John; zusammen mit Bill Conolly bringt dieser ihm große Verluste unter seinen Strigen bei, woraufhin er die Flucht ergreift. **231** – kämpft mit seinen Strigen in Venedig gegen die → *roten Vampire*. **247** – entkommt, als der → *Schädelthron* durch den → *Todesnebel* in die Luft fliegt.

764 – hat sich mit dem KGB zusammengetan. **495; 763.**
Strom, Ben – **GK117(25)** – Holzfäller aus Hawick, der fast durch die Werwölfin Vivian → *Delano* zum Werwolf wird; John rettet ihn.
Stummen Götter, Die – ihr Reich befindet sich am Ende der Zeit; ein uralter Fluch der → *Großen Alten* hat sie für immer in die → *Schlucht der Stummen Götter* verbannt; ihre Gesichter sind in die Felswände gemeißelt; in ihnen zeigt sich die Weisheit vergangener Welten; eine Legende besagt, daß sie erst aus ihrer Lethargie erwachen können, wenn alle Großen Alten vernichtet sind; sind die Eltern des → *Eisernen Engels*. **222; 243; 350.**
Suala Hor – zerklüftete Südseeinsel; Berge mit Tropenwald; das einzige Haus ist der Landschaft angepaßt; Besitzer der Insel ist → *Naga*; über der Insel liegt Tag und Nacht Nebel; Standort von »Luzifers Knochenfestung«; in einer engen Schlucht findet man die Festung; links von ihr führt eine Brücke über einen kleinen Bach, der von einem Wasserfall gespeist wird; das Ende der Schlucht bildet Nagas Haus. **TB4.**

Sucher, Der † – **771** – Beauftragter → *Baphomets*, der den → *Knochensessel* der Templer finden soll; John vernichtet ihn mit dem Kreuz.
Suko – Chinese; bester Freund Johns und sein Partner bei der Dämonenbekämpfung; Inspektor bei Scotland Yard; wohnt im selben Apartmenthaus wie John (sind Nachbarn); mit der Chinesin Shao liiert; seine Waffen sind die Dämonenpeitsche und der → *Stab Buddhas*; früher fuhr er eine Harley-Davidson, danach einen BMW, den er in einem Preisausschreiben gewann. **GK 168 (39) (1. Auftritt)** – arbeitet als Chauffeur von → *Li Tse Feng*, einem reichen Londoner Chinesen, und besiegt zusammen mit John den → *Schwarzen Drachen*; danach ist er immer zur Stelle, wenn John Unterstützung braucht. **GK 183 (43)** – zieht um in Johns Apartmenthaus; wird von Bill Conolly finanziell unterstützt, um John immer zur Verfügung zu stehen. **50/51** – lernt in Hongkong beim Kampf gegen den → *Gelben Satan* Shao kennen, verliebt sich in sie und nimmt sie mit nach London. **TB2** – erhält den → *heiligen Stab Buddhas*. **189** – wird Inspektor bei Scotland Yard. **TB14** – gelangt in den Be-

sitz des → *magischen Fächers*, bis der → *Goldene Samurai* ihn wieder an sich nimmt. **436** – seine Harley bleibt in → *Liliths* → *Hexenwelt* zurück. **TB106** – trifft in Hongkong seinen verbrecherischen Vater, den John später tötet. **675** – macht sich allein auf die Suche nach dem Geist Buddhas, damit dieser dem Stab seine Macht zurückgeben kann. **678** – trifft den Geist Buddhas, der dem Stab seine Kraft zurückgibt. **708/709/710** – wird von → *Asmodis* mit einem Seelenschwert in einen guten (als Kind) und einen bösen Teil gespalten. **722** – erhält seine wahre Gestalt wieder zurück; bleibt noch bei → *Yannah* in Paris. **727** – kehrt nach London ins Sinclair-Team zurück, als die Weiße Hexe Yannah stirbt. **784** – wird von → *Merlin* aus Avalon entlassen, nachdem dieser von John den Dunklen Gral erhalten hat. **834** – eine Doppelgängerin Shaos stirbt in seinen Armen. **835** – die echte Shao kehrt zu ihm zurück. **978** – erlebt die Vernichtung → *Shimadas* mit. **986** – vor seinen Augen wird → *Zebulon* von → *Luzifer* getötet, wodurch auch Barry F. → *Bracht* stirbt.

Summer, Clint – **74** – einer der Abteilungsleiter der Informationsabteilung von Scotland Yard; sommersprossig; so lange beim Yard wie John; duzt sich mit John.

Summerfield – kleine Stadt in England; hier wuchsen Kate → *Duvall* und Falco → *Leeland* auf. **823**.

Sundhaden – Ort in Schweden; kleine, nette, verträumte Stadt. **TB178**.

Susanoo – Gott der japanischen Meere; stammt wie seine Schwester → *Amaterasu* von den japanischen Göttervätern → *Izanagi* und → *Izanami* ab; seine Diener sind monströse Fische in den Tiefen des gläsernen Drachenmeeres; von dort führt er die Befehle → *Emmahoos* aus, dem er treu ergeben ist; es gibt Risse und Spalten, durch die er die Erde erreichen kann; hat seine Schwester Amaterasu vom Thron gestoßen. **450** – ihm gelingt es, das Dunkle Reich zu verlassen; fährt in Shaos Körper, der jedoch von Suko mit dem → *Stab Buddhas* vernichtet wird, so daß von Shao nur ein weißes Skelett zurückbleibt. **226 (1. Auftritt); 281**.

Svenja → *Westwood, Joanna*.

Swampville – kleiner Ort in England; in der Nähe liegt mitten in den Sümpfen das Gefängnis »Prison on Ork«; in der

T

Nähe des Gefängnisses gibt es eine Höhle; sie ist nur über einen Holzsteg zu erreichen; einst hausten hier Werwölfe und Vampire. **TB21**.

Sylphen † – riesenhafte Käfer, halb so groß wie ein ausgewachsener Mensch; laufen auf sechs Beinen; Facettenaugen, 2 Scherengreifarme, mit denen sie töten; vor 4.000 Jahren gab es eine Sylphen-Sekte, von einem Oberpriester geschaffen, der mit Schwarzer Magie einen Skarabäus in eine Sylphe verwandelte; gieren nach Menschenblut; von einem Pharao wurden die Sekte und die Sylphen ausgerottet; nur 6 überlebten, in magische Starre verfallen; diese wurden von Ahmed → *Gregori*, einem verbrecherischen Ägyptologen, nach London gebracht, wo sie von John und Mandra → *Korab* vernichtet werden. **115**.

Sylt – nordfriesische Insel; mit dem Festland durch den Hindenburgdamm, der nur von Zügen befahren werden kann, verbunden; es gibt mehrere Städte auf der Insel; dies sind: Westerland, Keitum, Braderup, Kampen, Wenningstedt, List und Hörnum. **303**; **TB183**.

Szetisch – Ort in Südwestpolen nahe der tschechischen Grenze und Rußland in den Nordausläufern der Karpaten; die Hälfte der meist renovierungsbedürftigen Häuser mit kleinen Fenstern ist aus Holz; Kreuzweg mit Richteiche; ca. 3 Fußstunden entfernt liegt die Ruine des als untoter schwarzer Reiter zurückgekehrten Landgrafen. **TB46**.

Szwalzin – Ort in Rußland in der Nähe der ukrainischen Grenze; die Häuser sind an der einzigen Straße verteilt; in der Nähe befindet sich ein See. **TB165**.

Tabita † – 870 – Hexe; stiehlt eine Leiche, um ihren eigenen Astralleib zu stärken; Jane Collins gerät in die Gewalt ihres Astralleibes, den sie vom Körper trennen kann; John setzt einen Vorhang in Brand, der sich als Kraftquelle des Astralleibes herausstellt; durch das Feuer werden auch die Hexe und ihr Astralleib vernichtet.

Tabitas Totenschädel † – 825 – gehört der Zigeunerin Tabita; deren Mann Wilbur Scott beauftragt Harry → *Stahl*, den Körper des Totenschädels zu finden, der angeblich seiner Tochter Elena gehören soll; Harry findet heraus, daß der Totenschädel lebt; er holt John zu Hilfe, und sie finden die wahnsinnig gewordene Elena; Wilbur Scott hat Tabita geköpft, da diese von einer bösen Macht besessen war, die sich in dem Kopf sammelte, wodurch dieser weiterleben konnte; Wilbur wollte erreichen, daß John und Harry den Körper finden und ihn samt Schädel vernichten; als Wilbur ebenfalls auftaucht, beißt der Schädel ihm den Hals durch und löst sich dann, als er seine Rache vollendet hat, auf; Elena bleibt in der Obhut des Dorfpfarrers zurück.

Taft, Deborah → *Lady Luzifer*.

Taira – Kommissar in → *Tokio*/Japan. **TB14** – nimmt John und Suko in Tokio in Empfang und bringt die beiden zur → *Insel des Schweigens*; bleibt während des Einsatzes auf hoher See, um im Ernstfall eingreifen zu können; holt sie, nachdem der Einsatz erfolgreich beendet ist, auch von dort wieder ab.

Tal der Schatten – **414** – befindet sich im Mikumi-Gebirge in der Nähe von Tokio; in ihm liegt die → *Krone der Ninja* in einem → *Heiligen Schrein*.

Talley – Ort in Wales; liegt in einer Talsenke; in der Nähe befindet sich ein altes Kloster. **556; 557.**

Tam † – **TB106** – ziviler Polizist in → *Hongkong*; Sergeant; holt John und Suko am Flughafen ab; wird von der Verbrecherorganisation »Weiße Masken« umgebracht.

Tamara → *Gefallene Engel*.

Tanger – Hafenstadt in Marokko, wo John → *Ali* kennenlernt. **349; 350; 351.**

Tanith – Wahrsagerin, Hellseherin, Astrologin; lebte in → *Paris*/Frankreich; wurde von Fedora → *Golon*, einer vom Teufel besessenen Malerin getötet; ehemals Besitzerin des → *Kelchs des Feuers*; konnte durch den Kelch Kontakt zu John herstellen; hat Kontakt mit Nostradamus' Seele. **200 (1. Auftritt)** – sieht durch ihre Kugel, wie John aufs Tor zur Hölle zugezerrt wird; ihre Kugel hat eine magische Verbindung zum → *Kelch des Feuers*. **238** – ist im Besitz der Kugel, die genau in den Kelch des Feuers paßt. **TB21** – trifft zusammen mit Suko auf die Geschöpfe des Hellsehers → *Arsenius* und hilft, sie zu vernichten; tötet Arsenius mit seinem eigenen Messer. **270 †** – wird von Fedora Golon getötet; diese stiehlt ihr im Auftrag von Asmodis den Kelch des Feuers mit der Kugel; den Kelch kann John wieder an sich brin-

T

gen, die Kugel bleibt im Besitz von Asmodis. **TB35** – warnt John vor Professor → *Orgow*; gibt John den Tip, den Kelch des Feuers und sein Kreuz zu verbinden. **TB59** – bringt John in eine Zwischenwelt, wo er die Entstehung des Horror-Horoskopes miterlebt. **499** – ihr Geist warnt Suko vor einer Gefahr für John. **500** – ihr Geist gibt John den Rat, sein Kreuz in den → *Dunklen Gral* zu legen; dadurch gelingt es ihm, Vincent → *van Akkeren* und → *Baphomet* zu vertreiben. **682** – ihr Geist aktiviert den Dunklen Gral und vernichtet so den Dämon → *Raniel*. **248**; **289**; **334**.

Tanner, Chief Inspector – Chef der Mordkommission; verheiratet; hat Kinder und einen Bruder; Frau namens Kate; raucht Zigarren; benutzt keine EDV; Onkel von Vera → *Tanner*; Markenzeichen ist sein Schlapphut, den er nie abnimmt; trägt fast immer einen Columbo-Mantel. **GK 148 (34)**; **67**; **121**; **197**; **207**; **TB21**; **232**; **277**; **329**; **332**; **367**; **TB63**; **TB64**; **TB73**; **512**; **TB89**; **538**; **544**; **565**; **589**; **592**; **625**; **TB114**; **641**; **TB120**; **668**; **719**; **760**; **TB147**; **796**; **TB151**; **820**; **859**; **860**; **TB169**; **881**; **889**; **903**; **904**; **923**.

Tanner, Vera – dunkelhaarig; frühstückt morgens gern und gut; will kirchlichen Beruf ergreifen; arbeitet im Büro im Pfarrhaus als Gemeindesekretärin; Nichte von Chief Inspector → *Tanner*; verlobt mit Alex → *Preston*; lebt in einer kleinen Wohnung in London. **903 (1. Auftritt)** – begeht einen Seitensprung mit dem Satansanhänger Lou → *Ryan* und wird von ihm mehr und mehr auf die Seite des Bösen gezogen. **904** – besucht die → *Serrano-Schwestern*; folgt Lou Ryan in eine andere Dimension; soll von Lou dem Teufel geopfert werden; wird zusammen mit Lou durch Johns Kreuz zurück auf eine Lichtung geholt; wird durch die Vernichtung von Lou Ryan wieder normal.

Tarhario † – **587** – menschlicher Körper mit Hyänenkopf; Russe; über 1.000 Jahre alt; lebt heute in der Nähe von → *Moskau*; Diener des Totengottes → *Anubis*; betet diesen an; hat von ihm in einer Höhle einen magischen Lavasee erhalten, der es ihm ermöglicht hat, die Jahrtausende zu überleben; weiß über das alte Ägypten Bescheid; ein Pharao hieß früher Tarhario, und er gab sich selbst diesen Namen, um dessen Welt nun fortzusetzen; will den Totenkult wieder einführen; wird von Suko mit der Dämonenpeitsche vernichtet.

Taridis, Costa – 260 – Grieche; verdient Geld mit Oliven; durch die → *Zauberpriester* gelangt er in den Besitz von Johns Kreuz; erweckt damit die Nonne → *Clarissa*; wird verwundet und von → *Myxin* und → *Kara* mitgenommen auf dem Sprung zu den → *Flammenden Steinen*.

Tarlington, Familie – Vater Jack ist Hilfspolizist in → *Llanfair*/Wales; arbeitet zusätzlich als Chef und Polier einer Baufirma in Abergale; brennt seinen eigenen Schnaps; Mutter Donna ist Lehrerin in Llanfair; Tochter Lucy ist 10 Jahre alt. **944** – die → *blutige Lucy* entführt Lucy in den alten Leuchtturm von Llanfair, um sie dort zu einem Vampir zu machen; Jack und Donna treffen derweil auf John, Suko, Bill Conolly und Frantisek → *Marek*; die sechs stoßen auf mehrere Vampire; John kann Lucy aus den Händen der blutigen Lucy befreien, ohne daß sie zum Vampir geworden ist. **946** – das → *Vampir-Phantom* versucht mit Hilfe von Lucys Blut wieder normal zu werden; es bringt ihr zwei Bißwunden bei, kann sie aber nicht zum Vampir machen; die gute Seele der blutigen Lucy rettet Lucy und schafft sie in die → *Welt der Seelen*, später zu den Conollys; dort erscheint auch das Vampir-Phantom und will Lucy zum Vampir machen; John rettet Lucy, indem er das Vampir-Phantom mit seinem Kreuz vernichtet.

Tarlington, Lucy → *blutige Lucy* und → *Tarlington, Familie*.

Tarock (Tarot) – 404 – Hesekiel soll laut der Kartenlegerin Ludmilla → *Prokowa* das Tarock-Spiel in der babylonischen Gefangenschaft erfunden haben.

Tarras, Tom – GK120(26) – Rockerboß, dessen Kumpane in → *Scalford* zu Dämonen mit Totenschädeln werden; er überlebt und beginnt mit seiner Freundin Ginny ein neues Leben.

Tarrasco † – 244 – der Seelensauger; taucht auf, wenn Menschen im Sterben liegen; sobald der Tod sie ereilt, reißt er die Seelen an sich und kann so weiter existieren; stammt aus Rumänien, wo es einem → *Marek* fast gelungen wäre, ihn zu pfählen; gelangt im Laderaum eines Kutters nach England; braucht kein Blut, nur Seelen; stirbt, als John das Kreuz gegen sein Gesicht preßt; die Seelen seiner Opfer fahren aus ihm zum Himmel und sind erlöst.

Tatjana – Hexe; dunkle, knappe Lederbekleidung, die hauteng anliegt; reitet auf einem Reisigbesen, den sie von → *Asmodis* bekommen hat; lebt wie die Hexen im Mittelalter. **833** – will sich an John und Suko für den Tod ihrer Freundin → *Yannah* rächen; entführt Suko; will John verbrennen, tötet aber aus Versehen eine ihrer Hexenschwestern. **834** † – erschafft eine Doppelgängerin von Shao, die anscheinend stirbt; ihr Besen wird von John mit dessen Kreuz zerstört, woraufhin ihr Asmodis den Hals umdreht.

Taufkirche in Refrath – **468** – die kleine auch heute noch existierende Kirche in Jason Darks Wohnort spielt die Hauptrolle in dem Roman »Grab-Phantome greifen an«.

Tawashi, Hito – **389** – Japaner, der in London eine Geisha-Schule besitzt; läßt Shao entführen, um sie als Opfer → *Susanoo* zuzuführen, damit dieser → *Amaterasu* aus dem Dunklen Reich entläßt; wird ins Gefängnis gesteckt.

Taylor, Helen – arbeitet als Sekretärin in einem Londoner Pfandhaus, dessen Chef Brian → *Denkford* ist; Brillenträgerin; 29 Jahre alt; geschieden. **588** – wird von Terry → *Boone* als Geisel genommen, als dieser das Pfandhaus überfällt; kommt später frei. **589** † – wird in ihrer Wohnung vom → *Plasma des Bösen* angegriffen und von ihm aufgesaugt, wodurch sie stirbt.

Taylor, Morg – Polizeibeamter; besuchte zusammen mit John die Polizeischule; nach einem halben Jahr verschlug es ihn nach → *Penrith* in den Norden Englands; Commander. **598** – erhält Besuch von John; ist gerade mit einem Fall beschäftigt, in dem Kinder ihr Gedächtnis verlieren; erhält Unterstützung von John; nimmt die Anhänger des Riesen → *Clupot* fest, nachdem John diesen getötet hat.

Telekinese – die Gabe, mittels Geisteskräften Gegenstände oder Personen von einem Ort zum anderen zu befördern.

Telepathie – die Fähigkeit, Gedanken zu lesen und mit Gedanken zu kommunizieren.

Teller – **583** – Polizei-Lieutenant in New York/USA; Hutträger; grauer Anzug; bunter Schlips; Zigarillo-Raucher.

Templer – Mitglieder des → *Templer-Ordens*.

Templerkirche, Die – **429** – ein romanischer Rundbau aus dem Jahre 1185 mitten in London zwischen Soho und Mayfair; in ihr liegen Templerritter begraben, auch solche, die → *Baphomet* dienten; diese steigen, von Vincent → *van Akkeren* erweckt, als Hyänen aus ihren Gräbern, werden jedoch von feinstofflichen Templergeistern getötet. **740** – jeden Freitag treffen sich dort die 5 Londoner Mitglieder der Bruderschaft der Templer.

Templer-Komturei – **440-442** – ihre Ruinen befinden sich in Südbelgien; ist die Geburtsstätte der → *Baphomet*-Templer; hier wurde die Sekte offiziell gegründet; die auf den Kreuzzügen abtrünnig gewordenen Templer trafen sich dort; dort gibt es ein Orakel, das → *Tor zum Jenseits*, durch das u.a. die → *Horror-Reiter* in die Welt gekommen sind, bis Hector → *de Valois* dieses Tor mit dem Kreuz geschlossen und ihm die voraussagende Kraft genommen hat.

Templerkutsche, Die – **429** – taucht plötzlich in Mostar auf und bringt John und Suko durch die Dimensionen nach London.

Templerorden – bestand aus zwei Strömungen; die eine folgte der Kirche, die andere trennte sich von ihr und folgte → *Baphomet*; 8 französische Ritter unter der Führung von Hugues de Payen schlossen sich 1118 zu einem Bündnis zusammen, das sich dem Geleit und Schutz der zum Heiligen Land pilgernden Christen widmete; das waren die Anfänge der Templer, die sich auch die »Armen Brüder vom Tempel« nannten; sie wählten den Evangelisten Johannes zu ihrem Schutzpatron; sie besetzten im 11. Jahrhundert die Insel Malta; die Verfolgung der Templer begann am 13. Oktober 1307 unter der Führung von → *Philipp dem Schönen* und → *Papst Clemens V.*; am 18. März 1314 bestiegen drei Templer den Scheiterhaufen in Paris auf der Ile de La Cité; einer davon war Jacques Bernard → *de Molay*, der letzte Großmeister des Ordens; danach kämpften die Templer im Untergrund weiter; ein Teil der Templer zog nach der Auflösung des Ordens weiter nach Schottland und gründete dort u.a. die Sippe der Sinclairs; wiederum andere zogen von Schottland weiter nach Neufundland und dann nach Neuengland, den späteren USA; sie verbanden sich dort mit den Freimaurern; heute haben diese Templer einen großen Einfluß; sie stellten bereits mehrere Präsidenten und sind in führenden Wirtschaftspositionen zu finden; der Grundriß des Weißen Hauses und des Capitols stellt ein Achteck und damit den Grundriß einer Templerkirche dar; außerdem behaupten sie ihre starke Position bei der CIA; sie begruben ihre Toten lange Zeit in Kilmartin/Schottland; in einer Templerkirche in Paris, am Carreau du Temple, lebte ein Zombieskelett, das einmal der Schatzmeister des Ordens war; es wandte sich Baphomet zu; in seinen Augen war eine Zeichnung Neufundlands zu sehen, wo der → *Templerschatz* liegt, und eine zweite Zeichnung, die die Lüneburger Heide darstellte; das Skelett wurde von John zerstört; halfen zu Lebzeiten des Königs → *Lalibela* mit, für diesen eine Felsenkirche in Äthiopien zu bauen; ein Teil von ihnen blieb dort, und deren Nachfahren versuchen bis heute, die → *Bundeslade* zu finden; einer der Nachfahren war der Templer »Hagir«, der John zwingen wollte, ihm die Bundeslade zu besorgen; das Skelett des Hector de Valois tötete ihn später; die restlichen Nachfahren wurden später von der Bundeslade vernichtet, als sie sie von ihrem Standort wegschaffen wollten und sie dabei berührten; die heutigen guten Templer werden von → *Abbé Bloch* angeführt, der sein Domizil in → *Alet-les-Bains* hat; ihr Zeichen ist ein Kreuz, welches Ähnlichkeit mit einem Kleeblatt hat, aber an den Ecken kantig ist; bei Abbé Bloch lebt der Templer Pierre, der später von → *Josephiel* ermordet wird; in Paris lebt der Templer Stephan Audrin; dieser wird vom Schatten → *Hoffmanns* getötet, kehrt als Zombie zurück und wird später von einer U-Bahn überrollt; bei Abbé Bloch lebt noch der Templer Lucien.

Templerschatz – wurde am 12. Oktober 1307 in einer geheimen Mission aus Paris gebracht; gehörte zu diesem Zeitpunkt dem Generalvisitator der Templer Hugues de Pairaud; der größte Teil des Schatzes konnte gerettet werden, während ein kleiner Teil in die Hände der Kirche fiel; John erfuhr von einer Karte des Schatzes in der Vergangenheit; die Karte wurde von dem Templer Lorenzo entdeckt und von John mit in die Gegenwart genommen; der Schatz wird von der → *Totenfee der Templer* bewacht, die aus → *Aibon* stammt; der → *Dunkle Gral* ermöglicht seinem Träger, ihn zu sehen; John nahm ein Teil von ihm, um damit → *Abbé Bloch* und seinen Templern zu helfen; der Rest blieb unter der Bewachung der Totenfee; liegt

unter dem Meeresspiegel vor Neufundland.
Templersiegel – **429** – runder Stein, ziemlich schwer; schimmert in bläulichgrünem Ton; die untere Hälfte zeigt den englischen Löwen mit dem gebogenen Schwanz, über dem Rücken schwebt ein Halbmond; fest verbunden mit der Unterseite eines Kreuzes und umringt von Sternen (bei den Templern das Sinnbild für die Gottesmutter Maria); das Kreuz ist identisch mit dem von John; es liegt in einem Brunnen in Mostar/Herzegowina, wo John es findet; sein Besitzer war Richard → *Löwenherz*, der ebenfalls ein Templer war. **431** – es bleibt beim → *Silberskelett* des Hector → *de Valois* in der → *Kathedrale der Angst*. **485** – der Geist des Hector de Valois, das Silberskelett und das Siegel bilden ein Dreieck, dessen Seiten miteinander in Verbindung stehen. **564** – das Silberskelett von Hector de Valois erschlägt mit ihm den Vater von → *Abbé Bloch* und gleichzeitigen Baphomet-Diener Gérard → *Bloch*. **782** – verwandelt die → *Schwarze Flut* zurück in Skelette. **1003** – das Kreuz auf ihm, das mit Johns Kreuz identisch ist, beginnt zu flimmern, kurz bevor das Silberskelett Johns Schmerzen hinausstöhnt, die dieser erleidet, als er den Tod seiner Eltern miterlebt. **1006 †** – Hector de Valois nimmt es mit nach Äthiopien, wo er John bei der Suche nach der → *Bundeslade* helfen will; wird gleichzeitig mit dem silbernen Skelett von Hector durch die Bundeslade vernichtet.

Tenero – Leutnant bei der Polizei in → *Ascona*/ Schweiz; italienischer Abstammung; spricht Englisch; kräftiger Händedruck; strahlt Energie aus. **TB104** – sucht zusammen mit John ein Phantom am Genfer See, das mehrere Menschen getötet hat.

Tengu → *Tengu-Phantom*.

Tengu-Phantom, Das – schmaler, nach vorne stoßender Schädel; lange, lappenartige Ohren; sein Gesicht wird von einer Maske verdeckt; Gesicht unter der Maske besteht nur aus einer grauen, wabernden Masse; hat einen Schwanz; besitzt ein riesiges Reittier. **630** – tötet 5 Menschen, wodurch John und Suko auf seine Spur gelangen; lebt in → *Landmoore Castle*/Wales; wird dort von Manager-Schülern verehrt; Suko vernichtet in einem nahen Ort sein Reittier; John köpft ihn mit seinem Bumerang; der Körper zerfällt, der Kopf lebt jedoch weiter; John

T

zerstört auch diesen später mit 5 Silberkugeln; als letztes entflieht sein Geist und flüchtet in den Körper einer Eule, mit der er auch verschwindet. **631** † – greift Glenda Perkins in ihrem Büro in Gestalt der Eule an; Shao rettet sie und verletzt ihn mit ihrer Armbrust, woraufhin er flieht; verbündet sich mit den Strigen; John, Suko und Shao treffen ihn im → *Bayerischen Wald* wieder; entführt Bettina → *Constanza*; John, Suko und Shao töten nach und nach die Strigen; vernichten auch seinen Körper mit Hilfe von Feuer; sein Geist will erneut fliehen, doch Shao aktiviert die Kräfte der Sonnengöttin → *Amaterasu* und vernichtet den Geist mit dem »Feuer der Reinheit«.

Terra pestem teneto – Salus hic maneto – »die Erde soll das Unheil aufhalten – das Heil soll hierbleiben«; die Formel, mit der John sein Kreuz aktiviert; eine der Urformeln, die die Welt zusammenhalten; hat etwas mit der Erde zu tun und ist uralten Weissagungen entnommen, die schon vor → *Hesekiel* existiert haben; der Schöpfer selbst soll den Zeichen dieser Formel, die sich auf Johns Kreuz zischen dem → *Ankh-Kreuz* und dem → *Omega* befinden, Leben eingehaucht haben; Wirkung des Kreuzes beim Aussprechen der Formel: das Kreuz leuchtet im Innern dunkelrot auf wie eine kalte Glut, nimmt dann die gesamte Größe ein und scheint zu explodieren; aus dem Kreis mit dem Sechseck dringt rotgelbes Licht mit vernichtender Kraft; der Träger wird eingehüllt in eine Aura; das Licht legt sich auch um den Feind, preßt ihn zusammen und löst ihn auf, so daß nicht einmal Staub zurückbleibt; sie entfacht das Heilige Feuer → *Salomos*. **234**; **448**.

Testament des Simon Garfield – **30** – enthält Informationen über den → *Planeten der Magier*.

Testi, Romano – italienischer Polizist; stammt aus Sizilien; haßt die Mafia und bekämpft sie, wo er kann; Waffe: eine 9mm-Schnellfeuerpistole der Marke Beretta. **TB133** – arbeitet an einem Fall in London, wobei er von John unterstützt wird; wird von einem Engelwesen beschützt, dessen Körper sein Vater vor Jahren einmal gefunden hat; dieses Wesen rettet ihn vor einer Kugel in London; begibt sich mit John zusammen in sein Heimatdorf → *Locanto*/Italien; dort wurde sein Vater kurz vor ihrem Eintreffen von → *Cigam* ermordet; wird von 2 Mafiakillern verfolgt, die er zusammen mit John tötet; einem der Killer gelingt es, ihn mit einer Kugel am Oberschenkel zu verletzen, woraufhin er in ein Krankenhaus gebracht wird.

Teufel → *Asmodis*.

Teufels-Dschunke, Die – 168 – auf ihr fährt der Dämon → *Tschu Wang* die Themse hinauf nach London; auf dem Segel befindet sich ein Totenkopf; sie versinkt in der Themse, als Suko Tschu Wang mit einer Handgranate tötet.

Teufelshügel, Der – 9 – befindet sich bei Calgary/Berkshire; dort wurden früher Verbrecher gehenkt und 4 Vampire begraben, die jetzt aus den Gräbern gestiegen sind, um das altägyptische Vampir-Monster → *Octupus* zu erwecken.

Teufelskrone – 748 – Metallkrone, an der Vorderseite mit dem Abbild eines dreieckigen Teufelsantlitzes; gehörte dem Killer Elliot → *Bates*; reagiert nicht auf Kontakt mit dem Kreuz.

Teufelsmönche – GK98(20) mit dem → *Kelch des Feuers* vernichtet John die meisten von ihnen. 270 – 5 von ihnen fanden Zuflucht in den Ruinen eines Klosters an der Küste der Bretagne; John vernichtet auch sie mit dem Kreuz und dem Kelch des Feuers.

Teufelsmoor – Landschaft nördlich von Bremen; dort bringen Will → *Mallmann* und John einen Teufelsdiener zur Strecke. **129**.

Teufelsschlucht → *Via Mala*.

Teufelstochter, Die → *Asmodina*.

Teufelsuhr, Die † – 155 – eine Standuhr, in die ein Dämon eingeschlossen ist; sie gehört dem Trödler Rick → *Halloway* in Miltonbury/Wales, der einen Pakt mit dem Dämon eingegangen ist; Halloway wird von den Einwohnern getötet; später geht sie in den Besitz des Verlobten von Nadine → *Berger* über; John zerstört sie mit dem → *Schwert Desteros*.

Thamar – Araberin; Psychonautin; wurde vor Jahren von Außerirdischen in ein UFO entführt, in dem sie untersucht wurde und wo man ihre Psychonautenkräfte geweckt hat. **966** – wird von John und Suko in London aus einem Schiff befreit, in dem sie gefangengehalten worden ist; die drei werden kurz darauf von 4 amerikanischen Geheimdienstlern überfallen, wobei ihr die Flucht gelingt; taucht später in der Wohnung von Shao auf; tötet mit Hilfe von

Shaos Computer die sich weit entfernt befindenden Geheimdienstler. **967** – trifft in Shaos Wohnung auf John und Suko; begibt sich mit den beiden in den Harz zu der Stelle, wo sie bereits einmal von den Außerirdischen entführt worden ist; trifft dort die ebenfalls von dem UFO entführten Dagmar → *Hansen* und Romana Sendi; wird, als das UFO erneut auftaucht, zusammen mit Romana an Bord des UFOs gebracht und verschwindet mit ihm.

Thanatologie – Lehre von der Sterbensforschung (nach Thanatos, griechischer Gott des Todes). **87**.

Thetford – Ort nordöstlich von Cambridge; Marktplatz mit einem Brunnen in der Mitte; alter Ortsteil ist verkehrsberuhigt; am Marktplatz befindet sich ein Museum; Straßen sind aus Kopfsteinpflaster. **968**.

Thomas – TB52 – Ober im Hotel »Royal Gemi« in → *Kandersteg*/Schweiz; Teufelsdiener; vom Satan geschickt; achtet darauf, daß Menschen, die sich dem Teufel verschrieben haben, ihr Versprechen einhalten; tötet 3 Menschen am Vatertag, die ein Jahr später als Zombies zurückkehren; die Zombies werden von John mit Silberkugeln getötet; John schaltet auch ihn aus, indem er ihn vor einen Zug stößt, der ihn daraufhin überrollt. **474** – wird selbst zum Zombie und will das Gasterntal und die Umgebung zummen mit der → *Gastern-Hexe* in eine Hölle verwandeln; doch vorher wird er von John mit drei Silberkugeln endgültig vernichtet.

Thompson, Ruth – **280** – Lehrerin, Tochter des im Ruhestand befindlichen Leuchtturmwärters von → *Hay Island*, Craig Thompson, der von den → *Weißen Vampiren* getötet wurde.

Thor – nordischer Gott; blondes Haar, Helm mit Stierhörnern; riesige Projektion; seine Waffe ist ein Hammer, aus dem Blitze zucken, wenn er damit zuschlägt. **109**.

Thornball, Rita † – **737-739** – Tochter des Supermarktbesitzers, der von den → *Kreaturen der Finsternis* getötet wird; Freundin des Dämonenjägers Jiri → *Sabka*, der in **738** stirbt; sollte in einer Ruine dem → *Götzen* geopfert werden; wird selbst zur Kreatur der Finsternis; der Götze manifestiert sich in ihr; stirbt in einem brennenden Auto, ohne daß → *Luzifer* ihr hilft; dieser gibt damit → *Garsdale Head* als Stützpunkt auf.

Thüringer Wald – Mittelgebirge in Deutschland; auf Burg Maitland jagen John und Harry → *Stahl* Victor und Boris → *Maitland*, eine → *Kreatur der Finsternis* und einen Vampir. **750; 751.**

Tiau † – **574** – Chinese; weiß alles im Londoner Chinesenviertel; dient den Drachendämonen; besitzt Macht über 4 dämonische Zwerge; will, daß die Chinesin Osa« den Drachendämonen geopfert wird; das mißlingt, und ihr gelingt die Flucht; läßt ihre Mutter töten und Suko entführen; seine Killer überwältigen die flüchtige Osa und bringen sie zu ihm; sie soll zusammen mit Suko sterben; Suko kann Kontakt mit Shao aufnehmen, die die Zwerge mit ihrer Armbrust erschießt; John taucht auf und treibt ihn in die Enge; nach einem mißglückten Mordversuch an John tötet er sich mit einem vergifteten Nagel selbst.

Tibano – kleines Dorf in Italien; etwa 50 km südlich von Neapel; in der Nähe liegt das Schloß von Damiano → *Fulgera*. **TB67.**

Ticehurst – Ort im Süden Englands; wurde kreisförmig um die in der Mitte des Ortes befindliche Kirche gebaut; in der Nähe liegt ein See mit einer Insel; auf der Insel steht eine alte Klosterruine. **PB2.**

Tier – entstand aus einer Masse aus magischen und satanischen Genen durch die Beschwörungen von Susan → *Stone*; durch ihre Beschwörungen aus einem alten Buch vermehrten sich die Zellen und wurden zum Tier; kleiner als ein Mensch; bis auf Hände und Kopf menschlicher Körper; Kopf ruht auf verhältnismäßig dünnem Hals; antennenartige Hautwucherungen; ernährt sich von lebenden Tieren; beherrscht Telepathie; pflanzt dadurch das Böse in die Psyche seiner menschlichen Opfer ein. **873** – bringt Marty → *Stone* dazu, einen Mordanschlag auf Johnny und Bill Conolly zu verüben; trifft auf den entführten Johnny in dem Keller, in dem er haust. **874 †** – befindet sich in seinem Keller zusammen mit Johnny, Marty und Susan Stone; wird von Susan als ihr namenloser Sohn vorgestellt; probiert im Haus der Stones seine Kräfte an Johnny aus, der jedoch von John und Suko gerettet wird; entkommt John und Suko und greift Sheila Conolly in ihrem Haus an; diese vernichtet ihn mit der → *Goldenen Pistole*.

Tiger Diabolo → *Hard-Rock-Zombie*.

Tim → *Junge von Stonehenge*.

Tiptree – kleine Stadt in England; etwas außerhalb liegt das Haus der → *Serrano-Schwestern*; in dessen Nähe liegt eine magische Lichtung mit Steinen; die Lichtung ist ein Dimensionstor. **902; 903; 904.**

Titan → *Leonidas, Aristoteles*.

Töchter von Atlantis † – **398** – drei Skelette, deren untere Hälfte aus Gräten besteht; sind mit dem verbrannten Schiff von Macha → *Rothaar* aus → *Atlantis* auf eine kleine, unbewohnte Mittelmeerinsel gelangt; bemächtigen sich dreier Mannequins, die mit John dorthin verschlagen wurden, um ihre Gestalten anzunehmen; waren früher die Leibwächter von Macha Rothaar, sind auf dem Schiff der Macha Rothaar zu Skeletten verbrannt, aber nicht getötet worden; sterben, als → *Myxin* und John ihre Diener, die körperlosen Henker mit den Sensen, vernichten.

Todd, Donald → *Vergessene*.

Todesadler – **250** – der Adler der → *Pandora*, der Prometheus jede Nacht ein Stück Leber aus dem Leib riß, die tagsüber wieder nachwuchs (Prometheus brachte den Menschen das Feuer, dafür kettete Zeus ihn an einen Felsen im Kaukasus und schuf Pandora, die ihre Büchse Übel über die Menschheit ausschüttete); schwarz, schockgelbe Augen, messerscharfer, gebogener Schnabel, gewaltige Schwingen; wird zusammen mit Pandora auf dem Hof des → *Klosters St. Patrick* durch John mittels des → *Würfels des Unheils* in die → *Welt der Mythen und Legenden* zurückgeschleudert.

Todesengel → *Raniel (1)*.

Todesengel → *Cabal*, der schwarze Todesengel.

Todesengel, Asmodinas → *Asmodinas Todesengel*.

Todesfelsen – **323** – Insel in der Nähe Hongkongs, an deren Felsen John von den Dienern des → *Fratzengesichts* gefesselt wird; Suko rettet ihn.

Todesgarten, Der – **364** – ein Garten des Grauens, der → *Shimadas* → *Höllenschloß* umgibt; in ihm befindet sich das → *blaue Auge*, eine Quelle oder ein Teich, das Orakel Shimadas, aus dem er auch hervorgestiegen ist.

Todesgöttin → *Kali*.

Todeskarussell, Das – Tor zum Reich der Dämonen; zerplatzt in einer Feuerlohe. **GK200(46).**

Todesnebel, Der – wird vom → *Würfel des Unheils* produziert; graue (manchmal schwarze)

T

Schwaden; setzt sich aus den Seelen getöteter Dämonen zusammen, die nicht in das → *Reich des Spuks* eingehen wollten und sich zu diesem höllischen Nebel zusammengeschlossen haben; tödlich sowohl für Menschen als auch für Dämonen (z.B. **247** → *Strigen* und → *Rote Vampire*); löst Menschen das Fleisch von den Knochen und verwandelt sie in lebende Skelette. **254/255** – der Vampir-Drilling → *Ambiastro* kennt ein Gegenmittel; die Steintafeln, auf denen das Gegenmittel verzeichnet ist, werden von → *Kara* von der Atlantis-Insel → *Sedonis* geholt, zerbröseln jedoch, bevor sie entziffert werden können. **132 (1. Auftritt)**, **133**, **147**; **337**; **362**.

Todessumpf → *Höllensumpf*.

Todesvogel Nefrets † – **761** – → *Psychonauten-Killer*; gefährlicher Halbgott, der nicht auf → *Henochs* Seite gestanden hat; Mischung aus Mensch und Vogel; verbrennt in blauem Flammenkranz durch die Wirkung des → *Allsehenden Auges* auf Johns Kreuz.

Tokata – auch »Samurai des Satans« genannt; untoter, japanischer Samurai; von → *Emma Hoo* (japanischer Teufel) geschaffen, weil dieser den → *Goldenen Samurai* nicht auf seine Seite zwingen konnte; impfte ihm den Haß auf den Goldenen ein; Mitglied der → *Mordliga*; besitzt als Waffe ein in der → *Hölle* geschmiedetes Schwert, mit dem er selbst Hauswände einschlagen kann; trägt eine Maske vor dem halbverwesten Gesicht; Gesicht besteht aus einer dunkelblauen Masse; keine Nase, keine Ohren; zwei dunkel schimmernde Augen; einige Wangenknochen schauen aus dem Gesicht hervor; aus der Mitte des Gesichts quillt ein dünner Rauchfaden; in seinen Adern fließt eine blaue Flüssigkeit anstelle von Blut; trägt einen Brustpanzer aus dickem Leder, der Kugeln und Schwerthieben standhält. **114 (1. Auftritt)** – sein Gesicht zeigt sich im → *Würfel des Unheils*; liegt in einem Vulkan unter Tonnen von Lavagestein begraben; wird durch einen Vulkanausbruch befreit. **123** – verliert auf → *Abbey Island* seinen linken Arm durch Johns silbernen Bumerang; seitdem Todfeind von John. **TB2** – tötet in einem Kampf in einem tibetischen Kloster den → *goldenen Buddha* Vhyl-ko, wodurch dessen diamantene Augen ihre Wirkung verlieren; hilft John unfreiwillig

T

dabei, einige Anhänger des Buddhas zu töten; kann zusammen mit der Mordliga entkommen. **TB7** – ist mit dabei, als → *Dr. Tod* den Vampir → *El Sargossa* wieder zum Leben erweckt; wird beim Angriff von John, Suko und Bill Conolly auf die Mordliga von Suko mit der Dämonenpeitsche schwer verletzt, kann jedoch mit der restlichen Mordliga entkommen. **TB 9** – befreit → *Xorron*, den Herrn der Ghouls und Zombies, indem er ihn im Central Park von New York/USA mit seinem Schwert aus einer Steinstatue befreit, wo dieser gefangen ist; tötet mit seinem Schwert einen Räuber, der ihn, → *Lady X* und Dr. Tod überfallen wollte; wird von John mit einer Silberkugel verletzt. **TB14 †** – findet auf der → *Insel des Schweigens* den → *magischen Fächer* von → *Amaterasu*; während er den Fächer an sich nimmt, stiehlt der Goldene Samurai ihm sein Schwert; begeht Harakiri mit dem Dolch des Goldenen Samurais, der ihm zusätzlich noch den Kopf abschlägt.

Tok-El † – **GK134(30)** – Druiden- oder Drachengott; lebt auf der Dracheninsel (Orkney-Inseln); wird von John mit Silberkugeln vernichtet; sein Vasall, den untoten Count of Blackmoor, wird von John mit dem Silberdolch getötet.

Tokio – Hauptstadt von Japan; größte Stadt der Erde; Flughafen heißt Hanida-Airport. **TB14**.

Tolini, Commissario – Kommissar in Venedig, dick wie Kugel, doch quirlig, springlebendig, schwarzer Schnäuzer; kämpft mit John gegen → *Strigen* und → *rote Vampire*, die sich gegenseitig bekriegen. **GK144(33); 231**.

Tomatin – kleiner Ort in Schottland; mit kleinen Häusern und Gärten, die von Steinmauern umgeben werden; nördlich des Ortes liegt das Schlachtfeld »Culloden«, wo einst Schotten gegen Engländer kämpften; wird umgeben von leichten Anhöhen. **TB175**.

Tonbridge – Kreisstadt südlich von London; hier hat → *Dr. Tod* sein Horror-Kabinett!

Tong – 476 – so nennen sich die Diener der indischen Totengöttin → *Kali*.

Tongs – 50 – chinesische Geheimbünde.

Topar – Wort, mit dem der heilige → *Stab Buddhas* aktiviert werden kann; die Zeit bleibt für alle, bis auf den Rufer, für 5 Sekunden stehen.

Topeka – Ort in den USA im

Staat Kansas; Westernstadt-Flair; Provinzstadt mit wenigen Hochhäusern; kleiner Flughafen; in der Umgebung Berge und verschiedene kleine Seen. **TB167**.

Topol † – **459** – KGB-Agent, der → *Arkonada* kannte und von diesem Ghoulschleim vom → *Planeten der Magier* erhielt, aus dem er die → *Ghoul-Gespenster* schuf und sie auf Island zum Einsatz brachte; stirbt auf einem stromgeladenen Gitter, auf dem er John und Suko rösten wollte.

Tor zum Jenseits – **442** – ein Orakel; eine Wand in der Ruine der → *Templer-Komturei* in Südbelgien, durch das die → *Horror-Reiter* in die Welt gekommen sind; Hector → *de Valois* hat es mit dem Kreuz geschlossen und ihm damit die voraussagende Kraft genommen; das Orakel gewährt einen Blick in vergangene Zeiten, als John es ungewollt durch sein Kreuz wieder öffnet.

Torday, Janos → *Rattenmensch*.

Torham, Angel † – **TB104** – junges Mädchen, das in einem Internat in → *Ascona*/Schweiz lebt; in ihr lauert das Böse; wenn es bei Dunkelheit ausbricht, ist sie in der Lage, Monster und Katastrophen zu machen, die dann lebendig werden; legt im St. Gotthard-Tunnel Feuer, um zu verschwinden; das mißlingt, und sie begeht Selbstmord, indem sie sich in eine Schlucht stürzt.

Torkan, der Barbar – **319** – gestorbener Krieger, in dessen Körper der Geist von John dringt, nachdem dieser von → *Okastras Schwert* getroffen wurde und sich so sein Geist von seinem Körper getrennt hat; soll → *Baal* geopfert werden, wird von dessen → *Leichenvögeln* gefressen; stirbt endgültig, als Johns Geist auf Baals Blutaltar wieder in seinen richtigen Körper fährt. **TB48** – sein Geist irrt durch die Dimensionen; Johns Seele wird von dem Schamanen → *Laktur* in den Körper Torkans versetzt; in dessen Gestalt tötet John Laktur; begibt sich nach London; Suko bannt ihn mit dem → *Stab* und verwandelt John mit Hilfe des Kreuzes zurück.

Torkano, Diana † – **GK 172 (40)** – verheiratet mit Rick Torkano, Playboy; Hobbyarchäologin; gerät durch einen → *Abraxas* in den Sog des Bösen und will alle Geliebten ihres Mannes töten, indem sie Puppen morden läßt, die danach das Gesicht der Toten annehmen; von einer dieser

Puppen wird sie selbst erschlagen, und ihr Abraxas zerfällt zu Staub.

Torrano, Ric † – 715 – Killer, den der Teufel zu sich geholt hat; soll den Kind-Suko umbringen, wird aber von Jane Collins und Bill Conolly getötet.

Torres del Mar – kleiner Ort in Spanien in der Nähe von Malaga am Meer; feiner Sandstrand; mehrere kleine Galerien, Kneipen und Discos; in den schmalen Nebengassen befinden sich alte, schiefe Häuser; großer Platz in der Mitte des Ortes. **926**.

Torri † – **TB77** – Commissario in Venedig/Italien; Nachkomme des Henkers Turrio; holt John und Jane Collins nach Venedig; will John und Jane töten; entführt Jane und will sie dem Dogen opfern, den er, zusammen mit seinem Henker, selbst befreit hat; wird von John mit einer Silberkugel getötet.

Torringham, Inspektor – **GK61(11)** – von der Mordkommission London Mitte, genannt der »Hartnäckige«.

Totenbaum – 330 – blattloser, lackierter Baum; steht in der → *Halle der Weisheit*; in seinen Astgabeln liegen die toten Mönche des Klosters, deren Geister aus dem Nirwana herabschauen; durch Gebete Yakup → *Yalcincayas* werden die Toten lebendig und greifen die Feinde des Klosters an; er ist auch ein Orakel. **TB121** – wird mit dem → *Kloster Yalcinkayas* zerstört.

Totenbeschwörer – 42 – nahe Verwandte von → *Nachzehrern*, die auf deren geistigen Befehl zum Grab gehen und den Untoten beschwören, sie zu sich zu holen.

Totenbraut, Sinclairs → *Dufour, Margaretha*.

Totenbuch des Arkonada – **351** – ist in der atlantischen → *Totensprache* von → *Eli* mit dem Blut der Feinde von Arkonada geschrieben worden; er hat es irgendwo versteckt.

Totenfee der Templer – kleines nacktes Wesen mit Flügeln; lebt in einem Glas und stammt aus → *Aibon*; starke magische Fähigkeiten; bewacht den → *Templerschatz* vor Neufundland; darf den Schatz nur dem Träger des → *Dunklen Grals* öffnen. **610 (1. Auftritt)** – erlaubt John den Zutritt; wird von ihm gebeten, den Schatz auch weiter zu bewachen.

Totenfrau, Die (1) → *Schattenfrau (2)*.

Totenfrau, Die (2) → *Selma*.

Totengott-Druide † – **681** – stammt von der Dunklen Seite

→ *Aibons*; kehrt hin und wieder auf die Erde zurück; Eichenkundiger; besteht aus Lianen und Pflanzensträngen; darunter befindet sich der Körper einer schwarzen Mumie mit hellen Augen; riecht nach Fäulnis und Moder; lebt auf seinem Leichenschiff; will ein Refugium an einer alten Eiche errichten; nahm die Kraft der Eiche auf, bevor sie gefällt wurde, und wurde selbst zur Eiche; wird von John auf seinem Schiff entdeckt; bringt die beiden durch einen Dimensionssprung in das Gebiet, wo die Eiche gestanden hat; John verletzt ihn dort zunächst mit 2 Silberkugeln und vernichtet ihn dann durch die Aktivierung seines Kreuzes.

Totengöttin, Indische → *Kali*.

Totenkopf-Brigade, Die – 258 – Erben des → *Schwarzen Tods*, haben vor 20 Jahren den Schwarzen Tod beschworen, der ihnen half, Karriere zu machen; 1. Glenn Kelly (Product Manager einer Reifen-Firma); 2. Harry Gold (Autosalon), einziger Überlebender; 3. Lionel Linton (Anwalt); 4. Jim Ecclow (Waffenhändler); der Schwarze Tod will ihre Seelen, um durch sie zu erstarken und sich aus dem Reich des → *Spuks* zu befreien; er wird jedoch durch Johns Kreuz in das Reich des Spuks zurückgeschleudert.

Totenmaske aus Atlantis, Die – von den → *Stummen Göttern* erschaffene magische Waffe, die vom → *Planeten der Magier* stammt und sich im Besitz von → *Myxin* befindet; fünfeckig, grüner Grundton, mit einem spitz zulaufenden Kinn, darüber ein dünner, gekrümmter Mund, der wie ein Strich wirkt, und Augenlöcher; die Nase steht ein wenig vor; die dunkleren Stellen an den fünf Ecken sind Augen, jedes hat eine andere Farbe und eine andere Bedeutung: vom Betrachter aus gesehen links oben: hellblaues Auge mit dunkelblauer Pupille; links unten hellgrün/dunkelgrün; unten: beige/braun; rechts unten: violett; rechts oben rosa/hellrot; ihre Wirkung entfaltet sich, wenn Myxin sie aufsetzt; dann kommt Leben in die Pupillen; die Farben werden kräftiger, beginnen zu leuchten, bewegen sich, zittern, ziehen Kreise; die Maske saugt sich an dem Gesicht des Trägers fest und ist nur schwer wieder zu lösen; mit ihr kann man sowohl in die Zukunft als auch in die Vergangenheit blicken; wirkt außerdem als Transportmittel zwischen Orten und Zeiten. **308 (1. Auftritt)**;

TB43 – warnt → *Kara*, Myxin und den → *Eisernen Engel* vor Julia → *Landers*. **550** – Myxin gibt sie John; der treibt → *Serena* mit ihrer Hilfe in die → *Pyramide des Wissens*, wodurch sie stirbt; Myxin erhält sie zurück. **649** – Myxin zerstört mit ihr eine Tafel, durch die der Junge → *Tim* zurück nach Aibon geschleudert wird, bevor er → *Stonehenge* übernehmen kann. **719** – zerfällt zu Staub, als sie dem Feuerstab des Henkers des → *Schwarzen Tods* die Kraft nimmt und dadurch Myxin rettet. **312**; **338**; **351**.

Totenmaske des Horatio Ferrini † – **TB171** – tötet, indem sie sich auf das Gesicht des Opfers setzt und die Haut auflöst; wurde von Horatio Ferrini angefertigt; dieser trug sie bereits zu Lebzeiten; lebte nach seinem Tod mit Hilfe des Teufels in der Maske weiter; sie wurde in seinem Palazzo, der erst nach seinem Tode entstanden ist, eingemauert; John befreite sie aus Versehen; sie tötet daraufhin 3 Menschen; John findet bei der Suche nach der Maske Claudia Ferrini, eine Nachfahrin Horatios; zusammen mit ihr und Suko besucht er das Grab von Horatio; die Maske taucht auf und greift John an; dieser vernichtet die Maske mit seinem Kreuz.

Totenopfer – **260** – wird von → *Clarissa*, der Nonne vom Volk der → *Makkabäer*, den Wölfen gebracht, weil sie ihr Schutz gewähren; dieses Totenopfer soll John sein.

Totenschiff der Templer – **447** – auf ihm erscheint der untote → *Capitaine Noir*, Halbbruder von Hector → *de Valois*, der das → *Kreuz von Este* zerstören will.

Totensprache – **351** – wurde in den schlimmsten Schlünden des alten → *Atlantis* gesprochen; klingt krächzend und rauh, mit vielen Konsonanten; Worte sollen den Tod überwinden, damit sich die Gräber öffnen und das Böse aus ihnen in die normale Welt aufsteigt; der → *Eiserne Engel* beherrscht sie, ebenfalls → *Arkonada*, der Diener der → *Großen Alten*; → *Eli* hat für Arkonada in dieser Sprache ein geheimnisvolles → *Totenbuch* geschrieben, das dieser irgendwo versteckt hat.

Totenvogel, Der – **315** – vom Teufel erschaffen; Bote der Hölle, der dem Menschen sein Ende verkünden soll; wird vom Teufel gerettet, als er von Johns Kreuz angegriffen wird.

Totsprecher – **331** – bevor jemand stirbt, spricht der Totsprecher sie tot und hält sie so nach ihrem Tod unter Kontrolle; der Geist des Totsprechers steckt in Toten (→ *Zii*); man findet sie meist in Asien, besonders auf den indonesischen Inseln, versteckt im Dschungel lebend; Zii spricht sich selbst tot; verbunden damit ist ein makabrer Tanz.

Toulouse – Stadt in Frankreich; Umsteigeort für John, wenn er mit dem Auto nach → *Alet-les-Bains* fährt; hier muß er von der Bahn aufs Auto umsteigen; in der Altstadt gibt es eine Fußgängerzone. **615**; **780**.

Träne des Teufels, Die – **306/307** – zählt zu den wertvollsten Diamanten der Welt; befindet sich im Besitz des Belgiers Hendrik → *van Doolen*; verkleinert und verschluckt Waffen, die auf seinen Besitzer abgefeuert werden (Mandras Dolche, Silberkugeln), und Gegner (Wikka, Suko, Mandra Korab); macht damit seinen Besitzer unverwundbar; der Stein hat Kontakt zu einer dämonischen Welt, der → *Hexenwelt*, einer Forschungsstätte für Schwarze Magie; in ihr sollen mit Hilfe des Diamanten die getöteten Hexen reaktiviert werden; er enthält konzentriert die Kraft dieser Welt und kann zeigen, wie es dort aussieht; Luzifer, der oberste Höllenfürst, weinte, als er vom Erzengel Michael in die tiefste Verdammnis gestoßen wurde; aus diesen Tränen wurde der Stein geformt.

Trank des Vergessens – aus geheimnisvollen Kräutern hergestellter Trank, der die Seele vom Körper trennt und der Seele die Möglichkeit gibt, in fremde Welten zu reisen und dort zu beobachten; eine sirupartige, süßliche Flüssigkeit mit einem etwas bitteren Nachgeschmack; wirkt normal nur bei → *Kara*; für Menschen gefährlich; John und Suko fallen in einen Scheintod, als sie einen Tropfen davon nehmen (**298**); Kara erhielt ihn in → *Atlantis* von ihrem Vater → *Delios*; zur Zeit in den Händen des → *Spuks*; befindet sich in einer kleinen Glasflasche in einem lederähnlichen Beutel, der aus einem Material besteht, das es auf der Erde nicht gibt; Delios braute ihn einst, vergaß aber seine Zusammensetzung. **143 (erstmals erwähnt)**. **TB5** – John erlebt in der Vergangenheit mit, wie Kara ihn von ihrem Vater erhält. **TB22** – Kara erfährt von ihrem toten Vater, daß der Trank in den Händen des Spuks ist. **432** – der Spuk überläßt Kara 3 Tropfen, damit sie gegen → *Magico* kämpfen kann. **623** –

Kara erhält vom Spuk einen Tropfen des Tranks und gelangt damit nach → *Avalon*. **265**; **258**; **298**.

Transsylvanien – Stammland der Vampire; liegt im heutigen Rumänien in den Karparten. **33**.

Travarrick – kleiner Ort in England, in der Provinz Cornwall; direkt am Meer; Steilklippen; rauhes Seeklima. **TB70**.

Travers, Familie – Vater: Gordon; führt mit seiner Frau einen kleinen Supermarkt; Mutter: Kate; Sohn: Gil, Student; liiert mit Nelly → *Wayne*; Tochter: Helen: Studentin; liiert mit Jimmy → *Wayne*. **853** – Kinder werden von → *Uliak* lebendig begraben und sterben; ihre Geister finden keine Ruhe; erscheinen als Geister ihren Eltern, die John informieren; die Leichen werden von John gefunden; die Geister tauchen in → *Lauder*/Schottland auf. **854** – die Geister der Kinder warnen den Küster vor Uliak; die Eltern werden von Uliak auf den Friedhof gelockt, wo er sie lebendig begraben will; ihre Vorfahren begruben Uliak selbst einst lebendig; die Geister der Kinder lenken Uliak ab und entwenden Johns Kreuz; mit dem Kreuz vernichten sie Uliak, wodurch auch ihre Seelen erlöst werden.

Travis, Melanie – **703** – lebt auf der Insel Storm Island im Atlantik zwischen England und Frankreich; hat ihren Mann und andere Menschen geköpft und ihre Köpfe zu Schrumpfköpfen gemacht, weil sie glaubt, daß dadurch deren Fähigkeiten auf sie übergehen und sie zum Übermenschen wird; kommt vor Gericht.

Trenton – Ort in England an einem schmalen Fluß; kleine Häuser mit roten Dächern; am Fluß liegt eine alte Mühle; Gasthof namens »Last Post« im Ortskern. **628**; **629**.

Treppe der Qualen † – **356/357** – führt ins Nirwana des Todes, aus dem es keine Rückkehr gibt; befindet sich in → *Atlantis* im → *Land der Gesichtslosen*; man muß sie hinter sich bringen, um auf das Schiff von Macha → *Rothaar* zu gelangen, der Königin der Gesichtslosen; der indische Gott → *Wischnu* hat sie auf einer Dimensionsreise magisch beeinflußt und sie für sich eingenommen als ein Reservoir der Seelen; später wurde sie Wischnu vom → *Fratzengesicht* entrissen und dient seitdem als magische Falle für das Fratzengesicht; befindet sich nun in der Gegenwart auf einer Insel im Mittelmeer, die aus atlantischem Urgestein besteht; wird vernichtet, als Mandra → *Korab* vor Johns Kreuz die Heilige Silbe → *Aum* ruft.

Tresco Island – Insel, die zu den Isles of Scilly gehört, einer Inselgruppe westlich von Cornwall; zweitgrößte Insel der Gruppe; felsig; an der einen Seite der Insel gibt es eine Steilküste; in einem Wald liegt ein See, an dem das Kloster Tresco Abbey liegt; der Flughafen liegt auf der Hauptinsel St. Mary; übersetzen nach Tresco Island ist nur mit dem Schiff möglich; an der Südspitze der Insel steht ein Galgen auf dem Felsen »Hanging Rock«. **509**.

Trevine – Ort in der Nähe des Dartmoor in England; in der Nähe gibt es ein weiteres Moor; darin befinden sich kleine bucklige Inseln; darauf wurden vor Jahrhunderten in Werwölfe verwandelte → *Templer* begraben. **779; 780**.

Trevose – Dorf an der Westküste Englands, wo John den Schänder → *Orlock* vernichtet. **462; 463**.

Tri-Arion † – **388** – der Dreihäutige; Diener des → *Spuks* und Wächter des → *Dämonenschreins* (mit Casial und Murghal); Casial und Murghal werden von Asmodis vernichtet.

Trier – Stadt in Rheinland-Pfalz; in der Nähe befindet sich ein Kerkerschloß, in dem ein Kurfürst vor 200 Jahren schwarze Messen gefeiert hat. **256**.

Trigger, Ewald → *Hausmeister*.

Trivino – kleines Dorf im Tessin (in der Schweiz); liegt in einem Hochtal hinter dem St. Gotthard; Bevölkerung sind Ladiner; Gletscher in der Nähe; wird von einem Fluß durchquert; in den Bergen liegt das »Kloster der namenlosen Nonnen«; armer Teil der Schweiz; im Ortsmittelpunkt steht ein grauer, viereckiger Brunnen; in der Nähe befindet sich das Wirtshaus von Silvio Frappi. **859; 860; 861; 862**.

Trooping Fairies – Elfen, die auf weißen Pferden reiten; halfen mit, → *Aibon* zu gründen; tragen gläserne Glocken um ihre Hälse; haben helle, leuchtende Haut; waren einst Engel, die sich nicht auf die Seite des Guten gestellt haben; wurden verdammt, fielen aber nicht in die Tiefen der Verdammnis, sondern kamen nach Aibon. **600** – 14 von ihnen werden auf ihrem Sammelplatz in Aibon von den → *Horror-Reitern* getötet.

Trudot, Pierre – **330** – Student, der Menschenexperiment macht und sich mit dem Teufel verbündet; ermordet in London drei

Mädchen, entnimmt ihnen die Herzen und schafft sie nach Paris, wo sie vom Teufel in Eis verwandelt werden; Pierre soll dem Teufel auch das Herz von Jane Collins besorgen.

Tschin † – **GK168(39)** – der Drachengott, der »Schwarze Drache«; kleine, häßliche Mumie mit grünem, fettglänzenden Leib; hat früher in China grausam geherrscht; wurde von einem jungem Mann, dessen Mädchen er geraubt hat, durch einen Trick besiegt; Anhänger des Drachengottes haben den halbverbrannten Körper weggeschafft, einbalsamiert und in einem riesigen Felsengrab zur Ruhe gebettet; dem Meister → *Li Wang* gelang es, den Hort des Bösen zu finden und die Mumie nach London zu schaffen; stirbt endgültig durch einen hölzernen, magischen Dolch → *Li Tse Fengs*, den John dem Drachen in den Rachen schleudert.

Tschu Wang † – **168** – ein Mandarin und Dämon, der vor 800 Jahren als Anführer des Bundes der Roten Schlange vom Kaiser geköpft worden war; ist unten Mensch und oben Schlange; verschlingt seine Opfer und läßt von ihnen nur die Schädel übrig, die ihn auf der → *Teufels-Dschunke* begleiten; bringt Shao in seine Gewalt, doch Suko rettet sie und vernichtet den Dämon mit einer Handgranate.

Tse, Ernesto – **85** – Zwerg; chinesischer Gangsterboß in London; Vater Chinese, Mutter Italienerin; durch Serena → *Kyle* wird er zum Diener → *Asmodinas*; als John das Bildnis Asmodinas in seinem Haus mit dem Kreuz zerstört, begeht Tse Selbstmord mit Zyankali.

Tucker, Slim – Sheriff in → *Baton Rouge*/USA. **535** – teilt John mit, wo Evangeline → *Cortland* lebt, die dieser sucht.

Tullham – Ort in der Grafschaft Kent; hier erledigt John eine → *Medusa*. **160; 161**.

Tullmer – Ort am Rand der Vogesen/Frankreich, wo → *Baphomet* die Silbermaske auf dem Gesicht → *Abbé Blochs* zum Schmelzen bringt und dieser dadurch erblindet. **479**.

Tullverine – Ort in Wales, in dem John den Schamanen → *Ruuf* mit Silberkugeln tötet. **106**.

Tulsa – Geisterstadt in der Nähe von San Francisco, in der Bill Conolly eine Skulptur des → *Spuks* findet. **122**.

Tum-Hagan † – **TB76** – Medizinmann; trägt nur ein paar Federn um die Hüfte; verbündet sich mit → *Dr. Horror*; tötet eine Schauspielerin, 2 Stuntgirls und einen Autor; sein Körper wird von 4 Geistern nachgebildet, nachdem diese in einer Kugel aus der → *Goldenen Pistole* gefangen worden sind; sein Körper wird durch den Schleim zerstört, ebenso wie die Geister.

Tunnel der Zeiten – 312 – existiert z.B. zwischen dem → *Planeten der Magier* und dem alten → *Atlantis*.

Turga † – 468 – Barbar in karolingischer Zeit; Diener → *Baals*, der vor 1000 Jahren von einem Eisenkreuz gebannt worden war, das den Davidstern zeigt, den → *Lilith* von Johns Kreuz genommen hat; als in der Gegenwart das Kreuz ausgegraben wird – unter der Taufkirche in Refrath bei Köln –, kommt Turga als Geist frei; John vernichtet ihn durch das Eisenkreuz.

Turm der wimmernden Seelen – 353 – steht in der Leichenstadt, im Teil des → *Großen Alten* → *Hemator*; ist aus Steinen errichtet, die von menschlichen Toten zusammengehalten werden; wird von John mit dem Kreuz und dem silbernen Bumerang zerstört.

Turner – 53 – Inspektor bei Scotland Yard; Leiter einer Mordkommission; jung, frisch von der Polizeischule; groß, Hornbrille; bissiger Humor; ist John sympathisch.

Turro † – 658 – lebte vor langer Zeit in einem Wald und tötete dort zahlreiche Frauen; wurde aufgestöbert, mit Weihwasser besprizt und anschließend verbrannt; sein Körper starb, aber sein Geist ging ein ins Reich des → *Spuks* und wurde zu einer Schattengestalt; floh später aus dessen Reich und suchte sich den Gastkörper von Andy Gere, um wieder zu morden; hat Macht über die Elemente; kann Gedanken lesen; nahm einmal einen toten Körper als Gastkörper; seitdem fängt jeder Gastkörper, den er verläßt, an zu verwesen; tötet einige Mädchen in London und will als nächstes Glenda Perkins töten; entführt Glenda; offenbart sich ihr in deren Wohnung und will sie foltern; als sie sich zur Wehr setzt, verletzt er sie schwer mit einem Messer; die auftauchenden John und Suko zwingen ihn, seinen Gastkörper zu verlassen, den Suko daraufhin mit der Dämonenpeitsche zerstört; John aktiviert sein Kreuz und vernichtet dadurch auch seine Schattengestalt.

Tweedsmuir – Ort in Schott-

U

land; hier werden die berühmten schottischen Stoffe hergestellt; kleine Polizeistation; ein Café; eine Wirtschaft namens »McAssig's Pub«. **548**.

Tyler, Jamie † – **GK160(37)** – Rauschgift-König von Soho; wird auf Befehl des → *Mandarins* von seinem ehemaligen Partner Ricky Lord mit einer MPi getötet.

Udexa † – **452** – ein Kröten-Monster, das aus einem Sumpf in der Nähe des Ortes Wye steigt, um Menschen zu ermorden; John und Suko vernichten es, indem sie den Brunnen des Ortes, der die Miniaturform des Monsters hat, mit dem Kreuz zerstören.

UFO-Bastard, Der † – **982** – Skelettbaby; Außerirdischer; langer Schwanz; übergroßer Kopf, aus dessen Stirn zwei Hörner wachsen; schwarze, schwammige Masse in den Augen, die facettenähnlich ausgebildet ist; Hörner sind gleichzeitig Fühler, die die Umgebung erkunden; Kannibale; wurde durch einen Erdrutsch in der Schwäbischen Alb freigelegt und von Heinz Müller gefunden; dieser gab ihn an Vertreter der deutsche Regierung weiter; Heinz Müller starb kurz darauf an einem Blinddarmdurchbruch, wurde aber durch ihn zum Zombie; Heinz Müller befreit ihn später aus einem Bunker, wo außer ihm auch radioaktiver Abfall gelagert wurde; bei der Befreiung starben 7 Menschen; Müller bringt ihn zurück an seinen Fundort, von wo aus er das Unheil in die Welt tragen soll; wird von Julia Fohrmann gesehen, die John, Harry → *Stahl* und Dagmar → *Hansen* informiert; will Julia töten, was die drei jedoch verhindern; greift Dagmar Hansen an, um sie zu töten; deren Psychonautenkräfte werden durch den Angriff aktiviert und verbrennen ihn, so daß nur noch Asche übrigbleibt, die die deutsche Regierung zur Untersuchung erhält.

Uliak – Ukrainer; entflohener Gefangener, der auf der Seite der Deutschen gekämpft hat; rechte Körperhälfte und Gesicht menschlich; linke Seite knöchern; Nahtstellen in Gesichtmitte; riecht nach Friedhof; stand als Mensch mit schwarzmagischen Kräften in Verbindung; wurde 1943 lebendig in → *Lauder*/Schottland begraben,

U

nachdem er 4 Kinder ermordet hatte; will sich an den Nachkommen seiner Mörder rächen; wurde von einem als Mensch wiedergeborenen Dschinn mit Totensalbe bestrichen; hat die Kinder getötet, um die Salbe zu weihen. **853** – rettet die Kinder → *Nelly* und Jimmy → *Wayne* sowie Helen und Gil → *Travers* auf dem schottischen Greenlake vor dem Ertrinken; begräbt sie danach lebendig; verübt einen erfolglosen Mordanschlag auf John. **854** † – verletzt Fred → *Wayne*; will den Küster, der seine Geschichte kennt, beseitigen; diesem gelingt jedoch die Flucht; lockt die Ehepaare → *Wayne* und → *Travers* auf den Friedhof, um sie lebendig zu begraben; greift den auftauchenden Horace F. → *Sinclair* an; wird von den Geistern der 4 Kinder mit Hilfe des von John geborgten Kreuzes vernichtet.

Umweltdämon → *Mandragoro*.
Unbesiegbare, Der → *Hemator*.
Undine – Anführerin der Nixen; glasähnliche Pupillen; lange Haare; nackt; große geistige Kräfte; stammt aus → *Aibon*; hat die Macht, Menschen zu beeinflussen. **TB149** – tötet zwei Menschen, die sie töten wollen; nimmt John das Versprechen ab, ihr Geheimnis zu wahren.

Unheimliche Mönch, Der → *rote Abt, Der*.
Unheimlicher Reiter → *Kreuzweg-Legende*.
Unhold, Der † – **302** – der erschossene Bandit Ugo Corelli wird von seiner Verwandten, der Teufelsdienerin Rosa → *Beluzzi*, die einen von Mandra → *Korabs* sieben Dolchen von → *Luzifer* erhalten hat, zu einem Monster gemacht, das Neapel in Angst und Schrecken versetzt.

Urak † – **TB20** – auch »Angst-Dämon« genannt; violett schimmerndes Skelett; Waffe; große Sense; wurde von den → *Großen Alten* in seine Welt verstoßen; brachte vor 500 Jahren eine Straße mitsamt deren Bewohnern aus → *Minster* in seine Welt; macht die Bewohner zu Zombies, anschließend zu Skeletten; holt John und Bill Conolly in seine Welt; sperrt Bill in einen Kasten ein und schickt John auf eine Reise durch die Dimensionen; Bill kann aus seinem Gefängnis entfliehen; John gelingt es, ihn mit seinem Kreuz und der Hilfe des → *Sehers* zu vernichten.

Uraks Welt † – **TB20** – identisch mit einer Straße, die es auch in → *Minster* gibt; brachte

U

vor 500 Jahren die Straße mitsamt seinen Bewohnern in seine Welt; wird erhellt von einer rosa Sonne; am Anfang der Straße steht ein Schild, auf dem steht »Straße der Angst«; die Welt wird vernichtet durch den Tod ihres Herrschers → *Urak*.

Uralte Henker, Der † – 573 – richtiger Name: Lorenzo; zog früher als Henker durchs Land; suchte eine neue Herausforderung und ging in die → *Hölle*; forderte den Teufel zum Kampf heraus; der gewann und bannte ihn durch einen magischen Nagel; der → *Spuk* spielt dem Teufel einen Streich und befreit ihn nach 600 Jahren von dem Bann, indem er den Nagel entfernt; der Spuk schickt ihn in seiner Gestalt als skelettierten Körper mit menschlichem Gesicht in ein italienisches Kloster; soll John in das Kloster locken und zusammen mit ihm den Teufel bekämpfen; muß mit einem abtrünnigen Mönch kämpfen, der den Weg in die Hölle ebenfalls kennt, aber auf der Seite des Teufels steht; verliert den Kampf mit dem Mönch; der Mönch nimmt die Maske, die der Weg zur Hölle ist, an sich; John vernichtet den Henker mit einer Silberkugel; der Spuk taucht auf und zerstört die Maske, mit der auch der Mönch stirbt, der die Maske auf dem Gesicht getragen hat.

Uranus und Mercurius † – 365 – zwei Mönche, die vor 200 Jahren den Teufel angebetet haben und dafür in den Kalksandsteingrotten von Maastricht eingemauert worden sind; John vernichtet einen mit dem Kreuz; der andere wird durch einen Strahl aus dem → *Würfel des Unheils* zu Staub atomisiert.

Uriel – Erzengel; beherrscht das Feuer, das reinigen oder vernichten kann; Waffe: Flammenschwert mit langer Klinge; wird auch »Flammenengel« genannt; übergroß, lockiges Haar, edle Gesichtszüge, geschlechtslos, mächtige Flügel. **TB49** – gerät unter → *Luzifers* Einfluß; nimmt Kontakt zu Sheila Conolly auf, die er einst rettete; nimmt in einem lichten Moment Johns Kreuz an sich und vertreibt Luzifer. **Ur-Hure** → *Lilith*.

Urzeit-Monstrum, Das † – TB183 – richtiger Name: Boris Beckmann; 36 Jahre alt; Maler; malt düstere Bilder, Monster und Mutanten mit viel Blut; arbeitete früher für die deutsche Regierung; hat seinen Dienst quittiert und sich auf → *Sylt*/Deutschland zurückgezogen; ist eine → *Kreatur der Finsternis*;

Aussehen als Kreatur: Gestalt eines riesigen uralten Kraken; verwandelt sich nach dem ersten Kontakt mit dem Kraken, der im Watt vor Sylt lebt, immer mehr selbst in ein krakenähnliches Wesen; nachdem der Krake drei Menschen getötet hat, begibt er sich in das Watt, um sich mit dem Kraken zu vereinen; holt John, der ihn verfolgt hat, mit ins Watt; dieser drückt ihm das Kreuz ins Gesicht, wodurch der Krake und er selbst vernichtet werden.

Ur-Mutter → *Lilith*.

Ur-Strige → *Monster-Strige*.

Ur-Werwolf – 89 – sein Geist erscheint über → *Army Island*.

Usanga † – 341 – riesiger Nubier, Diener der Cleopatra, der in der → *Nadel der Cleopatra* am Victoria Embankment eingemauert ist und zum Leben erwacht, als der Archäologe Ed Fisher die Hieroglyphen an der Spitze des Obelisken entziffert; wird von John mit dem silbernen Bumerang vernichtet.

Vaduz – Hauptstadt von Liechtenstein; der Kleinstaat liegt eingeschlossen zwischen Österreich und der Schweiz; in der Nähe des Ortes liegt das Hotel »Bergfirst«. **543; TB107**.

Valdez, Familie – Ehepaar Rico und Zita; Besitzer eines Beerdigungsinstitutes. **869 (1. Auftritt)** – sie töten ihre beiden Angestellten Jim Little und Paul; legen ihnen dann eine Fetischkette um, um sie zu Zombie-Mumien zu machen; die Fetischkette stammt von einem Totensprecher; dessen Körper konnte nach seinem Tod nicht verwesen, und aus seiner Haut wurden die Fetische, die seine Magie weitertragen konnten; durch sie kann man Tote in Zombie-Mumien verwandeln; Jim Little und Paul behalten ihre Körper, doch die Gesichter sehen aus wie die von Mumien; die beiden können noch begrenzt denken, sich aber an ihr vorheriges Leben nicht mehr erinnern; Paul tötet eine Putzfrau und wird bei seiner Verfolgung von Suko mit der Dämonenpeitsche getötet; Jim Little tötet ebenfalls einen Menschen und wird von John und Suko bis zum Beerdigungsinstitut verfolgt; dort gelingt es Suko, auch die zweite Mumie mit der Dämonenpeitsche zu vernichten; nach dem Tod der Zombies werden die beiden Ketten zerstört; das Ehepaar Valdez wird festgenommen.

Valdez, Julio † – **152** – Reporter aus New York, der es sich zur Lebensaufgabe gemacht hat, → *Chiimal*, den Giganten aus Atlantis, im Tal der Götter in Peru wieder zum Leben zu erwecken; dabei wird er von Chiimal getötet.

Valendy, Familie † – **875** – Vater: Victor; Chef der Artistengruppe »Living Dolls«; Tochter Vera: als Medusa platzt ihr Kopf auf, die Schlangen wachsen aus der Wunde heraus und verteilen sich auf dem Kopf; Victor befreite sie auf einer griechischen Insel aus einer Felsspalte; dort steckte sie als Medusa fest; er schirmte sich bei ihrer Befreiung durch eine Glasplatte ab und konnte sich ihr so nähern; machte sie zu seiner Tochter; sie blieb aus Dankbarkeit für ihre Befreiung bei ihm; ist im Gegensatz zu den richtigen Medusen in der Lage, Menschen auch kurzzeitig lähmen zu können; dieses wendet sie auch bei der Artistengruppe »Living Dolls« an; Jane Collins, die den Fall von versteinerten Menschen untersuchen soll, wird fast ein Opfer der Medusa, doch John köpft diese mit einer Eisenstange und tötet sie dadurch; Victor kommt bei einem Schußwechsel mit einem Angestellten des Rummelplatzes durch eine Silberkugel ums Leben.

Valesca → *Engel der Geister*.

Valhari, Kinah † – **IV58** – Drachenmann, Ukrainer, der 2 Drachen im Kaukasus gefunden hat; einen tötet er und verarbeitet seine Haut zu einem Teppich, der bluten kann; dieses Drachenblut hat Valhari und seine Gefährtin Esther unverwundbar gemacht; John tötet ihn, indem er ihm und dem zweiten Drachen Silberkugeln in die Augen schießt.

Valpone – Ort in einem versteckten Tal in der Toscana in Italien; umrahmt von Weinbergen; in der Nähe liegt das Kloster »Santa Lucca«. **602**.

Vampir, künstlicher – durch → *Vampirpillen* werden Menschen zu künstlichen Vampiren; gehören zu den modernen Vampiren, die sich bei Tageslicht bewegen können; die Zähne des künstlichen Vampirs sind nicht so lang wie die der normalen. **206**.

Vampir-Drilling → *Ambiastro*.

Vampir-Gnom, Der † – **547** – richtiger Name: Zumbra; lebt seit 200 Jahren als Vampir; wurde einst gehängt, überlebte jedoch; legte einen Fluch über das Haus der Manfords und holt seit Jahrhunderten jeweils ein Mitglied jeder Generation zu sich, um es zum Vampir zu machen; soll von 2 Killern getötet werden, die ihm auch einen Eichenpflock ins Herz stoßen, diesen aber zu früh wieder herausziehen, wodurch er überlebt und die beiden Killer später tötet; entführt die einzige Tochter des Hauses; will diese zu seiner Braut machen; da sie die letzte lebende Manford ist, würde der Fluch nach ihrem Tod beendet werden; John und sein Vater, der ihn auch über den Vampir-Gnom aufgeklärt hat, folgen ihm in sein Versteck; schlägt John nieder, wird jedoch von dem auftauchenden Horace F. → *Sinclair* mit einem Eichenpflock gepfählt.

Vampirkuß, Der – der Augenblick des Vampirbisses, durch den ein Opfer zum Vampir wird, auch Vampirtaufe genannt.

Vampiro-del-mar – Kaiser der Vampire, von unstillbarem Blutdurst erfüllt; Mitglied der → *Mordliga*; gewaltiger Körper, bedeckt mit lumpenartiger Kleidung; sein Gesicht ist eine schreckliche Kraterlandschaft, bedeckt mit Pusteln, Geschwüren und von winzigen Blutadern durchzogen; grüne Haut, an einigen Stellen aufgerissen, so daß Adern und Knochen hindurchschimmern; seine Vampirzähne erinnern an die Reißer eines Säbelzahntigers. **133 (1. Auftritt)** – lag mit einem Eichenpflock in der Brust seit 10.000 Jahren unter den Trümmern einer alten Stadt unter der Nordsee begraben; wird von → *Dr. Tod* aus seinem nassen Grab befreit. **TB7** – ist mit dabei, als Dr. Tod den Vampir → *El Sargossa* wieder zum Leben erweckt; wird beim Angriff von John, Suko und Bill Conolly auf die Mordliga von John mit mehreren Silberkugeln schwer verletzt, kann jedoch mit der restlichen Mordliga entkommen. **223** – verwandelt sich in eine riesige Fledermaus; er war der Herr der → *Roten Vampire*. **TB29** – will → *Lady X* töten um sich an die Spitze der Vampire zu setzen; bringt, nachdem Frantisek → *Marek* diese gepfählt hat, den → *Würfel des Unheils* in seinen Besitz und verschwindet zusammen mit dem → *Spuk* und → *Asmodis*. **TB30 †** – John findet in einer griechischen Höhle das Orakel von Atlantis, das identisch ist mit dem Würfel des Unheils; auch dessen neuer Besitzer taucht auf; es kommt zum

Kampf zwischen ihm und John; John gelingt es, ihn während des Kampfes mit einer altertümlichen Lanze zu köpfen. **180**; **193**; **206**; **230**; **231**; **244**; **245**; **247**.

Vampir-Pendel, Das – stammt aus der Zeit Vlad Draculas; hängt an einer dünnen Stahlkette, die Rangar, ein Zigeuner, anbringen ließ; entstand, als die Zigeunerin Zunita, auch Schattenfrau genannt, die dem Grafen Dracula diente, verbrannt wurde; Zunita soll angeblich ein Vampir gewesen sein; aus ihrer Asche entstand das Pendel, welches ihr Gesicht, versehen mit zwei langen Eckzähnen, zeigt; ovale Form, am unteren Ende geschliffen; aus Metall; das Pendel schlägt aus, wenn der Träger sich einem Vampir oder dessen Versteck nähert; dann leuchten die Augen rot auf; das Leuchten wird mit abnehmender Entfernung zum Vampir immer stärker; der Ausschlag des Pendels steigert sich ebenfalls, wenn sich der Träger dem Vampir oder dessen Versteck nähert. **TB176 (1. Auftritt)** – Frantisek → *Marek* erhält es von dem blinden Zigeuner Juri; wird von der Zigeunerin Milena entwendet, die es → *Assunga* übergeben soll; John und Marek verhindern dies, und Marek erhält es zurück. **TB179** – zeigt Marek den Weg zu zwei Vampiren; warnt ihn vor dem Auftauchen des Vampirs → *Mephisto*. **943** – wird vom → *Vampir-Phantom* verändert; das Gesicht von Zunita wird, als das Vampir-Phantom ihm zu nahe kommt, schief, als wolle es schmelzen; stabilisiert sich dann aber wieder, allerdings bleibt es in einer verzerrten Stellung; John nimmt es später kurzzeitig an sich und spürt damit einen Vampir auf, den Marek dann pfählt. **944** – zeigt Marek den Weg zu einigen Vampiren und später auch zum Vampir-Phantom; als er dem Vampir-Phantom zu nahe kommt, beginnt sich das Gesicht erneut zu verändern; es zerfließt wieder etwas; Marek schickt John zum Vampir-Phantom, um es nicht zu gefährden; später taucht Marek mit ihm doch beim Vampir-Phantom auf; es löst das Vampir-Phantom zu einer Staubfahne auf, wodurch das Phantom verschwindet. **953** – zeigt Marek den Weg in die Nähe des → *Vampirwolfs* an. **954** – dem Vampirwolf gelingt es, es sich anzueignen; da dieser Zunita kannte, hilft es ihm, die Pfählung durch Marek zu überleben; nach dem Tod des

Vampirwolfs durch Marek, Suko und John nimmt Marek es wieder an sich.

Vampir-Phantom, Das – kann in 2 Gestalten auftauchen, einmal als Mensch oder als Riesenfledermaus; kann durch die Zeit reisen; liebte einst Zunita, die in dem → *Vampir-Pendel* weiterlebt; wollte sie retten, doch sie wollte nicht mit ihm gehen und starb im Feuer; Zunita hat ihn gehaßt, da sie seine außergewöhnlichen Kräfte kannte; wird von schwarzem Nebel umgeben, wenn er auftaucht; ist ein Wanderer, der das Leben sucht. **942 (1. Auftritt)** – war unvorsichtig und wurde gegen Ende des 19. Jahrhunderts gefangen; man wollte ihn verbrennen und auf dem Meer versenken; ein Orkan zerstörte jedoch das Schiff, und er wurde gerettet; wurde in seinem Sarg an Land gespült; dort befreite ihn die → *blutige Lucy*; macht diese später zum Vampir; verläßt sie, will sich aber irgendwann für seine Rettung bedanken. **943** – rettet die blutige Lucy aus einer Hochhaussuite vor John; taucht im Flugzeug von Frantisek → *Marek* auf; seine Nähe verändert das Vampir-Pendel; macht einen Menschen zum Vampir und hetzt ihn auf John, der ihn zusammen mit Bill Conolly, Frantisek Marek und Suko verfolgt. **944** – hält sich zusammen mit der blutigen Lucy in einem alten Leuchtturm in der Nähe von → *Llanfair*/Wales auf; trifft dort zusammen mit ihr auf John und Frantisek Marek; letzterem gelingt es mit Hilfe des Vampir-Pendels, ihn in eine Staubfahne zu verwandeln, so daß er sich zurückziehen muß. **946 †** – existiert nur noch als schwarze Masse mit Flügeln; kann Gegenstände durchdringen; hat noch seine 2 Vampirzähne, aber vom Körper ist nur noch der Umriß vorhanden; will sich an der lebenden Lucy → *Tarlington* für seinen Zustand rächen und durch ihr Blut wieder normal werden; versucht Lucy zu beißen, doch John kann ihn mit seinem Kreuz vernichten, bevor es ihm gelingt, Lucy zum Vampir zu machen.

Vampirpillen – rote Pillen, säen den Blutdurstkeim in Menschen. **240** – werden auf einer Schönheitsfarm nahe Paris hergestellt; gelangen nach London und werden dort auf Befehl von → *Lady X* und Vermittlung von Logan → *Costello* einem Arzt übergeben und von dem an Patienten weitergereicht; tauchen wieder in London in einem

V

Schönheits-Salon der → *Bella Benson* auf.**188**; **206**.

Vampirtaufe → *Vampirkuß*.

Vampirwelt – Herrscher ist → *Dracula II*; errichtet mit der Hilfe von → *Luzifer*, der schützend seine Hand über die Welt hält; dunkle Welt mit schwarzer Erde; Erde stinkt nach Moder; Himmel wird nie hell; süßlicher, kalter Blutgeruch; absolute Stille, keine Echos; auf einem großen Friedhof gibt es Eingänge, die in die Unterwelt der Vampire führen; von hier stammt die → *Grabkriecherin*. **TB 153 (1. Auftritt)** – einem Opfer gelingt die Flucht aus ihr; John wird von → *Assunga* in die Welt entführt und trifft Dracula II; dieser will ihn langsam sterben lassen; nachdem John durch zahlreiche Kämpfe geschwächt ist, will Assunga ihm den Vampirkuß geben; John wird aber von → *Zebulon*, der ebenfalls von der Welt erfahren hat, gerettet und wieder auf die Erde gebracht. **852** – Dracula II verbrennt hier den rebellischen Vampir Beau → *Lambert* und macht ihn mit Hilfe des → *Blutsteines* zu einem Feuervampir, bevor er ihn nach London schickt. **971** – hier kommt es zur Auseinandersetzung zwischen Dracula II, Morgana → *Layton*, → *Cursano*, Assunga, John und Suko; Cursano stirbt durch die Hand von Dracula II; John rettet Morgana zunächst vor dem Tod, indem er sie von einem Galgen befreit; John und Suko fliehen später mit Assunga von hier; Assunga kehrt aber kurz darauf zurück; Morgana Layton bleibt zunächst hier gefangen; ein Dimensiontor, das von hier nach Schottland führte, wird geschlossen, als John und Suko von hier entkommen sind.

Vampir-Witwen – **327** – die 4 Witwen des → *Baron von Tirano*; Violetta Valeri, Gloria Gordon, Helga Cramer und Isabell Mori wollen sich wegen des Todes ihres Mannes an John rächen; sterben durch Silberkugeln aus Sukos und Bill Conollys Berettas.

Vampirwolf – Mischung aus Werwolf und Vampir; Körper vom Werwolf, Gesicht vom Vampir; Raubtiergebiß mit 2 zusätzlichen Vampirhauern; kannte Zunita, die Person die das → *Vampir-Pendel* bildet. **953** – wird in der Vergangenheit gefangen und soll lebendig begraben werden; dies wird durch einen Zufall verhindert; flieht und tötet dabei den Priester eines kleinen rumänischen Dorfes; tötet in der Gegenwart 5 Menschen, wodurch Frantisek → *Marek* auf seine Spur kommt; dieser verfolgt ihn mit seinem Vampir-Pendel; in einem Zug kommt es zum Kampf zwischen den beiden; zur gleichen Zeit warnen Morgana → *Layton* und später auch → *Assunga* John und Suko vor ihm. **954 †** – bezwingt Marek, tötet ihn aber nicht, sondern raubt ihm nur das Vampir-Pendel, da er in ihm Zunita wiedererkannt hat; John und Suko retten Marek, soll von Marek gepfählt werden; überlebt den tödlichen Stoß dank des Vampir-Pendels und flieht; wird später im Zug erneut gestellt; Marek pfählt ihn, gleichzeitig attackiert Suko ihn mit seiner Dämonenpeitsche, und John jagt ihm eine Silberkugel in den Kopf; dies überlebt er trotz des Vampir-Pendels nicht und stirbt.

Van Akkeren, Vincent – Chef der abtrünnigen → *Templer*; dunkle, nach hinten gekämmte Haare mit silbrigen Strähnen an der Seite; groß, hager, gräuliche Gesichtshaut, dämonische Züge; trägt dunkle Farben; ebnet → *Baphomet* den Weg zur Erde, mit dem er auch verbündet ist; kann sich in Baphomet verwandeln, dessen Geist in ihm steckt; hat dann einen roten Höllenschein im Gesicht. **419 (1. Auftritt)** – dreht als Regisseur Horror-Streifen mit echten Morden. **429** – entführt Jane Collins. **432/433** – holt das Böse mit Namen → *Magico* auf die Erde, damit es das Sinclair-Team zerstört. **445** – geht mit Baphomet eine Symbiose ein. **TB71** – entführt Sir James → *Powell* auf ein U-Boot; feuert zwei Torpedos auf das britische Parlament ab; will John und Suko töten; während John und Suko seine Zombies töten und Sir Powell befreien, entkommt er. **457** – im Odenwald übergibt ihm → *Malapartus* einen Teil des → *Templerschatzes*. **470** – tritt nach der Geburt des Kind-Dämons → *Baphomet II* ins zweite Glied zurück. **499** – lockt John in eine Falle; will, daß John das → *Schwert des Gottfried de Bouillon* an sich nimmt, damit der Dämon → *Garinga* diesen danach tötet; will danach das Geheimnis des → *Dunklen Grals* erfahren. **500** – überwältigt mit Baphomets Hilfe Suko und Bill Conolly; erpreßt John mit der Ermordung von Bill; wird durch die Verbindung von Dunklem Gral und Kreuz vertrieben. **525** – erschießt Al Beli, der im Besitz einer Kamera ist, die Fotos aus der Zukunft machen kann, um selbst in den Besitz der Kamera zu kommen. **526** – verbündet sich mit dem Templer und Zombie → *Ariol le Duc*; begrüßt drei zufällig eintreffende Jugendliche im Schloß Le Ducs; sperrt die Jugendlichen ein. **527** – lockt John in eine Falle, woraufhin dieser in der Vergangenheit landet. **528** – bringt zwei der geflüchteten Jugendlichen erneut in seine Gewalt; wird von Suko, der die Zeit angehalten hat, entwaffnet; kann beobachten, was John in der Vergangenheit passiert; ihm gelingt die Flucht; John und Suko verfolgen ihn und nehmen ihn später fest, nachdem sie die Kamera, die sich immer noch in seinem Besitz befindet, zerstört haben. **529** – gerät zusammen mit John und Suko in den Alpen in einen Schneesturm; durch sein Eintreffen wird in dem Ort → *Aigleville*/Frankreich ein riesiger Adler wiedererweckt; der Adler entführt ihn samt des Autos, in dem er sich befindet; der Adler nimmt ihn mit in den Bösen Teil → *Aibons*, wo er seine gerechte Strafe erhalten soll. **644** – verbündet sich mit → *Hoffmann*, der seinen Schatten vom Körper trennen kann; kann Suko überwältigen; fesselt diesen und wartet, bis Hoffmann erscheint, um Suko zu töten. **645** – der Plan mißlingt, und er flieht mit Hoffmann Richtung Ungarn; steigt auf freier Strecke mit Hilfe einer Notbremsung aus dem Zug aus; taucht bei einer Baphomet-Statue auf; wird von Suko verfolgt und mit 2 Silberkugeln verletzt; zusammen mit der Baphomet-Statue gelingt es ihm, in die Hölle zu flüchten.

Van Cleef, Roderick † – **89/90** – zum Werwolf mutierter Lieutenant der Army; wird von John mit Silberkugeln getötet, bevor er London von → *Army Island* aus in Angst und Schrecken versetzen kann.

Van Cordtland, Dr. Roger † – **13** – ein Diener des Teufels, der alten reichen Menschen die Jugend zurückgibt und dafür die Seele für den Teufel fordert; John befördert ihn in die Hölle.

Van Doolen, Hendrick † – **307** – Millionär aus Antwerpen, der den Diamanten »Die → *Träne des Teufels*« besitzt; stirbt in der → *Hexenwelt*.

Van Dyck, Peter † – **243** – Diamantenminenbesitzer; einer der reichsten Männer Südafrikas, Früh-Kapitalist; palastartiges 20-Zimmer-Landhaus am Meer bei Kapstadt; Rassist; läßt die sechs Schädel der Zauberpriester von einem Juwelier zu einer Kette verbinden; gerät in den

Bann der → *Großen Alten*; die → *Schädelkette* verwandelt ihn in ein Monster; wird von John mit dem silbernen Bumerang geköpft, der Torso wird von Sukos Dämonenpeitsche vernichtet.

Van Hoek, Ko † – **126** – Engländer holländischer Abstammung; grauenvolle Taten im Ersten Weltkrieg, deshalb sein Name → *Satansgeneral*; zerstörte in der Schwarzen Abtei alle heiligen Symbole und verübte anschließend Selbstmord; aber der Teufel gab ihm ewiges Leben; wird von John mit dem Silberdolch vernichtet.

Van Liechem – **365** – Inspektor bei der Polizei von Maastricht/Niederlande.

Van Steen, Ric – arbeitet als Kommissar in Amsterdam/Niederlande. **843 (1. Auftritt)** – untersucht den Fall von verstümmelten Leichen, die in einem Tunnel in Amsterdam aufgetaucht sind; verfolgt eine Wasserleiche mit einem Boot und wird von dieser angegriffen. **844** – kann der Wasserleiche entkommen; trifft John und Suko; besucht mit Jolanda → *Lomaire* und Rob → *Exxon*; John und Suko lassen ihn beim Untersuchen des Tunnels sicherheitshalber draußen zurück.

Vanessa → *Frau mit den Totenaugen*.

Varese, Dr. Vito † – **300** – erhält von Luzifer einen von Mandra → *Korabs* 7 Dolchen; erweckt damit einen furchtbaren Ghoul, den Menschenschlinger, und stirbt durch diesen.

Vargas, Antonio † – **464** – Maler im 19. Jahrhundert; malte ein Bild mit vier Monstern: Mumie, Werwolf, Vampir und Frankenstein-Monster; der Vampir hat das Aussehen des Dracula-Darstellers Christopher Lee und das Frankenstein-Monster das von Boris Karlow, denn der Teufel hat Vargas die Hand geführt; wird von dem aus dem Bild steigenden Vampir mit einer Axt getötet; das Bild gelangt 100 Jahre später nach England; dort wiederholt sich der Mord, diesmal an dem Maler Godfrey Lester, in dem Vargas wiedergeboren wurde; John und Suko töten alle vier aus dem Bild gestiegenen Monster, so daß der Fluch des Bildes gelöscht ist.

Varuna – Gott in Indien; Teil der Heiligen Silbe → *AUM*.

Vasco, der Verfluchte – **438** – der Abtrünnige; der Mönch mit der Schlangenhand; hat seinen Glauben verraten; vor 200 Jahren fuhr er als Seelsorger auf Schiffen, diente später der Hölle; die Schlange ist sein Symbol gewesen; sein rechter Arm endet in einer Schlangenhand – vier Schlangen als Finger und ein Daumen.

Vasely – 173 – alte Werwolf-Sippe: Großmutter → *Jurina*, Enkel → *Marcel*, → *Silva* und → *Jovanka*.

Vendre, Leonora → *Voodoo-Weib*.

Venedig – Lagunenstadt in Italien; der Flughafen liegt in Mestre; die Verbindung von dort zur Stadt erfolgt über einen Damm; Bahnhof namens »Ferroviaria San Lucca«; Stadt ist auf Pfählen im Wasser erbaut; berühmt für seine Gondeln; Friedhofsinsel »San Michele« liegt nördlich der Stadt; Friedhof ist sehr gepflegt; Nachbarinsel »Isola Murano« ist bekannt für die Kunst der Glasbläserei; Insel »San Giorgio Maggiore« mit hohem Kirchturm; der Canal Grande ist der berühmteste Kanal; zahlreiche historische Gebäude; große Anlegestelle am Bahnhof; Rialto-Brücke; darauf befinden sich viele Souvenirläden; herrliche Kirchen; prunkvolle Häuser und Paläste; aber auch alte und graue Fassaden; Dogenpalast; darunter waren einst die Bleikammern; Piazza San Marco, von prächtigen Palästen und Akaden umgeben, unter denen sich berühmte Kaffeehäuser befinden; Treffpunkt zahlreicher Persönlichkeiten; Platz ist mit istriamischem Marmor gepflastert; viele Tauben; Basilika San Marco mit romanisch-byzantinischer Architektur; moscheeähnliche Türme; über dem Haupteingang befindet sich der steinerner Löwe von San Marco, er ist das Wahrzeichen der Stadt. **GK144(33); 79; 231; TB77; TB171.**

Venetia → *Palazzo-Gespenst*.

Verdammte der Nacht → *Evans, Familie*.

Verfluchte aus Atlantis, Der – richtiger Name: Sanguinus; blaues Skelett; liegt begraben in einem pyramidenähnlichen Grab auf dem Notting Hill Friedhof in London; grelle, leuchtende Augen; existierte bereits in → *Atlantis*; lebte dort in den Tiefen der Moore und Sümpfe; holte die Toten von den Schlachtfeldern und wollte sie zu seinen Dienern machen; → *Delios* trieb ihn in die Flammen des Schmieds → *Nathan*, wo er verbrannte und nur seine Knochen übrigblieben; diese wurden in eine Pyramide gelegt und mit Hilfe von Magie auf eine Reise durch die Zeit geschickt; seine Seele überlebte jedoch; kann nicht sprechen. **963** – wird von den Grabräubern James → *Jarrel*, Gordy und Santer befreit; tötet Santer und Gordy, nimmt den beiden Toten durch Lichtblitze aus seinen Händen die Haut und bekommt dadurch selbst eine neue; taucht aus einem Spiegel im Badezimmer von James Jarrel auf und entführt dessen Nichte Iris. **964** † – landet mit seiner Pyramide bei den → *Flammenden Steinen* und vergiftet → *Myxin*, den → *Eisernen Engel* und → *Kara* mit Leichengift, das sich in der Pyramide befindet; schaltet die drei dadurch aus, die in eine leichenähnliche Starre fallen; bringt John, Suko und Iris Jarrel nach Atlantis; tötet Iris dort und macht sie zur → *Königin der Toten*; taucht später in der Wohnung von James Jarrel auf, wo John ihn mit dem → *Goldenen Schwert* vernichtet.

Vergessenen, Die † – **890** – drei Zombies; die Namen sind: Donald Todd, Dean Wilbur und Francis Boyd; die drei legten sich in ihrem Leben mit der Atommafia an und wurden in einem nahen See ermordet; in diesem See lauert jedoch eine böse Aura, die durch die ehemaligen Hexenprozesse dort entstanden ist; sie macht sie zu aufgedunsenen Wasserzombies; John und Bill Conolly werden zum Schutz der verbliebenen Familienmitglieder herbeigerufen; John tötet Donald Todd mit seinem Kreuz, als dieser bei seiner Familie auftaucht; Bill vernichtet Francis Boyd, nachdem dieser bereits seinen Bruder ermordet hat, mit einer Silberkugel; Dean Wilbur taucht bei einer Bürgerversammlung auf und will ebenfalls seinen Bruder töten; dies verhindert Bill wiederum mit einer Silberkugel, die auch den letzten Zombie vernichtet; die böse Aura im See wird durch Johns Kreuz endgültig vernichtet.

Verginius → *Knochenmönch, der.*

Verlies der Blutmonster – **289** – liegt im → *Vorhof der Hölle*; gewaltiges Gewölbe, von dunkelgrünem Licht erhellt; wird durch eine Art Erdbeben zerstört.

Vermool, Linda – **781** – die → *Hexe von Hilversum*; (Jason Dark schrieb diesen Roman nach seinem Auftritt in der Linda de Mol-Sendung »Kollegen-Kollegen« in RTL).

Vernichter → *Akam, Abdul.*

Versy, Kilian † – **TB134** – Oxfordprofessor; Historiker, Mythensammler; kennt Nadine →

Berger; durch ihn läßt Nadine John nach → *Glastonbury* rufen; wird ermordet durch den Geist des abtrünnigen Abts aus → *Avalon*; diesen vernichtet John mit dem → *Dunklen Gral*.

Vhyl-ko → *Goldener Buddha*.

Via Mala – Teufelsschlucht, Schlucht der Bestien; liegt in der Nähe von Lenzerheide im Kanton Graubünden/ Schweiz; hier soll John in einem Schacht, in den ein Wasserfall stürzt, begraben werden. **249**.

Villa Frankenstein – **345** – Haus des Phil → *Butcher* am Moor nahe des Ortes Combs, in dem er ein Frankenstein-Monster erschuf, das von Suko mit der Dämonenpeitsche vernichtet wird.

Virginia → *Weiße Nonne*.

Virni, Colette – **431** – Tochter des Pierre → *Virni* und Dienerin → *Baphomets*; sie überlebt, als das → *Silberskelett* des Hector → *de Valois* den Baphomet-Diener Gustave → *Rodin* mit Johns Kreuz vernichtet.

Virni, Pierre – **431** – Vater von Colette → *Virni*; im Jahr 1936 verliert er seinen Freund Gustave → *Rodin* in der → *Kathedrale der Angst*.

Vitrine des Teufels – **334-339** – befindet sich im Besitz des Pariser Studenten Pierre → *Trudot*; damit tritt er mit → *Asmodis* in Verbindung, der von ihm verlangt, Jane Collins in eine Falle zu locken; das schafft Trudot; er schlägt Jane nieder, verfrachtet sie und den → *Würfel des Unheils* in die Vitrine und schneidet ihr das Herz heraus; dann wird Jane von Asmodis vereist.

Vogelmenschen – in → *Atlantis*; ihr Herr ist der → *Eiserne Engel*.

Von Aumont, Peter † – **500** – Großmeister der → *Templer*; legitimer Nachfolger von Jacques Bernard → *de Molay*; floh vor den Templervernichtern nach England; kämpfte dort gegen den Kelten-Dämon → *Garinga*; dieser bannte ihn, und im Laufe der Jahre verweste er, aber er starb nicht; kennt das Geheimnis des → *Dunklen Grals*; kennt → *Tanith* und Hector → *de Valois*; zeigt John den Dunklen Gral, nachdem dieser den Dämon Garinga vernichtet und damit dessen Bann gebrochen hat; verschwindet danach mit seinen Anhängern in der Zeit; taucht später als Zombie wieder aus seinem Grab auf, wird aber von → *Baphomet* durch dessen Magie vernichtet.

Von der Lenne, Baldur † – **TB33** – Hexenmörder im Mittelalter; tötete mit seinem → *He-*

xenschwert mehr als 1.000 Hexen; kurz vor seinem Tod verschluckte er sein Schwert, das in seinem Körper verschwand; wurde mit dem Schwert in sich begraben; sein Geist überlebte in dem Schwert, während sein Körper zerfiel; das Schwert wurde gefunden und sein Geist dadurch befreit; sein Geist kann Menschen dazu zwingen, mit dem Schwert zu töten; John schwächt seinen Geist mit dem Kreuz derart, daß er es ungehindert mit in → *Wikkas Hexenreich* nehmen kann; dort zerstört John es endgültig mit seinem Kreuz, nachdem es → *Wikka* töten wollte; sein Geist wird durch die Vernichtung des Schwertes ebenfalls zerstört.

Von Leppe, Baron Frederick † – **244/245** – Vampir in Siebenbürgen; von Graf → *Dracula* zum Vampir gemacht; lebt auf einer Burg, die einer uneinnehmbaren Festung gleicht, in der Nähe von → *Petrila*; Frantisek → *Marek* tötet ihn auf dem Friedhof der von Leppes mit seinem → *Eichenpfahl*.

Von Rochas, Alexander † – **GK 215 (50)** – mordender Kreuzritter; wird von John mit dessem eigenen Schwert vernichtet.

Von Sprange, Georg – **424/425** – Student der Rechte, dem John im mittelalterlichen Nürnberg in der Vergangenheit begegnet.

Von Zavelsreuth, Rudolf † – **TB187** – Vorfahre von Hildegard von Zavelsreuth; wurde einst vom Grafen Rudolf II. auf der Burg Zavelstein aufgenommen, als er sich auf der Flucht befunden hat; gehörte der Gruppe der Katharener an; sollte für den Grafen Gold herstellen, da er zu den Alchimisten gehörte; steht mit dem Teufel im Bunde; als er es nicht schaffte, das Gold herzustellen, ließ der Graf ihn bei lebendigem Leibe einmauern; kehrte jedoch immer wieder zurück und tötete Menschen, indem er ihnen den Kopf abschlug; nahm die Köpfe mit in seine Wand und türmte sie dort zu zwei Pyramiden; wird von Johns Silberkugeln verletzt und vergeht durch die Wirkung des geweihten Silbers, wodurch sich sein Körper in Würmer verwandelt, bevor er zerfällt.

Voodoo-Puppe † – **TB111** – etwa 1.000 Jahre alt; war einst Medizinmann bei den Wikingern; wird in der Gegenwart von der Familie Braddock ausgegraben, wodurch ihre magischen Fähigkeiten zurückkehren; holt durch ein Zeitloch ein Wikingerschiff in die Gegenwart; eine erneute Zeitreise der Wikinger wird ausgelöst durch Suko, der die in der Puppe steckenden Nadeln entfernt hat; Suko vernichtet sie mit seiner Dämonenpeitsche.

Voodoo-Queen, Die → *Cargal, Moira*.

Voodoo-Weib, Das – richtiger Name: Leonora Vendre; beherrscht Voodoo-Zauber; stammt aus → *New Orleans*/USA; trat dort früh dem Voodookult bei; kämpfte gegen den Drachen des Drachenkults und besiegte ihn; schlug ihm den Kopf ab und erhielt dadurch die Macht der Drachen; Chefin des Lokals »The Hell«; besitzt das zweite Gesicht; kann mit Hilfe eines Tranks, der aus Kräutern der Karibik besteht, Geist und Körper trennen; trägt als Waffe ein Schwert; Herrscherin in ihrer → *Alptraumwelt*. **948 †** – wird von John mit → *Zebulons* Strahlengürtel samt ihrer Welt vernichtet. **947**.

Voodoo-Witwe, Die † – TB130 – richtiger Name: Madame Surenuse; Besitzerin des Luxusschiffes »Esmeralda«; John und Suko treffen in → *Monaco* auf sie; sie ist die Mutter des Häuters; John tötet sie mit dem Kreuz, den Häuter Basil Coc erledigt John mit 4 Silberkugeln, bevor der Suko töten kann.

Vordertal – Ort in Deutschland (an der B 500 in der Nähe von Titisee-Neustadt); in der Nähe des Ortes liegt ein Internat; ebenfalls in der Nähe existiert ein Schloß; in einem versteckten Schacht nahe des Schlosses hat lange der → *Blutstein* gelegen. **580; 581**.

Vorhof zur Hölle – Reich der Dämonen und des absolut Bösen; hier werden ihre Feinde für die ewige Verdammnis und für die Hölle vorbereitet; es ist aber auch eine Tabuzone für einander feindlich gesonnene Schwarzblüter; hier treffen sie sich, wenn sie einen Pakt miteinander schmieden wollen; wer als Mensch darin steckt, ist so gut wie verloren. **64**.

Wächter der Leichenstadt, Die – 4 Dämonen, die die → *Leichenstadt* bewachen; es sind: der Flammenschädel; der Gesichtslose; der Unsichtbare mit grünem Skelett und der Raubtiermutant. **TB25 †** – wollen verhindern, daß John die Gräber der → *Großen Alten* findet; ihr Plan mißlingt, und sie werden getötet; der Flammenschädel durch mehrere Silberkugeln; der Gesichtslose mit dem → *Goldenen Schwert* von → *Kara*; der Unsichtbare mit dem grünen Skelett durch Johns Kreuz und der Raubtiermutant durch Sukos Dämonenpeitsche.

Wächter von Aibon → *Männer in Grau*.

Wade, Jenna † – **793** – gefallener Engel; kam in Gestalt der Kindergärtnerin Jenna Wade zur Welt; wollte toten Kindern die Seele aussaugen, um sie für die Unterwelt zu präparieren; kann ihre eigene und die Gestalt von Jenna annehmen; sitzt in ihrer eigenen Gestalt auf ihrem eigenen Grab als Steinfigur, da sie mit 25 Jahren starb und dies nun ihre zweite Existenz ist; ihr Aussehen als Dämonenengel: Flügel wie Drachenschwingen; Dämonenfratze; kann fliegen; dunkelrotes Feuer schießt aus ihrem Maul; ein weiblicher → *Schutzengel* entführt die Kinderleichen, denen sie die Seelen aussaugen will; dadurch kommen John und Suko auf ihre Spur und treffen gleichzeitig den Schutzengel; wird vom Schutzengel mit dessen Schwert vernichtet.

Wade, Susan → *Jezebel*.

Wade, Tom † – **TB139** – Mitglied des → *Kosmischen Rats*; hat sich mit dem Teufel verbündet, um diesem zu ermöglichen, den kosmischen Rat zu unterwandern; lebt einmal als Mensch und einmal als geisterhaftes Wesen; kann mit seiner geisterhaften Hälfte eine Kälte erzeugen, die alles vereist; schickt seine geisterhafte Hälfte mit Hilfe eines Telefons zu Suko, der sie mit Johns Kreuz, das dieser ihm geliehen hat, vernichtet; vereist auch das Badezimmer seiner Verlobten und wird von dieser mit einer Vasenscherbe getötet.

Wahina † – **423** – ein keltischer Götze mit drei Köpfen, der unter einem Grabmal auf Killy Island (dort befindet sich die Teststrecke eines Automobilkonzerns) in der Irischen See eingeschlossen ist und die Gewalt über einen Rennwagen übernommen hat, nachdem sein Geist in den Körper des Bürgermeisters von Killy, Dan → *O'Hirie*, übergegangen ist; beide werden von John mit dem Kreuz und von Suko mit der Dämonenpeitsche vernichtet.

Waingrow – **296** – Konstabler in London; rettet Suko und Sir James Powell das Leben.

Walcott – **61** – Sergeant auf dem Soho-Revier in London.

Walham – Ort in Schottland in

der Nähe von → *Lauder*; es gibt zwei Friedhöfe: einen normalen und einen verfluchten; der verfluchte ist der ältere; er ist mit mannshohen Büschen zugewachsen; der Kirchturm hat keine Spitze, sondern ein Flachdach, auf dem ein Kreuz steht; links davon befindet sich das Pfarrhaus. **TB19**.

Walker, Greg – Captain; Chef der Sicherheitsabteilung im Camp Aurora bei → *Los Almos* in New Mexico; ist eine → *Kreatur der Finsternis*; Aussehen als Kreatur der Finsternis: gewaltiges Maul wie ein Tiger; farblose Augen; schwarze, strähnige Haare. **877** – trifft John, Suko und Abe → *Douglas* im Camp. **878 †** – will Abe Douglas töten, was die Engelmenschen verhindern, die ihn mit dem Licht aus ihren gläsernen Schwertern töten.

Walpurgisnacht – **436** – Nacht vom 30. April auf den 1. Mai, in der die Hexen auf dem → *Brocken* im Harz mit dem Satan buhlen; in dieser Nacht nimmt → *Lilith*, die → *Große Mutter*, die Gestalt eines Menschen an.

Walter, Werner – Kommissar in Wien/Österreich; lebt dort im 1. Bezirk. **603** – verhört Isabel de Dijon im Krankenhaus; holt John und Suko nach Wien; schickt die beiden in die Pestgewölbe von Wien, um das Rätsel der Pestklaue zu lösen.

Walton – Ort zwischen → *Clacton-on-Sea* im Süden und Harwich im Norden; umgeben und geschützt von Dünen; kleiner Hafen mit Kaimauer; Dächer der Häuser überragen die Dünen ebenso wie der Kirchturm. **TB181**.

Wanderer, Der † – **985** – ist eine → *Kreatur der Finsternis*; Zombie; Aussehen als Kreatur: Raubtiermaul, Augen eines Reptils; tötet im Auftrag von → *Giselle* die Familie Pernell mit einer 38er Smith & Wesson; verfolgt John und Suko, wird von den beiden aber mit Silberkugeln verletzt; wird zum Yard gebracht, wo man ihn obduzieren will; erwacht dort wieder und greift einen Angestellten an; bevor er diesen umbringen kann, taucht John auf und vernichtet ihn mit seinem Kreuz.

Warrash † – **171** – ein See-Monster, Mischung aus Aal und Seeschlange mit riesigem Maul; lebt in einem Dämonenreich in einem Weiher und ernährt sich von Menschen; soll Glenda Perkins verschlingen, doch John vernichtet es mit seinem Kreuz.

Warren, Dale → *Monstrum*.

Warren, Li † – **840** – auch »Dra-

W

chenmädchen« genannt; Eurasierin; Wächterin des Ferry Buildings in Hongkong, wo ein Dimensionstor in die → *Götterwelt der Drachen* existiert; kann feinstofflich sein, aber auch materialisieren; ist von den Drachengöttern auserwählt worden; hat im Blut der Drachen gebadet, bevor sie starb, um in deren Welt eintreten zu können; ihre Waffe: eine rote Drachenschlange, die aus ihrem Mund schnellt und Menschen das Herz raubt, das dann den Drachenseelen geopfert wird; ihre Waffe wird von Suko mit der Dämonenpeitsche vernichtet; nimmt Shao mit in die Götterwelt der Drachen, um sie zu töten, da sie sie als Verbündete von → *Amaterasu* und damit Feindin der Drachengötter erkannt hat; Shao tötet sie, nachdem sie sich in ihre Drachengestalt verwandelt hat, mit drei Pfeilen ihrer Armbrust.

Washington – Hauptstadt der USA; Weißes Haus; Sitz des Pentagons, des amerikanischen Verteidigungsministeriums, eines 5eckigen Baus mit atombombensicheren Bunkern. **TB82**; **TB134**.

Water, Charly – **254** – Leichenwäscher in der Leichenhalle auf dem Friedhof von Paddington.

Waterhill Manor – Schloß nördlich von → *Canterbury* im Südwesten Englands; spärlich besiedelte, einsame Gegend; von einem Wassergraben umgeben; hier lebte die Hexe → *Orania* bis zu ihrer Vernichtung. **612**.

Waterman, Gordon → *Gruftie*.

Watermeetings – Ort in Schottland; hier vernichten John und Father → *Ignatius* die Nonne → *Bethsame*. **444**.

Watson, Gerald – **360** – Fischkonserven-Fabrikant aus Cornwall; seine Vorfahren waren Fischer, 2 Brüder; einer gründete die Räucherfabrik, der andere war ein Hexenjäger; dieser tötete die Tochter seines Bruders Edward als Hexe, der sich daraufhin rächte, indem er Nathan köpfte; der kopflose Nathan will sich an Edwards Nachkommen rächen.

Wayne, Celia → *Magnet-Frau*.

Wayne, Familie – Vater Fred; Mutter Alida wird nach dem Tod ihrer Kinder abhängig von Psychopharmaka; Sohn Jimmy, Student, ist mit Helen → *Travers* liiert; Tochter Nelly will Erzieherin werden; ist mit Gil Travers liiert. **853**; **854**.

Wayne, Orrie – Sohn von Professor Wayne; ermordete einst 3 Menschen und wurde von seinem Vater in dessen Sanatorium

W

eingesperrt. **522** – wird von Julie → *Gladstone* aus seinem Gefängnis befreit; sie will sich mit seiner Hilfe an John rächen.

Weber – **424** – Kriminalrat; Vorgesetzter Will Mallmanns beim BKA.

Weber, Dominique † – **436** – Hexe und Dienerin → *Liliths*; verschmilzt durch die Kraft von Johns Kreuz mit der Statue der Großen Mutter/Lilith.

Weiße Frau, Die † – **58** – Lady Florintha Lancaster; hat all ihre Männer getötet, die ihrer teuflischen Schönheit verfielen; spukt zusammen mit Seelen ihrer verstorbenen Liebhaber auf dem Friedhof herum; die Seelen werden erst ihre Ruhe haben, wenn die Weiße Frau erlöst ist; stirbt durch Johns Kreuz.

Weiße Macht – Geheimdienst des Vatikans; Gründer war Monsigniore Ernesto → *Bentini*; ihr Ziel ist das Auffinden der → *Bundeslade*; auch Father → *Ignatius* wurde ein Mitglied der Weißen Macht und lebt seitdem in → *Rom*/Italien.

Weiße Magier, Der → *Caligro*.

Weiße Nonne, Die † – **788** – richtiger Name: Virginia; Äbtissin im Kloster der Barmherzigen Schwestern; trägt als Waffe eine leuchtende Röhre, die tödliches Licht abstrahlt; schläft in einem vermoderten Sarg in der Kapelle des Klosters; will die Kapelle dem Teufel weihen, um dadurch dessen Braut zu werden; ging durch das Höllenfeuer, das ihren Körper verbrannt, ihr Gesicht jedoch unbeschadet gelassen hat; wird von John mit dem Kreuz vernichtet.

Weiße Spinnen – **318** – dämonische Riesenspinnen im unterirdischen Reich → *Okastras*.

Weiße Wölfin, Die → *Silva*.

Weißen Vampire, Die † – **280** – In einem Leuchtturm auf → *Hay Island* durch den Bann des Father Robanus eingesperrt; als dieser stirbt, kommen sie frei; werden gemeinsam von John, Suko, Father → *Ignatius* und Ruth → *Thompson*, Tochter des von den Vampiren ermordeten ehemaligen Leuchtturmwärters, vernichtet.

Weißmagier – Magier, die für das Gute kämpfen.

Weldon – Ort in Südengland zwischen London und Brighton. **TB144**.

Weldon, Fanny † – **845** – brachte sich selbst um, um sich dem Teufel als Opfer anzubieten, was dieser auch angenommen hat; Bill Conolly findet nach ihrem menschlichen Tod ihr Tagebuch und erfährt vom Höllenhaus; er besucht es zusammen mit John, und sie sehen ihren Geist; Johnny Conolly betritt das Haus ebenfalls; sie holt das Haus mit Johnny darin in eine fremde Dimension; dies erleben John und Bill mit, die sich gerade außerhalb des Hauses aufhalten; John holt das Haus durch die Aktivierung seines Kreuzes aus der Dimension zurück und vernichtet gleichzeitig ihren Geist.

Welt der Dämonensonne – keine Schatten, da ohne Berge, Hügel, Täler und Vegetation; nur der → *Spuk* wirft hier Schatten und verdunkelt die rote Sonne für die Dauer seines Aufenthalts; ihre Strahlen können ihm nichts anhaben, während sie andere Wesen und Dinge verändern. **376** – Suko und John werden aus ihr von → *Myxin* und → *Kara* befreit.

Welt der gläsernen Spinnen † – **TB47** – Zeitwelt; Dimension des Dämons → *Kel-Aba*; mit ihm leben dort 4 gläserne Spinnen; Dimension mit kaum faßbarer Weite; darüber spannt sich ein Himmel aus dunklem Glas; kein Boden, sondern ein gewaltiges Netz aus dünnen, harten, gläsernen Fäden, die sich in einem verwirrenden Muster über eine nicht meßbare Tiefe spannen; jeder Faden ist ein Zeitarm; daran sind viele Dämonen und Menschen angeschlossen; Kel-Aba kann bestimmen, wessen Leben oder wessen Zeit abgelaufen ist; wird von → *Gorgos* angegriffen, der sie übernehmen will; nachdem dieser Kel-Aba schwer verletzt hat, übernimmt er die Welt, in der sich kurz zuvor auch John, Suko und Jane Collins aufgehalten haben, ihr jedoch entkamen.

Welt der Luzifer-Amöbe † – **844** – stinkt nach Moder und Tod; besteht aus einem Tunnel; hier leben die hungrigen Leichen; durch den Tunnel fließt ein Fluß, der Totenfluß genannt wird; die hungrigen Leichen sind Urmenschen, eine Mischung zwischen Affen und Menschen; sind in ihrer Zeit von der → *Luzifer-Amöbe* zu deren Dienern gemacht worden; der Zugang zum Tunnel von der Gegenwart aus wird von den → *Erzengeln* für immer verschlossen.

Welt der Seelen – Bereich vor den Toren des Himmels; hier leben die Seelen von verstorbenen Menschen; jeder Mensch sieht die Welt so, wie er sich den Himmel immer vorgestellt hat; Seelen können die Welt unter bestimmten Umständen verlassen oder lebende Menschen hierhin bringen. **946** – hier lebt die Seele der im 19. Jahrhundert geborenen → *blutigen Lucy*; ihre Seele ist gut; sie rettet die in der Gegenwart lebende Lucy → *Tarlington*, indem sie sie hierherbringt; sie bringt diese später von hier aus zu den Conollys.

Welt der Todesengel † – 593 – Heimatwelt der Todesengel; von Nebelstreifen durchzogen; leuchtet von innen; wird vom Erzengel → *Michael* zerstört.

Welt von Casinius † – 637 – Herrscher ist → *Casinius*; düster; unterlegt mit grauen, bläulichen und gelblichen Farben; Licht strömt aus nicht erkennbaren Quellen in die Welt; ein mächtiges Felsentor, zu dem von 2 Seiten Treppen hochführen, bildet den Eingang einer Höhle, in der Casinius lebt; in der Welt existieren Dampfschwaden, die sich in Höllenfeuer verwandeln können; Ritchie, Sohn von Casinius, brachte Jane Collins in die Welt; John folgte ihr wenig später; Jane löscht mit Hilfe einer goldenen Kugel, die gefüllt ist mit dem Geist zweier Hexen, das Höllenfeuer und zerstört dadurch die Welt und Casinius.

Welt von Zacharias – Herrscher ist → *Zacharias*; es gibt einen Eingang durch eine Höhle an der Grenze zwischen Cornwall und Wales; dort steht ein Steinthron mit einem Glassarg, in dem die Tochter von Zacharias, Erica → *Saleri*, liegt; im Zentrum befindet sich eine Art magisches Arbeitszimmer mit hohen Steintischen; dort gibt es ein magisches Metronom. **848; 849.**

Wertiger – Tigerkopf, Menschenkörper, Pranken. **259.**

Werwolf – ein Opfer wird nur zum Werwolf, wenn es nach dem Biß am Leben bleibt, sonst ist es tot.

Werwolf-Elite, Die – unter diesem Begriff will → *Lupina* alle Werwölfe vereinen und zu einem Machtfaktor unter den Dämonen ausbauen.

Werwolf-Schlucht, Die – 328 – schmaler, dunkler Canyon auf der Orkney-Insel → *XT 2*, durch den ein Fluß rauscht; führt zu einer Höhle, in der ein riesiger Wolf mit einem kalten, blaugrünen Augenpaar in den Stein gemeißelt ist; es ist das Bildnis von → *Fenris*, dem Götterwolf, und Morgana → *Layton* hat es in den Fels gemeißelt.

Werwolf-Sippe, Die → *Vasely*.

West, Harald † – TB44 – Kommissar beim BKA; erfolgreich; hat zahlreiche Terroristen gefangen; umstrittene Methoden; wird durch → *Asmodis* mit Hilfe seines Schnitzers Ricardo → *Bachara* in eine überlebensgroße Holzfigur verwandelt; wird durch den → *Würfel des Unheils* vernichtet.

Westbury – Ort in England; zwischen dem Ort und → *Eastbury* liegt die Kirche, in der Reverend Peters lebt; auf der anderen Seite liegt das »Kloster der Barmherzigen Schwestern«. **788; 789**.

Westlake, Hugo → *Mister Mirakel*.

Weston – südlicher Vorort der Hafenstadt Bristol in England; liegt direkt an der Küste; hat eine Strandpromenade; Wachsfigurenkabinett von »Magnus Murdock«. **894**.

Westwood, Joanna † – 935 – Tochter von Marvin Westwood; hat früher bereits als »Svenja« gelebt; wird von zwei Kidnappern nach Cornwall zu den klagenden Felsen von → *Aibon* entführt und vergewaltigt; nach Zahlung eines Lösegeldes wird sie freigelassen und entscheidet sich, dort zu bleiben, da sie entdeckt hat, daß die Felsen zu Aibon gehören; dies teilt sie ihrem Vater telefonisch mit, der John und Bill Conolly zu ihr schickt, um sie zurückzuholen; entdeckt in Aibon ein versunkenes Wikingerschiff mit Skeletten, darunter auch ihr eigenes, das von Svenja; hat damals als Svenja auf dem Schiff als Frau des Anführers gelebt; wie alle anderen ist sie damals ertrunken; ihre Seele gelangte jedoch nicht in die Felsen, sondern irrte auf der Suche nach einem passenden Körper umher; hat diesen in Joanna gefunden; nimmt Svenjas Schwert an sich und zieht ihre alte Kleidung an; tötet aus Rache ihre Entführer; will in Aibon bleiben, obwohl John und Bill ihr sagen, daß sie dort nicht hingehört; dieser Meinung ist auch → *Guywano*, der ihre Seele in die klagenden Felsen sperrt.

Wetheral – Ort in Schottland 5 Meilen östlich von Carlisle; einsame Gegend; in der Nähe liegt eine Kirche; ein kurvenreicher Weg führt von der asphaltierten Landstraße hinauf zur Kirche. **TB159**.

Whisper † – 485 – Dämon, der auf → *Baphomets* Befehl → *Alcoste*, den Nachbarort von → *Alet-les-Bains* mitsamt seinen Menschen in Staub verwandelt; Ziel des Dämons ist es, auch die → *Kathedrale der Angst* zu zerstören; wird vom → *Silberskelett* des Hector → *de Valois* vernichtet; das Dorf Alcoste und seine Menschen sind plötzlich wieder da.

W

Windsor, Sergeant – 168 – River Police; Kommandant eines Polizeibootes.

Wickham – kleine Stadt östlich von London; in der Nähe liegt der Flughafen »Rayleigh«. **TB 162**.

Wiedergänger – Wesen, die nach ihrem Tod auferstehen und als Monster existieren.

Wien – Hauptstadt von Österreich (an der Donau); gegenüber der Staatsoper im Zentrum liegt das Hotel »Bristol«; von dort aus hat man einen direkten Blick auf die Staatsoper und das Hotel »Sacher«; unterhalb des Stephansdoms befinden sich alte Pestkatakomben; nahe der Johannesgasse, in der Nähe der Kärntener Straße, steht eine alte Malteserkirche; Votivkirche liegt in der Nähe der Universität; sie wird durch einen Park von ihr getrennt; in der Nähe des Parks befindet sich auch das Hauptquartier des → *Malteserordens*; hier wurde Hercule → *de Dijon* die Hand abgehackt; Wahrzeichen Wiens ist der Prater, ein Vergnügungsviertel mit Hauptattraktion Riesenrad. **TB38**; **400**; **TB83**; **603**; **TB173**.

Wiesbaden – Landeshauptstadt von Rheinland-Pfalz (in der Bundesrepublik Deutschland); liegt westlich von Frankfurt/Main, direkt am Rhein. **TB44**.

Wikka – von → *Asmodis* unterstützte Anführerin der Hexen; schwarze Haare mit Mittelscheitel; dunkle Augen; helles Gesicht; hochstehende Wangenknochen; zynischer Mundzug; durch ihre Adern fließt grünes Hexenblut; bei Erregung wird ihre Haut grün; trägt als Standardkleidung ein dunkles, teilweise durchsichtiges Gewand; über der Stirn züngeln zwei grünschillernde Schlangen; Sigill des Teufels auf ihrem Gewand. **TB13 (1. Auftritt)** – tötet den Detektiv Clint Cameron mit ihren im Haar verborgenen Schlangen; hypnotisiert Jane Collins und bringt sie so in ihre Gewalt; verbündet mit Gordon → *Schreiber*, mit dem sie auch ihre Hexenhochzeit feiern will, was allerdings mißlingt; will Asmodis als Hochzeitsgeschenk die tote Jane Collins schenken, was John durch sein Eingreifen aber verhindert; flieht mit Hilfe ihrer Kräfte vor Johns Kreuz. **TB16** – hilft Gordon Schreiber, die »Blutigen Rosen« herzustellen; kann nach dessen Tod entkommen. **217** – entführt Jane Collins auf die Hexeninsel, nachdem der Geist von → *Jack the Ripper* in Jane gefahren ist.

TB24 – will mit dem Einverständnis von Asmodis im → *Ashdown Forest* einen Tanzplatz der Hexen errichten; als Beschützerin des Platzes fungiert Jane Collins in Gestalt des Schwarzen Henkers; soll von John getötet werden, doch es gelingt ihr, sich selbst und Jane zu retten und mit ihr zu fliehen. **TB26** – verbündet sich mit der Todesgöttin → *Kali*; als John sein Kreuz beim Kampf im Londoner Zoo aktiviert, werden sie und Jane Collins von Asmodis gerettet. **TB28** – will zusammen mit Jane Collins und den Gegenstücken zu den magischen → *Dolchen* von Mandra → *Korab* Johnny Conolly dem Teufel opfern; schaltet Bill Conolly und Suko aus; während Mandra Johnny rettet, flieht sie mit Jane Collins. **TB29** – verbündet sich mit Asmodis und dem → *Spuk* gegen die → *Großen Alten*. **267/268** – wird durch die magische Kraft des → *Hexensteins* verbrannt; ihre Haut ist schwarz, die Schlangen auf der Stirn verschwunden, ihre Finger grauenhafte Klauen. **TB31** – lockt zusammen mit Jane Collins John und Suko in einen Londoner Club, um sie zu töten; nach dem mißlungenen Plan flieht sie mit Hilfe des Teufels. **TB33** – entführt John; er soll ihr das → *Hexenschwert* besorgen, mit dem sie ihr verunstaltetes Gesicht erneuern will; als Gegenleistung bietet sie ihm Jane Collins an; nachdem John das Schwert gefunden hat und sich auf der Rückreise nach London befindet, entführt sie ihn und Suko in ihr → *Hexenreich*; das Schwert macht sich selbständig und will sie töten; John rettet sie, indem er das Schwert vernichtet. **306** – will die → *Träne des Teufels* an sich bringen; wird von dem Diamanten aufgesaugt. **312** – stirbt in der Feuerschlinge → *Arkonadas* auf dem → *Planeten der Magier*; verbrennt zur Mumie, die zu schwarzem Staub zerfällt. **235; 249; 279; 298; 310; 311.**

Wikkas Hexenreich – graue Welt, die teilweise von unsichtbaren Lichtquellen erhellt wird; auf der Erde vergeht keine Zeit, solange man sich hier aufhält. **TB33** – John und Suko werden von Wikka mitsamt einem Flugzeug und dessen Insassen hierhin entführt; als sie das → *Hexenschwert* nicht in ihren Besitz bringen kann und Suko sie mit der Ermordung von Jane Collins erpreßt, schickt sie das Flugzeug wieder zurück auf die Erde.

Wilde, Glenn † – **641** – Chef einer Geisterbahn, in der sich eine neue Art von Robotern befinden, die sich in London selbständig gemacht haben; schaltet Suko mit Hilfe eines Gases aus und wirft ihn in seine Geisterbahn; John sieht das und stellt ihn; als er bemerkt, daß er John nicht entkommen kann, stürzt er sich in seine Geisterbahn; stirbt bei dem Sturz.

Wilson, Cole † – **472** – Kapitän der → *Coast Star*, einem gesunkenen Frachter, auf dem ein Monster lebt, dem der Kapitän zum Opfer fällt.

Wilson, Dr. – **431** – Chemiker bei Scotland Yard.

Wilson, J. J. – **TB108** – Chief der Polizei in → *Cottonwood*/USA; arbeitet erst gegen John und Suko, da er in ihnen Eindringlinge sieht; ändert später seine Meinung und hilft ihnen, den Ku-Klux-Klan festzunehmen.

Winlow, Grace † – **GK34(6)** – 200 Jahre alte Vampirin, die in dem verlassenen Gasthaus »Deadwood Corner« mitten im Moor in der Nähe von Bradbury wohnt; wird von John gepfählt.

Winter, Ellen † – **397/398** – Boß einer Mannequin-Truppe; Dämon in der Hülle einer schönen Frau; stirbt durch Sukos Dämonenpeitsche und zerfällt zu Staub.

Wisborough Green – Ort zwischen London und der Südküste, in dem John und Suko das Mädchen → *Judy*, das sich in eine Riesenspinne verwandeln kann, töten. **253**.

Wischnu – oberster Gott der Hindus; sein Reittier ist der Vogeldämon → *Garuda*.

Wittenberg – Ort zwischen → *Leipzig* und → *Berlin* in Deutschland; hier liegt Martin Luther begraben; am Marktplatz liegt das Hotel »Zum goldenen Adler«; Straßen mit Kopfsteinpflaster. **664**; **665**; **667**.

Wölfe – Bevor die Menschen waren, da waren bereits die Wölfe; die meisten von ihnen waren normale Raubtiere, aber es gab auch welche, die → *Fenris*, der Götterwolf, erschaffen hatte; sie waren seine Botschafter auf der Erde; sie wurden gejagt, aber sie überlebten und lernten hinzu; die gefährliche Schwarze Magie übernahmen sie von den dämonischen Wesen, die damals schon die Erde bevölkerten; diese Magie vervollkommneten sie, weil sie merkten, daß das Licht des Vollmonds ihnen Kraft und Stärke gab, die sie nur in die richtigen Bahnen zu lenken brauchten;

sie entwickelten sich allmählich und wurden zu den Führern der Raubtiere; dann kamen die Menschen; die Wölfe wurden wieder gejagt – diesmal nicht von Völkern anderer Dimensionen, sondern von der Menschheit; sie wehrten sich und töteten diejenigen, die ihnen ans Leben wollten; dann geschah es, daß Menschen und Wölfe eine Verbindung eingingen; der Mensch gab seinen Körper, der Wolf aber seine Seele; so entstand der Werwolf; von diesem Tag an gab es zwei verschiedene Wolfsarten: einmal den normalen Wolf und neben ihm den Wolf im Menschen. **260; 273**.

Wolfsmagie – eine uralte Magie, viel älter als die Menschen, die entstand, als sich die Wölfe gegen Ungeheuer und fremde Wesen von anderen Sternen und aus anderen Dimensionen wehren mußten. **273**.

Wolfszauber → *Fenris*, → *Lyka*.

Wonderby, Alice – 12 Jahre alt; lebt in einer Welt der Märchen und Legenden; liebt ihre Puppen; hat ein eigenes Zimmer voller Märchenmotive; dort steht auch ein Standspiegel aus dem letzten Jahrhundert. **905 (1. Auftritt)** – erweckt → *Dr. Doll* aus einem Buch zum Leben; dieser tritt aus ihrem Standspiegel heraus. **906** – Dr. Doll zerfetzt ihre Puppen; ihr Spiegel wird von John zerstört.

Wood, Carol – Lebensgefährtin des ermordeten Agenten Sam Soonie. **831 (1. Auftritt)** – trifft auf einem Friedhof John und Suko; auf sie wird ein Mordanschlag verübt. **832** – überlebt den Anschlag und unterstützt John und Suko bei der Suche nach den Zombies und Ghouls, die sich auf dem Firmengelände des Tamura-Konzerns aufhalten.

Wood, Cyrus → *Phantom aus der Vergangenheit*.

Woodham – kleiner Ort in England; am Rand des Ortes liegt ein altes Landhaus mit einem eigenen Park; in der Umgebung existiert ein kleines Moorgebiet. **969; 970**.

Woodlawn Abbey – **23** – Abtei in der Nähe von Ropley, in der der → *rote Abt* in einem steinernen Sarkophag vor 800 Jahren lebendig begraben wurde.

Wood-on-Thames – Ort an der Themse; eingebettet in ein ebenes Land mit Wäldern, Wiesen, kleinen Seen und schmalen Flußarmen; in der Nähe liegt ein Jagdhotel. **TB168**.

Wozny, Erwin † – **164** – der im Zuchthaus sitzende Frauenmörder geht einen Pakt mit Asmodina ein; erhält statt seiner eigenen Hand, die ihm abfällt, Desteros Würgerhand; dann verhilft Asmodina ihm zur Flucht; am Ende wird er von Asmodina getötet, bevor John und Suko Desteros Hand vernichten können.

Wrexham – kleiner Ort in England; kleine, schiefe, brüchig aussehende Häuser; oberhalb des in einer Talmulde liegenden Ortes liegt der Friedhof. **608**.

Wrexham, Charles † – **608** – Lord des Ortes → *Wrexham*; kennt Hector → *de Valois*; ist ein → *Baphomet*-Templer; will Fenina, eine Hexe, töten und trifft bei ihrer Verfolgung auf John; tötet den Geliebten von Fenina, Lorenzo, der im Besitz einer Karte ist, die den Ort des → *Templerschatzes* zeigt und die er in seinen Besitz bringen will; tötet Fenina am Grab von Lorenzo und wird kurz darauf von John und Suko mit je einer Silberkugel erschossen; die beiden nehmen die Karte an sich.

Würfel des Heils – Gegenstück zum → *Würfel des Unheils*; seine Kräfte heben die des Würfels des Unheils auf; rotviolette Farbe; kann manipuliert werden; seine Ausrichtung (ob gut oder böse) richtet sich nach seinem Besitzer; in ihn steckt die Macht des alten → *Atlantis*; erhielt Jane Collins in der Zeit am Leben, als sie ohne Herz war; momentan im Besitz von → *Abbé Bloch*; dieser konnte durch ihn Bilder empfangen, als er noch blind war; warnt vor schwarzmagischen Aktivitäten. **378 (1. Auftritt)** – wird von Akim → *Samaran* gesucht; befindet sich vor der Küste von Brighton unter Wasser in einer Truhe, allerdings zu Atlantis' Zeiten; mit Hilfe des Würfels des Unheils, den Samaran von → *Spuk* erhält, befördert Samaran sich, seinen Leibwächter → *Kamikaze*, John, Suko und Bill Conolly in die Vergangenheit, wo John den Würfel bergen soll; John wird jedoch von → *Kara* und → *Myxin* in die Gegenwart zurückgeholt und ist nun im Besitz des 2. Würfels. **TB60** – rettet John aus dem brennenden → *Pandämonium*; befindet sich momentan bei Scotland Yard. **TB61** – Suko vernichtet mit ihm einen gigantischen Ghoul, indem er den Todesnebel hervorholt und ihn auf den Ghoul hetzt. **484** – John und Suko übergeben ihn in einem Londoner Krankenhaus an den erblindeten → *Abbé Bloch*. **485** – Abbé Bloch nimmt ihn mit nach Alét-les-Bains. **527** – Abbé Bloch übergibt ihn an das silberne Skelett von Hector → *de Valois*. **528** – bannt den Dämon Ariol → *de Luc* in der Vergangenheit; bringt durch die Verbindung mit dem → *Dunklen Gral* John und das Skelett von Hector de Valois zurück in die Gegenwart. **TB92** – rettet Suko und vernichtet die Magie des Blutmondes der Templer. **564** – gerät kurzzeitig in den Besitz von Abbé Blochs Vater Gérard → *Bloch*; geht nach dessen Tod wieder in den Besitz des Abbés über. **860** – Abbé Bloch vertreibt mit seiner Hilfe den Dämon → *Josephiel*. **915** – aus ihm steigt der → *Spuk*, der die Seele von Gilles → *de St. Clair* rauben will. **1005** – kündigt Abbé Bloch das Erscheinen von Hector de Valois' silbernem Skelett an. **499**; **526**; **771**; **784**; **TB157**; **859**.

Würfel des Unheils – Gegenstück zum → *Würfel des Heils*; manipulierbar; seine Ausrichtung (ob gut oder böse) richtet sich nach seinem Besitzer; momentan im Besitz des → *Spuks*; sein ursprünglicher Wächter war → *Arkonada*; gelangte später in die Hände von → *Dr. Tod*, der damit den → *Todesnebel* erschaffen hat; nach dem Tod des Doktors übernahm → *Lady X* ihn; nach deren Tod wiederum → *Vampiro-del-mar*; nach dessen Vernichtung ging er dann wieder in den Besitz Arkonadas über. **94** – zum erstenmal erwähnt; abgebildet an der Wand im Haus eines Gangsters, der im Bann der → *Lady Gowan* stand. **101 (1. Auftritt)** – in einer Höhle unter dem → *Brocken* entdeckt John ihn; liegt auf dem → *Buch der grausamen Träume* auf einer Art Altar; John kann ihn nicht bewegen; der Seher nimmt ihn an sich. **114** – wird von → *Asmodina* aus dem Brocken geholt, damit der Würfel ihnen die Mitglieder für ihre geplante → *Mordliga* nennen kann. **TB7** – Dr. Tod holt mit seiner Hilfe das Schiff des Vampirs → *El Sargossa* wieder an die Meeresoberfläche. **TB9** – wird von Dr. Tod eingesetzt, um ihn, Lady X und → *Tokata* in Sicherheit zu bringen; bringt die drei in ihr Hauptquartier, das sich in einer Zwischendimension befindet; zeigt Dr. Tod den Aufenthaltsort von → *Xorron*, nachdem dieser sein Versteck in der Kanalisation verlassen hat; bringt Dr. Tod, Lady X und Tokata in ein New Yorker Opernhaus, wo Dr. Tod mit seiner Hilfe Xorron vor John rettet und die 4 zurück zum Hauptquartier der Mordliga bringt. **229** – geht von Dr. Tod auf Lady X über.

250/251 – funktioniert nicht mehr in den Händen von Lady X; kurz im Besitz von John, doch Xorron nimmt ihn John wieder ab und gibt ihn Lady X zurück. **TB29** – Lady X stirbt, und der Spuk, → *Asmodis* und Vampiro-del-mar verschwinden mit ihm in einer anderen Dimension. **TB30** – John erfährt seine Entstehungsgeschichte; es stellt sich heraus, daß er identisch mit dem Orakel von Atlantis ist; sein Besitzer Vampiro-del-mar wird getötet, und er geht wieder in den Besitz seines Wächters Arkonada über. **312** – befindet sich im Besitz von → *Arkonada*, der ihn in seiner Schattenwelt in Atlantis versteckt hat; Jane Collins nimmt ihn an sich. **TB44** – ist im Besitz von Jane Collins; durch die Aktivierung von Johns Kreuz gelangt er kurzzeitig auch in dessen Besitz, da Jane durch die Aktivierung ausgeschaltet wurde; als John ihn ablegt, da er ihn im Kampf behindern könnte, nutzt Jane die Chance und nimmt ihn wieder an sich; Jane verschwindet mit ihm. **TB47** – zeigt Jane Collins, wie → *Asmodis* John entführt und ihm Blut entnimmt; rettet Jane, John und Suko aus der → *Welt der gläsernen Spinnen*. **368** – geht in den Besitz des Spuks über. **376** – die → *Stummen Götter* haben an seiner Erschaffung mitgewirkt, also ist er auch weißmagisch beeinflußt; sie haben auch noch eine 2. Sicherung eingebaut, indem sie einen 2. Würfel herstellten. **589** – der Spuk holt mit seiner Hilfe die Kugelköpfe und das → *Plasma des Bösen* zurück in sein Reich. 296; 308; 335; 336; 337; 338; 339; 353; 361; 362; 363; 364; 365; 366; 367; 376.

Wurfsterne – → *Ninja*-Waffe.

Würgeadler, Der – riesiger Adler; lebt in → *Aibon*; kam einst nach → *Aigleville*/ Frankreich, um seine Artgenossen vor den Menschen zu beschützen; da die Menschen ihn nicht töten konnten, wurde er in einer Höhle gefangen und begraben; überlebte und soll wieder erscheinen, wenn etwas Böses den Ort besucht. **529** – John, Suko und Vincent → *van Akkeren* erreichen den Ort während eines Schneesturms; durch das Eintreffen van Akkerens taucht der Würgeadler wieder auf; greift das Haus an, indem sich John und Suko befinden; entführt John, Suko und van Akkeren samt dem Haus, in dem sie sich befunden haben; während Suko ihn mit dem Kreuz angreift, aktiviert John den → *Dunklen Gral*;

alle 4 gelangen nach Aibon; er und van Akkeren landen im bösen Teil Aibons, wo sie, laut Aussage des → *Roten Ryan*, für immer bleiben sollen.

Wurmdämon, Der → *Belphégor*.

Wye (1) – Ort in England zwischen London und Dover; dort stand das »Wye Home«, das Höllenhaus, das jedoch vernichtet worden ist; kleine Stadt mit einer Tankstelle; einige wenige Fabrikbauten; ein Pub. **845**.

Wye (2) – Ort in der Nähe von Canterbury im Südwesten Englands, wo John die Killerkröte → *Udexa* vernichtet. **452**.

Wyman, Sam – Sektionsleiter UdSSR beim CIA; Vorgesetzter von 4 Agenten, die die UdSSR in weitere vier Gebiete unterteilt haben. **541** – schickt Mark → *Baxter* nach Moskau, um Einzelheiten über das Genie → *Gigantus* zu erfahren.

Xang † – **322/324** – Kapitän einer Dschunke in Hongkong; Diener des → *Fratzengesichts* und → *Katayas*; wird von Suko mit der Dämonenpeitsche vernichtet.

Xitopec → *Azteken-Götze*.

Xorron – Herr der Ghouls und Zombies; Mitglied der → *Mordliga*; so groß wie → *Tokata*; milchig weiß schimmernder Körper; menschliche Körperformen, aber völlig glatt, wie von einer Silberhaut überzogen; keine Haare; Schlitze dort, wo bei Menschen Nase, Augen und Mund sind; unter der Haut ist sein Skelett zu erkennen; die Haut besteht aus Dämonenhaut und schützt ihn u.a. vor Kugeln und auch vor Silberkugeln, selbst das Schwert von Tokata kann ihm nichts anhaben; ist gefeit vor der Dämonenpeitsche und kann sich auch während der Wirkzeit von Buddhas → *Stab* bewegen; wenn er seine Heere beschwört, verwandelt er die Erde in eine Art Glasfläche und holt dann die Zombies und Ghouls mit einer Dämonensprache an die Oberfläche; ist in einer Steinstatue im Central Park von New York/USA gefangen; wurde dort vor langer Zeit hingestellt; gleichzeitig mit ihm wurden dort 4 Gouls, 5 Zombies und ein rotäugiges Wesen begraben; kam aus Spanien mit einem Schiff, wobei er zu diesem Zeitpunkt bereits in der geweihten Steinstatue gefangen war.

TB9 (1. Auftritt) – wird von To-

Y

kata mit dessen Schwert aus der Statue befreit; holt seine 10 Helfer aus der Erde zu sich; tötet den FBI-Agenten Jo → *Barracuda*, indem er ihn totbeißt und so zum Zombie macht; John und Suko können nach und nach alle seine Helfer vernichten; bevor John ihn attackieren kann, rettet Dr. Tod ihn mit dem → *Würfel des Unheils*; kurz davor rettet er John unabsichtlich das Leben, indem er eine Garbe aus der MPi der → *Lady X* ablenkt. **239** – kämpft gegen → *Izzi*, bevor dieser von Johns silbernen Bumerang vernichtet wird. **250/251** – stammt von der → *Kristallwelt*; seine Herrin ist → *Pandora*, weil sie ihn wiedererschaffen hat. **285** – wird von John auf der Kristallwelt mit → *Shimadas* Schwert getötet. **247; 271; 282; 283**.

Xotorez – GK31(5) – Pharao in Ägypten, der den Magier → *Sakuro* köpfen und einmauern läßt.

XT 2 – nördlichste der Orkney-Inseln, auf deren Forschungsstation für Männer von Werwölfen zerfleischt wurden; Stützpunkt der Wolfsmagie, hat vor Millionen Jahren woanders existiert; Werwölfe mit roten Haaren waren im Gestein eingeschlossen. **328**.

Yagani-Brothers, Die † – 456 – Trapez-Artisten und Diener → *Shimadas*; zwei von ihnen werden von Shao getötet; der letzte trinkt das → *Feuer des Lebens* und verwandelt sich in einen von blauen Flammen umgebenen Dämon; doch auch er stirbt durch einen Pfeil Shaos.

Yakuza – japanische Mafia; unterstützt in San Francisco → *Shimada*. **330**.

Yalcinkaya, Yakup – Türke; Ninja; wurde in einem Kloster in den Bergen Kaliforniens östlich von San Francisco ausgebildet; besaß als Waffen das Schwert → *Kusanagi-no-tsurugi*, Wurfsterne in einem Beutel, Messer, Bogen, die → *Krone der Ninja* und die → *heilenden Handschuhe*; leitete später als Vorsteher das Kloster und betrieb dort eine Ninja-Schule; Todfeind von → *Shimada*. **329 (1. Auftritt)** – hilft John bei der Vernichtung einer Ghoul-Sippe. **330/331** – seine Freundin Helen wird von Shimadas Dienern ermordet; wird Nachfolger als Vorsteher des Klosters. **363/364** – in seinem Kloster erscheint → *Shimadas Höllenschloß*. **TB53** – befreit Jane Collins aus den Händen der Hexe → *Jirica*; Jane bleibt bei ihm im Kloster. **402** – kämpft mit Suko gegen die Feuer-Lady → *Belisana* und Akim → *Samaran* in San Francisco. **414/415** – verliert durch Shimada seinen linken kleinen Finger; nimmt von → *Kataya* die → *Krone der Ninja* entgegen. **416** – rettet Jane Collins auf Alcatraz vor dem → *Höllengericht*. **486/487** – nimmt von einem alten Shaolin die → *heilenden Handschuhe* entgegen. **516** – wird bei einem Jahrmarktbesuch von → *Mr. Todd* entführt; soll von Mr. Todd zum Monster gemacht werden; wird durch das Auftauchen von → *Ali* befreit und schaltet Mr. Todd aus, dem jedoch später die Flucht gelingt. **TB101** – wird von Shimada entführt; gelangt in den Besitz des Schwertes Kusanagi-no-tsurugi; greift Shimada an, der aus Rache Ali tötet. **TB121** – tötet an Alis Grab einen → *Tengu*; findet im Kloster den zerstörten Leichenbaum; findet Alis geschändetes Grab; schwört Shimada, den er dafür verantwortlich macht, Rache; läuft in eine Falle und landet auf Shimadas Höllenschloß; wird von Shao aus der Burg befreit; will Shimada stellen, der jedoch flieht. **978** – erlebt auf der → *Insel der Geister* den Angriff von Shimada mit; hat dort seine neue Freundin Eva → *Karman* untergebracht, die den Angriff ebenfalls überlebt; sieht, wie Shimada mit seinem Höllenschloß auf der Insel erscheint; kämpft mit Shimada und wird von diesem mit 2 Wurfsternen schwer verletzt; kann sich mit Hilfe seiner heilenden Handschuhe retten; überrascht Shimada, als dieser sich gerade mit John und Suko duellieren will; nachdem Suko Shimada sein eigenes Schwert in den Bauch gestoßen hat, vernichtet er Shimada, indem er ihn mit seinem Schwert köpft; will sich mit Eva Karman zunächst zurückziehen. **980 †** – fühlt, daß er und Eva verfolgt werden, begibt sich deshalb zu John; wird von Shao in dessen Wohnung gelassen; wird später von einer Tänzerin der »Asian Action Girls« überrascht, die ihn und Eva mit seinem Schwert tötet und die heilenden Handschuhe sowie die Krone der Ninja stiehlt. **981** – wird zusammen mit Eva Karman in London begraben. **433**; **648**.

Yamiga † – **414/415** – Zwillingsbruder von Yago, dem »Falken«; genialer Techniker; hat Mord-Roboter geschaffen; will Japan und die Welt beherrschen und mit seinen Robotern den kaiser-

Z

lichen Hof überfallen; wird von den Falken seines Bruders Yago getötet.

Yannah – 721/722 – Weiße Hexe; hat Suko von seinem Kinddasein erlöst; ist im Besitz der heiligen Ringe, die dem heiligen Antonius gehört haben sollen; arbeitet als Hellseherin; haßt den Teufel und seine Hexen-Dienerinnen, wollte nicht auf Seiten → *Liliths*, der Großen Mutter, stehen; Feindin von → *Assunga*; besitzt einen kleinen → *Hexenspiegel*; ihr Lehrmeister ist → *Mystic*, dessen Nachfolge sie angetreten hat; sie hat Mystic in ihrem Haus im → *Leichenkeller* verborgen. **727** † – bringt sich selbst in Gegenwart Johns mit ihrer Klauenhand um.

Yeti, Der † – 483 – wird als Baby aus dem Himalaya geschmuggelt und in den USA von dem Wissenschaftler Jasper → *Moore* aufgezogen; als der Yeti erwachsen ist, läßt Moore ihn in den Bergen von Wyoming frei, um sich an der Welt und an seinem Freund Dr. Karl → *Mertens* zu rächen, die ihm nie ihre Anerkennung zuteil werden ließen; Dr. Merten holt John nach Wyoming, und gemeinsam bringen sie den Yeti und Jasper Moore zur Strecke.

Yita † – 166 – die Dämonenkatze; haust im Keller des Cat House, das ihrer Dienerin Rosy Welch gehört; Sheila Conolly wird fast ihr Opfer; ist größer als ein Mensch; wird von John mit dem Kreuz vernichtet, nachdem sie ihre Dienerin Rosy Welch verschlungen hat.

Yodana → *Avalons böse Schwestern*.

Yomo-Zun → *japanischer Geist*.

York, Glen – 130 – Oberinspektor bei Scotland Yard mit 20 Dienstjahren; für den Bezirk Mayfair in London zuständig.

Yuisan → *Höllenbote*.

Yürosch, Achmed † – 53 – Werwolf; Türke; tauber Diener Antonio → *Scaramangas*; stammt aus dem Hochland von Anatolien; wurde von Scaramanga vor einer Lynchmeute gerettet; seitdem ist er Scaramanga ergeben; wird von einer Silberkugel aus Johns Beretta, die ihn in die Hand trifft, zerstört.

Yvon, Zack → *Freitags-Killer*.

Yvonne → *Gefallene Engel*.

Zacharias – auch »Herr der Legenden« genannt; Bruder des Druidenkönigs → *Guywano*;

sitzt in seiner Steinhöhle auf einem Steinthron; besitzt ein magisches Metronom, mit dem er Zeiten und Orte verändern kann; seine Helfer sind 7 mit Macheten bewaffnete Zwerge. **848 (1. Auftritt)** – holt John zu einem Haus am Meer, damit dieser seine Tochter Erica → *Saleri*, eine → *Kreatur der Finsternis*, töten soll; läßt John von den Zwergen niederschlagen, nachdem dieser den Selbstmord seiner Tochter nicht verhindern konnte; verflucht John, der in seinen Augen versagte, da dieser seine Tochter nicht als Kreatur der Finsternis entlarvt und vernichtet hat. **849** – holt John und seine Tochter in seine Welt; John vernichtet seine Tochter, bevor sie ihn töten kann; bringt John zurück auf die Erde.

Zaduk – stammt aus → *Atlantis*; war dort Anführer der verräterischen Vogelmenschen; wurde vom → *Schwarzen Tod* geköpft; sein Geist überlebte in einem riesigen Totenschädel; ernährt sich von Menschen; der Schädel fand den Weg durch die Zeiten; lebte in Atlantis ebenso wie der Schwarze Tod in den »Bergen des Schreckens«; möglicherweise ein Vampir, was aus der Form der Zähne zu schließen ist; mehr als 10.000 Jahre alt; die → *Flammenden Steine* kündigen sein Auftauchen an. **572** – seine Vogelmenschen tauchen auf einer Insel zwischen England und Irland auf; John und der → *Eiserne Engel* vernichten sie mit dem → *Goldenen Schwert* und dem → *Schwert des Eisernen*; lebt in der Goldenen Pyramide; auch sie wird durch die beiden Schwerter vernichtet; überlebt und ist nun der letzte lebende Vogelmensch. **TB105 †** – taucht in Form des Schädels in Rom, Paris und London auf, um Diener zu sammeln; in Rom verhindern dies → *Myxin* und → *Kara*, in Paris der Eiserne Engel; John wird in London in sein Maul gezogen; bevor er John töten kann, zerstören Kara und der Eiserne Engel ihn mit ihren Schwertern.

Zagreb – Hauptstadt Kroatiens, nahe der ungarischen und österreichischen Grenze; in Richtung Österreich liegen die Karawanken; die Universitätsgebäude liegen verteilt in der Stadt; außerhalb der Altstadt liegt ein alter Friedhof; durch die Altstadt fließt der Fluß Sava; aus der Zeit der türkischen Besetzung sind noch die unterirdische Kanalisation und Geheimgänge erhalten. **531; 532**.

Z

Zalany – Ort in Tschechien; die Straße im Ort besteht aus holperigem Kopfsteinpflaster. **825**.

Zamorra → *Professor Zamorra*.

Zarathustra – **359** – wichtigster Prophet → *Ahrimans* (des Teufels) in der persischen Mythologie.

Zarcadi, Professor – **11** – der Teufelsgeiger; eine Gestalt, hinter der sich der → *Schwarze Tod* verbirgt.

Zauberer von Stonehenge, Der † – **TB86** – mehr als 100 Jahre alt; Leiche ist nicht vermodert, sondern verglast; besteht aus mehreren Scherben; wird von Mister Gallico erweckt; da ihm eine Scherbe fehlt, dematerialisiert er sich immer wieder und taucht an verschiedenen Orten auf; die fehlende Scherbe wird von Phil Grover gefunden, der unter ihrem Einfluß einen Rocker tötet; Phil tötet mit der Scherbe Mister Gallico, der dadurch ein Teil des Zaubereres wird; John wird von der auf das Kreuz reagierenden Scherbe nach → *Stonehenge* geholt; Phil wird von seinen Anhängern getötet; John rettet den entführten Suko vom Opfertisch und vernichtet ihn mit der Dämonenpeitsche; anschließend zertritt John die Scherbe.

Zauberer † – **911** – Geisterskelett; wurde zu Lebzeiten lebendig begraben, weil er Menschen verschwinden ließ und sie anschließend aufgefressen hat; ist gegen geweihte Silberkugeln gefeit; zwei seiner Knochen werden in einer Höhle gefunden, werden lebendig, verprügeln den Finder und verschwinden wieder in der Höhle; John findet in einer Höhle weitere Knochen, trifft den Geist von ihm und vertreibt ihn mit seinem Kreuz; begibt sich in den Körper von Croydon; John vernichtet seinen Geist endgültig mit dem Kreuz, wodurch auch der Körper Croydons zerstört wird.

Zauberfrau, Die † – **340** – Name Alva; lebt im Schottischen Hochland in einer Hütte; lange, aschgraue Haare; hat vom Teufel die Macht über das Feuer erhalten; mit ihrem Feuerkuß will sie Bill Conolly vernichten, doch John rettet ihn im letzten Augenblick; wird durch das Kreuz geschwächt und vom Feuer vernichtet.

Zaubermantel, Der → *Assungas Zaubermantel*.

Zauberstab des Gottes Shiddhu – **GK80(16)** – armlanger Holzstab mit eingeschnittenen seltsamen Zeichen und Symbolen; John erhält ihn vom Lama des Klosters in der Nähe von

Zhigatse/Tibet, um die Dämonengöttin → *Kalhori* zu vernichten; John schleudert ihn ins Maul der Dämonin, die dadurch vernichtet wird; bliebt in der Dämonenwelt zurück.

Zebulon – Astralkörper von Barry F. → *Bracht*; wird auch der »Leichenholer« oder der »Schattenkrieger« genannt; trägt einen Helm mit Sichtvisier; ganz in Schwarz gekleidet; funkelnder Silbergürtel in der Körpermitte, der mit geheimnisvollen Knöpfen bedeckt ist; durch das Berühren eines der Knöpfe seines Gürtels kann er in der Mitte der Gürtelschnalle einen Lichtstrahl erzeugen, der tödlich sein kann; Herrscher in seiner eigenen Welt; kann schweben; auf dem Rücken trägt er zwei kräftige graue Flügel; kann Materie als feinstoffliches Wesen durchdringen. **TB118 (1. Auftritt)** – macht mit John einen Dimensionssprung in Jerichos Welt; rettet dort Menschen, indem er ihr Traum-Ich zerstört; tötet das Traum-Ich von Hector → *de Valois*, um John herbeizuholen; bringt John zurück zur Erde. **697** – holt 4 Vampire in seine Welt und pfählt sie dort vor Johns Augen. **TB132** – tötet in einem Teich einen uralten Vampir mit seinem Strahlengürtel. **TB153** – rettet John vor → *Assunga* in der → *Vampirwelt* von → *Dracula II*. **868** – klärt John, Suko und Shao über → *Emily* auf; tötet die Mondgöttin → *La Luna* auf deren Wunsch mit Hilfe seines Gürtels. **948** – wird von John und Suko zur Hilfe geholt, um in das Reich des → *Voodoo-Weibs* Leonora vorzudringen; kann im letzten Moment verhindern, daß der manipulierte Suko Barry F. Bracht erschießt; bringt John in die Nähe von Leonora und übergibt ihm seinen Strahlengürtel, mit dem John sie vernichtet. **986 †** – wird von Barry F. Bracht herbeigerufen, um John und Suko im Kampf gegen die → *Kreatur der Finsternis* → *Giselle* zu unterstützen; läuft in der Redaktion der Zeitschrift »Hades« in eine Falle von → *Luzifer*; dieser raubt ihm zunächst seine Energie, bevor er ihn mit Höllenfeuer nach und nach verbrennt; durch seinen Tod stirbt auch Barry F. Bracht. **867; 985**.

Zebulons Traumwelt – dunkelgraue Welt, die scheinbar nur aus Schatten besteht; aus Träumen erbaut; hier herrscht → *Zebulon*, der Astralkörper von Barry F. → *Bracht*; lebt dort in einer düsteren Burg.

Zeit-Dämon → *Kel-Aba*.

Zepter des Baal – Waffe, mit

Z

dem → *Baal* → *Torkan*, in dessen Körper der Geist von John steckt, töten will; sieht aus wie der gelbe Armknochen eines Menschen; das obere Ende bildet ein Gesicht mit feisten Zügen, aufgeblähten Wangen und Knopfaugen. **319; 320; 406.**

Zeo → *Schattenfrau (1).*

Zerberus – **325** – der Höllenhund; dreiköpfige Hundebestie; bewacht den Zugang zur Hölle oder Unterwelt; wird von Aldo → *Scirinna* beschworen, von Asmodis aber zurück in die Hölle geholt, bevor John ihn mit dem Kreuz vernichten kann.

Zerstörer, Der → *Hemator.*

Zeus – Göttervater der griechischen Mythologie; erschafft → *Pandora* aus Lehm; will die Menschen durch sie strafen, weil diese Prometheus dazu überredeten, das Feuer zu stehlen; spricht zu John im → *Land der Legenden und Mythen.* **250; 346.**

Zhigatse – Ort in Tibet, in dessen Nähe John die Göttin → *Kalhori* vernichtet. **GK80(16).**

Ziana † – **420** – Schwester des → *Roten Ryan*; ist von ihm verstoßen worden und hat ihn dafür verflucht, so daß er sich in eine Riesenschlange verwandelt hat; ist Sängerin der Popgruppe »Top Fantastics«; Dienerin des abtrünnigen Druiden → *Guywano*; wird von den → *Männern in Grau* aus → *Aibon* durch ihre Steine getötet.

Zigeunersippe – **254/255** – Enkelin → *Azucena* (von Myxin und Kara von der Atlantis-Insel Sedonis befreit); → *Ecco* – alt, Bart mit grauen Strähnen; dunkle Augen; faltiges Gesicht; → *Marita*; → *Tassilo*, der Bruder Maritas, stirbt durch → *Lady X*.

Zii † – **330/331** – Vorsteher eines Klosters in der Nähe von San Francisco, in dem Yakup → *Yalcincaya* seine Ausbildung erhalten hat; ist ein → *Totsprecher*, will Yakup als seinen Erben einsetzen, konnte sein Kloster nicht vor → *Ozikos* → *Ninjas* schützen und muß sich als Konsequenz selbst totsprechen.

Ziita † – **84** – gräßliches Hexenungeheuer, lebt seit Jahrhunderten in Verbannung auf einer Insel im Moor Nähe → *Horlin*; Gerald → *McKenzie* hat schon immer an ihrer Seite gekämpft; sie will zurückkehren, deshalb muß sie mit Menschenopfern besänftigt werden; ihre Diener sind Wassermonster, schleimige Wesen, durch Schwarze Magie am Leben erhalten; ist eine Steinfigur mit normalem Körper; das Gesicht ist eine Fratze, die Gemeinheit ausstrahlt; hat sieben

Z

Arme, auf 6 Handtellern liegt je ein Männerkopf; durch einen Fluch, den die Vorfahren im Dorf aussprachen, wurde sie zu Stein; wenn sie 7 Köpfe hat, erwacht sie um Mitternacht zu früherem Leben, ihre Schleimmonster nehmen dann ihre wahre Gestalt an; will zurück in die Dimension der Finsternis und sich dort einen sicheren Platz verschaffen; dazu will sie das → *Buch der grausamen Träume*, um den → *Schwarzen Tod* zu vernichten; wird von John mit dem Kreuz getötet.

Zimmermann, Martin – Initiator und Endemol-Produktionsleiter der Sinclair-Verfilmung; erster Film »Die Dämonenhochzeit«, am 13. April 1997 bei RTL.

Zirka † – 355 – Zigeunerfürst, er und seine Sippe wurden zu Zeiten Draculas von den Einwohnern des Örtchens Hacea in Siebenbürgen erschlagen, von einem Überlebenden wurden die Leichen mit einem Leichenfett eingerieben, das von der Haut → *Xorrons* stammte; wird von John mit Silberkugeln aus der Beretta vernichtet.

Zirkus Luzifer – GK157(36) – Zirkus, in dem Dämonen auftreten; Leiter ist der → *Mandarin*, der die Zuschauer der Hölle zuführen will; das wird von John und Bill Conolly vereitelt.

Zodiak †- 0756/7 – der Kopfjäger des → *Spuks*; mausgraue Maske; schwarzer Mantel; der Spuk hat ihn sich erschaffen; wird von Suko mit dem → *silbernen Bumerang* geköpft.

Zombie-Apache, Der † – 362 – redet mit der Stimme des → *Spuks*; will den → *Würfel des Unheils* an sich nehmen, den Jane Collins auf dem Operationstisch umklammert; Name: Nachoo; geachteter Medizinmann; Diener der Erdgeister, die ihm das ewige Leben schenkten; wird vom → *silbernen Bumerang* geköpft.

Zombie-Bus, Der – 163 – der Linienbus London-Southampton wird von dem Vampir Ricardo → *Ray* und seinen Vampir-Zombies besetzt; John und Bill Conolly befreien die Fahrgäste, darunter Lady Sarah → *Goldwyn*, und vernichten die Vampire.

Zombie-Zug, Der – 458 – er wird von → *Beelzebub* gelenkt, der mit ihm seine Diener einsammelt, um sie gemeinsam in die Hölle zu bringen.

Zombola † – GK122(27) – afrikanischer Magier, 300 Jahre alt; wird von John vernichtet, indem er eine Silberkugel in seine Maske schießt.

Z

Zone – zeitlose Dimension; als Eingang dient ein alter Spiegel; hier lebt Caroline → *Bates*. **949** – Caroline holt Marion → *Bates* kurzzeitig in diese Dimension und entläßt sie später wieder in Johns Wohnung.

Zone der Göttermagie – **367** – in sie hat sich der → *Eiserne Engel* zurückgezogen, um zu sterben, nachdem er sein → *magisches Pendel* im Kampf gegen → *Hemator* verloren hat; noch nie hat ein Mensch die Zone betreten; der Eingang befindet sich unter dem Gesicht eines der → *Stummen Götter*.

Zugeda – Japaner; Samurai; arbeitet für den »Tamura-Konzern«; überwacht die Beschaffung von Leichen für Crash-Tests. **831** – verübt einen erfolglosen Mordanschlag auf John, Suko und Carol → *Wood*. **832** † – soll 2 Wissenschaftler, die Mitwisser sind, beseitigen; wird von einem Ghoul angegriffen, kann sich aber befreien; nachdem er merkt, daß sein Auftrag gescheitert ist, begeht er Harakiri.

Zumbra → *Vampir-Gnom*.

Zwischenreich der Toten – Reich, in dem die Seelen Verstorbener, die keine Ruhe finden, parken (→ *Tanith*, Jane Collins); Gebiet des Schweigens; Kommunikation ist nur auf mentaler Ebene möglich. **339**.

Zwölf Grausamen, Die † – **TB59** – Gegenstücke zu den → *Erzengeln*; 12 gefallene Engel von → *Luzifer*; schützen das Horror-Horoskop des → *Nostradamus*; bestehen aus einer grauen, menschenähnlichen Masse; wirken wie Steinfiguren ohne Gesicht; ihre Ränder flimmern leicht; besitzen Waffen in Form von feurigen Schwertern mit gelben Totenschädeln als Griffenden; töten jeden, der von der Existenz des Horror-Horoskops erfährt; bis John sie findet und mit seinem → *silbernen Bumerang* vernichtet.

Zyklop aus der Hölle, Der † – **129** – lebt im Teufelsmoor bei Bremen; Diener des Teufels; Karl Merkens, der seine Frau, eine Hexe, umgebracht hatte, wird vom Teufel zur Strafe in den Zyklopen verwandelt; als John ihn mit dem Kreuz tötet, verwandelt er sich zurück in einen Menschen.

DIE ROMAN-INHALTE

Die ersten 50 Romane aus dem GESPENSTER-KRIMI
Band 1 - 1006 der Heft-Serie
7 neue Romane von Jason Dark in der 4. Auflage
Band 1 - 198 der Taschenbuch-Serie
Die beiden Paperbacks ›Hexenküsse‹ und ›Voodoo-Land‹

Die kurzen Inhaltsangaben sollen Ihnen einen Überblick über die von Jason Dark behandelten Themen geben. Für die Serie wichtige Informationen sind in fetter Schrift und in Klammern unter den jeweiligen Titeln aufgeführt.

Als 1978 die eigenständige Sinclair-Serie gestartet wurde, hatte die Redaktion Bedenken, daß Jason Dark die Serie allein schreiben könnte. Deshalb ließ man auch Romane von anderen Autoren schreiben (insgesamt 57), bis Jason Dark der Redaktion das Gegenteil bewies und einen Vorlauf von 30 Romanen schaffte.

Als die 4. Auflage startete, wurde Jason Dark von der Redaktion gebeten, diese 57 Romane, die nicht von ihm waren, durch eigene zu ersetzen. Das stieß jedoch auf den Protest der Leser, so daß es bei den folgenden 7 neuen Romanen blieb: 4. Auflage Bände 58, 60, 65, 70, 72, 75, 78 (im Verzeichnis unter IV58 usw.).

Die ersten 50 Romane aus der Reihe BASTEI-GESPENSTER-KRIMI sowie die Bände 1 bis 5, 7 bis 10, 15, 20, 22 und 25 der eigenständigen Serie sind in der 3. Person verfaßt (John Sinclair lachte). Band 6 ist der erste Roman in der Ich-Form (Ich lachte). Ab Band 26 sind die Romane nur noch in der 1. Person geschrieben.

Zeichenerklärungen:

GK31(5) = dieser Roman ist als 5. Sinclair-Roman im Gespenster-Krimi Band 31 erschienen.

(T) - (W) - (A) - (E) = diese Romane sind von anderen Autoren als Jason Dark geschrieben worden. (T) = Fritz Tenkrat. (W) = Richard Wunderer. (A) = Walter Appel. (E) = Martin Eisele.

(T - 1. bis 3. Auflage) = dieser Roman von Fritz Tenkrat ist nur in der 1. bis 3. Auflage erschienen. In der 4. Auflage sowie in den Jubiläumsbänden ist er durch einen neuen Roman von Jason Dark ersetzt worden.

IV58 = dieser Roman ist für die 4. Auflage von Jason Dark neu geschrieben worden und ersetzt Band 8 der 1. bzw. Band 58 der 2. und 3. Auflage.

(2/3) = dieser Roman ist der 2. Teil eines Dreiteilers.

Die Romane aus der Reihe
BASTEI-GESPENSTER-KRIMI

GK1(1) – Die Nacht des Hexers
[1. Auftritt des Hexers Ivan Orgow]
Der geisteskranke Professor Ivan Orgow kauft in der kleinen Ortschaft Middlesbury das alte Schloß Manor Castle und führt im Keller wissenschaftliche Experimente mittels Schwarzer Magie durch. Als Tote in Form von Zombies auferstehen und Menschen getötet werden, bittet man Scotland Yard um Hilfe. John reist nach Schottland und versucht, Professor Orgow das Handwerk zu legen. Doch dieser läßt eine Armee von Zombies in den Ort marschieren. John versammelt gerade noch rechtzeitig alle Einwohner in der Schule. Er ruft die Army zu Hilfe, diese vernichtet die Zombies mit Flammenwerfern. Professor Orgow stirbt und schwört John im Sterben Rache.

GK10(2) – Mörder aus dem Totenreich
Der dämonische Herr der Toten, der in einem Berg auf der mexikanischen Halbinsel Yukatan haust, verwandelt normale Menschen in mordende Gangster. John und Bill

Conolly reisen nach Mexiko. Conolly gerät in die Gewalt des Herrn der Toten. John vernichtet ihn und befreit seine Opfer.

GK17(3) – Dr. Satanos
Dr. Satanos experimentiert auf einem einsamen Schloß mit Menschen, indem er ihre Köpfe vertauscht. John bringt ihn und seinen buckligen Diener zur Strecke.

GK29(4) – Das Leichenhaus der Lady L
Eine mysteriöse Mordserie in Hillside ruft John auf den Plan. Es geht das Gerücht, daß der Geist der Lady Laduga dafür verantwortlich ist. John und Bill Conolly finden heraus, daß der Spuk vom Leichenhaus der Ortschaft ausgeht. Also liegt es nahe, das Gebäude abzureißen. Vorher müssen John und Conolly noch einige Vampire, unter ihnen auch Lady L, erledigen.

GK31(5) – Sakuro, der Dämon
[Bill Conolly lernt seine spätere Frau Sheila kennen]
Während der Beerdigung von Kenneth Brandons Vater hört der Sohn die Stimme des Toten. Es stellt sich heraus, daß der Wissenschaftler Brandon einer ägyptischen Mythologie auf die Spur gekommen ist und deshalb sterben mußte. Sakuro, der Dämon mit dem Totenkopf, fordert Rache. Sein nächstes Opfer ist Kenneth Brandon. Dessen Verlobte, Sheila Hopkins, kann von John und Bill Conolly gerade noch gerettet werden, ihr Vater allerdings stirbt ebenso wie Kenneth Brandon. John tötet Sakuro mit einem Amulett, das er in Kairo von der Wahrsagerin Farah erhalten hat. Bill Conolly und Sheila Hopkins verlieben sich ineinander.

GK34(6) – Friedhof der Vampire
John tötet Vampire, die in einem verlassenen Gasthaus im Moor bei Bradbury hausen.

GK38(7) – Die Töchter der Hölle
Vor 200 Jahren wurde die Hexe Gräfin Elizabeth Barthony ermordet. Jetzt wird sie durch die Neugier eines jungen Reporters und seiner Freundin wieder zum Leben erweckt.

Sie tötet einige Menschen, bis John sie mit Silberkugeln aus einer Pistole tötet, so daß sie sich zu Staub auflöst.

GK42(8) – Das Rätsel der gläsernen Särge
[Asmodis, Fürst der Finsternis, wird zum ersten Mal erwähnt] Sheila Conolly in der Gewalt eines Ghouls.

GK49(9) – Dämonos
Dämonos, erster Diener des Teufels, will der Dämonengöttin Li Ten Sai den Weg zurück auf die Erde ebnen. Der Wissenschaftler Dr. Möbius hat eine Maske gefunden, durch die eine Verbindung zwischen dem Dämonenreich und dem der Menschen entsteht. Als John die Maske zerbricht, wird Li Ten Sai in die Dämonenhölle zurückgeschleudert.

GK57(10) – Die Bräute des Vampirs
Dr. Boris Barow wird mittels transsylvanischer Erde und Blut zum Vampir. Er will sich drei Bräute beschaffen: die Dolly Sisters, die er früher betreut und um Geld betrogen hat. John kann nur Brenda Porter retten. Die beiden anderen werden als Vampire vernichtet.

GK61(11) – Der Gnom mit den Krallenhänden
Vor 300 Jahren wurde in Frankreich der Magier Sourette von Einwohnern des Städtchens Beaumont geköpft. Sein Schädel liegt im Museum. Der Gnom Cascabel stiehlt den Schädel und erweckt Sourette dann zum Leben. Der will sich an Nachkommen seiner Henker rächen. Sein erstes Opfer ist Marion Nelson in London. John fährt mit Marions Freundin nach Frankreich und vernichtet Sourette und Cascabel.

GK66(12) – Die teuflischen Schädel
Cyrus Quant, ein vom Leben enttäuschter Mann, der lange in Brasilien gelebt hat, tötet acht Männer, deren Köpfe er zu Schrumpfköpfen macht, mittels derer er den Dämonengott Orgozzo beschwört. John und Bill Conolly töten die acht mordenden Schrumpfköpfe mit Silberkugeln. Mit dem letzten Schrumpfkopf zieht sich Orgozzo in die Dämonenwelt zurück.

GK70(13) – Die Armee der Unsichtbaren
Dr. Moron hat einen Apparat erfunden, der »Todesstrahlen«
aussendet, die Menschen und Gegenstände unsichtbar
machen können. Erst wenn die Unsichtbaren mit Wasser in
Berührung kommen, werden sie wieder sichtbar. Dr. Moron
verhilft ein paar Schwerverbrechern zur Flucht aus einem
Zuchthaus. Sie sollen als Unsichtbare für ihn Verbrechen
begehen. John stellt Dr. Moron, und dieser wird in eine Heilanstalt eingewiesen. Der »Strahlenaktivator« verschwindet
in den Tresoren von Scotland Yard.

GK74(14) – Insel der Skelette
Vorgeschichte: Gerald Coony hat im 15. Jhdt. das Buch des
Teufels wiederentdeckt und seine Seele Asmodis, dem Teufel, verkauft. Asmodis hat einen Stützpunkt auf Coony
Island, der Insel der Skelette. Immer wieder holen sich die
Skelette Opfer von den umliegenden Inseln. John gelangt in
die Höhle, wo Coony als Skelett auf einem Steinthron sitzt,
das Buch des Teufels auf dem Schoß. Blut läuft von Felswänden und bildet einen See aus kochendem Blut. John vernichtet Coony mit einer Silberkugel. Die Skelette und das Buch
des Teufels werden vom Blutsee verschluckt. John wird mit
einem Hubschrauber gerettet. Coony Island fliegt in die
Luft. Asmodis hat seinen Stützpunkt aufgegeben.

GK77(15) – Der Blutgraf
1852: Einwohner der ungarischen Stadt Szöllny töten Diener
des Vampirs Graf Sandor Tomaso, erwischen den Grafen
jedoch nicht, da dieser sich in einen Geheimgang flüchten
und in seinen Sarkophag zurückziehen kann. Die Burg wird
verbrannt. Gegenwart: Professor Fulmer und seine Assistenten Seymour Destry und Susan Miller finden den Sarkophag. Destry sorgt dafür, daß er an Bord der CORMORAN
gebracht wird, auf der John, Bill und Sheila Conolly eine
Reise nach den Bahamas machen wollen. Graf Sandor
Tomaso steigt aus dem Sarkophag, macht Destry, Susan Miller und mehrere Besatzungsmitglieder zu Vampiren. Diese
werden von John und Bill mit Holzpflöcken gepfählt. Sheila
gerät in die Fänge des Blutgrafen und wird leicht gebissen,

bevor John Tomaso mit Knoblauch und Pflock tötet. Eine Bluttransfusion rettet Sheila.

GK80(16) – Das Höllenheer
[1. Auftritt von Mandra Korab]
John und Bill Conolly kommen in London einer Sekte auf die Spur, die die Dämonengöttin Kalhori verehrt. Durch Professor Bannister (Archäologe, Ethnologe, Dämonologe) von der Universität London erfährt John den Aufenthaltsort der Göttin Kalhori. Es ist eine Höhle in der Nähe der tibetanischen Stadt Zhigatse. Professor Bannister verweist John an einen Freund in Delhi: Mandra Korab. Zusammen mit diesem gelingt es John, Kalhori in der Dämonenwelt (in die John und Mandra Korab durch ein Tor hinter der Buddhastatue in einem Mönchskloster in der Nähe von Zhigatse gelangen) mit einem Zauberstab des Gottes Shiddhu zu vernichten.

GK85(17) – Amoklauf der Mumie
Professor Cornelius entdeckt das Grab des wenig bekannten Königs An Chor Amon, der sehr grausam gewesen und von seinen Hohenpriestern lebendig einbalsamiert worden war. Cornelius schafft die Mumie nach London, wo sie zu morden beginnt. John und Bill Conolly bringen die Mumie und Professor Cornelius zur Strecke und retten die Assistentin Tessa Mallay. Die Mumie versinkt im Sumpf in der Nähe der Ortschaft Roupell, Grafschaft Essex, hinter einer Blockhütte, die Cornelius gehört.

GK89(18) – Horrorfest am Galgenhügel
Vor 400 Jahren henkt der Hexenjäger Horace Kennon den brutalen Feudalherren Noah Kilrain und seine zwölf Folterknechte. Der Hexenjäger selbst wird von den Geistern der Gehenkten aufgehängt und von den Bewohnern des Dorfes Foynes in Irland ins Meer geworfen. Legende: Alle 100 Jahre kehren die Gehenkten zurück und töten für jeden Gehenkten einen Menschen. John wird wegen einer unheimlichen Mordserie nach Foynes geschickt. Er vernichtet die untoten Gehenkten und den untoten Hexenjäger.

GK94(19) – Doktor Tod
[1. Auftritt von Dr. Tod]
Dr. Tod, Erster Diener Asmodis', erschafft Monster aus Leichen, die er mit einer magischen Wachsschicht überzieht, die selbst von Kugeln nicht durchdrungen werden kann. Die Augen werden mit roter Flüssigkeit präpariert, damit die Monster sehen können. Aber durch diese Augen sind sie auch verwundbar. Im Horror-Kabinett Dr. Tods in Tonbridge (südlich von London) macht Dr. Tod diese Experimente mit den Leichen. John vernichtet Dr. Tods Wachsmonster. Dr. Tod entkommt dem brennenden Horror-Kabinett.

GK98(20) – Bruderschaft des Satans
[Zum ersten Mal der Kelch des Feuers]
In der Nähe von Billon in den Vogesen gibt es ein unheimliches Kloster, in dem sieben Teufelsmönche leben, die nur weiterexistieren können, wenn sie sich Menschen als Opfer holen. Als ein Freund des Bürgermeisters Pierre Saval Opfer der Mönche wird, macht er sich nach England auf, um den Kelch des Feuers zu holen. (Saval beschäftigt sich mit alten Schriften, in denen von Teufelsmönchen berichtet wird, die nur mit dem Kelch des Feuers vernichtet werden können. Vor Jahrhunderten haben deshalb die Mönche den Kelch des Feuers in eine kleine Kapelle in Schottland gebracht und diese dämonisch abgesichert.) Pierre Saval wendet sich an Scotland Yard und trifft auf John, mit dem zusammen er den Kelch des Feuers holt, indem sie die Dämonenwächter der Kapelle töten. Sie fahren nach Frankreich und vernichten die sieben Teufelsmönche mit dem Kelch des Feuers.

GK 100(21) - Der See des Schreckens
Dr. Tod macht in dem kleinen Ort Aweshire in Schottland ein paar Rocker zu seinen Dienern. Sie töten Menschen und bringen sie einem Monster in den Tiefen von Loch Awe als Opfer dar. John und Bill Conolly fahren nach Schottland und vernichten die zu Zombies gewordenen Opfer sowie das erweckte Seemonster mit einem silbernen Pfeil, den John von einer Armbrust abschießt. Dr. Tod kann abermals entfliehen.

GK105(22) – In Satans Diensten

Dr. Tod will mittels Doppelgängern die Macht in der Welt übernehmen. Zuerst jedoch will er seinen Todfeind John Sinclair ausschalten. Als Lockvogel benutzt er die berühmte spanische Sängerin Ramona Navarra, die mit ihm einen Pakt eingeht, um ihre Jugend nicht zu verlieren. Die Öffentlichkeit denkt, die Navarra will für ein Jahr Pause machen, doch in Wirklichkeit läßt Dr. Tod sie töten. Er nimmt ihr nur ein Hautstück ab, dann wird sie im Heizungskessel ihres eigenen Hauses in Madrid verbrannt. Die Polizei findet nach einiger Zeit Spuren des Mordes, steht aber vor einem Rätsel. Indessen hat Dr. Tod mit dem Hautstück der Navarra und einer unbekannten Toten eine Doppelgängerin der Navarra geschaffen und schickt diese nach London, damit sie John in die Falle lockt. Dr. Tod will auf die gleiche Weise einen Doppelgänger von John herstellen (in einem Haus an der Costa Brava). Dieser Doppelgänger wird nach London geschickt, wo er James Powell und die Conollys töten soll. Fast gelingt es ihm, doch der richtige Sinclair kann sich befreien, mit Hilfe der untoten Navarra durch ein Dimensionstor zurück nach London gelangen und seinen Doppelgänger mit einem Schwert köpfen, bevor dieser Powell und die Conollys töten kann. Die untote Navarra wird von Dr. Tod aus der Ferne vernichtet.

GK110(23) – Hochzeit der Vampire
[1. Auftritt von Jane Collins]

Dr. Tod hat das Schloß der Grafen Montesi, die ausgestorben sind, in den rumänischen Karpaten als neuen Stützpunkt gewählt. Er hat vor, den rumänischen Staat mit seinen Untoten zu übernehmen. Im Schloß hat er die Vampirin Vera Montesi als Verbündete gewonnen. Janos Ruff, ein englischer Reiseunternehmer, veranstaltet sogenannte Horror-Tours ins Land des Vampirs Dracula. Er schließt mit Dr. Tod ein Abkommen, ihm Menschen zuzuführen, die dieser zu seinen Vasallen machen kann. Bill Conolly hat die Annonce gelesen und überredet John, an einer Tour teilzunehmen (Sheila ist geschäftlich in Schweden). Mit von der Partie ist die Detektivin Jane Collins. Bill Conolly soll der Bräutigam der Vampirin Vera Montesi werden. Doch John gelingt es, sie mit seinem Silberdolch zu töten. Dr. Tod verbrennt scheinbar. Sein Leichnam wird den rumänischen Behörden übergeben.

GK113(24) – Doktor Tods Höllenfahrt
[1. Auftritt von Nadine Berger]
[Dr. Tod vernichtet sich selbst mit dem silbernen Nagel]
Ohne daß man Scotland Yard Bescheid gibt, wird der Sarg mit Dr. Tod nach London und zu einem einsamen Friedhof gebracht. Asmodis hat dem Leichnam jedoch wieder Leben eingehaucht. Dr. Tod klettert aus seinem Sarg. Bill Conolly besucht mit John Darwood Castle, wo ein Horrorfilm gedreht worden ist. Bill lernt die Schauspielerin Nadine Berger kennen und stellt sie John vor. Dann taucht Dr. Tod auf und läßt den Horror Wirklichkeit werden. Er mordet, nimmt drei Geiseln, unter ihnen Nadine Berger, und stellt John ein Ultimatum. In einem alten Schloßturm kommt es zum Endkampf zwischen John und Dr. Tod. John besitzt einen silbernen Nagel, den Mandra Korab ihm geschenkt hat. Der Nagel schwächt Dr. Tods schwarzmagische Kräfte, so daß er sich nicht mehr erheben kann, als er vom Turm gestürzt ist. John überläßt Dr. Tod den Silbernagel, der sich damit selbst vernichtet. Er löst sich zu Staub auf. Dann nimmt John den Nagel wieder an sich.

GK117(25) – Wenn der Werwolf heult
[John wird zum Oberinspektor befördert]
In dem kleinen Ort Hawick im Nordwesten Englands sind mehrere Menschen ermordet worden. Verdächtigt werden Insassen einer nahegelegenen Irrenanstalt. Der Küster Max Doyle vermutet Werwölfe. Er schreibt einen Brief an Scotland Yard, danach wird er selbst Opfer eines Werwolfs. John ist zum Oberinspektor befördert worden. Auf einer Feier, die Bill Conolly ihm zu Ehren in seinem Haus gibt, trifft John die Detektivin Jane Collins wieder. Sie nimmt ihn mit zu sich nach Hause, und sie schlafen zum ersten Mal miteinander. Am nächsten Morgen fährt John nach Hawick. Er besucht die Anstalt, nachdem er vorher Dr. Vivian Delano,

die dort beschäftigt ist, bei einer Autopanne geholfen hat. Der Leiter der Klinik heißt Ramon Cazalis. Er experimentiert mit einem Serum, mit dem er Menschen in Werwölfe verwandeln kann. Sie sind es, die die Morde begangen haben. John überführt ihn, Cazalis vergiftet sich mit einer Zyankalikapsel. Doch auch Vivian Delano ist eine Werwölfin. Ein Fluch liegt auf ihr, den sie nur durchbrechen kann, wenn sie dreizehn Männer zu Werwölfen macht. Zwölf Dorfbewohner sind es schon. Als sie dabei ist, auf einer Lichtung im Wald vor den Augen der anderen zwölf den dreizehnten Mann zum Werwolf zu machen, tötet John sie mit seinen geweihten Silberkugeln. Die zwölf Werwölfe werden wieder zu normalen Menschen.

GK120(26) – Die Geisterhöhle

In Scalford haben vor 300 Jahren sechs mutige Männer einen mörderischen Dämon mit Weihwasser schwer verletzt und in einer Höhle eingesperrt, diese mit Steinen verschlossen und mit einem großen Holzkreuz magisch abgesichert. 1975: Eine Rockerbande entdeckt das Kreuz. Sie zerstören es, öffnen die Höhle, und einige von ihnen werden vom Dämon zu Monstern mit Totenschädeln gemacht. Sie sollen die Nachkommen seiner sechs Bezwinger von damals in die Höhle schaffen, dann ist der Dämon erlöst. Die Todesrocker schaffen fünf Personen in die Höhle. Doch dem Dämon hilft es nur, wenn er von allen sechs Familien jemanden hat. Die sechste Familie sind die Conollys, die aber vor einigen Generationen aus Scalford weggezogen sind. John und Bill Conolly begeben sich zur Höhle nach Scalford, wo John den Dämon mit Silberkugeln tötet und die Geiseln befreit.

GK122(27) – Der Fluch aus dem Dschungel

Bill Conolly und seine Frau Sheila machen einen Kurzurlaub in Amsterdam und kaufen eine afrikanische Totenmaske für John als Souvenir. Auf dem Rückflug lernen sie den Diamantenhändler Josh van Haarem kennen, der ihnen die Totenmaske abkaufen will und sie in sein Haus einlädt. Aus der Totenmaske steigt der Geist des Magiers Zombola. Er berührt Bill und van Haarem mit einem Fetisch und schleudert sie damit durch ein Zeittor 300 Jahre zurück an die Nilquellen. Dort sollen sie geopfert werden. Bevor Bill und van Haarem dran glauben müssen, zerfällt Zombola zu Staub, und sie werden in die Gegenwart zurückgerissen. Verursacher dieses Geschehens ist John. Er schießt eine Silberkugel in die Maske, um sie zu zerstören. Bill und van Haarem wachen im Keller van Haarems wieder auf.

GK125(28) – Der Hexenclub
John läßt einen Hexenclub auffliegen, in dem hohe Beamte des Wirtschaftsministeriums Mitglieder sind. Sie sind in den Bann der Hexe Lukretia geraten. Diese wird von Dämonen in das Schattenreich zurückgeholt, weil sie versagt hat.

GK129(29) – Das Phantom von Soho
Ein Massenmörder, der vor Jahren von John gestellt wurde, verbündet sich von seiner Gefängniszelle aus mit dem Teufel. So gelingt es ihm, mit seinem Astralleib das Gefängnis zu verlassen und sich an dem Richter zu rächen, indem er ihn tötet. Bevor er noch mehr Morde begehen kann, vernichtet John den Astralleib des Mörders Monty Parker mit magischer Kreide. Gleichzeitig stirbt der richtige Parker in seiner Zelle.

GK134(30) – Die Drachenburg
Die Studentin Sandra Dee sucht auf den Orkney-Inseln nach der Drachenburg, dem Sitz von Tok-El, dem Druidengott. Der letzte Besitzer, Count of Blackmoor, bereitet die Rückkehr Tok-Els vor. Dazu benötigt er drei Opfer. Das erste ist Sandra Dee, nachdem sie die Drachenburg gefunden hat. Sie soll zwei weitere besorgen. Ihr Freund Peter Lorimer soll das zweite Opfer werden, Jane Collins das dritte. Sie werden von Sandra Dee mittels des Drachenschwertes zur Drachenburg geschafft. John folgt ihnen, kann Lorimer nicht mehr helfen, Jane Collins aber retten. Er zerstört Tok-El mit Silberkugeln und den Count of Blackmoor mit seinem Silberdolch. Das Drachenschwert wird zerstört, die Drachenburg zerfällt zu Staub.

GK137(31) – Das Todeskabinett
Die mit dem Teufel im Bunde stehenden alten Damen Lydia und Emily Bradford begehen mehrere Morde mit Unterstützung eines Sensenmannes, der in dem Körper eines einbalsamierten Toten im Keller der alten Damen haust. Als die alten Damen durch Feuer umkommen und auch die einbalsamierte Leiche verbrennt, zerfällt der Sensenmann vor Johns Augen zu Staub.

GK141(32) – Irrfahrt ins Jenseits
In dem kleinen Städtchen Rockford in Schottland (in der Mitte zwischen Glasgow und Aberdeen) gibt es eine Burg Rock Castle der alten Adelsfamilie Rockford, von der eine Teufelskutsche immer wieder ins Städtchen fährt, um sich ein Opfer zu holen. Mike O'Shea will dem ein Ende bereiten, wird aber selbst ein Opfer. Er hat jedoch einen Brief für seine Frau hinterlassen, den diese nach seinem Verschwinden an Scotland Yard schicken soll. John trifft im Verlies der Burg auf den Doppeldämon »der Kelem« (als Körper ein Skelett und als Geist der Gesichtslose). Der Kelem hat von höheren Dämonen die Chance erhalten, wieder eins zu werden, wenn er sieben Menschen tötet. John vernichtet den Gesichtslosen mit Feuer, das Skelett wird wegen seines erneuten Versagens von den Dämonen in Staub verwandelt.

GK144(33) – Die Todesgondel
Vorgeschichte: Vor 600 Jahren herrschte in Venedig ein grausamer Doge, der sich »der Goldene Löwe« nannte. Irgendwann entledigte man sich seiner, indem man ihn lebendig mit flüssigem Gold überschüttete. Doch der Kult der goldenen Masken, die ihn verehrte, lebte weiter. Gegenwart: Professor Mandra ist im Besitz der goldenen Statue des Goldenen Löwen, gibt ihr einen Platz in einem verlassenen Palazzo und läßt den Kult der goldenen Masken wiederaufleben. Acht Mädchen sind inzwischen ermordet worden, mit deren Blut die Lebenskraft des Dämons gestärkt wurde. Das Mädchen Carla Bonetti entgeht der Todesgondel zwar, mit der die Opfer geholt werden, aber sie wird im Kanal

ertränkt. Bill Conolly, der mit seiner Frau Sheila Urlaub in Venedig macht, findet ihre Leiche und bringt die Polizei auf Trab. Gleichzeitig ruft er John nach Venedig. Professor Mandra hat Sheila Conolly gesehen und will sie unbedingt als Opfer für den Goldenen Löwen. Er läßt sie entführen, doch Sekunden, bevor er sie opfern kann, wird sie von John befreit. John vernichtet den Goldenen Löwen mit Feuer. Professor Mandra richtet sich selbst mit einem Dolch.

GK148(34) – Der Voodoo-Mörder
[1. Auftritt von Kommissar Will Mallmann]
Victor Jory, Bibliothekar an der Universität London, hat auf Haiti den Voodoo-Kult studiert und seinen Lehrmeister umgebracht. In London tötet er fünf Mädchen mittels Voodoo-Zauber, indem er Puppen von ihnen herstellt und sie mit Nadeln durchbohrt. Auch auf dem Kontinent tötet er einige Mädchen. Aus Deutschland kommt Kommissar Will Mallmann vom BKA nach London, er soll John unterstützen. Victor Jory erweckt zwei der toten Mädchen zum Leben. Aber er hat keine Gewalt über die Untoten, sondern sie über ihn. Sie wollen den Innenminister töten. Jory, der sie aufhalten will, wird von ihnen angefahren, kann aber John noch informieren. John vernichtet die Zombies, indem er Nadeln in ihre Puppen steckt und sie anschließend verbrennt.

GK153(35) – Die Rache der roten Hexe
Vergangenheit: Um 1650 wird die Hexe Lucille Latour von fünf Männern brennend die Klippen hinabgestürzt, nachdem sie die Männer und ihre Nachkommen verflucht hat. Gegenwart: Der Waffenhändler George Plummer erhält eine Einladung nach Maison Bayeus in Frankreich. Da er mißtrauisch ist, heuert er die Detektivin Jane Collins an, die ihn als seine Sekretärin begleiten soll. Jane informiert John telefonisch von der Fähre aus, als sie von dem Schriftsteller Ray Danton, der die gleiche Einladung erhalten hat, von der Vorgeschichte des Maison Bayeus erfährt. Die Hexe Lucille Latour und ihre Dienerin Maddalena Millau sind zurückgekehrt, um ihre Rache an den Nachkommen der fünf Männer zu vollenden. John, der Jane gefolgt ist, macht der Hexe

einen Strich durch die Rechnung. Sie und ihre Dienerin sterben durch Johns Dolch in Jane Collins' Hand.

GK157(36) – Zirkus Luzifer

Der »Mandarin« hat in seinem Zirkus Luzifer vielen verstoßenen Dämonen und Menschen Zuflucht gewährt und plant, London in Angst und Schrecken zu versetzen. John, der auf den Zirkus Luzifer angesetzt wird, soll in der Manege getötet werden, indem Schwerter durch einen Sarg gestoßen werden, in dem er liegt. Bill Conolly rettet ihn, die Diener des Mandarins werden überwältigt, der Mandarin selbst scheint in seinem brennenden Mercedes umzukommen, doch sicher ist sich John dessen nicht.

GK160(37) – Die Totenkopf-Gang

Ein Rauschgiftgangster wird von Totenkopfkillern angegriffen, zwei seiner Männer werden getötet. Er glaubt, daß sein Konkurrent dahintersteckt, doch der muß auch dran glauben. Der Mandarin will das Rauschgiftgeschäft an sich reißen. John tötet seine Totenkopfkiller mit Silberkugeln. Der Mandarin stirbt endgültig, als er von einer herabstürzenden Hochspannungsleitung verbrannt wird.

GK163(38) – Der Unheimliche von Dartmoor

Im Zuchthaus Dartmoor sind zwei Gefangene auf rätselhafte Weise entflohen. Gleichzeitig taucht in Scranton, dem Dorf in der Nähe von Dartmoor, ein Monster auf, das einen Gefängniswärter ermordet, dann jedoch im Sumpf versinkt. John wird als verurteilter Mörder nach Dartmoor gebracht. Bei Arbeiten im Moor verhilft ihm ein geheimnisvoller Mann zur Flucht. Es ist der Wirt des Gasthauses *Dartmoor Inn*, ein ehemaliger Häftling, dessen einziges Ziel es ist, sich an dem Direktor zu rächen. Er besitzt ein Teufelsbuch, das ihn befähigt, aus Menschen Monster zu machen. John vernichtet zwei Monster mit Feuer, der Wirt Clark Haskell versinkt im Sumpf.

GK168(39) – Die Nacht des Schwarzen Drachen
[1. Auftritt von Suko]
Li Wang, ein reicher Wäschereibesitzer in London, hat aus dem alten China einen Sarg mit den balsamierten Überresten des uralten Dämons Tschin – auch genannt »der Schwarze Drache« – nach London holen lassen. Um den Dämon zu erwecken, benötigt er ein Mädchenopfer. Li Wang selbst schlägt Suzy, der Tochter des Li Tse Feng (Besitzer einer Restaurant-Kette) den Kopf ab, und im selben Moment geht er eine Symbiose mit dem Dämon ein. Li Wang behält seinen menschlichen Körper, hat aber nun einen Drachenkopf. Li Tse Feng, der mit John befreundet ist, bittet den Oberinspektor um Hilfe, als seine Tochter verschwunden ist, und läßt John von seinem Diener und Leibwächter Suko vom Yard abholen. John und Suko jagen den Schwarzen Drachen. Li Tse Feng will den Drachendämon mit einem weißmagischen hölzernen Dolch vernichten, wird jedoch von den Drachendienern getötet. John gelingt es, den Dolch ins Drachenmaul zu schleudern. Damit vernichtet er den Dämon und entreißt die Diener seiner Macht. Der Dolch verschwindet ebenfalls. Suko, der John das Leben gerettet hat, wird von nun an John im Kampf gegen die Mächte der Finsternis unterstützen.

GK172(40) – Die Killerpuppe
John, Jane Collins und Johns neuer Freund Suko sind bei den Conollys eingeladen. Sie hören einen Schrei beim Nachbarn und finden den bewußtlosen Rick Torkano und ein fürchterlich zugerichtetes Mädchen vor, das von einer menschengroßen marmornen Puppe erschlagen worden ist. Diana Torkano, die Frau des Nachbarn, hat aus Ägypten einen Abraxas mitgebracht. Sie will sich an den Frauen, mit denen ihr Mann sie betrogen hat, rächen. Dafür hat sie die marmornen Puppen geschaffen, die das Gesicht der Toten annehmen, wenn sie sie getötet haben. Bill gerät in die Klauen von Diana Torkano. Sie will Bill in einem kleinen Theater durch ihre Killerpuppen vom Schnürboden auf die Bühne stürzen lassen. John erscheint mit Rick Torkano. Er kann eine der lebenden Puppen mit Silberkugeln töten, die

zweite erschlägt Diana Torkano, bevor auch sie unter Johns Silberkugeln stirbt. Der Abraxas löst sich zu Staub auf.

GK176(41) – Der Alptraumfriedhof
Will Mallmann macht Urlaub im Schwarzwald und ruft John zu Hilfe, als ein seltsamer Mord passiert. Im Hotel wohnt auch der seltsame Professor Jurc, ein Anthropologe, der sich mit den Etruskern beschäftigt und nach einem ihrer alten Felsengräber sucht. Jurc hat eine Höhle gefunden, in der der verbannte Dämon Bakuur in einem Tonsarkophag liegt. Durch Beschwörungen gelingt es Jurc, ihn zum Leben zu erwecken. Bakuur will alle Toten des Friedhofs auferstehen lassen. Mallmann wird Zeuge der Auferstehung Bakuurs, kann sich aber in einer Nische verbergen. John gelingt es, das Erwecken aller Toten zu verhindern. Im Keller des Hotels tötet er Bakuur mit Silberkugeln, so daß dieser zu Staub zerfällt.

GK180(42) – Der schwarze Würger
Dan Clifton, Sohn des Konserven-Millionärs Stuart F. Clifton, ist ein Sonderling, der seinen Vater und seinen Bruder Perry haßt. Als er einen Schrumpfkopf erwirbt und ihn beschwört, verfällt er der Schwarzen Magie. Mit Hilfe des Schrumpfkopfes, den er sich überstülpen kann, gelingt es ihm, mit seinen Gedanken den schwarzen Würger entstehen zu lassen, der seinen Bruder und seinen Vater tötet. John vernichtet den Schrumpfkopf mit einer Silberkugel, der in Flammen aufgeht. Dan Clifton stirbt durch Kugeln. Mit dem Schrumpfkopf vergeht auch der schwarze Würger.

GK183(43) – Das Hochhaus der Dämonen
Auf dem Land einer gewissen Florence Barkley ist ein Hochhaus errichtet worden. Sie war damals gegen den Bau gewesen und hatte Drohungen ausgestoßen. Aus einem Dämonentor im Keller steigen Monster, die die Bewohner des Hauses angreifen. Im Kampf auf dem Dach gegen den Geist der Florence Barkley unterliegt John fast, doch Suko taucht mit einem Hubschrauber auf und vernichtet die Geisterfrau mit einem Flammenwerfer.

GK188(44) – Der Hexer mit der Flammenpeitsche
[1. Auftritt von Belphégor]
Jane Collins nimmt in Saxton, einem Dorf in der Nähe von Sheffield, an der Beerdigung ihres Onkels Graham Sounders teil. Während der Beerdigung geschieht etwas Seltsames: Plötzlich ist der Kopf des Toten verschwunden. Es gibt in der Nähe ein Haus, in dem sich eine »Mystery School« befindet, die man mit dem Übel in Zusammenhang bringt. Jane ruft John an und bittet ihn, nach Saxton zu kommen. In der Mystery School versuchen die Vampirin Elisa und der Leiter Lethian mit dem Kopf des toten Sounders den Dämon Belphégor zu beschwören, dem sie einen Stützpunkt auf der Erde ausbauen wollen. Zwanzig Schüler sollen bei einer Vampirtaufe zu Vampiren gemacht werden. John, Suko und Jane verhindern das im letzten Moment. Belphégor tötet Elisa mit seiner Flammenpeitsche, Lethian wird von Sukos Dolch verwundet, als er John erschießen will. Belphégor verschwindet mit dem Kopf von Sounders in einer Dämonendimension, schwört jedoch, zurückzukehren.

GK196(45) – Die Spinnen-Königin
Madame Wu, die vor Jahrhunderten in China von ihrer Dämonenfamilie verbannte Spinnen-Königin, hat die Chance zur Rehabilitation erhalten und will sich in London auf ihrem Themse-Hausboot, auf dem sie Antiquitäten aus China verkauft und eine große Party stattfinden läßt, Diener schaffen, indem sie sie mit einem Spinnenkuß zu Spinnenmonstern macht. Durch das erste von ihr geschaffene Monster wird John aufmerksam. Mit Bill Conolly und Suko geht John zur Party. Ihnen gelingt es in Zusammenarbeit mit der River Police, die Spinnen und Spinnenmonster mit Brandsätzen zu vernichten. Madame Wu wird von den Dämonen getötet, weil sie versagt hat. Das Hausboot wird von der River Police auf Johns Anweisung verbrannt.

GK200(46) – Das Todeskarussell
In Brickaville existiert ein alter Rummelplatz mit brüchigen Buden und einem verrosteten Karussell, das der Zigeuner Chandra verflucht hat. Als ein Mann erhängt am Karussell

gefunden wird, der blutleer ist und am Hals Bißwunden aufweist, wird Scotland Yard alarmiert. Tatum Wilson ist Bürgermeister in Brickaville. Ein Geköpfter erscheint und will ihn zum Karussell schleppen. Wilson wird verrückt, bevor John ihn befreien kann. Inspektor Fenton von der Mordkommission Brighton hält sich nicht an Johns Warnung, geht aufs Karussell und wird in die Dämonenwelt gerissen. Chandra, der Flammenmann, schleudert seinen Dreizack nach John. Die Waffe wird jedoch von John abgewehrt, fliegt zurück und tötet Chandra selbst. Dann ist das Dämonentor verschwunden, als das Karussell explodiert. Ob Inspektor Fenton jemals zurückkehrt, bleibt offen.

GK202(47) – Der Fluch der schwarzen Hand
Ritchie Parson, ein zwölfjähriger Junge, vom Teufel und Lady Parson gezeugt, ermordet einen alten Mann und will auch seinen Ziehvater Lord Parson umbringen. John kann es verhindern. Licht schwächt den untoten Jungen mit der schwarzen Hand, der Teufel entfährt seinem Körper durch den Mund als graugelbe Rauchwolke, die schwarze Hand fällt ab. Der Junge ist erlöst.

GK205(48) – Flugvampire greifen an
Bill Conolly und Suko sind auf dem Weg nach Tibet. Bill will eine Reportage über buddhistische Mönche schreiben. Auf der Zwischenstation in Katmandu sehen sie, wie ein Mädchen entführt wird. Sie folgen den Entführern und befreien das Mädchen aus den Klauen eines riesigen Fledermausvampirs. Dieser heißt Padma Lahore. Er benötigt Marai, das indische Mädchen, als Medium, um seine Herrschaft über den Himalaya zu festigen. Lahore bemächtigt sich Marais Vater, macht ihn zu einem Flugvampir. Bill und Suko können John eine Nachricht zukommen lassen, der setzt sich ins Flugzeug, um nach Katmandu zu fliegen. Über dem östlichen Bergland der Türkei wird das Flugzeug von Lahores Riesenflugvampiren angegriffen und zur Notlandung gezwungen. John gelingt es, die Riesenfledermäuse zu töten, ebenso Lahore. In Katmandu muß Suko den zum Vampir gewordenen Vater Marais mit dem silbernen Kreuz töten.

GK208(49) – Im Haus des Schreckens
Auf dem abgesperrten Speicher von Martha Longford haust ein Dämon: Ramon Vanescu, der 1949 zu einem verkrüppelten Monster verbrannte. Er braucht immer wieder Menschen, um weiterexistieren zu können. Mrs. Longford verschafft sie ihm. Diese werden dann zu lebenden Toten, die ebenfalls im Hause herumgeistern. Jane Collins mietet ein Zimmer in Mrs. Longfords Haus und gerät in die Klauen der lebenden Toten. John dringt in das Haus ein, erlöst die Untoten durch Silberkugeln, setzt das Monster Ramon Vanescu mit einer Kerze in Brand und vernichtet es so. Vanescu zerfällt zu Asche, das Haus brennt ab, Mrs. Longford wird wahnsinnig und kommt in eine Anstalt.

GK215(50) – Die Rache des Kreuzritters
Der Kreuzritter und Teufelsdiener Alexander Rochas stirbt auf dem Kreuzzug, kehrt jedoch als Untoter zurück und überführt seine Frau der Untreue. Er tötet sie und haßt seitdem alle Frauen. Auch in der Gegenwart holt er sich Opfer. Zusammen mit Will Mallmann vernichtet John den Untoten mit dessem eigenen Schwert.

**Die Romane aus der Heft-Serie
GEISTERJÄGER JOHN SINCLAIR**

1 – Im Nachtclub der Vampire
Drei Vampir-Schwestern wollen in ihrer Horror-Bar »Shocking Palace« in Soho Blutfeste feiern. Sie machen zwei Männer zu Vampiren, werden jedoch von der jungen Deutschen Marina Held beobachtet. Sie alarmiert John, den sie auf ihrem Flug von Deutschland kennengelernt hat. John rettet Marina, die von den Vampirinnen aufgespürt wird, und hebt das Vampirnest aus. Er tötet zwei von ihnen mit Eichenbolzen aus der Druckluftpistole und eine durch fließendes Wasser aus einem Schlauch.

2 – Die Totenkopf-Insel

Der Millionär Basil Proctor ist ein Bündnis mit einem Dämon eingegangen, um einen riesigen Dämonenschatz an sich zu bringen, der vor der Küste Cornwalls auf dem Meeresgrund liegen soll. Proctor wurde in einen Krüppel verwandelt, soll aber seine Gestalt zurückerhalten sowie den Schatz, wenn er dem untoten Captain der »Cornwall Love«, Barrel, eine neue Mannschaft besorgt, damit der Fluch eines Maharadschas von ihm genommen wird. Dazu werden Menschen von Proctors Helfershelfern auf die Insel gebracht. Der Secret Service ist auf Proctor aufmerksam geworden. Als ein Agent von Proctor Island nicht zurückkehrt, wird John eingeschaltet. Der kann verhindern, daß die letzten vier Opfer auf die Insel gebracht werden, fliegt selbst mit dem Hubschrauber hin, wird abgeschossen und besiegt die Dämonen, während Proctor von seinem Diener Ali erschossen wird.

3 – Achterbahn ins Jenseits

Der Totengräber Lionel Hampton, untoter Hüter eines Friedhofs, will verhindern, daß aus dem Friedhof Baugelände wird, und tötet Menschen. Fünf Jahre später wird ein Rummelplatz auf dem alten Friedhof errichtet. John wird von der Tochter des Achterbahn-Schaustellers alarmiert und kann Lionel Hampton mit Silberkugeln töten, nachdem er es mit Hilfe des Pfarrers geschafft hat, seine Seele mit dem begrabenen Körper zu vereinen.

4 – Damona, Dienerin des Satans

John erfährt gleichzeitig mit Jane Collins von einem Damona-Kult. Jane gerät in den Bann der Hexe Damona und versucht, John zu töten. Das mißlingt. John, Jane und Suko bringen die Hexe Damona und ihre Mutter Lucille mit Silberkugeln zur Strecke.

5 – Der Mörder mit dem Januskopf

Der Dämon Janus soll John töten. Er versichert sich der Mithilfe des Gangsterbosses Alex Tarras, doch dessen Killer versagen. In Tarras' Vergnügungspalast »London Contact«

kommt es zum Kampf zwischen Janus (der seinen Kopf um 180° drehen kann und dessen zweites Gesicht Menschen tötet) und John und Suko. John tötet Janus, indem er ihn in einen Spiegel schauen läßt. Tarras und sein Killer Beau Ranson bleiben auf der Strecke. Der gesamte Vergnügungspalast wird von Janus in eine andere Dimension befördert, kehrt jedoch zurück, als Janus stirbt.

6 – Schach mit dem Dämon
[Sheila Conolly ist schwanger]
John feiert Geburtstag. Bill und Sheila Conolly schenken ihm ein altes Schachspiel, ohne zu wissen, daß es eine magische Bombe ist. Der Dämon Octavio benutzt es, um Bill, Sheila, Suko und Jane Collins auf Schachfigurengröße zu verkleinern und in eine andere Dimension zu schleudern, wo sie auf einem magischen Schachbrett gegen dämonische Figuren spielen sollen. John hat Octavio in seinem Laden aufgetrieben, sieht durch einen Spiegel (Dimensionstor) seine zu Schachfiguren geschrumpften Freunde. Octavio zwingt John, mit ihm um das Leben seiner Freunde zu spielen. Als Octavio auf die Verliererstraße gerät, wirft er sich durch den Spiegel, um in der anderen Dimension auf dem Schachbrett Johns Freunde zu töten. John folgt ihm und tötet Octavio mit dem silbernen Kreuz. Als der Dämon vergeht, werden John und seine Freunde in die normale Welt zurückgeschleudert. Sheila hat Bill in der anderen Dimension mitgeteilt, daß er Vater wird. Auf der Fortsetzung von Johns Geburtstagsfeier sagt Bill, daß sein Sohn John heißen soll.

7 – Das Horror-Schloß im Spessart
[1. Auftritt des Schwarzen Tods]
Will Mallmann greift während eines Auftrags einen Geisteskranken auf und erfährt, daß es schon der fünfte ist. Alle stammeln von schönen Mädchen und dem Teufel. Mallmann ruft John zu Hilfe. Sie finden das Sex-Hotel im Spessart, wo der Schwarze Tod mit Hilfe von sieben dämonisierten Mädchen einen uralten Superdämon erwecken will. John und Mallmann verhindern das, indem sie den noch nicht so

starken Superdämon mit Feuer und silbernen Kugeln vernichten. Der Schwarze Tod entkommt.

8 – Der Vulkanteufel von Hawaii (T – 1. bis 3. Auflage)
Ein Fotografen-Ehepaar kommt im Vulkan auf einer Hawaii-Insel um. John, Suko und Bill Conolly fliegen hin und bringen den Feuerdämon Moano mit Weihwasser (von einem Zeppelin geschüttet) zur Strecke.

IV58 – Das Drachenpaar
[Neuer Roman für Band 8 in der 4. Auflage]
Kate Dickson hat einen Teppich gekauft, der nachts plötzlich zu bluten anfängt. (Der Teppich ist aus der Haut eines Drachen gefertigt. Ein Mann, Kinah Valhari, und eine Frau namens Esther haben ihn hergestellt, im Blut des Drachen gebadet und sind daher fast unverwundbar geworden, weil sich über ihre Haut noch eine harte Drachenhaut legte. Der Teppich wurde Kate Dickson im Laden Valharis aus Versehen von einer Aushilfe verkauft.) Kate alarmiert ihren Bruder Slim, einen Sensationsreporter, der Bilder von dem blutenden Teppich schießt. Slim wiederum wendet sich an Bill Conolly, der mit John den Teppichladen Valharis aufsucht, während Suko Slim Dickson aufsuchen soll, der aber von der Drachenfrau Esther ermordet wird, weil sie die Fotos von ihm haben will. John und Bill werden von Valhari hereingelegt. John stürzt in ein Kellergewölbe, wo Valhari einen Drachen gefangenhält. John tötet den Drachen im Kampf, dann auch Valhari. Esther wird von Suko mit Silberkugeln getötet, die er ihr in die Augen schießt. Der Teppich wird in einer Verbrennungsanlage verbrannt.

9 – Im Würgegriff der roten Masken
Aus dem Ägyptischen Museum (Direktor Dr. Robert Hartland) wurde die Statue des Octopus, eines alten Vampirs, gestohlen. John und Suko finden heraus, daß sie nach Calgary/Berkshire auf einen Teufelshügel gebracht wurde. Dort sind die letzten vier Vampire des Octopus-Kults aus ihren Gräbern gestiegen, um Octopus wieder zum Leben zu erwecken. John und Suko töten die Vampire. Diese sind auf

magische Weise mit Octupus verbunden, der wieder zu
Stein wird, als die Vampire getötet werden. Ein Vampir und
die Statue des Octupus werden im Sumpf versenkt.

10 – Der endlose Tod (T - 1. bis 3. Auflage)
Der Hellseher Hannibal Koch erhält einen Hilferuf aus dem
Jenseits, gleichzeitig versucht jemand anderer, sein Gedächtnis zu löschen. Koch fällt in Bewußtlosigkeit. John und
Suko, die die Vorstellung von Koch besucht haben, finden
anhand der Wortfetzen Kochs heraus, daß es um den Wikinger Leif den Roten geht, der von einem Dämon Curro zu
ewiger Verdammnis verurteilt wurde, indem er ihm einen
goldenen Helm aufsetzte. Erlöst wird er erst, wenn ihm der
Helm abgenommen wird. John vernichtet Curro mit dessem
Flammenschwert, das anschließend zu Staub zerfällt, nimmt
Leif dem Roten dann den Helm ab und erlöst ihn damit.
Hannibal Koch erwacht aus seiner Bewußtlosigkeit.

IV60 – Die Skelett-Vampire
[Neuer Roman für Band 10 in der 4. Auflage]
Jane Collins hat von einem Professor Summers erfahren, daß
es in den schottischen Highlands drei riesige Skelett-Vampire geben soll. Sie fährt mit John hin. Sie geraten in die
Gewalt eines Hector und seiner Leute, die die Skelette
erwecken und ihnen John und Jane opfern wollen. Die erwachenden Skelette töten alle Jünger Hectors, dann erscheint
der Schwarze Tod und vernichtet mit seiner Sense die Skelett-Vampire endgültig. Hector stürzt sich in den Tod.

11 – Der Irre mit der Teufelsgeige (1/2)
John hat einen Traum von einem Sarg mit seinem Namen
und hört die Teufelsgeige. Eine Entführung durch den Teufelsgeiger in seiner Tiefgarage mißlingt. Deshalb entführt
dieser Jane Collins. John und Suko finden heraus, wohin. Sie
suchen Professor Zarcadi, den Geigenvirtuosen, auf, der sich
als Schwarzer Tod entpuppt, und John landet in einem Sarg
mit seinem Namen. Suko gräbt ihn aus, findet den Sarg aber
leer vor.

12 – Lebendig begraben (2/2)

John ist vom Schwarzen Tod durch den offenen Boden seines Sarges in eine andere Dimension geschafft worden. Dort trifft John auf Inspektor Fenton [aus Band GK200(46)], der sein Leben opfert, um John die Flucht zu ermöglichen. Suko hat Bill Conolly nach Orlington zu Hilfe gerufen. Die beiden sowie die entführte Jane Collins und die Wirtstochter Monja Dunhill verschanzen sich im Wirtshaus, wo sie von beeinflußten Dorfbewohnern belagert werden. Professor Zarcadi will mit seinem Geigenspiel die Toten aus den Gräbern steigen lassen. Suko, Bill und Jane geraten in den Bann der Teufelsgeige. – John landet im Treibhaus von Zarcadis Horror-Pflanzen und kämpft sich hindurch. Auf dem Friedhof versucht schon der erste Zombie aus seinem Grab zu steigen. John vernichtet ihn mit einer Silberkugel. Da er den Schwarzen Tod alias Zarcadi nicht mit Silberkugeln töten kann, schießt John auf die Geige, die explodiert. Zarcadi verwandelt sich in den Schwarzen Tod und verschwindet mit einem Fluch. Suko, Jane und Bill sind gerettet, die Einwohner von Orlington erwachen aus ihrem Bann und wissen von nichts. Zarcadis Landhaus ist zusammengebrochen, das Treibhaus mit den Horror-Pflanzen existiert nicht mehr.

13 – Geister-Roulett

Bill Conolly hat Fotos von einem Totenkopf-Roulett erhalten. Deshalb wird er in ein Sanatorium entführt, in dem der verbrecherische Dr. van Cordtland alten reichen Leuten die ewige Jugend verspricht, wenn sie dafür Asmodis ihre Seele verkaufen. John und Suko räumen im Sanatorium auf, retten Bill Conolly und stürzen van Cordtland in ein Höllentor, das sich im Sanatorium befindet.

14 – Der schwarze Henker

Valerie Paine, eine Freundin von Glenda Perkins, ist in ihrem Urlaub im schottischen Dorf Pitlochry geköpft worden. John fährt mit Glenda hin, hört von der Legende des schwarzen Henkers Moro, der zurückgekehrt ist, um sich zu rächen, und tötet ihn, indem er mit Silberkugeln auf seine Gürtelschnalle mit der Teufelsfratze schießt, die explodiert.

Der Schädel des Henkers zerplatzt, und Glenda, die sich in der Gewalt des schwarzen Henkers befunden hat, ist befreit. Seit diesem Abenteuer schwärmt Glenda noch mehr für John.

15 – Der siebenarmige Tod (T - 1. bis 3. Auflage)
Zwei Jungen beobachten, wie eine Teufelssekte in einer aufgelassenen Kirche den Dämon Lemuri beschwört, der ihrem Anführer Rozzo die magische Fähigkeit verleiht, sich in alles zu verwandeln. Die beiden Jungen werden entdeckt. Einer wird gefangen, der andere kann fliehen und alarmiert John. Der läßt die Teufelssekte hochgehen, doch Rozzo entkommt. Zeit vergeht. John löst inzwischen Fälle in der Südsee und auf dem Balkan. Dann wird die Kirche abgerissen und ein Hallenbad auf dem Gelände gebaut. Als Krake will Rozzo die Besucher schocken. John bannt ihn mit Zaubersprüchen. Rozzo fällt ins Becken, in das er Haie gezaubert hat, und wird von diesen zerrissen.

IV65 – Grauen in vier Wänden
[Neuer Roman für Band 15 in der 4. Auflage]
Ein gewisser Sir Henry Bradford hat ein chinesisches Zimmer nach London geholt und stellt es in seinem Privatmuseum aus. In das Zimmer haben Chinesen vor Jahrhunderten einen japanischen Götzen namens Pusa gebannt. Zwei Chinesen und ein Nachtwächter verschwinden spurlos in dem Zimmer, was John und Suko auf den Plan ruft. Gemeinsam können sie einen Adler und zwei Schlangen (die von Pusa verwandelten drei verschwundenen Menschen) töten und Pusa in seine eigene Dimension zurückjagen. Sir Henry stirbt.

16 – Das Mädchen von Atlantis (1/3)
17 – Das Dämonenauge (2/3)
[1. Auftritt von Myxin]
18 – Die Hexenmühle (3/3)
Die ersten Atlanter tauchen in London auf. Jane Collins gerät in die Sache hinein und wird nach Delos in der Ägäis entführt. John und Suko erfahren von einem Weißen Magier,

daß der Schwarze Tod Atlantis wieder auferstehen lassen will. John und Suko befreien die schwerverwundete Jane Collins. John erfährt von dem Dämonenauge, das sich im Besitz des Schwarzen Tods befindet. Mit ihm kann man in die Zukunft blicken, und es hält die Seelen der Untoten fest. Wenn es zerstört wird, können die Seelen in ihre Körper zurückfahren. John erfährt von Myxin, einem Magier aus Atlantis, der vom Schwarzen Tod vor 10000 Jahren in einen ewigen Schlaf versetzt wurde. Er könne John den Weg zum Dämonenauge zeigen. John und Suko erwecken Myxin, der in einem goldenen Sarg in einer Höhle unter dem Meer vor Delos liegt. John vernichtet das Dämonenauge, dann fliegt er mit Suko und Jane nach England zurück. John und Suko fahren nach Schottland, um ihr Versprechen, das sie dem Weißen Magier Kiriakis in Athen gegeben haben, einzulösen. Sie vernichten die Vampirin Elena in der Hexenmühle.

19 – Das Horror-Taxi von New York
[1. Auftritt des Spuks]
[1. Auftritt von Laurie Ball]
Bill Conolly erhält Besuch von seinem Kollegen Tim Morley, der in New York ein Horror-Taxi gesehen hat. John fährt mit ihm hinüber, begegnet dem Spuk, der die Menschen in New York zu seinen willenlosen Dienern machen will. Tim Morley wird getötet. John kämpft gegen den Spuk, der schließlich in einem Blitz verschwindet. Die beeinflußten Menschen werden wieder normal, auch Laurie Ball, eine Kollegin des toten Morley.

20 – Im Landhaus der Schrecken (T - 1. bis 3. Auflage)
Lionel Haggart, ein ehemaliger Dämonenjäger, hat einen Feuerdämon gefangen und in den Keller seines Landhauses gesperrt. Durch ihn erhält er dämonische Kräfte, die es ihm ermöglichen, sich in Monster – Rabenvogel, Spinne usw. – zu verwandeln. Haggart zerfleischt Menschen und raubt sie aus. John und Suko dringen in das Landhaus ein, befreien den Feuerdämon, der Haggart vernichtet, dann aber unter Johns Silberkugeln verendet.

IV70 – Voodoo-Liebe
[Neuer Roman für Band 20 in der 4. Auflage]
John gerät zufällig in eine einsame Kneipe am Rande Londons und hört, wie eine schöne, dunkelhäutige Frau namens Dolores zum Wirt sagt, daß sie jetzt zum Sterben geht. Er folgt ihr auf eine Eisenbahnbrücke und rettet sie, als sie sich vor einen Zug werfen will. Sie bringt ihn in ein Haus, in dem ihr Geliebter Bebelle in einem Sarg liegt. Bebelle ist ein Zombie, der Dolores ebenfalls zum Zombie machen will. Dolores gelingt es, John niederzuschlagen, und sie trinkt Bebelles Todestrank. Dann wacht John auf, köpft Bebelle mit dessen Machete, aber Dolores kann fliehen. Sie lockt ihn wieder zur Brücke. Diesmal behält John die Oberhand. Er bringt die bewußtlose Dolores in ein Krankenhaus, wo man hofft, sie am Leben zu erhalten.

21 – Anruf aus dem Jenseits
[Johnny Conolly wird geboren]
Mehrere Frauen hören am Telefon Stimmen aus dem Jenseits von Menschen, die ihnen sehr nahestanden, aber bereits tot sind. Auch Sheila, die zur Entbindung von Bill in die Privatklinik von Professor Harris gebracht wird, erhält einen Anruf von ihrem toten Vater, der sie vor der Klinik und dem Seelenhändler warnt. John, Suko und Jane Collins gelingt es, Sheila und Bill zu befreien. Der Dämon Harris, der Seelenhändler für den Schwarzen Tod, verbrennt in seinem eigenen Ofen. Sheila wird von einem gesunden Jungen entbunden, der John heißen wird. John soll Patenonkel werden.

22 – Die Hexe von Java (T – 1. bis 3. Auflage)
Die Hexe Tari will den Diakon des Teufels in einem Silberschiff vor der Küste von Java wiedererwecken. John tötet diesen und die Hexe Tari und befreit die vom Dämon entführte Jane Collins.

IV72 – Das Horror-Spielzeug
[Neuer Roman für Band 22 in der 4. Auflage]
Eine seltsame alte Frau, die sich Agathe nennt, schenkt dem Waisenjungen Mickey Mayer im Krankenhaus ein Spiel-

zeug, eine Art Pferd, das aber wie ein Monster aussieht. Es soll Mickey beschützen. Durch Zufall sieht John das Spielzeug in der Hand des Jungen. Er hat gerade Sheila besucht, die noch nach der Geburt hier im Krankenhaus liegt. John beginnt sich darum zu kümmern, er nimmt Kontakt mit dem Waisenhaus auf, in das Mickey mit seinem Horror-Spielzeug zurückgekehrt ist, und erfährt von einer ehemaligen Schwester Agathe, die vor längerer Zeit entlassen wurde, weil sie sich mit Schwarzer Magie beschäftigte. Agathe hat Kontakt mit der Hölle aufgenommen und betet einen gefallenen Engel namens Massago an, der ihr sein Ebenbild als Spielzeug schenkte. Da Agathe spürt, wie ihre Kräfte allmählich nachlassen, sucht sie einen Nachfolger und wählt Mickey aus. John kann nicht verhindern, daß das Monster-Spielzeug eine Schwester im Waisenhaus tötet. Bevor es jedoch noch mehr Unheil anrichten kann, wird es von den Silberkugeln aus Johns Beretta vernichtet. Es verbrennt zusammen mit Agathe. Mickey wird es schwer haben, wieder in das normale Leben zurückzukehren.

23 - Die Geistervögel
John und Suko bekämpfen in Irland dämonische Vögel auf einem Teufelsberg.

24 - Der unheimliche Mönch
Nadine Berger ruft bei John an. Sie will wieder in einem Horrorfilm mitspielen und bittet John, sie zum Drehort zu begleiten. John und Jane Collins fahren mit ihr nach Ropley. Dort gibt es eine Abtei, in der der rote Abt, ein Teufelsdiener aus dem 12. Jhdt., erwacht, als er sich gestört fühlt. Er ermordet zwei Schauspieler und den Besitzer der Discothek Rock Palace, bevor John ihn mit dem Kreuz und Jane mit Silberkugeln zur Strecke bringen können. Jane Collins rettet Nadine das Leben, indem sie sie unter einem herabstürzenden Balken wegstößt.

25 – Das Geheimnis des Spiegels (T – 1. bis 3. Auflage)
John und Tony Ballard vernichten in Kalkutta den Dämon Janus endgültig.

IV75 – Der Satanist
[Neuer Roman für Band 25 in der 4. Auflage]
Carol Bates erlebt Morde mit, die ein »Satanist« mit einem Messer begeht. Sie fragt ihre Kollegin Nadine Berger um Hilfe, die verweist sie an John, der ihr helfen will. Der Mörder ist Carols Bruder Alan Bates, der sich dem dunklen Engel Massago verschrieben hat und sich durch die Morde Eingang in dessen Reich verschaffen will. Carol soll sein letztes Opfer werden. Durch Telekinese gelingt es ihr jedoch, daß Alan sein Messer gegen den eigenen Hals richtet, so daß dieser sich selbst tötet. John schießt noch auf Massago, kann ihn aber nicht vernichten.

26 – Maringo, der Höllenreiter
[1. Auftritt der Horror-Reiter]
In Arizona erweckt der Schwarze Tod Maringo, den Höllenreiter. Von Myxin erfährt John davon und reist mit Suko hin. John wird vom Schwarzen Tod am aufgebrochenen Grab Maringos ins Schattenreich des Spuks gestoßen. Suko kämpft gegen Maringo, besiegt ihn mit Hilfe des Zaubers eines alten Medizinmannes. Im Schattenreich trifft John den Spuk und die vier apokalyptischen Reiter. Auf einer Dimensionsleinwand darf John den Kampf Sukos verfolgen. Als er den Schwarzen Tod hinter Suko auftauchen sieht, setzt John alles auf eine Karte, wirft sich auf die Dimensionsleinwand, entkommt den vier Reitern und dem Spuk und taucht hinter dem Schwarzen Tod auf. Manitou greift ein und vertreibt den Schwarzen Tod. Maringo, der Höllenreiter, wird von John mit dessen eigener Lanze vernichtet.

27 – Das Leuchtturm-Monster
Auf einem Leuchtturm an der Küste von Norfolk bringen John, Suko und Jane Collins die Hexe Maxine zur Strecke.

28 – Die Insel der Seelenlosen (T – 1. bis 3. Auflage)
Roxano, ein macht- und geldgieriger Mann, will Seelen an den Teufel verkaufen. Auch die Seele von Jane Collins hat er schon. Im letzten Augenblick kann John auf der Insel der Seelenlosen verhindern, daß ein Höllenbote die Seelen

durch ein Dimensionstor in die Hölle schafft. Er vereinigt Seelen und Körper. Jane Collins ist gerettet.

IV78 – Das Gas-Gespenst
[Neuer Roman für Band 28 in der 4. Auflage]
In dem kleinen südenglischen Ort Crayton ist ein Mann auf seltsame Weise erstickt. Gleichzeitig erhält die Polizei ein Erpresserschreiben, in dem jemand zehn Millionen Pfund fordert, sonst würde der Ort Crayton mitsamt seinen Einwohnern von der Bildfläche verschwinden. John und Suko fahren nach Crayton, lernen den selbsternannten »Hirten« Harold T. Hawkins kennen und werden Augenzeugen, wie ein vorher ermordeter Mann, der Landwirt Dan Eagle, sie als steinernes Monster, das aus einem Erdspalt steigt, angreift. Sie erledigen es mit einer Silberkugel. Auf dem Hof der Eagles erkennen John und Suko schließlich, daß Hawkins das Gas-Gespenst ist. Er hat sich mit Dämonenseelen, die aus dem Reich des Spuks geflohen sind und unter der Erde hausen, verbündet und ihnen versprochen, ihnen weitere Opfer zuzuführen. Mit Silberkugeln können John und Suko Hawkins vernichten. Die Erdspalten verschwinden, und in Crayton ist alles wieder normal.

29 - Die Rückkehr des Rächers
In Ägypten vernichten John und Suko den Magier-Pharao Samenis und seine sieben reitenden Mumien.

30 - Hexentanz (T)
In Montreal begehen drei junge Mädchen Selbstmord und rufen dabei einen Dämon namens Oxoran an. John und Suko bringen Oxoran und seine drei Hexen zur Strecke.

31 - Teufelstrank um Mitternacht
Jane Collins trinkt aus einer uralten Weinflasche und wird fast zum Skelett. Mit seinem eigenen Blut, das er mit Janes Blut vermischt, rettet John sie.

32 - Der Turm der tausend Schrecken (T)
John und Suko befreien ein paar Mädchen, die in die Gewalt eines »magischen Schattens« geraten sind.

33 – Der Pfähler (1/3)
[Geschichte, wie John sein Kreuz erhält]
[1. Auftritt von Frantisek Marek]
In Petrila (Karpaten/Transsylvanien) glaubt der alte Frantisek Marek, daß der Schwarze Graf, D. Kalurac, ein Vampir und Neffe Vlad Draculas, seine Rückkehr vorbereitet. Marek trägt den Beinamen »Der Pfähler«. Ein Eichenpfahl, mit dem Kalurac getötet wurde, wird bei den Mareks von Generation zu Generation weitervererbt. Dazu gehörte ein Kreuz, das aber verschwunden ist. Es ist im Besitz Johns, und dieser erinnert sich, daß er es vor Jahren, noch bevor er seinen Job bei Scotland Yard antrat, von einer sterbenden Frau namens Vera Monössy erhielt, die die Zeichen darauf aber auch nicht zu deuten wußte. D. Kaluracs Asche, die in einem Sarkophag im Verlies der Schloßruine in der Nähe von Petrila liegt, wird von Mareks Gehilfen Petroc Jurc mit dem Blut einer Hyäne vermischt, so daß Kalurac aufersteht. Er beißt Jurc, dieser wird zum Vampir und von Marek gepfählt. Kalurac macht noch die Varescu-Familie zu Vampiren, dann verläßt er das Land, um ein neues Vampirreich aufzubauen. Er holt die uralte Vampirfamilie Ceprac aus Wien, fliegt mit ihnen nach London, wo er sich mit englischen Vampiren zusammentut und John und Freunden an den Kragen will. John und Suko reisen nach Petrila; mit Marek bringen sie den alten Varescu zur Strecke, Marie Marek vernichtet die alte Varescu mit ihrem geweihten Kreuz. Bleiben noch die beiden Söhne...

34 – Dracula gibt sich die Ehre (2/3)
D. Kalurac, Neffe von Vlad Dracula, will mit Hilfe der Vampirfamilien Ceprac aus Wien und Mortimer aus England eine »Allianz des Blutes« gründen, um die Vorherrschaft der Vampire wiederherzustellen. Vorher will er seine Todfeinde, vor allem John Sinclair, ausschalten. Deshalb läßt er Sheila und Johnny Conolly entführen. John und Suko erhalten in

Petrila, Rumänien, ein Telegramm von Powell und machen sich sofort auf den Rückweg nach London. Marek begleitet sie. In London töten sie zwei von der roten Rebecca zu Vampiren gemachte Männer, dann erhält John ein Schreiben, daß er sich waffenlos stellen soll, wenn er Sheilas und Johnnys Leben retten will. John entschließt sich, es zu tun.

35 – Die Vampirfalle (3/3)
[John erfährt von Marek, daß die Buchstaben an den Enden seines Kreuzes die Anfangsbuchstaben der vier Erzengel sind]
In einer alten, aufgelassenen Leichenhalle wartet Kalurac mit seinen Vampiren auf John, der sich dem Vampir stellt. Aber John hat mit seinen Freunden und Superintendent Powell einen Plan. Durch einen Sender in seinen Zähnen erfahren sie den Treffpunkt mit Kalurac und greifen ein. Sheila und Johnny werden gerettet, ebenso zwei junge Pärchen, die in die Klauen der Vampire geraten sind. John kann Kalurac töten – mit dem Kreuz und dem Eichenpfahl Mareks. Auch die anderen Vampire werden sämtlich getötet.

36 – Die Nacht des Feuergottes (T)
In einem Vulkan im Managua-See in Nicaragua vernichtet John einen Feuergott mit seinen Feuerdämonen.

37 – Panik in Tokio (A)
John und Suko fliegen nach Japan, um den dämonischen Professor Ota Hakato zu vernichten, der den Roten Dämon geschaffen hat.

38 – Die Horror-Reiter
[Zum ersten Mal der Name AEBA]
John wird von Father Hackmann gerufen, um sich einen alten Freund, einen spanischen Mönch, anzusehen, den man zu ihm gebracht hat. Pater Emilio Zagallo scheint von einem Dämon besessen, er stammelt immer wieder das Wort AEBA. Ein Horror-Reiter erscheint aus dem Nichts und tötet Pater Emilio. John erfährt, daß im Kloster Monte Terrano in den Pyrenäen (von dort ist Pater Emilio geflohen) nicht alles

mit rechten Dingen zugeht. Der Abt Don Alvarez erzählt John, daß die Horror-Reiter die Leibwächter von AEBA – den Erzdämonen Astaroth, Eurynome, Bael und Amducias – sind.

39 – Das Todesmoor (T)
John rettet auf Sri Lanka Kinder, die von einem siebenarmigen Dämon in einen Todessumpf gelockt worden sind.

40 – Die Ameisen greifen an
Der alte Einsiedler Santini will in Grindelwald in der Schweiz den Dämon Bael beschwören. Dabei begeht er einen Fehler, und ein Dimensionstor entsteht, durch das Riesenameisen auf die Erde gelangen. Sie töten einige Menschen, bevor sie von John, Suko und Bill Conolly vernichtet werden.

41 – Das Amulett des Sonnengottes (W)
Der Archäologe Ferguson Kent (auf einer Expedition spurlos verschwunden) hat das Amulett des Sonnengottes gefunden und ist damit dessen Sklave geworden. Mit dem Amulett macht er sogar Jane Collins und Suko zu Zombies, die gegen John kämpfen, bis John den Archäologen in einer entweihten Kirche aufspürt, Kents Sonnenrad mit dem Kreuz zerstört und Kent damit vernichtet.

42 – Der Totenbeschwörer
[John erhält die Dämonenpeitsche]
John und Bill Conolly nehmen in Gatway/Wales an der Beerdigung des Londoner Polizisten Hank Thorner teil und geraten durch Zufall Myxin in die Quere, der Nachzehrer und Untote aus ihren Gräbern holen will, um sich eine Armee von Dienern gegen den Schwarzen Tod zu verschaffen. Myxin gibt einer seiner Dienerinnen eine Waffe, die Dämonenpeitsche, in die Hand, und diese gelangt in Johns Besitz.

43 – Der Vampir von Manhattan (A)
Der Hexer Montague Harper und die Vampirhexe Asenath

wollen ein Vampirreich Vampyrodam in New York errichten. John und Suko jagen Montague Harper und Asenath und vernichten sie.

44 – Das Trio des Teufels
[James Powell wird geadelt]
John, Suko, Jane Collins und Will Mallmann töten drei Hexen in Schleswig-Holstein.

45 – Die Werwölfe von Wien (T)
John und Suko jagen in Wien Werwölfe.

46 – Die Dämonenschmiede (W)
John und Bill Conolly zerstören eine Kette aus Vampirzähnen und retten ein Mädchen.

47 – Der Alptraum-Garten
Auf einer Insel im See bei Evre du Lac in der Bretagne befinden sich lebende Steinfiguren, und im Haus der Lydia La Grange steht eine Nachbildung des Schwarzen Tods, die von Suko mit dem Schwert geköpft wird.

48 – Ausflug ins Jenseits
John und Jane Collins töten in Schottland die uralte Dämonin Asmodara.

49 – Das Grauen an der Themse (W)
Der Schwarze Tod macht Jagd auf einen Folianten, dem starke magische Fähigkeiten innewohnen. John vernichtet den Folianten mit dem Silberdolch.

50 – Der gelbe Satan (1/2)
[1. Auftritt von Shao]
Durch einen Zeitungsartikel wird Sir James Powell auf Vampire in Hongkong aufmerksam. Er schickt John und Suko hin. Während Suko einen alten Freund aufsucht, wird John von dem Reporter Mike Kilrain (der längst ein Vampir und Diener des Gelben Satans ist) in eine Falle gelockt. Dort lernt John Huangs Tochter Shao kennen. Sie will ihn durch Vam-

pire ebenfalls zum Vampir machen, doch John tötet die Dämonen, wird dann jedoch in einem Taxi mit Gas betäubt und schließlich zu dem Gelben Satan auf ein Schiff gebracht. Suko und sein väterlicher Freund Li-Shen und dessen Leibwächter Kaitak suchen John, geraten an Shao und nehmen sie mit. Suko verliebt sich in Shao. Sie erfahren, daß Shaos Vater Huang ein Diener des Gelben Satans ist und Shao Angst hat, ihn zu verlieren. Doch dann entschließt sie sich, Suko und Li-Shen zu helfen.

51 – Horror-Kreuzfahrt (2/2)
Der Gelbe Satan und seine Diener kapern eine Yacht und wollen John auf einem brennenden Seelenverkäufer zurücklassen. Der schafft es aber noch, auf die Yacht zu springen, kämpft und kann den Gelben Satan über Bord stürzen, so daß dieser von Haien zerrissen wird. In Hongkong sucht Suko mit Shao ihren Vater auf. Auch dort gibt es einen Kampf. Suko zerstört die Statue des Gelben Satans, Huang, Shaos Vater, tötet sich selbst mit seinem Dolch, gibt aber vorher seiner Tochter noch den Segen zur Verbindung mit Suko.

52 – Der doppelte Dämon (T)
In Australien befreit der Schwarze Tod den Dämon Sardo, der vor langer Zeit von sieben Mönchen in einer Höhle eingeschlossen wurde. John und Suko vernichten Sardo mit Hilfe von Myxins Waffen.

53 – Die Geisterhand
Antonio Scaramanga, ein Klaviervirtuose, hat sich mit dem Teufel verbündet. Durch sein Spiel werden ihm Frauen hörig und begehen Selbstmord, so daß Scaramanga ihr Vermögen erbt und der Teufel ihre Seele. Scaramanga entführt Jane Collins. John und Suko spüren Scaramanga auf, töten ihn, befreien Jane Collins und vernichten dann Scaramangas feinstofflichen Körper (er kann sich verdoppeln) mit der Dämonenpeitsche und dem Kreuz, so daß auch dieser stirbt.

54 – Die grüne Hölle von Florida (T)
Der grausame Vampir Zubin Zagarro erhebt sich aus seinem

Grab in den Everglades in Florida. John und Suko jagen und vernichten den Vampir.

55 – Todeszone London
[Professor Zamorra wirkt aktiv mit]
[1. Auftritt von Mandragoro]

Der verrückte Botaniker Quintus Peters wurde von Kollegen verlacht, als er davon sprach, ein Wesen zwischen Mensch und Pflanze zu züchten. Um sich an den Menschen zu rächen, verbündet er sich mit dem Dämon Mandragoro, vergiftet das Trinkwasser Londons und läßt mörderische Pflanzenwesen das Hilton Hotel in Besitz nehmen. John und Suko wollen einem Vortrag Professor Zamorras beiwohnen, den dieser in London hält. Zamorras Sekretärin Nicole Duval erlebt im Hilton Hotel den Angriff der Killerpflanzen. Zamorra mit seinem Amulett und Suko mit der Dämonenpeitsche räumen im Hilton Hotel auf. John bringt Quintus Peters zur Strecke.

56 – Das Ungeheuer von Loch Morar (1/2)
57 – Die Zombies (2/2)

Auf dem Grund des Loch Morar in Schottland soll ein 700 Jahre altes Sträflingsschiff liegen, das bald gehoben werden soll. Bill Conolly soll einen Bericht darüber schreiben und fährt hin. Dort erfährt er von einem legendären Monster, begegnet Zombies und alarmiert John, der sofort aufbricht. Auch Sheila Conolly und Jane Collins fliegen nach Schottland. John und Bill fahren auf den See hinaus und werden dort von Zombies angegriffen. Nachdem sich John und Bill Conolly vor den Zombies im Loch Morar gerettet haben und auch Jane Collins und Sheila Conolly einem Angriff widerstanden, finden sie im Heimatmuseum von Seaground Hinweise auf ein Seemonster namens Ogur und eine Harpune mit sieben silbernen Pfeilen, mit denen Ogur zu töten ist. Im Keller des Museums erscheint ihnen Myxin, der Magier. Sie erfahren, daß der Loch Morar ein Stützpunkt des Schwarzen Tods ist und Ogur dessen Diener. John und Bill spüren das Seemonster Ogur in seiner Höhle auf. Während sich die Zombies von Myxin und die des Schwarzen Tods (Tote von zahlreichen Schiffsuntergängen) auf dem See einen mörderischen Kampf liefern, gelingt es John, Ogur mit den sieben Silberpfeilen zu vernichten. Der Schwarze Tod erscheint als Abbild über dem See und droht John.

58 – Horror-Disco
[1. Auftritt von Mr. Grimes, dem Ghoul]
In einer Disco begegnet John dem Ghoul Mr. Grimes. John muß ihn laufenlassen, da der Spuk sonst die Gäste der Disco getötet hätte.

59 – Hexenverbrennung (W)
John und Suko zerschlagen einen Hexenzirkel.

60 – Der Geisterfahrer (A)
Will Mallmann ruft John und Suko nach Königstein, wo Geisterfahrer fürchterliche Unfälle verursachen. Der Schwarze Tod hat seine Hand im Spiel. Er will seinen Todfeind ausschalten, aber am Ende siegt John.

61 – Kino des Schreckens
[Shao wird vom Grauen Riesen ins Land der Verlorenen verschleppt und in einen Mumien-Zwerg verwandelt]
In einem Kino in Soho, in dem der Horror-Streifen »Blutige Nächte« gezeigt wird, verschwindet Shao, die sich den Film mit Suko ansieht. Ein grauer Riese, ein Zyklop, zieht sie durch die Leinwand, die ein Dimensionstor ist, in eine andere Dimension, das Land der Verlorenen, wo Shao ein Mädchen namens Caroline trifft. Diese führt sie in eine Stadt mit Türmen, in der sich andere entführte Frauen befinden, die in Mumien-Zwerge verwandelt wurden. Der Graue taucht auf und steckt Shao in einen riesigen schwarzen Krug, um auch sie in einen Zwerg zu verwandeln. John und Suko erfahren von der Frau des Kino-Besitzers, daß das Mädchen im Film ihre Tochter ist, mit der sie erpreßt werden, den Horrorstreifen zu zeigen und somit die Entführungen zu ermöglichen. Sie erfahren, daß Belphégor, der Hexer mit der Flammenpeitsche, hinter allem steckt. Sie selbst lassen sich während einer Filmvorführung in die andere Di-

mension entführen. John tötet den Zyklopen mit einer Silberkugel ins Auge, kann aber nicht verhindern, daß Shao in einen Zwerg verwandelt wird. Mit Hilfe des Kreuzes gelingen ihm, Suko und dem Mädchen Caroline die Flucht aus dem Land der Verlorenen in die Diesseitswelt. Caroline wird wahnsinnig. Shao bleibt als Zwerg und Diener Belphégors zurück, der sich noch mit dem Schwarzen Tod zusammen kurz zeigt. John fürchtet sich davor, eines Tages Shao als Feind gegenüberzustehen.

62 – Guru der Toten (T)
Jemand in London verschafft Mordopfern die Gelegenheit, sich an ihren Mördern zu rächen, indem er die Toten auferstehen läßt. Hondu, Guru der Toten, will eine Armee von Wiedergängern schaffen und mit ihr London beherrschen. Vorher will er John ausschalten, doch gemeinsam mit Jane Collins und Suko kann dieser Hondu mit dem Kreuz töten.

63 - Sandra und ihr zweites Ich (W)
Sandra Stanwick beschwört eine Satansstatue. Die wird lebendig, zerfleischt sie und nimmt die Gestalt Sandras an. Der Dämon will John töten, doch der vernichtet ihn mit seinem Kreuz.

64 – Der Hexer von Paris (1/2)
65 – Gefangen in der Mikrowelt (2/2)
Der Dämon Belphégor schließt mit dem Schwarzen Tod einen Pakt: Belphégor will die Duldung des Schwarzen Tods, wenn er mit seinen Zwergen Paris in seine Gewalt bringt. Dafür will er John, den Todfeind des Schwarzen Tods, töten. Als Lockmittel hat er die in eine Zwergin verwandelte Shao in seiner Gewalt. John, Suko und Inspektor Le Brac untersuchen den Keller des Louvre und laufen Belphégor in die Falle. Mit Pfeilgift gelingt es den Zwergen, sie ebenfalls auf Zwergengröße schrumpfen zu lassen. Belphégor verwandelt John und Suko in Mikromenschen von Daumengröße. Ebenso Inspektor Le Brac, den er tötet und der Polizei in einem Schuhkarton als Warnung zuschickt. Jane Collins hat Professor Zamorra informiert, der mit Nicole

Duval nach Paris fliegt. Er, Jane Collins und Kommissar Fleuvee dringen in die Gewölbe unter dem Louvre ein, und als Jane Collins Belphégor mit einem erbeuteten Blasrohr einen Giftpfeil in den Hals jagt, schrupft dieser bis zur Unendlichkeit, während John, Suko, Shao und die Zwerge wieder ihre normale Gestalt annehmen.

66 – Todesgeister der Sahara (W)
Bill Conolly ist Gefangener der Todesgeister der Sahara. John, Suko und Jane Collins befreien Bill und vernichten die Todesgeister und den Magier, der sie wieder erweckte.

67 – Die Teufelssekte
[Asmodina wird zum ersten Mal erwähnt]
Eine Frau namens Miriam Gray stürzt sich von einem Haus, und John erfährt, daß sie etwas mit einem Women's Circle zu tun hatte. Gleichzeitig trifft Glenda Perkins ihre alte Schulfreundin Donna Summers wieder, und diese nimmt sie mit zum Women's Circle. Dort wird Asmodina, die Tochter des Teufels, beschworen. Glenda kann fliehen und vertraut sich John an. Sie suchen Donna Summers auf, geraten in eine Falle und werden von Bill Conolly und Suko gerettet. Donna Summers springt vom Balkon, die Hexe Serena Kyle entflieht.

68 – Todeswalzer (T)
Der Maler Chris Rhodes hat keinen Erfolg mehr und beschwört den Teufel. Der Schwarze Tod erscheint, verlangt außer Rhodes' Seele, daß Rhodes John Sinclair tötet, und stellt ihm das Skelett Jacko als Diener zur Seite. Rhodes wird auch zum Skelett, bevor John ihn und Jacko mit der Dämonenpeitsche vernichtet.

69 – Der unheimliche Bogenschütze
Auf Scalford Castle, einem alten Schloß in der Nähe von Nottingham, jagen John und die Conollys einen mordenden Bogenschützen, den der Verwalter des Schlosses durch Schwarze Magie erweckt hat. John vernichtet den Zombie mit einer Silberkugel.

70 – Die Teufelsbraut (T)
John und Suko vernichten in Rio de Janeiro zwei Dämonen.

71 – Knochensaat
[Will Mallmann lernt Karin Becker kennen]
Will Mallmann macht eine Woche Urlaub im Bayerischen Wald, wo er die Lehrerin Karin Becker kennenlernt. Zugleich erlebt der Totengräber des Ortes Waldeck, wie sich ein Skelett im Beinhaus der Kirche erhebt. Mallmann sieht dieses Skelett in einem großen Felsstein verschwinden, der als verflucht gilt, und ruft John zu Hilfe. John kommt in den Bayerischen Wald und klärt den Fall auf: Im Beinhaus war die Seele von Albertus Krogmann, einem Magister der Inquisition aus dem 30jährigen Krieg, gefangen und wurde durch die Aktivitäten des Totengräbers befreit. John vernichtet Krogmann endgültig mit seinem Silberdolch.

72 – Das Höllentor (W)
John, Suko und Jane Collins fliegen nach Island, wo es ein Höllentor gibt, einen Stützpunkt des Schwarzen Tods, der sich ein Dutzend Diener besorgen will. Mit Myxins Hilfe gelingt es John, dies zu verhindern und das Höllentor zu zerstören.

73 – Der Satansfjord (W)
John, Suko und Jane Collins jagen in Norwegen einen Diener des Schwarzen Tods und vernichten ihn.

74 – Die Geister-Braut
John fährt mit Suko und Jane Collins zu einem Mordhaus an der Themse, wo er und Suko in die Gewalt des Ghouls Mr. Grimes geraten. Bevor sie getötet werden können, taucht die Geister-Braut Susan Erskine auf. Grimes flieht, und John kann Jane Collins im letzten Moment vor dem Zombie-Rocker Big Alfie, einem Diener von Grimes, retten, indem er den Zombie mit einer Silberkugel aus seiner Beretta erlöst.

75 – Die Horror-Cops (1/3)
76 – Bills Hinrichtung (2/3)
77 – Die teuflischen Puppen (3/3)
Laurie Ball, die New Yorker Reporterin, erlebt zufällig mit, wie in der South Bronx ihr Kollege Hank Stone von Skelett-Cops entführt wird. Der Schwarze Tod steckt dahinter. Er läßt auch Bill Conolly in eine andere Dimension entführen und will ihn nur freilassen, wenn John seinem kopflosen Diener Sinistro seinen Kopf besorgt. Bill Conolly wird mit einem Diener Sinistros, dem Roten Henker, durch magische Kräfte zurück auf die Erde gerissen – in den Keller des Horror-Reviers in der South Bronx. John hat von einem Bekannten des alten Henry Onedin ein Duplikat des Schädels von Sinistro aus Lehm herstellen lassen. Er hofft, daß der Dämon sich täuschen läßt und Bill herausgibt. Suko vernichtet den letzten Roten Henker mit der Dämonenpeitsche, und Sinistro setzt sich ab, schwört aber grausame Rache, während John in dem zusammenbrechenden Kellergang verschüttet wird. Während John von Suko und Bill Conolly aus den Trümmern des Kellergangs des Horror-Reviers in der South Bronx befreit wird, hat sich Sinistro nach London teleportiert, um sich für seine Niederlage an Jane Collins und Shao zu rächen. Jane hat noch in New York anrufen können. John, Suko und Bill Conolly nehmen die nächste Maschine, und John und Suko können die Frauen im letzten Moment befreien. John vernichtet Sinistro mit dem Kreuz.

78 – Der Todeszug (A)
John und Suko lernen den Geist Aldo Frascatis kennen, der seine rechte Hand Asmodis vermachte und das später bereute. Asmodis benutzt ein paar Teufelsanbeter, um die Hand einsetzen zu können. John entlarvt sie und vernichtet die Todeshand mit seinem Kreuz.

79 – Der Tyrann von Venedig (W)
John fliegt mit Suko, Jane Collins und Shao nach Venedig. Es geht um den Schwarzen Dogen, einen Diener des Schwarzen Tods. John kann ihn schließlich mit Silberdolch und Silberkugeln töten.

80 – Augen des Grauens
Sheila Conolly erblindet durch den Dämon mit den tausend Augen. John hängt ihr sein Kreuz um und stößt sie gegen das Monster, das explodiert. Sheila kann wieder sehen.

81 – Der Sensenmann als Hochzeitsgast
[Will Mallmann verliert seine Braut Karin Becker während der Hochzeit durch den Schwarzen Tod]
John, Jane Collins, Bill Conolly und Sheila, Suko und Shao sind von Will Mallmann zu seiner Hochzeit mit Karin Becker in den Odenwald eingeladen worden. Der Schwarze Tod hat sich diesen Anlaß ausgesucht, um dem Sinclair-Team einen schweren Schlag zu versetzen. Er tötet die frisch getraute Braut vor der kleinen Kirche von Burg Blankenstein, will auch John vernichten, wird jedoch von dem Kreuz vertrieben.

82 – Die Horror-Nacht (T)
John wird nach Swanage, einem kleinen Ort an der Küste Südenglands, geschickt, um den Vampir Graf Morloff auf seinem alten Schloß zu vernichten.

83 – Der Spinnendämon (W)
John und Jane Collins müssen in Schottland gegen die Kreaturen des Spinnendämons aus dem Moor kämpfen und vernichten diesen schließlich.

84 – Das Buch der grausamen Träume
[Zum ersten Mal das Buch der grausamen Träume]
Ein Mann namens Leo Genn, der sich mit Schwarzer Magie beschäftigt, hat bei einer Beschwörung des Magiers Myxin erfahren, daß es ein »Buch der grausamen Träume« gibt, in dem die Geheimnisse der Hölle offenbart werden und auch steht, wie man mächtige Dämonen vernichten kann. Genn weiß, wo er dieses Buch finden kann. Er ruft John an und teilt es ihm mit. John will der Hexe Ziita, die das Buch inzwischen besitzt, das Buch abnehmen und vernichtet sie mit dem Kreuz, doch plötzlich erscheint mit einem Sturm der Schwarze Tod und nimmt das Buch an sich.

85 – Tigerfrauen greifen an
[Die Hexe Serena Kyle stirbt]
Serena Kyle, Dienerin Asmodinas, ist zurückgekehrt, um wieder den Boden für Asmodina vorzubereiten. Diesmal hat sie sich eine Mannequintruppe von zehn Mädchen gefügig gemacht und sie durch Schwarze Magie in Wertiger verwandelt. Bei einer Modenschau verwandeln sich die Mannequins in Wertigerinnen. Die Kyle will die anwesenden Frauen ebenfalls zu Wertigerinnen und Dienerinnen Asmodinas machen. John und Suko greifen ein. John gelingt es, Serena Kyle, die ebenfalls eine Wertigerin ist, mit dem Silberdolch zu vernichten. Mit ihrem Tod werden die anderen Wertigerinnen wieder zu normalen Menschen.

86 – Kreuzfahrt der Skelette (T)
Mort Diabello, Kapitän eines Geisterschiffes, macht seit Jahrhunderten alle Weltmeere unsicher. Es geht die Legende, daß sich der Kapitän, der sich dem Satan verschrieben hat, irgendwann an Land begeben und eine Stadt in seine Gewalt bringen will. Alle Anzeichen deuten darauf hin, daß diese Stadt Harwich sein wird. John und Suko fahren hin und vernichten in einem mörderischen Kampf Mort Diabello, seine Mannschaft und das Geisterschiff.

87 – Schrei, wenn dich die Schatten fressen
Der Spuk lockt John durch die gefangene Jane Collins in sein Reich. Er hat Janes Seele von ihrem Körper getrennt. John kann Janes Seele und Körper wieder zusammenfügen, und Suko holt beide mit einer Beschwörungsformel auf die Erde zurück.

88 – Der Friedhof des Schreckens (T)
Bill und Sheila Conolly geraten in die Fänge des Dämons Kelett und werden von John befreit.

89 – Die Werwolf-Insel (1/2)
90 – Jagd auf die Dämonenwölfe (2/2)
John erfährt von Werwölfen, die es auf Army Island, einer Insel in der Themsemündung, geben soll. Er geht als Rekrut

in das Ausbildungscamp, Bill Conolly als Reporter. Sie treffen auf Wölfe, können sie mit Silberkugeln erledigen. Dabei stellt sich heraus, daß es dämonische Wesen sind. Sie haben schon einige Soldaten infiziert. Anführer ist Lieutenant Roderick van Cleef, der sich mit seinen Werwölfen auf den Weg nach London begibt, um den Terror in die Stadt zu bringen. Zwei Werwölfe läßt er zurück. Sie sollen den gefangenen John töten. Bill Conolly kann John retten, bevor dieser von den Werwölfen getötet wird. Sofort begeben sie sich an die Verfolgung des Werwolfs Roderick van Cleef, der mit fünf Werwölfen London in Angst und Schrecken versetzen will. John und Bill jagen und töten sie.

91 – Satans Schloß (W)
In Frankreich kämpfen John, Suko und Jane Collins gegen einen dämonischen Comte und seine Kreaturen.

92 – Einsatz der Todesrocker
John ist auf dem Weg zum Kloster St. Patrick, um neue Munition für seine Beretta von Father Ignatius zu holen. Gleichzeitig verwandelt der mit Satan paktierende Rocker Sharingo seine Kumpane in Dämonen. Mit ihnen will er John auflauern und töten. Beim Kampf im Kloster werden die Rocker von John und Suko vernichtet.

93 – Mord in der Mumiengruft
Ein mit Bill Conolly befreundeter Archäologe hat eine Maya-Pyramide entdeckt, die mit einem Fluch belegt ist. John, Suko und Bill dringen in die Pyramide ein, geraten in die Vergangenheit und werden fast geopfert. Doch da taucht Huaxapeth, die Maya-Prinzessin, auf und rettet sie. Sie kehren zurück in die Gegenwart, wo John einige Mumien vernichtet, indem er ihnen mit der Machete die Köpfe abschlägt.

94 – Schreie im Schreckenshaus
Durch Zufall werden John und Suko auf Lady Gowan aufmerksam, die etwas mit Zombies zu tun haben muß. John schickt Jane Collins vor, die im Schreckenshaus der Lady

Gowan fast ein Opfer von sechs Zombies wird. Doch John und Suko töten die Zombies. Lady Gowan, eine Teufelsdienerin, richtet sich selbst mit dem Strick.

95 – Die Höllenkutsche (1/2)
96 – Asmodinas Reich (2/2)
John und Bill Conolly jagen den Höllengrafen, einen Diener Asmodinas. In London wird Shao von dem Ghoul Mr. Grimes mit der Höllenkutsche entführt. John wird mit der Höllenkutsche auf die Insel der verlassenen Götter geschafft, wo Asmodina ihr Leichenhaus errichtet hat. Er setzt sich im Kampf gegen Asmodinas Monster durch. Sie und Grimes können fliehen. Myxin, der Magier, will Bill Conolly und Suko mit einer Zeitreise auf die Insel bringen, doch dort ist Asmodinas Macht zu groß, so daß Bill und Suko unverrichteter Dinge in London in Sukos Wohnung wieder materialisieren.

97 – Der unheimliche Richter
[Der Ghoul Mr. Grimes stirbt]
[1. Auftritt des Dämonenrichters Maddox]
Vor 200 Jahren wurde der verbrecherische Richter Sir James Maddox selbst durch den Strang hingerichtet. Im Dämonenreich setzte er seine Karriere fort und verurteilte dort Dämonen, die versagt hatten. Vor ihm steht Grimes, der Ghoul. Maddox verurteilt ihn zur ewigen Verdammnis im Reich des Spuks, doch Asmodina gibt Grimes noch eine allerletzte Chance, John Sinclair zu töten. John und Jane Collins werden von Grimes und drei anderen Ghouls in der Sauna angegriffen, John tötet die drei Ghouls. Jane Collins wird von Grimes bis in ihr Apartment verfolgt, wo es ihr jedoch gelingt, Grimes endgültig mit Silberkugeln zu vernichten. Maddox kehrt gleichzeitig auf die Erde zurück, um sein grausames Werk hier fortzusetzen.

98 – Der Joker des Teufels (T)
John und Tony Ballard bringen gemeinsam den Joker des Teufels zur Strecke, der vier junge Mädchen zu Monstern und Dienern des Satans machte.

99 – Die Lava-Falle (W)
John und Bill Conolly vernichten gemeinsam den Feuerdämon im Ätna mit einer uralten Ampulle, in der sich eine weißmagische Essenz befindet.

100 – Die Drohung (1/3)
In der Antarktis geraten zwei Forscher in einen Eisspalt und landen in einer Urwelt, in der sich der Friedhof am Ende der Welt befindet. Sie begegnen dem Schwarzen Tod, der ihnen befiehlt, ein Grab für einen gewissen John Sinclair auszuheben. John erhält unterdessen einen Anruf von einem Geheimdienstler, der etwas über das Buch der grausamen Träume erfahren hat. John trifft sich mit ihm. Hexen greifen an und töten den Mann, doch er kann John noch verraten, daß sich das Buch bei den Hexen auf dem Brocken befindet. Dazu hat der Mann ein Bild von Karin Mallmann in der Tasche, die vom Schwarzen Tod ermordet wurde. Gleichzeitig erhält Will Mallmann durch das Foto seiner Frau eine Nachricht von ihr aus dem Totenreich, daß Gefahr droht. John, Suko und Will Mallmann gehen durch einen Tunnel unter der Grenze in die DDR und auf den Brocken, wo die Hexen sie schon erwarten.

101 – Ein Friedhof am Ende der Welt (2/3)
[Zum ersten Mal der Würfel des Unheils]
[Aus den letzten Seiten des Buchs der grausamen Träume entsteht der silberne Bumerang]
Will Mallmann gerät nach dem Seilbahnabsturz auf dem Brocken in die Gewalt des Schwarzen Tods und wird von diesem zum Friedhof am Ende der Welt geschafft, wo er auf die beiden Wissenschaftler und den entführten Sir James Powell trifft. Suko kann aus der DDR fliehen und gelangt wieder in den Westen. – In London sind Bill Conolly und Jane Collins in die Ermittlungen um die Entführung von Sir James Powell eingeschaltet. Myxin taucht auf, holt Suko per Teleportation herbei, und zu viert machen sie sich auf den Weg ins Reich des Schwarzen Tods unter der Antarktis. John gelangt in die Höhle unter dem Gipfel des Brocken und entdeckt auf einer Art Altar das Buch der grausamen Träume

unter dem Würfel des Unheils. Er kann den Würfel nicht bewegen und das Buch nicht an sich nehmen. Der Seher erscheint und nimmt Buch und Würfel an sich, damit das Gleichgewicht der Kräfte nicht zerstört wird, denn mit dem Buch wäre John zu mächtig geworden. Der Seher überläßt ihm aber die letzten Seiten, auf denen steht, wie der Schwarze Tod vernichtet werden kann: durch einen Bumerang. Aus den letzten Seiten des Buches bildet sich ein silberner Bumerang. Mit ihm vernichtet John die restlichen Hexen. Doch bevor er die Höhle verlassen kann, tritt ihm eine Frau entgegen: Karin Mallmann.

102 Das letzte Duell (3/3)
[John vernichtet den Schwarzen Tod]
[Die zur Dämonin gewordene Karin Becker stirbt endgültig]

Myxin, Bill Conolly und Jane Collins stoßen auf dem Friedhof am Ende der Welt auf Will Mallmann und Sir James Powell. Suko ist von Myxin zurück in den Harz teleportiert worden, aber auf die falsche Seite der Grenze. Hexen wollen ihn vernichten. Er tötet sie und zwingt die letzte, ihn ins Reich des Schwarzen Tods zu bringen. So ist auch er bei den anderen. John erscheint als letzter mit Karin Mallmann, die voll auf der Seite des Schwarzen Tods steht, inmitten von schwarzen Skeletten, Helfern des Schwarzen Tods, die aus ihren Gräbern auferstanden sind. Will Mallmann vernichtet seine ehemalige Frau mit Silberkugeln. Der Schwarze Tod erscheint, lähmt Johns Freunde und schleppt John auf einen Berg, wo er ihn töten will. Dazu erscheinen die vier Horror-Reiter, die John in Schach halten sollen, während der Schwarze Tod ihn töten will. Myxin ist nicht gebannt, wie der Schwarze Tod angenommen hat. Er kann sich mit seinen Schwarzen Vampiren in Verbindung setzen. Sie erscheinen und greifen die Skelettdiener des Schwarzen Tods an. John wird von der Lanze eines Horror-Reiters verwundet. Dann kann er sein Kreuz aktivieren, das die Horror-Reiter vertreibt. Der Schwarze Tod wütet unterdessen unter den Schwarzen Vampiren und erwischt fast auch Myxin, doch der wird von zwei Todesengeln entführt. Dann kann John den Schwarzen Tod endlich mit dem Bumerang aus den letzten Seiten des Buchs der grausamen Träume töten. Mit dem Schwarzen Tod vergeht auch sein Reich.

103 – Asmodinas Todesengel
[Roman mit Damona King]
John liegt mit seiner Schulterwunde im Krankenhaus. Goran, der Anführer von Myxins Schwarzen Vampiren, die im Kampf mit dem Schwarzen Tod vernichtet wurden, und der selbst mit Myxin von Asmodinas Todesengeln in Asmodinas Reich entführt wurde, erscheint in Johns Krankenzimmer und überbringt Asmodinas Botschaft, daß Myxin stirbt, wenn John sich nicht Asmodina stellt. Goran wird von zwei Todesengeln getötet, nachdem er John einen roten Stein hinterlassen hat. Dieser Stein bewirkt, daß Johns Geist von seinem Körper getrennt wird, und hebt gleichzeitig die Wirkung des Kreuzes auf. Es sieht so aus, als ob John tot wäre, und seine Freunde sind ratlos. Da taucht Damona King auf, deren schwarzer Stein sie auf Johns Spur geführt hat. Sie beschwört Dämonen, um etwas über John zu erfahren, und es tauchen zwei Pantherfrauen auf, die plötzlich mit Damona King verschwinden. Inzwischen kämpfen John und Myxin in einer Arena in Asmodinas Reich gegen Pantherfrauen und Todesengel um ihr Leben. Plötzlich taucht Damona King auf, Johns roter Stein wird zerstört, und durch die freigewordene Kraft des Kreuzes kehren John und Damona King ins Krankenhaus zurück. Myxin dagegen scheint in Raum und Zeit verschollen zu sein.

104 – Portaguerra (W)
John und Jane Collins bringen in den französischen Alpen einen untoten Magier zur Strecke.

105 – Die Bestie von Soho
John und Glenda Perkins besuchen die Ausstellung eines Malers, der apokalyptische Bilder malt. Auf einem erkennt John ein ungeklärtes Verbrechen und begreift, daß der Maler Golo Gulerian keine Phantasiegemälde malt, sondern eine

höllische Wirklichkeit. John tötet den dämonischen Maler mit dem Kreuz.

106 – Hügel der Gehenkten
Der Schamane Ruuf will in Wales mit Hilfe des Dämonenhenkers Destero ein ganzes Dorf vernichten. John kann den Schamanen mit einer Silberkugel töten, Destero verschwindet in einer Nebelwolke.

107 – Die Geier und der Wertiger (T)
John vernichtet in Bombay einen Wertiger und dessen Diener.

108 – Das Eisgefängnis
[1. Auftritt von Solo Morasso/Dr. Tod]
Um John zu vernichten, will Asmodina ihm einen ebenbürtigen Gegner entgegenstellen. Sie überredet den Spuk, die Seele Dr. Tods freizugeben. Dieser vereint sich mit dem Körper des gerade an einem Herzinfarkt verstorbenen Mafia-Bosses Solo Morasso. John erfährt davon und fliegt mit Suko nach Palermo, wo John in die Klauen Dr. Tods gerät, der ihn tiefgefrieren will, wie er es auch mit seinen anderen Feinden gemacht hat. Im letzten Moment kann Suko John heraushauen. Dr. Tod verschwindet spurlos.

109 – Verlies der Angst
Will Mallmann stößt in der Lüneburger Heide auf Untote, die aus Hünengräbern steigen. John und Suko fliegen von Palermo aus direkt nach Hannover, wo Will sie abholt. Es gibt eine Legende, in der die Germanen Wikinger in einer Schlacht besiegt und in den Hünengräbern bestattet haben sollen. Damals hat Sadin, ein Diener Thors, geschworen, den Tod der Wikinger zu rächen. Nun will Sadin eine Entscheidungsschlacht zwischen den untoten Wikingern und den untoten Germanen, aber John, Suko und Will Mallmann verhindern das, indem sie die Untoten vernichten. Sadin wird von Thor mit dem Hammer erschlagen, weil er versagt hat.

110 – Zargos, der Dämon (W)
John, Suko und Jane Collins jagen den Dämon Zargos. Suko gerät in seine Gewalt, wird von John befreit, der Zargos mit Silberkugeln aus seiner Beretta vernichtet.

111 – Die grausamen Ritter (1/2)
[1. Auftritt der Mordliga]
[Myxin verliert seine magischen Kräfte]
In Schottland überfallen Skelette in Ritterrüstungen einsame Farmen und töten alles Lebende. John erhält durch den Kelch des Feuers einen Hilferuf Myxins, gleichzeitig erfährt Sir James Powell von den grausamen Rittern und schickt John und Suko nach Schottland. Shao fährt ebenfalls mit. Dicht vor ihrem Ziel geraten sie in einen Überfall der Ritter auf einem Motorway, und John kann eines der Monster töten. Sie fahren in den Ort Gulbine, in dem seltsame Menschen leben. John sucht einen Schäfer auf, der einen Angriff der Ritter überlebt hat. Suko und Shao bleiben im Dorf und werden von den Bewohnern angegriffen. Shao kann fliehen. Eine Frau namens Diana Redford versteckt sie bei sich, wird aber selbst gefangengenommen und zu Suko, der den Einwohnern in die Hände gefallen ist, in eine Scheune gesteckt, in der der Drache Barrabas gerade erwacht. John spricht mit dem Schäfer und erfährt, wo die grausamen Ritter hausen: in einer nahegelegenen Burg in Sarkophagen, in denen sie vor Hunderten von Jahren eingemauert wurden, nun aber von den Einwohnern von Gulbine wieder freigelassen worden sind. Außerdem berichtet der Schäfer von der Rückkehr des Drachen Barrabas, unter dessen Bann die Leute stehen. John und der Schäfer werden angegriffen, der Schäfer getötet. John flieht zur Burg, dringt in die Verliese ein und tötet einen weiteren Ritter, wobei ihm der in der Burg gefangene Myxin hilft. Myxin ist von Asmodina seiner magischen Kräfte beraubt worden. John wird von den restlichen Rittern eingekreist...

112 – Die Drachensaat (2/2)
Suko kann dem Drachen Barrabas entfliehen, während John auf der Burg die grausamen Ritter bekämpft und mit Hilfe

Myxins schließlich besiegt, auch Rufus, ihren Anführer, der vom silbernen Bumerang geköpft wird. John und Myxin kehren ins Dorf zurück, wo sich die Lage zugespitzt hat. Die Drachendiener wollen ihre eigenen Kinder dem Drachen Barrabas opfern, Suko und Shao sollen auf einem Scheiterhaufen verbrannt werden. Dann erscheint auch noch Asmodina auf dem Rücken von Barrabas, doch John kann rechtzeitig eingreifen. Mit dem Bumerang vernichtet er den Drachen, Asmodina setzt sich ab, die Drachendiener werden – bis auf ihren Anführer King Cutler, der Drachenmensch, den Shao mit einer Silberkugel tötet – wieder normal. John, Suko und Shao fahren nach London zurück. Myxin bleibt allein, er muß mit der Tatsache fertig werden, daß er keine magische Kräfte mehr besitzt.

113 – Armaras Rückkehr (T)
John, Suko und Jane Collins vernichten in der Sahara den Dämon Armara.

114 – Der Würfel des Unheils
[Gründung der Mordliga, erstes Mitglied Tokata]
Asmodina holt den Würfel des Unheils aus dem Brocken im Harz, unter dem John das Buch der grausamen Träume gefunden hatte. Asmodina und Dr. Tod wollen die Mordliga gründen. Den Würfel benötigen sie, damit dieser ihnen sechs Verbündete nennt. Der erste ist Tokata, der Samurai des Satans. Er wird von Asmodina aus einem Vulkan in Japan befreit.

115 – Invasion der Riesenkäfer
[Mandra Korab lernt Suko, Shao und Jane Collins kennen]
Der Inder Mandra Korab kommt nach London und vernichtet gemeinsam mit John die Sylphen (Riesenkäfer aus Ägypten) und zwei Löwenfrauen.

116 – Der Traum-Dämon (E)
Der von Asmodina erweckte Traum-Dämon Zaandaar will das Sinclair-Team vernichten, bleibt jedoch selbst auf der Strecke.

117 – Der Rattenkönig
[1. Auftritt von Rocky Koch]
Ein Mann namens Rocky Koch, den man gezwungen hat, sein Land an eine Gesellschaft zu verkaufen, will sich an den Einwohnern von Southwick rächen. Er hat den Rattendämon Dworsch beschworen. Koch wohnt auf einer Burg in der Nähe von Southwick, wo John und Suko die Ratten ausräuchern und den Rattendämon Dworsch vernichten.

118 – Der Dämonenwolf (W)
John und Suko jagen in Schottland Fenris, den Dämonenwolf, der durch ein Dimensionstor zurückgekehrt ist.

119 – Der weiße Magier (1/2)
120 – Zombies im Bermuda-Dreieck (2/2)
Auf der kleinen Insel Caligro Island im Bermuda-Dreieck lebt ein Magier, der sich zum Herrn der Untoten machen will.
John, Bill Conolly, Suko und Myxin bringen ihn zur Strecke.

121 – Asmodinas Höllenschlange
[1. Auftritt von Garuda, Fürst der Vögel]
In Johns Hochhaus wohnt Jerry Falmer, ein Schlangenarr, der im Keller hinter einer Eisentür in Terrarien jede Menge Schlangen hält. Er wollte schon immer die Schlange aller Schlangen sein eigen nennen – die Höllenschlange Apep, die Gegenspielerin des ägyptischen Sonnenkönigs Re. Asmodina macht sich das zu Nutze, um John und seinen Freund Suko endgültig zu vernichten. Fast schafft sie es, doch aus dem Nichts taucht am Ende beim gnadenlosen Kampf auf dem Hochhausdach Garuda, der Fürst der Vögel, ein riesiger Vogelmensch auf, der die Höllenschlange vernichtet. Asmodina schlüpft jedoch noch aus dem Körper der Höllenschlange und verschwindet. Jerry Falmer bleibt auf der Strecke.

122 – Der Knochenthron
Bill, Sheila und Johnny Conolly machen Urlaub in San Francisco. Bill hört in Chinatown von einer Geisterstadt Tulsa, in

der es spuken soll. Er sieht sich dort um, begegnet fünf unheimlichen Figuren in schwarzen Umhängen und entdeckt in einer Höhle eine Skulptur des Spuks. Er alarmiert John in London, der fliegt hin. In Tulsa müssen sie mit Untoten (Dienern des Spuks) kämpfen. Die Statue des Spuks erwacht kurz zum Leben, aber bevor John ihn mit dem Bumerang vernichten kann, verwandelt er sich wieder zu Stein und verschwindet.

123 – Dr. Tods Monsterhöhle
[1. Auftritt von Lady X]
[Tokata verliert seinen linken Arm]
[Der Bumerang fällt Dr. Tod in die Hände]
Pamela Barbara Scott (Lady X) und ihr Kumpan Rudy haben ein gefährliches Giftgas gestohlen, das sie auf der Insel Abbey's Island versteckt haben. Vom Gas mutieren Tiere zu Monstern. Die Polizei wird in London auf Lady X aufmerksam. Man stellt ihr eine Falle. John ist mit von der Partie. Rudy wird erschossen, doch Lady X wird von Dr. Tod und Tokata, dem Samurai des Satans, gerettet, weil Dr. Tod das Giftgas haben will. Die Polizei findet bei Rudy eine Skizze von Abbey's Island. John und Suko machen sich mit dem Hubschrauber auf den Weg. Auf Abbey's Island kommt es zur Auseinandersetzung. Tokata verliert durch Johns Bumerang seinen linken Arm. Der Bumerang fällt Dr. Tod in die Hände. Dr. Tod, Tokata und Lady X fliehen; jedoch ohne das Giftgas. John ist entschlossen, sich den Bumerang von Dr. Tod zurückzuholen.

124 – Die Mörderblumen
John und Suko retten Jane Collins aus der Dimension der Vampir-Blumen.

125 – Der Leichenbrunnen
John bringt den Untoten Baxman zur Strecke, der einen Pakt mit dem Teufel geschlossen hat.

126 – Satans Razzia
In Hastings, in einer schwarzmagischen Abtei-Ruine,

braucht der Satansgeneral Ko van Hoek die Seelen einiger Menschen und schickt seine Satansrekruten (Skelette) aus, um in einem Ferienlager Opfer zu suchen. John und Suko vernichten van Hoek und seine Skelette.

127 – Die Eisvampire
Myxin beschwört einen Vampir, um von ihm zu erfahren, was Asmodina plant. Der weiß jedoch nichts, berichtet aber von drei Vampiren, die in den Eishöhlen des Dachsteingebirges wiedererweckt wurden. Myxin, John und Suko fahren nach Hallstein und vernichten die drei Eisvampire Sandor, Jarosz und Viri Konya.

128 – Der Seelenwald (E)
Asmodinas neuestes Projekt, das sie vom Schwarzen Tod übernommen hat: der Seelenwald, in dem ihr Priester Murthoom Jane Collins opfern will. John, Suko und Glenda Perkins vernichten den Seelenwald und befreien Jane Collins.

129 – Der Zyklop aus der Hölle
Will Mallmann jagt einen Gangster im Teufelsmoor, der von einem Zyklopen in ein Sumpfloch gezogen wird. Mallmann kann noch John informieren, dann fällt er in die Hände des Zyklops. John fliegt nach Bremen, findet Mallmann am Treffpunkt nicht vor und wird in die Falle des Zyklops gelockt. Der Zyklop ist der Einsiedler Karl Merkens, der einen unseligen Pakt mit dem Teufel schloß, nachdem er seine vom Teufel besessene Frau getötet hat. Als seine Tochter und deren Freund dahinterkommen, will er sie sowie auch Mallmann töten. John besiegt ihn mit dem Kreuz und kann seine Opfer retten.

130 – Mr. Mondos Monster (1/2)
[1. Auftritt von Lady Sarah Goldwyn]
[1. Auftritt von Mr. Marvin Mondo]
Im Haus von Lady Sarah Goldwyn wird ihr Butler Edgar von einem Werwolf getötet. Sie schließt den Werwolf ein und ruft die Polizei. John erscheint und tötet den Werwolf, wird jedoch von Robotermenschen in die Irrenanstalt von

Mr. Mondo verschleppt. Der verrückte Wissenschaftler hat ein Serum entwickelt, mit dem er Menschen in Werwölfe verwandeln kann. Mr. Marvin Mondo ist eine der Personen, die Dr. Tod für seine Mordliga rekrutiert hat. Dr. Tod, Tokata und Pamela Scott (Lady X) befinden sich in der Klinik, wo John die Werwolfspritze gesetzt bekommt. Suko und Bill Conolly sind vor der Klinik, um John herauszuhauen; Lady Sarah Goldwyn befindet sich in der Klinik und ruft die Polizei, doch die nimmt den Anruf nicht ernst.

131 – Königin der Wölfe (2/2)
[John wird zum Werwolf und verliebt sich in Lupina]
[1. Auftritt von Lupina, Königin der Wölfe]

John wird zum Werwolf, während Suko und Bill Conolly mit der Polizei die Klinik Mr. Mondos stürmen und auf Lady Sarah Goldwyn stoßen. Dr. Tod, Mr. Mondo, Lady X und Tokata fliehen mit dem zum Werwolf gewordenen Sinclair, doch bevor sie den Hubschrauber erreichen, kann John in den nahen Wald fliehen. John hört ein Rufen und folgt ihm. Er trifft auf Lupina, die Königin der Wölfe, und muß mit vier anderen Werwölfen darum kämpfen, wer ihr König werden soll. John kann die anderen besiegen. Johns Freunde sind verzweifelt. Myxin taucht auf und erzählt Jane Collins, daß John zum Werwolf geworden ist. Er hat es durch die Beschwörung eines Dämons erfahren. Jane Collins (mit Johns Kreuz) und Myxin machen sich auf die Suche nach John. Bill Conolly und Suko folgen ihnen heimlich. Jane Collins und Myxin treffen auf John und Lupina. Jane Collins kämpft mit dem Kreuz gegen Lupina, doch bevor sie die Werwölfin vernichten kann, wird sie von einem Werwolf abgelenkt, und Lupina flieht. John wird von den Freunden gefangengenommen und mit Handschellen gefesselt. Lupina wird in dem herbeifliegenden Hubschrauber mit Dr. Tod, Tokata, Mr. Mondo und Lady X aufgenommen (Dr. Tod hat damit vier von geplanten sechs Mitgliedern seiner Mordliga). John wird nach London geschafft, wo ein Blutaustausch vorgenommen wird, der ihn wieder zum Menschen macht.

132 – Der Todesnebel
[1. Auftritt des Todesnebels aus dem Würfel des Unheils]
John, Suko und Bill Conolly machen sich auf den Weg nach Grynexxa. Dort schwebt eine Nebelwolke auf dem Meer, die auf das Dorf zutreibt. Nebelgeister wollen die Einwohner vernichten, weil deren Vorfahren vor 150 Jahren die Besatzung eines gestrandeten französischen Schiffes gnadenlos hatten ertrinken lassen. Dr. Tod hat seine Hände im Spiel. Doch John und seine Freunde besiegen den Todesnebel. Der Nebel weicht zurück aufs Meer, ist aber längst nicht vernichtet.

133 – Dr. Tods Horror-Insel
[1. Auftritt von Vampiro-del-mar, Kaiser der Vampire]
Dr. Tod und seine Mitglieder der Mordliga (Tokata, Lady X, Mr. Mondo, Lupina) suchen sich eine Bohrinsel in der Nordsee, töten die Besatzung mit dem Todesnebel und zwingen Mark Brennan, den Boß der Männer, weiterzubohren. Unter dem Meeresboden liegt seit 10000 Jahren Vampiro-del-mar, der Kaiser der Vampire, im untergegangenen Vampirland. Er soll ein weiteres Mitglied der Mordliga werden. John versucht es zu verhindern, schafft es jedoch nicht. Bevor die Bohrinsel zerstört werden kann, setzen sich Dr. Tod und seine Mordliga mit Hilfe des Todesnebels und des Würfels des Unheils ab.

134 – Das Grauen kam aus Grönland (T)
John vernichtet grüne Monster aus Grönland.

135 – Der Moloch
[1. Auftritt von Logan Costello, Mafiaboß von London]
Während John, Suko und Bill Conolly im Yard über ihr Vorgehen gegen die Mordliga diskutieren, wollen Jane Collins und Shao Sheila Conolly besuchen. Auf der Fahrt dorthin versperrt ihnen ein Leichenwagen den Weg, Shao wird niedergeschlagen, Jane entführt. Jane findet sich mit sechs anderen Mädchen, blond wie sie, in einer Nachtbar in Soho wieder, wo sie einem Dämon, dem Moloch, geopfert werden soll. John, Suko und Bill Conolly suchen Jane. Über das

Beerdigungsinstitut von Logan Costellos Bruder Ennio kommen sie dem Moloch auf die Spur. Ennio stirbt, als er John und Bill Conolly töten will und von Suko angegriffen wird, indem er sich erschießt. John gelingt es, Jane im letzten Moment zu retten. Der Moloch stirbt in den Gasflammen, in denen er John rösten wollte.

136 – Die Feuerhexe
Godwina, die Feuerhexe, vor 400 Jahren auf dem Scheiterhaufen verbrannt, hat vom Teufel die Chance erhalten, sich für ihren Tod an den Nachkommen ihrer damaligen Mörder zu rächen. Sie tötet zwei von ihren drei Opfern, bevor John sie zur Strecke bringen kann.

137 – Die Bestien der Madame (T)
Madame M. hat in ihrem Horror-Kabinett lebensechte Horrorgestalten wie Vampire, Wertiger, Ghouls usw., die sie aus entführten Menschen geschaffen hat. John, Bill Conolly, Jane Collins und Glenda Perkins vernichten Madame M. und ihre Monster im Horror-Kabinett, das am Ende abbrennt.

138 – Flucht in die Schädelwelt
Asmodina will John mit einer Schädelkette in die Schädelwelt locken, wo er von Destero, dem Dämonenhenker, getötet werden soll. John entkommt aus der Schädelwelt und hofft, daß sie vernichtet ist.

139 – Im Land des Vampirs (1/3)
Jan Ziegler, ein Privatdetektiv, führt John in das Labor einer Fabrik der Fariac Cosmetics, weil er dort etwas entdeckt hat: Menschenblut in Gläsern. John tritt auf eine Wand zu, die ein Dimensionstor ist, und verschwindet. Ziegler wird noch in der Fabrik getötet, seine Leiche in die Themse geworfen, wo sie von der Wasserschutzpolizei gefunden wird. – Sir James Powell ruft Suko, Bill Conolly und Jane Collins zusammen, um nach John zu suchen. Sie haben die Fariac Cosmetics als Anhaltspunkt, das ist aber alles. – John ist inzwischen am Rhein gelandet. Mitte des 17. Jahrhunderts. Auf einer Burg gegenüber der Loreley haust ein Graf Fariac,

ein Vampir, der hinter einem Mädchen Ilona her ist. John trifft sie, ihren Vater Stephan Marek und Bruder Karel Marek (Vorfahren des Pfählers Frantisek Marek). Ilona wird auf die Burg Fariacs entführt. John und die Mareks wollen Ilona befreien. Dabei wird Stephan Marek getötet.

140 – Schreie in der Horror-Gruft (2/3)

Vergangenheit: Kurz nach dem 30jährigen Krieg in einer Burg am Rhein gegenüber dem Loreley-Felsen. John und Karel Marek wollen Ilona befreien. Doch sie kommen zu spät. Ilona ist schon vom Vampir-Grafen Fariac gebissen und zur Vampirin geworden. John gelingt es, fünf Vampir-Dienerinnen und die Frau des Grafen Fariac zu töten. Als er auch Ilona mit dem Kreuz vernichten will, hört er einen Schrei. Karel hat Graf Fariac gestellt. – Gegenwart: Jane Collins und Bill Conolly suchen Gordon Fariac auf, den Besitzer von Fariac Cosmetics, weil sie ihn im Verdacht haben, daß er etwas mit Johns Verschwinden zu tun hat. Fariac lädt sie zu einem Betriebsausflug an den Rhein ein, den er mit zehn verdienten Mitarbeitern unternehmen will. Es soll auf eine Burg gegenüber dem Loreley-Felsen gehen, die Fariac gehört. – Will Mallmann beteiligt sich an der Suche nach John. Er begibt sich noch vor der Fariac-Gruppe auf die Burg, um sich umzusehen. Dabei wird er von einem häßlichen Kerl überrascht, der mit Schlachtmesser und Säge auf ihn losgeht. Mallmann schießt ihn nieder, doch nach einer Weile erhebt sich der Tote wieder. – Suko ist in London geblieben. Er will sich das Labor der Fariac Cosmetics im Hafen ansehen, wo John verschwunden ist. Shao begleitet ihn. Sie bleibt draußen, während Suko ins Labor eindringt, die Gefäße mit Blut entdeckt und auch die Wand mit dem Mosaik, das zwei Vampire zeigt, die sich ähneln wie ein Ei dem anderen. Und er sieht, wie sich das Bild des einen auflöst. Der Wächter des Labors, der den Privatdetektiv Ziegler umgebracht hat, hat Suko und Shao entdeckt und entschließt sich, zuerst Shao zu töten. Doch Shaos Sturzhelm lenkt den Messerhieb ab. Dennoch verliert sie das Bewußtsein, und der Mörder wendet sich dem Labor zu, um sich Suko vorzunehmen. Die Bewußtlose will er danach töten.

141 – Mein Todesurteil (3/3)
Vergangenheit: Karel Marek ist es gelungen, den Grafen Fariac zu pfählen. Da taucht eine riesige Fledermaus auf und verflucht John: »Dein Todesurteil ist gesprochen...« John weiß nicht, daß es Gordon Fariac ist, der damalige Vampir-König der Skipetaren. Im Verlies gerät John in einen Zeitstrudel, sein Kreuz rutscht ihm vom Hals, und er materialisiert im Verlies in der Gegenwart. – Gegenwart: Suko tötet den Wächter des Fariac-Labors, muß aber einen Messerstich am Arm hinnehmen. – Jane Collins und Bill Conolly treffen mit Fariac und den zehn Mitarbeitern auf der Burg ein. Bill Conolly sieht sich nach Mallmann um, der mit Bill in die Gewalt der Vampire gerät, ebenso wie der gerade zuvor materialisierte John. Jane Collins soll wie Fariacs zehn Mitarbeiter schweren Rotwein trinken, merkt aber, daß es Blut ist, und kippt es weg. Die zehn werden zu Vampiren. Fariacs Bruder erscheint. Alle wollen Jane an den Kragen, aber mit Hilfe der Silberkugeln in ihrer Astra kann sie fliehen. Sie setzt drei der frischen Vampire außer Gefecht, während die Fariac-Brüder ihren Schwur an John in die Tat umsetzen wollen. John soll Vampir-Blut trinken und damit selbst zum Vampir werden. Bill Conolly, der sich inzwischen von seinen Fesseln befreien konnte, und Jane Collins, die den Weg ins Verlies gefunden hat, leiten den Endkampf ein. Jane sieht plötzlich Johns Kreuz, das in die Gegenwart zurückgekehrt ist. Sie legt es auf Johns Brust, der damit in Sicherheit ist. Bill Conolly gelingt es, Will Mallmann und John von ihren Fesseln zu befreien, und währenddessen zündet der geflohene Fariac das Schloß an. John und seine Freunde können ins Freie entkommen, die Vampire vergehen im Feuer. John sieht Fariac fliehen. Die Arme des Vampirs werden zu riesigen Fledermausflügeln. Ehe er in die Lüfte steigt, kann John ihn packen. Er wird von Fariac über den Rhein zum Felsen Loreley getragen, dort vernichtet John ihn mit dem Kreuz. Damit hat er die Gefahr eines weltweiten Vampirismus vorerst gebannt.

142 – Zombie-Rache (T)
Vier Männer töten einen Untoten, der in Enfield ein Restau-

rant und Hotel leitet, stürzen ihn in einen Brunnen und werfen Steine hinterher. Ein Jahr später sendet dieser Untote unter Mithilfe von Dr. Tod vier Doubles aus, um seine Mörder zu töten. John und Suko bringen diese zur Strecke.

143 – Die Schöne aus dem Totenreich
[1. Auftritt von Kara, der Schönen aus dem Totenreich]
Myxin, der ehemalige Dämon aus Atlantis, ist auf der Suche nach einem Tor zum versunkenen Atlantis. Er will seine von Asmodina geraubten Kräfte wiederfinden. An einem Felsen findet er das Tor, öffnet es mit magischen Atlantis-Worten und geht hinein. Er findet den auch schon seit 10000 Jahren schlafenden Haro, den Boten der Götter, auf einem gläsernen Tisch. Ihn und Kara, das Mädchen aus dem Totenreich, die Tochter eines Propheten, will Myxin als Mitkämpfer gegen Asmodina, die Tochter des Teufels, gewinnen. Doch noch ehe es Myxin gelingt, Haro zu wecken, erscheinen zwei Todesengel Asmodinas, die Myxin gefolgt sind und den Auftrag haben, ihn zu töten. Bevor sie es jedoch tun, erwacht Haro, der Myxin zunächst für einen Dämon hält, der er ja damals in Atlantis auch war. Doch dann begreift er, daß seine Feinde die Todesengel sind. Er und Myxin senden Hilferufe mit ihren Gedanken aus, und die erreichen Kara und John. – John und Suko untersuchen gerade die Räume von Fariac Cosmetics, der Firma des Vampirs Gordon Fariac, den John vernichtet hat. Noch stehen die großen Blutbehälter im Labor. Doch das geheimnisvolle Mosaik an der Wand, das ein Tor in die Vergangenheit gewesen war, existiert nicht mehr. John ruft Scotland Yard an, daß jemand die Blutbehälter abholen soll. Dann erscheint Kara im Labor (durch die Wand, die zu flimmern beginnt). Suko ist erstarrt und bemerkt nichts. Kara sagt, daß Myxin Johns Hilfe benötigt, und bringt ihn durch Teleportation in eine Höhle, wo Myxin und Haro von den Todesengeln Asmodinas bedroht werden. John gelingt es, einen der beiden Todesengel mit einer Silberkugel aus der Beretta zu töten, der andere stirbt unter Karas goldenem Schwert, das sie von ihrem Vater geerbt hat, der es wiederum von dem Seher erhalten hat. Dann erzählt Kara, daß sie zwischen den Dimensionen

schwebte, seit Atlantis untergegangen war. Aus zwei Gründen ist sie zur Erde zurückgekehrt: 1. ist die Macht der Dämonen immer stärker geworden, und 2. ist ihr der Trank des Vergessens abhanden gekommen. Jemand hat ihn ihr gestohlen. Und dieser Jemand soll sich auf der Erde befinden. Allein hat sie sich zu schwach gefühlt, den Kampf aufzunehmen. Erst mußte jemand für sie Haro erwecken, und das hat Myxin nun getan. Es gibt einen Hinweis auf den Trank des Vergessens: im Haus der jammernden Seelen. Dort soll früher ein gefährlicher Druide gewohnt haben, der mit dem Spuk zusammengearbeitet hat. Der Spuk ist der Herrscher im Reich der Schatten, der Wächter über die Seelen der getöteten Dämonen. Sie begeben sich durch eine Zeitreise zu dem Haus der jammernden Seelen, landen in einem Apartmentblock, in dessen zwei Untergeschossen sich ein Supermarkt befindet. Doch Kara ist überzeugt, am richtigen Ort zu sein. – Suko hat keine Ahnung, wohin John verschwunden ist. Er wartet auf den LKW, der die Blutbehälter von Graf Fariac abholen soll. Der trifft ein, gleich darauf jedoch ein zweiter LKW mit Dr. Tod, Tokata, dem Samurai des Satans, und Lady X. Sie wollen das Blut für Vampiro-del-mar, damit dieser erstarkt. Tokata tötet den Fahrer des ersten LKWs und greift Suko an, der jedoch fliehen und Sir James alarmieren kann, der sofort das Gebiet abriegeln läßt. Doch die Beamten finden nichts, bis Sir James auf einem Silo die Gestalt Vampiro-del-mars entdeckt, der gerade einen der Blutbehälter leert, sich in eine riesige Fledermaus verwandelt und verschwindet. – John, Myxin, Kara und Haro begeben sich in den Keller des Supermarktes, um den Druiden zu beschwören, dessen Stöhnen aus allen Wänden zu kommen scheint. Inzwischen sind wieder vier Todesengel eingetroffen. Sie greifen die Freunde an und töten Haro, werden dann jedoch von John und Myxin vernichtet. Im Keller bilden sich in den Wänden plötzlich Risse, aus denen schwarzes Blut quillt. Der Druide leidet. Er fleht Kara an, ihn zu töten. Kara fragt ihn nach dem Trank des Vergessens. Der Druide hat ihn nicht mehr. Asmodis hat ihn ihm wieder weggenommen, und er vermutet, daß sich der Trank jetzt beim Spuk befindet. Immer mehr Blut dringt aus den Wänden und kreist John ein. Er kann sich auf einen Gabelstapler retten. Kara löst sich auf und verschwindet in eine andere Dimension. Dann tut sich der Boden auf, und Khylon, der Druide, erscheint. Asmodina hat ihm die Freiheit versprochen, wenn er John, Myxin und Kara tötet. Das Kreuz vernichtet Khylon. Myxin und Kara wollen zusammenbleiben und gemeinsam die Dämonen bekämpfen. Sie verabschieden sich von John, wollen aber jederzeit für ihn da sein. John stellt fest, daß er sich in Leeds befindet, und ruft in London bei Suko an, von dem er erfährt, daß Vampiro-del-mar erstarkt ist.

144 – Alptraum in der Geisterbahn
[1. Auftritt von Viola Mandini]
Die Mandinis, Schausteller und Besitzer einer Geisterbahn, haben zwei Kinder, ein Mädchen und einen Jungen, die vom Teufel gezeugt wurden. Sie verüben Morde in der Geisterbahn, bis John und Suko dem Spuk ein Ende bereiten. Der Junge stirbt. Viola Mandini und ihre Mutter werden von der Polizei abgeführt.

145 – Die fliegenden Särge
Ein Hafenarbeiter, der eine Ladung Särge aus Sizilien gelöscht hat, sieht ein paar dieser Särge fliegen und geht zur Polizei, die ihn an John verweist. John entdeckt, daß in manchen Särgen Ghouls transportiert werden, und vernichtet einige mit seiner Beretta und dem Kreuz. Er erfährt, daß die Ladung Särge für den Unterweltboß Logan Costello bestimmt ist, der diesen Auftrag für Dr. Tod ausführt. John kann alle Ghouls vernichten, ein Hubschrauber der Mordliga mit Lady X erscheint zu spät. Sie verschwindet nach einem kurzen Schußwechsel mit John.

146 – Höllenfahrt im Todesstollen (T)
John und Tony Ballard vernichten in einem Bergwerksstollen einen Teufelsstein.

147 – Ich flog in die Todeswolke
John wird in seiner Wohnung von zwei Gangstern überfal-

len und niedergeschlagen. Sie rauben ihm nur seinen Einsatzkoffer. John läßt nach den Gangstern fahnden. Sie werden am Flughafen entdeckt. John und Suko fahren hin. Sie sehen Mr. Mondo. Suko entschließt sich, ihm zu folgen, während John an Bord der Boeing 707 nach New York geht, mit der die Gangster fliegen. John überwältigt die Gangster und nimmt ihnen seinen Einsatzkoffer wieder ab. Doch plötzlich taucht vor dem Flugzeug der Todesnebel auf und greift das Flugzeug an. Der Funkkontakt wird unterbrochen. Der Nebel dringt in die Maschine ein, und John kann nicht verhindern, daß bis auf ihn selbst und den Flugkapitän Jack Brittan alle zu Skeletten werden. John und Brittan springen schließlich mit dem Fallschirm über dem Atlantik ab. – Suko verfolgt Mr. Mondo, auf den Lady X in einem Auto gewartet hat. Sie wollen mit einer Cessna von einem kleinen Flugfeld abfliegen, doch Suko greift ein, kann zwei von Mr. Mondos künstlichen Menschen vernichten und Lady X mit einem Streifschuß am Kopf außer Gefecht setzen. Dann flieht Mondo mit der Cessna, und Suko bringt Lady X zum Yard, wo sie im Keller in einer sicheren Zelle eingesperrt wird.

148 – Das Elixier des Teufels
Dr. Tod gelingt es, Jane Collins als Geisel zu nehmen und mit ihr Lady X freizupressen.

149 – Die Nacht der flammenden Augen
John vernichtet Zombies mit Flammenaugen, die von dem senegalesischen Diplomaten Ogabe angeführt werden.

150 – Wo der Scheiterhaufen leuchtet (E)
Eine Werwölfin, sie lebt 1646, verweigert den Blutschwur. Die Hölle will sich an ihr rächen und holt sie durch einen Zeitriß in die Gegenwart, um sie zu töten. Gleichzeitig tauchen Horror-Parasiten auf, die Jane Collins in ihre Gewalt bringen. John befreit sie, und die Werwölfin wird von einem Dämon mit Johns Beretta getötet.

151 – Die Gruft der Leichenräuber
In einer Schloßruine hausen die beiden Ghouls Hiberno und

Horatio. Zusammen mit Will Mallmann fährt John zu der Schloßruine. Gleichzeitig werden Lady X und Viola Mandini von Dr. Tod in den Taunus geschickt, um die Ghouls aufzusuchen. Diese wissen eventuell, wo sich Xorron, der Herr der Zombies, aufhält, den Dr. Tod für die Mordliga rekrutieren will. Viola Mandini weiß nicht, daß Lady X den Auftrag hat, sie den Ghouls als Opfer zu überlassen, weil sie für Dr. Tod eine unsichere Kantonistin für die Mordliga ist. Lady X und Mandini überraschen Will Mallman am Grab, fesseln ihn mit Handschellen. Die Ghouls wissen nicht, wo Xorron steckt. Lady X tötet mit ihrer MPi Viola Mandini.

152 – Der Gigant von Atlantis
[1. Auftritt vom Eisernen Engel]
John und Suko fliegen nach Peru und fahren ins Tal der Götter. Dort soll Chiimal, ein Monster aus Atlantis, aus seinem Felsengefängnis befreit werden. Sie können es nicht verhindern. Das Monster tötet den Mann, der es erweckt hat, dann löst es sich auf. John und Suko fliegen zurück nach London, wo sie Chiimal erwarten. Myxin taucht mit Kara auf, die den Eisernen Engel zu Hilfe ruft, der früher schon Monster in Atlantis gejagt hat. Am Ufer der Themse tötet der Eiserne Engel Chiimal mit dem Schwert des Lichts. Er, Myxin und Kara verschwinden wieder.

153 – Ich gegen den Höllenritter (T)
Astahoe der Schreckliche (der Höllenritter) taucht in London auf. Mit seiner Sense tötet er Menschen und macht sie zu Zombies. John köpft ihn mit dessen Sense.

154 – Desteros Rache
[Destero stirbt]
Destero, der Dämonenhenker, will sich an John rächen, weil dieser ihm in der Hölle entkommen ist. Er entführt den kleinen Johnny Conolly und fordert für seine Freilassung, daß Bill John tötet. Fast tut dieser es, doch Sheila fällt ihm im letzten Augenblick in den Arm. Gemeinsam wollen sie Destero mit einer Wachsleiche von John täuschen. Fast gelingt es, da holt Asmodina das gesamte Haus der Conol-

lys ins Pandämonium, wo auch der kleine Johnny ist. Da John sich im Haus versteckt hat, ist er ebenfalls da. Im Endkampf können John, Suko und Bill Johnny retten und den Sieg über Asmodina davontragen. Asmodina entgeht der Vernichtung, weil plötzlich der Spuk auftaucht, sich schützend vor sie stellt und mit ihr verschwindet. John kann Destero mit Hilfe von Sukos Stab das Schwert entwenden und den Dämonenhenker, der sich als dämonischer Roboter herausstellt, damit zerhacken. Als Johns Kreuz auf die Teufelsfratze auf dem Richtstein fällt, wird das Conolly-Haus in die Gegenwart zurück materialisiert.

155 – Die Teufelsuhr
Nadine Berger lädt John zu ihrer Verlobung ein – ins Haus, das früher dem Teufelsdiener Holloway gehörte. Im Haus leben noch drei Teufelskinder. Eines tötet auf dem Fest einen Gast. John schickt die anderen Gäste weg. Nur John, Nadine Berger, ihr zukünftiger Verlobter Don Mitchell, dessen Schwester Marion sowie der Bürgermeister bleiben. Don Mitchell wird von einem Kind getötet, während John mit dem Zombie Holloway kämpft und ihn die Klippen hinabstürzt. Dann kehrt John ins Haus zurück, tötet die drei Teufelskinder und zerhackt die Teufelsuhr, von der alles Unheil ausgeht, mit Desteros Schwert. Sowohl der Dämon in der Uhr als auch Holloway, der zu Staub zerfällt, sterben. John nimmt Nadine Berger mit nach London. Unterwegs in einem kleinen Hotel schlafen sie miteinander.

156 – Myxins Entführung
Myxin wird von Dr. Tod entführt und Asmodina ausgeliefert, die Dr. Tod dafür den Aufenthaltsort von Xorron verraten will. Es kommt zum Kampf zwischen John, Suko und Kara auf der einen und Asmodina und der Mordliga auf der anderen Seite. Johns Kreuz geht mit den Flammenden Steinen eine Verbindung ein. Weiße Magie greift die Dämonen an, befreit Myxin und vertreibt Asmodina und die Mordliga. Nur Tokata bleibt zurück.

157 – Wer mit Gedanken töten kann
Tokata, von Dr. Tod und Asmodina im Tal der Flammenden Steine zurückgelassen, will nach London marschieren, trifft unterwegs auf Jerry Peters, einen Jungen, der Telepathie und Telekinese beherrscht. Peters' Fähigkeiten sind so stark, daß er sogar Tokata beherrscht. John und Suko machen Peters unschädlich. Tokata wird von Asmodinas Todesengeln weggeholt, ehe Suko ihn besiegen kann.

158 – Der Spiegel-Dämon
Johnny Conolly reagiert seltsam, will Vater und Mutter töten. Es gibt einen Hinweis auf den Mirror-Man Dave Morris, Besitzer eines Spiegelkabinetts. John kümmert sich darum, unabhängig von ihm auch Jane Collins, die einen Selbstmord beobachtet hat und nachforscht. Dave Morris hat einen Gehilfen, einen häßlichen, verkrüppelten Zwerg, der zu einer Gemeinschaft aus Zwergen, Gnomen und Freaks gehört, die einen Pakt mit dem Satan geschlossen haben, von diesem mit übernatürlichen Kräften ausgestattet wurden und dafür die Botschaft des Satans in die Welt tragen. John und Suko töten den Zwerg im Spiegelkabinett, nachdem Johnny durch sein Eingreifen Jane Collins das Leben rettete.

159 – Der Engel, der ein Teufel war (E)
Die Hexe Lavinia ist eine Halbdämonin und wird von den anderen Dämonen nicht anerkannt. Deshalb will sie die lemurischen Waffen, die sich in der Alptraumburg zwischen den Dimensionen befinden, an sich bringen, um mächtig zu werden. Lavinia entführt John, der ihr den Schlüssel zur Alptraumburg besorgen soll. John vernichtet den Schlüssel sowie Lavinia und die Dämonen, die hinter Lavinia her waren.

160 – Der Sammler (1/2)
161 – Medusas Rache (2/2)
Der Sammler ist ein Diener der Medusa, die in einem verlassenen Spukhaus in der Nähe von Tullham haust. Der Sammler sammelt Steinköpfe, die er den versteinerten Opfern der

Medusa absägt. John dringt in das Haus ein und vernichtet den Sammler mit dem Kreuz und der Dämonenpeitsche, später dann auch die Medusa.

162 – Die Menschenfalle (T)
John vernichtet Oscar Nash, den Hexer, der in einem Spukhaus in London sein Unwesen treibt.

163 – Der Zombie-Bus
Der Yard-Chemiker Dr. Ricardo Ray experimentiert mit dem Vampir-Blut der Fariacs und wird selbst zum Vampir-Zombie. Er lockt John in sein Haus, um ihn zu töten, flieht dann mit seinen Geschwistern und kapert einen Bus. John und Bill Conolly verfolgen ihn und machen die Vampir-Zombies unschädlich.

164 – Flieh, wenn der Würger kommt
Mit Hilfe des Massenmörders Erwin Wozny, den Asmodina aus dem Zuchthaus holt, will Asmodina das Schwert Desteros zurückholen, das sich in Johns Besitz befindet. Desteros Hand (manchmal schwebend, manchmal am Handgelenk Woznys) schafft es, das Schwert an sich zu bringen, doch John vernichtet die Hand.

165 – Die Bestien aus dem Geistersumpf
In einem Moor im Emsland entdecken Dr. Dagmar Diefenthal und ihr Vater eine Müllkippe, auf der biologisches Kampfgas und andere Gifte gelagert sein sollen. Der Vorfahr Diefenthals, Pfarrer Osenberg, geistert durchs Moor und aktiviert Moorleichen, um den Frevel zu bestrafen. Will Mallmann soll den Fall aufklären. Er ruft John zu Hilfe. Zusammen gelingt es ihnen, die auferstandenen Moorleichen und Pfarrer Osenberg zu besiegen.

166 – Die Dämonenkatze
Eine Sekte von Tierschützern hat die Katzendämonin Yita beschworen. Sie wollen sich an allen Tierquälern rächen. Ein Katzenfänger wird von Katzen umgebracht, dann wird Sheila Conolly entführt, weil sie Besitzerin eines Chemie-

Konzerns ist, der auch Tierversuche macht. Da sie das Ultimatum nicht beachtet, die Versuche einzustellen, soll sie getötet werden. John und Bill befreien sie und vernichten den Katzendämon Yita.

167 – Kampf der schwarzen Engel
John, Suko, Myxin und Kara sind in Sizilien, weil dort in einer Höhle zwei Schwerter aus Kristall in einem Felsen stecken, mit deren Hilfe zwei schwarze Engel Schrecken über die Welt bringen können. Bevor John die Schwerter an sich nehmen kann, sind sie verschwunden. Die schwarzen Engel haben sie sich geholt. Mit Hilfe des Eisernen Engels können die schwarzen Engel, die Abtrünnige des Eisernen Engels aus Atlantis sind, vernichtet werden.

168 – Die Teufels-Dschunke
In London gibt es eine chinesische Verbrecherorganisation, »Bund der Roten Schlange«, die zu ihrer Unterstützung Tschu Wang, den verfluchten Mandarin, beschwört, der mit seiner Teufels-Dschunke nach London kommt. Der Rote Drache entführt Shao. Suko und John befreien sie, vernichten Tschu Wang und zerschlagen den Bund der Roten Schlange.

169 – Museum der Monster
Peter Halifax hat das indianische Monster Mugur aus einem verschütteten Canyon in Amerika befreit und geht mit einem Wandermuseum nach England. Weitere Steinfiguren werden durch Mugur zum Leben erweckt. John, der mit Jane Collins Urlaub machen will, vernichtet Mugur mit Dynamit und bringt Halifax ins Gefängnis.

170 – Ich gegen die Riesen-Kraken (T)
Ein Riesenkrake wird im U-Bahn-Tunnel vom Sinclair-Team vernichtet, nachdem Bill Conolly in seiner Gewalt war.

171 – Die Hexe vom Hyde Park
Die Hexe Larissa kommt aus einer Parallelwelt, um sich an ihren Nachfahren zu rächen. Glenda Perkins und Sarah

Goldwyn werden von Larissa in die Parallelwelt geholt, doch John kann sie retten.

172 – Ghouls in der U-Bahn
Die Mordliga hat ein neues Versteck, von dem John keine Ahnung hat. Selbst Asmodina kennt es nicht. Von dort aus ist Dr. Tod mit Tokata und Lady X nach London gekommen, weil es in der U-Bahn ein paar alte Ghouls gibt, die ihm vielleicht den Aufenthaltsort von Xorron, dem Herren der Zombies und Ghouls, verraten können. Er läßt die Ghouls frei, nachdem die ihm sagen konnten, daß sich Xorron in der Riesenstadt New York aufhält. Er geht einem Kampf mit John aus dem Wege und setzt sich ab, weil Xorron für ihn wichtiger ist. John und Suko vernichten die Ghouls in der U-Bahn.

173 – Die Werwolf-Sippe (1/2)
174 – Lupinas Todfeind (2/2)
Die Werwolf-Sippe der Vaselys, besonders die schöne Silva, kämpft mit Lupina um die Vorherrschaft der Werwölfe. John, Suko und Jane Collins greifen ein. Sie töten die Geschwister Silvas, sie selbst wird von Lupina getötet, die sich absetzt, bevor John auch gegen sie sein Kreuz erheben kann.

175 – Der unheimliche Totengräber
Bill und Sheila Conolly sind bei den Quinnthorpes zur Jagd eingeladen. Sie haben John mitgenommen. Der Friedhof der Quinnthorpes ist nur noch eine Wildnis und gehört zum Jagdrevier. Als ein Jäger einen Keiler erlegt, sickert das Blut des Tieres in das Grab des ehemaligen Totengräbers, der als Zombie wieder aufsteht. John vernichtet ihn mit seinem Kreuz.

176 – Der Pestvogel (T)
John tötet in Wien den Dämon Zacharias Katt, den Pestvogel, der als Vogel kranke Menschen tötet und mit deren Seelen die Pesttoten unter dem Stephansdom wiederauferstehen läßt.

177 – Melinas Mordgespenster

John wird durch einen Brief seines Vaters nach Lauder/Schottland gerufen. Es hat dort zwei unheimliche Morde gegeben, und er befürchtet eine Fortsetzung. Auf dem Weg dorthin wird John von einem Mädchen angegriffen und fast umgebracht. (Vorgeschichte: Ein Mann namens Earl Carrington wurde vor einiger Zeit bei Waldarbeiten von einem Baum erschlagen. Er hatte zwei Töchter – Zwillinge: Iris und Melina. Melina, die ihren Vater abgöttisch liebte, wird an seinem Grab wahnsinnig und schließlich in eine Anstalt gebracht. Die Schuld daran gibt sie außer drei anderen Personen, die sie schließlich ermordet, vor allem Mary Sinclair, Johns Mutter. Edna Carrington, Melinas Mutter, die bei den Sinclairs als Aufwartefrau arbeitet, gelingt es, ihre Tochter Melina aus der Anstalt zu holen, und hilft ihr bei ihren Racheplänen.) John gerät im Haus der Carringtons in eine Falle, wird jedoch von der Tochter Iris befreit. Edna Carrington schießt Horace F. Sinclair in seinem Haus nieder, Mary Sinclair wird von Melina auf den Friedhof entführt, wo sie das Skelett ihres Vaters ausgegraben und es in einer Hütte aus Zweigen auf einen Stuhl gesetzt hat. Dort will Melina Mary Sinclair töten. John kann es im letzten Augenblick verhindern und rettet seine Mutter. Melina verbrennt mit dem Skelett ihres Vaters in der Hütte. Mutter Edna kommt in eine Anstalt.

178 – Der grüne Dschinn

John erhält eine Warnung, daß ein grüner Dschinn auferstehen wird. Er geht mit Suko in die türkische Kneipe »Kelims Kaffeehaus«, wird dort durch ein Dimensionstor in das Tal der Steine, dem Begräbnisplatz des grünen Dschinns, geschleudert. John soll den Dschinn befreien, da derjenige, der dazu ausersehen war, tot ist (er hatte John gewarnt und war dafür bestraft worden). Während Suko und Sir James im Kaffeehaus nach John suchen, gelingt es diesem, sich zu befreien. Kara und Myxin tauchen auf, und mit Karas Schwert werden die fünf Diener des Dschinns vernichtet. Der Dschinn kann fliehen. John kehrt zurück ins Kaffeehaus.

179 – Spuk im Leichenschloß (1/2)
180 – Die Grabstein-Bande (2/2)
John und Suko sind mit dem Türken Kelim in Faversham, wo es im Museum Unterlagen über den grünen Dschinn geben soll. Das Museum brennt gerade ab. Auf dem Rückweg nach London werden sie vom Dschinn angegriffen, der Kelim verschlingt. John und Suko bleiben bewußtlos zurück. Sie werden von einer Londoner Jugendgruppe gefunden und gehen mit auf das Schloß Highgrove Castle. Dort wird einer der Jungen, Ralph Sorvino, von einem Monster getötet, das durch die Magie des grünen Dschinns erweckt worden ist. Ralph und Gary Sorvino sind Söhne von Costellos Anwalt Paul Sorvino. Suko ahnt, daß Ralph Sorvinos Tod für sie noch ein Nachspiel haben wird. Paul Sorvino, Vater des auf Highgrove Castle getöteten Ralph Sorvino und Anwalt Logan Costellos, dreht durch, als er vom Tod seines Sohnes hört. Er gibt John die Schuld daran. Mit Logan Costello, der sich an die Mordliga wendet, heckt er einen Plan aus, wie er John zur Hölle schicken kann. Zwei Gangster (die Grabstein-Bande, Franco und Jason Cornetti) werden auf dem Transport von Faversham nach London von Mr. Mondo und Vampiro-del-mar befreit und von letzterem zu Vampiren gemacht. Gary Sorvino, Bruder des toten Ralph, wird benutzt, um John auf den Friedhof von Faversham zu locken. Es folgt ein Kampf zwischen John und Suko auf der einen und Mr. Mondo und Vampiro-del-mar und den Vampir-Gangstern auf der anderen Seite. Die Vampir-Gangster werden von Suko mit Eichenbolzen getötet. Bevor John Mr. Mondo, Vampiro-del-mar erledigen kann, kommt Asmodina diesen mit einem magischen Feuer zu Hilfe, in dem sich die beiden auflösen. Gary Sorvino, von Mr. Mondo angeschossen, überlebt.

181 – Totenchor der Ghouls
John vernichtet zusammen mit Suko und Will Mallmann einen Güterwaggon voller Ghouls.

182 – Ich jagte »Jack the Ripper«
Ein Irrer, der durch ein Gemälde von »Jack the Ripper«

beeinflußt wird, eifert dem Massenmörder nach und tötet sieben junge Frauen. Beinahe wird auch Jane Collins, die ihn auf eigene Faust jagt, sein Opfer. Sie erkennt ihn an der Stimme, und John und Will Mallmann, der auf Urlaub in London weilt, stellen den Killer Ernie Shane im Keller seines Hauses, in dem er die sieben Frauenleichen um einen Tisch gruppiert hat und in dem das Gemälde von »Jack the Ripper« hängt. Shane tötet sich selbst mit dem Messer, gleichzeitig geht das Gemälde in Flammen auf. Als der Sarg mit Shane aus dem Haus getragen wird, ertönt eine Stimme: »Freu dich nicht zu früh, John Sinclair. Mein Geist wird jemanden finden, dann nehme ich Rache an dir!«

183 – Das Knochenschiff (T – letzter von einem Co-Autor geschriebener Roman)
Sheila Conolly und Shao werden von Zombie-Piraten auf ein Knochenschiff verschleppt und von John, Suko und Bill befreit. Als sie das Knochenschiff in die Luft sprengen, vergehen auch die Zombies mit ihrem Anführer Jaw.

184 – Schlimmer als der Satan
John und Suko legen dem verrückten Wissenschaftler Jason Kongre, der aus Menschen Monster macht, das Handwerk.

185 – Die Totenpriester
Asmodina trifft sich mit Kara und Myxin bei den Flammenden Steinen. Mit dem Versprechen, Kara etwas über den Verbleib des Tranks des Vergessens zu verraten, bringt sie Kara und Myxin dazu, nach Los Angeles zu gehen, wo zwei Diener des Atlantis-Götzen Izzi das magische Pendel haben, das Asmodina gern in ihren Besitz bringen würde. Kara wendet sich an John. Der fliegt mit Suko nach Los Angeles. Dort kommt es zum Kampf mit den Totenpriestern Ghani und Rokan sowie dem Dämon Izzi in einem Stadion. Ghani und Rokan werden von Kara mit ihrem goldenen Schwert getötet, Izzi kann mit dem magischen Pendel fliehen. Asmodina erscheint kurz und beschimpft John als Versager.

186 – Die Blutorgel

John und Suko können wegen dichten Nebels nicht von L.A. abfliegen. Sie wollen mit einem Leihwagen nach San Francisco fahren, um von dort zu fliegen. In den San Rafael Mountains gelangen sie in ein Nest namens Pine Bluff, in dem sie von Untoten angegriffen werden. Asmodis selbst ist nach Pine Bluff gekommen, weil hier die Blutorgel in einer Höhle gefunden wurde (vor Jahrhunderten von einem Künstler geschaffen, in den der Satan gefahren war. Später wurde die Blutorgel von Mönchen im Felsendom verschlossen). Die Orgel kann nur mit Menschenblut betrieben werden. In der Höhle kommt es zum Kampf zwischen John und Asmodis. Das Kreuz mit den vier erscheinenden Erzengeln Michael, Gabriel, Raphael und Uriel rettet John, die Blutorgel explodiert, die Höhle wird verschüttet.

187 – Mannequins mit Mörderaugen (1/2)
188 – Horrortrip zur Schönheitsfarm (2/2)
[Lady X wird zur Vampirin]

Auf einer Modenschau in Paris treten untote Mannequins auf. Die Mordliga betäubt die Gäste mit Gas. Auch Lady X wird dadurch ohnmächtig und kann nicht verhindern, daß sie von einem Vampir gebissen und so selbst zur Vampirin wird. Jane Collins, Shao und Sheila Conolly werden auf eine Schönheitsfarm verschleppt und von John und Suko befreit.

189 – Dämonen im Raketencamp
[Suko wird Inspektor bei Scotland Yard]
[1. Auftritt vom Goldenen Samurai]

Vorgeschichte: 1969 während des Starts zur Mondlandung auf Cape Canaveral. Der für die Sicherheit zuständige Major Style hat etwas von einem seltsamen Tempel in den Everglades gehört und vermutet Spionage. Er dringt bis zum Tempel vor und versenkt eine goldene Statue im Sumpf, woraufhin der japanische Wächter des Tempels Harakiri begeht. Die goldene Statue ist der Goldene Samurai, der in Urzeiten zusammen mit Tokata dem Herrscher der Hölle, Emma-Hoo, dienen sollte. Doch im Gegensatz zu Tokata verweigerte der Goldene Samurai ihm die Gefolgschaft. Seitdem wartet er auf eine Gelegenheit, Tokata zu töten, und als er spürt, daß dieser wieder auf der Erde ist, erwacht der Goldene Samurai. Gegenwart: Asmodina erscheint mit ihren Todesengeln und will den Goldenen Samurai töten. Sie schafft es jedoch nicht. Der Goldene Samurai taucht im Sumpf unter, Asmodina zieht sich vor John und Suko zurück.

190 – Ein schwarzer Tag in meinem Leben
[Nadine Berger wird von einem grünen Monster getötet]
Die beiden dämonischen Mannequins von der Schönheitsfarm in Clichy, die Vampirin Violetta Valeri und die Werwölfin Corinna Camacho, konnten dem Feuer entgehen und wollen sich an John rächen. Sie benutzen Nadine Berger, die in London einen Film dreht, als Lockvogel. Nadine soll von einem grünen Mordmonster getötet werden. John und Suko können die Mannequins und das Mordmonster töten, aber auch Nadine Berger bleibt auf der Strecke.

191 – Fenris, der Götterwolf
[Nadine Berger wird zum Wolf]
Nadine Berger ist tot. In ihrem Testament hat sie bestimmt, daß sie in Avaco, Irland, begraben wird. John und Suko fahren zur Beerdigung nach Irland. Bei der Beerdigung geschieht etwas Seltsames: Als der Pfarrer Nadines Sarg mit Weihwasser besprengt, dringt Knurren und Fauchen aus dem Sarg. John drängt nach der Feier darauf, nachzusehen. Im Sarg liegt ein Wolf. Wenig später jedoch sehen sie wieder Nadine darin, und der Pfarrer glaubt an eine Halluzination. John weiß es jedoch besser. Als John und Suko Avoca verlassen, begegnet ihnen ein Wolf mit seidigem, rotbraunem Fell und grünlich schillernden Augen – die Augen von Nadine Berger.

192 – Hotel zur dritten Hölle
Will Mallmann gerät in eine andere Dimension und wird von John und Suko gerettet, als diese im »Hotel zur dritten Hölle« einen Kometenstein zerstören.

193 – Der Mitternachts-Vampir
John, Suko und Will Mallmann haben in Taunus ein paar Zombies erledigt und erfahren von einem Mitternachts-Vampir, der die Rhein-Main-Gegend unsicher machen soll. Sie vernichten den Vampir Morro und seine vier Vampir-Bräute. Lady X taucht auf. Sie will Diener für Vampiro-del-mar rekrutieren, dem sie nun untersteht, und kann mit Hilfe des Würfels des Unheils im Todesnebel entfliehen.

194 – Wenn Hexenhände töten
John beendet eine uralte Familienfehde von Geistern auf Windsor Castle.

195 – Eine schaurige Warnung
In der Nähe des Dorfes Esberry in Schottland gibt es einen Geisterwald, in dem der Dämon Abrakim, Diener des Mandragoro, haust und in seiner Hütte Frevler, die seinen Wald betreten, in einer schwarzmagischen Flüssigkeit zu Skeletten macht, die er in seinem Wald an Bäume hängt. Ein Kollege von John macht in Esberry Urlaub und wird Opfer Abrakims, was John und Suko auf den Plan ruft. Sie können Abrakim töten, weil ein Wolf mit rötlichem Fell John davor bewahrt, von Abrakim geköpft zu werden. Dieser Wolf – Nadine Berger – zieht sich wieder zurück.

196 – Die Mörderklaue
John ist bei Lady Sarah, als eine Nachbarin hereinstürzt und sagt, daß ihre Tochter tot sei. John sieht die grüne Klaue der Toten und berührt sie mit dem Kreuz. Die Klaue verschwindet. Als er die Mutter zufällig mit dem Kreuz berührt, vergeht sie – sie war eine Dämonin. Der Leichnam des Mädchens wird nach Glora, Wales, überführt. Glora existiert nicht mehr, soll nur manchmal erscheinen. John, Suko und Lady Sarah fahren hin, kämpfen auf dem Friedhof von Glora, das bei Ankunft der untoten Iris Dexter entsteht, gegen Klauen, die sich aus bunten Blumen auf den Gräbern entwickeln, und gegen magische Krähenvögel. Sie erleben eine Auseinandersetzung zwischen zwei Schwestern, der bösen Druidin und Glora-Erbin Iris und der guten Elena.

Beide sterben, Iris durch das Kreuz. Glora verschwindet für immer.

197 – Im Jenseits verurteilt (1/2)
198 – Asmodinas Todeslabyrinth (2/2)
Der Spuk und Asmodina haben sich verbündet. Glenda Perkins wird entführt, um John zu zwingen, für Asmodina den Aufenthaltsort von Dr. Tod herauszufinden, der sich mit Hilfe des Todesnebels magisch abgeschirmt hat. Glenda gerät ins Reich des Spuks und wird vom Dämonenrichter James Maddox dazu verurteilt, für alle Ewigkeiten in den Dimensionen des Wahnsinns zu bleiben. John kämpft im Reich des Spuks und in Asmodinas Todeslabyrinth um sein und Glenda Perkins' Leben. Er wäre verloren gewesen, wenn Kara nicht mittels ihres Schwertes und des Allsehenden Auges auf Johns Kreuz eine magische Brücke aufgebaut hätte, auf der John und Glenda Perkins auf diese Welt zurückgerissen werden.

199 – Das Erbe des Schwarzen Tods
[Nadine Berger bleibt als Wölfin bei den Conollys]
John, Suko und Shao wollen mit den Conollys Weihnachten feiern (Jane Collins macht Urlaub auf Gran Canaria). In Conollys Garten erscheint ein Werwolf. Bill will ihn töten, doch dann taucht John auf und erkennt, daß es Nadine Berger ist. Der grüne Dschinn greift mit der Sense des Schwarzen Tods an. Nadine wirft Johns Kreuz auf den grünen Dschinn, der und die Sense zerfallen zu Staub. Nadine versteht sich prächtig mit Johnny Conolly und wird bei den Conollys bleiben.

200 – Ich stieß das Tor zur Hölle auf (1/3)
[1. Auftritt von Tanith mit der Kugel, die zum Kelch des Feuers gehört]
Die Höllenmächte haben sich gegen John verschworen. Logan Costello entwendet John das Kreuz und ersetzt es durch eine wirkungslose Kopie. Gleichzeitig beschwört die Astrologin Tanith in Paris durch ihr Medium Lucille fremde Dimensionen und sieht in ihrer Kugel, wie John aufs Tor zur

Hölle zugezerrt wird. Die Kugel hat eine magische Verbindung zum Kelch des Feuers in Johns Wohnung. Er wird aktiviert, und John wird durch ihn in andere Dimensionen geschleudert, aufs Höllentor zugesogen und geht hindurch. Asmodina und Asmodis haben sich zusammengetan, um John zu vernichten. Asmodina schickt zwei Todesengel zu Tanith und Lucille, um sie daran zu hindern, mit John in Verbindung zu treten, doch diese können John noch warnen. Lucille wird von einem Todesengel getötet. Bevor auch Tanith dran ist, tauchen Myxin und Kara auf und töten die beiden Todesengel.

201 – Im Zentrum des Schreckens (2/3)
John befindet sich in der Hölle. Asmodina will ihn töten, aber als Asmodis erfährt, daß Dr. Tod im Besitz von Johns Kreuz ist, befiehlt er seiner Tochter, sich zuerst um diesen zu kümmern. Mit ihren Todesengeln und John verläßt sie die Hölle und taucht über Feuerland auf, wo sich Dr. Tod und seine Mordliga verbergen, doch im Todesnebel sterben vier von Asmodinas Todesengeln. Über ihnen am Himmel erscheint der Spuk und sagt Asmodina, daß sich Dr. Tod in seinem Reich aufhält. Asmodina begibt sich mit ihren Todesengeln und John in das Reich des Spuks, um sich Dr. Tod zu holen, der bis auf Tokata seine Mordliga bei sich hat. Myxin und Kara schaffen Tanith und ihre Kugel nach London in Johns Wohnung. Dort paßt die Kugel genau in den Kelch des Feuers. Tanith will Nostradamus, dessen Geist durch die Dimensionen wandert und dem früher der Kelch des Feuers und die Kugel gehörten, beschwören, um von ihm zu erfahren, wo John ist.

202 – Bring mir den Kopf von Asmodina (3/3)
[Asmodina wird von Dr. Tod mit dem silbernen Bumerang geköpft]
[John nimmt Dr. Tod den Bumerang wieder ab]
[John tötet Maddox, den Dämonenrichter, mit dem Kreuz]
[Mr. Marvin Mondo stirbt]
John erlebt den Kampf zwischen Asmodina und Dr. Tod am Rande mit. Er findet sein Kreuz, das Dr. Tod vergeblich auf

Asmodina geschleudert hat. Marvin Mondo stirbt im Höllenfeuer, das Asmodina aus dem Lavaboden steigen läßt, dann köpft Dr. Tod Asmodina mit dem silbernen Bumerang. Nachdem John geistigen Kontakt mit Nostradamus hatte (von Tanith in London beschworen), findet er den Torso von Asmodina, vernichtet ihn mit dem Kreuz und findet in der Asche den silbernen Nagel. Dann folgt sein Kampf mit der Mordliga. John kann Maddox, den Dämonenrichter, mit dem Kreuz töten, dann Dr. Tod den Bumerang abnehmen, verliert dabei allerdings den silbernen Nagel. Asmodis taucht auf, schleudert aus Rache für Asmodinas Tod John auf die Erde zurück in seine Wohnung in London, damit er weiter gegen die Mordliga kämpfen kann.

203 – Um Mitternacht am Galgenberg
Der Reporter Ty Everett will auf Korsika mit den Entführern der elfjährigen Tochter eines Freundes verhandeln. Am Galgenberg begegnet ihm ein von Würmern bedecktes Monster, und er flieht. Durch seinen Bekannten Bill Conolly weiß er von John und fliegt nach London. John, Suko und Bill folgen ihm nach Korsika, als sie von Izzi hören, der unter dem Galgenberg seine Geburtsstätte haben soll. Sie bekämpfen die Diener Izzis im Dorf Clemenza und auf dem Galgenberg und retten im letzten Moment das Mädchen Corinne. Izzi zeigt sich nicht.

204 – Horror-Rock
Jane Collins lernt eine Atlanterin kennen und durch sie die Rockband »Rock Machine«, die sich als die vier Wächter der atlantischen Leichenstadt entpuppen. John und Suko retten Jane. Die Wächter und die Atlanterin Doreen werden von einem grünen Strahl in die Leichenstadt gerissen.

205 – Die goldene Kralle
Der Globetrotter Gerd König kehrt als Wertiger in seine Heimat Hamburg zurück und beginnt im Umkreis seiner Familie zu morden. In Hamburg wartet Will Mallmann auf John und Suko. Zusammen mit Kommissar Kölzer bringen sie den Wertiger zur Strecke.

206 – Das Vampirnest
Lady X und Vampiro-del-mar wollen sich ein Heer von Vampiren schaffen. Lady X besitzt noch eine Flasche mit Vampirpillen des Francis Drusian. Über Logan Costello und einen Arzt Dr. Easton, den Costello kennt, sollen die Pillen vertrieben werden. John und Suko erfahren davon, bringen Easton, der selbst eine Pille geschluckt hat, und die anderen Vampire auf einem alten Ausflugsdampfer an der Themse zur Strecke. Lady X und Vampiro-del-mar können fliehen.

207 – Der Mann, der nicht sterben konnte
In Sibirien lebt ein Nachfahre englischer Adliger, Fjodor Rankin, der bei einem Meteorabsturz von Strahlen getroffen und dadurch unsterblich wurde. Mit zwei KGB-Agenten kommt er nach England, um auf dem Familiensitz des Earl of Rankin einen Stützpunkt für den KGB aufzubauen. John kann den Mann mit dem Bumerang töten. Auch die KGB-Agenten sterben.

208 – Die Killerfische
John und Suko begleiten den Transport mit dem in Blei gegossenen, weil verstrahlten Torso Fjodor Rankins an die schottische Nordküste, wo dieser im Meer versenkt wird. Sie hören wenig später von Killerfischen, wollen sich darum kümmern, entdecken plötzlich ein Frankenstein-Monster und vernichten es sowie die Killerfische.

209 – Die Gruft mit dem Höllenauge
John besucht seine Eltern. Horace F. Sinclair, John und Suko werden fast Opfer eines Alps, der ein Vorfahre der Sinclairs ist und ebenfalls John heißt. Horace F. Sinclair rettet John und Suko das Leben, indem er mit Johns Kreuz den Alp zerfetzt.

210 – Drei Leichen im Garten
Auf dem Weg nach London landen John und Suko durch eine Zugpanne im Londoner Vorort Hampstead und erledigen dort zusammen mit Lady Sarah Goldwyn eine Hexe, ein Skelett, einen Ghoul und einen Zombie.

211 – Das Geistergrab (1/2)
212 – Herr der roten Hölle (2/2)
John, Suko, Will Mallmann und der CIA-Agent Don Frazer gehen durch einen Fluchttunnel über die Grenze in die DDR, um das Geheimnis eines Grabes mit drei Skeletten, weißen Spinnen und einem türkisfarbenen Licht zu lösen. Das Grab ist ein Dimensionstor, das in die Leichenstadt von Atlantis führt. John hört die Stimme des Herrn der roten Hölle, nachdem Suko die Dämonenpeitsche, mit der er die Spinnen vernichtete, von einem Lichtblitz aus dem Grab aus den Händen gerissen wurde und verschwand. Der Herr der roten Hölle gehört zu den Großen Alten. Er ist der Dämon, aus dessen Haut die Dämonenpeitsche hergestellt wurde. Er betrachtet die Waffe deshalb als seinen Besitz. Es kommt zum Kampf mit den drei Skeletten, eines kann John mit dem Bumerang töten, die beiden anderen schnappen Suko, legen ihm eine Schlinge um den Hals und wollen ihn von einer Mauer stoßen. Suko wird durch den unsichtbaren Mark Baxter (CIA-Agent) vor dem Hängen gerettet. John und Suko kehren nach London zurück, wo in Johns Büro ein Angriff Nyranas, des Herrn der roten Hölle, durch eine materialisierte Kopie der Dämonenpeitsche auf Sir James erfolgt, der durch die Striemen Verletzungen im Gesicht davonträgt. John kann die Kopie der Dämonenpeitsche mit dem Kreuz vernichten. Durch Tanith erfährt John von einem Einsiedler Olaf Sörskold, der auf Island lebt und etwas über das Blutland von Nyrana, einem Vorboten der Großen Alten, erfahren hat. John und Suko fliegen nach Island, geraten in einen Blutregen und in die heißen Blutgeysire Nyranas; Myxin und Kara tauchen auf. Nyrana tötet Sörskold mit einer Art Lanze und will dann Myxin mit der Dämonenpeitsche töten. Myxin schafft es, Nyrana mit dessen eigener Lanze zu vernichten. Suko hat seine Dämonenpeitsche wieder.

213 – Colette und ihr Fallbeil
Im Elsaß kämpfen John, Suko und Bill Conolly gegen die Zombies der Manon Descartes. John gelingt es, Manon mit Hilfe seines Kreuzes auf die Guillotine zu zwingen und sie zu köpfen. Ihre Zombies vergehen.

214 – Die Leichenkutsche von London
Logan Costello hat Konkurrenz erhalten und bittet Dr. Tod, ihm zu helfen, sie wieder loszuwerden. Dr. Tod schickt Xorron mit einer Leichenkutsche und einem Ghoul. Xorron tötet drei Gangster, ohne daß John, Suko und Bill Conolly es verhindern können. In einer Disco kann Bill Conolly zwar den Ghoul töten und die Leichenkutsche mit Desteros Schwert vernichten, aber Xorron verschwindet mit Hilfe des Würfels des Unheils. Costello bedankt sich bei Dr. Tod für Xorrons saubere Arbeit.

215 – Das Ölmonster
In der Botschaft Saudi-Arabiens in London tauchen Monster auf, die von John und Suko vernichtet werden. John und Suko fliegen nach Saudi-Arabien, dort vernichtet John mit seiner gnostischen Gemme den Dschinn El-Chadd, das Ölmonster, das sich gegen die Ausbeutung der Erde wehren wollte.

216 – Der Ripper kehrt zurück (1/2)
217 – Die Hexeninsel (2/2)
[Der Geist des Rippers fährt in Jane Collins]
Jack the Ripper taucht wieder auf und tötet im HORRORLAND, einem Vergnügungspark, sein erstes Opfer, dann erscheint er Jane Collins und entführt sie in eine Horror-Burg im HORRORLAND, wo er sie töten will. John und Suko können das gerade noch verhindern. Der Ripper löst sich auf. Doch sein Geist ist in Jane Collins gefahren, denn sie spricht plötzlich mit seiner Stimme. John schafft es, sie zu überwältigen, und will sie mit einem Krankenwagen in die psychiatrische Klinik bringen. Doch der Krankenwagen wird von Wikka und drei Hexen gestoppt. John kann nicht verhindern, daß Wikka Jane Collins mitnimmt. Von einer sterbenen Hexe erfährt John den Aufenthaltsort Wikkas: die Hexeninsel. John und Suko fliegen mit dem Hubschrauber hin, doch sie schaffen es nicht, Jane zu befreien. Sie fliegt mit Wikka davon. Jane Collins scheint für immer für John verloren zu sein.

218 – Der Monster-Club (1/2)
219 – Lupinas Sohn (2/2)
[Lupina wird von Lady X getötet]

Lupina probt den Aufstand in der Mordliga. Sie will das Versteck auf Feuerland verlassen, um ihren Sohn Orapul zu suchen, um mit ihm die Werwölfe der Welt zu sammeln. Sie dringt in Dr. Tods Befehlszentrale ein, entreißt ihm den Würfel des Unheils und flieht mit seiner Hilfe. Dr. Tod kann den Würfel zwar im letzten Moment wieder an sich bringen, Lupina aber ist verschwunden. – John ist immer noch völlig deprimiert wegen Jane Collins' Verwandlung in eine Hexe. Suko forscht nach ihr, findet einen Monster-Club, dessen Besitzer Orapul heißt – rückwärts gelesen Luparo. John und Suko suchen ihn auf, finden in einem Turm einen Hinweis auf Lupinas Sohn und müssen gegen acht Werwölfe kämpfen, die sie vernichten. – Lupina trifft sich mit ihrem Sohn Orapul, dessen Vater Fenris, der Götterwolf, ist. Lady X jagt Lupina, um sie für ihren Verrat an der Mordliga zu bestrafen. – John und Suko rufen Bill Conolly zu Hilfe. Er soll die Wölfin Nadine Berger mitbringen, die die Spur Lupinas aufnehmen soll. Es kommt zum Kampf. Lupina wird von Lady X mit Silberkugeln aus ihrer MPi getötet. Nadine Berger wird von Orapul schwer verletzt. Orapul und Lady X entkommen.

220 – Kampf mit der Mumie

John erfährt, daß die altägyptische Mumie des 4000 Jahre alten Radamar in London ist und daß ein Totenfest auf einem Schiff namens »Alexandria« stattfinden wird. John, Suko, Kara und Myxin vernichten die Mumie.

221 – Der Todessee (1/2)
222 – Schlucht der Stummen Götter (2/2)
[1. Auftritt der Stummen Götter]

John und Suko kämpfen in Schottland gegen ein blau leuchtendes Skelett, das sich als der Hüter der Leichenstadt herausstellt. Kalifato, einer der Großen Alten, soll dafür sorgen, daß der Schlüssel zur Leichenstadt – der achteckige Kristall, der von dem blau leuchtenden Skelett am Loch Cumberland bewacht wurde – nicht in falsche Hände gerät. In der Schlucht der Stummen Götter erhält der Eiserne Engel – die Stummen Götter sind seine Schöpfer – den Auftrag, Kalifato zu stoppen. Der Angriff Kalifatos erfolgt. Der Dämon bringt den Kristall an sich, saugt mit seinem blauen Strahl sämtliche Einwohner Darkwaters in die Leichenstadt. Mit Suko erpreßt das blaue Skelett John, seine Waffen abzulegen. Doch mit Sukos Stab und der Dämonenpeitsche gelingt es John, das Skelett zu vernichten. Der Eiserne Engel kann Kalifato zurückschlagen. Der erste Angriff der Großen Alten ist vereitelt.

223 – In den Krallen der roten Vampire
Vampiro-del-Mar und Lady X begeben sich mit Hilfe des Würfels des Unheils in die schwäbische Alb. Dort töten sie Menschen, mit deren Blut sie versteinerte rote Fledermäuse zum Leben erwecken. Will Mallmann alarmiert John. John, Suko und Mallmann vernichten die roten Vampire, aber Vampiro-del-mar, der sich in eine riesige rote Fledermaus verwandelt, und Lady X können entkommen.

224 – Satan mit vier Armen
[Desteros Schwert wird vom silbernen Bumerang zerschmolzen]
[John und Glenda Perkins schlafen zum ersten Mal miteinander]
John, Suko und Bill Conolly vernichten den Affendämon Sogg-Ra, den jemand von Sri Lanka nach London gebracht hat.

225 – Mord-Insekten
John und Suko spüren einen Imker auf, der Riesenbienen gezüchtet hat. Sie vernichten die Riesenbienen, die auf einer Party fünf Menschen töten. Der Imker Shawn Braddock wird in eine Anstalt gesteckt. (In Band 269 taucht er noch einmal auf. Dort bricht er sich das Genick.)

226 – Tokatas Erbe
Emma-Hoo, der Herrscher der Hölle (Jigoku) hat seine

Rache an dem Goldenen Samurai, der Tokata tötete, nicht vergessen. Er beauftragt Susanoo, den Bruder und Feind der Sonnengöttin Amaterasu, Tokatas Schwert zu besorgen, das noch auf der Insel des Schweigens liegt, wo Tokata starb, und damit den Goldenen Samurai zu töten und ihm den Fächer Amaterasus abzunehmen. Der Goldene erscheint in London und warnt John. Dann taucht Susanoo auf. Er will John töten, doch der Goldene greift ein. Susanoo entführt Shao, die eine große Ähnlichkeit mit Amaterasu hat. Professor Ganasaro, der in London japanische Geschichte lehrt, kann Shao durch eine Beschwörung zurückholen. Was mit Susanoo oder Tokatas Schwert geschehen ist, weiß niemand.

227 – Stellas Rattenkeller
[Der Rattenkönig Rocky Koch stirbt]
Auf dem Brompton Cemetery tauchen unzählige Ratten auf und greifen Menschen an. John denkt sofort an den Rattenkönig von Southwark, Rocky Koch, aber der sitzt in einer Anstalt. John und Suko finden heraus, daß Koch in seiner Ärztin Stella Murdock eine Komplizin gefunden hat. Sie holt Koch aus der Anstalt. Auf dem Friedhof geraten sie in Streit, wer die Ratten beherrscht. Stella hetzt sie mit ihrer Rattenflöte auf Koch, der von ihnen totgebissen wird. Suko zerstört Stellas Flöte, damit erlischt ihre Macht über die Ratten, auch sie wird von ihnen totgebissen.

228 – Der Leichenpfad
Will Mallmann und John vernichten in der Eifel die Weiße Frau und deren Zombies.

229 – Herrin der Dunkelwelt (1/2)
[Dr. Tod stirbt]
Alassia, die Herrin der Dunkelwelt (sie stammt aus Atlantis), erscheint in London und will die Nachfolge Asmodinas antreten. Kara spürt ihre Anwesenheit: Sie vermutet, daß Alassia im Besitz des Tranks des Vergessens ist. Alassia erscheint auch in Dr. Tods Festung in Feuerland, um ihn und die Mordliga als Diener zu gewinnen, doch die weigern sich. Myxin und Kara tauchen ebenfalls auf, Kara wird von Dr.

Tod gefangengenommen und über einem Piranhabecken aufgehängt. Myxin teleportiert sich zurück nach London und alarmiert John, damit er ihm hilft, Kara zu befreien. Beim Kampf in der Festung fällt Dr. Tod in das Piranhabecken, Xorron hechtet hinterher und holt den halb zerfressenen Dr. Tod wieder heraus. Lady X hat den Selbstzerstörungsmechanismus der Festung in Gang gesetzt, weil sie glaubt, daß Dr. Tod tot ist. Myxin, Kara und John teleportieren sich nach London.

230 – Dr. Tods Rache (2/2)
Lady X, Xorron und Vampiro-del-mar haben die Explosion von Dr. Tods Festung auf Feuerland überlebt. Mit Hilfe des Würfels des Unheils begeben sie sich mit der Leiche Dr. Tods, die halb von den Piranhas bis auf die Knochen abgenagt wurde, ins Sarglager nach Sandhurst Forest bei London, nachdem Lady X die Führung der Mordliga übernommen hat. Lady X schickt John einen Sarg mit Dr. Tods Leiche. Dieser läßt den Sarg ins Labor von Scotland Yard transportieren. Dabei verwandelt eine grüne Schleimmasse, die der Würfel des Unheils produziert hat, Dr. Tods Leiche in fünf kleine Gestalten um, die Dr. Tods Aussehen haben. Einer wird noch am Ort des Geschehens von Suko getötet. Zwei werden im Yard Building von John getötet, nachdem einer versucht hat, John mit dem Fahrstuhl abstürzen zu lassen, und der andere Sir James schwer an den Beinen verwundete. Die letzten beiden erledigt Bill Conolly in seinem Haus mit Silberkugeln und mit Hilfe des Wolfes Nadine Berger.

231 – Meer der weißen Särge
[1. Auftritt von Strigus, dem Herrn der Satans-Eulen]
John und Suko geraten in Venedig in eine Auseinandersetzung zwischen Vampiro-del-mars roten Vampiren und den Satanseulen des Strigus, die sich schon seit Urzeiten bis auf den Tod bekämpfen. Die Strigen werden in weißen Särgen in die Lagunenstadt geschwemmt. In einem Kellergewölbe, in dem eine Statue des Strigus steht, kommt es zum Kampf. Strigus selbst erscheint, flieht aber mit seinen Strigen, als er

sieht, daß er den Kampf nicht gewinnen kann. John und Suko vernichten die roten Vampire.

232 – Sieben Siegel der Magie (1/3)

John erhält einen Anruf von Lupina. Er kann es nicht glauben, aber Lupina will, daß er sich mit ihr außerhalb Londons trifft. Lupina lebt also, obwohl John und Suko dabeigewesen sind, als Lady X sie mit geweihten Silberkugeln tötete. Lupina erzählt John von einem Buch »Sieben Siegel der Magie«, in dem das Geheimnis um Johns Kreuz geschrieben steht (sie weiß, daß auch Lady X hinter dem Buch her ist, und will, daß diese und John darum kämpfen, damit einer auf der Strecke bleibt). Sarah Goldwyn findet das Buch bei einem Antiquitätenhändler, der von Spukdienern ermordet wird. Sarah Goldwyn nimmt das Buch mit sich nach Hause. Dort taucht Lupina auf, um es ihr abzunehmen. Suko kommt hinzu, dann Lady X, die Lupinas Werwölfe vernichtet, sowie John. Lady Sarah ist mit dem Buch in eine Kirche geflohen. Der Spuk erscheint und trägt mit Schwarzer Magie das Dach und die Mauern ab. Lady Sarah klammert sich an das unversehrte Kreuz auf dem Altar.

233 – Allein in der Drachenhöhle (2/3)

John kann Lady Sarah vor dem Tod durch den Spuk bewahren, indem er im letzten Moment das Kreuz auf das Buch der sieben Siegel der Magie schleudert. Der Spuk zieht sich zurück. John und Suko nehmen das Buch an sich. Lupina und Lady X stehen sich gegenüber. Lady X erfährt, daß Lupinas Geist bei ihrem Tod in den Körper ihres Sohnes Orapul gefahren ist. Jetzt befinden sich zwei Personen in einem Körper, der sich jederzeit verwandeln kann in Lupina oder Orapul. Sie wollen sich zusammentun, um das Buch der sieben Siegel der Magie an sich zu bringen. John ruft Kara und Myxin zu Hilfe. Kara soll das 4. Siegel des Buches, das von Johns Kreuz handelt, übersetzen. Doch anscheinend steht darin nichts über das Kreuz, sondern über ein Land der Drachen. Um alles zu lesen, braucht Kara Ruhe. Sie wollen zu Johns Wohnung. Auf dem Parkplatz wird John von schwarzen Wirbeln des Spuks aufgesogen und wacht gefesselt im Land der Drachen in der Höhle des Drachen Nepreno auf. Während Kara versuchen will, die Drachen zu beschwören, um Verbindung mit dem entführten John aufzunehmen, steht dem gefesselten John ein mörderischer Kampf gegen Nepreno, dem Herrn der Drachen, bevor. Johns einzige Chance ist sein Kreuz, das neben dem Buch der sieben Siegel auf Neprenos Altar in der Höhle liegt.

234 – Macht und Mythos (3/3)
[Herkunft von Johns Kreuz]
[Zum ersten Mal die Formel »Terra pestem teneto – Salus hic maneto«]
Kara beschwört im Garten der Conollys das Drachenland. Mit Hilfe eines Bildes vom Kampf des Erzengels Michael mit dem Drachen, dem Blut eines Gerechten und Karas goldenem Schwert gelingt es ihr, eine kleine dreieckige Pyramide zu projizieren, die Pyramide des Wissens, die in den Himmel steigt und zu John ins Land der Drachen vordringt. Sie umhüllt John, so daß dieser für den Drachen Nepreno unangreifbar wird. Neprenos gefährliche Zunge zerfällt, als diese die Pyramide berührt. Er flieht. John, immer noch in der Pyramide, kann das Kreuz und das Buch der sieben Siegel an sich nehmen. – Inzwischen taucht die Hexe Jane Collins bei den Conollys auf und zwingt Sheila, ihr Karas Schwert zu besorgen, weil sie verhindern will, daß John aus den Dimensionen zurückkehrt. – John wird von der Pyramide in die Vergangenheit befördert (ca. 500 n. Chr.). Er trifft dort auf einen sterbenden Makkabäer, der ihm die Herkunft und Bedeutung des Kreuzes erklärt. Da Jane Collins inzwischen im Besitz von Karas Schwert ist, kann John nicht zur Erde zurückkehren, sondern nur in Neprenos Drachenhöhle. Mit dem Spruch »Terra pestem teneto – Salus hic maneto« aktiviert er sein Kreuz, das Nepreno vernichtet. Der Spuk taucht auf, will das Buch der sieben Siegel der Magie. John berührt es mit dem Kreuz, das das Buch vernichtet. Der Spuk hat nichts anderes gewollt und verschwindet. Kara schafft es, das Schwert durch Magie wieder an sich zu bringen, bevor Jane Collins alle in Conollys Bungalow

damit töten kann. Jane Collins setzt sich ab, dann kehrt John mittels Karas Schwert als Katalysator zur Erde zurück.

235 – Hexenabend mit Jane Collins
Jane Collins, die Hexe, erscheint in London und will sich an Glenda Perkins rächen, weil diese was mit John gehabt hat. John und Suko retten sie vor Jane und Wikka.

236 – Voodoo-Samba
John und Suko vernichten in Rio de Janeiro Zombies, die durch Macumba-Zauber aus den Gräbern gestiegen sind.

237 – Mit Mörderblick und Todeslächeln
John und Suko geraten an Jorge Shury, einen Ungarn, der in den Besitz des Testaments der Asmodina gelangt ist und mit Hilfe des Großen Alten Kalifato aus Skeletten aus der Leichenstadt künstliche Magiegeschöpfe herstellt. Sein Helfer ist Belphégor, der ihm Menschen besorgt, deren Haut sie benötigen, denn die Kunstgeschöpfe bestehen aus moderner Technik, aus unheiliger Erde und aus der Haut von Menschen. Beim Endkampf stirbt Shury durch Belphégors Säge, Belphégor selbst setzt sich ab.

238 – Belphégors Rückkehr (1/2)
239 – Der Höllenwurm (2/2)
[Der Höllenwurm Izzi wird von Johns Bumerang vernichtet]
John und Suko forschen nach Belphégor, der aus der Mikrowelt auf die Erde zurückgekehrt ist. Belphégor soll das Terrain für Izzi, den Höllenwurm, einen der Großen Alten, bereiten. Lady X ist mit ein paar roten Vampiren Vampirodel-mars ebenfalls in Paris. Sie wollen Belphégor als Verbündeten. Wenn er sich weigert, soll er getötet werden. Belphégor versammelt seine Diener unter dem Eiffelturm. John, Suko und Kommissar Fleuvee fahren hin, John schleudert seinen silbernen Bumerang auf Belphégor, verfehlt ihn jedoch. Izzi soll in den Alpen, in der Nähe des Mont Blanc, aus der Erde steigen. Alle sind dabei: Belphégor, Lady X und Xorron; John, Suko und Madame Tanith; zum Schluß noch

der Eiserne Engel, durch Tanith mittels ihrer Kugel herbeigerufen. Jeder will das magische Pendel. Belphégor wird durch Sukos Dämonenpeitsche in Stücke gehauen (er besteht aus Würmern, von denen jeder einzelne Belphégors dämonische Erbanlagen beinhalten kann); Izzi wird von Johns Bumerang zerteilt und versickert als Schleim im Boden. Die von Belphégor durch das magische Pendel beschworenen Schlammonster werden von Xorron zerrissen. Xorron und Lady X fliehen. Das Pendel nimmt der Eiserne Engel an sich, damit niemand mehr die Erdgeister beschwören kann.

240 – Vampir-Kosmetik
Die Vampirpillen (aus Band 188 und 206) tauchen wieder in London auf. Logan Costello hat Bella Benson, die den Kosmetik-Salon »Bella Cosmetic's« besitzt, damit zur künstlichen Vampirin gemacht (diese wiederum drei ihrer Kosmetikerinnen) und verlangt von ihr, daß sie ihm unliebsame Feinde vom Hals schafft. Sheila Conolly ist Kundin des Salons und gerät in Bella Bensons Klauen. John gerät ebenfalls in ihre Gewalt. Zwei Graue, die sich als »Hüter des Dunklen Grals« ausgeben, tauchen auf und vernichten die Vampirinnen mit schwarzen Strahlen. Sie sagen, daß Bella Benson eine abtrünnige Druidin war, die sich dem Bösen verschrieben hatte und deshalb vernichtet werden mußte.

241 – Der Pesthügel von Shanghai
John und Suko werden in London von chinesischen Geheimdienstmännern entführt, damit sie die Moorleichen auf dem Pesthügel von Shanghai vernichten. Mit Hilfe eines alten Weisen und der kopflosen Prinzessin Li gelingt es ihnen, die Moorleichen zur Strecke zu bringen.

242 – Werwolf-Terror in Soho
Lupina und ihr Sohn Luparo tauchen in London auf. Lupina macht Lester del Roy, den Chef der königlichen Leibwache, zu einem Werwolf und gibt ihm den Auftrag, die Queen zum Werwolf zu machen, damit sie zur Dienerin Lupinas wird. John und Suko verhindern es, Lupina und Luparo

können fliehen, der Werwolf Lester del Roy stirbt durch Johns Kreuz.

243 – Die Schädelkette
John wird vom Eisernen Engel mit in die Schlucht der Stummen Götter genommen und vor den Großen Alten gewarnt. In Südafrika läßt der Milliardär Peter van Dyck aus gefundenen Totenschädeln, deren Augenhöhlen mit Diamanten gefüllt sind, eine Schädelkette herstellen, deren Schwarze Magie ihn zu beherrschen beginnt. Die Schädel gehören uralten Zauberpriestern, die früher den Großen Alten dienten. Sie verwandeln van Dyck in ein Monster, das von John und Suko vernichtet wird. Auf den Schädeln zeigen sich die Gesichter der Großen Alten, darunter Kalifato. Sie sagen, daß sie jetzt frei sind, und verschwinden.

244 – Der Seelen-Vampir (1/2)
245 – Verdammt und begraben (2/2)
[John tötet Mareks Frau Marie, die zur Vampirin wurde]
Ein Pfarrer aus dem Dorf South Trebone in Cornwall wendet sich an Scotland Yard, weil vier Einwohner verschwunden sind. John und Suko fahren hin. Der Pfarrer erzählt etwas von dem Seelen-Vampir Tarrasco, der von John mit dem Kreuz vernichtet wird. Vorher hat Tarrasco Besuch von Lady X und Vampiro-del-mar, die etwas von ihn über Marek, den Pfähler, wissen wollen. Er verrät ihnen, wo Marek lebt. Mit einem Schiff fahren Lady X und Vampiro-del-mar nach Rumänien. John und Suko erfahren davon. Sie fliegen nach Petrila, um Frantisek Marek, den Pfähler, vor Lady X und Vampiro-del-mar zu warnen. Sie finden Mareks Frau Marie als Vampirin vor. John tötet sie mit seiner Eichenbolzenpistole. Zusammen mit dem verzweifelten Marek suchen sie einen alten Friedhof auf. Dort treffen sie auf Lady X und Vampiro-del-mar. Bevor es zu einer Entscheidung kommt, setzen sich die Dämonen mittels des Würfels des Unheils ab.

246 – Der Spielhöllen-Dämon
Der 16jährige Computer-Freak Blyton beschwört Asmodis

und wird sein Diener. Mittels eines Flipperapparats tötet er seinen Mitschüler und holt sich das Mädchen, das er immer schon besitzen wollte. Er selbst wird von Asmodis in ein Computer-Wesen verwandelt, das John mit seinem Kreuz vernichtet.

247 – Der Schädelthron
Lady X will ein für allemal mit Strigus und seinen Strigen aufräumen. Auf den Lofoten vernichtet sie mit dem Todesnebel alle Strigen, und mit einer Silberkugel tötet sie die weiße Eule, mit der Strigus seinen Nachwuchs zeugte. Doch Strigus entkommt.

248 – Gatanos Galgenhand
John vernichtet in New York den Klauenarm des untoten Henkers Gatano und den Henker selbst.

249 – Mein Grab in der Teufelsschlucht
Wikka und Jane Collins wollen John in der Teufelsschlucht, der Via Mala bei Lenzerheide, in eine Falle locken. Suko und John steigen in die Via Mala hinab, wo Wikka versucht, John in einer Flammenhöhle zu verbrennen, ohne auf Jane Collins Rücksicht zu nehmen, die John als Geisel nehmen konnte. Suko haut John im letzten Moment heraus, Wikka verschwindet mit Jane Collins.

250 – Pandoras Botschaft (1/2)
251 – Xorron – mein Lebensretter (2/2)
[Xorrons Herkunft]
In der Umgebung des Klosters St. Patrick in Schottland tobt ein Kampf zwischen Lady X und Pandora, die sich als Herrin Xorrons bezeichnet. Als die Magien des Würfels des Unheils und des Kreuzes aufeinandertreffen, wird John in eine andere Zeit geschleudert und erlebt, wie Pandora Xorron erstehen läßt und zu ihrem Diener macht. Mit Hilfe des Sehers gelangt John zurück in seine Zeit.

252 – Die Tochter des Totengräbers
John tötet einen untoten Richter sowie dessen Vorfahr, den

Henker Aldo Jeffries, den der Richter aus dem Grab holen will.

253 – Judys Spinnenfluch
John und Suko töten das untote Mädchen Judy, das sich in eine Riesenspinne verwandeln kann.

254 – Treffpunkt Leichenhaus (1/2)
255 – Die Gefangene der Teufelsinsel (2/2)
Ambiastro, der Vampir-Drilling, taucht aus Atlantis auf. Er soll ein Gegenmittel zum Todesnebel kennen, der vom Würfel des Unheils produziert wird. Auch Lady X weiß von Ambiastro, und sie will ihn vernichten, bevor er sein Geheimnis an John und Myxin verraten kann. Es ist auf zwei Steintafeln verzeichnet, die jedoch zu Staub zerfallen, bevor Myxin sie entziffern kann.

256 – Der Zombie aus dem Kerkerschloß
In dem Kerkerschloß eines Kurfürsten in Trier wurden vor 200 Jahren Schwarze Messen gefeiert. Die Wände sind mit orgiastischen Gemälden versehen und die Decke mit einem Satansgemälde, das lebt. John zerstört mit seinem Kreuz das Satansgemälde, Will Mallmann vernichtet mit Johns Silberdolch Juliana, die Tote aus dem Kerkerschloß.

257 – Der Schädel des Hexers (1/2)
258 – Die Totenkopf-Brigade (2/2)
In Schottland geraten John und Suko in eine Familienfehde und müssen gegen fliegende Schädel kämpfen. Der Geist des Schwarzen Tods holt sich die Seelen von vier Männern, um Kraft zu sammeln und aus dem Reich des Spuks zu fliehen. John schleudert ihn dorthin zurück.

259 – Ich stürmte den rollenden Sarg
John, Suko und Will Mallmann jagen im Intercity Poseidon Wertiger und bringen sie zur Strecke.

260 – Ein Totenopfer für Clarissa
Der Grieche Costa Taridis stiehlt Johns Kreuz, um mit seiner

Hilfe die Makkabäer-Nonne Clarissa, die seit Jahrhunderten im Schlaf liegt, zu wecken. John wird in das Kloster verschleppt und soll Wölfen geopfert werden. Doch das Kreuz, von John aktiviert, wendet sich gegen Clarissa, verglast sie und formt sie zu einem gläsernen Kreuz.

261 – Vom Teufel besessen
[Zum ersten Mal AIBON]
Asmodis will in das Land Aibon eindringen, denn dort schlummern verborgene Kräfte, die seinem Beherrscher eine ungeheure Machtfülle geben. Außerdem fürchtet sich Asmodis vor dem Dunklen Gral, den er in seinen Besitz bringen und beherrschen will. Asmodis hat erfahren, daß an einem bestimmten Tag ein Tor zu Aibon geöffnet wird. Aibon will seine verlorene Tochter Miriam di Carlo zu sich zurückholen. Als sich das Tor nach Aibon öffnet und Miriam hinübergeht, werden auch Suko und Bill Conolly zufällig hinübergerissen. Normalerweise kann niemand, der Aibon unbefugterweise betreten hat, das Land wieder verlasen. Da Suko und Bill jedoch hineingelangt sind, weil einer dem anderen helfen wollte, gestattet man ihnen die Rückkehr. John hat vom Seher eine Prophezeiung erhalten, daß derjenige, der die Sieben Tore des Unheils öffnet, die Macht des Dunklen Grals erkennt und sie besitzt.

262 – Belphégors Höllentunnel
Suko gerät in der Nähe von Cannes in eine Falle der Belphégor-Diener und soll sterben, als John und der Eiserne Engel auftauchen. Durch das magische Pendel, das sich im Besitz des Eisernen Engels befindet, wird Belphégor anscheinend endgültig vernichtet.

263 – Das gläserne Grauen (1/2)
264 – Nachts, wenn der Wahnsinn kommt (2/2)
John kämpft in London gegen Diener des Kristalldämons Gorgos, eines der Großen Alten, und fliegt dann mit Suko nach Sizilien, um Gorgos zu finden und zu vernichten.

265 – Des Satans Tätowierer
[1. Auftritt von Arkonada]
Ein uralter Magier aus Atlantis, Arkonada, hat endlich Myxins und Karas Spur gefunden und will sie vernichten, weil Myxin die Seiten gewechselt hat. Arkonada selbst ist geschwächt. Er benötigt einen Gastkörper, in den sein Geist schlüpfen kann, und findet ihn in einem alten Tätowierer, der gut mit seiner unheimlichen Waffe, einer magischen Tätowiernadel, umgehen kann. Durch einen Toten, der von Arkonadas Dienern umgebracht wurde, geraten John und Suko in die Auseinandersetzung, die sich bei den Flammenden Steinen abspielt. Fast scheint es, als könne Arkonada John, Suko und Myxin vernichten und Kara zu seiner Dienerin machen, doch mit Hilfe des Allsehenden Auges auf Johns Kreuz und Myxins Kräften, die er mobilisiert, gelingt es ihnen, Arkonada in die Flucht zu schlagen.

266 – Der Grachten-Teufel
John und Suko jagen in Amsterdam den Grachtenteufel Kraal. Den Kampf entscheidet der Eiserne Engel, der Suko sein Schwert gibt, so daß dieser Kraal vernichten kann.

267 – Der Hexenwürger von Blackmoor (1/2)
268 – Wikkas Rache (2/2)
[Wikka wird vom Hexenstein zu einem verkohlten Monster verbrannt]
John und Suko kämpfen in der Vergangenheit und in der Gegenwart gegen den Hexenwürger Mason Cordtland und jagen Hexen, unter anderen Wikka und Jane Collins. Wikka wird durch den Hexenstein zu einem verkohlten Monster. John kämpft gegen Cordtland um den Hexenstein, den er schließlich ins Moor wirft. Cordtland wird von Wikka getötet. Dann gelingt ihr mit Jane Collins die Flucht.

269 – Killer-Bienen
John und Suko bringen ein Skelett zur Strecke, das von Killer-Bienen umgeben ist.

270 – Geistertanz der Teufelsmönche
[Tanith wird ermordet]

John fliegt nach Paris, weil Tanith ihn zu Hilfe gerufen hat. Er findet sie mit einem Messer ermordet vor. Ihre Kugel und der Kelch des Feuers sind verschwunden. Asmodis hat seine Hände im Spiel. Er kann die Kugel Taniths in seinen Besitz bringen, aber der Kelch des Feuers fällt wieder in Johns Hände.

271 – Ghoul-Parasiten
[1. Auftritt von Professor Chandler]
[Zum ersten Mal die Goldene Pistole]

Bei Logan Castello erscheint ein Mann mit einer Goldenen Pistole und führt sie an einem Hund vor. Sie verspritzt eine Flüssigkeit, die das Opfer wie eine Kugel umhüllt und es bis auf das Skelett auflöst. Nachdem der ominöse Mister X in der U-Bahn zwei Menschen auf diese Weise tötet, erscheint John am Tatort. Darauf hat Mister X gewartet. Er schießt mit der Goldenen Pistole auf John. In dessen Nähe befindet sich zufällig die angehende Polizeireporterin Susan Danning. Beide werden von der Kugel nicht getötet, weil John sein Kreuz aktiviert. Sie landen statt dessen in einer anderen Dimension, von der sich herausstellt, daß es sich um die Geburtsstätte der Ghouls, um Xorrons Reich handelt. Dort befindet sich ein Gefangener, Professor Chandler, der den Weg in diese Dimension durch ein magisches Loch über der schottischen See gefunden hat. John befreit ihn, kann mit seinem Kreuz Xorron bannen, das den See erstarren läßt, in dem Xorron bis zur Hüfte steckenbleibt, und schafft mit Susan Danning und Professor Chandler den Sprung zurück zum Trafalgar Square.

272 – Der Dämonenjäger

John und Suko fliegen nach Österreich, um bei Professor Chandler mehr von seinen Forschungen zu erfahren. Chandler ahnt, daß er eine frühere Existenz hat: als Bandor, der Dämonenjäger, in einer Urzeit der Erde, noch vor Atlantis. Durch einen von ihm geschaffenen Zeittunnel begibt er sich in die Vergangenheit, um als Bandor seinen Erzfeind

Graax, den Drachenkrieger, zu töten. John und Suko werden mit in die Vergangenheit gerissen, müssen gegen Drachenkrieger kämpfen, dann werden alle wieder in die Gegenwart geschleudert, auch Bandor und Graax, die ihren Kampf auf Chandlers Burg fortsetzen, bis John Graax mit seiner Beretta tötet. Bandor bleibt in der Gegenwart, da der Zeittunnel durch die Gegenmagie von Johns Kreuz zerstört wurde. Professor Chandler bleibt dagegen verschwunden. John nimmt Bandor mit nach London.

273 – Im Terrornetz der Monster-Lady (1/2)
274 – Nadine Bergers Geheimnis (2/2)
[Luparo stirbt durch die Goldene Pistole]

John und Suko haben Bandor mit nach London genommen. Sie bringen ihn bei den Conollys unter. Die Wölfin Nadine Berger und Bandor scheinen sich zu kennen. Bandor ist über die Wolfsmagie informiert, denn die Wölfe waren schon vor den Menschen auf der Welt. Gleichzeitig ist Lupina wieder aufgetaucht. Sie versucht, eine uralte magische Stätte in einem alten Bunker wieder zu aktivieren. John und Suko treffen dort auf sie, als sie eine Beschwörung in einem magischen Dreieck vornimmt. Ehe sie eingreifen, materialisiert Bandor im Bunker. Er greift sogar John an, und Suko kann John nur retten, indem er ihn von Bandors Schwert weg auf Lupina zustößt. Während Suko mit Bandor kämpft, verschwindet John mit Lupina in einem Zeittunnel inmitten des magischen Dreiecks. Als Bandor im Bunker erscheint, zeigt sich bei den Conollys statt Bandors die Gestalt von Professor Chandler (Bandor ist eine frühere Existenz des Professors). Bill will ihm helfen, doch als er ihn berührt, wird er vom Professor mit in den Zeittunnel gerissen. Statt dessen tauchen bei Sheila und Johnny plötzlich John und Lupina auf. Suko sieht im Bunker über dem Dreieck Luparo, den Sohn Lupinas, auftauchen. Er ist im Zeittunnel von seiner Mutter, mit der er eine Einheit gebildet hat, getrennt worden. Luparo zerbeißt Bandor die Schulter, dann wird er von Suko mit der Goldenen Pistole getötet. Diesen Tod verspürt Lupina bei den Conollys körperlich. Sie macht sich geschwächt durch Luparos Tod aus dem Staub. Bill Conolly bleibt verschwunden. Er und Professor Chandler sind in die Urzeit der Erde geschleudert worden, und zu ihnen gesellen sich Lupina und Nadine Berger. Lupina ist nach dem Tod ihres Sohnes Luparo geschwächt und flieht zum Bunker mit der Wolfsmagie, wo der Zeittunnel zur Urzeit existierte. Nadine Berger ist ihr gefolgt, und zusammen werden sie in die Vergangenheit gerissen. Bill Conolly und Chandler finden eine Hütte, die Stelle, wo Millionen Jahre später der Bunker steht, und entdecken darin den Zeittunnel. Sie müssen gegen Lupina kämpfen. Nadine Berger versucht, wieder zum Menschen zu werden, indem sie Lupina dem Götterwolf Fenris opfert, aber das klappt nicht. Dann kann Professor Chandler den Zeittunnel aktivieren. Bill Conolly, Chandler und die Wölfin Nadine Berger kehren in die Jetztzeit zurück und erscheinen im Bunker. Währenddessen schafft Suko den von Luparo gebissenen Urmenschen Bandor zu den Conollys. Dort verwandelt sich dieser in einen Werwolf. John und Suko können ihn vorher fesseln. Johnny Conolly hört plötzlich Nadine Bergers und Bills Stimmen aus der Vergangenheit, und sie bringen Bandor zum Bunker. Dort stürzt sich der Gefangene auf den Zeittunnel. John kann ihn im letzten Moment mit einer Silberkugel töten. Bandor fällt dem in diesem Augenblick im Zeittunnel erscheinenden Professor Chandler in die Arme und verwandelt sich im Sterben in einen Menschen zurück. Lupina ist in der Urzeit zurückgeblieben.

275 – Die Frau mit dem Dämonendolch
John und die Familie Conolly besuchen einen Zirkus, in dem Tricia di Monti auftritt, die Ziehtochter des Direktors. Sie ist die Tochter afrikanischer Dämonen aus den Schwarzen Bergen und soll deren Magie mit Hilfe eines Spiegels, eines Kelchs mit Dämonenblut sowie eines Dolchs nach Europa bringen und neue Diener schaffen. John verhindert das, indem er die beiden von Tricia di Monti zu Dämonen gemachten Menschen mit dem Silberdolch tötet und die Frau selbst mit Hilfe der gnostischen Gemme vernichtet.

276 – Die Phantome vom Gespenster-Kreuz
In Selb/Bayern gibt es ein Mahnmal aus dem 30jährigen Krieg, das Schwedenkreuz. Darunter liegt der schwedische Oberst Olaf Gunnerson begraben, der einen Pakt mit dem Teufel geschlossen haben soll. Gunnerson erscheint als Geist mit zehn Reitern und tötet ein paar Menschen. Will Mallmann ruft John zu Hilfe, und beiden gelingt es (mit Silberkugeln und Kreuz), den Oberst und seine Reiter zur Strecke zu bringen.

277 – Im Penthouse der Angst
Während sich John auf dem Rückflug nach London befindet, ist Suko auf einen Schwarzen gestoßen, der einen seltsamen Tod durch einen Blasrohrpfeil stirbt. Es stellt sich heraus, daß eine ehemalige Terror-Truppe von zehn Schwarzen zu Dienern des afrikanischen Dämons Shokasta geworden ist. Shokasta lebt in den Wänden eines Penthouse und des Kellers eines zehnstöckigen Gebäudes. John trifft rechtzeitig in London ein, um noch einzugreifen, und Suko schafft es schließlich, Shokasta mit der Goldenen Pistole zu töten.

278 – Amoklauf des Messerstechers
In London erlebt John den Tod eines Spaniers mit, der sich eine alte Pergamentrolle in den Mund stopft und von ihr verbrannt wird. Es war ein altes Testament von El Diablo, dem Piraten der Hölle, und dieser taucht wieder auf, wenn sein Fluch gelöscht ist, was durch die Vernichtung des Testaments geschah. John und Suko fliegen nach Cala Millor/Mallorca, wo El Diablo früher gewütet hat, und es gelingt ihnen nach einigen Kämpfen, El Diablo mit Silberdolch und Silberkugeln zu erledigen, so daß er für immer vergeht.

279 – Hexenkraft und Druidenzauber
Wikka will ihr altes Aussehen zurück und nicht länger mit einem verbrannten Gesicht herumlaufen. Sie sucht das Grab des Druiden Dedre auf, der früher Hexen vernichtet hat, sie aber auch heilen kann. Bevor Wikka jedoch aus dem Umhang Dedres die Hexensalbe herstellen kann, aktiviert John in der Nähe sein Kreuz. Dadurch erscheint das Land

AIBON, in das Dedre entweicht. Wikka muß mit ihrem verbrannten Gesicht weiterleben. Aber ihr gelingt es, Jane Collins zu befreien, die in Gefahr war, von John vernichtet zu werden.

280 – Turm der weißen Vampire
Ein Freund von Father Ignatius, der auf Hay Island lebt und nun gestorben ist, hat über Jahre hinweg sieben weiße Vampire in einen verlassenen Leuchtturm gebannt. Nach dem Tod des Paters können sich die Vampire befreien. Father Ignatius, John und Suko vernichten die sieben Vampire.

281 – Shimadas Mordauge (1/2)
[1. Auftritt von Shimada]
282 – Zombies stürmen New York (2/2)
Aus dem blauen See, einem Zugang zur Hölle in Japan, entläßt Emma-Hoo, der Teufel, seinen Diener Shimada, damit dieser die Herrschaft über die Zombies und Ghouls übernimmt und Xorron vernichtet. John und Suko kommen Shimada auf die Spur, als dieser in einer Peep-Show in London ein japanisches Mädchen tötet, um in den Besitz ihrer Ahnentafel zu gelangen. Mit dieser Ahnentafel begeben sich John und Suko ins Japanerviertel, um mehr zu erfahren. Sie geraten in die Gewalt von Shimada und seinen schwarzen Ninjas, während Logan Costello auf Befehl von Shimada Xorron ausfindig macht. Xorron ist mit einer Galeere voll Zombies auf dem Weg nach New York. John und Suko können sich befreien, weil Shimada plötzlich mit seinen Ninjas verschwindet. Shimada hat erfahren, daß Xorron mit seinen Untoten in New York auftauchen wird. Logan Costello fliegt nach New York, erwartet die Ankunft der Galeere und warnt Xorron. John wird mit einem Militärjet nach New York geflogen. Mit G-man Abe Douglas kämpft er an der Seite von Costello an Bord der Galeere gegen Xorron und seine Untoten, bis Shimada erscheint. Doch bevor dieser Xorron vernichten kann, taucht Pandora mit ihrem Füllhorn auf, das die Galeere mit Xorron und Shimada in eine andere Dimension reißt.

283 – Xorrons Totenheer (1/3)
284 – Gegen Gangster und Ghouls (2/3)
285 – Kampf mit den Giganten (3/3)
[Xorron und der Goldene Samurai sterben]
John erlebt mit, wie Shao von einem LKW angefahren wird. Er und Suko denken, sie ist tot, aber sie lebt, und aus ihr spricht die Sonnengöttin Amaterasu, die sie vor Shimada und einer Dämonenbeschwörung warnt. Ein Japaner Koto beschwört auf einem Friedhof außerhalb von London eine kleine Figur, die den Goldenen Samurai darstellt. Der richtige Goldene Samurai erscheint, und Koto, der sich in Shimada verwandelt, nimmt ihm den Fächer der Amaterasu ab. Inzwischen wird Xorron aus der Dimension Pandoras von dieser mit einem Zombieheer zurück zur Erde geschickt, um Shimada dorthin zu locken, wo Xorron ihn mit ihrer Hilfe vernichten kann. John erlebt auf dem Friedhof einen Kampf, bis Pandora wieder eingreift und Xorron, Shimada und seine Ninjas sowie Suko in ihre Dimension reißt. Suko wird von Shimada, der die Gestalt von John angenommen hat – was Suko jedoch sogleich durchschaut – zu einer Art Arena gelockt, wo er von Shimadas Ninja-Dienern angegriffen wird. Während John im Londoner Hafen mit Xorrons Zombies und Ghouls kämpft, entführt Logan Costello Shao und bringt sie zu Xorron, der von ihr verlangt, mit Amaterasu Verbindung aufzunehmen, damit er durch sie erfahren kann, wo Shimada steckt. Es erscheint der Goldene Samurai, dann Pandora, durch deren Füllhorn John, Shao, Xorron und der Goldene in die Arena des Grauens in Shimadas Reich gelangen. Dort mußte Suko gegen Shimadas Ninjas kämpfen, die er besiegte. Als Shimada Suko töten will, erscheinen die anderen. Pandora schafft sie auf die Kristallwelt, wo Xorron und Shimada ihren Kampf ausfechten sollen. Vorher stirbt der Goldene Samurai, der gegen Shimadas Schwert keine Chance hat. Auf der Kristallwelt sieht es anders aus. Dort kann Shimada sich nur langsam bewegen. Wenn Xorron gewinnt, lebt die Kristallwelt wieder auf, und John und seine Freunde können sie nicht mehr verlassen. Deshalb schreitet John mit seinem Bumerang ein, als Shimada zu unterliegen droht, und mit Shimadas Schwert tötet

John Xorron. Dadurch muß Pandora sie auf die Erde zurückbringen.

286 – Briefe aus der Hölle (1/2)
287 – Wenn Satan sich die Hände reibt (2/2)
[Sheila Conolly gerät in die Klauen des Teufels]
Sheila Conolly hört die Stimme ihres toten Vaters und gerät in den Bann des Teufels. Sie verläßt Bill und trifft sich mit anderen, die ebenfalls Stimmen ihrer Vorfahren hörten. John, Bill und Suko versuchen, Sheila aus den Klauen des Teufels zu befreien. Es gelingt nicht. Sheila landet beim Teufel und trifft dort auf Jane Collins. Jane will Sheila dazu bringen, ihren Mann ebenfalls in die Gewalt des Teufels zu locken. John, Suko und Shao sind bei Bill und Johnny. Als Bill allein im Bad ist, erscheint ihm Jane Collins, die sagt, daß sie ihn zu Sheila bringen will. Bill flieht aus dem Haus zu einem Friedhof, wo er Sheila findet. Der Teufel ist bei ihr, und gegen ihn ist Bill machtlos. Er wird durch ein Grab in die Hölle gesogen. John und Suko haben erfahren, wohin Bill gegangen ist, sie folgen ihm, kommen aber zu spät. Währenddessen erscheinen Bill und Sheila im Conolly-Bungalow, um auch Johnny zum Teufel zu holen. Nadine Berger kämpft gegen sie, und John gelingt es schließlich mit dem Kreuz, Sheila und Bill zu vertreiben. Aber er ist sicher, daß sie es weiter versuchen werden, Johnny zu sich zu holen.

288 – Die Katzengöttin
John verläßt das Haus der Conollys. Suko und Shao bleiben bei Johnny zurück. John will sich mit Myxin und Kara in Verbindung setzen, um einen Weg zu finden, Bill und Sheila aus der Hölle zurückzuholen. Auf dem Weg nach London gerät John in die Auseinandersetzung zwischen einer Frau, die sich Brenda »the cat« nennt, und dem Tierfänger Oliver Odgen. Brenda ist die ägyptische Katzengöttin Bastet. Sie ist von Osiris geschickt, um zu erkunden, wie die Menschen mit den früher in Ägypten heiligen Katzen umgehen. Bastet rächt sich an dem Tierquäler Odgen, indem sie ihn durch Zombiekatzen töten läßt. Sie kämpft auch gegen John, der sich durch das Allsehende Auge auf seinem Kreuz zur Wehr

setzt. Dann erscheint in Odgens Haus ein Allsehendes Auge, und Osiris spricht zu John. Der Gott holt Bastet in ihre Mythologie zurück und sagt John, daß sie sich bald wieder begegnen werden.

289 – In der Hölle verschollen (1/2)
290 – Der tödliche Golem (2/2)
[Der Hexer Orgow aus Band GK1 (1) taucht wieder auf]
Mit Hilfe des Kelchs des Teufels und Taniths gelangt John in den Vorhof der Hölle. Dort will er die magische Kugel dem Teufel entreißen, um sie gegen Bill und Sheila Conolly zurückzutauschen. Die Kugel wird von einem stählernen Monstrum, dem Golem des Teufels, bewacht, und dieser verschwindet, bevor John sich die Kugel holen kann. Es gelingt John, mit Bill Conolly aus dem Vorhof der Hölle in eine andere Dimension zu fliehen, aber Sheila Conolly scheint verloren. Beim Kampf gegen den Golem gelingt es John nicht, diesem die Kugel der Tanith zu entreißen. Asmodis nimmt sie wieder an sich, und aus der Hülle des vergehenden Golems hört John die Stimme des Hexers Orgow, der seinen Racheschwur nicht vergessen hat.

291 – Killer-Hunde
[1. Auftritt von Morgana Layton]
Will Mallmann macht Urlaub im Schwarzwald. Dort wird ein Blinder von seinem eigenen Hund zerfleischt. Auch andere Hunde spielen verrückt. Will ruft John zu Hilfe, und der lernt die Werwölfin Morgana Layton kennen, die für die Wandlung der Hunde verantwortlich ist. Morgana Layton hat schon als Wolf in der Urzeit gelebt. Von ihr hofft John etwas Genaueres über die Großen Alten zu erfahren, doch die Werwölfin setzt sich ab.

292 – Satans Knochenuhr
[Sheila Conolly kehrt aus der Hölle zurück]
Sarah Goldwyn erkennt auf einem Horror-Video Sheila Conollys Gesicht, das sich vor eine brennende Hexe schiebt, und alarmiert John. Dieser sucht die Video-Firma auf und gerät an den Besitzer Ray Keene, der ein Diener des Teufels

ist. Um Sheila Conolly endgültig dazu zu bringen, sich aus eigenem Antrieb auf seine Seite zu stellen, will Asmodis John an einer Knochenuhr sterben lassen. An einen Knochenzeiger gebunden, erlebt John innerhalb einer Minute noch einmal sein ganzes Leben. Kurz vor zwölf Uhr greift der Seher ein und verhindert Johns Tod. Er spricht die Formel des Kreuzes aus. Die Mächte des Lichts vernichten Keene und die Knochenuhr. Ein Lichtstrahl dringt bis in die Hölle vor, auf dem Sheila Conolly in diese Welt zurückschreitet, so daß der Teufel keine Macht mehr über sie hat.

293 – Zombies, die vom Himmel fallen
Zehn Zombies, Soldaten der Royal Air Force aus dem 2. Weltkrieg, tauchen in einem alten Flugzeug über der Wüste von Tunesien auf. John und Suko fliegen nach Tunesien und sehen, wie zehn Zombies über einer Oase abspringen, und springen ebenfalls ab. Die Bewohner der Oase, gewarnt von einem alten Mann, haben sich in ein altes Wüstenfort zurückgezogen. Im Wüstenfort gelingt es John und Suko, die Zombies zu töten.

294 – Der Feuer-Bumerang
Rhokasa, ein australischer Ureinwohner, besitzt einen Feuer-Bumerang, mit dem er sich an den Weißen, die die Gesetze der alten Götter mißachtet haben, rächt. Gleichzeitig weiß er, daß es einen zweiten mächtigen Bumerang gibt, den er unbedingt besitzen will. Er benutzt den australischen Millionär Wayne Zangy, indem er ihm den Feuer-Bumerang verspricht, um John mit dem silbernen Bumerang nach Australien zu locken. In der Minenstadt Sewana und dem Heiligen Berg in der Nähe kommt es zur Entscheidung. Rhokasa tötet Zangy mit dem Feuer-Bumerang. John schleudert den silbernen Bumerang, der sowohl den Feuer-Bumerang als auch Rhokasa vernichtet.

295 – Tal der vergessenen Toten
Zwei Menschen werden im Braunkohlenrevier in der Nord-Eifel von einem Zombie getötet, nachdem diese in einem Brikett eine Menschenhand gefunden haben, die dem Zom-

bie gehörte. Will Mallmann hört davon und bittet John um Hilfe. Sie erfahren, daß vor etwa 100 Jahren fünf Bergleute verschüttet wurden. Durch Erdverschiebungen konnten die Zombies ins Freie gelangen. Will Mallmann und John gelingt es, die Zombies zu vernichten.

296 – Mandraka, der Schwarzblut-Vampir (1/2)
297 – Der Verräter (2/2)
[1. Auftritt von Mandraka]
[Myxin wird zum Verräter]

Mandraka taucht mit seinen Schwarzblut-Vampiren auf, vor denen sich sogar Asmodis fürchtet. Er bringt John in seine Gewalt und verlangt von ihm, daß er gegen Mandraka kämpft. Myxin entwendet Karas Schwert und teleportiert sich durch die Flammenden Steine zu den Schwarzblut-Vampiren. Kara muß annehmen, daß Myxin ein Verräter ist, der wieder mit der anderen Seite gemeinsame Sache machen will. Myxin wird von Asmodis bezwungen, doch bevor er ihn töten kann, greift Mandraka ein, der Asmodis aussaugen will. Das verhindert John. Asmodis kann fliehen. Es scheint, als hätte John in Myxin jetzt einen weiteren Feind.

298 – Der Dämonenpakt (1/2)
299 – In diesem Zimmer haust die Angst (2/2)

Mandraka und Myxin beschwören Asmodis, um ihn zu töten. Der Spuk weiß von den Plänen, setzt sich mit Kara in Verbindung und verspricht ihr den Trank des Vergessens, wenn sie Asmodis' Tod verhindert. Kara befindet sich in Sukos Wohnung. Die kleine Flasche mit nur einem Tropfen des Tranks des Vergessens beweist, daß sie die Begegnung mit dem Spuk nicht geträumt hat. Kara, John und Suko nehmen je ein Drittel des Tranks. Kara entmaterialisiert und verschwindet. John und Suko brechen zusammen, und es sieht so aus, als ob sie tot wären. Shao ruft Sir James Powell an, der will Leute schicken. Zwei Männer erscheinen, die John und Suko abholen wollen, doch sie erweisen sich als Dämonen, von denen sich einer in den Kraken Krol verwandelt, der schließlich mit John und Suko verschwindet. Mandraka und Myxin haben Asmodis in der Dimension der Höhlen des Schreckens in ihrer Gewalt. Doch bevor sie ihn töten können, tauchen Wikka und Jane Collins auf. Sie sind von Asmodis eingeweiht worden und wollen ihn befreien. Es kommt zum Kampf, den Wikka und Jane Collins fast gewinnen, doch da erscheint Kara. Mandraka kann sich absetzen. Es kommt zum Patt zwischen Kara und Wikka, das in einem Kompromiß endet. Kara wird Asmodis befreien, dafür gibt Wikka dem von ihrem Fluch mit Würmern übersäten Myxin seine ursprüngliche Gestalt wieder. Asmodis sucht nach seiner Befreiung sofort das Weite, und aus dem Nichts taucht Krol, der Krake auf, und rettet Myxin. Krol, einer der Großen Alten, kann nicht verhindern, daß Kara John und Suko aus seinen Klauen befreit.

300 – Sieben Dolche für den Teufel (1/2)
301 – Druiden-Rache (2/2)
[Asmodis stiehlt Mandra Korabs sieben Dolche]
Mandra Korab werden von Asmodis die sieben Dolche gestohlen, da dieser fürchtet, daß sie gegen ihn verwendet werden. Asmodis schleudert sie in andere Dimensionen, und Luzifer sorgt dafür, daß alle sieben in verschiedene fremde Hände gelangen. Einer wird einem italienischen Arzt gegeben, der damit einen furchtbaren Ghoul, den Menschenschlinger, erweckt. Mandra Korab bittet John und Suko um Hilfe. Sie reisen in die Toskana, vernichten den Menschenschlinger, und Korab hat seinen ersten Dolch zurück. Auf der Suche nach dem zweiten Dolch geraten sie auf einen Druidenfriedhof und nehmen Guywano den zweiten Dolch ab.

302 – Der Unhold
Die Suche nach den von Asmodis gestohlenen Dolchen führt John, Suko und Mandra Korab nach Neapel, wo sie der Teufelsdienerin Rosa Beluzzi den dritten Dolch abnehmen. Bevor sie durch den Dolch stirbt, verrät sie, wer die letzten vier Dolche besitzt.

303 – Die Satans-Zwerge von Sylt
John erfährt von der uralten Legende der Satans-Zwerge

von Sylt, die sich vermehrten, indem sich aus ihren in Sand verwandelten Opfern neue Zwerge bilden. Durch den vierten Dolch Korabs, den eine Frau auf Sylt vom Teufel erhalten hat, sind diese uralten Zwerge wiedererweckt worden. John mit dem Kreuz und Suko mit der Dämonenpeitsche vernichten die Zwerge und nehmen der Frau den Dolch Korabs ab.

304 – Maskenball der Monster
Baron von Tirano ist ein Vampir, der vor langer Zeit von seinen Feinden eingemauert, nun aber von seinen Freunden, den Ratten, befreit worden ist. Er benötigt einen der Dolche Mandra Korabs. Mit ihm will er die Rattenkönigin in Indien erwecken, um dann mit den Ratten die Herrschaft über die Erde zu übernehmen. Es gelingt dem Baron, den Dolch, den Suko bei sich trägt, an sich zu bringen und zu fliehen. John und Suko werden ihm nach Indien folgen.

305 – Im Rattentempel
Auf der Suche nach dem vierten Dolch folgen John, Suko und Mandra Korab dem Baron von Tirano nach Kalkutta und in den indischen Dschungel, wo der Vampir-Baron mit dem Dolch die Rattenkönigin Karni-Mata erweckt. Sie können sowohl die Rattenkönigin als auch den Baron von Tirano vernichten. Mandra Korab ist jetzt wieder im Besitz von vier Dolchen. Der sterbende Baron weist sie auf den Verbleib der restlichen Dolche mit den Worten »Träne des Teufels« hin.

306 – Die Träne des Teufels (1/2)
307 – Abrechnung mit Jane Collins (2/2)
In London erfahren John, Suko und Mandra Korab von Glenda Perkins, daß die Träne des Teufels ein Diamant ist, der sich im Besitz des in Antwerpen lebenden Belgiers Hendrik van Doolen befindet. Sie fahren hin und geraten Wikka und Jane Collins in die Quere, die ebenfalls hinter dem Diamanten her sind. Mandra Korab schleudert seine Dolche auf Wikka, doch diese werden von der Träne des Teufels praktisch aufgesogen. Bevor Wikka Mandra Korab töten kann,

greift Suko mit seinem Stab ein und bringt den Diamanten in seinen Besitz. Dieser saugt nun Wikka in sich auf. Sie nehmen auch Jane Collins gefangen, doch diese kann sich befreien und nimmt John die Träne des Teufels ab. John, Suko, Mandra Korab und Hendrik van Doolen werden ebenfalls durch die Träne des Teufels in die Hexenwelt verschlagen wie Wikka und Jane Collins. Wikka will Jane töten, weil sie zugelassen hat, daß John in ein Hexenbuch, das zur Träne des Teufels gehört und das van Doolen ebenfalls in seinem Besitz hatte, hineinschaut und darin liest. John setzt das Kreuz ein. Wikka entflieht, nachdem Korab ihr die vier Dolche abgenommen hat. Van Doolen wird das einzige Opfer der Träne des Teufels, während John, Suko, Mandra Korab und Jane Collins ins Haus des Millionärs in Antwerpen geschleudert werden. Steht Jane wieder auf Seiten des Sinclair-Teams?

308 – Im Bann der Höllensteine
[1. Auftritt der Totenmaske aus Atlantis]
John bringt Jane Collins in einer Pension unter, während sich bereits ein neuer Fall abzeichnet. Sechs große Felssteine tauchen in London auf, die vom Planeten der Magier stammen und in denen sich Arkonada manifestiert, der John auf den Planeten der Magier verbannen will. Bevor Arkonada das schafft, taucht Myxin mit einer Totenmaske aus Atlantis auf. Durch deren Magie werden die Felssteine vernichtet, und Arkonada entflieht.

309 – Die Eismeer-Hexe
John und Suko fliegen nach Kanada, um mehr über die Höllensteine vom Planeten der Magier zu erfahren. Sie werden von Rakis angegriffen, kleinen Pelztieren, Dienern der Eismeer-Hexe Rakina. Sie können sie mit der Dämonenpeitsche vernichten und gelangen an ein magisches Zentrum, von dem aus sie in die Vergangenheit geschleudert werden und den Planeten der Magier sehen. Auf ihn sollen John und Suko für immer verbannt werden. Doch John schafft es, Rakina mit dem Bumerang zu töten. Damit sterben auch die Rakis, und sie befinden sich wieder in der Gegenwart.

310 – Planet der Magier (1/3)
Bill Conolly soll Professor Chandler von seinem Schloß in der Nähe Wiens holen, bevor Jane Collins ihn in ihre Gewalt bringen kann. John und Suko können es nicht selbst erledigen, da sie noch auf dem Weg von Kanada nach England sind. Doch Bill Conolly kommt zu spät. Er befreit zwar den von Jane Collins gefolterten Professor, doch dann taucht zuerst Jane Collins und dann Wikka auf, die schließlich das Geschehen beherrscht und bewirkt, daß alle vier durch das Pentagramm in Chandlers magischem Raum in eine andere Dimension geschleudert werden. Wikka hofft, daß es der Planet der Magier ist. In London erhält John im Yard Building Besuch von Kara, der Schönen aus dem Totenreich. Sie bringt John und Suko mit Hilfe ihres Goldenen Schwertes auf den Planeten der Magier, wo John von Arkonadas Mord-Zyklopen angegriffen wird.

311 – Arkonadas Mord-Zyklopen (2/3)
Zwei Gruppen befinden sich auf dem Planeten der Magier in der Gewalt des Großen Alten Arkonada: einmal Wikka, Jane Collins, Professor Chandler und Bill Conolly; die andere Gruppe besteht aus Kara, John und Suko. Bill Conolly wird von Wikka, Jane und Chandler getrennt. Während diese von Arkonada unter einen Galgen mit feurigen Schlingen gestellt werden, trifft Bill Conolly auf Ghouls, denen er eine Goldene Pistole abnimmt. Dann befreit er den in einem Käfig gefangengehaltenen Nathan, den Schmied von Atlantis, der Karas Schwert geschmiedet hat und hier die Goldenen Pistolen herstellt, ohne jedoch zu ahnen, welche Funktionen die Ghouls ihnen geben. Nathan wurde beim Untergang von Atlantis von Arkonada auf den Planeten der Magier verschleppt, weil dieser seine Fähigkeiten brauchte. Nathans Strafe ist, daß er nicht sterben kann. John, Suko und Kara geraten auf eine Art Burghof, wo der Galgen erscheint, unter dem schon Wikka, Jane Collins und Professor Chandler stehen. Sie werden von Arkonada gezwungen, sich ebenfalls unter eine feurige Schlinge zu stellen, damit er sie hinrichten kann.

312 – Die Totenmaske aus Atlantis (3/3)
[Wikka und Madraka, der Schwarzblut-Vampir, werden vernichtet]
[Jane Collins im Besitz des Würfels des Unheils]

John, Suko, Kara, Jane Collins, Wikka und Professor Chandler stehen auf dem Galgengerüst des Arkonada auf dem Planeten der Magier und sollen in Flammenschlingen sterben. Im letzten Moment greift Suko mit seinem Stab ein und befreit alle bis auf Wikka aus der Schlinge. Wikka stirbt. Ehe Arkonada abermals zuschlagen kann, taucht Myxin mit der Totenmaske aus Atlantis auf, und durch ihre Macht wird Arkonada zu Schattenteilen zerstört. Durch die Magie der Totenmaske werden sie ins alte Atlantis gebracht. Dort wollen sie den Würfel des Unheils an sich bringen. Bill Conolly und Nathan, der Schmied aus Atlantis, den Bill aus seinem Käfig befreit hat, sind schon vorher durch einen Tunnel der Zeiten nach Atlantis in Arkonadas Schattenreich gelangt, wo Arkonada den Würfel des Unheils verborgen hat. Bill gelingt es, Mandraka, den Schwarzblut-Vampir, mit der Goldenen Pistole zu vernichten, sie werden aber ihrerseits von den Schattenteilen des geschwächten Arkonada angegriffen. Da tauchen die anderen auf. Kara und Suko befreien mit Schwert und Dämonenpeitsche Nathan und Bill, während Jane Collins die Gelegenheit nutzt und den Würfel des Unheils an sich bringt und damit verschwindet. Mittels der Totenmaske landen alle anderen bei den Flammenden Steinen, deren Macht Myxin zurückgewonnen hat, nur Nathan bleibt im alten Atlantis.

313 – Die Mumien kommen
John und Suko vernichten Mumien aus dem alten Peru.

314 – Elektronische Hölle
John gerät in die Falle des Teufelsdieners Mike Broicher, wird jedoch von Jane Collins gerettet, die Broicher mit dem Todesnebel tötet.

315 – Wenn der Totenvogel schreit
John und Sarah Goldwyn kämpfen gegen einen Teufels-

diener, der mit dem Totenvogel eine Symbiose eingegangen ist.

316 – Dämonen-Bingo
John besucht den Gefangenen Kid Larson im Gefängnis, der vom Teufel faselt. Larson hat ein Mädchen mit dem Messer angegriffen. Als John Larson mit dem Kreuz konfrontiert, verliert der sein Leben. Larson war Mitglied der Rockergruppe, die inzwischen als Rockband »Heart and Devil« mit Asmodis' Hilfe große Erfolge feiert. An sie wenden sich John und Suko. Sie treffen sie in einer Bingohalle, die Logan Costello gehört. Es kommt zur Auseinandersetzung, bei der Asmodis unterliegt.

317 – Okastras Grusel-Keller (1/4)
Der Geheimagent Henry Darwood wird von dem Dämon Okastra mit einem Sarazenen-Schwert geköpft. John fährt nach Spanien zu Darwoods Schwester Claudia, die Seltsames über das Grab ihres Bruders berichtet. John sucht das Grab auf und stürzt in eine tiefe Gruft, wo er an ein Spinnenmonster gerät. Claudia wird indessen von Okastra angegriffen und folgt ihm willenlos.

318 – Im Reich der Monster-Spinnen (2/4)
Suko wird von Sir James hinter John hergeschickt. Claudia Darwood ist von Okastra in sein unterirdisches Reich entführt worden. Er braucht sie als Geisel, um John zu zwingen, ihm seinen Silberdolch auszuhändigen, von dem Okastra behauptet, daß er ihm früher gehört hat. John will den Silberdolch nicht kampflos hergeben. Im selben Moment mit Okastra greift er an, wird jedoch von dessen Schwert getroffen und in einen Geist verwandelt...

319 – Götzenbrut (3/4)
[Johns Geist fährt in den Leichnam des Barbars Torkan, der erwacht]
Suko befreit Claudia Darwood aus der Gewalt einer Spinne. Nach einigen Kämpfen gelingt es ihm, die Frau auf das U-Boot vor der Küste zu schaffen. John ist von Okastras Sarazenen-Schwert getroffen worden und existiert nur noch

als feinstofflicher Geist. Auf einer Reise durch ein Zwischenreich gerät er an einen Begräbniszug in der Vergangenheit in einer Wüstengegend. Sechs Männer transportieren auf einem Ochsenkarren einen Toten. In diesen Körper fährt Johns Geist, und auf einmal ist er Torkan, der Barbar, denn der Tote erwacht. Sofort erinnert er sich, daß er starb, nachdem die Königin ihm ein Getränk gereicht hatte – Gift. Von den sechs Begleitern erfährt er, daß er Baal und seinen Leichenvögeln geopfert werden solle. Torkan/John verlangt von ihnen, daß sie ihn zu Baal bringen sollen. Er fordert den Götzen zum Kampf. Doch der Götze ist stärker. Mit seinem Zepter entflammt er in Torkan/John einen alles verzehrenden Todesschmerz.

320 – Der Fluch von Babylon (4/4)
[Johns Silberdolch im Besitz des Götzen Baal]
Suko und Claudia Darwood erleben auf dem U-Boot, wie der Dämon Okastra an Bord erscheint und die Gewalt über das Schiff übernimmt. Durch Magie schafft er es in die Vergangenheit – ins alttestamentarische Babylon, wo man Baal huldigt. Hier will Okastra sie Baal opfern. Gleichzeitig wird John im Körper Torkans von Baals Zepter getroffen. Doch John stirbt nicht, statt dessen steckt Johns Geist plötzlich wieder in seinem eigenen Körper, und die Magie des Kreuzes verscheucht den mächtigen Götzen, der jedoch Johns Dolch an sich genommen hat. Hesekiel, der Schöpfer des Kreuzes, erscheint John und legt ihm einen Plan dar, wie John und seine Freunde Okastra vernichten und in die Gegenwart zurückkehren können. John schlüpft in die Rüstung des Gideon, der dafür sein Leben gegeben hat. Zusammen mit Judith, seiner Frau, sollte er sowieso Baal geopfert werden. Auf Baals Opferstein gelingt es John, mit dem Kreuz Okastra zu paralysieren. Judith befreit unterdessen den gefesselten Suko, der seinerseits die anderen befreit, aber nicht verhindern kann, daß Judith von den babylonischen Soldaten getötet wird. John vernichtet Okastra mit dessem eigenen Schwert. Dann taucht Baal als Monster-Schlange auf, doch Hesekiel bewirkt durch die Magie des Kreuzes, daß John, Suko, Claudia Darwood und vier

Marine-Offiziere zurück in die Gegenwart nach Campa geschleudert werden, wo die Höhlen Okastras unter dem Friedhof zusammengebrochen sind. Johns Silberdolch ist zurück bei Baal geblieben.

321 – Freitag – Mordtag
John erhält Besuch von Myxin, der durch seine Totenmaske einen der restlichen drei verschwundenen Dolche Mandra Korabs gesehen hat und Ärger durch ihn befürchtet. Wenig später hat John Kontakt mit dem Medium Miriam di Carlo, das in Aibon lebt. Von Miriam erfährt John, daß Luzifer die restlichen Dolche Korabs nach Aibon geschleudert hat. Einer davon wurde dem Freitags-Killer Zack Yvon zugespielt, der damit einen gewissen Frank Boysen ermordet, damit dieser sein erstes Leben als abtrünniger Druide weiterleben kann. Myxin bleibt es schließlich überlassen, Boysen mit Mandras Dolch zu töten. Luzifer hat es nicht geschafft, seinen Diener zu schützen. Jetzt ist der fünfte Dolch Mandras wieder da, und John weiß, daß sich die restlichen beiden in Aibon befinden.

322 – Das Fratzengesicht (1/3)
323 – Gefangen am Todesfelsen (2/3)
324 – Die Geliebte des Dämons (3/3)
[Mandra Korab in einem Plankenstück gefangen]
Mandra Korab gerät auf der Suche nach dem Dämon mit Namen Fratzengesicht in Hongkong in dessen Gewalt. John, Suko und Shao fliegen nach Hongkong, um Mandra zu retten, doch der wird von dem Fratzengesicht in ein Stück Schiffsplanke verbannt. Als Shao das Fratzengesicht vernichtet, erweckt sie damit Kataya, das absolut Böse, und gerät sogar in dessen Bann, bevor sie ihn als Amaterasu besiegen kann. Mandra Korabs Gesicht ist jetzt für immer in dem Plankenstück gefangen. John nimmt es mit nach London.

325 – Zerberus, der Höllenhund
Ein Mann namens Aldo Scirinna hat den Teufel beschworen und ist für das Erscheinen des Zerberus verantwortlich. Er

will tote Hunde zu Zombie-Hunden erwecken. John, Suko und Bill vernichten die Hunde. John stellt Scirinna und Zerberus, doch Asmodis holt Zerberus in die Hölle zurück, bevor John ihn mit dem Kreuz vernichten kann. Scirinna wird vom Blitz erschlagen und zum schwarzen Klumpen verbrannt.

326 – Dämonen-Paradies
Bei einem »Mörder-Weekend« auf einem Schloß wird John mit einem richtigen Mord konfrontiert, und ein Untoter will John ans Leder. John kann ihn mit dem Kreuz vernichten.

327 – Vampir-Witwen
Bill Conolly wird im Garten seines Bungalows angegriffen und ruft John um Hilfe. Niemand ahnt, daß die vier Witwen des Barons von Tirano dahinterstecken, die John in eine Falle locken und sich dann für den Tod ihres Mannes rächen wollen. Es gelingt ihnen auch, John in ihre Gewalt zu bringen. Sie wollen ihn lebendig begraben. Doch Suko und Bill Conolly befreien ihn im letzten Moment und töten die Vampir-Witwen mit Silberkugeln.

328 – Die Werwolf-Schlucht
Auf der nördlichsten Orkney-Insel XT 2 finden John und Suko fünf ermordete Wissenschaftler. Die Mörder sind rothaarige Werwölfe, die auch John und Suko angreifen und in die Enge treiben. Dann taucht Morgana Layton auf und führt sie in eine Höhle, in deren Wand sie ein riesengroßes Abbild von Fenris geritzt hat. John glaubt, daß Morgana sie vernichten will, doch sie ist selbst eine Gefangene und will zusammen mit John und Suko von der Insel fliehen. Fenris riecht Lunte, und nur John und Suko gelingt es, von der Insel zu fliehen. Fenris erscheint noch einmal über ihnen am Himmel, mit Morgana Layton im Maul.

329 – Der Ghoul, der meinen Tod bestellte
[1. Auftritt von Yakup Yalcinkaya]
Auf John wird ein Mordanschlag verübt. Der Täter entkommt, wird aber von Suko gesehen und kann schnell

ermittelt werden. Es ist der Buchmacher Ed Gurny. Der Anschlag mißlang nur, weil ein junger Mann mit blauem Stirnband John aus der Schußlinie stieß. Dieser Retter ist spurlos verschwunden. John und Suko suchen den Buchmacher auf. Dieser liegt im Sterben. Ein Ghoul hat ihn mit einem Rasiermesser fürchterlich zugerichtet. Diesen Ghoul kann John töten. Sie erfahren, daß Gurny von dem Ghoul den Auftrag erhalten hat, John zu ermorden. Dann stirbt Gurny. Da der Ghoul in Liliputanergestalt aufgetreten ist, finden John und Suko schnell heraus, woher er kam. Im Hyde Park tritt eine Liliputaner-Truppe auf. John und Suko erfahren, daß es sich um die alte Ghoul-Sippe Semec handelt, die sich an John und Suko für den Tod Xorrons rächen will. Mit Hilfe von Johns Retter, der sich als Türke Yakup Yalcinkaya vorstellt, können sie die ganze Sippe vernichten. Yakup war auf der Suche nach John und Suko, weil sie die einzigen sind, die ihm in seinem Kampf gegen Shimada helfen können.

330 – Die lebende Legende (1/2)
331 – Ninja, Zombies und Shimada (2/2)

John und Suko fliegen mit Yakup Yancinkaya nach San Francisco, um den Tod von Yakups Freundin Helen Price aufzuklären und Shimada zu vernichten. Während Suko Hilfe bei seinen Landsleuten sucht, dringen John und Yakup in das Kloster ein, in dem Yakup ausgebildet wurde. In der unterirdischen Halle der Weisheit im Kloster, das von den mit Shimada verbündeten Yakuzas bereits eingenommen wurde, stehen John und Yakup Shimada gegenüber. John und Yakup gelingt es, gegen die Ninja mit Hilfe der lebenden toten Mönche vom Totenbaum in der Halle der Weisheit zu bestehen. Sie können Shimada vertreiben. Zii, der Vorsteher des Klosters, ein Totsprecher, spricht sich selbst tot, weil er beim Schutz des Klosters versagt hat. Vorher ernennt er Yakup zu seinem Nachfolger. Doch vorher will Yakup noch Shimada zur Strecke bringen. Mit John erreicht er nach einigen Kämpfen gegen Ninjas einen Schiffsfriedhof, wo sich alles zuspitzt. Es kommt zu einem großen Kampf. Bevor John Shimada mit dem silbernen Bumerang köpfen und vernichten kann, greift Shimadas Beschützerin Pandora ein und holt ihn in eine andere Dimension. Dabei bleiben das Ninja-Schwert und Amaterasus Fächer in Shimadas Besitz. Yakup kehrt ins Kloster zurück und will es zu einem Bollwerk des Guten ausbauen.

332 – Besuch beim Geisterhenker
John, Sarah Goldwyn und Suko jagen den Geist des Henkers Abbot und bringen ihn zur Strecke.

333 – Drei Herzen aus Eis (1/2)
334 – Grauen in den Katakomben (2/2)
[Jane Collins wird das Herz herausgeschnitten]
In London werden drei Mädchen ermordet und ihnen die Herzen entfernt. John und Suko finden heraus, daß nur ein Mann aus Paris namens Pierre der Täter sein kann, und fliegen nach Paris. Der Student Pierre hat sich dem Teufel verschrieben – und den Experimenten mit Tieren und Menschen. Er pflanzt zwei Ratten und einer Taube die Herzen ein. Die Tiere wachsen dadurch zu Menschengröße an und greifen Menschen an. Pierre mußte dem Teufel für seine Hilfe versprechen, ihm das Herz von Jane Collins zu besorgen. Mit Hilfe einer mit Schwarzer Magie gefüllten Vitrine gelingt es Pierre, Jane Collins nach Paris zu locken. In Paris werden Suko und John sowie der Geheimdienstagent Paul Meurisse von einer Riesentaube angegriffen, die John mit einer Silberkugel vernichten kann. Sie löst sich auf, und zurück bleibt nur ein Menschenherz. John, Suko und Meurisse suchen daraufhin die Wohnung Pierres auf, doch sie kommen zu spät. Trudot hat die abtrünnige Hexe Jane Collins in die Falle des Teufels gelockt, niedergeschlagen und in die Vitrine verfrachtet, mitsamt dem Würfel des Unheils. Dann hat er Jane das Herz herausgeschnitten. Paul Meurisse tötet Trudot, und John hört eine Stimme aus dem Würfel des Unheils. Sie gehört dem Geist Taniths, die ihm sagt, daß er die drei goldenen Skelette finden muß, wenn er Jane Collins noch retten will...

335 – Die goldenen Skelette (1/5)

John und Suko wollen die Vitrine mit Jane Collins in einer kleinen Privatmaschine zurück nach London bringen. Das Flugzeug wird durch eine unsichtbare Macht entführt und landet irgendwo in der Toskana in der Nähe des Schlosses der Familie Canotti. Unter diesem Schloß befindet sich ein Rest des Höllensumpfs aus Atlantis. Hier befinden sich die drei goldenen Skelette, die aus Atlantis stammen und damals Diener des Schwarzen Tods gewesen sind. Sie haben den Canottis ihren Willen aufgezwungen. Luigi Canotti, der Sohn der Familie, bringt ein Mädchen mit ins Schloß – es ist Claudine Auber, die Freundin des toten Pierre Trudot. Pierre ist von den goldenen Skeletten im Stich gelassen worden, weil er sich mit Asmodis eingelassen hat. Luigis Mutter überwältigt Claudine mit einer Bola und sperrt sie in einen Schacht, wo sie vom Höllensumpf umgeben ist. Davon wissen John, Suko und der Pilot der Maschine nichts, als sie das Schloß erreichen und unfreundlich empfangen werden. Sie wollen wieder gehen, als sie einen Schrei hören. John schickt den Piloten zur Maschine zurück, um auf die Vitrine mit Jane Collins zu achten. Dann will er mit Suko dem Schrei auf den Grund gehen, doch er wird von Maria Canotti mit der Bola angegriffen und stürzt in den Schacht und den Höllensumpf, wo er die drei goldenen Skelette und Claudine Auber entdeckt.

336 – Die Geburt des Schwarzen Tods (2/5)

John und Claudine Auber kämpfen sich durch den Höllensumpf auf dem Planeten der Magier, gelangen zu einer goldenen Pyramide und erleben, wie sie vom Sumpf verschlungen und daraus der Schwarze Tod geboren wird. Suko setzt sich mit der Familie Canotti auseinander, die zu Goldenen geworden sind, Dienern der drei goldenen Skelette. Als Suko einen von ihnen berührt, gerät er in ihren Bann und wird ebenfalls zu einem Goldenen. Die Canottis wollen nach Atlantis und als Gabe den Würfel des Unheils mitbringen. Sie begeben sich zum Flugzeug, wo Maria Canotti den Piloten umbringt, doch ehe sie den Würfel des Unheils an sich nehmen kann, treffen Hufschrauber mit Soldaten ein. – Sir

James Powell setzt sich von London aus mit einem italienischen Geheimdienstmann wegen Johns Verschwinden in Verbindung. Der erfährt von dem in der Toscana gelandeten Flugzeug und alarmiert die Soldaten. In Sir James' Büro erscheint der Eiserne Engel, von dem Sir James erfährt, daß sich John mit Claudine Auber auf dem Planeten der Magier aufhält, wo die Geburt des Schwarzen Tods stattfinden soll.

337 – Der Höllen-Detektiv (3/5)
John und Claudine Auber erleben die Geburt des Schwarzen Tods. Sie sehen, wie das Flugtier des Dämons, der Drache Nepreno, erscheint. Nepreno fängt Claudine mit seiner klebrigen Zunge ein und entführt sie. John muß machtlos zusehen. Dann sieht er, wie die drei goldenen Skelette mit dem Würfel des Unheils zurück in den Sumpf versinken, und er läßt sich ebenfalls vom Sumpf verschlucken. Er vermutet, daß er sich in der goldenen Pyramide befindet, sieht den Würfel und greift danach. – Pernell Kent, ein Detektiv, der sich dem Teufel verschrieben hat, erhält von Asmodis den Auftrag, Jane Collins endgültig zu töten und ihm den Würfel des Unheils zu bringen. Asmodis teleportiert Kent in die Toscana. Dort entdeckt Kent das Flugzeug, doch als er herantritt, wird dieses plötzlich von einem gleißenden Schein erfüllt. – Suko steht immer noch unter der geistigen Kontrolle der Canottis. Sie befehlen ihm, mit dem Würfel des Unheils den Todesnebel zu produzieren. Dieser vernichtet einige der Soldaten, die das Flugzeug stürmen. Dann beginnt Jane Collins zu sprechen, als wolle sie John warnen, irgend etwas zu tun. Suko sieht im Würfel des Unheils die Szene, wie John in der goldenen Pyramide nach dem Würfel greift, und auf einmal ist das Flugzeug von gleißenden magischen Entladungen erfüllt.

338 – Inferno in der Alptraum-Schlucht (4/5)
Der Eiserne Engel sucht Kara und Myxin bei den Flammenden Steinen auf, um durch Myxins Totenmaske aus Atlantis in die Vergangenheit zu schauen. Sie sehen das verschwundene Flugzeug im Höllensumpf und beschließen, selbst in die Vergangenheit zu reisen, um John und Suko zu helfen. –

Das Flugzeug mit Suko, den drei Canottis und dem Höllen-Detektiv Pernell Kent wird in dem Augenblick, als John in der goldenen Pyramide im Höllensumpf den Würfel des Unheils berührt, in einem gleißenden Licht durch das Zusammentreffen von Vergangenheit und Gegenwart in die Vergangenheit gerissen, und John findet sich im Würfel des Unheils wieder. Von hier aus kann er mit Jane Collins kommunizieren. Er erfährt, daß ihre wahre Seele wie die der Tanith in einem Zwischenreich schwebt und in ihrem Körper der Geist des Rippers steckt, und daß es eine Möglichkeit gibt, ihren Geist wieder in ihren Körper zurückzubringen und den des Rippers zu verjagen. Auch ohne Herz würde sie existieren können, da sie den Würfel des Unheils hat. Ohne Würfel jedoch müßte sie sterben. John soll sich mit Hilfe des Würfels in die Alptraum-Schlucht begeben, wo er die Geister der drei goldenen Skelette beschwören soll, Jane eine Rückkehr in ihren Körper zu ermöglichen. Doch die Geister weigern sich, weil John nicht wahrheitsgemäß sagen kann, daß er Jane liebt. – Suko, der jetzt in der Vergangenheit ist, kämpft gegen Kent und die Canottis. Kent (der mit seiner Höllenpistole Romano Canotti getötet hat) und Suko springen aus dem Flugzeug, nachdem es vom Schwarzen Tod attackiert wurde. Luigi und Maria Canotti sterben durch dessen Sense. – Nepreno läßt Claudine Auber, die er entführt hat, aus seiner klebrigen Zunge fallen. Dann tauchen die Horror-Reiter auf und wollen den Schwarzen Tod auf Luzifers Seite ziehen. Der Schwarze Tod lehnt ab und bietet Suko und Claudine als Ersatz an. In diesem Moment taucht über ihnen ein rotes Licht auf – das des magischen Pendels des Eisernen Engels.

339 – Die Stunde des Eisernen Engels (5/5)
Durch die Magie des Schwertes und Johns Kreuz gelangen Kara und John in das Zwischenreich der Toten, wo es ihnen gelingt, die Geister endgültig zu überzeugen, Jane Collins' Geist freizugeben, so daß er wieder in ihren Körper fahren kann. Vom Zwischenreich der Toten aus gelangen John und Kara zurück zu den Flammenden Steinen in die Gegenwart auf die Erde. Dorthin lockt Kara die drei goldenen Skelette,

wo John sich ihnen mit Karas Schwert zum Kampf stellt und sie vernichtet. – Suko entgeht nur knapp dem Tod durch die Sense des Schwarzen Tods, weil der Eiserne Engel eingreift. Dann sieht er plötzlich Jane Collins im Einstieg des Flugzeugs auftauchen. Der Eiserne Engel, Suko, Jane Collins, Claudine Auber und Pernell Kent ziehen sich ins Flugzeug zurück, als es zum Kampf zwischen dem Schwarzen Tod und den Horror-Reitern kommt, da der Schwarze Tod es ablehnt, an die Seite Luzifers zu treten. – Aus dem Höllensumpf taucht der Namenlose auf, einer der Großen Alten, der sich in seiner Ruhe gestört fühlt, und der Eiserne Engel tritt gegen ihn zum Kampf an. Doch dann sieht er, daß Pernell Kent Suko niedergeschlagen hat, und rettet diesen. Der Schwarze Tod greift wieder an. In diesem Augenblick erscheint Myxin, und durch seine Totenmaske werden Suko, Jane Collins, der Eiserne Engel und Claudine Auber zurück zu den Flammenden Steinen geholt. Pernell Kent wird vom Höllenfeuer seines Herrn Asmodis geholt.

340 – Alvas Feuerkuß
John und Bill Conolly wollen Jane Collins ins Kloster St. Patrick zu Father Ignatius bringen, weil sie befürchten, daß Asmodis auch weiterhin Jagd auf sie machen wird, um sich zu rächen und ihr den Würfel des Unheils abzunehmen. Auf dem Weg dorthin müssen sie gegen die Teufelsdienerin Alva und den Höllen-Detektiv Pernell Kent kämpfen.

341 – Die Nadel der Cleopatra
So heißt ein Obelisk in London, in den Cleopatras Diener Usanga und drei ihrer Dienerinnen gebannt sind. John tötet Usanga und die Dienerinnen und befreit Shao, die in dem Obelisk gefangen war.

342 – Vampire in Petrila (1/3)
343 – Kampf um Lady X (2/3)
344 – Vampir-Schlangen (3/3)
[Lady X wird endgültig vernichtet]
Der Vampir Boris Bogdanowich hat es immer noch nicht aufgegeben, zu versuchen, Lady X wiederzuerwecken. Er

tut sich mit Logan Costello zusammen, der seine Killer nach Rumänien schickt, um John zu töten. John und Frantisek Marek fliehen nach Petrila. Der Vampir Boris Bogdanowich erpreßt John, Lady X auszugraben und das auf ihr liegende Kreuz zu entfernen. Dann bringt Bogdanowich den ausgegrabenen Leichnam von Lady X auf das Schloß in der Nähe von Petrila. Mit Hilfe einer Schlangenmagie will er sie zum Leben erwecken. Der Leichnam von Lady X sowie auch Bogdanowich und sein Helfer werden von drei Riesenschlangen verschlungen, so daß diese ihre Köpfe tragen. Alle drei werden von John mit Silberkugeln vernichtet.

345 – Villa Frankenstein
John und Suko kämpfen in der Villa Frankenstein gegen Puppen, denen von einem Frankenstein-Monster Leben eingehaucht wurde. Als Suko das Monster mit der Dämonenpeitsche vernichtet, vergehen auch die Puppen.

346 – Medusas Horrorblick
Der Grieche Kastakis besitzt eine goldene Medusa-Statue und läßt durch sie Menschen versteinern. Sie vergeht, als John im Land der Legenden und Mythen mit Hilfe des Eisernen Engels den Geist der wahren Medusa vernichtet. Der Eiserne Engel bringt John auch zurück an den Ort, wo er in den Tunnel der Zeiten geraten ist.

347 – Satans Mädchenfänger (1/2)
348 – Zombies aus dem Höllenfeuer (2/2)
[Lilith läßt die Zeichen in der Mitte von Johns Kreuz verschwinden]
Als John mit dem Kreuz ein Höllenfeuer löschen will, verändern sich die Zeichen in der Mitte darauf. Es erscheint ein L, durch das Lilith zu ihm spricht. Auch die Zeichen der Erzengel verschwinden. Im Reich der Dämonen sind der Spuk und Asmodis aneinandergeraten, und der Spuk hätte Asmodis wahrscheinlich besiegt, wäre nicht Luzifer dazwischengetreten und hätte den Spuk in seine Schranken verwiesen. Luzifer stellt seinen liebsten gefallenen Engel – Lilith – neben Asmodis als gleichberechtigte Dämonin. Sie

soll für den Sieg der Hölle sorgen, da Asmodis dazu zu schwach zu sein scheint. John und Suko geraten in Liliths Gewalt. Als diese sie im Höllenfeuer zu Zombies machen will, greift der Erzengel Michael ein, gibt dem Kreuz die Zeichen der vier Erzengel zurück und vertreibt Lilith. Die beiden ineinandergeschobenen Dreiecke mit den geheimnisvollen Symbolen darum in der Mitte des Kreuzes bleiben verschwunden.

349 – Brücke der knöchernen Wächter
Bei der Verfolgung von Liliths Dienern wird Suko ins Land ohne Grenzen entführt. John gelingt es, ihm zu folgen, findet Suko aber nicht und muß umkehren.

350 – Die Rache der Großen Alten (1/4)
[1. Auftritt von Ali, dem Araberjungen]
John kämpft sich mit dem Araberjungen Ali durch Tanger, bis sie zwei Eisernen Engeln gegenüberstehen. Diese sind Suko im Land ohne Grenzen erschienen und haben ihm die Dämonenpeitsche und den Stab abgenommen. – In England bereiten sich Kara und Myxin darauf vor, in den Kampf zwischen der Hölle und den Großen Alten einzugreifen.

351 – Zwei Schwerter gegen die Hölle (2/4)
[Der Große Alte Kalifato wird von Asmodis vernichtet]
Zwei Eiserne Engel stehen sich gegenüber, doch bevor es zum Kampf kommen kann, verschwindet der falsche, der Suko im Land ohne Grenzen die Waffen abgenommen hat. John erfährt vom Eisernen Engel, daß dieser einen Bruder hat, der einer der Großen Alten ist. Kara und Myxin erscheinen. Zusammen mit John, dem Eisernen Engel und Ali wollen sie den Weg zur Hölle durch den Umweg über die Leichenstadt finden, und zwar über den Teil, den der Bruder des Eisernen Engels beherrscht. – In der Hölle ist der Große Alte Kalifato erschienen und will Suko töten, doch da taucht Asmodis auf, kämpft mit Kalifato und vernichtet ihn. – Myxin, Kara, der Eiserne Engel, John und Ali geraten in die Leichenstadt und erleben, wie Kalifatos Teil zerstört wird. Mit dem magischen Pendel zwingt der Eiserne Engel seinen

Zwillingsbruder, sie von der Leichenstadt ins Land ohne Grenzen zu bringen. Da zeigt sich ihnen Lilith. Sie will diesen Teil der Leichenstadt implodieren lassen, doch dem Eisernen Engel und Kara gelingt es, mit ihren Schwertern die Zerstörung aufzuhalten. John und der Araberjunge Ali werden in Hemators Welt verschlagen.

352 – Hemators tödliche Welt (3/4)
Kara und der Eiserne Engel sind in das Reich des Großen Alten Gorgos verschlagen worden, Myxin und der falsche Engel in Krols Reich, John und Ali in Hemators Reich. Suko befindet sich mit Asmodis in der Hölle. Der Spuk greift ein, bevor Asmodis Suko töten kann.

353 – Flucht vor dem Grauen (4/4)
[Die Großen Alten Gorgos, Hemator und Krol werden vernichtet]
[Der Eiserne Engel köpft seinen Zwillingsbruder und verliert sein magisches Pendel]
Kara und der Eiserne Engel zerstören Gorgos und seinen Teil der Leichenstadt mit dem magischen Pendel. – Suko wird zum Spielball zwischen Asmodis und dem Spuk. Der Spuk holt ihn sich, um ihn zu seinem Diener zu machen. – John zerstört den Turm der wimmernden Seelen in Hemators Welt mit dem Kreuz, aber ihn selbst schafft er nicht. Das gelingt erst dem Eisernen Engel, der mit der Pyramide des Wissens John und Ali rettet und Hemator mit dem magischen Pendel vernichtet, das er dabei verliert. – Myxin gerät ins Innere des Großen Alten Krol und soll von ihm zerquetscht werden. – Der Eiserne Engel kämpft mit seinem Zwillingsbruder und köpft ihn mit seinem Schwert. – Myxin gelingt es, Krol zu entkommen und ihn mit dem goldenen Schwert von Kara zu vernichten, nachdem diese zusammen mit dem Eisernen Engel in Krols Reich geschleudert wurde. Myxin, Kara, John und Ali gelangen mit Hilfe der Pyramide des Wissens zurück zu den Flammenden Steinen. Der Eiserne Engel bleibt bei einer Zwischenlandung in der Schlucht der Stummen Götter zurück. Suko bleibt verschollen.

354 – Gruft der wimmernden Seelen
Der vom Spuk beeinflußte Suko soll ins Kloster St. Patrick eindringen, um Jane Collins den Würfel des Unheils abzunehmen. Im einzigen nicht geweihten Raum des Klosters, einer Gruft, in der die toten Brüder vor der Beerdigung aufbewahrt werden, dringen sowohl Asmodis als auch der Spuk ein, als Suko Jane den Würfel abnehmen will. Jane wehrt sich mit dem Todesnebel und vertreibt den Spuk. John und Shao treffen von London aus ein. Im letzten Moment gelingt es John, den Todesnebel mit dem Kreuz zu stoppen, und Suko wird wieder normal.

355 – Die Bande der Nachzehrer
Frantisek Marek ist einigen Nachzehrern auf der Spur. Er ruft John zu Hilfe, und gemeinsam vernichten sie die Dämonen.

356 – Die Frau, die zweimal starb (1/2)
357 – Die Treppe der Qualen (2/2)
[Myxin tötet seine Mutter Macha Rothaar]
[Mandra Korab wird aus der Planke befreit]
Myxin will sich nach der Vernichtung der Großen Alten auf die Suche nach überlebenden Menschen aus Atlantis machen. John will Mandra Korab retten. Der Vogeldämon Garuda bringt ihn zu der kleinen Insel im Mittelmeer, wo sich die Treppe der Qualen befindet. Allein wäre John machtlos gewesen, aber Myxin und Kara erscheinen. Myxin kann Macha Rothaar, seine Mutter, endgültig töten. Dadurch kommt Mandra Korab aus der Planke frei, die Treppe der Qualen wird zerstört, und die Insel versinkt.

358 – Das Gespenst aus dem Hexenforst
Suko und Will Mallmann jagen das Gespenst aus dem Hexenforst, das verhindern will, daß das Militär eine Panzerstraße durch den Wald baut. Als John mit seinem Kreuz den Baum zerstört, der früher das Blut des getöteten Mannes aufgesogen hat, der zum Gespenst wurde, vergeht auch das Gespenst.

359 – Meine Henkersmahlzeit
[1. Auftritt von Akim Samaran]
Akim Samaran, ein vor langer Zeit in London lebender Perser, modellierte mit Vorliebe Kinder. Als Eltern ihn anzeigten, wurde er aus England ausgewiesen. Einer der Ankläger war der junge Horace F. Sinclair. Fast 50 Jahre später ist Samaran zurück. Er will Rache und formt aus Kinderskeletten und Wachs Puppen, die das Aussehen von Kindern seiner damaligen Ankläger haben, unter anderem das von John. John gelingt es, die drei Puppen zu töten, doch Samaran entkommt.

360 – Die Rache des Kopflosen
John und Suko vernichten einen kopflosen Teufelsdiener, der sich an den Nachkommen seiner Mörder rächen will, mit Silberkugel und Dämonenpeitsche.

361 – Satans Trucker (1/3)
362 – Der Zombie-Apache (2/3)
363 – Der Gnom mit den sieben Leben (3/3)
[Jane Collins erhält ihr künstliches Herz und bleibt bei Yakup Yalcinkaya in San Francisco]
John, Suko und Bill Conolly schaffen Jane Collins mit Shaos und Myxins Hilfe nach Texas, wo ihr ein Aluminiumherz eingepflanzt werden soll. Ali begleitet sie und wird von Texas aus von Kara und Myxin nach San Francisco zu Yakup Yalcinkaya gebracht. Asmodis benutzt einen Trucker, um doch noch den Würfel des Unheils an sich zu bringen. Gleichzeitig schickt der Spuk einen Zombie-Apachen, der Jane den Würfel des Unheils entreißt. John köpft den Zombie-Apachen mit dem Bumerang, doch der sterbende Dämon wird zusammen mit dem Würfel in die Tiefe der Erde gezogen. Suko vernichtet den Trucker und Teufelsdiener Chuck Everett mit der Dämonenpeitsche. Jane Collins kann mit ihrem Aluminiumherzen leben. Sie hat noch eine Verbindung zu dem in der Erde versunkenen Würfel des Unheils und spürt, wohin er sich bewegt. John, Suko, Bill Conolly und Jane fliegen nach San Francisco und treffen bei der Suche nach dem Würfel auf den Gnom mit den sieben

Leben, der den Würfel an sich bringen will, um ihn Shimada als Morgengabe zu überbringen. Yakup Yalcinkaya, der hinter dem Gnom her ist, tötet diesen und rettet damit John und Jane Collins das Leben. Bill Conolly und Suko geraten in das Innere des Würfels.

364 – Shimadas Höllenschloß
John sucht Yakup Yalcinkaya in dessen Kloster auf. Dort erscheint Shimadas Höllenschloß, und sie müssen gegen den Dämon kämpfen. Bevor John den Bumerang auf Shimada schleudern kann, verschwindet dieser. John beschließt, zurück nach London zu reisen.

365 – Die Grotte der Saurier
Bill Conolly und Suko befinden sich mit dem Würfel des Unheils in der Erde. Über den Würfel des Unheils können sie mit Shao Kontakt aufnehmen, und diese alarmiert John, der nach Maastricht fährt, wo es Grotten gibt, in denen Suko und Bill vielleicht auftauchen. In den Grotten erwachen zwei eingemauerte Mönche und Teufelsdiener sowie ein urweltliches Krokodil zum Leben. John vernichtet einen Mönch. Der andere und das Krokodil werden vom Würfel des Unheils getötet, denn Suko und Bill sind inzwischen mit ihm eingetroffen. Sie stecken aber noch im Fels. Suko kann John noch mitteilen, daß er sie in Pluckley, dem Dorf der zwölf Gespenster, wiedersehen kann.

366 – Zigeunerliebe – Zigeunertod
John und Shao fahren nach Pluckley, dem Dorf der zwölf Gespenster, das Suko als nächsten Treffpunkt angegeben hat. Dort im Gewölbe der Kirche gelingt es John, Suko und Bill mit Hilfe des Kreuzes aus der Erdmagie und der Magie von Aibon zu befreien.

367 – Schreckenstag (1/2)
368 – Samarans Todeswasser (2/2)
Der Würfel des Unheils befindet sich im Besitz von John und Suko, aber sie sind nicht glücklich darüber, denn noch kennen sie nicht die Kräfte, die in ihm stecken. Als Bill und Sheila Conolly von grünen Ghoulwesen angegriffen wer-

den, ahnen sie, daß der Würfel etwas damit zu tun hat. Nicht nur der Spuk scheint hinter dem Würfel her zu sein, sondern auch die Druiden aus Aibon. Sheila schlägt vor, den Würfel dem Eisernen Engel zu übergeben, dem Sohn der Stummen Götter, die den Würfel mit dem Guten versehen haben. Als John und Suko ablehnen, verlangt sie, daß John ihn mit Hilfe seines Kreuzes vernichtet. John versucht es, legt das Kreuz auf den Würfel – und John, Suko, Shao, Bill und Sheila werden in eine andere Dimension gerissen und landen in der Schlucht der Stummen Götter. Dort erfährt John von den Stummen Göttern, daß sich der Eiserne Engel in die Zone der Göttermagie zurückgezogen hat, um zu sterben, weil er den Verlust des magischen Pendels nicht überwinden kann. Die Stummen Götter gewähren John den Zugang in die Zone, die noch nie ein Mensch betreten hat. Suko, Shao, Bill und Sheila bleiben in der Schlucht zurück. John gelingt es, den Eisernen Engel wieder aufzurichten, der mit der Magie seines Schwertes den Würfel des Unheils mit Johns Kreuz herbeiholt. Doch plötzlich hört John die Stimme des Spuks, die aus dem Würfel dringt, und erfährt, daß dieser den Würfel die ganze Zeit manipuliert hat, um durch ihn in die Zone der Göttermagie zu gelangen und sie zu zerstören. John reißt das Kreuz an sich. Doch dann spielt der Spuk seine Macht aus. John fühlt sich hochgerissen, und wenig später sehen seine Freunde in der Schlucht, wie John im Würfel des Unheils verschwindet. Dann taucht der Eiserne Engel auf, der versuchen will, John gegen den Spuk zu helfen. Noch befinden sie sich in der Schlucht der Stummen Götter, doch mit Hilfe des Eisernen Engels gelangen sie nach Lauder in Schottland. Dorthin hatte der Spuk den Würfel des Unheils mit John geschafft, was der Eiserne Engel von den Stummen Göttern erfahren hat. In Lauder hat sich Akim Samaran Horace F. Sinclairs bemächtigt. Er will ihn zusammen mit dem geschrumpften John töten. Doch Suko, der Eiserne Engel und die anderen erscheinen rechtzeitig. Der Spuk, der seinen Diener Samaran nicht verlieren will, geht auf einen Kompromiß ein. Er gibt John frei, so daß er in seine normale Form zurückverwandelt wird. Dafür verschwindet Samaran in dem Würfel, der davonzischt.

369 – Das Grauen aus dem Bleisarg
Eine Untote in Schottland lockt die Mitglieder ihres Clans in ihre Gruft, um sie zu töten. John macht dem Spuk mit dem Kreuz ein Ende.

370 – Alptraum-Comic
John gerät in die Comic-Welt des Zeichners Harold Painter und muß dort gegen Monster kämpfen, bevor es ihm gelingt, sie mit dem Kreuz zu vernichten.

371 – Karawane der Dschinns
[John verliert seine Gnostische Gemme, die zu Staub zerfällt, als er sie mit dem Henkelkreuz auf seinem Kreuz in Verbindung bringt]
John wird auf offener Straße in London von Al-Acham und anderen ägyptischen Kopten entführt, die ihn zu einem Sarkophag führen, in dem Chamal Gossarah, ein mumifizierter Koptenmönch, liegt. An seiner Leiche wollen sich die Dschinns rächen, denen er sich vor etwa 1500 Jahren entzogen hatte. John und später Suko kämpfen gegen die Dschinns und vernichten sie.

372 – Werwolf-Omen (1/2)
373 – Das Schiff der Bestien (2/2)
Werwölfe wollen einen geheimen Zug überfallen, in dem die Botschafter von England und der Sowjetunion Geheimverhandlungen führen. John kommt zu spät. Die Werwölfe haben den Zug schon in ihre Gewalt gebracht. John und Suko verfolgen den von den Ascot-Werwölfen entführten Zug. Die Werwölfe ziehen sich mit den Botschaftern und Geiseln auf ein Themseausflugboot zurück. Dort wird John überwältigt und sieht sich einer Projektion von Lupina gegenüber, deren Plan es ist, die beiden Botschafter zu Werwölfen zu machen. John und Suko gelingt es, die Werwölfe zu töten und die Geiseln und die Botschafter zu befreien. Sie wissen jetzt aber, daß Lupina ihre Pläne, eine »Allianz der Werwölfe« aufzubauen, noch längst nicht aufgegeben hat.

374 – Der Inka-Henker
Eine zum Leben erwachte Statue des Inka-Henkers, der aus Atlantis stammt, bedroht die Familie Lazarro in Spanien. John vernichtet die Statue mit dem silbernen Bumerang.

375 – Bluthand aus dem Jenseits
John wird in seiner Wohnung von vier Männern in Grau aus Aibon überwältigt. Sie verlangen von ihm, die »Bluthand aus dem Jenseits« zu vernichten, die in diese Welt geschafft werden und Johns Freundin Miriam di Carlo töten soll. John fährt mit Suko nach Irland in das Dorf Cockway. Fast werden John und Miriam di Carlo von der erscheinenden Bluthand zerquetscht, doch da tauchen der Rote Ryan und andere Männer in Grau auf, die die Bluthand und die Verräter vernichten. Miriam di Carlo verschwindet mit dem Roten Ryan zurück nach Aibon.

376 – Der Spiegel des Spuks
Der Spuk schafft es mit Hilfe des Würfels des Unheils, eine uralte Magie zu reaktivieren. An einem Denkmal entsteht ein Spiegel, der eine Frau aufsaugt und sie als Spinnenmonster zusammen mit dem Dämon Bri-Onya aus der Welt der Dämonensonne wieder entläßt. Auch auf den vier Felsblöcken der Flammenden Steine entstehen Spiegel. John und Suko werden zum Denkmal gerufen und zusammen mit dem Spinnenmonster und Bri-Onya durch den Spiegel in die Welt der Dämonensonne gesogen, wo der Spuk mit dem Würfel des Unheils auf sie wartet, um sie zu vernichten. Doch Kara und Myxin erscheinen durch die Spiegel in den Flammenden Steinen rechtzeitig und retten John und Suko.

377 – General Zombie
Blitze spalten das Denkmal auf dem Soldatenfriedhof, in dem sich der Spiegel des Spuks gebildet hatte (Band 376). Die graue Masse des Spiegels verflüssigt sich und läuft auf ein Grab zu, in dem General Albert T. Hobson begraben liegt. Dieser, vor zehn Jahren von seinem Bruder zum Selbstmord gezwungen, steht als Zombie wieder auf, um sich an seinen Verwandten zu rächen. John und Suko jagen ihn und

können im letzten Moment verhindern, daß der Zombie seinen Bruder tötet.

378 – Masken-Terror (1/2)
379 – Todesfalle unter Wasser (2/2)
[John erhält den Würfel des Heils]
John befindet sich in einem Hotel in Brighton, in dem er mit Bill Conolly abgestiegen ist. Myxin hat ihn auf einen Kellner namens Eddy hingewiesen, der sich dann auch als Diener des Spuks herausstellt und verschwindet. John folgt ihm, während Bill im Hotel bleibt und Suko bittet, nach Brighton zu kommen. Während Bill die Ankunft Akim Samarans beobachtet und dann Suko empfängt, besucht John die Kriegsbunker in den Dünen, wo er Eddy vermutet. Dort begegnet er sechs Masken und dem Spuk. Dieser zeigt ihm durch den Würfel des Unheils den Fundort eines zweiten Würfels, dann will der Spuk John vernichten. Mit Hilfe des aktivierten Kreuzes kann John den Spuk in die Flucht schlagen. Als er jedoch den Bunker verlassen will, stürzt er in einen Schacht, und der Spuk öffnet Schleusen, die den Schacht überfluten sollen. Während John im überfluteten Schacht die sechs Masken-Imitate, die giftiges Gas ausströmen, mit Silberkugeln vernichten kann, sind Suko und Bill Conolly in die Gewalt von Akim Samaran und seines Leibwächters Kamikaze geraten. Mit Hilfe des Würfels des Unheils transportiert Samaran Suko und Bill Conolly in die Vergangenheit, wo diese sich neben Samaran und Kamikaze auf einem Schiff vor der Küste von Brighton in Atlantis-Zeiten wiederfinden. Auch John ist von der Macht des Würfels erfaßt worden und landet in der Vergangenheit auf einer Sandbank, wo er von Samarans Schiff aufgenommen wird. John soll nach der Truhe mit dem Würfel des Heils tauchen und ihn an Bord bringen, damit Samaran ihn vernichten kann. Suko und Bill dienen Samaran als Geiseln. John taucht und findet die Truhe. Im Besitz des zweiten Würfels, versucht er, mit diesem den Todesnebel zu produzieren, doch Samaran an Bord des Schiffes, der alles im ersten Würfel beobachtet hat, setzt die Kraft des ersten Würfels entgegen und verhindert es. John gelangt an Bord, wo es zu einer Aus-

einandersetzung kommt, in deren Verlauf John Kamikaze verwundet. Doch bevor er Samaran und seinen Leibwächter endgültig ausschalten kann, erscheint der Spuk und rettet seine Diener. Dabei vernichtet er das Schiff, doch im selben Moment schaffen Myxin und Kara es, John, Suko und Bill zurück in die Gegenwart zu den Flammenden Steinen zu schaffen. John ist jetzt im Besitz des Gegenstücks zum Würfel des Unheils.

380 – Ich und der Poltergeist
Lady Sarah Goldwyn ruft John zu Hilfe, weil ein Poltergeist in ihr Haus eingedrungen ist. Sie finden nach ersten Auseinandersetzungen heraus, daß es sich bei dem Poltergeist um Piu Hang handelt, einen asiatischen Dämon, von dem Lady Sarah eine kleine Nachbildung besitzt, die ihr ihr letzter Mann, Richard Emmerson Goldwyn, geschenkt hat. Piu Hang will sich an fünf ehemaligen englischen Offizieren rächen, die vor vielen Jahren einen Tempel ausraubten. Lady Sarah vernichtet Piu Hang mit Sukos Dämonenpeitsche.

381 – Die schwebenden Leichen von Prag (1/2)
382 – Höllenfriedhof (2/2)
[Homunkulus, das künstliche Menschlein, wird erweckt]
John fliegt nach Prag, weil dort drei schwebende Leichen entdeckt wurden. Ein gewisser Kopanek will durch diese Leichen den Ort finden, an dem der Golem und das künstliche Menschlein Homunkulus verborgen sind. In Prag triff John auf den russischen KGB-Mann Wladimir Golenkow. Er rettet John das Leben, als Kopanek ihn erstechen will. Dann gelingt es John, eine Leiche mit dem Kreuz zu vernichten, auf dem sich wieder das L von Lilith zeigt. So weiß John, wer hinter allem steckt. John und Wladimir Golenkow geraten mit Kopanek und seinen beiden schwebenden Leichen in die Vergangenheit Prags, wo Kopanek den Homunkulus findet. Die vier Horror-Reiter tauchen auf und vergrößern die Kraft des Homunkulus, bevor dieser mit Kopanek, den beiden schwebenden Leichen, John und Golenkow zurück in die Gegenwart reist. Dort stirbt Kopanek, als das Leichenhaus des Friedhofs zusammenstürzt. Die letzten beiden

schwebenden Leichen werden von John mit dem Bumerang vernichtet. Der Homunkulus jedoch entkommt. – In London entscheidet gleichzeitig Sir James Powell, daß der Würfel des Heils in den Safes von Scotland Yard aufbewahrt werden soll, statt bei John zu Hause.

383 – Londons Gruselkammer Nr. 1
Akim Samaran stellt mit seinem Diener Kamikaze John und Suko im »The London Dungeon«, einem Wachsfiguren-Kabinett, eine Falle, indem er mit dem Würfel des Unheils, den er vom Spuk erhalten hat, die Wachsfiguren lebendig werden läßt. Doch John hat den zweiten Würfel bei sich, der die Kraft des ersten neutralisiert. Am Ende holt der Spuk Samaran und Kamikaze mitsamt dem Würfel zu sich.

384 – Skylla, die Menschenschlange
In einem kleinen Fischerort am Golf von Neapel kämpfen John, Glenda Perkins und Will Mallmann gegen Skylla, die Menschenschlange, und vernichten sie.

385 – Horrornacht im Himmelbett
[1. Auftritt von Hector de Valois]
Hector de Valois wurde vor Jahrhunderten von seinen mächtigen Feinden in seinem Himmelbett mit einer Garotte erwürgt. In einem der Pfosten hatte er ein Pergament versteckt, auf dem er seine Geheimnisse niedergeschrieben hat. Seine Feinde hatten zwar seinen Körper vernichten können, aber nicht seinen Geist, der seit seiner Ermordung mit dem Himmelbett verbunden blieb. Dieses Himmelbett ist in einem englischen Schloß gelandet. Akim Samaran hat davon erfahren und ist mit Kamikaze und dem zu ihnen gestoßenen Homunkulus hinter ihm her. Auch John hört davon. Mit Suko und Bill Conolly fährt er zum Schloß, wo es zu einer großen Auseinandersetzung kommt. Dabei verbrennt das Himmelbett sowie ein Großteil des Pergaments, das Suko in einem der Bettpfosten gefunden hat. Für einen Moment sieht John das Gesicht von Hector de Valois, als er sein Kreuz einsetzt. Samaran, Kamikaze und Homunkulus können fliehen.

386 – Götzentanz im Märchenpark
[Homunkulus stirbt durch Sukos Dämonenpeitsche]
Sowohl John als auch der Spuk wollen das Geheimnis des Hector de Valois lösen. In Florida lebt ein Nachkomme des Kreuzritters, Hugo de Valois. Er ist Besitzer des Vergnügungsparks Adventure World. Der Spuk schickt Akim Samaran, um durch Hugo de Valois das Geheimnis seines Vorfahren zu lüften. Er entführt Hugos Frau und erpeßt ihn. John und Suko kämpfen gegen sie in dem Park, in dem Samaran den nachgebildeten Götzen Sokk-Ull zu magischem Leben erweckt. Während John den Götzen mit dem Bumerang vernichtet, gelingt es Suko, das künstliche Menschlein Homunkulus durch die Dämonenpeitsche zu Staub zerfallen zu lassen. Der Spuk holt Samaran mit dem Würfel zu sich, Kamikaze flieht, nachdem er noch Hugo de Valois erstochen hat.

387 – Satans Killerhai
John und Suko fahren nach Cornwall. Dort hat der Fischer Tom Jones einen Riesenhai gesehen, in dessen Maul der Teufel mit einem Dreizack gestanden hat. Es ist tatsächlich Asmodis, der seinen Diener Ansgar of Osborne, einen Ritter, wieder zum Leben erweckt. Dieser Ritter hat früher einen Dämonenschrein hergestellt, in dem eine Reliquie des Spuks liegt. Diese will Asmodis haben, und der untote Ritter soll ihn zu dem Schrein führen. Doch John und Suko können sowohl Ansgar als auch den Killerhai vernichten und wollen sich nun ihrerseits auf die Suche nach dem Dämonenschrein begeben.

388 – Der Dämonensarg
John und Suko sind weiterhin auf der Suche nach dem Dämonenschrein, der von den Dämonen Tri-Arion, Casial und Murghal, Dienern des Spuks, bewacht wird. John tötet Tri-Arion mit dem Kreuz und findet den Dämonenschrein. Doch da spricht der Seher zu ihm und rät ihm, auf die Reliquie des Spuks, einen weißen Schädel, zu verzichten. John überläßt ihn Casial und Murghal. Bevor diese den Schrein für den Spuk in Sicherheit bringen können, tauchen Asmo-

dis und Luzifer auf. Asmodis tötet die beiden Diener des Spuks, und Luzifer nimmt den Schrein mit der Reliquie an sich.

389 – Der Ghoul und seine Geishas
Shao wird von Dienern Amaterasus entführt. Sie wollen sie Susanoo, Amaterasus Bruder, ausliefern, damit er Amaterasu aus dem Dunklen Reich freiläßt. John und Suko werden auf eine Geisha-Schule aufmerksam, und sie suchen sie getrennt voneinander auf. John wird von dem Besitzer überwältigt und soll wie Shao einem Ghoul geopfert werden. Amaterasu greift ein, verleiht Shao ihre Kräfte, die den Ghoul zerstören und John aus den Klauen des Monsters befreien.

390 – Ich folgte der Teufelsspur (1/2)
391 – Der flüsternde Tod (2/2)
In Devon wird Sarita, eine junge Zigeunerin, von zwei Rockern als Hexe verbrannt. Sie ist tatsächlich eine Teufelsdienerin. Um sich an den Einwohnern von Devon zu rächen, erweckt sie den flüsternden Tod und geht mit ihm eine magische Verbindung ein. Bevor sie jedoch ihre Absicht in die Tat umsetzen kann, gelingt es John, sie und den Schädel des flüsternden Tods mit dem Kreuz zu vernichten.

392 – Phantom-Kommando
Hester Shapiro sucht John auf, und beide werden von auf Schieferplatten fliegenden Gestalten mit silbernen Masken angegriffen, die Brandpfeile auf sie abschießen. Es stellt sich heraus, daß Hesters Mann, der von den Gestalten bereits ermordet wurde, einem geheimnisvollen Bergvolk aus den Pyrenäen einen Götzen, eine armlange silberne Statue, gestohlen hat, die diese sich zurückholen wollen. John schafft es, das Phantom-Kommando mit Hilfe des Würfels des Heils zu vernichten. Hester Shapiro findet den Tod. John ist jetzt im Besitz des silbernen Gottes, der seiner Meinung nach eine Spur zu den Templern ist.

393 – Diablitas Mörder-Gnome
[John lernt Hector de Valois kennen]
John und Suko untersuchen im Keller des Yard die silberne Statue. Dabei wird John in die Vergangenheit gerissen, in die Zeit des Hector de Valois und das Reich der Königin Diablita. Dort muß er an einem Turnier teilnehmen und besiegt einen Ritter mit seinem Bumerang. Als Siegerpreis erhält er Harun, das Orakel – es ist dieselbe Statue, die sich auch in London befindet. Diablita will John durch ihre Gnome töten lassen, aber sie schafft es nicht. John, der Hector de Valois kennenlernt, übergibt diesem das Orakel Harun, und ehe Diablitas Häscher John töten können, holt Suko ihn mit Hilfe der Statue und des Würfels des Heils zurück in die Gegenwart nach London. Wenig später zerfällt die Statue zu Staub.

394 – Die Unheimliche vom Schandturm
In Köln, vor Jahrhunderten, steigt Gertrude Ricardis als Zombie aus dem Grab und tötet ihren Mann Rudolph und dessen Geliebte Gretchen. Daraufhin wird sie mit ihren beiden Schimmeln im Schandturm (Ricardis-Turm) eingemauert. In der Gegenwart erscheint sie wieder und wird von Will Mallmann gesehen, als sie einen Menschen tötet. Mallmann ruft John zu Hilfe, und diesem gelingt es, den Zombie mit dem Kreuz zu vernichten, bevor dieser die Ricardis-Familie auslöschen und den Kölner Dom entweihen und zerstören kann.

395 – Ich liebte eine Voodoo-Queen
Moira Cargal, die Schwester des von John zur Strecke gebrachten Damion Cargal (PB 2 – Voodoo-Land), will sich an John rächen und lockt ihn in London auf einer Tourismus-Messe in die Falle. Sie setzt ihn unter Drogen und schläft mit ihm, bevor sie ihm mitteilt, wer sie ist und daß sie ihn von Zombies umbringen lassen will. Suko, der etwas Schlimmes ahnt, forscht nach, wohin John gegangen ist, und kann ihn schließlich zusammen mit Shao retten. Moira Cargal kommt ins Gefängnis.

396 – Mord-Marionetten
Im Yard Building wird ein Beamter von einer Puppe getötet. John findet heraus, daß es mit der im Gebäude in Haft sitzenden Moira Cargal zusammenhängt. Als auch Sir James Powell verwundet wird, entschließt sich John, Moira Cargal aus der Zelle zu holen, um durch sie das Geheimnis der mordenden Puppen zu lösen. Sie will sich immer noch an ihm rächen und führt ihn zu einem Mr. Doll, der die Marionetten lenkt. Mr. Doll hatte Moira versprochen, ihr zu helfen, wenn sie einmal in einer Klemme stecken sollte. Doch im Kampf gegen John nimmt er auch auf Moira keine Rücksicht und tötet sie. John gelingt es, Mr. Doll und seine Marionetten mit dem Bumerang zu vernichten.

397 – Ein Duft von Tod und Grauen (1/2)
398 – Die Töchter von Atlantis (2/2)
Sheila Conolly alarmiert John, als in einer Mannequin-Truppe seltsame Dinge geschehen. Es geht um ein Parfüm namens »Dark Mystery«, das die Gefahr auslöst und einen Henker erscheinen läßt. Auch John begegnet ihm und erfährt, daß die Besitzer von »Dark Mystery« drei Nymphen aus Atlantis sind und daß Zusätze des Parfüms aus Knochen des Henkers bestehen, denn der ist körperlos. Bei der Modenschau steigt eine große schwarze Wolke aus unzähligen Parfümflaschen und reißt John und die drei Mannequins Sina, Laura und Isabell mit sich. John hört noch die Stimme des Henkers, der sagt, daß er die drei Töchter aus Atlantis kennenlernen wird. John und die drei Mannequins sind auf einer kleinen, unbewohnten Mittelmeerinsel gelandet, wo ein Geisterschiff auftaucht. John erkennt es als Schiff der Macha Rothaar, Myxins Mutter. Die Skelette ihrer drei Dienerinnen, der Töchter von Atlantis, bemächtigen sich der Körper der drei Mannequins und werden zu Nixen, die John zu becircen versuchen. Myxin erscheint und vernichtet den körperlosen Henker. Dadurch vergehen auch die Nixen, und Myxin kehrt mit John nach London zurück, wo Suko bereits dafür gesorgt hat, daß das Parfüm »Dark Mystery« aus dem Verkehr gezogen wird.

399 – Totentanz im Urnengrab
John fliegt nach Rio de Janeiro und jagt drei Zombies, die aus dem Urwald nach Rio gekommen sind. Es sind drei Weiße, die von den Aiminas-Indianern getötet worden sind. Ein Weißer, der das mit einer Videokamera gefilmt hat, konnte fliehen und alarmiert die Polizei. Dieser hat den Indios etwas gestohlen, das sie zurückhaben wollen.

400 – Jenseits-Melodie
Der österreichischen Kaiserin gefällt die Musik von Manfredo Cardinal nicht und verbietet ihm, in Schloß Schönbrunn zu musizieren. Als er sich nicht daran hält, werden ihm auf Befehl der Kaiserin vom Henker der Kopf und die rechte Hand abgeschlagen. Diese wachsen zu einem Gebilde zusammen, das den Henker erwürgt. In der Gegenwart hat in Wien der Musiker Hans Conrad die Noten von Cardinal erhalten und wird mit der Musik erfolgreich. Doch als er ein Stück in einem Wiener Caféhaus spielt, erscheint das Gebilde von Cardinals zusammengewachsenem Kopf und seiner Hand und erwürgt Conrad. John hört das Lied von einer LP in London und erinnert sich, es in Aibon vom Roten Ryan gehört zu haben. Er forscht nach Conrad, und als er in Wien anruft, hört er von dessen Tod. Mit Suko fliegt er nach Wien und tötet dort Cardinal und den toten Conrad, aus dem ebenfalls ein Gebilde aus Kopf und Hand wurde.

401 – Das Vampir-Internat
Ein Bekannter von Bill Conolly weist ihn darauf hin, daß in einem Inernat nicht alles mit rechten Dingen zugeht. John und Bill forschen nach und finden heraus, daß Jungen und Mädchen durch den Chip einer Firma namens Acron zu Vampiren werden. Auch Bill Conolly ereilt das gleiche Schicksal. Mit seinem Kreuz kann John ihn retten. Der Seher erscheint und erklärt John, daß sich in dem Chip das Kristallblut (Sternenstaub) des Sternenvampirs Lord Acron befunden hat, das von diesem bei einem Besuch der Erde vor unendlich langer Zeit zurückgelassen und seitdem in einem Tempel aufbewahrt wurde. Jetzt hätte jemand den Sternenstaub gefunden. Er sagt nicht, wer. Aber Suko, der

wegen des Acron-Konzerns ermittelt, erfährt, wer dahintersteckt: Akim Samaran.

402 – Der Feuerkult (1/3)
403 – Baals Opferdolch (2/3)
404 – Karten des Unheils (3/3)
Während John und Bill Conolly das Acron-Lager in London untersuchen und dabei Kamikaze begegnen, trifft Suko in Kalifornien mit Yakup Yalcinkaya auf Belisana, eine Dienerin des Götzen Baal. Belisana lockt Suko und Yakup in San Francisco zu Akim Samaran, damit sie zusehen, wie er von ihr die Weihe des Feuerkults erhält. Akim Samaran will mit ihr zusammen Suko und Yakup töten. Doch Suko gelingt es mit Hilfe des Stabes, Samaran ins Meer zu werfen und Belisana mit der Dämonenpeitsche zu vernichten. Samaran kehrt mit Baals Opferdolch, dem Drachenmesser, aus dem Meer zurück, schwächt Suko und Yakup mit der Ausstrahlung des Dolches bis zur Bewegungsunfähigkeit und ist bereit, sie mit dem Dolch zu töten. – Inzwischen haben John und Bill Conolly im Lager des Acron-Konzerns in London Kamikaze überwältigt und den Sternenstaub, den dieser in die Lord-Acron-Spiele-Chips füllen wollte, mit dem Kreuz vernichtet. Sie bringen Kamikaze in eine Einzelzelle im Yard Building. Dort tobt Kamikaze und nimmt telepathisch Verbindung mit Samaran auf, wobei die Szene, wie Samaran die wehrlosen Suko und Yakup vor sich am Strand liegen hat, auf die Zellenwand projiziert wird. John droht, Kamikaze zu erschießen, wenn Samaran Suko und Yakup tötet. Samaran gibt nach und läßt die beiden am Leben. Später meldet er sich bei John. Er will ein Duell, und John soll Kamikaze mitbringen. John willigt ein, läßt Kamikaze aber mittels einer Spritze aus dem Verkehr ziehen. In einem stillgelegten Krematorium kommt es zum Kampf. Da Kamikaze wieder erwacht, schafft dieser es gemeinsam mit Samaran, John eine Falle zu stellen. Johns Ende scheint unabwendbar, doch Bill Conolly eilt John zu Hilfe und tötet Kamikaze mit der Goldenen Pistole. Akim Samaran flieht, nachdem John ihm Baals Opferdolch abgenommen hat. – Inzwischen hat Sarah Goldwyn die Kartenlegerin Ludmilla Prokowa aufgesucht,

weil diese einen Artikel über Baal geschrieben hat. Es stellt sich heraus, daß die Prokowa eine Verehrerin Rasputins ist, der wiederum den Götzen Baal anbetete. – In seinem Büro will John Baals Opferdolch mit dem Kreuz in Verbindung bringen, doch plötzlich erscheint das Gesicht Rasputins. Dann verschwindet Baals Opferdolch wie von Zauberkraft und landet in Ludmilla Prokowas Schulter. – John und Suko beeilen sich, zu dieser Prokowa zu gelangen, und treffen rechtzeitig ein, um die Prokowa davon abzuhalten, Lady Sarah zu ermorden. Die Prokowa tötet sich selbst mit dem Dolch. John nimmt ihn an sich und bringt ihn jetzt mit dem Kreuz zusammen. Mit dem Dolch geschieht nichts, aber auf dem Kreuz, dort, wo einmal die Zeichen waren, die Lilith gelöscht hatte, erscheint Rasputins Gesicht.

405 – Mit Blut geschrieben
John, Suko und Lady Sarah fliegen nach Leningrad, um in einem alten Kloster, in dem Rasputin als Mönch gelebt hat, nach Rasputins Testament zu suchen. Sie setzen sich mit Wladimir Golenkow in Verbindung, der ihnen gezwungenermaßen nicht verrät, daß dieses Kloster inzwischen eine Kaderschule des KGB beherbergt. Der Leiter Oberst Tschigin ist davon überzeugt, in den Engländern Spione vor sich zu haben. Dennoch gelingt es ihnen, das Testament zu finden. Rasputin, dessen Gesicht sich auf dem Kreuz abzeichnet, leitet sie dabei. Er hat Lady Sarah dazu ausersehen, das Testament an sich zu nehmen und aus dem Kloster zu schaffen. Oberst Tschigin jedoch läßt auf das Buch schießen. Bevor John und Suko es an sich bringen können, wird es von Baals Opferdolch vernichtet. Der Dolch verschwindet, und Rasputins Gesicht zeigt sich nicht mehr auf dem Kreuz.

406 – Finale in der Knochengrube
[John erhält seinen Silberdolch von Baal zurück, jedoch ohne Zeichen darauf]
Suko hat von Rasputins Testament ein paar Seiten retten können. Nachdem Oberst Tschigin von Baals Leichenvögeln getötet wurde und das Koster abbrannte, erfährt Wladimir Golenkow von einer einsamen Gegend an der Wolga, wo

eine Frau lebt, die Rasputin noch gekannt hat. Sie vermuten, daß sich dort die im Testament erwähnte Knochengrube Baals befindet, und fliegen hin. Im Sumpf, auf einer Art Altar über seiner Knochengrube, will Baal gerade die letzte Mitwisserin, die Tochter der Ludmilla Prokowa, töten, als John, Suko und Wladimir Golenkow auftauchen. Mit Hilfe seines Stabes gelingt es Suko, Baal den Opferdolch abzunehmen, damit John ihn gegen seinen Silberdolch tauschen kann. Baal schleudert den Silberdolch auf John, aber das Kreuz aktiviert sich, und der Erzengel Michael persönlich bildet einen Schutzschild vor John, von dem der Dolch abprallt. Baal zieht sich zurück. Sein Opferdolch zergeht in der Hand von John, und als dieser den Silberdolch aufhebt, muß er erkennen, daß alle Zeichen darauf verschwunden sind.

407 – Am Tisch des Henkers
John erfährt von Mandra Korab, daß ein gläserner Sarg mit einer Frauenleiche von Indien aus unterwegs nach London ist. Er fährt zum Flughafen und erlebt dort, wie der Leichnam als Zombie aus dem gläsernen Sarg steigt und verschwindet. Die Tote ist eine Dienerin der Göttin Kali und will sich an Offizieren rächen, die sich vor Jahrzehnten in Indien an ihr vergangen haben. Suko tötet das Zombiemädchen mit einer Silberkugel.

408 – Der Drachenblut-Vampir
John und Suko werden von dem irischen Mädchen Ria Rush nach Irland gerufen. Sie hat den Ruf der Banshee vernommen. Es stellt sich heraus, daß Ria die Tochter der Miriam di Carlo ist. Diese weiß, daß nur John und Suko in der Lage sind, die Banshees, zu denen auch sie gehört, vor dem Drachenblut-Vampir zu retten, der alle Banshees vernichten will. Ria Rush stirbt, als sie den Lockvogel spielt, dann erst gelingt es John, den Vampir mit dem silbernen Bumerang zu vernichten.

409 – Raissas Raubtier-Horror
Auf dem Weg zurück von Irland nach London geraten John

und Suko in die Jagd einer Milizeinheit nach Raubtieren, die zwei ihrer Kameraden getötet haben. Die urweltlichen Raubtiere gehören zu einem Mädchen Raissa, das mit ihrem Begleiter Krull die Ankunft des Halleyschen Kometen abwartet, um Monster aus ihren Gräbern auf einem Druiden-Tierfriedhof steigen zu sehen. Fast wäre John ein Opfer dieser Monster geworden, doch Myxin, Kara und der Eiserne Engel tauchen auf und vernichten die Monster, nachdem diese Raissa und Krull getötet haben.

410 – Tödliche Perücken
Der Haarstylist Lucien Sabre ist Londons berühmtester Coiffeur. Niemand weiß, daß er ein Ghoul ist, der Satan dient. Er stellt sechs Perücken her, die er sechs seiner jungen Friseusen aufsetzt, um sie ebenfalls zu Satansdienerinnen zu machen. John wird durch Bill Conolly auf diesen Fall aufmerksam. Er kann den Ghoul entlarven und vier der Mädchen retten. Sabre selbst wird von Suko mit der Dämonenpeitsche vernichtet.

411 – Der Herold des Satans (1/2)
412 – Ein Grab aus der Vergangenheit (2/2)
[1. Auftritt von Abbé Bloch und des silbernen Skeletts von Hector de Valois]
Ein französischer Kollege von Bill Conolly holt John nach Frankreich, weil in dem kleinen Ort Medoque ein unsichtbarer Herold spukt. Als John ihn mit Hilfe seines Kreuzes sichtbar macht, sieht er einen Werwolf in mittelalterlicher Rüstung vor sich, der ihm jedoch entkommen kann. Bei der Verfolgung hetzt eine Reiterin zwei Bluthunde auf John, die dieser jedoch ausschalten kann. John findet heraus, daß diese Frau Manon Medoque ist, die im nahen Schloß wohnt. Manon Medoque beherbergt in ihrem Schloß zwölf Werwölfe. Der Herold ist ein Vorfahr von ihr, der ihr Verbindung zu Lupina verschaffen soll, die sich in einem Zwischenreich befindet. Er schafft es, und Manon verwandelt sich vor den Augen von John in eine Werwölfin, nachdem Lupina ein Bild von sich in den Thronsaal projiziert hat. Die Medoque will Lupinas Nachfolge antreten. Die Werwölfin

und ihre Werwolf-Diener reiten davon, während John den Herold des Satans mit dem Kreuz vernichtet. Er fährt zum Dorf Medoque, weil er glaubt, daß die Werwölfe über die Menschen herfallen wollen. Dort begegnet er einem Priester namens Abbé Bloch. Es stellt sich heraus, daß er ein Templer ist. Abbé Bloch weiß, daß die Werwölfe etwas anderes vorhaben, und er führt John zu einem Friedhof, den die Loire nur bei extremem Niedrigwasser freigibt und auf dem sich das Grab von Hector de Valois befindet. Die Werwölfe wollen dieses Grab vernichten. Als sie die Grabplatte heben, werden sie jedoch von einem grellen Licht geblendet und sind blind, so daß Abbé Blochs zwölf Templer sie mit silbernen Pflöcken vernichten können. John rettet Abbé Bloch dabei das Leben und tötet später die geflüchtete Manon Medoque mit einer Silberkugel. Im Grab liegt das silberne Skelett des Hector de Valois, das von Abbé Bloch und seinen Templern geborgen wird.

413 – Ich stellte die Killer-Mumien
Da John wegen Nebels nicht von Frankreich nach London zurückfliegen kann, nimmt er den Zug. Auf der Fahrt von Valence nach Paris begegnet John zwei Mumien, die eine Spur der Verwüstung hinterlassen, bevor er sie mit seinem Kreuz vernichten kann.

414 – Zweikampf um die Ninja-Krone (1/2)
415 – Roboter-Grauen (2/2)
[Yakup Yalcinkaya holt sich die Ninja-Krone]
Yakup Yalcinkaya wird von dem Toten Zii im Totenbaum des Klosters gewarnt. Shimada sei dabei, die Krone der Ninja an sich zu bringen und somit Amaterasu noch tiefer ins Dunkle Reich zu stoßen. Yakup reist nach Japan, gerät dort aber in Shimadas Gewalt. Asmodis taucht auf und verlangt von Yakup, für ihn die Krone zu besorgen. Er rettet dafür Yakups Leben, als dieser gegen die grausamen Drei kämpft, die Wächter des Heiligen Schreins, in dem die Ninja-Krone liegt. Asmodis kämpft gegen Shimada, und es scheint, als hätte er diesen besiegt. – Inzwischen hat Jane Collins John alarmiert. Dieser fliegt mit Suko nach Tokio. Sie

wissen nur, daß sich Yakup in ein Tal der Schatten begeben wollte. Mit Kommissar Muroto suchen sie einen Mann namens »Der Falke« auf, geraten aber in eine Falle. Der Falke hat einen Zwillingsbruder namens Yamiga, einen genialen Erfinder, der ihnen seine Mord-Roboter auf den Hals hetzt. – Yakup Yalcinkaya holt sich die Ninja-Krone aus dem Heiligen Schrein in der Höhle im Tal der Schatten. Draußen lauern Asmodis und Shimada, um ihm die Krone abzunehmen. Als Yakup die Krone aufsetzt, bemerkt er, daß er unsichtbar ist, daß die Dämonen auch seine Aura nicht erfassen können. Asmodis will Shimada vernichten, doch der ruft seine blaue Festung herbei, die ihm Schutz bietet. Dabei gerät Yakup in die Festung und sieht Shimada, wie dieser eine Szene in der Wirklichkeit der Erde beobachtet. Diese Szene zeigt John und Suko, die von Mord-Robotern bedroht werden. Durch ein Tor, das Shimadas blaue Festung mit Yamigas Bau verbindet, gelangen Yakup und auch Shimada dorthin. Beim alles entscheidenden Kampf zwingt Yakup Yamiga, die Mord-Roboter aufeinander zu hetzen. Sie vernichten sich gegenseitig. John schleudert den Bumerang auf Shimada, der jedoch von seiner Beschützerin Pandora mittels der blauen Festung gerettet wird. Dann zeigt sich der unsichtbare Yakup seinen Freunden, indem er die Ninja-Krone abnimmt, die nun in seinen Besitz übergegangen ist.

416 – Im Namen der Hölle
Jane Collins wird in San Francisco von einem Höllengericht nach Alcatraz entführt, wo sie als Rache für Wikka geköpft werden soll. Bill Conolly liest in London, daß der Kopf einer Hexe in San Francisco gefunden wurde. John fliegt mit ihm hin. Gleichzeitig mit Yakup Yalcinkaya finden sie die Spur von Jane Collins und können sie ihm letzten Moment retten. Yakup köpft die beiden Henker des Höllengerichts, und John tötet den Richter mit Bill Conollys Goldener Pistole.

417 – Die Straße der Gräber
[Für John stellt sich zum ersten Mal die Frage, ob er früher schon einmal gelebt hat]
Will Mallmann hat John und Suko nach Deutschland in den

Schwarzwald gerufen, weil es dort einen Mann gibt, der in eine andere Dimension geschaut und dort die Horror-Reiter gesehen hat. Der Mann behauptet, daß das Tal, das er gesehen hat, in Wirklichkeit existiert. Er lockt John dorthin, wo dieser von sieben Personen gefangengenommen wird. Sie glauben alle, daß sie schon einmal gelebt haben. In der folgenden Nacht soll eine Verbindung zur Vergangenheit hergestellt werden, und John soll für sie herausfinden, wer sie damals gewesen sind. John gerät in die Vergangenheit. Er begegnet den Horror-Reitern und erlebt mit, wie diese sieben Menschen töten, die zu den Templern gehören. In die Gegenwart zurückgekehrt, berichtet John den Leuten von ihrer Vergangenheit. Die Horror-Reiter tauchen auf und töten zwei von ihnen. Dann gelingt es John, sie mit Hilfe seines Kreuzes in ihre Dimension zurückzuschleudern.

418 – Das Richtschwert der Templer
[John erfährt, daß er schon einmal als Hector de Valois gelebt hat]
[Akim Samaran stirbt]
John erfährt von einem Richtschwert der Templer durch Sir James Powell, dessen Clubfreund Gordon Stanhope danach geforscht hat. John und Suko fliegen nach Zypern und finden Stanhope tot in seinem Haus vor. In der Nähe befindet sich das Kloster St. Helena, in dessen Gruft das Richtschwert der Templer auf der Mumie von Lord Stanhopes Bruder Lorne liegt. Akim Samaran ist Lord Stanhopes Mörder. Er nimmt auch John gefangen. Doch Suko befreit John noch rechtzeitig, bevor er von einer Sprengladung in der Luft zerrissen wird. Dann nehmen sie das Richtschwert an sich, in dessen Griff sich die gleichen Zeichen befinden wie auf Johns Kreuz. Als er beide miteinander in Verbindung bringt, kreuzen sich die Zeichen, und Hector de Valois, dem das Schwert gehört hat, steht vor ihm. Von ihm erfährt John, daß er als Hector de Valois schon einmal gelebt hat. Dann verschwindet de Valois wieder. Samaran versucht, John und Suko mit Handgranaten zu töten, und schafft es, das Schwert an sich zu nehmen. Als John die Formel ausspricht, schmilzt das Schwert, und das flüssige Metall geht mit

Samaran eine Verbindung ein, indem es ihn tötet und einen goldenen Klumpen mit ihm bildet.

419 – Der Grusel-Star
[1. Auftritt von Vincent van Akkeren]
John und Suko, die sich von einem Fischerboot zum nächsten Ort bringen lassen wollen, werden von der schwarzen Yacht eines Vincent van Akkeren angegriffen und gefangengenommen. Van Akkeren erweist sich als Anführer der Baphomet-Clique der Templer und will von John wissen, wo sich Abbé Bloch und das silberne Skelett Hectors de Valois befinden. Van Akkeren war auch hinter dem Richtschwert der Templer hergewesen, das John vernichtet hat. Bevor van Akkeren John und Suko töten lassen kann, taucht ein englischer Kreuzer auf. Van Akkeren wird auf Baphomets Thron sitzend von Asmodis in die Hölle geholt. Die schwarze Yacht explodiert.

420 – Aibons Schlangenzauber
In einer Disco spielt eine Band Lieder aus Aibon. Deshalb gehen John, Suko und Shao hin. Die Band entpuppt sich als Aibon-Menschen. Die Sängerin, Ziana, ist die Schwester des Roten Ryan, eine Dienerin des abtrünnigen Druiden Guywano, die ihren Bruder in eine Riesenschlange verwandelt hat. Der Rote Ryan kann nur durch das Blut eines unschuldigen Mädchens erlöst werden. Die zehnjährige Eileen ist dazu bereit. Ziana versucht das zu verhindern, wird jedoch von den Männern in Grau getötet. Sie kehren mit dem zurückverwandelten Roten Ryan nach Aibon zurück. Das Mädchen Eileen überlebt.

421 – Willkommen im Fegefeuer
[Johns Bentley wird von einem Baphomet-Diener mit einem Flammenwerfer zerstört]
John wird von einem Baphomet-Diener in einen Schacht gerissen und landet bei Baphomet im Fegefeuer. Er versucht, Baphomet mit dem Würfel des Heils zu vernichten, doch das gelingt ihm nicht. Der Würfel bringt ihn auf die Erde zurück.

422 – Der Werwolf-Jäger
Der Werwolf-Jäger Michail Chirianow findet bei einem erlegten Werwolf in der russischen Taiga wichtige Notizen über die Werwolf-Elite. Er meldet das nach London, und Wladimir Golenkow sorgt dafür, daß Chirianow nach London fliegt, wo er mit John verhindert, daß sich die Werwölfe in der russischen Gesandtschaft einen Stützpunkt aufbauen. Im Keller des Hauses finden sie ein Bild von Lupina. Die Königin der Wölfe ist diesmal keine Projektion, sondern Wirklichkeit.

423 – Ralley des Schreckens
Drei Menschen werden von einem fliegenden Rennwagen ermordet. John und Suko kommen einem keltischen Götzen namens Wahina auf die Spur, dessen Grabmal auf der Insel Killy Island liegt, und vernichten ihn.

424 – Das lebende Bild (1/2)
425 – Der Kampf mit dem Höllendrachen (2/2)
John und Will Mallmann bekämpfen in Nürnberg Baphomet-Diener. John wird durch ein Bild in die Vergangenheit gezogen, wo er den Horror-Reitern begegnet. Sie kehren zusammen durch das Bild in die Gegenwart zurück. Suko ist inzwischen da. Mit John gelingt es ihm, die Horror-Reiter ins Bild zurückzuzwingen und es dann zu vernichten.

426 – Palast der Schattenwürger
[Jane Collins kehrt nach London zurück]
Der englische und der amerikanische Geheimdienst stehen vor einem Rätsel. Bereits drei ihrer Männer sind irgendwelchen geheimnisvollen Schatten zum Opfer gefallen. John fliegt nach Marokko, kämpft von Marrakesch aus mit dem amerikanischen Geheimagent Max Culver gegen die Schattenwürger in deren Schattenpalast in der Wüste. Es gelingt ihnen, sowohl die Schattenwürger als auch den Schattenpalast zu vernichten.

427 – Die Knochen-Küste
Als John aus Marokko zurückkehrt, erfährt er, daß Jane Col-

lins wieder in London ist und bleiben will. Um zu sich zu finden, ist sie in den Badeort Seaford gefahren. Von Sir James erhält John den dienstlichen Befehl, dorthin zu fahren und sich mit Jane auszusprechen. In Seaford sind durch Janes Anwesenheit drei Meerhexen zum Leben erwacht, die Jane töten wollen. Gemeinsam mit John gelingt es ihr, die Hexen zu töten.

428 – Jiri, der Flammenteufel
John und Suko werden von Jiri, dem Flammenteufel, nach Mostar in die Herzegowina gelockt, wo er Tempelritter aus ihren Gräbern befreien will, die Baphomet/van Akkeren ein Geheimnis offenbaren sollen. Es ist eine Falle für John und Suko, doch sie entkommen ihr. Suko gelingt es, Jiri mit der Dämonenpeitsche zu vernichten, und John tötet die aus den Gräbern gestiegenen Zombies. John und Suko bleiben jedoch in Mostar, denn noch hat sich van Akkeren nicht gezeigt.

429 – Höllenfahrt der Templerkutsche
[zum ersten Mal das Templersiegel]
John findet das Siegel der Templer in einem Brunnen in Mostar. Als die Templerkutsche auftaucht, steigen John und Suko ein. John aktiviert das Siegel, und die Kutsche bringt sie nach London, wo sich inzwischen Vincent van Akkeren an Jane Collins herangemacht hat und sie in die Templerkirche lockt, wo er vier Templer und Baphometdiener erweckt, die als Hyänen aus ihren Gräbern entsteigen. Mit John und Suko sind die feinstofflichen Geister von vier guten Templern nach London gelangt. Sie töten die Hyänen und verschwinden dann. Van Akkeren entführt Jane in die Hölle.

430 – Vampir-Geschwister
John hört durch Sarah Goldwyn von zwei Vampiren, die im Wark Forest ihr Unwesen treiben sollen. Dort hat Richard Löwenherz damals das Luna Castle vernichtet und eine Vampir-Familie ausgerottet. Zwei Geschwister überlebten. Sie werden von John aufgespürt und mit Silberkugel und Templersiegel getötet.

431 – Kathedrale der Angst
[Das Templersiegel bleibt beim silbernen Skelett von Hector de Valois]
Abbé Bloch schafft das silberne Skelett des Templerführers Hector de Valois nach Alet-les-Bains, um ihm in der Kathedrale der Angst in der Nähe des Dorfes eine neue Heimstatt zu geben. Dazu muß er Baphomets bösen Geist aus der Kathedrale verbannen, der sie in seinen Besitz genommen hat. Durch die Rückseite seines Templersiegels erfährt auch John von der Kathedrale der Angst. Er ist dabei, als Abbé Bloch das silberne Skelett in die Kathedrale bringt. John überläßt dem Skelett das Siegel und das Kreuz, mit dem es die Diener Baphomets vernichtet. Das Siegel bleibt bei Hector de Valois, der in der Kathedrale eine neue Heimstatt findet.

432 – Magico (1/2)
433 – Zeitbombe London (2/2)
Vincent van Akkeren benutzt die entführte Jane Collins, um das Böse namens Magico aus dem All auf die Erde zu holen, damit es das Sinclair-Team zerstört. Magico saugt Jane förmlich aus, holt sich von ihr sämtliche Informationen, die er benötigt. Um Johns Freunden seine Macht zu zeigen, zerstört er einen Teil der Flammenden Steine. Kara, Myxin und der Eiserne Engel verbünden sich daraufhin mit dem Spuk, der Magicos Macht fürchtet. Kara erhält von ihm drei Tropfen vom Trank des Vergessens, damit sie gegen Magico kämpfen kann. Magico hat inzwischen auf dem Flug von Paris nach London John in seine Gewalt gebracht und ihn in den Mahlstrom der Zeiten geschleudert, wo er auf ewig verdammt sein soll. Nach Jane Collins entführt Magico auch Shao und bringt sie in seinem gläsernen Sarg zu van Akkeren. John gelingt es, mittels des Würfels des Heils und seines Kreuzes den Mahlstrom der Zeiten zu verlassen und Suko, Yakup und Sir James vor der Vernichtung Magicos zu retten. Magico stirbt durch die Kraft des Kreuzes. Jane Collins und Shao werden durch eine Sondereinheit des Geheimdienstes durch Zufall befreit. Van Akkeren kann mit Hilfe von zwei Horror-Reitern entfliehen.

434 – Die Rache der Menschenjäger
Der zweite Fall des jungen Scotland-Yard-Inspektors John Sinclair hatte ihn auf eine unbewohnte Insel 150 Meilen vor der Küste von Senegal geführt, wo er Skiibar, den Gott der Geier, vernichtete. Zurück blieben vier Diener des Dämons, riesige Geier mit Menschenköpfen, die John Rache schworen. – Jahre später tauchen diese Geisterdämonen in London auf und töten die beiden Piloten, die John damals zur Insel gebracht und wieder abgeholt haben. Sie wollen auch John ans Leder, doch er und Suko vernichten die Geier.

435 – Das Hexentor (1/2)
436 – Tanz auf dem Scheiterhaufen (2/2)
[Sukos Harley-Davidson bleibt in der Hexenwelt Liliths]
Jane Collins, die vorerst bei den Conollys wohnt, hat Alpträume. John fährt hin. Auf seinem Kreuz sehen sie Hexendienerinnen, die eine Abbildung Liliths anbeten, damit Lilith das Hexentor öffnet, das ihre Feinde verschlingen soll. John findet den Ort. Das Hexentor entsteht ausgerechnet durch sein Kreuz, und es verschlingt Suko und Shao, die John zu Hilfe eilen wollen. Dann zerstört John das Tor, indem er die Formel des Kreuzes spricht. Suko und Shao schlagen sich mit der Harley-Davidson durch die Hexenwelt Liliths, nachdem sie durch das Hexentor gezogen wurden. John und Jane versuchen mit Hilfe der Hexendienerin Dominique, das Hexentor mit Hilfe des Kreuzes noch einmal entstehen zu lassen, was ihnen auch gelingt. Dabei verschwindet Dominique mit der Statue Liliths und stirbt. Shao und Suko werden durch das Hexentor ausgespien, die Harley-Davidson jedoch bleibt zurück.

437 – Serenas teuflische Horde
Serena, atlantische Dämonin und ehemalige Geliebte Myxins, ist erwacht, als Magico die Flammenden Steine beschädigt hat. Sie ist mächtig durch den Besitz der Lebenssalbe. Mit ihr will sie sich auf der Erde zu einer Herrscherin aufschwingen. Dazu will sie als Refugium die Flammenden Steine in ihren Besitz bringen. Doch sie kann Myxin und Kara, die von John und Suko unterstützt werden, nicht

bezwingen. Bevor sie jedoch getötet wird, greift der Eiserne Engel ein und verschwindet mit ihr. Niemand kennt den Grund dafür: Der Eiserne Engel vermutet nämlich, daß Serena einen Weg kennt, seine Väter, die Stummen Götter, aus ihrer Verbannung zu befreien, und den will er von ihr erfahren.

438 – Schlangenhand
In Lissabon vernichten John und Suko Vasco, den Mönch mit der Schlangenhand, der vor 200 Jahren einen Pakt mit dem Teufel geschlossen hat.

439 – Das Folterbett
John wird um ein Haar von einem Nachtmahr in einem alten Folterbett getötet. Will Mallmann und das zehnjährige Mädchen Ute Bender retten ihm das Leben.

440 – Mein letzter Fall? (1/3)
441 – Die Beerdigung (2/3)
442 – Der Blick ins Jenseits (3/3)
[1. Auftritt von König Salomo]
Asmodis bläst zum Großangriff auf John. Er lockt den richtigen John in einer Templer-Komturei aus dem Mittelalter in Südbelgien in eine Falle. Gleichzeitig schafft er einen Doppelgänger von ihm, den er von Costellos Killern vor Sukos und Jane Collins' Augen ermorden läßt. Auf dem Friedhof erkennen Suko und Jane an der fehlenden Gesichtsnarbe, daß der Tote nicht John ist. Jane Collins bemerkt außerdem, daß noch starke Hexenkräfte in ihr schlummern, mit deren Hilfe sie einen Gangster tötet. Der Plan von Asmodis ist es, John das Orakel in der Templer-Komturei in Südbelgien mit seinem Kreuz öffnen zu lassen und ihn dann zu töten. Abbé Bloch verhindert das. Er schleudert das Buch der grausamen Träume, das John schon in den Händen hält, ins Tor zum Jenseits zurück und schließt es mit Johns Kreuz. Dabei spricht er eine Formel, die John noch nicht kennt. Er hört die Worte Salomos, von dessen Weisheit und dem Schlüssel zur Welt. Dann ist das Tor zum Jenseits wieder verschlossen.

443 – Lady Panthera
John begegnet Panthera, eine Frau, die seit Salomos Seiten lebt und behauptet, eine Dienerin Salomos gewesen zu sein. Doch sie ist eine Verräterin, die sich damals dem Götzen Baal verschrieben hat, der es ihr durch seine Magie ermöglichte, weiterzuleben. Dafür mußte sie ihm versprechen, ihm irgendwann das Kreuz Salomos zu beschaffen, was ihr bei Salomo nicht gelungen war. John vernichtet sie, indem er das Glasgefäß mit Salomos Blut mit einer Berettakugel zerstört.

444 – Die Nonne mit der Teufelsklaue
John vernichtet gemeinsam mit Father Ignatius in dem kleinen Ort Watermeetings in Schottland die Nonne Bethsame, die mit ihrer Teufelsklaue mehrere Morde beging.

445 – Horror-Quiz
Auf einer Insel vor Englands Küste kämpfen John, Suko und Bill Conolly gegen van Akkerens Monster, die bei einem Horror-Quiz aus Spielkarten steigen. Van Akkeren selbst kann entfliehen.

446 – Der Fluch aus dem Grab
John bringt den Hexer Miles Bannion, der Menschen in den Selbstmord treibt, zur Strecke.

447 – Totenschiff der Templer
John reist mit Suko an die Cote d'Azur, wo er den untoten Capitaine Noir, einen Halbbruder von Hector de Valois, in der Kirche von Estes köpft.

448 – Salomos Omen
John gelangt durch ein Dimensionstor (ein Hexameter, Salomos Siegel) in die Vergangenheit nach Palästina zu Salomos Zeiten und vernichtet dort ein paar Diener des Götzen Baal, der sich als Panther zeigt. Dabei erfährt er, daß Salomo schon die Formel kannte, mit der auch sein Kreuz aktiviert wird.

449 – Das Schreckgespenst
John gerät in die Gewalt eines Schreckgespenstes, das im Presse-Club des Verlegers Sir Wilfried Cavendish spukt und mordet. Der Geist hat Besitz von Dr. Ampitius ergriffen. Dieser wird von Suko mit der Dämonenpeitsche vernichtet.

450 – Sukos Totenfeier (1/2)
451 – Drei Gräber bis Soho (2/2)
Susanoo, der ins Dunkle Reich verbannte Bruder der Sonnengöttin Amaterasu, will endlich wieder frei sein und den Fächer der Amaterasu an sich bringen. Dazu müssen seine Helfer, die Dämonentrommler, nach London kommen, und Shao, die letzte in der Ahnenfolge der Amaterasu, töten. Sie schaffen es auch und töten Shao in einer ihrer großen Trommeln. – Susanoo erscheint durch Shao auf dem chinesischen Friedhof, doch Suko kann ihn mit Hilfe des Stabs zurückschlagen. Dann ist Shaos Leichnam verschwunden und taucht später in Sukos Wohnung wieder auf. Susanoo steckt in ihrem Körper. Buddhas Stimme sagt Suko, er solle Shao/Susanoo mit dem Stab vernichten, ohne das Wort Topar zu rufen. Suko sticht den Stab in Shaos Körper, der sich auflöst. Nur ein weißes Skelett bleibt zurück.

452 – Udexa kommt
John vernichtet das Kröten-Monster Udexa in dem kleinen Ort Wye.

453 – Im Bann des Pegasus
Auf der griechischen Insel Samos begegnet John dem mythischen geflügelten Pferd Pegasus und seinem Reiter Dochonios und lernt die ersten Psychonauten kennen.

454 – Der blutrote Zauberteppich
John fliegt mit seinem Zauberteppich ins Paris von 1314 und erlebt mit, wie der Templerführer Jacques-Bernard de Molay auf dem Scheiterhaufen stirbt.

455 – Der Lord und die Geister-Lady
Auf der Suche nach Shao besorgt Suko sich den Würfel des

Heils aus den Tresoren Scotland Yards und kann zusammen mit John, der aus einer anderen Richtung ermittelt, einen Angriff der Schatten aus dem Dunklen Reich Susanoos durch die Dämonensonne auf die Erde verhindern. Dabei hat er einen unsichtbaren Helfer, der mit Amaterasus Pfeilen Sukos Gegner tötet.

456 – Shao – Phantom aus dem Jenseits
Shao zeigt sich wieder. Zuerst als schwarzes Phantom, das Suko und John mit ihren Armbrustpfeilen ein paarmal das Leben rettet. Dann zeigt sie sich, indem sie aus der roten Sonne Amaterasus steigt. Sie lebt, aber von nun an wird sie bei Amaterasu bleiben, um mit ihr gegen Susanoo und Shimada zu kämpfen.

457 – Jagd nach dem Templer-Gold
John kann nicht verhindern, daß der Templer-Schatz im Odenwald, der von Malapartus, dem Hüter des Schatzes, bewacht wird, in die Hände des Baphomet-Vertreters Vincent van Akkeren fällt.

458 – Der Zombie-Zug
John rast mit dem von Beelzebub gelenkten Zombie-Zug in die Hölle und wird, als er sein Kreuz aktiviert, vom Seher gerettet und zurück auf die Erde gebracht.

459 – Geheimwaffe Ghoul
Vor dem Gipfeltreffen der Präsidenten Reagan und Gorbatschow in Reykjavik gelingt es John und Suko zusammen mit dem CIA-Agenten Mark Baxter, der die Gabe hat, sich unsichtbar zu machen, den russischen KGB-Agenten Topol auszuschalten, der seine Geheimwaffe Ghoul zum Einsatz bringen wollte.

460 – Der grausame Wald (1/2)
461 – Lupina gegen Mandragoro (2/2)
[Lupina wird von Mandragoro vernichtet]
John, Suko und Bill Conolly untersuchen eine Umweltkatastrophe in Wales, wobei ein Waldstück völlig entlaubt

wurde. Ein paar Pfadfinder, die zu dieser Zeit im Wald waren, verwandeln sich in Monster. – John, Suko und Bill Conolly fahren hin. Gleichzeitig erhält Lupina von Fenris die Chance, auf die Erde zurückzukehren. Ausgerechnet den vernichteten Wald in Wales weist er ihr als Heimstatt zu. Doch sie gerät an Mandragoro, den Herrscher über die Natur, und dieser vernichtet sie durch Gift. Sie stirbt in Gegenwart von John und Suko in Morgana Laytons Armen. Mandragoro nimmt die bei der Umweltkatastrophe zu Monstern gewordenen Pfadfinder mit nach Aibon.

462 – Wo der Orlock haust (1/2)
463 – In den Fängen eines Teufels (2/2)
Auf der Suche nach dem Mörder von Professor van Dyken kommen John und Suko auf ein Schloß an der Westküste Englands in der Nähe des Dorfes Trevose. Auf diesem Schloß hat vor 100 Jahren ein gewisser Orlock gehaust, den sie den Schänder nannten, weil er junge Mädchen ermordete. Man hat ihn damals lebendig in einer Gruft eingemauert. John vermutet jedoch, daß er noch lebt. – Mit Suko jagt er den Orlock. Während John den Untoten mit dem Kreuz vernichtet, schlägt sich Suko mit dem Schulungsleiter des Schlosses, Kenneth Dalton, herum und macht ihn schließlich unschädlich.

464 – Gemälde des Grauens
John und Suko vernichten vier Monster, die aus einem Gemälde steigen und einen Maler ermorden.

465 – Heute Engel – morgen Hexe
Auf der Verfolgung einer Vampirin geraten John und Suko auf die Nebelinsel der Vampirin Layana bei den Inneren Hebriden. Dort treffen sie auf Dienerinnen der Königin von Saba.

466 – Die Königin von Saba
[1. Auftritt der Königin von Saba]
John und die Archäologin Dr. Jenna Jensen lassen das goldene Henkelkreuz der Königin von Saba auf den Kreuzer

»Bristol« schaffen. Dort im Lagerraum erscheint John zum ersten Mal die Königin von Saba. Layana, die Feindin der Königin, versucht, den Kreuzer zu übernehmen, doch John tötet sie mit dem Silberdolch. Das goldene Henkelkreuz vergeht.

467 – Der Nebelmörder
Der Horrorfilm-Regisseur Dino Faretti verfilmt das Leben des Nebelmörders Jeremy Ice, der vor 50 Jahren von der Polizei erschossen wurde. Niemand ahnt, daß er ein Teufelsdiener ist, der sich aus der Asservatenkammer der Polizei Mantel und Hut des Nebelmörders holt. Er tötet drei Menschen, bevor John ihn mit einer Silberkugel stoppen kann.

468 – Grab-Phantome greifen an
Bei Umbauten in der kleinen Taufkirche in Refrath (Wohnort Jason Darks) bei Köln wird ein Kreuz entfernt. Dadurch werden Baal-Diener befreit. Will Mallmann und John gelingt es, sie zu vernichten.

469 – Tödlicher Flammengruß
Der Esoterik-Autor Herbert Friday experimentiert mit seinem Unterbewußtsein, das sich selbständig macht und Friday beherrscht. Als John Friday tötet, vergeht auch sein zweites Ich.

470 – Baphomets Totenwächter (1/2)
471 – Schandturm der Templer (2/2)
In Paris wird der Kind-Dämon Baphomet II geboren. Abbé Bloch ruft John zu Hilfe. Sie wollen Baphomet vernichten, ehe er Unheil über die Welt bringen kann. Doch mit den Horror-Reitern, Vincent van Akkeren und seinen Ratten hat Baphomet mächtige Verbündete. Es gelingt ihm, John und Suko, der John nach Paris gefolgt ist, in seine Gewalt zu bringen. Sie sollen von Baphomets Ratten getötet werden. – John und Suko werden ins Mittelalter verschlagen und lösen den Fluch der Vintusse-Brüder, Templer-Rittern, die als Untote aus der Templer-Kapelle in Soho auferstanden sind.

472 – Monsterrache
John und Suko vernichten einen alten Aibon-Schamanen, der auf einem gesunkenen Schiff zu Hause war und als Mumie oder Skelett auftrat und jeden tötete, der seine Ruhe störte.

473 – Drogenteufel von Stonehenge
Myxin verhindert, daß 5 Wächter von Aibon die 5 Steine von Stonehenge vernichten, die aus Atlantis stammen.

474 – Der Hexenstein
John vernichtet die Gastern-Hexe, die im Hexenstein am Eingang des Gasterntals gefangen war und von dem Zombie Thomas befreit wurde. Auch den Zombie, gegen den John schon im TB52 »Tödlicher Vatertag« kämpfte, wird endgültig vernichtet.

475 – Meine Totenbraut
Bei John meldet sich Margaretha Dufour und behauptet, sie sei seine Braut und wolle ihn heiraten. Margaretha ist ein Geist aus dem Mittelalter, die damals Hector de Valois heiraten sollte, was Diablita verhinderte, indem sie Margaretha tötete, ihr aber ein Leben als Geist ließ. John fährt mit Suko nach Frankreich, wo Margarethas Geist schließlich von Hector de Valois, dessen Gesicht auf Johns Kreuz erscheint, endgültig getötet wird.

476 – Kalis tödlicher Spiegel
Durch den verräterischen Inder Singal werden John, Suko, Bill Conolly und Mandra Korab durch einen Spiegel in Kalis Reich gelockt, wo sich die Totengöttin an ihnen rächen will. Nur mit Hilfe des Adlers Garuda gelingt es John, sich und seine Freunde mit der Heiligen Silbe auf seinem Kreuz zu retten.

477 – Tanzplatz der Verfluchten
John begleitet den New Yorker G-man Abe Douglas nach Vermont, wo er nahe des Ortes Rainbow Falls mit seinem Kreuz den Geist eines Irokesen-Schamanen vernichtet.

478 – Der Horror-Kalender
Der Maler Javankala befreit eine gebannte Harpyie, eine Mischung aus Frau und Vogel, die aus Atlantis stammt. Sie dankt ihm dafür, indem sie ihm Bilder eingibt, mit denen er Erfolg hat. Doch dann wollen sie ein gemaltes Monster lebendig werden lassen, damit es das Grauen über die Menschheit bringt. John und Suko vernichten die Harpyie und bringen den Maler vor Gericht.

479 – Die Nacht der bösen Angela
[Abbé Bloch erblindet]
Vor 200 Jahren hat der Vorfahr Abbé Blochs, Romain Bloch, ein Vampir, das Mädchen Angela gebissen, sie zur Vampirin gemacht und sie in den Sumpf gestoßen. Sie soll den Sumpf erst wieder verlassen, wenn Baphomet wiedergeboren wird. John und Abbé Bloch können verhindern, daß Angela Baphomets Amme wird, indem John die Vampirin mit einer Silberkugel tötet. Abbé Bloch jedoch erblindet, als Baphomet mit seinem Blick die Silbermaske auf Blochs Gesicht zum Schmelzen bringt.

480 – Der Doppel-Zombie
Vincent van Akkeren reaktiviert Jilette, den Doppel-Zombie, um Abbé Bloch im Londoner Krankenhaus und zugleich John zu töten. Gemeinsam mit Suko gelingt es, Jilette und 4 Rocker auszuschalten. Dann erfahren sie, daß Abbé Bloch für immer blind bleiben wird.

481 – Im Schlund des Dreitöters
Im Kaukasus werden Monster gesichtet. Wladimir Golenkow schickt drei KGB-Agenten hin, doch die verschwinden spurlos. Golenkow ruft John zu Hilfe. Durch ein Dimensionstor in der Wohnung der Frau eines der verschwundenen KGB-Agenten gelangen sie in den Kaukasus, wo sie dem Dreitöter begegnen, einem Monster mit drei Köpfen, links Ratte, in der Mitte Mensch und rechts Krokodil. John vernichtet das Monster mit seinem Silberdolch.

482 – Die mörderischen City-Gnome
Guywano, der Druidendämon aus Aibon, will einen Pakt mit Baphomet schließen, der ihm helfen soll, das gesamte Aibon zu beherrschen. Sie treffen sich in London, doch der Pakt wird von John und Suko verhindert.

483 – Der Yeti ist da
Der Wissenschaftler Jasper Moore läßt ein Yeti-Baby aus dem Himalaya in die USA schmuggeln. Er zeigt es seinem Freund Dr. Karl Mertens, der entsetzt ist und von ihm verlangt, daß er es tötet. Jahre später, Dr. Karl Mertens arbeitet inzwischen für den Geheimdienst, tötet ein Monstrum in den Bergen von Wyoming sechs Menschen. Dr. Mertens holt John nach Wyoming, und zusammen bringen sie sowohl Jasper Moore als auch den Yeti zur Strecke.

484 – Die Rächerin aus Aibon
Jarveena, ein Engel aus Aibon, der zu den Trooping fairies gehört, rächt den Tod ihrer Eltern, für den drei vom Druidendämon Guywano angeheuerte Menschen verantwortlich sind. Dafür wird Jarveena vom Roten Ryan in Guywanos Reich verbannt.

485 – Whisper – der Staubgeist
John und Suko bringen den erblindeten Abbé Bloch, dem sie den Würfel des Heils übergeben haben, nach Alet-les-Bains zurück. Inzwischen hat der Dämon Whisper, der Staubgeist, auf Baphomets Anweisung hin den Nachbarort von Alet-les-Bains, Alcoste, mitsamt seinen Menschen in Staub verwandelt. Das Ziel Whispers ist es, auch die Kathedrale der Angst zu zerstören. Doch das silberne Skelett von Hector de Valois entsteigt seinem Sarkophag, vernichtet Whisper und vertreibt Baphomet. Das Dorf Alcoste mit seinen Bewohnern steht plötzlich wieder heil an seinem alten Platz.

486 – Der unheimliche Shaolin (1/2)
487 – Im Tempel des Drachen (2/2)
[Yakup Yalcinkaya erhält die Heilenden Handschuhe]
In einem uralten Kloster in Tibet liegt eine mächtige Waffe

verborgen: die Handschuhe des Drachengottes, die die Kraft ihres Besitzers verdoppeln, aber auch heilen können. Sowohl Shimada als auch das Sinclair-Team sind hinter den Handschuhen her. Shao taucht zum ersten Mal nach ihrem Verschwinden wieder auf und nimmt John, Suko und Yakup Yalcinkaya mit auf eine Dimensionsreise nach Tibet. Dort hilft ihnen der Geist des alten Shaolin-Kämpfers Lin Cho zu verhindern, daß Shimada die Handschuhe an sich nimmt. Yakup Yalcinkaya tritt das Erbe des Shaolin an. Shao kann Shimada den Fächer der Amaterasu nicht entreißen, bevor dieser mit Hilfe seiner Beschützerin Pandora flieht.

488 – Die Mumie und der Totengott
Im Ort High Halden beschwört Lord Ralston mittels einer kleinen gläsernen Pyramide, die er aus Ägypten mitgebracht hatte, die löwenköpfige Kriegsgöttin Sechmet. Als sich die Pyramide vergrößert, wird John gerufen. Er dringt in sie ein und landet im alten Ägypten. Mit Hilfe seines Kreuzes kann er zurückkehren und Sechmet schließlich mit dem Kreuz vernichten.

489 – Der Rächer des Schwarzen Tods
Ein vor 80 Jahren wegen 14fachen Mordes Gehängter ruft John an und sagt, er sei der Rächer des Schwarzen Tods. Er entführt Glenda Perkins in sein Totenreich, wo seine 14 Opfer als Zombies existieren. Mit ihr lockt er John in eine Disco, wo er als Zauberer auftritt. John rettet Glenda und vernichtet Mr. Blake mit dem silbernen Bumerang. Als er stirbt, zerfallen die Zombies zu Staub.

490 – Höllen-See
Ein paar Huren, die sich Angels of Love nennen, sind spurlos verschwunden. Eine Hure namens Chrysantheme informiert John, aber sie werden von den Dienern des Propheten vom blutigen Schwert, dessen Sekte die Mädchen verfallen waren, gefangengenommen. Sie sollen auf einer Insel im gläsernen See des Propheten sterben – wie alle anderen Verräter vor ihnen. Mit Hilfe Sukos gelingt es den beiden zu

entfliehen. Der Prophet vernichtet seine Insel mit dem gläsernen See selbst.

491 – Der Blutjäger
Als Eva Leitner, eine junge Deutsche, die in London lebt, erfährt, daß ihre Schwester Karin auf der Schwäbischen Alb von einem Vampir getötet wurde, bittet sie John um Hilfe. Sie fliegen nach Deutschland, wo John vor einer Höhle auf der Schwäbischen Alb den Blutjäger, einen riesigen Fledermaus-Vampir, mit Silberkugeln und seinem Kreuz vernichtet. Auf dem Rückweg zum Dorf wird John mit Eva Leitner im Heu einer Scheune intim.

492 – Die Wölfin von Rom
In Rom, wo die Conollys Urlaub machen, wird Johnny Conolly von einem Wolf entführt. Dahinter steckt Morgana Layton, die Mensch-Wölfin, die vom Götterwolf Fenris den Auftrag erhalten hat, die Nachfolge von Lupina anzutreten und die Schaffung der Werwolf-Elite voranzutreiben. John rettet Johnny mit dem Kreuz auf dem Petersplatz. Fenris greift ein und rettet Morgana Layton, bevor sie von der Magie des Kreuzes vernichtet wird.

493 – Janes Umkehr (1/2)
494 – Hexen-Polterabend (2/2)
Die Hexe Edwina und drei ihrer Schwestern erwecken den Hexenmeister Abandur. Der will Jane Collins zurückholen und sie zu seiner Braut machen. Edwina versucht, die Horror-Oma und Glenda Perkins zu töten, scheitert aber und wird von der Silberspitze an Lady Sarahs Spazierstock getötet. John und Suko verhindern, daß der Hexenmeister Abandur Jane Collins zurück in die Hölle holt. John vernichtet Abandur mit dem Kreuz. Doch der hat Jane schon einen Teil ihrer Schönheit geraubt, so daß sie tagsüber das runzlige Gesicht einer alten Frau hat.

495 – Teufelsspuk und Killer-Strigen
Strigus hat sich mit Asmodis zusammengetan und erscheint in einer neuen Doppel-Existenz in London, um Jane Collins

zu entführen. Es gelingt ihm, John als Geisel zu nehmen, doch am Ende gelingt es Jane, ihre alten Hexenkräfte zu mobilisieren und die neue Existenz von Strigus zu zerstören. Der alte Strigus ergreift die Flucht.

496 – Das Knochenhaus
Der Zigeuner Eric Mayotte will ein Haus zerstören, in dem die Hexe Looza haust. Dabei stirbt er. Mit Hilfe von Erics Schwester Maya findet John das Haus und vernichtet die Hexe mit einem Medaillon, das er von Maya Mayotte erhalten hat. Durch Looza erfährt John, daß aus Jane Collins eine Weiße Hexe werden könnte.

497 – Söldner aus Atlantis
Vier CIA-Agenten, drei Männer und eine Frau, verschwinden auf ihrer Flucht vor Rebellen durch den mexikanischen Dschungel in einem alten Tempel. Der Geist von Macha Rothaar, Myxins Mutter, hat sie nach Atlantis geholt. Vier Jahre später kehren sie nach New York zurück. Sie haben von Macha Rothaar den Auftrag, eine im Central Park verborgene Lanze hervorzuholen, eine Kristallwaffe, mit der sie Myxin töten sollen. John, Suko und Kara können nicht verhindern, daß die »vier Vergessenen« mit der Lanze zu den Flammenden Steinen gelangen. Doch bevor die Frau Myxin töten kann, gelingt es Kara, mit ihrem Schwert die Lanze zu vernichten.

498 – Die Totentänzerin
Glenda Perkins wird von Gangstern entführt, die John zwingen wollen, sie zu der Totentänzerin Ifune zu führen. John gerät mit Ifune in ihr ägyptisches Grab, das sie mit Horus, dem Falkengott und ihrem Geliebten, teilt. Ifune ist zu einem Kristallmenschen geworden. Als John die Formel seines Kreuzes spricht, wird Ifune von der Falkengestalt des Horus vernichtet, und John kehrt in seine Welt zurück. Glenda Perkins ist inzwischen zufällig von spielenden Kindern befreit worden.

499 – Garingas Fluch (1/2)
500 – Der Dunkle Gral (2/2)
[John erhält den Dunklen Gral, der mit dem Kelch des Feuers identisch ist]
John erhält einen Tip bezüglich des Dunklen Grals. Er begibt sich nach Garway und läuft in eine Falle Vincent van Akkerens. Dieser bietet ihm einen Handel an. Er kann alles über den Gral erfahren, wenn er das Schwert Gottfried von Bouillons an sich nimmt. Dadurch erwacht der Dämon Garinga zum Leben. Durch die Entgegennahme des Schwertes muß John gegen Garinga kämpfen. John tötet Garinga, indem er sein Kreuz aktiviert. Durch den Tod des Dämons erscheint Peter von Aumont, ein Templer und Besitzer des Grals. Von ihm erfährt John, daß der Gral längst in seinem Besitz ist unter dem Namen »Kelch des Feuers«. Bill und Suko, die sich ebenfalls nach Garway begeben haben, sind mittlerweile von Baphomet überwältigt worden und sollen lebendig begraben werden. Sie werden von Aumont befreit. Van Akkeren erpreßt John mit der Ermordung Bills. Er will den Gral besitzen. John überreicht ihn ihm, hat jedoch auf Tanith Anraten hin das Kreuz in den Kelch gelegt. Er aktiviert es und vertreibt so van Akkeren und Baphomet.

501 – Die Mord-Clique
Jane Collins soll sechs böse Geister beschwören. Sie wird durch die Entführung Lady Sarahs dazu erpreßt. Sie informiert John und begibt sich zu den Entführern. Während sie die Geister herbeiholt, findet sich John ein. Die Geister ergreifen Besitz von den Entführern. Mit Johns Kreuz werden die Geister vernichtet, die Entführer überleben.

502 – Die Disco-Hexe Tessy
Der Sohn eines Kollegen von John wird entführt. Bei seinen Nachforschungen trifft John auf die Rockmusikerin Tessy. John findet bei ihr ein Dimensionstor. Er springt hindurch, wird aber von Tessy verfolgt. Durch die Aktivierung des Kreuzes verschließt John das Tor und gelangt zurück zur Erde. Tessy bleibt in der Dimension gefangen, ebenso wie

der Sohn von Johns Kollegen, den Tessy dorthin entführt hatte.

503 – Adelige Blutsauger
Auf einem schottischen Truppenübungsgelände wurde ein Vampir gesichtet. John entdeckt in der Nähe des Gelände eine Burg und findet dort den toten Schloßherrn. Die Burg wurde von den 200 Jahre alten Ahnen der Besitzer übernommen, die Vampire sind. John trifft auf die beiden Vampire und vernichtet sie.

504 – Lorna, die Löwenfrau
In einem Londoner Gericht verwandelt sich eine Frau vor Zeugen in eine Löwin. Bill und John verfolgen den Fall und stoßen auf Dr. Lataresse, der sie außer Gefecht setzt. Suko gelingt es, den Doktor und Lorna mit der Dämonenpeitsche zu vernichten.

505 – Der japanische Geist
Der Sumo-Ringer Naginata hat einen japanischen Geist zum Verbündeten. Dieser greift ein, wenn er in Bedrängnis gerät, und tötet dann den Gegner. John und Suko erfahren von diesem Geist. Als Naginata bemerkt, daß John und Suko ihm auf den Fersen sind, will er John töten. Zusammen mit der auftauchenden Shao gelingt es John, den Ringer auszuschalten. Der Geist besteht aus einem Samurai und einem Geisterwesen. John tötet den Samurai mit dem Bumerang und Shao den Geist durch einen Schuß in sein Zyklopenauge.

506 – Das unheimliche Grab
John und Will Mallmann untersuchen eine Reihe mysteriöser Unfälle. Sie treffen auf ein Skelett. Im nächstgelegenen Ort erfahren sie, daß es sich um den Mördermönch Rusko handelt, der aus Rumänien stammt und nur Fahrer aus seinem Land angreift. Er hat Unterstützung von Galinka Bachmann, die einen weiteren Fahrer entführt und ihn mit Rusko opfern will. John tötet den Mönch mit dem Kreuz und nimmt Galinka fest, die daraufhin Selbstmord begeht.

507 – Die Lady mit dem Schädeltick
In der Nähe von Bristol wird ein Wrack gehoben, in dem die Leiche von Lady Madeline Brent gefunden wird. Madeline taucht als Zombie auf und schickt die Köpfe ihrer vor 200 Jahren getöten vier Liebhaber los, um Schrecken zu verbreiten. John, Bill und Suko können drei Schädel vernichten. Als John Lady Madeline stellt, tötet Bill den vierten Schädel, wodurch auch der Zombie vernichtet wird.

508 – Morganas wilde Meute
Dr. Jenna Jensen sucht in der ägyptischen Wüste das Grab der Königin von Saba. Sie wird von Morgana Layton angegriffen und begibt sich zu John nach London. Morgana erscheint mit ihren Wölfen bei Dr. Jenna Jensen und will sie töten. Da taucht John auf. Morgana entreißt ihm den Dunklen Gral und verschwindet. Suko kümmert sich um die Wölfe, während John und Jenna Morgana verfolgen. Sie stellt sich John in Gestalt eines Werwolfs. Während des Kampfes findet Jenna den Dunklen Gral. Morgana flieht, während Suko mit Hilfe eines Einsatzkommandos die restlichen Wölfe tötet.

509 – Ein Gehängter kehrt zurück
Bei einem Irland-Besuch wird Johnny Conolly in einer alten Abtei gefangengenommen. Bill und John reisen nach Irland. Sie untersuchen die Abtei. Im Keller entdecken sie durch eine Projektion, daß sich Johnny auf einem Galgenhügel aufhält. Ein Skelett hält Johnny gefangen. Es war einst ein Verbrecher, der dem Teufel diente. Bevor es Johnny töten kann, vernichtet John es mit Silberkugeln.

510 – Der Leichenzug
John und Frantisek Marek verfolgen in Petrila einen Zug, der Särge transportiert. Während John mit dem Zug bis zum Ende der Strecke fährt und dort bewußtlos geschlagen wird, informiert Marek Suko. John erhält Besuch von dem Vampirskelett Kesko. Es teilt ihm mit, daß es sein Blut benötigt, um mit dessen Hilfe den Vampirstaub, der sich in den Särgen befindet, wieder in Vampire zu verwandeln. Es gelingt

ihm, die Vampire zu regenerieren und nach Petrila zu schicken. Er will John töten, doch der vernichtet ihn mit dem Kreuz und kann sich danach befreien. John, Marek und Suko treffen auf die Vampire und töten sie.

511 – Fenster der Angst
Die Hexe Wilma Davies tötete vor Jahren Julia Ashley, indem sie sie lebendig begrub. Kurz darauf stirbt Wilma auf die gleiche Art und Weise. Seit dieser Zeit wird jeder, der das Rätsel lösen will, auf diese Art ermordet. Ebenso ein Kollege Johns. John begibt sich zum Grab Julias. Dort trifft er ihren ehemaligen Geliebten Pernell Davies sowie ihren Geist. Er tötet den Geist mit seinem Kreuz, woraufhin auch Pernell stirbt, der ihr Verbündeter war.

512 – Hard-Rock-Zombie
John gerät mit der Prostituierten Kitty in die Auseinandersetzung mit ein paar Skinheads. Er vertreibt sie mit Hilfe eines Fremden namens Aristide. Während Aristide verschwindet, erfährt John, daß in Soho ein Zombie sein Unwesen treibt, den man den Hard-Rock-Zombie nennt. John und Suko finden das Quartier des Zombies und treffen dort Aristide. John tötet den Zombie mit seinem Kreuz, Aristide wird von einem Helfer des Zombies getötet.

513 – Sandra und die Mördermaske
Bill ist verschwunden. John findet in dessen Unterlagen Informationen über eine Abtei, die in der Nähe des Klosters St. Patrick liegt. John und Suko treffen bei der Abtei ein. Suko gelangt durch ein Zeittor zu Bill, während John auf Father Ignatius trifft. Der erklärt ihm, daß die Abtei von Baphomet entweiht wurde. Zu dieser Zeit taucht eine Maske auf, die Bill bereits in seinen Träumen sah, und macht den Toten Basil Wieran zum Zombie. Dieser Tote wurde von seiner Schwester Sandra in die Abtei gebracht. John aktiviert sein Kreuz, das Basil, die Maske und das Zeittor vernichtet. Bill und Suko kehren zur Erde zurück, doch Sandra stirbt.

514 – Macumbas Totenhöhle
Der Macumba-Diener Virgil will Jane Collins entführen. Sie aktiviert jedoch ihre Hexenkräfte und vertreibt ihn. Vorher erwähnt er eine Totenhöhle. John, Suko und Jane finden sie. Jane wird von Virgil gefangengenommen. Er will sie Macumba opfern. Er selbst wird von Macumba in ein Sumpfmonster verwandelt. Als er Jane opfern will, aktiviert sie ihre Hexenkräfte und zerstört Virgil.

515 – Schreie aus dem Werwolf-Brunnen
John und Suko werden von chinesischen Asylanten auf einen Werwolf angesetzt. In dem Ort Fillingrow finden sie heraus, daß der Bürgermeister D.C. Redburn der Werwolf ist. Mitten in dem Ort befindet sich ein Brunnen, in den der Werwolf den Anführer der Chinesen, Ho Chan, entführte. John tötet den Werwolf mit seinem Kreuz und rettet Ho Chan.

516 – Monster-Kirmes
Yakup Yalcinkaya wird in San Francisco entführt. Ali ruft John und Suko herbei. Yakup befindet sich zu dieser Zeit in den Händen des Totsprechers Mr. Todd und seiner fünf Gehilfen, fliegende grüne Monster. Mit Hilfe Yakups will er ein weiteres Monster erschaffen. John, Suko und Ali treffen derweil auf Mr. Todds Nichte Sira. Während John und Suko vier der Monster vernichten, gelangen Ali und Sira zu Mr. Todd. Durch ihr Auftauchen wird Mr. Todd aus dem Konzept gebracht, und Yakup kann ihn ausschalten. Er wird den Behörden übergeben, doch gelingt ihm mit Hilfe des letzten Monsters die Flucht.

517 – Mr. Todds Killerspiele
Der entkommene Mr. Todd entführt Glenda. John rettet sie und tötet dabei das letzte der Monster. John und Glenda können von dem Ort nicht weg, da Mr. Todd Johns Auto unter Strom gesetzt hat. Doch am Ende tötet John Mr. Todd mit zwei Silberkugeln, und der Bann fällt von Glenda ab.

518 – Sandras Höllenparadies (1/2)
519 – Das Auge von Atlantis (2/2)
John wird von Lady Sarah auf die Spur einer Videothek gebracht. Er besucht die Videothek und trifft die Atlanterin Sandra. Auch Lady Sarah taucht auf und lenkt Sandra ab, während John das Haus durchsucht. Als er zurückkehrt, ist Sandra verschwunden, doch Lady Sarah steckt inmitten einer Gruppe Monster im Boden fest. Im Hinterzimmer der Videothek trifft John Sandra wieder. Sie entführt ihn nach Atlantis. Dort trifft John Lady Sarah wieder. John will Sandra zwingen, ihn wieder zurück nach London zu bringen. Doch Sandra stürzt sich in seinen Dolch. Sie verliert durch den Dolch soviel Kraft, daß sie das Dimensionstor nach London nicht mehr unter Kontrolle hat. Dieses, Auge von Atlantis genannt, verkleinert sich immer mehr und will die Insel, auf der sich die drei befinden, zerstören. Derweil findet Jane Collins das eine Ende des Tores in London. Sie holt John und Lady Sarah zurück, während Sandra auf der Insel stirbt.

520 – Ich jagte das Hexen-Trio (1/2)
521 – Teufels-Pferde (2/2)
John wird von dem Mädchen Julie Gladstone besucht. Sie erzählt ihm, daß ein Fluch auf ihr lastet. Durch diesen Fluch muß sie alle zehn Jahre sterben. John und Suko begleiten sie in ihr Heimatdorf. Mehrere Geheimdienste verfolgen sie, da Julie telekinetische Kräfte besitzt. John trifft auf die drei Hexen, die den Fluch über Julie sprachen. Sie locken ihn in eine Falle, während Suko in die Hände dreier Libyer gerät, die Julie entführen wollen. Während John der Falle der Hexen entkommt, verwandelt Julie einige Pferde in Höllenpferde. Sie sollen sie aus den Klauen der Hexen befreien. John zerstört die Hexen mit Hilfe des Kreuzes. Während sich Suko aus den Klauen der Libyer befreit, entwischt Julie John. Zurück in London ruft einer der Libyer John an. Er teilt John die Gefangennahme Julies mit. Der erfährt durch den Dunklen Gral jedoch den Aufenthaltsort der Libyer und befreit Julie. Die Libyer werden festgenommen.

522 – Er kam aus dem Todesschloß
Julie Gladstone wird ohne Johns Wissen in ein Sanatorium eingewiesen. Sie verbündet sich auf geistigem Wege mit dem Mörder Orrie Wayne und will sich mit seiner Hilfe an John rächen, dem sie die Schuld an ihrer Einweisung gibt. John folgt der Spur des Mädchens, als er die Geschichte erfahren hat. Er trifft den Vater des Mörders Orrie. Julie nimmt Kontakt mit John auf und bestellt ihn an einen Ort, wo sie sich treffen sollen. Orrie Wayne und dessen Vater sind ebenfalls vor Ort. Während John Julie zu überzeugen versucht, daß er von der ganzen Sache keine Ahnung hatte, versucht Orrie, seinen Vater zu töten. Julie glaubt John und stoppt Orrie. John nimmt ihn fest. Orries Vater begeht Selbstmord, da er sich für seinen Sohn schämt.

523 – Julies schöne Zombieschwester
Julies Schwester Janine nimmt auf geistigem Wege Kontakt zu ihr auf. John und Suko begeben sich zusammen mit Julie nach Deutschland, wo ihre Schwester lebt. Es stellt sich heraus, daß der Vater ihrer Schwester der Teufel war. Janine besitzt mehr Kraft als Julie und bekommt sie so immer mehr unter Kontrolle. John tötet Janine mit seinem Kreuz. Da der geistige Kontakt zwischen Janine und Julie aber schon zu groß war, stirbt dadurch auch Julie.

524 – Er raubte die mordende Göttin
John und Suko haben den Guru Ramir Gur aus London vertrieben. Er erweckte daraufhin in Ägypten Phädra und deren Diener Meneris, der in ihm selbst wiedergeboren wurde. Ramir Gur und Phädra reisen nach London, um sich an John und Suko zu rächen. John trifft auf Phädra, die er mit dem Kreuz tötet. Gleichzeitig trifft Suko auf Ramir Gur. Er tötet ihn mit der Dämonenpeitsche. Meneris taucht auf und will den Kampf mit Hilfe des Körpers von Ramir Gur weiterführen. Er stirbt aber, da John zu dieser Zeit Phädra mit dem Kreuz tötet.

525 – Tödliche Fotos
John erhält das Foto eines toten Mädchens. Tags darauf wird

ihm ein Foto von ihm selbst zugeschickt. Auf diesem Foto ist er ebenfalls tot. Kurz darauf wird die Mädchenleiche vom ersten Foto gefunden. John und Suko treffen den Geist des Mädchens. Sie erfahren, daß es eine Kamera gibt, die Fotos aus der Zukunft macht. Sie begeben sich zu dem ehemaligen Agenten des Mädchens, der die Kamera besitzt. Ali Beli, ihr Agent, wird aber selbst Opfer eines Mordes. Ihn verübte Vincent van Akkeren, der die Kamera besitzen will. Van Akkeren verschwindet mit der Kamera. Kurz zuvor taucht der Geist des ermordeten Mädchens, welches Judy Landers hieß, in die Kamera. John und Suko hoffen, mit ihrer Hilfe die Spur der Kamera und van Akkerens zu finden.

526 – Der unheimliche Templer (1/3)
527 – Der Grausame (2/3)
528 – Auftritt eines Toten (3/3)

Vincent van Akkeren hat sich mit dem Templerzombie Ariol le Duc zusammengetan. John und Suko, von Abbé Bloch informiert, reisen ins Loiretal zum Schloß der le Ducs. Während le Duc ins nahegelegene Dorf geht, trifft van Akkeren auf dem Schloß drei Jugendliche. Einer von ihnen wird getötet. John und Suko sind im Dorf eingetroffen und begegnen dem Geist von Judy Landers. Während sich Suko im Ort umschaut, begibt sich John zum Schloß. – Suko findet die Einwohner in einem alten Weinkeller. Judy Landers' Geist hilft den beiden eingesperrten Jugendlichen aus dem Schloß und zeigt ihnen den Weg ins Dorf. John wird, als er das Schloß erreicht, von van Akkeren in die Zeit der Schloßerbauung geschickt. Gleichzeitig erwacht das Skelett des Hector de Valois. Er nimmt den Würfel des Heils von Abbé Bloch und begibt sich zu John, um ihm zu helfen. John wird in der Vergangenheit von le Ducs Zombies gefangengenommen und soll getötet werden. – Le Duc taucht bei Suko auf, bei dem sich die beiden geflohenen Jugendlichen befinden. Er will sie töten, als auch van Akkeren auftaucht. Suko entwaffnet die beiden mit Hilfe des Stabes und aktiviert den Gral, so daß er John in der Vergangenheit beobachten kann. Der flieht gerade vor den Zombies und will le Duc töten. Das gelingt ihm jedoch ohne die fehlenden Zeichen des

Kreuzes nicht. Hector taucht in der Vergangenheit mit dem Würfel des Heils auf. Die Verbindung von Gral und Würfel des Heils bringt die beiden zurück in die Gegenwart. Dort tötet Suko le Duc mit dem Gral. Van Akkeren flieht, wird aber von Judy Landers' Geist gebannt. John findet die Kamera und zerstört sie mit dem Kreuz. Dadurch erlöst er auch den Geist von Judy Landers.

529 – Der Würgeadler
[Vincent van Akkeren wird im bösen Teil Aibons gefangengenommen]
John und Suko wollen van Akkeren nach London bringen. Unterwegs müssen sie in Aigleville Rast machen. Dort wird ein riesiger Adler durch van Akkerens Auftauchen erweckt. Er greift das Haus an, in dem sich John und Suko befinden. Er entführt sie samt dem Haus. Suko greift den Adler mit dem Kreuz an, während John den Dunklen Gral aktiviert. Sie geraten nach Aibon und treffen den Roten Ryan. Er erklärt ihnen, daß der Adler aus Aibon stammt, wo er und auch van Akkeren für immer bleiben sollen. John und Suko werden zurück zur Erde gebracht.

530 – Der Magus von Zypern
Jane erhält vom Magus von Zypern ein verlockendes Angebot. Er will ihr, wenn sie seine Feinde zerstört, ihr normales Aussehen zurückgeben. Sie willigt ein, hinterläßt John aber eine Nachricht. Der folgt ihr zusammen mit Suko. Der Magus wird von Selim Kale, einem roten Skelett, bedroht. John und Suko erreichen den Ort, als sich der Magus und Jane dem roten Skelett stellen. John darf nicht eingreifen, da der Magus sonst den Fluch nicht löschen kann, der über Jane liegt. Sie tötet das rote Skelett aber selbst, indem sie ihm den Kopf abreißt. Nun muß der Magus gestehen, daß er den Fluch nicht löschen kann. Er will sich aber mit den Hütern der Erde, den Engeln, in Verbindung setzen, damit sie Jane ihr altes Aussehen wieder zurückgeben können.

531 – Das Grauen von Zagreb
John und Suko untersuchen in Zagreb eine Selbstmordserie.

Sie treffen auf den Polizisten Michael Mitic und wohnen der Beerdigung seiner Tochter bei, welche ebenfalls Selbstmord begangen hat. Die Tote wird von einigen »Darkern« entführt. John und Suko erfahren, daß zahlreiche Anhänger von der Universität kommen. Sie sprechen mit Professor Dibbuk und erfahren von der Bar »Diavde«. Dort befindet sich das Zentrum der Darker, und dort hält auch Professor Dibbuk, der sich Dekan Diavolo nennt, Michael Mitic gefangen. Während John Mitic rettet, verfolgt Suko den Dekan, der jedoch entkommt.

532 – Der Blutschwur
John, Suko und Mitic suchen den neuen Stützpunkt der Darker. Sie beginnen auf dem Friedhof, wo die Leiche von Mitics Tochter gefunden wurde. Sie treffen auf den Dekan Diavolo, der jedoch vor Johns Kreuz flüchtet. Bei ihren Nachforschungen stoßen sie auf ein Reisebüro, unter dem sich eine Höhle befindet. Dort treffen sie den Gehilfen des Dekans, Goran. Er kann mit Hilfe des Schwarzen Schwans, ihrem Heiligtum, fliehen. Als sie die Wohnung Mitics betreten, finden sie dessen Frau ermordet vor. John und Suko können Mitic nur noch ins Krankenhaus bringen, bevor sie nach London zurückkehren müssen. **[Fortsetzung in TB 93]**

533 – Die Drachen-Lady
Maureen Cooper hat mit Hilfe eines Dracheneis den Part der Drachenkönigin übernommen. Sie will den Drachen ihre Küste wiedergeben. Bill, der Urlaub macht, sieht einen der Drachen und informiert John. Zusammen treffen sie auf Maureen und ihren Drachen. Sie erfahren, daß die Drachen in Aibon leben. Maureen holt Aibon herbei, doch John schafft es mit seinem Kreuz, den Aibon-Teil zu kristallisieren. Maureen bezahlt mit ihrem Leben.

534 – Die Hexen des Spuks
John und Will Mallmann treffen in Schleswig-Holstein auf drei Hexen. Sie wurden durch Ausgrabungsarbeiten befreit und wollen sich an denen rächen, die sie vor Jahren eingegraben haben. John findet heraus, daß sie dem Spuk dienen.

Er vernichtet die Hexen mit dem Kreuz. Der Spuk taucht auf und will Rache. Da er John nicht töten kann, vernichtet er den für das Begraben der Hexen verantwortlichen Julius Feddersen mit dem Todesnebel.

535 – Die Verdammte (1/2)
536 – Mambo-Hölle (2/2)
Bill sucht in den USA nach einer angeblich Wiedergeborenen. Als er sich nach vier Tagen nicht meldet, reist John ihm nach. Bill hat inzwischen die wiedergeborene Evangeline Cortland gefunden. Er will ihr helfen, sie von ihrem Zuhälter Lossardo zu befreien. John hat mittlerweile vom Sheriff erfahren, wo Evangeline wohnt. Bei einem Besuch stellt er fest, daß sie von einer dämonischen Macht besessen ist. Ihr gelingt die Flucht. Bill wird von Lossardos Männern gefangengenommen. Sie bringen ihn auf einen Friedhof, wo sich auch Evangeline aufhält und Kontakt zum Geist ihrer Mutter aufnimmt. Mit deren Hilfe wird sie zur Mambo-Priesterin. Als erstes muß sie einen Menschen töten, nämlich Bill. John taucht auf und befreit Bill. Sie gehen zu Evangelines Haus, das mit Fallen gespickt ist. Sie schaffen es, bis ins Innere zu gelangen, wo sie Lossardo, Evangeline und den Geist ihrer Mutter töten.

537 – Karas grausame Träume
[Kara hat einen bösen Bruder namens Larcos, den der Teufel tötet]
Kara hat Alpträume von einem Krieger, den sie in der Wüste trifft. Zur gleichen Zeit begeben sich John und Suko auf die Suche nach einer Exorzistengruppe in Cornwall. Sie treffen die Sekte in einem Tempel. Kara erfährt zu dieser Zeit im Schlaf, daß der Krieger ihr Bruder Larcos ist. Er will ihr das Goldene Schwert rauben. Zu diesem Zweck entführt er sie. Sie materialisieren sich in der Kapelle, wo sich John und Suko aufhalten. Larcos will mit Hilfe des Goldenen Schwertes Asmodis töten. Als dieser das hört, taucht er in der Kapelle auf und entführt Larcos in die Hölle, wo er ihn tötet. Kara erhält ihr Schwert zurück.

538 – Die drei aus dem Leichenhaus
Ein Mann muß sieben Zombies töten, um die Macht von sieben Geistern zu erlangen. Suko macht ihm aber einen Strich durch die Rechnung, indem er zwei Zombies selbst tötet. Der Killer will nun John und Suko zu Zombies machen, um wieder auf die Zahl sieben zu kommen. John vertreibt die beschworenen Geister mit seinem Kreuz, bevor der Killer ihn und Suko in Zombies verwandeln kann. Der Killer selbst wird Opfer eines Fluchs der Geister und wird zum Ghoul, den John und Suko mit Silberkugeln erlösen.

539 – Der Alptraum-Schädel
John und Suko sollen in Spanien das Rätsel eines Fußbodens lösen, in dem Gesichter aufgetaucht sind. Sie entdecken zusammen mit Manuel Menco, einem spanischen Geisterjäger, unterhalb des Gasthofes einen Friedhof. Dort finden sie den angeblichen Schädel des Nostradamus. Der Schädel tötet Menco und flieht. Johns Körper wird von Hector de Valois übernommen, der bereits gegen den Schädel kämpfte. Der Schädel erkennt Hector im Körper Johns und will fliehen, wird aber durch Aktivierung des Kreuzes vernichtet.

540 – Der Vampir, die Mörderin und ich
John wird auf dem Weg zu einem Filmproduzenten, der ihn um Hilfe gebeten hatte, überfallen. Man stiehlt ihm seinen Rover und überrascht so Suko, der schon auf John gewartet hat. Der Produzent stirbt. John und Suko begeben sich zum Drehort des letzten Films des Produzenten und treffen dort einen Vampir. Auch die Mörderin des Produzenten, Rena Peel, ist anwesend. John nimmt sie gefangen, während Suko den Vampir mit einer Silberkugel tötet.

541 – Buddhas schreckliche Botschaft (1/2)
542 – Himalaya-Grauen (2/2)
Die Russen haben ein Genie entdeckt. Es trägt den Namen Gigantus und will für seine Hilfe die Chinesin Shao besitzen. Gigantus holt Shao mit seinen Parakräften zu sich. Wladimir Golenkow, der sich bei Gigantus aufhält, wird ausgeschaltet. Als John und Suko in Moskau auftauchen, hat

Gigantus Shao mittlerweile unter seine Kontrolle gebracht. Sie soll Suko töten. Doch Suko wird von Mark Baxter, dem Unsichtbaren, gerettet. Gigantus flieht mit Shao nach Bhutan. John, Suko, Wladimir und Mark Baxter folgen ihm zu einem Kloster. Gigantus überwältigt die Freunde, nur Mark Baxter gelingt die Flucht. Gigantus bringt die drei in sein Kloster, wo sie von Mark Baxter befreit werden. Gigantus flieht. Da taucht der eigentliche Drahtzieher auf, Shimada. Er tötet Gigantus, der nur ein Roboter war, und verschwindet wieder in seine Dimension.

543 – Die Fliegen-Königin
Elvira Klein findet die Statue einer Fliegengöttin und erhält durch sie Macht über die Fliegen. Jeder, der in ihrer Nähe eine Fliege tötet, stirbt. John und Suko erfahren von ihr und besuchen sie. Die Statue warnt Elvira. Ihr Versuch, die beiden zu töten, mißlingt. John und Suko folgen ihr in eine Höhle, wo sich die Statue befindet. Die beiden stecken die Höhle in Brand. Elvira ruft ihre Fliegen herbei. Sie, die Fliegen und auch die Statue werden Opfer der Flammen.

544 – Der Bleiche
Kyra Bensons Mann hat einen Weg zurück aus dem Jenseits gefunden. John und Suko finden in der Wohnung der Bensons einen Spiegel. Als John ihn mit dem Kreuz testen will, stürzt sich Kyra auf ihn, und sie verschwinden im Spiegel. Sie landen auf dem Planeten der Magier. John aktiviert sein Kreuz, und er und Kyra kehren auf die Erde zurück. Suko hat mittlerweile herausgefunden, daß Kyras Mann aus dem Todesnebel besteht. Als John auftaucht, tötet er Kyras Mann mit dem Kreuz.

545 – Der teuflische Engel (1/2)
546 – Ihr Traum vom Reich des Schreckens (2/2)
[Kara erfährt, daß die Flammenden Steine von der atlantischen Architektin Glarion/Merete erschaffen worden sind]
John erhält durch einen Strauß Blumen eine Nachricht von seinem Feind Glarion. Er war dafür verantwortlich, daß

Kyra Bensons Mann vom Planeten der Magier zu Erde gelangen konnte. Glarion trifft sich mit Kyra Benson. Es stellt sich heraus, daß er eine Zwittergestalt ist. Der männliche Teil heißt Glarion, der weibliche Merete. Kyra informiert nach dem Gespräch John. Sie will sich mit ihm in seiner Wohnung treffen. John schläft dort jedoch ein und merkt nicht, daß die Wohnung zur tödlichen Falle wird. Suko rettet John im letzten Moment aus seiner eigenen Wohnung. Die Flammenden Steine warnen Kara und Myxin vor Glarion. Myxin will John warnen, wird aber von Glarion gefangengenommen. Glarion begibt sich zu Kara. Sie erfährt, daß Glarion die Flammenden Steine erschaffen hat. Er will sie nun wieder übernehmen und Kara zu diesem Zweck töten. Die schafft es aber, die Gestalten Glarion und Merete mit ihrem Schwert zu teilen. Sie lösen sich auf. Myxin wird gerettet und John informiert, daß die Gefahr vorbei ist.

547 – Der Vampir-Gnom
Horace F. Sinclair wird von einem Freund informiert, daß auf dessen Haus ein Fluch lastet. Ein Vampir taucht immer wieder auf und tötet ein Familienmitglied. Johns Vater holt John dorthin. Die Tochter des Hauses wird trotzdem von dem Vampir Zumbra entführt. Lisa ist die letzte ihres Clans, und der Vampir will damit den Fluch beenden. Lisa entkommt und flieht zu Johns Vater. Der wird von dem Vampir angegriffen. Er tötet ihn mit einem Eichenpfahl.

548 – Der Knochen-Cowboy
John wird in einer Gaststätte von einem Skelett angegriffen. Er findet heraus, daß in einem Totempfahl der Dämon Cattananga haust. Das Skelett kann er aber nicht finden. Zurück in London, trifft er das Skelett in der Tiefgarage seines Hauses. John entkommt ihm, doch das Skelett nimmt eine Familie im Haus als Geiseln. John will die Familie retten, während Suko zum Pfahl des Dämons gelockt wird. John greift das Skelett an und tötet es, indem er sein Kreuz aktiviert. Der Dämon Cattananga stirbt durch die Aktivierung ebenfalls, bevor er Suko töten kann.

549 – Amors Teufelspfeile
Sheila wird von einer Frau verletzt. Diese wurde vom Pfeil einer Amorstatue getroffen. Asmodis hat die Statue zu seinem Werkzeug gemacht. Jeder, der von einem ihrer Pfeile getroffen wird, will die Liebe zerstören. Während Bill Sheila ins Krankenhaus bringt, will die Frau Johnny töten. John, der von Bill informiert wurde, sieht nach Johnny. Er trifft auf die Frau und tötet sie, indem er sein Kreuz aktiviert. Die Amorstatue taucht auf, und ein Pfeil trifft die Wölfin Nadine. Sie dreht durch. John ist derweil unterwegs zu Sheila und trifft dort auf die Amorstatue. Sie will Sheila töten, was John mit vier Silberkugeln verhindert. Durch den Tod der Statue wird auch Nadine wieder normal.

550 – Der Heimkehrer
[Die Pyramide des Wissens verschmilzt unter Mithilfe der Totenmaske von Atlantis mit der Dämonin Serena und wird dadurch zerstört]
Sheila ringt nach dem Angriff der Amorstatue mit dem Leben. Sie hat Visionen vom Eisernen Engel und informiert John und Bill. In Schweden taucht eine riesige Pyramide auf, in der der Eiserne Engel eingeschlossen ist. Er wurde von Serena in der Pyramide gefangen, die ihn mit seinem eigenen Schwert töten will. Kara eilt dem Eisernen zur Hilfe, wird von Serena jedoch ausgeschaltet. John und Suko begeben sich nach Schweden. In ihrem Besitz befindet sich die Totenmaske, die Myxin ihnen überließ. John attackiert Serena mit der Maske. Sie wird von der Maske in die Pyramide getrieben. Die Pyramide verschmilzt mit Serena, und beide werden vernichtet. Gleichzeitig erwacht Sheila aus ihrem Koma.

551 – Mörderische Drillinge
John soll einen Freund Sir James bewachen, der Morddrohungen erhalten hat. Als sie gemeinsam zur Jagd gehen, wird John von einem roboterähnlichen Monster angriffen. Eine Person der Jagdgesellschaft stirbt. Als sie zurückkehren, finden sie heraus, daß ihre Autos zerstört wurden. John bleibt dem Hausherrn Theo Aldridge auf den Fersen und

entdeckt im Keller drei Monster, die von ihm mit Hilfe des Teufels erschaffen wurden. John vernichtet die Monster mit seinem Kreuz. Im Haus ist mittlerweile Evita Tijon aufgetaucht. Aldridge hat ihre Mutter getötet, und sie erschießt Aldridge, bevor John sie festnehmen kann.

552 – Einer kam wieder
Wladimir Golenkow hält sich in London auf. Er wollte sich mit einem ehemaligen Agenten treffen, welcher aber von einem Zombie getötet wurde. Es halten sich zwei weitere Agenten in London auf. Zusammen mit John stattet er beiden einen Besuch ab. Der erste stirbt kurz nach ihrem Besuch. John und Wladimir halten bei dem letzten Agenten Wache, während Suko den Zombie sucht. Er findet ihn und vernichtet ihn mit einer Silberkugel. Es stellt sich heraus, daß der zweite Agent von der Tochter eines ehemaligen Agenten getötet wurde. Ihr Vater »vererbte« ihr einst den Zombie. Bei dem Überfall auf den letzten Agenten wird sie jedoch von Wladimir getötet.

553 – Totenlade mit dem Satan
Jane hat telepathischen Kontakt mit Mandragoro. Zusammen mit John folgt sie dem Signal und findet eine tote Familie. Das schwerverletzte Familienoberhaupt erzählt ihnen Mandragoros Geschichte. Als sie das Haus verlassen, finden sie sich in einem von Mandragoro beherrschten Urwald wieder. Auch Asmodis taucht auf. Er warb Mandragoro vor Jahrhunderten die drei Waldgeister ab. Nun will Mandragogo Jane gegen die drei Waldgeister eintauschen. Asmodis geht auf den Handel ein, doch John rettet Jane mit dem Kreuz, wodurch auch Mandragoros Stützpunkt vernichtet wird.

554 – Sie kam von den Sternen (1/2)
555 – Consuelas bitteres Sterben (2/2)
[Jane Collins wird durch die Sternenprinzessin Consuela von dem Fluch befreit, am Tage einen Skelettkopf tragen zu müssen]
Zusammen mit Lady Sarah und Jane beobachten John und

Suko den Londoner Nachthimmel. Lady Sarah fand in einem Buch einen Bericht über die Sternenprinzessin Consuela, die auftauchen soll. Sie erscheint auch, flüchtet jedoch vor Johns Kreuz. John, Suko und Jane besuchen den Verlag, der das Buch über Consuela verlegt hat. Dort stellen sie fest, daß der Verlag aus Anhängern Consuelas besteht. Consuela taucht auf und will das Wissen der Anhänger erweitern. Jane bietet sich ihr an, da sie hofft, ihren Fluch durch sie zu verlieren. Consuela zieht den dämonischen Lebensfunken aus ihr heraus. Daraufhin greift John sie an, doch sie flieht. Er kehrt mit Jane zurück zu Lady Sarah, wo sie auf Consuela warten, die ihren Fehler wieder rückgängig machen will. Als sie erscheint, legt John ihr das Kreuz um. Consuela stirbt. Übrig bleibt nur Janes Skelettkopf, den sie selbst mit der Dämonenpeitsche zerstört und damit den Fluch für immer vernichtet.

556 – Medinas Opferstätte (1/2)
557 – Gehetzt, gejagt, getötet (2/2)
John erhält eine Urne, in der angeblich der Staub einer ehemaligen Mitstudentin liegt. Er informiert Bill und Suko, die Milena Mancow ebenfalls gekannt haben. Die drei vermuten, daß sie den Staub eines Vampirs vor sich haben. John opfert sein Blut und erweckt damit den Staub wieder zum Leben. Zusammen mit einem schwarzen Klumpen, der sich aus Milenas Blut formte, fahren John, Jane, Bill und Suko zu Milenas letztem Aufenthaltsort in Wales. Der Gehilfe der Vampirin Milena, Kropec, lockt Suko und Jane in eine Falle und bringt sie in Milenas Versteck. Die beiden überrumpeln Kropec und lassen sich von ihm zu Milena bringen. John und Bill gelangen ebenfalls ins Versteck Milenas. Sie erfahren, daß der eine Teil Milenas in der Urne steckt und der zweite Teil in einer Statue gefangen wurde. Nur durch die Verbindung von Statue und Urne kann sie ihrem Gefängnis entkommen. Bills Körper wird von Milena übernommen und soll die Urne zur Statue bringen. John unterbricht den Bann mit seinem Kreuz, und Bill zerstört Statue und Urne mit der Goldenen Pistole.

558 – Aus dem Jenseits entlassen

John gelangt durch ein Dimensionstor nach Aibon. Dort findet er in einem Sarg Jarveena, die Rächerin aus Aibon. John soll ihre Leichenkutsche fahren. Er bringt sie zu einem Schleimsee, in dem Ghouls leben. Jarveena und John werden in den Schleimsee gestürzt, doch über dem Schleimsee hängt ein Netz, von dem Jarveena und John aufgefangen werden. Guywano erscheint und löst das Netz nach und nach auf. Jarveena fällt in den See und wird von den Ghouls getötet. Suko hat gleichzeitig das Dimensionstor entdeckt, durch das John nach Aibon gelangte. Er erkennt Johns Lage und stoppt mit Buddhas Stab die Zeit. Er rettet John durch das Tor, das sich daraufhin selbst zerstört.

559 – Kapitän Sensenmann

Ein vor 200 Jahren getöteter Pirat will seine nur aus Frauen bestehende Mannschaft wieder zusammenholen und braucht dafür Menschen. John und Suko treffen an dem angegebenen Ort das Geisterschiff. Harriet wurde mittlerweile von ihrer Zombietochter umgepolt. John und Suko beenden den Spuk, indem Suko dem Kapitän den Kopf abschlägt.

560 – Der Rattenmensch

John wird zum Plattensee gerufen. In einem nahegelegenen Gefängnis, in das John eingeschleust wird, trifft er Janos Torday, der sich sehr gut mit Ratten versteht. John entdeckt einen geheimen Gang, durch welchen Janos geflohen ist, und folgt ihm. Bei der Flucht stößt John auf die Zigeunerin Lorri. Kurz darauf taucht auch Janos auf, der Lorris Sohn ist. Er will die beiden töten, doch die sie verfolgenden Soldaten töten ihn vorher.

561 – Leichenwagen zur Hölle

Während seiner Weihnachtseinkäufe hat John eine Illusion. Ein Leichenwagen rast in ein Geschäft und tötet Robby Dobson, den er kurz vorher traf. Zusammen mit Suko forscht John nach und findet heraus, daß Robby längst gestorben ist. Die beiden besuchen Robbys Mutter. Sie erzählt ihnen, daß Robby in der Hell's Station gefangengehalten wird. Als sie dort ankommen, treffen sie Robby wieder. Sie erfahren, daß in der Hell's Station ein Kampf um Seelen zwischen dem Spuk und Asmodis stattfindet. Der Spuk meldet sich bei John. Er informiert ihn, daß Asmodis zwei Killer geschickt hat. Als die Killer auftauchen, vernichtet John sie mit dem Kreuz, und Robby findet seine Ruhe im Reich des Spuks.

562 – Mordnacht in Paris (1/2)
[John entdeckt das Grab von Manon, der Schwester von Hector de Valois]
563 – Totensturm der Geisterfrau (2/2)
[Manon de Valois wird durch das Kreuz vernichtet]
In Paris tötet der Bucklige Quasimodo für Asmodis sechs Frauen. Lady Sarah hält sich ebenfalls in Paris auf, um nach einem Templergrab zu forschen. Sie erfährt von dem Buckligen und holt John, Suko und Jane nach Paris. Jane arbeitet verdeckt als Prostituierte, um Quasimodo zu finden. Sie wird in eine Falle gelockt, und Quasimodo will sie dem Teufel opfern. John, Suko und Lady Sarah entdecken gleichzeitig das alte Templergrab, in dem Manon, die Schwester von Hector de Valois, liegen soll. Jane täuscht Quasimodo mit ihren Hexenkräften und läßt ihn glauben, sie stände auf seiner Seite. Während John am Grab bleibt, machen sich Suko und Lady Sarah auf die Suche nach Jane. John trifft Manon de Valois. Sie hat Jane mit Hilfe einer Kugel entführt und will diese gegen Johns Kreuz tauschen. Suko trifft Quasimodo, der Suko die Dämonenpeitsche entreißt und sich selbst tötet. John legt sein Kreuz auf das Grab Manons, und sie übergibt ihm Jane. Dann ruft John die Aktivierungsformel, und Manon und die Kugel werden vernichtet.

564 – Die Gräber seiner Ahnen
[Der Vater Abbé Blochs, Gérard, ein Baphomet-Diener, wird von Hector de Valois mit dem Templersiegel erschlagen]
Abbé Bloch hat einen Menschen erschossen. John und Suko erfahren das und begeben sich zu ihm. Sie finden Alet-les-

Bains verlassen vor. Sie trennen sich. Suko gelangt auf einen alten Friedhof oberhalb des Ortes. John wird durch sein Kreuz ebenfalls dorthin geleitet. Dort treffen sie den wahren Mörder, den Vater des Abbé, der ihm zum Verwechseln ähnlich sieht. Der Vater des Abbé hat den Würfel des Heils in seinem Besitz und will den Templerorden auslöschen. Hector taucht auf und tötet ihn mit dem Templersiegel. Der Abbé erhält den Würfel zurück.

565 – Der Tod in seinen Augen
Macumba will sich an Logan Costello rächen. John und Suko werden eingeweiht und erhalten einen Tip, der sie zum Blindenheim des Jorge Tigana führt. Tigana überrumpelt John und nimmt ihm das Kreuz ab. Er entführt ihn zu einer alten Mühle. Suko folgt ihnen. Macumba übernimmt den Körper Tiganas. John bemerkt dies und aktiviert das Kreuz, das sich immer noch im Besitz Tiganas befindet. Tigana verbrennt, und Suko rettet John aus der Falle.

566 – Hexenreich (1/2)
567 – Barbaren in London (2/2)
Bill und Jane werden nach Aibon entführt. Margareta, die Entführerin, will Johns Hilfe gegen die Dacs, die ihr Dorf in Aibon zerstört haben. Jane und Bill geraten in eine Falle der Dacs. John begibt sich zu Lady Sarah und sieht, wie sich der Himmel öffnet und eine Horde Dacs entläßt. Jane und Bill werden nicht getötet, da die Dacs Bills Mal, welches er einst von Alva erhielt, sehen und denken, er stünde auf ihrer Seite. Der Rote Ryan taucht auf und erklärt den beiden, daß er Margareta aufhalten muß. Er bringt Bill und Jane zurück zur Erde. Die Dacs wollen mit Hilfe Margaretas Johns Gral stehlen. John gerät in die Fänge der Dacs, doch Suko tötet sie mit dem Bumerang. Der Rote Ryan bringt Margareta mit Hilfe seiner Musik in seine Gewalt. Er nimmt sie mit nach Aibon, um sie dort zu töten.

568 – Die Braut des Wahnsinns
[John erfährt vom »alten Blut« des Grafen Dracula]
John erhält die Nachricht, daß in einem Heiratsinstitut

Unheimliches vor sich geht. Er trifft vor dem Institut den Mann, der ihm den anonymen Tip gab. Er ist der Freund einer Frau, die in dem Institut getötet wurde. John erfährt von einer Halle unter dem Institut und holt Suko herbei. John trifft auf Simon Arisis, der von dem »alten Blut« trinken will. Nachdem er das getan hat, attackiert John ihn mit dem Kreuz, und Simon stirbt. Das »alte Blut« soll vom Grafen Dracula stammen. John schießt in Notwehr die Besitzerin des Institutes, Gunhilla von Draben, an, die daraufhin in ein Krankenhaus gebracht wird.

569 – Teufel im Leib (1/2)
[Will Mallmann wird von Reva zum Vampir (Dracula II) gemacht]
570 – Vampirpest (2/2)
[Will Mallmann meldet sich zum ersten Mal als Dracula II]
Gunhilla von Draben stirbt langsam durch die Silberkugel Johns. Kurz vor ihrem Tod warnt sie John vor der »Aktion Dracula«. Gleichzeitig ist Will Mallmann auf der Spur der »Aktion D«. Das erfährt auch John und will sich mit Suko und Will in Würzburg treffen. Bevor John und Suko jedoch in Würzburg auftauchen, wird Will entführt. Auf einem nahegelegenen Schloß trifft er Reva. Sie malt ein Portrait von ihm. Das Portrait zeigt Will als Vampir. Er flieht, wird aber angeschossen, und Reva macht ihn zum Vampir. Als John und Suko Würzburg erreichen, wird Will bereits vermißt. Sie erfahren von dem Schloß und entdecken Wills Porträt. Reva und Will sind bereits auf der Flucht. Sie hinterlassen einen Vampir, der John und Suko aufhält, bis sie über die Grenze nach Frankreich geflohen sind. John und Suko begeben sich wieder nach London. Dort erhält John von Will einen Anruf. Will sagt nur einen Satz: »Hütet euch vor Dracula!«

571 – Die Legende vom grauen Riesen
John erfährt von dem Psychiater Dr. Ward die Geschichte einer Insel, wo Frauen verschwinden. Zusammen mit einer Frauengruppe reist auch John zu der Insel. Mit einer Frau

und der Reiseleiterin bleibt John dort. Ein Riese taucht auf, dem die Frau geopfert werden soll. John tötet den Riesen mit seinem Bumerang. Auch die Reiseleiterin, die mit dem Riesen zusammenarbeitete, wird durch Johns Kreuz vernichtet.

572 – Terror der Vogelmenschen
[Die goldene Pyramide wird vernichtet]
Der Eiserne Engel rettet John vor einem Vogelmenschen. Es handelt sich um Abtrünnige seiner ehemaligen Vogelmenschen aus Atlantis. Sie stehen unter dem Schutz der Goldenen Pyramide, einem Gegenstück der Pyramide des Wissens. John, Suko und der Eiserne suchen das Hauptquartier der Vogelmenschen auf. John erhält Karas Schwert. Zusammen mit dem Schwert des Eisernen vernichten sie die Vogelmenschen und die Pyramide. Als letztes Bild sehen sie den Kopf Zaduks in der Pyramide. Er ist nun der letzte überlebende Vogelmensch.

573 – Der uralte Henker
Der Spuk will Asmodis einen Streich spielen und befreit einen Henker, den Asmodis vor Jahrhunderten bannte, da er ihn zum Kampf herausforderte. Der Henker wird auf die Erde geschickt und soll John töten. Der erfährt von ihm und trifft in einem italienischen Kloster auf den Henker und den Spuk. John tötet den Henker mit einer Silberkugel und vernichtet das Tor, das ihn zur Erde brachte, mit dem Kreuz.

574 – Der chinesische Tod
Suko trifft sich mit einer Chinesin. Sie erzählt ihm, daß ihre Tochter einem Dämon geopfert werden soll, und wird kurze Zeit später selbst getötet. John macht sich auf die Suche nach Suko, der seit dem Treffen vermißt wird. Er trifft auf die Tochter der Chinesin, Osa, und findet mit ihr zusammen Suko. Suko und Osa sollen dem Dämon geopfert werden. Shao, von Suko gerufen, rettet die beiden. John findet mittlerweile den Drahtzieher Tiau. Als dieser merkt, daß er verloren hat, tötet er sich selbst.

575 – Vampir–Gespenster (1/2)
576 – Brennendes Blut (2/2)
[Dracula II entführt Johns Mutter Mary und verlangt im Tausch gegen sie den Blutstein]
Dracula II entführt Mary Sinclair. John und Suko werden von Sergeant McDuff informiert, der einige verdächtige Gestalten gesehen hat. Sie erfahren von Johns Vater von der Entführung. John und Suko treffen zwei Vampire, dürfen sie aber nicht töten, da Dracula II sonst Johns Mutter zum Vampir macht. Gleichzeitig gründen die Bürger Lauders eine Bürgerwehr, um die Vampire zu töten. Die Bürgerwehr entwaffnet John, Suko und McDuff und will das Vampirproblem selbst lösen, ohne Rücksicht auf das Schicksal von Johns Mutter zu nehmen. Suko und McDuff suchen die Vampire, während sich John zu seinem Vater begibt. Ein Gehilfe Mallmanns ist dort und will Johns Vater zum Vampir machen. John tötet den Gehilfen mit seinem Kreuz. Die Frau des Arztes, wo Horace F. Sinclair sich aufhält, wurde von Dracula II ebenfalls entführt. Der Arzt soll Johns Vater das alte Blut spritzen und ihn zu einem Vampir machen. Der Arzt schaltet John aus, wird aber von Horace überrumpelt. Suko und McDuff tauchen bei dem Arzt auf und töten Mallmanns letzten Gehilfen. Der Arzt sagt ihnen, wo sich Dracula II aufhält. Als sie an dem Ort eintreffen, findet John nur eine Nachricht. Er soll den Blutstein besorgen und ihn dann gegen seine Mutter austauschen.

577 – Die Krakenfalle
John fährt nach Frankreich, um einmal auszuspannen. Dort trifft er Kara, die ihm berichtet, daß ein riesiger Krake dort sein Unwesen treibt. Er war einst ein Schwarzer Priester. John und Kara warten am Meer auf den Kraken. Als er auftaucht, zieht er Kara ins Meer. Unter Aufbietung ihrer letzten Kräfte stößt sie dem Kraken ihr Schwert in sein Auge und tötet ihn dadurch.

578 – Die Geisel
John soll eine Geldübergabe bewachen. Die Person, die das Geld übergibt, wird dabei anscheinend getötet. Als John mit

einem Arzt zurückkehrt, ist die Leiche aber verschwunden. Die Tote fährt zu dem erpreßten Mr. Brookman. Sie ist ein Vampir. Suko tötet den Vampir mit einer Silberkugel. Zurück im Büro, erhalten John und Suko einen Anruf von dem wahren Geiselnehmer, Dracula II. John und Suko begeben sich zu der Stelle, wo sich Dracula II aufhalten soll. John tötet ihn mit dem Kreuz, doch als sie Mallmanns Leiche genauer untersuchen, stellen sie fest, daß es nur ein Vampirgehilfe von Dracula II gewesen ist.

579 – Das magische Mobile
Ein Kollege Johns stirbt auf rätselhafte Weise. Bei der Untersuchung stoßen John und Suko auf die Jacksons. Die Geschwister haben einen Banküberfall begangen, und die Schwester vertraut sich John an. Sie finden den Drahtzieher, den Bankangestellten Stanley Mason. Dieser besitzt ein magisches Mobile, mit dem er die Jacksons töten will. Zusammen mit Kreuz und Dämonenpeitsche vernichten John und Suko das Mobile. Stanley stürzt unglücklich und muß den Rest seines Lebens im Rollstuhl verbringen.

580 – Ginas Mörderschloß (1/2)
581 – Der Blutstein (2/2)
[John findet den Blutstein im Schwarzwald]
John erhält über seinen Vater die Anweisung von Dracula II, im Schwarzwald nach dem Blutstein zu suchen. John fährt los, Suko folgt ihm kurze Zeit später und trifft in Frankfurt Horace F. Sinclair, der die Spur des Blutsteins ebenfalls aufgenommen hat, um seine Frau zu retten. Im Schloß treffen John und der Internatsschüler Dennis die Hexe Gina, die den Blutstein besitzt. John will die Hexe zwingen, den Ort, wo sich der Blutstein befindet, zu verraten. Dabei tötet er den Körper der Hexe, während der Geist in Dennis eindringt. Suko und Johns Vater haben das Schloß mittlerweile auch erreicht. John findet Dennis vor dem Haus. Dieser will John dem Blutstein opfern und führt ihn hin. John holt den Blutstein, wobei er durch sein Kreuz geschützt wird. Dracula II taucht auf, wird aber vom Geist der Hexe angegriffen, die ihn vertreibt. Suko tötet den Geist der Hexe

mit der Dämonenpeitsche. John ist nun im Besitz des Blutsteines.

582 – Das Monstrum
Vor drei Jahren brachte Suko den Mörder Dale Warren zur Strecke, der dabei starb. Nun ist er zurückgekehrt. Der Grabstein des Mörders greift einen Spaziergänger an. John wird hinzugezogen. Suko beschützt derweil eine Kollegin, die mitgeholfen hatte, den Mörder zu fangen. Der Grabstein taucht auf und fordert sie auf, in ein Kino zu kommen. Dort ist eine Privatvorstellung vorgesehen. John trifft auf den Bruder des Mörders und tötet ihn mit dem Silberdolch. Der Grabstein greift erneut an, doch John vernichtet ihn und den Geist Dale Warrens mit dem Kreuz.

583 – Schädeltanz am Hudson
Bill hat John nach New York geholt. John erfährt, daß ein Viertel der Stadt öfter von Totenschädeln angegriffen wurde. Verantwortlich dafür ist der Voodoo-Priester Doc. Sie begeben sich zu seinem Hauptquartier und nehmen den Voodoo-Priester fest. Er spricht einen Totenfluch aus, der auch wirkt, allerdings bei ihm selbst.

584 – Vampir-Katzen
Vampir-Katzen überfallen das Hochhaus, in dem John und Suko wohnen. Dracula II will mit dieser List den Blutstein an sich bringen. Während John versucht, die Katzen zu töten, geht Suko in der Tiefgarage in eine Falle Mallmanns. John wird informiert, daß Mallmann bereit ist, Suko gegen den Blutstein einzutauschen. John versucht einen Trick und schickt Dracula II die ebenfalls rote Kugel von Tanith. Mallmann merkt dies zu spät, und Suko gelingt die Flucht. Mallmann muß unverrichteter Dinge wieder abziehen.

585 – Unterwelt
Eine Vampir-Katze ist übriggeblieben. John und Suko besuchen die Familie, deren Kater als erster zum Vampir wurde. Der Kater ist in die Kanalisation gegangen und hat bereits Beute gefunden. John und Suko töten den Vampir und ret-

ten die restlichen Menschen. Der Vampir-Kater kehrt zurück zu seiner Familie. Die Mutter tötet ihn jedoch mit einem geweihten Kreuz.

586 – Gasthaus zur Hölle
John und Suko suchen ein Grab in Salzburg, das Johns Namen tragen soll. Die Informantin ist tot, und so wohnen sie der Beerdigung bei. John und Suko besuchen ein Gasthaus, in dessen Nähe die Leiche der Informantin gefunden wurde. Auf dem nahegelegenen Friedhof findet John auch das erwähnte Grab. Er wird von zwei bösen Templern überwältigt und wacht in dem Grab wieder auf. Gleichzeitig folgt Suko einem Ghoul, den er auf dem Friedhof gefunden hat, und tötet ihn. John wird durch sein Kreuz aus dem Grab gerettet. Im Gasthaus finden sie eine Baphomet-Statue. John zerstört sie. Die beiden Templer werden von ihren Baphomet-Brüdern schwer verletzt.

587 – Mumien in Moskau
In Moskau wird ein Mönch von einer Mumie ermordet. Wladimir Golenkow ermittelt und ruft John und Suko zur Hilfe. Wladimir und Suko stoßen bei ihren Ermittlungen auf eine Gruppe Mannequins, die sich in einem Schloß in der Nähe von Moskau aufhalten. John verfolgt zu dieser Zeit eine Horde schakalartiger Hunde und gelangt ebenfalls zum Schloß. Dort stellt er die Mumie und tötet sie. Suko und Wladimir treffen auf Tarhario. In dem Schloßkeller befindet sich eine Art Lavasee, mit dessen Hilfe Tarhario Menschen zu Mumien machen kann. Suko gelingt es, Tarhario mit der Dämonenpeitsche zu vernichten. Tahario stürzt in den See, der daraufhin ebenfalls vernichtet wird.

588 – Das Ding aus dem Koffer (1/2)
589 – Die Kugelköpfe (2/2)
Bei der Verfolgung des Amokläufers Don Quinn machen John und Suko eine grausige Entdeckung. Während Don stirbt, löst sich sein Gesicht auf. John und Suko stellen Nachforschungen an und treffen auf Terry Boone. Er stiehlt aus einem Pfandhaus einen Koffer. John und Suko erhalten

einen Tip, wo Terry sich aufhält. Dieser hat den Koffer geöffnet und darin eine gallertartige Masse gefunden, welche ihn in Besitz genommen hat. Er flüchtet in einen Zug, in dem sich auch John und Suko befinden. John gelingt es, Terry zu überwältigen. Dessen Haut löst sich ebenfalls, und er stirbt kurz darauf. Es erscheint ein Kugelkopf, der Terrys Leiche aus dem Zug wirft, die sich daraufhin in Nebel auflöst. John und Suko begeben sich zu Helen Taylor, die kurzzeitig eine Geisel Terrys war. In ihrer Wohnung befinden sich die Kugelköpfe und auch der Koffer. Kurz bevor John und Suko auftauchen, öffnet sie den Koffer. Die Masse verteilt sich im gesamten Gebäude und tötet Helen. Bevor John und Suko die Masse aufhalten können, erscheint der Spuk. Es stellt sich heraus, daß die Kugelköpfe mit der Masse aus seinem Reich geflohen sind. Der Spuk holt die Flüchtlinge dorthin zurück.

590 – Ritter Tod (1/2)
591 – Engel der Geister (2/2)
Dr. Franklin hat mit Hilfe schwarzer Magie eine Maschine erfunden, mit der er Menschen beeinflussen kann. Mehrere Jahre später tauchen in London einige Amokläufer auf, die sich für berühmte Persönlichkeiten halten. Dadurch kommen John und Suko Dr. Franklin auf die Spur. John läuft in eine Falle und wird waffenlos an die Maschine angeschlossen. Sein Körper wird vom Geist des Raubritters Knight of Gorman übernommen. Suko überwältigt Dr. Franklin und gelangt in den Besitz der Mind-Machine. Er erhält von Dr. Franklin Johns Kreuz und drückt es in die Maschine. Dadurch verschwindet der Geist des Knight of Gorman aus Johns Körper, und er selbst landet in der Halle des Schweigens in Aibon. Hier trifft er Valesca, die Hüterin der Seelen. Sie will John töten, wird jedoch selbst durch ein Hologramm des Kreuzes vernichtet. John gelingt es, das Hologramm zu aktivieren und so die Halle zu verlassen.

592 – Computer-Monster
John gerät in eine Falle des Computerhackers Nick Ratkin. Er wird in einen Computer gezogen und kämpft in einem

Satansspiel um sein Leben. Er aktiviert sein Kreuz, und der gesamte Computer wird vernichtet. Asmodis, mit dem Ratkin einen Pakt hatte, fordert sein Opfer und holt sich Nick.

593 – Das Zeichen
John soll mit seinem Kreuz den Sohn des Rabbi Jehuda retten. Mit Hilfe des Kreuzes soll ein neuer Geist in den Körper fahren. Das Kreuz reagiert; es entsteht ein M in der Hand des Jungen. Sie vermuten, daß dies ein Zeichen des Erzengels Michael ist. Es stellt sich jedoch heraus, daß statt seiner ein Todesengel in ihn gefahren ist. John gelingt es mit Hilfe seines Kreuzes, dem Sohn des Rabbi seine wahre Seele zurückzugeben.

594 – Maniac und Marylin
Die Schauspielerin Marylin hat einen Pakt mit dem Teufel geschlossen. Dieser hat einen Roboter, den Maniac, zum Leben erweckt. Mit seiner Hilfe will sie die Film-Crew töten. John und Suko erfahren durch Zufall von dem Roboter und treffen in den Filmstudios ein, als die Crew gerade um ihr Leben kämpft. Suko erschießt Marylin in Notwehr und tötet zusammen mit John auch den Maniac, indem sie seine Augen mit Silberkugeln zerstören.

595 – Radio-Grauen
Der Reporter eines kleinen Radiosenders schickt die Stimmen einiger Verstorbener über den Sender. Darauhin ereignen sich einige Selbstmorde, und John und Suko werden auf den Plan gerufen. Die Stimmen der Toten haben die Bevölkerung in ihren Bann geschlagen. Sie sollen sich auf Geheiß der Geister hin umbringen, da die Geister nur so im Geisterreich eine Stufe höher steigen. Der Geist des Hauptverantwortlichen Mortimer Dario taucht auf und will die Bewohner zum Selbstmord zwingen. Er wird aber von einigen Mönchen aufgehalten. John kann ihn und den ganzen Spuk mit dem Kreuz vernichten.

596 – Feuer-Furie (1/2)
597 – Leichen-Ladies (2/2)
[John befreit seine Mutter Mary aus Mallmanns Gefangenschaft, Dracula II erhält den Blutstein und wird dadurch resistent gegen geweihtes Silber]
Die Arbeiter eines Londoner Krematoriums wollen eine Frau in den Flammen gesehen haben. John und Suko begeben sich in das Krematorium und sehen die Frau ebenfalls. Sie steckt einen Sarg in Brand. Als sich der Deckel öffnet, sieht John seine Mutter. Sie ist allerdings nur eine Wachsfigur. Kurze Zeit später erscheint die Flammenfrau bei Johns Vater. Sie will, daß sich John und Suko nach Holland begeben. Das tun sie auch, schicken zur Tarnung aber Jane Collins vor. Jane findet in Holland Johns Mutter Mary. Sie gerät kurze Zeit später jedoch in die Fänge von Dracula II. John und Suko treffen auf die Flammenfrau. Suko tötet sie mit der Dämonenpeitsche. Jane entkommt Dracula II. Als dieser bemerkt, daß sich John in der Nähe aufhält, holt er sich dessen Mutter und will sie gegen den Blutstein eintauschen. John erhält seine Mutter zurück und Mallmann den Blutstein. Jane will Dracula II mit Silberkugeln vernichten, doch der Blutstein zeigt seine Macht und verhindert dies.

598 – Der Weg in den Schrecken
John stößt durch Zufall in einem Dorf auf zwei Kinder, die ihr Gedächtnis verloren haben. Er erfährt, daß das in letzter Zeit häufiger passiert ist. Alle Kinder kamen aus einem nahen Kinderheim. John stattet dem Heim einen Besuch ab. Er sieht, wie sich einige Kinder in eine Höhle begeben, und folgt ihnen. In der Höhle erfährt John, daß er sich im Maul des Riesen Clupot befindet. John aktiviert sein Kreuz, und der Riese wird zu Kristall und zerfällt.

599 – Die Kralle
Deliah Courtain, eine Freundin Sheilas, will heiraten. Allerdings meldet sich ihr vor Jahren verstorbener Freund und tötet ihren Bräutigam. Sie holt John und Bill zu sich. Die beiden entdecken das aufgebrochene Grab des ehemaligen Freundes Ricardo, der bei Deliah auftaucht. John merkt, daß

Ricardo ein Zombie ist. Ricardo, der Mann mit der Stahlhand, sieht keinen Ausweg mehr und tötet sich selbst.

600 – Die Fee und die Horror-Reiter (1/2)
601 – Aibons Monster-Troll (2/2)
[Die Horror-Reiter töten die Fee Perlhaut]
Suko wird von den Männern in Grau entführt, damit John ihnen hilft. Dieser trifft in Aibon auf die Fee Perlhaut. Die beiden begeben sich zum Sammelplatz der Trooping Fairies. Kaum angekommen, tauchen die Horror-Reiter auf und vernichten die Trooping Fairies. John trifft auf den Roten Ryan. Er will, daß sich John mit dem Hook, dem Herrscher dieses Aibonteils, verbündet. Bevor John und Ryan den Hook von ihrem Plan überzeugen können, tauchen die Horror-Reiter auf. Der Hook wird schwer verletzt. Guywanos Todesvögel vertreiben die Horror-Reiter, da Guywano auch Angst um sein eigenes Reich hat.

602 – Brutstätte des Bösen
Glenda erfährt in Italien von einem Dämon. Zusammen mit John besucht sie das Kloster Santa Lucca, wo der Dämon hausen soll. In den Katakomben des Klosters stoßen sie auf ein Höllentor. Sie treffen auch den Abt, dessen Körper von dem Dämon übernommen wurde. John attackiert den Abt mit seinem Kreuz, und sowohl der Abt als auch der Dämon sterben.

603 – Die Pestklaue von Wien
John und Suko werden nach Wien gerufen. Sie begeben sich in die Pestgewölbe, wo eine riesige, mordende Steinklaue existieren soll. Als sie sie entdecken, flieht die Klaue vor Johns Kreuz. John und Suko finden eine alte Malteserkirche, die von der Klaue zerstört wurde. Dort treffen sie Isabel de Dijon, die von ihrem Ahnherrn Hercule besessen ist. Hercule will sich mit Hilfe der Klaue an den Maltesern rächen, die ihn einst töteten. John vernichtet die Klaue mit seinem Kreuz, woraufhin auch der Geist des Hercule de Dijon verschwindet.

604 – Stunden der Angst
Ein Junge will das Callgirl Lydia dem Teufel opfern. John vertreibt ihn, erfährt jedoch, wo die Teufelsanbetung stattfinden soll. Suko wird von den Teufelsanbetern überwältigt und entführt. John und Bill treffen sich mit Lydia am Ort der Teufelsanbetung. John befreit Suko und findet ein Dimensionstor, durch das Damions vom Planeten der Magier die Erde erreichen sollen. Während Bill einige Damions tötet, zerstört John das Tor mit seinem Kreuz.

605 – Das Gespenst vom Tower
John und Suko werden zu einem Voodoo-Trommler gerufen. Er warnt sie vor einem Zombie. Kurze Zeit später taucht der Zombie auf und tötet den Trommler. Die beiden vermuten, daß der Zombie, der ein Ahne des Trommlers war, auch die restlichen Familienmitglieder töten will. Der Zombie wird von John vertrieben. Er folgt ihm mit Suko zum Tower. Dort erscheint auch die Enkelin des Trommlers und lockt den Zombie mit Hilfe der Trommel aus seinem Versteck. John und Suko töten ihn mit Silberkugeln.

606 – Gwenola – grausam und geächtet
Auf einer Party, bei der auch Bill und Sheila zu Gast sind, erscheint eine Frau namens Gwenola. Sie will die Gäste vertreiben, da sich diese auf ihrem Land befinden. John hält sich zu dieser Zeit in der Nähe bei einem Hobbyzoologen auf. Auch hier zeigt sich Gwenola. Bei ihrem Erscheinen spielen sämtliche Tiere verrückt. Bill hat Johns Aufenthaltsort herausgefunden und fährt zu ihm. Während er sich gegen mehrere zombiehafte Tiere zur Wehr setzen muß, begibt sich John zu drei Felstürmen. Gwenola hat diese aus Aibon zur Erde gebracht. John aktiviert sein Kreuz und zerstört die Felstürme und mit ihnen Gwenola.

607 – U-Bahn ins Jenseits
Nach einer Verfolgungsjagd durch halb London verschwindet der Mörder Kaifas in der U-Bahn. John und Suko folgen ihm und landen in einer anderen Dimension. Durch Johns Kreuz gelangen sie zurück zur Erde. Sie begeben sich zu

Kaifas' Nachbarin, die durch einen Spiegel, der ebenfalls ein Dimensionstor darstellt, verschwindet. John und Suko folgen ihr. Sie geraten in Kaifas' Dimension, wo John ihn mit dem Kreuz attackiert. In einem letzten Reflex will er John töten, trifft jedoch seine Nachbarin.

608 – Das Böse kommt
John findet den Spiegel, der ein Dimensionstor zu Kaifas' Welt darstellt, wieder. Durch die Verbindung mit seinem Kreuz gelangt er in die Vergangenheit. Dort trifft er Fenina, die als Hexe verfolgt wird, und rettet sie in die Gegenwart. Da ihr Verlobter etwas von den Templern wußte, reisen die beiden noch einmal mit Suko in die Vergangenheit. Dort wird Fenina getötet. John und Suko finden auf dem Grab ihres Verlobten eine Karte des Templerschatzes. Sie reisen mit dem Spiegel zurück in die Gegenwart, wo dieser sich selbst zerstört.

609 – Tiefsee-Mystik (1/2)
610 – Totenfee der Templer (2/2)
[John findet vor der neufundländischen Küste den Templerschatz]
John und Suko begeben sich nach Neufundland, wo sich der Templerschatz befinden soll. Sie treffen Kate und Chris Tanner. Chris wird entführt und ins Meer geworfen, da Kate sich mit einem großen Konzern angelegt hat. Chris wird von einer geheimnisvollen Macht gerettet und verwandelt sich in eine Nixe. John und Suko weihen Kate in ihre Pläne ein, und sie versucht, ihnen bei der Suche zu helfen. Nachdem sie den Ort erreicht haben, taucht Suko nach dem Schatz. Er trifft die Nixe Chris und erfährt von der Totenfee der Templer, die den Templerschatz bewacht, daß nur der Besitzer des Dunklen Grals bis zum Schatz vordringen kann. Gleichzeitig entdeckt einer der Killer des Konzerns den Gral, welcher daraufhin seine Macht entfaltet. John kann ihm den Gral entreißen, bevor das Schiff in ein Loch fällt, welches im Meer entstanden ist. Am Ende des Lochs trifft John auf Suko und die Totenfee. Sie öffnet dem Besitzer des Grals die Schatzkammer. Die Killer folgen John, kommen jedoch in der Kam-

mer um. John nimmt sich nur einen Teil, um Abbé Bloch finanziell zu unterstützen. Der Rest des Schatzes soll weiterhin von der Totenfee beschützt werden.

611 – Wir gegen das Einhorn-Trio
[1. Auftritt von Aristoteles Leonidas]
Bei einem Polizeieinsatz stirbt die Tochter von Aristoteles Leonidas. Auch Suko, Bill und John sind anwesend. Leonidas gibt ihnen die Schuld am Tod seiner Tochter. John und Suko werden von Leonidas überwältigt. Er steckt die beiden in ein Labyrinth. In diesem befinden sich Einhörner, die John und Suko töten sollen. Bill, der mittlerweile bei Leonidas eingetroffen ist, werden die Szenen gezeigt. Er überwältigt Leonidas, während John und Suko die Einhörner gegeneinander ausspielen. Leonidas will sein Haus in die Luft sprengen. Bill entkommt dem Haus ebenso wie John und Suko dem Labyrinth. Auch Leonidas kann aus dem Haus fliehen.

612 – Eine Nacht im Hexenschloß
Die Hexe Orania nimmt Kontakt mit Jane Collins auf. Sie lockt Jane und John in ihr Schloß. Orania braucht ihr Blut. Während John sich mit ihren ehemaligen Opfern herumschlägt, die als Zombies wiedergekehrt sind, trifft Jane die Hexe. Orania will Jane töten, doch der gelingt die Flucht. Orania versucht nun, John zu beeinflussen. Das mißlingt, und John tötet sie mit dem Silberdolch.

613 – Mandragoros grausamer Garten
John erhält von Professor Chandler eine Blume mit einem Menschenkopf. Er besucht mit Suko den Professor. Der Professor wird von einem Monster gejagt und flüchtet in die Welt, wo er die Blume fand. Mit Hilfe des Monsters gelangen auch John und Suko in diese Welt. An einem See treffen John und Suko Professor Chandler. Im See kommt es zum Kampf zwischen ihnen und dem Monster. Der Killer wurde von Guywano angeheuert, um die Welt, die Mandragoro gehört, zu übernehmen. John und Suko gelingt es, den Killer mit Dämonenpeitsche und Silberdolch

zu töten und die Welt zusammen mit Professor Chandler zu verlassen.

614 – Werwolf-Begräbnis
John wird entführt und zu dem Schwarzen Aci gebracht. Da Suko vermutet, daß Aci John entführen ließ, stattet er ihm einen Besuch ab. John wurde auf eine Insel verschleppt. Er wird bis zum Hals im Sand eingegraben und soll von Werwölfen getötet werden. Auch Glenda wurde entführt. Sie landet, ebenso wie John, auf der Insel. Dort findet sie Johns Waffen. Suko trifft mittlerweile auf Aci, der ein Werwolf ist und vor Suko durch ein Dimensionstor flüchtet. Suko folgt ihm und landet auch auf der Insel. Suko tötet Aci, bevor dieser John töten kann. Glenda aktiviert Johns Kreuz, und die Insel wird zerstört.

615 – Die Satans-Vision
John will Abbé Bloch die Ikone aus dem Templerschatz überbringen. In Toulouse trifft er eine Frau, die Ähnlichkeit mit der Abbildung auf der Ikone hat. Die Frau begleitet John nach Alet-les-Bains. Der Würfel des Heils warnte den Abbé bereits. In der Frau steckt der Geist einer Hexe. Diese kann den Körper aber nicht übernehmen, da die Frau zu gläubig ist. Ein Freund der Frau taucht auf, Pierre Rodin. Er ist ein Günstling der Hölle und soll sie töten. Er ersticht sie, wird auf der Flucht jedoch von John erschossen.

616 – Der König des Schreckens
John erhält die Nachricht, daß Lionel Drake von einem Bild getötet werden soll, das der Schnellmaler Lorenzo vor Jahren malte. Drake stirbt, und John trifft auf die Assistentin Lorenzos, der vor Jahren selbst verschwand. John zerstört einige Bilder Lorenzos. Eines stellte das Unterbewußtsein seiner Assistentin dar, und sie stirbt. Lorenzo erscheint. Er will John mit einem Messer töten. Johns Kreuz saugt das Messer auf. Da zwischen dem Messer und Lorenzo ein Kontakt bestand, stirbt auch er durch die Vernichtung des Messers.

617 – Das Blut der Mumie
[Die Verbindung von Atlantis zu Ägypten wird erläutert]
In London wird ein Ägypter von Katzen getötet. John und Suko finden den Hinweis auf ein Flugzeug und erwarten es. Als das Flugzeug erscheint, werden John und Suko ausgeschaltet. Die Ladung wird von Ibrahim Sales übernommen. Seine Sekretärin wendet sich aus Angst an Johns Büro. Sie begeben sich zu ihr, finden sie aber tot vor. Die Tote beginnt zu sprechen und informiert John über die Mumie des Herodot, die in London erschienen ist. Die Mumie besitzt eine Katze, die ihr hilft. Kurz darauf taucht die Katze auf und tötet die Sekretärin endgültig. Sie verfolgen die Katze. Am Zielort greift sie John an. Der tötet sie mit dem Kreuz und damit auch Herodot, der mit der Katze identisch war.

618 – Der Mondschein-Mörder
Die Wahrsagerin Ismelda Miller bittet Sir James um Hilfe. Sie hat Angst vor dem »Mondschein-Mörder«. John erhält zur selben Zeit vom Roten Ryan Informationen über den Killer, der aus Aibon stammt und von dort fliehen will. John trifft den »Mondschein-Mörder« bei Ismelda und folgt ihm nach Aibon. Er sucht in Aibon nach ihm, doch der Mörder kehrt in der Zwischenzeit zurück nach London. John folgt ihm zusammen mit dem Roten Ryan. In der Wohnung Ismeldas treffen sie Suko und den »Mondschein-Mörder«. Ryan bannt den Mörder mit seiner Musik, und Suko tötet ihn mit der Dämonenpeitsche.

619 – Killer-Blasen (1/2)
620 – Die Götzenhöhle (2/2)
John, Suko und Wladimir Golenkow stoßen in einem kleinen russischen Dorf auf lauter Skelette. Kurz darauf taucht eine Blase auf, in der ein Mensch steckt. Von der Spitze der Blasen tropft Schleim und tötet den Mann. John zerstört die Blase mit seinem Kreuz. Sie treffen einen Zirkus und dessen Direktor Boris Belzik. Er steckt hinter den Killer-Blasen. John und Suko verfolgen die Spur Belziks bis in die Mongolei. Im Tal der Ashaten treffen John und Suko erneut auf die Killer-Blasen. Sie begegnen auch Boris Belzik wieder,

der ihnen erklärt, daß die Blasen von einem Bruchstück des Planeten der Magier stammen, das einst hier niederging. Sie entdecken auch einen Schleimsee, aus dem die Blasen entsteigen. John stößt Belzik in den Schleimsee. Die Blasen töten ihn aber nicht, und so aktiviert John sein Kreuz. Der Schleimsee wird hart, und Boris Belzik wird in ihm gefangen.

621 – Die Vergessene von Avalon (1/3)
622 – Das Monstrum von der Nebelinsel (2/3))
[John wird der Gral gestohlen; er altert dadurch um 30 Jahre]
623 – Ein Tropfen Ewigkeit (3/3)
[John gelangt zum ersten Mal nach Avalon und erhält den Gral zurück, bleibt jedoch dreißig Jahre älter]
John findet durch eine Zeitungsanzeige Melusine de Lacre. Sie ist blind und hat im Keller ihre toten Eltern aufgebahrt. Melusine will mit Johns Hilfe das geheimnisvolle Land Avalon finden. John nimmt Melusine mit zu sich nach London, doch bevor er ihr helfen kann, teilen Kara und Myxin ihm mit, daß er sich in großer Gefahr befindet. Da sie jedoch nichts Genaues wissen, kehrt John zurück zu Melusine. Sie stiehlt seinen Gral. Mit der Hilfe des Grals will sie nach Avalon gelangen. Sie verschwindet, und John altert um dreißig Jahre, da ihm der Gral gestohlen wurde. Er flüchtet in den Hyde-Park und trifft dort auf ein Gespenst, das sich »Wächter von Avalon« nennt. John wird vom Wächter mit nach Avalon genommen. Kara erreicht Avalon ebenfalls. Sie überredete den Spuk, ihr einen Tropfen des Tranks des Vergessens zu überlassen. John trifft auf König Artus, der den Rückweg aber auch nicht kennt. Der Herrscher Avalons taucht auf, Merlin. John kann ihn durch sein Kreuz kurz aufhalten. Kara erscheint und begibt sich zusammen mit John zu einem Kessel, wo sie auch Melusine treffen. John entreißt ihr den Gral und kehrt mit Kara durch den Kessel zur Erde zurück. Melusine muß in dem Kessel warten, bis Merlin sie zurück nach Avalon läßt. John ist nach der Rückkehr aus Avalon immer noch dreißig Jahre älter, als er sein sollte.

624 – Der Schädel des Riesen
[Nadine Berger begibt sich nach Avalon, wodurch John wieder jung wird]
In London wird der steinerne Kopf des Wächters von Avalon gefunden. Durch Blut, das aus dem Schädel tropft, mutieren Ratten zu riesiger Größe. Suko, Bill und Nadine untersuchen das Gebiet, während sich John bei Myxin und Kara befindet. John erfährt von dem Kopf und begibt sich zu den Freunden. Der Schädel nimmt Kontakt zu John auf. Er erfährt, daß er seine Jugend zurückerhalten kann, wenn Avalon gleichzeitig eine andere Seele erhält. Bevor John es verhindern kann, begibt sich Nadine Berger durch den Schädel nach Avalon. Sie hofft, ihr altes Leben zurückzuerlangen. John wird wieder jung.

625 – Die Schrumpfkopf-Königin
John trifft eine Frau mit unmenschlichen Kräften. Bevor er mit ihr sprechen kann, wird er von Schrumpfköpfen angegriffen. Suko erfährt von Shao, daß die Schrumpfkopf-Königin Akido in London ist. Sie ist ein Tengu. Shao zerstört mit ihrer Armbrust Akidos Gehirn, die einzige Möglichkeit, einen Tengu zu zerstören.

626 – Dracula II ist wieder da
John und Suko werden von Sir James Powell in eine Falle geschickt. Sie geraten in die Fänge von Dracula II. Dieser entführte ein Mitglied des Königshauses und ließ Sir James damit keine Wahl. Der informiert aber Jane Collins. Sie verfolgt einen Informanten Draculas. John und Suko gelingt die Flucht, und sie begeben sich auf die Suche nach Dracula II. Jane hat ihn mittlerweile gefunden. Dracula II will sie zum Vampir machen, als John und Suko erscheinen. Dracula II ergreift die Flucht, und das Mitglied des Königshauses wird gerettet.

627 – Nadine und die Mörderwölfe
[Nadine Berger kehrt als Mensch zurück zur Erde und verläßt John und seine Freunde]
Morgana Layton will Nadine Berger töten. Nadine kehrte

als Mensch aus Avalon zurück und geriet in die Fänge Morganas. Diese entführt Johnny, um Nadine vor seinen Augen hinzurichten. Bevor sie Nadine töten kann, erscheint die Polizei. John und Suko identifizieren Nadine. Bei der Identifikation wird sie plötzlich wieder lebendig. Sie nehmen sie mit zu den Conollys. Morgana meldet sich und fordert Nadine zum Kampf. John folgt ihr heimlich. Als er bei dem Duell auftaucht, flieht Morgana. Fenris erscheint und attackiert John. Der wehrt sich mit Silberkugeln, worauf Fenris mit Morgana Layton die Flucht ergreift.

628 – Die Geister vom Leichenbaum (1/2)
629 – Der Racheengel (2/2)
John, Suko und Sir Edgar Blake besuchen Halifax, den Neffen Sir Edgars. Er ist von Geistern besessen. John vertreibt die Geister, vernichtet sie aber nicht. Im nahen Ort ergreifen die Geister Besitz von drei Schlägern. Suko folgt den Schlägern, während Halifax von fünf Totenschädeln getötet wird. John, der Halifax folgte, sieht die Mörderin, die ihm auch seinen Namen nennt: Sassia. John erfährt, daß Sir Edgar vor Jahren ein Verhältnis mit Sassia hatte. Sir Edgar tötete ihre fünf Geliebten und vergrub ihre Schädel im Wald. John und Sir Edgar treffen auf Sassia. Sie will Sir Edgar töten, da explodieren die fünf Totenköpfe. Die Göttin Sassias, Astarte, hat sich gegen sie gewandt. Die Geister fahren aus den Schlägern, bevor diese Suko töten können, und saugen Sassia in sich auf.

630 – Das Tengu-Phantom
John und Suko werden vor einem Tengu gewarnt. Sie treffen auf Winston Crawford, der dort arbeitet, wo sich der Tengu aufhalten soll. Sie reisen mit ihm zu seinem Arbeitssitz nach Wales. In einem Keller unterhalb des Schlosses, wo Crawford arbeitet, finden sie den Tengu. Dieser flieht, doch die drei treffen ihn im nahegelegenen Ort wieder. Der Tengu tötet Crawford. John köpft den Tengu mit dem Bumerang. Der Kopf lebt weiter und wird von John und Suko mit Silberkugeln vernichtet. Der Geist des Tengus entkommt.

631 – Die Bluteulen
[1. Auftritt von Bettina Constanza, die die Nachfolge des verschollenen Strigus antreten soll]
Der Geist des Tengu hat sich einer Eule bedient. Sie wird von Shao verletzt und flieht. Shao holt John und Suko in den Bayerischen Wald. Shao trifft Bettina Constanza, die einen besonderen Kontakt zu Eulen hat. Es stellt sich heraus, daß der Tengu sich mit den Strigen verbündet hat. John und Suko treffen den Tengu. Er hat sich mit den Strigen umgeben, die nun John, Suko und Shao angreifen. Während John und Suko die Strigen töten, tötet Shao den Körper des Tengu, indem sie ihn verbrennt. Den Geist kann sie mit Hilfe der Sonnengöttin Amaterasu endgültig vernichten. Bettina, die die Nachfolgerin von Strigus werden soll, gelingt die Flucht.

632 – Syndikat der toten Augen
John und Suko sollen ermordet werden. Der Plan mißlingt, und der Killer wird selbst das Opfer. John und Suko entdecken, daß der Killer keine Augen mehr hat. Auf seiner Stirn leuchtet aber ein drittes Auge. Sie vermuten, daß Aristoteles Leonidas dahintersteckt, und warnen Bill. Der wurde aber bereits entführt. Bill soll in aller Öffentlichkeit umgebracht werden. Der Plan mißlingt, und Bill wird gerettet. Leonidas flüchtet.

633 – Wenn Druidenseelen trauern
John besucht eine französische Kollegin, die sich von einem Geist bedroht fühlt. In ihrem Heimatort entdeckt er ein Druidengrab. Er erfährt, daß die Eltern der Kollegin sie vor Jahren dem Druiden versprachen. Der Druide will sie nun besitzen. Als der Geist auftaucht, vernichtet John seinen Kopf mit dem Silberdolch.

634 – Ein Höllenjob für Bill (1/2)
635 – Das Grab der Sinclairs (2/2)
[John erfährt, daß es in Amerika noch einen dritten Templerzweig gibt; dieser steht mit den Freimaurern in Verbindung, die bereits Präsidenten stellten und große Macht in der Wirtschaft und bei der CIA haben]
Bill sucht in Schottland ein Grab. Er wird fündig. Das Grab trägt den Namen Sinclair. Er will John informieren, wird aber vorher verschleppt. John findet zu dieser Zeit ebenfalls einen Hinweis auf das Grab. Sir James teilt John und Suko mit, daß er sie offiziell von dem Fall entbinden muß. Die beiden reisen also inoffiziell nach Schottland und finden das Grab der Sinclairs. Im Ort treffen sie die Leute, die Bill entführt haben. Sie überraschen John und bringen ihn in die Kirche des Ortes, eine Templerkirche. Bill, der in die Gruft der Kirche gebracht worden ist, wird gerettet. Während Sir James in London gezwungen wird, den Gral nach Schottland zu bringen, trifft John seinen Zombieahnherren. Des weiteren erfährt er von den Entführern die Zusammenhänge zwischen der CIA und den Templern. Als Sir James mit dem Gral erscheint, stellt sich heraus, daß der Gral der Hauptgrund der Entführung ist. Eine Frau, die Bill gerettet hat, tötet den Anführer der Entführer. Suko entreißt ihm gleichzeitig den Gral, wird aber dabei angeschossen. John tötet seinen Ahnherrn mit dem Kreuz.

636 – Das Blut der Schwarzen Priester
Britta Seels sammelte das Blut des vor Monaten von John und Suko getöteten Schwarzen Priesters. Sie gab es Dutch Myer, einem Bekannten, zu trinken, welcher sich daraufhin in einen Vampir verwandelt hat. Aus Angst wendet sie sich an John und Suko. John trifft in ihrer Wohnung den Vampir und auch den wiedererweckten Schwarzen Priester. John gerät in die Ausläufer der atlantischen Magie. Suko bringt ihm den Bumerang, mit dem John den Priester töten kann. Durch seinen Tod vergehen auch der Vampir und die atlantische Magie.

637 – Nackt in die Hölle
Jane Collins wird zu einem Hexenmuseum gerufen. Dort findet sie eine Kugel, in der sich zwei Hexengeister befinden. Sie wollten einmal das Höllenfeuer löschen, waren aber zu schwach und wurden in der Kugel gefangen. Jane begibt sich, wie es die Regel vorschreibt, nackt in die Hölle, um das Feuer zu löschen. John erfährt davon durch Lady Sarah und folgt Jane in die Hölle. Jane trifft auf Casinius, den Herrscher der Welt. Sie erfährt, daß die Welt vergeht, wenn das Höllenfeuer gelöscht wird. Aus diesem Grunde will Casinius die Kugel besitzen. Das mißlingt aber, und Jane löscht mit Hilfe der Kugel das Feuer. Die Welt und Casinius vergehen, und Jane und John gelangen zurück zur Erde.

638 – Das Palazzo-Gespenst
Suko und Lady Sarah untersuchen in Italien den plötzlichen Tod einer Bekannten Lady Sarahs. Sie erfahren von einem Gespenst, das für den Tod verantwortlich sein soll. Auch Suko und Lady Sarah sollen dem Gespenst geopfert werden. John tötet das Gespenst namens Venetia.

639 – So freundlich wie der Teufel
In New York werden Menschen mit Kugeln erschossen, die ein Teufelssymbol tragen. Die Mörderin soll eine Polizistin sein. Nachdem John ihr beinahe zum Opfer gefallen ist, gelingt es ihm, sie festzunehmen.

640 – Das Blut-Rätsel
John soll Cynthia Manson vor einem Selbstmord bewahren. Er lehnt ab, woraufhin sie tatsächlich Selbstmord begeht. John durchsucht ihr Haus, doch in dieser Zeit verschwindet die Tote und taucht mit ihrer Ahnherrin Violetta, die einen Pakt mit Baphomet geschlossen hat, wieder auf. John vernichtet sie mit dem Kreuz.

641 – Geisterbahn
[Vincent van Akkeren wird zum ersten Mal erwähnt]
John und Suko treffen in London auf ein Frankenstein-Monster. Sie töten es und stellen fest, daß es ein Roboter ist. Die

beiden geraten in eine Geisterbahn, in der diese Art Monster ebenfalls zu sehen sind. John tötet in der Geisterbahn einige der mechanischen Monster. Suko findet heraus, daß die Figuren von einer Firma mit dem Namen »van Akkeren« stammen, wird danach aber vom Chef der Geisterbahn überwältigt. John kommt hinzu, und der Chef der Geisterbahn begeht Selbstmord, als er merkt, daß er verloren hat.

642 – Horror im Harem (1/2)
643 – Das fliegende Grauen (2/2)

Jane Collins und Glenda Perkins werden nach Marokko entführt. Sie sollen dort den Harem des Abdul Hamid auffüllen. Dracula II machte den Scheich auf die Frauen aufmerksam. John und Suko erhalten einen Tip, wo sich die Frauen befinden, und begeben sich zum Palast Hamids. Hamid wird ein Opfer von Dracula II. Jane und Glenda können aus dem Gebäude fliehen und treffen auf John und Suko. Sie töten einige der Vampire, und Dracula II flüchtet mit dem Rest seiner Vampirarmee.

644 – Der Leichenfürst von Leipzig (1/2)
[1. Auftritt des deutschen Kommissars Harry Stahl aus Leipzig]
645 – Das Teufels-Denkmal (2/2)

Durch die Fahndung nach Vincent van Akkeren gelangen John und Suko nach Leipzig. Dort treffen sie auf einen Mann namens Hoffmann, der seinen Schatten von seinem Körper lösen kann und damit Menschen ermordet und zu Zombies macht. Suko trifft einen Zombie und verfolgt ihn in die Katakomben unterhalb Leipzigs. Er wird ein Opfer van Akkerens. Dieser hat ihn gefesselt und wartet nun auf Hoffmann, damit er Suko zum Zombie machen kann. John und Harry Stahl können Suko befreien, bevor er Hoffmann in die Hände fällt. Dieser und van Akkeren fliehen, werden aber am Bahnhof entdeckt. John, Suko und Harry Stahl besteigen ebenfalls den Zug nach Budapest. Auf freier Strecke leiten Hoffmann und van Akkeren eine Notbremsung ein. Die drei Freunde folgen ihnen unbemerkt. Sie finden einen Menhir, der eine Baphomet-Statue darstellt. Suko attackiert den Stein mit seiner Dämonenpeitsche. Daraufhin wird der Stein lebendig. Suko entkommt der Statue und verletzt van Akkeren schwer. Während Hoffmann entkommt, flieht van Akkeren mit Hilfe der Statue in die Hölle.

646 – Der Templer-Jäger
[John erhält zwei Landkarten, die zum Templerschatz führen sollen; die eine zeigt Neufundland, die andere ein unbekanntes Gebiet]
John und Suko finden die Spur Hoffmanns in einem alten Viertel in Paris wieder, das nach den Templern benannt wurde. John trifft Hoffmann in einer Templerkirche, in der ein altes Skelett liegt, das den Ort des Templerschatzes kennt. Hoffmann aktiviert das Skelett und erhält zwei Karten. Eine davon zeigt Neufundland, wo der Schatz liegt, die andere ein Gebiet das auch John unbekannt ist. John tötet Hoffmann, der die Templer in Alet-les-Bains töten wollte, und das Skelett mit dem Kreuz. Der letzte Wegweiser zum Templerschatz wird vernichtet.

647 – Hexenzauber
John findet heraus, daß die zweite Karte ein Gebiet in der Lüneburger Heide zeigt. Zusammen mit Suko begibt er sich dorthin. Sie treffen auf Ute Bergmann, die eine ähnliche Begabung hat wie Hoffmann, nur kann sie ihren Geist vom Körper lösen. John attackiert Ute mit dem Kreuz. Ihr Geist trennt sich vom Körper. Suko vernichtet den Körper mit der Dämonenpeitsche, und John tötet den sich materialisierenden Geist mit seinem Silberdolch.

648 – Der Tod, der Ninja und ich
Shao tötet am Londoner Flughafen einen Ninja-Zombie. Sie trifft auch auf John und Suko und nimmt Suko mit zu Yakups Kloster. John bleibt in London und stellt weitere Nachforschungen an. Dabei trifft er auf Soto Lamar. Er war der Empfänger des Sarges, in dem der Ninja-Zombie lag. John findet bei Lamar ein Bild von Yakups Kloster. Wie in einem Film sieht er, was dort passiert. Das Kloster ist zerstört. Suko wird von Shimada entführt. Shao beschwört die

Sonnengöttin Amaterasu und vertreibt mit ihrer Hilfe Shimada. Suko wird gerettet. Lamar verfolgt das Geschehen ebenfalls und schneidet sich die Kehle durch, als er merkt, daß Shimada verloren hat.

649 – Der Junge von Stonehenge
Der Wissenschaftler Frank Conrad befreit durch einen Zufall den Jungen Tim aus Aibon. Tim hat starke magische Kräfte und will die Flammenden Steine übernehmen. Er weiß, daß John ihm gefährlich werden kann, und stellt ihm eine Falle. John begibt sich, ebenso wie der Eiserne Engel, nach Stonehenge. Kara und Myxin haben den Eisernen losgeschickt, um die Steine zu retten. Aber weder John noch der Eiserne können gegen Tim etwas ausrichten. Nun taucht Myxin mit der Totenmaske von Atlantis auf und zerstört Tims Tor nach Aibon. Durch die Zerstörung des Tores vergehen auch Tim und seine Magie.

650 – Bestien in New York (1/2)
651 – Die Rache der Wölfin (2/2)
[Dracula II macht Nadine Berger zum Vampir]
Nadine Berger holt John nach New York. Sie erzählt ihm einige Dinge über Werwölfe, die John nicht glaubt, bis Nadine von Morgana Layton entführt wird. John erhält ein Foto von der entführten Nadine. Morgana Layton erzählt Nadine Berger derweil ihre Pläne. Morgana hat sich mit Dracula II zusammengetan und will John durch die Entführung in die Enge treiben. Morgana, Nadine und Dracula II begeben sich nach London. Als John am Ort des Gespräches zwischen Morgana und Nadine eintrifft, muß er feststellen, daß sie bereits fort sind. John reist ebenfalls nach London zurück. Dracula II macht Nadine Berger in London zum Vampir. Sie trifft auf Johnny Conolly, der seinen Vater Bill informiert. Dieser macht sich mit John und Suko auf die Suche nach Nadine. Suko gerät in eine Falle von Dracula II. Den Freunden gelingt es, Suko aus Draculas Händen zu befreien und diesen und Nadine Berger zu vertreiben.

652 – Der Bogie-Mann
John forscht nahe der englisch-schottischen Grenze nach dem Bogie-Mann. Dabei trifft er auf die drei Drake-Schwestern. Eine der Schwestern ist Modeschöpferin, und aus diesem Grund taucht Jessica Long bei ihr auf. John bemerkt das große Interesse der Schwestern am Bogie-Mann. Es stellt sich heraus, daß der Tänzer Juri, ein Freund der Schwestern, mit dem Bogie-Mann identisch ist. John vernichtet Juri mit seinem Kreuz, woraufhin den Schwestern als Rache der Hölle die Hände abfaulen.

653 – Alfreds kleiner Horror-Laden
Bill entdeckt durch Zufall einen Mord. Als John und Suko der Sache nachgehen, treffen sie den Händler Alfred. Er verkauft magische Dinge, die Menschen umbringen können. John begibt sich zu Alfred, während Bill und Suko die Umgebung erkunden. Bill trifft auf die Puppe Olympia. Sie will ihn töten, doch er vernichtet sie mit der Goldenen Pistole. Alfred will seine Puppe retten, stirbt jedoch selbst an den Folgen des Schleims.

654 – Wo Deborah den Teufel trifft
John und Jessica Long besuchen deren Freundin Deborah Caine. Sie wird von Alpträumen geplagt; John findet bei ihr ein Schwert, mit dem sie in ihren Träumen gemordet hat. Bevor er es untersuchen kann, flieht das Schwert. Jessica findet heraus, daß die Medikamente, die Deborah von ihrem Freund Mason Rafferty erhalten hat, für ihre Alpträume verantwortlich sind. Sie selbst nimmt eine der Pillen und gerät in eine fremde Welt, in der Rafferty herrscht. John findet das Schwert wieder und auch den irdischen Körper Raffertys. Er vernichtet den Körper mit Silberkugeln, woraufhin der wahre Dämon auftaucht. John vernichtet auch diesen mit seinem Kreuz. Dadurch wird das Schwert zerstört.

655 – Der Fund
Der Förster Kevin Lakeman findet in seinem Revier ein Skelett. Er nimmt es mit nach Hause, doch es wird lebendig und verschwindet. John und Suko, die sich in der Nähe des Hau-

ses aufhalten, verfolgen es bis in die nächste Ortschaft. Dort treffen sie auf eine Bande, die das Skelett in Besitz nehmen will. Es kommt zum Kampf, wobei der Chef der Bande von John erschossen wird. Der Rest der Bande nimmt das Skelett in Besitz und will es nach Portugal schaffen.

656 – Labyrinth der 1000 Tode
John und Suko folgen dem Skelett, das den Namen Gracio trägt, nach Lissabon. Suko wird vom Besitzer des Skeletts, Nando Morcote, in eine Falle gelockt. Er entkommt jedoch, während John den Männern Morcotes in eine Falle läuft. John wird in ein Labyrinth gebracht, wo Gracio ihn töten soll. Er überzeugt das Skelett davon, daß es ein ehemaliger Templer ist, und wird aus diesem Grund von dem Skelett befreit. Er verschweigt ihm allerdings, daß er selbst auf der guten Seite steht, und tötet es mit dem Kreuz. Suko treibt zur selben Zeit Morcote in die Enge, welcher daraufhin in seinem Labyrinth Selbstmord begeht.

657 – Angst vor dem roten Phantom
Zwei Killer töten versehentlich ein Zigeunerkind. Die Zigeuner schwören Rache. Kurz darauf taucht die Zigeunerin Irvana bei John auf und warnt ihn vor einem Fall, der ihn in Kürze betreffen wird. Neugierig durch die Warnung, verfolgt John Irvanas Spur und stößt auf einen Polizistenmord. John begibt sich zusammen mit Jane Collins zu den Zigeunern. Sie erleben mit, wie sich Irvana in das rote Phantom verwandelt. Das Phantom selbst haust in einer Scherbe, die zu einem Messer verarbeitet worden ist. Jane zerstört das Messer mit ihrer Hexenkraft. Die Klinge zerbricht und tötet Irvana. Auch das Phantom vergeht, da sein Fluchtweg zerstört wurde.

658 – Was Turro mit den Mädchen machte
Der Dämon Turro ist aus dem Reich des Spuks entkommen. Vom Spuk selbst erhält John den Tip, daß sich der Dämon des Körpers von Andy Gere bemächtigt hat. Dieser entführt Glenda Perkins. John und Suko begeben sich auf die Suche nach ihr. Während Turro Glenda foltern will und sie dabei

verletzt, erscheinen John und Suko. Turro verläßt den Gastkörper, den Suko mit der Dämonenpeitsche vernichtet. John zerstört den Dämon endgültig durch die Aktivierung des Kreuzes.

659 – Die indische Rache
[Fortsetzung von TB 119]
John, der im Besitz des Palmenblattes von Nadine Berger ist, will damit die Rückverwandlung von Nadine erreichen. Beim Entziffern der Schrift soll ihm ein indischer Guru helfen. Dieser wird jedoch voher von Siras Geist ermordet. Siras Geist erpreßt John nun damit, daß sie die verletzte Glenda töten will, wenn John ihr nicht das Palmenblatt zurückgibt. John legt das Palmenblatt auf Glendas Bettdecke und beschwert es mit seinem Kreuz. Sira ergreift das Blatt, und John aktiviert das Kreuz. Da ihr Fluchtort nicht mehr existiert, wird Sira vom Kreuz vernichtet.

660 – Die Totenstadt
John und Suko treffen den Japaner Aoyama. Er soll in der Lage sein, Nadines Palmenblatt zu lesen. Er wohnt in einer Stadt, die die Japaner mit biologischen Waffen zerstört haben, wodurch die Bevölkerung zu Zombies geworden ist. Dracula II kommt den beiden zuvor und macht Aoyama zum Vampir. John und Suko suchen in der Stadt nach ihm und töten dabei zahlreiche Zombies. Als sie ihn finden und bemerken, daß er ein Vampir ist, erlösen sie ihn. Dracula II gelingt die Flucht.

661 – Dämonische Kreuzfahrt (1/2)
662 – Sturm auf den Todestempel (2/2)
[John erhält durch das Palmenblatt den Hinweis auf das »flüssige Leben«, mit dessen Hilfe Nadine Berger von ihrem Vampirdasein erlöst werden kann]
John und Suko erfahren von Shao, daß es immer noch eine Möglichkeit gibt, um Nadine zu retten. Sie begeben sich zu dem schlafenden Gott Cheng Gu auf ein Schiff. Dort taucht auch ein Mann namens Hiob auf. Er ist ebenfalls hinter Cheng Gu her. John und Suko gelangen unbemerkt zu

Cheng Gus Sarg, wo sich Hiob bereits befindet. Es kommt zum Kampf. Während des Kampfes macht Cheng Gu Buddhas Stab unbrauchbar und begibt sich mit Hiob zu einem wartenden Helikopter. John, Suko und Shao suchen Cheng Gus Tempel. Nur dort kann sich der verlorengegangene Geist mit dem Körper Cheng Gus vereinigen. Cheng Gu übersetzt John das Palmenblatt. Das nicht ganz vollständige Blatt endet mit dem Begriff »flüssiges Leben«. John weist Cheng Gu auf seinen Fehler hinsichtlich des Stabes Buddhas hin, und Cheng Gu verwandelt ihn in seine ursprüngliche Form zurück. Hiob taucht auf und erschießt Cheng Gu, woraufhin John Hiob erschießt.

663 – Das Unheil erwacht (1/5)
[John findet ein höllisches Ei, welches das »flüssige Leben« enthält.]
John erhält durch einen Verbrecher den Hinweis auf das flüssige Leben. Daraufhin besucht er die Schwester des Verbrechers. John und Suko finden die Schwester namens Jade Prentiss. Sie hat ein Ei im Wald gefunden, das sich von Menschenblut ernährt. Sie flieht mit dem Ei vor John und Suko. Die beiden stellen Jade, und John attackiert das Ei mit seinem Kreuz. Das Ei schrumpft auf normale Größe zusammen und stellt nun keine Gefahr mehr dar.

664 – Satan in Weiß (2/5)
Jade Prentiss stirbt durch die Vernichtung des Eis. John und Suko erfahren, daß in der Nähe des Ortes einst ein Vampir wohnte. Durch die internationale Fahndung nach dem Besitzer des Hauses, Dr. Sheldon, erfahren John und Suko von Harry Stahl, daß in Wittenberg ein Dr. Sheldon lebt. Die beiden reisen nach Berlin, wo John von Nadine eine Nachricht erhält. Suko begibt sich allein mit Harry Stahl zu Dr. Sheldon. Die beiden treffen Sheldon, der ihnen mitteilt, daß er mit Hilfe des Blutes aus dem Blutstein Menschen zu Vampiren machen kann. John begibt sich gleichzeitig zu dem Ort, wo er sich mit Nadine treffen soll.

665 – Vampirstadt Berlin (3/5)
Suko und Harry Stahl folgen dem flüchtenden Sheldon nach Berlin. Es gelingt ihnen, ihn zu stellen und zu töten. John trifft auf einen Mann namens Konowski. Zusammen erreichen sie das Hotel, wo sich John mit Nadine treffen wollte. Das Hotel ist mit Vampiren verseucht. Sie töten zahlreiche, bis John eine Person auffällt, die große Ähnlichkeit mit Nadine hat. Er folgt ihr. Kurz darauf tauchen Suko und Harry Stahl im Hotel auf. Sie treffen Konowski, der kurz zuvor seine zum Vampir gewordene Schwester töten mußte. Stahl und Konowski töten die restlichen Vampire, während Suko Johns Spur verfolgt.

666 – Das Lächeln einer Teufelin (4/5)
John läuft in eine Falle Nadines. Bevor sie ihn aber zum Vampir machen kann, rettet Suko ihn. Sie nehmen Nadine gefangen und bringen sie ins Hotel. Dort hat Dracula II Konowski zum Vampir gemacht. Harry Stahl muß Konowski töten. John will an Nadine das höllische Ei testen und drückt es ihr in die Hand. Es passiert nichts. Gleichzeitig taucht Bill auf, der erfahren hat, daß Nadine möglicherweise gerettet werden kann.

667 – Das Horrorhaus von Pratau (5/5)
[Nadine Berger wird durch das Zusammenwirken von Johns Kreuz und dem höllischen Ei von ihrem Vampirdasein erlöst]

John will Nadine töten, da das Ei nichts brachte. Bill hindert ihn daran. Johns letzte Hoffnung ist das Haus von Dr. Faust. Es steht in der Nähe von Wittenberg, wo alles begonnen hat. Als sie dort eintreffen, erfahren sie, daß Dracula II schon aufgetaucht ist. Dieser hat sich mit Asmodis verbündet. Asmodis entführt Bill und Nadine. Bill spielt den Bewußtlosen und erfährt, daß das Ei nur in Verbindung mit Johns Kreuz seine Wirkung zeigt. John, Suko und Harry verfolgen die entführten Bill und Nadine. Nadine will Bill töten. Der überwältigt sie und will nun seinerseits Dracula II mit der goldenen Pistole vernichten. Asmodis rettet Dracula II. John bringt das Ei und sein Kreuz mit Nadine in

Verbindung, wodurch sie von ihrem Vampirdasein erlöst wird.

668 – Silva auf dem Höllenthron
Das Model Silva Mancini wird von einer dämonischen Macht übernommen und tötet zwei Menschen. In ihrer Angst informiert sie Sheila Conolly. Als diese erscheint, ist Silva schon verschwunden. Asmodis hat sie zu sich geholt und ihr den Höllenthron gezeigt, den sie übernehmen soll. John, Suko und Jane begeben sich auf die Suche nach Silva. Sie treffen sie bei ihrem ehemaligen Agenten Eddy de Soto. Silva tötet ihn und will mit dem Höllenthron fliehen. John zerstört den Thron mit seinem Kreuz, wodurch auch Silva vernichtet wird.

669 – Blackwood, der Geistermann
John wird von der Mutter eines Mädchens, das Selbstmord beging, zu deren Beerdigung gerufen. Dort trifft er mit Jane auf einen Mann, der durch das Grab verschwindet. Sie erfahren, daß der Mann Algernoon Blackwood war. Er war vor Jahren Parapsychologe und wurde durchs Radio bekannt. John und Jane begeben sich getrennt zum ehemaligen Sender. Jane trifft auf Blackwood, der sie überwältigt. Sie erfährt, daß Blackwood durch sein Mikrophon die Macht erhält, Dimensionssprünge durchzuführen. John rettet Jane und zerstört das Mikrophon und damit auch Blackwood durch eine brennende Fackel.

670 – Der Sarg-Designer
Francine Joy versucht einen Hexenzirkel aufzubauen. Zu dem Zirkel gehört auch Verena Dobson. Ihr Bruder bemerkt es und tötet sie. Die Hexenschwestern finden die Leiche und wollen sie zu Francine bringen. Unterwegs erleiden sie einen Unfall. Suko ist Zeuge und entdeckt die Leiche. John und Suko finden durch den Wagen die Spur zu Francine. Sie dringen ins Haus ein. Da man Francine aber nichts nachweisen kann, müssen John und Suko sie laufenlassen.

671 – Killer-Kobolde
John befreit aus Unwissenheit einige Striggans. Die Striggans fliehen. John erfährt ihren Fluchtort und folgt ihnen mit Suko. Die Striggans bringen John und Suko in einen Hügel, in dem sie leben. Dort hält sich auch der Rote Ryan auf. John und Suko erfahren von ihm, daß die Striggans, bei denen sie sich aufhalten, gut sind. Die geflohenen Striggans wollen sie deshalb töten. Es kommt zum Kampf zwischen den guten und den bösen Striggans. Zusammen mit John und Suko gelingt es ihnen, die bösen Striggans zu vernichten.

672 – Das teuflische Ultimatum (1/2)
673 – Die Jagd (2/2)
[Sukos Stab funktioniert nicht mehr, da in der Phase, wo die Zeit angehalten wurde, ein Mensch gestorben ist]
Suko wird der Stab Buddhas gestohlen. Nachdem Suko John über seinen Verlust informiert hat, wird er entführt. John stellt Nachforschungen im Chinesenviertel an. Von den Entführern Sukos erfährt er, daß er Logan Costello im Tausch gegen Suko zu ihnen bringen soll. Costello befindet sich zur Zeit in der Schweiz. In seinem Urlaubsort hält sich auch Jane Collins auf, die die Hexe Francine Joy aufsucht. Francine rettet Jane vor zwei Killern Costellos. John und Jane suchen Costello auf. Der Mafia-Boß läßt sie ins Gebirge bringen, um sie dort zu töten. Francine Joy rettet die beiden. Als sie ihren Fehler bemerkt, flieht sie vor John. Suko hat sich mittlerweile befreien können und holt sich seinen Stab zurück. Da während seiner Funktionszeit aber ein Mensch gestorben ist, weiß er nicht, ob der Stab seine Wirkung noch hat.

674 – Im Höllenloch (1/2)
675 – Der falsche Buddha (2/2)
Der Stab hat seine Kraft verloren. John und Suko versuchen, in Indien einen Mann zu finden, der dem Stab seine Kraft zurückgeben kann. Mit Mandra Korab zusammen treffen sie den heiligen Mann Rifa. Sie machen ebenfalls Bekanntschaft mit dem beinlosen Gott Nhuri, der ihren Tod will. Während John im Dschungel entführt wird, erreichen Suko, Mandra

und Rifa das Grab Buddhas. Sie werden dort von Nhuri angegriffen, während John einem Krokodil geopfert werden soll. Die heilige Silbe auf Johns Kreuz rettet ihn vor dem Krokodil. Auch er gelangt zum Grab Buddhas. Die drei anderen haben sich in ein Labyrinth begeben, wo sich Rifa auf die Auseinandersetzung mit Nhuri vorbereitet. Währenddessen macht Suko sich allein auf die Suche nach Buddha. John trifft Mandra und Rifa. Mit Hilfe der heiligen Silbe tötet John Rifa. Ohne Suko tritt John die Heimreise an.

676 – Tanz der Totenfeuer
[Francine Joy stirbt durch die Hand ihrer Ahnherrin Elena]
Bill Conolly hat Francine Joy in Wales entdeckt und holt John und Jane dorthin. Als sie dort eintreffen, hat Francine Bill entführt. John erfährt, daß Francines Ahnherrin hier begraben liegt. Sie will ihre Ahnherrin zurück ins Leben holen. Es gelingt, und der Geist Elena Joys erscheint. Jane rettet Bill aus der unmittelbaren Gefahrenzone. John attackiert Francine und Elena daraufhin mit seinem Kreuz. Elena denkt, daß sie von Francine hereingelegt wurde, und tötet sie. Sie selbst verschwindet wieder im Geisterreich.

677 – Das Haus der Hyänen
John wird von Wladimir Golenkow nach Rußland geholt, wo dämonische Hyänen aufgetaucht sind. Sie treffen auf Boris Barlow, der sich als Herr der Hyänen herausstellt. Er will Rache für seinen Tod im Mittelalter. Es gelingt den beiden, Boris Barlow auf dem Friedhof des Ortes zu stellen. John tötet Barlow mit seinem Kreuz.

678 – Zauberschädel
[Suko trifft auf einer Dimensionsreise den Geist Buddhas, der dem Stab seine Kraft zurückgibt]
Suko trifft bei seiner Suche nach Buddha auf Duvalier. Er ist der Besitzer eines magischen Spiegels, der ein zweites Ich erzeugen kann. Suko überzeugt ihn, ihm zu helfen. Suko informiert John, und der gelangt ebenfalls zu Duvalier. Suko trifft bei einer Dimensionsreise auf Buddha. Dieser entschließt sich, seinem Stab die Kraft zurückzugeben. Suko

kehrt zurück, wird aber von Duvalier angegriffen, der denkt, Suko habe ihn verraten. John muß Duvalier mit dem Kreuz vernichten.

679 – Der Blutbrunnen
In dem französischen Ort Coray ist ein Dämon aufgetaucht. Als John und Suko dort erscheinen, steht die Bevölkerung bereits unter dem Bann des Dämons Leroque. Er will den Blutbrunnen, den er bereits vor Jahrhunderten besaß, wieder seinem Zweck zuführen. Während Leroque dem Brunnen ein Opfer darbringen will, erreichen John und Suko den Brunnen. Suko wird von der Bevölkerung überwältigt. John attackiert Leroque mit seinem Kreuz. Da Hector de Valois ihn damit vor Jahrhunderten bereits erfolglos angriff, zeigt er keine Furcht. Erst als John die Formel spricht, erkennt Leroque Johns Macht. Nun ist es zu spät, das Kreuz vernichtet ihn.

680 – Todeskuß der Schattenhexe
[1. Auftritt der Schattenhexe Assunga (wird hier nur Schattenhexe genannt)]
In London werden tote Obdachlose gefunden. Die Reste der Toten bestehen nur noch aus Knochen. John mischt sich unter die Obdachlosen und trifft auf die Schattenhexe. Sie entkommt ihm. John verfolgt sie mit Suko bis in den Keller des Gebäudes. Als sie die Hexe finden, greift Suko sie mit der Dämonenpeitsche an. Der Schattenhexe gelingt jedoch die Flucht.

681 – Leichenschiff der Druiden
John entdeckt mit seinem Vater ein seltsames Licht in der Nähe der schottischen Grenze. John hat eine Vision, in der er sich vor einem Sarg stehen sieht. John holt Suko zu sich. Suko und sein Vater suchen die Künstler Rami und Ray auf, während John sich noch einmal das Licht anschaut. Von seinem Standpunkt aus sieht er das Schiff aus seiner Vision. Er begibt sich auf das Schiff und findet dort den Sarg. In dem Sarg liegt ein Druide, der erwacht und John zurück zum Ursprung des Lichts bringt. Suko und Johns Vater verfolgen

die Künstler und gelangen zu dem Ort, wo sich auch John aufhält. Während John den Druiden tötet, der von der dunklen Seite Aibons kam, gelingt den Künstlern die Flucht.

682 – Das Geisterkind
Rami und Ray stehlen John den Gral. Sie beschwören den Geist eines verstorbenen Kindes. Dabei gerät aber auch der Dämon Raniel auf die Erde. In ihrer Not wenden sich die Künstler an John. Bevor er bei ihnen eintrifft, erscheint Raniel und tötet die beiden. John stellt sich dem Dämon. Er attackiert ihn mit seinem Kreuz, wodurch aber nur das Geisterkind erlöst wird. Der Dunkle Gral entfaltet seine Macht und zerstört Raniel.

683 – Die Verdammten der Nacht (1/2)
684 – Wald der toten Geister (2/2)
John erfährt von Brenda Evans, daß sie ihren toten Sohn Mike wiedergetroffen hat. Zusammen mit ihm gelangt sie in Mandragoros Reich, wo er als Verdammter der Nacht lebt. Als Jane bei Brenda auftaucht, wird sie von ihr ebenfalls ins Reich Mandragoros gebracht. John trifft Mike bei seinem Vater. Dieser wird erschossen, da er bei seiner Firma kündigte und der Chef Angst hat, daß er etwas von seinen Geschäften ausplaudern könnte. Mike tötet die Killer seines Vaters und vertraut sich danach John an. Nachdem er John alles berichtet hat, begibt er sich zum Chef seines Vaters und tötet ihn. Er selbst stirbt auch. Suko hat mittlerweile Janes Spur verfolgt und ist in Mandragoros Reich gelandet, wo kurze Zeit später auch John auftaucht. Dieser überzeugt Mandragoro davon, daß seine Rache erfolgreich war, und John, Suko und Jane dürfen sein Reich verlassen. Brenda Evans bleibt freiwillig dort zurück.

685 – Monster-Town (1/3)
[1. Auftritt von Cigam]
686 – Horror am Himmel (2/3)
687 – Sie sind wieder da (3/3)
[Cigam befreit Dr. Stepanic aus dem Gefängnis]
Ein Kollege Bills wird in den USA von einem Riesenfuchs

getötet. John begibt sich mit Bill zum Ort des Geschehens. Sie können den Fuchs töten und suchen den nahegelegenen Ort Rockwell auf. Dorthin ist auch die Verlobte von Bills Kollegen gefahren. In der Pension, wo ihr Verlobter abgestiegen war, findet sie eine Leiche. Der Sheriff nimmt sie fest. John und Bill sehen das und durchsuchen das Haus, als der Sheriff abgezogen ist. Sie finden ein Loch, in das sich John begibt. Währenddessen kommt der Sheriff zurück und verhaftet auch Bill. – Kurz vor dem Auftauchen von John und Bill wurde in Rockwell der Mörder Cigam hingerichtet. Bei der Hinrichtung übernahm der Teufel seinen Körper und gab ihm soviel Macht, um damit die Tiere zu verändern. Während John sich den Ort ansieht, machen Bill und Tricia Black, die Verlobte von Bills Kollegen, Bekanntschaft mit Cigam. Bevor dieser die beiden töten kann, greift John ein. Bill und Tricia fliehen, wobei Tricia den Sheriff versehentlich erschießt. Cigam gibt seinen Kampf auf, als er Johns Kreuz erblickt. John soll auf Geheiß von Abe Douglas Cigam nach New York bringen. Während des Fluges bringt Cigam John in seine geistige Gewalt. Er will, daß das Flugzeug nach London weiterfliegt, und schickt zum Beweis seiner Macht ein Monster, das das Flugzeug begleitet. – In London hat Suko ein Gespräch mit dem inhaftierten Dr. Stepanic. Genau diesen will Cigam in London treffen. Suko bringt ihn zum Flughafen. Stepanic hat mittlerweile unbemerkt ein Heer von Zombies erweckt, das ebenfalls auf dem Weg zum Flughafen ist. Als die Maschine mit John und Cigam London erreicht, greifen die Zombies das Flugzeug an. Die Armee vernichtet die Zombies mit Flammenwerfern, während Cigam und Stepanic die Flucht gelingt.

688 – Der Kult
John und Suko stoßen bei den Ermittlungen in einem Mordfall auf die Familie Kulani. Sie treffen das Familienoberhaupt Bogan. Er erzählt ihnen, daß sein Bruder Konda, der sich dem Bösen zugewandt hat, für die Morde verantwortlich ist. Seine beiden Diener, die Schattenwesen, sollen die Familie auslöschen. Bogan ist im Besitz einer Statue, mit der er die Kraft seines Bruders brechen kann. Bogan kann die

Schattenwesen zu seinem Bruder locken. Mit Hilfe der Statue zerstört Bogan die Schattenwesen, wodurch auch Konda stirbt.

689 – Draculas Blutuhr
John und Suko geraten durch den Hinweis eines Toten auf die Spur Amelia Astors. Gleichzeitig taucht ein Vampir auf. Suko verfolgt und tötet den Vampir und erhält erneut einen Tip auf Amelia. John besucht sie zu dieser Zeit. Er findet eine Uhr, streift sie über und muß feststellen, daß die Uhr eine Waffe von Dracula II ist. Der nimmt geistigen Kontakt zu John auf. Er will John mit Hilfe der Uhr in einen Vampir verwandeln. Suko rettet John in letzter Sekunde, indem er ihm die Uhr entreißt. Sie zerstören die Uhr, woraufhin Amelia Selbstmord begehen will, sich dabei aber nur schwer verletzt.

690 – Leilas Totenzauber
Jane beobachtet einen Mord und alarmiert John und Suko. Als die beiden eintreffen, wird John von einer Kugel aufgesaugt. Er erwacht in einem Schlangenterrarium. Dieses gehört einer Frau namens Leila. Ihr dient auch der Mörder, den Jane gesehen hat. Jane und Suko erfahren den Aufenthaltsort Leilas. John kann aus dem Terrarium fliehen. Suko zerstört die Kugel und indirekt dadurch auch den Mörder. Durch seinen Tod löst sich auch der Fluch von Leila, der sie zu dem machte, was sie war.

691 – Die Werwölfe aus Atlantis (1/2)
692 – Herr der Schattenburg (2/2)
John begegnet auf einem Jahrmarkt einem weißhaarigen Mann, der ihm mitteilt, daß eine Frau namens Nora Shane in Gefahr ist. Suko trifft auf demselben Jahrmarkt zu dieser Zeit Kara. Sie warnt Suko vor einem Dämon namens Semerias. Nora bittet John, sie an einen bestimmten Ort zu bringen. Auch Suko macht sich auf zu diesem Ort, den er von Kara erfahren hat. Ebenfalls dort ist der Weißhaarige. Er schaltet John und Suko aus und beginnt mit einem Ritual, in dessen Verlauf Nora und Krystos, der Suko begleitet hat, zu

Werwölfen werden. Der weißhaarige Diener von Semerias verschwindet mit den Werwölfen. In einem nahen Waldstück beschwört er den Dämon Semerias. Aus einer Münze entsteht dessen Schattenburg. John und Suko finden die Burg ebenfalls. Die Schatten, deren Herr Semerias ist, halten Suko auf, während sich John dank seines Kreuzes frei bewegen und Suko vor den Schatten retten kann. Die beiden Werwölfe muß John töten. Als Semerias John angreift, zerstört John die Münze des Semerias, wodurch der Dämon und sein Diener sterben.

693 – Voodoo in Dortmund
In London ist der Voodoo-Priester Lucien Lavalle aufgetaucht. John und Suko verfolgen ihn bis nach Dortmund, wo gerade eine Romanbörse stattfindet. Lavalle läßt seine Gehilfen, die Erdschlangen, auf die Besucher der Börse los. Suko tötet die Erdschlangen mit seiner Dämonenpeitsche, während John Lavalle verfolgt. Im Keller des Hauses findet John Lavalle. Dieser verschwindet aber mit Hilfe einer Beschwörungsformel, bevor John ihn angreifen kann.

694 – Lavalles Todesspur
Lucien Lavalle will sich an John und Suko rächen. Er sucht sich einen Verbündeten und schickt ihn zu Jane Collins und Lady Sarah. Jane gelingt es, John und Suko zu Hilfe zu holen. John hat mittlerweile den Aufenthaltsort Lavalles herausgefunden. Während er sich zu Lavalle begibt, fährt Suko zu Jane. Suko kann Lavalles Gehilfen und die ihn begleitende Erdschlange vernichten. John trifft Lavalle, der von seinem Dämonengott für sein Versagen bestraft wurde. Lavalle will John als letzte Tat noch töten. Dies mißlingt aber, und Lavalle wird ein Opfer seines eigenen Dämonengottes.

695 – Blut an bleichen Lippen
Lilian Demarest, die vor dreißig Jahren gestorben ist, kehrt als Zombie zurück zur Erde und hilft in Not geratenen Frauen. Sie tötet die Feinde der bedrohten Frauen, wodurch John und Suko auf ihre Spur stoßen. John findet heraus, daß

Lilian in einer Kirche seit längerer Zeit Rosen ablegt, die sich bei einer Berührung in Blut verwandeln. John begibt sich zu dem See, wo Lilian einst starb, und gerät dort in eine Falle Lilians, die ihn töten will. Doch Suko erscheint rechtzeitig und vernichtet sie mit der Dämonenpeitsche.

696 – Im Bann des Verfluchten (1/2)
697 – Der Leichenholer (2/2)
Der Vampir und Maler Rafugil will ein neues Werk schaffen. Dafür benötigt er vier Mädchen, die er zu Vampiren machen will. Ein Mädchen ist Colette Mercier, eine Drogenhändlerin. Ihr ist ein BKA-Beamter auf der Spur, der von Rafugil getötet wird. Kurz vor seinem Tod schickte der Beamte John eine Nachricht. John und Suko begeben sich in den Ort La Rostelle. Dort hat Rafugil Colette bereits entführt und zum Vampir gemacht. Auch Barry F. Bracht hat die Ausstrahlung Rafugils wahrgenommen und nimmt als Zebulon die Verfolgung auf. Zusammen mit John und Suko erscheint er auf der Ausstellung. Suko kümmert sich um Rafugil und vernichtet ihn mit der Dämonenpeitsche. Zebulon holt John und die vier Vampire in sein Reich. Dort pfählt er diese vor Johns Augen und schickt John selbst zurück zur Erde.

698 – Der Ghoul aus dem Gully
In Leipzig werden Menschenknochen gefunden. Harry Stahl holt John. Sie finden am letzten Tatort Schleimreste, die nur von einem Ghoul stammen können. Die beiden überwachen das Gelände des letzten Mordes. John entdeckt den Fluchtort des Ghouls. Der Ghoul versucht mit Hilfe von Skinheads, Harry und John auszuschalten. Als der Ghoul in seiner dämonischen Gestalt erscheint, fliehen die Skinheads jedoch. John tötet den Ghoul mit dem Silberdolch.

699 – Das Erwachen der Hexe
John erfährt von einem Buch: Witchcraft today, Die Geburt der Schattenkirche (Church of Shadow). John und Suko haken nach, erfahren, daß die Schattenkirche Lilith verehrt. Sie können nicht verhindern, daß der Schattenkirchen-Diener Kyle ein junges Mädchen zu der in einem gläsernen Sarg

lebendig begrabenen Hexe Assunga bringt. Die Jugend des Mädchens wird auf die Hexe übertragen, das Mädchen altert abrupt und stirbt. Die Hexe Assunga entkommt. Durch einen Anruf Will Mallmanns (Dracula II) erfährt John, daß dieser Assunga als seine Verbündete zu sich gerufen hat.

700 – Assungas Zaubermantel (1/3)
701 – Draculas Blutgemach (2/3)
702 – Die Nacht der bösen Frauen (3/3)
[Assunga findet ihren Zaubermantel]
Assunga begibt sich nach Rumänien, um sich mit Dracula II zusammenzutun. In einem Schacht im Schloß des Blutgrafen Vlad Dracula findet sie den Zaubermantel, der ihr die Macht verleiht, sich mittels ihrer Gedanken in andere Zeiten zu versetzen. Sie leiht ihn Vlad Dracula, der in die Gegenwart reist und John begegnet. Assunga kehrt mit sechs Gespielinnen Draculas in die Gegenwart zurück und versucht John zu töten. Das mißlingt. Vier überlebende Frauen nimmt Marek in sein Haus auf.

703 – Die Insel des Kopfjägers
Eine Frau huldigt einem südamerikanischen Totenkult, stellt Schrumpfköpfe her und hofft, daß die Eigenschaften der Ermordeten auf sie übergehen und sie so zu einem Übermenschen wird.

704 – Der Pestbringer (1/2)
705 – Schrei nach dem Satan (2/2)
Der schwarze Handschuh des Alchimisten Ampitius aus dem 16. Jhdt. bringt die Pest über einzelne Personen. Hinter allem stecken Cigam und die Horror-Reiter. Als John Cigam mit dem Kreuz angreift, wird dieser durchsichtig, und in seinem Körper wird die Fratze des Teufels sichtbar. Dann verschwindet er. Der Schädel und der schwarze Handschuh des Ampitius vergehen.

706 – Das Galgen-Trio
Der spanische Großgrundbesitzer Claus von Aragon hat

früher drei fahrende Leute aufhängen lassen. Eine Hexe unter den Zirkusleuten erweckte die Toten wieder zum Leben, und diese Zombies rächen sich an denen, die damals dabei waren. John vernichtet die Zombies und muß auch Claus von Aragon töten.

707 – Geheimbund Dunkler Gral
John befreit seinen Vater aus den Händen eines Geheimbundes in den Ardennen, die von ihm den Dunklen Gral haben wollen.

708 – Verliebt in eine Tote (1/3)
709 – Das Seelenschwert (2/3)
710 – Der Freund des Satans (3/3)
[Suko wird zum Kind]
Asmodis lockt Suko in eine Falle und spaltet ihn mit einem Seelenschwert in einen guten (als Kind) und einen bösen Teil. John schießt mit Silberkugeln auf Sukos Astralleib, der sich auflöst. Dann erscheint Suko als Kind bei ihm. Es ist das Bindeglied zum richtigen Suko. John weiß, daß er nur mit dem Seelenschwert Suko wieder normal werden lassen kann.

711 – Die Psycho-Bombe
Der zwölfjährige Streuner Nico wird von Cigam geküßt und zur »Psycho-Bombe« gemacht, indem er ihm starke telekinetische Kräfte verleiht. Kind-Suko soll mit Nico ein Team werden. Mit Hilfe des Stabs versucht Suko zu fliehen, doch Cigam erwischt ihn und will ihn mit einem »Kuß« zu Asmodis' Diener machen. John schreitet ein und schleudert Cigam das Kreuz entgegen. Cigam verpufft in einer blauen Wolke, in der die Fratze Asmodis' schimmert. Nico läuft gegen das Kreuz und verbrennt.

712 – Der Mumienfluch
Der Designer und Sinnsucher James Corall hat aus Ägypten die Mumie des Hohenpriesters »Rafus« nach New York gebracht und zum Leben erweckt. Er gerät in die Gewalt der Mumie. Kraft des Allsehenden Auges auf dem Kreuz ver-

nichtet John die Mumie und rettet Abe Douglas. James Corall stirbt.

713 – Das Monster Suko?
Drei Hexen entführen den Kind-Suko und bringen ihn zu Asmodis, der ihn hypnotisiert. Shao und Jane Collins befreien ihn, merken jedoch nicht, daß er hypnotisiert ist.

714 – Die Totenfrau ist da
Professor Dr. Hyram Scott, ein früherer Lehrer von John, wird von seiner Frau Selma, die sich bei Vollmond in eine alte, hexenartige Totenfrau verwandelt, mit dem Spaten erschlagen. John geht zur Beerdigung, wird von Selma in Scotts Haus gelockt und mit Gift gelähmt. Dann schafft sie ihn zum Friedhof, um ihn lebendig zu begraben. Eine Nachbarin, die ihr gefolgt ist, wird zu John ins Grab gestoßen. Mit Johns Beretta tötet sie die Totenfrau.

715 – Tanz der Messer
Der Killer Ric Torrano, der auf der Flucht vor der Polizei mit seinem Auto in einem See versinkt, wird vom Teufel geholt. Zusammen mit dem Kind-Suko soll er John mit seinen Messern töten. Bill Conolly und Jane Collins können Torrano in Johns Krankenzimmer töten, Suko bringt es nicht fertig, John zu töten, obwohl er unter dem Einfluß des Teufels steht.

716 – Der Flammen-Friedhof
Von Aibon ausgestoßene Flammen-Zombies werden von der Maklerin Lilian Taylor erweckt und legen Brände für sie. Sie stirbt durch einen der Zombies, bevor John und Bill Conolly sie vernichten.

717 – Das Treibhaus des Schreckens
John vernichtet einen magischen Pflanzendünger, der Pflanzen in mordenden Wesen verwandelt.

718 – Tango Fatal
Ein Bekannter des Templers Abbé Bloch, Pierre Piccard, hat

John ins Elsaß gerufen. Dort gibt es eine ehemalige Tanzschule eines argentinischen Ehepaars, in dem fürchterliche Schreie zu hören sind. Das Ehepaar ist von den Einwohnern des Ortes getötet worden, weil es mit dem Teufel im Bunde gewesen sein soll. Jetzt ist die Tochter, Ramona Sanchez, aufgetaucht und will sich rächen. Sie ist eine Dienerin Beelzebubs. John kann sie töten und das Haus vom Fluch befreien.

719 – Myxins Henker
[Die Totenmaske von Atlantis zerfällt zu Staub]
In der Vergangenheit von Atlantis vor 10000 Jahren versucht der Schwarze Tod, Myxin durch seinen Henker töten zu lassen, aber es mißlingt. Der Medienzar Robert T. Eisner fühlt sich beeinflußt vom Henker des Schwarzen Tods. Er soll Myxin hinrichten. Eisner wird während eines Fernsehauftritts ermordet. Auf dem Transport zum Leichenschauhaus verwandelt sich der Tote in den Henker. Er will Myxin mit seinem Feuerstab vernichten, doch Myxin hält sich die Totenmaske vors Gesicht, die nimmt dem Feuerstab die Kraft, zerfällt dann jedoch zu Staub. Als der Henker keine Chance mehr sieht, richtet er sich selbst mit dem Stab und geht in Flammen auf.

720 – Zwei Verdammte aus Aibon
Zwei Verstoßene in Aibon werden vom Hüter, dem Roten Ryan, dabei erwischt, wie sie Tiere reißen und auffressen. Als Strafe verbannt der Rote Ryan sie auf die Erde. Dort wollen sie sich Opfer unter den Menschen holen. John vernichtet sie mit Hilfe von Jessica Long.

721 – Stärker als der Teufel? (1/2)
722 – Böser Zauber in Montmartre (2/2)
[1. Auftritt von Yannah, der Weißen Hexe]
[Suko erhält seine wahre Gestalt zurück]
Eine Weiße Hexe namens Yannah will es mit Asmodis aufnehmen. Sie ist stark und widersteht ihm, deshalb verspricht Asmodis Suko, daß er ihm seine erwachsene Gestalt zurückgibt, wenn er Yannah tötet. Suko willigt zum Schein

ein und wird von Asmodis nach Paris verfrachtet. Suko verbündet sich mit Yannah und lockt Asmodis in eine Falle, wo Yannah ihn mit ihren heiligen Ringen fesseln kann. Sie erpreßt ihn, Suko seine wahre Gestalt zurückzugeben, was er tut. Yannah will ihn dennoch vernichten, doch Luzifer, von dem Asmodis ja ein Drittel ist, rettet ihn. John taucht auf und will mit dem Kreuz Luzifer vernichten, doch eine gewaltige Donnerstimme hält ihn davon ab. Die Zeit sei noch nicht reif. Die heiligen Ringe zerplatzen, als Luzifer mit Asmodis verschwindet. Suko bleibt noch bei Yannah.

723 – Der Teufels-Autor
Der Horror-Autor Damion Dark lädt auf sein Landhaus ein, um sein 50. Buch »In mir die Hölle« vorzustellen. Bill Conolly ist ebenfalls eingeladen. Da Sheila nicht kann, nimmt Bill John mit. Während der Party tauchen plötzlich Horror-Figuren auf – aus Darks Romanen. John vermutet, daß Dark Kontakt mit anderen Mächten hat. Mit seinem Kreuz vertreibt John die Geister. Der besessene Damion Dark schreibt im Keller des Hauses an einem Roman, er ist um Jahre gealtert. Das Kreuz vernichtet ihn.

724 – Der Stasi-Vampir (1/2)
725 – Satan von Sachsen (2/2)
Schloß Rabenburg in Sachsen ist ein Vampirnest. Es wird von John und Harry Stahl ausgeräuchert.

726 – Krematorium der Angst
Der Geist von Vincent Craig will den Dealer-König von Liverpool, den »Destroyer«, mit Johns Hilfe zur Strecke bringen. Doch Craig ist selbst der Destroyer und lockt John in eine Falle, aus der er jedoch von dem Roten Ryan gerettet wird. Craig stribt dabei.

727 – Mystic, der Maniac
[Suko kehrt nach London zurück]
[Die Weiße Hexe Yannah stirbt]
Suko überrascht die Hexe Yannah bei einem Ermordeten. Er macht ihr Vorwürfe, hält sie für die Mörderin. Da führt Yan-

nah ihn in den Keller, wo eine seltsame Horrorgestalt sitzt. Es ist Mystic, Yannahs Mentor, der in den 20er Jahren in Paris berühmt war und schon längst tot sein müßte. Mystic ist der Mörder. Er braucht das Blut des Opfers, um wieder zu Kräften zu kommen. Yannah braucht Mystic, um sich gegen ihre Feinde, darunter Assunga, verteidigen zu können. Suko ist geschockt. Die Trennung von Yannah ist in diesem Augenblick vollzogen. Von einer Telefonzelle aus ruft er John und Shao in London an und bittet sie um Verzeihung und um Hilfe. Yannah stellt John eine Falle. Mystic bewacht Suko, wird jedoch von Shao mit drei Pfeilen getötet. Als Yannah das in ihrem Hexenspiegel in Johns Hotelzimmer sieht, bringt sie sich selbst um, indem sie sich ihre Krallen in den Hals rammt.

728 – Angst in den Alpen (1/2)
729 – Laurins finsteres Reich (2/2)
In den Alpen existiert ein Steingarten, in dem Ermordete als versteinerte Zwerge stehen. Es ist das Reich des Zwergenkönigs Laurin, in dem eine neue Königin Diablita gekrönt werden soll. John vernichtet Diablita und die Zwerge mit seinem Kreuz.

730 – Der unheimliche Todesengel
Suko vernichtet den schwarzen Todesengel Cabal mit dessem eigenen Schwert. Cabals Diener, Jaime und Juana Viracocha, begehen mit Giftampullen Selbstmord.

731 – Die Blüten-Bestie
[John und Suko sind wieder ein Team]
Dorothy Mainland, die 22 Jahre im Koma gelegen hat, erwacht und will den Guru Shagri wieder zum Leben erwecken. Suko vernichtet die dämonische Existenz der Frau mit der Dämonenpeitsche.

732 – Schattenreiter
Vor Jahren haben drei Männer – Perry Lane, Vernon Graves und Don Frazer – ihre Schatten einem Dämon (Bill vermutet, daß es der Spuk ist) verkauft und dafür Reichtum

erlangt. Dann forderte der Dämon ihre Schatten. Er tötete Frazer und Graves und schließlich Lane. Damals hatten sie sich auf einer Burg in Schottland getroffen. Dort wollen John, Bill Conolly und Suko mit ihren Ermittlungen ansetzen. Bill begegnet Schatten, die auch ihn verändern. Seine Pupillen werden zu schwarzen Kreisen. Der Spuk taucht auf und erinnert John an ihren Pakt, sich aus dem Weg zu gehen. Dann hetzt er den besessenen Bill auf John und Suko. Suko trifft Bill mit der Dämonenpeitsche, ein grauer Nebel flieht aus Bills Mund, und er ist wieder normal. Der Spuk verschwindet mit einer Drohung.

733 – Ort des Schreckens (1/3)
734 – Dem Wahnsinn nahe (2/3)
735 – Die Teleporter (3/3)
[Die Titelbilder 733 + 734 wurden vertauscht!]
Der Illusionist Hugo Westlake, »Mister Mirakel«, bittet John um Hilfe, denn zum dritten Mal ist eine seiner Assistentinnen während seines Bühnentricks »Die schwebende Jungfrau« spurlos verschwudnen. John läßt sich von »Mister Mirakel« hypnotisieren, um den Fall aufzuklären, und landet in einer unwirklichen Landschaft, in der er den »Mann mit dem kalten Gesicht« kennenlernt. Sein Name: Drusow. Er ist Russe mit dem angeborenen Talent der Teleportation, der nach dem Zusammenbruch der UdSSR in England Förderer fand, die ihn unterstützten. »Mister Mirakel« war ihm zufällig mit seinen hypnotischen Fähigkeiten in die Quere geraten, daher verschwanden seine Assistentinnen. John kann Drusow in dem Augenblick mit Silberkugeln töten, als er gerade materialisiert. Mit seinem Tod werden alle seine Teleportationsopfer wieder normal. Dann sieht John eine Fledermaus und erkennt die Hexe Assunga. Sie wollte wahrscheinlich von Drusows Experimenten profitieren.

736 – Jäger der Nacht
Die beiden verschwundenen Assistentinnen Hugo Westlakes, Anne Wilde und Mary Feldman, sind nach dem Tod Drusows ebenfalls wieder normal geworden. Mary Feldman sieht eine Fledermaus vor ihrem Fenster, fühlt sich bedroht

und ruft Hugo Westlake an. Assunga saugt Mary Feldman aus, bevor John und Suko eingreifen können. John vernichtet die Vampirin Mary Feldman mit dem Kreuz. Assunga holt sich auch Anne Wilde. Auch sie wird von John mit dem Kreuz erlöst. Er und Suko vermuten, daß Assunga sich auch Susan Carter und vielleicht Hugo Westlake holen will. Sie können das verhindern, doch Assunga entkommt ihnen dank ihres Zaubermantels.

737 – Kreaturen der Finsternis (1/2)
738 – Luzifers furchtbares Erbe (2/2)

Ein Mann namens Jiri Sabka bestellt John in die U-Bahn. Dort tötet er vor Johns Augen einen Mann und behauptet, er gehöre zu den Kreaturen der Finsternis. Als John den Toten mit dem Kreuz berührt, zeigt dieser sein wahres Dämonengesicht und zerfällt zu Staub. Sabka berichtet von Ereignissen aus seiner Vergangenheit. Auch seine Eltern hatten schon die Gabe, die Kreaturen der Finsternis hinter ihrer menschlichen Maske zu erkennen. Sie wurden von diesen getötet, und Sabka mußte seinen Kampf allein fortsetzen. Er jagt im ganzen Land die Urdämonen, von denen John annimmt, daß es Boten Luzifers sind. John und Suko fahren mit ihm nach Cornwall, wo Sabka einen Stützpunkt der Kreaturen der Finsternis vermutet. Garsdale Head scheint eine Geisterstadt geworden zu sein. Die Kreaturen der Finsternis haben die Herrschaft übernommen und fast alle Einwohner getötet. Sie brauchen das Fleisch der Menschen. John, Suko und Sabka bringen die sechs Kreaturen der Finsternis um, doch ihr Anführer, der Götze, wird von Luzifer in Sicherheit gebracht. Sabka stirbt, warnt John und Suko aber noch, daß jemand aus ihren Reihen ebenfalls zu den Kreaturen der Finsternis gehört.

739 – Teufelsträume

John und Suko befinden sich noch in Garsdale Head und überlegen, was die Worte des toten Jiri Sabka, daß jemand aus ihren Reihen eine Kreatur der Finsternis ist, zu bedeuten haben. John und Suko stellen Rita, die Freundin Sabkas, in die der Götze eingedrungen ist. Rita stirbt in einem brennenden und explodierenden Auto. Luzifer rettet sie nicht. Damit gibt er seinen Stützpunkt Garsdale Head auf.

740 – Todesgruß der Templer
Ein Mann namens Malraux entwendet in der Vergangenheit aus einem Templerschatz den Dolch des Kalifen Harun El Basra und schwimmt an Land, als das Schatzschiff brennend vor der Küste Marseilles versinkt. Der Dolch ist böse und beeinflußt Malraux, der zwei Männer durch den Dolch tötet und sich Reichtum verschafft. Gegenwart: Die Bruderschaft der Templer in London hat fünf Mitglieder. Die Frau von Sir Dean Ellroy wird versehendlich vom Dolch getötet. Opfer sollte eigentlich Sir Dean sein. Der ruft Sir James Powell an. John greift ein. Beim Treffen der Bruderschaft in der alten Templerkirche in Soho vernichtet John den Dolch und Suko den Geist des Malraux, der vom Teufel besessen ist.

741 – Im Haus der Ghouls
In einem alten Haus des Spekulanten Simon F. Young verschwinden drei Männer spurlos, die Young geschickt hatte, um die Bewohner zum Ausziehen zu zwingen. John mietet sich dort ein und erkennt schnell, daß die ältlichen Schwestern Agnetha und Agatha Sarrazin Ghouls sind. Er lockt Agnetha in den Keller und erledigt sie mit dem Silberdolch. Simon F. Young, von den Ghouls in die Wohnung gelockt, wird von Agatha getötet, bevor sie selbst durch eine Silberkugel aus Sukos Beretta stirbt.

742 – Der Junge mit dem Jenseitsblick (1/3)
743 – Finsternis (2/3)
744 – Die Verwandlung (3/3)
[Jessica Long entpuppt sich als Kreatur der Finsternis]
Der Junge Elohim soll neuer König der Kreaturen der Finsternis werden. Mit seiner Begleiterin ist er auf dem Weg nach Pontresina, wo er sich mit Gleichgesinnten treffen will. John macht eine Woche Urlaub mit Jessica Long in Pontresina. Er lernt eine Frau namens Franca Simonis kennen, die ihn warnt. Knapp entgeht er einem Anschlag, als das Eis des Sees unter ihm bricht. Die Kreaturen der Finsternis bereiten

alles vor, damit ihr Anführer Henoch durch das Medium Dr. Sträter in den Körper des Jungen Elohim fahren kann. Die Nacht der Finsternis steht bevor, und Franca Simonis, Agentin der Weißen Macht, stirbt. John verhindert mit dem Kreuz, daß Henoch durch das Medium Dr. Sträter in Elohim eindringt. Sträter stirbt. Jessica Long entpuppt sich als Kreatur der Finsternis. Sie hat Franca Simonis getötet und tötet auch Elohims Erzieherin Dagmar, bevor John sie mit dem Kreuz vernichten kann. Was mit der Waise Elohim geschehen soll, weiß John noch nicht.

745 – Angst über Altenberg
John fährt mit Elohim nach Altenberg, wo der Junge aufgewachsen ist, um seine Herkunft aufzuklären. Es stellt sich heraus, daß Elohims Mutter Lilith ist, sein Vater Raniel, der Gerechte, der den Jungen mit sich nimmt.

746 – Das ägyptische Grauen
Der Magier und Mystiker Cadi will Suko zwei Steinköpfen opfern, die sich von Menschenfleisch ernähren. Mit Hilfe seines Stabes kann Suko den Steinköpfen entkommen. In einer Hütte stellt er sich Cadi zum Kampf. Diesmal bleibt Suko Sieger. Cadi stürzt mit dem Hinterkopf in einen Eisenhaken und stirbt. Die Steinköpfe werden zerstört.

747 – Jessicas Rächer
John sucht die Wohnung der toten Jessica Long auf und wird von einer von Jessicas Puppen angegriffen. Die Killerpuppe will Jessicas Tod rächen. Sie versucht, über Jane Collins an John heranzukommen, bis dieser sich ihr in Jessicas Wohnung stellt. Fast gelingt es ihr, John zu töten, weil sie sich als Parkettfußboden tarnt, doch im letzten Moment taucht Suko auf. Mit Hilfe des Stabes befreit er John und tötet die Kreatur der Finsternis mit der Dämonenpeitsche.

748 – Horror im Hexenhaus (1/2)
749 – Drei Schöne für die Hölle (2/2)
Sheila erlebt inzwischen unheimliche Dinge im Bancroft-Haus bei ihrer Freundin Jolanda Norman. Schließlich findet

sie im Gartenhaus einen gespaltenen Schädel. Eine Geisterfrau, die tote Hexe Lady Bancroft, erscheint ihr und sagt, daß sie sich rächen wird. John und Suko bewahren Sheila und Jolanda Norman vor dem Tod und vernichten die Hexe mit dem Kreuz.

750 – Ich bin dein Henker, Sinclair! (1/2)
751 – Gespenster der Nacht (2/2)
John und Harry Stahl jagen im Thüringer Wald Viktor Maitland, eine Kreatur der Finsternis, und seinen Bruder Boris, einen Vampir. Harry Stahl bringt beide mit Silberkugeln zur Strecke.

752 – Lauras Leichenhemd
Die siebzehnjährige Laura Saracelli gerät in den Bann eines Leichenhemdes, das ihr befiehlt zu töten. Eines ihrer Opfer soll Johnny Conolly werden, der auf dieselbe Schule geht wie sie. Sheila, Bill und John tauchen im letzten Moment auf und retten Johnny. Das Leichenhemd wird von John mit dem Kreuz vernichtet, wobei es die Fratze einer blutdürstigen Inka-Prinzessin zeigt, deren Geist in dem Tuch wohnte. Laura Saracelli wird wahnsinnig.

753 – Die Blutbuche
Im Wurzelwerk einer Blutbuche leben Zwerge, Diener des abtrünnigen Druiden Guywano aus Aibon. Guywano liebt diese Buche, und die Zwerge töten jeden, den sie für eine Bedrohung halten. Auch John soll ihr Opfer werden, doch er bringt der Buche mit seinem Silberdolch so schwere Verletzungen bei, daß sie in Flammen aufgeht.

754 – Als Carmen sich die Köpfe holte (1/2)
755 – Blutnacht für Assunga (2/2)
Carmen Cavallo ist die Tochter einer wohlhabenden spanischen Familie. Ihr Haus haben sie in der Nähe von Toledo. Durch Zufall findet Carmen leblose Vampire und beginnt sich dafür zu interessieren. Als diese plötzlich als Untote herumgeistern, beginnt sie einen Feldzug gegen sie und köpft sieben von ihnen mit ihrem Toledoschwert. Da sie sich

der Sache allein nicht gewachsen fühlt, ruft sie John in London an, dessen Namen ihr bei ihren Nachforschungen aufgefallen war. John nimmt ihre Worte nicht ernst. Als Carmen aber eine Begegnung mit Dracula II hat (sie weiß nicht, wer das ist), die sie nur mit Glück überlebt, packt sie einen der Vampirköpfe ein und fliegt nach London, um John zu überzeugen. Diesmal glaubt John ihr und fliegt mit Suko und ihr zurück nach Spanien. Assunga taucht auf und will Carmen töten, um die Vampire zu rächen. John und Suko greifen ein, Carmen will Assunga töten, doch deren Hexenkräfte sind so stark, daß Carmen sich mit ihrem Schwert selbst tötet. Dracula II rettet Assunga, doch ihr Zaubermantel bleibt bei John und Suko zurück.

756 – Der Kopfjäger des Spuks (1/2)
757 – Das Monster-Spiel (2/2)

John will durch den Zaubermantel an Assunga und Dracula II herankommen. Er legt sich den Mantel um und schließt ihn. John findet sich in einem Land wieder, über dem graues Licht liegt und in der er große Traurigkeit verspürt. John erfährt vom Spuk, daß die Magie des Mantels nur von Assunga gesteuert werden kann, sonst reagiert er bei jeder Person anders. Inzwischen ist Sir James Powell von Assunga entführt und zu Will Mallmann gebracht worden. Mit ihrer Geisel wollen sie John erpressen, Assungas Mantel herauszurücken. John materialisiert mit Zodiak, einem Kopfjäger des Spuks, in der Nähe von Assunga, die sich ihren Mantel zurückholen will. Mallmann will Sir James das Blut aussaugen, doch dieser wehrt sich. Da sieht er Assunga und vor ihr John und einen Fremden, den Kopfjäger des Spuks. Assunga schafft es, sich den Zaubermantel von John zurückzuholen, und verschwindet mit Mallmann. John und Sir James wollen mit Zodiak zum Haus Lady Sarah Goldwyns fahren, aber unterwegs flieht der Kopfjäger des Spuks. John und Sir James machen sich auf die Suche nach ihm und geraten in ein Hotel, in dessem Garten Rollenspieler ein Fantasy-Spiel aufführen und spielen: das Monster-Spiel. Während des Spiels tötet ein schwarzgekleideter Schwertkämpfer einen anderen Mitstreiter. Sir James nimmt den Mann namens

Kooman fest, der unter einem Bann gehandelt hat: dem des Spuks. Der greift plötzlich ein und beeinflußt Sir James, der drauf und dran ist, eine Frau zu erschießen. John kann es nicht verhindern. Sir James wird zum Mörder, und John ist sich darüber im klaren, wie sehr Sir James darunter zu leiden haben würde. Der Spuk verschwindet, Suko erscheint mit dem Bumerang und köpft Zodiak.

758 – Die Katzenfrau
Sir James leidet darunter, die junge Frau Ginger Mitchell erschossen zu haben. Er sucht die Mutter Rena Mitchell auf und gerät in einen Alptraum, denn Rena Mitchell ist die Wiedergeburt einer Katze aus dem alten Ägypten. Sie hetzt die Katzen in ihrem Haus auf Sir James, der das Haus nicht mehr verlassen kann, verwandelt sich langsam in eine Katze und will ihn töten, weil er ihr die Tochter genommen hat, die sie zu ihrer Nachfolgerin machen wollte. John und Suko erfahren rechtzeitig genug, wohin Sir James gegangen ist. Sie kämpfen sich gegen beeinflußte Katzen in den Keller des Hauses vor. Mit zwei Silberkugeln tötet John die Katzenfrau. Als sie stirbt, werden die anderen Katzen wieder normal. Sir James nimmt an der Beerdigung Ginger Mitchells teil.

759 – Werwolf-Wahnsinn
Der ehemalige KGB-Mann Wladimir Golenkow bringt in einem Dorf in Ostpreußen in der Nähe von Königsberg zusammen mit John ein paar Werwölfe zur Strecke.

760 – Die Geisterfee
Bill Conolly will eine Hexe, die sich vom Teufel abgewandt hat, interviewen, doch die wird von einem Killer ermordet. John jagt den Killer und bringt ihn zur Strecke. In Bills Gegenwart erhebt sich die Tote Alexa plötzlich und verschwindet. John und Bill finden bei ihr Aufzeichnungen über einen Hexenzirkel von sieben Hexen. Der Geist Alexas erscheint den anderen Hexen und warnt sie, das absolut Böse zu beschwören. Sie ist die Rächerin, gesandt von den Mächtigen des Pandämoniums, mit denen sie sich schon als

Lebende verbündet hat. Ihr Gehirn ist ein Kristall, der unverletzlich, Johns Kreuz jedoch nicht gewachsen ist.

761 – Nefrets Totenvogel (1/2)
762 – Die Prinzessin aus der Urzeit (2/2)
Bill Conolly erfährt von Morden in Griechenland an Psychonauten und fliegt mit John zu einer kleinen Insel in der Ägäis, wo der Einsiedler Spimanes lebt. Sie ahnen, daß der Grieche Aristoteles Kiriakis hinter den Morden steckt. Spimanes hat eine goldene Frau bei sich: Nefret. Sie ist eine Wächterin des Verstecks des Wissens der Psychonauten unter der Cheops-Pyramide, und Kiriakis will sie in seine Gewalt bringen. Dazu hat er sich mit dem Todesvogel, einem Halbgott aus den Zeiten Nefrets, verbündet. Doch John gelingt es, den Todesvogel mit seinem Kreuz zu verbrennen. Auf einer Insel gerät John in die Gewalt von fünf Psychonauten, die Nefret als ihre Anführerin anerkennen. John läßt seinen Plan fallen, Nefret zu den Flammenden Steinen zu bringen, sie ist bei den Psychonauten besser aufgehoben. Doch Kiriakis gibt nicht auf. Er findet den Aufenthaltsort Nefrets heraus und vernichtet sie mit einem Flammenwerfer. John kann nicht verhindern, daß Kiriakis entkommt. Die Verbindung zu Henoch ist durch den Tod Nefrets wieder abgebrochen.

763 – Strigen-Grauen (1/2)
764 – Zeit der Grausamen (2/2)
Helen Kern wird von einer Strige verwundet und verwandelt sich selbst in eine Satans-Eule. John erfährt, daß sie nach einem Autounfall acht Wochen auf einer Health Farm war und sich an nichts erinnern kann. John und Suko fahren dorthin. Sie wissen von Sir James, daß Wladimir Golenkow in den Fall verwickelt ist. Helen Kern wird von einem großen schwarzbärtigen Mann überwältigt und endgültig in eine Strige verwandelt. Dieser Mann ist Gregorin, ein KGB-Mann, der mit Strigus einen Pakt geschlossen hat und diesem auf der Health Farm Unterschlupf gewährt hat. Es kommt zum Kampf zwischen Golenkow und Gregorin. Golenkow kann den anderen niederschlagen. Die von Gre-

gorin vorher in Brand gesteckte Klinik brennt aus. In den Flammen stirbt Helen Kern.

765 – Todesangst und Leichenmoder
Der Fotograf Dino Kellerman ist in seinem ersten Leben ein Mörder gewesen. Sein Geist fährt in Kellermans Verlobte Allie Carter, die wahnsinnig wird, als John den Geist aus ihrem Körper vertreibt.

766 – Das Grauen von Grainau (1/2)
767 – Zeit der Wachsleichen (2/2)
Der Mafia-Buchhalter Sidney Davies, der als Kronzeuge ausgesagt hat, wird von der amerikanischen Justiz im Eibseehotel versteckt. Davies' Sohn Mario ist ein Medium, das mit Toten redet. Er schafft es, einen toten Mörder aus seinem Grab auf dem Grainauer Friedhof steigen zu lassen. John wird auf die Davies' angesetzt. Er kann jedoch nicht verhindern, daß Sid Davies von der als Touristin getarnten Mafia-Killerin Audrey Houston gekillt wird. John macht die Killerin dingfest, doch die tötet sich selbst mit Gift. Mario und seine Mutter werden durch einen Blitz getötet. John vernichtet die von Mario erweckten Zombies.

768 – Lady Bluthaar
Im Mittelalter wurden Pestkranke mit einem Schiff auf die sogenannte Blutinsel vor Korsika gebracht. Unter ihnen war auch eine Frau namens Isabella, eine Schönheit, die Mätresse des Königs, die jedoch zu mächtig werden wollte und deshalb aus dem Weg geschafft werden sollte. Das Schiff mit den Pesttoten ging unter, und Isabella, Lady Bluthaar, existierte weiter, weil sie mit dem Teufel im Bunde war, und holt sich dann und wann junge Männer. Suko fährt mit einem Boot hinaus, trifft auf Lady Bluthaar und gerät in ihren Bann. John folgt ihm nach Korsika, forscht nach und findet Suko. Er kann ihn aus dem Bann der Lady Bluthaar befreien, indem er diese mit seinem Kreuz vernichtet.

769 – Das Rätsel der schwarzen Madonna (1/2)
770 – Die andere Seite der Hölle (2/2)
Jane Collins und der Reporter Hal Contini folgen der sechzehnjährigen Wunderheilerin Elenor in eine kleine Kapelle, wo diese das Bildnis einer schwarzen Madonna anbetet. Dabei verändert sich deren Antlitz plötzlich in eine Dämonenfratze. Contni fotografiert es, muß dann fliehen und stürzt bei seiner Flucht zu Tode. In Janes Hotel bricht ein Brand aus, und Jane sieht Elenor daraus hervortreten. Sie hat das Gesicht der schwarzen Madonna. Elenor benötigt für ihre Heilungen die Lebenskraft von Menschen. Für jeden, den sie heilt, mußte vorher jemand sterben. John und Suko retten Jane, und mit Johns Kreuz gelingt es Jane, die Mörderin Elenor, die sich in die Madonna verwandelt, zu töten.

771 – Der Knochen-Sessel
Abbé Bloch erfährt durch den Würfel des Heils, daß der Knochensessel des Hector de Valois wieder aufgetaucht ist. Er soll keinem Fremden, vor allem nicht den Baphomet-Templern, in die Hände fallen. Gleichzeitig erhält John einen Anruf des New Yorker G-man Abe Douglas, daß in New York ein Knochensessel versteigert wird. John fliegt nach New York. Von Bill Conolly erhält er 150000 Dollar zum Mitsteigern und ersteigert für 140000 Dollar den Sessel. Der Mönch, der mitgesteigert hat, gibt sich als Baphomet-Diener zu erkennen und sagt, daß der Sessel John den Tod bringen wird. John tötet den Baphomet-Diener und nimmt den Sessel mit nach London.

772 – Das Gericht der Toten (1/2)
773 – Die Macht der Templer (2/2)
[Der Knochensessel entpuppt sich als Tor nach Avalon]
Der Knochensessel trifft in London ein. Als Bill sich hineinsetzt, merkt er, wie er vom Sessel verändert wird. Die Freunde können ihn noch rechtzeitig daraus befreien, bevor er stirbt. Bill hat etwas von einem Gericht der Toten gehört. John will sich selbst überzeugen und verschwindet vor den Augen der anderen. Jetzt setzt sich auch Suko in den Sessel.

John wird in die Pyrenäen transportiert, genau an den Platz, wo ein Jeep steht. Er macht sich auf die Suche, hört den Schrei einer Frau und gelangt in eine Höhle, die eine Art natürliches Kloster bildet. Er findet eine Frau namens Rose Cargill, dann aber wird ein Netz über ihn geworfen, und ein Schlag läßt ihn bewußtlos werden. John und Rose Cargill stehen vor dem Gericht der Toten. John erfährt, daß der Knochensessel einst hier stand. Die vier vom Gericht der Toten waren Wächter des Sessels und wurden bestraft, als sie ihn sich von de Valois stehlen ließen. Sie verurteilen John zum Tode, erfüllen ihm jedoch den Wunsch, noch einmal von Rose umarmt zu werden. Rose nimmt mit dem Kreuz und Johns Beretta den Kampf auf. Es gelingt Rose Cargill und John, die vier Monster des Gerichts der Toten mit Kreuz und Beretta zu vernichten. Suko wird mitsamt dem Knochensessel durch Abbé Blochs Kontakt mit Hector de Valois nach Alet-les-Bains zu den Templern geholt. Bloch kennt das Geheimnis des Knochensessels auch nicht. In dem Skelett stecken geheimnisvolle Kräfte. Dann beginnt der Knochensessel plötzlich zu bluten. Suko und Abbé Bloch beschließen, den Würfel des Heils auf den Sessel zu legen, um vielleicht eine Verbindung zu Hector de Valois herzustellen, und tatsächlich erscheint das silberne Skelett auf dem Stuhl. Kurz vorher ist John mit Rose in Alet-les-Bains eingetroffen, und als er zu Suko und Abbé Bloch ins Zimmer tritt, sieht er das silberne Skelett. Doch es verschwindet gleich wieder, als John durch das Kreuz Kontakt mit ihm aufnehmen will. John setzt sich abermals auf den Sessel und hört plötzlich die Stimme von Nadine Berger aus Avalon, die ihn vor einer Gefahr warnt. Dann nimmt Abbé Bloch Johns Beretta und schießt auf Rose Cargill, die sich als Kreatur der Finsternis entpuppt und John noch erzählen kann, daß sie die Geliebte Baphomets sei. Nach Rose Cargills Tod erscheint das silberne Skelett von Hector de Valois und sagt, daß der Sessel schon immer ihm gehört hat und er schon damals Reisen mit ihm unternommen hätte – nach Avalon. John entschließt sich, den Knochensessel vorerst in Alet-les-Bains bei Abbé Bloch zu belassen.

774 – Baphomets böse Brut
Der Trödler Amos Levi in Manhattan ist der Mann, der den Knochensessel verkauft hat. Seither erlebt er schreckliche Dinge, bis zwei Monster bei ihm auftauchen und ihn zwingen, nach London zu fliegen, einen Mann namens John Sinclair aufzusuchen und diesen dazu zu bringen, ihn zu dem Knochensessel zu führen. Levi trifft sich in London mit John, um von ihm den Sessel zurückzukaufen, schafft es jedoch nicht. Levi hat den Knochensessel von einem Unbekannten auf einem Highway-Parkplatz gekauft. John weiß immer noch nicht, aus wessen Skelett der Sessel besteht.

775 – Lady Luzifer
Deborah Taft, eine Geliebte des Teufels, die einen Sexclub besitzt, erhält von ihrem Meister den Befehl, Jane Collins zu töten. Sie stürzt sich vor Janes Auto und bringt Jane dazu, sie mit sich nach Hause zu nehmen. Dort hat sie Jane in der Gewalt. John und Suko sind bei Bill Conolly und forschen immer noch, wer das Skelett des Knochensessels einmal gewesen war. Sie rufen bei Lady Sarah an, ob sie vielleicht etwas darüber in ihrem Archiv hat. Dort meldet sich niemand. John und Suko fahren hin und verhindern, daß Deborah Taft Jane tötet. Die Taft stürzt aus dem Fenster und vergeht, nur Kohlereste bleiben übrig.

776 – Racheengel Lisa
Ein Bekannter von Sir James Powell bittet diesen um Hilfe. In Alfred Darius' Haus findet John den Leichnam von dessen Bruder Hank, die Brust völlig zerfetzt. John erfährt, daß Darius den Mörder zu kennen glaubt: seine Tochter Lisa, die in dem Wahn lebt, die Engel verteidigen und die bösen Menschen bestrafen zu müssen, indem sie diese mit einem Eichenpflock tötet. John, Suko und Darius finden die aus einer Anstalt ausgebrochene Lisa auf dem Friedhof beim Grab ihrer Mutter. Lisa tötet fast ihren Vater, stürzt sich dann jedoch auf der Flucht vor John von einem Hausdach zu Tode.

777 – Phantom aus der Vergangenheit
Ein Phantom aus der Vergangenheit, das sich Cyrus Wood nennt, braucht junges Leben, um sich zu erneuern und nicht selbst zu sterben. Es will sich sechs junge Leute als Opfer holen. Doch John und Suko tauchen im letzten Moment auf. Wood will sich in die Vergangenheit zurückziehen. Blitze zucken auf John nieder, vernichten ihn jedoch nicht, da das Kreuz ihn schützt. John gerät mit Wood in die Vergangenheit, wo er dem Phantom in die Hände fällt. Im letzten Moment werden das Phantom und John jedoch durch Sukos Beschwörung in die Gegenwart zurückgeholt, wo Suko das Phantom mit Silberkugeln und Dämonenpeitsche vernichtet.

778 – Draculas blutige Brautnacht
Dracula II verwandelt vier Frauen aus Petrila in Vampire und schickt sie zurück ins Dorf, um dort mit ihnen eine blutige Brautnacht zu feiern. In Petrila schützen sich die Einwohner mit Holzkreuzen, da die Vampire bereits von Marek und John, den Marek wegen der Entführung der vier Frauen hergeholt hat, erwartet werden. Auf dem Dorfplatz werden die Vampire in der Anwesenheit von Dracula II vernichtet. Dracula II entkommt mit Hilfe des Zaubermantels der Hexe Assunga.

779 – Der Nebelwolf (1/2)
780 – Der Geist des Baphomet (2/2)
Hoss Ivory führt John zu einem Sumpffriedhof, wo einst Templerwerwölfe begraben worden sind. Hoss wird dort von einem magischen schwarzen Nebel verändert und verschwindet. Als John nach Trevine zurückkehrt, überflutet der Nebel bereits den Ort und macht die Menschen zu Mördern. Mit dem Nebel erscheinen der Nebelwolf und der veränderte Hoss. John vernichtet den Nebelwolf. Die mörderischen Bewohner werden in einer Halle eingesperrt. Währenddessen schickt Abbé Bloch seine Templer in die Kathedrale der Angst, bevor der schwarze Nebel sein Haus erreicht. Er selbst verschwindet mit Hilfe des Knochensessels. Als Suko mit dem Templer Alain das Haus erreicht, fin-

det er den Nebel bereits vor, welcher Alain verändert. Bevor Suko dasselbe passieren kann, setzt er sich ebenfalls mit Hilfe des Knochensessels ab.

781 – Die Hexe von Hilversum
[Roman mit Linda de Mol als Vorbild. Jason Dark traf sie während einer Fernsehaufzeichnung der Sendung »Kollegen - Kollegen«]

Nach dem Mord an Piet de Rijber, welcher sie mißbraucht hat, wird Linda Vermool durch Asmodis zu einer untoten Hexe gemacht. Sie trifft Jane Collins, die Lindas Verwandlung bemerkt. Linda sieht Jane als Hexenschwester an. Jane soll nun in Lindas Fernsehshow als Hexe für Asmodis werben. Als diese sich weigert, will Linda sie töten. Jane vernichtet sie mit Johns Kreuz.

782 – Knochenbrut der alten Templer
[Fortsetzung von Band 780]

John kommt in Alet-les-Bains an und wird Zeuge des Selbstmordes des veränderten Templers Alain. Inzwischen hat der schwarze Nebel die Kathedrale der Angst erreicht, wird aber durch das silberne Skelett von Hector de Valois mit Hilfe des Templersiegels in Skelette zurückverwandelt, was John mit ansieht. Dieser folgt den unter dem Einfluß von Baphomet stehenden Skeletten zum Haus der Templer, wo John sie mit dem Kreuz vernichtet, bevor sie den Knochensessel vernichten können. Zu diesem Zeitpunkt befinden sich Suko und Abbé Bloch immer noch in Avalon, wohin sie mit Hilfe des Knochensessels flüchteten.

783 – Der Tunnel
[Der Knochensessel besteht aus dem Gerippe von Jacques de Molay, dem letzten Großmeister der Templer, der in dem Sessel weiterlebt]

Zurück in London begibt sich John in einen Tunnel und findet dort das skelettartige Wesen John Mark Lomenius vor, das ihm wegen seines Kreuzes vertraut. Lomenius, der nach Avalon gelangen will, bittet John, ihn zu köpfen. Dieser kommt dem Wunsch mit Hilfe eines Messers nach.

784 – Avalons Geistergräber
[Abbé Bloch erhält in Avalon seine Sehkraft zurück]
[John übergibt Merlin den Dunklen Gral als Preis für die Rückkehr von Suko und dem Abbé aus Avalon]
[Nadine Berger unterwirft sich den Gesetzen Avalons und damit Merlins Willen]

Suko und Abbé Bloch gelangen in Avalon in die Gruft, in der König Artus und die Ritter der Tafelrunde begraben sind. Vorher hat Merlin dem Abbé sein Augenlicht zurückgegeben. Sie erleben die Aufnahme des Ritters Lomenius in die Runde mit. Inzwischen sind John und Bill Conolly aufgrund von Nadine Bergers Erscheinen durch das Tor in Glastonbury nach Avalon gelangt, um ihre beiden Freunde zurückzuholen. Merlin gibt die beiden jedoch nur gegen Herausgabe des Dunklen Grals frei, den John ihm aushändigt.

785 – Der Kinderschreck (1/2)
786 – Angst vor der Hexe (2/2)

Olinka, eine böse Hexe und Rattenfreundin, lebt mit ihrem Mann Oleg im Bayerischen Wald. Sie wollen Kinder fangen und braten, um dadurch ihre magischen Kräfte zu stärken, wie sie es in Tschechien jahrelang getan haben. Sie haben es auf Amy und Davy Gibson abgesehen, die mit ihren Eltern, den drei Conollys und John dort Urlaub machen. Nachdem zwei Versuche, Davy zu entführen, gescheitert sind, will Olinka John fangen und braten. Nachdem John und seine Freunde von einer von Olinkas Ratten und ihren Schakalen angegriffen worden sind, werden Amy und Davy im Wald von Olinka gefangengenommen, die ihre Kräfte von Mandragoro erhalten hat. Währenddessen kämpft John auf dem Weg zur Hexenhütte gegen Olinkas Schakale. Er rettet die Kinder, bevor sie im Ofen landen können. Olinka verbrennt in ihrem eigenen Ofen, während Oleg Selbstmord begeht.

787 – Das Medium
[1. Auftritt von Anina, einem Engel]

Der Spiritist Dubbs beherrscht das Medium Anina, aus welchem er seine Kräfte für böse Taten schöpft. Anina, die aus einer guten und einer bösen Hälfte besteht, möchte sich mit

Johns Hilfe von Dubbs befreien. Sie versteckt sich in Starry, wird aber von Dubbs dort aufgespürt. Bevor er sich ihrer bemächtigen kann, vernichtet John Aninas böse Hälfte mit dem Kreuz. Dubbs wird von den Geistern der Menschen, die bei einem von ihm verursachten Flugzeugabsturz umgekommen sind, davongetragen.

788 – Die Nacht der weißen Nonne
John begleitet die Nonne Anina ins Kloster zurück. Dieses ist entweiht und wird von der mit dem Teufel verbündeten Äbtissin Virginia geleitet. Diese hat gerade eine Kirche zerstört und wird von dort vom Teufel ins Kloster zurückgerufen, um John zu töten. Es stellt sich heraus, daß Anina ein Engel ist, der das Böse aus dem Kloster vertreiben soll. Sie dringt in Virginias Körper ein, so daß John die Äbtissin mit dem Kreuz vernichten kann. Anina verabschiedet sich und verschwindet.

789 – Der Zombie-Teich
John trifft auf dem Heimweg nach London eine Zigeunerin namens Teresa. Diese besitzt magische Fähigkeiten und verfluchte einst die Menschen, die ihre Söhne für einen Mord unschuldig geköpft hatten. Deren Köpfe tauchen in einem See auf, während die kopflosen Zombiekörper dorthin wandern. John rudert mit Teresa auf den See hinaus. John vernichtet die Zombies, nachdem diese Teresa getötet haben.

790 – Der Satanskopf
Juri Sarrazin, Horror-Designer, besitzt einen Satansschädel, der ihm zu seinem Erfolg verholfen hat. Dieser gehörte einst einem spanischen dämonischen Inquisitor. Juri beschafft dem Schädel hin und wieder Menschen, die dieser tötet. Als Lady Sarah Goldwyn Juri bei einem Besuch auf die Schliche kommt, soll sie von dem Schädel getötet werden. John verhindert dies, indem er den Schädel mit einer Silberkugel vernichtet. Gleichzeitig stirbt auch Juri.

791 – Diondra – einfach mörderisch (1/2)
792 – Gruß aus der Gruft (2/2)
Das mathematische Genie Diondra wird von Professor Palmer getestet. Danach zieht sie sich in ihr Landhaus zurück, da sie sich von geheimen Mächten bedroht fühlt. Palmer hat fortan Visionen von ihr als blutüberströmte Kanibalin; davon bleiben reale Blutflecken zurück. John wird zum Schutz zu Diondra geschickt und belauscht sie im Gespräch mit Geisterstimmen. Suko befindet sich ebenfalls ohne Johns Wissen dort und erlebt die tödliche Wirkung der Stimmen an einem Leibwächter mit. Im Keller von Diondras Haus entdeckt John eine Amphore mit dem schwarzen, schlagenden Herzen einer Kreatur der Finsternis. Dieses ist Diondras Energiequelle. Sie ist bereits zur Hälfte eine solche Kreatur. John bringt das Herz durch sein Kreuz zum Stillstand. Als er in Gegenwart von Diondra sein Kreuz aktiviert, wird diese von der Kreatur der Finsternis aus der Amphore vernichtet. Die Kreatur kommt dabei ebenfalls um.

793 – Als der Engel Trauer trug
In der Nähe von Colme werden mehrere Kinderleichen von einem Schutzengel entführt und auf dem Friedhof unter einer Grabplatte versteckt. John und Suko finden mit Hilfe des Schutzengels heraus, daß der Dämonenengel, der als Steinfigur auf dem Grab steht und einst als Kindergärtnerin Jenna Wade gelebt hat, lebendig ist und den toten Kindern die Seelen aussaugen will. Dies verhindert der Schutzengel, indem er den Dämonenengel mit dem Schwert vernichtet.

794 – Das Zauberzimmer (1/2)
795 – Vater, Mutter, Teufelskind (2/2)
John und Harry Stahl finden in einem Spukhotel, wo sich einst Teufelsdiener dem Satanisten Aleister Crowley geopfert haben, eine Leiche, Blutflecken und drei geisterhafte Musiker. Bald darauf werden sie von den Dorfeinwohnern angegriffen, die teilweise unter Crowleys Einfluß stehen. Sie kehren ins Hotel zurück, wo um Mitternacht das einstige Satansfest mit denselben Gästen wiederholt werden soll. Dort folgt John Pamela, in deren Körper Crowleys Geist

steckt, durch ein Weltentor nach Aibon. In Aibon trifft John auf Pamelas Eltern. Mit Hilfe von Johns Kreuz und des Roten Ryan gelangen die drei in das Spukhotel, wo John Harry Stahl vor der besessenen Pamela rettet, die diesen töten will, damit Crowley wiedergeboren werden kann. John treibt den Geist des Hexers mit dem Kreuz aus Pamelas Körper; der Geist entkommt jedoch.

796 – Larissas blutiger Weg
Larissa, in der der Geist der Hexe Mamutschka weiterlebt, reist nach London, wo sie zur Prostitution gezwungen wird. Als sie drei Freier ermordet, ruft das John auf den Plan. Dieser soll ihr viertes Opfer werden. Beim Anblick seines Kreuzes flieht sie jedoch. John und Suko folgen ihr.

797 – Rasputins Tochter
Larissa begibt sich nach Sankt Petersburg ins Kloster der Rasputin-Anhänger. Durch das Hexenblut ist sie zu Rasputins Tochter geworden. John und Wladimir Golenkow sind Larissa zusammen mit dem orthodoxen Mönch Fjodor, dessen Kloster die Rasputin-Anhänger gerade überfallen, gefolgt. Die Rasputin-Anhänger ergeben sich nach dem Tod ihres Anführers. Larissa versucht, John zu töten, wird aber von Fjodor mit drei Silberkugeln vernichtet.

798 – Der Hausmeister
Nach der Entführung seiner Tochter Dinah erschießt deren Vater, der Polizist ist, den Hausmeister Ewald Trigger, woraufhin dessen Geist fortan die Familie bedroht. John verjagt den Geist mit seinem Kreuz und hängt es Dinah, die als Lockvogel für den Geist dienen soll, als Schutz um. Suko trifft den Geist und schlägt ihn mit der Dämonenpeitsche. Der entpuppt sich als Kreatur der Finsternis und flieht in Dinahs Schulklasse. Dort vernichtet John die Kreatur mit vier Silberkugeln.

799 – Zum Nachtisch kam der Teufel
Der untote Rico Ramini tötet in London mehrere Restaurant-Testesser aus Rache wegen der schlechten Bewertung seines

Restaurants zu seinen Lebzeiten. Jane Collins wird Zeugin eines der Morde. Ein weiterer Testesser wird von Suko gerettet. Rico folgt Suko, John und Jane in ein Hotel, um sie zu töten, wird aber von John mit dem Silberdolch und von Suko mit einer Silberkugel vernichtet.

800 – Das Orakel (1/4)
John sucht nach Informationen über den Aufenthaltsort der Bundeslade. Suko, Bill, Jane und Lady Sarah helfen ihm dabei. John, Suko und die beiden Frauen werden jeweils von einem Horror-Reiter angegriffen. Suko besucht daraufhin Robert Morse, der einst in einem Kloster in Israel, wo sich die Bundeslade möglicherweise befindet, ein Orakel in Gestalt eines Goldtalers gefunden hat. Kurz nachdem er Suko das Orakel anvertraut hat, erscheinen die Gesichter der vier Erzdämonen am Himmel.

801 – Ruine des Schreckens (2/4)
John fährt zu Suko und Robert Morse und gerät in einen Blutregen der AEBA, die Robert vor seinen und Sukos Augen köpfen. Die beiden reisen mit Bill nach Israel, wo ihr Begleiter David Stern, der Verbindung zum Geheimdienst hat, von einer Kreatur der Finsternis getötet wird. Kurz zuvor erscheint das Gesicht König Salomos am Himmel. Als Bill und Suko Davids Leiche aus dem Brunnen ziehen wollen, werden sie in diesen hineingesogen.

802 – Der Wächter (3/4)
Während Suko in den unterirdischen Ruinen von einem untoten Ritter-Wächter entführt wird, wird John von der Kreatur der Finsternis, die David getötet hat, gefangengenommen. Er kann sie jedoch mit Hilfe von König Salomo und seines Kreuzes vernichten. Inzwischen hat Suko eine Wand mit Hinweisen auf die Königin von Saba und König Salomo entdeckt. Als Suko den Wächter der Wand tötet, verschwinden die Zeichen. John versucht vergeblich, die Zeichen mit seinem Kreuz wieder sichtbar zu machen. Dies gelingt Suko mit dem goldenen Orakel.

803 – Meleniks Mordnacht (4/4)

Ausgelöst durch das Orakel sehen John, Bill und Suko auf der Wand wie in einem Film, wie Melenik, der Sohn der Königin von Saba und König Salomo, seine Kreaturen auf die Menschen losläßt und dabei etwas, das möglicherweise die Bundeslade ist, fortschafft. Bevor die Wand einstürzt, erscheint ein Bild der Kathedrale von Chartres. John, Bill und Suko reisen nach Chartres, wo die Steinfigur von Melenik, die auf der Kathedrale steht, zum Leben erwacht ist. Er versucht, John und Suko zu töten. Beide vernichten ihn jedoch mit der Dämonenpeitsche.

804 – Die Frau mit den Totenaugen (1/2)
805 – Krallenhand (2/2)

Fiona Finley trifft auf die Frau mit den Totenaugen und bittet Glenda Perkins um Hilfe. Kurz darauf wird sie im Beisein des Ehepaares Hurt, die Verbündete der Frau mit den Totenaugen sind, in ein leerstehendes Haus entführt. Glenda reist mit John an und wird mit Hilfe der Hurts in das Haus gebracht, wo sich die Frau mit den Totenaugen aufhält. Auf der Suche nach Glenda wird John von einer Krallenhand verletzt. Er gelangt ebenfalls in das Haus. Vanessa, die Frau mit den Totenaugen, die eine Hexe gewesen ist, saugt Fiona Seele und Leben aus. Vanessa will durch die Seelen ihrer Opfer wieder zum Menschen werden. John rettet Glenda aus dem Haus und vernichtet Vanessa, die eine Krallenhand besitzt, mit dem Silberdolch und dem Kreuz.

806 – Der Voodoo-Club

Roberta Miller will ihren Mann und die Männer ihrer vier Freundinnen mit Hilfe eines Voodoo-Zaubers wieder zum Leben erwecken. Dabei töten sie einen Agenten, wodurch John und Suko nach Haiti gerufen werden. Während die vier Freundinnen John und Suko angreifen, erweckt Roberta ihren Geliebten Jacques Gardiner zum Leben. John und Suko gelangen zum Ort des Voodoo-Zaubers. Suko tötet den Zombie mit seiner Dämonenpeitsche, nachdem dieser Roberta getötet hat.

807 – Das Gespenst von Angus Castle
[John hat einen Ahnherrn namens Henry St. Clair, einen Franzosen und Baphomet-Diener, der Amerika 100 Jahre vor Columbus entdeckte]
Lord und Lady Lyell wollen als Baphomet-Diener alle Sinclairs vernichten. Aus diesem Grunde locken sie Johns Eltern in ihr Schloß. Da der Ahnherr Johns, Henry St. Clair, einst den Schatz der Lyells gestohlen hat, sinnen sie nun auf Rache. John wird durch einen Anruf seines Vaters ebenfalls zum Schloß geholt und rettet seine Eltern. Danach kehrt er ins Schloß zurück und vernichtet Lord und Lady Lyell mit seinem Kreuz.

808 – Das unheimliche Herz (1/3)
John und Suko suchen im Süden der USA nach dem noch lebenden Herz von Johns Ahnherrn Henry St. Clair. Auf einem Friedhof finden sie die Ruhestätte des Herzens leer vor. Sie erfahren aber, daß der Hexer Aleister Crowley eine Sekte namens »Kirche der Herzen« gegründet hat, deren Götze das Herz des Baphomet-Dieners St. Clair ist. John und Suko erhalten Hilfe von dem Polizisten Bob Crane. Dessen Freundin Kiki wird entführt und in einen Raum mit dem Herzen gesperrt. Das Herz schwillt an und saugt Kiki langsam das Leben aus.

809 – Das Schlangenkreuz (2/3)
810 – Der Geist des Hexers (3/3)
[Johns Silberdolch wird vom Schlangenkreuz aufgesogen und verschwindet mit ihm, das Herz des Henry St. Clair wird durch Johns Kreuz vernichtet]
John, Suko und Bob Crane suchen eine Kirche auf, die von den Anhängern Aleister Crowleys entweiht wurde. Sie finden den Pater der Kirche vor, der von einem Schlangenkreuz verletzt wurde. Die vier versuchen die Mitglieder der Sekte auf einem Rummelplatz zu überraschen. Suko wird niedergeschlagen, doch John findet Kiki, die Freundin Cranes. Sie lebt, doch auf ihrem Rücken hat sich das riesige Herz Henry St. Clairs festgesaugt. John erlebt zusammen mit Kiki eine Vision. Er sieht, wie Henry St. Clair zum

Baphomet-Diener wird und zwei Templer opfert. Daraufhin schneidet Rodney Turon ihm das Herz heraus und verbrennt seinen Körper. Mit Hilfe Baphomets überlebt das Herz. Während der Vision wandert das Schlangenkreuz zum Herzen St. Clairs, um sich mit ihm zu verbinden. John will das Schlangenkreuz mit seinem Silberdolch vernichten. Das Schlangenkreuz kann den Dolch jedoch unverletzt aufsaugen. Johns Kreuz aktiviert sich daraufhin selbst und vernichtet Herz und Schlangenkreuz, wodurch auch der Silberdolch verschwindet.

811 – Die Aibon-Amazone (1/2)
812 – Blutzoll einer Druidin (2/2)
Jane Collins sieht, wie die Aibon-Amazone Kimberly Hart eine aus Aibon geflohene Frau tötet. Die Amazone hat die Aufgabe, aus Aibon Geflüchtete zurückzubringen oder zu töten. John, der einem Mordanschlag Kimberlys entgangen ist, wird von Jane informiert. Zusammen mit Suko findet er heraus, daß Kimberly eine Doppelexistenz führt und auch in Brighton lebt. Jane besucht Kimberly dort. Kimberly kann John und Suko gefangennehmen und zwingt Jane, sie bei ihrer Arbeit als Amazone zu unterstützen. Dabei wird Jane von der Messerwerferin »The Knife«, die ebenfalls aus Aibon geflohen ist, gefangengenommen. Kimberly Hart rettet Jane Collins, indem sie »The Knife« tötet. Die beiden machen sich auf den Weg zu Farina Milton, der Anführerin der Aibon-Ausreißerinnen. John und Suko sind in Aibon. Dort werden sie von Guywano in Treibsand gesteckt, aber von zwei Männern in Grau gerettet. Die vier begeben sich in Kimberlys Höhle. Die Männer in Grau wollen Kimberly töten, da sie durch den Diebstahl des Steins der Zeit zu mächtig geworden ist. Nachdem Kimberly Farina Milton getötet hat, kehrt sie in ihre Höhle zurück. Dort verwandeln die Männer in Grau sie in einen Beißer. John und Suko kehren zur Erde zurück.

813 – Warten auf den Todesstoß
[Massago, der schwarze Engel, wird durch Johns Kreuz vernichtet]

John wird von Vinc Conlon zu einem Bahnhof geholt, wo Lorna Löhndorf lebt, die Vincs Freund getötet hat. Lorna greift John an und erklärt ihm, daß sie eine Dienerin des bösen Engels Massago ist. Sie besitzt ein Zaubermesser und tötet Vinc damit. John aktiviert sein Kreuz. Lorna wird daraufhin von ihrem eigenen Messer getötet und Massago vernichtet.

814 – Mister Amok (1/2)
815 – Die Höllenbestie (2/2)

Die Hexe »Mutter« inszeniert einen Autounfall. Dadurch bringt Amy Lester die Zwillinge Jake und Jory zur Welt, wobei Jory tot geboren wird. Die Hexe entführt das tote Kind und weiht es dem Teufel. Jahre später zeigt Sir James John und Suko ein Video über einen zombieähnlichen unverwundbaren Killer namens Mister Amok. John und Suko glauben, den Lehrer Jake Lester zu erkennen. Bei seiner Verhaftung erfahren sie jedoch von seinem Zwillingsbruder Jory. John und Jake begeben sich zu dessen Freundin Cindy, die in der Zwischenzeit von Mister Amok entführt worden ist. Die beiden können sie befreien; Mister Amok gelingt aber die Flucht. Als Jory auftaucht, vernichtet Suko ihn mit der Dämonenpeitsche. Dadurch schrumpft die Hexe zur Mumie und ist ebenfalls vernichtet.

816 – Die Schattenfrau

Der Archäologe Clifford Tandy findet und befreit die Schattenfrau Zeo. Sie verfolgt ihn, um sein Blut zu trinken. Clifford holt seinen Schulfreund John zur Hilfe. Zeo gelingt es, etwas von Cliffords Blut zu trinken, wodurch er nun auf ihrer Seite steht. Er bringt John zum Grab Zeos. Zeo taucht auf und erzählt John, daß sie aus Atlantis stammt. Kara, alarmiert durch die Flammenden Steine, erscheint und vernichtet Zeo mit ihrem goldenen Schwert. Clifford wird von einem von Zeos Schakalen getötet, die John daraufhin mit Silberkugeln vernichtet.

817 – Luzifers Tränenbecher (1/2)
818 – Lilith, der Teufel und ich (2/2)
[Harry Stahl wird auf Grund eines Mordes, den er begangen hat, als er unter dem Einfluß Liliths stand, vom Polizeidienst suspendiert]
Harry Stahl stößt bei Ermittlungen auf eine Frau namens Isabell Munro. Sie besitzt einen Dolch, der Johns verschwundenem Silberdolch sehr ähnlich sieht. Durch den Mord an einem Antiquitätenhändler gelangt sie an Luzifers Tränenbecher, der sieben vergläserte Tränen Luzifers enthält. John wird von Asmodis gebeten, ihm den Becher zu beschaffen. John und Suko begeben sich nach Leipzig. Die drei Freunde stoßen auf Isabell, die sich als Lilith entpuppt. Sie kann John nichts anhaben, da er durch sein Kreuz geschützt wird. Suko und Harry geraten jedoch in ihren Bann. Suko schlägt John nieder, und Harry tötet einen Menschen, bevor Lilith verschwindet. Suko und Harry werden verhaftet. Der Bann Liliths ist von ihnen abgefallen. Sie beeinflußt die beiden aber erneut. John, der davon nichts bemerkt, reist mit Suko in die Vergangenheit. Es gelingt den beiden, den Tränenbecher an sich zu nehmen. Suko greift daraufhin John mit einem schwarzmagischen Dolch an, der dem Silberdolch nachgeahmt wurde. John setzt Suko außer Gefecht und aktiviert sein Kreuz, woraufhin aus den sieben Tränen sieben böse Erzengel werden. Gleichzeitig erscheinen sieben Erzengel und vernichten die bösen Gegenstücke. Die Erzengel bringen John und Suko zurück zur Erde. Harry Stahl wird wegen des Mordes, den er beging, als er unter Liliths Einfluß stand, vom Polizeidienst suspendiert.

819 – Der Tod des Heiligen
»The Saint«, ein Heiler, stirbt angeblich, will aber zurückkehren. John, Bill und Hartwig, der Anführer der Anhänger des Saints, begeben sich zu dem Grabmal des Saint. John und Bill betreten das Grabmal und werden dort eingeschlossen. Der Heilige verläßt das Grabmal, während John in eine andere Zeit gelangt. Bill zwingt den Heiligen, der ein Außerirdischer ist, mit der Goldenen Pistole, John zurückzuholen. Als John wieder aufgetaucht ist, vernichtet Bill den Saint.

820 – Horror-Baby
Jake und Linda Hamilton, zwei Kreaturen der Finsternis, haben ein Baby, das Menschen tötet. Von einer verletzten Mitbewohnerin der Hamiltons werden John und Suko zur Hilfe gerufen. Die beiden entdecken das Monsterkind auf dem angrenzenden Spielplatz. Während Suko Jake Hamilton mit der Dämonenpeitsche vernichtet, aktiviert John sein Kreuz, wodurch Linda und das Baby ebenfalls vergehen.

821 – Wo die Totenlichter leuchten
John und Suko sind auf der Suche nach einem Geisterfriedhof. Gleichzeitig mit dem Friedhof erscheint ein Mönch, der Tiere und Menschen in Geister verwandelt. John und Suko finden heraus, daß der Mönch, der den Namen Elgath trägt, einst ermordet wurde und es schaffte, Körper und Geist zu trennen. John zerstört die Laterne des Mönchs mit einer Silberkugel, woraufhin dieser zum Zombie wird. Diesen vernichtet er dann mit dem Kreuz.

822 – Flüstern, schreien, töten (1/2)
823 – Monsterengel (2/2)
Falco, ein »Engel«, entweiht Kirchen und tötet danach immer einen Menschen. Er nimmt geistigen Kontakt zu der FBI-Agentin Kate Duvall auf und verursacht ihr Alpträume. Sie begibt sich in Johns Schutz. Sie spürt, daß Falco immer näher kommt, und dieser ist tatsächlich bereits in London aufgetaucht. John findet heraus, daß der »Engel« Falco Leeland ist. Dieser vergewaltigte Kate in früher Jugend und will sich nun für die Zurückweisung rächen. Er findet Kate bei John, der ebenfalls anwesend ist. Als Falco, der einen Pakt mit Luzifer geschlossen hat, John töten will, aktiviert sich dessen Kreuz von selbst, und Falco wird von drei erscheinenden Erzengeln getötet.

824 – Liebestanz der Totenbräute
Lady Sarah erhält den Hilferuf einer Freundin aus einem Heim. Als sie dort auftaucht, hat der Vampir Baron of Gulbekian ihre Freundin und vier andere Frauen bereits in Vampire verwandelt. Lady Sarah entdeckt das Grab des Barons.

Sie wird von ihrer Freundin angegriffen, die sie mit Hilfe von Feuer vernichten kann. John, Suko und Jane verfolgen den Baron und seine Bräute und bringen sie zur Strecke.

825 – Böse kleine Elena
Harry Stahl, mittlerweile Privatdetektiv, erhält von Wilbur Scott den Auftrag, den Körper seiner Tochter Elena zu suchen. Wilbur gibt Harry einen Totenschädel, angeblich den Elenas. Zusammen mit John forscht Harry in Tschechien nach. Dabei erfahren sie, daß Wilbur seine Tochter früher zur Prostitution gezwungen hat. Die beiden finden die wahnsinnig gewordene Elena und erfahren, daß der Totenschädel ihrer Mutter Tabitha gehört. Elena legt den Totenschädel zu dem aufgebahrten Körper ihrer Mutter. Wilbur erscheint mit dem Pfarrer als Geisel, woraufhin der Totenschädel Wilbur die Kehle durchbeißt. Elena begibt sich in die Obhut des Pfarrers.

826 – Der knöcherne Hexer
John erhält den Hinweis auf das Skelett eines Templers und fährt nach Coverack. Dort erfährt er von einem Geisterschiff, auf dem das Skelett wohnt. Das Skelett war einst ein Hexer, der Hector de Valois und seine Templer vernichten wollten. Das Skelett überlebte und will sich nun rächen. Als das Skelett auftaucht, tötet John es mit seinem Kreuz.

827 – Der Rosenfluch (1/2)
828 – Der Henker des Herzogs (2/2)
[John trifft Richard Löwenherz, der in einer Burg in Österreich gefangengehalten wird]
Das Gesicht von Bea Quentins Tochter Iris hat sich in das einer Greisin verwandelt. Sie bittet John um Hilfe. Er findet heraus, daß Iris von einem Mann mit Rosen, den sie in einer Ruine traf, wo einst Richard Löwenherz gefangengehalten worden sein soll, verwandelt worden ist. Zusammen mit Suko und Iris reist John zu der Ruine. John und Iris treffen dort den Mann mit den Rosen. Der Mann ist Professor Chandler, der den Rosenfluch entdeckte. Er fand eine blaue Blume und öffnete dadurch einen Zeittunnel. John riecht an

den Blumen und verschwindet durch den Tunnel in der Vergangenheit, wo er auf Richard Löwenherz trifft. Bill, Sheila und Bea Quentin finden zu dieser Zeit den Henker Goddem, der als Harold Quentin, Beas Mann, wiedergeboren wurde. Er besteht aus diesen zwei Personen, seit er an der blauen Blume gerochen hat. Sheila vernichtet Goddem mit der Goldenen Pistole. In der Vergangenheit löst sich Goddem, der sich bei John und Richard Löwenherz aufhält, auf, und es erscheint Harold Quentin. John gibt Richard Löwenherz die blaue Blume zurück. Die mit Merlins Magie gefüllte Blume ermöglicht Richard Löwenherz die Flucht. John gelangt durch sein Kreuz zusammen mit Harold Quentin zurück in die Gegenwart, wo Iris ihr normales Aussehen zurückerhalten hat.

829 – Der Alpenteufel
John und Suko hören von einem Mörder in Österreich, der halb Mensch, halb Tier sein soll. Sie erfahren, daß Paul, der Alpenteufel, angeblich begraben worden sein soll. John und Suko finden nach einem Angriff Pauls heraus, daß dieser von einem Helfer durch Pfiffe dirigiert wird. Der Helfer ist ein Hotelier, der durch die Mordserie andere Hotels billig erwerben will. Es gelingt Suko, den Alpenteufel mit zwei Silberkugeln zu töten und den Spuk zu beenden.

830 – Das Vampirloch
Sir James und Glenda Perkins erhalten Briefe von Dracula II. Diese sind mit dem Blut des Blutsteins eingerieben worden und machen die Personen, die sie in Händen halten, süchtig nach Blut. Durch die Briefe werden die Empfänger in eine Bar gelockt, wo zwei Vampire sie aussaugen wollen. John und Suko folgen Glenda zu der Bar. Suko schaltet den Vampir Lin mit einer Silberkugel aus. John und Suko töten den zweiten Vampir Evana mit zwei Silberkugeln, wodurch auch der Bann aufgehoben wird.

831 – Leichen frei Haus (1/2)
832 – Die Brut ist los (2/2)
John und Suko ertappen drei Japaner bei einem Leichen-

diebstahl. Gleichzeitig erscheint ein Ghoul, den Suko mit einem Samuraischwert vernichtet. Die Ärzte, die die Leichen untersuchen, stellen fest, daß es sich um Zombies handelt. Gleichzeitig kommen die Japaner wieder frei. Ihr Anführer Zugeda verübt einen Mordanschlag auf John und Suko, die dem Anschlag entkommen und auf den Tamura-Konzern stoßen, für den die Leichen beschafft wurden. Auf dem Firmengelände treffen sie auf die drei Zombies, die vom Friedhof gestohlen wurden, und vernichten sie. Zugeda verübt Selbstmord, als er merkt, daß sein Auftrag gescheitert ist.

833 – Hexenliebe (1/2)
834 – Shaos Ende? (2/2)
[Shao stirbt durch einen tödlichen Zaubertrank in Sukos Armen]
Zwei Hexen entführen Suko, um sich an ihm für den Tod ihrer Freundin Yannah zu rächen. Er kann sich befreien und tötet eine der Hexen mit einer Silberkugel. John hat herausgefunden, wo Suko gefangengehalten wird, und trifft dort die zweite Hexe Tatjana. Sie versucht, John zu verbrennen, tötet aber eine ihrer Hexenschwestern. Suko hat in einem Raum mittlerweile die halbtote Shao entdeckt. Shao erzählt Suko, daß Tatjana sie überlistet und ihr einen tödlichen Zaubertrank eingeflößt hat. John taucht ebenfalls in dem Raum auf und muß Shaos Tod mit ansehen. Als Suko und John den Raum verlassen, erscheint Tatjana wieder. John vernichtet ihren Besen, ein Geschenk von Asmodis, mit dem Kreuz. Daraufhin tötet Asmodis Tatjana für ihr Versagen.

835 – Im Kreisel der Angst
[Shaos Leiche ist eine böse Doppelgängerin, Shao selbst will wieder mit Suko zusammenleben und soll von der Sonnengöttin Amaterasu nur noch im Notfall gerufen werden]
Suko will Shao den letzten Wunsch erfüllen und sie dem Schlangengott opfern. Suko selbst verändert sich dadurch und greift Bill an. John kommt hinzu und überwältigt Suko. Die drei sehen eine Schlange aus Shaos Mund kriechen, die

den Körper in Bewegung setzte. John tötet die Schlange und verläßt mit Suko und Bill das Gebäude. Der Schlangengott Obu-Schobb erscheint und will John töten. Der Schlangengott wird aber von Shaos Pfeilen vernichtet. Shao selbst taucht auf und erklärt den Freunden, daß es sich bei der toten Shao um eine böse Doppelgängerin handelt. Sie will wieder bei Suko leben und soll nur noch bei Bedarf der Sonnengöttin Amaterasu helfen.

836 – Das Puppenmonster
John erhält von Chiefinspektor Tanner den Auftrag, sich um die Bauchrednerin Leona Lockwood zu kümmern. Sie ist im Besitz einer lebenden Puppe, die Menschen ermordet. Die Puppe hat mittlerweile den Körper Leonas übernommen. John und Suko erfahren, daß die Puppe magisch beeinflußt worden ist. John verfolgt versteckt Leonas Fernsehsendung. Bevor John die Puppe töten kann, vernichtet Leona sie mit einem Beil, da sie für einen Moment wieder die Kontrolle über ihren Körper zurückgewonnen hat.

837 – Aibon-Blut
Harry Stahl wird zu einer Ruine gelockt, wo er und John einst eine aus Aibon geflüchtete Familie getroffen haben. Er wird beinahe von einem Mann in Grau getötet, der den Aufenthaltsort der Familie erfahren will. Der Rote Ryan hilft Harry, indem er den Mann in Grau tötet. Glenda wurde mittlerweile nach Aibon gebracht, damit John sich ebenfalls auf die Suche nach der Familie macht. Der Rote Ryan rettet auch Glenda. John trifft auf Ribana, die auch auf der Suche nach der Familie ist. Das Reittier Ribanas tötet den Monstervogel, der eigentlich Glenda umbringen sollte. John und Glenda gelangen zurück nach London.

838 – Wo die Angst zu Hause ist (1/2)
839 – Ruhe sanft und komm nie wieder (2/2)
John und Jane folgen einem Bestattungsunternehmer namens Sellnick nach Warschau. Dieser entführt Jane, da er ihren Hexenkeim bemerkt hat. John trifft auf Raniel, der Sellnick ebenfalls verfolgt. Raniel will alle Kreaturen der

Finsternis vernichten, und Sellnick ist eine solche. Sellnick gelingt es, John gefangenzunehmen. Raniels Sohn Elohim kämpft mittlerweile gegen Rabanew, ebenfalls eine Kreatur der Finsternis. Rabanew ist der Hüter eines Friedhofs, wo nur Kreaturen der Finsternis begraben liegen. Während Elohim Rabanew vernichtet, gelingt John zusammen mit Jane die Flucht aus Sellnicks Gewalt. Sie folgen Sellnick zum Haus Rabanews. Auch Raniel taucht dort auf und vernichtet Sellnick mit dem Licht aus seinem gläsernen Schwert und auch alle Kreaturen der Finsternis, die auf dem Friedhof liegen. Danach verschwindet er mit Elohim.

840 – Das Drachenmädchen
[Roman ohne John Sinclair]
[Shao erhält von Amaterasu ihr Trikot, die Halbmaske und die Armbrust mit Pfeilen zurück]
Suko und Shao, die in Hongkong Urlaub machen, finden ein Dimensionstor in die Götterwelt der Drachen. Das Drachenmädchen Li will sich dafür rächen, daß auf dem Boden des Drachentempels ein Hochhaus errichtet wurde. Li entführt Shao in ihre Welt, um sie zu töten. Bevor Li, die mittlerweile ihre Drachengestalt angenommen hat, Shao töten kann, erscheint Amaterasu und gibt Shao die Halbmaske, ihr Trikot und die Armbrust mit Pfeilen zurück. Shao vernichtet Li daraufhin mit drei Pfeilen.

841 – Erst lieb' ich dich, dann beiß' ich dich
Dracula II rettet Cynthia Droux vor der Hinrichtung durch die Inquisition und macht sie zur Vampirin. Sie taucht als Malerin in der Gegenwart auf und will sich an den Nachkommen des Mannes rächen, der sie damals töten wollte. Bill gerät in den Bann Cynthias. Sheila bittet John um Hilfe. Cynthia bemerkt die Aura von Johns Kreuz. Sie will fliehen, doch John kann sie mit seinem Kreuz vernichten.

842 – Teufels-Schönheit
Romanow hat einen Tropfen von Rasputins Blut gefunden. Damit kann er die Gesichter von Menschen austauschen. Wladimir Golenkow verfolgt die Spur Romanows bis nach

London. Glenda hat den Hilferuf einer ehemaligen Klassenkameradin erhalten, der auch das Gesicht gestohlen wurde. Glenda besucht Romanow, der sie entführt. Bevor er ihr Gesicht verändern kann, tauchen John, Suko und Wladimir auf. John vernichtet den Tropfen von Rasputins Blut mit dem Kreuz, woraufhin alle Personen ihre ursprünglichen Gesichter zurückerhalten. Romanow wird von Wladimir festgenommen.

843 – Tunnel der hungrigen Leichen (1/2)
844 – Tödliches Amsterdam (2/2)
John wird über einen Mord in Amsterdam informiert. Die Leiche war entsetzlich verstümmelt. John trifft auf Rob Exxon und Jolanda Lomaire. Sie zeigten ihm mittels eines Dimensionstores die Zombies, die für den Tod des Engländers verantwortlich sind, und bitten ihn, ihnen bei der Vernichtung der Zombies zu helfen. In Amsterdam treffen John und Suko erneut auf Rob und Jolanda und begeben sich mit ihnen in den Leichentunnel, wo die Zombies leben. John und Suko landen in der Dimension der Luzifer-Amöbe. Die Zombies sind ihre Diener und wollen Rob und Jolanda töten. John holt mit Hilfe seines Kreuzes die vier Erzengel zu Hilfe. Während er und Suko die Zombies vernichten, töten die Erzengel die Luzifer-Amöbe.

845 – Das Höllenhaus
John und Bill besuchen das Höllenhaus von Wye. Während sich John und Bill ins Hotel zurückziehen, betreten Johnny Conolly und drei Freunde das Haus, das eine Falle ist. Der Geist Fanny Weldons, der das Haus beherrscht, bringt es in eine andere Dimension, um die vier Jugendlichen dem Teufel zu opfern. John und Bill erleben das Verschwinden des Hauses mit. John aktiviert sein Kreuz und holt das Haus zurück, wobei der Geist Fanny Weldons vernichtet wird.

846 – Im Namen des Leibhaftigen (1/2)
847 – Shango (2/2)
Der fünffache Mörder Woorie Cabal droht bei seiner Verurteilung damit, daß sein Bruder Shango sich dafür rächen

werde. Shango beherrscht die Macht des Macumba-Zaubers und taucht tatsächlich auf. Als der zweite Geschworene ermordet wird, holt Abe Douglas John und Suko zu Hilfe. John und Shango spüren gegenseitig die Gefahr, die von dem anderen ausgeht, und treffen sich zum Kampf. John stellt fest, daß Shango ein Dämon ist und sich in einen Schatten verwandeln kann. Shango flieht, befreit seinen Bruder Woorie aus dem Gefängnis und verwandelt sich und Woorie in Schatten. John, Suko und Abe werden von den beiden Brüdern angegriffen. Woorie stirbt durch einen Fehltritt im Sumpf. John tötet Shangos Schatten mit seinem Kreuz. Der Kopf Shangos ist mit dem Totenschädel eines mächtigen Macumba-Zauberers verbunden, den John mit zwei Silberkugeln vernichtet.

848 – Der alte Mann verfluchte mich (1/2)
[John trifft zum ersten Mal auf Zacharias, den Bruder Guywanos]
849 – Schattengesicht (2/2)
John wird von dem ihm unbekannten Zacharias gebeten, seine Tochter vor einem Selbstmord zu bewahren. Er kommt aber zu spät. Erica stürzt sich ins Meer. Kurz darauf wird John niedergeschlagen. Bevor er bewußtlos wird, sieht er noch sieben Zwerge erscheinen. Als John erwacht, trifft er den Schäfer Calvin Crichton. Als die Zwerge erneut auftauchen, fängt John einen von ihnen und läßt sich zu dessen Meister bringen. Sein Meister ist Zacharias. Dieser zeigt John Ericas Leiche und verflucht ihn. John bemerkt zunächst nichts von dem Fluch, sieht aber dann ein Abbild Zacharias in seiner juckenden Hand. John begibt sich mit Suko und Shao zurück zum Ausgangspunkt des Falles. Dort finden sie den ermordeten Crichton. Suko und Shao stoßen auf die Zwerge, während John Erica trifft. John und Erica werden von Zacharias in seine Welt gebracht. Dort erfährt John, daß Zacharias der Bruder Guywanos und Erica eine Kreatur der Finsternis ist. John sollte Erica vernichten, bevor sie ihren Vater tötet. John tötet Erica mit seinem Kreuz und gelangt zurück zur Erde, wo Shao und Suko die Zwerge getötet haben.

850 – Rache aus der Totenkammer (1/2)
851 – Wir jagten das bleiche Gesicht (2/2)
Der Dämon Belial erscheint im Haus X, das in der ehemaligen DDR steht, und spuckt den Geist der ermordeten Rita Reinold aus. Harry Stahl wird auf den Fall angesetzt, um sich zu rehabilitieren. Er sieht in dem Haus ebenfalls die Fratze, die ihn vor der Rache des Pandämoniums warnt. Inzwischen hat Ritas Geist den ehemaligen Chef des Hauses X, Egon Kraft, der sie einst getötet hat, um die Hälfte schrumpfen lassen und sich durch seine Kraft regeneriert. Harry findet den geschrumpften Egon Kraft und erschießt ihn in Notwehr. Ritas Geist lockt alle ehemaligen Gefängnisaufseher ins Haus X, um sie zu schrumpfen. John und Suko finden heraus, daß sich Rita bereits zu Lebzeiten mit dem Dämon Belial verbündet hat. Dieser verschwindet, nachdem John Ritas Geist mit dem Kreuz vernichtet hat.

852 – Feuer, Asche, altes Blut
Dracula II verbrennt den rebellischen Vampir Beau Lambert und verwandelt seine Asche mit Hilfe des Blutes aus dem Blutstein in einen Feuervampir. Dieser soll in seinem Auftrag das Sinclair-Team töten. Shao warnt John und Suko vor dem Feuervampir. John wird im Yard von dem Feuervampir angegriffen, kann aber entkommen. Daraufhin besucht der Feuervampir Sukos Wohnung. Bevor der Vampir Suko, Shao oder Jane töten kann, greift John ein und tötet den Feuervampir mit der Goldenen Pistole.

853 – Die vier aus der Totenwelt (1/2)
854 – Jäger der verlorenen Seelen (2/2)
Vier Menschen sterben in einem See, ihre Leichen können jedoch nicht gefunden werden. Die Geister der Toten erscheinen ihren Eltern, da ihre Seelen keine Ruhe finden. John trifft am See die Geister. Sie teilen ihm mit, daß der Dämon Uliak die Körper lebendig begraben hat. Während John die Leichen entdeckt, tauchen die Geister in Lauder auf. Uliak will den Küster McGeoff, der seine Geschichte kennt, töten. Dieser wird von den Geistern der Kinder gewarnt und entkommt. Uliak will sich nun an den Eltern

der Kinder rächen und sie auf dem Friedhof ebenfalls lebendig begraben. Die vier Geister und John kommen hinzu. Die Geister borgen sich Johns Kreuz und vernichten damit Uliak. Die Seelen der Kinder finden nun endlich Ruhe.

855 – Kalis Würgertruppe
Die Journalistin Carol Deep lernt bei einem Mordanschlag auf sie Mandra Korab kennen. Sie entkommen, und Mandra informiert John und Suko, da Carol von Anhängern Kalis verfolgt wurde. Mandra sucht den Anführer der Kali-Anhänger auf und wird durch zwei Kugeln schwer verletzt. John findet den schwerverletzten Mandra. Er tötet den Anführer mit einer Silberkugel und vernichtet eine Kalistatue mit der heiligen Silbe AUM. Mandra wird operiert und ist außer Lebensgefahr.

856 – Leas Hexenladen
In ihrer Kindheit wurden John und sein Freund Mike Simpson von der Hexe Lea verflucht. Nun erfährt John, daß Mike erhängt aufgefunden wurde. John trifft bei seinen Nachforschungen auf Lea und drei Verbündete. Er jagt sie und bringt sie zur Strecke. Lea, die das Blut einer Keltin in sich trägt, tötet er mit einem Bronzespeer.

857 – Die Schnitterin
John und Bill werden Zeugen eines Unfalls. Der Unfallfahrer behauptet, einer Schnitterin ausgewichen zu sein. John und Suko finden im Keller des Unfallopfers mehrere Leichen und davon nachgebildete Steinstatuen. Sie treffen auf Amy, die Frau des Unfallopfers. Sie ist wie ihr Mann ein Engel und soll die Dämonen des Himmels töten. Amy bittet John, ihr bei der Vernichtung des letzten Dämons zu helfen; es ist der Unfallfahrer. Dieser kann Amy vernichten, stirbt aber selbst durch Johns Kreuz.

858 – Horror-Teenie
Mandy Friedman, die Anführerin einer Bande, steht unter dem Schutz der Katzengöttin Bastet. Mandy verwandelt sich mehr und mehr in eine Katze. John und Suko kommen

auf ihre Spur, als sie zwei von Raubtieren zerfleischte Leichen finden. Sie stellen Mandy und den sie begleitenden Schatten Bastets. John aktiviert das ANKH-Kreuz auf seinem Kreuz und verletzt Mandy so schwer, daß sie stirbt. Dadurch verschwindet auch Bastets Schatten.

859 – Höllenliebe (1/3)
860 – Dämonische Zwillinge (2/3)
861 – Gefangene der Namenlosen (3/3)
Naomi, die sich dem Halbdämon Josephiel hingab, gebärt dämonische Zwillingsjungen. Sie wird bei deren Anblick wahnsinnig. John und Suko kümmern sich gleichzeitig um einen Priestermord in London, wobei Abbé Bloch sie unterstützt. Während Suko und John herausfinden, daß der Ermordete einen Bericht über abtrünnige Engel verfaßt hat, trifft Abbé Bloch auf Josephiel. Er kann den Halbdämon Josephiel mit dem Würfel des Heils vertreiben. Kurz darauf greift Josephiel John, Suko und den Abbé an, wird aber von Johns Kreuz vernichtet. Die Söhne Josephiels merken das und begeben sich, begleitet von einem Schutzengel in Gestalt von grünem Nebel, nach London. Bei der Beerdigung des ermordeten Priesters greifen die Zwillinge John mit einer Sense an. Das Attentat mißlingt. John folgt, zusammen mit Suko und Abbé Bloch, den Zwillingen in das Kloster in Trivino. Suko und Abbé Bloch entdecken Naomi und befreien sie. Erneut versuchen die Zwillinge, John zu töten, doch der vernichtet sie mit seinem Kreuz.

862 – Der Leichenmantel
Naomi warnt John und Suko vor einer Gefahr. Diese begeben sich ins Kloster und finden die Nonnen tot vor. Die beiden erleben mit, wie die Nonnen gehäutet werden. Zurück bei Naomi, retten sie diese, die gerade von dem Skelett Erasmus angegriffen wird. Das Skelett flüchtet durch ein Dimensionstor im Kloster. Erasmus erfror vor Jahrhunderten vor dem Kloster und schwor, sich einen Leichenmantel aus Menschenhaut zu machen, sollte er jemals zurückkehren. Er versucht, seinen Mantel durch Naomis Haut zu vervollstän-

digen, wird aber von Suko daran gehindert, der ihn mit der Dämonenpeitsche vernichtet.

863 – Die Sirene von Atlantis (1/2)
864 – Karas grausame Schwester (2/2)
[Kara begegnet in einem Rückblick unter Hypnose zum ersten Mal dem Eisernen Engel, der sie vor den Skeletten des Schwarzen Tods rettet]
Kara träumt von ihrer atlantischen bösen Gefährtin Roya. Diese taucht gleichzeitig in Stonehenge auf. John und Suko erfahren von ihrem Auftauchen. Roya hat Karas goldenes Schwert in ihre Gewalt gebracht. John und Suko geraten auf Royas Toteninsel nach Atlantis. Gleichzeitig sieht sich Kara auf einem Schiff, das ebenfalls auf die Toteninsel zutreibt. John und Suko erleben in Atlantis mit, wie Kara von Roya verschont wird. Kurz darauf sind die beiden wieder in Stonehenge. Kara sieht ihre Niederlage und das Verschonen durch Roya ebenfalls und erlebt auch die erste Begegnung mit dem Eisernen noch einmal. In der Gegenwart begibt sich Kara mit Myxin und dem Eisernen nach Stonehenge. Als sie dort ankommen, hat Suko Roya gerade das goldene Schwert entwendet. Kara erhält es zurück. Roya verwandelt sich in ein riesiges Insekt, das vom Eisernen mit seinem Schwert vernichtet wird.

865 – Auf ewig verflucht?
Der Vampir Campos, der in einer Wand eingemauert ist, »entsorgt« die Leichen der Mafia. Er verwandelt die Opfer in Vampire. Der Priester Ernesto Dorani sieht einen der Vampire und holt John nach Neapel. John vernichtet Campo und drei seiner Vampire mit dem Kreuz.

866 – Rattennacht
[1. Auftritt von Emily Craton]
Suko und Shao treffen in Paris auf Absalom von Cunard und entdecken, daß er der Herr von unzähligen Ratten ist. Die Ratten verfolgen Suko und Shao auf Befehl Absaloms. Die beiden holen John nach Paris. Die drei treffen Absalom auf einem Friedhof wieder. Er hat sich in eine riesige Ratte ver-

wandelt und stammelt nur noch das Wort »Emily«, bevor er sich stückweise auflöst.

867 – Emily (1/2)
868 – Die Toten-Krypta (2/2)
Durch Nachforschungen finden die drei Freunde heraus, daß Absalom Emily Craton meinte. Sie lebt in einer Anstalt in der Nähe von Paris. Dort malt sie Figuren, die dann zum Leben erwachen, wie auch Absalom. Bei seiner Zerstörung sieht sie die drei Freunde. Während die drei zu ihr fahren, malt sie Shao. Emily hetzt mit Hilfe des Bildes eine Shaofigur auf John. Nach der mißglückten Attacke zerstört Emily die Figur. Sie malt sich selbst und hetzt die Emilyfigur auf Suko. Der vernichtet die Emilyfigur mit der Dämonenpeitsche. Zebulon erscheint, zu dem Emily früher bereits Kontakt hatte, und erklärt den drei Freunden, daß Emily unter dem Einfluß der Mondgöttin La Luna steht. Sie begeben sich zur Krypta La Lunas und erleben mit, wie sie vom Mondlicht gestärkt verschwindet. La Luna macht Emily zu ihrer Nachfolgerin. Zebulon verfolgt La Luna und tötet sie. Emily gelingt die Flucht.

869 – Leichengift
John und Suko verfolgen zwei Zombiemumien bis zum Beerdigungsinstitut von Zita Valdez. Es stellt sich heraus, daß die beiden Besitzer des Beerdigungsinstitutes ihre früheren Helfer durch Halsketten aus dem Fleisch eines Voodoo-Meisters zu den Mumien machten.

870 – Tabitas Trauerhalle
Der ehemalige Polizist Jim Wayne verfolgt Tabita, die eine Leiche gestohlen hat, und wird dabei lebensgefährlich verletzt. Jane kennt Tabita noch aus ihrer Hexenzeit. John und Jane begeben sich zu Tabitas Haus. Sie stärkte ihren Astralleib durch die Seele der Leiche. Der Astralleib Tabitas kann Jane überwältigen. John rettet Jane, indem er einen Energievorhang, der die Kraftquelle des Astralleibes ist, in Brand setzt, wodurch Tabita und der Astralleib verbrennen.

871 – Der silberne Tod (1/2)
872 – Der Templer-Friedhof (2/2)
Ein silbernes Skelett ermordet in Frankreich abtrünnige Templer, die sich wieder dem Guten zuwenden. John, Suko und Abbé Bloch treffen es, als sie den Templer Joseph Lacombe beschützen. Sie denken, daß es sich um das Skelett von Hector de Valois handelt, und sind entsetzt. Als sie jedoch die Kathedrale der Angst aufsuchen, bemerken sie, daß das Skelett nicht identisch mit dem Hectors ist. Das falsche Skelett flüchtet mit Hilfe des Knochensessels in die Vergangenheit. John und der Abbé folgen ihm und treffen auf Prinz Mleh, der ein Baphomet-Anhänger ist. Er flüchtet vor John und verbrennt dabei. Aus ihm entsteht das silberne Skelett, das den Abbé töten will. Suko hat Johns Kreuz. Er sieht durch den Knochensessel, was in der Vergangenheit passiert. Im richtigen Moment aktiviert Suko das Kreuz. John, Abbé Bloch und das Skelett gelangen zurück in die Gegenwart. Hier stirbt das Skelett im Licht des Kreuzes.

873 – Gabentisch des Grauens (1/2)
874 – Das Tier (2/2)
Bill und Johnny Conolly werden von Marty Stone angegriffen. Er will Johnny auf dem Gabentisch des Grauens opfern. Marty entführt Johnny und bringt ihn zu der Kirchendisco Limelight. Dort trifft Johnny auf ein tierartiges Wesen. John, Bill und Suko sind Marty gefolgt. Als er Johns Kreuz erblickt, stammelt er nur noch »Das Tier« und bricht zusammen. Zu Hause bringt Martys Mutter ihn in den Raum, wo sich Johnny und das Tier befinden. Das Tier bringt Marty in seine geistige Gewalt. Johnny gerät ebenfalls unter den Einfluß des Tieres, wird aber von Nadine Berger gerettet. John und Suko holen die beiden aus dem Haus. Marty und seine Mutter werden in eine Anstalt eingewiesen. Das Tier greift Sheila an, die es aber mit der Goldenen Pistole vernichtet.

875 – Medusas Tochter
Jane Collins ermittelt im Fall von versteinerten Menschen und trifft auf einem Jahrmarkt auf Vera Valendy, die besondere Ähnlichkeit mit einer Medusenfigur aus der Geister-

bahn hat. John und Lady Sarah stoßen gleichzeitig bei einer Exhumierung auf den Körper eines versteinerten Menschen. John sucht Jane und trifft dabei Vera. Er merkt, daß sie die gesuchte Medusa ist, und zerstört sie mit einer Eisenstange.

876 – Die unheimliche Macht (1/3)
[Johns Kreuz wird durch das Licht der Schwerter der Engelmenschen stark verbogen]
877 – UFO-Gespenster (2/3)
878 – Raniel und die Gerechten (3/3)
[Hinweis darauf, daß die Engelmenschen möglicherweise Außerirdische sind]
John bewacht Senta Storm, deren Mann verschwunden ist. Ihr Mann erscheint bei ihr und entführt sie in ein geheimnisvolles Licht. John gerät in eine eisähnliche Umhüllung, von der er später befreit wird. Sein Kreuz wurde dabei stark verbogen. Zurück im Haus der Storms, treffen John und Suko die beiden und müssen sie in eine Anstalt einweisen lassen. John, Suko und Abe Douglas besuchen in den USA den Arbeitsplatz von Senta Storms Mann, der dort an geheimen Projekten gearbeitet hat. Der General des Camps, in dem Storm arbeitete, zeigt John, Suko und Abe ein gestrandetes UFO. In dem UFO erscheint auf einem Monitor ein Gesicht. Kurz darauf steht der außerirdische Pilot des UfOs vor ihnen. John und Suko fliegen mit dem UFO zu Raniel in seine Dimension. Er erklärt ihnen, daß das Camp von Kreaturen der Finsternis beherrscht wird, die ihre Macht ausdehnen wollen. Das wollen die Engelmenschen verhindern. Sie sandten auch das Licht, welches Menschen tötete und Johns Kreuz verbogen hat. Raniel normalisiert Johns Kreuz wieder mit Hilfe des Lichts. Zusammen begeben sie sich ins Camp zurück, wo sie Abe Douglas gerade noch vor den Kreaturen der Finsternis retten können. Johns Kreuz vervielfältigt das Licht der Schwerter der Engelmenschen, und die Kreaturen der Finsternis werden vernichtet. Gleichzeitig bricht das UFO auseinander, in dem auch der Pilot stirbt.

879 – Das Erdmonster
John und Bill reisen nach Schottland, um das Phänomen von

Lichtkugeln zu untersuchen, die Erdbeben verursachen sollen. John und Bill erfahren, daß das Licht von Erdgeistern stammt, die es zum Angriff anstatt zur Verteidigung benutzen. Bill vernichtet ein Erdmonster mit der Goldenen Pistole.

880 – Ich will dein Blut, Sinclair!
In der Umgebung der Stadt Selby wurden Monster und eine geheimnisvolle Frau beobachtet. John trifft auf Dorena Camdon, einen Vampir. Dorena ist in der Lage, sich in verschiedene Monster zu verwandeln. John vernichtet sie.

881 – Das Kind der Mumie (1/2)
882 – Der Sonnen-Dämon (2/2)
Suko und Shao erleben mit, wie ein Psychonaut durch die Blicke eines Jungen mit goldenen Augen getötet wird. Suko bleibt am Tatort, während Shao den Jungen verfolgt und ihn in Sukos Wohnung bringt. Kinok ist der Sohn des Sonnengottes Sorath. Er wurde als Baby unter der Cheopspyramide in einem Sarg gefunden. Das Baby wird von einer Mumie, seinem Vater, aus der Pyramide hinausgebracht und will sich nun an denen rächen, die es befreit haben. Kinok hat sich aber mittlerweile für die gute Seite entschieden und stellt sich gegen seinen Vater. Als die beiden sich treffen, kommt es zum Kampf, und beide verschwinden. John, Suko und Shao erscheint ein Hologramm, in dem sie Kinok und seinen Vater sehen. John betritt das Hologramm und trifft Kinok, der wieder unter dem Einfluß seines Vaters steht. John hängt ihm sein Kreuz um. Das Allsehende Auge leuchtet auf und vernichtet Kinok und seinen Vater.

883 – Mörderisch
John soll den mehrfachen Mörder Slim »Natas« Guthry in eine Klinik bringen. Dieser entkommt John und begibt sich nach Quindon, wo er einige Menschen als Satansopfer bestialisch ermordet. Als John im Ort eintrifft, will Guthry gerade einige Kinder ermorden. John verhindert dies und tötet Guthry mit seinem Kreuz.

884 – Mondwölfe (1/2)
[Fortsetzung von TB 169]
885 – Kampfplatz der Bestien (2/2)
Bill Jackson, der von Morganas Wölfen gebissen wurde, verwandelt sich in einen Werwolf. Jackson versucht, John und Suko mit dem Auto zu überfahren, und kommt dabei selbst ums Leben. John und Suko finden die Namen der Personen heraus, die ebenfalls von den Wölfen gebissen wurden. Einer von ihnen, Dorian Ralston, verwandelte sich auch in einen Werwolf und ist nun unterwegs zum Dorset Park von Fieldham. Dort treffen John und Suko Morgana, die ihnen einen Kampf zwischen ihren Wölfen und den Vampiren von Dracula II ankündigt. Sie beobachten den Kampf, wobei Morgana versucht, John zu töten. Suko rettet John und feuert eine Silberkugel auf Morgana ab. Diese wird von Fenris beschützt und verschwindet unverletzt.

886 – Der U-Bahn-Schreck
Frank N. Stone treibt Lucy Travers zum Selbstmord. Sie wirft sich vor eine U-Bahn, und Frank baut sie wieder zu einem untoten Geschöpf zusammen, das in der U-Bahn Opfer sucht. Die Untote bringt Lady Sarah in ihre Gewalt. John und Suko befreien Lady Sarah. Mit Hilfe der Wahrsagerin Maria finden John und Suko Lucys Aufenthaltsort. Maria wird von der Untoten getötet. John vernichtet Lucy mit einer Silberkugel.

887 – Das Horror-Pendel (1/2)
888 – Bis die Würmer dich zerfressen (2/2)
Harry Stahl bearbeitet in Hamburg einen Fall, bei dem sechs Menschen verschwanden, und das immer, wenn der Jahrmarkt »Dom« stattfand. Er findet dort das »Psycho-Haus«. Unter einem schwingenden Pendel entdeckt er den zuletzt verschwundenen Heinz Hollmann. Er wurde in das Haus gelockt, geriet durch ein Dimensionstor nach Spanien und fand sich im Schloß Los Cantos wieder, wo sich auch John, Suko und Abbé Bloch aufhalten, um einen abtrünnigen Templer zu suchen. John rettet Hollmann vor dem Pendel und vernichtet den mit Würmern infizierten verräterischen

Pfarrer de Luca ebenso wie den aus Würmern bestehenden Amero mit seinem Kreuz.

889 – Der Robot-Vampir
Dracula II hat Till Wesley eine CD-Rom geschenkt, auf der ein Robot-Vampir lebt. Der Vampir tötet Britt Owens und macht sie zum Vampir. Britt taucht bei Glenda Perkins auf, wo John sie mit dem Kreuz vernichtet. Der Robot-Vampir greift zwischenzeitlich Tills Mutter an. Während John mit dem Vampir kämpft, gelingt es Wesley, diesen zurück auf die CD-Rom zu bringen. John zerstört die CD-Rom und damit den Vampir mit seinem Kreuz.

890 – Die Vergessenen
John und Bill werden nach Madston gerufen, wo drei Zombies ihr Unwesen treiben. Die Zombies leben in einem See, der von einer bösen Aura umgeben ist, hervorgerufen durch ehemalige Hexenprozesse. John und Bill töten die ersten Zombies. Die Aura des Sees wird von Johns Kreuz vernichtet.

891 – Knochenklaue (1/2)
892 – Der Höllenclub (2/2)
893 – Der Rachegeist (3/3)
John rettet Donata McBain vor unsichtbaren Knochenklauen. John findet heraus, daß zwei unsichtbare Skelette existieren. Es sind Donatas Tochter Melanie und deren Mann Jasper. Sie gehörten der Sekte »Höllenclub« an und begingen Selbstmord. John und Donata besuchen die Gräber der beiden. Durch Johns Kreuz wird Melanie als Skelett sichtbar. Jasper greift gleichzeitig John an. Zur selben Zeit sucht Don Farrell in Donatas Haus zwei Bücher, die vom Anführer des »Höllenclubs« verfaßt wurden. John vernichtet Melanie und Jasper mit seinem Kreuz. Daraufhin verfolgt er Don Farrell, der die Bücher in Donatas Wohnung nicht gefunden hat. Farrell tötet einen Polizisten und wird von dessen Kollegen erschossen. John kehrt zurück nach London und sucht mit Suko Farrells Fitness-Studio auf. Suko vernichtet den Körper Dorian Durands, dem Anführer des

»Höllenclubs«. Sein Geist entkommt. John holt Suko, Glenda, Jane und Lady Sarah in seine Wohnung, um sie vor Durand zu schützen. Nachdem sie mehrere Angriffe abgewehrt haben, gelingt es John, Dorians Bewußtsein mit dem Kreuz zu vernichten.

894 – Im Würgegriff der Wachsfiguren
John und Suko treffen in Weston einige Verbündete Dorian Durands und suchen ein Wachsfigurenkabinett auf, wo sie bereits von den Mitgliedern des »Höllenclubs« und zwei mordenden Wachsfiguren erwartet werden. John zerstört eine Wachsfigur mit einer Silberkugel, Suko die andere mit der Dämonenpeitsche. Einer der Höllenclub-Anhänger begeht Selbstmord, ein weiterer wird von Suko erschossen. John und Suko vermuten, daß es noch mehr Höllenclub-Mitglieder gibt.

895 – Schattenkiller
John und Marco Anderre suchen nach dessen Schwester Lucille, die von einem Schatten übernommen wurde, der Teil eines Dämons ist. John und Marco erfahren die Hintergründe von der Nonne Helene, die den Dämon beschworen hat, bevor sie Selbstmord begeht. Die beiden treffen auf Lucille. John wird von ihr verletzt. Marco feuert wirkungslos drei Silberkugeln auf sie ab. John gelingt es, sie mit dem Kreuz zu attackieren, wodurch Lucille und der Dämon sterben.

896 – Psychonauten-Kind (1/3)
897 – Zwei wie die Hölle (2/3)
898 – Todesruf der alten Göttin (3/3)
Das Psychonautenkind Gordy, das seine Kräfte nicht unter Kontrolle hat, schließt sich dem Mörder Huxley an. Huxley wird selbst ermordet, und Gordy setzt sich auf die Spur der Killer. John und Suko, die ebenfalls hinter den Killern her sind, erleben mit, wie Gordys Hund einen der Killer tötet. John und Suko erschießen den Hund. Gordy beschließt, sich für den Tod des Hundes an John und Suko zu rächen, doch Gordys drittes Auge verdrängt den Haß auf John und Suko.

Als die beiden Gordy finden, bringen sie ihn zurück zu dem Kinderheim, aus dem er geflohen ist. Dort wird er von den Geschwistern Stark erwartet. Sie wollen sein drittes Auge hervorlocken, um an Gordys Wissen zu gelangen. John und Suko haben mittlerweile von Gordys Geheimnis erfahren. Als die drei bei dem Geschwisterpaar im Kinderheim erscheinen, rufen die Starks den Namen »Amu Ran«, woraufhin Gordy in ihre Arme stürzt. John und Suko retten Gordy mit Hilfe von Buddhas Stab vor den Starks. Deren Körper zerfallen, als sie von den Astralleibern der beiden verlassen werden. Die Astralleiber übernehmen zwei Hubschrauber-Piloten, um mit deren Hilfe John, Suko und Gordy zu töten. John, Suko und Gordy gelangen trotz der Angriffe zu Jane und Lady Sarah. Dort erfahren sie, daß Gordy das Experiment mehrerer Götter war, die ihr Wissen speichern wollten. Gordy spürt die Kraft Amaterasus in Shao. Diese spürt seine Kraft ebenfalls und bringt Gordy zurück in seine Entstehungswelt. Währenddessen wird John von den Astralleibern der Starks angegriffen, die er mit dem Allsehenden Auge seines Kreuzes vernichtet.

899 – Gejagt von Lucy, dem Ghoul
Bill wird auf einen Friedhof gelockt, wo er das Opfer des Ghouls Lucy werden soll. Der Ghoul bewacht die Waffen einer Schmugglerbande und erhält als Gegenleistung Menschenopfer. John will Bill retten, sieht jedoch, daß dieser den Ghoul bereits in Brand gesteckt hat. John vernichtet den Ghoul noch zusätzlich mit einer Silberkugel.

900 – Für Teufel, Tod und Templer
Aus einem Antiquitätenladen in Paris wird ein goldener Dämonenkopf gestohlen. Dieser enthält die Magie Baphomets und kann Fragen beantworten. Der Student Richard Menzel, der den Dämonenkopf sucht, findet die Leiche des Antiquitätenhändlers. Er informiert John. Zusammen mit Suko macht dieser sich auf den Weg zu einer Templerkirche in Soho. Dort befindet sich Duc Dacry, der den Dämonenkopf gestohlen hat. John entfernt durch Berührung mit seinem Kreuz den Goldüberzug und die Baphomet-Magie von

dem Dämonenkopf. Er läßt den Dämonenkopf zu Abbé Bloch bringen.

901 – Aibons Hexenfalle
In Carlow werden drei eingesponnene Leichen gefunden. Als John die Leichen untersucht, findet er einen spinnwebenartigen Faden, der vor seinem Kreuz flüchtet. Er folgt dem Faden und trifft auf einen Mann, der gerade die eingesponnene Leiche seiner Frau entdeckt hat. Daraufhin erschien ihm eine seltsame Frau, die jedoch bei der Ankunft Johns verschwundend ist. Die Frau, die Brigida heißt, verteilt ein Netz über dem Ort. Brigida ist eine Druidin, die sich für die bauliche Nutzung von Druidenerde rächen will. Brigida will John nach Aibon entführen. Dies verhindert der Rote Ryan, der Brigida mit Hilfe seiner Flötenmusik vernichtet.

902 – Zurück zu den Toten
John erfährt, daß die Mafia drei untote Killer aktivieren will. Er besucht Amanda und Olivia Serrano, die die von Dracula II entsendeten Vampire bewachen. Die beiden Frauen nehmen John gefangen, der ein Opfer der Vampire werden soll. John vernichtet einen Vampir mit dem Kreuz, nachdem er sich befreit hat. Suko und Shao tauchen bei ihrer Suche nach John ebenfalls am Haus auf. Shao wird gefangengenommen und zu John gesperrt, der von den Schwestern wieder eingefangen worden ist. Shao gelingt es trotz der Gefangennahme, einen Vampir mit einer Silberkugel zu töten. Suko vernichtet den letzten ebenfalls mit einer Silberkugel.

903 – Nächte der Angst (1/2)
904 – Ein teuflischer Verführer (2/2)
Die Serrano-Schwestern erhalen Besuch von Lou Ryan. John und Suko versuchen die Identität des Mannes zu klären. Lou entführt zwischenzeitlich die Nichte von Chiefinspektor Tanner und zieht sie in seinen Bann. Ihr Verlobter Alex Preston bemerkt die Verwandlung und informiert John. Preston stürzt sich auf Lou, als er ihn bei Vera entdeckt. Dabei wird er von Lou verletzt. Suko und John finden ihn nach

einem Gespräch mit Vera, die auf Lous Seite steht. Ryan schickt Vera zu den Serrano-Schwestern, bringt sie in eine andere Dimension und zeigt sich ihr in seiner wahren Gestalt, der einer Kreatur der Finsternis. Er will Vera an eine Opfersäule verfüttern. John und Suko finden den Ort des Dimensionssprungs, und John holt mit seinem Kreuz Vera und Lou wieder auf die Erde zurück. Das Kreuz vernichtet Lou, der gleichzeitig von der Opfersäule gefressen wird.

905 – Puppenterror (1/2)
906 – Ein Monster aus der Märchenwelt (2/2)
John begegnet einer lebenden Schaufensterpuppe. Er vernichtet sie durch einen Schredder. Auf der Suche nach Käufern von ausrangierten Puppen stoßen John und Suko auf zwei Verdächtige. Diese überwältigen Suko und schicken John eine weitere Puppe auf den Hals. Gleichzeitig stellt die siebenjährige Alice Wonderby fest, das der böse Puppendoktor Doll aus ihrem Buch zum Leben erwacht ist. Er zerstört Alices Puppen und verschwindet wieder. John und Suko, die in der Zwischenzeit die beiden Verdächtigen überwältigen konnten, erfahren von ihnen, daß Dr. Doll aus Aibon stammt und Puppen zum Leben erwecken kann. John und Suko zerstören zunächst einen Spiegel, durch den Dr. Doll zurück nach Aibon gelangen kann, und vernichten ihn daraufhin mit der Dämonenpeitsche.

907 – Die blutenden Bäume
John und Harry Stahl treffen auf einen Mann, der Blut ausschwitzt, das nicht sein eigenes ist. Bevor er stirbt, erzählt er ihnen von den blutenden Bäumen in Heroldsbach. Das Blut der Bäume hat ihn aggressiv gemacht. Durch eine Prostituierte gelangen die beiden zu einem Verdächtigen. Bei seiner Verfolgung treffen sie eine Strige. Diese Strige gründete einen Vogelfriedhof. Die Bäume »weinen« nun das Blut der toten Vögel aus. Das Blut heilt Krankheiten, macht Unwürdige aber gleichzeitig aggressiv. John und Harry retten den Verdächtigen vor der angreifenden Strige, und John tötet sie mit zwei Silberkugeln.

908 – Das Golem-Trio
Cigam erschafft drei Golems, die John und dessen Freunde töten sollen. Der erste Golem begibt sich zu den Conollys, wo er Bill bewußtlos schlägt. Sheila kann den Golem aber mit der Goldenen Pistole vernichten. Der zweite greift Lady Sarah an. Sie holt Suko herbei, der den Golem mit der Dämonenpeitsche tötet. Der dritte befindet sich in einem Flugzeug, mit dem John gerade nach London zurückkehrt. John tötet auch diesen Golem und zwar durch sein Kreuz.

909 – Das Opfer (1/2)
910 – Blutliebe (2/2)
Jane Collins wird von einem Adeligen in sein Haus gebracht. Sie soll dessen an einen Rollstuhl gefesselte Tochter vor einem Vampir beschützen. Diese hat sich jedoch mit dem Vampir verbündet. Der Vampir soll die Tochter ebenfalls zum Vampir machen und damit aus dem Rollstuhl befreien. Jane und der Adelige versuchen inzwischen, die Herkunft des Vampirs zu klären. Der Vampir namens Nurescu macht die Tochter des Adeligen zum Vampir und bringt sie ins Gartenhaus. Jane ruft John und Suko zu Hilfe. Kurz nach deren Ankunft erscheinen die Vampire. Die Tochter greift im Haus Jane an. Jane tötet sie mit drei Silberkugeln. Nurescu hält sich zu dieser Zeit bei dem Adeligen auf. Dieser war einst am Tod der Familie Nurescus beteiligt. Bevor Nurescu ihn zum Vampir machen kann, wird er von John und Suko mit je einer Silberkugel getötet.

911 – In der Knochengruft
Ein Mann hat zwei Knochen entdeckt, die blutrot leuchten, seine Mutter verprügeln und wieder in ihrem Versteck verschwinden. Sein Vater begibt sich ebenfalls zu dem Versteck der Knochen und findet zahlreiche weitere Gebeine. John, der durch den Fund zum Ort des Geschehens gerufen wurde, findet den Vater verletzt vor. Er vertreibt den Zauberer, dem die Knochen einst gehört haben, aus der Höhle. Der Geist des Zauberers fährt in den Körper eines zufällig anwesenden Mannes. John zerstört die Knochen des Zauberers. Daraufhin zerplatzt der Körper des Mannes, und der Geist

fährt wiederum in einen anderen Körper. John gelingt es, den Geist des Zauberers und auch den von ihm besetzten Körper durch sein Kreuz zu vernichten.

912 – Der Hypno-Hund
Der Hund Moonbird und seine Besitzerin sind mit einer dämonischen indischen Magie versehen. Moonbird hypnotisiert Menschen, die daraufhin Amok laufen. Beide bemerken Johns gefährliche Ausstrahlung und wollen ihn töten. Suko eilt John zur Hilfe und zwingt die Hundebesitzerin, die heilige Silbe AUM auszusprechen, woraufhin sie und Moonbird vernichtet werden.

913 – Das Gespenst (1/3)
914 – Der Fluch der Sinclairs (2/3)
[Sergeant McDuff stirbt durch den Schatten von Gilles de St. Clair]
915 – Macht des Schicksals (3/3)
[Horace F. Sinclair wird von seiner Frau, die unter dem Bann von Gilles de St. Clair steht, angeschossen]
John erfährt, daß sein Vater in den Bann einer bösen Magie geraten ist. Gleichzeitig erfährt John von Abbé Bloch, daß im Knochensessel ein Mann erschienen ist. Dieser erlebte in der Vergangenheit von Alet-les-Bains einen Krieg mit und traf dort auf Gilles de St. Clair, der ihn auch zurück in die Gegenwart geschickt hat. John fährt zu seinen Eltern, doch der Bann, der von Gilles de St. Clair über Johns Vater gelegt worden ist, ist bereits aufgelöst worden. Johns Vater wird von St. Clair in die Vergangenheit gebracht. St. Clair teilt Horace F. Sinclair mit, daß er seine Seele dem Bösen verkauft hat. Diese Seele irrt nun als Schatten umher. Der Schatten befindet sich zur Zeit in der Gegenwart im Haus der Sinclairs. Der Schatten von St. Clair ergreift Besitz von Mary Sinclair, die daraufhin ihren Mann anschießt. Suko und Abbé Bloch sehen im Würfel des Heils John und Gilles de St. Clair. Der Spuk erscheint und teilt ihnen mit, daß er dem Teufel die Seele St. Clairs stehlen will. St. Clair spürt die Macht des Spuks und begibt sich mit John zu dessen Eltern. Der Spuk raubt die Seele St. Clairs und

vernichtet ihn, wodurch auch der Bann von Johns Mutter fällt.

916 – Feuerengel
Bei einem Besuch im Krankenhaus in Glasgow trifft John auf Betty Connara, die dort vor Wochen an Verbrennungen gestorben ist. Als John ihr Grab besucht, erscheint sie erneut und lockt ihn in ihr Haus. Sie will ihn dort verbrennen. John verhindert das mit seinem Kreuz und vernichtet sie.

917 – Das Totenfest
In einem Bunker trifft John eine Frau. Sie holt dort Kerzen aus Leichenwachs und bringt sie durch ein Dimensionstor zu einem Bruchstück des Planeten der Magier. John folgt ihr und erfährt, daß sie sich dort bei einem Totenfest einem Ghoul opfern will. John gerät in die Gewalt des Ghouls, kann sich aber befreien. Mit Hilfe von Suko, der von ihrem Vater informiert worden ist, gelingt es John, den Ghoul zu vernichten.

918 – Höllen-Engel
Der Höllen-Engel sammelt unter menschlicher Führung in einer Techno-Disco Anhänger um sich. Eine Frau will sich mit Johns Hilfe aus diesem Kreis befreien. Vor den Augen der beiden stirbt der Anführer bei einer Mutprobe. John findet in dessen Wohnung die Statue des Höllen-Engels und zerstört sie mit zwei Silberkugeln.

919 – Die Rache (1/2)
920 – Mandragoros Alptraum (2/2)
In Manila sehen Bill Conolly, ein Bekannter von ihm und dessen Frau drei geheimnisvolle Wesen. Während John auf Bills Ruf hin dorthin reist, beginnen in den Hochhäusern, die auf gerodetem Regenwald erbaut worden sind, Dschungelpflanzen zu wachsen. John und Bill erleben mit, wie der Pfarrer Oliveiro mit Hilfe der drei Wesen und der Pflanzen die Hochhäuser zurückerobern will. Oliveiro hat sich mit Mandragoro verbündet, um die Menschen für die Eingriffe in die Natur zu bestrafen. Oliveiro nimmt Bill und John

gefangen, nachdem diese seine drei Helfer vernichtet haben. Als er nun die Menschen in den Häusern töten will, wird er von Mandragoro, der den Tod Unschuldiger verhindern will, getötet.

921 – Totengrinsen (1/2)
922 – Mein Trip ins Jenseits (2/2)
Jane Collins erfährt von Nathan. Er ist in der Lage, den Tunnel zwischen Diesseits und Jenseits zu manipulieren. Der Sohn eines Bekannten hat ihn getroffen, als er klinisch tot war und in den Tunnel kam, aber dann von den Ärzten gerettet wurde. Jane besucht den Sohn des Bekannten und wird kurz danach durch die geistigen Kräfte Nathans in einen klinisch toten Zustand versetzt, aus der John sie mit seinem Kreuz befreit. Die zwei und Suko finden den Aufenthaltsort von Nathan heraus. Er lebt in einer Irrenanstalt, zu der sich die drei begeben. Als sie dort erscheinen, ist Nathan ausgebrochen. Die drei Freunde verfolgen Nathan, aber er entkommt. John wird von Jane auf die Idee gebracht, sich in einen klinisch toten Zustand bringen zu lassen, um so auf Nathan zu treffen. Er geht darauf ein und läßt sich von Professor Benson eine Droge spritzen, die dieses bewirkt. Während John in dem Tunnel auf den Geist von Nathan trifft, gelingt es dessem Körper, die Freunde von John zu überraschen. Er nimmt Jane als Geisel und will, daß Sir James Powell den leblosen Körper Johns erschießt. Dieser geht auf die Forderung ein. Suko hat jedoch vorher die Waffe gesichert. Nathan wird dadurch überrascht, und es gelingt Suko, ihn zu erschießen. John wird wieder ins Leben zurückgeholt.

923 – Die Henkerin
In der Vergangenheit tötet der Templer Godwin de Salier die vom Teufel besessene Carlotta d'Arroyo. Nachdem Godwin in der Gegenwart gelandet ist, besucht er zusammen mit Abbé Bloch London. John zeigt ihm die Stadt. Durch eine Zeitschrift werden sie auf eine Person aufmerksam, die Carlotta verblüffend ähnlich sieht. John und Godwin verfolgen sie und gelangen in ein Wachsfigurenkabinett. Dort nimmt

die zum Leben erwachte Figur Carlottas Godwin gefangen. Sie wurde damals vom Teufel gerettet und will sich nun an Godwin rächen. John gelingt es, Carlotta mit einer Silberkugel zu verletzen. Godwin greift sich die Machete von Carlotta und köpft sie, wodurch sie endgültig vernichtet wird.

924 – Das Totenbuch (1/2)
925 – Blutzoll (2/2)

John findet in einem Haus einen Toten und ein Buch. Er begibt sich mit dem Buch zu Bill, der ihn in das Haus geschickt hat. Derweil wird Sheila im Pool von Gestalten angegriffen, die ursprünglich auf den leeren Seiten des Buches gewesen sein sollen. Auch Suko und Shao besuchen das Haus und werden in eine andere Dimension geholt. John begibt sich erneut in das Haus und findet dort Eric Canetti. Sein Schatten griff Sheila an und entführte Suko und Shao in die fremden Dimensionen. Canetti ergreift Johns Kreuz und holt dadurch Suko und Shao zurück. Dann gelingt ihm die Flucht, bevor John ihn ausfragen kann. John, Suko und Shao begeben sich zum Haus Canettis. Dort greift er Suko an, doch bevor er ihn töten kann, verbrennt John das Totenbuch, wodurch der Schatten vernichtet wird.

926 – Mörderische Lockung

Als die Hexe Beth Calvaro in Torres de Mar von einem Mann gefangengenommen wird, weil sie von dessen Mädchenhandelsgeschäften erfahren hat, ruft sie mit einem Brief Jane Collins zur Hilfe, in dem Glauben, daß diese immer noch eine Hexe sei. Jane reist mit John nach Spanien, wo Beth den Hund des Entführers mittlerweile in eine mordende Bestie verwandelt hat. Als sie auf die Hexe treffen, erkennt diese die gefährliche Ausstrahlung von Johns Kreuz und ihren Irrtum bezüglich der Hexenkräfte von Jane. Sie versucht Jane zu töten, flieht jedoch, als sie Johns Kreuz erblickt.

927 – Monster-Zoo

Beth Calvaro will sich an Jane Collins für ihren Verrat rächen. Sie läßt Lady Sarah Goldwyn von mehreren von ihr beeinflußten Tieren angreifen. Diese bittet Suko um Hilfe, da sich John und Jane noch in Spanien befinden. Beth will, daß Lady Sarah in den Zoo kommt. Suko und Shao folgen ihr. Lady Sarah wird im Zoo von mehreren Tieren angegriffen, aber im letzten Moment von Suko gerettet. Der tötet Beth Calvaro auch mit einer Silberkugel, bevor sie ihre besessenen Tiere erneut einsetzen kann.

928 – Der Fliegenmann
Ein angeblich toter Geheimdienstler wird gesehen. Harry Stahl untersucht zusammen mit John den Fall. In Tschechien finden sie ein seltsam verändertes Dorf. Überall sind Fliegen, die teilweise selbst aus den Menschen herauskriechen. Im Wald treffen sie den Geheimdienstler Edgar Bronzek, der komplett von Fliegen umgeben ist. Er ist eine Kreatur der Finsternis und will das Dorf übernehmen. Als er seine Helfer im Ort besucht, attackiert John ihn mit dem Kreuz und vernichtet ihn dadurch.

929 – Engelsblut
Marcia Morena hat eine Flüssigkeit, mit der sie Wunden in Sekunden heilen kann. Sie setzt ihre Fähigkeiten wieder ein, als sie einen Mordversuch beobachtet. Durch die Wunderheilung gerät John in den Fall. Der Mörder will sich für die mißlungene Tat an Marcia rächen und trifft John vor deren Haustür. John wird von ihm verletzt. Marcia rettet John, und der Mörder flieht. John bleibt bei Marcia und nimmt die Flüssigkeit unter die Lupe. Als er ein paar Tropfen davon mit seinem Kreuz berührt, bilden sie einen Kopf nach. Der Mörder taucht erneut auf. Er will Marcia töten. Bevor er dies in die Tat umsetzen kann, wird er von der Flüssigkeit angegriffen, die ihn wie Säure zersetzt, bevor sie sich wieder mit dem Rest der Flüssigkeit vereint.

930 – Das Stigma
John und Marcia begeben sich in deren Heimatort nach Italien, um das Geheimnis der Flüssigkeit zu ergründen. Marcia wird in einen Spiegel gezogen. Bei der Suche nach ihr erfährt John, wie sie an das Blut kam, das angeblich ihrem

Schutzengel gehörte, den sie aus Rache für den Tod ihrer Eltern getötet hat. Marcia erscheint wieder, hat aber ein blutrotes Kreuz auf der Stirn. John ahnt Böses und will sie nicht mit dem Kreuz erlösen, da er das Stigma für eine Falle hält. Marcia greift ihn jedoch an und drückt sich selbst sein Kreuz auf die Stirn. Das Stigma war wirklich eine Falle, und Marcia stirbt durch die Berührung mit dem Kreuz.

931 – Bauchtanz mit dem Tod
Abdul Akam hat zwei Mädchen für seinen Harem entführt. Sie fliehen und töten ihn dabei, worauf er seine wahre Gestalt, nämlich die eines Dämons, offenbart. Er verfolgt die beiden Mädchen, die jedoch zufällig von John und Suko gerettet werden. John beschafft sich Informationen über Akam und will ihn mit Hilfe der beiden Mädchen in eine Falle locken. Die Mädchen treten in der Show auf, aus der Akam sie raubte. Er erscheint und will sie erneut in Besitz nehmen. John attackiert ihn mit dem Wort »AZOTH«, wodurch er vernichtet wird.

932 – Grausame Zeit (1/2)
933 – Die Horror-Mühle (2/2)
Nach über 8 Jahren wird Alfons Buzea aus einem deutschen Zuchthaus entlassen, wo er eine Haftstrafe verbüßt hat, weil er versuchte, einige Kinder der Hölle zuzuführen. Er entwischt Harry Stahl, der ihn bewachen sollte, und tötet den Zuchthauswärter und dessen Frau. Harry und John finden die Leichen. Im damaligen Höhlenversteck Buzeas wird John von einer Stimme angefleht, die Kinder zu retten. Diese Stimme warnt auch eine Frau vor einer Gefahr für ihre Kinder. Inzwischen hat Buzea sich Kindersärge besorgt und macht sich auf Kinderjagd. – Buzea entführt zwei Kinder in eine alte Mühle, um sie zu töten und seine Schatten durch ihr Blut Gestalt annehmen zu lassen. John, Harry Stahl und die Mutter der Kinder gelangen – durch die Stimme der neuen Mondgöttin Emily Craton geleitet – ebenfalls zur alten Mühle. Als die Schatten merken, daß Buzea keine Chance hat, kriechen sie in ihn hinein und machen ihn eben-

falls zum Schatten. Diesen vernichtet die Mondgöttin mit ihrem Säbel.

934 – Der Arm des Monsters
[Roman ohne John Sinclair]
Dorian Maitland hat sich mit Frank N. Stone verbündet. Sie inszenieren einen Unfall, bei dem Dorians Frau Angela ihren linken Arm verliert. Frank N. Stone näht ihr einen Zombiearm mit dessen integrierten Augen an. Angela bemerkt, daß sie einen fremden Arm trägt, und bittet Jane Collins um Hilfe. Während Jane den einarmigen Zombie in Schach hält, der seine Augen und seinen Arm zurückhaben will, schießt der heimkehrende Dorian Suko und Shao an, die Jane gefolgt sind. Jane wird ebenfalls von Dorian verletzt. Bevor er sie töten kann, werden er und der Zombie mit je einer Silberkugel von Suko getötet.

935 – Aibons klagende Felsen
Joanna Westwood wird von zwei Männern nach Cornwall entführt und vergewaltigt. Nach Zahlung des Lösegeldes teilt sie ihrem Vater mit, daß sie die klagenden Felsen von Aibon entdeckt hätte und dort bleiben wolle. Dieser schickt John und Bill dorthin, um seine Tochter zurückzuholen. Als sie dort ankommen, sind die Entführer ebenfalls wieder da, um ein weiteres Lösegeld zu fordern. Inzwischen ist Joanna nach Aibon gelangt, wo sie entdeckt, daß sie einst als Wikingerfrau Svenja gelebt hat und bei einem Schiffsunglück umgekommen ist. Sie findet Svenjas Leiche und nimmt deren Kleider und das Schwert an sich. Dann lockt sie die beiden Entführer zu sich und ermordet sie aus Rache. John und Bill wollen sie wieder mit in die normale Welt nehmen. Joanna will jedoch in Aibon bleiben. Da dies von Guywano nicht gewünscht wird, sperrt er die Seele Joannas zu den anderen Seelen in die klagenden Felsen. John und Bill kehren in die normale Welt zurück.

936 – Belials Abrechnung (1/2)
937 – Belials Mordhaus (2/2)
Belial schickt John Alpträume, in denen er sieht, wie Jane

und Glenda getötet werden. Kurz darauf entführt Belial Glenda aus ihrer Wohnung und Jane aus ihrem Auto in sein Reich. Auch Suko und Shao erhalten Besuch von Belial. Er schaltet sie aus und schickt auch ihnen Alpträume. In diesen ist jedoch John das Opfer. John taucht in der Wohnung von Suko und Shao auf und findet sie träumend am Boden liegen. Nachdem Suko und Shao aufgewacht sind, gibt Suko John den Tip, nach dem Haus zu suchen, das in seinen Alpträumen zu sehen gewesen ist. Er findet es mit Hilfe seines Vaters und seiner Mutter. Diese hatte kurz zuvor Johns Kopf in ihrem Kühlschrank gefunden. John und Suko begeben sich zu dem Haus, das in der Nähe von Lauder liegt. Sie treffen auf Belial, der kurz zuvor die Frauen hierher gebracht hat. Während Glenda und Jane von vier Höllenhunden bewacht werden, greift Suko Belial mit der Dämonenpeitsche an. Er muß feststellen, daß Belial immun gegen diese Waffe ist. Daraufhin hält Suko die Zeit an und rettet die beiden Frauen vor den Hunden. Nach Beendigung der Zeit aktiviert John sein Kreuz und zwingt Belial dadurch zum Rückzug.

938 – Die Blutgasse
Bill und John reden mit einem Obdachlosen, der mehr über das Verschwinden seiner Leidensgenossen weiß. Vor dem Gespräch haben die beiden ihn vor einem Vampir gerettet. John und Bill gelangen mit seiner Hilfe zu einer Wohnung, in der 8 Vampire hausen. John und Bill können diese töten, wobei der Obdachlose schwer verletzt wird. John findet eine Statue von Dracula II, die ihm per Kassettenrecorder mitteilt, daß die Vampire als Soldaten für ihn in seiner Welt arbeiten sollten. Vorher sollten sie den Vampirkeim aber in die Welt hinaus tragen. Dies haben John und Bill verhindert. Auch der schwerverletzte Obdachlose überlebt.

939 – Wenn der Satan tötet
Vor 30 Jahren sperrten Abbé Bloch und ein Bischof den Satanisten Pater Carlos in einer Kirche ein, wo er bis zu seinem Lebensende bleiben sollte. Es stellte sich jedoch heraus, daß dieser nicht alterte. Jetzt wurde er durch ein Erdbeben

befreit und tritt seinen Rachefeldzug an, dem zunächst der Bischof zum Opfer fällt. John, Suko und der Abbé begeben sich nach Alet-les-Bains, wo Carlos mittlerweile den Templer Marco Anderre entführt hat. Mit dessen Hilfe holt er den Abbé zu sich. Kurz nach dem Abbé tauchen auch John und Suko in dem Haus auf. Carlos will den Abbé mit seinem Sägemesser töten. Das vom Teufel besessene Messer wird aber von Johns Kreuz vernichtet. Gleichzeitig schießt Suko Carlos mit zwei Silberkugeln an. Durch die Vernichtung des Messers altert er schlagartig und erliegt seinen Schußverletzungen.

940 – Die Zombie-Zeche

John und Suko untersuchen bei einer alten Zeche das Verschwinden von mehreren Menschen. Zunächst entdecken sie eine Person, die bis auf den Kopf aus aalartigen schwarzen Wesen besteht. Suko vernichtet die Wesen mit der Dämonenpeitsche. Kurz darauf bricht der Boden an mehreren Stellen auf und entläßt eine teerartige Flüssigkeit, die John mit Hilfe der Erzengel verfestigt und damit vernichtet. Die beiden treffen an einem Loch im Boden auf eine Frau, die aus dem nahen Ort stammt. Sie erzählt den beiden vom Herrscher der Tiefe, einem uralten Dämon. Er lebt unter der Zeche und wurde durch die Verfestigung der Masse dort gefangen. Die Frau besteht ebenfalls aus den aalartigen Wesen und begibt sich durch das Loch zu ihrem Gott. John und Suko können gegen den Dämon nichts mehr ausrichten und begeben sich zurück nach London.

941 – Echsenauge

John wird von Johnny Conolly in den Londoner Zoo geholt, wo er einer seltsamen Tierfütterung beiwohnt. Eine Frau taucht auf, füttert die Tiere und spielt später mit den wilden Tieren, bevor sie verschwindet. John will mit der Frau, die Deliah heißt, reden und begibt sich zu ihr. Er findet in ihrem Haus einen Schwerverletzten, der etwas von einer Echsenhand erzählt. John sucht Deliah im Zoo und wird dort von ihr überwältigt. Sie sperrt ihn in den Krokodilkäfig. Dort erzählt sie ihm, daß sie im Regenwald den Echsengott gefunden hat, der mit ihrer Hilfe sein Reich wieder aufbauen will. Der Gott hält durch die echsenartige Hand Kontakt mit ihr. John gelingt es, ein Krokodil mit einer Silberkugel zu verletzen. Das Krokodil dreht durch und zerfleischt Deliah. John entkommt dem Käfig unverletzt.

942 – Die blutige Lucy (1/3)
Lucy Tarlington rettet Ende des 19. Jahrhunderts einen Vampir und wird von diesem in ein Geschöpf der Nacht verwandelt. Nun taucht sie in der Gegenwart in London auf, wo ein Reporter Bill Conolly über ihre Vergangenheit unterrichtet. Der Reporter wird kurz darauf getötet. Bill holt John zur Hilfe, und sie begeben sich gemeinsam zu einer Party, wo Lucy anwesend sein soll. Die befindet sich gerade bei einem Geschäftsgespräch mit einem Industriellen und spürt die Anwesenheit von John, den sie jedoch nicht genauer kennt.

943 – Das Vampir-Phantom (2/3)
[Das Vampir-Phantom hat die Macht, das Vampir-Pendel verändern zu können. Das Pendel zerfließt, kann sich aber, nachdem das Phantom verschwunden ist, wieder stabilisieren, ist aber nun leicht verzerrt.]
John und Bill treffen bei dem Industriellen auf Lucy, die jedoch von einem Vampir-Phantom gerettet wird, bevor John sie vernichten kann. John holt Marek zur Hilfe, der in dem Flugzeug nach London ebenfalls Bekanntschaft mit dem Vampir-Phantom macht. Es läßt das Vampir-Pendel zerfließen, das sich jedoch leicht verzogen wieder stabilisiert. In London warten John, Suko und Bill auf Frantisek und fahren gemeinsam nach Llanfair. Dieser Ort ist der Geburtsort von Lucy Tarlington. Sie befindet sich bereits dort. In einer Höhle in der Nähe des Ortes hat sie mehrere rumänische Billigarbeiter gefangen, die sie zuvor zu Vampiren gemacht hat.

944 – Blutgespenster (3/3)
In Llanfair treffen John, Suko, Bill und Marek auf die Familie Tarlington, die immer noch hier lebt. Die blutige Lucy hat dort mittlerweile ihre zehnjährige gleichnamige Nachfahrin

entführt und in einen alten Leuchtturm gebracht, wo sich auch das Vampir-Phantom aufhält. Frantisek Marek hat die beiden zufällig beobachtet und kehrt später zusammen mit John zum Leuchtturm zurück. Gleichzeitig treffen Suko und Bill auf die Vampire Lucys, die sie nach und nach vernichten. Im alten Leuchtturm bleibt Marek zunächst zurück, da er wieder die Ausstrahlung des Vampir-Phantoms gespürt hat und das Vampir-Pendel nicht gefährden will. John trifft auf Lucy, deren Nachfahrin und das Vampir-Phantom. Marek erscheint doch und pfählt die blutige Lucy. Während John die junge Lucy Tarlington rettet, attackiert Marek das Vampir-Phantom mit dem Vampir-Pendel. Dieses verwandelt das Phantom in eine Staubfahne, und es verschwindet.

945 – Verdammte Totenbrut

Ein Bekannter erzählt John eine wilde Story. Er ist der Mörder von drei Frauen. Diese ließen sich nacheinander mit ihm ein und waren, wie sich später herausstellte, alle Dienerinnen des Feuerstiers, eines Dämons. Mehr oder weniger in Notwehr mußte er alle drei Frauen ermorden, als er dies herausgefunden hatte. John findet die Stelle, wo die Leichen sein sollen, diese sind aber verschwunden. John ahnt, daß er es mit Zombies zu tun hat, und begibt sich zu seinem Bekannten. Dieser wurde jedoch mittlerweile von den Frauen getötet. Seine neue Freundin bringt John zu dem Haus, in dessen Keller sich der Feuerstier befinden soll. John trifft dort zwei der Frauen wieder, die dritte hatte er bereits in der Wohnung des Bekannten vernichtet. John attackiert den Feuerstier mit seinem Kreuz. Das Höllenfeuer, das sich in ihm befindet, tötet nun den Stier selbst, und auch die beiden Frauen werden durch den Tod des Feuerstiers vernichtet.

946 – Angst um Lucy

Die junge Lucy Tarlington wird immer noch bedroht. Ihre Eltern finden in der Nacht zwei Blutstropfen auf ihrem Kissen und ahnen das Schlimmste. Sie nehmen sie mit in ihr Bett, wo ihre Mutter ein seltsames Erlebnis hat. Eine helle Gestalt spricht mit Lucy und will sie beschützen. Am nächsten Tag, als die Mutter einkaufen ist, erscheint diese Person wieder bei Lucy. Es stellt sich heraus, daß es die gute Seele der blutigen Lucy ist. Sie nimmt Lucy mit in die Welt der Seelen, um sie vor dem Vampir-Phantom zu retten. Die Eltern von Lucy alarmieren John, der sich zu dieser Zeit bei den Conollys aufhält. Dort erscheint kurze Zeit später die Seele von Lucy mit der Zehnjährigen. Die Seele will, daß John Lucy vor dem Vampir-Phantom beschützt. Dieses erscheint kurz darauf. Es überrumpelt Sheila und will das Blut von Lucy trinken, um wieder seine normale Gestalt, die ihm vom Vampir-Pendel genommen worden ist, zurückzubekommen. John taucht jedoch auf, bevor es Lucy aussaugen kann, und vernichtet das Phantom mit seinem Kreuz.

947 – Das Voodoo-Weib (1/2)
948 – Leonoras Alptraumwelt (2/2)

Durch eine Mordserie werden John und Suko auf Leonora Vendre aufmerksam, die einen Nachtclub im Londoner Stadtteil Brixton besitzt. Sie ist mit dem Teufel im Bunde und beherrscht den Voodoo-Zauber. John und Suko werden von ihr mit einem raffinierten Trick außer Gefecht gesetzt. Sie gibt ihnen einen Drachentrank zu trinken und läßt sie dann wieder frei. Durch den Drachentrank können John und Suko nun Menschen unter ihren Bann bringen. Da gleichzeitig auch ihre Gedanken zum Bösen hin manipuliert worden sind, kommt nichts Gutes dabei heraus. Shao soll sich auf Sukos Befehl hin aus dem Fenster stürzen, und Glenda soll sich mit einem Küchenmesser ermorden, weil John es so will. Beide werden aber im letzten Moment gerettet. Die vier setzen sich zusammen und holen Barry F. Bracht zur Hilfe, um mit Zebulon gegen Leonora vorzugehen. Zebulon ist es auch, der im letzten Moment verhindert, daß Suko Barry erschießt. Als Leonora auftaucht, begibt sich Zebulon zusammen mit John zu ihr. Zebulon übergibt seinen Strahlengürtel an John, der damit Leonora endgültig vernichten kann.

949 – Das Kind, das mit den Toten sprach (1/2)
950 – Ein Gruß aus der Hölle (2/2)
John und Ellen Bates erleben mit, wie Ellens Tochter Marion von der geisterhaften Caroline in einen dämonischen Spiegel gezogen wird, den ihr Vater ihr geschenkt hat. Kurz danach wird Ellen von zwei Killern ermordet. John hat den Spiegel mit in seine Wohnung genommen. In seiner Abwesenheit treten Caroline und Marion daraus wieder hervor. Die beiden machen sich mit dem Spiegel auf den Weg zum Grab von Caroline. Caroline erzählt Marion, daß sie deren Halbschwester ist. Sie wurde von ihrem Vater Tillman Bates, einem Satanisten, ermordet. Mit Hilfe des Spiegels, dessen Oberfläche die Haut eines mit Tillman verbündeten Dämons ist, gelangen sie in dessen Haus. John und Suko sind ebenfalls dort eingetroffen und werden von Tillman und seinen Killern in einen Kampf verwickelt. Tillman wird von seinem eigenen Monster verschlungen, das Caroline mit der Dämonenpeitsche vernichtet.

951 – Die Exorzistin
Marion Bates flieht aus dem Kloster, wo John und Suko sie hingebracht haben. Sie will die beiden besuchen und wird auf dem Weg zu ihnen Zeugin eines Mordes. John und Suko suchen das Kloster auf, nachdem sie von der Tat erfahren haben. Die Oberin führt sie nach langem Zögern zu Angelina, der Mörderin. Sie ist Opfer von 6 Höllenclub-Mitgliedern geworden und will sich nun an diesen rächen. Die sechs setzten ihr den Keim der Hölle ein, und sie verfault nun langsam. John kann verhindern, daß sie die 5 im Keller gefangenen Mitglieder tötet. Er will sie von dem Fluch befreien und drückt ihr daher sein Kreuz in die Hand. Da das Böse aber bereits zu stark gewesen ist, wird sie durch die Berührung getötet.

952 – Dr. Sensenmann
Ein Killer sitzt im Gefängnis und hat Angst vor einem Geisterskelett. Über den Gefängnisdirektor und Sir James wird John darüber informiert. Am Tag der Entlassung trifft er sich mit dem Killer. Sie versuchen gemeinsam das Rätsel zu

lösen. Am Grab von Dr. Sloane, wegen dessen Ermordung der Killer im Gefängnis gesessen hat, wird dieser von einem Geheimdienstler ermordet. Durch ein Serum, daß ihm kurz vor seiner Entlassung von dem Geisterskelett gespritzt worden ist, wird seine Leiche zu einer stinkenden Lache. John begibt sich zum Haus des Doktors und trifft dort erneut auf das Skelett. Es erklärt ihm, was es mit dem Serum auf sich hat, und greift ihn dann an. Die Spritze mit dem Serum trifft das Kreuz, das sowohl das Serum als auch das Geisterskelett vernichtet.

953 – Der Vampirwolf (1/2)
954 – Die Stunde des Pfählers (2/2)
Morgana Layton warnt John und Suko vor einem Vampirwolf. Sie sollen ihn für sie töten, doch sie lehnen zunächst ab. Gleichzeitig wird Frantisek Marek in Bukarest auf einen fünffachen Mordfall angesetzt. Mit Hilfe seines Vampir-Pendels entert dieser einen Zug, wo er den Vampirwolf, von dem er gelesen hat, vermutet. Während es in dem Zug zum Kampf zwischen dem Vampirwolf und Marek kommt, taucht in London Assunga auf und bringt John und Suko durch ihren Zaubermantel in die Nähe des Zuges, in dem sich Marek befindet. Marek pfählt den Vampirwolf, der dies aber mit Hilfe des Vampir-Pendels überlebt, bis John und Suko eingreifen. Sie vernichten den Vampirwolf gleichzeitig mit dem Eichenpfahl, der Dämonenpeitsche und einer Silberkugel.

955 – Der Gruftie
Ein Geschäftsmann engagiert Jane Collins, da er um sein Leben fürchtet. Sie trifft auf ein Skelett mit Menschenkopf, das sie in ein Grab ziehen will. John rettet sie im letzten Moment. Die beiden begeben sich ins Haus des Geschäftsmannes. Das Skelett taucht ebenfalls dort auf, und sie erfahren, daß es sich um dessen Halbbruder handelt. Das Skelett kann nur sterben, wenn der Halbbruder stirbt. Der Geschäftsmann will nicht Zeit seines Lebens von einem Skelett begleitet werden und begeht Selbstmord. Nach seinem Tod stirbt auch das Skelett.

956 – Die Schlangensekte (1/2)
957 – Der Weg zum Götzen (2/2)

Johnny Conolly und sein Freund beobachten Tierfänger. Sie werden von ihnen überrascht, und Johnnys Freund wird gefangengenommen und später getötet. Nachdem Bill und Johnny keine Spuren mehr finden können, schalten sie John und Suko ein. Während John, Suko und Bill den mittlerweile aufgetauchten Leichnam von Johnnys Freund untersuchen, erscheint eine Frau namens Snake bei Sheila und Johnny. Sie manipuliert die beiden in ihrem Sinne und verschwindet wieder. John wird derweil von einer Schlange angegriffen, die er jedoch vernichten kann. John und Suko bringen Bill nach Hause und begeben sich zu der Hütte, wo Johnny die Tierfänger gesehen hat. Vor dem Haus erscheint eine häßliche Figur, die einen der Tierfänger tötet. John und Suko vertreiben die Figur mit Silberkugeln. Danach begeben sie sich zurück zu den Conollys, wo Bill mittlerweile die Veränderung seiner Familie bemerkt hat. John befreit Sheila und Johnny durch sein Kreuz von dem Bann. Am nächsten Tag begeben sich Bill und Sheila zu einer Müllanlage, wohin sie eine Zeitungsanzeige von Snake gelockt hat. Auch John und Suko sind dort. In der Anlage treffen die vier auf Snake und die Figur, die sich als Aibon-Gezücht bezeichnet. Sheila tötet Snake mit einer Silberkugel. Das Gezücht die vier an, wird aber von Bill mit der Goldenen Pistole vernichtet.

958 – Der Keller

Harry Stahl holt John nach Magdeburg, wo in einer Industrieanlage mehrere Menschen verschwunden sind. Durch eine Zeugin, die nur knapp dem Tod entgangen ist, erfahren sie, wo sie zu suchen haben. In dem entsprechenden Haus entdecken sie einen toten Fotografen. Im Keller des Hauses finden sie eine Reporterin, die gerade von einem seltsamen Skelettwesen angegriffen wird. Harry vernichtet es mit Johns Kreuz. John kümmert sich um die Reporterin, während Harry auf einen riesigen Ghoul stößt, der ihn angreift. John eilt herbei und kann den Ghoul durch Feuer vernichten. Während der Keller ausbrennt, entkommen John, Harry und die Reporterin.

959 – Der Fallbeil-Mann
John wird auf das Schloß Mosley Manor geholt, um drei unheimliche Morde aufzuklären. Der Schloßherr, der ihn geholt hat, kann ihm aber nicht weiterhelfen und wird getötet. Kurz danach macht John die Bekanntschaft mit der Oberin des nahegelegenen Klosters. Sie erzählt ihm, daß in dem Kloster vor Jahrhunderten ein Henker Unterschlupf gesucht hat und später die Baroneß von Mosley Manor vergewaltigt hat. Dafür wurde er getötet und im Teich des Schlosses versenkt. Durch die Macht des Teufels, mit dem er sich eingelassen hatte, überlebte er jedoch und ist nun zurückgekehrt. John findet ihn im Kloster, wo er die Nonnen der Reihe nach töten will, aus Rache für seinen eigenen Tod. John schwächt ihn mit seinem Kreuz, woraufhin die Oberin ihn auf seine eigene Guillotine legt und köpft.

960 – Aibons böse Diener (1/2)
961 – Der Fluch des Kobolds (2/2)
Guywano hat eine neue Waffe entdeckt. Er tötet Menschen mit der Kraft von Aibon, verändert ihre Seelen und schickt sie dann zurück zur Erde, wo sie Gegenstände und Menschen durch Berührung nach Aibon bringen können. Durch Jane Collins erfahren John und Suko von vier zurückgekehrten Seelen in Beragh. Jane erlebt mit, wie die Seelen ganze Häuser verschwinden lassen. Erst wird Suko durch Guywano nach Aibon gebracht, dann holen die Seelen Jane zusammen mit Muriel Shannon und dem gesamten Ort Beragh nach Aibon. Dort hat Suko mittlerweile Guywano in Gestalt eines Kobolds getroffen, konnte aber fliehen. Der Rote Ryan bringt John nach Aibon zum Rad der Zeit. John gelingt es mit Hilfe des Rades, die Seelen in die Vergangenheit zu bringen. Suko hat mittlerweile Jane und Muriel in Beragh getroffen. Sie werden von Guywano angegriffen, der jedoch plötzlich verschwindet. Genau zu dieser Zeit hat der Rote Ryan es geschafft, das Rad der Zeit vom bösen in den guten Teil Aibons zu bringen. Guywano wird wieder in seine Grenzen verwiesen, und Beragh landet samt seiner Bewohner wieder auf der Erde.

962 – Der Leichenflur
Eine Mordserie, bei der vier Menschen auf seltsame Weise gestorben sind, ruft John auf den Plan. Er mietet sich in dem Mordzimmer ein und trifft dort auf das Geistwesen Sabrina. Sie hat vom Körper ihrer Mutter Lisa Besitz ergriffen. John erschießt Lisa mit einer Silberkugel. Durch den Tod der Mutter wird auch Sabrina vernichtet.

963 – Der Verfluchte aus Atlantis (1/2)
964 – Königin der Toten (2/2)
Auf einem Londoner Friedhof wird ein pyramidenähnliches Grab gefunden, aus dem ein Skelett steigt. Es tötet zwei Grabräuber und nimmt deren Haut an sich, um dadurch selbst eine neue Hautschicht zu bekommen. John und Suko suchen das Grab auf und werden darin gefangen. Während sie in dem Grab eine Reise mit unbekanntem Ziel unternehmen, wird Iris Jarrel, die Nichte des Grabräubers James Jarrel, von dem Unheimlichen aus dem Grab entführt. John und Suko werden von der Pyramide zu den Flammenden Steinen gebracht. Dort taucht auch Iris auf. Sie hat erfahren, daß sie die Königin der Toten werden soll. Zusammen mit John und Suko begibt sie sich erneut in die Pyramide und gelangt mit den beiden nach Atlantis, wo sie das Opfer von Sanguinus' Zombies wird. John und Suko entkommen aus Atlantis, während Iris als Zombie in der Wohnung ihres Onkels auftaucht. Dort wird sie von Jane Collins erschossen, die mittlerweile von Sir James um Hilfe gebeten worden ist. Die beiden werden von den Zombies, die auch Iris getötet haben, angegriffen. Gleichzeitig tauchen John und Suko in der Wohnung auf. Suko tötet die Zombies, während es John gelingt, Sanguinus mit Karas Schwert zu vernichten.

965 – Der Killerbaum
Durch zwei Morde alarmiert, finden John und Suko in dem Ort Duncton einen Killerbaum. Dieser ist von Mandragoro magisch verändert worden und wird nun von dem Förster des Ortes auf die Menschen gehetzt. Auf einem Campingplatz treffen John und Suko auf den Baum und seinen Herrscher. Suko tötet den Förster mit einer Silberkugel. John

wird von dem Baum gefangen. Suko greift den Baum an und vernichtet ihn mit der Dämonenpeitsche.

966 – Die Angst der Psychonautin (1/2)
967 – Geister aus der Zukunft (2/2)
John und Suko befreien eine gefangene Psychonautin von einem Schiff. Kurz darauf werden die drei von amerikanischen Geheimdienstlern überfallen. John und Suko können sie ausschalten. Die Psychonautin entkommt. – Gleichzeitig untersucht Harry Stahl in Frankfurt einen Mord, bei dem ebenfalls eine Psychonautin beteiligt war, und zwar als Opfer. – John und Suko werden vom Innenministerium zurückgepfiffen. Dennoch wollen sie beim Abflug der Geheimdienstler dabei sein. Kurz vor dem Betreten des Flugzeugs werden die vier Geheimdienstler jedoch aus heiterem Himmel ermordet. John und Suko erfahren von Shao, daß die geflohene Psychonautin für die Morde verantwortlich ist und sich in ihrer Wohnung befindet. Die drei erfahren dort von der Psychonautin Thamar, daß diese zusammen mit drei Gleichgesinnten vor Jahren von einem UFO entführt worden sind und der amerikanische Geheimdienst deshalb hinter ihnen her ist. John, Suko und Thamar begeben sich nach Deutschland, wo das UFO einst aufgetaucht ist. Dort treffen sie Harry Stahl und dessen Kollegin Dagmar Hansen, die ebenfalls an Bord des UFOs gewesen ist. Auch die vierte Psychonautin taucht auf. Sie begeben sich zum Landeplatz des UFOs, das auch auftaucht. Während Thamar und eine weitere Psychonautin erneut an Bord des UFOs geholt werden, gelingt es Suko im letzten Augenblick, Dagmar Hansen zu retten. Das UFO verschwindet mit den beiden Frauen in der Ferne.

968 – Ritter, Blut und Teufel
Durch vier Frauenmorde wird John nach Thetford geholt. Die Morde wurden mit großer Brutalität durchgeführt. Zusammen mit Jane begibt er sich in das Museum des Ortes, wo bisher die meisten Morde geschehen sind. Der Killer greift Jane an, wird aber von John mit einer Lanze erstochen. Es stellt sich heraus, daß der Mörder der Museumswächter

ist, der unter dem Willen seiner Mutter gestanden hat und mit Frauen immer nur Probleme gehabt hat.

969 – Mandragoros Schüler (1/3)
970 – Der Werwolf, die Hexe und wir (2/3)
971 – Ein Galgen für Morgana (3/3)
[Morgan Layton bleibt in der Vampirwelt gefangen]
Durch Bill Conolly gelangen John und Suko nach Woodham, wo auf einem Feld eine Säule aus Blut entstanden ist. Die drei kommen dem seltsamen Wesen Cursano auf die Spur. Er wurde von Mandragoro erschaffen und kann Orte aufspüren, an denen sich Kraftlinien kreuzen. Sie erfahren von Cursano, daß er eine große Kraftlinienkreuzung in Schottland spürt und begeben sich mit ihm zusammen dorthin. In Schottland müssen sie feststellen, daß der Ort, wo sich die Kraftlinienkreuzung befinden soll, von Vampiren bewohnt ist. Gleichzeitig treibt sich auch Morgana Layton hier herum. Sie ist ebenfalls auf der Suche nach der Kraftquelle, die sich als Tor zu der Vampirwelt von Dracula II entpuppt. Das Tor ist gleichzeitig eine Falle für die Werwölfe, die Dracula II damit vernichten will. Morgana Layton kann der Falle nur knapp entkommen. Zurück im Dorf sieht Morgana den ihr unbekannten Cursano. Sie spürt seine Macht und greift ihn mit einem Beil an, das sie ihm in den Rücken treibt. Zu Morganas Überraschung richtet das Beil bei Cursano keine Verletzungen an. John gelingt es, Morgana zu überwältigen. Er erfährt dadurch von dem Tor zur Vampirwelt. John und Morgana begeben sich dorthin, und Morgana Layton wird in die Vampirwelt gesaugt. John bleibt der Eingang verschlossen, bis Cursano erscheint und ihn öffnet. Dracula II will Morgana aufhängen. Dies verhindert John ihm letzten Moment. Cursano greift Dracula II an, der ihm jedoch mit einer Axt den Kopf spaltet und ihn dadurch tötet. Suko gelingt es ebenfalls, in die Vampirwelt vorzudringen. Er raubt Assunga ihren Zaubermantel und gelangt mit ihr und John wieder auf die Erde. Assunga holt sich den Zaubermantel jedoch zurück und verschwindet. Morgana Layton bleibt in der Vampirwelt verschollen, während das Tor dorthin verschlossen worden ist.

972 – Die Prinzessin von Atlantis
[Roman ohne John Sinclair]
Johnny Conolly erhält von einem Mann namens Amos eine CD-Rom. Auf ihr findet er eine Frau namens Sedonia, die jedoch, kurz nachdem er sie entdeckt hat, verschwindet. Auch Bill hat auf seinem Computer diese Frau gesehen. Gleichzeitig erfährt Kara vom Eisernen Engel, daß er seine ehemalige Geliebte Sedonia in einer Zwischenwelt entdeckt hat. Die beiden begeben sich zu ihr und befreien sie mit Karas Goldenem Schwert. Sedonia zeigt sich daraufhin bei den Conollys, wo kurz zuvor auch Amos aufgetaucht ist, der Johnny die CD-Rom gegeben hat und der Sedonia töten will. Er will sich mit ihrer Hilfe am Eisernen Engel rächen, den er aus Atlantis kennt. Als Amos erneut bei den Conollys auftaucht, erscheint dort auch der Eiserne Engel und vernichtet ihn mit seinem Schwert, nachdem Kara den Blendstrahl von Amos mit dem Goldenen Schwert reflektiert hat und Amos dadurch selbst erblindet ist.

973 – Der verhexte Blutwald (1/2)
974 – Monsterzeit (2/2)
Der Vater der im Rollstuhl sitzenden Greta Kinny berichtet John von schreienden Bäumen. Diese Bäume sind auch dafür verantwortlich, daß Greta nachts wieder laufen kann. Während ein Killer der IRA versucht, Greta zu töten, weil ihr Vater ein Verräter sein soll, der mit dem britischen Geheimdienst zusammmenarbeitet, besuchen John, Suko und Gretas Vater den schreienden Wald. Suko testet einen der Bäume mit seiner Dämonenpeitsche, und der Baum beginnt wirklich zu schreien. Der Wald rettet Greta gleichzeitig, indem er den IRA-Killer außer Gefecht setzt. Greta nimmt ihn zur Pflege bei sich auf. Als der Killer wieder bei Kräften ist, will er weiterhin Greta töten. Er folgt ihr in den Wald, wird dort aber von einem Monster getötet. Als John und Suko auftauchen, stellt sich heraus, daß Greta das Monster ist. Sie wurde von den Waldgeistern verwandelt. Sie will nun John mit in die Welt der Geister nehmen, doch Suko tötet sie mit der Dämonenpeitsche.

975 – Hier wohnt der Tod
Ein Mitglied im Club von Sir James hat einen Spiegel entdeckt, mit dem er Kontakt zu den Assassinen herstellen kann. Sie waren im Mittelalter eine Art Söldner, die für Geld mordeten. Da das Clubmitglied Sir James kennt und weiß, daß dieser ihm gefährlich werden kann, will er mit Hilfe der Assassinen zunächst dessen Abteilung vernichten. John und Suko entgehen nur knapp einem Anschlag, während Sir James in eine Falle seines Clubkameraden läuft. In dessen Haus soll ein Assassine Sir James töten. Dies mißlingt, und der Assassine wird von John getötet. Da er versagt hat, wird das Clubmitglied bestraft. Er verliert die Haut im Gesicht und hat nun nur noch einen Totenschädel. Mit Hilfe des Kreuzes erlöst John ihn davon und vernichtet gleichzeitig den Spiegel.

976 – Die Leichen der schönen Charlotte (1/2)
977 – Liliths grausame Falle (2/2)
Durch das Verschwinden eines Polizisten kommt John Lilith auf die Spur. Er begibt sich auf die Suche nach Charlotte Miller, die offensichtlich etwas mit dem Mord zu tun hat. Er erhält den Tip, sich einmal die Disco »Witchcraft« anzusehen. Dorthin begibt er sich zusammen mit Jane Collins, wird aber nicht eingelassen, da es sich um eine reine Frauendisco handelt. Jane läuft in der Disco in eine Falle Liliths. Sie wird vom Fußboden der Disco verschluckt. John und Suko dringen mit einem Trick in die Disco ein und beobachten Janes Verschwinden. Charlotte Miller soll sich einer Holzhütte im Ashdown Forest aufhalten. Dorthin wurde auch Jane hingebracht. Sie befindet sich in einem Brunnen, in dem Charlotte schon zahlreiche Menschen getötet hat. Sie will auch Jane töten, wird aber abgelenkt, als John sein Kreuz in den Brunnen wirft und damit Lilith vertreibt. Die aus der Brunnenwand zuckenden Speere, die Jane töten sollten, erwischen nun Charlotte und töten sie.

978 – So jagten wir Shimada
[Shimada wird von Yakup Yalcinkaya getötet]
Shimada ist auf einer japanischen Insel aufgetaucht und

tötet dort 10 Mönche. Auch eine Spezialeinheit von 12 Soldaten fällt ihm zum Opfer. Nur der Chef der Truppe, der John und Suko zur Insel gebracht hat, überlebt. Die drei finden in dem Kloster Yakup und dessen neue Freundin Eva Karman. Shimada taucht mit seiner Festung auf und bringt John, Suko, Eva und den Chef der Spezialeinheit in seine Gewalt. Letzterer stirbt in der Festung. Yakup wird von Shimada schwer verletzt, kann sich aber mit Hilfe seiner heilenden Handschuhe retten. John und Suko wollen kämpfend sterben und können Shimada zu einem Duell überreden. Nun greift der getarnte Yakup ein und stellt Shimada. Suko entwendet Shimada sein Schwert und stößt es ihm in den Bauch. Shimada will fliehen, doch Yakup köpft ihn mit seinem Schwert und vernichtet den Dämon damit.

979 – Der Totenhügel
John und Suko werden von einem Doktor auf einen blutleeren Mann aufmerksam gemacht. Sie erleben mit, wie er wieder zum Leben erwacht, und begeben sich dann mit ihm zu seinem Wohnort nach Graham. Dort treffen sie seine Nichte, die ebenso wie er Kontakt mit einer Außerirdischen gehabt hat. Die vier suchen einen Hügel auf, wo die Außerirdische begraben liegt, und holen sie aus der Erde hervor. Sie teilt John und Suko mit, daß sie aus dem Weltraum kommt und die Menschen erforschen will. Mit dem Blut des Mannes hat sie es geschafft, den menschlichen Gencode zu knacken, und schlüpft nun in seinen Körper. Dadurch erhält er sein Blut zurück, und niemand kann nun mehr beweisen, daß er kein menschliches Wesen ist.

980 – Die Rächerin
[Yakup Yalcinkaya und seine Freundin werden in Johns Wohnung getötet]
Kaum von dem Fall in Graham zurück, findet John in seiner Wohnung die Leiche von Yakup Yalcinkaya und die tödlich verwundete Eva Karman. Eva gibt John noch einen Hinweis auf ihre Mörder, bevor sie stirbt. Nach einem mißglückten Mordanschlag auf John begeben sich dieser, Suko und Shao auf einen Londoner Jahrmarkt, wo die Mörder angeblich

hausen sollen. Shao wird von zwei Mitgliedern der »Asian Action Girls« entführt. Suko und John folgen ihr in eine Geisterbahn. Suko wird überwältigt und soll getötet werden. Bevor Ornella, die Anführerin der Tanzgruppe, dies durchführen kann, erscheint John und kann sie ablenken. Der gefangenen Shao gelingt es mit Hilfe einer in ihrer Nähe gelangten Beretta Ornella mit Silberkugeln zu töten. Vier ihrer Anhängerinnen können jedoch entkommen.

981 – Der Fluch des alten Kriegers
Der alte Indianer-Krieger Camacho ist nach London gekommen, um seinem Freund Yakup die letzte Ehre zu erweisen. Er wird von Abe Douglas verfolgt, der ihn wegen Mordes festnehmen soll. Zunächst soll aber Yakup mit seiner Freundin begraben werden. Bei der Feier tauchen die vier entkommenen Ninja-Kämpferinnen auf und greifen in der Trauerhalle zunächst die Gruppe der Gäste an. Dabei sterben zwei der Kämpferinnen. Die anderen beiden treffen am Grab auf Camacho, den eine von ihnen tötet. Abe Douglas gelingt es, die dritte Kämpferin zu töten. Die letzte greift Sir James an und will ihn töten. Suko stellt sie rechtzeitig, und sie begeht Selbstmord.

982 – Der UFO-Bastard
In Deutschland wird der Embryo eines Außerirdischen gestohlen. Harry Stahl setzt sich zusammen mit Dagmar Hansen und John auf die Spur der Diebe. In dem Ort, wo der Embryo gefunden worden ist, finden sie ihn auch wieder. Als der Embryo Dagmar Hansen angreift, aktivieren sich deren Psychonautenkräfte und verbrennen den Embryo, dessen Asche an die deutsche Regierung geht, die sie weiter untersuchen soll.

983 – Die Schamanin (1/2)
984 – Griff aus dem Dunkel (2/2)
Bill hat von Imelda gelesen, einer Haitianerin, die ihren Astralleib vom Körper trennen kann. Er begibt sich zu ihr, um sie zu interviewen. Er erzählt ihr u.a. von seiner Familie, und sie will ihm daraufhin seine Kräfte demonstrieren. Was

er nicht weiß, ist, daß sich ihr Astralleib nach London begibt und dort seine Frau sexuell belästigt. Der Astralleib wird aber von Johns Kreuz irritiert und muß verschwinden. Als Imelda wieder erwacht, erzählt sie Bill, was sie getan hat, woraufhin dieser fast wahnsinnig wird, aber nichts unternehmen kann, da er von einem gefährlichen Raben und einem Krokodil bewacht wird. Imelda schickt ihren Astralleib unter den Augen von Bill erneut auf Reise. Diesmal attackiert sie seinen Sohn Johnny und will diesen dazu bringen, jemanden zu töten. Als Bill merkt, daß er seinem Sohn helfen muß, läßt er alle Vorsicht außer acht und tötet den Raben Imeldas. Ihren im Moment unbeweglichen Körper wirft er dem Krokodil zum Fraß vor. Durch den Tod ihres Körpers wird auch der Astralleib getötet und Johnny im letzten Moment daran gehindert, einen Freund zu erschlagen.

985 – Luzifers Gesandte (1/2)
986 – In den Fängen der Nacht (2/2)
[Zebulon läuft in eine Falle Luzifers und wird durch dessen Höllenfeuer verbrannt, wodurch auch Barry F. Bracht stirbt]
Bei den Nachforschungen in einem Mordfall stoßen John und Suko auf die Zeitschrift »Hades«, die sich mit gewaltverherrlichenden Themen auseinandersetzt. Sie wollen sich zur Redaktion der Zeitschrift begeben, als sie von einem Motorradfahrer angegriffen werden. Dieser entpuppt sich als Kreatur der Finsternis und wird von John mit dessen Kreuz vernichtet. Zusammen mit Suko und Barry F. Bracht begibt er sich zur Redaktion der Zeitschrift auf die Insel Guernsey, wo Barry plötzlich innerhalb einer Flammenwand gefangen ist. John befreit Barry mit seinem Kreuz aus der Flammenwand. Die drei stoßen erneut auf eine Kreatur der Finsternis, die ebenfalls vernichtet wird. Sie erfahren weiterhin, daß die Chefredakteurin der Zeitschrift, Giselle, hinter allem steckt. Barry F. Bracht holt Zebulon zur Unterstützung herbei, während John und Suko sich zu Giselle begeben. John vernichtet Giselle mit seinem Kreuz. Zebulon läuft in eine Falle von Luzifer, der einen Pakt mit Giselle geschlos-

sen hat. Zebulon wird durch das Höllenfeuer Luzifers verbrannt. Die Erzengel vertreiben Luzifer. Durch den Tod Zebulons ist auch Barry F. Bracht von innen heraus verbrannt und stirbt vor den Augen von John und Suko.

987 – Das Seelenloch
In Lech am Arlberg befindet sich ein Seelenloch, das gleichzeitig ein Dimensionstor in eine fremde Welt bildet. In dem Raum werden nach alter Tradition die Toten aufgebahrt, damit ihre Seelen den Weg ins Jenseits finden. Als nun ein junger Mann verhindern will, daß die Seele von Fritz Huber zurückkehrt, wird er selbst in das Seelenloch gezogen. Durch seinen Tod kehrt die Seele von Fritz Huber in den toten Körper zurück, und er wird zum Zombie. John verschließt das Loch mit seinem Kreuz und tötet den Zombie mit Silberkugeln.

988 – Die Magnet-Frau (1/2)
989 – Das Erbe der Fremden (2/2)
Durch einen Arzt werden John und Suko auf eine Frau aufmerksam gemacht, die ein lebender Magnet ist. Die Frau heißt Celia Wayne und kann metallische Gegenstände anziehen und abstoßen. John und Suko besuchen sie in der Praxis des Arztes, wo sie ihnen ihre Macht beweist und sie entwaffnet. Nachdem John und Suko wieder verschwunden sind, schlägt Celia den Arzt nieder und flieht aus dessen Praxis. Nach der Flucht tötet Celia drei Menschen, die sie vergewaltigen wollten. Sie trifft auf ihren Mentor, einen Außerirdischen, der sie in jungen Jahren entführt und untersucht hat. Er pflanzte ihr einen Keim ein, durch den sie nun zum lebenden Magneten geworden ist. Zusammen mit ihrem Mentor tötet sie den Arzt. In einer Disco verwandelt sich Celia in ein dem Außerirdischen ähnelndes Wesen. John enttarnt ihren Mentor, woraufhin dieser flieht. Suko schaltet Celia mit Buddhas Stab aus. Bevor er sie festnehmen kann, löst sie sich auf und begibt sich so zu dem Außerirdischen.

990 – Der Killer-Clown
John untersucht zusammen mit Jane Collins eine Mordserie

in einem Zirkus. Jane wird von dem Killerclown Grogg entführt. Dieser will John töten, da er ihn für einen Templer hält. Er ist der Sohn von Emilio Sargasso, einem Templer, der ein Verhältnis mit einer Hexe gehabt hat. Die Direktorin des Zirkus ist seine Halbschwester. Grogg fordert John zum Kampf, da sonst Jane Collins sterben wird. Er versucht, John ebenfalls in Tiefschlaf zu versetzen. Der hinzugekommene Suko greift ein und vernichtet den Stab Groggs, den er von seiner Mutter geerbt hat und der deren Hexenkräfte beinhaltet, mit Johns Kreuz. Grogg flieht, verletzt dabei einen Puma und wird von Raubtieren zerfleischt.

991 – Der Kopf des Vaters
Gerade als sich Julia Sargasso, die Direktorin des Zirkus, vom Besuch ihres Halbbruders erholt hat, erleidet sie einen neuen Schock. Sie erhält per Post den abgeschlagenen Kopf ihres Vaters. Sie holt erneut Jane Collins zur Hilfe. Diese rettet Julia aus deren Wohnwagen, der von dem dämonischen Kopf zerstört wird. Zusammen mit John und Suko begeben sich die beiden Frauen nach Spanien, zum Haus von Julias Eltern. Dort finden sie die Leiche der Mutter, die von dem Schädel getötet worden ist. Der Schädel verletzt auch Julia am Rücken, bevor Suko ihn auf dem Kellerboden zertritt und mit der Dämonenpeitsche endgültig vernichtet.

992 – Der Judasbaum
John wird nach Deutschland geschickt, um mit einem Geistlichen zu sprechen, der ein dämonisches Problem hat. Gleichzeitig sucht Harry Stahl in derselben Gegend einen Mörder. Harry findet ihn, aber er ist bereits tot. John wird von dem Geistlichen zum Judasbaum geführt. Dieser wurde von Mandragoro erschaffen, der sich für die Verseuchung des Sumpfgebietes rächen will. Auch Harry landet auf dem Judasbaum, als er von der Insel verschwinden will, auf der er den Mörder gefunden hat. Während sich der Geistliche, der den Baum in den letzten Jahren mit Leichen versorgt hat, dem Baum opfert, gelingt Harry Stahl die Flucht. Nach dem Tod des Geistlichen zerstört Mandragoro den Baum

und das gesamte Sumpfgebiet, aus dem sich John und Harry Stahl retten können.

993 – Das Rätsel der Schattenfrau
John und Suko werden zu einer Disco gerufen, wo ein Geist erscheinen soll. Die beiden treffen den Geist, der kurz darauf den Besitzer der Bar tötet. Durch Nachforschungen erfahren sie die Identität des Geistes, der sich Schattenfrau nennt. Sie ist eine ehemalige Hellseherin und bringt den Tod mit, wenn sie erscheint. Die Schattenfrau erscheint auch bei Johns Eltern und teilt diesen mit, daß sie in Kürze sterben werden. Nachdem seine Eltern John informiert haben, daß sie Besuch von ihr erhalten haben, taucht der Geist auch bei John auf, um ihm mitzuteilen, daß sich sein Leben in Kürze entscheidend ändern wird. Dann verschwindet er.

994 – Unheil über Shortgate (1/2)
995 – Die Rache der Toten (2/2)
Lady Sarah erhält einen schriftlichen Hilferuf eines Bekannten ihres letzten, verstorbenen Mannes. Sie begibt sich zu ihm in ein Altenheim, wird dort aber abgewiesen. Jane, die nichts von Lady Sarahs Reise weiß, informiert John über ihr Verschwinden. Die beiden setzen sich zusammen mit Suko auf ihre Fährte. Währenddessen gelangt Lady Sarah auf den Friedhof des Ortes Shortgate und findet einen Sarg, aus dem sie Geräusche hört. In dem Sarg findet sie den Freund ihres Mannes als Zombie. Sie flieht und trifft auf John, Suko und Jane. Nachdem sie ihnen von ihren Erlebnissen erzählt hat, begeben sie und Jane sich zu dem Altenheim, während John und Suko den Friedhof aufsuchen. Jane trifft im Altenheim auf Gwendolyn Ash, die Hauptverantwortliche. Während Lady Sarah den Zombie mit einer von John geliehenen Beretta tötet, vernichtet John auf dem Friedhof eine Reihe von Geistern. Jane schießt Gwendolyn Ash an und verletzt sie schwer. Diese stürzt in eine Kerze, wodurch ihr Gewand Feuer fängt und sie stirbt. Ihr Geist begibt sich auf den Friedhof und wird dort ebenfalls von Johns Kreuz vernichtet. Das Altenheim brennt bis auf die Grundmauern nieder.

996 – Die Grabkriecherin
John und Suko bewachen einen Friedhof, auf dem es spuken soll. Während John auf einen weiblichen Vampir trifft, wird Suko überrumpelt und gefangengenommen. Der Vampir, der Duna heißt, entkommt John und will Suko zum Vampir machen. Dies kann John im letzten Moment verhindern. Die beiden erfahren, daß Duna sich in den Besitz des heilenden Blutes des Dämons Doniel bringen will. John, der weiß, wo sich das Blut befindet, holt es. Er lockt Duna herbei und erfährt von ihr, daß sie aus der Vampirwelt stammt und das Blut auch dorthin bringen will. John überläßt ihr zum Schein das Blut. Als Duna durch ein Dimensionstor in die Vampirwelt zurückkehren will, greift John sie mit dem Kreuz an und vernichtet sie dadurch. Durch den Einsatz des Kreuzes wird jedoch auch das Blut von Doniel unbrauchbar, und John läßt es auf dem Friedhof zurück.

997 – Blut für den Götzen
Bill holt John in ein Bordell. Dort arbeitet eine Kollegin von Bill als Prostituierte, um sich so Informationen über die Göttin Amorana zu besorgen. Als John auftaucht, werden Bill und seine Kollegin gerade von der Göttin bedroht, die auf einem Bild zu sehen ist. John rettet die beiden und findet eine Statue der Göttin. Da John nicht weiß, wie er die Göttin bekämpfen soll, schneidet er die Statue in drei Teile. Daraufhin zerfällt auch der Körper der Göttin in drei Teile und vergeht. Die Chefin des Bordells, die die Gehilfin der Göttin gewesen ist, stirbt auf die gleiche Weise wie die Göttin.

998 – Die Welt der verlorenen Kinder (1/2)
999 – Der Mitternachtsfluch (2/2)
John wird in den Ort Paxton gerufen, wo sich die Kinder in letzter Zeit seltsam verändert haben. Sie werden ohne ersichtlichen Grund immer schwächer. Pfarrer Felder erzählt John, daß sich ein Vorfahre von ihm mit dem Teufel verbündet hat. Dieser opferte dem Teufel vor rund 200 Jahren ebenfalls die gesamten Kinder des Ortes. Der Pfarrer will nun den Fluch beenden und dem Teufel erneut die Kinder opfern. John und Grace Felder, die Tochter des Pfarrers,

folgen ihm und den Kindern zu dem Teich außerhalb des
Ortes. Dort beschwört der Pfarrer die Kinder, freiwillig in
den Teich zu gehen, um damit den Fluch zu löschen. John
gelingt es, den Pfarrer auszuschalten. Grace rettet die Kinder
und bringt sie zurück nach Paxton. Der Pfarrer wird von der
bösen Magie in den Teich gezogen und versinkt in ihm.
Durch den Tod des letzten männlichen Felders ist nun auch
der Fluch gelöscht.

1000 – Das Schwert des Salomo (1/7)

Durch einen mysteriösen Anruf von Abbé Bloch bei Sir
James wird John nach Chartres geholt. Hier soll er einen
Mönch treffen, der ihm mehr über die Bundeslade sagen
kann. Bevor der Mönch auftaucht, erscheint die Schattenfrau Donata und warnt John vor der nahen Zukunft. Kurz
darauf taucht Donata auch bei Johns Eltern auf und teilt
ihnen mit, daß sie in Kürze sterben werden. John trifft den
Mönch in der Kathedrale und erfährt von diesem den Aufenthaltsort und die Geschichte der Bundeslade. Kurz darauf
wird der Mönch von zwei Killern getötet, die nun auch John
töten wollen. Erneut taucht Donata auf und tötet ihrerseits
die beiden Killer mit einem Schwert, das sie nach der Tat an
John weiterreicht. Es ist das Schwert des König Salomo.

1001 – Der Alptraum beginnt (2/7)

Nachdem John das Schwert erhalten hat, begibt er sich zu
Abbé Bloch. Gleichzeitig entschließen sich Johns Eltern,
nach Edinburgh zu fliehen, um so ihrem Schicksal zu entkommen. Dabei tauchen aber einige unheimliche Wesen auf,
die einen Unfall der beiden verursachen. Während John mit
Hilfe des Knochensessels nach Aibon gelangt und dort den
Roten Ryan trifft, bringen die Wesen Horace F. und Mary
Sinclair um und erfüllen so einen Teil des Fluchs der Sinclairs.

1002 – Höllenqualen (3/7)

Während Johns Eltern in Lauder tot aufgefunden werden,
trifft John in Aibon den Roten Ryan und gelangt mit dessen
Hilfe zum Rad der Zeit. Dieses bringt ihn in die Zeit von

König Salomo. John begibt sich nach Jerusalem, um zum Tempel des Königs zu gelangen. Dort will er dem König sein Schwert zurückgeben, das er von Donata erhalten hat. Auf der Reise dorthin erlebt er mit, wie seine Eltern in Lauder getötet werden. Die seelischen Qualen, die er hierbei erleidet, werden vom silbernen Skelett des Hector de Valois in der Kathedrale der Angst durch ein Stöhnen übertragen. Gleichzeitig trifft Suko in Lauder auf eins der Wesen, die Johns Eltern getötet haben. Dieses Wesen macht er mit Hilfe seiner Dämonenpeitsche sichtbar und versucht es zu vernichten.

1003 – Die Templer-Säule (4/7)
John trifft in der Vergangenheit auf König Salomo und erfährt, daß sich die Bundeslade nicht mehr in dessen Besitz befindet. Er begibt sich mit Hilfe des Rades der Zeit zurück in die Gegenwart und landet in Äthiopien. Dort findet er eine alte Templerkirche und auch eine Säule, die von Prinz Lalibela erschaffen worden sein soll. – Gleichzeitig erfährt Suko in Lauder durch den Mörder Einzelheiten über den Hintergrund der Tat und tötet ihn.

1004 – Das Phantom in der Fremde (5/7)
[1. Auftritt von Mikail]
John vernichtet die Templer-Säule des Prinzen Lalibela. Er begibt sich nach Aksum, um dort die Bundeslade zu finden. In der Kirche des Ortes findet er einen Gegenstand, der der Lade ähnlich sieht. Er wird von den Wächtern angegriffen, doch im letzten Moment gelingt ihm die Flucht. – In Lauder hat Suko zu dieser Zeit die Frau gefangengenommen, die ihn ermorden sollte. Sie wird vom Blut des Prinzen Lalibela vernichtet, das sich in ihr befunden hat.

1005 – Im Bann des alten Königs (6/7)
Mikail bringt John auf Umwegen zum Standort der echten Bundeslade. Dort treffen sie auf eine Gruppe Templer, die John zwingen, die Kapelle zu betreten, in der sich die Bundeslade befindet. John soll die Lade für die Templer aus der Kapelle herausholen. – In Lauder verändert sich die Leiche

von Horace F. Sinclair. Der Geist von Lalibela dringt in sie ein, wodurch sich die Augen in eine braune Masse verwandeln. – In Alet-les-Bains taucht das silberne Skelett des Hector de Valois bei Abbé Bloch auf.

1006 – Das Palladium (7/7)
Das silberne Skelett begibt sich mit Hilfe des Knochensessels zu John. Es tötet den Anführer der Templer, die John erpressen. John trifft derweil in der Kapelle auf die echte Bundeslade und gleichzeitig auf die Mörder seiner Eltern, die nun auch ihn töten wollen. Dies wird vom Seher verhindert, der die Hüter der Bundeslade vernichtet. Auch die restlichen Templer werden vernichtet, als sie sich der Bundeslade nähern. Das silberne Skelett warnt John davor, die Bundeslade zu öffnen. Als dieser nicht hören will, öffnet das Skelett die Lade und wird dadurch vernichtet. John gibt seinen Plan auf, in die Lade zu schauen, und verläßt die Kapelle. Diese Geschehnisse konnte auch Suko verfolgen, und zwar in den braunen Augen von Horace F. Sinclairs Leiche, die auch nach dem Abenteuer ihre Farbe beibehalten haben.

Die Romane der Taschenbuch-Serie
GEISTERJÄGER JOHN SINCLAIR

TB1 – Angst über London
Die Welt hat sich verändert. John wird beim Yard und von seinen Freunden nicht mehr erkannt. Shao und Suko werden getötet. John durchstreift das zerstörte London und trifft auf Miriam di Carlo. Zusammen landen sie in Asmodinas Reich. Diese hat den teuflischen Plan entwickelt und will als Krönung den »toten« Suko John töten lassen. John verhindert dies aber mit seinem Kreuz und landet wieder im unversehrten London.

TB2 – Der goldene Buddha
[Suko erhält von Abt Brahdana den Stab des goldenen Buddha]
[TB2 erschien nach Band 150 der Erstauflage]
Doktor Tod läßt von zwei Dieben den goldenen Buddha stehlen. John und Suko werden von einem Mönch gewarnt und reisen nach Nepal. Suko erhält für seinen Kampf vom Abt Brahdana den goldenen Stab Buddhas. Mit ihm und dem Wort »Topar« kann er die Zeit für fünf Sekunden anhalten. Im Kloster des Buddhas kommt es zum Kampf zwischen der Mordliga, John und Suko. Der goldene Buddha stirbt durch Tokatas Hand. John und Suko gelingt es danach, die Mordliga in die Flucht zu schlagen.

TB3 – Das Grab in der Hölle
Durch den Mord an der Mutter eines Scotland-Yard-Beamten gelangt John in die Hölle, wo Destero ihm eine Falle stellen will. John gelangt mit Karas Hilfe zum Grab in der Hölle, wo Destero ihn überrumpelt. Bevor Destero und Asmodina ihn jedoch töten können, gelingt ihm mit Hilfe von Buddhas Stab und den Flammenden Steinen die Flucht.

TB4 – Luzifers Festung
John und Suko erfahren von einer riesigen Festung, die dem Dämon Scraal gehört. Während Bill und Suko gefangengenommen werden, erreicht John ungehindert die Insel. Scraal, der in einem Dämonengefängnis lebte, wurde vom Spuk befreit, um John zu töten. Scraal greift John an, scheitert aber an dessen Kreuz und wird von Bill getötet.

TB5 – Alptraum in Atlantis
[Kara erhält von ihrem Vater den Trank des Vergessens und das goldene Schwert]
[TB5 erschien nach Band 163 der Erstauflage]
John und Myxin laufen in die Falle eines Atlanters. John landet im alten Atlantis und erlebt die Stunden des Untergangs mit. Er sieht, wie Myxin in seinem goldenen Sarg im Meer versinkt. Danach gerät er selbst in einen Kampf zwischen den restlichen Schwarzen Vampiren und den Anhängern

des Schwarzen Tods. Durch das Eingreifen des Sehers und mit Hilfe des Spiegels des Wissens gelingt ihm aber die Flucht.

TB6 – Die Rache der Horror-Reiter
[TB6 erschien nach Band 168 der Erstauflage]
Die AEBA schicken ihre Horror-Reiter aus, um John zu töten. Mit Hilfe des besessenen Abtes Don Alvarez wollen sie das Kloster St. Patrick übernehmen. John erfährt von einem Atlanter, was die Horror-Reiter vorhaben. Zusammen mit Kara gelingt es John, die Horror-Reiter mit Hilfe von Desteros Schwert und Karas goldenem Schwert zu vernichten, wobei jedoch einem die Flucht gelingt.

TB7 – Die Vampir-Flotte
[1. Auftritt des FBI-Agenten Jo Baracuda]
[TB7 erschien nach Band 172 der Erstauflage]
Das FBI informiert John, daß eine Diebin festgenommen wurde, die einiges über die Mordliga weiß. Zusammen mit Bill und Suko trifft John in den USA auf Vampiro-del-mar. Sie verfolgen ihn und die Mordliga, die auf einem Schiff aufs Meer hinausfährt. Dr. Tod erweckt auf hoher See den dort verschollenen Vampir El Sargossa zum Leben. Die drei Freunde entern das Schiff und können den Vampir töten. Auch Tokata und Vampiro-del-mar werden schwer verletzt. Der Mordliga gelingt trotzdem die Flucht.

TB8 – Die Seelenburg
[1. Auftritt von Gordon Schreiber]
[TB8 erschien nach Band 176 der Erstauflage]
Ein Druide, der sich mit dem Spuk angelegt hat, informiert John kurz vor seinem Tod über die Seelenburg. Zufällig erhält auch Jane Collins einen Tip über die Burg, und so reisen John, Suko und Jane unabhängig voneinander in die Schweiz. Dort treffen sie auf Gordon Schreiber, der mit seiner Sekte dem Spuk dient. Jane fällt ihm fast zum Opfer. John und Suko können sie retten und die Sekte zerschlagen. Gordon Schreiber aber entkommt.

TB9 – Ghouls in Manhattan
[1. Auftritt und Erweckung von Xorron, dem Herrn der Ghouls und Zombies]
[Jo Barracuda stirbt, kehrt als Zombie zurück und wird von John mit dem Kreuz endgültig getötet]
[TB9 erschien nach Band 181 der Erstauflage]
Dr. Tod gelingt es, in Manhattan den Herrn der Zombies und Ghouls, Xorron, zu erwecken. Dieser begibt sich mit seinen Zombies und Ghouls auf einen Zug durch Manhattan. John und Suko lernen den FBI-Agenten Jo Barracuda und zum ersten Mal auch Abe Douglas kennen. Zusammen mit Jo begeben sich John und Suko auf die Suche nach den Zombies. In einem Opernhaus kommt es zum letzten Duell. Jo verliert sein Leben, und John muß ihn als Zombie töten. Xorron taucht mit dem Rest seiner Armee auf der Bühne auf, wo John und Suko alle Zombies und Ghouls vernichten. Suko muß erkennen, daß Xorron sowohl gegen seine Dämonenpeitsche immun ist und sich auch während der Wirkzeit des Stabes bewegen kann. Bevor John ihn mit seinem Kreuz attackieren kann, erscheint Dr. Tod mit dem Würfel des Unheils und rettet Xorron aus der Oper.

TB10 – Disco Dracula
In einer Gelsenkirchener Disco warten drei Vampire auf ihre Erweckung. Zwei Mädchen verschwinden während der Horrorshow, die jedes Wochenende in der Disco stattfindet. Eines der Mädchen ist eine Bekannte Sir James Powells, der John auf den Fall ansetzt. Der trifft auf den Vampir Drago, der die Horrorshow ausnutzen will, um sich weitere Opfer zu holen. John kann ihn mit Silberkugeln vernichten.

TB11 – Die Werwolf-Elite
[1. Auftritt von Mark Baxter]
[TB11 erschien nach Band 188 der Erstauflage]
Lupina versucht, eine Werwolf-Elite aufzubauen. Sie überfällt ein Gefangenenlager, um die Insassen zu ihren Dienern zu machen. Der britische Agent Clive Denver wird als Werwolf nach London geschickt, um John nach Sibirien zu locken. Zusammen mit Mark Baxter und Suko taucht John

jedoch zu früh auf, und es gelingt ihm, Lupinas Pläne zu zerstören.

TB12 – Die Todesgöttin
Ein Archäologe findet in Indien den Tempel der Todesgöttin Kali. Er wird getötet, und durch seinen Kopf erwacht die Göttin wieder zum Leben. John erhält einen Tip, daß die Göttin wieder lebt. Durch eine Falle gelangen Bill, Mandra und er in den Tempel. John und Mandra können mit Hilfe von Desteros Schwert und Mandras sieben Dolchen die zum Leben erwachte Statue der Göttin zerstören.

TB13 – Hexenwahn
[1. Auftritt der Oberhexe Wikka]
[TB13 erschien nach Band 196 der Erstauflage]
In London werden junge Frauen verfolgt, als Hexen bezichtigt und auf Scheiterhaufen verbrannt. Dies erfährt auch Wikka, die Anführerin der Hexen, und begibt sich zusammen mit Gordon Schreiber nach London, um dort ihre Hexenhochzeit zu feiern. Gleichzeitig wollen sie dem Teufel als Geschenk Jane Collins opfern. Es gelingt ihnen, Jane zu entführen. Bill Conolly, der zusammen mit John und Suko ermittelt, gerät in die Fänge der Hexenjäger. Er soll ebenfalls auf dem Scheiterhaufen sterben. John und Suko erfahren den Ort, wo die Hexenhochzeit stattfinden soll. John trifft auf Gordon Schreiber, dem jedoch die Flucht gelingt. Suko rettet Bill, während John auf Wikka trifft. Er attackiert sie, doch sie kann ebenfalls fliehen. Jane wird unbeschadet gerettet.

TB14 – Tokatas Todesspur
[Tokata stirbt durch Harakiri und gleichzeitiges Köpfen durch den Goldenen Samurai]
[Der magische Fächer der Sonnengöttin Amaterasu wird gefunden und geht in den Besitz des Goldenen Samurais über]
[TB14 erschien nach Band 202 der Erstauflage]
John und Suko erfahren, daß Tokata und der Goldene Samurai auf der Suche nach Amaterasus Fächer sind und es dabei

zum letzten Kampf zwischen den beiden kommen könnte. Sie begeben sich zur Insel des Schweigens, wo der Kampf stattfinden soll. Dort haben sich mutierte Tiere ausgebreitet. Diese greifen ein Zuchthaus an, das sich auf der Insel befindet. Gleichzeitig tauchen Tokata und der Goldene Samurai auf der Insel auf. Tokata gelingt es mit Hilfe eines Wärters und dessen reinem Blut, den Fächer zu finden. Er schickt den Wärter vor, der die magische Falle auslöst und dabei stirbt. Tokata nimmt den Fächer an sich, wird dabei aber vom Goldenen Samurai überrumpelt. Es kommt zum Kampf, bei dem John und Suko Zeugen sind. Der Goldene Samurai gewinnt den Kampf und tötet Tokata. Er nimmt den Fächer an sich und verschwindet von der Insel, ohne daß John und Suko eingreifen können. Die Wärter des Zuchthauses haben in der Zwischenzeit auch die mutierten Tiere getötet.

TB15 – Der Dämonen-Parasit
Asmodis will sich für Asmodinas Tod an John rächen und schickt den Dämonen-Parasiten Galuri nach London. Der Spuk warnt John vor Galuri, der sein Feind ist. John und Suko erfahren, daß sich Galuri im Wembley-Stadion aufhält. Dort kann John ihn und seine Schattenhelfer mit dem Kreuz vernichten.

TB16 – Blutige Rosen
[Gordon Schreiber stirbt]
[TB16 erschien nach Band 210 der Erstauflage]
Jane Collins erhält als Geschenk blutige Rosen. Sie informiert John. Seine Nachforschungen bringen ihn und Suko zu der Gang »White Angels«. Der Vater eines Mitgliedes züchtet Blumen. John und Suko statten ihm einen Besuch ab und treffen auf Gordon Schreiber und Wikka. Sie finden die Rosen, die menschliche Köpfe haben. Wer von ihnen gebissen wird, verwandelt sich selbst in eine Rose. Dieses Schicksal erleidet Gordon Schreiber, der jedoch von Suko getötet wird. Wikka gelingt die Flucht.

TB17 – Satans Eulen
[1. Auftritt von Strigus und den Strigen]
[TB17 erschien nach Band 214 der Erstauflage]
John macht zusammen mit Sheila, Bill und Johnny Conolly eine Kreuzfahrt in Norwegen. Während der Reise wird das Schiff von Eulen mit Totenschädeln, den Strigen, angegriffen. Wer von ihnen gebissen wird, verwandelt sich ebenfalls in eine solche. Bill kämpft unter Deck gegen sie. In dieser Zeit trifft John Strigus, den Anführer der Strigen. Nach zahlreichen Verlusten gelingt diesem aber die Flucht.

TB18 – Der Höllenbote
[TB18 erschien nach Band 219 der Erstauflage]
Der überlebende Horror-Reiter will sich an John rächen. Er läßt Shao entführen und erpreßt Suko, der John in eine Falle lockt. Er landet durch ein Dimensionstor in China. Dort trifft John auf den Höllenboten. Der besitzt das schwarzmagische Gegenstück zu Karas goldenem Schwert. Das wissen auch Kara und Myxin, die sich ebenfalls dort befinden. Kara zerstört mit ihrem Schwert den Höllenboten und dessen Waffe. Myxin kann den letzten Horror-Reiter mit der Lanze des Herrn der Roten Hölle vernichten, wobei die Waffe jedoch zerstört wird. In London befreit Suko seine Freundin Shao.

TB19 – Ewige Schreie
John bringt nach der Geburtstagsfeier seiner Mutter eine Bekannte in den Nachbarort Walham. Dort erfüllt sich die Rache des vor 200 Jahren gehängten Massenmörders Sam Davis. Auf dem Friedhof des Ortes wird John durch die Schreie der Toten abgelenkt. Bevor Davis ihn töten kann, gelingt es der Studentin Helen Cloud, den Massenmörder mit einem Holzkreuz zu töten.

TB20 – In dieser Straße wohnt die Angst
John und Bill jagen ein violettes Skelett, das den Namen Urak trägt und in einer anderen Dimension lebt. Urak schickt John auf eine Reise in die Dimension. John schafft es mit Hilfe des Kreuzes und des Sehers, Urak zu töten.

TB21 – Das Trumpf-As der Hölle
In der Nähe eines Zuchthauses nahe Swampville tauchen Vampire und Werwölfe auf. John, Suko und die Hellseherin Tanith fahren zum Gefängnis. John läßt sich als Gefangener einliefern. Er trifft auf den Hellseher Arsenius. Dieser kann mit höllischen Karten Menschen in Monster verwandeln. Während John die Geschöpfe des Hellsehers tötet, trifft Tanith auf Arsenius und tötet diesen.

TB22 – Die Jenseits-Falle
[Alassia und die Dunkelwelt werden vernichtet]
[TB22 erschien nach Band 236 der Erstauflage]
Kara glaubt, daß Alassia den Trank des Vergessens besitzt, und geht einen Pakt mit ihr ein. Sie will ihr John und Suko als Gegenleistung für den Trank ausliefern. Durch das Verschwinden dreier Schiffe gelangen John und Suko in die Dunkelwelt Alassias. Dort treffen sie Myxin. Suko gerät in eine Falle und soll von Kara getötet werden, die dafür den Trank des Vergessens erhalten soll. Kurz vor dem Todesstoß erhält Kara die Nachricht von ihrem toten Vater, daß der Spuk den Trank besitzt. Nun wendet sich Kara gegen Alassia, und John kann sie mit dem silbernen Bumerang töten, wodurch auch ihre Welt zerstört wird.

TB23 – Friedhof der Verfluchten
Nahe dem Wohnort von Johns Eltern liegt die Geisterstadt Brigadoon. Sie erscheint alle 100 Jahre. Johns Vater wird von einem Killer angegriffen, der jedoch von einem Zombie getötet wird. Kaum ist John eingetroffen, verschlägt es ihn schon in die Geisterstadt. Er begegnet Angela. Sie ist die Herrin der Zombies und erhält auch den Fluch aufrecht. John gelangt trotz der Bewachung durch ein Zombieheer auf Angelas Schloß und tötet sie mit dem silbernen Bumerang. Dadurch wird auch der Fluch von Brigadoon genommen.

TB24 – Der lächelnde Henker
Jane Collins hat in der Gestalt eines schwarzen Henkers dessen Schwert aus Pitlochry gestohlen. Gleichzeitig will Wikka einen Festplatz der Hexen errichten. Die Aufgabe der

Bewachung übernimmt Jane. John und Suko stöbern Wikka und Jane auf. John gelingt es im Kampf, Jane die Maske vom Kopf zu reißen und mit Suko zu fliehen.

TB25 – Die Leichenstadt
Mit einem U-Boot versucht John, die Leichenstadt zu finden. Suko hält sich bei Jennifer Moore auf, der letzten Überlebenden des Ortes Darkwater. John findet die Gräber der Großen Alten. In der Leichenstadt hat er Doreen Delano getroffen, die die Gräber für ihn öffnen will. John begeht den Fehler, sein Kreuz einzusetzen, und die Gräber werden wieder geschlossen. Das löst den Zorn Kalifatos aus. Suko und Kara gelangen mit Doreens Hilfe ebenfalls in die Leichenstadt. John, Suko und Kara schaffen es im letzten Moment, durch das entstandene Dimensionstor vor der Rache Kalifatos zu flüchten.

TB26 – Kalis Schlangengrube
Mandra Korab reist zu John, um ihn vor einem Bündnis zwischen Wikka und Kali zu warnen. Er wird jedoch von der Hexe Jane Collins entführt. John und Suko finden Mandra im Zoo in einem Schlangenterrarium. Suko spricht die heilige Silbe AUM. Johns Kreuz vernichtet die Figur Kalis, während Jane und Wikka von Asmodis gerettet werden.

TB27 – Dämonenfalle Rom
Lady Sarah Goldwyn und Glenda Perkins machen Urlaub in Rom. Dort wurde der Gladiator Scorpio in unsere Zeit geholt. Er entführt Glenda in die Vergangenheit. Die gerufenen John und Suko finden den Verantwortlichen für die Rückkehr des Gladiators. John sieht in einem Dimensionstor, was mit Glenda geschieht. Er springt durch das Tor und holt sie zurück in die Gegenwart. Der Gladiator folgt ihm, doch John vernichtet ihn mit dem Kreuz.

TB28 – Das Teufelskind
Mandra Korab erhält von seinen sieben Dolchen den Tip, daß sich ein Teufelskind Johnny Conollys bemächtigen will. Während er nach London reist, locken das Teufelskind

Lydia und seine Tante Johnny in eine Falle. Sie fahren in den Ashdown Forest. Dort wollen sie zusammen mit Wikka und Jane Collins Johnny dem Teufel opfern. Mandra und John greifen ein und töten das Teufelskind mit den sieben Dolchen Mandras. Während die Wölfin Nadine Berger die Tante des Teufelskindes tötet, entkommen Wikka und Jane.

TB29 – Geheimbund der Vampire
[Lady X wird von Marek gepfählt]
[TB29 erschien nach Band 266 der Erstauflage]
Die Hölle bildet ein Bündnis gegen die Großen Alten. Lady X weigert sich, diesem beizutreten. John und Suko erhalten von Will Mallmann Informationen, die sie nach Rumänien führen. Zusammen mit Frantisek Marek töten sie die Anhänger von Lady X, während sie selbst fliehen will. Nun greifen Asmodis und der Spuk ein, die sich gegen die Verräterin Lady X stellen. Frantisek Marek gelingt es, Lady X zu pfählen. Asmodis, der Spuk und auch Vampiro-del-mar verschwinden mit dem Würfel des Unheils.

TB30 – Das Orakel von Atlantis
[John köpft Vampiro-del-mar]
[TB30 erschien nach Band 271 der Erstauflage]
Arkonada hat die Flammenden Steine in Besitz genommen und vertreibt dadurch Kara und Myxin. John trifft gleichzeitig in Griechenland auf das Orakel von Atlantis, welches identisch ist mit dem Würfel des Unheils. Er erfährt dessen Geschichte. Myxin, Kara und Suko untersuchen die Steine und gelangen dadurch zu John. Dieser kämpft unterdessen mit dem neuen Besitzer des Würfels, Vampiro-del-mar. Er köpft ihn, und der Würfel gelangt wieder in die Hände seines Hüters Arkonada.

TB31 – Liebe, die der Teufel schenkt
In der Gestalt Eric Turners entführt Asmodis Glenda Perkins. Eric leitet einen als Aerobic-Club getarnten Hexenclub. Durch die Entführung werden John und Suko in den Club gelockt. Dort versuchen gerade die Hexenschwestern, durch ein Dimensionstor in die Hölle zu gelangen. John zerstört

das Tor und rettet Glenda. Asmodis, Wikka und Jane Collins gelingt die Flucht.

TB32 – Ein Leben unter Toten
Lady Sarah Goldwyn erhält eine mysteriöse Nachricht aus einem Altersheim. Als sie mit John dort auftaucht, muß sie feststellen, daß ihre Bekannte ermordet wurde. John untersucht heimlich den Fall, während sich Lady Sarah in das Heim aufnehmen läßt. Während einer Feier auf dem zum Heim gehörenden Friedhof taucht der Besitzer und Ghoul Doc Rawson auf. Bei Johns Auftauchen will der Ghoul fliehen, doch John tötet ihn mit dem Kreuz.

TB33 – Das Hexenrätsel
Wikka entführt John. Er soll ihr das Hexenschwert besorgen, das die Kraft haben soll, ihr verbranntes Gesicht wiederherzustellen. Als Gegenleistung soll er Jane Collins zurückerhalten. John, Bill und Suko finden das Schwert in Deutschland und werden auf dem Rückflug nach London von Wikka in ihr Reich entführt. Der Tausch Schwert gegen Jane Collins erweist sich allerdings als Trick Wikkas. Suko überwältigt Jane und zwingt Wikka, sie wieder zur Erde zu schicken. Sie geht auf den Handel ein, Jane bleibt jedoch in ihrem Reich.

TB34 – Blutiger Halloween
Sechs Freunde erhalten Morddrohungen von Angela Graves, die sie vor Jahren an Halloween in den Selbstmord getrieben haben. Sir James Powell erfährt dies und schickt John und Glenda ins Monkfort House. Sie treffen dort Caroline Graves, die Schwester Angelas, die Angela wieder zum Leben erweckt hat. Als Angela im Haus auftaucht, tötet John sie mit drei Silberkugeln, woraufhin ihre Schwester Selbstmord begeht.

TB35 – Die magische Bombe
[Johns erster Gegner, Professor Orgow (GK1(1)), stirbt endgültig]
[TB35 erschien nach Band 292 der Erstauflage]

Professor Orgow stellt John mit Asmodis' Hilfe eine Falle. John wird wegen Mordes verhaftet. Suko entdeckt, daß die Zeugin eine Hexe ist. Orgow hat Scotland Yard unter seine Kontrolle gebracht. Er hat es von London abgetrennt und fordert von John den Kelch des Feuers. Bei der Übergabe wirft John das Kreuz in den Kelch. Orgow ist irritiert, und John entreißt ihm seinen magischen Stab, der ihm seine Macht gibt. Er zerstört den Stab und damit auch Orgow.

TB36 – Anubis – Wächter im Totenreich.

Professor James Barkley nimmt eine Anubisfigur mit nach London. John entdeckt, daß die Figur zum Leben erwacht ist, und tötet sie. Er reist mit Suko und dem Professor nach Ägypten. Am einem Grab, aus dem der Professor die Statue entwendete, stoßen John und der Professor auf Per-nio. Der Professor stirbt durch eine Grabfalle, während John Per-nio mit seiner eigenen Obsidianklinge tötet.

TB37 – Voodoo in London

Der Voodoo-Priester King Grenada will eine Zombiearme aufstellen und dabei Sir James Powell töten. John verhindert das und versucht mit Bill die Zombies zu stoppen. Eine auf die Zombies angesetzte Spezialeinheit tötet sie mit Flammenwerfern. John überwältigt den King, der aber Selbstmord begeht, als er merkt, daß er verloren hat.

TB38 – Vampir-Expreß
[1. Auftritt des Vampirs Boris Bogdanowich]
[TB38 erschien nach Band 305 der Erstauflage]

Fünf Vampire starten eine Wallfahrt zum Grab der Lady X. John erfährt davon und läßt sich vom Sohn des toten Bürgermeisters Petrilas in den Zug einschleusen. John gelingt es, zwei der Vampire zu töten, während die anderen drei fliehen. Zwei von ihnen werden von den in Petrila wartenden Suko und Frantisek Marek getötet. Nur der Anführer Boris Bogdanowich kann entkommen.

TB39 – Horror-Hochzeit
Bill und Sheila sind auf einer Hochzeit eingeladen. John erfährt, daß der Bräutigam ein Werwolf sein soll, und reist mit den beiden. Es stellt sich heraus, daß nicht der Earl, sondern sein Zwillingsbruder der Werwolf ist. Der Werwolf tötet seinen Bruder und heiratet unter dessen Identität die Braut. John durchschaut das Spiel und tötet den Werwolf mit zwei Silberkugeln.

TB40 – Zombies auf dem Roten Platz
[1. Auftritt des KGB-Mannes Wladimir Golenkow]
[TB40 erschien nach Band 314 der Erstauflage]
Als auf dem Roten Platz in Moskau zwei Zombies auftauchen, werden John und Suko dorthin bestellt. Sie finden eine Spur, die nach Sibirien führt, und begleiten den KGB-Mann Golenkow dorthin. Dort treffen sie einen ehemaligen Freund Golenkows, der die Tricks der Schwarzen Magie kennt. Er hat einige Zombies um sich geschart und will die Freunde töten. Das mißlingt, John kann ihn mit einer Silberkugel töten, nachdem die Zombies vernichtet worden sind.

TB41 – Die Grabräuber
In London wird ein Chinese mit einem Pfeil erschossen und wird daraufhin zu Stein. Der Chinese war ein Bewacher von La-Kau, der wieder zum Leben erweckt wurde. John und Suko reisen nach Shanghai, wo La-Kau lebt, der ein Ahnherr Sukos ist, wie sich herausstellt. Er will in den Besitz des Stabes gelangen, aber da er ihn nicht genau kennt, kann Suko ihn überraschen. Er tötet ihn mit der Dämonenpeitsche, nachdem die fünf Sekunden um sind, in denen der Stab wirkt.

TB42 – Das Hexenschiff
In dem Ort Kelgin fällt blutiger Regen. Es ist die Ankündigung der Rache der Hexen, die vor Jahrhunderten hier verbrannt wurden. Als John, Suko und Bill in Kelgin eintreffen,

verschlägt es John auf ein Schiff. Er wird überrumpelt und an den Mast des Hexenschiffes gefesselt. Während die Bewohner zusammen mit Bill und Suko dem Schiff folgen, gelingt es John, sich zu befreien. Die Hexen zünden das Schiff an. Bill tötet die Anführerin mit dem Bumerang, während John und Suko die restlichen Hexen vernichten.

TB43 – Julias kleine Sargmusik
In Julia Landers ist die Atlanterin Sarina wiedergeboren. Sie hat die Kraft, mit Hilfe von Geigenmusik die Großen Alten Gorgos und Krol zu beschwören. John und Suko erhalten von einer alten Dame Informationen über Julia. In dem Ort Mullogh treffen sie Kara, Myxin und den Eisernen Engel, die von der Totenmaske gewarnt wurden. Mit Hilfe von Karas Schwert, dem Magischen Pendel und der Dämonenpeitsche gelingt es ihnen, Julia zu vernichten.

TB44 – Hände, die der Satan schuf
[Jane Collins stiehlt den Würfel des Unheils]
[TB44 erschien nach Band 332 der Erstauflage]
Asmodis verleiht Ricardo Bachara die Gabe des Schnitzens. Er soll Figuren von John und Jane Collins schnitzen, die dadurch zu Holzfiguren werden sollen. Der Verhölzerungsprozeß hat bei beiden bereits eingesetzt. Als letzten Ausweg aktiviert John sein Kreuz. Dadurch wird die Verhölzerung beseitigt. Der Schnitzer wird von John und Suko mit je einer Silberkugel erschossen.

TB45 – Der Druiden-Schatz
John wird von drei Männern in Grau entführt und gelangt mit Hilfe seines Kreuzes in die Vergangenheit. Dort begräbt Guywano die Druidenkönigin Chilea lebendig in einer Schatztruhe. In der Gegenwart fordert Aaron Steel Suko auf, ihm beim Heben der Truhe zu helfen. Als sie sie öffnen, entsteigt ihr John und wird von Chilea und ihren Grabwächtern angegriffen. Suko vernichtet die Schatten der Grabwächter mit der Dämonenpeitsche und tötet damit Chilea und die Wächter selbst.

TB46 – Die Kreuzweg-Legende
John und Suko treffen in Polen den Schwarzen Reiter. Dieser entführt Martha, um sie, wie schon Jahrhunderte zuvor, in einen Zombie zu verwandeln. Suko und Kasimir Wojtek begeben sich zur Burg des Schwarzen Reiters. Dort tötet Suko einige Zombies und den selbst zum Zombie gewordenen Kasimir. John rettet Martha und vernichtet den Reiter mit zwei Silberkugeln.

TB47 – Mein Blut für den Teufel
Asmodis entführt John, um ihm Blut zu entnehmen und damit das von Gorgos bedrohte Zeitnetz Kel-Abas zu retten. Nach dem Erhalt des Blutes versucht Asmodis erfolglos, John zu töten. John trifft Suko und Jane in Kel-Abas Welt, die mit dem Würfel des Unheils dorthin gelangt sind. Mit Hilfe des Würfels gelangen sie auch wieder zurück zur Erde, während Gorgos das Zeitnetz zerstört.

TB48 – Wen das Grab ruft
Der Schamane Laktur befördert die Seelen von Menschen in die Körper von Zombies. So landet auch Johns Seele nach Ablegen des Kreuzes im Körper Torkans; als dieser tötet er Laktur. Suko verwandelt John mit Hilfe des Kreuzes, das er ihm umhängt, in ihn selbst zurück.

TB49 – Der Flammenengel
Luzifer will mit Hilfe des Erzengels Uriel, den er erpreßt, London in eine Flammenhölle verwandeln. Drei verbrannte Satansanbeter gelangen als Feuerleichen zurück nach London und wollen John und seine Freunde töten. Diese vernichten die Zombies und können mit Hilfe von Johns Kreuz Uriel aus Luzifers Händen befreien. Der vertreibt Luzifer mit Johns Kreuz.

TB50 – Todesglocken für John Sinclair
Asmodis hat eine Glocke erschaffen, die bei dreimaligem Läuten seine Monster herbeiruft. Er will John töten und bestellt ihn aus diesem Grunde in eine mit Teufelsanbetern gefüllte Diskothek. Hier lebt auch der Vampir Magic Man.

John gelingt es, die Glocke vor ihrem dritten Schlag mit dem Bumerang zu zerstören, bevor sie die Monster herbeirufen kann. Magic Man stirbt ebenfalls durch den Bumerang.

TB51 – Totenkopf-TV
Das Filmgelände des Senders TTV ist auf unheiligem Boden, der gleichzeitig ein Dimensionstor ist, erbaut worden. Um in die Welt zurückzukehren, hat der Dämon Cuur seine Geister in dem Gebäude des Senders eingenistet. Er läßt von den Geistern vor laufender Kamera eine Moderatorin umbringen, deren Tod John und Bill aufklären sollen. John trifft Cuur in dem Gebäude und vernichtet ihn und seine Geister mit dem Kreuz.

TB52 – Tödlicher Vatertag
Der Dämon Thomas tötet an Vatertag drei Menschen. Diese kehren ein Jahr später als Zombies zurück. Kurz zuvor hat einer der Zombies seine Frau informiert, die wiederum John einschaltet. John trifft auf die drei Zombies und den Dämon. Er tötet die Zombies mit Silberkugeln und Thomas, indem er ihn von einem fahrenden Zug wirft.

TB53 – Das Duell der Hexen
[Der Hexenstein wird vernichtet]
[Jane Collins zieht zu Yakup Yalcinkaya ins Kloster nahe San Francisco]
[TB53 erschien nach Band 371 der Erstauflage]
Die Hexe Jirica will Wikkas Nachfolge antreten. Dazu benötigt sie jedoch den Hexenstein. Diesen wiederum kann nur John beschaffen. Um ihn für ihre Zwecke einzuspannen, entführt sie Jane. John geht scheinbar auf den Handel ein und holt den Hexenstein aus dem Moor, in dem er sich befindet. Dabei verliert der Stein seine Kraft, und John vernichtet Jirica mit dem Bumerang.

TB54 – Aibon – Land der Druiden
[Die von Johns Kreuz verschwunden Zeichen befinden sich auf dem Rad der Zeit in Aibon]
[TB54 erschien nach Band 375 der Erstauflage]
Guywano besitzt zwei von Mandra Korabs magischen Dolchen, die er in schwarzmagische Waffen umgewandelt hat. Er bringt Mandra in seine Gewalt, um auch die restlichen fünf zu erhalten. John versucht, Mandra mit Hilfe von Myxin und dem Eisernen Engel zu befreien. Bei Mandras Befreiung zerstört der Eiserne fünf Dolche. John entdeckt auf dem Rad der Zeit die auf seinem Kreuz verschwundenen Zeichen. Guywano entkommt mit den verbleibenden beiden Dolchen.

TB55 – Drei Gräber bis Atlantis
Der Hüter des Tores nach Atlantis, Mason Oriel, will sich für seine Verbannung an seinen Feinden rächen und das Böse in die Welt bringen. Er zwingt John, ihn nach Atlantis zu begleiten. Bei dem Versuch, John zu töten, wird Mason von Myxins Vampiren angegriffen und schwer verletzt. Bill durchbricht die magische Barriere des Dimensionstores mit Hilfe eines Schusses aus der Goldenen Pistole. John und Mason gelangen zurück in die Gegenwart, wo Mason an seinen Verletzungen stirbt.

TB56 – Arkonadas Totenbuch
[Arkonadas Schattenreste werden mit Hilfe des Kreuzes vernichtet, Arkonadas Totenbuch wird mit dem Bumerang vernichtet]
[TB56 erschien nach Band 384 der Erstauflage]
Die Blutgöttin Eli ist als einzige in der Lage, Arkonadas Totenbuch zu lesen. Sie will ihre Macht stärken und manipuliert die Flammenden Steine. Hierdurch werden Kara, Myxin und der Eiserne Engel auf sie aufmerksam und machen sich ebenso wie John und Suko auf den Weg zu Eli. Während John die Schattenreste Arkonadas und das Totenbuch vernichtet, tötet der Eiserne die Blutgöttin mit seinem Schwert.

TB57 – Das andere Ufer der Nacht
Auf der Familie Marquez liegt ein Fluch. Sie muß jedes Jahr eine Barke aus Knochen bauen und eine Seele ins Jenseits senden. Dieses Jahr wurde John als Opfer auserkoren. Suko und Bill folgen ihm, um ihn zu retten. Es stellt sich heraus, daß die Reise nicht ins Jenseits, sondern nur in eine andere Dimension geht. John zerstört die Dimension und den Fluch mit seinem Kreuz.

TB58 – Mirandas Monsterwelt
Claudia Morton stürzt in einen Spiegel und stirbt. Dieser Spiegel ist ein Dimensionstor, wodurch Claudia am Leben bleibt und durch den Spiegel Kontakt mit ihrer Tochter Miranda aufnimmt. Sie sendet ihr vier Monster. Johns Kreuz erzeugt eine Vision, in welcher er die Monster sieht. Er begibt sich zu Miranda und tötet die Monster, während Suko den Spiegel mit der Dämonenpeitsche zerstört und so die Dimension verschließt. Miranda stirbt in dem Sumpf, in den sie John locken wollte.

TB59 – Horror-Horoskop
Die Personen, die vom Horoskop des Nostradamus wissen, werden durch ein Totenkopfschwert getötet. John gelingt es mit Hilfe seines Kreuzes, die Entstehung des Horoskopes mitzuerleben. Er sieht, wie Luzifer die Entstehung beeinflußt und die Schutzengel durch böse Engel ersetzt. Nun versucht Luzifer, die Freunde zu töten, und polt Suko kurzzeitig um. John zerstört das Totenkopfschwert, bevor Suko etwas anrichten kann. Das Horoskop und die bösen Engel werden dadurch ebenfalls vernichtet, und der Bann fällt von Suko ab.

TB60 – Geisterdämmerung
Der Spuk entfacht im Pandämonium ein Feuer. Dadurch soll die totale Vernichtung (Geisterdämmerung) des Pandämoniums erreicht werden. John erfährt durch zwei von dort geflohenen Monstern von der Vernichtung. Mit Hilfe des Sehers blickt er zurück in die Vergangenheit und erlebt die Erschaffung des Bösen mit. Nun will der Spuk auch John

töten und holt ihn deshalb ins brennende Pandämonium. Suko gelingt es jedoch, John mit dem Würfel des Heils von dort zu retten.

TB61 – Ihr Freund, der Ghoul
Eve Bennett ist mit einem durch Industrieabwässer riesengroß gewordenen Ghoul befreundet, den sie auch mit Leichen versorgt. Durch Knochenfunde kommt John dem Ghoul auf die Spur. Eine Verletzung durch Silberkugeln kann dieser umgehen, indem er den getroffenen Teil einfach abtrennt. Eve entführt John und raubt ihm das Kreuz. Suko greift ein und tötet den Ghoul mit dem Todesnebel aus dem Würfel des Heils.

TB62 – Das Erbe der Templer
John findet in Jerusalem die Spur von Hector de Valois. Der vor Jahrhunderten dort ansässige Templerorden lief zu Baphomet über. John trifft auf die untoten Templer und tötet sie mit Silberkugeln und Bumerang. Danach reist er nach Frankreich zum Schloß von Hector de Valois. Dort trifft er den Comte de Melville, der sich mit einer Baphomet-Statue ins benachbarte Dorf begibt. John stellt ihn und tötet ihn mit dem Bumerang, die Statue Baphomets vernichtet er mit dem Kreuz und vertreibt den in ihr verborgenen Asmodis.

TB63 – Terror der Tongs
Tongs sollen im Auftrag eines Mahdis die Schädel von John, Suko und Mandra Korab für eine Kette für die Todesgöttin Kali besorgen. Mandra erfährt davon und will seine Freunde warnen. Er gerät in London in die Gewalt Kalis, wird aber von Suko gerettet. Kali will nun John töten und greift ihn in Gestalt einer Kalistatue an. John vernichtet jedoch die Statue; auch die Tongs werden getötet.

TB64 – Zombie-Ballade
Mary Ann Baxter stiehlt ein chinesisches Totenbuch und erweckt damit ihre ermordeten Ehemänner wieder zu untotem Leben. Sie sollen sie vor den Wongs schützen, denen sie das Buch gestohlen hat. John und Bill treffen die Zombies

auf einer Party und töten sie mit Silberkugeln. Auch der Wong, der Mary Ann töten soll, stirbt.

TB65 – Die Vampir-Polizei
Ein New Yorker Polizeigebäude steht auf dem Grab der Vampirin Mazara. Diese erwacht wieder zum Leben und macht einige Polizisten zu Vampiren. John und Suko gelingt es, zahlreiche Vampire zu töten; sie verfolgen die restlichen Vampire bis zu einem Bus-Terminal. Dort töten sie auch die übrigen Vampire, und Suko vernichtet Mazara mit der Dämonenpeitsche.

TB66 – Harrys Höllen-Cocktail
Der Barbesitzer Harry hat zusammen mit Asmodis einen Cocktail gemixt, der Besucher der Bar zu Teufelsdienern macht. Einer der Teufelsdiener wendet sich an John, stirbt jedoch, als er dessen Kreuz erblickt. John und Bill begeben sich in Harrys Bar. John legt sein Kreuz ab, um Harry lebend in seine Gewalt zu bringen. Der überrascht aber Bill und will ihn zwingen, seinen Cocktail zu trinken. John kann das verhindern, und Asmodis holt Harry auf Grund seiner Niederlage zu sich in die Hölle.

TB67 – Der Jet-Set-Dämon
Der Vampir Damiano Fulgera rettet mehreren Menschen das Leben. Später lädt er alle zusammen zu einem Flug »ins Blaue« ein. Niemand ahnt, daß er ein Vampir ist. John und Suko entdecken dies, als sie seinen Sarg finden. Sie versuchen das Flugzeug zu stoppen, was jedoch mißlingt. So begeben sie sich auf Fulgeras Schloß. John tötet Fulgeras Mutter mit dem Kreuz, Suko vernichtet Fulgera selbst mit der Dämonenpeitsche.

TB68 – Broadway-Grusical
[1. Auftritt von Gary Giesen alias Dr. Horror]
[Laurie Ball wird in einen bösartigen Zwerg verwandelt]
[TB68 erschien nach Band 436 der Erstauflage]
Auf einer Bühne am Broadway steht ein Totenschädel, der die Kraft Aibons enthält. Er verwandelt jeden, der in seinen

Bereich gerät, in einen Zwerg. John und Bill versuchen, das Geheimnis zu lüften. Zusammen mit Laurie Ball besuchen sie die Verbündete Dr. Horrors, Liz Vacarro. Nach dem Besuch entführen Dr. Horror und Liz Laurie Ball und verwandeln sie in eine Zwergin. Auch John und Bill werden von Dr. Horror gefangengenommen. Die Zwerge wollen sie töten, was jedoch mißlingt. Dr. Horror und Laurie fliehen ins Land Aibon.

TB69 – Carinas Todesparties
Der Ghoul Fiona lebt zusammen mit Carina Colby. Sie versorgt ihn mit Opfern, die er aussaugt und mumifiziert. John und Suko finden heraus, das Carinas Haus auf einem alten Friedhof steht, der mit Ghouls bevölkert ist. Carina will die Ghouls wiedererwecken. John und Suko können das verhindern und töten Fiona mit Silberkugeln.

TB70 – Der Friedhofswächter
Nadine Bergers Seele wird nach und nach von Fenris aus ihrem Wolfskörper gezogen. Als der Wolfskörper gestorben ist, nimmt Nadines Geist Kontakt mit Johnny auf. Sie begraben, wie es Fenris auch wollte, den Wolfskörper auf einem alten Friedhof. Hier lebt ein Werwolf, der Johnny entführt. Nadines Geist schützt Johnny aber vor dem Werwolf. John, Bill und Sheila kämpfen gegen den Werwolf und Nadines ehemaligen Wolfskörper, den Fenris auf sie hetzte. Nadines Geist sieht seine Chance und schlüpft wieder in den Wolfskörper, während John den Werwolf mit dem silbernen Bumerang tötet.

TB71 – Das U-Boot-Phantom
Vincent van Akkeren entführt Sir James Powell in ein U-Boot. Durch Abfeuern zweier Torpedos lockt van Akkeren John und Suko an. Die finden heraus, daß die Besatzung des U-Bootes aus Zombies besteht. Sie gelangen in das Schiff und vernichten die Zombies. Van Akkeren flieht, während Sir James Powell gerettet wird.

TB72 – Deadwood – Stadt der Särge
John soll den Sektenführer Grey Man vom ewigen Leben erlösen. John und Jane, beide in Deadwood, erleben mit, wie eine Gruppe Teufelsanbeter in Zombies verwandelt wird. Diese Zombies versuchen John zu töten, während Jane in die Gewalt von Asmodis gerät. John tötet Grey Man mit dem Kreuz. Er befreit Jane und flieht mit ihr aus dem in Brand geratenen Deadwood, wo die restlichen Zombies verbrennen.

TB73 – Mörderische Weihnachten
Frank Adamic weiht seinen Sohn Martin dem Teufel. Frank selbst dient Asmodis bereits. Er tötet seine Frau und wird daraufhin verhaftet. Jahre später bricht er aus und bringt diejenigen um, die ihn verhaftet hatten. John und Suko werden Augenzeugen eines dieser Morde und töten Frank mit zwei Silberkugeln. Bei der Beerdigung tritt Martin die Nachfolge seines Vaters an. John verfolgt ihn, wird aber überwältigt und gerät so in Martins Hände. Suko kann John befreien. Martin ersticht sich selbst, als er keinen Ausweg mehr sieht.

TB74 – Tödliche Märchen
Die Geschichtenerzählerin Grandma Gardener lockt Kinder zu sich, um sie dem Satan zu opfern. Die Mutter eines der Kinder informiert John. Der findet heraus, wo Grandma Gardener lebt. Dort trifft John auf Lilith, die er mit dem Kreuz vertreibt. Dadurch tritt Grandma Gardener auf den Plan. Sie zaubert mit einem Mörderbuch allerhand mörderische Märchengestalten hervor, die John jedoch vernichten kann. Er zerstört das Mörderbuch mit dem Kreuz. Es geht in weißmagischen Flammen auf, die auch Grandma Gardener zum Verhängnis werden.

TB75 – Verliebt, verlobt und eingesargt
John erhält einen anonymen Anruf, der ihn auf die Spur von Susy Parker bringt. Sie hat bereits mehrere Männer getötet, mit denen sie verlobt war. Er trifft Sidney Ferry, den anonymen Anrufer. Zusammen suchen sie Susy auf. Sie finden

heraus, daß Susy und ihre Mutter ein und dieselbe Person sind, die sich jeweils in die andere Person verwandeln kann. Beide sind mit Asmodis verbündet. John gelingt es, Susy mit dem Kreuz zu erlösen. Die Gestalt der Mutter tötet er mit einer Axt.

TB76 – Geisterstunde in Los Angeles
[Laurie Ball stirbt]
[TB76 erschien nach Band 471 der Erstauflage]
In einem Studio in Hollywood befindet sich ein Tor nach Aibon. Dr. Horror will es an sich reißen. John, Suko und Bill werden von einem Autor nach Los Angeles geholt. Sie bleiben in einem künstlichen Stau stecken. Dort wird John von den Freunden getrennt. Er wird zu Dr. Horror gebracht, aber von der Zwergin Laurie Ball gerettet, die von Dr. Horror als Strafe getötet wird.

TB77 – Der Doge, sein Henker und ich
In Venedig werden drei Leichen gefunden. Jane und John finden heraus, daß der untote Doge Cabrisi und sein untoter Henker Turrio dafür verantwortlich sind. Während John gegen den Henker kämpft und ihn mit dem Kreuz tötet, wird Jane entführt und in den Palast Cabrisis gebracht. Dort soll sie dem Dogen geopfert werden. Dieser spürt Janes Hexenkeim und zögert mit dem Mord. John taucht auf und tötet den Dogen mit dem Silberdolch.

TB78 – Knochen-Poker
Tommy Moore findet den Schädel eines Vampirs. Dieser Schädel verwandelt ihn in einen Vampir, wenn er ihn wie eine Maske überstreift. John und Suko verfolgen Tommy, und John tötet den Vampir samt Maske, indem er sein Kreuz auf die Maske drückt.

TB79 – Wenn Werwolf-Pranken streicheln
John hört im Radio von einem Mädchen, dessen Großeltern Werwölfe sein sollen. Er will der Sache auf den Grund gehen. Als er bei der Familie eintrifft, erfährt er, daß die Tochter entführt wurde. John und Suko nehmen zusammen

mit den Werwölfen die Verfolgung auf. Einer der Werwölfe befreit die Tochter. Kurz darauf muß John den einen Werwolf in Notwehr erschießen. Der andere Werwolf wird von Suko getötet.

TB80 – Todesküsse
Rowena de Largo stellt aus den Resten einer atlantischen Sphinx Lippenstifte her. Wer sich damit schminkt, verspürt den Drang, Männer zu küssen, die daraufhin sterben. John nimmt, von Kara gewarnt, die Verfolgung Rowenas auf. Er wird nach Atlantis entführt. Dort tauchen auch Kara und Suko auf. Kara tötet die Sphinx im Kampf, während Suko John befreit. Die drei reisen in die Gegenwart zurück.

TB81 – Die Mordaugen von Brüssel
Der Dämon Radek setzt in die neun Kugeln des Brüsseler Atomiums je ein magisches Auge. Diese Augen können, wenn sie die Kugeln verlassen, Menschen zu Radeks Dienern machen. Maurice Reuven erfährt dies und holt John und Bill nach Brüssel. Beim Atomium tötet John Radek mit seinem Bumerang und befreit die Menschen aus seinem Bann.

TB82 – Grauen im Pentagon
John und Suko werden ins Pentagon gerufen, da es anscheinend CIA-Agenten gibt, die Zombies sind. Sie treffen auf Bernie F. Rushmore, der Zombiepillen erfunden hat. Mit Hilfe der Zombies will er das Pentagon übernehmen. Er will John und Suko töten, was mißlingt. Verfolgt von den beiden, töten seine eigenen Leute ihn versehentlich. Die Zombies können mit Hilfe eines Gegenmittels wieder in Menschen zurückverwandelt werden.

TB83 – Das Blut der Medusa
In der Nähe der griechischen Insel Hydra wird ein verschwundener Mensch gefunden. Er ist versteinert, was John auf den Plan ruft. Er begibt sich auf die Insel Hydra, wo er noch weitere Versteinerte findet. Dort trifft er den Maler de Greco, der ein Bild der Medusa gemalt hat. Dieses hängt in

Wien und wird von Sheila und Bill Conolly gesehen, die Suko zur Hilfe rufen. Er zerstört das Bild mit der Dämonenpeitsche. Dadurch wird auch der Maler getötet. John trifft zu dieser Zeit auf die Obermedusa Flora und ihre Gehilfinnen. Er tötet Flora mit dem Bumerang, wodurch auch ihre Gehilfinnen sterben.

TB84 – Ein Hauch von Moder
Sir James und Glenda Perkins werden von dem angeblichen Praktikanten Basil Hartford nach Schottland entführt. John und Suko folgen ihnen. John weiß vom Dunklen Gral, daß in Schottland einige Baphomet-Templer wiedererweckt worden sind. Es gelingt John und Suko, Sir James und Glenda zu befreien. Danach vernichten sie die untoten Templer und Basil Hartford mit Hilfe des Dunklen Grals und des Geistes von Hector de Valois.

TB85 – Lady Ghoul
John erfährt, daß ein berühmtes Fotomodell in Wirklichkeit der Ghoul Celeste sein soll. Er folgt ihm bis ins türkische Mittelmeer. John gerät in die Fänge der Anhänger Celestes. Er wird ins Mittelmeer geworfen, jedoch von einer ausgestoßenen Anhängerin gerettet. Zurück auf der Insel, tötet er Celeste mit dem Bumerang.

TB86 – Der Zauberer von Stonehenge
Der Zauberer von Stonehenge, bestehend aus unzähligen Glasscherben, wird wiedererweckt. Da er sich jedoch ständig wieder entmaterialisiert, sucht Phil Grover die letzte noch fehlende Scherbe. Er findet sie im Beisein von John und Suko. Die drei begeben sich nach Stonehenge. Dort wird Phil getötet und Suko auf einen Opfertisch gebunden. John kann den Zauberer mit der Dämonenpeitsche töten und Suko retten.

TB87 – Der Horror-Helikopter
Der Dämon Nadir Shive hat seine Haut dem Götzen Baal geopfert. Mit der Haut hat er einen Helikopter bezogen, der dadurch kugelsicher wurde. Mit dem Helikopter werden

mehrere Anschläge durchgeführt, u.a. auf Soho. Dadurch werden John und Suko auf den Plan gerufen. John bringt den Helikopter zum Absturz und tötet Nadir mit dem Silberdolch. Suko vernichtet den Helikopter mit der Dämonenpeitsche.

TB88 – Mein Flirt mit der Blutfrau
John macht in Spanien Urlaub und entdeckt durch Zufall die Blutfrau Lavinia di Luna, die als Untote Jahrhunderte überlebte. Er findet in einer Höhle ihren Altar, der ihr Kraft spendet, und zerstört ihn. Nachdem er aus der Höhle herausgefunden hat, tötet er Lavinia mit dem Kreuz.

TB89 – Das Voodoo-Syndikat
John und Suko erhalten von Logan Costello Informationen über den Voodoo-Gott Macumba. Dieser will London mit Zombies überschwemmen. Macumba will Costellos Stellung übernehmen und ihn aus diesem Grunde umbringen. John und Suko gelingt es, Costello vor Macumba zu retten. Der Voodoo-Gott verläßt seinen Körper, als er merkt, daß er verloren hat, verspricht aber, in anderer Gestalt zurückzukehren.

TB90 – Der Angstmacher
Der Dämon Schaazar floh vor Jahrhunderten vor Asmodis und versteckte sich in einer Harfe. Diese ist nun im Besitz eines Händlers, der John informiert, als er sie verkauft. Die Käuferin der Harfe gerät unter den Einfluß des Dämons. Sie reist, gefolgt von John, nach Deutschland. Dort holt sie Schaazar aus der Harfe heraus. Der Dämon bannt John. Asmodis taucht auf und vernichtet Schaazar entgültig. Er will dafür eine Seele mit in die Hölle nehmen. Da John durch sein Kreuz geschützt ist, tötet er die Käuferin der Harfe.

TB91 – Der rollende Galgen
Der Indianerhäuptling Aconagua kehrt auf die Erde zurück. Er wurde vor Jahrhunderten hingerichtet und will sich nun rächen. John und Suko werden von Abe Douglas nach New

York geholt. John gelingt es, Aconagua den Rückweg in seine Dimension zu verschließen. Daraufhin nimmt Aconagua eine Geisel, die er von der Brooklyn-Bridge stoßen will. Das mißlingt, und er stirbt selbst, als er von der Brücke fällt.

TB92 – Blutmond der Templer
John, Suko und Abbé Bloch reisen mit dem silbernen Skelett von Hector de Valois nach Malta. Der Abbé erhielt Visionen vom Würfel des Heils, der ihm den Blutmond zeigte. Diesem Blutmond wurden bereits vor Jahrhunderten von alten Atlantern Templer als Opfer dargebracht. Hauptverantwortlicher ist Dragut. Er will den Abbé töten, was das silberne Skelett aber verhindert. Dragut wird gefangengenommen. Er befreit sich aber und will Suko opfern. Suko wird vom Würfel des Heils gerettet, der auch die Magie des Blutmondes vernichtet, welcher zuvor Dragut auflöste.

TB93 – Dekan Diavolo
[Dekan Diavolo stirbt durch die Aktivierung von Johns Kreuz mit der heiligen Silbe AUM]
[TB93 erschien nach Band 544 der Erstauflage]
Dekan Diavolo und sein Gehilfe Goran stellen John und Suko im Bayerischen Wald eine Falle. John und Will Mallmann werden von Anhängern des Dekans gefangengenommen, während sich Suko allein zu ihm begibt. Der Dekan will John in eine andere Dimension schleudern. Dieser aktiviert jedoch sein Kreuz mit der heiligen Silbe AUM und vernichtet so den Dekan.

TB94 – Die Psychonauten
Fatima, eine wiedergeborene Tochter Nechbeths, wird entführt, um den Psychonauten das Wissen der Welt zu vermitteln. Gefolgt von John und Suko wird sie nach Ägypten zur Cheops-Pyramide gebracht. Dort soll sie den Psychonauten den Raum zeigen, in dem sich das Dritte Auge befindet. Fatima zeigt ihnen im Beisein von John und Suko den Raum, wo aber alle Psychonauten vernichtet werden. John gelingt es, Fatima vom Geist Nechbeths zu befreien.

TB95 – Kuscheltier-Grauen
Der von einem Dämon besessene Ernie verwandelt Kuscheltiere in Monster. Er verkauft die Tiere mit Hilfe des Radiosenderbesitzers Koonz. Der Mord an einem Mitarbeiter von Koonz bringt John und Suko auf ihre Spur. Bei der Durchsuchung der Wohnung des Ermordeten wird Suko von einem Teddy angegriffen. Koonz kann John und Suko in seine Gewalt bringen. John befreit sich und treibt mit seinem Kreuz den Dämon aus Ernies Körper, wodurch die Stofftiere zurückverwandelt werden.

TB96 – Das Grab der Königin
[Hinweis darauf, daß John bereits als König Salomo gelebt hat]
[TB96 erschien nach Band 558 der Erstauflage]
Morgana Layton will die Königin von Saba töten und ihre Nachfolge antreten. John, Suko und Dr. Jenna Jensen machen sich auf den Weg zum Grab der Königin. Morgana bringt sich in den Besitz des Dunklen Grals. Hiermit kann sie die Königin töten. Sie holt die Königin herbei. Bevor sie den Dunklen Gral und damit die Königin zerstören kann, taucht John auf und hindert sie daran. Fenris rettet Morgana aus den Händen Johns.

TB97 – Das Horror-Restaurant
[1. Auftritt von Jessica Long]
[TB97 erschien nach Band 561 der Erstauflage]
Ein Kollege Bills wird vor dem Horror-Restaurant von einem Ghoul ermordet. John und Bill besuchen daraufhin das Restaurant, während Suko sich hineinschleicht. Das Restaurant wird zum Planeten der Magier entführt. Suko wird gefangengenommen. John findet heraus, daß die Besitzerin des Restaurants selbst ein Ghoul ist. Bill tötet sie mit einer Silberkugel, während John Suko befreit.

TB98 – Tödlicher Puppenzauber
Der von einem Dschinn besessene Mr. Bing verwandelt Puppen in Bestien. Vor Johns Augen wird ein Mann von den Puppen ermordet. Nachdem auch Suko fast ein Opfer der

Puppen wird, finden sie Bing. Als der merkt, daß er verloren hat, tötet er sich mit Johns Silberdolch, wodurch die Puppen wieder normal werden.

TB99 – Hüte dich vor Dracula
[Will Mallmann ist definitiv ein Vampir (Dracula II)]
[Die Vampirin Reva stirbt durch mehrere Silberkugeln]
[TB99 erschien nach Band 570 der Erstauflage]
Dracula II will sein Vampirreich errichten und stiehlt aus diesem Grunde Draculas Blut aus Rumänien. Es verwandelt jeden, der es trinkt, in einen Vampir. Marek verfolgt Mallmann nach London. Zusammen mit John und Suko jagt er Dracula II. Sie stellen ihn und die Vampirin Reva. Reva wird von Suko mit mehreren Silberkugeln erschossen, während Mallmann die Flucht gelingt.

TB100 – Luzifer
[Der Seher besteht aus: 1. König Salomo, 2. Nostradamus, 3. John Sinclair]
[Die verschwundenen Zeichen von Johns Kreuz werden von Lilith zurückgegeben]
[Mandra Korab hat seine fünf in Aibon verlorenen Dolche durch neue ersetzt]
[TB100 erschien nach Band 574 der Erstauflage]
Lilith bemächtigt sich Glenda Perkins, die John und Jane in die Hölle lockt. Dort soll John am Rad der Zeit sterben. Vorher wird er von König Salomo über die Personen informiert, aus denen der Seher besteht. Suko ruft mit Hilfe des Dunklen Grals die Königin von Saba herbei. Sie rettet John vom Rad der Zeit. John erhält von der in die Defensive gedrängten Lilith die gestohlenen Kreuzzeichen zurück und kann mit Jane aus der Hölle fliehen.

TB101 – Die Schwert-Legende
[Yakups Freund Ali wird von Shimada getötet]
[Yakup findet das Schwert Kusanagi-no-tsurugi]
[TB101 erschien nach Band 579 der Erstauflage]
Shimada hat das Schwert entdeckt, mit dem er Amaterasu töten kann. Da es aber von ihrem Bruder, dem Mondgott

Tsukiyomi beschützt wird, entführt er Yakup. Gleichzeitig informiert Shao John und Suko über die neue Lage. John und Suko finden das Schwert, obwohl sie von Shimada bedroht werden. Während Suko das Schwert ergreift, bedroht Shimada Shao. Yakup greift Shimada mit dem neuen Schwert an. Shimada gibt auf und verschwindet. Aus Rache über seine Niederlage tötet er Yakups Freund Ali.

TB102 – Killer-Camping
Der Campingplatzbesitzer Art Cromwell verbündet sich mit einem unter dem Platz lebenden Druiden. John, Jane und Lady Sarah Goldwyn fahren als Gäste getarnt auf den Campingplatz. John gelingt es, den Druiden zu überlisten und zu verbrennen.

TB103 – Die Brut hinter der Mauer
Im Dartmoor haben die Psychonauten einen Stützpunkt errichtet. Die Psychonauten werden getötet. Nur einer überlebt und kann in den Körper eines Lehres flüchten. Dieser macht mit Kindern, u.a. Johnny Conolly, einen Ausflug. Er hat die Absicht, die Kinder zu töten. John und Bill folgen den Kindern aus Angst, es könne im Moor etwas passieren. Der Lehrer will die Kinder in den Sumpf locken, was der Geist Nadine Bergers verhindert. Bill kann den Lehrer mit einer Silberkugel töten.

TB104 – Geheimauftrag Phantom
John untersucht den Fall dreier ermordeter Schülerinnen. Er trifft Angel, ein Mädchen, das er befreien soll. Als er mit ihr das Internat verläßt, stellt er fest, daß in ihr das Böse lauert. Sie will John töten, was nicht gelingt. Aus Verzweifelung stürzt sie sich in eine Schlucht und stirbt.

TB105 – Zaduks Schädel
Zaduk, einst Anführer der Vogelmenschen und vom Schwarzen Tod geköpft, überlebt als Geist in einem riesigen Totenschädel. Die Flammenden Steine verraten Kara, Myxin und dem Eisernen Engel, wo der Schädel auftauchen wird. Als er in London erscheint, sind John und Suko bereits infor-

miert. Auch Kara, Myxin und der Eiserne tauchen dort auf. John verschwindet im Maul Zaduks, kann jedoch gerettet werden, da Kara und der Eiserne den Schädel mit ihren Schwertern zerstören.

TB106 – Babylon in Hongkong
[Suko trifft seinen Vater, der von John getötet wird]
[TB106 erschien nach Band 601 der Erstauflage]
Suko erhält eine Nachricht von seinem angeblich toten Vater. Um der Sache auf den Grund zu gehen, reisen er und John nach Hongkong. Dort treffen sie auf den Mandarin, Sukos Vater. Er will, daß Suko seine Nachfolge antritt, was dieser jedoch ablehnt und deshalb getötet werden soll. John kann den Mandarin mit einer Harpune, die er von Shao erhalten hat, töten und dessen Dschunke zu versenken.

TB107 – Kassandras Fluch
[1. Auftritt von Sir James Powells Frau Kassandra]
[TB107 erschien nach Band 606 der Erstauflage]
John und Suko haben den Auftrag, drei Teile eines Ringes zu besorgen. Nachdem sie dies geschafft haben, sollen sie diesen zu Kassandra, Sir James' Frau, bringen. Sie fügt die Teile zusammen und kann nun in die Zukunft sehen. Sie sieht einen Mann, der den Kölner Dom entweihen will. In Köln treffen sie Wladimir Golenkow. Gemeinsam mit Kassandra gelingt es den dreien, die Entweihung des Doms zu verhindern.

TB108 – Die Toten vom Klan
Abe Douglas informiert John und Suko über Aktivitäten des Ku-Klux-Klans. Als sie in den USA eintreffen, werden sie vom Klan überfallen. Während John gefangengenommen wird, entkommt Suko. John lernt den Anführer Mr. Voodoo kennen, der sich als Ghoul entpuppt. Suko kann John befreien, der die Verfolgung des Ghouls aufnimmt und ihn mit dem Kreuz tötet.

TB109 – Teufels-Friedhof
Frank Oschinski leitet in Dortmund eine Gruftie-Disco. Er

hat mit Blut den Teufel beschworen. John und Suko können nicht verhindern, daß die Grufties ein Menschenopfer bringen. John bleibt auf dem Friedhof zurück, wo die Beschwörung stattgefunden hat, als der Spuk auftaucht. Der Teufel hat ihm einige Seelen gestohlen, die er sich nun zurückholt. Der Friedhof verschwindet ins Reich des Spuks und damit auch der darauf liegende Frank Oschinski.

TB110 – Dracula II
Frantisek Marek findet in Rumänien Spuren von Dracula II. Als John und Suko dort auftauchen, ist Frantisek bereits auf der Suche nach ihm. Bei der Verfolgung tappt John in eine Falle Mallmanns. Der will mit dem Blutstein Johns Kreuz vernichten. Er hindert John daran, das Kreuz zu aktivieren. Das aber gelingt dem hinzukommenden Suko, und Mallmann muß die Flucht ergreifen.

TB111 – Der Tod aus dem Norden
Durch ein Zeitloch taucht in Seabrake ein altes Wikinger-Schiff auf. John wird in die Vergangenheit verschlagen. Suko entdeckt eine Voodoo-Puppe und entfernt die Nadeln aus ihr. Das Schiff mit den Wikingern und John landet erneut in Seabrake. Nun sind die Wikinger jedoch Zombies. Suko vernichtet die Voodoo-Puppe, während John den Anführer der Wikinger mit einer Voodoo-Nadel tötet und damit auch die anderen Wikinger und das Zeitloch vernichtet.

TB112 – Das 5-Minuten-Grauen
Vier Frauen haben mit Asmodis einen Pakt geschlossen. Sie müssen ihm Menschen opfern und erhalten als Gegenleistung dafür das ewige Leben. Die getöteten Menschen verwandeln sich in Schlamm, den die Frauen als Kosmetik benutzen. John kommt den Frauen durch eine Schlammprobe auf die Schliche. Nach einem Kampf mit Asmodis kann John den Schlamm vernichten, wodurch auch der Pakt mit Asmodis zerstört wird.

TB113 – Geboren in Atlantis
Kara meldet sich bei John. Der untersucht gerade einen

Mordfall. Kara teilt ihm mit, daß er den Fall nur in Atlantis lösen kann. Während sich Suko in London umschaut, reisen John und Kara nach Atlantis. Es stellt sich heraus, daß der Mörder ein Schwarzer Priester ist, der gleichzeitig in London lebt. Den Körper in Atlantis kann John zerstören. Zurück in London finden sie den in der Gegenwart lebenden Priester, und Kara tötet ihn mit dem goldenen Schwert.

TB114 – Yakuza-Rache
In London tauchen zwei Zombie-Yakuza auf. Sie entführen Suko in die Festung Shimadas. John ist gerade in einem japanischen Restaurant, als Shimada auftaucht, um ihn und Suko zu töten. Bevor ihm dies gelingt, taucht Shao auf und vertreibt Shimada mit Amaterasus magischem Fächer.

TB115 – Die Maske
Ein Verrückter hat einen dämonischen Fuchs ausgegraben und sich aus dessen Haut eine Maske angefertigt. Dadurch wird er zu einem gefährlichen Killer. John und Suko verfolgen ihn und finden ihn in einem Versteck unterhalb eines Klosters. Es stellt sich heraus, daß der Killer der Bruder einer Nonne des Klosters ist. Er will sie töten, doch John und Suko können ihn mit zwei Silberkugeln vernichten.

TB116 – Jericho
[1. Auftritt des Dämons Jericho, auch Kajuara genannt]
[TB116 erschien nach Band 649 der Erstauflage]
Bei dem Versuch, die vier führenden amerikanischen Wirtschaftsbosse zu fotografieren, stellt der Fotograf Eißler fest, daß Jericho nicht auf den Fotos zu erkennen ist. Abe Douglas bekommt Wind davon und holt John und Suko in die USA. Sie begeben sich zu Jerichos Wohnort. Er kann, wie sich herausstellt, Träume manipulieren. John und Suko geraten in seine Traumwelt. John aktiviert sein Kreuz. Die Erzengel vertreiben Jericho, können ihn jedoch nicht endgültig vernichten.

TB117 – Das Bluthaus
Mason Todd hat einen Ghoul im Garten, der bereits seit

Jahrhunderten dort lebt. Er informiert John, der den Ghoul tötet. John erfährt, daß der Ghoul der Bewacher eines Friedhofes war. Auf diesem Friedhof lag der Teufelszwerg Mondrian begraben, der nun erwacht. John erfährt seine Geschichte. Der Zwerg will John töten, doch der vernichtet ihn mit seinem Kreuz.

TB118 – Knochenmond
[1. Auftritt von Barry F. Bracht alias Zebulon]
[TB118 erschien nach Band 657 der Erstauflage]
Der Dämon Jericho ist wieder aufgetaucht. John fährt mit Suko zu diesem Ort. Ebenfalls dabei ist Zebulon. Die drei finden die Menschen im Ort schlafend vor. Jericho hat sie in seine Welt geholt. John und Zebulon reisen in Jerichos Welt. John verwandelt sich in Hector de Valois. Zebulon rettet die Menschen und tötet Hector. Statt seiner ist nun John selbst in Jerichos Reich. Durch das Verschwinden der Menschen kann Jericho seine Welt nicht mehr aufrechterhalten. Zebulon rettet John und kehrt mit ihm zurück zur Erde.

TB119 – Siras Totenzauber
[John findet das Palmblatt, auf dem Nadine Bergers Zukunft beschrieben ist]
[TB119 erschien nach Band 658 der Erstauflage / Fortsetzung dieser Story in Band 659 der Erstauflage]
John soll einen Mann beschützen, der in der Palmenbibliothek seine Zukunft sah. Trotz Bewachung stirbt er. In der Wohnung des Toten trifft John dessen Frau Sira. Sie warnt ihn davor, weiterzuforschen. Neugierig geworden, reist er mit Suko und Mandra Korab zur Bibliothek nach Indien. Er trifft erneut auf Sira, die die Biblkiothek übernommen hat und ihn nun töten will. John gelingt es, ihr das Palmblatt mit Nadine Bergers Zukunft zu entreißen. Daraufhin aktiviert er sein Kreuz mit der heiligen Silbe AUM und vernichtet so den Körper Siras, der Geist aber entkommt.

TB 120 – Der Zombie-Pharao
John will in Ägypten das Verschwinden des Atlantisforschers Gamal Asira erkunden. John und Bill reisen nach

Ägypten und finden Gamal. Die beiden werden von Gamals Tochter getäuscht. Sie lockt sie weg, entführt ihren Vater in die Wüste und opfert ihn dem Pharao Hoison. John und Bill folgen ihnen. John verschwindet im riesigen Maul Hoisons. Dort trifft er Gamals Tochter wieder. Er aktiviert sein Kreuz und vernichtet so Hoison. Auch Gamals Tochter stirbt.

TB121 – Ninja-Rache
Yakup vernichtet nahe Alis Grab einen Tengu. Kurz darauf findet er den Leichenbaum im Kloster zerstört vor. Alis Grab wird zu dieser Zeit geschändet. Yakup sieht es und schwört Shimada Rache, den er dafür verantwortlich macht. Er gerät in eine Falle. Shao warnt John und Suko vor Shimada. Die beiden treffen in San Francisco auf dessen Burg. Shao befreit Yakup aus Shimadas Burg, während John und Suko die Tengus vernichten.

TB122 – Der Entertainer
Ein Kollege Johns wird in Rio ermordet. Er und Suko besuchen Madame Oviano, die Kontakt zum Dämonenreich hat. Madame Oviano eröffnet ihrem Medium, daß sie es war, die den Entertainer erschuf, der die Morde in Rio begangen hat. Ihr Medium tötet sie daraufhin. Kurz vor ihrem Tod teilt Madame Oviano ihr den Namen des Entertainers mit. Das Medium informiert John, und der kann mit Suko zusammen den Entertainer erschießen.

TB123 – Die Braut des Spuks
[John erfährt die Lebensgeschichte des Spuks]
[TB123 erschien nach Band 675 der Erstauflage]
John trifft den Spuk und erfährt, daß er etwas in Jordanien plant. In Jordanien erkennt er, daß die Göttin Anat wieder zum Leben erweckt werden soll. Er trifft erneut den Spuk, der ihm seine Lebensgeschichte erzählt. Anat will den Spuk vernichten, der früher ihr Gatte war. John aktiviert sein Kreuz, und Anat wird von den Erzengeln für immer vernichtet.

TB124 – Atlantis in London
John trifft einen atlantischen Dämon namens Hermes. Bei der Verfolgung von Hermes trifft John auf Polydor. Der flieht vor ihm durch ein Dimensionstor. John folgt ihm, wird aber gefangengenommen. Kara taucht auf und fesselt Hermes. Sie schickt ihn durch das Dimensionstor, das sich daraufhin schließt. John entkommt zuvor, und Suko tötet Polydor mit der Dämonenpeitsche.

TB125 – Das Fest der Köpfe
John hört Gerüchte von auftauchenden Zombies. Bei seinen Nachforschungen in Irland wird er gefangengenommen. Suko folgt ihm, als er nichts meh von ihm hört. John trifft derweil Dr. Stepanic. Er hat Macht über die Zombies. John entkommt ihm und trifft Suko. Die beiden verfolgen Stepanic und können ihn verhaften.

TB126 – Draculas Eisleichen
[Der Blutstein und Cigam neutralisieren sich gegenseitig]
[TB126 erschien nach Band 688 der Erstauflage]
John und Suko erfahren von Wladimir Golenkow, daß Dr. Stepanic im russischen Eismeer gesehen wurde. Sie können Stepanic überwältigen. Nun greift aber Cigam die Station mit einem Heer von Zombies an. Die drei erfahren, daß Cigam eine Blutsaugerarmee von Dracula II vernichten will. Sie werden Zeugen, wie Cigam die Blutsauger vernichtet und sich dann Dracula II stellt. Cigam und Mallmanns Blutstein neutralisieren sich gegenseitig. Stepanic flieht während des Kampfes, stürzt aber zu Tode. Dracula II und Cigam entkommen.

TB127 – Der Azteken-Götze
In Mexiko lebt ein alter Atlanter, der sich als Azteken-Götze ausgibt. Er wurde einst vom Eisernen Engel aus Atlantis vertrieben. John, Suko und der Eiserne begeben sich nach Mexiko. Abe Douglas ist dem Götzen, der Xitopec heißt, in die Hände gefallen. Während sich John und Suko um Abe kümmern, gelingt es dem Eisernen, Xitopec zu täuschen und mit seinem Schwert zu töten.

TB128 – Die Grabstein-Clique
John und Suko erfahren von einem alten Grab. Mit der Hilfe des Grabes wollen vier Menschen Kontakt zu Asmodis herstellen. Sie begeben sich in die Hölle. Als John und Suko auftauchen, treffen sie auf Asmodis und erfahren, daß das Grab ein Dimensionstor in sein Reich ist. Sie zerstören das Tor. Asmodis schickt aus Wut die vier Diener zurück, um John und Suko zu töten. Sie vernichten die vier Teufels-Diener jedoch.

TB129 – Hütet euch vor Harry
Jane warnt John vor einem Dämon namens Harry. Dieser rettet Johnny Conolly und wird dessen Freund. Sie besuchen John. Harry spürt die Ausstrahlung des Kreuzes und flüchtet. John begibt sich mit Jane zu den Conollys. Dort hat Harry Sheila bereits überwältigt. Er besitzt die Macht der Wiedergeburt. Sobald er sich selbst frißt, wird er an anderer Stelle wiedergeboren. Bevor er seine Macht allerdings einsetzen kann, zerstört John ihn mit dem Kreuz.

TB130 – Die Voodoo-Witwe
John und Suko suchen in Monaco einen Mörder. Sie treffen eine Madame Surenuse, die, wie sich herausstellt, die Mutter des Killers ist. Sie wohnen einem Voodoo-Ritual bei. Madame Surenuse will mit diesem Ritual ihren Sohn herlocken und sich unsterblich machen. John kann sie zuvor mit dem Kreuz vernichten und tötet ihren Sohn mit einer Silberkugel.

TB131 – Grauen im Grand Hotel
In einem Schweizer Hotel wurde ein britischer Agent ermordet. John untersucht den Fall und trifft auf Wladimir Golenkow, der im Auftrag des russischen Geheimdienstes dort ermittelt. John spürt einen Dr. Satorius auf, der Wladimir gefangenhält. Er hat sich zusammen mit dem Dämon Farrax eine Zombiearmee aufgebaut, der Wladimir nun zum Opfer fallen soll. John kann Farrax mit seinem Kreuz zerstören. Das durch die Zerstörung entfachte Feuer verletzt Dr. Satorius schwer, während Wladimir unverletzt gerettet wird.

TB132 – Miss Monster
Der Geist eines uralten Ghouls ist erwacht und übernimmt mit Hilfe eines Totenschädels den Körper von Wiebke Crotano. Diese läßt den Totenschädel zunächst zwei verhaßte Lehrer töten. Alarmiert durch Träume von Barry F. Bracht begeben sich dieser und John zum Internat. Auf einem See im nahegelegenen Moor kommt es zum entscheidenden Kampf. Barry F. Bracht gelingt es, sein Traum-Ich Zebulon zu aktivieren. Dieser bekämpft auf dem Grund des Sees den Ghoul und kann ihn vernichten. Durch den Tod des Ghouls fällt der Bann von Wiebke ab, die sich an die Vorkommnisse, die während ihrer Besessenheit passiert sind, nicht mehr erinnern kann.

TB133 – Der Hexenmeister
Eine Nonne wird vom Hexenmeister getötet. Ihr Geist kehrt jedoch zurück und beschützt fortan die Familie Testi, deren Vater sie fand, ihr aber nicht mehr helfen konnte. John wird Zeuge einer ihrer Rettungen. Zusammen mit Romano Testi begibt er sich nach Italien, um das Geheimnis der Nonne und des Hexenmeisters zu ergründen. Der Hexenmeister taucht dort erneut in einem Kloster auf, um eine weitere Nonne zu töten. John erscheint im Kloster und folgt dem Hexenmeister in den Keller des Klosters. Dort entpuppt er sich als Cigam. John attackiert ihn mit seinem Kreuz, doch Cigam wird von Luzifer gerettet.

TB134 - Flucht nach Avalon
[John erfährt Neuigkeiten über den Dunklen Gral und dessen Wirkungsweise]
[Nadine Berger teilt John mit, daß sie in Avalon bleiben wird]
[TB134 erschien nach Band 725 der Erstauflage]
John wird nach Glastonbury geholt, da sich dort ein Tor nach Avalon befinden soll. Mit Nadine Bergers Hilfe begibt er sich nach Avalon. Dort erfährt er von einem bösen Abt, dem es gelungen ist, von Avalon ins Weiße Haus zu gelangen, wo er versucht, die Macht an sich zu reißen. John reist mit dem Dunklen Gral nach Amerika, wo er den Abt

verteibt. In Glastonbury fordert er den Abt zum letzten Duell und vernichtet ihn mit dem Dunklen Gral. Nadine Berger hat John vorher bereits mitgeteilt, daß sie nicht mehr zur Erde zurückkehren, sondern in Avalon bleiben will.

TB135 – Gassen der Angst
[Semerias, der erste Werwolf von Atlantis und Herr der Schattenburg, wird vernichtet]
[TB135 erschien nach Band 730 der Erstauflage]
Durch einen brutalen Mord wird John auf die Spur von Semerias gebracht. Der erste Werwolf von Atlantis versucht, sich für die erlittene Niederlage an John zu rächen. John findet einen magischen Spiegel, der Semerias die Rückkehr in die Gegenwart ermöglicht hat. Weiterhin findet John eine Figur von Kara, durch die sie ihm mitteilt, daß er Semerias nur mit einer Scherbe aus dem magischen Spiegel töten kann. Mit Hilfe eines Schwertes der Figur kann John den magischen Spiegel zerstören. Als Semerias erneut auftaucht, greift John ihn mit der Scherbe an und vernichtet ihn endgültig.

TB136 – Der Gerechte
[1. Auftritt von Raniel, dem Gerechten]
[TB136 erschien nach Band 729 der Erstauflage]
Durch den Mord an einem Häftling erfahren John und Suko von Raniel, dem Gerechten. Sie vermuten zunächst einen Gegner, müssen aber dann erkennen, als er eine Kinderklasse vor einem Psychopathen rettet, daß er auf ihrer Seite steht. Sie suchen sein Elternhaus auf und treffen ihn dort. John und Suko erfahren, daß er ein Engelmensch ist und sich entweder als Mensch oder als Engelmensch zeigen kann. Er sagt ihnen, daß sie sich noch öfter treffen werden und daß sie aus dem Haus fliehen sollen, da sich dort sein böses Ich, von dem er sich getrennt hat, aufhält. Das böse Ich lebt im Körper seiner ehemaligen Freundin, und John und Suko werden von ihr angegriffen. Raniel taucht erneut auf und vernichtet sein böses Ich selbst, bevor er verschwindet.

TB137 – Karas Reich

Kara träumt von einer alten Stadt, in der sie Königin ist. Da sie nicht weiß, wo sich die Stadt befindet, reist sie mit Hilfe der Flammenden Steine nach Atlantis. Dort trifft sie den Schwarzen Tod wieder. Sie findet ein Bild von sich, das vor ihrem Kampf mit dem Schwarzen Tod in Sicherheit gebracht wird. Während des Kampfes mit dem Schwarzen Tod begibt sie sich mit Hilfe ihres goldenen Schwertes nach London. Dort trifft sie zwei Personen, die ihr Bild an sich nehmen wollen, um es wieder in die Vergangenheit zu bringen und es dort zu zerstören. Gleichzeitig haben die beiden Personen John entführt, um ihre Drohung noch zu verstärken. Kara tötet einen der Entführer und begibt sich zusammen mit dem anderen zu John. Kara tötet dort auch den zweiten Entführer. John wird befreit. Kara nimmt ihr Porträt an sich.

TB138 – Alptraum-Sommer

Durch das Verschwinden von drei Männern werden John und Suko nach Irland geholt. Dort erwartet sie Mandragoro und warnt sie, an dem Fall weiterzuarbeiten. John und Suko stört das nicht, und sie treffen auf den Jungen Kelly, der eine lebende Alraunenwurzel ist und vor über 100 Jahren von Aibon zur Erde kam. Er soll den Wald Mandragoros schützen, wird aber von Guywano gejagt, der eine Riesenspinne auf ihn angesetzt hat. Diese tötet den Jungen. John vernichtet die Spinne.

TB139 – Das Horror-Telefon

Tom Wade, ein Mitglied des kosmischen Rats, versucht dem Teufel Zugang zum Rat zu verschaffen. John und Suko begeben sich zu einem Mann, der mit dem kosmischen Rat in Kontakt treten kann. Er bringt John in die Dimension des Rats, wo dieser die Geschichte der Entstehung hört. Tom Wade versucht gleichzeitig, den beiden den Rückweg zur Erde zu verbauen. Er will in seiner geisterhaften Zweitgestalt Suko ausschalten. Suko kann die Zweitgestalt jedoch vernichten. Tom wird von seiner Verlobten mit einer Scherbe getötet, da er versucht hat, ihre beste Freundin zu töten.

TB140 – Die Gespenster-Gruft
In London opfern Satanisten, die von Gig Serrano angeführt werden, einen Gruftie und einen Totengräber den in einer Gruft existierenden Höllengeistern. Dabei werden sie von einem Journalisten fotografiert, der John und Suko den Ort der Gruft verrät. Die beiden retten den Journalisten vor den Satanisten. Der einzige Überlebende, Gig, begibt sich zur Gruft, wo er die dort erschienenen Grufties einsperrt. Bevor die Höllengeister diese töten können, werden diese von John mit dessen Kreuz vernichtet. Zuvor hat John Gig bereits mit Silberkugeln getötet.

TB141 – Der Blut-Pirat
Durch eine Sprengung kommt der uralte Vampir Rabanus, auch Blut-Pirat genannt, frei. Asmodis will ihn als Gegenpol zu Dracula II einsetzen und läßt ihn von Logan Costello entführen. Auch John und Suko finden die Spur des Blut-Piraten und landen bei Costello. Dieser erhält gleichzeitig Besuch von Dracula II. Rabanus greift Dracula II an. Dieser stiehlt John seine Beretta und verletzt Rabanus mit Silberkugeln. Da Rabanus gleichzeitig eine Kreatur der Finsternis ist, stirbt er erst, als Suko ihn mit der Dämonenpeitsche angreift. Dracula II ergreift die Flucht, bevor John ihn vernichten kann.

TB142 – Das Stonehenge-Monstrum
[John erfährt einen Teil der Entstehungsgeschichte des Spuks]
[TB142 erschien nach Band 760 der Erstauflage]
John und Suko treffen in London auf das Stonehenge-Monstrum, einen riesigen Kopf ohne Körper. Sie geraten in dessen Gewalt und sollen ihm geopfert werden. Der Spuk rettet sie jedoch. Er teilt ihnen mit, daß er und das Monstrum zur gleichen Zeit erschaffen wurden und Feinde sind. Das Monstrum will die Steine von Stonehenge übernehmen. Dort befinden sich auch John und Suko. Als das Wesen beginnt, die Steine zu übernehmen, taucht der Spuk auf, und es kommt zum Kampf. Der Spuk kann die Kraft des Monstrums zurückdrängen und dringt mit seiner Fin-

sternis in dessen Kopf ein. Er sprengt den Kopf durch seine
Magie.

TB143 – Friedhof New York
[Der Dämon Jericho wird von Chato vernichtet]
[TB143 erschien nach Band 764 der Erstauflage]
Jericho ist in New York aufgetaucht, um die Stadt zu zerstören. Er läßt die Freundin von Abe Douglas ermorden, der daraufhin John und Suko zur Hilfe holt. Er selbst wird von Jericho in dessen Welt geholt. Auch John und Suko gelangen in dessen Welt, und alle drei erleben den geplanten Untergang New Yorks mit. Im echten New York treffen gleichzeitig Jericho und der Indianer Chato aufeinander. Chato aktiviert seine Feuermagie und verbrennt Jericho innerlich. Dieser zerplatzt in tausend Stücke. Bevor er sich wieder zusammensetzen kann, weckt Chato die Schläfer Jerichos. Dadurch wird auch Jerichos Welt zerstört und der Dämon endgültig vernichtet.

TB144 – Das unheimliche Medium
Nora Shane hat durch einen Blitz unheimliche Kräfte erhalten. Sie übernimmt den Ort Weldon und treibt dessen Bewohner zu ungewöhnlichen Handlungen, die bis zum Mord gehen. John, der zufällig in dem Ort gelandet ist, fällt dieses Benehmen auf. Er holt Suko zur Hilfe. Nachdem er einige Menschen vor sich selbst gerettet hat, trifft er auf Nora. Diese hat mittlerweile Suko ausgeschaltet. John attackiert sie mit seinem Kreuz. Es zerstört eine Satellitenschüssel, die Nora ihre Kräfte gegeben hat. Nora selbst verliert nun die Kontrolle und verwandelt sich in einen Lichtblitz, der kurz darauf zerfällt. Der Bann Noras fällt von den Bewohnern ab.

TB145 – Der Schlitzer
John und Bill suchen auf einem Londoner Friedhof nach einer unheimlichen Gestalt. Sie stoßen dabei auf eine Leiche. Durch eine Zeugin kann ein Phantombild des Mörders erstellt werden. Sheila sieht das Foto und erkennt James Freeman. John besucht ihn, wird aber von dessen Schwester

ausgeschaltet. Er erwacht bei Freeman. Dieser teilt ihm mit, daß es ihm gelungen ist, eine Methode zu finden, wie man den bösen Teil vom Körper lösen kann. Er holt seinen bösen Teil hervor, der nun John töten soll. Bill taucht auf und greift das böse Ich, den Schlitzer, mit der Goldenen Pistole an. Da das böse Ich nicht verletzt werden kann, tauscht es seinen Platz mit dem echten Körper Freemans. Dieser stirbt in der Blase der Goldenen Pistole.

TB146 – Die Leichenuhr
John erhält in seinen Träumen Besuch von Gallio, einem Uhrmacher, der einst im Besitz von Luzifers Leichenuhr gewesen ist. Er brachte sich um, doch seine ehemalige Geliebte Lizzy Lamotte, eine Hexe, führte seinen Pakt bis heute fort. Gallio will, daß John die Uhr zerstört, damit er endlich Ruhe finden kann. Auf dem Gelände eines Zirkus findet John die Uhr. Lizzy überwältigt ihn und will ihn der Uhr opfern, die sich von Fleisch und Blut ernährt. Im letzten Moment tötet Suko Lizzy mit der Dämonenpeitsche. John vernichtet die Uhr mit seinem Kreuz. Kurz erscheint die Fratze von Luzifer, die jedoch sofort wieder verschwindet. Gallio findet durch die Zerstörung der Uhr nun endlich Ruhe.

TB147 – Der kopflose Rächer
Die schwarzen Henker töten ihren größten Feind, Richter Harker. Er kehrt als kopflose Leiche zurück, um sein Werk zu vollenden. John und Suko haben Wind von den schwarzen Henkern bekommen. Sie stellen deren Chef zur Rede. Den will Harker gerade töten. John vernichtet den Körper des Richters mit Silberkugeln. Der Kopf greift den Chef der schwarzen Henker an und tötet ihn. Dann zerstört John den Kopf Harkers mit einer Silberkugel.

TB148 – Die Totenfalle
Die Hellseherin Tabitha will mit Hilfe von Geistern das ewige Leben erlangen. Sie stirbt und verliert ihre Seele. Sie erscheint ihrer Sekretärin; diese soll ihre Freunde zu ihrem Begräbnis einladen. Die Sekretärin wendet sich an John. Der

besucht die Beerdigung. Durch die Seelen der Besucher will Tabitha das ewige Leben erlangen. Dies können John und Suko mit Hilfe von Kreuz und Dämonenpeitsche verhindern.

TB149 – Undines Rache
In Irland existiert ein See, der gleichzeitig ein Tor nach Aibon ist. John und Bill untersuchen den See und finden eine Nixe. Sie wurde von den »Freunden des Wassers« gefangen. Die wollen sie dem Licht aussetzen. Dadurch verwandelt sie sich selbst in Wasser, was die »Freunde des Wassers« anschließend trinken wollen. Bevor John und Bill die »Freunde des Wassers« ausschalten können, taucht die Obernixe Undine auf und vernichtet sie.

TB150 – Höllenzeit
[1. Auftritt von Monsignore Bentini, dem Chef der »Weißen Macht«]
[Hinweis darauf, daß sich die Bundeslade in Äthiopien befindet]
[Father Ignatius verläßt St. Patrick, um in Rom der »Weißen Macht«, dem Geheimdienst des Vatikans, beizutreten]
[TB150 erschien nach Band 795 der Erstauflage]
Father Ignatius erfährt, daß sich Kreaturen der Finsternis unter die Menschen gemischt haben. Er holt John in ein Kloster in Schottland. Hier lebt Shiram, der nach und nach dem Bösen verfällt. Er weiß, wo sich die Bundeslade befindet. Die Horror-Reiter sollen verhindern, daß er sein Geheimnis preisgibt. Bevor sie ihn mit vier Lanzen töten, erfährt John jedoch, wo sich die Bundeslade befinden soll. Nach dem Mord an Shiram zwingt John die Horror-Reiter mit seinem Kreuz zur Flucht.

TB151 – Cigams Sündenfall
[Cigams Schwester Altea wird getötet, nachdem sie und Cigam Logan Costello so schwer verletzt haben, daß dieser in einem Rollstuhl sitzen muß]
[TB151 erschien nach Band 799 der Erstauflage]
Cigams Schwester Altea ist auf der Suche nach Logan Costello. Durch den Mord an seinem Leibwächter kommen John und Suko ins Spiel. Die beiden folgen Altea und müssen mit ansehen, wie sie sich mit ihrem Bruder trifft und Costello rollstuhlreif verletzt wird. John gelingt es, Altea mit dem Kreuz zu töten, doch Cigam gelingt die Flucht.

TB152 – Avalons böse Schwestern
John erhält von Nadine Berger den Tip, daß drei böse Schwestern aus einem Zwischenreich, in das sie Merlin verbannt hatte, mit Asmodis' Hilfe geflohen sind. Die drei tauchen auf der Erde auf, wollen aber, als sie ihren Fehler bemerken, durch ein Tor zurück nach Avalon reisen. John kann eine der drei mit Silberkugeln töten. Den anderen gelingt die Flucht nach Avalon, wo sie jedoch durch den Nebel vernichtet werden.

TB153 – Vampirwelt
[Dracula II erhält von Luzifer die Vampirwelt]
[TB153 erschien nach Band 808 der Erstauflage]
Luzifer ermöglicht Dracula II die Errichtung seiner Vampirwelt. Assunga gelingt es, John in die Vampirwelt zu entführen. Barry F. Bracht informiert zu dieser Zeit Suko von den Ereignissen. Er begibt sich als Zebulon in die Vampirwelt. Dracula II will John so lange in seiner Welt halten, bis er so geschwächt ist, daß er ihm den Vampirkuß geben kann. Zebulon taucht jedoch auf und rettet John.

TB154 – Leichentanz
John und Suko werden über einen Ghoul informiert, der in London sein Unwesen treibt. Die Spur führt zu zwei Ghouls, die einen Kosmetikkonzern mit Knochen versorgen. Als die Ghouls merken, daß John und Suko ihnen auf den Fersen sind, nehmen sie den Chef des Kosmetikkonzerns, Goring,

als Geisel. John tötet einen Ghoul mit Silberkugeln. Der zweite flieht durch ein Fenster. Bei dem Sturz stirbt Goring. Suko gelingt es, den zweiten Ghoul zu erschießen.

TB155 – Die weiße Macht
[Monsignore Bentini wird von seiner Tochter ermordet]
[TB155 erschien nach Band 816 der Erstauflage]
John und Suko sind von Father Ignatius nach Rom eingeladen worden. Zu dieser Zeit stellt sich heraus, daß die Tochter Bentinis eine Baal-Anhängerin ist. Die vier suchen sie auf. Sie finden eine Mumie im Haus von Bentinis Tochter und stellen fest, daß es die ehemalige Geliebte des Monsignore ist. Bentini wird von seiner eigenen Tochter ermordet. Suko zerstört die Mumie mit der Dämonenpeitsche. Sie nimmt ihre und Bentinis Tochter mit in den Tod.

TB156 – Töte, Bajazzo!
[John erfährt, daß ein gewisser Melenik die Bundeslade von Jerusalem in Richtung Süden brachte]
[TB156 erschien nach Band 821 der Erstauflage]
John ist in Mailand, um mehr über die Bundeslade zu erfahren. Dabei trifft er die Opernsängerin Mirella Dalera. Sie wird von etwas Bösem verfolgt. In ihrem Haus finden sie ihren toten Vater und ihre tote Mutter. Sie wird verfolgt von Franco Romero, der sie einst anbetete, dann aber Selbstmord beging. Sie treffen ihn an seinem Grab. Er trägt eine Totenmaske. John zerstört die Maske und damit auch Franco Romero.

TB157 – Der Dämonen-Gnom
Der Gnom Pablo hat alte Baphomet-Templer zum Leben erweckt. John und Suko werden von Abbé Bloch informiert. Pablo, seiner Sache sehr sicher, erzählt John seinen Plan. Sie beobachten Pablo, der seine vier Templer herbeiholt. John aktiviert sein Kreuz und vernichtet so die Templer. Als letzte Tat töten sie Pablo noch mit ihren Dolchen.

TB158 – Bis daß der Pfähler euch holt!
John, Suko und Marek wollen in Rumänien die Vampirfami-

lie Ravenstein ausrotten. Als sie im Schloß eintreffen, gelingt es ihnen, die zwei Kinder der Ravensteins zu töten. Die Eltern lauern ihnen auf. Suko tötet Arlene Ravenstein mit der Dämonenpeitsche, während Marek das Familienoberhaupt Waldo pfählt.

TB159 – Der Knochenmönch
John und Suko erfahren, daß der Knochenmönch Verginius den Papst ermorden will. Sie informieren Father Ignatius und reisen selbst nach Rom. John versucht, den Knochenmönch ausfindig zu machen, während Suko und Father Ignatius seinen Helfer, den Hyänendämon Ambrizzi, suchen. Sie finden ihn, und Suko tötet Ambrizzi mit der Dämonenpeitsche. Zur gleichen Zeit tötet John den Knochenmönch mit seinem Kreuz.

TB160 – Deborahs Totenacker
Sir James erhält den Tip, daß die Mafia sich eines Ghouls bedient, um ihre Leichen zu entsorgen. John und Suko befinden sich bei den Mancinis. Ihr Sohn wurde von einem Ghoul überfallen. Da der Ghoul sein Werk wahrscheinlich noch vollenden will, bleibt Suko als Schutz dort. John hat den Aufenthaltsort des Ghouls mittlerweile herausgefunden. Er begibt sich zu ihm, mit Suko als Rückendeckung. John wird von dem Ghoul überrascht. Der Ghoul setzt ihn außer Gefecht, doch Suko tötet ihn mit der Dämonenpeitsche.

TB161 – Alraunes Todeskuß
Pietro Anzaro hat eine Alraune erschaffen. Sie flieht und tötet Pietro. Dessen Schwester informiert John und Suko. Die Alraune ist nun hinter ihr her. John will Pietros Schwester beschützen, wird aber von der Alraune überrascht. Sie greift ihn an, um ihn mit ihrem Gift zu infizieren. Er kann sie sich jedoch vom Hals reißen, und Suko tötet sie mit der Dämonenpeitsche.

TB162 – Gier nach Blut
Sarah Hellen Roberts, eine Vampirin, ist wieder zum Leben erwacht. Sie will nach London. Jorge Ruiz, ein Freund

Sarahs, geling es, sie ungesehen an John und Suko vorbei zu lotsen. Als die beiden bei Ruiz auftauchen, sehen sie, wie Sarah sich Ruiz entledigt. Sie selbst wird aber, ebenso wie Ruiz, ein Opfer von Ruiz' Hobby, seinen Piranhas.

TB163 – Das Pest-Gewölbe
Mit Hilfe einer Creme, die nach einem Nostradamus-Rezept hergestellt wurde, verwandelt sich Vivian Greyson in ein metallisches Monster. In einem Gewölbe trifft sie Cosima, die Geliebte des Nostradamus. Cosima überlebte ebenfalls aufgrund der Creme und bildet mit dem Zauberer Ruggieri eine Einheit. John kommt ihnen auf die Schliche. Der Seher erscheint aus Johns Kreuz und vernichtet die beiden Monster.

TB164 – Totenplatz
Die Familie Ashford muß weiterleben, nachdem sie von einer Kreatur der Finsternis getötet worden ist, denn sie stand unter dem Schutz von Hector de Valois. Sir James Powell nimmt an einer Party teil, die genau an dem Ort stattfindet, wo die Kreatur ihr Unwesen treibt. Er holt John und Suko zu Hilfe. Diese lernen durch Johns Kreuz die Ashfords kennen. Sie erfahren deren Geschichte. Die Kreatur der Finsternis taucht erneut auf, wird aber ein Opfer von Johns Kreuz.

TB165 – Höllensog
[Dr. Horror alias Gary Giesen stirbt durch das Flötenspiel des Roten Ryan]
[TB165 erschien nach Band 861 der Erstauflage]
Durch einen abstürzenden Kometen werden Wladimir Golenkow, John und Suko auf einen See aufmerksam, wo sich Dr. Horror versteckt hält. Der abgestürzte Komet ist ein Teil Aibons, den Guywano Dr. Horror geschenkt hat. Der Rote Ryan taucht auf. Er mißbilligt das Eindringen des Aibon-Splitters in die normale Welt und tötet Dr. Horror durch sein Flötenspiel.

TB166 – Angst vor dem Blutbiß
John und Jane reisen nach Genf, um einen Vampir zu vernichten. Mittlerweile hat der Vampir bereits ein Opfer gefunden und ist in ein Internat eingedrungen. John findet den ersten Vampir und tötet ihn mit dem Kreuz, bevor er jemanden beißen kann. Jane stößt auf den Hauptvampir und tötet ihn mit einer Silberkugel.

TB167 – Sheriff Tod
Sheriff Tod ist mit Hilfe von Genen zu einer Killermaschine geworden. Er will durch zwölf Leichen die Unsterblichkeit erlangen. Er bewahrt sie unter einer entweihten Kirche auf. John, der mit der Enkelin des Sheriffs das Verschwinden der Menschen aufklären soll, kommt dem Sheriff auf die Spur. Sie finden ihn in der Kirche. Er will flüchten, wird aber von einem Kreuz, das vom Dach fällt, erschlagen.

TB168 – Der Lächler
Die Russen setzten einem Menschen das Gehirn eines Dämons ein und machten ihn so zu einer Kampfmaschine. Nun wollen sie ihn töten, aber ihm gelingt die Flucht. Einer seiner Schöpfer wendet sich an Wladimir Golenkow, wird aber kurz darauf getötet. Zwei weitere Wissenschaftler befinden sich in England. Wladimir, John und Suko suchen sie auf. Einer der beiden wird ermordet. Der andere trägt, was niemand weiß, das Herz des Dämons in sich. Der Killer flieht vor John, der ihn jedoch mit dem Kreuz tötet. Durch den Tod des Killers stirbt auch das Herz des Dämons und somit der Wissenschaftler, der es in sich trug.

TB169 – Morganas Wölfe
Morgana Layton will dem Vampirheer von Dracula II ein Werwolfheer entgegenstellen. Aus diesem Grunde überfällt sie einen Nachtclub und infiziert zahlreiche Menschen. Im Krankenhaus trifft John auf Morgana. Sie erklärt ihm den Sachverhalt, wird aber von Johns Kreuz vertrieben. Mit Hilfe des Kreuzes rettet er die infizierten Menschen.
[Fortsetzung in Band 884 der Erstauflage]

TB170 – Vampir-Legende
Die beiden Vampire Jacques und Igor Lacourt wollen in New Orleans eine Vampir-Sekte entstehen lassen. Abe Douglas erfährt davon und informiert John und Suko. Die drei besuchen Frank Clayton, den Kollegen Abes, und finden dort dessen getötete Frau. Am Wohnort der beiden Vampire treffen sie auf Clayton, der sich als Komplize der beiden herausstellt. Abe verletzt ihn, und John und Suko kümmern sich um die Vampir-Brüder. John tötet sie beide mit dem Kreuz.

TB171 – Blutspuk in Venedig
Der Musiker Rock Paretti hat in Venedig ein Haus gekauft. Er erhält eine Warnung, woraufhin er seinen Assistenten nach Venedig schickt, der dort stirbt. Da Rock ein Bekannter von Sir James Powell ist, schickt er John und Suko nach Venedig. John befreit aus Versehen eine Maske. Bei der Suche nach ihr treffen sie auf Claudia Ferrini, die offensichtlich etwas über die Maske weiß. In ihr steckt der Geist von Claudias Ahnherrn Horatio. Die drei besuchen sein Grab. Die Maske greift John an, der sie aber mit dem Kreuz vernichtet.

TB172 – Belial
Raniel, der Gerechte, warnt John vor dem Erscheinen Belials. Dieser taucht in der Nähe von London auf und wird von einem Jungen beobachtet. Mit Hilfe des Jungen gelangen John und Suko auf die Spur von Belial. Auch Raniel hat Belial mittlerweile gefunden. Belial gelingt es, Raniel zu entkommen und den Jungen zu entführen. John, Suko und Raniel verfolgen Belial. Sie müssen ihn der unabsichtlichen Lüge überführen, um ihn zu vertreiben. Belial fällt auf einen Trick Raniels herein, und John aktiviert sein Kreuz. Schwer angeschlagen wird Belial von Luzifer gerettet und mit in die Hölle genommen.

TB173 – Weg in die Verdammnis
Father Ignatius holt John und Suko nach Wien, wo der Dämon Santerre aufgetaucht ist und elf Diener sucht, wie

bereits Jahrhunderte zuvor. Diese Diener will er töten, um mit Hilfe ihrer Seelen Asmodis gnädig zu stimmen und sein ewiges Leben zu erhalten. John wird von den Dienern entführt. Er soll zusammen mit den Dienern vom Riesenrad des Praters gestürzt werden. Suko gelangt zu der Gondel, in der sich John befindet. Er stoppt mit seinem Stab die Zeit und tötet Santerre, nachdem diese vorüber ist.

TB174 – Henker-Beichte
Den ehemaligen Henker Auguste Cresson plagen Alpträume. Er wendet sich an Abbé Bloch, um eine Beichte abzulegen. Dieser ruft John zu Hilfe. Auf seinem Flug nach Alet-les-Bains begegnet John dem Henker. Er wird von einem Beil verfolgt, welches John mit seinem Kreuz vertreibt. In Alet-les-Bains trifft John auf Okuba und dessen Leibwächter Drack. John tötet Drack in Notwehr. Okuba ist der Sohn eines mächtigen Medizinmannes, den Cresson einst getötet hat. Er will Rache für seinen Vater. Als der Henker mit Abbé Bloch alleine ist, greift das Beil sie an. Gleichzeitig setzt John Okuba außer Gefecht, der begeht aber Selbstmord mit Hilfe eines Giftpfeiles. Der Abbé will das Beil aufhalten und ergreift es. Die Macht des Beiles ist jedoch so groß, daß sie den Körper des Abbés übernimmt und so Cresson tötet. Nach der Tat vernichten John und der Abbé das Beil gemeinsam.

TB175 – Geistersturm
John und Suko treffen auf dem Londoner Flughafen Geraldine Sinclair, die sie vor dem Geistersturm warnt. Er soll über Culloden hinwegfegen, wo einst Highländer gegen Engländer kämpften. John und Suko reisen nach Schottland. Auf dem Schlachtfeld werden sie von den Geistern attackiert, die einstmals die Schlacht um die Herschafft auf der Insel ausgetragen haben. Geraldine, die in Avalon lebt, erscheint und kann die Geister mit Hilfe ihres Schwertes und der Unterstützung von Johns Kreuz für immer vernichten.

TB176 – Das Vampir-Pendel
[Frantisek Marek erhält das Vampir-Pendel]
[TB176 erschien nach Band 907 der Erstauflage]
Frantisek Marek wird zu einer Hütte gerufen, wo er von dem blinden Juri das Vampir-Pendel erhält. Diese Waffe ermöglicht es ihm, Vampire aufzuspüren. Gleichzeitig wird John von Assunga vor dieser Waffe gewarnt. Sie teilt ihm Mareks Aufenthaltsort mit, und John soll dort das Pendel vernichten. John trifft Marek und erfährt von ihm die Geschichte des Pendels. Kurz darauf wird Marek das Pendel von einer Zigeunerin gestohlen. Sie soll das Pendel an Assunga übergeben. John und Marek können es verhindern und nehmen das Pendel wieder an sich. Assunga wird vertrieben.

TB177 – Killer im Kopf
[Die Schulzeit von Sheila Conolly wird beleuchtet]
[TB177 erschien nach Band 911 der Erstauflage]
Sheila Conolly hat Angst. In ihrem Kopf breitet sich eine fremde Kraft aus. Sie bittet John um Hilfe. Sheila gelingt es, ein Bild des Mannes zu zeichnen, der sie bedroht. Es ist ein alter Schulkamerad von ihr, der sie in der Schule fast vergewaltigt hätte. Glenda Perkins will das Bild zu Scotland Yard bringen und wird von dem Mann namens Ray Riotta ausgeschaltet. Auch John wird von ihm überrascht. Es gelingt ihm aber, Riotta mit einer Silberkugel zu verletzen. Bei der Flucht stürzt Riotta in seine eigene Machete.

TB178 – Die Monster-Strige
Durch den Forscher Ken Finlay werden John und Suko auf die Spur einer Monster-Strige gebracht. Sie begeben sich nach Schweden, wo die Strige zum ersten Mal aufgetaucht ist, und suchen sie. Gleichzeitig bekommt der Eiserne Engel Kontakt zu ihr durch die Flammenden Steine. Die Strige rettete ihm vor Jahrhunderten im alten Atlantis einmal das Leben. Er begibt sich ebenfalls nach Schweden und trifft die Strige. Er kann sie vom Morden nicht abhalten, und es kommt zum Kampf. Zeugen des Kampfes werden auch John und Suko. Der Eiserne verliert den Kampf, aber sein

Schwert gelangt in Sukos Hände, der damit die Strige verletzt. Der Eiserne greift sie erneut an und reißt ihr den Kopf ab.

TB179 – Er trank das ewige Leben
Im Donaudelta taucht der Vampir Mephisto auf und macht die beiden Töchter eines Freundes von Marek zu Vampiren. Marek wird geholt und tötet die beiden Vampire. Er und sein Freund begeben sich nach Petrila, wo sie durch Zufall erfahren, daß sich der Vampir nach England abgesetzt hat. Sie informieren John und Suko. Die begeben sich zu einer Theatergruppe, bei der sich Mephisto aufhält. Nachdem dieser mehrere Menschen zu Vampiren gemacht hat, trifft er auf Suko. Während John die Vampire vernichtet, tötet Suko Mephisto mit der Dämonenpeitsche.

TB180 – Showman
[1. Auftritt des Showman]
[TB180 erschien nach Band 925 der Erstauflage]
Durch Steven Dancer werden John und Suko auf den Showman aufmerksam. Steven tötete ihn vor Monaten, doch Showman ist nun zurückgekehrt und droht Steven mit Rache. Trotz des Eintreffens von John und Suko schafft es Showman, Stevens Freundin Doris in seine Gewalt zu bringen. Sie flieht aus der Wohnung, und John und Suko folgen ihr. Der Showman greift John in der Gestalt von Doris an, doch dieser kann den Angriff mit seinem Kreuz abwehren. Showman flieht. Der Körper von Doris wird jedoch vernichtet.

TB181 – Liliths Hexentanz
Asmodis ist wütend auf Lilith, die ihm seine Hexen abspenstig macht. Er schickt den Dämon Smasch zur Erde, um die abtrünnigen Hexen zu töten. John und Jane Collins finden bald darauf die ersten Opfer Smaschs. Auch Lilith hat bemerkt, was geschieht, und bemächtigt sich Jane. Zusammen mit John und Suko begibt sich Jane zu einer Ruine, wo der entscheidende Kampf zwischen Lilith und Smasch stattfinden soll. Jane vertritt Lilith, verliert aber den Kampf.

Bevor Smasch sie töten kann, wird sie von Suko gerettet und von John mit dem Kreuz aus Liliths Bann befreit. Lilith tritt nun selbst gegen Smasch an. Sie spießt ihn mit einer ihrer Lanzen auf und verbrennt ihn danach.

TB182 – Bettys Horrortrip
Eine Agentin tötet während eines Geheimauftrages die Hauptmitglieder der Sekte Nekro Church und fühlt sich nun von den Geistern der Toten verfolgt. Sie holt John zur Hilfe, der mit ansehen muß, wie die Geister sie verletzen. Als er sie beschützen will, tauchen die Geister bei ihr auf. Auch deren angebliche Freundin Imelda erscheint. Sie ist die Erbin einer Totengöttin und Verantwortlich für das Erscheinen der Geister. John vernichtet die Geister durch Aktivierung seines Kreuzes. Der Fluch der Totengöttin, der eigentlich die Agentin treffen sollte, geht auf Imelda über. Sie wird von Würmern und Käfern zerfressen, bis nichts mehr von ihr übrig ist.

TB183 – Das Urzeit-Monstrum
Harry Stahl soll das Verschwinden von mehreren Menschen aufklären. Bei seinen Nachforschungen auf der Insel Sylt wird er von einem riesigen Krakenarm angegriffen und holt daher John zur Hilfe. Die beiden erfahren von einem Maler, der Monster und Mutanten malt. Sie wollen mit ihm sprechen, doch er wimmelt sie ab. In der Nacht sehen sie, wie der Maler sich ins Watt begibt, um sich dort mit dem Kraken zu vereinen. Es stellt sich heraus, daß der Maler eine Kreatur der Finsternis ist und der Krake seine Zweitgestalt darstellt. Ein Krakenarm erfaßt John und will ihn ins Watt ziehen. John drückt dabei dem Maler sein Kreuz ins Gesicht, wodurch dieser und der Krake vernichtet werden. Harry rettet John aus dem eiskalten Watt.

TB184 – Das Höllenbild
Eine Terroristin flüchtete vor 10 Jahren in ein Bild, bevor sie von einer Sondereinsatztruppe gefangengenommen werden konnte. Nun wurde das Bild in einer Höhle entdeckt, und sie kam wieder frei. John und Suko untersuchen das Bild,

wobei John durch es hindurch geht und nach Avalon gelangt. Suko verfolgt derweil die Terroristin, die ihren ehemaligen Erzrivalen tötet. Suko gelingt es, sie zu überwältigen und zu dem Bild zu bringen. John trifft zu dieser Zeit in Avalon auf Myrna, die Hüterin der Riesen. Er kann nicht verhindern, daß ein Riesenkind Myrna tötet. John tötet das Riesenkind mit Silberkugeln, als es auch ihn angreift. Da nun Myrna und das Riesenkind, die auf dem Bild zu sehen gewesen sind, nicht mehr leben, zerfällt dieses. Zuvor wird John wieder zurück nach London geschleudert. Die Terroristin läuft auf das gerade zerfallende Bild zu und wird von Teilen von ihm erschlagen.

TB185 – Kismet in Kairo
John und Suko werden von einem Professor nach Ägypten geholt. Der Professor hat dort Bekanntschaft mit Fatima gemacht, einem Succubus, der ihm seine Kraft geraubt hat und ihn um 10 Jahre altern ließ. Der Professor hat einige Theorien, die die Geschichte Ägyptens betreffen, und Fatima will nicht, das diese zu ernst genommen werden. Nachdem John mit Hilfe seines Kreuzes einen Angriff von Fatima abgewehrt hat, begibt er sich zusammen mit Suko und dem Professor zur Cheopspyramide, wo der Professor Fatima zum ersten Mal getroffen hat. Fatima tötet den Professor, indem sie ihn seiner letzten Kräfte beraubt. John und Suko treffen nach dem Tod des Professors auf Fatima, die John erklärt, daß sie kein Feind von ihm ist und ihn akzeptiert, da er das Kreuz mit dem Allsehenden Auge besitzt. Sie verspricht ihm, daß sie sich wiedersehen werden, und verschwindet.

TB186 – Jezebel
Susan Wade liebt seit ihrer Kindheit Insekten. Sie wird von den Bewohnern des Ortes Euston gehaßt und muß vor ihnen fliehen. Sie rächt sich zehn Jahre später, indem sie den Ort mit ihren Freunden überfällt. Dies bekommt auch John mit, der durch einen Entführungsfall nach Euston kommt. Er ruft Suko zur Hilfe und findet mit diesem den Aufenthaltsort von Susan, die sich nun Jezebel nennt. John und

Suko attackieren sie in ihrer Höhle, während ein Helfer der beiden am Höhleneingang ein Feuer legt. Jezebel will sich retten, kommt jedoch in den Flammen um. Als das Feuer erloschen ist, können auch John und Suko die Höhle wieder verlassen.

TB187 – Edelmann und Satansfreund
Eine Bekannte von John fühlt sich durch einen ihrer Vorfahren, den Ritter Rudolf von Zavelsreuth, bedroht. John fährt nach Deutschland, um ihr zu helfen. Zusammen mit ihr spürt er den untoten Ritter auf und verletzt ihn mit drei Silberkugeln. Durch die Wirkung des geweihten Silbers zerfällt der Ritter zu Staub.

TB188 – Höllenscript
Durch einen Trick gelingt es dem Russen Kuszew, eine Kreatur der Finsternis, Bill Conolly zu entführen. Dieser soll für ihn die Memoiren des Schwarzen Tods schreiben und wird deshalb in einem Bunker eingesperrt. John und Suko gelingt es, Kuszew zunächst zu vertreiben. Der kehrt jedoch zurück und will mit Hilfe des noch nicht fertiggestellten Manuskripts die Dämonen des alten Atlantis in die Gegenwart transportieren. Dies kann Sheila verhindern, die von Glenda den Aufenthaltsort ihres Mannes erfahren hat, indem sie Kuszew in einem unaufmerksamen Augenblick mit der Goldenen Pistole vernichtet.

TB189 – Die Rattenhexe
John trifft zufällig eine Frau namens Senta de Fries. Nach der Begegnung bleib eine Ratte zurück, die er vertreibt. Bei ihrer zweiten Begegnung erscheint erneut eine Ratte, und nun wird John mißtrauisch. Er erfährt, daß Senta in einer Bar arbeitet, und begibt sich zusammen mit Suko und Shao dorthin. Sie treffen auf Senta, die nach ihrem Rattentanz die Ratten auf die Zuschauer losläßt und damit ein Blutbad auslöst. John und Suko folgen der in die Kanalisation geflüchteten Senta. Suko kann sie festnehmen und teilt ihr mit, daß man sie in eine Klinik einweisen werde. Da sie weiß, daß sie dort ohne ihre Lieblinge, die Ratten, leben müßte, gibt

sie ihnen den Befehl, sie zu zerfleischen, was die Ratten auch tun.

TB190 – Verflucht, gehängt und doch lebendig
Der vor Jahren hingerichtete Darkman ist wieder aufgetaucht und mordet. Bill hat dies aus einer Zeitung erfahren und informiert John. Da beide an der Hinrichtung teilgenommen haben, begeben sie sich nach Dartmoor. Dort treffen sie auf den Darkman. Er hat bereits wieder drei Menschen ermordet und bringt auch Bill und einen ehemaligen Wärter in seine Gewalt. Darkman will Bill töten, was John in letzter Minute verhindert, indem er Darkman je eine Silberkugel in jedes Auge schießt. Nach Darkmans Tod taucht der Spuk auf und informiert John darüber, daß Darkman nur eines seiner Experimente gewesen ist und er in Zukunft noch mehrere solcher Wesen erschaffen werde.

TB191 – Süße Sehnsucht Tod
John wird in ein Hochhaus geholt, wo eine Bewohnerin Stimmen aus dem Jenseits hört. Kurz darauf begeht die Bewohnerin Selbstmord. John und Suko ziehen in deren Wohnung ein, um weiter ermitteln zu können. Sie finden heraus, daß der Geist des Massenmörders Ed Greene das ganze Haus beherrscht und die Bewohner in den Selbstmord treiben will. John und Suko können einige, aber nicht alle Selbstmorde verhindern. Als die Bewohner die beiden attackieren, sieht John nur noch einen Ausweg. Er aktiviert sein Kreuz, vernichtet damit den Geist des Ed Greene und reinigt das Haus von dessen Geist.

TB192 – Das Keltenkreuz
In Schottland trifft John auf einen Schloßbesitzer, der in seinem Keller eine dämonische Kreatur gefangenhält. John berührt sie mit seinem Kreuz, und sie stirbt. Nachdem John die Hintergründe erfahren hat, begibt er sich zur Insel Iona. Dort steht ein Keltenkreuz, das für das Übel verantwortlich sein soll. John trifft auf den Abt eines Klosters, der ihn betäubt. Der Abt ist selbst mit dem Dämon im Bunde, wie John später erfährt. Er erfährt auch, daß der Dämon Lug

heißt und schon sehr alt sein soll. Am Keltenkreuz trifft John erneut auf den Abt. Dieser beschwört gerade den Dämon und wird kurz vor Johns Eintreffen von diesem ermordet. Der Dämon will auch John töten, doch dieser vernichtet ihn mit seinem Kreuz.

TB193 – Köpfe für Carlita
John wird nach Spanien gerufen, um einen siebenfachen Mordfall zu klären. Er erkennt zu spät, daß der Polizist, der ihn informiert hat, mit der Mörderin unter einer Decke steckt, und wird überwältigt. Carlita Moreno, die für die Morde verantwortlich ist, will ihre Vorfahrin Carlita de los Arrancha in die Gegenwart holen. Sie macht Gilles de St. Clair für den Tod ihrer Vorfahrin verantwortlich und will nun dessen Nachfahren, John, dazu benutzen, ihre Ahnherrin zurückzuholen. Zuvor will sie den Polizisten beseitigen, der ihr geholfen hat, wird aber von diesem getötet. Ihre beschworene Ahnherrin erscheint jedoch und nimmt Besitz von Carlitas Waffen. Sie greift damit John an, der sein Kreuz aktiviert, um sich zu schützen. Das Kreuz treibt den Geist von Carlita de los Arrancha in den Körper Carlita Morenos und zerstört beide gleichzeitig.

TB194 – Geliebtes Monster
In einem Londoner Schlachthof ist ein Monster gesehen worden. John und Bill wollen mit dem Zeugen reden und treffen in dessen Wohnung auf das Monster, daß jedoch entkommt. Der Zeuge ist tot. Die Gehilfin des Monsters, das Beau heißt, hat Bills Autonummer erkannt und begibt sich zu dessen Frau Sheila. Das Monster will sie töten, da es vermutet, daß sie seine Identität kennt. Im letzten Moment tauchen auch John und Suko auf, töten das Monster und nehmen die Gehilfin des Monsters fest.

TB195 – Die Krankenschwester
Sir James Powell wird mit einem Blinddarmdurchbruch ins Krankenhaus eingeliefert. Da es keine Voranzeichen gegeben hat, werden John und Suko mißtrauisch. Gleichzeitig taucht die Krankenschwester Elfie Gazzow im Krankenhaus

auf. Sie begibt sich zu Sir James Powell und befreit ihn von seinen Schmerzen. John und Suko erfahren, daß die Krankenschwester wegen dreifachen Mordes hinter Gittern sitzt und nur kurz freigelassen wurde, damit sie dem Gefängnisdirektor helfen konnte. John und Suko erfahren weiter, daß sie die Gabe des Heilens besitzt. Als John sich in ihre Nähe begibt und sie sein Kreuz spürt, wird sie jedoch nervös. Es stellt sich heraus, daß Elfie aus zwei Personen besteht. Die zweite Person ist die Heilerin Estelle Goutier. Sie ist nach ihrem Tod in Elfies Körper geschlüpft und braucht menschliche Seelen, um weiterexistieren zu können. Als John ihr nun zu nahe kommt, gibt Estelle Elfie in Panik den Befehl, sich den Hals durchzuschneiden. Als Estelle sich von dem Körper lösen will, attackiert John sie mit dem Kreuz und vernichtet sie dadurch, bevor sie Sir James erneut Schaden zufügen kann.

TB196 – Necroman
John wird zu einem Antiquitätenhändler gerufen, findet dort aber nur dessen Leiche vor. Durch Zufall entdeckt er einen Kessel, in dem sich angeblich magischer Weihrauch befinden soll. Dieser treibt ihn kurz darauf fast in die Bewußtlosigkeit. John hakt nach und spürt einen Jungen auf, der eine Puppe mit dem Namen Necroman besitzt. Diese wollte den Jungen bereits töten. John und Suko vernichten die Figur. Mittlerweile ist der echte Necroman durch den Weihrauch, der sich als seine Asche entpuppt, wieder auferstanden. Suko vernichtet ihn mit der Dämonenpeitsche.

TB197 – Die Hyäne
Durch Bekannte von Glenda Perkins erfährt John von Collin de Baker. Dieser ist aus seinem Sarg geflohen, in den er nach seinem Selbstmord gelegt wurde. John, Suko und Glenda suchen getrennt ein Fitneß-Studio auf, in dem Collin öfter gesehen wurde. Glenda wird gefangengenommen und soll Collin geopfert werden, der sich in eine Hyäne verwandelt hat, weil er vor seinem Freitod einen Pakt mit dem Teufel eingegangen war. Bevor Glenda getötet werden kann,

erscheinen John und Suko. John schießt Collin mit einer Silberkugel an. Dieser will durch ein Pentagramm in die Hölle fliehen, doch der Teufel verbrennt seinen erfolglosen Diener bei dem Versuch, in die Hölle zu gelangen.

TB198 – Der Puppen-Galgen
Dracula II rettet die scheintot eingesargte Irielle Fenton vor dem Tod. Er will mit ihrer Hilfe das Sinclair-Team in eine Falle locken. Irielle heuert in London Jane Collins an, damit diese ihre Puppensammlung bewacht. Die Puppen wurden von Dracula II verändert und greifen Jane an. Diese wird von John und Suko gerettet, die sie zuvor über einige Ungereimtheiten informiert hatte. Die beiden begeben sich zu Irielle, die von Dracula II mittlerweile zum Vampir gemacht worden ist. Sie will Jane an einem Puppen-Galgen aufhängen, was Suko verhindert, indem er Irielle mit zwei Silberkugeln erschießt. Dracula II entkommt nach einem Kampf mit John und Suko.

Die beiden PAPERBACK-Romane mit dem GEISTERJÄGER JOHN SINCLAIR

PB1 – Hexenküsse (Story: Hexenküsse)
Drei Hexen, die einst die ersten Hexen Liliths waren, versuchen, Lilith wiederzuerwecken. Dazu töten sie drei Menschen und opfern ihr die Herzen. Durch die Morde werden John und Suko auf den Plan gerufen. John entdeckt ein altes Haus, wo die Hexen leben. Es gelingt ihm, die Hexen mit dem Kreuz zu bannen. Die Erzengel erscheinen und töten sie. Lilith will das Haus zerstören, doch John und Suko gelingt die Flucht. John stellt entsetzt fest, daß Lilith sein Kreuz in einen wertlosen Klumpen Metall verwandelt hat. Er will zurück ins Haus, als der Erzengel Michael auftaucht. Er schickt die nicht vernichtete Lilith zurück in die Hölle und gibt dem Kreuz sein Aussehen und seine Macht zurück.

PB1 – Hexenküsse (Story: Mein erster Fall)
[John lernt Bill Conolly kennen]

John studiert noch und sucht ein eigenes Zimmer, um sich von seinen Eltern, Rechtsanwalt Horace F. und Mary Sinclair, abzunabeln. Er findet eine Bude im düsteren Haus von Mrs. Gilda Osborne. Obwohl es viele Zimmer gibt, hat Mrs. Osborne nur noch ein zweites Zimmer vermietet: an einen Bill Conolly, Volontär bei einer Zeitung. Edwin Osborne, Mrs. Osbornes Mann, soll viel außer Haus sein, und obwohl Bill Conolly oft seltsame Geräusche hörte, hat er Mr. Osborne noch nie gesehen. John und Bill freunden sich an, und als Mrs. Osborne einmal das Haus verläßt, nehmen sie die Gelegenheit wahr und durchsuchen das unheimliche Haus. Sie wissen nicht, daß Mrs. Osborne alles geplant hat. Schon vor ihnen hat sie vier Mieter ermordet und ihre Leichen im Keller eingemauert. John und Bill entdecken den lebenden Leichnam Mr. Osbornes im Kohlenkeller, gleichzeitig taucht Mrs. Osborne mit einem Beil auf und sperrt sie im Kohlenraum mit dem Zombie ein. John und Bill gelingt es, den Zombie mit einer Schaufel niederzustrecken und die Tür zu sprengen. Oben in der Küche wartet Mrs. Osborne mit ihrem Beil auf sie. John kann sie niederstrecken, dann taucht der Zombie auf. John köpft ihn mit dem Beil und tötet ihn so endgültig. Sie überstehen die Verhöre der Scotland-Yard-Beamten. Die vier Leichen ihrer Vormieter werden gefunden. Mrs. Osborne hat den Verstand verloren und faselt vom Teufel – sie wird in eine Nervenheilanstalt eingeliefert. Bei Scotland Yard lernt John einen Mann namens James Powell kennen, der ihm verspricht, ihm einen Job zu geben, wenn John sein Studium beendet hat. John zieht wieder nach Hause zu seinen Eltern. Sein Vater eröffnet eine eigene Praxis, und John geht zum Studium nach Oxford. Ab und zu trifft er sich mit Bill Conolly, ihre Freundschaft bleibt bestehen.

PB2 – Voodoo-Land

John soll in New Orleans Informationen über die Geheimorganisation »Division« einholen, die aus Zombies besteht. Als er und Suko dort eintreffen, wird Suko durch ein Gift gelähmt und von den Anhängern der Organisation entführt. Bei seinen Nachforschungen stößt John auf Rhonda Lassalle. Sie ist die linke Hand des Organisationschefs Damion Cargal. Nachdem John die Beschwörung mehrerer Zombies durch Rhonda verhindert hat, folgt er ihr zur Insel Cargals, »Voodoo-Land«. Dort trifft er Cargal, einen Cyborg. Er will Suko töten, den er auf die Insel hatte bringen lassen. John gelingt es, die verbliebenen Zombies zu töten. Er vernichtet Cargal mit seinem Bumerang, nachdem er ihm das Gegengift für Suko entwendet hat. Das Gegengift beseitigt Sukos Lähmung, und sie verlassen die Insel, die daraufhin von den amerikanischen Behörden vernichtet wird.

TITELLISTE ALLER BISHER ERSCHIENENER JOHN-SINCLAIR-ROMANE

50 Romane aus dem GESPENSTER-KRIMI
Band 1 - 1006 der 1. Auflage der Heft-Serie
Band 1 - 198 der Taschenbuch-Serie
Paperbacks »Hexenküsse« und »Voodoo-Land«
7 neue Romane in der 4. Auflage der Heft-Serie

Zeichenerklärung:

GK = Gespenster-Krimi
[**GK**17(3) = Gespenster-Krimi Band 17 (3. Sinclair-Roman)]
I = erste Auflage
II = zweite Auflage
III = dritte Auflage
IV = vierte Auflage
TB = Taschenbuch
SA = Sonderausgabe
(SA7/5 = 5. Roman in der Sonderausgabe Band 7)
SE = Sammler Edition (fünfte Auflage)
(A) = Autor Walter Appel
(E) = Autor Martin Eisele
(T) = Autor Fritz Tenkrat
(W) = Autor Richard Wunderer
22.05.84 = Erscheinungsdatum

Abrechnung mit Jane Collins	I 307	22.05.84
Abrechnung mit Jane Collins	II 357	27.09.88
Abrechnung mit Jane Collins	III 357	06.09.94
Achterbahn ins Jenseits	I 3	14.02.78
Achterbahn ins Jenseits	II 53	09.08.82
Achterbahn ins Jenseits	III 53	10.03.87
Achterbahn ins Jenseits	IV 53	04.05.93
Achterbahn ins Jenseits	SA 7/5	30.01.96
Adelige Blutsauger	I 503	23.02.88
Ägyptische Grauen, Das	I 746	20.10.92
Aibon - Land der Druiden	TB 54	10.09.85
Aibon-Amazone, Die	I 811	18.01.94
Aibon-Blut	I 837	19.07.94
Aibon-Gezücht, Das	I 957	05.11.96
Aibons böse Diener	I 960	26.11.96
Aibons Hexenfalle	I 901	10.10.95
Aibons klagende Felsen	I 935	04.06.96
Aibons Monster-Troll	I 601	09.01.90
Aibons Schlangenzauber	I 420	22.07.86
Aibons Schlangenzauber	II 470	05.11.96
Alfreds kleiner Horror-Laden	I 653	08.01.91
Allein in der Drachenhöhle	I 233	20.12.82
Allein in der Drachenhöhle	II 283	28.04.87
Allein in der Drachenhöhle	III 283	06.04.93
Alpen-Teufel, Der	I 829	24.05.94

Alptraum Atlantis	SA 9	30.07.96
Alptraum beginnt, Der	I 1001	09.09.97
Alptraum in Atlantis	TB 5	17.08.81
Alptraum in der Geisterbahn	I 144	06.04.81
Alptraum in der Geisterbahn	II 194	13.08.85
Alptraum in der Geisterbahn	III 194	23.07.91
Alptraum in der Geisterbahn	IV 194	16.01.96
Alptraum-Comic	I 370	06.08.85
Alptraum-Comic	II 420	12.12.89
Alptraum-Comic	III 420	21.11.95
Alptraum-Friedhof, Der	GK176(41)	25.01.77
Alptraum-Friedhof, Der	II 41	22.02.82
Alptraum-Friedhof, Der	III 41	23.09.86
Alptraum-Friedhof, Der	IV 41	09.02.93
Alptraum-Friedhof, Der	SA 6/1	31.01.95
Alptraum-Garten, Der	I 47	29.05.79
Alptraum-Garten, Der	II 97	03.10.83
Alptraum-Garten, Der	III 97	22.11.88
Alptraum-Garten, Der	IV 97	08.03.94
Alptraum-Garten, Der	SA 11/8	31.12.96
Alptraum-Schädel, Der	I 539	30.10.88
Alptraum-Sommer	TB 138	29.09.92
Alraunes Todeskuß	TB 161	30.08.94
Als Carmen sich die Köpfe holte	I 754	15.12.92
Als der Engel Trauer trug	I 793	14.09.93
Alte Mann verfluchte mich, Der	I 848	04.10.94

Alvas Feuerkuß	I 340	08.01.85
Alvas Feuerkuß	II 390	16.05.89
Alvas Feuerkuß	III 390	25.04.95
Am Tisch des Henkers	I 407	22.04.86
Am Tisch des Henkers	II 457	06.08.96
Ameisen greifen an, Die	I 40	10.04.79
Ameisen greifen an, Die	II 90	15.08.83
Ameisen greifen an, Die	III 90	13.08.88
Ameisen greifen an, Die	IV 90	18.01.94
Ameisen greifen an, Die	SA 11/5	31.12.96
Amoklauf der Mumie	GK85(17)	29.04.75
Amoklauf der Mumie	II 17	23.03.81
Amoklauf der Mumie	III 17	22.10.85
Amoklauf der Mumie	IV 17	21.04.92
Amoklauf der Mumie	SA 3/1	27.07.93
Amoklauf der Mumie	SE 17	18.02.97
Amoklauf des Messerstechers	I 278	31.10.83
Amoklauf des Messerstechers	II 328	08.03.88
Amoklauf des Messerstechers	III 328	15.02.94
Amors Teufelspfeile	I 549	10.01.89
Amulett des Sonnengottes, Das (W)	I 41	17.04.79
Amulett des Sonnengottes, Das (W)	II 91	22.08.83
Amulett des Sonnengottes, Das (W)	III 91	30.08.88
Amulett des Sonnengottes, Das (W)	IV 91	25.01.94
Andere Seite der Hölle, Die	I 770	06.04.93
Andere Ufer der Nacht, Das	TB 57	10.12.85
Angst der Psychonautin, Die	I 966	07.01.97
Angst in den Alpen	I 728	16.06.92

Angst über Altenberg	I 745	13.10.92
Angst über London	TB 1	20.04.81
Angst um Lucy	I 946	20.08.96
Angst vor dem Blutbiß	TB 166	31.01.95
Angst vor dem roten Phantom	I 657	05.02.91
Angst vor der Hexe	I 786	27.07.93
Angstmacher, Der	TB 90	13.09.88
Anruf aus dem Jenseits	I 21	24.10.78
Anruf aus dem Jenseits	II 71	04.04.83
Anruf aus dem Jenseits	III 71	17.11.87
Anruf aus dem Jenseits	IV 71	07.09.93
Anruf aus dem Jenseits	SA 9/7	30.07.96
Anubis - Wächter im Toten-Reich	TB 36	12.03.84
Arkonadas Mord-Zyklopen	I 311	19.06.84
Arkonadas Mord-Zyklopen	II 361	25.10.88
Arkonadas Mord-Zyklopen	III 361	04.10.94
Arkonadas Totenbuch	TB 56	12.11.85
Arm des Monsters, Der	I 934	28.05.96
Armaras Rückkehr (T)	I 113	01.09.80
Armaras Rückkehr (T)	II 163	08.01.85
Armaras Rückkehr (T)	III 163	18.12.90
Armaras Rückkehr (T)	IV 163	13.06.95
Armee der Unsichtbaren, Die	GK70(13)	07.01.75
Armee der Unsichtbaren, Die	II 13	26.01.81
Armee der Unsichtbaren, Die	III 13	27.08.85
Armee der Unsichtbaren, Die	IV 13	25.02.92

Armee der Unsichtbaren, Die	SA 2/5	27.07.93
Armee der Unsichtbaren, Die	SE 13	20.12.96
Asmodinas Höllenschlange	I 121	27.10.80
Asmodinas Höllenschlange	II 171	05.03.85
Asmodinas Höllenschlange	III 171	12.02.91
Asmodinas Höllenschlange	IV 171	08.08.95
Asmodinas Reich	I 96	05.05.80
Asmodinas Reich	II 146	11.09.84
Asmodinas Reich	III 146	21.08.90
Asmodinas Reich	IV 146	14.02.95
Asmodinas Reich	SA 15/5	30.12.97
Asmodinas Todesengel	I 103	23.06.80
Asmodinas Todesengel	II 153	30.10.84
Asmodinas Todesengel	III 153	09.10.90
Asmodinas Todesengel	IV 153	04.04.95
Asmodinas Todeslabyrinth	I 198	19.04.82
Asmodinas Todeslabyrinth	II 248	26.08.86
Asmodinas Todeslabyrinth	III 248	04.08.92
Assungas Zaubermantel	I 700	03.12.91
Atlantis in London	TB 124	09.07.91
Auf ewig verflucht?	I 865	31.01.95
Auftritt eines Toten	I 528	16.08.88
Auge von Atlantis, Das	I 519	14.06.88
Augen des Grauens	I 80	14.01.80
Augen des Grauens	II 130	22.05.84
Augen des Grauens	III 130	27.02.90
Augen des Grauens	IV 130	25.10.94
Augen des Grauens	SA 14/2	28.10.97

Aus dem Jenseits entlassen	I 558	14.03.89
Ausflug ins Jenseits (A)	I 48	05.06.79
Ausflug ins Jenseits (A)	II 98	10.10.83
Ausflug ins Jenseits (A)	III 98	06.12.88
Ausflug ins Jenseits (A)	IV 98	15.03.94
Avalons böse Schwestern	TB 152	30.11.93
Avalons Geisterjäger	I 784	13.07.93
Azteken-Götze, Der	TB 127	29.10.91
Baals Opferdolch	I 403	25.03.86
Baals Opferdolch	II 453	09.07.96
Babylon in Hongkong	TB 106	09.01.90
Bande der Nachzehrer, Die	I 355	23.04.85
Bande der Nachzehrer, Die	II 405	29.08.89
Bande der Nachzehrer, Die	III 405	08.08.95
Baphomets böse Brut	I 774	04.05.93
Baphomets Totenwächter	I 470	07.07.87
Barbaren in London	I 567	16.05.89
Bauchtanz mit dem Tod	I 931	07.05.96
Beerdigung, Die	I 441	16.12.86
Beerdigung, Die	II 491	01.04.97
Belial	TB 172	25.07.95
Belials Abrechnung	I 936	11.06.96
Belials Mordhaus	I 937	18.06.96

Belphegors Höllentunnel	I 262	11.07.83
Belphegors Höllentunnel	II 312	17.11.87
Belphegors Höllentunnel	III 312	26.10.93
Belphegors Rückkehr	I 238	24.01.83
Belphegors Rückkehr	II 288	02.06.87
Belphegors Rückkehr	III 288	11.05.93
Bestie von Soho, Die	I 105	07.07.80
Bestie von Soho, Die	II 155	13.11.84
Bestie von Soho, Die	III 155	23.10.90
Bestie von Soho, Die	IV 155	18.04.95
Bestie von Soho, Die	SA 15/7	30.12.97
Bestien aus dem Geistersumpf, Die	I 165	31.08.81
Bestien aus dem Geistersumpf, Die	II 215	07.01.86
Bestien aus dem Geistersumpf, Die	III 215	17.12.91
Bestien aus dem Geistersumpf, Die	IV 215	11.06.96
Bestien der Madame, Die (T)	I 137	16.02.81
Bestien der Madame, Die (T)	II 187	25.06.85
Bestien der Madame, Die (T)	III 187	04.06.91
Bestien der Madame, Die (T)	IV 187	28.11.95
Bestien in New York	I 650	17.12.90
Besuch beim Geisterhenker	I 332	13.11.84
Besuch beim Geisterhenker	II 382	21.03.89
Besuch beim Geisterhenker	III 382	28.02.95
Bettys Horrortrip	TB 182	28.05.96
Bills Hinrichtung	I 76	18.12.79
Bills Hinrichtung	II 126	24.04.84
Bills Hinrichtung	III 126	02.01.90
Bills Hinrichtung	IV 126	27.09.94
Bills Hinrichtung	SA 13/7	29.07.97
Bis daß der Pfähler euch holt!	TB 158	31.05.94

Bis die Würmer dich zerfressen	I 888	11.07.95
Blackwood, der Geistermann	I 669	30.04.91
Bleiche, Die	I 544	06.12.88
Blick ins Jenseits, Der	I 442	23.12.86
Blick ins Jenseits, Der	II 492	08.04.97
Blut an bleichen Lippen	I 695	29.10.91
Blut der Medusa, Das	TB 83	09.02.88
Blut der Mumie, Das	I 617	30.04.90
Blut der schwarzen Priester, Das	I 636	11.09.90
Blut für den Götzen	I 997	12.08.97
Blut-Mythos, Der	TB 203	24.02.98
Blut-Pirat, Der	TB 141	29.12.92
Blut-Rätsel, Das	I 640	09.10.90
Blutbrunnen, Der	I 679	09.07.91
Blutbuche, Die	I 753	08.12.92
Blutgasse, Die	I 938	25.06.96
Blüten-Bestie, Die	I 731	07.07.92
Blutenden Bäume, Die	I 907	21.11.95
Bluteulen, Die	I 631	07.08.90
Blutgespenster	I 944	06.08.96

Blutgraf, Der	GK77(15)	04.03.75
Blutgraf, Der	II 15	23.02.81
Blutgraf, Der	III 15	24.09.85
Blutgraf, Der	IV 15	24.03.92
Blutgraf, Der	SA 2/7	27.07.93
Blutgraf, Der	SE 15	21.01.97
Bluthand aus dem Jenseits	I 375	10.09.85
Bluthand aus dem Jenseits	II 425	16.01.90
Bluthand aus dem Jenseits	III 425	27.12.95
Bluthaus, Das	TB 117	11.12.91
Blutige Lucy, Die	I 942	23.07.96
Blutige Rosen	TB 16	12.06.82
Blutiger Halloween	TB 34	10.01.84
Blutjäger, Der	I 491	01.12.87
Blutliebe	I 910	12.12.95
Blutmond der Templer	TB 92	08.11.88
Blutnacht für Assunga	I 755	21.12.92
Blutorgel, Die	I 186	25.01.82
Blutorgel, Die	II 236	03.06.86
Blutorgel, Die	III 236	12.05.92
Blutorgel, Die	IV 236	05.11.96
Blutrote Zauberteppich, Der	I 454	17.03.87
Blutschwur, Der	I 532	13.09.88
Blutspuk in Venedig	TB 171	27.06.95
Blutstein, Der	I 581	22.08.89

Blutzoll	I 925	26.03.96
Blutzoll einer Druidin	I 812	25.01.94
Bogie-Mann, Der	I 652	02.01.91
Böse kleine Elena	I 825	26.04.94
Böse kommt, Das	I 608	27.02.90
Böser Zauber in Montmartre	I 722	05.05.92
Braut des Spuks, Die	TB 123	11.06.91
Braut des Wahnsinns, Die	I 568	23.05.89
Bräute des Vampirs, Die	GK57(10)	15.10.74
Bräute des Vampirs, Die	II 10	05.01.81
Bräute des Vampirs, Die	III 10	16.07.85
Bräute des Vampirs, Die	IV 10	14.01.92
Bräute des Vampirs, Die	SA 2/2	27.07.93
Bräute des Vampirs, Die	SE 10	12.11.96
Brennendes Blut	I 576	18.07.89
Briefe aus der Hölle	I 286	26.12.83
Briefe aus der Hölle	II 336	03.05.88
Briefe aus der Hölle	III 336	12.04.94
Bring mir den Kopf von Asmodina	I 202	17.05.82
Bring mir den Kopf von Asmodina	II 252	23.09.86
Bring mir den Kopf von Asmodina	III 252	01.09.92
Broadway-Grusical	TB 68	11.11.86
Brücke der knöchernen Wächter	I 349	12.03.85
Brücke der knöchernen Wächter	II 399	18.07.89
Brücke der knöchernen Wächter	III 399	27.06.95

Bruderschaft des Satans	GK98(20)	29.07.75
Bruderschaft des Satans	II 20	04.05.81
Bruderschaft des Satans	III 20	03.12.85
Bruderschaft des Satans	IV 20	02.06.92
Bruderschaft des Satans	SA 3/4	27.07.93
Bruderschaft des Satans	SE 20	01.04.97
Brut hinter der Mauer, Die	TB 103	10.10.89
Brut ist los, Die	I 832	14.06.94
Brutstätte des Bösen	I 602	16.01.90
Buch der Grausamen Träume, Das	I 84	11.02.80
Buch der Grausamen Träume, Das	II 134	19.06.84
Buch der Grausamen Träume, Das	III 134	24.04.90
Buch der Grausamen Träume, Das	IV 134	22.11.94
Buch der Grausamen Träume, Das	SA 14/4	28.10.97
Buddhas schreckliche Botschaft	I 541	15.11.88
Carinas Todesparty	TB 69	09.12.86
Chinesische Tod, Der	I 574	04.07.89
Cigams Sündenfall	TB 151	26.10.93
Colette und ihr Fallbeil	I 213	02.08.82
Colette und ihr Fallbeil	II 263	09.12.86
Colette und ihr Fallbeil	III 263	17.11.92
Computer-Monster	I 592	07.11.89
Consuelas bitteres Sterben	I 555	21.02.89
Damona, Dienerin des Satans	I 4	28.02.78
Damona, Dienerin des Satans	II 54	23.08.82
Damona, Dienerin des Satans	III 54	24.03.87
Damona, Dienerin des Satans	IV 54	11.05.93

Damona, Dienerin des Satans	SA 7/6	30.01.96
Dämonen im Raketencamp	I 189	15.02.82
Dämonen im Raketencamp	II 239	24.06.86
Dämonen im Raketencamp	III 239	02.06.92
Dämonen im Raketencamp	IV 239	26.11.96
Dämonen-Bingo	I 316	24.07.84
Dämonen-Bingo	II 366	29.11.88
Dämonen-Bingo	III 366	08.11.94
Dämonen-Gnom, Der	TB 157	26.04.94
Dämonen-Paradies	I 326	02.10.84
Dämonen-Paradies	II 376	07.02.89
Dämonen-Paradies	III 376	17.01.95
Dämonenauge, Das	I 17	29.08.78
Dämonenauge, Das	II 67	21.02.83
Dämonenauge, Das	III 67	22.09.87
Dämonenauge, Das	IV 67	10.08.93
Dämonenauge, Das	SA 9/3	30.07.96
Dämonenbrut	SA 6	31.01.95
Dämonenfalle Rom	TB 27	13.06.83
Dämonenjäger, Der	I 272	19.09.83
Dämonenjäger, Der	II 322	26.01.88
Dämonenjäger, Der	III 322	04.01.94
Dämonenkatze, Die	I 166	07.09.81
Dämonenkatze, Die	II 216	14.01.86
Dämonenkatze, Die	III 216	20.12.91
Dämonenkatze, Die	IV 216	18.06.96
Dämonenpakt, Der	I 298	20.03.84
Dämonenpakt, Der	II 348	26.07.88
Dämonenpakt, Der	III 348	05.07.94

Dämonenparasit, Der	TB 15	14.06.82
Dämonensarg, Der	I 388	10.12.85
Dämonensarg, Der	II 438	17.04.90
Dämonensarg, Der	III 438	26.03.96
Dämonenschmiede, Die (W)	I 46	22.05.79
Dämonenschmiede, Die (W)	II 96	26.09.83
Dämonenschmiede, Die (W)	III 96	08.11.88
Dämonenschmiede, Die (W)	IV 96	01.03.94
Dämonenwolf, Der (W)	I 118	06.10.80
Dämonenwolf, Der (W)	II 168	12.02.85
Dämonenwolf, Der (W)	III 168	23.01.91
Dämonenwolf, Der (W)	IV 168	18.07.95
Dämonische Kreuzfahrt	I 661	05.03.91
Dämonische Zwillinge	I 860	27.12.94
Dämonos	GK49(9)	20.08.74
Dämonos	II 9	15.12.80
Dämonos	III 9	02.07.85
Dämonos	IV 9	02.01.92
Dämonos	SA 2/1	27.07.93
Dämonos	SE 9	29.10.96
Deadwood - Stadt der Särge	TB 72	10.03.87
Deborahs Totenacker	TB 160	26.07.94
Dekan Diavolo	TB 93	13.12.88
Dem Wahnsinn nahe	I 734	28.07.92
Desteros Rache	I 154	15.06.81
Desteros Rache	II 204	22.10.85
Desteros Rache	III 204	01.10.91
Desteros Rache	IV 204	26.03.96

Diablitas Mörder-Gnome	I 393	14.01.86
Diablitas Mörder-Gnome	II 443	22.05.90
Diablitas Mörder-Gnome	III 443	30.04.96
Ding im Koffer, Das	I 588	10.10.89
Diondra, einfach mörderisch	I 791	31.08.93
Disco-Dracula	TB 10	11.01.82
Disco-Hexe Tessy, Die	I 502	16.02.88
Doge, sein Henker und ich, Der	TB 77	11.08.87
Doktor Tod	GK94(19)	01.07.75
Doktor Tod	II 19	20.04.81
Doktor Tod	III 19	19.11.85
Doktor Tod	IV 19	19.05.92
Doktor Tod	SA 3/3	27.07.93
Doktor Tod	SE 19	18.03.97
Doktor Tods Höllenfahrt	GK113(24)	11.11.75
Doktor Tods Höllenfahrt	II 24	29.06.81
Doktor Tods Höllenfahrt	III 24	28.01.86
Doktor Tods Höllenfahrt	IV 24	28.07.92
Doktor Tods Höllenfahrt	SA 3/8	27.07.93
Doktor Tods Höllenfahrt	SE 24	27.05.97
Doppel-Zombie, Der	I 480	15.09.87
Doppelte Dämon, Der (T)	I 52	03.07.79
Doppelte Dämon, Der (T)	II 102	07.11.83
Doppelte Dämon, Der (T)	III 102	30.01.89
Doppelte Dämon, Der (T)	IV 102	12.04.94
Dr. Satanos	GK17(3)	11.01.74
Dr. Satanos	II 3	22.09.80
Dr. Satanos	III 3	09.04.85
Dr. Satanos	IV 3	08.10.91

Dr. Satanos	SA 1/4	27.07.93
Dr. Satanos	SE 3	06.08.96
Dr. Sensenmann	I 952	01.10.96
Dr. Tods Horror-Insel	I 133	19.01.81
Dr. Tods Horror-Insel	II 183	28.05.85
Dr. Tods Horror-Insel	III 183	07.05.91
Dr. Tods Horror-Insel	IV 183	31.10.95
Dr. Tods Monsterhöhle	I 123	10.11.80
Dr. Tods Monsterhöhle	II 173	19.03.85
Dr. Tods Monsterhöhle	III 173	26.02.91
Dr. Tods Monsterhöhle	IV 173	22.08.95
Dr. Tods Rache	I 230	29.11.82
Dr. Tods Rache	II 280	07.04.87
Dr. Tods Rache	III 280	16.03.93
Drachen-Lady, Die	I 533	20.09.88
Drachenblut-Vampir, Der	I 408	29.04.86
Drachenblut-Vampir, Der	II 458	13.08.96
Drachenburg, Die	GK134(30)	06.04.76
Drachenburg, Die	II 30	21.09.81
Drachenburg, Die	III 30	22.04.86
Drachenburg, Die	IV 30	20.10.92
Drachenburg, Die	SA 4/6	27.07.93
Drachenburg, Die	SE 30	19.08.97
Drachenmädchen, Das	I 840	09.08.94
Drachenpaar, Das	IV 58	08.06.93
Drachenpaar, Das	SA 8/2	28.05.96
Drachensaat, Die	I 112	25.08.80
Drachensaat, Die	II 162	27.12.84
Drachensaat, Die	III 162	11.12.90

Drachensaat, Die	IV 162	06.06.95
Dracula gibt sich die Ehre	I 34	27.02.79
Dracula gibt sich die Ehre	II 84	04.07.83
Dracula gibt sich die Ehre	III 84	24.05.88
Dracula gibt sich die Ehre	IV 84	07.12.93
Dracula gibt sich die Ehre	SA 11/2	31.12.96
Dracula II	TB 110	08.05.90
Dracula II ist wieder da	I 626	03.07.90
Draculas Blutgemach	I 701	10.12.91
Draculas blutige Brautnacht	I 778	01.06.93
Draculas Blutuhr	I 689	17.09.91
Draculas Eisleichen	TB 126	10.09.91
Drei aus dem Totenhaus, Die	I 538	25.10.88
Drei Gräber bis Atlantis	TB 55	08.10.85
Drei Gräber bis Soho	I 451	24.02.87
Drei Herzen aus Eis	I 333	20.11.84
Drei Herzen aus Eis	II 383	28.03.89
Drei Herzen aus Eis	III 383	07.03.95
Drei Leichen im Garten	I 210	12.07.82
Drei Leichen im Garten	II 260	18.11.86
Drei Leichen im Garten	III 260	27.10.92
Drei Schöne für die Hölle	I 749	10.11.92
Drogenteufel von Stonehenge	I 473	28.07.87
Drohung, Die	I 100	02.06.80
Drohung, Die	II 150	09.10.84

Drohung, Die	III 150	18.09.90
Drohung, Die	IV 150	14.03.95
Druiden-Rache	I 301	10.04.84
Druiden-Rache	II 351	16.08.88
Druiden-Rache	III 351	26.07.94
Druiden-Schatz, Der	TB 45	11.12.84
Duell der Henker, Das	TB 53	13.08.85
Dunkle Gral, Der	I 500	02.02.88
Echsenauge	I 941	16.07.96
Edelmann und Satansfreund	TB 187	29.10.96
Ein Duft von Tod und Grauen	I 397	11.02.86
Ein Duft von Tod und Grauen	II 447	19.06.90
Ein Duft von Tod und Grauen	III 447	28.05.96
Ein Friedhof am Ende der Welt	I 101	09.06.80
Ein Friedhof am Ende der Welt	II 151	16.10.84
Ein Friedhof am Ende der Welt	III 151	25.09.90
Ein Friedhof am Ende der Welt	IV 151	21.03.95
Ein Galgen für Morgana	I 971	11.02.97
Ein Gehängter kehrt zurück	I 509	05.04.88
Ein Grab aus der Vergangenheit	I 412	27.05.86
Ein Grab aus der Vergangenheit	II 412	10.09.96
Ein Gruß aus der Hölle	I 950	17.09.96
Ein Hauch von Moder	TB 84	08.03.88
Ein Höllenjob für Bill	I 634	28.08.90

Ein Leben unter Toten	TB 32	07.11.83
Ein Monster aus der Märchenwelt	I 906	14.11.95
Ein schwarzer Tag in meinem Leben	I 190	22.02.82
Ein schwarzer Tag in meinem Leben	II 240	01.07.86
Ein schwarzer Tag in meinem Leben	III 240	09.06.92
Ein schwarzer Tag in meinem Leben	IV 240	03.12.96
Ein teuflischer Verführer	I 904	31.10.95
Ein Totenopfer für Clarissa	I 260	27.06.83
Ein Totenopfer für Clarissa	II 310	03.11.87
Ein Totenopfer für Clarissa	III 310	12.10.93
Ein Tropfen Ewigkeit	I 623	12.06.90
Eine Nacht im Hexenschloß	I 612	27.03.90
Eine schaurige Warnung	I 195	29.03.82
Eine schaurige Warnung	II 245	05.08.86
Eine schaurige Warnung	III 245	14.07.92
Eine schaurige Warnung	IV 245	07.01.97
Einer kam wieder	I 552	31.01.89
Einsatz der Todesrocker	I 92	07.04.80
Einsatz der Todesrocker	II 142	14.08.84
Einsatz der Todesrocker	III 142	24.07.90
Einsatz der Todesrocker	IV 142	17.01.94
Einsatz der Todesrocker	SA 15/1	30.12.97
Eisgefängnis, Das	I 108	28.07.80
Eisgefängnis, Das	II 158	04.12.84
Eisgefängnis, Das	III 158	13.11.90
Eisgefängnis, Das	IV 158	09.05.95
Eismeer-Hexe, Die	I 309	05.06.84
Eismeer-Hexe, Die	II 359	11.10.88

Eismeer-Hexe, Die	III 359	20.09.94
Eisvampire, Die	I 127	08.12.80
Eisvampire, Die	II 177	16.04.85
Eisvampire, Die	III 177	26.03.91
Eisvampire, Die	IV 177	19.09.95
Elektronische Hölle	I 314	10.07.84
Elektronische Hölle	II 364	15.11.88
Elektronische Hölle	III 364	25.10.94
Elixier des Teufels, Das	I 148	04.05.81
Elixier des Teufels, Das	II 198	10.09.85
Elixier des Teufels, Das	III 198	20.08.91
Elixier des Teufels, Das	IV 198	13.02.96
Emily	I 867	14.02.95
Endlose Tod, Der (T)	I 10	23.05.78
Endlose Tod, Der (T)	II 60	15.11.82
Endlose Tod, Der (T)	III 60	16.06.87
Engel der Geister	I 591	31.10.89
Engel, der ein Teufel war, Der (E)	I 159	20.07.81
Engel, der ein Teufel war, Der (E)	II 209	26.11.85
Engel, der ein Teufel war, Der (E)	III 209	05.11.91
Engel, der ein Teufel war, Der (E)	IV 209	30.04.96
Engelsblut	I 929	23.04.96
Engelsgrab, Das	TB 204	31.03.98
Entertainer, Der	TB 122	14.05.91
Er kam aus dem Todesschloß	I 522	05.07.88
Er raubte die mordende Göttin	I 524	19.07.88

Er trank das ewige Leben	TB 179	27.02.96
Erbe der Fremden, Das	I 989	17.06.97
Erbe der Templer, Das	TB 62	13.05.86
Erbe des Schwarzen Tods, Das	I 199	26.04.82
Erbe des Schwarzen Tods, Das	II 249	02.09.86
Erbe des Schwarzen Tods, Das	III 249	11.08.92
Erdmonster, Das	I 879	09.05.95
Erst lieb ich dich, dann beiß ich dich!	I 841	16.08.94
Erwachen der Hexe, Das	I 699	26.11.91
Ewige Schreie	TB 19	11.10.82
Exorzistin, Die	I 951	24.09.96
Fallbeil-Mann, Der	I 959	19.11.96
Falsche Buddha, Der	I 675	11.06.91
Fee und die Horror-Reiter, Die	I 600	02.01.90
Fenris, der Götterwolf	I 191	01.03.82
Fenris, der Götterwolf	II 241	08.07.86
Fenris, der Götterwolf	III 241	16.06.92
Fenris, der Götterwolf	IV 241	10.12.96
Fenster der Angst	I 511	19.04.88
Fest der Köpfe, Das	TB 125	13.08.91
Feuer, Asche, altes Blut	I 852	01.11.94
Feuer-Bumerang, Der	I 294	21.02.84
Feuer-Bumerang, Der	II 344	28.06.88

Feuer-Bumerang, Der	III 344	07.06.94
Feuer-Furie	I 596	05.12.89
Feuerengel	I 916	23.01.96
Feuerhexe, Die	I 136	09.02.81
Feuerhexe, Die	II 186	18.06.85
Feuerhexe, Die	III 186	28.05.91
Feuerhexe, Die	IV 186	21.11.95
Feuerkult, Der	I 402	18.03.86
Feuerkult, Der	II 452	02.07.96
Finale in der Knochengrube	I 406	15.04.86
Finale in der Knochengrube	II 456	30.07.96
Finsternis	I 743	29.08.92
Flammen-Friedhof, Der	I 716	24.03.92
Flammenengel, Der	TB 49	09.04.85
Fliegen-Königin, Die	I 543	29.11.88
Fliegende Grauen, Das	I 643	30.10.90
Fliegenden Särge, Die	I 145	13.04.81
Fliegenden Särge, Die	II 195	20.08.85
Fliegenden Särge, Die	III 195	30.07.91
Fliegenden Särge, Die	IV 195	23.01.96
Fliegenmann, Der	I 928	16.04.96
Flieh, wenn der Würger kommt	I 164	24.08.81
Flieh, wenn der Würger kommt	II 214	30.12.85
Flieh, wenn der Würger kommt	III 214	10.12.85
Flieh, wenn der Würger kommt	IV 214	04.06.96

Fluch aus dem Dschungel, Der	GK122(27)	13.01.76
Fluch aus dem Dschungel, Der	II 27	10.08.81
Fluch aus dem Dschungel, Der	III 27	11.03.86
Fluch aus dem Dschungel, Der	IV 27	08.09.92
Fluch aus dem Dschungel, Der	SA 4/3	27.07.93
Fluch aus dem Dschungel, Der	SE 27	08.07.97
Fluch aus dem Grab, Der	I 446	20.01.87
Fluch der Rosen, Der	I 827	10.05.94
Fluch der schwarzen Hand, Der	GK202(47)	26.07.77
Fluch der schwarzen Hand, Der	II 47	17.05.82
Fluch der schwarzen Hand, Der	III 47	16.12.86
Fluch der schwarzen Hand, Der	IV 47	23.03.93
Fluch der schwarzen Hand, Der	SA 6/7	31.01.95
Fluch der Sinclairs, Der	I 914	09.01.96
Fluch des alten Kriegers, Der	I 981	22.04.97
Fluch des Kobolds, Der	I 961	03.12.96
Fluch von Babylon, Der	I 320	21.08.84
Fluch von Babylon, Der	II 370	27.12.88
Fluch von Babylon, Der	III 370	06.12.94
Flüche aus dem Jenseits	SA 4	27.07.93
Flucht in die Schädelwelt	I 138	23.02.81
Flucht in die Schädelwelt	II 188	02.07.85
Flucht in die Schädelwelt	III 188	11.06.91
Flucht in die Schädelwelt	IV 188	05.12.95
Flucht nach Avalon	TB 134	26.05.92
Flucht vor dem Grauen	I 353	09.04.85
Flucht vor dem Grauen	II 403	15.08.89
Flucht vor dem Grauen	III 403	25.07.95

Flugvampire greifen an	GK205(48)	16.08.77
Flugvampire greifen an	II 48	31.05.82
Flugvampire greifen an	III 48	06.01.87
Flugvampire greifen an	IV 48	30.03.93
Flugvampire greifen an	SA 6/8	31.01.95
Flüstern, schreien, töten	I 822	05.04.94
Flüsternde Tod, Der	I 391	30.12.85
Flüsternde Tod, Der	II 441	08.05.90
Flüsternde Tod, Der	III 441	16.04.96
Folterbett, Das	I 439	02.12.86
Folterbett, Das	II 489	13.03.97
Fratzengesicht, Das	I 322	04.09.84
Fratzengesicht, Das	II 372	10.01.89
Fratzengesicht, Das	III 372	20.12.94
Frau mit dem Dämonendolch, Die	I 275	10.10.83
Frau mit dem Dämonendolch, Die	II 325	16.02.88
Frau mit dem Dämonendolch, Die	III 325	25.01.94
Frau mit den Totenaugen, Die	I 804	30.11.93
Frau, die zweimal starb, Die	I 356	30.04.85
Frau, die zweimal starb, Die	II 406	05.09.89
Frau, die zweimal starb, Die	III 406	15.08.95
Freitag - Mordtag	I 321	28.08.84
Freitag - Mordtag	II 371	03.01.89
Freitag - Mordtag	III 371	13.12.94
Freund des Satans, Der	I 710	11.02.92
Friedhof der Vampire	GK34(6)	07.05.74
Friedhof der Vampire	II 6	03.11.80
Friedhof der Vampire	III 6	21.05.85
Friedhof der Vampire	IV 6	19.11.91

Friedhof der Vampire	SA 1/7	27.07.93
Friedhof der Vampire	SE 6	17.09.96
Friedhof der Verfluchten	TB 23	14.02.83
Friedhof des Schreckens, Der (T)	I 88	10.03.80
Friedhof des Schreckens, Der (T)	II 138	17.07.84
Friedhof des Schreckens, Der (T)	III 138	19.06.90
Friedhof des Schreckens, Der (T)	IV 138	20.12.94
Friedhof New York	TB 143	23.02.93
Friedhofs-Wächter, Der	TB 70	13.01.87
Fund, Der	I 655	22.01.91
Fünf-Minuten-Grauen, Das	TB 112	10.07.90
Für Teufel, Gold und Templer	I 900	02.10.95
Gabentisch des Grauens	I 873	28.03.95
Galgen-Trio, Das	I 706	14.01.92
Gas-Gespenst, Das	IV 78	26.10.93
Gas-Gespenst, Das	SA 10/6	29.10.96
Gassen der Angst	TB 135	30.06.92
Gasthaus zur Hölle	I 586	26.09.89
Gatanos Galgenhand	I 248	04.04.83
Gatanos Galgenhand	II 298	11.08.87
Gatanos Galgenhand	III 298	20.07.93
Geboren in Atlantis	TB 113	14.08.90
Geburt des Schwarzen Tods, Die	I 336	11.12.84
Geburt des Schwarzen Tods, Die	II 386	18.04.89
Geburt des Schwarzen Tods, Die	III 386	28.03.95

Gefangen am Todesfelsen	I 323	11.09.84
Gefangen am Todesfelsen	II 373	17.01.89
Gefangen am Todesfelsen	III 373	27.12.94
Gefangen in der Mikrowelt	I 65	02.10.79
Gefangen in der Mikrowelt	II 115	07.02.84
Gefangen in der Mikrowelt	III 115	01.08.89
Gefangen in der Mikrowelt	IV 115	12.07.94
Gefangen in der Mikrowelt	SA 13/3	29.07.97
Gefangene der Namenlosen	I 861	03.01.95
Gefangene der Teufelsinsel	I 255	23.05.83
Gefangene der Teufelsinsel	II 305	29.09.87
Gefangene der Teufelsinsel	III 305	07.09.93
Gegen Gangster und Ghouls	I 284	12.12.83
Gegen Gangster und Ghouls	II 334	19.04.88
Gegen Gangster und Ghouls	III 334	29.03.94
Gegen Tod und Teufel	SA 8	28.05.96
Geheimauftrag Phantom	TB 104	24.11.89
Geheimbund der Vampire	TB 29	08.08.83
Geheimbund Dunkler Gral	I 707	21.01.92
Geheimnis des Spiegels, Das (T)	I 25	19.12.78
Geheimnis des Spiegels, Das (T)	II 75	02.05.83
Geheimnis des Spiegels, Das (T)	III 75	19.01.88
Geheimwaffe Ghoul	I 459	21.07.87
Gehetzt, gejagt, getötet	I 557	07.03.89
Geier und der Wertiger, Die (T)	I 107	21.07.80
Geier und der Wertiger, Die (T)	II 157	27.11.84
Geier und der Wertiger, Die (T)	III 157	06.11.90

Geier und der Wertiger, Die (T)	IV 157	02.05.95
Geisel, Die	I 578	01.08.89
Geist des Baphomet, Der	I 780	15.06.93
Geist des Hexers, Der	I 810	11.01.94
Geister aus der Zukunft	I 967	14.01.97
Geister vom Leichenbaum, Die	I 628	17.07.90
Geister, Zombies und Vampire	SA 7	30.01.96
Geister-Braut, Die	I 74	04.12.79
Geister-Braut, Die	II 124	10.04.84
Geister-Braut, Die	III 124	05.12.89
Geister-Braut, Die	IV 124	13.09.94
Geister-Braut, Die	SA 14/1	28.10.97
Geister-Roulett	I 13	04.07.78
Geister-Roulett	II 63	27.12.82
Geister-Roulett	III 63	28.07.87
Geister-Roulett	IV 63	13.07.93
Geister-Roulett	SA 8/7	28.05.96
Geisterbahn	I 641	16.10.90
Geisterdämmerung	TB 60	11.03.86
Geisterfahrer, Der (A)	I 60	28.08.79
Geisterfahrer, Der (A)	II 110	10.01.84
Geisterfahrer, Der (A)	III 110	23.05.89
Geisterfahrer, Der (A)	IV 110	07.06.94
Geisterfee, Die	I 760	26.01.93
Geistergrab, Das	I 211	19.07.82
Geistergrab, Das	II 261	25.11.86
Geistergrab, Das	III 261	03.11.92

Geisterhand, Die	I 53	10.07.79
Geisterhand, Die	II 103	14.11.83
Geisterhand, Die	III 103	14.02.89
Geisterhand, Die	IV 103	19.04.94
Geisterhand, Die	SA 12/3	27.05.97
Geisterhöhle, Die	GK120(26)	29.12.75
Geisterhöhle, Die	II 26	27.07.81
Geisterhöhle, Die	III 26	25.02.86
Geisterhöhle, Die	IV 26	25.08.92
Geisterhöhle, Die	SA 4/2	27.07.93
Geisterhöhle, Die	SE 26	24.06.97
Geisterkind, Das	I 682	30.07.91
Geisterstunde in Los Angeles	TB 76	14.07.87
Geistersturm	TB 174	31.10.95
Geistertanz der Teufelsmönche	I 270	05.09.83
Geistertanz der Teufelsmönche	II 320	12.01.88
Geistertanz der Teufelsmönche	III 320	21.12.93
Geistervögel, Die	I 23	21.11.78
Geistervögel, Die	II 73	18.04.83
Geistervögel, Die	III 73	15.12.87
Geistervögel, Die	IV 73	21.09.93
Geistervögel, Die	SA 10/1	29.10.96
Gejagt von Lucy, dem Ghoul	I 899	26.09.95
Gelbe Satan, Der	I 50	19.06.79
Gelbe Satan, Der	II 100	24.10.83
Gelbe Satan, Der	III 100	03.01.89
Gelbe Satan, Der	IV 100	29.03.94
Gelbe Satan, Der	SA 12/1	27.05.97
Geliebte des Dämons, Die	I 324	18.09.84
Geliebte des Dämons, Die	II 374	24.01.89

Geliebte des Dämons, Die	III 374	03.01.95
Gemälde des Grauens	I 464	26.05.87
General Zombie	I 377	24.09.85
General Zombie	II 427	30.01.90
General Zombie	III 427	09.01.96
Gerechte, Der	TB 136	28.07.92
Gericht der Toten, Das	I 772	20.04.93
Gespenst aus dem Hexenforst, Das	I 358	14.05.85
Gespenst aus dem Hexenforst, Das	II 408	19.09.89
Gespenst aus dem Hexenforst, Das	III 408	29.08.95
Gespenst vom Tower, Das	I 605	06.02.90
Gespenst von Angus Castle, Das	I 807	21.12.93
Gespenst, Das	I 913	02.01.96
Gespenster der Nacht	I 751	24.11.92
Gespenster-Gruft, Die	TB 140	24.11.92
Ghoul aus dem Gully, Der	I 698	19.11.91
Ghoul und seine Geishas, Der	I 389	19.12.85
Ghoul und seine Geishas, Der	II 439	24.04.90
Ghoul und seine Geishas, Der	III 439	02.04.96
Ghoul, der meinen Tod bestellte, Der	I 329	23.10.84
Ghoul, der meinen Tod bestellte, Der	I 379	28.02.89
Ghoul, der meinen Tod bestellte, Der	I 379	07.02.95
Ghoul-Parasiten	I 271	12.09.83
Ghoul-Parasiten	II 321	19.01.88
Ghoul-Parasiten	III 321	28.12.93

Ghouls in der U-Bahn	I 172	19.10.81
Ghouls in der U-Bahn	II 222	25.02.86
Ghouls in der U-Bahn	III 222	04.02.92
Ghouls in der U-Bahn	IV 222	30.07.96
Ghouls in Manhattan	TB 9	21.12.81
Gier nach Blut	TB 162	27.09.94
Gigant von Atlantis, Der	I 152	01.06.81
Gigant von Atlantis, Der	II 202	08.10.85
Gigant von Atlantis, Der	III 202	17.09.91
Gigant von Atlantis, Der	IV 202	12.03.96
Ginas Mörderschloß	I 580	15.08.89
Gläserne Grauen, Das	I 263	18.07.83
Gläserne Grauen, Das	II 313	24.11.87
Gläserne Grauen, Das	III 313	02.11.93
Gnom mit den Krallenhänden, Der	GK61(11)	12.11.74
Gnom mit den Krallenhänden, Der	II 11	12.01.81
Gnom mit den Krallenhänden, Der	III 11	30.07.85
Gnom mit den Krallenhänden, Der	IV 11	28.01.92
Gnom mit den Krallenhänden, Der	SA 2/3	27.07.93
Gnom mit den Krallenhänden, Der	SE 11	26.11.96
Gnom mit den sieben Leben, Der	I 363	18.06.85
Gnom mit den sieben Leben, Der	II 413	24.10.89
Gnom mit den sieben Leben, Der	III 413	03.10.95
Goldene Buddha, Der	TB 2	18.05.81
Goldene Kralle, Die	I 205	07.06.82
Goldene Kralle, Die	II 255	14.10.86
Goldene Kralle, Die	III 255	22.09.92
Goldenen Skelette, Die	I 335	04.12.84
Goldenen Skelette, Die	II 385	11.04.89

Goldenen Skelette, Die	III 385	21.03.95
Golem-Trio, Das	I 908	28.11.95
Götzenbrut	I 319	14.08.84
Götzenbrut	II 369	20.12.88
Götzenbrut	III 369	29.11.94
Götzenhöhle, Die	I 620	22.05.90
Götzentanz im Märchenpark	I 386	26.11.85
Götzentanz im Märchenpark	II 436	03.04.90
Götzentanz im Märchenpark	III 436	12.03.96
Grab der Königin, Das	TB 96	14.03.89
Grab der Sinclairs, Das	I 635	04.09.90
Grab in der Hölle, Das	TB 3	15.06.81
Grab-Phantome greifen an	I 468	23.09.87
Gräber seiner Ahnen, Die	I 564	25.04.89
Grabkriecherin, Die	I 996	05.08.97
Grabräuber, Die	TB 41	14.08.84
Grabstein-Bande, Die	I 180	14.12.81
Grabstein-Bande, Die	II 230	22.04.86
Grabstein-Bande, Die	III 230	31.03.92
Grabstein-Bande, Die	IV 230	24.09.96
Grabstein-Clique, Die	TB 128	26.11.91
Grachten-Teufel, Der	I 266	08.08.83
Grachten-Teufel, Der	II 316	15.12.87
Grachten-Teufel, Der	III 316	23.11.93

Grauen an der Themse, Das (W)	I 49	12.06.79
Grauen an der Themse, Das (W)	II 99	17.10.83
Grauen an der Themse, Das (W)	III 99	20.12.88
Grauen an der Themse, Das (W)	IV 99	22.03.94
Grauen aus dem Bleisarg, Das	I 369	30.07.85
Grauen aus dem Bleisarg, Das	II 419	05.12.89
Grauen aus dem Bleisarg, Das	III 419	14.11.95
Grauen aus der Hölle	SA 15	30.12.97
Grauen im Grand Hotel	TB 131	25.02.92
Grauen im Pentagon	TB 82	12.01.88
Grauen in den Katakomben	I 334	27.11.84
Grauen in den Katakomben	II 384	04.04.89
Grauen in den Katakomben	III 384	14.03.95
Grauen in vier Wänden	IV 65	27.07.93
Grauen in vier Wänden	SA 9/1	30.07.96
Grauen kam aus Grönland, Das (T)	I 134	26.01.81
Grauen kam aus Grönland, Das (T)	II 184	04.06.85
Grauen kam aus Grönland, Das (T)	III 184	14.05.91
Grauen kam aus Grönland, Das (T)	IV 184	07.11.95
Grauen von Grainau, Das	I 766	09.03.93
Grauen von Zagreb, Das	I 531	06.09.88
Grausame, Der	I 527	09.08.88
Grausamen Ritter, Die	I 111	18.08.80
Grausamen Ritter, Die	II 161	21.12.84
Grausamen Ritter, Die	III 161	04.12.90
Grausamen Ritter, Die	IV 161	30.05.95
Grausame Wald, Der	I 460	28.07.87

Grausame Zeit	I 932	14.05.96
Griff aus dem Dunkel	I 984	13.05.97
Gringas Fluch	I 499	26.01.88
Grotte der Saurier, Die	I 365	01.07.85
Grotte der Saurier, Die	II 415	07.11.89
Grotte der Saurier, Die	III 415	17.10.95
Gruft der Leichenräuber, Die	I 151	25.05.81
Gruft der Leichenräuber, Die	II 201	01.10.85
Gruft der Leichenräuber, Die	III 201	10.09.91
Gruft der Leichenräuber, Die	IV 201	05.03.96
Gruft der wimmernden Seelen	I 354	16.04.85
Gruft der wimmernden Seelen	II 404	22.08.89
Gruft der wimmernden Seelen	III 404	01.08.95
Gruft mit dem Höllenauge, Die	I 209	05.07.82
Gruft mit dem Höllenauge, Die	II 259	11.11.86
Gruft mit dem Höllenauge, Die	III 259	20.10.92
Gruftie, Der	I 955	22.10.96
Grüne Dschinn, Der	I 178	30.11.81
Grüne Dschinn, Der	II 228	08.04.86
Grüne Dschinn, Der	III 228	17.03.92
Grüne Dschinn, Der	IV 228	10.09.96
Grüne Hölle von Florida, Die (T)	I 54	17.07.79
Grüne Hölle von Florida, Die (T)	II 104	21.11.83
Grüne Hölle von Florida, Die (T)	III 104	28.02.89
Grüne Hölle von Florida, Die (T)	IV 104	26.04.94
Grusel-Star, Der	I 419	15.07.86
Grusel-Star, Der	II 469	29.10.96
Gruß aus der Gruft	I 792	07.09.93

Guru der Toten (T)	I 62	11.09.79
Guru der Toten (T)	II 112	17.01.84
Guru der Toten (T)	III 112	20.06.89
Guru der Toten (T)	IV 112	21.06.94
Gwenola - Grausam und geächtet	I 606	13.02.90
Hände, die der Satan schuf	TB 44	13.11.84
Hard-Rock-Zombie	I 512	26.04.88
Harry's Höllen-Cocktail	TB 66	09.09.86
Haus der Hyänen, Das	I 677	25.06.91
Hausmeister, Der	I 798	19.10.93
Heimkehrer, Der	I 550	17.01.89
Hemators tödliche Welt	I 352	02.04.85
Hemators tödliche Welt	II 402	08.08.89
Hemators tödliche Welt	III 402	18.07.95
Henker des Herzogs, Der	I 828	17.05.94
Henkerbeichte	TB 174	26.09.95
Henkerin, Die	I 923	12.03.96
Henkerrätsel, Das	TB 33	12.12.83
Herold des Satans, Der	I 411	20.05.86
Herold des Satans, Der	II 461	03.09.96
Herr der Roten Hölle	I 212	26.07.82
Herr der Roten Hölle	II 262	02.12.86
Herr der Roten Hölle	III 262	10.11.92
Herr der Schattenburg	I 692	08.10.91

Herrin der Dunkelwelt	I 229	22.11.82
Herrin der Dunkelwelt	II 279	31.03.87
Herrin der Dunkelwelt	III 279	09.03.93
Heute Engel - morgen Hexe	I 465	02.06.87
Hexe vom Hyde Park, Die	I 171	12.10.81
Hexe vom Hyde Park, Die	II 221	18.02.86
Hexe vom Hyde Park, Die	III 221	28.01.92
Hexe vom Hyde Park, Die	IV 221	23.07.96
Hexe von Hilversum, Die	I 781	22.06.93
Hexe von Java, Die (T)	I 22	07.11.78
Hexe von Java, Die (T)	II 72	11.04.83
Hexe von Java, Die (T)	III 72	01.12.87
Hexen des Spuks, Die	I 534	27.09.88
Hexen-Polterabend	I 494	22.12.87
Hexenabend mit Jane Collins	I 235	03.01.83
Hexenabend mit Jane Collins	II 285	12.05.87
Hexenabend mit Jane Collins	III 285	20.04.93
Hexenclub, Der	GK125(28)	03.02.76
Hexenclub, Der	II 28	24.08.81
Hexenclub, Der	III 28	25.03.86
Hexenclub, Der	IV 28	22.09.92
Hexenclub, Der	SA 4/4	27.07.93
Hexenclub, Der	SE 28	22.07.97
Hexeninsel, Die	I 217	30.08.82
Hexeninsel, Die	II 267	06.01.87
Hexeninsel, Die	III 267	15.12.92
Hexenkraft und Druidenzauber	I 279	07.11.83
Hexenkraft und Druidenzauber	II 329	15.03.88
Hexenkraft und Druidenzauber	III 329	22.02.94

Hexenküsse	Paperb. 1	24.04.84
Hexenküsse	TB 25 009	26.04.88
Hexenliebe	I 833	21.06.94
Hexenmeister, Der	TB 133	28.04.92
Hexenmühle, Die	I 18	12.09.78
Hexenmühle, Die	II 68	07.03.83
Hexenmühle, Die	III 68	06.10.87
Hexenmühle, Die	IV 68	17.08.93
Hexenmühle, Die	SA 9/4	30.07.96
Hexenreich	I 566	09.05.89
Hexenschiff, Das	TB 42	11.09.84
Hexenspuk und Teufelssaat	SA 13	29.07.97
Hexenstein, Der	I 474	04.08.87
Hexentanz (T)	I 30	30.01.79
Hexentanz (T)	II 80	06.06.83
Hexentanz (T)	III 80	29.03.88
Hexentanz (T)	IV 80	02.11.93
Hexentor, Das	I 435	04.11.86
Hexentor, Das	II 485	18.02.97
Hexenverbrennung (W)	I 59	21.08.79
Hexenverbrennung (W)	II 109	27.12.83
Hexenverbrennung (W)	III 109	09.05.89
Hexenverbrennung (W)	IV 109	31.05.94
Hexenwahn	TB 13	12.04.82
Hexenwürger von Blackmoor, Der	I 267	15.08.83
Hexenwürger von Blackmoor, Der	II 317	22.12.87
Hexenwürger von Blackmoor, Der	III 317	30.11.93

Hexenzauber	I 647	27.11.90
Hexer mit der Flammenpeitsche, Der	GK188(44)	19.04.77
Hexer mit der Flammenpeitsche, Der	II 44	05.04.82
Hexer mit der Flammenpeitsche, Der	III 44	04.11.86
Hexer mit der Flammenpeitsche, Der	IV 44	02.03.93
Hexer mit der Flammenpeitsche, Der	SA 6/4	31.01.95
Hexer von Paris, Der	I 64	25.09.79
Hexer von Paris, Der	II 114	31.01.84
Hexer von Paris, Der	III 114	18.07.89
Hexer von Paris, Der	IV 114	05.07.94
Hexer von Paris, Der	SA 13/2	29.07.97
Hier wohnt der Tod	I 975	11.03.97
Himalaya-Grauen	I 542	22.11.88
Hochhaus der Dämonen, Das	GK183(43)	15.03.77
Hochhaus der Dämonen, Das	II 43	22.03.82
Hochhaus der Dämonen, Das	III 43	21.10.86
Hochhaus der Dämonen, Das	IV 43	23.02.93
Hochhaus der Dämonen, Das	SA 6/3	31.01.95
Hochzeit der Vampire	GK110(23)	21.10.75
Hochzeit der Vampire	II 23	15.06.81
Hochzeit der Vampire	III 23	14.01.86
Hochzeit der Vampire	IV 23	14.07.92
Hochzeit der Vampire	SA 3/7	27.07.93
Hochzeit der Vampire	SE 23	13.05.97
Höllenbild, Das	TB 184	30.07.96
Höllen-Detektiv, Der	I 337	17.12.84
Höllen-Detektiv, Der	II 387	25.04.89
Höllen-Detektiv, Der	III 387	04.04.95
Höllen-Engel	I 918	06.02.96

Höllen-Friedhof	I 382	29.10.85
Höllen-Friedhof	II 432	06.03.90
Höllen-Friedhof	III 432	13.02.96
Höllen-See	I 490	24.11.87
Höllenbestie, Die	I 815	15.02.94
Höllenbote, Der	TB 18	13.09.82
Höllenclub, Der	I 892	08.08.95
Höllenfahrt der Templerkutsche	I 429	23.09.86
Höllenfahrt der Templerkutsche	II 479	07.01.97
Höllenfahrt im Todesstollen	I 146	20.04.81
Höllenfahrt im Todesstollen	II 196	27.08.85
Höllenfahrt im Todesstollen	III 196	06.08.91
Höllenfahrt im Todesstollen	IV 196	30.01.96
Höllenhaus, Das	I 845	13.09.94
Höllenheer, Das	GK80(16)	25.03.75
Höllenheer, Das	II 16	09.03.81
Höllenheer, Das	III 16	08.10.85
Höllenheer, Das	IV 16	07.04.92
Höllenheer, Das	SA 2/8	27.07.93
Höllenheer, Das	SE 16	04.02.97
Höllenkutsche, Die	I 95	28.04.80
Höllenkutsche, Die	II 145	04.09.84
Höllenkutsche, Die	III 145	14.08.90
Höllenkutsche, Die	IV 145	07.02.95
Höllenkutsche, Die	SA 15/4	30.12.97
Höllenliebe	I 859	20.12.94
Höllenparadies	I 518	07.06.88

Höllenqualen	I 1002	16.09.97
Höllenscript	TB 188	26.11.96
Höllensog	TB 165	28.12.94
Höllenstadt	TB 202	27.01.98
Höllentor, Das (W)	I 72	20.11.79
Höllentor, Das (W)	II 122	27.03.84
Höllentor, Das (W)	III 122	07.11.89
Höllentor, Das (W)	IV 122	30.08.94
Höllenwurm, Der	I 239	31.01.83
Höllenwurm, Der	II 289	09.06.87
Höllenwurm, Der	III 289	18.05.93
Höllenzeit	TB 150	28.09.93
Höllischer Vatertag	TB 52	09.07.85
Horror am Himmel	I 686	27.08.91
Horror im Harem	I 642	23.10.90
Horror im Hexenhaus	I 748	03.11.92
Horror-Baby	I 820	22.03.94
Horror-Cops, Die	I 75	11.12.79
Horror-Cops, Die	II 125	17.04.84
Horror-Cops, Die	III 125	19.12.89
Horror-Cops, Die	IV 125	20.09.94
Horror-Cops, Die	SA 13/6	29.07.97
Horror-Disco	I 58	14.08.79
Horror-Disco	II 108	19.12.83
Horror-Disco	III 108	25.04.89
Horror-Disco	IV 108	24.05.94
Horror-Disco	SA 12/7	27.05.97

Horror-Helikopter	TB 87	14.06.88
Horror-Hochzeit	TB 39	13.06.84
Horror-Horoskop	TB 59	11.02.86
Horror-Kalender, Der	I 478	01.09.87
Horror-Kreuzfahrt	I 51	26.06.79
Horror-Kreuzfahrt	II 101	31.10.83
Horror-Kreuzfahrt	III 101	17.01.89
Horror-Kreuzfahrt	IV 101	05.04.94
Horror-Kreuzfahrt	SA 12/2	27.05.97
Horror-Mühle, Die	I 933	21.05.96
Horror-Nacht, Die (T)	I 82	28.01.80
Horror-Nacht, Die (T)	II 132	05.06.84
Horror-Nacht, Die (T)	III 132	27.03.90
Horror-Nacht, Die (T)	IV 132	08.11.94
Horror-Pendel, Das	I 887	04.07.95
Horror-Quiz	I 445	13.01.87
Horror-Reiter, Die	I 38	27.03.79
Horror-Reiter, Die	II 88	01.08.83
Horror-Reiter, Die	III 88	19.07.88
Horror-Reiter, Die	IV 88	04.01.94
Horror-Reiter, Die	SA 11/4	31.12.96
Horror-Restaurant, Das	TB 97	11.04.89
Horror-Rock	I 204	31.05.82
Horror-Rock	II 254	07.10.86
Horror-Rock	III 254	15.09.92
Horror-Schloß im Spessart, Das	I 7	11.04.78
Horror-Schloß im Spessart, Das	II 57	04.10.82

Horror-Schloß im Spessart, Das	III 57	05.05.87
Horror-Schloß im Spessart, Das	IV 57	01.06.93
Horror-Schloß im Spessart, Das	SA 8/1	28.05.96
Horror-Spielzeug, Das	IV 72	14.09.93
Horror-Spielzeug, Das	SA 9/8	30.07.96
Horror-Taxi von New York, Das	I 19	26.09.78
Horror-Taxi von New York, Das	II 69	21.03.83
Horror-Taxi von New York, Das	III 69	20.10.87
Horror-Taxi von New York, Das	IV 69	24.08.93
Horror-Taxi von New York, Das	SA 9/5	30.07.96
Horror-Teenie	I 858	13.12.94
Horror-Telefon, Das	TB 139	27.10.92
Horrorfest am Galgenhügel	GK 89(18)	27.05.75
Horrorfest am Galgenhügel	II 18	06.04.81
Horrorfest am Galgenhügel	III 18	05.11.85
Horrorfest am Galgenhügel	IV 18	05.05.92
Horrorfest am Galgenhügel	SA 3/2	27.07.93
Horrorfest am Galgenhügel	SE 18	04.03.97
Horrorhaus von Pratau, Das	I 667	16.04.91
Horrornacht im Himmelbett	I 385	19.11.85
Horrornacht im Himmelbett	II 435	27.03.90
Horrornacht im Himmelbett	III 435	05.03.96
Horrortrip zur Schönheitsfarm	I 188	08.02.82
Horrortrip zur Schönheitsfarm	II 238	17.06.86
Horrortrip zur Schönheitsfarm	III 238	26.05.92
Horrortrip zur Schönheitsfarm	IV 238	19.11.96
Hotel zur dritten Hölle	I 192	08.03.82
Hotel zur dritten Hölle	II 242	15.07.86
Hotel zur dritten Hölle	III 242	23.06.92
Hotel zur dritten Hölle	IV 242	17.12.96

Hügel der Gehenkten	I 106	14.07.80
Hügel der Gehenkten	II 156	20.11.84
Hügel der Gehenkten	III 156	13.11.90
Hügel der Gehenkten	IV 156	25.04.95
Hügel der Gehenkten	SA 15/8	30.12.97
Hüte dich vor Dracula	TB 99	13.06.89
Hütet euch vor Harry	TB 129	31.12.91
Hypno-Hund, Der	I 912	27.12.95
Ich bin dein Henker, Sinclair!	I 750	17.11.92
Ich flog in die Todeswolke	I 147	27.04.81
Ich flog in die Todeswolke	II 197	03.09.85
Ich flog in die Todeswolke	III 197	13.08.91
Ich flog in die Todeswolke	IV 197	06.02.96
Ich folgte der Teufelsspur	I 390	23.12.85
Ich folgte der Teufelsspur	I 440	30.04.90
Ich folgte der Teufelsspur	I 440	09.04.96
Ich gegen den Höllenritter (T)	I 153	08.06.81
Ich gegen den Höllenritter (T)	II 203	15.10.85
Ich gegen den Höllenritter (T)	III 203	24.09.91
Ich gegen den Höllenritter (T)	IV 203	19.03.96
Ich gegen die Riesenkraken (T)	I 170	05.10.81
Ich gegen die Riesenkraken (T)	II 220	11.02.86
Ich gegen die Riesenkraken (T)	III 220	21.01.92
Ich gegen die Riesenkraken (T)	IV 220	16.07.96
Ich jagte »Jack the Ripper«	I 182	28.12.81
Ich jagte »Jack the Ripper«	II 232	06.05.86
Ich jagte »Jack the Ripper«	III 232	14.04.92
Ich jagte »Jack the Ripper«	IV 232	08.10.96
Ich jagte das Hexen-Trio	I 520	21.06.88

Ich liebte eine Voodoo-Queen	I 395	28.01.86
Ich liebte eine Voodoo-Queen	II 445	05.06.90
Ich liebte eine Voodoo-Queen	III 445	14.05.96
Ich stellte die Killer-Mumien	I 413	03.06.86
Ich stellte die Killer-Mumien	II 463	17.09.96
Ich stieß das Tor zur Hölle auf	I 200	03.05.82
Ich stieß das Tor zur Hölle auf	II 250	09.09.86
Ich stieß das Tor zur Hölle auf	III 250	18.08.92
Ich stürmte den rollenden Sarg	I 259	20.06.83
Ich stürmte den rollenden Sarg	II 309	27.10.87
Ich stürmte den rollenden Sarg	III 309	05.10.93
Ich und der Poltergeist	I 380	15.10.85
Ich und der Poltergeist	I 430	20.02.90
Ich und der Poltergeist	I 430	30.01.96
Ich will dein Blut, Sinclair!	I 880	16.05.95
Ihr Freund, der Ghoul	TB 61	08.04.86
Ihr Traum vom Reich des Schreckens	I 546	20.12.88
Im Bann der Höllensteine	I 308	29.05.84
Im Bann der Höllensteine	II 358	04.10.88
Im Bann der Höllensteine	III 358	13.09.94
Im Bann der Schwarzen Magie	SA 10	29.10.96
Im Bann des alten Königs	I 1005	07.10.97
Im Bann des Pegasus	I 453	10.03.87
Im Bann des Verfluchten	I 696	05.11.91
Im Haus der Ghouls	I 741	15.08.92

Im Haus des Schreckens	GK208(49)	06.09.77
Im Haus des Schreckens	II 49	14.06.82
Im Haus des Schreckens	III 49	13.01.87
Im Haus des Schreckens	IV 49	06.04.93
Im Haus des Schreckens	SA 7/1	30.01.96
Im Höllenloch	I 674	04.06.91
Im Jenseits verurteilt	I 197	12.04.82
Im Jenseits verurteilt	II 247	19.08.86
Im Jenseits verurteilt	III 247	28.07.92
Im Kreisel der Angst	I 835	05.07.94
Im Land des Vampirs	I 139	02.03.81
Im Land des Vampirs	II 189	09.07.85
Im Land des Vampirs	III 189	18.06.91
Im Land des Vampirs	IV 189	12.12.95
Im Landhaus der Schrecken (T)	I 20	10.10.78
Im Landhaus der Schrecken (T)	II 70	28.03.83
Im Landhaus der Schrecken (T)	III 70	03.11.87
Im Nachtclub der Vampire	I 1	17.01.78
Im Nachtclub der Vampire	II 51	12.07.82
Im Nachtclub der Vampire	III 51	10.02.87
Im Nachtclub der Vampire	IV 51	20.04.93
Im Nachtclub der Vampire	SA 7/3	30.01.96
Im Namen der Hölle	I 416	24.06.86
Im Namen der Hölle	II 466	08.10.96
Im Namen des Leibhaftigen	I 846	20.09.94
Im Penthouse der Angst	I 277	24.10.83
Im Penthouse der Angst	II 327	01.03.88
Im Penthouse der Angst	III 327	08.02.94

Im Rattentempel	I 305	08.05.84
Im Rattentempel	II 355	13.09.88
Im Rattentempel	III 355	23.08.94
Im Reich der Monster-Spinnen	I 318	07.08.84
Im Reich der Monster-Spinnen	II 368	13.12.88
Im Reich der Monster-Spinnen	III 368	22.11.94
Im Reich des Bösen	SA 14	28.10.97
Im Schlund des Dreitöters	I 481	22.09.87
Im Tempel des Drachen	I 487	03.11.87
Im Terrornetz der Monster-Lady	I 273	26.09.83
Im Terrornetz der Monster-Lady	II 323	02.02.88
Im Terrornetz der Monster-Lady	III 323	11.01.94
Im Würgegriff der roten Masken	I 9	09.05.78
Im Würgegriff der roten Masken	II 59	01.11.82
Im Würgegriff der roten Masken	III 59	02.06.87
Im Würgegriff der roten Masken	IV 59	15.06.93
Im Würgegriff der roten Masken	SA 8/3	28.05.96
Im Würgegriff der Wachsfiguren	I 894	22.08.95
Im Zentrum des Schreckens	I 201	10.05.82
Im Zentrum des Schreckens	II 251	16.09.86
Im Zentrum des Schreckens	III 251	25.08.92
In den Fängen eines Teufels	I 463	19.05.87
In den Fängen der Nacht	I 986	27.05.97
In den Krallen der Roten Vampire	I 223	11.10.82
In den Krallen der Roten Vampire	II 273	17.02.87
In den Krallen der Roten Vampire	III 273	26.01.93

In der Hölle verschollen	I 289	17.01.84
In der Hölle verschollen	II 339	24.05.88
In der Hölle verschollen	III 339	03.05.94
In der Knochengruft	I 911	19.12.95
In diesem Zimmer haust die Angst	I 299	27.03.84
In diesem Zimmer haust die Angst	II 349	02.08.88
In diesem Zimmer haust die Angst	III 349	12.07.94
In dieser Straße wohnt die Angst	TB 20	08.11.82
In Satans Diensten	GK105(22)	16.09.75
In Satans Diensten	II 22	01.06.81
In Satans Diensten	III 22	07.01.86
In Satans Diensten	IV 22	30.06.92
In Satans Diensten	SA 3/6	27.07.93
In Satans Diensten	SE 22	29.04.97
In Satans Diensten	SA 3	27.07.93
Indische Rache, Die	I 659	19.02.91
Inferno in der Alptraum-Schlucht	I 338	21.12.84
Inferno in der Alptraum-Schlucht	II 388	02.05.89
Inferno in der Alptraum-Schlucht	III 388	11.04.95
Inka-Henker, Der	I 374	03.09.85
Inka-Henker, Der	II 424	09.01.90
Inka-Henker, Der	III 424	19.12.95
Insel der Seelenlosen (T)	I 28	16.01.79
Insel der Seelenlosen (T)	II 78	23.05.83
Insel der Seelenlosen (T)	III 78	01.03.88
Insel der Skelette, Die	GK74(14)	11.02.75
Insel der Skelette, Die	II 14	09.02.81
Insel der Skelette, Die	III 14	10.09.85
Insel der Skelette, Die	IV 14	10.03.92

Insel der Skelette, Die	SA 2/6	27.07.93
Insel der Skelette, Die	SE 14	07.01.97
Insel des Kopfjägers, Die	I 703	20.12.91
Invasion der Riesenkäfer	I 115	15.09.80
Invasion der Riesenkäfer	II 165	22.01.85
Invasion der Riesenkäfer	III 165	02.01.91
Invasion der Riesenkäfer	IV 165	27.06.95
Irre mit der Teufelsgeige, Der	I 11	06.06.78
Irre mit der Teufelsgeige, Der	II 61	29.11.82
Irre mit der Teufelsgeige, Der	III 61	30.06.87
Irre mit der Teufelsgeige, Der	IV 61	29.06.93
Irre mit der Teufelsgeige, Der	SA 8/5	28.05.96
Irrfahrt ins Jenseits	GK141(32)	25.05.76
Irrfahrt ins Jenseits	II 32	19.10.81
Irrfahrt ins Jenseits	III 32	20.05.86
Irrfahrt ins Jenseits	IV 32	17.11.92
Irrfahrt ins Jenseits	SA 4/8	27.07.93
Irrfahrt ins Jenseits	SE 32	16.09.97
Jagd auf die Dämonenwölfe	II 140	31.07.84
Jagd auf die Dämonenwölfe	I 90	24.03.80
Jagd auf die Dämonenwölfe	III 140	10.07.90
Jagd auf die Dämonenwölfe	IV 140	03.01.95
Jagd auf die Dämonenwölfe	SA 14/8	28.10.97
Jagd nach dem Templer-Gold	I 457	07.04.87
Jagd, Die	I 673	28.05.91
Jäger der Nacht	I 736	11.08.92
Jäger der verlorenen Seelen	I 854	15.11.94
Janes Umkehr	I 493	15.12.87
Japanische Geist, Der	I 505	08.03.88

Jenseits-Falle, Die	TB 22	10.01.83
Jenseits-Melodie	I 400	04.03.86
Jenseits-Melodie	II 450	18.06.96
Jericho	TB 116	13.11.90
Jessicas Rächer	I 747	27.10.92
Jet-Set-Dämon, Der	TB 67	14.10.86
Jezebel	TB 186	24.09.96
Jiri, der Flammenteufel	I 428	16.09.86
Jiri, der Flammenteufel	II 478	02.01.97
Joker des Teufels, Der (T)	I 98	19.05.80
Joker des Teufels, Der (T)	II 148	25.09.84
Joker des Teufels, Der (T)	III 148	04.09.90
Joker des Teufels, Der (T)	IV 148	28.02.95
Judasbaum, Der	I 992	08.07.97
Judys Spinnenfluch	I 253	09.05.83
Judys Spinnenfluch	II 303	15.09.87
Judys Spinnenfluch	III 303	24.08.93
Julias kleine Sargmusik	TB 43	09.10.84
Julies schöne Zombie-Schwester	I 523	12.07.88
Junge mit dem Jenseitsblick, Der	I 742	22.08.92
Junge von Stonehenge, Der	I 649	11.12.90
Kalis Schlangengrube	TB 26	09.05.83
Kalis tödlicher Spiegel	I 476	18.08.87

Kalis Würgertruppe	I 855	22.11.94
Kampf der Schwarzen Engel	I 167	14.09.81
Kampf der Schwarzen Engel	II 217	21.01.86
Kampf der Schwarzen Engel	III 217	02.01.92
Kampf der Schwarzen Engel	IV 217	25.06.96
Kampf mit dem Höllendrachen, Der	I 425	26.08.86
Kampf mit dem Höllendrachen, Der	II 475	10.12.96
Kampf mit den Giganten, Der	I 285	19.12.83
Kampf mit den Giganten, Der	II 335	26.04.88
Kampf mit den Giganten, Der	III 335	05.04.94
Kampf mit der Mumie	I 220	20.09.82
Kampf mit der Mumie	II 270	27.01.87
Kampf mit der Mumie	III 270	05.01.93
Kampf um Lady X	I 343	29.01.85
Kampf um Lady X	II 393	06.06.89
Kampf um Lady X	III 393	16.05.95
Kämpfer gegen die Hölle	SA 5	31.01.95
Kampfplatz der Bestien	I 885	20.06.95
Kapitän Sensenmann	I 559	21.03.89
Karas grausame Schwester	I 864	24.01.95
Karas grausame Träume	I 537	18.10.88
Karas Reich	TB 137	25.08.92
Karawane der Dschinns	I 371	13.08.85
Karawane der Dschinns	II 421	19.12.89
Karawane der Dschinns	III 421	28.11.95
Karten des Unheils	I 404	01.04.86

Karten des Unheils	II 454	16.07.96
Kassandras Fluch	TB 107	13.02.90
Kathedrale der Angst	I 431	07.10.86
Kathedrale der Angst	II 481	21.01.97
Katzen-Göttin, Die	I 288	10.01.84
Katzen-Göttin, Die	II 338	17.05.88
Katzen-Göttin, Die	III 338	26.04.94
Katzenfrau, Die	I 758	13.01.93
Keller, Der	I 958	12.11.96
Keltenkreuz, Das	TB 192	25.03.97
Killer im Kopf	TB 177	19.12.95
Killer-Bienen	I 269	29.08.83
Killer-Bienen	II 319	05.01.88
Killer-Bienen	III 319	14.12.93
Killer-Blasen	I 619	15.05.90
Killer-Camping	TB 102	12.09.89
Killer-Clown, Der	I 990	24.06.97
Killer-Hunde	I 291	31.01.84
Killer-Hunde	II 341	07.06.88
Killer-Hunde	III 341	17.05.94
Killer-Kobolde	I 671	14.05.91
Killerbaum, Der	I 965	02.01.97
Killerfische, Die	I 208	28.06.82
Killerfische, Die	II 258	04.11.86
Killerfische, Die	III 258	13.10.92

Killerpuppen, Die	GK172(40)	28.12.76
Killerpuppen, Die	II 40	08.02.82
Killerpuppen, Die	III 40	09.09.86
Killerpuppen, Die	IV 40	02.02.93
Killerpuppen, Die	SA 5/8	31.01.95
Kind, das mit den Toten sprach, Das	I 949	10.09.96
Kind der Mumie, Das	I 881	23.05.95
Kinderschreck, Der	I 785	20.07.93
Kino des Schreckens	I 61	04.09.79
Kino des Schreckens	II 111	10.01.84
Kino des Schreckens	III 111	06.06.89
Kino des Schreckens	IV 111	14.06.94
Kino des Schreckens	SA 13/1	29.07.97
Kismet in Kairo	TB 185	27.08.96
Königin der Toten	I 964	20.12.96
Knochen-Cowboy	I 548	03.01.89
Knochen-Küste, Die	I 427	09.09.86
Knochen-Küste, Die	II 477	20.12.96
Knochen-Poker	TB 78	08.09.87
Knochen-Sessel, Der	I 771	13.04.93
Knochenbrut der alten Templer	I 782	29.06.93
Knochenhaus, Das	I 496	05.01.88
Knochenklaue	I 891	01.08.95
Knochenmönch, Der	TB 159	28.06.94
Knochenmond	TB 118	08.01.91

Knochensaat	I 71	13.11.79
Knochensaat	II 121	20.03.84
Knochensaat	III 121	24.10.89
Knochensaat	IV 121	23.08.94
Knochensaat	SA 13/5	29.07.97
Knochenschiff, Das (T)	I 183	04.01.82
Knochenschiff, Das (T)	II 233	13.05.86
Knochenschiff, Das (T)	III 233	21.04.92
Knochenschiff, Das (T)	IV 233	15.10.96
Knochenthron, Der	I 122	03.11.80
Knochenthron, Der	II 172	12.03.85
Knochenthron, Der	III 172	19.02.91
Knochenthron, Der	IV 172	15.08.95
Knöcherne Hexer, Der	I 826	03.05.94
König des Schreckens, Der	I 616	24.04.90
Königin der Wölfe	I 131	05.01.81
Königin der Wölfe	II 181	14.05.85
Königin der Wölfe	III 181	23.04.91
Königin der Wölfe	IV 181	17.10.95
Königin von Saba, Die	I 466	09.06.87
Kopf des Vaters, Der	I 991	01.07.97
Kopfjäger des Spuks, Der	I 756	28.12.92
Kopflose Rächer, Der	TB 147	29.06.93
Krakenfalle, Die	I 577	25.07.89
Kralle, Die	I 599	27.12.89
Krallenhand	I 805	07.12.93

Kreaturen der Finsternis	I 737	18.08.92
Krematorium der Angst	I 726	02.06.92
Kreuzfahrt der Skelette (T)	I 86	25.02.80
Kreuzfahrt der Skelette (T)	II 136	03.07.84
Kreuzfahrt der Skelette (T)	III 136	22.05.90
Kreuzfahrt der Skelette (T)	IV 136	06.12.94
Kreuzweg-Legende, Die	TB 46	08.01.85
Kugelköpfe, Die	I 589	17.10.89
Kult, Der	I 688	10.09.91
Kuscheltier-Grauen	TB 95	14.02.89
Labyrinth der 1000 Tode	I 656	29.01.91
Lächeln einer Teufelin, Das	I 666	09.04.91
Lächelnde Henker, Der	TB 24	14.03.83
Lächler, Der	TB 168	28.03.95
Lady Bluthaar	I 768	23.03.93
Lady Ghoul	TB 85	12.04.88
Lady Luzifer	I 775	11.05.93
Lady mit dem Schädeltick, Die	I 507	22.03.88
Lady Panthera	I 443	30.12.86
Larissas blutiger Weg	I 796	05.10.93
Lauras Leichenhemd	I 752	01.12.92

Laurins finsteres Reich	I 729	23.06.92
Lava-Falle, Die (W)	I 99	26.05.80
Lava-Falle, Die (W)	II 149	01.10.84
Lava-Falle, Die (W)	III 149	11.09.90
Lava-Falle, Die (W)	IV 149	07.03.95
Lavalles Todesspur	I 694	22.10.91
Leas Hexenladen	I 856	29.11.94
Lebende Bild, Das	I 424	19.08.86
Lebende Bild, Das	II 474	03.12.96
Lebende Legende, Die	I 330	30.10.84
Lebende Legende, Die	II 380	07.03.89
Lebende Legende, Die	III 380	14.02.95
Lebendig begraben	I 12	20.06.78
Lebendig begraben	II 62	13.12.82
Lebendig begraben	III 62	14.07.87
Lebendig begraben	IV 62	06.07.93
Lebendig begraben	SA 8/6	28.05.96
Legende vom grauen Riesen, Die	I 571	13.06.89
Leichen der schönen Charlotte, Die	I 976	18.03.97
Leichen frei Haus	I 831	07.06.94
Leichen-Ladies	I 597	12.12.89
Leichenflur, Der	I 962	10.12.96
Leichenbrunnen, Der	I 125	24.11.80
Leichenbrunnen, Der	II 175	02.04.85
Leichenbrunnen, Der	III 175	12.03.91
Leichenbrunnen, Der	IV 175	05.09.95
Leichenfürst von Leipzig, Der	I 644	06.11.90

Leichengift	I 869	28.02.95
Leichenhaus der Lady L, Das	GK25(4)	05.03.73
Leichenhaus der Lady L, Das	II 4	06.10.80
Leichenhaus der Lady L, Das	III 4	23.04.85
Leichenhaus der Lady L, Das	IV 4	22.10.91
Leichenhaus der Lady L, Das	SA 1/5	27.07.93
Leichenhaus der Lady L, Das	SE 4	20.08.96
Leichenholer, Der	I 697	12.11.91
Leichenkutsche von London, Die	I 214	09.08.82
Leichenkutsche von London, Die	II 264	16.12.86
Leichenkutsche von London, Die	III 264	24.11.92
Leichenmantel, Der	I 862	10.01.95
Leichenpfad, Der	I 228	15.11.82
Leichenpfad, Der	II 278	24.03.87
Leichenpfad, Der	III 278	02.03.93
Leichenschiff der Druiden	I 681	23.07.91
Leichenstadt, Die	TB 25	11.04.83
Leichentanz	TB 154	25.01.94
Leichenuhr, Die	TB 146	25.05.93
Leichenwagen zur Hölle	I 561	04.04.89
Leichenzug, Der	I 510	12.04.88
Leilas Totenzauber	I 690	24.09.91
Leonoras Alptraumwelt	I 948	03.09.96
Letzte Duell, Das	I 102	16.06.80
Letzte Duell, Das	II 152	23.10.84
Letzte Duell, Das	III 152	02.10.90

Letzte Duell, Das	IV 152	28.03.95
Leuchtturm-Monster, Das	I 27	09.01.79
Leuchtturm-Monster, Das	II 77	16.05.83
Leuchtturm-Monster, Das	III 77	16.02.88
Leuchtturm-Monster, Das	IV 77	19.10.93
Leuchtturm-Monster, Das	SA 10/5	29.10.96
Liebe, die der Teufel schenkt	TB 31	10.10.83
Liebestanz der Totenbräute	I 824	19.04.94
Lilith, der Teufel und ich	I 818	08.03.94
Liliths grausame Falle	I 977	25.03.97
Liliths Hexentanz	TB 181	30.04.96
Londons Gruselkammer Nr. 1	I 383	05.11.85
Londons Gruselkammer Nr. 1	II 433	13.03.90
Londons Gruselkammer Nr. 1	III 433	20.02.96
Lord und die Geister-Lady, Der	I 455	24.03.87
Lorna, die Löwenfrau	I 504	01.03.88
Lupina gegen Mandragoro	I 461	05.05.87
Lupinas Sohn	I 219	13.09.82
Lupinas Sohn	II 269	20.01.87
Lupinas Sohn	III 269	28.12.92
Lupinas Todfeind	I 174	02.11.81
Lupinas Todfeind	II 224	11.03.86
Lupinas Todfeind	III 224	18.02.92
Lupinas Todfeind	IV 224	13.08.96
Luzifer	TB 100	11.07.89

Luzifers Festung	TB 4	20.07.81
Luzifers furchtbares Erbe	I 738	25.08.92
Luzifers Gesandte	I 985	20.05.97
Luzifers Tränenbecher	I 817	01.03.94
Macht der Templer, Die	I 773	27.04.93
Macht des Schicksals	I 915	16.01.96
Macht und Mythos	I 234	27.12.82
Macht und Mythos	II 284	05.05.87
Macht und Mythos	III 284	13.04.93
Macumbas Totenhöhle	I 514	10.05.88
Mädchen von Atlantis, Das	I 16	15.08.78
Mädchen von Atlantis, Das	II 66	07.02.83
Mädchen von Atlantis, Das	III 66	08.09.87
Mädchen von Atlantis, Das	IV 66	03.08.93
Mädchen von Atlantis, Das	SA 9/2	30.07.96
Magico	I 432	14.10.86
Magico	II 482	28.01.97
Magische Bombe, Die	TB 35	14.02.84
Magische Mobile, Das	I 579	08.08.89
Magnet-Frau, Die	I 988	10.06.97
Magus von Zypern, Der	I 530	30.08.88
Mambo-Hölle	I 536	11.10.88
Mandragoros Alptraum	I 920	20.02.96

Mandragoros Geschöpf	I 969	28.01.97
Mandragoros grausamer Garten	I 613	03.04.90
Mandraka, der Schwarzblut-Vampir	I 296	06.03.84
Mandraka, der Schwarzblut-Vampir	II 346	12.07.88
Mandraka, der Schwarzblut-Vampir	III 346	21.06.94
Maniac und Marylin	I 594	21.11.89
Mann, der nicht sterben konnte, Der	I 207	21.06.82
Mann, der nicht sterben konnte, Der	II 257	28.10.86
Mann, der nicht sterben konnte, Der	III 257	06.10.92
Mannequins mit Mörderaugen	I 187	01.02.82
Mannequins mit Mörderaugen	II 237	10.06.86
Mannequins mit Mörderaugen	III 237	12.11.96
Mannequins mit Mörderaugen	III 237	19.05.92
Maringo, der Höllenreiter	I 26	02.01.79
Maringo, der Höllenreiter	II 76	09.05.83
Maringo, der Höllenreiter	III 76	02.02.88
Maringo, der Höllenreiter	IV 76	12.10.93
Maringo, der Höllenreiter	SA 10/4	29.10.96
Maske, Die	TB 115	09.10.90
Masken-Terror	I 378	01.10.85
Masken-Terror	II 428	06.02.90
Masken-Terror	III 428	16.01.96
Maskenball der Monster	I 304	01.05.84
Maskenball der Monster	II 354	06.09.88
Maskenball der Monster	III 354	16.08.94
Medium, Das	I 787	03.08.93
Medusas Horrorblick	I 346	19.02.85
Medusas Horrorblick	II 396	27.06.89

Medusas Horrorblick	III 396	06.06.95
Medusas Rache	I 161	03.08.81
Medusas Rache	II 211	10.12.85
Medusas Rache	III 211	19.11.91
Medusas Rache	IV 211	14.05.96
Medusas Tochter	I 875	11.04.95
Meer der weißen Särge	I 231	06.12.82
Meer der weißen Särge	II 281	14.04.87
Meer der weißen Särge	III 281	23.03.93
Mein Blut für den Teufel	TB 47	12.02.85
Mein erster Fall	Paperb. 1	24.04.84
Mein erster Fall	TB 25 009	26.04.88
Mein erster Fall	SA 1/1	27.07.93
Mein Flirt mit der Blutfrau	TB 88	12.07.88
Mein Grab in der Teufelsschlucht	I 249	11.04.83
Mein Grab in der Teufelsschlucht	I 299	18.08.87
Mein Grab in der Teufelsschlucht	I 299	27.07.93
Mein letzter Fall?	I 440	09.12.86
Mein letzter Fall?	II 490	25.03.97
Mein Todesurteil	I 141	16.03.81
Mein Todesurteil	II 191	23.07.85
Mein Todesurteil	III 191	02.07.91
Mein Todesurteil	IV 191	27.12.95
Mein Trip ins Jenseits	I 922	05.03.96
Meine Henkersmahlzeit	I 359	21.05.85
Meine Henkersmahlzeit	II 409	26.09.89
Meine Henkersmahlzeit	III 409	05.09.95

Meine Totenbraut	I 475	11.08.87
Meleniks Mordnacht	I 803	23.11.93
Melinas Mordgespenster	I 177	23.11.81
Melinas Mordgespenster	II 227	01.04.86
Melinas Mordgespenster	III 227	10.03.92
Melinas Mordgespenster	IV 227	03.09.96
Menschenfalle, Die (T)	I 162	10.08.81
Menschenfalle, Die (T)	II 212	17.12.85
Menschenfalle, Die (T)	III 212	26.11.91
Menschenfalle, Die (T)	IV 212	21.05.96
Milenas Opferstätte	I 556	28.02.89
Mirandas Monsterwelt	TB 58	14.01.86
Miss Monster	TB 132	31.03.92
Mister Amok	I 814	08.02.94
Mit Blut geschrieben	I 405	08.04.86
Mit Blut geschrieben	II 455	23.07.96
Mit Mörderblick und Todeslächeln	I 237	17.01.83
Mit Mörderblick und Todeslächeln	II 287	26.05.87
Mit Mörderblick und Todeslächeln	III 287	04.05.93
Mitternachts-Vampir, Der	I 193	15.03.82
Mitternachts-Vampir, Der	II 243	22.07.86
Mitternachts-Vampir, Der	III 243	30.06.92
Mitternachts-Vampir, Der	IV 243	23.12.96
Mitternachtsfluch, Der	I 999	26.08.97
Moloch, Der	I 135	02.02.81
Moloch, Der	II 185	11.06.85
Moloch, Der	III 185	21.05.91

Moloch, Der	IV 185	14.11.95
Mondnacht - Mordnacht	TB 199	28.10.97
Mondschein-Mörder, Der	I 618	08.05.90
Mondwölfe	I 884	13.06.95
Monster aus der Schattenwelt	SA 12	27.05.97
Monster Suko?, Das	I 713	03.03.92
Monster-Club, Der	I 218	06.09.82
Monster-Club, Der	II 268	13.01.87
Monster-Club, Der	III 268	21.12.92
Monster-Engel	I 823	12.04.94
Monster-Kirmes	I 516	24.05.88
Monsterrache	I 472	21.07.87
Monster-Spiel, Das	I 757	06.01.93
Monster-Strige, Die	TB 178	30.01.96
Monster-Town	I 685	20.08.91
Monster-Zoo	I 927	09.04.96
Monster-Zeit	I 974	04.03.97
Monstrum von der Nebelinsel, Das	I 622	05.06.90
Monstrum, Das	I 582	29.08.89
Mord in der Mumiengruft	I 93	14.04.80
Mord in der Mumiengruft	II 143	21.08.84
Mord in der Mumiengruft	III 143	31.07.90

Mord in der Mumiengruft	IV 143	24.01.95
Mord in der Mumiengruft	SA 15/2	30.12.97
Mord-Clique, Die	I 501	09.02.88
Mord-Insekten	I 225	25.10.82
Mord-Insekten	II 275	03.03.87
Mord-Insekten	III 275	09.02.93
Mord-Marionetten	I 396	04.02.86
Mord-Marionetten	II 446	12.06.90
Mord-Marionetten	III 446	21.05.96
Mordaugen von Brüssel, Die	TB 81	08.12.87
Mörder aus dem Totenreich	GK10(2)	16.11.73
Mörder aus dem Totenreich	II 2	08.09.80
Mörder aus dem Totenreich	III 2	26.03.85
Mörder aus dem Totenreich	IV 2	24.09.91
Mörder aus dem Totenreich	SA 1/3	27.07.93
Mörder aus dem Totenreich	SE 2	23.07.96
Mörder mit dem Januskopf, Der	I 5	14.03.78
Mörder mit dem Januskopf, Der	II 55	06.09.82
Mörder mit dem Januskopf, Der	III 55	07.04.87
Mörder mit dem Januskopf, Der	IV 55	18.05.93
Mörder mit dem Januskopf, Der	SA 7/7	30.01.96
Mörder-Blumen, Die	I 124	17.11.80
Mörder-Blumen, Die	II 174	26.03.85
Mörder-Blumen, Die	III 174	05.03.91
Mörder-Blumen, Die	IV 174	29.08.95
Mörderisch	I 883	06.06.95
Mörderische Drillinge	I 551	24.01.89
Mörderische Lockung	I 926	02.04.96

Mörderische Weihnachten	TB 73	14.04.87
Mörderischen City-Gnome, Die	I 482	29.09.87
Mörderklaue, Die	I 196	05.04.82
Mörderklaue, Die	II 246	12.08.86
Mörderklaue, Die	III 246	21.07.92
Mordnacht in Paris	I 562	11.04.89
Morganas wilde Meute	I 508	29.03.88
Morganas Wölfe	TB 169	25.04.95
Mr. Mondos Monster	I 130	29.12.80
Mr. Mondos Monster	II 180	07.05.85
Mr. Mondos Monster	III 180	16.04.91
Mr. Mondos Monster	IV 180	10.10.95
Mr. Todds Killerspiele	I 517	31.05.88
Mumie und der Totengott, Die	I 488	10.11.87
Mumien in Moskau	I 587	03.10.89
Mumien kommen, Die	I 313	03.07.84
Mumien kommen, Die	II 363	08.11.88
Mumien kommen, Die	III 363	18.10.94
Mumienfluch, Der	I 712	25.02.92
Museum der Monster	I 169	28.09.81
Museum der Monster	II 219	04.02.86
Museum der Monster	III 219	14.01.92
Mystic, der Maniac	I 727	09.06.92
Myxins Entführung	I 156	29.06.81
Myxins Entführung	II 206	05.11.85

Myxins Entführung	III 206	15.10.91
Myxins Entführung	IV 206	09.04.96
Myxins Henker	I 719	14.04.92
Nacht der bösen Angela, Die	I 479	08.09.87
Nacht der bösen Frauen, Die	I 702	16.12.91
Nacht der flammenden Augen, Die	I 149	11.05.81
Nacht der flammenden Augen, Die	II 199	17.09.85
Nacht der flammenden Augen, Die	III 199	27.08.91
Nacht der flammenden Augen, Die	IV 199	20.02.96
Nacht des Feuergottes, Die (T)	I 36	13.03.79
Nacht des Feuergottes, Die (T)	II 86	18.07.83
Nacht des Feuergottes, Die (T)	III 86	21.06.88
Nacht des Feuergottes, Die (T)	IV 86	21.12.93
Nacht des Hexers, Die	GK1(1)	13.07.73
Nacht des Hexers, Die	II 1	25.08.80
Nacht des Hexers, Die	III 1	12.03.85
Nacht des Hexers, Die	IV 1	10.09.91
Nacht des Hexers, Die	SA 1/2	27.07.93
Nacht des Hexers, Die	SE 1	09.07.96
Nacht des Schwarzen Drachen, Die	GK168(39)	30.11.76
Nacht des Schwarzen Drachen, Die	II 39	25.01.82
Nacht des Schwarzen Drachen, Die	III 39	26.08.86
Nacht des Schwarzen Drachen, Die	IV 39	26.01.93
Nacht des Schwarzen Drachen, Die	SA 5/7	31.01.95
Nacht des Schwarzen Drachen, Die	SE 39	22.12.97
Nächte der Angst	I 903	24.10.95
Nachts, wenn der Wahnsinn kommt	I 264	25.07.82
Nachts, wenn der Wahnsinn kommt	II 314	01.12.87
Nachts, wenn der Wahnsinn kommt	III 314	09.11.93

Nackt in die Hölle	I 637	18.09.90
Nadel der Cleopatra, Die	I 341	15.01.85
Nadel der Cleopatra, Die	II 391	23.05.89
Nadel der Cleopatra, Die	III 391	02.05.95
Nadine Bergers Geheimnis	I 274	03.10.83
Nadine Bergers Geheimnis	II 324	09.02.88
Nadine Bergers Geheimnis	III 324	18.01.94
Nadine und die Mörderwölfe	I 627	10.07.90
Nebelmörder, Der	I 467	16.09.87
Nebelwolf, Der	I 779	08.06.93
Nefrets Todesvogel	I 761	02.02.93
Ninja, Zombies und Shimada	I 331	06.11.84
Ninja, Zombies und Shimada	II 381	14.03.89
Ninja, Zombies und Shimada	III 381	21.02.95
Ninja-Rache	TB 121	09.04.91
Nonne mit der Teufelsklaue, Die	I 444	06.01.87
Okastras Grusel-Keller	I 317	31.07.84
Okastras Grusel-Keller	II 367	06.12.88
Okastras Grusel-Keller	III 367	15.11.94
Ölmonster, Das	I 215	16.08.82
Ölmonster, Das	II 265	23.12.86
Ölmonster, Das	III 265	01.12.92
Opfer, Das	I 909	05.12.95
Orakel von Atlantis, Das	TB 30	12.09.83
Orakel, Das	I 800	02.11.93

Ort des Schreckens	I 733	21.07.92
Palast der Schattenwürger	I 426	02.09.86
Palast der Schattenwürger	II 476	16.12.96
Palazzo-Gespenst, Das	I 638	25.09.90
Palladium, Das	I 1006	14.10.97
Pandoras Botschaft	I 250	18.04.83
Pandoras Botschaft	II 300	25.08.87
Pandoras Botschaft	III 300	03.08.93
Panik in Tokio (A)	I 37	20.03.79
Panik in Tokio (A)	II 87	25.07.83
Panik in Tokio (A)	III 87	05.07.88
Panik in Tokio (A)	IV 87	28.12.93
Pest-Gewölbe, Das	TB 163	25.10.94
Pestbringer, Der	I 704	02.01.92
Pesthügel von Shanghai, Der	I 241	14.02.83
Pesthügel von Shanghai, Der	II 291	23.06.87
Pesthügel von Shanghai, Der	III 291	01.06.93
Pestklaue von Wien, Die	I 603	23.01.90
Pestvogel, Der (T)	I 176	16.11.81
Pestvogel, Der (T)	II 226	25.03.86
Pestvogel, Der (T)	III 226	03.03.92
Pestvogel, Der (T)	IV 226	27.08.96
Pfähler, Der	I 33	20.02.79
Pfähler, Der	II 83	27.06.83
Pfähler, Der	III 83	10.05.88
Pfähler, Der	IV 83	30.11.93
Pfähler, Der	SA 11/1	31.12.96

Phantom aus der Vergangenheit	I 777	25.05.93
Phantom in der Fremde, Das	I 1004	30.09.97
Phantom von Soho, Das	GK129(29)	02.03.76
Phantom von Soho, Das	II 29	07.09.81
Phantom von Soho, Das	III 29	08.04.86
Phantom von Soho, Das	IV 29	06.10.92
Phantom von Soho, Das	SA 4/5	27.07.93
Phantom von Soho, Das	SE 29	05.08.97
Phantom-Kommando	I 392	07.01.86
Phantom-Kommando	II 442	15.05.90
Phantom-Kommando	III 442	23.04.96
Phantome vom Gespenster-Kreuz, Die	I 276	17.10.83
Phantome vom Gespenster-Kreuz, Die	II 326	23.02.88
Phantome vom Gespenster-Kreuz, Die	III 326	01.02.94
Planet der Magier	I 310	12.06.84
Planet der Magier	II 360	18.10.88
Planet der Magier	III 360	27.09.94
Portaguerra (W)	I 104	30.06.80
Portaguerra (W)	II 154	06.11.84
Portaguerra (W)	III 154	16.10.90
Portaguerra (W)	IV 154	11.04.95
Prinzessin aus der Urzeit, Die	I 762	09.02.93
Prinzessin von Atlantis, Die	I 972	18.02.97
Psycho-Bombe, Die	I 711	18.02.92
Psychonauten, Die	TB 94	10.01.89
Psychonauten-Kind, Das	I 896	05.09.95
Puppenmonster, Das	I 836	12.07.94

Puppenterror	I 905	07.11.95
Rache aus der Totenkammer	I 850	18.10.94
Rache der Großen Alten , Die	I 350	19.03.85
Rache der Großen Alten , Die	II 400	25.07.89
Rache der Großen Alten , Die	III 400	04.07.95
Rache der Horror-Reiter, Die	TB 6	21.09.81
Rache der Menschengeier, Die	I 434	28.10.86
Rache der Menschengeier, Die	II 484	11.02.97
Rache der roten Hexe, Die	GK153(35)	17.08.76
Rache der roten Hexe, Die	II 35	30.11.81
Rache der roten Hexe, Die	III 35	01.07.86
Rache der roten Hexe, Die	IV 35	27.12.92
Rache der roten Hexe, Die	SA 5/3	31.01.95
Rache der roten Hexe, Die	SE 35	28.10.97
Rache der Toten, Die	I 995	29.07.97
Rache der Wölfin, Die	I 651	21.12.90
Rache des Kopflosen, Die	I 360	28.05.85
Rache des Kopflosen, Die	II 410	03.10.89
Rache des Kopflosen, Die	III 410	12.09.95
Rache des Kreuzritters, Die	GK215(50)	25.10.77
Rache des Kreuzritters, Die	II 50	28.06.82
Rache des Kreuzritters, Die	III 50	27.01.87
Rache des Kreuzritters, Die	IV 50	13.04.93
Rache des Kreuzritters, Die	SA 7/2	30.01.96
Rache, Die	I 919	13.02.96
Racheengel Lisa	I 776	18.05.93
Racheengel, Der	I 629	24.07.90

Rachegeist, Der	I 893	15.08.95
Rächer des Schwarzen Tods, Der	I 489	17.11.87
Rächerin aus Aibon, Die	I 484	13.10.87
Rächerin, Die	I 980	15.04.97
Radio-Grauen	I 595	28.11.89
Raissas Raubtier-Horror	I 409	06.05.86
Raissas Raubtier-Horror	II 459	20.08.96
Rallye des Schreckens	I 423	12.08.86
Rallye des Schreckens	II 473	26.11.96
Raniel und die Gerechten	I 878	02.05.95
Rasputins Tochter	I 797	12.10.93
Rätsel der gläsernen Särge, Das	GK42(8)	02.07.74
Rätsel der gläsernen Särge, Das	II 8	01.12.80
Rätsel der gläsernen Särge, Das	III 8	18.06.85
Rätsel der gläsernen Särge, Das	IV 8	16.12.91
Rätsel der gläsernen Särge, Das	SA 1/9	27.07.93
Rätsel der gläsernen Särge, Das	SE 8	15.10.96
Rätsel der Schattenfrau, Das	I 993	15.07.97
Rätsel der Schwarzen Madonna, Das	I 769	30.03.93
Rattenhexe, Die	TB 189	30.12.96
Rattenkönig, Der	I 117	29.09.80
Rattenkönig, Der	II 167	05.02.85
Rattenkönig, Der	III 167	16.01.91
Rattenkönig, Der	IV 167	11.07.95
Rattenmensch, Der	I 560	28.03.89

Rattennacht	I 866	07.02.95
Richtschwert der Templer, Das	I 418	08.07.86
Richtschwert der Templer, Das	II 468	22.10.96
Ripper kehrt zurück, Der	I 216	23.08.82
Ripper kehrt zurück, Der	II 266	30.12.86
Ripper kehrt zurück, Der	III 266	08.12.92
Ritter, Blut und Teufel	I 968	21.01.97
Ritter Tod	I 590	24.10.89
Robot-Vampir, Der	I 889	18.07.95
Roboter-Grauen	I 415	17.06.86
Roboter-Grauen	II 465	01.10.96
Rollende Galgen, Der	TB 91	11.10.88
Rückkehr des Rächers, Die	I 29	23.01.79
Rückkehr des Rächers, Die	II 79	30.05.83
Rückkehr des Rächers, Die	III 79	15.03.88
Rückkehr des Rächers, Die	IV 79	02.11.93
Rückkehr des Rächers, Die	SA 10/7	29.10.96
Ruhe sanft und komm nie wieder	I 839	02.08.94
Ruine des Schreckens	I 801	09.11.93
Sakuro, der Dämon	GK31(5)	16.04.74
Sakuro, der Dämon	II 5	20.10.80
Sakuro, der Dämon	III 5	07.05.85
Sakuro, der Dämon	IV 5	05.11.91
Sakuro, der Dämon	SA 1/6	27.07.93
Sakuro, der Dämon	SE 5	03.09.96
Salomos Omen	I 448	03.02.87

Samarans Todeswasser	I 368	23.07.85
Samarans Todeswasser	II 418	28.11.89
Samarans Todeswasser	III 418	07.11.95
Sammler, Der	I 160	27.07.81
Sammler, Der	II 210	03.12.85
Sammler, Der	III 210	12.11.91
Sammler, Der	IV 210	07.05.96
Sandra und die Mördermaske	I 513	03.05.88
Sandra und ihr zweites Ich (W)	I 63	18.09.79
Sandra und ihr zweites Ich (W)	II 113	24.01.84
Sandra und ihr zweites Ich (W)	III 113	04.07.89
Sandra und ihr zweites Ich (W)	IV 113	29.06.94
Sarg-Designer, Der	I 670	07.05.91
Satan in Weiß	I 664	26.03.91
Satan mit vier Armen	I 224	18.10.82
Satan mit vier Armen	II 274	24.02.87
Satan mit vier Armen	III 274	02.02.93
Satan von Sachsen, Der	I 725	26.05.92
Satanica	TB 200	25.11.97
Satanist, Der	IV 75	05.10.93
Satanist, Der	SA 10/3	29.10.96
Satans Eliten	TB 17	09.08.82
Satans Killerhai	I 387	03.12.85
Satans Killerhai	II 437	10.04.90
Satans Killerhai	III 437	19.03.96
Satans Knochenuhr	I 292	07.02.84
Satans Knochenuhr	II 342	14.06.88

Satans Knochenuhr	III 342	24.05.94
Satans Mädchenfänger	I 347	26.02.85
Satans Mädchenfänger	II 397	04.07.89
Satans Mädchenfänger	III 397	13.06.95
Satans Razzia (T)	I 126	01.12.80
Satans Razzia (T)	II 176	09.04.85
Satans Razzia (T)	III 176	19.03.91
Satans Razzia (T)	IV 176	12.09.95
Satans Schloß (W)	I 91	31.03.80
Satans Schloß (W)	II 141	07.08.84
Satans Schloß (W)	III 141	17.07.90
Satans Schloß (W)	IV 141	10.01.95
Satans Tätowierer, Des	I 265	01.08.83
Satans Tätowierer, Des	II 315	08.12.87
Satans Tätowierer, Des	III 315	16.11.93
Satans Trucker	I 361	04.06.85
Satans Trucker	II 411	10.10.89
Satans Trucker	III 411	19.09.95
Satans-Vision, Die	I 615	17.04.90
Satans-Zwerge von Sylt, Die	I 303	24.04.84
Satans-Zwerge von Sylt, Die	II 353	30.08.88
Satans-Zwerge von Sylt, Die	III 353	09.08.94
Satansfjord, Der (W)	I 73	27.11.79
Satansfjord, Der (W)	II 123	03.04.84
Satansfjord, Der (W)	III 123	21.11.89
Satansfjord, Der (W)	IV 123	06.09.94
Satanskopf, Der	I 790	24.08.93
Schach mit dem Dämon	I 6	28.03.78
Schach mit dem Dämon	II 56	20.09.82
Schach mit dem Dämon	III 56	21.04.87

Schach mit dem Dämon	IV 56	25.05.93
Schach mit dem Dämon	SA 7/8	30.01.96
Schädel des Hexers, Der	I 257	06.06.83
Schädel des Hexers, Der	II 307	13.10.87
Schädel des Hexers, Der	III 307	21.09.93
Schädel des Riesen, Der	I 624	19.05.90
Schädelkette, Die	I 243	28.02.83
Schädelkette, Die	II 293	07.07.87
Schädelkette, Die	III 293	15.06.93
Schädeltanz am Hudson	I 583	05.09.89
Schädelthron, Der	I 247	28.03.83
Schädelthron, Der	II 297	04.08.87
Schädelthron, Der	III 297	13.07.93
Schamanin, Die	I 983	06.05.97
Schandturm der Templer	I 471	14.07.87
Schattenfrau, Die	I 816	22.02.94
Schattengesicht	I 849	11.10.94
Schattenkiller	I 895	29.08.95
Schattenreiter	I 732	14.07.92
Schiff der Bestien, Das	I 373	27.08.85
Schiff der Bestien, Das	II 423	02.01.90
Schiff der Bestien, Das	III 423	12.12.95
Schlangenfrau, Die	I 956	29.10.96
Schlangenhand	I 438	25.11.86
Schlangenhand	II 488	11.03.97

Schlangenkreuz, Das	I 809	04.01.94
Schlimmer als der Satan	I 184	11.01.82
Schlimmer als der Satan	II 234	20.05.86
Schlimmer als der Satan	III 234	28.04.92
Schlimmer als der Satan	IV 234	22.10.96
Schlitzer, Der	TB 145	27.04.93
Schlucht der Stummen Götter	I 222	04.10.82
Schlucht der Stummen Götter	II 272	10.02.87
Schlucht der Stummen Götter	III 272	19.01.93
Schnitterin, Die	I 857	06.12.94
Schöne aus dem Totenreich, Die	I 143	30.03.81
Schöne aus dem Totenreich, Die	II 193	06.08.85
Schöne aus dem Totenreich, Die	III 193	16.07.91
Schöne aus dem Totenreich, Die	IV 193	09.01.96
Schreckensnacht der Weißen Nonne	I 788	10.08.93
Schreckenstag	I 367	16.07.85
Schreckenstag	II 417	21.11.89
Schreckenstag	III 417	31.10.95
Schreckgespenst, Das	I 449	10.02.87
Schrei nach dem Satan	I 705	08.01.92
Schrei, wenn dich die Schatten fressen!	I 87	03.03.80
Schrei, wenn dich die Schatten fressen!	II 137	10.07.84
Schrei, wenn dich die Schatten fressen!	III 137	05.06.90
Schrei, wenn dich die Schatten fressen!	IV 137	13.12.94
Schrei, wenn dich die Schatten fressen!	SA 14/6	28.10.97
Schreie aus dem Werwolfbrunnen	I 515	17.05.88

Schreie im Schreckenshaus	II 144	28.08.84
Schreie im Schreckenshaus	I 94	21.04.80
Schreie im Schreckenshaus	III 144	07.08.90
Schreie im Schreckenshaus	IV 144	31.01.95
Schreie im Schreckenshaus	SA 15/3	30.12.97
Schreie in der Horror-Gruft	I 140	09.03.81
Schreie in der Horror-Gruft	II 190	16.07.85
Schreie in der Horror-Gruft	III 190	25.06.91
Schreie in der Horror-Gruft	IV 190	19.12.95
Schrumpfkopf-Königin, Die	I 625	26.06.90
Schwarze Henker, Der	I 14	18.07.78
Schwarze Henker, Der	II 64	10.01.83
Schwarze Henker, Der	III 64	11.08.87
Schwarze Henker, Der	IV 64	20.07.93
Schwarze Henker, Der	SA 8/8	28.05.96
Schwarze Würger, Der	GK180(42)	22.02.77
Schwarze Würger, Der	II 42	08.03.82
Schwarze Würger, Der	III 42	07.10.86
Schwarze Würger, Der	IV 42	16.02.93
Schwarze Würger, Der	SA 6/2	31.01.95
Schwebenden Leichen von Prag, Die	I 381	22.10.85
Schwebenden Leichen von Prag, Die	II 431	27.02.90
Schwebenden Leichen von Prag, Die	III 431	06.02.96
Schwert des Salomo, Das	I 1000	02.09.97
Schwert-Legende, Die	TB 101	08.08.89
See des Schreckens, Der	GK100(21)	12.08.75
See des Schreckens, Der	II 21	18.05.81
See des Schreckens, Der	III 21	19.12.85
See des Schreckens, Der	IV 21	16.06.92
See des Schreckens, Der	SA 3/5	27.07.93
See des Schreckens, Der	SE 21	15.04.97

Seelen-Vampir, Der	I 244	07.03.83
Seelen-Vampir, Der	II 294	14.07.87
Seelen-Vampir, Der	III 294	22.06.93
Seelenburg, Die	TB 8	16.11.81
Seelenloch, Das	I 987	03.06.97
Seelenschwert, Das	I 709	04.02.92
Seelenwald, Der (E)	I 128	15.12.80
Seelenwald, Der (E)	II 178	23.04.85
Seelenwald, Der (E)	III 178	02.04.91
Seelenwald, Der (E)	IV 178	26.09.95
Sensenmann als Hochzeitsgast, Der	I 81	21.01.80
Sensenmann als Hochzeitsgast, Der	II 131	29.05.84
Sensenmann als Hochzeitsgast, Der	III 131	13.03.90
Sensenmann als Hochzeitsgast, Der	IV 131	01.11.94
Sensenmann als Hochzeitsgast, Der	SA 14/3	28.10.97
Serenas teuflische Horde	I 437	18.11.86
Serenas teuflische Horde	II 487	04.03.97
Shango	I 847	27.09.94
Shao - Phantom aus dem Jenseits	I 456	31.03.87
Shaos Ende?	I 834	28.06.94
Shaos Totenwelt	TB 201	30.12.97
Sheriff Tod	TB 167	28.02.95
Shimadas Höllenschloß	I 364	25.06.85
Shimadas Höllenschloß	II 414	31.10.89
Shimadas Höllenschloß	III 414	10.10.95
Shimadas Mordaugen	I 281	21.11.83

Shimadas Mordaugen	II 331	29.03.88
Shimadas Mordaugen	III 331	08.03.94
Showman	TB 180	26.03.96
Sie kam von den Sternen	I 554	14.02.89
Sie sind wieder da	I 687	03.09.91
Sieben Dolche für den Teufel	I 300	03.04.84
Sieben Dolche für den Teufel	II 350	09.08.88
Sieben Dolche für den Teufel	III 350	19.07.94
Sieben Siegel der Magie	I 232	13.12.82
Sieben Siegel der Magie	II 282	21.04.87
Sieben Siegel der Magie	III 282	30.03.93
Siebenarmige Tod, Der (T)	I 15	01.08.78
Siebenarmige Tod, Der (T)	II 65	24.01.83
Siebenarmige Tod, Der (T)	III 65	25.08.87
Silberne Tod, Der	I 871	14.03.95
Silva auf dem Höllenthron	I 668	23.04.91
Siras Totenzauber	TB 119	12.02.91
Sirene von Atlantis, Die	I 863	17.01.95
Skylla, die Menschenschlange	I 384	12.11.85
Skylla, die Menschenschlange	II 434	20.03.90
Skylla, die Menschenschlange	III 434	27.02.96
So freundlich wie der Teufel	I 639	02.10.90
So jagten wir Shimada	I 978	01.04.97
Söldner aus Atlantis	I 497	12.01.88
Sonnen-Dämon, Der	I 882	30.05.95

Spiegel des Spuks, Der	I 376	17.09.85
Spiegel des Spuks, Der	II 426	23.01.90
Spiegel des Spuks, Der	III 426	02.01.96
Spiegel-Dämon, Der	I 158	13.07.81
Spiegel-Dämon, Der	II 208	19.11.85
Spiegel-Dämon, Der	III 208	29.10.91
Spiegel-Dämon, Der	IV 208	23.04.96
Spielhöllen-Dämon, Der	I 246	21.03.83
Spielhöllen-Dämon, Der	II 296	28.07.87
Spielhöllen-Dämon, Der	III 296	06.07.93
Spinnen-Dämon, Der (W)	I 83	04.02.80
Spinnen-Dämon, Der (W)	II 133	12.06.84
Spinnen-Dämon, Der (W)	III 133	10.04.90
Spinnen-Dämon, Der (W)	IV 133	15.11.94
Spinnen-Königin, Die	GK196(45)	14.06.77
Spinnen-Königin, Die	II 45	19.04.82
Spinnen-Königin, Die	III 45	18.11.86
Spinnen-Königin, Die	IV 45	09.03.93
Spinnen-Königin, Die	SA 6/5	31.01.95
Spuk im Leichenschloß	I 179	07.12.81
Spuk im Leichenschloß	II 229	15.04.86
Spuk im Leichenschloß	III 229	24.03.92
Spuk im Leichenschloß	IV 229	17.09.96
Stärker als der Teufel?	I 721	28.04.92
Stasi-Vampir, Der	I 724	19.05.92
Stellas Rattenkeller	I 227	08.11.82
Stellas Rattenkeller	II 277	17.03.87
Stellas Rattenkeller	III 277	23.02.93
Stigma, Das	I 930	30.04.96

Stonehenge-Monstrum, Das	TB 142	26.01.93
Straße der Gräber, Die	I 417	01.07.86
Straße der Gräber, Die	II 467	15.10.96
Strigen-Grauen	I 763	16.02.93
Stunde des eisernen Engels, Die	I 339	28.12.84
Stunde des eisernen Engels, Die	II 389	09.05.89
Stunde des eisernen Engels, Die	III 389	18.04.95
Stunde des Pfählers, Die	I 954	15.10.96
Stunden der Angst	I 604	30.01.90
Sturm auf den Todestempel	I 662	12.03.91
Sukos Totenfeier	I 450	17.02.87
Süße Sehnsucht Tod	TB 191	28.02.97
Syndikat der toten Augen	I 632	14.08.90
Tabitas Trauerhalle	I 870	07.03.95
Tal der vergessenen Toten	I 295	28.02.84
Tal der vergessenen Toten	II 345	05.07.88
Tal der vergessenen Toten	III 345	14.06.94
Tango Fatal	I 718	07.04.92
Tanz auf dem Scheiterhaufen	I 436	11.11.86
Tanz auf dem Scheiterhaufen	II 486	25.02.97
Tanz der Messer	I 715	17.03.92
Tanz der Totenfeuer	I 676	18.06.91
Tanzplatz der Verfluchten	I 477	25.08.87

Teleporter, Der	I 735	04.08.92
Templer-Friedhof, Der	I 872	21.03.95
Templer-Jäger, Der	I 646	20.11.90
Templer-Säule, Die	I 1003	23.09.97
Tengu-Phantom, Das	I 630	31.07.90
Terror der Tongs	TB 63	10.06.86
Terror der Vogelmenschen	I 572	20.06.89
Teufel im Leib	I 569	30.05.89
Teufels-Autor, Der	I 723	12.05.92
Teufels-Dschunke, Die	I 168	21.09.81
Teufels-Dschunke, Die	II 218	28.01.86
Teufels-Dschunke, Die	III 218	08.01.92
Teufels-Dschunke, Die	IV 218	02.07.96
Teufels-Friedhof	TB 109	10.04.90
Teufels-Pferde	I 521	28.06.88
Teufels-Schönheit	I 842	23.08.94
Teufelsbraut, Die (T)	I 70	06.11.79
Teufelsbraut, Die (T)	II 120	13.03.84
Teufelsbraut, Die (T)	III 120	10.10.89
Teufelsbraut, Die (T)	IV 120	16.08.94
Teufelsdenkmal, Das	I 645	13.11.90
Teufelskind, Das	TB 28	11.07.83

Teufelssekte, Die	I 67	16.10.79
Teufelssekte, Die	II 117	21.02.84
Teufelssekte, Die	III 117	29.08.89
Teufelssekte, Die	IV 117	26.07.94
Teufelssekte, Die	SA 13/4	29.07.97
Teufelsspuk und Killer-Strigen	I 495	29.12.87
Teufelstrank um Mitternacht	I 31	06.02.79
Teufelstrank um Mitternacht	II 81	13.06.83
Teufelstrank um Mitternacht	III 81	12.04.88
Teufelstrank um Mitternacht	IV 81	16.11.93
Teufelstrank um Mitternacht	SA 10/8	29.10.96
Teufelsträume	I 739	01.09.92
Teufelsuhr, Die	I 155	22.06.81
Teufelsuhr, Die	II 205	29.10.85
Teufelsuhr, Die	III 205	08.10.91
Teufelsuhr, Die	IV 205	02.04.96
Teuflische Engel, Der	I 545	13.12.88
Teuflische Ultimatum, Das	I 672	21.05.91
Teuflischen Puppen, Die	I 77	25.12.79
Teuflischen Puppen, Die	II 127	01.05.84
Teuflischen Puppen, Die	III 127	16.01.90
Teuflischen Puppen, Die	IV 127	04.10.94
Teuflischen Puppen, Die	SA 13/8	29.07.97
Teuflischen Schädel, Die	GK66(12)	17.12.74
Teuflischen Schädel, Die	II 12	19.01.81
Teuflischen Schädel, Die	III 12	13.09.85
Teuflischen Schädel, Die	IV 12	11.02.92
Teuflischen Schädel, Die	SA 2/4	27.07.93
Teuflischen Schädel, Die	SE 12	10.12.96
Tiefsee-Mystik	I 609	06.03.90

Tier, Das	I 874	04.04.95
Tigerfrauen greifen an!	I 85	18.02.80
Tigerfrauen greifen an!	II 135	26.06.84
Tigerfrauen greifen an!	III 135	08.05.90
Tigerfrauen greifen an!	IV 135	29.11.94
Tigerfrauen greifen an!	SA 14/5	28.10.97
Töchter der Hölle, Die	GK38(7)	04.06.74
Töchter der Hölle, Die	II 7	17.11.80
Töchter der Hölle, Die	III 7	04.06.85
Töchter der Hölle, Die	IV 7	03.12.91
Töchter der Hölle, Die	SA 1/8	27.07.93
Töchter der Hölle, Die	SE 7	01.10.96
Tochter des Totengräbers, Die	II 302	08.09.87
Tochter des Totengräbers, Die	I 252	02.05.83
Tochter des Totengräbers, Die	III 302	17.08.93
Töchter von Atlantis, Die	I 398	18.02.86
Töchter von Atlantis, Die	II 448	26.06.90
Töchter von Atlantis, Die	III 448	04.06.96
Tod aus dem Norden, Der	TB 111	12.06.90
Tod des Heiligen, Der	I 819	15.03.94
Tod in seinen Augen, Der	I 565	02.05.89
Tod, der Ninja und ich, Der	I 648	04.12.90
Todesangst und Leichenmoder	I 765	02.03.93
Todesfalle unter Wasser	I 379	08.10.85
Todesfalle unter Wasser	II 429	13.02.90
Todesfalle unter Wasser	III 429	23.01.96
Todesgeister der Sahara (W)	I 66	09.10.79
Todesgeister der Sahara (W)	II 116	14.02.84

Todesgeister der Sahara (W)	III 116	15.08.89
Todesgeister der Sahara (W)	IV 116	19.07.94
Todesglocken für John Sinclair	TB 50	14.05.85
Todesgondel, Die	GK144(33)	15.06.76
Todesgondel, Die	II 33	02.11.81
Todesgondel, Die	III 33	03.06.86
Todesgondel, Die	IV 33	01.12.92
Todesgondel, Die	SA 5/1	31.01.95
Todesgondel, Die	SE 33	30.09.97
Todesgöttin, Die	TB 12	08.03.82
Todesgruß der Templer	I 740	08.09.92
Todeskabinett, Das	GK137(31)	27.04.76
Todeskabinett, Das	II 31	05.10.81
Todeskabinett, Das	III 31	06.05.86
Todeskabinett, Das	IV 31	03.11.92
Todeskabinett, Das	SA 4/7	27.07.93
Todeskabinett, Das	SE 31	02.09.97
Todeskarussell, Das	GK200(46)	12.07.77
Todeskarussell, Das	II 46	03.05.82
Todeskarussell, Das	III 46	02.12.86
Todeskarussell, Das	IV 46	16.03.93
Todeskarussell, Das	SA 6/6	31.01.95
Todeskuß der Schattenhexe	I 680	16.07.91
Todesküsse	TB 80	10.11.87
Todesmoor, Das (T)	I 39	03.04.79
Todesmoor, Das (T)	II 89	08.08.83
Todesmoor, Das (T)	III 89	02.08.88
Todesmoor, Das (T)	IV 89	11.01.94
Todesnebel, Der	I 132	12.01.81
Todesnebel, Der	II 182	21.05.85

Todesnebel, Der	III 182	30.04.91
Todesnebel, Der	IV 182	24.10.95
Todesruf der alten Göttin	I 898	19.09.95
Todessee, Der	I 221	27.09.82
Todessee, Der	II 271	03.02.87
Todessee, Der	III 271	12.01.93
Todeswalzer (T)	I 68	23.10.79
Todeswalzer (T)	II 118	28.02.84
Todeswalzer (T)	III 118	12.09.89
Todeswalzer (T)	IV 118	02.08.94
Todeszone London	I 55	24.07.79
Todeszone London	II 105	28.11.83
Todeszone London	III 105	14.03.89
Todeszone London	IV 105	03.05.94
Todeszone London	SA 12/4	27.05.97
Todeszug, Der (A)	I 78	01.01.80
Todeszug, Der (A)	II 128	08.05.84
Todeszug, Der (A)	III 128	30.01.90
Todeszug, Der (A)	IV 128	11.10.94
Tödliche Fotos	I 525	26.07.88
Tödliche Golem, Der	I 290	24.01.84
Tödliche Golem, Der	II 340	31.05.88
Tödliche Golem, Der	III 340	10.05.94
Tödliche Märchen	TB 74	12.05.87
Tödliche Perücken	I 410	13.05.86
Tödliche Perücken	II 460	27.08.96
Tödlicher Flammengruß	I 469	30.09.87
Tödlicher Puppenzauber	TB 98	09.05.89

Tödliches Amsterdam	I 844	06.09.94
Tokatas Erbe	I 226	01.11.82
Tokatas Erbe	II 276	10.03.87
Tokatas Erbe	III 276	16.02.93
Tokatas Todesspur	TB 14	10.05.82
Töte, Bajazzo!	TB 156	29.03.94
Toten vom Klan, Die	TB 108	13.03.90
Toten-Krypta, Die	I 868	21.02.95
Totenbeschwörer, Der	I 42	24.04.79
Totenbeschwörer, Der	II 92	29.08.83
Totenbeschwörer, Der	III 92	13.09.88
Totenbeschwörer, Der	IV 92	01.02.94
Totenbeschwörer, Der	SA 11/6	31.12.96
Totenbuch, Das	I 924	19.03.96
Totenchor der Ghouls	I 181	21.12.81
Totenchor der Ghouls	II 231	29.04.86
Totenchor der Ghouls	III 231	07.04.92
Totenchor der Ghouls	IV 231	01.10.96
Totenfalle, Die	TB 148	27.07.93
Totenfee der Templer	I 610	13.03.90
Totenfest, Das	I 917	30.01.96
Totenfrau ist da, Die	I 714	10.03.92
Totengrinsen	I 921	27.02.96
Totenhügel, Der	I 979	08.04.97

Totenkopf-Brigade, Die	I 258	13.06.83
Totenkopf-Brigade, Die	II 308	20.10.87
Totenkopf-Brigade, Die	III 308	28.09.93
Totenkopf-Gang, Die	GK 160(37)	05.10.76
Totenkopf-Gang, Die	II 37	04.01.82
Totenkopf-Gang, Die	III 37	29.07.86
Totenkopf-Gang, Die	IV 37	12.01.93
Totenkopf-Gang, Die	SA 5/5	31.01.95
Totenkopf-Gang, Die	SE 37	25.11.97
Totenkopf-Insel, Die	I 2	31.01.78
Totenkopf-Insel, Die	II 52	26.07.82
Totenkopf-Insel, Die	III 52	24.02.87
Totenkopf-Insel, Die	IV 52	27.04.93
Totenkopf-Insel, Die	SA 7/4	30.01.96
Totenkopf-TV	TB 51	11.06.85
Totenlade mit dem Satan	I 553	07.02.89
Totenmaske aus Atlantis, Die	I 312	26.06.84
Totenmaske aus Atlantis, Die	II 362	30.10.88
Totenmaske aus Atlantis, Die	III 362	11.10.94
Totenplatz	TB 164	29.11.94
Totenpriester, Die	I 185	18.01.82
Totenpriester, Die	II 235	27.05.86
Totenpriester, Die	III 235	05.05.92
Totenpriester, Die	IV 235	29.10.96
Totenschiff der Templer	I 447	27.01.87
Totenstadt, Die	I 660	26.02.91
Totensturm der Geisterfrau	I 563	18.04.89
Totentanz im Urnengrab	I 399	25.02.86

Totentanz im Urnengrab	II 449	11.06.96
Totentänzerin, Die	I 498	19.01.88
Träne des Teufels, Die	I 306	15.05.84
Träne des Teufels, Die	II 356	20.09.88
Träne des Teufels, Die	III 356	30.08.94
Traum-Dämon, Der (E)	I 116	22.09.80
Traum-Dämon, Der (E)	II 166	29.01.85
Traum-Dämon, Der (E)	III 166	09.01.91
Traum-Dämon, Der (E)	IV 166	04.07.95
Treffpunkt Leichenhaus	I 254	16.05.83
Treffpunkt Leichenhaus	II 304	22.09.87
Treffpunkt Leichenhaus	III 304	31.08.93
Treibhaus des Schreckens, Das	I 717	31.03.92
Treppe der Qualen, Die	I 357	07.05.85
Treppe der Qualen, Die	II 407	12.09.89
Treppe der Qualen, Die	III 407	22.08.95
Trio des Teufels, Das	I 44	08.05.79
Trio des Teufels, Das	II 94	12.09.83
Trio des Teufels, Das	III 94	11.10.88
Trio des Teufels, Das	IV 94	15.02.94
Trio des Teufels, Das	SA 11/7	31.12.96
Trumpf-As der Hölle, Das	TB 21	13.12.82
Tunnel der hungrigen Leichen	I 843	30.08.94
Tunnel, Der	I 783	06.07.93
Turm der 1000 Schrecken, Der (T)	I 32	13.02.79
Turm der 1000 Schrecken, Der (T)	II 82	20.06.83
Turm der 1000 Schrecken, Der (T)	III 82	26.04.88
Turm der 1000 Schrecken, Der (T)	IV 82	23.11.93

Turm der Weißen Vampire	I 280	14.11.83
Turm der Weißen Vampire	II 330	22.03.88
Turm der Weißen Vampire	III 330	01.03.94
Tyrann von Venedig, Der (W)	I 79	08.01.80
Tyrann von Venedig, Der (W)	II 129	15.05.84
Tyrann von Venedig, Der (W)	III 129	12.02.90
Tyrann von Venedig, Der (W)	IV 129	18.10.94
U-Bahn ins Jenseits	I 607	20.02.90
U-Bahn-Schreck, Der	I 886	27.06.95
U-Boot-Phantom, Das	TB 71	10.02.87
Udexa kommt	I 452	03.03.87
UFO-Bastard, Der	I 982	29.04.97
UFO-Gespenster	I 877	25.04.95
Um Mitternacht am Galgenberg	I 203	24.05.82
Um Mitternacht am Galgenberg	II 253	30.09.86
Um Mitternacht am Galgenberg	III 253	08.09.92
Undines Rache	TB 149	31.08.93
Ungeheuer von Loch Morar, Das	I 56	31.07.79
Ungeheuer von Loch Morar, Das	II 106	05.12.83
Ungeheuer von Loch Morar, Das	III 106	28.03.89
Ungeheuer von Loch Morar, Das	IV 106	10.05.94
Ungeheuer von Loch Morar, Das	SA 12/5	27.05.97
Unheil erwacht, Das	I 663	19.03.91
Unheil über Shortgate	I 994	22.07.97
Unheimliche Bogenschütze, Der	I 69	30.10.79
Unheimliche Bogenschütze, Der	II 119	06.03.84

Unheimliche Bogenschütze, Der	III 119	26.09.89
Unheimliche Bogenschütze, Der	IV 119	09.08.94
Unheimliche Bogenschütze, Der	SA 12/8	27.05.97
Unheimliche Grab, Das	I 506	15.03.88
Unheimliche Herz, Das	I 808	28.12.93
Unheimliche Macht, Die	I 876	18.04.95
Unheimliche Medium, Das	TB 144	30.03.93
Unheimliche Mönch, Der	I 24	05.12.78
Unheimliche Mönch, Der	II 74	25.04.83
Unheimliche Mönch, Der	III 74	05.01.88
Unheimliche Mönch, Der	IV 74	28.09.93
Unheimliche Mönch, Der	SA 10/2	29.10.96
Unheimliche Richter, Der	I 97	12.05.80
Unheimliche Richter, Der	II 147	18.09.84
Unheimliche Richter, Der	III 147	28.08.90
Unheimliche Richter, Der	IV 147	21.02.95
Unheimliche Richter, Der	SA 15/6	30.12.97
Unheimliche Shaolin, Der	I 486	27.10.87
Unheimliche Templer, Der	I 526	02.08.88
Unheimliche Todesengel, Der	I 730	30.06.92
Unheimliche Totengräber, Der	I 175	09.11.81
Unheimliche Totengräber, Der	II 225	18.03.86
Unheimliche Totengräber, Der	III 225	25.02.92
Unheimliche Totengräber, Der	IV 225	20.08.96
Unheimliche vom Schandturm, Die	I 394	21.01.86
Unheimliche vom Schandturm, Die	II 444	29.05.90
Unheimliche vom Schandturm, Die	III 444	07.05.96

Unheimliche von Dartmoor, Der	GK163(38)	26.10.76
Unheimliche von Dartmoor, Der	II 38	11.01.82
Unheimliche von Dartmoor, Der	III 38	12.08.86
Unheimliche von Dartmoor, Der	IV 38	19.01.93
Unheimliche von Dartmoor, Der	SA 5/6	31.01.95
Unheimliche von Dartmoor, Der	SE 38	09.12.97
Unhold, Der	I 302	17.04.84
Unhold, Der	II 352	23.08.88
Unhold, Der	III 352	02.08.94
Unterwelt	I 585	19.09.89
Uralte Henker, Der	I 573	27.06.89
Urzeit-Monstrum, Das	TB 183	25.06.96
Vampir von Manhattan, Der (A)	I 43	01.05.79
Vampir von Manhattan, Der (A)	II 93	05.09.83
Vampir von Manhattan, Der (A)	III 93	27.09.88
Vampir von Manhattan, Der (A)	IV 93	08.02.94
Vampir, die Mörderin und ich, Der	I 540	08.11.88
Vampir-Expreß	TB 38	15.05.84
Vampir-Flotte, Die	TB 7	19.10.81
Vampir-Geschwister	I 430	30.09.86
Vampir-Geschwister	II 480	14.01.97
Vampir-Gespenster	I 575	11.07.89
Vampir-Gnom, Der	I 547	27.12.88
Vampir-Internat, Das	I 401	11.03.86
Vampir-Internat, Das	II 451	25.06.96
Vampir-Katzen	I 584	12.09.89

Vampir-Kosmetik	I 240	07.02.83
Vampir-Kosmetik	II 290	16.06.87
Vampir-Kosmetik	III 290	25.05.93
Vampir-Legende	TB 170	30.05.95
Vampir-Pendel, Das	TB 175	28.11.95
Vampir-Phantom, Das	I 943	30.07.96
Vampir-Polizei, Die	TB 65	12.08.86
Vampir-Riesen, Die	IV 60	22.06.93
Vampir-Riesen, Die	SA 8/4	28.05.96
Vampir-Schlangen	I 344	05.02.85
Vampir-Schlangen	II 394	13.06.89
Vampir-Schlangen	III 394	23.05.95
Vampir-Schrecken	SA 11	31.12.96
Vampir-Witwen	I 327	09.10.84
Vampir-Witwen	II 377	14.02.89
Vampir-Witwen	III 377	24.01.95
Vampire in Petrila	I 342	22.01.85
Vampire in Petrila	II 392	30.05.89
Vampire in Petrila	III 392	09.05.95
Vampirfalle, Die	I 35	06.03.79
Vampirfalle, Die	II 85	11.07.83
Vampirfalle, Die	III 85	07.06.88
Vampirfalle, Die	IV 85	14.12.93
Vampirfalle, Die	SA 11/3	31.12.96
Vampirloch, Das	I 830	31.05.94
Vampirnest, Das	I 206	14.06.82
Vampirnest, Das	II 256	21.10.86

Vampirnest, Das	III 256	29.09.92
Vampirpest	I 570	06.06.89
Vampirstadt Berlin	I 665	02.04.91
Vampirwelt	TB 153	28.12.93
Vampirwolf, Der	I 953	08.10.96
Vater, Mutter, Satanskind	I 795	28.09.93
Verdammt und begraben	I 245	14.03.83
Verdammt und begraben	II 295	21.07.87
Verdammt und begraben	III 295	29.06.93
Verdammte, Die	I 535	04.10.88
Verdammte Totenbrut	I 945	13.08.96
Verdammten der Nacht, Die	I 683	06.08.91
Verflucht, gehängt und doch lebendig	TB 190	31.01.97
Verfluchte aus Atlantis, Der	I 963	16.12.96
Vergessene von Avalon, Die	I 621	29.05.90
Vergessenen, Die	I 890	25.07.95
Verhexte Blutwald, Der	I 973	25.02.97
Verliebt in eine Tote	I 708	28.01.92
Verliebt, verlobt und eingesargt	TB 75	09.06.87
Verlies der Angst	I 109	04.08.80
Verlies der Angst	II 159	11.12.84
Verlies der Angst	III 159	20.11.90

Verlies der Angst	IV 159	16.05.95
Verräter, Der	I 297	13.03.84
Verräter, Der	II 347	19.07.88
Verräter, Der	III 347	28.06.94
Verwandlung, Die	I 744	06.10.92
Vier aus der Totenwelt, Die	I 853	08.11.94
Villa Frankenstein	I 345	12.02.85
Villa Frankenstein	II 395	20.06.89
Villa Frankenstein	III 395	30.05.95
Vom Teufel besessen	I 261	04.07.83
Vom Teufel besessen	II 311	10.11.87
Vom Teufel besessen	III 311	19.10.93
Voodoo in Dortmund	I 693	15.10.91
Voodoo in London	TB 37	10.04.84
Voodoo-Club, Der	I 806	14.12.93
Voodoo-Land	Paperb. 2	29.10.85
Voodoo-Liebe	IV 70	31.08.93
Voodoo-Liebe	SA 9/6	30.07.96
Voodoo-Mörder, Der	GK148(34)	13.07.76
Voodoo-Mörder, Der	II 34	16.11.81
Voodoo-Mörder, Der	III 34	17.06.86
Voodoo-Mörder, Der	IV 34	15.12.92
Voodoo-Mörder, Der	SA 5/2	31.01.95
Voodoo-Mörder, Der	SE 34	14.10.97
Voodoo-Samba	I 236	10.01.83
Voodoo-Samba	II 286	19.05.87
Voodoo-Samba	III 286	27.04.93

Voodoo-Syndikat, Das	TB 89	09.08.88
Voodoo-Weib, Das	I 947	27.08.96
Voodoo-Witwe, Die	TB 130	28.01.92
Vulkanteufel von Hawaii, Der (T)	I 8	25.04.78
Vulkanteufel von Hawaii, Der (T)	II 58	18.10.82
Vulkanteufel von Hawaii, Der (T)	III 58	19.05.87
Wächter, Der	I 802	16.11.93
Wald der toten Geister	I 684	13.08.91
Warten auf den Todesstoß	I 813	01.02.94
Was Turro mit den Mädchen machte	I 658	12.02.91
Weg in den Schrecken, Der	I 598	19.12.89
Weg in die Verdammnis	TB 173	29.08.95
Weiße Macht, Die	TB 155	22.02.94
Weiße Magier, Der	I 119	13.10.80
Weiße Magier, Der	II 169	19.02.85
Weiße Magier, Der	III 169	30.01.91
Weiße Magier, Der	IV 169	25.07.95
Welt der verlorenen Kinder, Die	I 998	19.08.97
Wen das Grab ruft	TB 48	12.03.85
Wenn der Totenvogel schreit	I 315	17.07.84
Wenn der Totenvogel schreit	II 365	22.11.88
Wenn der Totenvogel schreit	III 365	30.10.94
Wenn der Werwolf heult	GK117(25)	09.12.75
Wenn der Werwolf heult	II 25	13.07.81

Wenn der Werwolf heult	III 25	11.02.86
Wenn der Werwolf heult	IV 25	11.08.92
Wenn der Werwolf heult	SA 4/1	27.07.93
Wenn der Werwolf heult	SE 25	10.06.97
Wenn Druidenseelen trauern	I 633	21.08.90
Wenn Hexenhände töten	I 194	22.03.82
Wenn Hexenhände töten	II 244	29.07.86
Wenn Hexenhände töten	III 244	07.07.92
Wenn Hexenhände töten	IV 244	30.12.96
Wenn Satan sich die Hände reibt	I 287	03.01.84
Wenn Satan sich die Hände reibt	II 337	10.05.88
Wenn Satan sich die Hände reibt	III 337	19.04.94
Wenn Werwolf-Pranken streicheln	TB 79	13.10.87
Wer für den Satan tötet…	I 939	02.07.96
Wer mit Gedanken töten kann	I 157	06.07.81
Wer mit Gedanken töten kann	II 207	12.11.85
Wer mit Gedanken töten kann	III 207	22.10.91
Wer mit Gedanken töten kann	IV 207	16.04.96
Werwolf, die Hexe und wir, Der	I 970	04.02.97
Werwolf-Begräbnis	I 614	10.04.90
Werwolf-Elite, Die	TB 11	08.02.82
Werwolf-Insel, Die	I 89	17.03.80
Werwolf-Insel, Die	II 139	24.07.84
Werwolf-Insel, Die	IV 139	27.12.94
Werwolf-Insel, Die	III 139	03.07.90
Werwolf-Insel, Die	SA 14/7	28.10.97
Werwolf-Jäger, Der	I 422	05.08.86
Werwolf-Jäger, Der	II 472	19.11.96

Werwolf-Omen	I 372	20.08.85
Werwolf-Omen	II 422	27.12.89
Werwolf-Omen	III 422	05.12.95
Werwolf-Schlucht, Die	I 328	16.10.84
Werwolf-Schlucht, Die	II 378	21.02.89
Werwolf-Schlucht, Die	III 378	31.01.95
Werwolf-Sippe, Die	I 173	26.10.81
Werwolf-Sippe, Die	II 223	04.03.86
Werwolf-Sippe, Die	III 223	11.02.92
Werwolf-Sippe, Die	IV 223	06.08.96
Werwolf-Terror in Soho	I 242	21.02.83
Werwolf-Terror in Soho	II 292	30.06.87
Werwolf-Terror in Soho	III 292	08.06.93
Werwolf-Wahnsinn	I 759	19.01.93
Werwölfe aus Atlantis, Die	I 691	01.10.91
Werwölfe von Wien, Die (T)	I 45	15.05.79
Werwölfe von Wien, Die (T)	II 95	19.09.83
Werwölfe von Wien, Die (T)	III 95	25.10.88
Werwölfe von Wien, Die (T)	IV 95	22.02.94
Whisper - der Staubgeist	I 485	20.10.87
Wikkas Rache	I 268	22.08.83
Wikkas Rache	II 318	29.12.87
Wikkas Rache	III 318	07.12.93
Willkommen im Fegefeuer	I 421	29.07.86
Willkommen im Fegefeuer	II 471	12.11.96
Willkommen in der Hölle	SA 1	27.07.93
Wir gegen das Einhorn-Trio	I 611	20.03.90

Wir jagten das bleiche Gesicht	I 851	25.10.94
Wo Deborah den Teufel trifft	I 654	15.01.91
Wo der Orlock haust	I 462	12.05.87
Wo der Scheiterhaufen leuchtet (E)	I 150	18.05.81
Wo der Scheiterhaufen leuchtet (E)	II 200	24.09.85
Wo der Scheiterhaufen leuchtet (E)	III 200	03.09.91
Wo der Scheiterhaufen leuchtet (E)	IV 200	27.02.96
Wo die Angst zu Hause ist	I 838	26.07.94
Wo die Totenlichter leuchten	I 821	29.03.94
Wölfin von Rom, Die	I 492	08.12.87
Würfel des Unheils, Der	I 114	08.09.80
Würfel des Unheils, Der	II 164	15.01.85
Würfel des Unheils, Der	III 164	21.12.90
Würfel des Unheils, Der	IV 164	20.06.95
Würgeadler, Der	I 529	23.08.88
Xorron - mein Lebensretter	I 251	25.04.83
Xorron - mein Lebensretter	II 301	01.09.87
Xorron - mein Lebensretter	III 301	10.08.93
Xorrons Totenheer	I 283	05.12.83
Xorrons Totenheer	II 333	12.04.88
Xorrons Totenheer	III 333	22.03.94
Yakuza-Rache	TB 114	11.09.90
Yeti ist da, Der	I 483	06.10.87
Zaduks Schädel	TB 105	12.12.89
Zargos, der Dämon (W)	I 110	11.08.80

Zargos, der Dämon (W)	II 160	17.12.84
Zargos, der Dämon (W)	III 160	27.11.90
Zargos, der Dämon (W)	IV 160	23.05.95
Zauber-Zimmer, Das	I 794	21.09.93
Zauberer von Stonehenge, Der	TB 86	10.05.88
Zauberschädel, Der	I 678	02.07.91
Zeichen, Das	I 593	14.11.89
Zeit der Grausamen	I 764	23.02.93
Zeit der Monster	SA 2	27.07.93
Zeit der Wachsleichen	I 767	16.03.93
Zeitbombe London	I 433	21.10.86
Zeitbombe London	II 483	04.02.97
Zerberus, der Höllenhund	I 325	25.09.84
Zerberus, der Höllenhund	II 375	31.01.89
Zerberus, der Höllenhund	III 375	10.01.95
Zigeunerliebe - Zigeunertod	I 366	09.07.85
Zigeunerliebe - Zigeunertod	II 416	14.11.89
Zigeunerliebe - Zigeunertod	III 416	24.10.95
Zirkus Luzifer	GK157(36)	14.09.76
Zirkus Luzifer	II 36	14.12.81
Zirkus Luzifer	III 36	15.07.86
Zirkus Luzifer	IV 36	05.01.93
Zirkus Luzifer	SA 5/4	31.01.95
Zirkus Luzifer	SE 36	11.11.97
Zombie aus dem Kerkerschloß, Der	I 256	30.05.83
Zombie aus dem Kerkerschloß, Der	II 306	06.10.87
Zombie aus dem Kerkerschloß, Der	III 306	14.09.93

Zombie-Apache, Der	I 362	11.06.85
Zombie-Apache, Der	II 412	17.10.89
Zombie-Apache, Der	III 412	26.09.95
Zombie-Ballade	TB 64	08.07.86
Zombie-Bus, Der	I 163	17.08.81
Zombie-Bus, Der	II 213	22.12.85
Zombie-Bus, Der	III 213	03.12.91
Zombie-Bus, Der	IV 213	28.05.96
Zombie-Pharao, Der	TB 120	12.03.91
Zombie-Rache (T)	I 142	23.03.81
Zombie-Rache (T)	II 192	30.07.85
Zombie-Rache (T)	III 192	09.07.91
Zombie-Rache (T)	IV 192	02.01.96
Zombie-Teich, Der	I 789	17.08.93
Zombie-Zeche, Die	I 940	09.07.96
Zombie-Zug, Der	I 458	14.07.87
Zombies, Die	I 57	07.08.79
Zombies, Die	II 107	12.12.83
Zombies, Die	III 107	11.04.89
Zombies, Die	IV 107	17.05.94
Zombies, Die	SA 12/6	27.05.97
Zombies auf dem Roten Platz	TB 40	10.07.84
Zombies aus dem Höllenfeuer	I 348	05.03.85
Zombies aus dem Höllenfeuer	II 398	11.07.89
Zombies aus dem Höllenfeuer	III 398	20.06.95
Zombies, die vom Himmel fallen	I 293	14.02.84
Zombies, die vom Himmel fallen	II 343	21.06.88
Zombies, die vom Himmel fallen	III 343	31.05.94

Zombies im Bermuda-Dreieck	I 120	20.10.80
Zombies im Bermuda-Dreieck	II 170	26.02.85
Zombies im Bermuda-Dreieck	III 170	05.02.91
Zombies im Bermuda-Dreieck	IV 170	01.08.95
Zombies stürmen New York	I 282	28.11.83
Zombies stürmen New York	II 332	05.04.88
Zombies stürmen New York	III 332	15.03.94
Zum Nachtisch kam der Teufel	I 799	26.10.93
Zurück zu den Toten	I 902	17.10.95
Zwei Schwerter gegen die Hölle	I 351	26.03.85
Zwei Schwerter gegen die Hölle	II 401	01.08.89
Zwei Schwerter gegen die Hölle	III 401	11.07.95
Zwei Verdammte aus Aibon	I 720	21.04.92
Zwei wie die Hölle	I 897	12.09.95
Zweikampf um die Ninja-Krone	I 414	10.06.86
Zweikampf um die Ninja-Krone	II 464	24.09.96
Zyklop aus der Hölle, Der	I 129	22.12.80
Zyklop aus der Hölle, Der	II 179	30.04.85
Zyklop aus der Hölle, Der	III 179	09.04.91
Zyklop aus der Hölle, Der	IV 179	03.10.95

DIE
TITELBILDZEICHNER

Zeichenerklärungen:

GK	=	Gespenster-Krimi
[GK17(3)	=	Gespenster-Krimi Band 17 (3. Sinclair-Roman)]
I	=	erste Auflage
II	=	zweite Auflage
III	=	dritte Auflage
IV	=	vierte Auflage
TB	=	Taschenbuch
SA	=	Sonderausgabe
SE	=	Sammler Edition (fünfte Auflage)

Aboy - **I** 977

Accornero, Franco –
I 658, 750 – **TB** 145

Agras – **I** 576

Allgaier – **I** 540

Artioli – **I** 55

Badia Camps –
GK17(3), **I** 32

Balaz, Jan –
I 928, 955, 969, 983 – **SA** 8, 9

Ballestar, Vicente – **GK**134(30), **GK**144(33), **GK**148(34), **GK**160(37),
GK168(39), **GK**180(42),
GK188(44), **GK** 196(45), **GK**205(48), **GK**208(49) –
I 1, 2, 3, 4, 5, 6, 7, 8, 9, 12, 13, 14, 15, 16, 17, 18, 19, 20, 21, 22, 23, 24, 25, 26, 27, 28, 29, 30, 31, 33, 34, 35, 36, 37, 38, 39, 40, 41, 45, 46, 47, 48, 49, 53, 56, 57, 58, 59, 61, 62, 64, 65, 67, 68, 70, 71, 72, 77, 79, 80, 81, 83, 86, 87, 92, 93, 96, 97, 99, 100, 101, 102, 103, 104, 106, 107, 108, 109, 111, 112, 114, 115, 117, 119, 120, 121, 122, 124, 125, 126, 127, 128, 131, 132, 138, 139, 140, 141, 145, 146, 147, 149, 150, 151, 152, 153, 154, 155, 156, 158, 160, 161, 163, 164, 165, 167, 168, 169, 171, 172, 173, 175, 179, 180, 181, 182, 185, 186, 187, 188, 189, 190, 193, 195, 197, 198, 199, 200, 201, 202, 203, 204, 205, 206, 207, 208, 209, 210, 211, 212, 213, 214, 215, 216, 217, 218, 219, 220, 221, 228, 229, 231, 232, 233, 234, 235, 236, 237, 238, 239, 240, 241, 243, 245, 246, 249, 250, 253, 254, 256, 257, 258, 259, 261, 262, 263, 264, 265, 266, 267, 269, 270, 273, 274, 276, 277, 279, 280, 282, 283, 284, 285, 286, 287, 288, 290, 291, 292, 293, 294, 295, 296, 297, 298, 299, 302, 303, 304, 305, 306, 308, 309, 310, 311, 312, 313, 315, 316, 318, 321, 322, 323, 325, 326, 327, 328, 329, 330, 331, 332, 333, 334, 335, 336, 337, 338, 339, 341, 342, 343, 344, 345, 347, 349,

350, 351, 354, 355, 357, 358, 359, 360, 361, 363, 364, 365, 366, 367, 368, 369, 370, 371, 372, 373, 374, 377, 378, 370, 380, 381, 383, 384, 385, 387, 388, 389, 390, 391, 392, 393, 394, 397, 398, 399, 401, 402, 403, 405, 407, 410, 411, 412, 413, 414, 415, 417, 418, 419, 420, 422, 423, 427, 430, 432, 433, 434, 435, 439, 440, 441, 444, 445, 446, 447, 450, 451, 453, 454, 455, 456, 457, 459, 461, 462, 463, 468, 470, 471, 472, 473, 474, 476, 477, 478, 480, 481, 482, 483, 484, 485, 486, 487, 488, 490, 491, 492, 493, 494, 495, 503, 505, 506, 507, 510, 511, 512, 513, 514, 515, 516, 517, 518, 520, 521, 523, 525, 526, 528, 529, 530, 531, 535, 538, 541, 542, 543, 544, 545, 548, 549, 550, 552, 553, 554, 555, 557, 558, 560, 561, 562, 565, 568, 569, 572, 574, 577, 579, 581, 583, 585, 586, 587, 588, 589, 595, 596, 600, 603, 605, 607, 614, 619, 620, 625, 626, 632, 642, 651, 655, 656, 664, 671, 674, 689, 691, 693, 706, 711, 714, 717, 718, 739, 789, 831, 855, 879, 885, 888, 922, 931, 933, 954, 971, 988, 999, 1006 – **III** 364 – **IV** 21, 60 – **SE** 1, 2, 3, 4, 5, 6, 7, 8, 9, 10, 11, 12, 13, 14, 15, 16, 17, 18, 19, 20, 21, 22, 23, 24, 25, 26, 27, 28, 29, 30 – **TB** 1, 2, 3, 4, 5, 6, 7, 9, 10, 11, 12, 13, 14, 15, 16, 17, 19, 20, 21, 22, 23, 24, 25, 26, 27, 29, 30, 31, 34, 36, 37, 38, 39, 40, 41, 42, 43, 44, 45, 46, 47, 48, 49, 50, 51, 52, 53, 54, 55, 56, 57, 58, 59, 60, 61, 62, 63, 64, 65, 66, 67, 68, 69, 70, 71, 72, 73, 74, 75, 76, 77, 78, 79, 80, 81, 82, 86, 87, 89, 90, 91, 92, 94, 95, 97, 102, 104, 106, 107, 108, 114 – **SA** 5 (**GK**168(39)), 6 (**GK**188(44))

Barber, Th. – **I** 162

Barr - **I** 979

Barry – **I** 314, 364

Bartsch – **I** 183

Baumann, Jill – **I** 613, 712 – **TB** 146

Beckman, D. – **I** 676

Bell, Julie M. – **I** 742 – **TB** 149

Bennet, Harry – **GK**129(29)

Berdak – **I** 770

Bernal – **I** 176

Berni, Oliviero – **I** 563, 663, 685, 726, 735, 749, 757, 782, 810, 830, 849, 892, 907, 974, 976, 981 – **TB** 128, 129, 140, 148, 150, 152, 153, 155, 160, 202, 203

Berran – **I** 501

Blanchard, N.T. – **I** 396, 404, 442, 591, 615, 777, 783 – **TB** 124

Boada, Sebastian – **GK**153(35), **GK**157(36) – **I** 10, 63, 76, 90, 93, 94, 105, 113, 130, 137, 174, 194, 196, 289, 307, 317, 340, 346, 416, 421

Bolton – **I** 808, 814, 815, 823, 880, 968 – **TB** 168

Bosch Penalva, Antonio – **GK**89(18)

Brian, D. – **I** 670

Brea – **I** 408

BRNE – **I** 281

Jim Burns – **I** 532

Capdevila, Jordi – **I** 787, 793, 797, 799, 904

Cebollo – **I** 352, 395, 409, 736

Celal – **I** 157

Chamberlain, Nigel – **TB** 164

Cherry, David – **I** 796

Clark, Alan M. – I 795, 803, 819

Cortiella – (GK70(13), GK74(14)

Crisp, Steve – I 593, 616, 622, 641, 644, 646, 678, 703, 937, 938 – **TB** 109, 110, 111, 117, 118, 120, 123, 126, 142, 192

De Barlowe, Wayne – **TB** 85

De Jong, Frans – I 743 – **SA** 1 (I 743)

De Vito, Joe und Vito – I 724, 725, 747, 751, 755, 758, 780, 800, 889, 902, 924, 994 – **TB** 141, 151, 162

Drechsler, Arndt – I 804, 813, 822 – **SA** 11

Edwards, Les – I 43, 242, 375, 460, 584, 645, 841, 847 – **TB** 35, 180, 187 – **SA** 4 (I 645)

Eggleton – I 628, 694, 862 – **TB** 125

Enric, Martin – I 534

Ertugrul, Edirne – I 657, 661

Esteban - **SA** 15

Evertz – II 1, 2, 7, 13, 14

Fabá, Salvador – I 580, 829, 873, 911, 914, 940 – **SA** 13

Ferraz – IV 22 – **SA** 3 (IV 22)

Fröhlich, Fabian – I 960

Fuente – I 425

Gallego, Blas – I 502, 675

Garciolo – I 746, 752, 763, 773, 774, 775, 817 – **III** 241

Gerber, Mark – **TB** 156

Gerber, M.&S. – I 428, 429, 430, 500, 682 – **TB** 83

Gonzalez – I 688, 740

Goodfellow, Peter – **TB** 101

Gurney, J. – I 559

Habberfield – I 222

Hallmann, Tom – I 443, 452, 695, 701, 708, 946 – **TB** 139, 157

Harris, John – I 846, 912

Harrison, Mark – I 666 – **IV** 9 – **TB** 144

J. Heller – I 448

Hescox, Richard – I 497, 537, 778, 802

Hildebrandt, Greg – I 913 – **TB** 158

Hughes, Stuart – **TB** 100

Jad (Josep Antonio Domingo) – **GK**66(12) – I 135, 348, 556 – **IV** 28

Jones, Eddie – **GK**1(1)

Jones, George – I 801

Kandemiroglu – I 91

Ken Kelly – I 436, 437, 438, 508

Kervévan, Jean Yves – 866, 874, 921, 945

Kike (Enrique Parietti) – **I** 606, 609, 610, 635, 637, 647, 654, 668, 680, 684, 728, 730, 731, 753 – **IV** 58

Kirby, Josh – **I** 769

Kirby, Ron – **I** 382

Koveck – **I** 951, 958, 962, 982, 987 – **TB** 195, 196, 197, 200

Kurczak – **I** 629, 633

Lara, Rafael – **I** 244, 252, 255, 268

Lang, Charles – **I** 790, 792

Langeveld, Colin – **I** 821 – **TB** 159

Larkin, B. – **I** 539

Laveg, C. – **I** 998

Lehr, Paul – **I** 449, 509, 733, 765, 794, 827

Lemberg – **GK**42(8)

Longaron, Jordi – **GK** 61(11) – **I** 356

Lindahn, R.&V. – **I** 832 – **IV** 72 – **TB** 93

López Espi, Rafael – **GK**77(15), **GK**98(20), **GK**100(21), **GK**113(24), **GK**120(26) – **I** 248 – **IV** 17 (17a)

Lutohin, Nicolai – **I** 465, 467, 475, 489, 498, 499, 536, 567, 573, 575, 578, 597, 618, 627, 630, 631, 640, 643, 650, 659, 669, 677, 707 – **IV** 12, 13, 14, 15, 16, 18, 19, 20, 23, 24, 25, 27, 36, 40, 46, 47, 50

Luza – 278

Maitz, D. – **IV** 65 – **TB** 138

Mangoni, G. – **TB** 147

Marasan, Dino – **I** 764, 805, 836

Marchant, Bob – **I** 738

Maren (Mariano Perez Clemente) – **I** 230, 251, 275, 319, 362, 464, 522, 547, 566, 590, 599, 608, 611, 623, 634, 667, 692, 697, 700, 709, 710, 713, 729, 779, 784, 825, 838, 839, 886, 887, 915 – **TB** 134, 135, 136, 154, 166, 169 – **SA** 14

Marín, José Luis – **I** 835, 852, 865, 1001

Maroto, Esteban – **GK**80(16) – **I** 89, 424, 673 – **TB** 18

Martin – **GK**85(17)

Mattingly, David – **I** 376, 721, 722, 756, 798

Maxwell, M. – **TB** 132

Miralles, José Maria – **I** 767, 844, 869

Montaña – **I** 225, 226

Montero, José Pérez – **I** 116, 123, 129, 133, 134, 143, 148, 166, 178, 184, 271, 272, 301

Morrill, R. – **I** 533

Nehmet – **I** 118

Newton, Richard – **I** 845, 851, 853, 860, 861, 867, 876, 881, 884, 890, 891, 896, 905, 942, 943, 949, 950, 953, 973, 978, 984, 995, 1003 – **TB** 170, 171, 198

Noiquet – GK94(19)

Oakes, Terry – I 247, 570, 617, 741, 748, 897, 900, 919 – **TB** 32, 98, 99, 179

Oussenko – I 44

Pasamón, Mónica – I 818, 833, 834, 850, 854, 857, 858, 868, 871, 872, 877, 895, 898, 901, 903, 906, 910, 916, 925, 926, 929, 930, 936, 939, 941, 952, 956, 957, 959, 965, 966, 967, 970, 972, 975, 989, 990, 991, 993, 996, 1000, 1002, 1004, 1005 – **TB** 172, 173, 174, 176, 182, 190, 191, 199, 204

Palaez, Joan – I 690

Potter, J.K. – I 400, 426, 496, 546, 638, 665 – **TB** 130, 131

Prieto, Manuel – I 51, 110, 136, 144, 159, 223, 227, 260, 300, 592, 715, 760, 766, 776, 785, 786, 806, 842, 856, 870, 899, 909 - **IV** 26, 29, 70, 75 – **TB** 28

Prunes, Carles – I 466

Pujolar – GK 57(10), GK125(28) – I 66, 73, 74, 75, 85, 88, 98

Reggiani, Cesare – I 571

Rey, Luis – I 624

Rhodes – I 52

Ripoll, Josep Martí – GK172(40), GK176(41), GK183(43), GK200(46), GK202(47) – I 11, 54, 60 – **SA 7**

Roca, Luis Martínez – I 648, 662, 687, 696, 702

Rollan – GK38(7)

Romero – I 324 – **TB** 121

Romulo – **TB** 201

Royo, Luis – **I** 458, 652, 679, 681, 732, 738, 759, 809, 811, 812, 828, 837, 843, 859, 863, 864, 878, 917, 918, 923, 927, 935, 944, 947, 948, 961, 963, 964, 980, 985, 986, 997 – **TB** 167, 175, 181, 184, 185, 186, 189, 193, 194 – **SA** 10, 12

Rufus – **I** 42

Sanjulian (Manuel Perez Clemente) – **I** 612, 621, 639, 672, 754, 762, 771, 772, 781, 826, 894, 908 – **TB** 84, 115, 119, 133, 143

Segrelles, Vicente – **GK**137(31), **GK**141(32), **GK**163(38) – **I** 78, 82, 170, 320, 386, 551, 636, 649, 653, 660, 686, 734 – **TB** 103, 137

Shaw, Barclay – **I** 820 – **TB** 127

Sirvent – **I** 594

Smith, N. – **I** 716, 719, 720, 723, 727, 761 – **TB** 122

Tito – **I** 992

Vallejo, Boris – **I** 504, 768 – **TB** 96
Vampus – **GK**105(22)

Vilanova – **GK**25(4), **GK**110(23), **GK**117(25)

Vilmar – **I** 479 – **IV** 10

Walotsky, Ron – **I** 824 – **TB** 113

Warhola, J. – **I** 406, 469 – **IV** 41

Warren, Jim – **I** 582, 598, 698, 699, 704, 705, 875, 883, 893, 932, 934 – **TB** 112, 116, 177, 178, 183, 188

Whelan, Michael – **I** 84, 224, 816 – **TB** 165

White, Tim – **I** 519, 601, 602, 604, 744, 745, 791, 807, 882 – **TB** 33, 161, 163 – **SA** 2 (**I** 601)

Wurts, Janny – **I** 788

Xavier – **I** 840, 848

Yalcin – **I** 192

Yücel – **I** 142 – **IV** 78

Yüle, Liguroan – **I** 225

**Künstler, die nicht mehr ermittelt werden konnten -
GK**10(2), **GK**31(5), **GK**34(6), **GK**215(50) - **I** 177, 183, 191, 222, 274, 314, 527, 564 – **TB** 8, 18, 88, 105